Cerebro y Civilización

BASES NEUROBIOLÓGICAS DE LA CULTURA

Cerebro y Civilización

BASES NEUROBIOLÓGICAS DE LA CULTURA

Jaime Lavados Montes

Santiago de Chile
2021

Cerebro y Civilización
BASES NEUROBIOLÓGICAS DE LA CULTURA
Jaime Lavados Montes

Santiago de Chile, noviembre 2021

Registro de Propiedad Intelectual Nº 2021-A-9860

ISBN 978-956-404-768-3

Revisión y edición de textos
Renee Viñas J.

Diseño gráfico
Guillermo Feuerhake

Presentación

En esta obra, el Profesor Dr. Jaime Lavados nos lleva en un viaje a través del desarrollo del ser humano desde sus orígenes hace miles de años, hasta el día de hoy, desde la perspectiva de los procesos neurobiológicos subyacentes.

La obra resume en gran medida los estudios e intereses del autor: Neurociencias, Filosofía, Antropología, Etnografía, Arqueología, Paleontología, Política.

Se apoya fuertemente en los conceptos básicos que hoy modelan el pensamiento biológico: Evolución, Genética y Cognición, recorriendo aspectos pocas veces mencionados en libros de este tipo, y muy relevantes a la Cultura, como las Artes, las Religiones, las instituciones, y muy especialmente, el individuo y su socialización.

Dr. Pablo Lavados Germain

Agradecimientos

La edición de este libro ha sido posible gracias al valioso aporte de diversas personas.

En primer lugar, Laura Germain de Lavados, quien tomó la decisión de que se hiciera la publicación, y para ello, hizo recopilar originales del autor ubicados en su oficina del Instituto de Neurocirugía y en su casa.

Sara González, quien hizo el trabajo de secretaría, descifrando la escritura manuscrita del autor y copiando las primeras revisiones del texto.

Santiago Honorato, por su enorme trabajo en buscar, seleccionar y hacer las figuras, fotos y diagramas señalados por el autor.

Pablo Lungestrass, por el excelente diseño de la portada del libro, en la que amalgama el árbol maya de la vida y el cerebro.

Hugo Muñoz, por su infinita paciencia en copiar y volver a copiar los cambios finales del libro.

Dr. Pablo Lavados, por hacer la bibliografía, ubicar ilustraciones, diagramas y sus autores, y trabajar en varios aspectos de coordinación de la edición.

La dedicación y el esfuerzo de cada uno en las labores realizadas han sido primordiales en la calidad de esta obra.

Agradezco profundamente el que se me haya solicitado ser la editora de este libro. Acepté conociendo lo difícil que es editar una obra cuando ya no está el autor. Mi conocimiento del Profesor Dr. Jaime Lavados, mi admiración por la vastedad y profundidad de sus conocimientos, el trabajo bajo su dirección durante varios años y el haber editado otros de sus libros, hicieron que realizara esta tarea, con mi máxima dedicación.

Este libro del Profesor Dr. Jaime Lavados Montes tiene un especial significado, no sólo por la importancia y novedad del tema que él quiso entregar, sino también, por el esfuerzo que desarrolló cuando su salud ya no le acompañaba.

Renée Viñas J.
Editora

Índice

EPÍLOGO. La singularidad humana 601

ANEXOS

Prólogo

El notable desarrollo de la Neurobiología moderna hace posible comenzar a responder científicamente algunas preguntas que desde siempre se han formulado los los seres humanos. La naturaleza, origen y evolución de sus atributos (lenguaje, planes de largo plazo, conciencia subjetiva, moral) son los que generan nuestras evidentes diferencias con el resto de las especies animales. Al mismo tiempo, podemos dilucidar algunas de las relaciones entre nuestra mente y nuestras culturas con sus rasgos particulares como religiones, artes, ciencias, organizaciones socio-políticas, etc. Recordemos de paso que esta expresión "el resto de las especies animales" de suyo incluye a nuestra especie humana entre las demás, concepto que empezó a ser, comúnmente aceptado, sólo hace casi exactamente 150 años, a partir de las publicaciones de Darwin. Es interesante notar que prácticamente al mismo tiempo que se instalaban apasionadas discusiones sobre la Teoría de la Evolución se iniciaban estudios sistemáticos sobre una nueva disciplina científica que, a poco andar se llamó Antropología, esto es "Estudio del ser humano". Por supuesto que, en la historia del pensamiento humano, hay grandes precursores antiguos, en ambos campos. Se dice, por ejemplo, que Heródoto (5 siglos AC) no sólo es el padre de la Historia, sino también de la Antropología por sus descripciones de pueblos poco conocidos y "bárbaros". Por su parte, Aristóteles (4 siglos AC) al enseñar que el ser humano era un "animal político", lo incluía en esta categoría (animal) aun cuando sus ideas sobre la evolución eran vagas y difusas.

Recién en el siglo XIX empiezan a florecer conceptos propiamente científicos que, por una parte, establecen el origen biológico de los humanos (Teoría de la Evolución) y estudian los comportamientos y prácticas "culturales" que hacen especiales a los humanos y sus sociedades (Antropología). Aunque en estos 150 años la Teoría de la Evolución Biológica y los estudios culturales de la Antropología han tenido, independientemente, unos avances impresionantes, es recién en los últimos 2 o 3 decenios que podemos establecer hipótesis sobre las relaciones entre nuestras raíces biológicas y nuestros logros socio-culturales. Previamente, en el siglo XIX e inicios del XX existieron propuestas sobre la relación Biología y Cultura, pero todas ellas, observando las diferencias socio-culturales entre "pueblos civilizados y pueblos primitivos", sostenían que el factor causal de esta diferencia era la "raza". Ésta explicaría su atraso, cuestión que la Genética y experiencia moderna han descartado completamente. El antiguo y poco preciso concepto de raza, que de algún modo aludía a las diferencias de origen biológico entre grupos humanos, (mucho antes de la moderna Genética), adquirió relevancia con el incremento de los viajes, comercios, descubrimientos y conquistas de las naciones europeas sobre el resto del mundo. Esto les permitió conocer más de cerca las variedades de rasgos físicos y prácticas culturales de grupos humanos poco o no conocidos.

Así, y teniendo en cuenta este nuevo escenario científico, el objetivo central de este libro es el estudio de los mecanismos que ligan Neurobiología con Cultura a partir de lo que hoy sabemos sobre la arquitectura funcional del cerebro humano, cuya preponderancia respecto a lenguaje, conocimiento y aprendizaje no requiere mayor demostración (Anexo I), y los hallazgos más pertinentes de la Arqueología, la Etnología y la Historia cultural de los humanos (Anexo II). Por supuesto en el texto consideraré otras evidencias científicas provenientes de distintas disciplinas, (Historia, Ciencias del Comportamiento, etc.), (Anexo III). No se me escapa que este esfuerzo tiene variadas dificultades que podríamos llamar técnicas y que explicitaré en los capítulos que corresponda. Hay, además, algunas objeciones políticas y epistemológicas respecto a esta relación (Biología-Cultura) en el pensamiento y los marcos de análisis de muchos cultores de las ciencias, especialmente las sociales, incluyendo a importantes antropólogos, y a ciertos biólogos de prestigio. Ellos no creen que exista nada que podamos llamar "naturaleza humana" (de origen neurobiológico) y que todos nuestros actos y creencias dependen exclusivamente de las culturas a las que cada cual pertenece. Los hallazgos objetivos de la Neuropsicología (relaciones del cerebro con la mente) no son considerados argumentos sostenibles desde sus particulares perspectivas.

Las objeciones que he catalogado como políticas, a cualquier esfuerzo que ligue competencias mentales y culturales con sus raíces neurobiológicas tienen dos orígenes. El primero, es de carácter histórico. Sería largo enumerar los errores tanto sociopolíticos como biológicos originados, sea por ignorancia o mala fe, a propósito de un uso entre superficial y racista de la relación entre Neurobiología y Cultura. Un evidente telón de fondo para el racismo fue la esclavitud y sus prácticas vigentes en Occidente sobre grandes grupos de africanos y de otras razas, hasta mediados del siglo 19, y el fácil dominio, por razones tecnológicas y organizacionales, de los europeos en América, Asia Oriental, Australia y obviamente, también en África. En el siglo XIX apareció el darwinismo social de H. Spencer quien inventó la expresión "predominio de los más aptos" como motor de la evolución natural y la aplicó a las diferencias culturales de sociedades y grupos de diversas razas, habitantes del enorme Imperio Británico de su época. Por su parte ciertos políticos victorianos atribuyeron una jerarquía biológico-evolutiva a las clases sociales de su tiempo, de modo que, los aristócratas eran "naturalmente" los más aptos y las clases bajas las menos dotadas, por "evidentes" razones hereditarias.

Por otra parte, y también en el siglo XIX, Francis Galton (primo de Darwin) propuso en su Frenología una hipótesis muy tosca, pero imaginativa, que relacionaba el cerebro con aptitudes mentales. Él erróneamente sostuvo que las distintas regiones cerebrales presionaban y daban forma al cráneo, según su diferente fortaleza. De este modo se podían conocer las diversas aptitudes mentales, subtendidas por ese particular cerebro, explorando formas (túmulos y depresiones) del cráneo de cada persona. Por supuesto, éste era un invento de Galton, pero se sustentaba en dos ideas que ahora sabemos correctas: a) La mente depende, hasta cierto punto, de la "arquitectura funcional" del cerebro, y b) Las distintas regiones del cerebro procesan diversas aptitudes mentales. Digo, hasta cierto punto, porque debe agregarse memorias y aprendizaje que, claro está, también son procesadas por el cerebro en regiones específicas "dedicadas" a cada atributo.

A principios del siglo XX apareció en varios países occidentales la llamada "Eugenesia" que consistía en evitar la reproducción de personas que tuvieran ciertas características o condiciones que se consideraban riesgosas para la sociedad, como alteraciones genéticas, retardo mental, epilepsia, ciertas psicosis o (supuestas) tendencias criminales. La esterilización no voluntaria fue una medida muy difundida, y también, la selección de parejas. A ciertos psicóticos (a menudo mal diagnosticados) o a criminales se les aplicó la llamada "lobectomía", es decir, la sección, por vía orbitaria, de las conexiones (sustancia blanca) de los lóbulos frontales. Es evidente que la "Eugenesia" ya supone un papel decisivo del cerebro (y su Genética) en los procesos mentales. El último ejemplo, hay otros, que se pueden mencionar, es, por supuesto, el nazismo que no es para nada el único intento de dividir las sociedades entre razas superiores e inferiores, con eliminación despiadada de estas últimas. Estas historias espeluznantemente verdaderas, hacen a muchos políticos, humanistas, pensadores y filósofos, dudar sobre la conveniencia de relacionar funcionamiento cerebral con desarrollo cultural, porque Eugenesia y racismo podrían reaparecer.

El segundo grupo que rechaza políticamente profundizar en las relaciones entre Biología, Mente y Cultura, es uno que teme que se impongan, en la época actual, pensamientos cercanos a los de H. Spencer quien creía indebido ayudar a pobres y menesterosos, porque eso era ir en contra de la ley natural, del predominio del más apto. En este sentido dejaríamos de estudiar y considerar los factores socioeconómicos y políticos como participantes en el origen y mantención de pobreza y marginación. Eliminando o desconociendo estos factores no genéticos las reformas para lograr igualdad de oportunidades, educación y justicia social no tendrían mucho sentido. En esta posición hay un subtexto implícito: muchas personas de las clases dominantes creen (aunque no lo digan) que los más pobres y desamparados tienen menos capacidades neuropsicológicas, las que son únicamente de origen genético y nunca social. Por supuesto, desde un punto de vista neurobiológico esto es falso.

Las objeciones epistemológicas a las relaciones Cerebro-Mente-Cultura son más complejas. Ellas se sostienen en el llamado "Modelo Estándar de las Ciencias Sociales" que afirma que las diversas disciplinas que las configuran no necesitan el componente neurobiológico para establecer sus investigaciones, hipótesis y teorías. Por supuesto, aceptan que el cerebro participa en los procesos mentales y culturales, pero sostienen que, aparte de ingresar información desde el ambiente y articular conductas significativas, su tarea principal es aprender de las experiencias, de acuerdo exclusivamente, con el material entregado por el entorno físico o social. Naturalmente, creen que el propio ingreso de información al cerebro (percepción) y, sobre todo, las "salidas" conductuales son moduladas y especificadas por las experiencias (y el aprendizaje). Éstas aseguran una adecuada sintonía con el medio sociocultural, origen de tales experiencias, las que así constituyen determinantes únicas de todos los procesos mentales y culturales. Reconocen que el ser humano tiene ciertas necesidades biológicas básicas que se satisfacen a través de instintos muy primarios (hambre, sed, sexo, sueño, etc.) que definen impulsos muy potentes los que, a su vez, son modulados por los específicos rasgos culturales que las personas han aprendido desde su nacimiento, en determinadas sociedades y en sus propias subculturas. Este modelo estándar de las Ciencias Sociales fue llevado a su extremo, por decir así, "lógico", por el Post-Modernismo en boga en los 80 y 90 del siglo pasado, y hoy día, con signos de decadencia. Los post-modernistas sostenían que dado que todos (absolutamente todos) los desempeños humanos son aprendidos y provienen de un medio socio-cultural determinado, no hay razones que impidan, por ejemplo, instalar otros y distintos principios morales a los cuales ajustar las conductas o diferentes "racionalidades locales" para determinar la veracidad, siempre eventual, de las proposiciones sobre el mundo y el propio ser humano.

La creencia, en verdad extrema, de las propuestas postmodernistas y que permite mostrar las flaquezas del modelo estándar de las Ciencias Sociales, es el supuesto que el cerebro humano es, al momento de nacer, un "pizarrón vacío" en el cual sólo las experiencias inscriben todos los libretos y las instrucciones que dan contenido y estructuran la vida mental de cada persona, definiendo las características de los diversos grupos culturales. Pero la Neurobiología moderna demuestra que este supuesto es erróneo pues ha probado la participación ineludible de diversos "procesadores cerebrales" en la construcción, mantención y variación de las distintas capacidades y competencias mentales, y las propiamente sociales (como el lenguaje, y el aprendizaje cultural, por ejemplo) de las personas y los grupos. Está claro que esta afirmación, tan general sobre procesamientos cerebrales de los atributos mentales debe ser bien fundamentada, sobre todo, considerando que el tema es crítico para los objetivos de este libro. Así, y aunque este tópico, relaciones Cerebro-Mente-Cultura será tratado detenidamente en cada capítulo del texto, haré una breve explicación sobre la "Neurobiología del aprendizaje" la cual es, precisamente, la operación principal del cerebro según el modelo estándar de las Ciencias Sociales.

Lo que ocurre es que el cerebro, y la mente que éste subtiende, no es un pizarrón vacío. Tiene capacidades innatas para procesar, entre otros atributos, el aprendizaje y las memorias. La información que le llega, a través de las experiencias, es evaluada y depositada en la "memoria de largo plazo" sólo si cumple ciertos requisitos: valor existencial, significación cognitiva. Si no los cumple se desecha. Estos procesos se verán en detalle en un capítulo especial: "Memoria y Aprendizaje". El depósito en la memoria de largo plazo (aprendizaje) tiene un complejo mecanismo neuronal, hoy bien conocido, en el que participan módulos cerebrales específicos (hipocampo y sistemas corticales) y se activan genes y proteínas predeterminados, del tipo CRE (elemento de respuesta al AMP cíclico). Ellos modifican las sinapsis y así aumentan la excitabilidad estructural de redes neuronales especializadas, según el tipo de información que las redes neuronales modificadas son "expertas" en procesar.

Por otra parte, las evidencias de la clínica neurológica muestran que las relaciones del cerebro con la mente, estudiadas por la Neuropsicología, no son generales u holísticas como piensan los postmodernos. Es clínica y científicamente demostrable que el cerebro tiene "módulos" localizados (compuestos, cada uno de ellos, de complejas redes neuronales) que procesan separadamente atributos más elementales, los cuales se asocian de diversas maneras según las tareas que el sujeto debe realizar, y así producen las capacidades operativas de las distintas facultades mentales (memoria, lenguaje, emociones, racionalidad, etc.). Las ideas localizacionistas tienen una larga historia, pero en los últimos 20 a 30 años esas hipótesis han logrado una ratificación considerable sobre la base de los impresionantes avances en las tecnologías disponibles para estudiarlas (Anexo 3). Este progreso en las técnicas de examen tiene trascendencia clínica y neurobiológica. La primera porque el neurólogo actual puede con ellas localizar con precisión el área del cerebro dañada en un paciente con específicas funciones mentales alteradas (lenguaje, visión, memoria, etc.). El efecto de estos hallazgos sobre los conceptos neurobiológicos modernos es muy grande. Por su parte, las Neurociencias y otras disciplinas (Genética, por ejemplo) que estudian la intimidad celular de neuronas y sus conexiones han desarrollado sus propias y avanzadas tecnologías de investigación. Creo que una mirada a estas innovaciones técnicas permite acentuar mi argumento central (Anexo III). Todos los atributos mentales son procesados por el cerebro.

Despejadas, creo yo, estas objeciones, estoy en condiciones de presentar al lector las ideas nucleares que sustentan y dan un sentido general a los específicos problemas que se tratan en cada capítulo. Tanto este tratamiento detallado, como las ideas generales que expongo a continuación, se nutren de los conocimientos que aportan las distintas ciencias que constituyen la Neurobiología moderna (Anexo III).

1. Los seres humanos y su evolución

Los seres humanos individuos de la especie Homo-Sapiens hemos evolucionado de acuerdo con los principios biológicos que informan la Teoría de la Evolución Natural de Darwin, y los complementos y especificaciones adicionales del llamado neo-darwinismo. En esta evolución han mejorado muchos de los atributos corporales y mentales ya existentes en sus ancestros homínidos: bipedalismo con liberación de manos, procesamientos emocionales y cognitivos superiores, además de una sociabilidad particular. Pero sobre todo en esta evolución, se han desarrollado capacidades neuropsicológicas únicamente humanas: conciencia subjetiva, que opera como agente intencional consciente; planificación abstracta de largo plazo, también consciente; lenguaje gramatical y sintácticamente maduro, capaz de funcionar recursivamente como un lenguaje reflexivo, y juicios morales vinculados a conductas propias o ajenas.

2. Predisposiciones sociales innatas

Junto a estas trascendentales novedades evolutivas se han desarrollado importantísimas predisposiciones sociales innatas[1] no siempre conscientes, y en un grado muy menor, parcialmente presentes en sus ancestros antropoides. Ellas son cuatro:

2.1. La ultrasociabilidad

Como respuesta evolutiva a sus incapacidades físicas (escasa fuerza muscular, brazos y manos hábiles, pero sin garras, mandíbulas débiles y sin colmillos) para enfrentar "individualmente" los desafíos de su supervivencia personal (alimentos, protección de depredadores, etc.) y las de sus crías, las más desvalidas y dependientes por largo tiempo de todas las especies animales conocidas.

2.2. La ultraindividuación

Resultante de su conciencia subjetiva que le permite sentirse a sí mismo distinto de otros y agente de sus propias acciones, dispone, además, de una memoria autobiográfica que construye su propia historia personal. Como parte de su autonomía individual tiene ciertas capacidades "relacionales" que se refieren a los demás: altruismo cooperativo, teoría de la mente y predisposición a organizarse, en grupos con jerarquía.

2.3. Sistemas de control del comportamiento social

Su ultra-sociabilidad se suele contraponer con su ultra-individuación. Esta contraposición grupo-individuo genera, de modo inevitable, tensiones con frecuencia difíciles de resolver. Los grupos de homínidos que desarrollaron sistemas bio-culturales de control del comportamiento social (moral, por ejemplo) fueron evolutivamente más exitosos. Éxito evolutivo significa mayor reproducción.

2.4. Aprovechamiento de las ventajas socio-evolutivas

El aprovechamiento de las ventajas socio-evolutivas de cooperar y no dañarse entre miembros del grupo, los hizo prevalecer, como también porque aceptaron y estimularon la presencia de individuos autónomos y creativos capaces de generar innovaciones y nuevas ideas.

3. Evolución filogenética del cerebro humano

Se puede sostener que las culturas, en cuanto sistemas normativos, sirven para resolver (no siempre con éxito) la tensión sociedad-individuo, la que se incrementa cuando los grupos son mayores y sus miembros tienen más capacidades mentales

[1] En este libro usaré la palabra "predisposición" cuando se trate de tendencias o atributos neuro-psicológicos innatos, es decir con base genética.

para ser y sentirse autónomos. Desde este punto de vista es necesario considerar algunos hallazgos modernos sobre la evolución filogenética del cerebro humano. El crecimiento y complejidad del cerebro humano se puede correlacionar directamente con el aumento progresivo de individuos componentes de los grupos de homínidos de las sucesivas especies, y precursores del Homo Sapiens (R. Dunbar). Un efecto de este aumento de tamaño y complejidad del cerebro, necesarios para computar más personas (rasgos físicos, intenciones, cualidades, confiabilidad, etc.), fue el incremento en la calidad y extensión del procesamiento cortical de las "habilidades neuropsicológicas superiores" de nuestra especie (lenguaje, memoria, aprendizaje, emociones, racionalidad, entre otras).

4. Desarrollo de comunidades con culturas particulares

De esta manera, la especie humana con su gran y complejo cerebro, al mismo tiempo social, cooperativo y creador de innovaciones, fue capaz en alrededor de 200 mil años, de desarrollar progresivamente comunidades con sus particulares culturas, cada vez más complejas y orientadas a organizar sus propias sociedades y a dominar su entorno ecológico. Este doble propósito general de las culturas (organizar las comunidades y utilizar los recursos medio-ambientales) dio origen, por una parte, a la Política, la Economía, la Moral y el Derecho y por la otra, a la multitud de Tecnologías que resuelven necesidades sociales. Éstas llevaron a la especie humana de cazadores-recolectores a viajeros espaciales.

5. La mente humana

La mente humana y su necesidad de saber cómo y por qué ocurren cosas y eventos, y también entender su propio destino y el del universo, ha ido mucho más allá de intervenir los entornos ecológicos y sociales. Y esto, debido a que la mente humana nace de su complejo cerebro y está apoyada en el aprendizaje cultural. Así, creó Religiones con sus creencias y ritos, Filosofías que sostienen que la realidad es racionalmente cognoscible, Ciencias que conocen el mundo a través de diversos métodos empírico- racionales y Artes que permiten expresar y reconocer las cualidades simbólicas del mundo y de su propia mente.

El desarrollo temático de este libro está basado en esas hipótesis generales. En él se exploran los procesamientos cerebrales y los procesos mentales (neuropsicológicos) que hacen posible las prácticas culturales, que en definitiva son otra forma de evolución (mucho más rápida y flexible). Su éxito depende del modo cómo se originan, se expresan y evolucionan sociedades y culturas, al mismo tiempo, protectoras de la suerte del grupo, pero aceptando individuos autónomos, creativos y con liderazgos que ayuden, no dañen, y que, innovando, mejoren los procesos y productos culturales de su comunidad. La evidencia histórica muestra que grupos y naciones que no fueron capaces de mantener este círculo virtuoso Sociabilidad –

Individuación – Sistema de Control, desaparecieron por conflictos y caos internos, incompetencias tecnológicas (escasas innovaciones y/o destrucción medioambiental) lo que finalmente los llevó a decaer y colapsar o a ser invadidos o destruidos en guerras.

La presentación de las relaciones entre la mente (y su cerebro) con la Cultura exige separar el libro en dos partes que, aunque evidentemente relacionadas, necesitan un enfoque independiente dado los diferentes tipos de procesos y contenidos neuropsicológicos que en cada parte se exploran. Así la Primera Parte; "Neuropsicología de la Cultura", da cuenta de las capacidades neuropsicológicas de nuestra especie que hacen posible, en general, el desarrollo de las culturas humanas en cualquier tiempo y lugar pues son privativas del Homo Sapiens, en cuanto tal. La Segunda Parte: "La Mente Civilizada" es distinta. Se trata de una exploración detenida de cada uno de los rasgos, procesos y prácticas culturales mayores que ha generado la mente humana, operando en sus respectivas comunidades. Ella, por supuesto, construye civilizaciones diferentes, con sus propias tecnologías, formas de organización política, económica, religiones y estilos de vida. La cuestión aquí es preguntarse qué hay de común en la evolución de estos diversos patrones culturales.

Cada una de estas dos partes está organizada en Secciones y Capítulos.

Introducción

Las relaciones de la mente con la Cultura serán estudiadas, en detalle, a lo largo de este libro, del cual son, como vimos en el Prólogo, su núcleo principal. En este contexto es necesario conocer el sustrato neuropsicológico de los principales (en mi opinión) conjuntos de prácticas y rasgos culturales que sistemáticamente se pueden encontrar en todos los grupos humanos conocidos. Esta idea – conjunto de prácticas culturales tipológicamente universales – subyace a la estructura del libro, presentada en el Prólogo. En todo caso, y para mayor claridad de nuestros lectores, debo incorporar en esta Introducción definiciones centrales sobre conceptos que se encontrarán mencionados a cada paso en el texto.

1. Cultura y civilización

El concepto de Cultura es, como sabemos, no sólo polisémico sino además ha tenido variaciones en distintas épocas y tradiciones académicas. En el lenguaje coloquial, Cultura suele asimilarse a un conjunto de saberes bien específicos: Arte, Historia, Filosofía, Lenguas y quizás, Ciencias. En los siglos XVIII y XIX, una persona culta era la que poseía un buen conocimiento (para su época) de estos temas. En muchos medios sociales actuales esta definición aún se mantiene. Más importante es la confusión de Cultura con civilización. Dado que esta última tiene una definición estándar comúnmente aceptada aquí la resumiré con el fin de facilitar la interpretación de este concepto cuando lo use a lo largo del texto, especialmente en su Segunda Parte.

El concepto de civilización tiene algunos atributos esenciales y permanentes, mientras otros son eventuales. Entre los esenciales se encuentran los político-organizacionales y los territoriales. Las civilizaciones se instalan en Estados que tienen varias características comunes, y un gobierno encargado de las decisiones políticas y proyectos comunes, sean ellos productivos, de infraestructura, económicos y de defensa. También, órganos encargados de fijar y hacer cumplir normas y regulaciones diversas. El Estado tiene, además, límites geográficos bien definidos. Está constituido por aglomeraciones urbanas, además de territorios agrícolas, de pastoreo o con otros usos. Recordemos que civilización viene del latín "civitas" (ciudad), y política del griego "polis". Entre los atributos eventuales hay dos importantes. Lenguaje común, que es frecuente pero no constante. Religión común, también frecuente, pero no constante. En algunos Estados hay comunidades diferentes, con el mismo lenguaje y/o igual Religión, uno o ambos diversos a la Cultura general. A estas comunidades se les llama Naciones pues sus individuos tienen una Cultura común. Por supuesto, hay variaciones en estos atributos. Estado teocrático (una religión obligada, que dirige el Estado), Estado con varias naciones (Imperios) y, con los tiempos modernos, Estado – Nación, Estado-Democrático.

El vocablo "etnia" es difícil de definir. Los antropólogos lo usan a veces como un conjunto que mezcla tipos raciales con prácticas culturales y lenguaje común, pre-civilizacionales.

El concepto de Cultura aquí lo usaremos considerando dos visiones, que, aunque diferentes, nos parecen complementarias. Ellas, como veremos, que se corresponden con dos formas distintas de procesamiento neuropsicológico. Por una parte, la más tradicional y extendida se resume al sostener que la Antropología (que investiga la Cultura) es el estudio "del ser humano y sus obras". La otra visión afirma que la Cultura es "un marco aprendido de distinciones" que orienta intenciones y actitudes, que se manifiestan en preferencias y negaciones, acercamientos y lejanías de cosas, personas, eventos y circunstancias que constituyen procesos y prácticas culturales. Veamos con algún detalle lo que contienen estas dos miradas.

En el caso del estudio del ser humano y sus obras, se ha hecho popular una definición algo laxa que sostiene que la Cultura está constituida por el conjunto de costumbres, usos, creencias, instituciones y tecnologías que una determinada sociedad o grupo comparte a través de las relaciones sociales, económicas y políticas, considerando el específico medio ambiente en que viven, sus posibilidades productivas y sus riesgos. Esta visión compartida, por el grupo socio-cultural, se expresa a través de un lenguaje común, ritos, fiestas, mitos y dioses que les son propios, y se organiza con variadas normas y reglas aplicables a muy distintos dominios de la vida y que todos respetan o sancionan. Sin duda, esta enumeración podría ampliarse mucho más aludiendo, por ejemplo, a la estructura de los parentescos, a la Arquitectura y al Arte (Cultura material), y a los medios utilizados para transmitir (educar) a los descendientes (u otros) este enorme bagaje de conocimientos, habilidades y saberes. Digo enorme, porque en realidad, cada uno de los elementos indicados más arriba, por sí mismos y sobre todo asociados con otros, define al detalle comportamientos individuales y colectivos de acuerdo a creencias comunes (no sólo religiosas), y la manera adecuada y esperable de comportarse prácticamente en cualquier circunstancia.

Tomemos por ejemplo el comienzo de una vida en pareja (matrimonio en muchas culturas). No es posible dudar que el acoplamiento sexual sea un constructo biológico. Sin embargo, las condiciones del entorno social para aceptar tal relación están predeterminadas por costumbres y normas culturales. Entre ellas: a qué nivel de parentesco (¿primos?) el matrimonio está permitido; es una elección de los novios o de sus familias; hay un pago que realizar (la India hoy); el varón tiene (o puede tener) otras esposas (musulmanes); la mujer podrá trabajar y/o tendrá derecho a ser propietaria de bienes, etc. Las ceremonias del enlace están bien determinadas. Templo y/o autoridad civil, trajes que usarán novio, novia y asistentes principales; organización e invitados a la fiesta, regalos adecuados, etc. Este ejemplo muestra cómo se conjugan los diversos elementos. Hay creencias que respetar (templo y ceremonia), costumbres sociales que mantener: a quién invitar, atuendos y música a ejecutar. Consideraciones económicas (quién financia qué), consideraciones políticas que tener en mente (parejas de familias aliadas o enemigas), firmas e inscripciones legales, con quienes vivirán (patrilocal – matrilocal – independientes), etc. El ejemplo me parece importante, además, por dos razones capitales: a) La variedad y complejidad de cada Cultura en su papel de definir comportamientos grupales, sociales e individuales; b) La evolución de las Culturas.

Para un lector atento, varias de las decisiones necesarias para realizar un matrimonio le parecerán trasnochadas. Efectivamente, están puestas allí a propósito. El emparejamiento por decisiones familiares, los pagos (familia del novio o la novia), vida matri o patrilocales etc., son restos de culturas tradicionales que se están modificando, pero que en ciertas regiones han persistido. Aquí, el tema crucial es el de la evolución de las culturas. Sus causas y alcances. En este sentido, la cuestión importante es si las culturas evolucionan a través de cambios parciales, de un tipo de prácticas (religiosas, por ejemplo) a partir de las cuales orientan el cambio de otras prácticas, como ocurrió con el Islam. Dado que el Corán debía leerse en árabe, los niños persas debían aprender la escritura árabe. En la India Británica los hindúes aprendían inglés no por razones religiosas, sino para ascender en sus carreras financieras. Esto nos lleva al tema de la llamada "Unicidad de las Culturas", el Zeist de Hegel que empezaremos a explorar.

Efectivamente, y con razón se ha sostenido que un papel de la Cultura es dotar a sus miembros de "esquemas de selección" que hacen preferibles ciertas actitudes, creencias y conductas con lo que estamos incorporando al concepto de "Cultura" que acabamos de describir, uno complementario, pero de muy distinta entidad neuropsicológica. Las reglas y normas de la definición tradicional de Cultura son explícitas, y aunque puedan rutinizarse y hacerse casi automáticas, son perfectamente conscientes para el sujeto que habita en determinado grupo sociocultural. Aunque no conozcamos el origen histórico de costumbres, ritos, reglas del tránsito, o de la forma de disponer la utilería en una comida formal y las formas de comportamiento social cotidiano, somos capaces de recordar, conscientemente, y transmitir lingüísticamente lo que nuestra cultura nos recomienda o exige. Lo que se ha llamado "esquemas de selección" de actitudes y comportamientos operan, pienso yo, en la mente de las personas (de cualquier Cultura) de un modo diferente. Ellos son parte fundamental de preferencias y rechazos a las distintas "ofertas" culturales (nuevos conocimientos, diversas prácticas socio-culturales, distintas conductas individuales) dado que dependen de motivaciones, creencias y deseos profundos y permanentes, que son adquiridos muy temprano en el aprendizaje infantil. Ellos configuran patrones o modelos perceptivos, ideológicos y conductuales (visiones de la realidad) con los cuales se comparan las experiencias y se califican (seleccionan) como apropiados, deleznables, satisfactorios, etc. Por razones que consideraremos en el Capítulo 1 de este libro, los esquemas de selección son dispositivos mentales mayormente implícitos (no conscientes), con una fuerte raíz afectiva emocional, y que operan de un modo prácticamente automático al incorporarse a las decisiones de cada persona a lo largo de toda su vida.

Las culturas de tipo tradicional son memorias explícitas, declarativas, en este caso, semánticas, las que se exponen en el mismo capítulo. Allí se insiste en que las memorias explícitas (nivel 1) inician su maduración (capacidad de aprendizaje) de 2 a 3 años después que empieza a desarrollarse la capacidad de adquirir memorias implícitas (nivel 2, afectivas, emocionales y sensorio-motoras), que se instalan progresivamente desde el nacimiento.

Estos dos niveles, con los que operan las mentes en las prácticas culturales tienen gran trascendencia. Por una parte, porque el nivel 2 (esquemas de selección) parece ser más estable y profundo que el nivel 1 (definición tradicional) y aunque el nivel 2 está más escondido al escrutinio de la conciencia, otorga una cierta unidad básica a las culturas y a su diferenciación de otras comunidades. Quienes son parte de mi grupo y quienes son ajenos o enemigos. Probablemente es el nivel 2 el que da soporte y significación a intuiciones o creencias fundamentales, que se expresan en actitudes y comportamientos, cuyos contenidos y prácticas explícitas pertenecen al nivel 1. Tomemos dos ejemplos: uno científico y otro religioso. La rotación de la Tierra "redonda" alrededor del sol y sobre sí misma, fue un concepto muy difícil de asumir por las personas de las culturas de los siglos XVI y XVII. La noción de una estabilidad esencial de la Tierra y de su centralidad en el cosmos era parte del aprendizaje cultural de nivel tipo 2. Los niños, jóvenes y adultos del mundo moderno no tienen el menor problema para aceptar las rotaciones y la posición del sol como información elemental y creíble. En el ejemplo religioso, el Concilio Vaticano II decidió cambios importantes en las prácticas de sacerdotes y fieles durante la misa. Hubo discusiones, pero realmente pasajeras, que luego se desvanecieron. Tales cambios pertenecen al nivel 1 y no tocan la creencia fundamental de esa ceremonia, esto es la misa como representación de una verdad ocurrida en "aquel tiempo": el sacrificio y la pasión del Hijo de Dios para salvar a los humanos.

Los mitos y los héroes de cualquier Cultura tienen un núcleo tipo 2. Por eso pueden cambiar sus ropajes e historias (Cultura tipo 1) en distintas poblaciones y circunstancias. La no diferenciación conceptual entre estos dos niveles de las culturas, parece estar en el origen de las dificultades de la Etnología para describir "completamente" culturas que le parecen exóticas. Sus estudios de las prácticas culturales tipo 1 suelen ser muy completos, pero siempre sienten que algo trascendental se les escapa. Mi propuesta es que no penetraron en los códigos mentales implícitos que configuran los "sistemas de selección", es decir, el núcleo tipo 2 de esa tal Cultura. Por cierto, diferenciar estos dos niveles de las culturas puede resultar difícil pues ellos funcionan en la mente de los individuos que pertenecen a esa Cultura, de manera integrada y bien correlacionada cuando definen los comportamientos "esperables" en esa particular comunidad.

Por otra parte, la existencia de "sistemas de selección", significa la presencia de dispositivos mentales que subtienden los niveles tipo 2 de las diversas culturas. Desde una perspectiva neuropsicológica tales dispositivos me parecen esenciales para entender las relaciones entre Cerebro-Mente y Cultura. Desde este punto de vista, es posible sostener que cuando hablamos, como lo haremos a lo largo de este libro, de variaciones genéticas concomitantes o co-relacionadas con cambios conductuales y culturales, estamos apuntando a que tal variación del genoma impactó funcionalmente, en los procesamientos neuropsicológicos de los códigos que subyacen a los sistemas de selección cultural (tipo 2), con lo que se adquirió un nuevo mecanismo "biológico" para un aprendizaje preferente en una cierta dirección. Esto significó mayor nivel de complejidad en el procesamiento cerebral de ciertos atributos lo que, a su vez, permite la aparición de novedosas aptitudes mentales. Por lo demás, esto es lo que ocurre con el lenguaje y otras capacidades computacionales humanas genéticamente programadas, pero que se especifican según el entorno socio-cultural en el que se despliegan. Esto lo veremos al considerar la maduración ontogenética del ser humano, en el Capítulo 5.

Naturalmente la arquitectura funcional del cerebro humano, integrada en una Neuropsicología coherente, cuando genera planes de acción, asocia componentes de una y otra vertiente del aprendizaje cultural, siendo evidente que los "esquemas de selección", que pertenecen a influencias familiares y sociales más tempranas, son por decirlo así, más conservadores, mientras los componentes de la definición tradicional son más proclives al cambio y a la crítica racional explícita. La razón biológica de esta diferencia es bien conocida. El niño pequeño (en realidad su cerebro) opera hasta los 3 años construyendo un mundo en clave afectivo-emocional, su memoria es de este tipo y define actitudes y preferencias implícitas para el sujeto, dado que la memoria emocional no es consciente. Sólo al finalizar el segundo año de vida empiezan a madurar sus competencias más "cognitivas" y conscientes (lenguaje, memoria declarativa, etc.).

Sin embargo, debo hacer una consideración final sobre este tópico. Hay quienes piensan que la transmisión cultural se realiza a través de unidades de información llamadas "memes" (para asociarlas con genes). Con la explicación que he hecho, es claro que esto sólo podrá ser cierto respecto a la definición tradicional de Cultura, no a la de tipo 2. Tales mini-paquetes de información (memes) no llegan de inmediato al niño pequeño sino a los adultos. Si éstos los aceptan y transmiten a sus descendientes, inician su camino para ser parte de la Cultura tipo 2. En caso contrario, desaparecen. La aceptación y trasmisión intergeneracional, depende del modo cómo el meme se incorpora a la cultura tipo 2 preexistente. Así, los famosos memes pueden ser sólo modas pasajeras. En los diversos capítulos de este libro cuando hablemos de Cultura, estaremos pensando en ambos tipos de memoria cultural.

2. La evolución de las Culturas y la hipótesis de la Coevolución

Ésta es una temática que creo indispensable considerar en la Introducción de este libro pues aborda problemas esenciales para la Biología de la Cultura y su evolución. Tanto así, que la propia organización del texto se basa en estas hipótesis. Para tratar el tema debo responder dos preguntas: ¿Evolucionan y se desarrollan las culturas? Si la respuesta a esta pregunta es positiva, (como yo pienso), necesariamente debe abordarse su consecuencia. ¿Qué papel juegan en esta evolución el impacto de los nuevos productos culturales (eco-tecnologías y socio-tecnologías, por ejemplo) sobre los dispositivos cerebrales que procesan las culturas humanas y sus eventuales desarrollos? Teniendo en cuenta que la historia cultural de los humanos muestra una permanente evolución, con aumento constante de la complejidad de sus desempeños, la pregunta por las nuevas capacidades mentales vinculadas con este aumento de variación, puede responderse a través de la hipótesis de la co-evolución. Basta comparar la forma de vida de los participantes en las ceremonias desarrolladas en las cavernas pintadas de Lascaux, con la de los visitantes del Museo de Arte Moderno de Nueva York para constatar la enorme distancia, no sólo temporal sino cultural, que los separa y esto sin considerar, por ahora, si el cerebro de los cro-magnones de Lascaux era genéticamente idéntico al de los visitantes del Moma. Sin embargo, la hipótesis de la coevolución tiene un sustento que parece bastante trivial. Nuestras mentes se incorporan a su precisa Cultura por la enorme capacidad de aprendizaje de nuestro cerebro.

La pregunta adicional es mucho más complicada. Estos aprendizajes, que, como veremos en el Capítulo 1, implican cambios físicos de nuestras redes neuronales, ¿son capaces (a lo menos algunos de ellos) de inducir variaciones en nuestro capital genético, en tantos miembros de una especie bien determinada: ¿Homo Sapiens-Sapiens? Desde un punto de vista estrictamente biológico, el aprendizaje (de rasgos culturales) es una manifestación fenotípica, es decir una expresión conductual específica de nuestro capital genético, el que como tal, se mantiene sin variaciones, por lo que los rasgos culturales aprendidos no son heredables. Los hijos de violinistas insignes rara vez alcanzan el virtuosismo de sus padres, aunque en éstos las neuronas motoras que procesan la cognición motora de su mano izquierda han aumentado en número y capacidad de conexiones sinápticas, como un producto de la plasticidad cerebral. Sin embargo, la aparición de las razas humanas plantea un problema. Ellas se constituyen por cambios genéticos que subyacen a variaciones corporales (fenotípicas) heredables. Los cambios genéticos son, a su vez, modificaciones que ajustan el equipamiento innato a circunstancias medioambientales (luz del sol y calor, nieve y frío).

Por otra parte, y como veremos en diversos capítulos de este libro, el ajuste genético a los cambios ambientales, es una posibilidad que no sólo se manifiesta en los atributos raciales. Existen otras condiciones corporales y mentales que han variado por presiones ambientales. Para mirar todos estos problemas desde un punto de vista más general, consideremos lo que podemos llamar la "Revolución Genética", generada por el proyecto del genoma humano, terminado hace sólo poco más de diez años y que no ha dado aún todos los frutos científicos que de él son esperables.

3. Genes y mente

La primera constatación surgida de este proyecto es que los humanos tenemos menos genes de lo que se esperaba. Sólo alrededor de 24.000, mientras la mosca de la fruta, muy usada en experimentos genéticos, tiene 12.000. La segunda constatación es que los genes son mucho más flexibles y pueden integrar conjuntos multigenéticos capaces de producir no sólo una sino muchas variedades de proteínas, las cuales son, como se sabe, los efectores finales "en terreno" de las funciones de los genes (estructuras celulares, procesos metabólicos, transmisión del código genético del DNA al RNA, siendo este último el fabricante de proteínas, etc.). También se ha descubierto cierta variabilidad individual del equipamiento genético humano, de modo que las distintas personas tienen, para el mismo gen, distintas versiones en relación con el código de cuatro letras pareadas (alelos), que pueden constituir distintas palabras, y según su longitud y variación, distintas frases que definen diferentes textos de instrucciones para producir las diversas proteínas. Esta variabilidad, a veces de sólo una o dos letras (bases), hace que el genoma de cada individuo sea un código tan personal como para definir la identidad de cada cual, con más precisión que las huellas digitales. La Genética "post genoma" en sus variedades "Genómica" y "Proteonómica" ha encontrado que los genes (y por su lado las proteínas que ellos producen) son en realidad un Sistema Genómico en el cual participan los genes productores de proteínas, pero también, los previamente llamados "genes basura", que no se consideraron entre los 24 mil, por no codificar proteínas. Así, el sistema genómico presente en los cromosomas (y las mitocondrias) de cualquier especie, es mucho más amplio, diversificado y multifuncional de lo que se pensaba. Hay algunos genes especializados en "activar" otros o, mejor aún, una batería de otros genes que así "expresan" su potencial de modo coherente en el tiempo (¿cuál primero?) o funcional, esto es, por ejemplo, qué enzima (que es una proteína) debe agregarse al metabolismo de cuáles células.

Más decisiva es la capacidad demostrada experimentalmente (en bacterias) de buscar, en el Sistema Genómico (en su memoria podríamos decir), qué genes dormidos o cuáles nuevos conjuntos de genes son capaces de hacer "apto" el organismo frente a un cambio ambiental novedoso. Adicionalmente, la moderna Proteonómica, ha mostrado que las proteínas pueden "adaptarse" variando su "forma", que es la que reconocen sus receptores en las membranas celulares o intracelulares. El cambio de su composición de aminoácidos es función de los genes. La evolución natural de Darwin por supuesto se mantiene, pero en ella opera de acuerdo a las capacidades genéticas que la especie ya tiene y se expresa en un cierto fenotipo más "apto". Las nuevas genómicas y proteonómicas se preguntan cómo los sistemas que codifican información hereditaria son capaces de ajustarse a nuevas demandas ambientales, no siempre o no sólo a través de las mutaciones tradicionales, que por su naturaleza son aleatorias, y no aparecen precisamente cuando el cambio ambiental las "necesita". Recordemos que la evolución natural depende, en palabras de Darwin, de "descendencia con variaciones" (fenotípicas). Así, el ajuste de estas variaciones a nuevas demandas ambientales es azaroso, pues los cambios en el fenotipo dependen de mutaciones previas aleatorias. Esto es sin un propósito determinado. Sin embargo, esta contradicción es resuelta por el sistema genómico de un modo simple y sólo últimamente reconocido.

Efectivamente, las mutaciones son azarosas y no predeterminadas. Cuando ocurren se agregan al capital genético disponible por el individuo (o el grupo). Allí puede permanecer latente hasta que una variación ambiental, siglos o milenios después, pudiera requerirla, situación en la que por mecanismos no bien conocidos es activada para producir resultados fenotípicos a veces espectaculares.

Este conjunto de atributos funcionales de los genes es importante porque pueden explicar un misterio muy debatido. ¿Cómo es posible que con el mismo cerebro el Homo Sapiens cazador-recolector del Paleolítico Superior haya llegado a pisar la Luna o a formular las ecuaciones de la Mecánica Cuántica? La respuesta es: a) variabilidad de los códigos genéticos entre las personas; b) flexibilidad en las operaciones de los propios genes como conjunto, c) hubo cambios genéticos en el Paleolítico Superior y en el Neolítico. El misterio que así se empieza a aclarar nos permitirá sostener en los diversos capítulos de este libro que nuestro equipamiento genético es capaz de acomodarse a los enormes y distintos cambios producidos en el ambiente físico y social del ser humano, inducidos por los diversos productos socio-culturales de las distintas culturas. Esto significa "coevolución".

Los genes que participan en el aprendizaje y la memoria son conocidos y son buen ejemplo de las características recién anotadas. Ellos, llamados Cre en su conjunto, son activados por otros genes, y se expresan en una secuencia específica a través de proteínas, que modifican tanto el aparataje metabólico de la neurona apropiada, especialmente en sus sinapsis, pero también induciendo cambios estructurales. A veces, por ejemplo, duplican las espículas de las dendritas y/o los terminales axonales. Todos estos cambios, que no vale la pena detallar en esta Introducción, son iniciados por la llegada al cerebro de informaciones producto de experiencias significativas y con valor, debido a variaciones de la relación del individuo con su medio ambiente. Naturalmente, el equipamiento genético y sus mecánicas operatorias son innatos, pero su expresión concreta depende de modificaciones del entorno o del propio individuo. Los cambios en el individuo pueden ser propiamente en su equipamiento genético. La frecuencia de las mutaciones tiene un estándar bien conocido que permite "datar" su fecha de aparición. Además, puede existir un reordenamiento de los cromosomas. Todo esto generalmente no induce variaciones fenotípicas estructurales mayores, sean funcionales, o conductuales. A veces son deletéreas, pero ocasionalmente pueden, aunque aleatorias, hacer variar positivamente algún dispositivo neuronal que mejore las capacidades adaptativas de la mente del sujeto. Es la selección natural funcionando. En este libro descubriremos algunas de estas modificaciones genéticas adaptativas en el Homo Sapiens como tal. (Capítulos 6 y 7). Por supuesto ellas también existieron durante su filogenia que los llevó desde el ancestro común con los chimpancés hasta los creadores de Internet.

Por otra parte, existen las variaciones en las expresiones genéticas regulares y constantes, que se producen en el transcurso de la maduración ontológica de todos los seres vivos, y son dependientes del tiempo, es decir, del cumplimiento de ciertas etapas sucesivas en la vida de cada cual. Estas variaciones en la expresión genética constituyen, son el soporte, de lo que se ha llamado "períodos críticos" del aprendizaje (Capítulo 1). Esta capacidad innata (genética) de abrir competencias en períodos de la vida bien determinados (Capítulo 5), parece depender de distintas condiciones: a) activación independiente de genes de acuerdo a su propio patrón de maduración (interno) como caminar, respirar o desarrollar teorías de la mente o altruismo; b) estímulos ambientales específicos sobre el cerebro que madura, activando competencias recableadas como son el lenguaje y el cálculo. La capacidad de aprender se relaciona, sin duda, con la maduración de las posibilidades de procesar ciertos estímulos o informaciones dependientes de la experiencia, de disponer de las redes neuronales apropiadas, generar y mejorar conexiones intra-redes locales o inter-redes más lejanas (mielinización axonal). Así, el desarrollo ontogenético significa la maduración, más o menos completa, de los distintos módulos distribuidos que participan en conjunto en una determinada función corporal o mental.

Pienso que esta visita a las relaciones entre los dispositivos cerebrales innatos de procesamiento de información, y el aprendizaje originado por las informaciones suministradas por las experiencias, es un buen preludio para buscar, en el curso de este libro, las relaciones entre Neurobiología (la plasticidad del cerebro) y Cultura (los materiales que se aprenden). Sin embargo, hay, como ya he dicho, un dato adicional que se debe considerar. Lo que se aprende pertenece al entorno y el ser humano es un creador-creado de partes importantes de este mismo entorno. Por ejemplo, el entorno cultural y tecnológico ha sido configurado por el ser humano en una progresión de límites hoy desconocida, pero cada individuo que llega a este mundo con casi el mismo equipamiento genético del Cro-Magnon, debe enfrentar una realidad totalmente distinta, con tecnologías y atributos culturales inconcebibles en el Paleolítico Superior en el que vivió el Cro-Magnon. Dado que es a esta realidad, de algún modo "artificial", más que la determinada por la naturaleza (Geología, clima, etc.) a la que los humanos y sus capacidades neuropsicológicas han debido progresivamente irse acomodando y, sin duda, lo seguirán haciendo, es posible afirmar que nuestra especie vive una siempre creciente forma de coevolución. Esto significa que la selección natural y la selección sexual descritas por Darwin, y basadas en nuestra complejísima dotación genética, operan para nosotros mayormente estimuladas por nuestros propios productos socioculturales y tecnológicos, que pueden interferir incluso con las propias condiciones físicas de la naturaleza, como es el cambio climático. Ellas son el origen de aspectos importantes del siempre cambiante entorno al que debemos constantemente acomodar co-evolutivamente nuestras capacidades neurobiológicas. Claro que la co-evolución acompaña a nuestra especie por varios millones de años, desde mucho antes de la Agricultura, los viajes a la Luna o el Internet.

En efecto, el más poderoso activador coevolutivo de nuestros ancestros Australopitecos y luego de los Homínidos que llevaron al Homo Sapiens, es nuestra vida social. Aunque veremos este asunto con detención en los capítulos de la Primera Parte del libro, vale la pena decir ahora algunas palabras sobre la coevolución producida entre sociabilidad y tamaño cerebral que representa funcionalidad biológica. El investigador británico Robin Dunbar ha demostrado la existencia de una correlación directa entre número de individuos que compone el grupo de referencia, con interacciones cercanas entre ellos, y el tamaño del cerebro de la especie (Australopitecos - Homínidos - Homo Sapiens) a la que tales grupos e individuos pertenecen. Si ponemos en la abscisa de un cuadro el tamaño del cerebro de nuestras especies ancestrales y el del Homo Sapiens actual (entre 400 y 1.300 gramos), en la ordenada el número de individuos con los cuales cada sujeto tiene una sociabilidad muy cercana (entre 12 a 15 individuos el Australopiteco Afarensis, comparado con hasta 150 el ser humano actual), el cuadro muestra una relación directa, casi sin desviación, entre tamaño del grupo cercano y tamaño del cerebro, particularmente de la corteza prefrontal.

Así pues, puede sostenerse que la evolución darwiniana, operó en los Hominoides, a partir de un ancestro común con los actuales chimpancés y bonobos, privilegiando las competencias mentales necesarias para sobrevivir dentro y con el grupo, el que al aumentar en su densidad sociológica (más individuos para interacciones cercanas) requería mayor complejidad en los procesamientos neuropsicológicos de estos crecientes intercambios. El incremento en las necesidades computacionales de los cerebros de nuestros ancestros, hizo crecer repetidamente en el curso de nuestra Filogenia, el tamaño y la complejidad de sus cortezas cerebrales, especialmente en las regiones prefrontales y en las asociativas temporo-parietales.

El aumento de tamaño de los grupos sociales de interacciones cercanas no sólo incrementó el volumen y complejidad de sus cerebros, sino y sobre todo, los hizo más aptos para procesar nuevas habilidades y atributos mentales (lenguaje, teoría de la mente, principios morales, etc.). No es muy claro el origen de esta verdadera revolución sociológica de los hominoides[2] que evolucionó en un círculo virtuoso: grupos sociales más numerosos – mayores cerebros – nuevos atributos – grupos sociales mayores, etc. Sin embargo, la mayoría de los paleontólogos piensa que la mayor presión evolutiva derivó de la necesidad de aumentar el número de miembros de las hordas, como protección de una especie físicamente incompetente respecto de las fieras que pululaban en su entorno, con dificultades para obtener alimentos, cuidar a sus desvalidas crías dependientes muy largo tiempo, y protegerse de los depredadores, que los acechaban.

[2] El apelativo *Hominoide* incluye a Autralopitecos y Homínidos, cada uno de los cuales incluye varias especies.

4. Lo que dice la Etnografía

Hoy día existen, en rápido proceso de desaparición, pequeños grupos periféricos de culturas cazadoras recolectoras, algunos fosilizados en tiempos cercanos a la revolución neolítica. Estos grupos culturales (Nueva Guinea, I Kung del Kalahari, pigmeos de la selva africana, y algunos más) son de mucho interés en cuanto a los mecanismos de la evolución cultural y han sido (y son) cruciales para entender aspectos de la relación de la mente con la Cultura y su evolución. Por supuesto, existen otros grupos socio-culturales más avanzados y estudiados con detención a fines del siglo XIX y primera mitad del XX por la Antropología clásica de la época, como tribus americanas, islas del Pacífico, estepas y selvas del oriente, Amazonas, África oriental, etc. Estas culturas cazadoras-recolectoras, tenían (o tienen las pocas que permanecen ajenas a la influencia de la Modernidad) diversos niveles de desarrollo cultural, con lo que junto a las más primitivas, permiten hacer hipótesis sobre los diferentes estadios de la evolución cultural e identificar características comparativamente universales de la mente y las culturas humanas: reglas de parentesco y tabú del incesto, tecnologías, organización de las hordas y las tribus, creencias espirituales, clanes y totems, etc., etc. Hay quienes (pocos) no están de acuerdo con la hipótesis que surge de comparaciones y analogías entre grupos sociales que vivieron (o viven) en distintos medios ecológicos, con diversas historias, y tradiciones socio-culturales. Por mi parte pienso, junto a los investigadores de corriente principal, que estos estudios etnológicos tienen (cuando son bien hechos), mucho valor y gran importancia, pues son irremplazables en cualquier intento por entender objetivamente, la evolución de las mentes y las culturas de la humanidad.

Esto se debe a que sus resultados son imposibles de alcanzar por técnicas arqueológicas que sólo conocen restos de material no degradable (piedra, huesos, etc.), muy rara vez de madera o cuero casualmente preservados, o hallazgos azarosos, como, por ejemplo, cavernas pintadas y figuras esculpidas. La segunda razón para afirmar la importancia científica de las culturas fosilizadas que aún existen, es que pueden responder empíricamente a la pregunta que nos planteamos al comienzo. La evolución de la Cultura de alguna manera se corresponde con variaciones de la Arquitectura biológica del cerebro, o es el efecto de aprendizajes que operan de la manera habitual.

Por diversas razones, miembros de las culturas fosilizadas (más primitivas) han emigrado y se han incorporado a vivir y trabajar en ambientes culturales modernos. El resultado ha sido (y es) impactante. Los primeros aventureros (adultos) que dejaron atrás sus fosilizadas culturas de origen y se incorporaron a la Modernidad, tuvieron (y tienen) bastantes dificultades para aprender el patrimonio cultural de su nuevo ambiente psicosocial (lenguaje, costumbres, cálculo, tecnologías, etc.). Sin embargo, sus hijos y mucho más sus nietos, no han tenido problemas para incorporarse a este nuevo y complejo entorno psicosocial. Su vida transcurre en la Modernidad y casi no tienen recuerdos de las culturas fósiles que sus padres y abuelos abandonaron. Este experimento natural demuestra que el cerebro y la mente de los sujetos del Neolítico (nivel de estos fósiles culturales), son más o menos iguales que los de las avanzadas culturas actuales, en las cuales, como veremos (Capítulo 5), el aprendizaje temprano del niño es el más decisivo para incorporarse a su Cultura. Ésta es la razón por qué los hijos y nietos de los inmigrantes adoptan sin mayores problemas la Cultura moderna. Este experimento natural tiene además una importancia crucial para entender la cuestión de las razas que planteamos antes. Los miembros de las culturas fosilizadas, que pertenecen a diversos grupos raciales, no tienen dificultades para procrear hijos fértiles entre ellos y con miembros de las culturas modernas. Naturalmente, esto es más bien trivial. No hay dificultades reproductivas entre personas de distintas razas de cualquier origen. Como sabemos, la producción de vástagos fértiles certifica que ambos progenitores son de la misma especie. Recordemos que caballos y asnos pueden entre ellos tener crías, pero las mulas que producen son totalmente infértiles. La cuestión del nivel cultural de estos grupos, es decisivo para la hipótesis de la coevolución. Se les puede ubicar en una etapa similar al Neolítico porque la mayoría cultiva huertas y tiene animales domésticos (gallinas y cerdos) o algún tipo de pastoreo. Incluso los I Kung, las tuvieron antes de ser desplazados al desierto de Kalahari por las migraciones bantúes (siglo XV). Pero si esto es así, la pregunta que sigue es ¿en qué consiste, efectivamente, la hipótesis de la coevolución desde el Neolítico hasta nuestros días?

5. La evolución de las Culturas y la Genética

La hipótesis de la coevolución sostiene que las prácticas y productos culturales novedosos en un grupo humano implican variaciones en las capacidades y atributos neuropsicológicos de sus miembros, de acuerdo a las nuevas necesidades de procesamientos mentales (y corporales), tanto para la creación de las innovaciones (inventores), como para su utilización por los usuarios. De esta manera las innovaciones suponen la existencia en los usuarios de habilidades capaces de procesar las novedades. Si tales habilidades no están disponibles, las invenciones transformadoras (radicales), no se incorporan al entramado psico-cultural de ese grupo. Sin embargo, puede ocurrir que la nueva "oferta" cultural (comercio, invasiones, misioneros) sea tan contradictoria con el núcleo de la Cultura local, que ésta es incapaz de incorporarla. También hay encuentros de culturas en que la confrontación es tan potente que la Cultura receptora (de las invasiones) sufre lo que se ha llamado "anomia", esto es ausencia de reglas culturales claras a las que atenerse. Casos de uno y otro tipo se han reportado en culturas originales de América, África y en la Polinesia. Naturalmente las innovaciones incrementales (mejoras sobre sus patrones conocidos) se incorporan a las comunidades por los aprendizajes habituales.

Hay pocos casos en los cuales existe certeza de variaciones genéticas humanas inducidas por la aparición de determinados productos culturales. El más mencionado en la Literatura antropológica es la posibilidad de metabolizar la lactasa por los adultos, aparecida en el Neolítico a propósito de la domesticación de animales lecheros (cabra y oveja). Sin embargo, hay escasez de evidencias respecto a una correlación directa entre innovaciones culturales mayores y modificaciones importantes del genoma humano después del Neolítico. En este contexto, hay pruebas muy contundentes que en los períodos previos (Paleolítico Medio, Superior y Neolítico) sí existieron cambios genéticos que se incorporaron al capital genómico del Homo Sapiens y que pueden correlacionarse con cambios mayores en nuestros atributos mentales.

Por ahora digamos que la adquisición de un lenguaje gramatical, sintácticamente maduro, se puede correlacionar con una mutación ocurrida hace 200 mil años (Capítulo 3). Lo mismo, la explosión cultural del Paleolítico Superior tendría una base genética (Capítulo 6). Más dudosa es la correlación entre una clara mutación ocurrida durante el Neolítico tardío (Capítulo 7) con atributos fenotípicos específicos relativos a nuevas concepciones cosmológicas que cambiaron la religiosidad de los humanos. El detalle de estas relaciones genes-Cultura se verán en los capítulos correspondientes.

Sin embargo, para explicar las interacciones entre Cultura y Biología en el desarrollo de la humanidad post-neolítica o "civilizada" debemos considerar que la Revolución Neolítica es concomitante con el término de la última glaciación que se inició hace 110 y 120 mil años atrás. A su término 11 a 12 mil años atrás se instaló, y aún perdura, el último período geológico de tipo inter-glacial, esto es con condiciones ambientales mucho menos terribles (Capítulo 7). En estas condiciones, para explicar la evolución cultural durante los últimos 7 u 8 mil años sin indicios de mutaciones mayores, existe otra posibilidad que se ha reportado en muchísimas especies y que también existe en el ser humano. Se trata del llamado efecto Baldwin, propuesto mucho antes de la moderna Genómica y que depende de componentes genéticos previamente disponibles en un cierto porcentaje de la población que se expresan (activan) como adaptación fenotípica (corporales, conductuales o mentales) cuando un cambio ambiental se correlaciona de alguna manera con las capacidades que codifican tales genes preexistentes. El origen de estos genes es muy variado. Pueden ser muy antiguos o más nuevos, producto de mutaciones azarosas y permanecer "dormidos". Pueden codificar funciones con otros fines, pero pueden usarse frente a nuevas demandas ambientales, por lo cual se les llama con el neologismo "exapciones". En todo caso, el efecto Baldwin se basa en la variabilidad genética, de cualquier origen, entre los individuos de una misma especie, debido a lo cual aquéllos que tienen los genes (y las características fenotípicas) que mejor calzan en los cambios ambientales, resultan más "aptos" y se reproducen mejor, y en pocas generaciones su estirpe se hace predominante. Por lo demás, la "selección artificial" que estuvo en el origen del pensamiento evolutivo del propio Darwin, opera bajo el mismo principio.

Recordemos que la selección artificial es el método usado por los criadores de distintas especies para lograr sub-especies, que se destacan por las cualidades que cada criador prefiere. La agricultura nació de humanos que seleccionaron semillas de gramíneas. Darwin trabajó con criadores de animales. La práctica es bien conocida y bastante simple. En cada generación el criador separa a los individuos que más se acercan a las características que se busca mejorar y los cruza sólo entre ellos. Así se han logrado veloces caballos de carrera o percherones con altísima capacidad de tiro, a partir de caballos salvajes con similares fenotipos, pero con variabilidad genética entre ellos. Del mismo modo, los criadores logran generar tipos de ganado que producen mucha leche (y poca carne) o carne de alta calidad y escasa leche. Es seguro que la selección artificial llegó a su máximo nivel de eficiencia con los perros. Tanto los Gran Daneses como los Chihuahuas tienen su origen en lobos auto-domesticados en el Paleolítico Superior.

No hay ninguna razón para suponer que este mecanismo de selección de los más aptos no funcione cuando los cambios ambientales son inducidos por las culturas, sus tecnologías y demás procesos, que, siendo producto de la actividad humana, introducen importantes variaciones en el entorno natural (físico) o social (conductas deseables o repudiables). De hecho, tampoco hay razones para pensar que estos mecanismos no estén activos en la actualidad. Nuestra variabilidad genética está presente al pensar (correctamente) que el genoma de cada cual nos sirve de identificación o lo usamos para conocer si tenemos algún tipo de riesgo hereditario. Pensemos sólo en la búsqueda tan amplia de oncogenes que codifican varios tipos de cáncer (mamas, pulmones, etc., etc.). Consideremos, además, vocaciones y habilidades especiales en artistas, matemáticos, filósofos, emprendedores o atletas. Nuestra última "Revolución Informática" ha producido a Bill Gates y Steve Jobs, sólo para mencionar a los más conocidos. Por lo demás, el efecto Baldwin es la mejor explicación de la aparición de razas diversas en nuestra especie. Todas ellas son el resultado de adaptaciones a ambientes físicos en los que el Homo Sapiens llegó a vivir después de abandonar África. Por ejemplo, aumento de melanocitos en la piel en ambientes con mucho sol (negroides) o su disminución en entornos con períodos largos de oscuridad (escandinavos). Los esquimales y lapones tienen cuerpos bajos y rechonchos, es decir, con menos superficie para evitar pérdidas de calor en regiones frías cercanas al Polo Norte. Los ojos pequeños y rasgados de los mongoles de las estepas centro-asiáticas son, probablemente, una adaptación al viento que sopla sin obstáculos en praderas planas de enorme extensión.

6. La disgregación: las subculturas especializadas

Respecto a vocaciones y habilidades especiales hay una consideración inescapable. Naturalmente no es para nada seguro que cada persona se desempeñe exactamente en las actividades para las cuales tiene mayor vocación y/o habilidades. Sin embargo, es un hecho la especialización en el trabajo aparecida desde el Neolítico, y probablemente de mucho antes en las etapas de cazadores-recolectores. En ese tiempo hay dos especializaciones seguras. La primera es la sexual. Los cazadores-recolectores actuales operan mayormente con varones, en la caza, y las mujeres, en la recolección. La otra especialización a veces es doble. Los mejores cazadores (primera especialización) son generalmente los líderes de los grupos que cazan, pero frecuentemente también de la horda, cuando tienen más experiencia. La especialización de los chamanes, encargados de las relaciones con los espíritus, actuaban entre los cro-magnones hace más de 35 mil años. Sin embargo, la especialización se ha intensificado constante y crecientemente en las civilizaciones que siguieron, hasta llegar al mundo moderno, con sus incontables segmentaciones especializadas en aspectos cada vez más pequeños, no sólo laborales y del conocimiento, sino de los modos de vida y de prácticas culturales que resultan así casi totalmente fragmentadas. Esto significa que, desde el origen de las civilizaciones ninguna persona conoce completamente todos los aspectos de la Cultura en la que vive.

En ciertas épocas es posible encontrar un factor común del que todos participan. La religiosidad de la Edad Media occidental es un ejemplo, lo mismo que los celulares en el día de hoy. Sin duda, el lenguaje y ciertos principios normativos (económicos, legales y morales) son también comunes. Las tecnologías y sus principios son una moneda de dos caras. Las mayorías las usan, pero pocos entienden sus bases fundamentales. Esto significa que hablar de "la Cultura" tiene un muy alto grado de generalización. Lo que hay son "subculturas" con visiones del mundo bastante diversas. Desde el punto de vista de los objetivos de este libro, cuando hablamos de las Ciencias, las Artes, las Religiones y otros productos culturales, debemos tener en cuenta que ellos ciertamente no son parte del bagaje cultural de todos y cada uno de los miembros de una determinada Cultura. Esta situación, producto de la especialización de habilidades probablemente existió, como dijimos, ya en el Homo Sapiens, cazador-recolector que apareció en África 200.000 años atrás. Pero, con los crecimientos poblacionales y el incremento de las necesidades sociales y tecnológicas, las especializaciones sub-culturales fueron aumentando hasta el Neolítico que las extendió (ganaderos y agricultores, por ejemplo), hasta la llegada del tiempo de las civilizaciones en el cual las subculturas especializadas se hicieron más numerosas y de características muy acusadas.

Así, las creaciones culturales, desde el Neolítico hasta hoy, son originalmente producto de grupos especializados que los demás pueden utilizar o gozar sin, a veces, comprenderlas en su intimidad (Cultura tipo 1), o con el tiempo, pasan a ser (en algunos) parte de la Cultura tipo 2 de hijos y nietos. Otra cosa son las innovaciones incrementales, en tanto cambios y mejoras, sobre la base de un mantenido patrón perceptivo, ideológico o conductual. En ellas opera el aprendizaje habitual en aquellos miembros de la subcultura especializada, y desde ahí se difunde a los demás que tengan interés en esa precisa innovación cultural, como es el caso de la constante mejora en Internet y celulares.

Pero quizás, el origen más frecuente de las segregaciones sub-culturales haya sido, desde el Neolítico hasta hoy día, la estratificación social que se produce en todas las civilizaciones, no tanto por una especialización técnica como por los niveles que cada uno tiene en las jerarquías de esas sociedades. Es evidente que la visión "cultural" del mundo de los patricios y la de los plebeyos, era en el Imperio Romano enteramente distinta. Lo mismo puede decirse de las prácticas culturales tan diferentes entre señores feudales o labriegos. En el mundo actual los magnates de Wall Street o los lords británicos tienen un mundo, una subcultura totalmente distinta a las de un trabajador de una mina o una fábrica de automóviles. Es sugerente pensar que en todos estos casos la diferencia se encuentra en las culturas tipo 2, que indicamos anteriormente. Es un decir corriente de los economistas actuales que cada persona vive y sobrevive en nuestro mundo cultural a partir de cuatro capitales, esto es, condiciones que de algún modo definen sus probabilidades de éxito en las jerarquías sociales y que los diferencian: a) capital genético, es decir los atributos que dependen de su herencia biológica; b) capital económico, esto es inversiones e ingresos que posee él y su familia; c) capital social, o redes de relaciones con otros que generan oportunidades socio-económicas y d) capital cultural es decir Cultura (más bien subculturas) tipo 2 que adquiere en su infancia temprana. La estratificación social introduce diferencias evidentes en todos estos capitales con la excepción, eventual, del capital genético.

En resumen, la hipótesis de la co-evolución, sin duda de enorme importancia para entender la relación entre nuestra Neurobiología y nuestra Cultura, que en conjunto construyen nuestra mente (Neuropsicología), se sostiene a través de los varios mecanismos que acabamos de resumir: variaciones genéticas, efecto Baldwin, aprendizajes y memorias, fragmentaciones sub-culturales por especialización y/o estatus, integraciones o dispersiones etnológicas o raciales por migraciones, invasiones o guerras. Finalmente, la co-evolución se establece por el bucle que se produce entre las variaciones biológicas, el desarrollo de las culturas (y/o sub-culturas) y el impacto de estas innovaciones sobre la mente y los comportamientos. Este círculo virtuoso a veces funciona a partir de un cambio biológico (genoma) pero otras, a partir de innovaciones culturales. La complejidad de este bucle o círculo es gigantesca porque son cientos o miles de prácticas culturales que están influyendo, al mismo tiempo, en la mente o las conductas de las personas que deben asumirlas. Pero también, son miles los genes que de un modo u otro (cambios genómicos o efecto Baldwin) están, a su vez, determinando formas y tipos de procesamientos neuropsicológicos. Esta ultra-complejidad nos debe generar una gran prudencia porque es mucho lo que desconocemos sobre el cerebro humano, las culturas, las civilizaciones y sus complejísimas relaciones, pero, al mismo tiempo, nos impulsa a seguir investigando sobre un tema que podemos considerar el de mayor relevancia para el futuro de la humanidad, como veremos en el Epílogo de este libro.

Así, considerando a las culturas como complejos sistemas adaptativos que evolucionan (como sostiene el Grupo de Santa Fe), y a nuestro cerebro como otro sistema complejo adaptativo, también evolutivo, que al interactuar "co-evolucionan", nos encontramos, al intentar relacionarlos, en un territorio incierto, dominado por interacciones no lineales, no predecibles. Por esto, cualquier intento de lograr cierta correspondencia "punto a punto" entre dispositivos y procesos cerebrales concretos, con disposiciones o rasgos culturales específicos puede entrañar no sólo dificultades sino errores. Una solución sensata es considerar que en la realidad no existe la relación directa entre las capacidades cerebrales y los rasgos culturales. Tal relación está ciertamente mediada por la mente, cuyos procesos y estados psicológicos, por una parte, se sustentan en los procesamientos que lleva a cabo el cerebro (Neuropsicología) y, por otra, dependen de aprendizajes culturales y compartidos por una determinada sociedad o grupo humano. Ésta es la razón por la que a lo largo de este libro hablaremos sobre todo de Neuropsicología de las prácticas y productos culturales, aunque en ciertos capítulos la referencia al cerebro será inevitable.

PRIMERA PARTE

Neuropsicología de la Cultura

En la Primera Parte mi objetivo es poner al día lo que llamo las bases neuropsicológicas de las culturas, esto es como éstas podrían hasta cierto punto, explicarse a partir de la neurobiología moderna (Anexo III). Para evitar confusiones debe decir que a lo largo de este libro llamaré Neurobiología a los conocimientos que dan cuenta de la estructura y las funciones del cerebro, y Neuropsicología a la manera como esta estructura funcional subtiende (procesa) los atributos mentales. Desde esta perspectiva podemos sostener que las prácticas culturales en general dependen de los atributos mentales (facultades) de los seres humanos, que se expresan a través de los diferentes rasgos que caracterizan culturas y civilizaciones. Esto significa que nuestra especie tiene facultades mentales de tipo general (memoria, lenguaje, sociabilidad, etc.) que se especifican en cada una de las culturas. Por esta razón me ha parecido apropiado considerar, en la primera parte de este libro las facultades mentales que en general procesan, cualquier rasgo cultural, dejando para la segunda parte, el examen de cada uno de estos rasgos culturales mayores.

Pero hay otra razón para esta distinción que me parece evidente. Las informaciones que se entregan en los cuatro primeros capítulos corresponden a investigaciones recientes practicadas en sujetos pertenecientes a la cultura actual, podríamos decir ¿postmoderna y globalizada? El supuesto es que estos sujetos son mentalmente idénticos a los egipcios de las dinastías faraónicas y a los griegos de la de Atenas de Pericles.

Esto se puede sostener con cierta comodidad, pues los seres humanos modernos están separados de las civilizaciones más tempranas por no más de 5 a 6 mil años. Sin embargo, este período es muy distinto a los más de 150 mil años que nos separan del Homo-Sapiens original que migró desde África para habitar toda la tierra. Esta distinción no es sólo respecto al tiempo transcurrido pues hay razones para pensar que el Sapiens africano no era mentalmente idéntico a los que crearon las civilizaciones tempranas. Por esta razón deberemos considerar, en esta primera parte, los avatares de la humanidad y sus modificaciones bio-culturales durante el Paleolítico Superior (Capítulo 6) y el Neolítico pre-civilizacional (Capítulo 7). De esta manera estaremos mejor equipados para tratar uno a uno en la segunda parte del libro los procesos y productos culturales que constituyen la urdimbre de las civilizaciones.

PRIMERA SECCIÓN
Procesos neuropsicológicos esenciales y desarrollo cultural

En esta primera sección del libro examinaré con algún detalle el aparataje neuropsicológico que hace posible la aparición, desarrollo y transmisión de la Cultura humana, que me parece la culminación de la evolución de la vida en este planeta. Esto podría ser, considerado no sólo erróneo sino desmesurado. En efecto, en la Biología Evolutiva hay quienes piensan que si medimos el éxito evolutivo por la tasa reproductiva de las especies y la longitud temporal de su sobrevida en la Tierra, sin duda el premio mayor debe asignarse a microorganismos capaces de sobrevivir en cualquier ambiente (los llamados extremófilos) y de reproducirse cada 24 a 48 horas, con mutaciones que les permiten superar cualquier dificultad ambiental inesperada, sean erupciones volcánicas, meteoritos, cambios climáticos o antibióticos. Por supuesto, esta versión de la flecha evolutiva, es verdadera en cuanto consideramos la evolución como un proceso azaroso cuyo único resultado eficaz es mejorar la reproducción de las especies, que evolucionan en ambientes sujetos a permanentes cambios.

Desde este punto de vista estrictamente evolutivo este pseudo dilema puede resolverse si pensamos que los humanos hemos podido superar la competencia de todos los demás animales precisamente por la enorme complejidad de nuestro cerebro que, unido a su singular flexibilidad, hace posible desarrollar culturas y civilizaciones. Esta versión más restringida de la evolución de la vida nos presenta un panorama distinto, pues hace presente que nuestro éxito evolutivo descansa en los diversos atributos corporales y mentales que nos hacen cualitativamente mejores, y sin competidores en nuestra expansión y dominio sobre prácticamente todos los ambientes de la Tierra. Ellos, que han evolucionado por 5 a 6 millones de años (Australopithecus) nos han permitido, a partir del Homo Habilis, (2 a 8 millones atrás) (Anexo I), instalar culturas que han explotado para su provecho todos los recursos ecológicos de sus ambientes, y se han hecho cargo del perfeccionamiento de sus propios grupos sociales. Aun cuando los atributos neuropsicológicos vinculados con diversos rasgos culturales son muy variados, esta Primera Sección explorará en capítulos sucesivos (1 a 5) los más esenciales y directamente relacionados con la "Cultura en general".

Desde esta perspectiva podemos sostener que los pilares socio-biológicos que sostienen cualquier Cultura, en cualquier tiempo y lugar, son procesos neuropsicológicos que siendo en sí mismos muy complejos, pueden considerarse (y estudiarse) como producto de presiones evolutivas, determinantes de la naturaleza y de la mente humana, de un modo tal, que la definen y distinguen de las demás especies. Los atributos neuropsicológicos que hacen posible las culturas son: a) la enorme y constante (toda la vida) capacidad de aprender y las múltiples y especializadas memorias, con algunos tipos de ellas sólo existentes en los humanos (autobiográfica, por ejemplo); b) su lenguaje, de aparición evolutiva más reciente, que no sólo elevó el nivel y la calidad de la comunicación interpersonal, sino además, mejoró la capacidad de pensar a través de símbolos y abstracciones; c) su primaria necesidad de vivir con otros, lo que constituye su inevitable sociabilidad la que aparejada con su ultra-individuación lo transforman en un ser dispuesto a cooperar con una autonomía creativa capaz de innovar; d) la existencia de potentes sistemas de control del comportamiento social que hacen posible aplicar una gramática moral ayudar – no dañar.

Estos cuatro sistemas complejos son la materia de los cuatro primeros capítulos de esta Sección (y del libro), pero me ha parecido indispensable explorar con más detención, el modo cómo ellos interactúan y se correlacionan en la tarea de construir, en la mente de cada individuo, una imagen, una versión de la realidad (física, social y de identificación personal), que sea no sólo operacionalmente eficaz sino compartida con los demás miembros del grupo, esto es por la propia Cultura de cada cual. Así, el Capítulo 5 "La Construcción de un Mundo Compartido", cerrará esta Primera Sección del libro sobre Neuropsicología de la Cultura.

CAPÍTULO 1.

Los aprendizajes y las memorias

El mensaje central de este capítulo es el siguiente: "La Cultura humana nace, se desarrolla y difunde por la casi inagotable capacidad de aprender, guardar y procesar información por parte de nuestro cerebro y de los procesos mentales que se les correlacionan". Al mismo tiempo, es evidente que tal capacidad está sujeta a posibilidades y restricciones innatas (genéticas), que determinan tiempo y ritmos que abren (y cierran) espacios temporales y tipos de aprendizaje. Estos tiempos y ritmos son, naturalmente, los que se definen en el desarrollo ontogenético de cada individuo perteneciente a una especie y que, en la Ciencia actual (Neuropsicología del desarrollo), son bien conocidos para los humanos y se verán al final de este capítulo. Por cierto, el proceso de aprender está íntimamente vinculado con la función de retener, organizar y luego utilizar la información aprendida. Esto es, con las memorias.

1. Por qué y para qué aprendemos

Antes de tratar con detención los temas que he incorporado a este capítulo (aprendizajes y memorias) me parece importante detenernos en dos asuntos, que, aunque interrelacionados, tienen distinta entidad neurobiológica. Ellos son de carácter general y se refieren a un conjunto de conceptos que explicitan las respuestas a los más básicos interrogantes implicados en la siguiente y aparentemente inocente pregunta: ¿por qué? y ¿para qué? el ser humano (y en cierto grado todos los seres vivos) necesitan aprender. Naturalmente, ambos asuntos son críticos para nuestra búsqueda de las raíces neuropsicológicas de la Cultura dado que en ambas preguntas están comprometidas capacidades y atributos únicamente humanos (racionalidad, conciencia, lenguaje, planificación de largo plazo) por lo que su estudio rara vez admite, en estos altos niveles, comparaciones con otras especies, incluso con nuestros primos más cercanos chimpancés y bonobos.

Creo que vale la pena iniciar esta discusión de por qué y para qué aprendemos con una expresión de Konrad Lorenz, Premio Nobel y uno de los padres de la Etología que sostenía que "el capital genético de una especie, es siempre una hipótesis sobre el medio ambiente en el que sus vástagos deberán vivir". Esta expresión apunta a hechos empíricamente comprobables y no es para nada, una expresión trivial o pasajera. En efecto, el diseño genético de un pez, que incluye branquias, aletas, escamas, cuerpos generalmente aguzados o de formas particulares según vivan apegados al fondo (lenguado) o en arrecifes de coral, supone que éste vivirá en el agua y sólo allí. Habrá ciertas variaciones en su diseño genético-evolutivo si el pez vive en el mar o en agua dulce, si es predador (tiburón) o presa (sardina), si migra o no, etc. Todo esto significa que la información contenida en sus genes es una hipótesis detallada sobre las características del medio en que debe vivir y, además, sobre su estilo de vida y las conductas que necesita desarrollar para sobrevivir y reproducirse en ese preciso ambiente.

Una consideración similar puede hacerse sobre las aves; alas, plumas, picos, visión (águilas y halcones) timón de cola, patas para aterrizar, etc., son atributos corporales construidos por sus genes que suponen que usará el aire como espacio de vida. La existencia de aves no voladoras (avestruces, kiwis) no invalida el concepto de la hipótesis. Sus descendientes tienen los atributos necesarios para sobrevivir y reproducirse en el ambiente en el que su especie vive. El caso de las aves es más complejo que el de los peces. Siendo de sangre caliente necesitan empollar. Construyen sus nidos a veces muy complicados (hornero argentino), guían a su prole en las iniciales búsquedas de granos, se resguardan por la noche y pueden prosperar con la información provista por sus genes, aunque tienen un nivel de aprendizaje superior a peces y animales de sangre fría. ¿Qué hierbas existen en el preciso lugar en que viven que les posibilita construir sus nidos?, ¿cuál es el territorio más apropiado para escarbar y encontrar alimentos? Por otra parte, las migraciones de algunas aves agregan atributos importantes. Cómo guiarse en la migración (las estrellas, los paralelos y líneas electromagnéticas). Entre los antropoides hay sin duda una gran diferencia en su capital genético. Los gorilas, chimpancés y bonobos, viven en medios que conocen bien y de los cuales aprenden lo necesario. Los orangutanes vagan por los bosques y deben enseñar a sus vástagos (en general, sólo uno por camada) dónde están las frutas y hojas más apetecibles con lo que la separación madre-hijo se produce recién a los ocho años de vida de este último.

A partir de estos ejemplos puede deducirse que la necesidad de aprender aumenta en relación directa con la complejidad de las conductas, que, para sobrevivir y reproducirse, necesitan desplegar las distintas especies, y para lo cual el capital genético es insuficiente. Desde un punto de vista evolutivo existe un "trade-off" (negociación) entre la variedad, amplitud y cambios de los nichos ecológicos en que en cada especie vive y su diseño corporal y conductual innato. En cuanto a sus atributos conductuales, son principalmente, sus cerebros los que evolucionan para ajustarse a las cada vez más complejas demandas de su entorno. Este imperativo de adaptación condiciona un incremento de sus necesidades de aprendizajes y memorias. Este mismo principio evolutivo puede considerarse desde un punto de vista genético. Las especies evolutivamente menos complejas y de sangre fría (peces, batracios, reptiles) desarrollan conductas casi enteramente guiadas por su capital genético. Viven en ambientes simples y estables con lo que no es mucho lo que necesitan aprender. Si su nicho ecológico tiene cambios muy decisivos buscan uno similar al que perdieron o desaparecen. Por supuesto también evolucionan, pero su tasa de variaciones parece menor que la de los mamíferos. El catastrófico meteorito de hace 65 millones de años acabó con los dinosaurios, pináculo evolutivo de los reptiles. Sin embargo, los pequeños mamíferos entonces existentes sobrevivieron y son el origen de los dominantes mamíferos actuales, entre los cuales estamos los humanos.

En consecuencia, es posible sostener que tener memorias de la amplitud y fortaleza de las que disponemos y ser capaces de aprender la multitud de informaciones y habilidades que manejamos a lo largo de toda la vida, son no sólo posibles, sino indispensables para sobrevivir y reproducirse en la variedad de nichos ecológicos en los que nos desempeñamos. Dada la amplitud y complejidad de estos arreglos neuropsicológicos ellos a su vez están en la base de nuestra capacidad por establecer y desarrollar culturas. Desde este punto de vista se puede considerar una analogía entre capital genético y capital cultural. Las culturas son "replicadores" de información, tal como es el genoma. La hipótesis de trabajo de Lorenz también existe en las culturas. Éstas contienen detalladas instrucciones sobre cómo sobrevivir en el específico ambiente al que llega el niño que nace, sea éste un entorno natural (nevado=cultura esquimal; tropical=cultura amazónica), social y lingüístico como el Tíbet versus Manhattan, etc. Los rasgos culturales en cuanto replicadores que se transmiten igual que los genes, se han llamado Memes (Dawkins), aunque este concepto tiene restricciones como vimos en la Introducción.

Sin embargo, debemos tener presente que todo esto no significa que nuestro propio capital genético no sea a su vez operativo en nuestra especie. Lo es y mucho. En primer lugar, porque, como decía en el párrafo anterior, tener memorias y poder aprender son arreglos neuropsicológicos que, naturalmente, son parte muy importante de la biología de nuestro cerebro. Los genes están presentes cada vez que guardamos o reproducimos informaciones y habilidades pues participan en la codificación de las memorias, al ser activados por las experiencias que transmiten los contenidos culturales (informaciones) que se incorporan a nuestra mente cada vez que aprendemos. Esta aclaración sólo tiene valor si, como haré a continuación, explicamos con algún detalle, los procesos cerebrales que llevan a cabo las tareas de aprender y memorizar. Trataremos separadamente estas dos funciones puesto que, aunque operan en cierto nivel de consuno, son neurobiológicamente distintas. La primera (aprender) es muy general y poco específica, pues sus mecanismos (plasticidad) se aplican a cualquier dominio neuropsicológico. Mientras memorizar es una función concreta que utiliza regiones cerebrales específicas (dedicadas) para guardar y ordenar informaciones y saberes bien definidos. Recordar una cara es un proceso cerebral distinto al que ocurre al recordar una operación matemática, un trozo musical, o palabras.

2. El aprendizaje y la plasticidad cerebral

En 1943, D. Hebb, psicólogo experimental de la Universidad de Mc-Master en Montreal (Canadá), propuso un mecanismo (que se creyó) muy simple para explicar el modo cómo las redes neuronales, que subyacen a los diferentes procesos mentales, son capaces de guardar información durante largos plazos, esto es aprender. Su sugerencia, hoy día universalmente aceptada, fue que las redes neuronales más usadas, es decir con activaciones sinápticas múltiples, frecuentes y repetidas, se fortalecen y perduran. Mientras que las que no se utilizan, desaparecen. Este hecho, (disminución de sinapsis por escasez de activaciones) en determinadas circunstancias hoy bien comprobadas, se refiere a redes neuronales específicas, dado que las neuronas generalmente participan en varias redes y se pueden mantener funcionales en esas otras redes si es que éstas son usadas. El fortalecimiento mencionado puede concretarse de varias maneras. Aumento de sinapsis intra-red, mejoramiento de su capacidad funcional (incremento de neurotransmisores en el terminal axonal y de receptores en las dendritas), aumento de neuronas y, aún, extensión del espacio que ocupan esas redes en la corteza y otras estructuras subcorticales del cerebro.

Ser más usadas para una red funcional, significa que transmite y procesa más información y con mayor frecuencia. Por otra parte, es obvio que esta información surge de las experiencias vividas por el sujeto en su relación con sus entornos. Así, llamamos plasticidad cerebral a la capacidad del cerebro de modificarse anatómica y funcionalmente de acuerdo a la información que recibe contenida en sus experiencias. Éstas nacen de la interacción (sensorial y motora) con un medio ambiente particular y específico, como es, el entorno físico (naturaleza) y, además, su propia Cultura. Sin embargo, más arriba expresé, al pasar, mis dudas sobre la simpleza de esta solución neurobiológica que indica que se aprende debido a la plasticidad cerebral. Esto es, sin duda, cierto, pero tiene complejidades que es necesario considerar. Algunas de éstas se explicitarán a continuación y otras, cuando exploremos las memorias.

La primera es que, el cerebro infantil tiene al nacer y en forma decreciente después, más neuronas que las que posee el cerebro adulto, por lo que es necesario "podar" los excedentes que no funcionan. Naturalmente, el funcionamiento que la naturaleza espera de las neuronas y sus conexiones depende de las experiencias que tenga el niño, es decir, del entorno en que se desarrolla y madura. La importancia socio-política de esta condición de la plasticidad es enorme. La deprivación socio-cultural es la consecuencia de la falta de estímulos (experiencias) inducidas por el ambiente. El lado positivo de este principio es que la dotación neuronal y el fortalecimiento de las conexiones llamadas sinapsis, está en algún grado determinada por el ambiente específico en que se cría y madura el niño, es decir, por las informaciones provenientes de su propia Cultura y sus específicos atributos. (En Anexo I aparece un ejemplo de neuronas bien estimuladas comparado con otras deprivadas).

El siguiente tópico que creo indispensable considerar es el de los límites, por una parte, anátomo funcionales y, por otra, temporales de la plasticidad. El primer límite anátomo funcional es que la impronta genética de cada especie define la arquitectura anátomo funcional de su cerebro. No hay forma de cambiar, vía plasticidad y aprendizaje, las estructuras y procesos que para cada región, subregión o módulo cerebral han sido definidos por el capital genético de cada cual. Aunque los esquimales puedan distinguir visualmente 18 o 20 tipos de nieve, esta capacidad no hace variar el hecho cierto que su visión se procesa en el lóbulo occipital, siguiendo la misma pauta y secuencia de los demás seres humanos para procesar, en iguales regiones del cerebro, la información que llevan los fotones (luz) que impactan la retina. Si se examinan y comparan cerebros normales de esquimales, bosquimanos, neoyorquinos o mapuches no hay, entre ellos, mayores diferencias anatómicas o funcionales. Esto último se demuestra por las migraciones. Habitantes de Nueva Caledonia trasladados a París, tendrán dificultades culturales pero sus hijos y nietos lograrán similar funcionamiento neuropsicológico que el de los franceses. (Por supuesto, el genoma de las distintas personas y grupos tiene variaciones como vimos en la Introducción). No obstante, esta similitud de origen, se reportan casos de fenotipos (características físicas y mentales no heredables) en que la plasticidad puede inducir variaciones neuropsicológicas algo mayores. Hay casos bien estudiados como el de los choferes de taxi de Londres, y el de eximios violinistas. También, pacientes reportados por neurólogos.

Los taxistas de Londres para serlo, requieren dar un examen muy riguroso que implica conocer todas las calles de la enorme ciudad, su sentido de circulación y los lugares con mayores congestiones, de modo de poder llevar a sus pasajeros de un punto a otro con la mayor certeza y en el menor tiempo. Estudiados con detención el cerebro de varios de ellos se ha encontrado un incremento en la extensión y el número de neuronas en las regiones cerebrales que procesan el espacio y la geografía, en este caso, de Londres (mapas espaciales de la ciudad y memoria semántica con nombres de las calles). Estudiando el cerebro de eximios violinistas se ha encontrado un incremento de neuronas y sus conexiones en las regiones cerebrales que procesan la motricidad de los dedos de la mano izquierda, la que digita las cuerdas. Del mismo modo, en pacientes ciegos de nacimiento ha sido posible encontrar dos cambios importantes. El principal es el aumento, y aún la migración de neuronas parietales posteriores que procesan el espacio, hacia sus vecinas no funcionales, neuronas visuales del lóbulo occipital. En ciertos casos se agrega una situación similar en los lóbulos temporales que manejan sonidos y comprensión del lenguaje. En conclusión, podemos afirmar que la plasticidad cerebral no cambia el diseño anátomo funcional del cerebro dado que, aún en los ejemplos extremos indicados más arriba, los procesos neuropsicológicos se realizan en los lugares del cerebro que ese diseño define, siguiendo las pautas operacionales propias de cada módulo funcional.

En las limitaciones temporales de la plasticidad se expresan los llamados "períodos críticos", conocidos vagamente por la cultura popular desde remotos tiempos, aunque no con este nombre. Ellos han sido profusamente estudiados por la Neuropsiquiatría infantil y demás disciplinas de la Neuropsicología que se preocupan del desarrollo y "maduración ontogenética humana", en que se abren (o se cierran) las posibilidades de procesar las funciones y atributos neuropsicológicos específicos que sucesivamente aparecen en la mente infantil y juvenil. Los "períodos críticos" corrientemente se han definido como las ventanas temporales durante las cuales una determinada característica mental o conductual se agrega al repertorio de atributos que posee un sujeto.

Esta definición es, por supuesto, cierta pero parcial, pues deja de lado dos consideraciones decisivas. La primera, que cada "período crítico", es a su vez la ventana de tiempo (meses o años de vida del sujeto) en la que es posible aprender determinados aspectos de la experiencia debido a que el cerebro puede procesar, ciertas informaciones, habilidades o destrezas específicamente correspondientes al particular atributo mental que madura. Esto significa que solo entonces se hacen posibles las operaciones de la plasticidad, es decir, el aprendizaje. Los "períodos críticos" no sólo tienen un comienzo sino también, en su mayoría, un período de cierre luego del cual el atributo no se instala (o lo hace mal) y el aprendizaje tampoco es posible. La segunda consideración importante es que las nuevas experiencias externas, que se pueden procesar en el atributo recién madurado, son un estímulo, un acicate al desarrollo, perfeccionamiento, puesta a punto (por vía de la plasticidad que sigue operando), al mismo sistema neuronal que procesa el atributo mental que se está desarrollando. Es como si la puesta en práctica de esta nueva capacidad sea indispensable para alcanzar el punto máximo de su potencial genético. En realidad, esto no es, biológicamente, raro. La constante y sacrificada puesta en práctica por cualquier atleta o deportista, de su fortaleza y habilidades patrimonio de su "cognición motora" la llamamos entrenamiento. El concepto de cognición motora incluye desempeños músculo-esqueléticos y de sus controles cerebrales. Lo mismo ocurre en relación con aptitudes mentales de los ajedrecistas, los matemáticos o los músicos que para "poner a punto" sus dotaciones genéticas deben practicar siete días a la semana durante toda su vida, e iniciar la práctica en las edades que corresponde.

La Neuropsicología de los "períodos críticos" es la siguiente: a) cuando un período crítico se abre (edad de inicio) la maduración del cerebro, guiada por sus genes, ha llegado a un punto tal (insisto específico para cada función) en el cual ya le es posible el procesamiento de las informaciones y habilidades que en cada caso son novedosas; b) pero para que esta capacidad de procesamiento llegue al máximo de sus potencialidades, requiere de los sustratos informacionales provistos por las experiencias (externas). Esto es lo que antes he llamado "poner a punto" los sistemas neuronales dedicados al procesamiento de ese preciso atributo mental. Por otra parte, la ventana temporal en la que se manifiesta el período crítico puede cerrarse (edad de término), manteniendo la fortaleza y nivel ya logrados en su maduración. Esto significa que el "reloj biológico" específico para cada tipo de procesamiento ha marcado el fin de la ontogénesis particular y en el futuro, el sujeto deberá operar, para ese atributo neuropsicológico, en el nivel de procesamiento que la maduración alcanzada por el cerebro le permite. Esto significa que en la vida adulta se aprende con los niveles de plasticidad alcanzados en la infancia y la adolescencia.

Para algunos atributos el cierre es muy lento y las insuficiencias de maduración son hasta cierto punto corregibles. Sólo hasta cierto punto, como es el caso de los abuelos que no logran manejar computador, tablets y demás, con la rapidez y eficiencia de sus nietos. Hay conductas tan importantes para la vida que sus períodos críticos dependen poco o nada de las informaciones entregadas por las experiencias. Caminar, jugar o buscar pareja son buenos ejemplos. El caso del lenguaje, que veremos en un capítulo especial, es muy importante. Tiene un período crítico que se abre a partir de los dos años y se cierra al terminar la adolescencia. Como se ha visto en casos bien estudiados (niños recluidos y abandonados) al llegar a la adolescencia, si no han aprendido a hablar, nunca pueden hacer frases con gramática o sintaxis. Sólo pronuncian aislados, verbos (comer, beber), sustantivos (mano, ventana) o adjetivos (malo, bonito) con escasa variedad lexical. Se trata de un proto-lenguaje similar al que suponemos tenía el Homo Erecto (Capítulo 2).

El caso del lenguaje tiene una importancia adicional. En todo este apartado he insistido en que la maduración es específica para cada atributo y tipo de procesamiento cerebral. Esto es cierto, pero el cerebro (y su mente) funcionan, para definir conductas, de modo integrado y coherente. Lo logran a través de asociaciones de distintas funciones (memoria, racionalidad, emociones, etc.) las que se acoplan temporalmente de mil maneras, para desarrollar conductas con objetivos que sirvan propósitos prioritarios y pertinentes para el sujeto. Desde este punto de vista, y como veremos, el lenguaje es un gran articulador de asociaciones de muy alto nivel cognitivo, y su maduración, de alguna manera estimula, un incremento notorio en la complejidad del pensamiento y la conducta del niño cuando puede hablar. Si algunos de los componentes de estas asociaciones no han logrado madurar cumplidamente, el efecto se manifiesta en el conjunto, por lo que finalmente a los sujetos les es más difícil articular conductas eficaces normales para su edad. También sus aprendizajes. Claro que el lenguaje es muy importante, pero hay otras habilidades cognitivas superiores.

Los aprendizajes son los factores más decisivos para la incorporación del niño a su propia Cultura. De aparición muy temprana es la imitación. A los pocos días de su nacimiento el niño es capaz de imitar gestos bucales (sacar la lengua, por ejemplo). Luego imitará gestos corporales, tonalidades sonoras del habla, formas de expresar emociones y un sinfín de otros comportamientos que son habituales en su ambiente cercano, es decir, en su propia Cultura. Estos códigos y señales serán reforzados por el mecanismo de aprendizaje que pronto sigue a la imitación. Se trata de los sistemas de "Premio-Castigo" que aplica al niño su entorno cultural: madres, familia, profesores, amigos. Ellos orientan y, de algún modo, definen los comportamientos, creencias e ideas del niño, premiando los deseables en esa Cultura y castigando los considerados ajenos o contrarios a los culturalmente establecidos. El mecanismo de aprendizaje que llamamos "Prueba-Error" es la contracara algo posterior al premio-castigo, porque en este caso, es el propio sujeto el que elige la conducta (creencia o idea) que piensa es más apropiada y, al manifestarla, la pone a prueba frente a su entorno social, que la acepta o la rechaza. Esta modesta autonomía del sujeto es más acusada cuando la conducta no es social sino relativa al medio físico o impersonal que rodea al individuo: "creo que soy capaz de cruzar la calle o desarmar este juguete", y luego, lo prueba. Aún en estos tipos de aprendizaje el individuo no es enteramente independiente de la opinión (o sanción) socio-cultural: "Crucé la calle y me regañaron. Desarmé el juguete y me aplaudieron".

Un aspecto del aprendizaje que cabe destacar es la atención, particularmente la atención focalizada o ejecutiva que opera a través de los llamados mecanismos *Top-Down* (de arriba a abajo). Al niño pequeño, que aún no ha desarrollado plenamente sus sistemas de control ejecutivo, su madre le indica a qué cosas o personas poner atención, y como suele distraerse, le reitera con gestos y palabras atender a los objetos o dibujos que el niño debería mirar. Sin embargo, hay cosas a las que pone atención espontáneamente. Recién nacido mira con alguna detención la cara de su madre y atiende a su voz girando la cabeza. Hay razones para suponer que esta tan temprana atención con la mirada y el oído hacia la madre, es una predisposición estimulada desde las semanas finales de su vida intrauterina, que tiende a establecer una ligazón, similar al "imprint" descrito por Konrad Lorenz, en sus famosos gansos.

La explicación más simple sobre el ingreso al cerebro de información contenida en las experiencias, y que puede aprenderse, indicaría un camino que va desde lo sensitivo-sensorial a la percepción y de ella a la asociación, para llegar a depositarse en la memoria. Este camino opera rara vez en la vida mental de los adultos. Sus mecanismos, llamados Bottom-up (de abajo hacia arriba) se utilizan frente a estímulos inesperados (un ciclista se cruza mientras conduzco mi auto) o peligrosos como el temor que me surge al oír ruidos en mi casa (un asaltante). En situaciones cotidianas y rutinarias uso los conocimientos que ya tengo para predecir lo que ocurre allá afuera y las conductas que debo desarrollar. Sólo necesito decidir intencionalmente (*Top-down*) qué acción me interesa emprender, por ejemplo, desayunar. Sé cómo llegar a la cocina y dónde está el café, la leche, el pan, etc. Necesito aprender (atención focalizada) cuando no soy capaz de predecir. Estoy en un hotel en China, o en casa de un amigo, etc. En este caso debo fijar mi atención (*Top-down*) (tarea de los lóbulos prefrontales del cerebro) sobre espacios y objetos nuevos para ser eficiente y lograr mi propósito (desayunar) para lo cual la vía Bottom-up mucho más pasiva no me sirve. En situaciones importantes la vía pasiva tampoco es útil.

Hay una vieja historia que muestra cómo la intencionalidad, que depende de mis propias metas, influye no sólo en lo que se aprende, sino, además, en lo que se percibe. Tres amigos van a un bosque a explorar lo que éste les ofrece. Uno es naturalista y atiende (y percibe) los sapos, los musgos, las flores, los insectos del lugar; otro es un ingeniero hidráulico y se interesa (y percibe) los cursos de agua, las cascadas, los desniveles que podrían ser objeto de la construcción de pequeñas plantas hidroeléctricas que sirvieran a las poblaciones aledañas. El tercero es un ingeniero forestal que mira los árboles, su grosor, rectitud, calidad de la madera porque lo que busca es vender madera a un aserradero cercano. Los tres están en el mismo bosque, pero perciben, por influencias *Top-down*, elementos totalmente distintos de la naturaleza múltiple y variada que visitan. Ellos tienen antecedentes "subculturales" (profesión, negocios, relaciones sociales y económicas) distintos, que focalizan su atención y percepción y, eventualmente, su aprendizaje (en este bosque existe o no, lo que buscan) de acuerdo al uso de sus dispositivos neuropsicológicos según sus intereses socio-culturales. Esta condición del aprendizaje que parte de la Cultura y utiliza el cerebro para alcanzar sus metas es un muy buen ejemplo que permite afirmar que Biología y Cultura interactúan de un modo que la vieja dicotomía innato-aprendido realmente es difícil de sostener.

Si consideramos con alguna detención estos mecanismos de aprendizaje, todos ellos tienen un factor esencial común. Siempre se fundan en una hipótesis predictiva sobre el mundo natural o social, hipótesis que pongo a prueba, y de sus resultados aprendo cómo funciona el mundo que me rodea. Imito porque creo (tengo la hipótesis generalmente de modo no consciente) que las conductas que imito han demostrado su eficacia. En el caso de premio - castigo, el premio demuestra que mi hipótesis era adecuada, y en prueba – error, el resultado de aplicar mi hipótesis, me enseña. Si (hago a, resulta b). El mecanismo de aprendizaje maduro tiende sobre todo a solucionar problemas. Esto también se logra probando hipótesis plausibles. La diferencia es que en este caso (de la persona adulta) la hipótesis nace de una "simulación" mental en la que la persona imagina (simula) que "si x entonces z". En el aprendizaje maduro sigue existiendo la imitación, el premio-castigo y la prueba-error, pero ellos son parte de una simulación deliberada y consciente (hipótesis), destinada a resolver un problema nuevo. Naturalmente, las personas con mayor nivel de inteligencia general usarán preferentemente hipótesis deliberadas y conscientes.

En el aprendizaje más maduro que inicia su desarrollo después de los 6 años, la simulación es una representación mental de los pasos (algoritmos) neuropsicológicos que debe dar para solucionar un problema novedoso. Para ello es necesario disponer de las informaciones, conocimientos y habilidades que dan contenido operativo a las conductas. Si mi simulación estratégica descubre que carezco de alguno de esos contenidos operacionales (conocimientos, habilidades), debo buscarlos y al encontrarlos los incorporo a mi estrategia y, por tanto, a mi memoria, es decir, los aprendo. De esta manera el aprendizaje maduro depende de mí activa búsqueda de informaciones y habilidades que me permitan solucionar problemas nuevos. Los procesos neuropsicológicos involucrados en esta manera madura de aprender son los siguientes:

a) Motivaciones, que definen objetivos que debo concretar en conductas.
b) Intencionalidad, que pone en marcha planes para lograr que esas conductas sean oportunas y ajustadas a los objetivos: problemas a solucionar.

c) Simulación mental, hipótesis predictiva de las acciones que debería realizar para alcanzar una meta; e identificación de nuevos contenidos informacionales y habilidades que esas acciones requieren.
d) Evaluación de carencias. Informaciones y habilidades que no tengo o que no tienen la calidad requerida.
e) Búsqueda e incorporación a mi repertorio mental (memoria) de esas, para mí, nuevas, informaciones y habilidades.
f) Aprendizaje, que permite solucionar el nuevo problema.
Este aprendizaje tiene dos resultados funcionales: aprendo la estrategia que debo seguir para solucionar problemas e incorporo a mis memorias nuevas informaciones y habilidades.

A partir de este modelo de aprendizaje maduro, activo y basado en hipótesis predictivas, surgen varias consideraciones extremadamente interesantes. La más obvia es si existen formas de aprendizaje que no sean activas (Bottom-up), es decir, que no partan de motivaciones e intencionalidad que se originan en las regiones superiores del cerebro y (*Top-Down*), sino en sus partes bajas, de entrada, de la información. Este aprendizaje pasivo, se produce casi exclusivamente en relación con urgencias que ponen en riesgo la sobrevida o generan oportunidades inesperadas. Se sigue discutiendo si el aprendizaje pasivo puede instalarse a partir de informaciones subliminales, esto es, que no llegan a la conciencia. Estas parecen corresponder al "Prime", tipo de memoria perceptiva y pasajera que veremos en el apartado de las memorias.

La segunda consideración importante sobre el modelo de aprendizaje activo es que cuando es consciente y deliberado puede dar origen a las búsquedas de teólogos, filósofos y científicos, o a la creación de Tecnología y Arte. Hay un alcance a la expresión "consciente y deliberada". Éste es que hay aprendizajes activos que operan sin deliberación. En realidad, en la resolución de problemas y los aprendizajes que implican varios de los pasos reseñados, no todos ellos alcanzan la mente consciente, y se manejan a partir de intuiciones o "pensar rápido" como se ha llamado a esta propiedad de la mente. Este pensar (y aprender) intuitivo es más frecuente en relación con problemas habituales y de relaciones sociales iterativas, porque generalmente por su repetición ciertas acciones y comportamientos aprendidos se han hecho rutinarios, con lo que se usan sin mayor deliberación los algoritmos neuropsicológicos necesarios para ejecutar esa conducta. Nadie reflexiona para saludar un amigo, comportarse en una comida, hacer sumas y restas elementales, etc., etc.

Sin embargo, el mecanismo más potente para aprender, son los procesos que en su conjunto podemos llamar "Evaluación de los Resultados". Antes de llegar a una definición formal de estos procesos veamos cómo ellos operan en la tarea de aprender. El niño muy pequeño que llora cuando tiene hambre, molestias o algún dolor, es capaz de reconocer los efectos sobre su ambiente (madre o familia) de su acción. Como respuesta a su llanto el niño generalmente recibe atenciones que lo satisfacen, con lo que aprende que llorando logra que lo amamanten o que con ciertas posiciones y manejos acaben con las molestias que le producen los gases gastro-intestinales. En otros instantes cuando sonríe y se muestra complacido frente a su madre, ésta le habla y lo acaricia, cosa que también lo satisface al elevar su nivel de oxitocina (o vasopresina si es varón). Por el contrario, si el resultado de sus llantos o de sus sonrisas no es el que intuitivamente espera, porque la situación es por alguna razón distinta (madre está lejos, o en otras tareas o es descuidada) el niño, luego de meses de repetir sus llantos y sonrisas con distintas personas, y en diversas situaciones, aprende cuándo y con quién sus únicos medios de comunicación tienen resultados satisfactorios o negativos. Este aprendizaje puramente intuitivo emocional le permite distinguir ya de los 4 a 6 meses de vida, los modos de usar sus llantos y sonrisas para navegar en el pequeño mundo (madre y familia) al que le tocó llegar. Las capacidades que más temprano maduran son las que al niño desde el momento de nacer, le hacen posible estas "distinciones emocionales" que se asientan y perfeccionan según el resultado que produzcan en los otros, algo tan simple y primitivo como llorar. Sonreír es mucho más exclusivo del cerebro humano.

El aprendizaje a partir de la "Evaluación de Resultados" tiene una dinámica neuropsicológica muy potente en el ser humano, aunque está presente, de algún modo, prácticamente en todas las especies animales. Acabamos de ver cómo funciona el aprendizaje activo y maduro, es decir destinado a resolver problemas. Esa explicación nos llevó a entender cómo nuestro cerebro prepara planes y decide conductas destinadas a cumplir ciertos objetivos. La cuestión que ahora nos preocupa es qué pasa después de ejecutadas las acciones originadas en esos planes. ¿Logra el objetivo o meta buscada? ¿Se resolvió bien el problema? ¿Qué efectos esperables o imprevistos se produjeron? Esto significa una evaluación de los resultados en el mundo real en el que operan las conductas diseñadas para resolver problemas.

Tomemos cada uno de los mecanismos de aprendizaje que puntualizamos más arriba para ver cómo funciona en ellos la evaluación de resultados. En el caso de la imitación: de un gesto, un ropaje, una posición corporal o una conducta, su valoración positiva o negativa, dependerá de los efectos que en otros y/o en el mismo sujeto tenga el despliegue de los comportamientos imitados. Si soy un campesino e imito vestidos y modales de un aristócrata, el consiguiente ridículo que resulte hará que aprenda a no intentar tales imitaciones. En el caso del aprendizaje premio-castigo, los resultados están predeterminados. Si cumplo con la tarea asignada, seré felicitado. Si no la cumplo, seré rechazado. En ambos casos aprenderé qué es conveniente hacer. El mecanismo prueba-error en su propio diseño parte del supuesto que la hipótesis de trabajo, que con mis acciones pongo a prueba, tendrá los resultados esperables de acuerdo a la hipótesis. Si esto ocurre, significa que la hipótesis es adecuada o verdadera. Si el efecto es negativo, significa que la hipótesis es errónea y que debe modificarse. En ambos casos hay un aprendizaje.

Lo mismo ocurre respecto a planes más complejos y detallados destinados a resolver problemas mayores. Si el plan no alcanza las metas previstas, es decir al evaluarlo considero que sus resultados son negativos en relación con los objetivos que debe lograr, aprendo cuáles formas y contenidos de mis planificaciones son útiles o erróneas para cumplir ciertas metas. Veamos un ejemplo simple de la vida diaria de un adulto joven. Sale de su trabajo y debe ir a buscar a su novia para ir al cine. Recuerda que hace tiempo no visita a su madre que vive cerca de ese camino. Considera que tiene tiempo suficiente pero no calcula bien la demora que significa a esa hora, la congestión que se produce en el desvío hacia la casa de su madre. Luego de un largo tiempo de detenciones y bocinazos descubre que se le ha hecho tarde. Resultado: a) No visita a su madre; b) Llega tarde para el cine; c) Tiene rabia y tristeza por el error cometido. Aprendizaje: a) Siempre debe considerar los tiempos reales que toman los diversos trayectos que necesita recorrer; b) Si desea ver a su madre es inútil intentarlo como una detención de pasada; c) Para evitar tristeza y rabia considera a) y b).

Así, el resultado negativo de las acciones, esto es sus consecuencias para otros (madre y novia molestas) y para sí mismo (tristeza y rabia), es guardado en las memorias que corresponden. También, cuando todo funcione según lo planeado, aprendo cómo lograr ciertos objetivos y lo deposito en las memorias. Por otra parte, ese aprendizaje por "Evaluación de resultados" es siempre muy dinámico. El cerebro está, constantemente, re-evaluando los diversos comportamientos y ajustándolos a las novedosas situaciones ambientales que sin cesar aparecen. En el apartado siguiente de este capítulo veremos cómo las memorias son revisadas y reajustadas cada noche mientras dormimos. El aprendizaje basado en la evaluación de resultados, tiene una relación con las memorias, que depende del período de maduración en que el individuo se encuentra. En los muy pequeños 0 a 2 años se activan fundamentalmente las memorias emocionales y sensorio-motoras; las sociales y lingüísticas entre 2 a 6 años, las llamadas operaciones concretas entre 6 a 12 años, y, por último, operaciones abstractas con racionalidad objetiva, desde la pubertad tardía, y los principios morales autónomos, a partir de los 18 a 19 años. El agregado de factores de evaluación de resultados según las etapas del desarrollo ontogenético, no elimina a los primeros factores que aparecen. Todos ellos se van incorporando a un entramado de procesamientos mnésicos, cada vez más complejos. La aparición de racionalidad lógica (operaciones abstractas) no impide que las acciones sean también evaluadas según los resultados emocionales, cada vez más precisos y eventualmente, poderosos. Sentí que lo que hice a determinada persona, fue abominable. No lo repetiré con nadie. Aprendí que lo que hice estaba mal, porque tuve vergüenza y angustia.

Junto a la instalación de nuevos atributos mentales la evaluación de resultados en el niño y, luego en el adolescente, aparece la conciencia de las acciones de la cual el sujeto es un agente (operador), como la conciencia de las consecuencias (para mí o para otros) de esas precisas acciones. Así, estos comportamientos y sus resultados pueden entrar a mi memoria. Tal acción es inconveniente no sólo para mí, también lo es para cualquiera que persiga una meta semejante a la mía. Tampoco los aprendizajes emocionales (memorias implícitas) del niño pequeño desaparecen porque no son ni serán conscientes cuando adultos. Se mantienen por debajo de la conciencia subjetiva (por no ser memorias declarativas) pero a pesar, o más bien, por ser implícitas influyen en una variedad de conductas, sean actitudes sobre ciertos asuntos: aquéllos que se prefieren o los que se desdeñan, o reacciones emocionales aceptables o inaceptables en ciertas situaciones. Así, los aprendizajes que determinan memorias implícitas no conscientes como la emocional o la de habilidades superiores, por ejemplo, definen actitudes, comportamientos y formas de resolver problemas sin que el sujeto tenga noticias de su origen, de cuándo y cómo lo aprendió, simplemente le parecen bien o mal, adecuadas o inadecuadas, eficientes o desechables. La importancia cultural de estos aprendizajes es enorme como veremos en el Capítulo 5.

Recién ahora podemos responder la pregunta inicial de este capítulo: ¿Para qué se aprende? La tarea principal del cerebro (de cualquier cerebro de cualquier especie) es actuar en y sobre este mundo "real" para aprovechar sus oportunidades y evitar sus riesgos). Saber sobre el mundo y sobre sí mismo es decir aprender no es lo mismo que actuar en él con eficiencia y oportunidad. Para decirlo de otro modo, nuestra mente utiliza saberes, conocimientos y habilidades que están en sus memorias (algunos innatos, muchos aprendidos) para planear, decidir y ejecutar conductas con propósitos. Esta ligazón virtuosa entre contenidos de las memorias y conducta es nuestra capacidad de adelantar, de predecir las condiciones del mundo en que "operamos" y la de las herramientas (en la memoria) que nuestros aprendizajes construyen. Para actuar, que es la principal finalidad del trabajo de nuestro complejo cerebro necesitamos aprender. Nuestro equipamiento instintivo es demasiado limitado frente a la enormidad de informaciones que transmite nuestra Cultura y los intercambios sociales.

Más adelante volveremos a la "Predicción". Entretanto, consideremos el papel de las emociones y las sensaciones psicológicas y corporales que las constituyen en la evaluación de resultados de acciones. La palabra "evaluación" es psicológicamente equívoca. De alguna manera implica un examen consciente, cognitivamente objetivo y deliberado de las consecuencias de una acción, sea con respecto al objetivo buscado con esa acción, o en relación con su impacto sobre otras personas o sobre el mismo sujeto que la ejecuta. Este tipo de análisis crítico por supuesto con frecuencia existe, pero el factor más potente de la evaluación de resultados para el aprendizaje es la valoración emocional del resultado de las acciones, que se manifiesta con sensaciones tales como: satisfacción psicológica (activación dopaminérgica) si las consecuencias de la acción son consideradas positivas, o rabia, vergüenza (activación de la amígdala) si los resultados de la acción son, a los ojos del sujeto, negativos. El neuropsicólogo Antonio Damasio ha llamado la atención sobre la importancia de estas sensaciones o "sentires" aprendidos, que él llama "marcadores corporales", en la toma de decisiones en una variedad de dominios (negocios, relaciones sociales y de pareja, actividades laborales, etc.). Las personas que las "sienten" suelen llamarlas intuiciones, pero, en realidad, representan la presencia de "memorias" emocionales nacidas de experiencias previas de evaluaciones de resultados, es decir, de aprendizajes.

3. Las memorias

En términos generales llamamos memoria a los mecanismos de cualquier tipo (naturales o artificiales) capaces de ingresar información (datos, saberes, procedimientos); consolidar y depositar esa información de modo que esté fluidamente disponible, para su uso posterior, por parte del organismo (o la máquina) que tiene memoria. Esta descripción global incluye varios componentes necesarios para el funcionamiento eficaz de la tarea de ingresar, guardar y usar información. En primer lugar, los mecanismos de ingreso y selección de la información que por cualquier razón se necesita acopiar. Luego, su depósito ordenado según algún tipo de codificación que la consolida y prepara el material depositado para su recuperación. Finalmente, su uso por parte de los agentes que eventualmente requerirán tal información. Pensemos en los mecanismos que utiliza una biblioteca para servir los tres componentes descritos: a) El ingreso de libros, revistas, videos o cualquier otro formato que contenga información de la clase en la cual se especializa la biblioteca, arriba a ella por compras, suscripción, intercambios, donaciones, etc. b) Este material es depositado en los anaqueles por los bibliotecarios de acuerdo a ciertos códigos preestablecidos (autores, temas, abecedario, sistema Dilthey, etc.). c) El préstamo (salida) de cualquier material (recuperación) también está bien regulado. Ciertos libros se facilitan sólo a profesores; revistas especializadas a doctorandos, incunables sólo pueden ser revisados en la propia biblioteca, bajo control estrecho de su personal. El funcionamiento de una buena biblioteca, es un ejemplo inmejorable del modo cómo el cerebro cumple su tarea de recordar hechos, circunstancias y valoraciones (agradable, odioso), de manera útil, rápida y apropiada para ser utilizada en planes y comportamientos que los sujetos requieren desarrollar. Naturalmente, entre las memorias de un ser humano y el funcionamiento de una biblioteca hay enormes diferencias, también entre nuestras memorias y las de un computador súper poderoso, o entre las capacidades mnésicas de una persona con las de un gorila. Sin embargo, cualquier individuo o máquina que acopie información para su posterior utilización requiere solucionar los tres problemas indicados: ingresar, depositar (consolidar) y recuperar información (usar).

Antes que nada, es indispensable aclarar por qué hablamos en plural de "las memorias". En el cerebro humano conviven muchos tipos de memorias que son diferentes en sus contenidos, en los sistemas y módulos cerebrales que usan para el ingreso, depósito y recuperación de la información que procesan, también en el tiempo que se mantienen disponibles, su presencia (o no) en la mente consciente. La figura que sigue presenta una clasificación de nuestras memorias la que, siendo ilustrativa, se queda corta en cuanto a la complejidad interna de cada uno de los tipos de memoria que señala.

FIGURA 1.
Clasificación de las memorias según sus contenidos

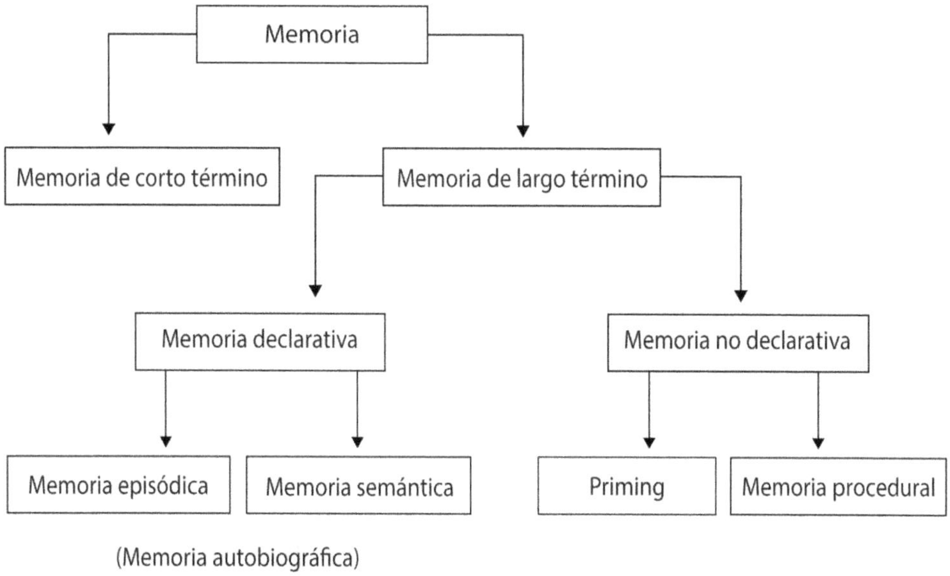

Lavados Manuel. *Neuropsicología*. Mediterráneo. Santiago, 2013. Pág 146.

Para hacer un símil con nuestro ejemplo de las bibliotecas, bajo nuestro cráneo podríamos reunir, en distintas memorias el tipo de información que en cierto modo guardan no sólo en las bibliotecas sino en otros formatos y para su propio consumo organizaciones tales como la NASA, el Banco Mundial, la Agencia Nacional de Inteligencia de USA, las Universidades de Frontera de todo el mundo, los Observatorios Astronómicos, etc. etc. Obviamente, los aprendizajes y las memorias, son caras distintas de la misma moneda. Pero sólo a través de las memorias, que se basan en la plasticidad, podemos inferir el aparataje neuropsicológico dedicado a aprendizajes especializados en distintos dominios (lenguaje, percepciones, emociones, etc.) y de sus conexiones asociativas con las demás facultades de la mente. Antes de examinar los tipos de memoria que se muestran en la Figura 1, debemos considerar los elementos que ellas tienen en común en cuanto procesamiento de información.

3.1 Ingreso de la información

La primera fuente de información es la que ingresa al cerebro a través del aparataje sensitivo sensorial, y luego de sufrir ciertos procesos integrativos (5 etapas para la visión) constituye percepciones, sean mono modales (por ejemplo, visión y audición separadas), o intermodales como la percepción de una escena con personas, objetos, ruidos, olores, en la que hay asociación de varios canales de entrada (visión, audición, tacto, olfato, etc.). El paso siguiente es supramodal, es decir, corresponde a la asociación entre la información que ingresa (transformada en intermodal) con el lenguaje que la nómina (vi una persona con un perro), con las emociones que las valoran (el perro era temible), con otras memorias (el perro era distinto al mío), etc.

3.2. Consolidación y depósito

Las asociaciones de los perceptos con los demás procesos neuropsicológicos (lenguaje, emociones, otras memorias, etc.) determinan la siguiente etapa clave en la construcción de las memorias. Se trata de definir qué nueva información será mantenida en la mente por un corto plazo (memoria inmediata) y cuál deberá consolidarse para durar más tiempo en las memorias del sujeto (mediano y largo plazo). Hay informaciones que duran en la mente sólo un instante. Un número telefónico, una cara vista brevemente, un objeto con el que se tropieza. Por otra parte, hay ciertas informaciones que duran más tiempo (corto o mediano plazo) pero que no es seguro que se transformen en memorias de largo plazo. Esto depende fundamentalmente de la importancia que para el sujeto tenga el acontecimiento. Una comida con un amigo, una película promedio, algunos acontecimientos laborales con escasa significación se desvanecen de la mente en semanas o pocos meses. La muerte de un ser querido, y sus circunstancias, es recordada en el muy largo plazo. Más adelante veremos con detalle cuáles y por qué ciertas informaciones o acontecimientos pasan a la memoria de largo plazo.

Hablamos de "conocimiento" cuando la información consolidada es asociada y organizada por el cerebro en conjuntos (sistemas) complejos (a veces muy complejos) capaces de generar los fundamentos del pensar. Entre éstos, sin duda, los más importantes dependen de la capacidad neurobiológica de clasificar, categorizar y de abstraer. El cerebro humano está precableado para ordenar información en categorías. Pensemos sólo en cuánto demora un niño pequeño para construir la categoría "perro" la que, por cierto, incluye a todos los perros a pesar de sus enormes diferencias raciales. Claro que el niño es capaz de distinguir entre todos los perros a Bobby que es su regalón. Y entre las mamás a la propia, y entre las casas a la suya, etc. etc. Este etcétera significa que en la memoria se construyen categorías a partir de percepciones o eventos concretos. Esto se debe a que las experiencias que transmiten informaciones siempre son específicas. Generalizarlas y construir categorías es trabajo del cerebro. Por lo mismo, las memorias de experiencias concretas, salvo que sean muy importantes para el sujeto, son mucho menos persistentes que las categoriales. La construcción de categorías es vital para elaborar ideas abstractas, y con ellas, conceptos (ideas simbolizadas en el lenguaje), y con esto, racionalidades causales (si...... entonces), todo lo cual es fundamento del pensar humano, y en verdad, ingrediente principal de cualquier práctica cultural.

En cualquier libro de texto y en el pensamiento popular las memorias no declarativas, también llamadas implícitas, tienen un lugar muy disminuido por no ser conscientes. Las habilidades y destrezas son memorias implícitas. El ejemplo habitual de memorias implícitas es "saber andar en bicicleta". Nótese que nadie dice "conocer" sino "saber" cómo desplazarse en este aparato de dos ruedas. Está claro que el lenguaje considera la palabra saber cuándo se trata de conocimientos que se manifiestan en acciones, actos o procedimientos que se aplican en el mundo real. Pero ésta no es la única forma de considerar las habilidades, ni siquiera es la más importante para el ser humano y sus culturas. Las habilidades superiores son decisivas para resolver problemas de todo tipo. Recordemos que la capacidad de resolver problemas es uno de los atributos centrales de la llamada "inteligencia general". Lo que ocurre es que las habilidades superiores, constituidas como memorias implícitas utilizadas para resolver problemas, llaman la atención sólo por sus resultados –conductas inteligentes, desarrollo de innovaciones– y no por su notable participación en los procesos neuropsicológicos. Así, las habilidades superiores son el resultado de procesamientos cerebrales que construyen las formas operacionales (algoritmos) que organizan la solución de problemas, a través de acciones que sirven propósitos intencionales. Esto ha sido bien estudiado por la Neuropsicología Experimental. Si tomamos dos poblaciones de sujetos, en todos los demás atributos iguales, y siendo una persona con coeficiente intelectual (C.I.) de alrededor de 80 y otra de 120, se les plantea un problema estandarizado y se mide con RM funcional el trabajo del cerebro mientras resuelven el problema, el resultado es asombroso. En la cohorte cercana al C.I. de 80 se encuentra que se activan (se prenden) muchas y variadas regiones del cerebro, mientras que, en la cohorte de C.I. de 120, se activan en una secuencia específica, sólo algunas regiones del cerebro. Esto demuestra que aparecen en un algoritmo definido, sólo las regiones cerebrales que participan en la resolución del problema específico, y en un orden preciso. No cabe duda que la habilidad de crear algoritmos cerebrales destinados a solucionar problemas, es el sustrato de las más altas capacidades mentales humanas, porque alrededor de un plan estratégico (que busca solucionar el problema) se convocan todas las memorias (conocimientos y habilidades) requeridas, ordenadas en una secuencia precisa. Llamamos Inteligencia General a la capacidad de construir este conjunto tan variado de atributos neuropsicológicos, como es diseñar un plan estratégico que pueda solucionar un problema y organizar memorias y habilidades y otras facultades (racionalidad, emociones, etc.) para cumplirlo.

Por otra parte, más arriba he indicado que el aprendizaje y las memorias hacen posible la puesta a punto de ciertas habilidades superiores precableadas en el cerebro humano. Allí, indicamos como ejemplo el lenguaje, particularmente su gramática y sintaxis, en cuanto habilidades superiores que, tienen períodos críticos, durante los cuales para expresarse requieren ser activadas (puesta a punto) por experiencias lingüísticas inducidas por un entorno de hablantes. A ese respecto vale la pena hacer dos consideraciones adicionales que me parecen relevantes. La primera, es que parecen existir varias otras habilidades precableadas que necesitan de la experiencia y el aprendizaje para constituir memorias que sustenten comportamientos maduros. Entre ellas, los "principios morales fundamentales" (que estudiaremos en el capítulo dedicado a la sociabilidad), y la "consecuencialidad" que determina tener presente, antes de iniciar cualquier comportamiento, los efectos de éste sobre otros, sí mismo y el entorno ecológico. Por su parte, en el complejo conjunto de factores que participan en la capacidad de juzgar, tales como evaluar y razonar, habría componentes precableados en el cerebro humano: la noción de causalidad y la lógica formal, que parecieran tener muy cercanas relaciones funcionales, con la sintaxis y ciertos principios matemáticos fundamentales.

3.3. Utilización de conocimientos, habilidades y saberes, disponibles y accesibles en las memorias

Desde el punto de vista de los conocimientos y habilidades disponibles en las distintas memorias, es conveniente distinguir tres diferentes tipos de funciones mentales en las cuales el uso de las memorias tiene un papel central: a) reconocer, b) recordar; c) uso ejecutivo de la información disponible. Aunque estas tres funciones pueden solaparse, ellas representan distintos arreglos neuropsicológicos que nos permiten adentrarnos en el qué y cómo se usan las memorias. Esto es una cuestión ciertamente vital para entender la Neuropsicología de la Cultura, dado que ésta es la memoria compartida de la tribu. Ella debe usarse en cualquier proceso y práctica cultural.

4. La función de reconocer

Con gran frecuencia el reconocimiento es una función automática, esto es, no intencional. Nuestra ultra-sociabilidad (capítulo 3) ha producido la adquisición evolutiva de memorias preferentes, dedicadas a reconocer caras y expresiones faciales con muy alta certeza. Los módulos que procesan esta memoria y el posterior reconocimiento son comparativamente extensos (para servir nuestra ultra-sociabilidad) y se ubican en las regiones temporo-occipitales del hemisferio derecho. El reconocimiento de caras y expresiones asigna categorías y valores en el mismo acto de reconocer. Amigo, enemigo, pariente, jefe, obispo, soldado, etc. También reconocemos sonidos, palabras, lenguaje y su significación semántica y los arreglos gramaticales y sintácticos. Los módulos cerebrales que reconocen lenguajes (Capítulo 2) se ubican alrededor de la "cisura de Silvio izquierda" y son diferentes para el reconocimiento de palabras (temporal superior y posterior izquierdo) y la gramática, que es colindante con la "zona de Broca", dedicada a la expresión hablada que se ubica en el frontal inferior izquierdo. Otro reconocimiento importante que quiero consignar aquí (hay enorme cantidad de ellos), es el espacial. Automáticamente reconocemos los espacios conocidos: los planos de la casa, del barrio, los trayectos, campos, montañas, mapas, etc.

Un tipo de reconocimiento que ejemplifica bien cómo funciona el cerebro es el relacionado con la percepción. Cuando nos enfrentamos a cualquier experiencia perceptiva que, obviamente contiene información, siempre y por definición, comparamos esta información con las "bases de datos" existentes en nuestro arsenal de memorias, las que están codificadas en redes neuronales especializadas, según los dominios a los que pertenecen (visual, auditivo, lingüístico, emocional, etc.). Si la información es conocida la reconocemos, si es nueva, y esto es lo más interesante, siempre recurrimos a la memoria porque necesitamos identificar la categoría a la que pertenece la nueva información respecto a las que previamente nuestro cerebro ha construido. En realidad, para este efecto, nuestras memorias funcionan al revés. Primero, identificando las categorías a las que más probablemente pertenecen los contenidos perceptuales de las experiencias, y luego, distinguiendo elementos informacionales novedosos y distintos de los conocidos. Esta maravilla se realiza a través de módulos ubicados en la cara interna de ambos lóbulos temporales. Uno de estos módulos (para hipocampo) tiene, entre otras funciones, la de procesar el contexto en el que transcurre esa experiencia, con lo que prepara al cerebro para anticipar cuáles categorías son más probables de aparecer. Ni qué decir que los contextos están también, por supuesto, categorizados.

Algunos ejemplos aclararan estas ideas. Si usted está invitado a una fiesta (matrimonio, cóctel diplomático, cumpleaños familiar) usted debe definir con anticipación, y según el contexto, qué traje llevar, en qué vehículo se movilizará, cuál es la hora conveniente de dejar la casa para llegar a la hora, etc. Estas decisiones son predicciones y todas ellas pertenecen a algún rubro categorial: "traje para un casamiento" es categorialmente distinto a "traje para cumpleaños de sobrino". Las mismas, y otras decisiones predictivas, usted deberá tomar si va a la playa o a la nieve, o a una función de cine, o al aeropuerto a buscar a un hijo. Los módulos para-hipocámpicos son los encargados de procesar el contexto (fiesta, playa, aeropuerto) que define qué experiencias más probablemente usted tendrá, y sus contenidos concretos y las categorías a las que estos contenidos esperables pertenecen. Para cumplir esta función de "predecir contextos" los módulos para-hipocámpicos tienen amplias conexiones con los sistemas perceptivos de asociación supramodal, con lo cual constituyen contextos prototípicos, esquemas o guiones que generan "marcos conceptuales", dentro de los cuales se reconocen objetos, personas, situaciones. Así, en el matrimonio supone que encontrará amigos de la infancia, en el cumpleaños, familiares y en la nieve, andariveles. Si no encuentra lo que espera se sorprende y debe rebobinar sus dispositivos neuropsicológicos. Recordemos que la "sorpresa" es, desde Darwin, una de las cinco emociones fundamentales, tanto en el ser humano como en los animales. De esta manera sus aparatos perceptivos y sus memorias (y varios otros dispositivos mentales) están preparados por el contexto que usted de modo consciente o no consciente espera encontrar.

Sin embargo, cabe la posibilidad que su hijo en el aeropuerto llegue con su nueva pareja, que usted desconoce, y para lo cual no está preparado porque su hijo no avisó. En este caso, usted debe manejarse a partir de una nueva percepción, y para juzgar la pareja de su hijo la comparará con las anteriores (una de las cuales a usted le satisfacía) y con su memoria de caras y gestos especifica la nueva percepción y comienza a categorizar para juzgar a esta nueva pareja (bien o mal vestida, simpática, alegre, etc.). En este caso los demás objetos, personas y circunstancias corresponden al contexto que usted había predicho, pero contiene una persona (muy importante para su hijo) que no había considerado, por eso, para juzgarla, la compara rápidamente con otros datos de su memoria que no había preparado (inconscientemente) y a los que ahora debe recurrir.

Cuando es necesario aprender algo nuevo (en el ejemplo cara, gestos y atuendos de la nueva novia) que puede ser persona, cosa, evento, actos, habla, idea o valoración la información perceptiva va a la corteza correspondiente (temporo-occipital derecha para caras y gestos, temporal superior posterior izquierdo para lenguaje, etc.) y desde ahí, al hipocampo, que como todos los módulos dedicados a memoria declarativa está en la cara interna del lóbulo temporal (ambos lados) pero conectada por la región entorrinal y el para-hipocampo. Estas estructuras especializadas (hipocampo y demás), así activadas, inician un largo diálogo (ida y vuelta) con la corteza que envió la información (caras y gestos), de modo que lo que fue un percepto (estructura funcional pasajera) se convierte en memoria de largo plazo ya que finalmente se guarda en la corteza de ingreso en este ejemplo, que procesa caras y ademanes lo que es un componente vital para usted pues esta nueva pareja de su hijo podría ser la madre de sus nietos.

Sin embargo, para que algún percepto (o idea) se incorpore a la memoria de largo plazo es necesario que ocurran en el cerebro algunas señales que indiquen que tal información es valiosa. En este caso, valga la redundancia, la decisiva señal es el valor emocional que la información tiene para la vida del sujeto, razón por la cual se le suele llamar "valor existencial". Este valor puede ser positivo o negativo. En el primer caso es positivo saber dónde y cómo conseguir alimentos y agua, dónde y cómo conseguir pareja (Paleolítico Superior) o en la actualidad, lo que se puede considerar una oportunidad para trabajar, vivir con comodidad, tener hijos y nietos "con valor agregado", etc. etc. El valor negativo hace que la información se guarde en las memorias en todo aquello que significa riesgos (físicos, económicos, familiares) o peligros que se deben evitar. La segunda condición para que una información se transforme en memoria de largo plazo es que ella tenga significación. Esto es, que se engrane y conecte con conocimientos y habilidades ya disponibles en la memoria y que tengan alto interés cognitivo, además de valor existencial para los sujetos. Desde esta perspectiva, una nueva información que pertenece a las categorías ya disponibles en el cerebro será más fácilmente incorporada a las memorias de largo plazo.

Una historia argentina ejemplifica bien el concepto de valor y significación. Al terminar el Mundial de Fútbol de Sudáfrica a un grupo de niños se les enseñó cuáles eran las capitales de los Países Bálticos, usando mapas, historias, repeticiones, etc. Un mes después se les preguntó el nombre de esas capitales. Sólo el 10 por ciento las conocía. Pero, preguntando el nombre de las ciudades sudafricanas en las que se jugó el Mundial, el 100 por ciento conocía los nombres donde jugó Argentina y el 80 por ciento, los demás. Debemos recordar que varias de esas ciudades tenían nombres extraños para hispano parlantes. La razón de esta discrepancia es evidente. Las capitales de los Países Bálticos no tenían: a) un valor emocional y b) relación con ningún conocimiento o categoría previa de los niños. El Mundial de Fútbol se engranaba con sus conocimientos de fútbol previos y tenía un enorme e indudable interés (valor) para esos niños argentinos. Si no aprendían y guardaban en sus memorias sus detalles ¿de qué podían hablar con sus amigos?

5. La función de recordar

Recordar es una función menos eficiente (volumen y velocidad de la información "recordada") porque significa corrientemente, una intencionalidad por la cual la información que se necesita se "busca" deliberadamente en las bases de datos de las memorias. La memoria de trabajo pre-frontal es la encargada de esta búsqueda. Éste es un ejercicio "*Top-Down*", esto es de arriba abajo, donde el arriba "top" son las regiones pre-frontales que definen programas de acción para resolver problemas, y el "down" son las memorias disponibles por el sujeto que requiere información o habilidades que hagan posible encontrar la solución a ese problema. Esta actividad neuronal es mucho más costosa y difícil para el cerebro que "reconocer", que opera como un sistema que compara la información que llega con la que ya existe en la "base de datos", de acuerdo a los mecanismos que examinamos en el apartado precedente. Para ver la diferencia entre volumen (número de ítems que se recuerda) y velocidad entre reconocer y recordar, pensemos en una celebración de compañeros de curso 20 años después de su egreso. Tratemos de recordar, antes de la fiesta, las caras de quienes fueron compañeros por varios años. Es probable que recuperemos con dificultad la imagen facial de tres o cuatro, que por diversas razones fueron más cercanos. Sin embargo, en la fiesta, al encontrarnos, reconocemos a la mayoría y con muy pocos titubeos.

Por otra parte, recordar deliberadamente es siempre una función de la memoria explícita, es decir, en ella participa la conciencia y el lenguaje del sujeto que recuerda. Siendo esto así, necesitamos mirar con cierta detención la memoria declarativa o explícita. Como su nombre lo indica esta memoria puede ser expresada verbalmente, condición inseparable de su cualidad consciente. Estas dos características (verbal y consciente) la separan radicalmente de la memoria implícita o de procedimiento (habilidades y destrezas) que examinamos antes. Para esta memoria declarativa pueden describirse dos formas de presentación: a) memoria episódica o autobiográfica y b) memoria semántica o de conocimiento común. No cabe duda que esta última (semántica) es, como veremos a continuación, junto a la implícita que procesa habilidades superiores, la más decisiva para el establecimiento y difusión de las culturas y su evolución. Sin embargo, desde un punto de vista evolutivo la más novedosa es la autobiográfica pues ella alcanza en la especie humana niveles de complejidad y precisión sin parangón, aún en nuestros parientes antropoides y, como veremos en el Capítulo 3 (Sociabilidad-Individuación) es fundamento de la identidad personal.

FIGURA 2.
Principales estructuras asociadas al recuerdo autobiográfico

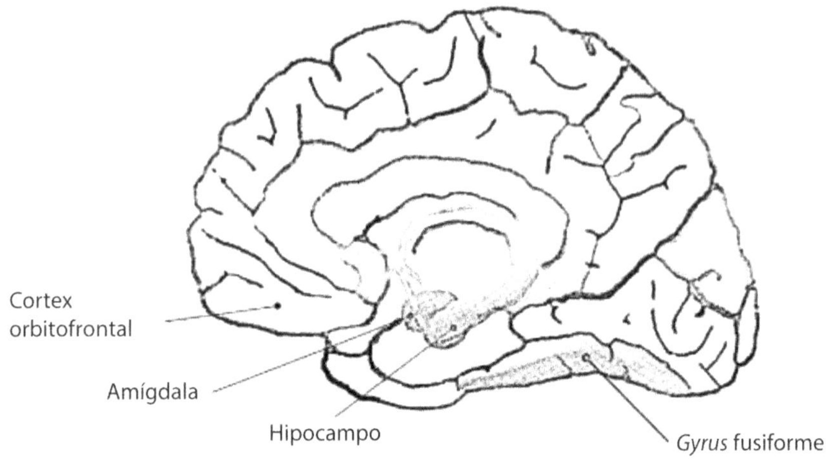

Lavados Manuel. *Neuropsicología*. Mediterráneo. Santiago 2013. Pág. 155

6. La memoria declarativa episódica o autobiográfica

Esta memoria registra y mantiene por largo plazo el recuerdo de los acontecimientos (y las cosas y personas que en ellos participaron) ocurridos al sujeto, y las circunstancias, en que ellos ocurrieron. Naturalmente, nadie recuerda todo lo que le ha ocurrido. En el curso del tiempo hay una selección de los acontecimientos que cada sujeto recuerda, según su valor y significación, aunque la persona tiene la constante sensación que ella misma es un continuum siempre mantenido. Esta sensación tiene causas que sólo a veces llegan a la memoria declarativa. Ella resulta del constante bombardeo de informaciones que desde el cuerpo siempre está recibiendo el cerebro. Las percibe desde el aparato locomotor (articulaciones, músculos, tendones) y desde el sistema vestibular (oído interno). El sujeto conoce su posición en el espacio y los desplazamientos de su cuerpo. Recibe información sobre el trabajo de sus vísceras (glucosa y demás señales metabólicas) que interpreta como hambre o sed. Cuando falla su presión arterial nota que se desvanece. Todas estas señales, cuando son extremas, se hacen conscientes pero el cuerpo tiene sensores que siempre informan al cerebro. Como los cambios corporales son muy lentos en el curso de la vida, se cuentan como constantes, con lo que determinan una proto-conciencia individual. De hecho, muchos recuerdos autobiográficos se mantienen escondidos para el propio sujeto hasta que aparecen inducidos por un suceso apropiado. El reencuentro con una pareja que parecía olvidada, una casa o un paisaje que retrotraen a los viejos tiempos. A esta reconstrucción contribuye otra característica central de la memoria episódica o autobiográfica. Los episodios vividos, que se recuerdan como tales, pero también en cuanto a las experiencias emocionales que ellos provocaron. Ellos son siempre fechados y localizados. Sabemos bien dónde y cuándo conocimos a quien es hoy día nuestra pareja estable. Las fechas y circunstancias de nuestro matrimonio. Quiénes fueron (o son) nuestros amigos más queridos y dónde y cuándo los conocimos. Cuáles fueron y por qué ocurrieron nuestros fracasos y éxitos. Ciertas vacaciones y viajes. Nuestro lugar en la familia y anécdotas comunes de todo tipo. Como esta ejemplificación puede ser casi infinita la dejaremos hasta aquí, pero con una importantísima consideración adicional.

En todas estas circunstancias nos recordamos a nosotros mismos como un actor que, de alguna manera, participó en los eventos, aun cuando sólo haya sido un observador. Todos nosotros recordamos lo que hacíamos cuando asesinaron al Presidente Kennedy o atacaron las Torres Gemelas de Nueva York. La memoria autobiográfica es siempre en primera persona. Consideremos los acontecimientos ocurridos en torno a la muerte de un ser muy querido. Se recuerda la fecha y el lugar en que el deceso ocurrió, pero también la fecha y el lugar donde estaba el sujeto durante ese deceso. Además de recordar la propia participación en las ceremonias siguientes (velatorio, entierro, etc.) se recuerda la pena, tristeza, rabia o dolor, que, en los distintos instantes de ese proceso, el sujeto sufrió. No es habitual que pasado algunos años se reviva el dolor que entonces se sintió. Si así fuera, estaríamos frente a lo que llamamos "memoria emocional". Lo más corriente es que recordemos que sentimos un gran dolor, sin que reaparezca, el dolor mismo, en cuanto tal. Este recuerdo es llamado "memoria de las emociones".

Esta distinción entre memoria emocional y memoria de las emociones tiene gran trascendencia cultural, porque muchas ceremonias que recuerdan un acontecimiento muy importante para un grupo, pretenden no sólo recordar el evento, personaje, espíritu o Dios, sino reactivar en sus seguidores la memoria emocional que, suponemos sintió, quienes presenciaron sus sacrificios. Para lograr este efecto cultural muy primitivo se han usado, por ejemplo, sustancias alucinógenas. También lo hacía la alta cultura griega en el Templo de Epidauro, que recuerda al rapto de Perséfone por Hades y las angustias de su madre Deméter. Este mito recordaba con el uso de alucinógenos, una vez al año, la reaparición de Perséfone y con ella la llegada de la primavera. En el tiempo actual para provocar ese efecto varias religiones usan incienso, música y, en ciertos casos, los fieles bailan y se trasportan. Luego sostienen que ese ceremonial los pone en directo contacto con la divinidad, repitiéndose en ellos las emociones originales que fundan su fe.

Del mismo modo, se recuerdan héroes militares con desfiles marciales, bandas y uniformes que avivan la emoción del público. La celebración del día de la Independencia o de la Revolución tiene, sin dudas, los mismos objetivos. Fortalecer el patriotismo recordando, con emoción, ese acontecimiento vital para la Nación. En la exploración de la memoria autobiográfica el papel de las emociones, como objeto de esta particular forma de recordar, es vital para entender aspectos decisivos de las relaciones personales (cariño - rechazo), pero también, el modo como la memoria episódica tiene un alto papel en las culturas. Los aspectos afectivos - emocionales "compartidos" de las personas "individuales" y sus grupos, están en la base de las celebraciones de ritos y ceremonias, que sustentan deseos y creencias, nacidos de experiencias emocionales de muy alto valor para los sujetos que las viven y comparten con otros miembros de su grupo y Cultura. En la memoria semántica, que veremos a continuación, los que predominan son recuerdos objetivos, descriptivos, comunes a los miembros de determinado grupo, y con ello, parte de sus culturas, dado que son recuerdos "de la tribu".

7. La memoria semántica

Ella guarda y recuerda, el conocimiento común, como dijimos. Este contiene los datos objetivos a los que todos tienen acceso. Cuando decimos datos objetivos, no queremos afirmar que sean verdaderos, sino aquéllos que una determinada Cultura (o subcultura) considera verdaderos, aunque examinados con una visión científica, pueden ser claramente erróneos. Consideremos, por ejemplo, dos preguntas que los neurólogos hacen rutinariamente a sus pacientes: a) cuál es la capital de Argentina, b) cuál es la altura promedio de la mujer chilena. En el primer caso la respuesta no admite discusión. Buenos Aires es un dato preciso, objetivo y verdadero. La altura promedio de la mujer chilena, es una aproximación que para ser correcta no debe alejarse mucho del promedio estadístico (verdadero). También podría preguntarse (no por el neurólogo, claro está) para qué sirve el matico, y según su interlocutor tendrá variados usos asignados a esta planta por la Cultura popular chilena. Por último, y en ciertos círculos, podrá preguntarse qué es el Caleuche y se recibirá una descripción más o menos detallada sobre este mítico barco fantasma chilote. De esta manera, y a partir de estos ejemplos, vemos que la memoria semántica puede contener y recordar desde información objetiva (Buenos Aires) hasta supersticiones (Caleuche).

Lo que aquí quiero destacar es que, aislados, los propios mecanismos de la memoria no son capaces, por sí mismos, de hacer la distinción entre el dato objetivo y la superstición. Para ello requieren el concurso de otros aparatajes y módulos cerebrales como son los que subtienden los juicios lógicos, las Matemáticas y la resolución de problemas, todos ellos, mayoritariamente habitantes de las regiones prefrontales del cerebro. La participación de la racionalidad es evidente, pues es capaz de formular críticas al error, supersticioso o de otra naturaleza, a partir de evidencias empíricas y juicios lógicos. Éstos, como sabemos se fundan primero en las evidencias, esto es, información empírica y/o conceptualmente verdadera, y luego, en la lógica que ordena de manera apropiada estos datos o evidencias en el conocido: "si....entonces". Naturalmente, el "si" debe ser verdadero y el silogismo que lleva al "entonces", debe estar ser bien formulado. La participación de mecanismos cerebrales para la toma de decisiones y resolución de problemas, aunque también utiliza la racionalidad, tiene corrientemente una orientación más práctica y utilitaria.

Esta cuestión es decisiva en nuestra consideración de la memoria declarativa de tipo semántico y sus relaciones fundamentadas con las culturas y, sobre todo, con su evolución y progreso. Dado que esta memoria no diferencia datos objetivos de errores o supersticiones, los cambios positivos de las culturas se han relacionado históricamente, entre otros elementos, con el desarrollo de las Tecnologías, las Ciencias y el pensamiento racional y crítico. Sin embargo, esta alusión a disciplinas formales es parcialmente cierta, además de tardía, en la evolución de las culturas, y quizás demasiado especializada. Para la vida cotidiana de los humanos del Paleolítico o de la Modernidad, la veracidad de la información contenida en la memoria semántica, es esencial. Los datos sobre la presencia de animales, de las condiciones del terreno y demás insumos para cazar, eran para los Cro-Magnones, cuestión de vida o muerte. Lo mismo para el ser humano actual, las informaciones necesarias para trabajar, comprar, viajar, comer con amigos, encontrarse con su pareja, etc. Para estar seguros de la calidad de la información los seres humanos tienen tres caminos no excluyentes: a) aprender personalmente, b) confiar en las personas que entregan información; c) evaluar la "objetividad" de la información según describa el mundo real. Estos mecanismos y sus detalles aparecerán en varios capítulos de este libro.

Por otra parte, la memoria semántica tiene un rol decisivo en tanto pone en evidencia la capacidad del cerebro para a generar categorías. De hecho, no existe información semántica que no esté incluida en algunas o varias categorías. Volvamos al ejemplo de Buenos Aires. Escondidas, pero funcionando, en esas preguntas hay, a lo menos, dos categorías implícitas: a) Argentina pertenece a la categoría "Países del Mundo" que por serlo tiene una capital. b) Buenos Aires pertenece a la categoría de "Capitales de los Países del Mundo". En ambos casos pueden activarse muchas otras categorías. Es claro que el cerebro funciona prácticamente en todos sus atributos (emociones, lenguaje, racionalidad, etc.) generando categorías. Aún la memoria inmediata, que dura sólo segundos o, a lo más 2 a 3 minutos, tiene también elementos categoriales más generales. Tomemos el ejemplo de una luz roja. No existe automovilista que efectivamente recuerde cuántas luces rojas y dónde las encontró en su camino. Luego de registrarla y detenerse el chofer olvida este acontecimiento. Pero, ¿es ésta toda la participación de la memoria semántica? Por supuesto que no. Hay primero una gran categoría "Leyes del Tránsito" que incluye una menor "luz roja= detención total". El chofer que respetó las luces rojas al detenerse tenía presente en su memoria semántica las normas y leyes del tránsito, aunque de esto, catalogado por su cerebro como "rutina" no tenga conciencia. No la necesita.

Recordar utiliza dispositivos cerebrales parecidos (corteza temporal interna) que detallamos en el reconocer. Sin embargo, siendo una función más activa (más intencional) de las de tipo *Top-Down*, en los estudios pertinentes (Resonancia Magnética Funcional (RNMF), Tomografía por Emisión de Positrones (PET), etc.), se encuentra en el recordar participación mayor de las regiones prefrontales que se encargan de la "Función Ejecutiva". Algo distinta es la activación cuando se trata de la memoria autobiográfica con más componentes emocionales (prefrontal orbitario). La memoria semántica que al ser más "objetiva" se asocia con el lóbulo prefrontal lateral derecho para los recuerdos que no contengan lenguaje (caras, espacios, sentimientos). Cuando el recuerdo semántico puede expresarse (a otros o a sí mismo) lingüísticamente se activa el hemisferio izquierdo.

8. El uso "ejecutivo" de la información disponible en las memorias

Recién ahora estamos preparados para explorar la tarea más importante de las memorias, que naturalmente consiste en aportar las informaciones necesarias para la toma de decisiones, y, por tanto, en el desarrollo de conductas que se atengan a planes y estrategias destinadas a lograr ciertos propósitos intencionales. La expresión "Planear conductas intencionales, destinadas a cumplir objetivos", de alguna manera resulta abrumadora. Parece referirse a asuntos muy complejos e importantes como los que tienen entremanos gerentes de enormes empresas transnacionales, o generales que dirigen ejércitos multitudinarios, o en el caso de individuos corrientes, casarse, comprar una casa cara, o instalar una empresa de éxito sólo eventual. En verdad, la expresión que denota el papel central y más importante del cerebro cual es organizar conductas exitosas, puede y debe aplicarse prácticamente a cualquier acto humano por trivial que parezca. Más adelante volveremos al tema con un ejemplo.

Debemos tener presente que la intencionalidad es sólo el comienzo de una cascada de activaciones de procesos neuropsicológicos de los cuales, rara y parcialmente, se es consciente, pues generalmente incluye procesamientos de informaciones o habilidades de memorias implícitas, y/o de redes neuronales de asociación a los cuales la conciencia no tiene acceso. Es evidente que estas tareas (conductas eficaces), son sin duda las biológicamente más importantes para cualquier especie en su afán evolutivo de sobrevivir y reproducirse. Ellas requieren, para cumplirse, contar con información detallada sobre su ambiente físico, sus competidores, sus presas, cuando son depredadores, o sobre éstos si ellos mismos son presas. También, de la calidad y estado actual de sus propios atributos corporales y mentales (puedo correr rápido, soy capaz de trepar). El ser humano moderno no se aparta de este diseño biológico general. De hecho, lo hace más complejo y más decisivo para su bienestar. Vive en variados ambientes ecológicos, rodeado de complicadas tecnologías, forma parte de grupos y sociedades multitudinarias y debe hacerse cargo de variados rasgos y códigos de (sus) culturas y civilizaciones en su mayoría bien desarrolladas. Una mirada superficial de la amplitud y complejidad de estos ambientes, da cuenta de la inmensidad de conocimientos y habilidades que necesita tener (en sus memorias) para prosperar en esos entornos.

Todas las memorias que por alguna razón necesitamos (o más bien eventualmente necesitaremos) simplemente no caben en nuestro cerebro, por lo que debemos seleccionar las potencialmente más útiles. Ello ocurre mientras dormimos según vimos en un parágrafo previo. Lo que allí no dijimos es que la calidad de la selección presenta dos variables. En primer lugar, que ciertos sujetos seleccionan mejor que otros, con lo que la inteligencia general, también se relaciona no con saber más sino seleccionar mejor los conocimientos y habilidades que son más decisivos para su potencial uso. La segunda consideración es, que aún los mejores seleccionadores pueden carecer de algunos contenidos de memoria indispensables para resolver ciertos problemas. En este caso opera la condición que he llamado "pensamiento crítico" y que consideramos en el apartado sobre aprendizaje. En el capítulo correspondiente veremos que este pensamiento crítico, es una de las raíces, junto a la curiosidad y la noción de causalidad, de la Filosofía y la Ciencia. Pero examinemos con más detalle la Neurobiología de la utilización de los contenidos de las memorias, sean éstos datos, conocimientos, habilidades superiores, saberes o simples destrezas.

La utilización de las informaciones depositadas en las memorias (y constantemente revisadas) puede considerarse desde dos ángulos o niveles que, en la realidad, como veremos, se traslapan. Aunque quizás vale la pena distinguirlos por su diferente trascendencia, (no siempre clara) para la vida del sujeto. El primer nivel pude ejemplificarse en el lenguaje cotidiano. En nuestras conversaciones más distendidas y superficiales siempre debemos acudir a datos, ideas, informaciones que son parte de nuestra memoria semántica. Si relatamos algo personal necesitamos la memoria autobiográfica. Del mismo modo, un deportista vacacional que juega ocasionalmente tenis para distraerse, utiliza las habilidades y destrezas disponibles en las memorias de la cognición motora. Lo mismo, cuando comemos en familia, con amigos o en una cena formal, las estrategias conductuales definidas por las etiquetas, que en cada caso deben aplicarse, son diferentes, por lo que nuestras memorias entregan información a veces sutilmente distinta. Para vestirnos, tomar helados, coger locomoción y una multitud de otras circunstancias, usamos las memorias que subyacen a la enorme cantidad de actos automáticos y/o rutinarios que habitualmente practicamos.

Estos ejemplos muestran que este primer nivel de uso de informaciones disponibles en nuestras memorias, se refiere fundamentalmente a comportamientos rutinarios o automáticos que sólo a veces requieren sutiles modificaciones (cena formal). En este nivel, la participación de las cortezas prefrontales que estructuran planes para cumplir objetivos, organizan sus procesos a partir de algoritmos cerebrales ya establecidos, innatos cuando hablamos de conductas automáticas, y mayormente aprendidas, pero exitosas y repetidas, cuando hablamos de rutinas. Tanto en los automatismos como en las rutinas, los módulos cerebrales que se activan son los que ya conocemos (memoria declarativa) en la cara interna del lóbulo temporal (hipocampo y para-hipocampo), las cortezas perceptivas que procesan la información sensorial entrante (ver más arriba) y las que luego de meses o años de "diálogo neuronal" con las estructuras del hipocampo son los depósitos (redes neuronales) que codifican la información aprendida. Para usar la información disponible en esta base de datos, se agregan (memoria implícita), núcleos de la base (estructuras y sus conexiones internas y corticales). Todas estas últimas, preferentemente del hemisferio izquierdo, especializado en algoritmos secuenciales y rutinarios preestablecidos. Cuando veamos los Sistemas de Control del Comportamiento Social (Capítulo 4) abundaremos en estos puntos, dado que las regulaciones y normas que los constituyen funcionarían mejor si se hacen "rutinas conductuales". Sin embargo, es la participación de la Función Ejecutiva la que lleva a su plenitud la recuperación y uso de la información disponible en las memorias (de variados tipos) cuando requiere encontrar nuevas y creativas soluciones a problemas no rutinarios. Sus múltiples módulos anátomo funcionales se ubican en las regiones prefrontales del cerebro, regiones que por complejidad y tamaño son distintivas de la especie humana.

La Función Ejecutiva que está a cargo de procesar el llamado "control superior del comportamiento" activa y coordina los distintos módulos que participan en las tareas de seleccionar en las bases de datos (memorias) las informaciones pertinentes a ese específico desempeño. Ella tiene tres componentes neuropsicológicos: a) la capacidad de construir planes y estrategias con objetivos y metas bien definidos; b) la atención ejecutiva que focaliza los muy diversos atributos y funciones cerebrales en sólo aquellos útiles, tanto para identificar los problemas que se deben resolver, como para articular, coordinar y controlar los actos y conductas que el sujeto debe realizar para resolverlos; c) la memoria de trabajo que, por decir así, "pone en línea" los conocimientos, saberes y habilidades superiores y de rango más bajo (motoras o perceptivas) que se requieren para programar y ejecutar apropiadamente las conductas que solucionen el nuevo problema, de acuerdo a los planes y estrategias definidas por la función ejecutiva. Cuando los problemas no tienen soluciones automáticas o rutinarias, la activación preponderante es del hemisferio prefrontal derecho, que, de algún modo, es la región creativa de nuestro cerebro.

Este complejo y esencial aparataje neuropsicológico, vital para comprender de qué manera se instalan, difunden y evolucionan las culturas, puede entenderse mejor a través de un ejemplo. Consideremos un niño prepúber (10 a 11 años) que estando en su casa algo aburrido, en una tarde calurosa, incuba el deseo de tomar un helado porque le parece que esta acción disipará tanto el aburrimiento como el calor, con un medio (el helado) muy apetecible. Para cumplir este preciso objetivo debe desarrollar planes y estrategias, por una parte, apropiados para alcanzar su meta (tomar helados) y, por otra, que consideren la situación real en la que él mismo se encuentra, y las condiciones que se plantean (o que él razonablemente atribuye) para lograr su deseo, es decir, conseguir su helado. En estas circunstancias acude a su memoria declarativa (tanto episódica como semántica) según el momento y el objeto que considera. Su memoria episódica le recuerda varias cosas: en su casa no hay helados, sí los hay en un negocio a una cuadra de su casa, allí el helado vale cien pesos, según recuerda de una experiencia reciente. Estas informaciones le generan dos problemas. Sabe (recuerda) que no tiene dinero y también sabe que necesita permiso de su madre para caminar sin compañía la distancia que media entre su casa y el negocio.

Hasta aquí, sólo para definir las condicionantes que debe enfrentar para satisfacer su deseo ha ocupado tres tipos de memorias. La episódica autobiográfica es evidente, la experiencia personal le indica que tomar helados es satisfactorio. Pero, si se considera: a) el negocio que expende el bien que busca; b) este mismo bien (helado); c) el dinero que el bien cuesta y d) la misma calle como categoría de espacio público eventualmente peligroso, se encuentra con componentes del conocimiento común, es decir, con memoria declarativa del tipo semántico. La tercera memoria que ha usado, pero que el muchacho no considera parte de sus problemas, es la memoria implícita que está involucrada en el caminar de su casa al negocio, en llevar guardado en alguna parte el dinero que cuesta el helado, el hablar con el dependiente para obtenerlo, y la actividad sensorio-motora requerida para llevar a su boca el helado dispuesto en el cono que el dependiente le entregó y él cogió. Todas estas acciones dependen de habilidades implícitas de bajo rango, pero la decisión final y la estrategia general del muchacho, significa utilizar habilidades superiores aprendidas y disponibles en sus memorias implícitas y explícitas.

Esta historia nos permite aclarar la participación de la Función Ejecutiva, tanto en la tarea de planificar y organizar estrategias de acción, como el papel de la atención focalizada y, sobre todo, la labor de la Memoria de Trabajo. La formulación de planes y estrategias necesarias para cumplir los propósitos definidos, tiene una primera etapa imprescindible. Debe elegir qué propósitos prefiere alcanzar de acuerdo a las fuerzas de sus motivaciones en ese preciso momento, puesto que, de hecho, las motivaciones son innumerables y en cada instante compiten para ser las elegidas. Nuestro muchacho desechó entretenerse jugando o viendo TV, y definió un propósito inmediato muy específico (tomar helados) pero también otros para él relevantes, pero de largo plazo, ser buen estudiante y miembro responsable de una familia protectora y cariñosa. La presencia simultánea de objetivos de corto, mediano y largo plazo, y de distinto peso y calidad, es un constante e inevitable componente de las motivaciones jerarquizadas según los objetivos más importantes para la vida del sujeto. Es por ello que a la hora de planificar y construir estrategias conductuales deben ser consideradas según su valor existencial. La jerarquización motivacional es la causa de la llamada "satisfacción diferida", presente casi sólo en la mente humana, y que le hace abstenerse de satisfacer deseos de corto plazo, si contradicen objetivos importantes en el largo plazo, y que se consideran más satisfactorios. En esta historia, el prepúber inteligente ha tenido en mente su preocupación por no alterar las relaciones con su madre, a quien pidió permiso y dinero, argumentando que ha sido muy buen alumno, con lo que destaca una competencia que, para su madre y él mismo, resulta crucial.

Así, llegamos de vuelta a la descripción de la Función Ejecutiva, factor más poderoso en la utilización adecuada de la base de datos bien organizada y disponible que constituyen las memorias, todas las memorias. Es evidente, que en cada etapa de este verdadero "rastreo" de datos disponibles en la memoria se requerirán las informaciones indispensables para cumplir cada una de ellas. Ésta es la tarea de la Memoria de Trabajo que pone en línea cualquier tipo de información (memoria) que, en cada paso, meta o circunstancia el prepúber necesitó para cumplir su objetivo. La "expresión poner en línea" significa, como en los computadores modernos, ordenar los datos pertinentes según el algoritmo (secuencia y duración) específico en que ellos serán usados.

La Memoria de Trabajo o Ejecutiva tiene acceso a todos los tipos de memoria que indicamos al comienzo. Declarativa episódica, cuando el niño habla con su madre sobre sus resultados escolares y, semántica cuando imagina y pide al dependiente un helado de tal característica. Memoria emocional implícita, al cruzar la calle (peligro), al solicitar a su madre permiso y dinero (dudas). Cuando resuelve el problema que le significa tomar un helado, ha estado usando habilidades superiores. Cuando debe caminar, evitar obstáculos, etc., usa habilidades motoras de menor rango. La memoria ejecutiva es también prefrontal, pero sus redes neuronales especializadas se encuentran en la cara interna baja de esta región cerebral. Una última consideración muy crucial sobre memoria de trabajo o ejecutiva es la siguiente: cuando en cualquier paso de cualquier estrategia, la mente no tiene experiencia previa (informaciones), necesita aprender para que su objetivo pueda ser logrado. Naturalmente, el sujeto debe conocer mecanismos y estrategias para buscar y hacerse cargo de las afirmaciones o habilidades de las que carece. Aquí aparece lo que más arriba calificamos como "Pensamiento crítico" que, como decíamos, se procesa especialmente (el aprendizaje de novedades) en el hemisferio derecho, mientras el hemisferio izquierdo se hace cargo de la información rutinizada. En ambos casos se trata de aprendizaje a través de "solucionar problemas", que destacamos como el más poderoso en el apartado anterior, unido a la evaluación del resultado de las acciones.

Aunque la relación entre aprendizaje, memoria y Cultura se ha tocado aquí sólo circunstancialmente, pues se explorará con detención en el Capítulo 5 de este libro, incorporando lenguaje (Capítulo 2), sociabilidad (Capítulo 3), y Sistema de Control del Comportamiento Social (Capítulo 4), pienso que vale la pena insistir ahora en el papel de la Cultura en el aprendizaje y las memorias. Hemos dicho que el punto de partida para estructurar planes y estrategias es la motivación que en ese momento se elija como la predominante. Es perfectamente posible sostener que todas las motivaciones humanas son, de un modo u otro, fuertemente influidas por la Cultura a la cual el sujeto pertenece. Aún en el caso de predisposiciones muy primarias (sed, hambre, sexo, protección, dormir, etc.) que pueden ser calificadas como "instintos" (concepto que a los humanos no les gusta usar con respecto a ellos mismos), son especificadas y definidas por sus culturas. Pero no se trata sólo de qué o cómo beben, o comen, cómo se emparejan, cómo visten o las casas en que viven. El impacto de las culturas es más profundo pues alcanza a sus motivaciones y objetivos de vida. Las motivaciones, fundadas en deseos, creencias y expectativas resumen a través de los procesos y productos específicos de la Cultura de cada cual, cómo comportarse, qué cosa desear, qué historias creer, qué futuro esperar, todo lo cual se incorpora a los propósitos que a cada uno más motivan. Por supuesto, las creencias que son parte constitutiva de cada Cultura, no sólo las creencias religiosas, también las más mundanas y rutinizadas. Creo que el "Gelato" italiano es el de mejor calidad. Pienso (creo) que el Arte del Renacimiento, tiene mayor calidad estética que el Arte Moderno. Es evidente que estas "opiniones" dependen de la existencia del Gelato, del Arte Renacentista y del Arte Moderno, todos los cuales son productos culturales y están en mis memorias. Así, los productos culturales orientan y encaminan qué desear, qué esperar del mundo y de la gente, y a qué patrones ajustar, mediante la Función Ejecutiva, las conductas, y con qué propósitos. Todo lo cual define motivaciones e intenciones.

Si miramos con atención la Función Ejecutiva ella es, de algún modo, vacía, esto es sin contenidos propios, salvo quizás, los principios morales que, como veremos (Capítulo 3), poseen una suerte de gramática innata. El resto es construir planes y estrategias a partir de algoritmos formales (como los programas de los computadores cuyos contenidos cada usuario debe digitar). Aquí, en la Función Ejecutiva los contenidos específicos son provistos por las memorias organizadas a partir de las "intenciones" del sujeto que definen las informaciones que conviene utilizar. Tales memorias "seleccionadas se ponen en un cierto orden (algoritmo) por la memoria ejecutiva, que, al recuperarlas y hacerlas disponibles, posibilitan la toma de decisiones, pensamientos y acciones.

9. Predecir

Finalmente, veremos la consideración que me parece más importante para responder nuestras iniciales preguntas ¿Para qué se aprende? y ¿Cuál es la función biológica más decisiva de nuestras memorias? Hemos dicho que aprendemos para solucionar problemas, desde decisivos hasta triviales, y que para hacerlo formulamos planes importantes y de largo plazo, o cotidianos y rutinarios. Para lograr estos cometidos necesitamos disponer de informaciones, conocimientos y habilidades que debemos aprender y depositar en forma organizada en nuestras memorias. Pero qué significa esta capacidad neuro-biológica de hacer planes para alcanzar objetivos.

Considerando con alguna detención la capacidad de planear, encontramos que tiene un poderoso ingrediente temporal. Los planes están siempre dirigidos a un futuro, sean lejanos o cercanos, con características trascendentales o domésticas. Estas características se refieren tanto a nuestro ambiente físico y social como a nuestras propias competencias. Estas condiciones las suponemos sobre la base de los conocimientos, habilidades y saberes que ahora (en el momento de planear) ya habitan nuestra memoria. Este suponer anticipado significa que nuestros planes siempre son predicciones sobre nuestro entorno y nosotros mismos, que pueden cumplirse como anticipamos, pero que también pueden fallar, sea porque las circunstancias externas se modificaron (la tienda que vendía helados ese día estaba cerrada) o por cambios en el propio sujeto. El niño al salir tropezó, cayó y se hirió la mano. Es obvio que nuestras predicciones nunca son absolutamente ciertas, y que siempre son probabilidades con mayor o menor valor predictivo, sea por los plazos (largos o cortos) a los que se refieran, errores en nuestras informaciones o circunstancias inesperadas y, por lo tanto, no predecibles. En todo caso, recordemos mi insistencia en que desde un punto de vista neurobiológico cualquier conducta intencional siempre significa planear. La conducta puede ser destinada a lograr objetivos de alto nivel o tan triviales como levantarse y desayunar. En este último caso la predicción es ciertamente automática, pero la necesitamos. ¿Dónde está la cocina y cómo la alcanzo desde mi dormitorio? Puedo hacerlo porque tengo en mi memoria el plano de mi casa. También sabemos qué son y dónde se encuentran, el café, el pan, la mantequilla. Si multiplicamos miles de veces estas predicciones respecto a los muy diversos asuntos que cotidianamente enfrentamos (trabajo, locomoción, cines, restaurantes, tiendas, personas, etc., etc.), nos damos cuenta que la capacidad de predecir es el modo fundamental como nuestra Neuropsicología articula nuestros conocimientos, ideas, recuerdos y percepciones, con actos y conductas de cualquier tipo. Por cierto, también pueden ser "actos de habla", es decir, lenguaje a través del cual comunicamos pensamientos y emociones.

Para actuar con eficiencia en el mundo, tarea central de cualquier cerebro (animal o humano) se requiere no sólo "saber" del mundo y de uno mismo sino usar ese saber con oportunidad y precisión. No es posible, sin perder tiempo precioso (o la vida), empezar a rastrear en nuestras bases de datos (memorias) patrones perceptivos, o modos de acción, cuando vemos un animal de tales y tales características (¿será un tigre o un perro?), y luego de identificarlo decidir si huyo o lo amenazo. Este ejemplo del Paleolítico (ahora sería un bus o una sombra en la noche) nos indica otra condición de la predicción eficiente. Ella depende del contexto, es decir, si estoy en la selva o en la noche en la ciudad. Volvamos a nuestro desayuno, y comparemos la facilidad con que encontramos el lugar y las cosas que necesitamos, con la incertidumbre que nos asalta al buscar dónde y qué desayunar cuando alojamos en una casa que desconocemos. Aquí no tenemos datos (lugares y cosas) en nuestras memorias con lo que su búsqueda es larga porque en ese contexto no podemos predecir.

Este mismo fenómeno ocurre con la información genética. La hipótesis de trabajo de Lorenz que predice un cierto ambiente para los que nacen, puede estar errada porque el agua donde el pez depositó sus huevos estaba contaminada o un meteorito cambió totalmente el ambiente donde vivía y procreaban los dinosaurios hace 65 millones de años atrás. La selección es así una respuesta a las constantes variaciones ambientales y permite cambiar la hipótesis de trabajo (predicciones) genéticamente codificada. Los humanos que podemos vivir en variados medios ecológicos y que debemos aprender la multitud de datos, habilidades y normas, que generan nuestras culturas, requerimos una mente altamente probabilística, de manera de variar con flexibilidad las conductas predichas para lograr éxito en los objetivos intencionales que movilizan nuestras acciones.

Sin embargo, en la vida cotidiana las predicciones son más seguras, porque en su inmensa mayoría están basadas en rutinas, es decir, en acciones que por ser repetidamente exitosas generan patrones (modelos) de comportamiento que, para aplicarse, no requieren deliberación. Aquí hay una aparente contradicción. Por una parte, somos flexibles y probabilísticos y, por otra, rutinarios con predicciones seguras. En realidad, se trata de dos niveles diferentes de acción de la mente humana. El primero, por su "flexibilidad" muestra su capacidad de vivir en variados ambientes ecológicos y en diversas culturas. El segundo, que permite predicciones rutinarias, aprovecha la estabilidad de los procesos y prácticas de las culturas específicas en que cada uno vive cotidianamente.

Por otra parte, las predicciones probabilísticas de nuestras conductas logran su flexibilidad (que les permite modificarse cambiando planes, y aprender según sus resultados) por la existencia, en nuestro cerebro de un sistema de control compuesto de complejas redes neuronales, cuyo centro es una región de la corteza pre-frontal interna sobre el cuerpo calloso (Anexo I) que llamamos el cíngulo anterior. Este complejísimo sistema opera computando el plan de acción (que incorpora las predicciones) preparado por la corteza pre-frontal lateral externa, en tres momentos: a) El diseño de un plan que, basado en conocimientos y saberes, genéticos o aprendidos, es el adecuado para lograr el objetivo perseguido. Es la etapa que más arriba llamamos de simulación. Aquí tenemos a nuestro niño preguntándose cuál es la mejor estrategia para obtener permiso y dinero de su madre; b) Llegado a un acuerdo entre pre-frontal lateral externo y el cíngulo anterior, se da paso a la conducta que el plan ha definido. Pero el cíngulo sigue controlando que la conducta se desarrolle exactamente como fue planeada. Si esto no ocurre (no estaba el helado o el niño se cayó) el cíngulo informa a pre-frontal lateral externo que debe hacer variaciones al plan original, c) En cualquier caso, al lograr el objetivo buscado en la conducta planeada (o modificada) el cíngulo computa éxito (o error) y este resultado es enviado a las memorias que corresponden, con lo que la experiencia de resolver un problema (o no hacerlo) mejora el conocimiento y las habilidades del niño. Esto se aprende, según la Evaluación del Resultado de sus acciones, como vimos en el apartado sobre aprendizaje. Ciertamente éste es un esquema muy general del modo como nuestra mente es, al mismo tiempo, capaz de: a) Resolver problemas a través de planes que incorporan predicciones, es decir que usan datos, conocimientos y habilidades disponibles en las memorias, b) Considerar que los supuestos de las predicciones son sólo probabilísticos y así, poder variar los planes y las conductas con flexibilidad y, para las de corto plazo, con rapidez; c) Aprender de la experiencia positiva o negativa resultante de una cierta estrategia diseñada para lograr objetivos intencionales.

Es posible pensar que la evolución de las culturas sigue patrones similares. Los productos culturales (comportamientos, tecnologías, creencias, ritos, etc.) son hipótesis de trabajo sobre el ambiente y las capacidades de la gente que vive en ese preciso entorno. Pero ocurre que los ambientes cambian (migraciones, cataclismo, guerras, etc.), como también lo hacen las personas, sea por aprendizajes de productos nuevos, o por variaciones genéticas, todo lo cual hace necesario introducir modificaciones a nuestras predicciones (ahora culturales) porque sus bases de datos se modificaron. Estas variaciones son, creo yo, un incentivo poderoso para la evolución de las culturas.

CAPÍTULO 2.

Lenguaje y comunicación

Para expresar con brevedad la enorme importancia del lenguaje en la vida humana puede decirse que sin él no hay humanidad. Tampoco, grupo o sociedades con "culturas". Pero ésta tan enfática declaración, de ciertos filósofos del lenguaje, requiere matizarse. Existen otras especies sociales, cuyos miembros se comunican, y en ciertas condiciones inventan y enseñan técnicas útiles para su sobrevivencia (proto-culturas). Sin embargo, la aparición de lenguaje maduro y plenamente funcional en nuestros ancestros Sapiens cambió, de manera radical, los atributos mentales de nuestra especie. Junto a su función principal de comunicación con los demás, se asocia con otras dos capacidades sólo humanas (planificación de largo plazo y conciencia subjetiva) para hacernos la especie predominante sobre la Tierra. No es clara la evolución precisa de este novedoso atributo comunicacional de nuestro cerebro, cuya incidencia adicional en la estructura de nuestra nueva mente es vital, pues interviene o participa en nuestro pensamiento (transformando vagas nociones o ideas en claros conceptos), en nuestras percepciones, en las memorias, en las emociones, en nuestros sueños, en nuestra cognición motora, en los silogismos lógicos, y un largo etcétera. En resumen, se trata de que nuestro lenguaje es capaz de verbalizar y comunicar cualquier contenido mental que nos interesa compartir.

La capacidad comunicativa del lenguaje puede ser directa (denotación y proposiciones) o indirecta, caso en el cual usamos metáforas y demás artilugios poéticos. Pensemos en los "catadores" y sus descripciones de olores y sabores (vinos, perfumes, aceites, miel, etc.), tan difíciles de precisar, por lo que han desarrollado un lenguaje particular para percepciones sutiles y difíciles de precisar como son olfato y gusto. Lo realizan a través de comparaciones (fructuoso, floral, herbal, taninos, acidez, etc.) que, al receptor con experiencia, le dan una buena idea de las características del producto que están describiendo. Pero antes de avanzar en el detalle de la relación lenguaje-mente (y luego Cultura) volvamos al tema evolutivo que esbozamos más arriba.

Respecto a la comunicación de otras especies hay sólidas evidencias científicas sobre su existencia y características. El aviso ante depredadores, el llamado a las parejas, la definición de territorios, está en la base del croar de ranas, cantos de pájaros, o gruñir de mamíferos, especialmente monos y primates, a partir de localizaciones cerebrales similares a las humanas, pero mucho menos evolucionadas, que pueden configurar señales capaces de expresar y recibir mensajes vocales simples, sin variaciones y alusivos sólo al aquí y al ahora. Muchas especies se comunican además con gestos y posiciones corporales. Gorilas y chimpancés se golpean el pecho: "aquí estoy yo, el poderoso" u ofrecen comidas y despulgan: "somos amigos". Los delfines que parecen tener un repertorio vocal más extenso, mueven la cabeza o hacen piruetas para comunicarse, no sólo con otros delfines, sino también con humanos. Experimentos con chimpancés y bonobos parecen indicar que son capaces de entender ciertas nociones y comunicarlas tocando la pantalla de un computador, luego de larguísimos y fatigosos entrenamientos. También aprenden ciertas conductas sociales. Sin embargo, y a pesar de todos los esfuerzos de los investigadores sus rendimientos no alcanzan el nivel que un niño de 2 a 3 años puede hacer sin mayor dificultad.

Por su parte, aullidos, graznidos y gestos señalan la posición jerárquica de machos (o hembras alfa) en el gallinero, lobos en la selva, o los chimpancés en los árboles. Más importante es la comprobada existencia de vocalizaciones diversas, en la misma especie, como aviso de peligros distintos. Los monos velvet aúllan de modo diferente si se acerca un peligro aéreo (águila), terrestre (leopardo), o reptante (serpiente), de modo que los otros miembros del grupo miran donde corresponde (aire, sabana, hierbas), y al verlo, se ocultan según el caso en madrigueras, árboles, matorrales, lo que significa que los receptores de los aullidos comprenden el lenguaje. Pero la comunicación animal no es sólo auditiva. La relación emisor-receptor puede ser visual: las danzas de los pájaros del paraíso, o las colas del pavo real para atraer parejas, o de las abejas para indicar las fuentes del néctar. También el medio puede ser olfativo, como las marcas de orina o heces de los felinos para delimitar territorio, o las feromonas de las hormigas que indican donde hay alimentos o lugares para instalar un hormiguero.

Como veremos a lo largo de este capítulo, el lenguaje humano, es completamente distinto. Puede transmitir conceptos complejos, emociones y estados de ánimo, planes para el futuro, memorias del pasado, percepciones, creencias y deseos, hipótesis científicas o matemáticas, todo lo cual puede ubicarse en cualquier tiempo y en cualquier espacio, admitiendo variaciones gramaticales que indican género, probabilidades y certezas, potencialidades y contingencias, etc., etc. Así, es evidente que nuestro complicado y poderoso sistema lingüístico no es la simple continuidad de ninguna forma de comunicación de las demás especies. La pregunta que sigue es simple pero desafiante. De dónde y cómo evolucionó nuestro especial lenguaje para llegar a su estado actual, y que para funcionar con eficiencia requiere la participación "simultánea" de dispares y complejos componentes corporales (audición y fonación), y variados módulos cerebrales, que hacen posible comprender y generar mensajes, con los variados contenidos resumidos más arriba.

Las dificultades para conocer el origen del lenguaje humano han generado dos tipos de hipótesis explicativas. La primera, que no trataremos aquí, es que el origen del lenguaje no es explicable por la evolución darwiniana, por lo que, junto a varios otros ejemplos de sistemas biológicos complejos (el ojo y la visión, por ejemplo), corresponden a diseño ultramundano (divino). Entre quienes piensan que el lenguaje es un sistema muy complejo, pero de origen evolutivo, hay algunos (N. Chomsky, por ejemplo) que sostienen que se trata, por lo menos en sus componentes sintácticos y gramaticales, de un ejemplo, de sistema innato que, para activarse, en el niño de 2 a 3 años, sólo requiere el estímulo de un entorno en el cual se practique el habla. Otros autores plantean la llamada Emergencia Epigenética (Anexo III) y como tal, el producto de relaciones no lineales de agentes que funcionan al interior de un Sistema Complejo Adaptativo (el cerebro). El problema con estas hipótesis es que la Emergencia Epigenética es de suyo arbitraria. Las relaciones no lineales entre los agentes no son predecibles y, por lo tanto, la noción corriente de causalidad se evapora. Como sabemos, el Grupo de Santa Fe sostiene que estas emergencias pueden ser simuladas con especiales y poderosos computadores. En mi conocimiento, esto no se ha hecho para el lenguaje, a pesar de lo cual, la hipótesis de la Emergencia Epigenética no puede desecharse porque tiene una explicación para un hecho que parece ser verdadero para antropólogos y arqueólogos. La aparición de la Gramática fue un acontecimiento muy rápido en términos evolutivos y geológicos. En estas circunstancias, las explicaciones que a continuación se entregan son hipótesis basadas en la evolución neodarwiniana, que, aunque incompletas y parciales, dan una idea del origen biológico evolutivo del lenguaje.

Sin embargo, antes de explicar esas hipótesis es necesaria una aclaración sobre su importancia para los objetivos de este libro. El supuesto básico es que con el lenguaje aparece la Cultura propiamente humana. Así de simple. Si miramos los demás capítulos de esta Sección "Procesos neuropsicológicos esenciales y desarrollo cultural" veremos que todos ellos tienen antecedentes y continuidad (con cambios notables es cierto) con otras especies, particularmente primates. Todos tienen aprendizaje y memoria, muchos son sociables y todos tienen comportamientos consistentes con el mundo físico y social en que viven. Por otra parte, nuestros antepasados homínidos, sin lenguaje maduro, que fabricaban instrumentos de piedras (Homo Habilis) y luego domesticaron el fuego (Homo Erectus), por lo que sabemos, eran capaces de aprender y transmitir estas tecnologías (y algunas más) sin duda tenía una proto-cultura. Y qué decir de macacos que separan granos de la arena lanzándolos en el agua o chimpancés capaces de inventar, transmitir y aprender técnicas para romper, entre dos piedras, frutos de cáscaras duras para aprovechar su contenido. ¿Tienen un pre proto-cultura? Yo pienso que sí, y es por eso que cuando me refiero a las relaciones del lenguaje con la Cultura, agrego a ésta el calificativo de "humana" o "madura" porque se estructura en y con este recién llegado en la Historia Evolutiva que es nuestro lenguaje hablado. La aparición del lenguaje no es una continuidad de capacidades más elementales de nuestros ancestros evolutivos. Es cierto que, como ellos, nos comunicamos con gestos, gruñidos, etc. Pero un lenguaje gramatical y sintácticamente operativo sólo es humano, y su aparición es una novedad biológica evolutiva que hizo posible nuestro desarrollo cultural maduro.

Si consideramos con alguna detención estas últimas afirmaciones sobre nuestros ancestros (primates y homínidos) esto es: a) algunos tienen un pre proto-cultura y b) tienen formas de comunicarse, encontramos pistas valiosas para convenir con la Semiótica (teoría se signos y significados) en su aserto que en la base de la Cultura está la comunicación. Por supuesto, ellas (comunicación y Cultura) no son lo mismo, pero es imposible concebir una Cultura sin que sus miembros se comuniquen. A la inversa, sin embargo, hay comunicación sin Cultura. Consideremos la comunicación en el lenguaje electrónico entre computadores. Sólo si los humanos acceden y operan a través de Internet o celulares, esta comunicación se incorpora a la Cultura. Pero también se comunican los pájaros con su trinar, o los perros que marcan territorios con orina, o las ballenas cuando cantan. Pero nadie puede sostener que pájaros, perros o ballenas tienen Cultura. ¿A qué se debe esto? La respuesta biológica a esta pregunta no es trivial. Se trata de comunicaciones instintivas que por serlo no se inventan, enseñan o aprenden como las humanas. Recordemos que macacos y chimpancés inventan técnicas, que otros aprenden guiados por los innovadores (chimpancés), o simplemente por copia o imitación (macacos). Se trata de interacciones no verbales. Estas ideas son importantes en este capítulo Lenguaje y Comunicación, porque los humanos también nos comunicamos por vías no verbales. Estas formas de comunicar son parte de nuestra Cultura cuando pueden inventarse, enseñarse y aprenderse. Pensemos en el movimiento de nuestras manos cuando nos pica un insecto. Puede ser parecido al gesto de despedida. El primero, reflejo instintivo, no es cultural. La forma (la estructura del gesto) de despedirse es parte de nuestra Cultura como veremos más adelante. Estos movimientos (ahuyentar un insecto, o decir adiós a un amigo) aunque parecidos son procesados por regiones cerebrales completamente distintas.

Sin embargo, y aparte del papel en la comunicación, un trascendental producto de nuestro lenguaje es que nos permitió cambiar nuestro modo de pensar, la forma como elaboramos nuestras ideas, sentimientos, memorias, juicios morales y programamos nuestra conducta. Hemos dicho en la Introducción que la Cultura descansa en las especificaciones que nuestros grupos de pertenencia hacen sobre creencias, deseos, expectativas, motivaciones, rutinas y rituales. Así el lenguaje, que opera y modifica a nuestras diversas facultades mentales, y que al mismo tiempo nos comunica con otros y nos permite cooperar, es verdaderamente un actor principal en la instalación, desarrollo y transmisión de nuestras culturas, en sus versiones tipo 1 y tipo 2, según explicamos en la Introducción. De esta manera conocer el origen biológico de nuestro lenguaje, es conocer el origen de nuestra Cultura y, por lo mismo, saber cómo funciona nuestro lenguaje y de sus relaciones con el resto de la mente, nos acerca a saber más sobre nuestras predisposiciones neuropsicológicas y sus productos socio-culturales.

1. La evolución del lenguaje

Aunque el lenguaje humano es completamente distinto de los sistemas de comunicación del resto de las especies, incluyendo a los primates, su aparición y desarrollo puede entenderse aplicando los conceptos de evolución darwiniana tradicional. La fecunda idea de Darwin "descendencia con variaciones" supone que los padres del o los individuos que presentan las modificaciones fenotípicas poseen el atributo (o alguno de ese tipo) sujeto a las variaciones. Esto no sucede con el lenguaje pues los ancestros de los homínidos carecen de varios de los distintos componentes del lenguaje humano (fonológicos, sintácticos y gramaticales) que interactúan con singular complejidad para construir nuestros actos de habla. Sin embargo, y a pesar de las interminables y acaloradas discusiones de antropólogos, lingüistas y neurobiólogos, en los últimos decenios está surgiendo un cierto consenso, que aún presenta algunos vacíos, y que continúa siendo objeto de amplios debates. Un resumen de este consenso es el siguiente.

a) Los distintos componentes del lenguaje actual evolucionaron de modo cuasi independiente y en distintas etapas de la evolución de los homínidos.
b) El orden de aparición sería el siguiente: Primero, fonología, seguido de cerca por léxico (memoria de palabras). Bastante después, palabras de enlace (Gramática). Por último, quizás sólo con el Homo Sapiens, sintaxis.

Esta secuencia temporal tiene sustento en evidencias arqueológicas y también lingüísticas y neurobiológicas, es decir, en la manera cómo el cuerpo, el cerebro y la mente construyeron los actos de habla en los homínidos. Digo, actos de habla, porque se trata de operaciones motoras activas, generalmente intencionales. Por otra parte, se ha propuesto que la aparición e instalación de los componentes del lenguaje, se correlaciona en el aumento progresivo del tamaño de nuestro cerebro (Capítulo 3) en nuestros ancestros homínidos, y el desarrollo de las diferentes capacidades cognitivas (neuropsicológicas) necesarias tanto para expresar como para comprender los contenidos del habla. Todos estos elementos y los componentes de la evolución del lenguaje se consideran en cada una de las etapas que indico a continuación.

1.1. Los inicios

El supuesto más comúnmente aceptado es que el primer cambio evolutivo, que finalmente llevó a la instalación del lenguaje humano, fue un acontecimiento para nada relacionado en su origen con la comunicación. Se trata de la posición bípeda alcanzada hace 5 o 6 millones de años por los ancestros de los australopitecos (Anexo 2: Evolución filogenética de la especie humana). Como sabemos la posición erecta, cambió el ángulo de inserción del cráneo en la columna con lo que pasó de ser horizontal, como en los primates superiores, a una creciente verticalidad. Así, se desplazó de posterior a inferior el foreman magnus (del hueso occipital) por el que pasa la médula espinal que lleva al cuerpo la inervación proveniente del tronco cerebral y del cerebro. La cabeza, en posición vertical sobre el cuerpo, indujo (entre otros variados cambios) una cierta elongación del cuello, con lo que la laringe, con más espacio, comenzó a descender, y con ella a delimitarse el aparato de la fonación (cuerdas vocales, cruce esófago laringe, y hueso hioides como sostén. En un muy largo proceso de 2 o 3 millones de años suponemos que nuestros ancestros, a los gruñidos guturales, gritos de amenaza o ronroneos de apaciguamiento heredados de los antropoides, empezaron a ser capaces de agregar nuevos y variados sonidos de una estirpe completamente distinta, y que en el ser humano actual, con laringes y espacios de vocalización bien desarrollados, dan lugar a acentos y escalas sonoras de gran amplitud y variabilidad, con timbres, ritmos y texturas imposibles de lograr en otras especies carentes de nuestro complejo aparato fonador (laringe y cuerdas vocales, caja de resonancia buco-faríngea, lengua y labios moduladores, etc.). Tenemos que suponer que, en paralelo con estos avances en la emisión del habla, el aparato receptor auditivo también mejoró, puesto que la comunicación de cualquier tipo (gestual, vocal, feromonas, etc.), y de cualquier especie, requiere una muy fina sintonía entre emisores y receptores.

La prosodia (que veremos más adelante) que agrega los componentes emocionales a los actos de habla, debe haber aumentado sus capacidades expresivas ampliando la gama y sutilezas de las emociones que la prosodia transmite. No hay forma arqueológica de probar estos supuestos, pero hay dos hechos indirectos que pueden afirmar estas hipótesis. El primero, es el patrón con que madura en los niños actuales sus habilidades lingüísticas (Capítulo 5) y el segundo, es que como vimos, esta primera etapa (y las siguientes) del desarrollo filogenético del lenguaje es concomitante con un crecimiento del cerebro, el cual se relaciona casi linealmente con procesamientos sociales (Capítulo 3) entre los cuales el lenguaje es ciertamente decisivo.

Cuando se dispone de un aparato de fonación (o de cualquier otro tipo) su utilización funcional es posible sólo si a él se agregan sistemas de operación y control neurobiológico (cerebral). El inicio de estas formas de operación debió, quizás, esperar a la llegada del Homo Habilis, hace 2.800.000 años. Esta hipótesis se sustenta en dos datos muy importantes. Primero, en que el Homo Habilis tenía un cerebro de 600 gramos, (los australopitecos sólo de 480) y un aparato fonador mejorado, como lo demuestra arqueológicamente su hueso hioides. Luego, porque con el Homo Habilis se inició la fabricación deliberada de herramientas muy primitivas, pero, según hallazgos en el yacimiento de Koobi Fora, con participación de varios individuos, algunos muy jóvenes, tanto como para pensar en aprendices. Cualquiera haya sido el impacto cultural de estos hallazgos (hacer herramientas y enseñar), y si a ello se agrega el mayor tamaño cerebral, es posible suponer que, a estas alturas de la evolución del cerebro, los sistemas neurobiológicos de operación y control sobre el aparato fonador y paralelamente la decodificación acústica y mental de las señales sonoras habrán alcanzado un cierto desarrollo. Naturalmente no sabemos con qué sonidos y con qué significados (aparte del mejorado mecanismo de comunicación gestual) podrían entenderse los grupos de Homo Habilis. Digo grupos de Habilis porque sin duda el principal aliciente para la evolución del lenguaje son los intercambios sociales, particularmente decisivos para la sobrevivencia de individuos y grupos humanos (Capítulo 3). Por supuesto, este proceso evolutivo debió haber empezado mucho antes por los efectos del bipedalismo, pero, no se han encontrado evidencias de descenso del hioides previas al Homo Habilis. Sin embargo, que no se hayan encontrado no significa que no existiera.

Mencioné más arriba el mejorado mecanismo de comunicación gestual. Como veremos en el Capítulo 8 "Tecnologías e Innovaciones" el desarrollo filogenético de nuestras tan especiales extremidades superiores, sobre todo de la mano, se inició a lo menos con el Australopitecus Afarensis (Anexo III). Sus restos arqueológicos que consisten en un esqueleto prácticamente completo de 3.6 millones de años atrás, muestra que Lucy, como se le llama, caminaba erecta por lo que indican su columna, las caderas y extremidades inferiores, pero además tenía hombros, brazos y manos muy distintos a los de los antropoides ancestrales, lo que le permitía rotaciones del brazo sobre el hombro como para lanzar objetos (piedras, palos), cogidos por una mano capaz de sujetarlos con tres puntos (palma, dedo pulgar e índice), de un modo imposible de hacer por los antropoides. Esta nueva mano, tan mejorada, puede hacer "gestos comunicacionales" imposibles para otras especies. Es claro que el bipedalismo liberó las manos, que ya no se usaron para apoyarse al caminar, siendo más hábiles posibilitaron coger alimentos y desmenuzarlos, con lo que, a continuación, disminuyó la fortaleza de los músculos masticatorios que por insertarse en las regiones laterales del cráneo impiden su crecimiento. Al ser menores dieron espacio al crecimiento cerebral por lo que, además del lenguaje gestual mejorado (previos al Homo Sapiens), los hominoides tenían laringe, boca, lengua y cerebro capaces de iniciar el camino hacia el lenguaje humano.

Algunos lingüistas han sugerido que sería posible suponer que las etapas primarias de la evolución funcional (filogenética) del lenguaje puede parecerse a lo que ocurre en dos situaciones distintas: a) el mencionado desarrollo infantil, y b) el comportamiento lingüístico del "Pigdin y el Creole". Como a mí me parece que estos últimos ejemplos son más decisivos en la etapa siguiente (Protolenguaje) los trataremos a continuación.

1.2. El protolenguaje

Quienes pensamos que el lenguaje no es producto de una masiva reorganización genética (incluyendo variadas mutaciones coetáneas), ni tampoco un designio divino, estamos constreñidos a considerarlo como el resultado de presiones evolutivas, similares en cuanto a sus mecanismos, a las que produjeron nuestro bipedalismo, nuestro gran cerebro, nuestras manos de singulares destrezas y los demás atributos que configuran nuestra especie. Pero la etapa evolutiva que se ha llamado "Proto-lenguaje" no es una hipótesis vacía, sin sustento científico. Por supuesto, estos sustentos no son el resultado de una observación de campo. Todas las culturas primitivas registradas por antropólogos (antiguos y actuales) tienen un lenguaje perfectamente desarrollado. Por otra parte, nadie pudo observar la comunicación lingüística del Homo Erectus, primer portador suponemos, de un protolenguaje. Por esta razón, las evidencias que expongo a continuación, siendo indirectas, tienen un valor explicativo que considero suficiente como para demostrar la alta probabilidad que algo muy parecido al Proto-lenguaje haya ocurrido en nuestra evolución.

1.3. Pigdin y creole

Estos son desarrollos lingüísticos espontáneos que se han reportado y comprobado en muy diversas circunstancias y que tienen en común las siguientes características: reunión de grupos de individuos que tienen necesidad de comunicarse entre sí, pero que hablan muy distintas lenguas de origen. Se trata, por ejemplo, de esclavos de plantaciones (Nueva Orleans, Jamaica, Haití) cuyos amos los eligieron (y compraron) precisamente por sus diferentes culturas y lenguas de origen (África) para evitar confabulaciones y otras amenazas. Idéntica situación se produjo no por esclavitud sino por contratación de trabajadores de muy distintos lenguajes en Nueva Guinea y Hawai. En todos estos casos los esclavos y trabajadores sólo compartían el limitado lenguaje que sus amos o capataces usaban para darles órdenes o recibir respuestas puntuales. Sobre estas bases, lenguajes de origen diferentes, intercambios con amos y capataces, todos estos grupos desarrollaron el llamado *Pigdin*, que es efectivamente un protolenguaje rudimentario, cuyos contenidos fueron siempre similares: sustantivos y verbos predominantes (puerta, cosechar, por ejemplo); escasos artículos sustantivados (yo-Pedro, Gabriel-Patrón, Ana-pareja; Javier-compañero); pocos adjetivos (lejos, grande) y sin palabras funcionales (preposiciones, sufijos, prefijos, etc.). Tampoco indicios de sintaxis. Eran como una parodia del mítico Tarzán de los Monos del cine de la década del 30 del siglo pasado. Más relevante es lo que pasaba en sus hijos y, sobre todo, con sus nietos. Estos, y de modo espontáneo y casi automático, en todos los lugares en que apareció el primitivo Pigdin, desarrollaron un lenguaje maduro, con formas gramaticales y sintaxis que aún se mantiene (en recónditos lugares) y que se ha llamado *Creole* (criollo). Cabe suponer que el Pigdin es el recuerdo del protolenguaje depositado en las estructuras más antiguas de nuestro cerebro y que compartimos con nuestros ancestros homínidos, como es el caso de muchos otros atributos (sociabilidad, por ejemplo), también en la raíz de nuestro desarrollo cultural.

1.4. Maduración y problemas del lenguaje

Por otra parte, si miramos el desarrollo o los defectos de nuestras capacidades lingüísticas actuales, nos encontramos con una progresión (y una detención) bastante similar a las etapas 1 y 2 que estamos describiendo. En cuanto a la maduración, vemos que en el niño muy pequeño cuyo espacio fonador se completa sólo después de los 2 años, inicia sus manifestaciones lingüísticas con balbuceos y gorjeos. Sonoridades de la cavidad bucal y nasal y de lengua y labios. Rápidamente aparecen los fonemas, componentes básicos de cualquier palabra y que, inicialmente al repetirse forman las primeras palabras (mamá - papá) que se vinculan a un referente (madre – padre), de suprema importancia. Este nivel del desarrollo del niño puede equipararse con la Etapa 2 inicial, de nuestro desarrollo lingüístico evolutivo. Claro que el niño sigue adelante y, ya al promediar o terminar su segundo año de vida, se comunica por medio de algunos sustantivos (guau – perro, cocó – gallina, pío-pío – pájaro, etc.). Esto que parece divertido es muy importante. Guau, cocó, pío-pío aluden más que a las características estructurales de los objetos que denominan (perro, gallina, pájaro) a sus actos, es decir desde el punto de vista de sus preferencias, al cerebro del niño le interesa más la acción (verbos) que la mera descripción de los objetos. Etapa 2 final. Es probable que "mamá" no se refiera mucho a la mujer que vive con él sino a quién le dio (o le da) de mamar, lo acaricia y cuida. Papá es el hombre que con él juega, lo sostiene en hombros y lo acuna. Esta digresión verbo-sustantivos, puede reflejar en el niño actual los intereses de nuestros ancestros homínidos, para los cuales las actividades y conductas operativas (cazar, recolectar, fabricar) eran de lejos más trascendentes que simplemente nombrar cosas, objetos y personas pasivas. No seguiremos con el desarrollo infantil puesto que todos sabemos que al empezar su tercer año de vida ya tiene suficientes palabras como para comenzar a agregar las sutilezas gramaticales y sintácticas que finalmente lo llevarán a los 4 a 6 años a un lenguaje maduro.

Más arriba decía que la existencia de un protolenguaje en nuestra evolución homínida puede sugerirse por defecto. En este sentido hay dos ejemplos. El primero es el de los sordomudos que aprenden y se comunican por señales visuales (manos, dedos, etc.). Cuando se les enseña el lenguaje por señas y son pequeños, adquieren este lenguaje con la misma secuencia que los niños normales, aunque algo más tarde. Pero hay otro dato interesante. Una comunidad de sordomudos en Nicaragua desarrolló, sin ayuda externa, un lenguaje por señas. No conozco un ejemplo similar registrado científicamente. Lo más interesante es que en su creación los nicaragüenses siguieron los pasos Pigdin- Creole, indicados más arriba. Si se estudia el procesamiento cerebral de las personas que se comunican por señales, repetidamente se encuentra que son las mismas regiones (perisilvianas) que actúan en hablantes normales. Las diferencias son las conexiones de entrada (visuales) y de salida (gestuales), con los aparatajes propiamente lingüísticos que usa el cerebro para recibir información (audición) o para emitir palabras (fonación).

1.5. Evidencias arqueológicas

En este punto debemos volver a la evolución de los homínidos para, de algún modo, medir cuál de ellos tenía las capacidades cerebrales suficientes como para procesar tanto la entrada (oyente) como la salida (hablante) de los componentes del protolenguaje que, como fósiles funcionales, se mantienen en el cerebro lingüístico del ser humano actual. Si consideramos la descripción de las evidencias específicas reseñadas más arriba, podemos decir, que el protolenguaje no tiene sintaxis y sólo iniciales palabras funcionales constituyentes de una gramática. Los especialistas están de acuerdo en que nuestro hablante Protolingüístico fue el Homo Erectus (Anexo 2). Pero antes de describir las capacidades neurobiológicas aplicadas al lenguaje del Erectus, vale la pena una consideración sobre el tránsito en África desde el Homo Habilis (etapa 1 de la filogenia del lenguaje) al Homo Ergaster y después al Homo Erectus, hace 2.0 a 1.8 millones de años atrás. Después de este tiempo el Homo Erectus se mantuvo prácticamente sin cambios, en el registro fósil, por lo menos 1 a 1.2 millones de años. Esta invariabilidad hace pensar que la evolución no tiene una tasa constante de modificación y que en ciertos procesos biológicos y en relación con determinadas circunstancias ambientales las variaciones se aceleran o lentifican. Así, el Protolenguaje que para su despliegue requiere ciertas capacidades generales del cerebro homínido se mantuvo, suponemos sin variaciones durante el dominio del Erectus por más de 1 millón de años.

Las características cerebrales y conductuales más importantes del Erectus son las siguientes: era un ser de gran envergadura y fortaleza, con más altura y fuerza que el ser humano actual. Posición completamente bípeda, con dientes y mandíbulas menos poderosas que sus ancestros, puesto que, aun siendo omnívoro, para el cual parte muy importante de su dieta era carne (y grasa) había conseguido dominar el fuego y asaba esta fuente principal de proteínas. Un resultado interesante de su ingesta de carne asada, es el acortamiento y la disminución de diámetro de su intestino grueso que ya no necesitó procesar muchos vegetales. Su cerebro de alrededor de 900 cc. nos permite suponer que su sociabilidad era mucho más avanzada que la del Ergaster y podía procesar mejor el protolenguaje heredado de este ancestro. Vivía en grupos trashumantes esto es, parcialmente migratorios pues en ciertas épocas volvían a los mismos lugares formando campamentos muy primitivos, que con cierta constancia repetían. Su manejo del fuego evolucionó porque al parecer al comienzo lo obtenían de incendios naturales (rayos, etc.) y después lo producían frotando palos y piedras. Su industria lítica consistía en la conocida Hacha Biface (musteriense) mucho más avanzada que las del Habilis. Con caras rebajadas, puntas afiladas y bordes cortantes (Ver Capítulo 8: "Tecnologías e Innovaciones").

Sus presiones evolutivas eran evidentes. Necesitan planear cazas mayores que practicaban en grupos, comunicar las funciones de cada cual, los lugares con mejores presas, recordar el camino de vuelta a sus "hogares" en los que, aunque transitorios, los esperaban sus parejas y descendientes. Éstos estaban dedicados a la recolección y, con ellos y los demás miembros del grupo los cazadores debían socializar y compartir particularmente cuando la caza era imposible (tormentas, nieves, etc.). Sus tractos vocales, indicados en los restos arqueológicos por la posición del hueso hioides, eran en cuanto a su amplitud, cercanos al del Homo Sapiens. Este apretado recuento significa que tenían, por una parte, las capacidades cerebrales del sistema fonador, y por otra, las presiones evolutivas consistentes con la utilización del Protolenguaje, es decir la etapa 2 en nuestra clasificación de la evolución del lenguaje.

1.6. El lenguaje del Homo Sapiens

Hemos visto que el Proto-lenguaje carecía completamente de sintaxis y tenía muy pocos auxiliares gramaticales. Éstos, por supuesto son parte fundamental del lenguaje humano actual. Sin embargo, hay una muy amplia discusión del momento y la causa de su aparición. En relación a esto, hay quienes sostienen que el lenguaje maduro del ser humano actual apareció hace unos 300 o 400 mil años cuando el Erectus dio paso a los llamados Homo Sapiens primitivos o pre-Sapiens, los que serían el eslabón entre el Erectus y el Sapiens-Sapiens. Las excavaciones en Atapuerca (España) han encontrado una especie que llaman Homo Antecessor, posterior al Homo de Heidelberg el cual es, por algunos, clasificado como Pre-Sapiens y, por otros, como Erectus Europeo. También existen Pre-Sapiens africanos. Todo este confuso escenario de especies descendientes del Erectus y antecesores cercanos al Sapiens-Sapiens, refleja una aceleración de la evolución de los ancestros más próximos al ser humano actual. No se conoce la causa de ello, (¿glaciación entre 200 y 400 mil años atrás?) pero da cuenta de un hecho comentado antes. La evolución natural de todas las especies (y también la humana) no tiene un curso temporal parejo y estable. Sufre aceleraciones y períodos evolutivamente más tranquilos. La filogenia del lenguaje es buena prueba de este "equilibrio punteado" como lo llama el paleontólogo Stephen Jay Gould. El Homo Erectus vivió más de un millón de años prácticamente sin cambios. Antes de él el cerebro aumentó cerca de 300 cc. entre el Habilis (600 cc.), el Ergaster y el Erectus (900 cc.) y pasó de la etapa 1 (lenguaje inicial), a Protolenguaje. Como hemos visto después del Erectus se produjo una aceleración evolutiva (Pre-Sapiens) para llegar al Sapiens-Sapiens sólo en África, aunque el Erectus vivió, como sabemos, en toda Euro-Asia.

En cuanto al lenguaje, hay quienes sostienen que el actual (gramatical y sintáctico) recién apareció hace no más de 50 a 70 mil años, esto es en pleno Homo Sapiens que apareció en África entre 180 y 200 mil años atrás, con migraciones posteriores hacia el norte (Palestina y Cáucaso) y expansión hacia Oriente y Occidente. La aparición tardía del lenguaje actual se sostiene en tres argumentos. El primero, es que sería la causa y la razón de la llamada "explosión cultural" del Paleolítico Superior, que se inicia hace 35 a 45 mil años con cambios muy notables y geológicamente muy repentinos en los productos culturales del ser humano. Cavernas pintadas, agujas de hueso (que implica vestimentas), grabados artísticos en hueso, marfil, adornos para vestir y sus entierros, etc. (Capítulos 6 y 7). La segunda razón es consistente con la primera. En efecto, antes de la gran explosión cultural los productos socio-culturales humanos eran pobres y escasos, lo que implicaría que no tenían la gran herramienta lingüística. La tercera es que, aparentemente, el Homo de Neanderthal no tendría un lenguaje maduro. Aunque su cerebro fue algo mayor que el del Homo Sapiens, sus tractos vocales son similares a los del Erectus. Lo mismo ocurre con las impresiones del plano temporal del cerebro (una de las regiones en donde se procesa el lenguaje) sobre la porción del cráneo que las recubre. Vale la pena recordar que el Neanderthal es descendiente directo del Erectus (Heidelbergensis) fuera de África. Como se indica en el Anexo II, el Erectus también evolucionó en África. Pero una cierta población emigró de su continente de origen, extendiéndose por toda Euroasia. Los que llegaron a Medio Oriente y Occidente dieron origen el Homo Heidelbergensis y éstos al Neanderthal. Los yacimientos arqueológicos que así lo demuestran se encuentran en Palestina, sobre todo en el sitio (caverna) llamado Tabun, en el actual Israel. Esta información es interesante. Por el mismo hecho que no tuvo a los Pre-Sapiens africanos como sus ancestros. Así, se piensa que el cambio al lenguaje maduro se produjo en los Pre-Sapiens africanos hace alrededor de 200 mil años. El otro argumento de quienes sostienen una aparición temprana del lenguaje maduro, es que los Pre-Sapiens africanos sí tenían la impresión craneana del plano temporal igual que nosotros los Sapiens modernos.

El lector habrá notado que cualquiera sea la respuesta en esta discusión se trata de tiempos geológicamente cortos y repentinos. Esta encrucijada es mayor para quienes creen en la aparición tardía, y algo menor, para los que prefieren el Pre-Sapiens porque éste les da más tiempo para instalar gramática y sintaxis. También puede plantearse una mezcla de ambas propuestas. Gramática y sintaxis habrían iniciado su evolución adaptativa hace 200 a 250 mil años y el salto cuántico que significa la explosión cultural del Paleolítico Superior sólo reflejaría el final de esta trascendental variación evolutiva. Como veremos en el Capítulo 6, quizás al lenguaje ya maduro agregó en la explosión cultural una nueva mutación, no propiamente lingüística, pero capaz de mejorar, ciertos procesos mentales que asociados al lenguaje lo hicieron similares al nuestro.

Esta última posición es sostenida sobre todo por los lingüistas, especialmente a partir del descubrimiento del gen FOXP2 que explicaría la aparición repentina de gramática y sintaxis por una mutación de este gen que los humanos compartimos con varias especies (entre ellas chimpancés y ratas) en los cuales la mutación no se produjo. Esta mutación fue descubierta en una familia inglesa en el año 2001 la cual tenía la llamada Anomalía Severa del Lenguaje, que dificulta aprender a hablar, especialmente porque no logran manejar gramática y sintaxis. Esta anomalía, aunque muy rara, era conocida previamente por los neurólogos, pero nunca respecto a una familia más o menos extensa, a la cual se pudo aplicar los métodos modernos de estudios genéticos. Se manifestó, en esta familia, como un gen dominante que se hereda de forma estrictamente mendeliana (50 por ciento primera generación, etc.). Es obvio que es imposible que un gen aislado sea capaz de inducir la aparición de algo tan complejo como la sintaxis y, además, la gramática. Pero los genetistas plantean muy variadas alternativas posibles de estudiar. Un gen puede ser capaz de expresar (activar) múltiples genes de funciones relacionadas. El gen puede ser parte vital de un conjunto mucho más extenso que sin él no puede funcionar. Lo interesante es que la mutación humana de ese gen apareció hace 200 mil años, de acuerdo a la datación que realiza la moderna Genómica. La relación entre el gen FOXP2 y su mutación es fenotípicamente clara. Los que la tienen, pueden hablar sintáctica y gramaticalmente sin dificultades, mientras que los sujetos que no tienen la mutación desarrollan la Anomalía Severa del Lenguaje. También es clara la correlación de fechas. La mutación apareció hace 200 mil años, por lo que es coetánea con la época en que, según el registro fósil, apareció el Homo Sapiens-Sapiens en África. La gran explosión cultural del Paleolítico Superior es más de 150 mil años posterior, como veremos en el Capítulo 6.

En el resumen de esta exposición queda claro que es posible considerar al lenguaje humano maduro, es decir con todos sus componentes (fonológicos, semánticos, prosódicos, gramaticales y sintácticos) como resultado de una evolución darwiniana, pues incluye inicios casuales, inesperados como el desarrollo del aparato fonador (consecuencia del bipedalismo), presiones evolutivas (fabricar instrumentos, cazar, vida social) y, por último, mutaciones que aplicadas a la "deriva genética" iniciada en nuestros ancestros homínidos hace casi 3 millones de años, agrega un elemento esencial para nuestro lenguaje actual, la sintaxis.

Sin embargo, en este recuento falta considerar un factor esencial que tiene que ver con los cambios producidos en la propia arquitectura funcional del cerebro humano como sustento de una tan decisiva innovación en el repertorio de nuestras facultades mentales como es el lenguaje, raíz crítica de nuestras culturas. Desde esta perspectiva el problema científico es evidente. No hay registro fósil de los cerebros más allá de las impresiones sobre la "calota craneana del planum temporal" y las señales en la base del cráneo y del cuello (hioides) del aparato fonador. Sin embargo, recientemente este problema se ha mirado comparando la neuroanatomía funcional de las regiones cerebrales que en el ser humano procesan el lenguaje, con las correspondientes áreas de primates superiores (chimpancés y bonobos). Esta comparación descansa en la hipótesis que las diferencias encontradas corresponden a cambios evolutivos en el cerebro, los cuales sustentan cada una de las tres innovaciones biológicas que nos hacen humanos. Naturalmente esta metodología no nos informa sobre cuándo y por qué ocurrieron los cambios encontrados, pues tenemos la partida sin lenguaje (primates) y la llegada con lenguaje maduro (Homo Sapiens) y en el tiempo intermedio cambios arqueológicos (posición del hioides y existencia del planum temporal izquierdo, etc.). Entre ellos han transcurrido, a lo menos, 5 o 6 millones de años. Pero, si se combinan las evidencias expuestas en los apartados precedentes, con las tres etapas que ahí desarrollamos, podemos hacer las inferencias altamente plausibles que acabamos de exponer acerca de la evolución de nuestro lenguaje. Debido a que a continuación habrá una exposición detallada sobre el aparataje neurobiológico que procesa nuestro lenguaje, dejaremos hasta aquí este recuento evolutivo.

2. La mente y el funcionamiento del lenguaje

Cuando, por cualquier razón, se debe describir cómo funciona el lenguaje humano, el encargado de esa tarea tiene la sensación que, por más empeño que ponga, siempre se queda corto para denotar su sin par riqueza funcional. Como las conferencias, artículos, capítulos de libros, discusiones académicas o simples conversaciones sobre el lenguaje no son ni pueden ser infinitos, uno tiene que elegir los aspectos o temas que le parecen más apropiados para mejor cumplir los objetivos implícitos (o explícitos), en cada circunstancia, lugar y audiencia. Pero esta selección por más pertinente que le parezca nunca lo deja completamente satisfecho. En este libro que explora la relación de la Neurobiología de la mente con la Cultura el asunto es aún más complejo y desafiante. Esto se debe a que el lenguaje humano es por una parte (la del cerebro) el resultado de procesamientos producidos en las regiones y módulos corticales y sub-corticales dedicados propiamente al lenguaje, pero que, por otra, están constante y necesariamente asociadas, conectadas con otras regiones funcionales (memoria, emociones, racionalidad y juicio, intencionalidad, conciencia subjetiva, etc.) que procesan los contenidos cognitivos (conscientes o no conscientes) que constituyen los componentes lingüísticos propiamente tales del habla. Se podría pensar que basta separar ambos procesamientos informacionales (del mismo lenguaje versus las demás funciones cognitivas) para aclarar las computaciones estrictamente lingüísticas que subyacen a sus funciones características (fonológicas, gramaticales, sintácticas y las semánticas). Lo que ocurre es que el cerebro "hablante" no funciona así. Los procesamientos propiamente lingüísticos influyen y eventualmente modifican todos los contenidos cognitivos que se expresen o reciban, dada su capacidad de transformar pensamientos, imágenes y emociones en los propios códigos simbólicos del habla humana. A su vez, estos contenidos cognitivos orientan las estrategias fonológicas, semánticas, prosódicas, gramaticales y sintácticas que estructuran palabras, frases y discursos que los expresan lingüísticamente. La figura 3 muestra estos arreglos neurobiológicos.

FIGURA 3.

Modelos de distribución neuroanatómica de la memoria semántica

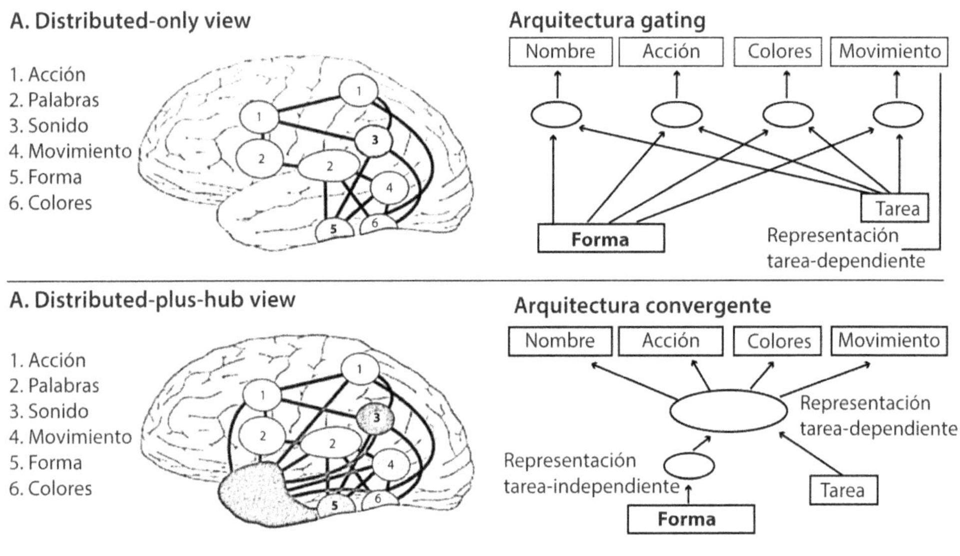

Fuente: Patterson y cols, 2007. Maite Fernandez Urquiza, Beatriz Gallardo Pauls, Karen Sage, *Neuropsicología. Bases neuronales de los procesos mentales*. Mediterráneo. Santiago, 2013, pág. 182.

Por su parte, las relaciones funcionales del lenguaje con la Cultura son también muy complejas. Como se indica en el Capítulo 1, es la Cultura la que define, en el niño pequeño que aprende, qué lenguaje hablará. Determina sus manifestaciones verbo emocionales (prosodia), las palabras y conceptos que transmite (fonología y semántica), las estructuras gramaticales y sintácticas que las especifican (ver más adelante) y las variaciones que todo lenguaje sufre en el curso de su historia personal y grupal. A su vez, es el lenguaje el que no sólo transmite la Cultura a los demás sujetos y sus descendientes, sino, además, es actor principal en la creación de innovaciones socio-culturales, generalmente en asociación con las otras capacidades cognitivas de la mente.

Un ejemplo verdaderamente crítico de esta relación entre aparataje lingüístico y otros procesamientos cognitivos de la mente es la semántica, esto es, el significado que tienen las palabras, las frases, oraciones, párrafos o aún complejas explicaciones mucho más largas. Estos distintos niveles de la semántica y su creciente complejidad hacen dudar que ella sea un componente del lenguaje propiamente tal. Éste sería sólo el vehículo que transporta, en la comunicación, ideas, emociones, etc. que en realidad originalmente dependen del procesamiento no lingüístico, como una emoción que debo sentir para luego expresarla, un color que debo ver para nombrarlo, un razonamiento que debo construir para comunicarlo o un recuerdo, que rescato de mis memorias, para poder contarlo. De esta manera se podría decir que los contenidos semánticos del lenguaje son formas de nominar, de explicar cogniciones que se procesan por y en otros sistemas funcionales del cerebro (emociones, percepciones, juicios, memorias). Sin embargo, el contenido del mensaje que se expresa y recibe y que es, finalmente lo que interesa en la comunicación (oral o escrita), sin el lenguaje no puede transmitirse ni comprenderse. Por otra parte, se puede sostener que la semántica tiene dos niveles, aunque relacionados completamente independientes. La semántica superficial, no compleja y la semántica profunda muy compleja. Las que veremos más adelante. El nivel menos complejo (superficial) que está constituido por palabras y oraciones correctamente formuladas, es un territorio del lenguaje propiamente tal. Los niveles más complejos (profundos) del mensaje que se intercambia, son computados por regiones corticales asociativas del cerebro y, simbolizados según su significado, a través del aparataje lingüístico.

La razón para suponer que la semántica compleja (profunda) no es propiamente lingüística se evidencia en su descripción. Pensemos en una ocasión en la que estemos leyendo, digamos, una novela que nos parece entretenida e interesante por lo que la leemos cuidadosamente. Estamos en la página 183, y nos preguntan de qué se trata, quiénes son los personajes y cómo actúan. Sin duda, podemos responder sin dificultades y explayarnos sobre los conflictos que la novela presenta, el papel de la heroína, etc., etc. Pero si nos piden que repitamos con exactitud los diálogos y descripciones de la página que acabamos de leer somos incapaces de hacerlo. Las preguntas que podemos responder (trama, personajes, etc.) son parte de la semántica profunda. El texto específico que estamos leyendo y con mucho agrado, dura en nuestra memoria sólo el tiempo que necesitamos para completar las frases y entender el significado de las oraciones. Es la semántica superficial. Esta diferencia se puede aplicar a la audición de discursos, prédicas o conferencias. También a los intercambios verbales cotidianos. A los minutos de dialogar con X no recordamos las palabras exactas que nos dijimos sino un resumen, del contenido del diálogo, llamémoslo "ejecutivo", aunque sí recordamos las ideas que intercambiamos. De estas sucintas descripciones, resulta claro que la semántica superficial es territorio del lenguaje y de la memoria inmediata. La semántica profunda asocia esta dimensión con los demás atributos cognitivos del cerebro, especialmente las memorias, primero lingüística y luego de los demás tipos que corresponda. Perceptivas, emocionales, juicios morales, etc. Estas asociaciones son absolutamente indispensables para entender los mensajes que nos comunica la semántica profunda. Naturalmente esta relación neuropsicológica entre pensamientos y lenguajes, opera exactamente al revés cuando hablando (o escribiendo) transmitimos mensajes.

Ahora sabemos por experimentos imagenológicos, que la memoria de las palabras, su significado semántico y también su organización en categorías, no es exclusiva del lenguaje, sino que opera como un depósito de información (ideas conceptos palabras) disponible para todas las operaciones cognitivas del cerebro, aunque probablemente el "los usuarios" más frecuentes de esta "base de datos" son el lenguaje y las memorias.

Por otra parte, las estructuras cerebrales que procesan gramáticas, y sobre todo las sintaxis, parecieran ser comunes tanto al lenguaje como a los componentes "lógicos" de la racionalidad humana. Aunque, por ahora, estas son hipótesis plausibles basadas en experimentos de los que se deducen ciertos arreglos de la arquitectura funcional del cerebro humano (que veremos más adelante en este mismo capítulo), ellas mejoran nuestra comprensión de cómo funciona el único cerebro de la creación capaz de comunicarse hablando y razonar explícitamente, sobre cualquier asunto que tenga interés para hablar o reflexionar.

Recordemos que cuando explicaba la evolución del lenguaje decía que probablemente el salto cuántico que llevó del Homo Erectus al Homo Sapiens fue la aparición de la gramática, y sobre todo de la sintaxis, las que al sumarse a las mejoras fonológicas y cerebrales desarrolladas por el protolenguaje del Erectus, constituyeron el lenguaje humano maduro capaz de ser raíz de culturas complejas. Por otra parte, si consideramos plausible un vínculo funcional entre sintaxis y lógica (explícita), debemos pensar que probablemente ambas son producto del mismo evento genético ocurrido hace 200 mil años atrás. Por lo demás, hay evidencias imagenológicas que sintaxis y lógica se procesan prácticamente en la misma región cerebral: corteza frontal inferior cercana a la región de Broca, que está a cargo del lenguaje expresivo y que veremos con mayor detención al final de este capítulo.

FIGURA 4.
Funciones mayores del lenguaje humano

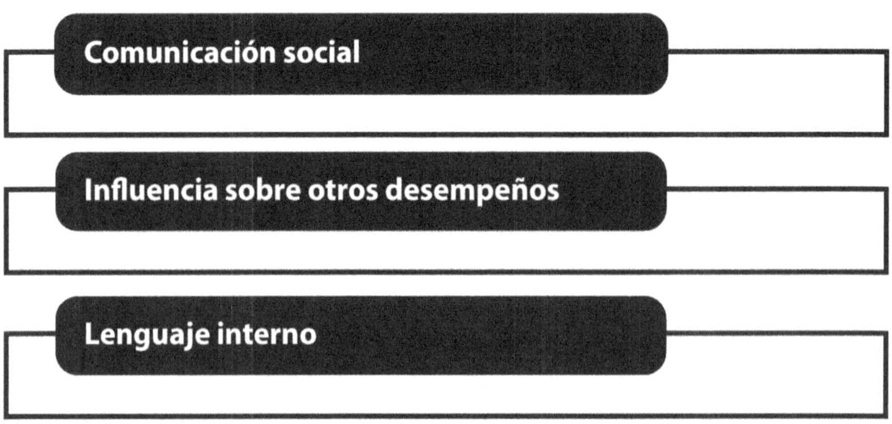

Maite Fernandez Urquiza y cols., *Neuropsicología*. Mediterráneo. Santiago, 2013, pág. 182.

3. Funciones del lenguaje

3.1. Contenidos comunicacionales

Creo que el método más directo y simple para acercarse a las capacidades comunicativas del lenguaje es partir revisando tipos de contenidos que se transmiten entre emisor y receptor (recordemos que esta pareja es absolutamente indispensable, aunque los participantes pueden ser múltiples), y de qué manera el lenguaje se las arregla para ser fiel a las informaciones que el hablante intenta expresar y que el oyente debe fielmente comprender. En realidad, la enorme capacidad y flexibilidad comunicativa del lenguaje humano se manifiesta en los muy diversos factores que, simultánea y secuencialmente debe computar, para constituir en forma ordenada, los mensajes intercambiados entre los interlocutores, incluyendo en tales mensajes los aportes indispensables de las demás funciones cognitivas de la mente (intencionalidad, memorias, creencias, deseos, etc.). Estos mensajes, además, se acompañan de gestos y posturas (corporales y faciales) y de una prosodia que agrega al habla énfasis emocionales. En todo caso los lingüistas describen, en cuanto a contenidos, los siguientes atributos del lenguaje comunicativo.

3.2. Capacidad denotativa o circunstancialidad

Esta capacidad implica que el lenguaje tiene la posibilidad de señalar todas las características de los referentes (contenidos) del discurso, sean cosas, personas o eventos. Sería largo detallar o dar ejemplos de las características que puede denotar el lenguaje. Pueden ser perceptivas (colores, ruidos, olores, táctiles). También icónicas como figuras, escenas, y paisajes, es decir, todo el mundo físico que está allá afuera. El lenguaje puede describir a las personas no sólo en cuanto a sus características (físicas o de carácter) sino también en cuanto a la cercanía o lejanía con el hablante (amigos, extraños, etc.). De suma importancia para nuestros ancestros del Paleolítico era comunicar asuntos prácticos, los hitos geográficos de su ambiente y también los animales (presas o depredadores) que existían en esos territorios. Pero, lo más importante para un ser social es que comunica ideas, conceptos, pensamientos, planes de acción cooperativos, estados de ánimo, emociones, creencias, deseos y expectativas. Algunos de estos tópicos, siendo conscientes, el sujeto los comunica sólo a sí mismo. Es para mí seguro que el lenguaje es una adaptación evolutiva de los humanos a las muy fuertes presiones comunicativas generadas por su inevitable sociabilidad (ver capítulo 3). Como acabamos de ver, su decisiva influencia sobre otras funciones cognitivas es el resultado de los procesamientos asociativos que dependen de la arquitectura funcional de nuestro cerebro pero que, sustentan la compleja trama de nuestras ideas, emociones y acciones.

Si se mira con cuidado esta capacidad "denotativa" y los ejemplos que he entregado, veremos que se trata de la comunicación de informaciones objetivas sobre datos y acontecimientos que al hablante (y al oyente) les parecen verdaderos (o se desea hacer creer que son verdaderos). Desde este punto de vista, esta capacidad denotativa se parece a un informe policial o a una exposición científica. Es evidente que a nuestro cerebro interesa sobre manera distinguir entre la denotación objetiva, más manejable a través de juicios racionales, que el segundo tipo de contenido comunicacional de nuestro lenguaje al que hemos llamado "simbólico expresivo".

3.3. Capacidad simbólica expresiva

Como se dijo el lenguaje humano puede denotar objetivamente sentimientos, emociones, afectos, deseos, creencias, preferencias, intenciones, expectativas, etc. Por supuesto, también ideas y conceptos, perspectivas y puntos de vista. Sin embargo, con cierta frecuencia no basta simplemente nombrar (denotar) algún sentimiento (amor), una reacción emocional (miedo) o una creencia (fe religiosa, por ejemplo). Decir "tengo miedo" o "estoy enamorado de ti" no representa bien lo que en cada caso se intenta comunicar. Claro que siempre queda la posibilidad de recurrir a la prosodia, que suavizará y endulzará la voz en el caso amoroso, o dará susurros escalofriantes en el caso del miedo. Estos ingredientes prosódicos prácticamente siempre se acompañan de gestos y ademanes que agregan refuerzos a la expresión que se desea transmitir. No obstante, y a pesar de estos recursos adicionales del lenguaje propiamente tal, muchas veces el hablante no está conforme con el resultado. Siente que no ha comunicado bien sus sentimientos y emociones. En este caso lo que busca es persuadir a su interlocutor (retórica) de la verdad de sus afirmaciones, pero también, y, sobre todo, generar, encender en éste un sentimiento, emoción o creencia concorde con la que él expresa. Para esto puede utilizar una serie de otros dispositivos lingüísticos que en general llamamos metáforas (tus ojos son estrellas, tus labios un botón de rosa, etc., etc.). De esta manera al simbolismo que es el mismo lenguaje (que opera con palabras que son símbolos o signos de algo) se agrega otro nivel simbólico el cual, cuando tiene un alto rango y calidad, llamamos poético. Por supuesto, también existen las Parábolas de Jesús, o los mitos de cualquier Cultura destinados a expresar asuntos que el lenguaje puramente denotativo no puede comunicar. Sin embargo, la separación entre denotaciones objetivas y lenguaje simbólico no siempre existe explícitamente.

Es el caso de las creencias religiosas basadas en la fe y no en evidencias científicas comprobables, aunque para los creyentes la Historia Sagrada y sus mensajes constituyen informaciones indudablemente objetivas. Esta mixtura entre conocimientos objetivos que denota el lenguaje y sentires subjetivos que se pueden expresar (y comprender) hablando, es frecuente tanto en la Historia de la Cultura como en la vida de las personas. En el primer caso para el Cro-Magnon que pintaba cavernas, los espíritus de los animales que invocaba eran ciertamente objetivos, aunque de tipo especial, representando la realidad en la que cazaba. El desarrollo científico posterior, transformó esas invocaciones en ceremonias religiosas que representan simbólicamente los "misterios" de su fe. Las expresiones simbólicas son parte del lenguaje, pero, además, muestran funciones de la mente a la que éste expresa. En este sentido se ha demostrado que el sexo femenino tiene mayor capacidad para expresar (y entender) la subjetividad que los varones. Ellas, además, aprenden a hablar antes que aquéllos y en la adultez expresan más vivamente que los varones sus afectos y emociones. La razón neurobiológica de esta diferencia no es propiamente lingüística. Se propone que se debe a que las mujeres tienen el cuerpo calloso con un ligero mayor tamaño que los hombres, con lo que, a las regiones especializadas del habla en el hemisferio izquierdo, le llegan mejor las influencias del derecho, más holístico e intuitivo.

3.4. Flexibilidad y creatividad

La flexibilidad y la creatividad son, sin ninguna duda, dos atributos fundamentales del lenguaje humano. Se trata de la capacidad de producir y entender infinitas frases, discursos, proposiciones, relatos, e innumerables versiones de cosas, personas, ideas, hechos, acontecimientos, los cuales, además, puede ubicar en cualquier tiempo y lugar, y calificarlos como posibles, probables o necesarios, veraces o absurdos, etc., etc. Algunos de estos productos lingüísticos fueron decisivos para configurar la mente del Homo Sapiens y, por supuesto, también la nuestra. En los parágrafos precedentes consideramos el lenguaje como un vehículo que transforma en mensajes los contenidos de la mente. Pero ahora es conveniente explorar: de qué manera los atributos del lenguaje, influyen y hacen posible ciertos procesos neuropsicológicos muy centrales para nuestra singularidad como especie, como parece demostrarlo la nueva mente del Sapiens a partir de la adquisición de un lenguaje sintáctico maduro (Capítulo 6) comunicable a los demás y a sí mismo.

Quizás el más importante impacto del lenguaje sobre la mente es el "lenguaje interior". Por lo que sabemos, esta capacidad no existe en otras especies. Se ha propuesto que el lenguaje interno es distinto al habla normal. S. Pinker y otros lo llaman "mentalese". Sería un sistema de codificación parecido, pero más simple que la expresión hablada, y que, aunque es responsable de asociar la información que contiene el lenguaje con la de los demás atributos mentales, no aparece en la conciencia subjetiva sino borrosamente. Consideremos el flujo de información que transcurre por nuestra mente cuando estamos a solas pensando en algo, o leyendo, o cuando frente a un paisaje, sentimos que es maravilloso. O cuando respondemos un diálogo con una cierta información. Dando una clase o llorando la muerte de un ser querido. En todas estas ocasiones la asociación de nuestros pensamientos, percepciones, emociones, etc., con el lenguaje no es perfectamente consciente. Claro que podemos transformar este flujo de informaciones llamadas mentalese en un habla normal y describir la relación paisaje – sentimiento estético. Sin embargo, siempre sentimos que en la descripción hemos perdido algo. Una solución que hemos visto antes es la simbolización metafórica o poética. Pero volvamos a la Neurobiología Evolutiva. Se puede pensar que los antropoides, delfines y quizás elefantes, tienen alguna forma de mentalese que, por supuesto, son incapaces de transformar en lenguaje complejo.

Por su parte, el tema del lenguaje interno es, para la Neurobiología moderna, un desafío mayor. No tanto por su existencia, comprobable por cada uno de nosotros, cuando por cualquier motivo debe volverse sobre sí mismo y reflexionar, sino porque en este acto mental estamos desplegando nuestra conciencia subjetiva. Ésta es la más omnicomprensiva y misteriosa de nuestra facultad mental, por la cual nos representamos no sólo el allá afuera, y nuestro cuerpo, sino, además, a nosotros mismos como "subjetividad".

Pero hay relaciones conscientes menos borrosas entre el lenguaje y otros atributos de la mente. Pensemos en la capacidad de guardar y expresar hechos y circunstancias que ocurrieron en el pasado (lejano o cercano), es un componente esencial de nuestra memoria declarativa (Capítulo 1) que en sus dos formas (autobiográfica y semántica) se expresa a través del lenguaje y, como vimos, requiere de la presencia de conciencia subjetiva. Puede sostenerse que la asociación memoria autobiográfica y conciencia es la raíz de la conciencia subjetiva de un ser humano que siente, vive y recuerda su historia como propia de sí mismo. Si, además, consideramos la temporalidad futura, cosa que nuestro lenguaje puede estructurar con singular flexibilidad: mañana me encontraré con un amigo, el mes que viene debo pagar mis impuestos, en los próximos años me cambiaré de casa, vemos que esta dimensión del futuro – el cerebro y la mente humana, son capaces de planear, de tener metas, identificar objetivos que se encuentran en el muy largo plazo. Para cumplir esos plazos es necesario recordarlos con lo que poseemos una memoria de corto, mediano y largo plazo. Si poseemos, además, la posibilidad de denotar con precisión territorios y lugares es porque ocurren procesamientos cerebrales precisos de nuestros manejos mentales del espacio y del tiempo.

No se trata que, el lenguaje cree o intervenga directamente en los procesamientos cerebrales del espacio-tiempo. Lo que ocurre es que, al asociar estos procesos con el lenguaje, su manejo mental se hace más preciso, más detallado y, por, sobre todo, más enfocado (atención ejecutiva) hacia los objetivos personales o sociales. Esta asociación del lenguaje con los procesamientos espacio-temporales no sólo afecta nuestro pensamiento más preciso y con atención focalizada, además, mejora nuestra comunicación social para acordar tiempo y lugares de caza (Paleolítico Superior) o reuniones de negocios (en la época actual) o bien proyectos cooperativos que se instalarán en ciertos tiempos, en determinados espacios. En todos estos casos, la coordinación intencional de los sujetos participantes requiere para tener éxito, de comunicaciones lingüísticas bastantes estrictas y altamente sofisticadas. Si nuestros lectores se detienen sólo un instante para pensar en ejemplos de su vida cotidiana en los que han necesitado coordinaciones espacio-temporales con otras personas, los encontrarán por miles y sin mayor esfuerzo. De manera similar a la asociación mente-lenguaje que hemos visto para el tiempo y el espacio, el lenguaje se incorpora a muchos otros atributos de la mente humana.

Como sería demasiado largo tratar detalladamente cada uno de ellos, bastarán sólo algunos ejemplos de esta asociación virtuosa. Consideremos las percepciones. No sabemos mucho cómo computan, por ejemplo, la información visual nuestros primos primates. A este respecto (percepciones) su cerebro no es muy distinto al nuestro, pero, cabe preguntarse, qué tienen en su mente consciente los bonobos que no tienen lenguaje cuando observan colores. Sabemos que nosotros, ayudados por nuestro lenguaje, tenemos una enorme flexibilidad para aprender a distinguir inesperados matices y diminutas variaciones de colores quizás porque las podemos nombrar. Se dice que los esquimales manejan alrededor de veinte palabras para denominar distintos tipos de nieve. De ser esto cierto (hay quienes dudan de su veracidad) la pregunta que sigue es si esta capacidad discriminativa se debe a que tenemos mejores mecanismos perceptivos, o a que podemos nombrar (lenguaje) las diferencias, o a una mezcla de estas dos variables: cerebro y mente que deben trabajar en ambientes en conjunto a la capacidad lingüística. Pienso que la tercera alternativa es la correcta. Por una parte, la percepción no es simplemente una recepción pasiva de informaciones ambientales. Ella debe ser comparada (memoria), interpretada (juicio), valorada (emociones), lo que significa que la percepción (visual, auditiva, etc.) no es un proceso únicamente *bottom-up*, tiene fuertes componentes *Top-Down*, entre los que por cierto se encuentra el lenguaje. Descripciones similares pueden hacerse para las emociones, la construcción de ideas y de juicios.

El caso de las emociones es muy significativo. El ser humano agrega a las cinco emociones fundamentales (que Darwin sabía que compartíamos con varias especies superiores) en un sinnúmero de distinciones emocionales cuyos contornos (mentales) podemos definir mejor porque las nombramos. Considérense las palabras: culpa – vergüenza – pecado – arrepentimiento o alegría, satisfacción, interés, que expresan y definen verbalmente reacciones afectivo emocionales que quizás y de modo borroso también tengan en parte nuestros primos primates. Respecto a ideas y juicios su verbalización es central. Las primeras (ideas) se transforman en conceptos cuando se nominan, por lo cual como todos sabemos, se precisan sus bordes y significados. Los juicios "lógicos" comparten con el lenguaje su sintaxis, como vimos en algunas páginas atrás. Los juicios morales, dependen de mecanismos neurobiológicos muy distintos a la sintaxis, lo que se verá en el capítulo siguiente (Sociabilidad), y en su origen son menos conscientes que los primeros. Esta última expresión juicios o conciencia moral nos abre una nueva ventana que debemos considerar. El lenguaje como tal opera mejor cuando el sujeto se encuentra plenamente consciente. Sin embargo, hoy día sabemos que un alto número de procesamientos neuropsicológicos que no son conscientes, y llamados de diversas maneras (intuiciones, mercadores corporales, "tincadas", etc.), pueden ser capitales en la toma de decisiones. Estos componentes no conscientes o intuitivos, es decir no lingüísticos, tienen enorme importancia en la Cultura. Nos encontraremos con ellos a cada paso en este libro.

4. Estructura del lenguaje humano

Si debiéramos contarle a un visitante de otro planeta cómo se las arregla el lenguaje humano para sostener la infinita variedad de mensajes que debe generar, deberíamos decirle que se trata de un sistema semántico que codifica símbolos y representaciones, basados en alrededor de 40 fonemas (dependiendo de cada lengua) y un procesador gramatical y sintáctico con reglas claras también limitadas. Ante la incredulidad de nuestro extraterrestre deberíamos explicarle cómo funciona esta tan simple estructura para producir resultados efectivamente infinitos. Nuestros lectores no son (espero) extraterrestres, pero debo contarles cómo ocurren estas maravillas.

El factor más elemental del habla es el fonema. Éste puede ser definido como la unidad de sonido más pequeña capaz de hacer una diferencia de significado audible (y expresable). Recordemos que los fonemas no son lo mismo que las letras (lenguaje escrito) sino el sonido que representamos en el alfabeto. Consideremos que ingleses, franceses y alemanes tienen prácticamente el mismo alfabeto, las mismas letras que el castellano, pero el sonido (fonema) que resulta de su pronunciación es enteramente diferente. Los fonemas constituyen morfemas (como "sol") que combinados constituyen palabras (solsticio, solar, etc.). Cada idioma no tiene más de 40 o 45 fonemas presentes en todas sus palabras cuyo conjunto es un "léxico", éste puede alcanzar a 80 o 100 mil palabras de las cuales cada persona de esa cultura, dependiendo de su educación, usa (semántica) entre 1.000 y 10.000, pero puede comprender casi el triple. Las palabras aisladas simbolizan o representan (como el lector prefiera) cosas, personas, eventos (sustantivos), características y cualidades (adjetivos), acciones (verbos), relaciones (preposiciones y conjunciones), y con la presencia de auxiliares gramaticales, representan temporalidad, sexo, probabilidad (formas subjuntivas), etc.

La relación de cada palabra con el objeto que simboliza es completamente arbitraria. Hay ciertamente algunas onomatopeyas que quizás fueron importantes en su origen, pero hoy son, en todas las lenguas, sólo denotaciones de ciertos actos (run-run, pío-pío, miau, guau, etc.). Sin embargo, últimamente se ha propuesto una hipótesis más compleja. Un número no despreciable de palabras representa procesamientos espacio-temporales del cerebro humano. Veamos por ejemplo palabras que simbolizan tamaños y cantidades. Cuando éstas son pequeñas usamos términos como mínimo, pequeñísimo, miniatura. Cuando los tamaños y cantidades son mayores las palabras que se usan son: enorme, grande, frondoso. Como veremos en el apartado siguiente, sobre el procesamiento neuropsicológico del lenguaje, la computación de sustantivos y adjetivos se realiza en regiones del lóbulo parietal inferior izquierdo, que procesa espacios y cognición motora. Este tipo de arreglo neurobiológico explicaría la diferencia en el trabajo del tracto vocal, que abre más la boca y utiliza tonos (cuerdas vocales) graves para decir "enorme", mientras que utiliza tonos más agudos de las cuerdas vocales, con la boca más cerrada, para decir "mínimo". Hay varios otros ejemplos de estos procesamientos que de alguna manera estarían en el origen de las simbolizaciones que llamamos palabras.

Pero el ser humano moderno generalmente no utiliza palabras aisladas para comunicarse, como lo hizo el Homo-Erectus con su proto-lenguaje. Nosotros construimos frases, discursos, proposiciones, relatos, en los cuales reunimos varias o muchas palabras, que, en su conjunto, le dan un sentido, un significado, "un segundo nivel de representación" a nuestras ideas, sentires y percepciones. Ellas simbolizan al mundo y a nosotros mismos. Para comunicarnos con precisión necesitamos la Gramática y la Sintaxis, que como vimos, son las recién llegadas en la evolución del lenguaje humano. Para cumplir su tarea, de elaborar frases con significado, la sintaxis utiliza fórmulas estrictas y bien codificadas, respecto a la posición de los tipos de palabras (sujeto, verbo, objeto) en la frase. La gramática usa pequeñas palabras relacionales sin significado propio, como son por ejemplo conjunciones (y, o, etc.), preposiciones (con, desde, por, entonces), que son enlaces que modifican la frase, pero que sin sujetos, verbos y sustantivos no son representativas de nada. También, la gramática es capaz de indicar el sexo o el número (cantidad) del sujeto o del objeto, adicionando auxiliares pre o postfijos a las palabras, indicar la temporalidad de los sucesos, sus probabilidades, etc. Para todo esto usa los verbos auxiliares (haber, tener) o adverbios. Para ver la sintaxis en acción vale el ejemplo que los editores entregan a sus periodistas aprendices: "El perro mordió al hombre", no es noticia. En cambio, la frase "El hombre mordió al perro" es primera plana, aunque las dos frases utilizaron exactamente las mismas palabras.

Cada una de estas palabras tiene su propio significado, que no ha cambiado en las dos frases. Lo único que varió es que en la primera el sujeto era el perro y el objeto el hombre, mientras en la segunda, el sujeto era el hombre y el objeto (mordido), el perro. Sin embargo, este ejemplo puede ampliarse mucho más. También se puede decir: ¿habrá mordido el hombre a ese perro? o ¿quizás el hombre, en un arrebato de locura, mordió al perro? También, "el perro, perteneciente a un vecino descuidado, mordió con ferocidad al hombre que iba pasando". En estas últimas frases aparecen dos características destacables. En la primera, las palabras gramaticales de enlace: "perteneciente a un vecino" u "hombre que iba pasando", o "el hombre en un arrebato". La segunda característica es lo que se ha llamado "recursividad". A la simple frase "el hombre mordió al perro" le agregamos frases intercaladas que mejoran la información pues especifican características de los actores o de sus acciones. "El hombre, en un arrebato de locura", o "El perro, perteneciente a un vecino descuidado, mordió, con ferocidad, al hombre, que iba pasando. Estos ejemplos demuestran que la recursividad puede contemplar una o muchas frases intercaladas, sin que el mensaje general pierda su sentido original, pero agregando especificaciones que mejoran la información que se emite o recibe. El único límite a la recursividad es que la frase final sea tan larga y compleja que sea difícil entender el mensaje básico original. Quienes hayan leído a Proust saben a qué me refiero.

Esta referencia a este gran escritor nos lleva al tercer tipo de representaciones que puede contener el lenguaje. Recordemos que la primera representación es lo que significa cada palabra en sí misma. La palabra perro no es sólo el nombre que se le da a este buen amigo del hombre. Incorpora lo que hemos llamado representación categorial, esto es un concepto abstracto (semántica) que engloba todas las características que se atribuyen a este animal, cualquiera sea su raza o condición particular. El segundo nivel de representación es el mensaje que contiene las frases de mayor o menor complejidad y que siempre representan un estado (Juan es inteligente) o una acción (Juan estudió mucho). Tales frases también tienen un contenido significativo (semántico), pero al referirse a estados o actividades no son, en cuanto tales, categorías abstractas, sino están constituidos por las cualidades que en esas frases se especifican (inteligente, estudioso). El tercer nivel de representación, con alta simbolización, es la construcción lingüística de metáforas, parábolas y poesía. En este conjunto de representaciones o símbolos poéticos las referencias de cosas, personas o circunstancias no es directa sino están mediadas por metáforas o comparaciones, o por el relato de circunstancias ejemplares que representan lo que se quiere comunicar. Como ejemplo, las Parábolas de Jesús, y para Homero, la ira de Aquiles era como "el mar agitado, que furiosamente golpea la roca". Lo importante respecto a estos tres niveles de representación es que ellos son procesados, como veremos en el apartado siguiente, en distintas regiones del cerebro humano, lo cual indica que la diferencia entre los tres niveles tiene una base neurológica que desconocían los lingüistas que las propusieron.

Hay, además, otro componente de la estructura del lenguaje que suele dejarse de lado en las discusiones lingüísticas más eruditas y que, pienso, es a otro nivel de representación, aunque mucho más primitivo, que los basados en fonología sistemática, gramática y sintaxis. Se trata de la Prosodia, término acuñado por neurólogos que atienden pacientes con defectos del habla (afasia). La prosodia se define como el componente sonoro, corrientemente acompañado de gestos pertinentes, que modula la expresión lingüística con acentuaciones enfáticas o murmuraciones cariñosas, cambia los ritmos, los volúmenes y las tonalidades de la voz para mostrar al interlocutor rabia, miedo, pena, molestia, cariño, sorpresa rechazo, orgullo, importancia del mensaje propio o desdén por el que escucha. Es claro, entonces, que la prosodia agrega a la comunicación que se representa en palabras o frases los componentes emocionales muy poco o mal comunicables por el propio texto del mensaje. La prosodia se considera primitiva pues recuerda las expresiones vocales de los primates, pero escritores y poetas buscan representarlas con palabras (¿tercer nivel de representación?) rara vez con mucho éxito. Ella se procesa en el lóbulo temporal derecho, el mismo que la izquierda procesa el lenguaje hablado. Cercana está a la derecha, la región que procesa la música. Lesiones de estas áreas producen la aprosodia o la amusia, comprensivas o expresivas, tal como las afasias, por lesiones temporales del hemisferio izquierdo.

Esta compleja estructura del lenguaje posibilita expresar infinitos mensajes que se comunican a otros (y a uno mismo) es una de las tres raíces de la Cultura. Por supuesto la intencionalidad del mensaje (sus contenidos) depende, en su base, de la sociabilidad humana, segunda raíz de la Cultura. Por otra parte, estos contenidos son informaciones aprendidas que se guardan en las memorias, constituyendo, en cuanto a base de datos disponibles, la tercera raíz de las culturas. Por supuesto, este simple esquema fundamental crece, se complejiza y se usa por la mente humana para producir los miles de rasgos y productos culturales que constituyen las civilizaciones. En realidad, estas civilizaciones y las culturas más primitivas no pueden existir sin lenguaje, sociabilidad y aprendizaje-memorias. Cualquiera de las estructuras culturales mayores, que veremos en la segunda parte de este libro (tecnologías, política, artes, religiones, etc.), son especificaciones de estas tres raíces. Llamo especificaciones al modo como se manifiestan ideas, creencias, deseos, preferencias, intenciones de los sujetos que pertenecen a un grupo socio-cultural.

5. Neurobiología del lenguaje

Los procesos mentales simples concebidos en el origen y desarrollo temprano de la Neuropsicología (ver Introducción), han resultado ser estructuralmente determinados por variados y complejos componentes funcionales, como acabamos de ver respecto a la estructura del lenguaje. Pero los correlativos procesadores cerebrales de esta complejidad no corresponden a una región específica del cerebro sino a lo que se llama "Sistemas Distribuidos de Procesamiento" de una función compleja, y que es lo que estudiaremos a continuación respecto al lenguaje. Sin embargo, esta complejidad no puede entenderse como un Holismo no especificado, es decir que todo el cerebro trabaja sin distinciones anátomo funcionales mayores para sustentar todos los procesos mentales sin especificaciones. Ser muy complejo no se contrapone con ser muy específico. Consideremos, por ejemplo, la gramática. Es, junto a otros, un componente esencial del lenguaje, pero ella sólo puede operar si están funcionando los componentes fonológicos y los semánticos. Lo mismo ocurre con los sistemas funcionales distribuidos, del cerebro. Ellos están constituidos por diversos módulos cerebrales pero que se deben integrar compleja y específicamente para sustentar en algoritmos espacio-temporales, las dinámicas relaciones de las estructuras del lenguaje, que se entrelazan para entender o producir mensajes verbales significativos. Tomemos por ejemplo la frase "Tengo sed". La sed es una sensación que se procesa en núcleos (módulos) hipotalámicos. Ellos informan a ciertas regiones prefrontales (otros módulos) que atribuyen la sed a "sí-mismo" debido a que el estímulo llega desde tal núcleo interno del sujeto. Siendo así, informa a otra región (módulo) prefrontal que procesa intencionalidad la que, a su vez, activa a otro conjunto de módulos que pertenecen al lenguaje expresivo, (región de Broca) los que, al mismo tiempo, activan los aparatos del sistema motor que manejan la fonación y que finalmente expresan la frase "Tengo Sed". El proceso es en realidad mucho más complejo pero este esquema parece una explicación suficiente.

A este respecto cabe otra consideración interesante. El que los módulos sean "computadores" (procesadores de información) muy específicos, no significa que sean exclusivos. Ellos pueden asociar la misma computación, que "rutinariamente" realizan en las operaciones de un sistema, a las de otro sistema funcional distribuido. El ejemplo crucial y a la mano es la semántica. El significado conceptual de la palabra perro (más bien los procesamientos neuronales que sustentan este concepto) es utilizado por la percepción, la memoria y demás disposiciones mentales. No tengo que hablar u oír un mensaje hablado para reconocer un perro cuando lo veo, o lo escucho ladrar, o lo acaricio. Tampoco cuando pienso en una estrategia para escapar de un perro bravo y desconocido. Ni cuando hago inferencias: si no tiene dueño el perro es un vagabundo. De hecho, y como hemos repetido, hoy se sabe que las memorias semánticas sirven como "base de datos" para los muy distintos procesos mentales que las utilizan, por lo que en el cerebro están asociadas (conectadas) no sólo con el lenguaje, sino con los demás procesos mentales a las que sirven. De hecho, esto no le quita especificidad a la memoria semántica, puesto que las redes neuronales (módulos) que las guardan están divididas en dos. Las palabras que significan acción (verbos, adverbios) están en las regiones frontales (anteriores). Las que significan descripción (sustantivos, adjetivos), en las regiones temporo parietales (posteriores). Ambas en el hemisferio izquierdo. De hecho, en clínica neurológica existe la "Afasia Nominativa" en la que el paciente no reconoce ni emite nombres (de cosas, eventos). En la Afasia Nominativa anterior el compromiso es respecto a las palabras de "acción". En la Afasia Nominativa. Posterior, es de "descripción".

5.1. Cerebro y lenguaje

Como se indicó en la Introducción nuestros conocimientos sobre las relaciones entre procesos mentales específicos (memoria, emociones, juicios, etc.) y regiones cerebrales (módulos) "dedicadas" a la computación de cada uno de ellos, se inició con el lenguaje a mediados del siglo XIX. En 1853 Paul Broca (Francia) describió por primera vez la correlación existente entre trastornos en la expresión lingüística con lesiones cerebrales (en la autopsia), más o menos circunscritos a la corteza frontal inferior izquierda. En Alemania, Carl Wernicke publicó, en 1874, sus hallazgos que correlacionaban daños en la corteza temporal superior y posterior izquierda, de pacientes con dificultades clínicas en la comprensión del lenguaje. Desde estos trabajos pioneros, hace más de 150 años atrás, nuestros conocimientos sobre la correlación entre procesamientos cerebrales y función lingüística, han crecido enormemente. La Fgura 5 muestra las áreas cerebrales implicadas, de diversas maneras, en la computación de distintos componentes del lenguaje y de sus relaciones con el resto de los procesos mentales.

FIGURA 5.
Áreas involucradas en el lenguaje

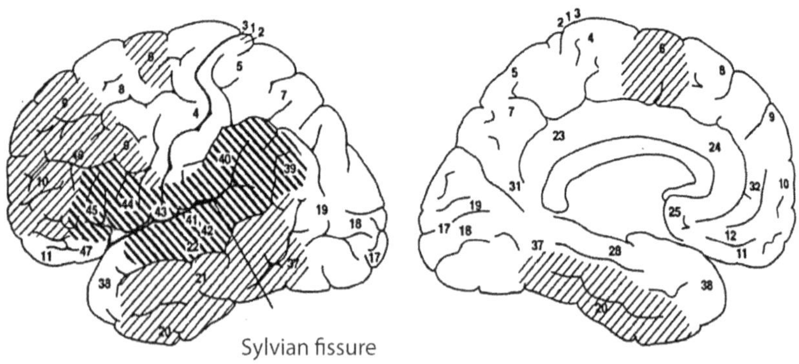

Las lineas oscuras señalan las áreas perisilvanas clásicas, las más claras corresponden a áreas corticales que también participan en la función linguística (Fuster, 2003).

Maite Fernandez Urquiza, Beatriz Gallardo Pauls, Karen Sage, *Neuropsicología. Bases neuronales de los procesos mentales.* Mediterráneo. Santiago, 2013, pág. 181.

5.2. Correlación entre procesamientos cerebrales y función lingüística

En la explicación que sigue usaré como referencia el patrón anátomo funcional que aparece en la figura 5. Comencemos por las áreas más oscuras llamadas "perisilvianas" pues rodean la Fisura de Silvio en ambos hemisferios del cerebro. Recordemos que, en alrededor del 90 por ciento de la población, el hemisferio dominante para el lenguaje es el izquierdo. La porción más anterior de esta área, por delante de la cisura de Rolando I), corresponde a la región descrita por Broca en pacientes con defectos expresivos del lenguaje (Afasia), por lo que podemos afirmar que esta región (corteza frontal inferior izquierda) procesa en sujetos sanos, la expresión del habla. Hoy sabemos que esta porción de la corteza cerebral y sus conexiones subcorticales hace mucho más que la mera expresión motora, como veremos luego. La región posterior del área perisilviana, incluye el llamado "planum temporal" (cara superior y posterior del lóbulo temporal) el cual estaba lesionado en los pacientes de Wernicke, que clínicamente presentaron defectos de comprensión del lenguaje (Afasia). Estudios anátomo- fisiológicos posteriores demostraron la existencia de una conexión axonal (Fascículo Arcuato) entre estas dos regiones (temporal superior – comprensión y frontal postero inferior – expresión), con lo que se establece el primer modelo neurobiológico de procesamiento cerebral del lenguaje. Él está compuesto de redes neuronales que en la región frontal (Broca) se encargan de la producción del lenguaje, y en la temporal, (Wernicke) de su comprensión, con abundantes conexiones recíprocas a través del fascículo arcuato. Este primitivo modelo ha sido después expandido y perfeccionado, pero mantiene su utilidad pedagógica, pues constituye el patrón elemental de los procesamientos cerebrales del lenguaje. Estas regiones están conectadas, por una parte, con la corteza motora que maneja el aparato fonador, de acuerdo con la codificación realizada en Broca, para la expresión, y por otra, con el sistema auditivo que recibe la información sonora y la procesa para ser lingüísticamente decodificada, en la región de Wernicke.

No es casual, que en el modelo clásico (y en sus refinamientos posteriores), las regiones anteriores del cerebro (frontal) sean la sede de los módulos que procesan, codifican la producción motora del lenguaje, y que las regiones posteriores (temporo - parietales – occipitales) que se encuentran detrás de la cisura de Rolando, contengan los módulos que procesan la recepción de la información lingüística y su correspondiente decodificación, necesaria para la comprensión del lenguaje. Digo que estas posiciones anátomo funcionales no son casuales pues se corresponden con la organización más general de los procesamientos cerebrales. Los atributos mentales que los lóbulos frontales (anteriores) computan, son las acciones, los actos, las conductas que siempre incluyen movimientos, como la fonación en el habla. Así, constituyen la cognición motora, mientras los lóbulos posteriores procesan la recepción de informaciones (percepciones) y sus asociaciones cognitivas de alto nivel (memoria, emociones, etc.). Las regiones prefrontales están encargadas del control superior del comportamiento, por lo cual, su papel principal es identificar objetivos que el sujeto requiere alcanzar y, a partir de ellos, elaborar planes, y conductas que posibiliten y no impidan lograr los objetivos buscados. Para cumplir ésta, su función principal, las regiones prefrontales deben recibir las informaciones entregadas por las percepciones (supramodales) (Anexo I), y las depositadas en las memorias, ya que las conductas que diseña necesitan insumos informacionales puesto que operan en una realidad determinada.

Si consideramos la expresión y comprensión del lenguaje conductas con propósito, las palabras, frases o discursos que se pronuncian o se escuchan son un "Acto de Habla", preparados y activados por las regiones prefrontales, y ejecutados por los módulos especializados de la región Perisilviana, anterior para la expresión, y posterior para la comprensión. Poner atención deliberada a la comunicación verbal de otros, es también, una función prefrontal. Digo deliberada, porque escuchar un grito inesperado no requiere actividad prefrontal. Por otra parte, el mismo inicio de un acto de habla (expresivo o receptivo) es mediado (activado) por un área prefrontal específica. Observemos ahora, con más detención el papel de las regiones perisilvianas.

Aunque la expresión lingüística es procesada fundamentalmente en las porciones anteriores (frontal – Broca) de las regiones perisilvianas, la producción de cualquier acto de habla (palabras, frases, proposiciones, etc.) requiere de la participación de los módulos posteriores de los dispositivos de dichas regiones, y también, de informaciones cognitivas provenientes de áreas no propiamente lingüísticas. Sin embargo, este complejo sistema funcional distribuido, no opera de manera azarosa. En la expresión de un mensaje los diversos módulos cerebrales participan ordenadamente, encabezados podríamos decir, por la región de Broca activada, como vimos, por el prefrontal "intencional" y de acuerdo a los requerimientos, implícitos en el mensaje, tanto de sus diversos componentes propiamente lingüísticos (fonología, léxico y semántica, gramática y sintaxis) como de sus contenidos cognitivos (memoria, emociones, ideas, juicios, etc.), En este conjunto, las regiones lingüísticas anteriores se especializan en el procesamiento "Fono-morfológico y Gramatical Sintáctico". Como veremos a continuación, tanto la Fono-morfología como la Gramática y la Sintaxis son procesos activos que operan en el tiempo, es decir, secuencialmente. Esto es intuitivamente más evidente para la Fonología con fonemas ordenados sucesivamente, pero también, puede demostrarse para la sintaxis. En el ejemplo del editor, el sujeto perro va antes del verbo morder y luego el objeto hombre. Cuando la noticia va a titulares la secuencia es inversa.

En esta característica secuencial de la sintaxis, el orden de los componentes es vital, por lo que la asemeja con la "lógica formal". Un silogismo tiene sus componentes ordenados de un modo particular según las relaciones (lógicas) que pretende demostrar.

Consideremos un ejemplo muy simple de silogismo elemental: 1. Todos los calvos son inteligentes, b) Juan es calvo, c) Conclusión lógica: Juan es inteligente. Esta conclusión es lógicamente verdadera. Sin embargo, se podría decir: 2. Todos los calvos son inteligentes, b) Juan es inteligente, c) Conclusión (lógicamente errónea): Juan es calvo. La razón del error lógico es, por supuesto, que el vocablo "todos" se puede aplicar sólo a la categoría calvo. No a la categoría inteligente, que es una característica no incluida en el vocablo "todos", por lo cual ser inteligente no asegura ser calvo. Si se miran los dos silogismos su diferencia lógica es simplemente debida al orden de las palabras (calvo - inteligente) después del vocablo principal "todos". La relación de la sintaxis con la lógica formal es tan evidente que dio origen a la Filosofía del Lenguaje en boga a fines del siglo XIX y principios del XX y que agrega incontables otros ejemplos. Por la misma época se creó la "lógica matemática" que representa las operaciones lógicas por medios matemáticos. Desde nuestro punto de vista neuro-biológico esa relación ha hecho pensar que ambas se procesan en lugares adyacentes, con sistemas computacionales muy similares. Siendo esto así, tengo la sospecha que el "salto adelante" que significó la aparición de la sintaxis no partió desde el vacío. Se apoyó en la "racionalidad" en las conductas que se ven en muchos animales y, en especial, en los antropoides (Capítulo 12: Filosofía y Ciencia).

Cuando un sujeto debe emitir un sonido (fono) con sentido (logos), su cerebro en la región de Broca, debe computar y activar varios componentes esenciales del habla: a) Los dispositivos neuronales específicos que controlan los aparatos de la fonación y b) La laringe, cuerdas vocales, sistema respiratorio, boca y lengua. Si se observa el "homúnculo motor" del cerebro humano, que describe los sistemas neuronales que controlan la motricidad corporal, puede verse que la representación de la boca, lengua y laringe son, junto con la de las manos, las más extensas del homúnculo, y se encuentran contiguas a la zona de Broca.

FIGURA 6.
Homunculo motor del cerebro humano

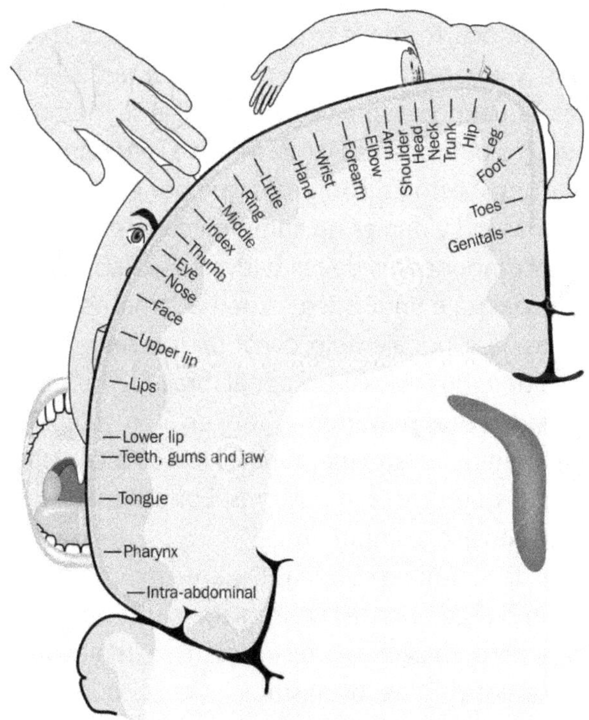

https://es.dreamstime.com/stock-de-ilustraci%C3%B3n-mapa-del-cerebro-de-penfield-image58692078

Para activar con eficacia los procesos de la fonación, el sistema neural que los controla genera un programa de acción motora que organiza detalladamente las contracciones de la gran variedad de músculos que participan en la producción de palabras y frases. Esta actividad (actos del habla) de la cognición motora (se llama cognición porque las redes neuronales que la sustentan "conocen" cómo hacer programas con objetivos específicos) no es esencialmente diferente a la que interviene en cualquier acto motor destinado a servir un propósito (vestirse, subir escaleras, saludar, utilizar herramientas, atornillar ampolletas, etc., etc. En este punto, debo destacar la palabra "conocen" que usé más arriba. Efectivamente, las redes neuronales que procesan los actos motores no sólo aprenden a programarlos y ejecutarlos sino también los guardan en sus memorias. Así, los actos de habla, en su componente fonético, son el despliegue de programas motores aprendidos (según la "fonética" de la lengua que usa su Cultura), los que se aplican con la organización y secuencialidad (gramática y sintaxis) requeridos por las frases que, en cada caso, se desea emitir. En la vida cotidiana de las personas los actos motores que realizan se repiten en innumerables ocasiones, cuantas veces subimos escaleras, saludamos o atornillamos ampolletas y, por supuesto, hablamos.

Es evidente, que, en su enorme mayoría, los actos motores se repiten de tal modo que se hacen rutinarios y automáticos, lo que indica que el cerebro no construye cada vez un nuevo programa motor. Ellos están disponibles como "building blocks" (componentes específicos o bloques prefabricados) en las memorias motoras, y son llamados a articularse con otros, en conductas motoras más complejas. Esto mismo ocurre con la expresión lingüística. En ésta, los "building blocks" son las palabras (y a veces fonemas y morfemas) que se articulan con otras, para producir una frase. Cuando se aprende un lenguaje se memorizan palabras, esto es, "patrones" compuestos por fonemas y morfemas. El cerebro siempre percibe y organiza "patrones" (patterns) esto es, conjuntos que por ellos mismos tienen sentido. Los fonemas y morfemas individuales no cumplen con esta exigencia neurobiológica, por lo que son sólo componentes de los patrones (palabras) que si las cumplen. Sin embargo, nuestro aparataje lingüístico, extremadamente flexible, puede identificar y separar morfemas para, por ejemplo, construir nuevas palabras o usarlos como prefijos y sufijos. Consideremos estas mismas palabras. El morfema "pre" está en prefijo, en presidir, en pretender, etc. El morfema "sub" está en sufijos, en subterráneo, subversivo, etc. De esta manera nuestra memoria lexical está constituida por algoritmos de las redes neuronales que procesan palabras. Los fonemas son componentes indispensables, pero sólo son eso, componentes.

Esta discusión no es trivial. Durante muchos años los neurolingüístas se preguntaban cómo el cerebro se las arreglaba para construir palabras, que, teniendo iguales fonemas, pero ubicados en distinto orden, tenían diversos significados. Por ejemplo, la palabra "cosa". Tiene los mismos fonemas que "saco" o que "asco" pero significados enteramente diferentes. Hoy se sabe que el cerebro no funciona así. Cosa, saco y asco son patrones diferentes y se guardan así en la memoria como entidades diferentes.

Esto es importante porque para la cognición motora que activa los aparatos de la fonación, ellos son programas motores distintos. Pero esto no es todo, la comprensión del lenguaje, que veremos más adelante, lo que hace finalmente, es reconocer patrones de sonidos, es decir palabras.

5.3. La construcción de frases y proposiciones

Recordemos que en la evolución filogenética el salto cuántico de nuestra especie se produjo cuando fuimos capaces no sólo de producir (y entender) palabras sino frases y discursos que pueden ser muy complejos. Esto sucedió con la aparición de la gramática y la sintaxis. Desde el punto de vista de la Neurobiología del lenguaje, que es el asunto que nos preocupa en este apartado, el procesamiento de la gramática y la sintaxis también se produce en la región frontal posterior izquierda, adyacente a la zona de Broca. Esto se sabe desde los primeros trabajos en pacientes con lesiones en esta región. Como parte de sus dificultades expresivas ellos siempre tienen trastornos no sólo en la expresión gramatical y sintáctica sino también de su comprensión. Este dato es interesante. Tanto expresión como comprensión de la gramática son procesadas por el mismo sistema neuronal, cercano a la región de Broca. El fascículo arcuato que comunica las regiones anteriores "expresivas" (frontales) con las posteriores "comprensivas" (temporales) en ambos sentidos, es el medio por el cual gramática y sintaxis que se procesan en frontal, sean componentes de la comprensión del habla, que se procesa en temporal. Otro ejemplo de esta comunicación es la memoria semántica. Aunque las palabras descriptivas se depositan en regiones posteriores son usadas en la expresión del lenguaje que es frontal. Del mismo modo, la memoria lexical de palabras de acción, depositadas en frontal, son usadas en la comprensión del habla que se procesa en regiones perisilvanias posteriores.

Por otra parte, este diseño anátomo funcional con gramática y sintaxis procesadas en frontal, en regiones cercanas y comunicadas con cognición motora, apoya la hipótesis que sostiene que ellos, especialmente la sintaxis, son el resultado de modificaciones filogenéticas de los sistemas de programación de actos motores que, por supuesto, son evolutivamente mucho más antiguos. Esta hipótesis no sólo se sostiene en esta cercanía neuro-anatómica sino en aspectos muy decisivos de tipo funcional.

Si uno se pregunta a qué se asemeja, en la arquitectura funcional del cerebro, un cambio de sentido correlativo a un cambio de posición de los elementos (perro como sujeto versus hombre como sujeto) de una función sintáctica, se da cuenta que este tipo de arreglo funcional también existe en la cognición motora. Veamos un ademán cualquiera. Saludar, gestos de despedida, tijeretear con los dedos, peinarse sin peineta, mostrar el puño o abrir o cerrar los brazos (acogida, rechazo) son gestos y actos motores que significan, representan mensajes que transmiten intenciones, emociones, ideas, deseos o creencias. Hacer el gesto de beber = tengo sed; el signo de la Cruz = creo en Cristo. Esta cercanía de la cognición motora con los actos de habla, hace posible el lenguaje gestual de los sordomudos, que como vimos, utilizan la motricidad corporal que representa el habla, ocupando iguales procesamientos cerebrales, excepto entrada y salida del mensaje. En todos estos casos las representaciones son "posicionales" sean ellos de manos y dedos o de sujeto-verbo-objeto como en la sintaxis. Recordemos lo que decía más arriba que las regiones anteriores del cerebro (pre rolándicas) frontales están encargadas de hacer, actuar, tener conductas, organizarlas y ejecutarlas. Los actos de habla incluyendo la sintaxis son parte de la cognición motora y de ahí surgieron en la evolución filogenética.

El caso de la gramática es neurobiológicamente algo más borroso. También se procesa en regiones anteriores, cercanas a Broca, pero, significan agregar temporalidad (declinación verbal = pasado - presente - futuro), género, pluralidad y sobre todo sentido con los agregados de preposiciones (con, desde, para, etc.), verbos auxiliares, artículos, y ligazón de otro tipo (y, o, etc.). Esto es, sin duda, un procesamiento cerebral distinto al sintáctico (hay lingüistas que piensan que son formas de la sintaxis) y no sabemos bien el detalle de su computación, pero también pueden hasta cierto punto representarse con gestos como lo hacen los sordomudos.

FIGURA 7.
Modelos de distribución neuroanatómica de la memoria semántica

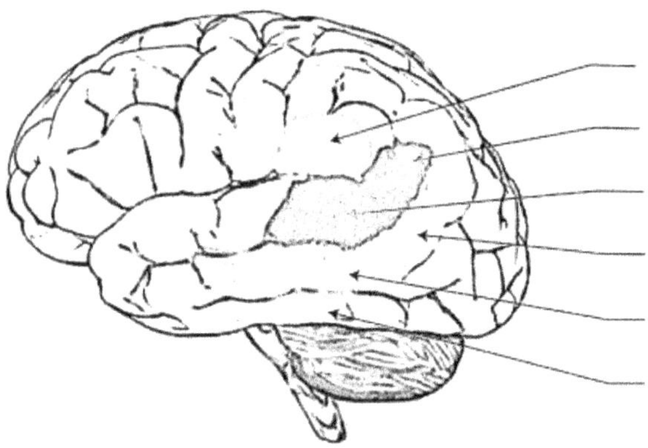

Maite Fernández Urquiza, Beatriz Gallardo Pauls, Karen Sage, *Neuropsicología. Bases neuronales de los procesos mentales.* Mediterráneo. Santiago, 2013, pág. 181.

5.4. La comprensión del lenguaje.

Como se dijo al mencionar los pacientes de Wernicke, la correlación entre déficit clínico y daño cerebral es muy fuerte. Los pacientes con dificultades en la comprensión del lenguaje tienen dañada la región posterior, superior temporal de las áreas perisilvianas.

Sus defectos comprensivos no se relacionan con alteraciones fonológicas o sintáctico-gramaticales, como ocurre en daños en la región de Broca. Su discurso es fluido, con fraseos bien organizados, pues se conserva el ordenamiento sintáctico gramatical que, como sabemos, se procesa en regiones frontales. Sin embargo, y a pesar de preservar estos componentes del lenguaje, su discurso es casi o totalmente ininteligible para el observador. Utiliza palabras sin correspondencia con el mensaje que desea transmitir, aun creando neologismos (palabras nuevas) y, por supuesto, sin comprender las palabras y frases que el interlocutor le dirige. Como siempre, la intensidad de estos síntomas depende de la magnitud y localización del daño cerebral. A todo esto, se agrega, una más o menos completa inconsciencia de sus déficits comprensivos y expresivos. La iniciativa verbal está bien conservada, por lo que son capaces de sostener un diálogo, aunque sus discursos espontáneos o sus respuestas son enteramente ininteligibles dado que no entienden su propio lenguaje y no son conscientes de su incapacidad.

La falta de conciencia de los afásicos comprensivos es un misterio neurológico. Hay varias teorías que intentan explicarlo, pero ninguna es satisfactoria. El paciente con defectos comprensivos cuando recibe mensajes orales (y también por escrito) o cuando habla, está perfectamente consciente del entorno y de sí mismo. Puede operar y entender en todos los demás asuntos de su vida. Desplazarse, comer, saludar, hacer el amor u operaciones matemáticas. Su empatía y su manejo normativo (reglas sociales, morales, tecnológicas) están preservados. Su única alteración de conciencia, está focalizada en sus defectos de comprensión y expresión. En Neurología clínica, existen otros ejemplos de fallas focalizadas de la conciencia. Algunos agnósticos visuales, que no entienden lo que ven, son inconscientes de su defecto. La agnosia visual se correlaciona con daños occipito-parietales. Del mismo modo, lesiones parietales derechas producen "falta de reconocimiento" del espacio, y cosas que están a la izquierda, "negligencia" esto es desconocimiento de su propio cuerpo (a derecha) y anosognosia, inconsciencia de sus defectos. Así, y por lo que parece, la alteración del lóbulo parietal sea directamente o en sus conexiones, cosa que se supone, sin demostrar, ocurre en la afasia comprensiva.

En el caso del ingreso de la información lingüística los aparatos receptores (oídos y nervios acústicos) no son exclusivos. La distinción entre sonidos verbales y los de otro tipo; ruidos ambientales o aún sonidos organizados (agua que corre, música, etc.) se realiza en el propio cerebro, luego de la llegada de la información acústica a la región temporal superior y posterior. A izquierda si el sonido es verbal, a derecha si es musical. Hay diferencia entre los procesos que organizan los actos de habla expresivos, con la decodificación de la información acústica, ya transformada en "sonido verbal", que permite entender los mensajes. Ésta es muchísimo más compleja que los procesos que codifican la expresión verbal. Estos últimos son, como se ha dicho, un perfeccionamiento evolutivo de la cognición motora. En el proceso de comprender mensajes verbales complejos no tiene menos antecedentes evolutivos. Como vimos en la Introducción de este capítulo hay otras especies que entienden mensajes sonoros, pero ellos son muy simples y directos: gritos, chillidos, trinos, etc. En nuestra especie la predisposición para "atender" la voz humana existe desde antes del nacimiento. El recién nacido reconoce la voz de su madre que escuchó en las últimas semanas de su vida intrauterina. Esta preferencia por la voz humana se mantiene toda la vida.

En la comprensión humana de mensajes verbales, habitualmente complejos, participan variadas zonas que procesan los atributos semánticos de las palabras y de frases.

El componente semántico de la expresión verbal es entregado a la zona de Broca, por las regiones posteriores (Wernicke) a través del fascículo arcuato, el que también conduce, en la dirección contraria, los componentes gramaticales y sintácticos requeridos para comprender el lenguaje.

De esta manera, la comprensión del lenguaje tendría los siguientes tres pasos funcionales: a) Recodificación de los sonidos, identificándolos como verbales y separándolos de otras señales acústicas. En esta decodificación es muy crítica la identificación de los límites que separan una palabra de las siguientes. En ocasiones, estos límites son entregados como pausas de las expresiones verbales que se escuchan (comas, puntos aparte en la escritura), pero muy corrientemente, el habla oída es un continuo que el proceso de decodificación debe separar en unidades (palabras) con sentido semántico. Esta tarea es realizada por la región del lóbulo temporal izquierdo contiguo y posterior a la zona acústica que procesa sonidos en general; b) Luego, o más bien, al mismo tiempo de la identificación de palabras, o frases, o expresiones con sentido semántico, para entender su contenido específico ellas deben ser comparadas con la memoria semántica, es decir, con los depósitos lexicales que reconocen el significado de las palabras. Estos depósitos del léxico que constituyen parte de la memoria semántica son, redes neuronales muy complejas distribuidas por la cara externa del lóbulo temporal, c) El tercer paso en el procesamiento cerebral que lleva a comprender (mentalmente) el significado semántico (profundo) de un mensaje, es el más importante y más complejo. Recordemos la diferencia entre semántico superficial y semántico profundo.

Para este efecto, se deben reclutar los diferentes procesos neuro-psicológicos que desde su particular posición en la arquitectura funcional del cerebro participan en el procesamiento de las muy diferentes informaciones (intenciones, datos de las memorias, emociones, juicios, etc.) que contienen los mensajes. Este tercer paso puede desagregarse en varios componentes: 1) Los primeros son los más evidentes, gramática y sintaxis que provienen de las cercanías de Broca y son indispensables para comprender el sentido de frases y proposiciones; 2) El otro componente es el que asocia el significado puramente lingüístico del mensaje con sus contenidos semánticos más generales que se requiere para comprender. Esta tarea de asociación la realizan las regiones postero-superiores del área perisilviana. Allí se encuentran las circunvoluciones posteriores del lóbulo temporal, las postero-inferiores del lóbulo parietal configurando lo que se conoce como el giro angular y el giro supramarginal. Ellas han tenido un desarrollo especial en el cerebro humano, probablemente porque procesan asociaciones con las demás facultades de la mente, que producen el contenido "cognitivo" del mensaje que se recibe y también del que se emite; 3) El tercer componente es la región prefrontal que tiene dos tareas: a) procesar los contenidos "programáticos" de los mensajes que se escuchan o se emiten en relación con los contextos en que la comunicación ocurre y con sus propios objetivos, que definen un particular curso de acción para el sujeto; b) la Función Ejecutiva, a través de la memoria de trabajo, identifica y pone en línea los diversos componentes, (como los indicados más arriba) que como conjunto articulado, dan un significado semántico general (profundo) al acto de habla que lo expresa o lo comprende, en un contexto particular. Todo esto de acuerdo con los objetivos de corto o largo plazo del sujeto, es decir, con su mente que piensa y siente.

Luego de este largo recorrido nos encontramos con el lenguaje como parte de la mente humana, completa y compleja, capaz de crear y transmitir Cultura, en y a través de comunicaciones sociales que se representan, en distintos niveles, ideas, deseos, acuerdos, rechazos, intenciones, referidas al pasado, al presente y al futuro, con significados concretos o simbólicos, lo que finalmente ha hecho posible el predominio y progreso de nuestra especie. Pero estos logros no son, por supuesto, individuales. Dependen de nuestra vida social, cuestión que estudiaremos en el Capítulo 3 que sigue.

CAPÍTULO 3.
Sociabilidad e individuación

Es perfectamente seguro afirmar que la principal característica de los humanos es lo que podemos llamar su inevitable sociabilidad. De hecho, como sostiene Edward O. Wilson, su ultra-sociabilidad. Si examinamos cualquier desempeño de nuestra especie encontramos que ésta para implementarse depende del grupo social en el cual "necesariamente" vive y sobre el que prácticamente siempre tendrá algún tipo de efecto. Tomemos, por ejemplo, el lenguaje, una de las raíces de la Cultura. No es concebible sino operando, como indicamos en el Capítulo 2, entre individuos que hablando se comunican. O consideremos nuestra enorme capacidad de aprender, otro de los fundamentos de la Cultura. Como vimos (Capítulo 1) el aprendizaje de los asuntos del propio grupo social es prioritario, y madura en el niño antes que los dedicados al mundo físico y sus leyes. Pero aún estos últimos contenidos del aprendizaje son, a su vez, mediados por el grupo y su Cultura, que generan y enseñan, una "versión" particular del universo. De esta manera, si jerarquizamos los atributos que hemos llamado "las raíces de la Cultura", esto es, aprendizaje, lenguaje y sociabilidad, es esta última, la primera de las tres en cuanto a la posibilidad de instalar cualquier tipo de Cultura.

Sin embargo, el ser humano no es sólo ultra-social, sino también y al mismo tiempo, extremadamente individuado, lo que natural y efectivamente genera tensiones tanto en la vida de cada persona como al interior del grupo al que ella pertenece. De esta manera, si examinamos la Neuropsicología de la sociabilidad humana, deberemos considerar los atributos mentales que explican: a) Nuestra inevitable sociabilidad; b) Nuestra también inevitable individualidad; c) Las predisposiciones innatas destinadas a equilibrar proactivamente la tensión entre ambas y opuestas tendencias. Estas últimas, llamadas "Sistemas de Control del Comportamiento Social", prefiguran aspectos muy importantes de las reglas y normas que establecen las culturas prácticamente en todos los dominios de la vida en sociedad. Por otra parte, la mente humana procesa, las informaciones del entorno y la determinación de conductas de modos complejos y no lineales, incorporando múltiples formas de asociación con el resto de las facultades (emociones, racionalidad, motivaciones, etc., etc.).

1. La inevitable sociabilidad

La sociabilidad, como todos sabemos, es parte central de la naturaleza humana genéticamente determinada, por lo cual para nosotros no es una opción deliberada sino un instinto ("gregario" se le llamó por mucho tiempo) particularmente poderoso. Aquéllos que voluntariamente se restan a convivir con otros lo hacen como un costoso sacrificio dedicado a la divinidad (anacoretas, monjes, etc.). También existen los misántropos (odio al ser humano), que en casos extremos puede ser manifestación de una enfermedad. Por su parte, los autistas tienen serios déficits genéticos que les impiden participar en la vida social porque carecen o tienen escaso desarrollo de algunos dispositivos mentales, lo que examinaremos más adelante. Así, la pregunta obvia que nos interesa responder es por qué la evolución de nuestros ancestros hominoides privilegió la instalación de una sociabilidad tan potente que, con razón, ha sido descrita como ultra-sociabilidad. Teniendo en mente que nuestros rasgos sociales son el resultado de fuerzas evolutivas, la calificación de "ultra" nace de la comparación de nuestra propia sociabilidad con la de otras especies sociales que, por supuesto, también son producto de la evolución.

Aunque existen muchas especies que presentan atributos de sociabilidad, ellos en general son parciales o bien pasajeros, como ciertas aves y algunos mamíferos (apareamiento – cuidado de las crías), con la evidente excepción de las tres conocidas especies de insectos sociales: abejas, hormigas y termitas. De todas estas clases de animales, las que conviene comparar con nosotros, son obviamente, los primates y, entre ellos, los antropoides nuestros más cercanos parientes. Las especies parcial o transitoriamente sociales, no dan luces claras sobre la biología de nuestra sociabilidad, aunque comparten con nosotros ciertos tipos de interacciones sociales. Entre éstos se han investigado profusamente algunos particularmente notables. Los menciono ahora porque en el curso de este capítulo (y del libro) ellos aparecerán debido a que han dado pistas importantes para entender ciertos aspectos específicos de nuestra sociabilidad. Entre estas predisposiciones sociales bien estudiadas cabe mencionar: relaciones madre – hijo (ratones de la pradera); parejas estables y ritos de apareamiento (ciertas aves); organización de grupos con jerarquías y acciones comunes (caza en los lobos); vigilancia y aviso sobre depredadores (monos vervet); cuidado de hijos por la comunidad de madres, mientras las madres biológicas buscan comida (suricatos), o "regurgitación de sangre" a compañeros poco afortunados en su propia recolección por murciélagos vampiros (¿altruismo?). Sin embargo, el rasgo más importante, común a todas estas especies, es vivir juntos. En un lugar donde las interacciones sociales y el reconocimiento mutuo sea posible. Aunque esta lista podría prolongarse basta para enfatizar el concepto central de este apartado. Muchas especies presentan rasgos de sociabilidad, pero parciales, como en el caso de los monos vervet y los vampiros que no tienen otras muestras de vida social aparte de las indicadas y de vivir juntos. A su vez, el cuidado de las crías, en los ejemplos citados, dura sólo el tiempo indispensable, con lo que quedan muy lejos de las conductas sociales y la larga crianza (de 15 a 18 años) de los humanos.

Distinto es el caso de los insectos sociales que sí forman enormes colmenas de cientos de miles de individuos, que dependen unos de otros para sobrevivir, tienen especializaciones de sus conductas, sistemas de comunicación eficientes (feromonas en hormigas y termitas, danzas en las abejas) y construcciones complejas (panales y torres de las termitas). Es claro que la vida de esos individuos y de las colonias que los reúnen dependen enteramente de su, podríamos decir, gigantesca "sociabilidad". Sin embargo, desde un punto de vista biológico evolutivo, los insectos sociales son completamente distintos a los humanos y a los demás animales (aves o mamíferos) con algún tipo de rasgos sociales. La diferencia estriba en su genética y en sus sistemas reproductivos. Cada colonia de insectos sociales son hijos de una misma madre y, generalmente, homocigotos, es decir, tienen una genética prácticamente idéntica. De esta manera, el único rasgo social que compartiríamos (parcialmente) los humanos con los insectos sería el llamado "altruismo genético", que veremos más adelante en este mismo capítulo. Nótese que he puesto esta afirmación en condicional. Se debe a que siendo cada miembro de la colonia idéntico a los demás, no tiene identidad individual. Esto hace que compartir y ayudar a otros no sea un efectivo tipo de altruismo sino sólo un instinto biológico de base genética.

El caso de los primates es distinto. Muchas de las especies primates son sociales no sólo por vivir juntas en hordas y grupos de tamaño más o menos constante para cada especie, sino porque presentan ciertas formas de organización social y conductas de intercambio con señales a veces bien ritualizadas, las que significan comprensión común de las tareas que en conjunto suelen realizar, sea entre dos o más individuos o en bandas de mayor número. Su comparativamente gran cerebro les permite una suerte de deliberación, con lo que su participación en tareas comunes puede ser de algún modo "elegida" por los individuos, según diversos factores, que los primatólogos han estudiado con bastante detención. Estas conductas y los supuestos sobre los procesos mentales que las subtienden, especialmente entre los antropoides, han sido investigados con distintos métodos, de manera que pueden fundamentar hipótesis sobre el origen evolutivo, de predisposiciones tanto sociales como individuales de los humanos.

Entretanto volvamos al concepto de ultra-sociabilidad aplicado a nuestra especie, a partir de las descripciones que acabamos de hacer. La primera diferencia de nuestra sociabilidad con la de las demás especies sociales (exceptuando los insectos que tienen una base biológica completamente distinta) es la enormidad de rasgos sociales que nuestra mente (y cerebro) rutinariamente procesa. Prácticamente, nada de lo que hacemos deja de tener una muy fuerte impronta social, es decir, que signifique directas o eventuales relaciones con otras personas. Esta impronta relacional puede referirse a personas presentes u ausentes, al pasado o al futuro, a individuos, grupos y organizaciones (que sirven a personas). La segunda señal de nuestra ultra-sociabilidad es el ordenamiento y la intensidad de la maduración y desarrollo de las predisposiciones sociales, que aparecen en nuestros comportamientos más tempranos. La última señal de nuestra ultra-sociabilidad es que ella debe tener una potencia suficientemente poderosa de cohabitación proactiva con nuestra muy fuerte predisposición a la individuación y a la autonomía personal.

Sin embargo, sostener que los humanos somos biológicamente ultra-sociales es, obviamente insuficiente, para aclarar de qué manera este rasgo evolutivo se manifiesta en las conductas y las acciones de personas y grupos que, viviendo juntos, instalan y desarrollan culturas. En el resto de este capítulo exploramos los dispositivos neuropsicológicos que subyacen y expresan nuestra ultra-sociabilidad y que hacen posible establecer sistemas de vida en comunidades que tienen objetivos comunes y cooperan para alcanzarlos. También veremos las predisposiciones que fundamentan nuestra ultra-individuación con líderes que guían e innovan haciendo uso de su autonomía personal.

1.1. El origen de nuestra sociabilidad

Hemos sostenido más arriba que nuestra sociabilidad es inevitable. Esto significa que no podemos sobrevivir y prosperar sin ser parte de un grupo en el cual interactuamos y cooperamos con otros individuos esencialmente iguales a nosotros, para los cuales la sociabilidad es también inevitable. Es obvio que esta afirmación tiene sentido si, y sólo si, somos capaces de plantear las razones por las que creemos evidente y necesario vivir y cooperar con otros. Esta cuestión puede también considerarse desde un punto de vista evolutivo preguntándonos por qué entre nuestros ancestros hominoides más exitosos (éxito consistente en que antecedieron al Homo Sapiens), el rasgo "sociabilidad" fue probablemente la principal razón de su sobrevivencia y mayor reproducción que la de sus competidores. Si siguiendo este punto de vista evolutivo, miramos las evidencias arqueológicas disponibles sobre los hominoides que incluyen a los Australopitecos anteriores al Homo Habilis, (Anexo Evolución del Homo Sapiens) encontramos pistas importantes.

Como vimos en el Capítulo 2 (Lenguaje y Comunicación) todos los paleontólogos están de acuerdo en que el primer rasgo que diferenció a nuestros ancestros (5 a 6 millones de años atrás) fue la posición bípeda. Ésta tuvo muchas consecuencias de las cuales vale la pena recodar aquí sólo las más cruciales. Entre ellas, el aumento del tamaño cerebral. La relación filogenética entre bipedalidad y crecimiento cerebral puede verse en el Anexo II. Lo que ahora interesa es destacar el hecho evidente que las hembras que caminaban en dos patas tuvieron un cambio en la osamenta pélvica, que hizo más estrecho el canal del parto. Dado que al mismo tiempo (geológico- evolutivo) el cerebro del vástago, y con él su cráneo, se hicieron más grandes, surgió una especie de contradicción biológico-evolutiva. Un canal del parto más estrecho debía dejar pasar, al nacer, un niño con la cabeza más grande. La solución de la evolución a esta contradicción nos acompaña hasta hoy día. Ella fue retrasar, en el tiempo, la maduración del vástago, no sólo de su cerebro y cabeza sino también de su cuerpo.

Este retraso se debió tanto a las difíciles relaciones espaciales (canal de parto versus cráneo) como también a la mayor complejidad del cerebro (más grande con redes neuronales y conexiones más abundantes) necesaria para procesar nuevas funciones, principalmente sociales. Esta tardía maduración se manifiesta también en las suturas que corren entre los distintos huesos del cráneo. El niño humano las tiene al nacer tan inmaduras que permiten la sobre posición de los huesos, lo que produce una disminución del tamaño del cráneo, lo que facilita el parto.

Sin embargo, y como vimos en la Introducción, la sociabilidad se correlaciona directamente con el tamaño cerebral. Recordemos el número de Dunbar que establece que el incremento en el número de individuos en la horda, es el factor más importante para explicar el crecimiento del cerebro de los hominoides, desde los chimpancés en adelante. Por cierto, el cerebro no sólo aumentaba de tamaño, también en complejidad. De esta manera todas las consideraciones evolutivas siempre tienen un obligado telón de fondo. Mayor y más complejo cerebro para procesar un aumento del número de individuos en el grupo de referencia, que crecía.

En el caso del adulto la deriva evolutiva de sus estructuras corporales, además de los enormes beneficios que acompañaron la bipedestación, (tamaño y complejidad del cerebro) generaron carencias que, por su parte, favorecieron la sociabilidad. En efecto, la liberación de las manos en cuanto elemento locomotor (los antropoides caminan apoyados en sus nudillos) hizo posible su transformación en los órganos de finas habilidades motoras verdaderamente superiores, que todos conocemos. Si agregamos los cambios en la amplitud de rotación del brazo sobre la cabeza, por rediseño de la articulación del hombro, con mejoría de la capacidad de arrojar objetos, primero piedras, luego lanzas y flechas, el producto conjunto de estas variaciones, es la aparición de especies hominoides más hábiles y con gran flexibilidad operatoria. Esta novedosa capacidad manipuladora debió asociarse con nuevos sistemas de control del cerebro sobre la motricidad, para desarrollar actos manuales con gran eficiencia como coger y arrojar piedras o palos, cazar pequeños y escurridizos mamíferos, seleccionar comestibles, etc., etc. y, por último, fabricar y usar herramientas (Homo Habilis 2.8 millones de años atrás). El problema para nuestros ancestros fue que, estos tan hábiles miembros superiores, tenían poca fuerza muscular y tampoco garras por lo que la competencia con predadores se les hizo imposible. Ni pensar en encuentros corporales directos, con la dificultad adicional de no poder escapar fácilmente subiendo a los árboles, porque esta opción se le cerraba mientras más vigorosa era su bipedestación.

Por otra parte, la cacería o la lucha con mordiscos, ampliamente usado por nuestros parientes antropoides, también se tornaron imposibles. En este caso la razón fue de nuevo el crecimiento del cerebro, rasgo privilegiado por la evolución en los homínidos. Estos llegaron progresivamente a tener mandíbulas menos potentes porque los músculos maseteros, que dan fuerza a la mordida y que se insertan en las regiones laterales del cráneo, debieron debilitarse para dar espacio a su crecimiento, "empujado" por el aumento de volumen del cerebro. Sin potencia masticatoria, los colmillos enormes, capaces desgarrar (y agredir), no tenían sentido por lo que evolucionaron hacia las pequeñas dentaduras que tenemos hoy, aunque a las nuestras se les agregó después un factor adicional para explicar su debilidad. El Homo Erectus fue capaz de dominar el fuego y de cocer sus alimentos con lo cual aún las proteínas de la carne eran masticadas con facilidad por las más débiles y pequeñas dentaduras.

Si miramos esta historia evolutiva nos encontramos con el origen, "indispensable", de nuestra inevitable sociabilidad. Nuestra evolución, basada en ser capaz de pararnos en nuestros pies, y de pensar y hablar con un cerebro muy grande, produjo los dos efectos que hemos descrito: a) Los vástagos más inmaduros y desvalidos del reino animal; b) Adultos incapaces de competir o defenderse de depredadores en lucha corporal. La manera de sobrevivir a pesar de estas carencias fue la ultra sociabilidad que nos caracteriza. Es cierto que nuestro dominio sobre los distintos ambientes ecológicos de la Tierra depende también de nuestra mente que habla, razona y aprende, pero puede probarse que ella, a pesar de su dotación de múltiples atributos "inteligentes", sin la relación grupal es incapaz por sí misma como parte de un individuo aislado, de sobrevivir y prosperar. Menos de reproducirse. Éste es, por lo demás, el mensaje evolutivo que está inscrito en nuestros genes. Por una parte, el lenguaje y otros atributos inteligentes han evolucionado porque el individuo es parte de un grupo con el que se comunica, hace planes, se coordina y colabora. Es a través de estas tareas sociales que se han establecido nuestras más altas habilidades mentales.

Por otra parte, el mensaje evolutivo, que incorpora nuestra sociabilidad ha sido comprobado experimentalmente. Practicando un test que comparó niños de 2 y medio a 3 años con chimpancés de la misma edad, se encontró un resultado asombroso. En la porción del test que medía comprensión de temas vinculados al ambiente físico de ambos grupos, no hubo a esa edad, grandes diferencias entre niños y chimpancés. Cuando se comparó la comprensión de temas sociales, la ventaja del grupo de niños fue enorme (Gazzaniga). Aquí vale la pena examinar el Capítulo 5 sobre maduración ontogenética. Las habilidades sociales maduran casi 3 años antes que las demás habilidades cognitivas.

Naturalmente, la cuestión evolutiva que ahora debemos resolver es cómo evolucionó la propia ultra sociabilidad. De hecho, prácticamente todos los procesos neuropsicológicos que nos hacen ultrasociales, se encuentran en ciernes, en nuestros primos más cercanos. Dado que la explicación de estos procesos (teoría de la mente, altruismo, normas sociales, principios morales) constituye el cuerpo de este capítulo, no vale la pena repetirla ahora, por lo que me concentraré en la hipótesis unitaria, que me parece más sólida para explicar cómo nuestra sociabilidad se diferenció de la que presentan chimpancés y bonobos (Tomasello). La clave parece estar en un mejoramiento (genético) de nuestra predisposición a buscar coordinaciones cooperativas con otros miembros del grupo. Recordemos que los antropoides también viven en grupos y cooperan para cazar monos más pequeños o generar alianzas "políticas" que instalan al macho dominante (o hembras, en bonobos). Sin embargo, en particular entre los chimpancés, la cooperación en su vida diaria (en la selva) es mucho menos abundante que la confrontación. Esta última, es menor en los bonobos. En ambas especies hay sistemas de apaciguamiento (espulgue o regalo de comida), pero en los bonobos predomina el apaciguamiento a través de actividades sexuales, aún entre miembros del mismo sexo. Esta digresión sobre la conducta primate nos hace pensar que estamos filogenéticamente más cerca de los bonobos que de los chimpancés, aun cuando no hay pruebas (A.D.N.) al respecto.

La cuestión central es cómo los homínidos lograron una coordinación cooperativa más estable y proactiva que la sólo pasajera e infrecuente coordinación de los antropoides. La clave parece estar en una progresiva mejor comunicación que se establecería a propósito del crecimiento del cerebro en volumen y complejidad. Desde este punto de vista el círculo virtuoso, que operó a lo largo de 3 o 4 millones de años sería el siguiente: mayor capacidad de comunicación al interior del grupo significa más alta probabilidad de lograr mejores coordinaciones cooperativas. Llamamos coordinación cooperativa a la que se establece entre individuos que, por tener riesgos, problemas u oportunidades similares, pueden o deben coordinar sus acciones para obtener a través de esta colaboración, un fin que a cada uno de ellos interesa (Capítulo 5). Por una parte, la sofisticación de los sistemas de comunicación, que permite coordinarse y, por otra, la mayor capacidad cerebral indispensable para entender los mensajes, y también, el más abstracto concepto que asigna valor a la cooperación como tal significó un explosivo aumento de la coordinación. Así, en una primera etapa la comunicación por señales entre individuos con cerebros menos desarrollados, probablemente hizo posible avisar de ciertos peligros (depredador) señalándolos con indicaciones manuales, o aprovechar oportunidades (una carroña disponible) con señales distintas o dar cuenta de un estado mental (rabia, alegría) con gestos faciales. A poco andar, fue posible cooperar en la construcción de herramientas simples (Homo Habilis), señalando además con vocalizaciones guturales, acuerdos o desacuerdos con los actos del socio cooperador. Con el protolenguaje del Homo Erectus (Capítulo 2) fue posible acordar estrategias de caza (bastantes complejas por su cerebro de casi 900 grs.), y normas de comportamiento, ya no sólo con un socio sino con la comunidad grupal entera. El cerebro y el lenguaje maduro del Homo Sapiens (Capítulo 6), generaron la enorme complejidad cooperativa de sociedades que tienen culturas bien desarrolladas.

Pero lo que hemos llamado coordinaciones cooperativas es sólo un modo formal de describir la evolución de la sociabilidad. De hecho, para definir los contenidos de estas interacciones, debieron reclutarse los procesos neuropsicológicos que identificaremos a continuación (Teoría de la Mente, Altruismo, etc.) y muchos de los cuales ya existían en ciernes en los antropoides. Respecto a la evolución positiva de estos procesos, la mejoría de las comunicaciones jugó un papel adicional. Éste consiste en el incremento del control social sobre los desempeños de los miembros del grupo. Aquél que tenía poca empatía (Teoría de la Mente), no lograba interactuar eficazmente con personas de su grupo y sus genes tendían a ser eliminados. Lo mismo con los poco generosos (Altruismo) o con los sin escrúpulos (Principios Morales). La hipótesis que acabamos de presentar es en síntesis la siguiente. Una mejoría inicial de la comunicación entre nuestros ancestros (con cerebros más grandes y complejos y fonación que mejoraba como vimos en el Capítulo 2), posibilitó un avance en coordinaciones cooperativas, (Tomasello), incrementando las cooperaciones en un círculo virtuoso que en cada paso mejoraba la calidad y el alcance de los objetivos de éstas.

2. Los elementos constituyentes de la ultra-sociabilidad humana

Antes de estudiar los dispositivos neuropsicológicos específicos de nuestra sociabilidad, vale la pena recordar los atributos más generales de nuestra mente, que participan en, y hacen posible nuestra sociabilidad, y que vimos en los capítulos precedentes. Las memorias (explícitas e implícitas) y los formatos que el cerebro establece para depositar información (generalizar, categorizar). Las emociones y afectos que, en sus diversos tipos, nos permiten valorar nuestras experiencias (con otros) y las informaciones que ellas transmiten. Nuestra capacidad de razonar y hacer planes (cooperativos) y de evaluar el resultado de nuestras acciones o juzgar los actos de los demás. Debemos agregar los dispositivos perceptuales, algunos de los cuales – no aprendidos – permiten al recién nacido reconocer el timbre de voz materno y asignar su mayor atención a caras. Recordar estos atributos mentales generales me parece importante por tres razones: a) Las operaciones cerebrales son siempre de algún modo integradas, por lo que aunque cierta persona se encuentre en un grupo diseñando una estrategia política (por lo tanto social), deberá usar, para hacer bien ese diseño, su memoria, sus afectos, su racionalidad, es decir, atributos mentales generales, b) Para ciertas funciones, estos atributos mentales generales, han especializado ciertos módulos cerebrales para procesar información, particularmente decisiva para el sujeto, como las emociones propiamente sociales (empatía, vergüenza, etc.), que examinaremos más adelante; c) Este vínculo sociabilidad – atributos mentales se continuaría, con el desarrollo de "la Cultura", el más complejo aparato de coordinación cooperativa que es posible concebir.

Consideremos no sólo el evidente ejemplo del lenguaje, también las memorias (en qué espacio y tiempo vi las gacelas que deberíamos cazar), las emociones capaces de distinguir cooperadores confiables y no confiables, o la racionalidad y el juicio (cuándo es conveniente y cómo cazar la gacela). Entre los atributos propiamente sociales de nuestra mente, el primero, qué duda cabe, es el lenguaje, pero dado que dedicamos un capítulo entero a su descripción funcional y neurobiológica, partiremos por aquéllos hasta aquí no tratados *in extenso*, aunque se mencionaran (Capítulo 5) en relación con el desarrollo ontogenético del niño humano.

FIGURA 8.

Teoria de la mente

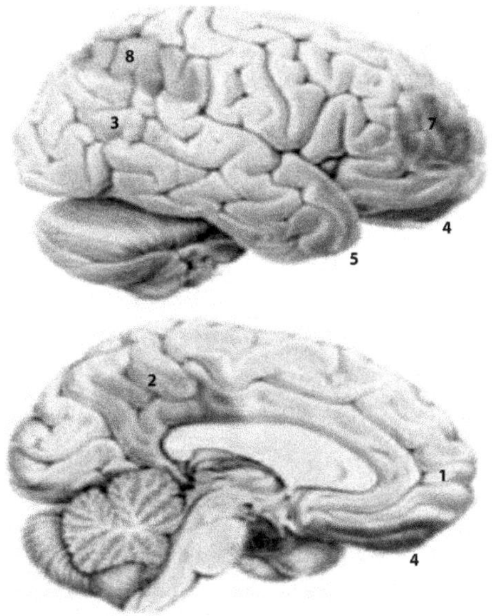

Regiones asociadas al "cerebro moral": 1. Giro frontal medio 2. Cingulado posterior. 3. Surco temporal superior. 4. Córtex frontal orbito-frontal ventromedial. 5. Polo temporal. 6. Amígdala. 7. Córtex frontal dorsolateral. 8 Lóbulo parietal.

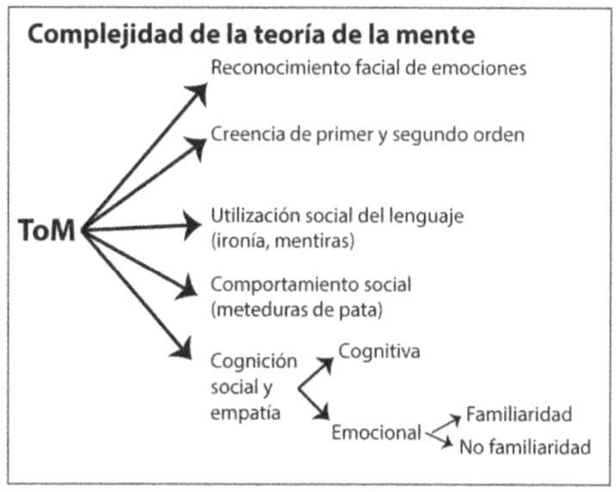

Estructuras relacionadas con la teoría de la mente

Reconocimiento facial de emociones	Amigdala
Creencias de primer y segundo orden	Amigdala y corteza frontal dorsolateral
Historia de ironía, mentira y mentira piadosa	Giro frontal medial izquierdo y cingulado posterior
Faux pas	Frontal dorsolateral y ventromedial
Empatía y cognición social	Giro frontal medial posterior, surco temporal superior, córtex frontal orbitofrontal ventro-medial, polo temporal, amigdala, córtex frontal dorsolateral y lóbulo parietal

Tirapu-Ustárroz J, Pérez-Sayes G, Erekatxo-Bilbao M, Pelegrín-Valero C. [What is theory of mind?]. Rev Neurol. 2007 Apr16-30;44(8) : 479-89. Review. Spanish. PubMed PMID: 17455162.

2.1. Teoría de la Mente

Llamamos "Teoría de la Mente" a la capacidad innata que les permite a las personas intuir, inferir o darse cuenta de los contenidos de la mente de otros sujetos con los cuales tienen una relación cara a cara. Esta relación directa es necesaria porque las claves que se procesan en estas intuiciones son posturas corporales, ademanes y gestos faciales, direcciones de la mirada, tonos y énfasis del lenguaje y variados signos emocionales (tristeza, alegría, miedo, ira, sorpresa). Estos conjuntos de señales son procesados de manera no consciente por el cerebro de las personas, las cuales (su conciencia subjetiva) reciben el resultado final de estas computaciones de modo que pueden conocer el estado y los contenidos de la mente de sus interlocutores. Así, pueden darse cuenta de las intenciones y propósitos de los demás, de sus estados de ánimo, de la importancia que los otros asignan a los asuntos que se conversan, a las reacciones que provocan las ideas que se discuten, y también la confiabilidad de sus asertos. De hecho, una función central de la Teoría de la Mente es identificar engaños y propósitos ocultos, es decir, inconsistencia entre lo que se afirma y lo que efectivamente se cree o piensa. Así se reconoce a los "tramposos". Esta teoría es un dispositivo crítico en la sociabilidad, pues hace posible navegar en la complejidad de las relaciones sociales de un modo rápido y fluido, sin acudir a largas deliberaciones internas, con enjuiciamientos racionales que, aunque probablemente resulten más certeros, son ineficientes para el dinamismo y velocidad que habitualmente tienen los encuentros y las relaciones sociales.

Naturalmente los juicios racionales deliberados tienen también un lugar decisivo en la sociabilidad, pero, fundados en procesos mentales (corticales) más complejos y por lo mismo más lentos, toman tiempos más largos para llegar a resultados, por lo que los dejamos para momentos más oportunos, menos presionados por la inmediatez de los intercambios con otros. Por otra parte, dado que en general los encuentros sociales tienden a repetirse una y otra vez con las mismas personas (los grupos y redes sociales de cada cual son limitados), a poco andar el cerebro construye patrones más o menos estables sobre la mente de las personas que con más frecuencia nos relacionamos. La generación de patrones, esto es, esquemas que articulan variados elementos (perceptivos, cognitivos, emocionales, etc.), es una función cerebral aplicable a varios dominios que requieren un análisis rápido y global de la información transmitida por las experiencias. En el caso de la Teoría de la Mente, codificada en patrones estables acerca de las personas de nuestros grupos y redes, nos permite inferir su carácter, preferencias, deseos y actitudes más probables, lo que hace posible distinguir los confiables de los que no lo son, su disposición a cooperar en una tarea común, su responsabilidad para cumplir su parte en esa tarea, y demás antecedentes y consideraciones necesarias para compartir los éxitos y desventuras de una vida en común. Estos patrones intuitivos como son, se instalan en nuestra mente como componentes vitales de nuestros lentos juicios racionales cuando debemos decidir sobre alianzas comerciales, políticas, académicas, espirituales, o tenemos que elegir quién podrá acompañarnos en nuestras exploraciones territoriales o cognitivas, o en nuestros problemas y penas.

En cuanto a los signos corporales, que la Teoría de la Mente lee en los demás, pueden distinguirse aquellos que son universales, esto es que existen en todas las razas y culturas, con similar significado. El estudio con registro foto y cinematográfico del etólogo humano alemán Irenäus Eibesfelft, demuestra que las inclinaciones de cabeza (si – no), el encogimiento de hombros (no sé), la apertura de los ojos con arrugamiento de la frente (te reconozco), saludar con la mano derecha desnuda (no tengo armas), caras de penas y alegrías, y varios más de este mismo tipo, pudieron encontrarse en todas las culturas investigadas (África, América, Euroasia) independientes de su nivel de desarrollo económico-social. Por otra parte, las diversas culturas desarrollan signos corporales que les son propios y que, a diferencia de los anteriores, (innatos) los niños aprenden desde muy pequeños. Compárese las gesticulaciones de italianos con la de los ingleses o la forma de saludar de japoneses y españoles. En cualquier caso, los gestos faciales y los ademanes y posiciones corporales son signos que todos los miembros de un determinado grupo cultural producen y comprenden, y los usan con amplitud en sus relaciones sociales para identificar contenidos intencionales y estados de ánimo de los demás, de un modo intuitivo pero directo y eficaz.

Probablemente, el fruto más importante de la Teoría de la Mente en cuanto a fortalecer la sociabilidad es la capacidad de empatizar. Para reconocer y efectivamente compartir las emociones de los demás, los mecanismos neuropsicológicos especializados en lectura de emociones son especialmente eficaces y apropiados. De hecho, interpretar intencionalidades o creencias puramente cognitivas es más difícil a través de las intuiciones de la Teoría de la Mente, por lo cual, el medio apropiado es sin duda el lenguaje. En el caso del habla, la lectura de la fuerza (o debilidad) de las creencias o conceptos que se afirman (o se niegan) depende mucho de los énfasis, tonos de voz, (Prosodia) gestos y ademanes que acompañan la producción de frases y proposiciones, o de las interjecciones que se emiten. Sin embargo, diversos experimentos demuestran que es posible la lectura de cogniciones que otros tienen en su mente. Esto ocurre sobre todo al observar conductas eficaces o erróneas que demuestran que los otros tienen ideas veraces o equivocadas sobre los asuntos en que operan. Un experimento con niños es muy demostrativo. Siendo un pequeño (3 a 4 años) testigo del cambio del contenido de una caja (un juguete, por ejemplo) a otro recipiente, se pide al adulto, que originalmente colocó el juguete en la caja y luego salió, por lo que desconoce el cambio, que al volver busque el juguete. Cuando el adulto se dirige a la caja equivocada (la original) el niño testigo, demuestra impaciencia e inquietud lo que indica que se da cuenta que la idea que el adulto tiene en su mente es incorrecta. Este experimento muestra dos cosas: a) La Teoría de la Mente aparece entre 3 a 4 años; b) La teoría sobre la mente cognitiva opera al considerar que lo certero o erróneo de una conducta depende de tener conocimientos (creencias e ideas) correctos o incorrectos.

Los módulos cerebrales implicados en el procesamiento de las intuiciones que configuran la Teoría de la Mente, han sido y son estudiados por un gran número de investigadores usando diferentes técnicas experimentales o clínicas por defecto. (Anexo III), pero aún quedan muchos problemas por resolver. La figura 8 indica la mayoría de los módulos que participan.

La mayoría de los investigadores piensa que el modo principal en este conjunto de módulos (redes neuronales) activados para desempeñar esta función (Teoría de la Mente) es la región prefrontal medial que se encuentra por delate y debajo del cuerpo calloso en la cara interna de los hemisferios. Esta región prefrontal medial (PFM) tiene un rol principal cuando las personas forman una impresión sobre la mente de otras personas.

Por supuesto, para generar esta intuición la región prefrontal medial requiere informaciones que le proveen sus conexiones con otros módulos cerebrales. La región temporo-occipital derecha (lóbulo fusiforme) computa la identificación de caras y de gestos faciales. Muy cerca del lóbulo fusiforme se ha identificado un módulo especializado en reconocer posiciones y ademanes corporales. También en el hemisferio derecho, en el gyrus angular (conjunción posterior temporo-parietal), se procesa la evolución de creencias cognitivas certeras o falsas, (como la del niño que se da cuenta del error de la persona al buscar el objeto donde no estaba). Nos encontraremos de nuevo con esta región en los capítulos sobre Religiones y Artes y sus simbolizaciones. Por último, el lóbulo temporal superior procesa la dirección de la mirada y con esta información la región prefrontal medial puede discernir si son congruentes o incongruentes con las afirmaciones verbales de la "mente" del otro.

Por otra parte, parecería sorprendente que la región prefrontal medial, también procesa la percepción de la mente del sí mismo, junto a la percepción del estado de la mente de otros. En efecto, para evaluar la mente de los demás la región debe "comparar" la información que recibe de otro, con la memoria del procesamiento de sus propias conductas sociales. Lo habitual es que esta comparación que muchos autores llaman "Simulación", no es deliberada, por lo que se le puede catalogar como "intuición", que aparece en la conciencia como una apreciación del estado y contenidos de la mente de otros, esto es una Teoría de la Mente.

Pero volvamos a la Empatía, concepto que tiene una relación difícil con la Simpatía, pues esta última tiene componentes deliberativos que no se observan en la primera.

2.2. Empatía

La Empatía es uno de los factores más poderosos capaces de inducir la ligazón entre las personas que interactúan socialmente. Ella hace posible entender a los demás en relación con lo que gustan y prefieren o lo que rechazan o disgustan. La empatía hace posible compartir las alegrías y los pesares. Las risas y los llantos, el placer y la pena. Ella está en la base de la caridad y el amor al prójimo, y quizás también, en el deseo de perseguir a los criminales. Digo que está en la base, porque el modo concreto con que manifiesta la caridad o los castigos a los transgresores es un constructo cultural. Sin embargo, a nivel más doméstico, estimula conductas de consuelo, disposiciones mentales y espirituales de acompañar a los que sufren o compartir fiestas y regocijo con los que se alegran. Lo interesante de la empatía y en cierto sentido del resto de las hipótesis que configuran las Teorías de la Mente, que a cada paso construimos, es que se conocen sus bases neurológicas, aunque hay pocos investigadores que discrepan del mecanismo que expondré a continuación.

En la década de los ochenta investigadores de la Universidad de Parma (Rizzolatti) descubrieron lo que llamaron "neuronas espejo". El hallazgo original se produjo en las áreas motoras del cerebro de monos que tenían electrodos insertados (por otras razones experimentales) en neuronas motoras. En cierto momento, y de modo casual, se dieron cuenta que algunas de estas neuronas disparaban cuando otro mono y eventualmente un investigador hacía un movimiento con la región del cuerpo (levantar el brazo, por ejemplo) correspondiente al área en que estaban los electrodos del mono, que observaba visualmente el movimiento del brazo de los otros. Estudiando de más cerca estos fenómenos descubrieron que a pesar de los disparos de las neuronas espejo, el mono con electrodos no repetía corporalmente el movimiento que observaba. Luego se encontró que esta discordancia (disparos neuronales motores sin movimientos) se debe a la inhibición proveniente de regiones prefrontales que impiden la propagación de la activación imitativa desde las neuronas espejo, hacia el resto de las neuronas motoras, que sólo operan a partir de activaciones intencionales. Desde una perspectiva neurofisiológica, esto significa que las neuronas espejo son un tipo especial de neuronas que repite con sus disparos los actos que el sujeto observa. Ellas están ubicadas en las redes neuronales, exactamente correspondientes a los actos que se ven, y que son capaces de activar al resto de las redes a las que pertenecen sólo si el lóbulo prefrontal lo permite. A partir del descubrimiento de Rizzolatti, un gran número de laboratorios, de distintos lugares en el mundo, han identificado neuronas espejo en una variedad de regiones cerebrales además de las áreas motoras, con lo que es posible afirmar que de algún modo participan en las computaciones cerebrales que subtienden la Teoría de la Mente y, por supuesto, la empatía.

Este punto es neurobiológicamente trascendental. Somos capaces de intuir las intenciones y los sentimientos de los demás porque nuestro cerebro repite los mismos procesos neuronales que producen las conductas de nuestros interlocutores. Ellos pueden ser movimientos, posturas corporales, gestos faciales, prosodia del lenguaje, dirección de la mirada, etc., es decir, un conjunto de señales que permite intuir creencias, propósitos y estados de ánimo de los demás. Entendemos a los otros porque en nuestro propio cerebro imitamos con exactitud los procesamientos neuronales de los demás. Si vemos a alguien llorar, sentimos su pena en nuestra propia mente. Si están alegres, reímos con ellos. Podemos compartir y entender sus emociones, miedos, rabias. Así, la empatía es efectivamente compartir con otros sus sentimientos, a partir de la activación por neuronas espejo de las redes de la ínsula y/o de la amígdala. La ínsula es una porción de corteza cerebral bilateral, escondida entre los pliegues de la cisura de Silvio. Procesa el efecto corporal de las emociones (dolor, alegría, por ejemplo). La amígdala es un núcleo ubicado en ambos lados en el interior del lóbulo temporal, y procesa estímulos externos que producen temor y rabia. Intuimos propósitos e intenciones o pesquisamos, engaños por la coherencia o discordancia entre nuestros procesamientos neuronales y los que corresponden o no a las conductas, que observamos en los demás.

De esta manera la Teoría de la Mente es un factor de base neurobiológica (principalmente neuronas espejo) muy poderoso en nuestra ultrasociabilidad, tanto porque permite cercanía, confianza, comprensión cooperación, como porque es capaz de detectar falsedades y engaños. Este último atributo de la Teoría de la Mente, detección de engaño, es crítico en nuestra vida social, dado que los humanos tenemos predisposiciones sociales y también a la individuación, prácticamente de la misma fuerza, por lo que intentar sacar provecho individual en cualquier circunstancia, es parte de nuestra naturaleza. Por eso, es indispensable detectar y castigar, estas fuentes de engaños y eventualmente de crímenes. En el próximo capítulo exploraremos los aparatajes neuropsicológicos (Moral) y los institucionales (Derecho) desarrollados los primeros por la evolución (Principios Morales) y los segundos por la Cultura (Normas Supra-individuales), para equilibrar la tensión entre Sociabilidad e Individuación (Capítulo 4).

2.3. Altruismo

El altruismo, en tanto tendencia de los seres humanos a ayudar a otros en dificultades, aún con importante riesgo y sacrificios, constituyó durante muchos años y para importantes investigadores, una flagrante contradicción con la teoría de la evolución. En efecto, un supuesto fundamental de esta teoría es que los individuos siempre tenderán a preservar sus propios atributos (corporales y mentales) para sobrevivir y reproducirse, de modo de mantenerse en buena forma para predominar, sobre los demás dado que la evolución selecciona al "más apto". Las aptitudes que los individuos ponen en juego son las que les permitirán, para cada especie y cada nicho ecológico, sobrevivir (alimentos, territorios, por ejemplo) y reproducirse, esto es aparearse y mantener vivas a sus descendencias. Desde esta perspectiva la mayoría de las especies son egoístas, los individuos no se ayudan entre sí, con la excepción de la atención a sus vástagos, pero estrictamente durante el tiempo que lo necesitan. En estas circunstancias ayudar, y aún morir por otros, es completamente contradictorio con esta visión de la teoría de la evolución.

Esta mirada "fundamentalista" de la historia del darwinismo empezó a cambiar cuando, por una parte, con el avance de la Zoología se describieron especies cuyos individuos, en determinadas circunstancias, sí se ayudan unos a otros, y por otra cuando una relectura de los escritos de Darwin mostró que el mismo creador del concepto "selección natural" consideraba que esta podía aplicarse no sólo a nivel del individuo sino también a nivel del grupo del que forman parte los sujetos. En realidad, un conjunto en el que predomina el altruismo en las personas que lo integran tendrá mayor capacidad de sobrevivir y reproducirse que uno en el que esto no ocurre. En estas circunstancias, la competencia entre los más aptos no es individual sino grupal.

Respecto al altruismo entre individuos de especies distintas a la humana, no tocaré a los insectos sociales, que, aunque dan la vida por su colmena tienen una organización genética (haplo – haploide) que las hace completamente ajenas a las demás especies. Entre las aves, la principal estructura de su comportamiento que podríamos llamar altruista, se da en relación con el cuidado de sus crías, lo que también existe en menor medida en ciertos reptiles y batracios. El altruismo orientado hacia las crías es importante porque es el primer atisbo del altruismo llamado genético de gran significación en el ser humano, y que veremos en un apartado especial. Respecto de las aves el cuidado de las crías tiene una variedad de conductas de ayuda de los progenitores hacia sus vástagos. Por ejemplo, la maravillosa travesía de los pingüinos "Emperador" por decenas de kilómetros del hielo antártico para empollar entre sus patas y cuidar de la cría hasta que esta emplume y soporte el frío. Durante este tiempo (invierno y primavera polar) los padres que se turnan, pasan meses sin comer, puesto que el que está empollando, aguarda que el otro (hembra primero) viaje los mismos kilómetros a buscar alimento que luego, al volver, regurgita en los polluelos y en el que se quedó a su cuidado.

Los padres de las águilas cuidan y alimentan, por turno, a los polluelos hasta que empluman y les "enseñan" a volar siguiendo las corrientes de aire. Entre los cientos de ejemplos adicionales de altruismo con las crías, que se pueden destacar, vale la pena considerar la conducta de los ruiseñores (ingleses) con las crías que nacen de los huevos que la hembra ha empollado. A los cucus se les ha llamado "ladrones de nidos" porque su hembra deposita un huevo en el nido de los ruiseñores, que, aunque siendo distintos, éstos reconocen como propios porque están en "su" nido. Al nacer este intruso se las arregla para eliminar del nido a los polluelos ruiseñor y se queda solo, mientras en el tiempo siguiente y antes de emplumar, es alimentado por los padres ruiseñor que lo creen propio, aunque llega a ser casi el doble del tamaño de ellos mismos. Me he extendido en este relato porque los comportamientos tan diversos de padres que cuidan a sus vástagos, muestran estrategias biológicas que llegan a ser "precursoras" de las conductas altruistas humanas con sus propios hijos, a pesar de la enorme distancia evolutiva entre aves y nosotros.

En el caso de los mamíferos y en especial de los antropoides la conducta altruista va más allá que el cuidado de la prole, alcanzando a otros miembros del grupo. De los muchos ejemplos que se pueden aducir, sólo mencionaré las conductas de tres especies que señalan elementos más directamente vinculados con el altruismo humano. La primera es la de los murciélagos vampiros, que se alimentan de la sangre caliente que absorben a través de la piel de otros mamíferos. Ellos viven colgados de resguardos o cavernas en grupos grandes que salen a cazar de noche, y que al regresar mantienen la misma posición espacial con lo que sus vecinos son siempre los mismos. No siempre todos los vampiros logran encontrar animales cuya sangre necesitan, lo que, dado su activísimo metabolismo, los pone en riesgo de vida pues no pueden pasar más de 2 o 3 días sin alimentarse. Diversas investigaciones de terreno han encontrado que cuando esto ocurre, aquéllos que regresaron con sus estómagos vacíos, reciben un aporte de sangre de sus vecinos, que de algún modo perciben su carencia. Como esto se repite cada amanecer al regresar de sus exploraciones alimentarias y los carentes son, en cada caso distintos, los murciélagos vampiros, construyen redes altruistas de ayuda mutua basadas en la reciprocidad, concepto de suprema importancia en la vida social humana, como veremos luego. Por otra parte, la reciprocidad no necesita ser una devolución de favores con la misma moneda (sangre en el caso de los vampiros).

Los chimpancés, regalan alimentos a las hembras preñadas, viejos desdentados o infantes en necesidad o aún adultos de baja jerarquía. En este caso, la moneda de cambio es el despulge, actividad que les resulta placentera y se observa constantemente en su vida salvaje o en los zoológicos. La variedad bonobo de los chimpancés, además del despulge devuelve los favores con aceptaciones sexuales. En esta especie la reciprocidad sexual ocurre no sólo en parejas heterosexuales sino también entre machos con machos y hembras con hembras. El último y tercer ejemplo que mencionaré, es el de los suricatos (especie relacionada con las mangostas), que viven en el desierto de Kalahari (África). Los suricatos forman tropas sociales que viven en cuevas familiares muy cercanas entre sí. En esta especie de campamento grupal ocurren varias conductas que podríamos llamar altruistas o de ayuda mutua. La primera, es la vigilancia. Un miembro de la tropa se mantiene siempre en posición vertical observando el entorno para identificar depredadores o tropas enemigas. Si ven algo sospechoso avisan con gritos, al parecer muy específicos, según el peligro que viene. Siempre hay encargados de la vigilancia que se rotan en un cierto orden ¿preestablecido? Por otra parte, cuando la tropa sale a buscar alimentos y hay jóvenes pequeños, algunas madres se quedan con ellos, la mayor parte de los cuales no son hijos suyos. En este tiempo no sólo los cuidan, evitando riesgos de depredadores o por alejamiento del territorio propio, sino, además, los educan, enseñándoles a cazar los insectos de los que se alimentan. Dado que su plato preferido son los escorpiones, las técnicas de caza deben ser muy eficientes. En estos tres ejemplos hemos visto algunas raíces de altruismo (y la sociabilidad). La reciprocidad con igual moneda (vampiros), con distintas formas de retribución (chimpancés y bonobos) y solidaridad grupal organizada de los suricatos con vigilancia y cuidado – educación de crías ajenas. Todo esto es posible si el nivel en que trabaja la evolución en el altruismo, no es el individuo sino su grupo.

Más arriba nos preguntábamos cómo se explica el altruismo, de cualquier especie, cuando corrientemente significa riesgos y sacrificios para el individuo que lo practica. El murciélago que dona sangre deja, parcialmente, de alimentarse. El chimpancé que reparte alimentos deja de comerlos por sí mismo. El suricato que vigila está en descubierto, por lo tanto, en riesgo. La primera respuesta a la pregunta inicial es que los riesgos y sacrificios no son en vano, ellos son retribuidos con alguna forma de reciprocidad. Es evidente que éste es un valor biológico que para aprovecharlo el individuo debe de algún modo "saber" que sus esfuerzos y sacrificios serán retribuidos por algún miembro de su grupo. Naturalmente este saber no es un conocimiento discursivo, consciente y racional. Es una predisposición innata precableada por la evolución en el cerebro de estos animales sociales, que, por serlo, viven en grupo.

Esto significa que los "supuestos" evolutivos de los beneficios del altruismo dependen de que todos, o la mayoría de los miembros del grupo, tengan esta misma predisposición precableada (y que los transgresores sean eliminados). Cuando esto ocurre, el grupo con individuos con estas predisposiciones altruistas predominará sobre los grupos que no las tengan, o si hay algunos que las transgredan serán eliminados pues los sacrificios de otros no son retribuidos. De esta manera, podemos coincidir con la posición teórica que sostiene que la selección natural puede actuar a nivel superior al individuo, es decir, sobre el grupo, que, por ser un conjunto más apto para sobrevivir y reproducirse, predominará sobre los grupos no altruistas. Este predominio no es siempre, pero sí a veces, una batalla entre los grupos. Este tema será tratado en el Capítulo 10 "Derecho y Guerra". Por ahora, sólo significa que los grupos altruistas aprovecharán mejor las condiciones ambientales. Al compartir alimentos cazarán en conjunto y con mayor eficacia. Al tener vigilantes evitaran mejor a los depredadores. Al tener madres cuidadoras- profesoras podrán cazar en un mayor territorio en busca de sus alimentos pues no requerirán volver rápido a la guarida a cuidar a sus propios cachorros.

2.4. El altruismo humano

No tenemos idea de la evolución filogenética del altruismo humano. Las conductas en sí mismas no dejan restos arqueológicos. Sabemos, como se indicó más arriba, que los Australopithecus Afarensis (4 millones de años atrás) vivían en grupos y que el Homo Habilis (2,8 millones de años) fabricaba sus primitivas herramientas entre varios individuos que probablemente cooperaban entre sí. Sin embargo, podemos suponer que los grupos de homínidos más sociables y con altruismo más potente fueron siendo seleccionados sucesivamente hasta llegar al Homo Sapiens. (Anexo II). Dado este vacío en nuestro conocimiento filogenético del altruismo, lo que sigue se referirá a esas conductas del Homo Sapiens, con algunas comparaciones con las que despliegan nuestros primos chimpancés y bonobos, que han sido extensamente estudiados por los primatólogos.

El altruismo humano ha sido clasificado en dos tipos: a) Altruismo genético, b) Altruismo recíproco. El primero corresponde a la fuerte predisposición a ayudar a quienes comparten genes con el benefactor, con una intensidad directamente correlacionada con el porcentaje de genes comunes. Por su parte, el altruismo recíproco es aquél que se dirige a otros miembros del grupo con quienes se comparte una misma Cultura, que, por ser una comunidad, en todos sus miembros se ha establecido el principio básico de "ayudar-cooperar", lo que de varias maneras la hacen más exitosa. De este modo es esperable que ellos, por su parte, al observar condiciones de riesgos para otros (incluyendo el benefactor) también tengan conductas altruistas. Para entender mejor la organización neuropsicológica de ambos tipos de altruismo es importante acotar que estas predisposiciones a ayudar no son, propiamente deliberadas, sino pulsiones innatas, que en condiciones extremas llevan a sacrificar la vida por salvar a otro. Todos sabemos de padres que murieron tratando de rescatar a un hijo que se ahogaba (altruismo genético), o de bomberos voluntarios que perecieron en el esfuerzo de salvar a un desconocido en un incendio (altruismo recíproco). Es evidente que estos benefactores llegaron a su sacrificio sin detenerse a meditar cosas como: "mi hijo tiene el 50% de sus genes iguales a los míos" o "esta persona que puede morir en este incendio es un importante líder de su comunidad", y en el futuro me puede ayudar. Claro está que no siempre las conductas altruistas son automáticas e irreflexivas y, en muchos casos, admiten cierta deliberación, especialmente cuando el salvataje no es urgente. Por ejemplo, ayudar a pobres, menesterosos o enfermos, caso en el cual, el altruismo es "culturalmente" transformado en cooperación, benevolencia, caridad, amor al prójimo y, aún, amor al enemigo.

Por otra parte, las predisposiciones altruistas son procesadas por las culturas, como cualquier predisposición biológica, de modo que las conductas altruistas más deliberadas, se orientan y aplican según los patrones de comportamiento aceptados o rechazados por la respectiva Cultura. Esto se explica porque el modo concreto de ser altruista tiene cambios relacionados con las modificaciones y evolución de las culturas, que "especifican" el modo como se manifiesta el altruismo innato en esa precisa comunidad cultural.

Tomemos por ejemplo la revolución "cultural" de Jesús en la parábola del Buen Samaritano. Para los judíos de su época (de la antigua Judea con base en Jerusalén) los samaritanos, también judíos, pero del antiguo Reino de Israel separado de Judea a la muerte del Rey Salomón, no eran sus "prójimos" sino sus enemigos, por lo que era impensable cualquier tipo de ayuda mutua. La parábola rompe esa tradición cultural cuando presenta a un samaritano ayudando a un judío agobiado y sediento, con lo que Jesús amplía el campo de acción del altruismo, llevándolo al que sufre y no sólo al que es prójimo o amigo. Pero sería erróneo considerar que el altruismo sólo se aplica en relación con pobres, sufrientes o gente en riesgo. También, y en procesamientos mentales asociados con la Teoría de la Mente (y los principios morales que veremos después) se aplica a relaciones más cotidianas. Colaborar (ayudar) en la caza o la recolección de los Cro-Magnones, en un emprendimiento social o negociación empresarial en el mundo de hoy, son manifestaciones de tendencias altruistas incorporadas como valores (ayudar-cooperar) a los complejos entramados neuropsicológicos y conductuales, que por cierto también tienen otros componentes: memoria (conocido-desconocido, etc.), juicio (caridad de largo plazo), emociones (amigo, enemigo, etc.).

2.5. Altruismo genético

Corrientemente, en algunos libros de texto, la relación madre-niño (apego) se trata de manera independiente al altruismo, porque efectivamente tiene dispositivos neurobiológicos y neuroquímicos muy específicos que subtienden esta relación de apego. Sin embargo, y dado que, en el cuidado de los niños participan sucesivamente otros miembros de la familia y de los grupos de referencia, que no tienen con el niño las vinculaciones biológicas del apego, he decidido tratar el conjunto de conductas orientadas a proteger al niño como parte del altruismo genético, pues se origina en el poderoso impulso de los padres a atender, hasta el eventual sacrificio, al desvalido infante que comparte sus capitales genéticos. Hay evidencias empíricas, que se asiste con más tesón y diligencia a aquéllos que comparten genes con el sujeto que ayuda. Es lo que define el altruismo genético. Éste se despliega con más fuerza con quienes más genes se comparten. Primero hijos y hermanos, luego primos y parientes más lejanos. Hay quienes sostienen que su origen es principalmente cultural, es decir aprendido. En este sentido, el ejemplo más crítico es el del padre, que, en investigaciones modernas en diversos países, aparece en un 10 o15 por ciento de los nacimientos sin relación genética efectiva con el niño que cree suyo. Sin embargo, sus conductas altruistas respecto a este infante no se diferencian de las de los padres genéticamente verdaderos. Por otra parte, estudios recientes han demostrado que padres reales y padres adoptivos (que saben que el niño no es genéticamente propio), y que tienen una relación "física" muy cercana con el pequeño (cambian sus pañales, los acarician, les dan de comer o los hacen dormir), incrementan por igual su tasa de oxitocina circulante la que activa las relaciones amorosas y de apego.

Estos hallazgos son extremadamente importantes pues demuestran que, con el fin de proteger al desvalido y dependiente niño, la evolución ha instalado lo que podríamos llamar el Plan B. Dado que un porcentaje de los nacidos no son hijos biológicos de sus padres, estos hombres engañados o conocedores de su relación (o no relación) genética con los niños, son capaces de desarrollar conductas altruistas que hacen posible el desarrollo normal del niño bajo su cuidado. Recordemos que la ultra-sociabilidad humana tiene dos fuentes causales: a) Nuestra incapacidad de sobrevivir como individuos aislados, en la sabana del Paleolítico, con sus competidores y riesgos, y b) La extrema incapacidad y larga dependencia de nuestros vástagos, por lo que nuestra reproducción, como especie, está siempre en riesgo. Tanto que, aunque no conocemos las tasas de mortalidad infantil de las hordas Cro-Magnon, cálculos de períodos históricos (Imperio Romano) la ubican alrededor de 600 por mil nacidos vivos. En Chile, hace sólo 100 años era cerca del 350 por mil nacidos vivos. Hoy día, con el avance de la Medicina y la Salud pública, la mortalidad infantil en Chile es de 7,5 por mil nacidos vivos. En África es muy superior.

Pero, debemos volver al altruismo genético de los padres y su desligamiento de un efectivo compartir genes. Esto no es como generalmente se cree un efecto puramente cultural. Los etólogos humanos han descubierto que tanto hembras como varones adultos tienen la predisposición innata de proteger y ayudar a los niños pequeños, aunque ellos sean perfectos desconocidos. No existe persona que en presencia de pequeños no tienda a acariciarlos, buscar sus sonrisas, hacerles "caras" y si están en peligro, protegerlos. Esto se puede observar en todas las culturas conocidas pues se trata de conductas precableadas que se disparan, como hoy se sabe, por los rasgos y conductas del niño. El cuerpo y la cabeza (y la cara) de un pequeño son enteramente distintos a los de jóvenes y adultos. En estos últimos, la cabeza es un octavo de la altura total del individuo. En los niños pequeños de un año, la cabeza es un tercio de su altura total. Además, sus rasgos faciales son distintos. Tienen las mejillas redondeadas y con mayor color. Los ojos están muy cerca de la mitad de la cara. La nariz y la barbilla son pequeñas. Los movimientos de brazos y manos regordetes son desmadejados y su voz con gorjeos, es más aguda. De esta manera se puede afirmar que los adultos de nuestra especie están innatamente pre-programados para atender y proteger a los niños pequeños.

Por otra parte, los varones humanos pueden desarrollar un buen nivel de apego con crías genéticamente suyas o genéticamente extrañas si, y solo si, pueden tener una constante y cercana relación física, esto es experiencias repetidas con ese niño en particular. Este tipo de instalación biológica tiene un contrapunto con lo que ocurre en las mujeres. Al parecer su experiencia con el embarazo (embrión, feto, niño de término, parto) y el recién nacido es tan potente, que no tienen iguales conductas altruistas con su propio hijo versus hijos ajenos. Esto es, porque su biología reproductiva es enteramente distinta a la del hombre. Recordemos que el amamantamiento, producto de cambios hormonales intensos, impide o dificulta un nuevo embarazo. En cambio, el hombre no tiene dificultades de procreación, como lo demuestran sultanes con varios centenares de hijos.

Naturalmente esta división de tareas entre especialistas; mujeres encargadas de llevar a buen puerto nuestros productos reproductivos, y hombres proveedores y protectores no funciona en el largo plazo, si los cónyuges no se asocian no sólo para copular sino para mantener y desarrollar las relaciones padres e hijos, durante el tiempo que éstos demoran en llegar a su adultez y autonomía. Llamamos "familia" a esta asociación (biológica) de especialistas (madre y padre con diferentes tareas), que, aunque pueden intercambiar algunos roles en el mundo actual (padres que cuidan de cerca a sus hijos, madres que además trabajan y operan como proveedoras), hay una tarea imposible de intercambiar. Embarazarse, tener hijos y amamantarlos es un privilegio absoluto de la mujer la que, además, desarrolla con su hijo el "apego" como base del altruismo genético.

Hemos mencionado repetidamente que la relación madre-hijo, que llamamos apego es un dispositivo biológico, pero no hemos explorado con detención sus fundamentos neurobiológicos. La firmísima relación madre-hijo, es conocida desde siempre. También se sabe que hay excepciones. Madres ajenas y descuidadas que prefieren otras pasiones, como la venganza (Medea es un buen ejemplo) o que dan más atención a sus trabajos o a los esplendores de la realeza (cortesanas bajo Luis XIV).

Sin embargo, como todas las tendencias biológicas se distribuyen según la Campana de Gauss, estas excepciones son estadísticamente esperables, sin contar con desapegos patológicos de otros orígenes. En lo que sigue me referiré al promedio de las mujeres que son madres. El origen neuroquímico del apego materno-infantil se descubrió en una especie de ratas en Estados Unidos en la década de los 70. En ellas es posible distinguir dos subespecies: Ratas de la Pradera, amorosas cuidadoras de sus crías. Ratas de la Montaña que después de parirlas, las amamantan sin mucho entusiasmo y luego las abandonan. La diferencia entre ellas, (iguales para todos los demás atributos) es que las que mostraban apego, tenían un alto nivel de oxitocina en la sangre. Las otras, descuidadas y sin apego, lo tenían muy bajo, o la oxitocina no existía. Los investigadores hicieron la contraprueba inyectando oxitocina a las sin apego durante sus partos. Con esta maniobra el apego mejoró, pero sin comparación con lo que pasaba en las Ratas de la Pradera. Esta diferencia se explicó al demostrar que no bastaba tener oxitocina circulante en el cerebro, sino que era necesario que ciertas neuronas tuvieran receptores especializados en captar la oxitocina disponible. Las buenas madres tienen ambos factores, oxitocina circulante y receptores de ella en las neuronas. Estudiando a mujeres, se encontró que éstas también tienen receptores cerebrales de oxitocina y que, por supuesto, también la producen desde días antes del parto y muchos meses después.

La oxitocina es una hormona conocida hace varias décadas. Es producida por el hipotálamo, región cerebral que controla la vida vegetativa, es decir, el equilibrio de las actividades autonómicas del cuerpo (metabolismo, sueño, hormonas, etc.). Durante mucho tiempo a la oxitocina se le atribuían sólo funciones estimulantes de un parto normal (contracción del útero, relajación de su cuello) y un curioso efecto de disminución de las memorias de los dolores de las parturientas, con lo que se hace más amigable un nuevo embarazo y parto. A partir de las investigaciones sobre las Ratas de la Pradera se ha agregado un caudal de información sobre las acciones en el cerebro humano, el que cuenta con buen número de receptores sobre todo en el Sistema Límbico (Anexo I), que procesa emociones y memorias, y en los sistemas dopaminérgicos, encargados de aumentar la sensación de satisfacción provocada por alcanzar (o un esperar lograr) una meta muy deseada.

Así, ahora se sabe que la oxitocina además de inducir el apego materno infantil, activando los receptores neuronales adecuados en madre y niño, es inductora de un cierto tipo de satisfacción verdaderamente inefable. También aumenta en las relaciones sexuales y durante actividades sociales con parientes y amigos, en los que se confía. En el primer caso mejora la vinculación y la estabilidad de la pareja, que debiera (biológicamente) permanecer unida hasta el fin de las crianzas, y en el segundo, incrementa los lazos de amistad y cariño con las redes sociales más íntimas. Es entonces evidente que la oxitocina tiene un enorme papel biológico al constituir el vehículo químico que genera el apego madre-hijo, mejora los vínculos de las parejas y de las familias, e incorpora a este círculo, a los demás parientes y amigos. En todos estos casos también se afectan los varones, aunque estos tienen su propia versión de la oxitocina llamada vasopresina con una fórmula química casi idéntica a aquélla. En los tres casos que actúa la oxitocina las tasas sanguíneas de esta hormona (o de la vasopresina) no son iguales. Muy altas y estables en el apego en el recién nacido, altas, pero más pasajeras en las relaciones sexuales, y menos altas y muy pasajeras en reuniones de confianza y distendidas. Dado que actúa sobre la memoria emocional de largo plazo (satisfacción esperada) su efecto es mucho más sostenido que el tiempo en el cual su tasa se encuentra elevada.

En resumen, la oxitocina es causante principal del altruismo genético. Sin embargo, no explica el altruismo genético con otros familiares con quienes se comparten genes: hermanos, primos, sobrinos, etc. Para este tipo de relación altruista se han planteado variadas explicaciones biológicas. La primera y más aceptada, es que es una simple extensión, mucho más débil, de los mecanismos neurobiológicos mediados por la oxitocina. El problema es que respecto al altruismo con otros parientes no se ha demostrado, en mi conocimiento, la presencia de altos niveles de oxitocina. En este caso, dicen los que sostienen estas hipótesis, operarían las mismas redes neuronales que se activan con la oxitocina, pero a partir de los sistemas dopaminérgicos, productores de satisfacción, que también se activan en el apego, pero sólo como una memoria (redes neuronales preferentes) de lo ocurrido a cada cual en su propia infancia. En verdad, el altruismo genético tiene una buena explicación evolutiva (interesan más quienes tienen mis genes) pero su neurobiología es muy poco clara. En este sentido el mecanismo podría ser más bien social. El altruismo no sería genético sino familiar, y operaría con los parientes más por vivir juntos que por compartir genes.

2.6. Altruismo recíproco

En las páginas precedentes al describir al altruismo como factor de nuestra ultra-sociabilidad, consideramos el altruismo recíproco y lo definíamos como la predisposición a ser benefactor de los miembros de nuestro grupo, dando por hecho que todos comparten la misma tendencia a ser benefactor. De esta manera, la reciprocidad esperada no es directamente hacia el mismo benefactor sino hacia cualquier miembro del grupo que por cualquier razón necesite ayuda. También agregábamos dos condiciones al socorro que se puede o debe prestar. Una era de temporalidad, dado que hay casos en que la ayuda se necesita con urgencia (un herido en el camino) o es de más larga data (pobres y menesterosos). La otra condición es de intensidad, entendiendo que en este caso la ayuda puede ser muy riesgosa como para poner en juego los bienes o la propia vida del benefactor. Así definido, el altruismo recíproco no tiene destinatario individual del que se espere reciprocidad directa. Todos, benefactores y beneficiados son miembros de un gran entramado, de un grupo compuesto por personas que suponen que si están en riesgo algún semejante les ayudará. El que no lo hace será descubierto y eventualmente castigado. Recordemos la identificación de trasgresores que vimos en la Teoría de la Mente.

2.7. Reciprocidad y noción de justicia

Pero esta descripción del altruismo recíproco, siendo verdadera y de gran trascendencia evolutiva, pues opera al nivel del grupo y no del individuo, sin duda se queda corta. Hay otra forma muy poderosa y frecuente de ayuda mutua, que no es fácil de clasificar como altruismo recíproco, pues en ella sí se espera retribución directa. Es la llamada Reciprocidad con mayúscula y que no es para nada parecida a la benevolencia o caridad más general que es parte del altruismo de todos para con todos. El que las dos formas de ayuda mutua usen la misma palabra (Recíproco – Reciprocidad) facilita el que ambos conceptos suelan confundirse, aún en los textos científicamente más eruditos. En la vida cotidiana la reciprocidad es más frecuente que el altruismo recíproco porque es un motor más poderoso que éste en el desarrollo de intercambios y emprendimientos cooperativos conjuntos. Corrientemente la reciprocidad consciente y deliberada puede concretarse en acuerdos formales, convenios y contratos legales.

La reciprocidad es la base de la mayor parte de los acuerdos sociales destinados a conseguir un propósito específico. El cazador del Pleistoceno es parte de un grupo de individuos que se reconocen como tales, con sus nombres y destrezas particulares, y de los que se espera una contribución determinada en la cacería común. Quienes intercambiaban pieles por alimentos en Alaska eran individuos que esperaban que el valor de sus propios bienes fuera justamente reconocido en el intercambio. El maestro constructor de catedrales medievales instruía a su aprendiz no por una benevolencia general, sino porque esperaba que éste le ayudara desbastando piedras, haciendo argamasa o tirando escombros. El aprendiz ayudaba porque quería aprender y llegar a ser maestro. Los ejemplos de reciprocidad pueden ser infinitos y los veremos en concreto en los capítulos de este libro destinados a examinar la Economía y el Comercio, la Política y el Derecho, pues todos estos ámbitos se constituyen porque engloban acuerdos sociales con algún propósito particular, (como construir catedrales o intercambios comerciales de poca monta en el bazar) o más importantes, en el mercado internacional.

Desde este punto de vista la reciprocidad incuba la concepción de Justicia, cual es la retribución justa en el intercambio de pieles por alimentos o el trabajo justo exigible al aprendiz por las enseñanzas del maestro. Pero la "Ayuda Mutua" de la reciprocidad directa, rara vez es tan pura como la observada en los ejemplos de intercambio que acabo de apuntar. Con frecuencia se mezcla con el altruismo recíproco general, o con el altruismo genético. Se fundamenta en la importantísima noción de Justicia.

Tomemos el caso del grupo de cazadores del Pleistoceno. Debido a sus destrezas y su cooperación (ayuda mutua) lograron matar a un bisonte cuya carne deben transportar al pequeño campamento donde esperan esposas, hijos, ancianos y cazadores que, por estar ocupados en otros asuntos no participaron en la cacería. Como el animal era muy grande cada cazador debió transportar un trozo importante de su carne. Desde el punto de vista de la justicia es crítico el modo como se distribuye la carne entre todos los miembros de la horda que pertenece a ese campamento. Este tema "Distribución de la carne" ha sido estudiado por numerosos antropólogos en terreno, en tribus de Nueva Guinea, los Khoisans, del Kalahari (África) y otros grupos (que están desapareciendo), que se mantienen como cazadores- recolectores.

La manera como se distribuye la carne es decisiva, pues permite conocer a través de la variedad de soluciones que los distintos grupos pueden establecer, las predisposiciones altruistas que definen conductas aceptadas por el propio grupo como "justas". Estas conductas tienen raíces complejas, pues en ellas se deben articular condiciones de distintos tipos para decidir la cantidad de carne que cada persona del grupo tiene derecho a recibir. Por ejemplo: a) Familias de los cazadores versus familias de los no cazadores, b) Cantidad y condición (viejos, niños) de los miembros de cada familia, c) Composición, responsabilidad y actuación de los cazadores. ¿Quién encontró al animal, quién lideró la estrategia de caza, cuál cazador acertó el golpe mortal al bisonte, quién fue más diestro y trabajador al despostarlo?; d) Estas discusiones no tienen interés para los no cazadores, pues todos los miembros del campamento tienen igual derecho; e) Es el jefe de la horda quien tiene la facultad de distribuir la carne; f) El jefe y su familia puede atribuirse el trozo más grande y sabroso; g) Cada cazador distribuye el trozo de carne como le parece; h) Uno de los cazadores decide que el trozo que lleva le pertenece exclusivamente a él y su familia; i) Otras soluciones.

Las investigaciones de campo han demostrado que la inmensa mayoría de los grupos estudiados prefiere una mezcla de sólo dos soluciones: a) Todos tienen derecho a igual trozo y b) El jefe distribuye cuando, y sólo cuando, hay discusiones sobre la distribución más justa. Todos los grupos consideran transgresor (y castigan) al cazador de la solución en la que considera que la carne que lleva es para él y su familia. Las hipótesis teóricas de los antropólogos y los psicólogos evolucionistas sobre esta casi unánime solución a la distribución de la carne son las siguientes: a) la solución "todos tienen igual derecho" y "el jefe debe resolver discusiones", es la mejor porque considera, al mismo tiempo todas las tendencias en juego: Altruismo Genético (familia); Altruismo Recíproco (viejos y niños); Reciprocidad (todos los agentes están satisfechos); Teoría de la Mente y Jerarquía (los jefes deben resolver los problemas). El egoísta que no acata las normas debe ser castigado, Todas estas consideraciones articuladas generan justicia. Los Psicólogos evolucionistas suponen que los grupos que llegaron a la solución más útil y justa, prevalecieron sobre aquellos que prefirieron el predominio de sólo los individuos de alta jerarquía en opciones como: sólo los cazadores son dueños de la carne; o el jefe (macho dominante de los chimpancés) toma lo que desee.

El concepto de justicia no es siempre tan complejo. Puede ser, como vimos, el precio justo por mis servicios, o la retribución que merece un esfuerzo especial, o la calidad de mis productos. Tampoco es privativa de los humanos. Repetidos experimentos en chimpancés han demostrado que estos tienen conductas que dejan pocas dudas que tienen nociones de justicia, en el sentido de recibir lo que a cada uno corresponde. En un experimento se pide a dos chimpancés realizar una cierta tarea. Los dos la cumplen, por lo que reciben un premio. A uno de ellos se le entrega un banano, su retribución preferida. Al otro, un pepino que le gusta menos. Este "regalo" (banano) es arbitrario, pues no se relaciona con ninguna tarea o actitud diferente que merezca premio especial. En estas circunstancias el chimpancé que recibe sólo pepino (que habitualmente le satisface), lo rechaza luego de mirar con alguna detención el regalo que el otro recibió. Dado que los investigadores aseguran que los antropoides experimentales no hayan aprendido estas conductas, debemos considerarlas innatas. Poca duda cabe que en los intercambios y negociaciones humanas esta noción innata de la justicia, como "lo que a mí corresponde", está de algún modo siempre presente. Claro que nosotros podemos generalizarla y hacer de ella un principio abstracto.

La longitud y detalle de este apartado sobre el altruismo, se justifica, creo yo, porque sienta las bases sobre un asunto primordial en el desarrollo de la Cultura. Ayudar a los demás, según ciertas reglas, hace posible una sociabilidad cooperativa que alcanza a muchas personas a través de asociaciones de "suma no cero", es decir, en las cuales todos ganan. Este equipamiento neurobiológico del ser humano es parte de la razón de su predominio sobre la Tierra, junto al aprendizaje y el lenguaje. Pero tiene problemas, como veremos, en el apartado que sigue sobre individuación y autonomía personal.

3. Individuación y autonomía

El ser ultra-social que describimos en el apartado anterior, inevitablemente empático y altruista y comunicado con los demás a través de un poderoso y flexible lenguaje es, al mismo tiempo, poseedor de una muy fuerte y también inevitable ultra-individuación. Tanto así, que ambas predisposiciones, con mucha frecuencia, se contraponen, entran en conflicto y tensión de un modo tal, que nuestra especie ha debido desarrollar mecanismos neuropsicológicos y arreglos culturales destinados a solventar conflictos y tensiones no siempre, con el éxito que cabría esperar. Sin embargo, si miramos la individuación a partir de los comportamientos habituales de la enorme mayoría de las personas, y examinamos la historia del desarrollo humano, encontraremos que su progreso de debe, en buena parte, a la autonomía del pensamiento y la acción de individualidades que, con razón, reclaman libertad para pensar y actuar. En este apartado examinaremos los fundamentos neuropsicológicos de la individuación y en el siguiente capítulo, los dispositivos mentales que la evolución, de nuestra especie ha instalado para resolver la contraposición entre la cooperación y protección de la ultra-sociabilidad, sin sacrificar el decisivo aporte de nuestra ultra-individuación al avance de la humanidad.

Nuestra ultra-individuación tiene causas especificadas en nuestro patrimonio genético, es decir, son sin duda de origen biológico, y varias de ellas, patrimonio exclusivo de los humanos. Obviamente, los individuos de las demás especies son capaces de distinguirse a sí mismos de su ambiente y de otros individuos, pero en un nivel incomparablemente distinto a lo que nosotros, (cada uno de nosotros), construye como un sí mismo, subjetivamente distinto al resto del universo. Por supuesto, en esta construcción usamos ciertos dispositivos biológicos que también existen en otras especies, pero en un nivel muy primitivo. En lo que sigue de este apartado, estudiaremos en detalle las capacidades que nos hacen ultra-individuados, pero antes, algunos párrafos de los atributos que compartimos con otras especies.

3.1. La percepción del propio cuerpo

Todos los seres vivos, con un Sistema Nervioso Central encabezado por un cerebro, aunque sean muy primitivos, reciben información constante del estado y modificaciones de su propio cuerpo. Esto es indispensable porque respecto a cualquier movimiento, acción o conducta que realizan requieren conocer detalladamente donde está la pata o la mano para coger algo, la posición del cuerpo en el que se apoyan los miembros y la cabeza, su relación con el medio (un árbol, o un automóvil). También necesitan conocer la situación de su medio interno (metabolismo, aparato circulatorio, etc.), información que llega al cerebro, pero no a su conciencia, la que sólo reporta el resultado final de este escrutinio: hambre, sed, condiciones para correr tras la presa, interés por aparearse, etc. El cerebro que permanentemente recibe esta información y la computa como patrones, que cuando se repiten con poca variación, generan una imagen estable del cuerpo, origen de esta constante información. En efecto, el cerebro es capaz de distinguir la información "de base" constantemente, igual de su cuerpo, sus miembros y estados internos, de las informaciones transitorias que varían de acuerdo con los movimientos en el espacio de miembros, torso y cabeza que, aunque se muevan permanecen en sí mismo invariantes. De aquí que esta imagen estable sea el origen de una proto- individualidad. El ser humano, por supuesto, comparte con los demás animales con cerebro este constante bombardeo de información corporal a partir de la cual, y de su estabilidad, empieza a construir un borroso concepto de su singularidad.

3.2. La percepción del ambiente y de los otros

Además de la información que el cerebro recibe de su propio cuerpo, conoce las condiciones del entorno a través de sistemas sensitivos sensoriales especializados, dedicados a recoger información ambiental. Ellos no son iguales en las distintas especies. Los murciélagos tienen una especie de radar, los tiburones perciben ondas eléctricas y ciertas aves migratorias el geomagnetismo, pero cumplen igual función, dependiendo del nicho ecológico en que cada uno vive. Los sentidos (visión, audición, etc.) son dispositivos biológicos especializados en obtener información del entorno físico, ecológico, o de los demás individuos que pueblan el mundo, todo lo cual el cerebro computa como perteneciente a lo que está allá afuera. En principio, esta distinción del cuerpo propio versus lo que está allá afuera, es biológicamente simple, pues depende del origen y medios sensitivos-sensoriales que transmiten la información que el cerebro recibe. Los actos motores que configuran comportamientos, incluyendo el lenguaje, son reconocidos como propios, sean intencionales o simples reflejos (tos, estornudo). También las alteraciones patológicas del movimiento (corea, temblor, convulsiones) son registrados como pertenecientes al cuerpo de cada cual. Dolor, trasportado por sistemas sensitivos internos versus percepciones recogidas por sistemas sensoriales especializados. Es evidente que esta distinción diferencia el propio cuerpo del individuo de las cosas, eventos y seres que no son ellos mismos. Este es el comienzo de lo que algunos filósofos llaman (aplicada al ser humano) la otredad, es decir, yo soy yo porque soy distinto a lo otro que existe allá afuera, sean objetos o personas. Sin duda la otredad (individuación) humana se alimenta de muchas otras fuentes, pero la distinción entre información sensitiva que viene del cuerpo propio y la sensorial que viene de afuera es un nivel de inicio en la construcción de nuestra singularidad como individuo. Es interesante anotar que estas nociones: a) otredad, b) singularidad, no son deliberadas, pues dependen de procesamientos cerebrales más bien automáticos y de los cuales la mente consciente recibe sólo el resultado de computaciones que no son intencionales, como las que examinamos a continuación.

3.3. El individuo como agente intencional

Con la información que el cerebro recibe del propio cuerpo y de la situación del mundo externo debe generar conductas apropiadas, sea para evitar riesgos (la presa) o aprovechar oportunidades (el predador). Esto significa que el cerebro debe ser capaz de valorar la información que recibe de su propio cuerpo. ¿Puedo alcanzar la velocidad necesaria para atrapar gacelas?, se dirá el cerebro de la leona, o al ver un rebaño quizás prefiere atacar a esa gacela que se ve más débil. En este punto preciso, la cuestión es quién se hace esas preguntas que surgen de la información interna y externa que el cerebro recibe. Reptiles y batracios con seguridad responden automáticamente, es decir no son "agentes" capaces de deliberar por lo cual su comportamiento influye mayormente en su noción de sí mismos, pero sentirse agente intencional (que delibera) no está en su repertorio mental. Las especies superiores (primates, delfines, elefantes) parecen ser capaces de desarrollar conductas intencionales, con lo cual acentúan su noción de individualidad. Por supuesto, el ser humano es la especie que ha llegado más alto en cuanto agente intencional, pero lo ha hecho a partir del tipo de intencionalidad que compartimos con los antropoides, en los cuales la conciencia de la intencionalidad, por lo que sabemos, es menor que la nuestra. En todo caso ser agente intencional, es decir, saber que puedo actuar "deliberadamente" sobre el mundo y obtener resultados, que se pueden predecir, controlar y evaluar, agrega elementos muy poderosos a la noción de singularidad individual, aunque por supuesto, este tipo de "pensamiento consecuencial" difícilmente está presente en la mente consciente de las especies superiores, pero ellas actúan como si los tuvieran. Esto significa que su cerebro opera procesando predicciones y consecuencias de las conductas, aunque éstas computaciones no sean "conscientes".

Luego de esta breve descripción de las raíces biológicas de la individuación que compartimos con otras especies, entremos de lleno a las características que son exclusivamente humanas de modo de hacernos ultra individuados.

3.4. Conciencia subjetiva

Prácticamente todas las especies animales tienen algún tipo de conciencia, en el sentido de darse cuenta de lo que ocurre en su entorno y actuar en consecuencia. Estas conductas intencionales, llamadas así porque persiguen un objetivo determinado que el animal, en cuanto agente desea alcanzar, deben diferenciarse de los meros reflejos como toser o estornudar y de conductas automáticas, no conscientemente deliberadas, como huir de un riesgo repentino. Esta conciencia primordial, que atiende y vigila su ambiente –individuos vigiles y no dormidos–, y que actúa según las informaciones del entorno, ha evolucionado y se ha complejizado, haciéndose consciente primero del objetivo conductual inmediato, capacidad que tienen muchas especies, y luego, en el ser humano, de los propósitos y fines de largo plazo a los que sirven o pueden servir los comportamientos actuales. La expresión "pueden servir" denota cierta provisionalidad que indica la existencia de metas futuras que son conscientes y que creo probablemente podrían lograrse con un plan de acción del cual la conducta actual es sólo un eslabón, o si lo contradice, ésta (mi conducta actual) no debe ser un obstáculo para alcanzar las metas. Esta conciencia del futuro que tiene objetivos distantes en el tiempo, para lograr los cuales hago planes, también conscientes, es una cualidad existente sólo en el ser humano, que así es el "agente individual" de su propio destino. Naturalmente para alcanzar sus fines deberá navegar entre las dificultades, riesgos y oportunidades que se le presentarán en el ambiente en que vive o los que aparecerán inesperadamente. Esta posición, de ser conscientemente capitán de su propio barco, que navega hacia un destino (o propósito) también conscientemente suyo, sin duda fortalece su noción de ser alguien singular, esto es su individuación.

Se puede sostener que una de las más altas capacidades humanas es tener propósitos conscientes de largo plazo. Como he dicho, para alcanzar tales propósitos es crítico tener y desarrollar planes de acciones, que cuando se refieren a metas distantes en el futuro, necesariamente son total o parcialmente abstractos. Veamos un ejemplo. Un muchacho está terminando su Educación Media. Por cualquier razón, decide ser ingeniero y cuando termine realizar un posgrado en Estados Unidos. Para lograr estos objetivos de vida profesional (en paralelo puede tener objetivos sentimentales con su pareja), ha desarrollado planes con contenidos, cuanto más lejanos, más abstractos. En efecto, como primer paso deberá elegir asignaturas científicas y matemáticas en sus últimos años de Educación Media, y en ellas lograr buenas notas. Luego, en la selección universitaria deberá optar por Ciencias y Matemáticas. Hasta aquí todas las exigencias son conocidas y concretas, pero luego las opciones son más difusas y abstractas. Sabe que deberá entrar a una universidad a estudiar ingeniería, pero no sabe a cuál, pues esto depende de variables cuyos resultados desconoce. Promedio final de notas en Educación Media, resultados de las pruebas de selección universitaria, costos alternativos de ingeniería en las diversas universidades, elección de sus amigos que también desean ser ingenieros, eventuales cambios en su familia (padres que se separan o quedan sin trabajo o fallecen, etc.). Por fin, ingresa a la universidad que prefería (o no lo logra). Conoce el currículo de su carrera y las asignaturas que deberá cursar. Todo esto es nuevo y desconocido, su deseo de ser ingeniero tenía contenidos muy generales y abstractos. Ni qué decir lo que le ocurre al terminar su carrera y activa sus propósitos de estudiar un posgrado en Estados Unidos. ¿Cómo lo financiará?, ¿Qué trámites deberá realizar?, ¿A cuál universidad de ese país podrá ingresar?, ¿Viajará solo o con su pareja?, ¿Dónde vivirá?, etc., etc. Como se ve sus propósitos de largo plazo, siendo en sí mismo específicos (no siempre lo son), tiene contenidos y circunstancias que no conoce, más bien no puede conocer, pero aun así siendo abstractos, son un marco que orienta y define la multitud de conductas que debe (y también las que no debe) realizar sucesivamente para cumplir el plan general que hará posible lograr sus propósitos.

No hay otra especie cuyos individuos puedan ser gestores, agentes, de su propio destino, y desde este punto de, vista ultra-individuados. Las ardillas, por ejemplo, guardan bellotas durante el verano para alimentarse en invierno. Recuerdan con exactitud donde las escondieron. No hay el menor indicio que esta conducta sea producto de una planificación deliberada del tipo ¿cómo me alimentaré en el invierno? Se trata de un instinto muy complejo que incluye recoger, esconder y luego recuperar las bellotas, que se activa y produce las conductas apropiadas por estímulos ambientales definidos: a) Hace calor, buscaré bellotas, b) Recogí más bellotas que las que puedo comer, deberé guardar las sobrantes, c) Hace frío y tengo hambre, buscaré las bellotas que escondí, etc. Por supuesto, las ardillas no se hacen esas preguntas, simplemente actúan cuando el estímulo aparece. Bellotas en el suelo, calor, frío, hambre, etc. Lo mismo ocurre con los demás animales que previenen el futuro. Los pájaros al construir sus nidos, los castores sus diques, o las aves cuando migran. Dado que es su aparataje instintivo el que promueve sus conductas como agente, esta calidad de gestor de su futuro, no tiene el nivel que sí tiene en el ser humano, no sólo en cuanto soporte de la ultra-individuación, que lo es y muy poderoso, sino también en cuanto creador de procesos y productos culturales, dado que para lograr ciertas metas deberá introducir innovaciones.

3.5. La subjetividad de la conciencia humana

El rasgo más característico de la conciencia humana es que ésta no es sólo vigilancia y atención al ambiente sino es, simultáneamente, un darse cuenta que el propio sujeto está siendo consciente del ambiente, pero, además, es consciente de un sí mismo que está siendo consciente del ambiente y de sí mismo. Esta triple operación de la mente humana no lleva a la confusión y el caos porque tiene una cualidad que podríamos llamar "oscilatoria". En un instante estamos atentos y conscientes del entorno. Hay un riesgo que evitar, una oportunidad que aprovechar. Al siguiente momento nos decimos somos conscientes del riesgo y/o de la oportunidad. Pero en este caso es como si yo fuera otro que está reconociendo la oportunidad o el riesgo. Aquí podemos detenernos y reflexionar y entonces encontrar que hay un sí mismo (yo) que tiene su propia identidad, frente a la cual aparecen las cosas y eventos que pueblan su mente y de lo cual es consciente. Podríamos hacer una analogía suponiendo que la conciencia es una suerte de teatro donde discurren las cosas y eventos que percibo y de los cuales soy consciente. Pero este teatro es peculiar porque el que lo mira es también actor y está entre las cosas y eventos que allí pasan de los cuales tiene conciencia. Sin embargo, hay un paso más, el tercero de la tripleta. En un momento el observador, que se ve y se siente a sí mismo en el escenario, se despreocupa del escenario y se mira a sí mismo y sólo a sí mismo. Pero la metáfora del teatro tiene un componente adicional de enorme importancia en nuestra búsqueda de los fundamentos de nuestra ultra-individuación. Se trata de un teatro exclusivo al que sólo yo puedo ingresar, al estar completamente cerrado para todos los demás, enteramente clausurado, excepto para mi propia subjetividad. Tan cerrado, que incluso las cosas y eventos que observo son producto de mi propia mente, de los procesos de mi propio cerebro, de los datos de mi propia memoria. Si recordamos la función de la corteza prefrontal interna, que estudiamos en el apartado sobre la Teoría de la Mente, debemos concluir, como lo revelan muchos experimentos, que es la región del cerebro que subtiende (con variadas asociaciones de otros módulos cerebrales) la noción subjetiva de sí mismo, es decir, que puede mirarse como otro (Paul Ricoeur).

En este sentido de interioridad exclusiva, accesible sólo a mi propia conciencia, los filósofos de la mente han desarrollado el concepto de "qualia", que sostiene que dado que todos los humanos tienen una conciencia subjetiva igualmente impenetrable para los demás, nunca podemos saber si, por ejemplo, las cualidades perceptivas que yo veo en los objetos son las mismas que ven los demás. El rojo que yo veo pudiera ser diferente al rojo que tú ves. No hay forma de estar seguro que mi percepción es, subjetivamente, idéntica a la tuya. El lenguaje no ayuda pues en la práctica ambos llamaremos rojo a la luz del semáforo que detiene nuestro auto, pero mi sensación interna de lo rojo, que no es transferible, pudiera ser diferente a la tuya. Claro está que la ciencia actual que conoce la percepción ocular y las longitudes de onda de la luz que el aparataje visual puede procesar, puede afirmar que "objetivamente" mi rojo es igual al tuyo, pero aun así esta hipótesis científicamente verdadera, no reemplaza a la subjetividad de la "qualia".

Estas condiciones funcionales de la conciencia humana son el origen no sólo de su ultra-individuación sino de múltiples creencias religiosas, afirmaciones filosóficas y de programas de meditaciones. Entre las creencias encontramos el "espíritu" o alma de las religiones monoteístas y los espíritus de los antepasados con los que lidian los chamanes o, aún las dos almas de los egipcios clásicos. Entre los filósofos recordemos a Descartes y su "cogito ergo sum", es decir, "sé de mí, luego soy", afirmación que para Descartes y su método era la primera y más segura afirmación que se puede hacer sobre la realidad de las cosas. Entre las operaciones mentales destinadas de develar el misterio de la subjetividad recordemos la variedad de los sistemas de "meditación", originados especialmente en la India, pero practicados hoy casi en todo el mundo, con el declarado propósito de penetrar en el núcleo oculto de la conciencia subjetiva y lograr, con Buda, la iluminación.

Entender el procesamiento cerebral de la conciencia es probablemente el desafío más importante de la Neurobiología actual. El conocimiento científico de estos procesos, más allá de las evidencias clínicas surgidas de pacientes con daño cerebral, no tiene más de 1 o 2 décadas, utilizando las más modernas tecnologías sólo ahora disponibles (Resonancia Magnética Fucional, Electro y Magnetograma, electrodos intra-cerebrales, etc.). Lo que hoy sabemos es, en resumen, lo siguiente: la conciencia perceptiva, esto es de los entes y las situaciones del entorno, depende en primer lugar de la intensidad y duración del estímulo que se recibe. Cuando éste sobrepasa un umbral determinado, desde las regiones sensoriales que procesan la información que ingresa por los sentidos (visión = lóbulo occipital; audición = lóbulo temporal), se produce una cascada de activaciones que se extienden por las regiones prefrontales, el cíngulo anterior y lóbulo parietal especialmente el precuneo (ver anexo para identificar estas estructuras). Estas computaciones de nivel medio y no consciente, finalmente llegan a nuestra conocida corteza pre-frontal interna y "eureka", yo soy.

Las áreas de procesamiento asociativo de nivel integrativo superior, multiplican y retroalimentan masivamente la activación que recibieron no sólo las áreas sensoriales inicialmente activadas, sino también, de y a otras regiones determinadas por el contenido perceptual que hace ser consciente. Se mira una flor y el sistema visual analiza forma, color, luminosidad y movimiento, pero esta información no es suficiente. Al hacer consciente este percepto (una flor), se necesita saber a qué tipo de flor pertenece, por lo que activo mi memoria de objetos vegetales con colores, que nombre tiene (memoria lexical), qué reacción me provoca, es igual a la rosa que regalé a mi pareja (memoria emocional), que podría hacer con ella (cognición motora), etc. Para que la conciencia de esta rosa aparezca es crítico que los bucles de retroalimentación se mantengan, masiva y sincrónicamente, con múltiples re-entradas de activación entre las precisas redes neuronales que procesan las características de la rosa, y las áreas superiores prefrontales y parietales que las evalúan. Desde mucho antes se sabía que para estar vigil (despierto y atento) es necesaria la participación del llamado Sistema Reticular activante, ubicado en el tronco cerebral y que literalmente "enciende" la corteza cerebral con sus permanentes descargas.

La conciencia de lo que se percibe requiere una corteza previamente encendida. También cuando tengo conciencia de mis propios pensamientos o ideas, la cascada que activa múltiples módulos cerebrales se inicia en las regiones prefrontales laterales externas, incluyendo siempre partes de la corteza prefrontal y la del lóbulo parietal, agregando los módulos que participan en dichos procesamientos (memoria, lenguaje, emociones, etc.). Es de conocimiento común que no hay conciencia sin contenido. Monjes tibetanos que meditan, o religiosos orando que logran elevar su espíritu hasta tocar la divinidad, sostienen que tienen sus conciencias vacías de contenidos mundanos o de componentes de su propia mente. Aunque las investigaciones científicas de estos estados de conciencia son escasos, muestran activaciones cerebrales distintas a las indicadas más arriba, pues son prácticamente sólo de regiones prefrontales con lo que los circuitos de entrada de información (visión, audición, tacto, etc.) están clausurados. Examinaremos la conciencia subjetiva en varios de los capítulos de este libro

3.6. Memoria autobiográfica

Para examinar la memoria autobiográfica como una de las raíces de la individuación, debemos recordar la clasificación de las memorias que se indicó en el primer capítulo de este libro. Ahí establecimos que las memorias declarativas (distintas de las implícitas y/o procedurales), son de dos tipos. Las semánticas que se refieren al conocimiento común, y las episódicas o autobiográficas que contienen eventos, cosas, personas y circunstancias con las cuales el que recuerda tuvo una participación personal. También dijimos que la memoria autobiográfica conserva la fecha y los lugares en las que el episodio que recuerda, ocurrió. Así, esta memoria es el fundamento de la historia de la propia vida de cada cual. Por tanto, ella es necesariamente única y distinta a la de todos los demás, con lo que es constituyente de mi propia identidad, consciente y prolongada en el tiempo.

Así definida, la memoria autobiográfica es un dispositivo exclusivamente humano. Otras especies recuerdan lo que ocurrió, pero no podrían conscientemente fecharlos. Pueden recordar lugares y eventos (pozos de agua para beber los elefantes) pero este recuerdo sin fecha está más cerca de la memoria semántica (ahí hay agua), que de la autobiográfica. Esto significa que para las demás especies no existiría una historia consciente en cuanto una biografía que se despliega en el tiempo, estructurando con exactitud los períodos en que tales asuntos ocurrieron. Aun así, sin fechas muy específicas los chimpancés y bonobos tienen recuerdos sostenidos en el tiempo de asuntos en los que ellos participaron y de sujetos que conocieron y de las circunstancias en que esto ocurrió, esto es premios o castigos que recibieron.

FIGURA 9.

Vías neurológicas del reconocimiento asociadas a la memoria autobiográfica

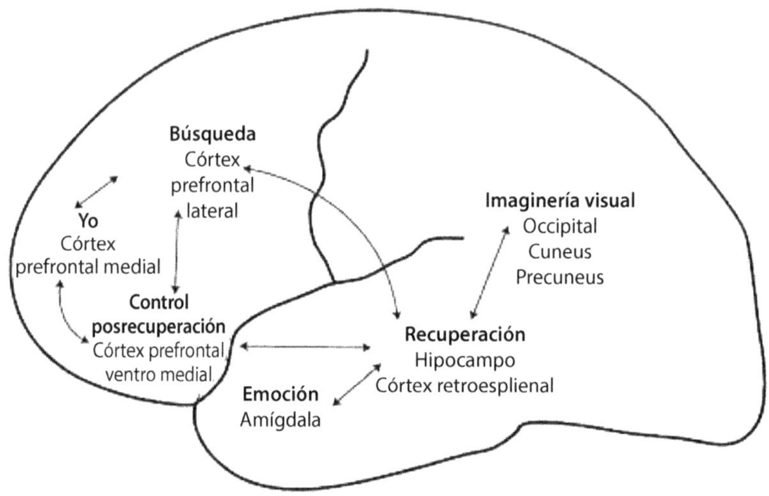

Lavados Manuel. *Neuropsicología*. Mediterráneo. Santiago 2013. Pág. 155. Modificado de Cabeza y St. Jacques, 2007.

No hay forma de memoria más vívida, detallada y colorida que la autobiográfica. Los eventos, objetos y personas que se recuerdan pueden ser muy exactos. El vestido que usaba mi pareja cuando la conocí, el lugar preciso en que nos sentamos y la conversación que tuvimos.

Sin embargo, la memoria autobiográfica es al mismo tiempo la que con más frecuencia reconstruimos, con lo que está siempre en peligro de ser modificada y hasta contener versiones que incluyan elementos entera o parcialmente falsos. La razón de esta especie de contradicción es que la memoria autobiográfica es la que más se apoya en la asignación de valor por parte del aparataje emocional de las personas. Como vimos en el Capítulo 1, todas las memorias para ser adquiridas, fijadas y recordadas en el largo plazo requieren ser emocionalmente valoradas. El valor asignado al evento que ocurrió y las cosas y personas que en él intervinieron puede ser (para el sujeto) positivo, negativo o neutro. Este último, sin importancia existencial, difícilmente será recordado, los positivos y negativos por igual serán más recordados, según la intensidad de su valor existencial para el sujeto, en el preciso momento en que el ocurrió. Sin embargo, y con el paso del tiempo pueden ocurrir nuevos episodios de la historia personal en los que participan las mismas personas y cosas, y que sean valoradas de modo distinto, siendo más positivos o negativos de lo que se esperaba. Estas nuevas experiencias, al ser computadas por el cerebro en un conjunto con las primeras, de signo valorativo distinto, pueden inducir cambios en los recuerdos, esto es, en las redes neuronales que mantienen la información que constituye el recuerdo del evento original. Este procesamiento neural puede significar que ciertos elementos del evento original desaparezcan o que, por asociación con las informaciones contenidas en las nuevas experiencias, algunos componentes originalmente inexistentes se agreguen al recuerdo del evento original, aunque provienen de eventos distintos. Por otra parte, es de conocimiento común que muchos eventos contenidos en la memoria autobiográfica, con el curso del tiempo van perdiendo detalles, su intensidad y colorido desaparece. Múltiples investigaciones corroboran esta intuición común, de modo que con la pérdida de su vitalidad autorreferencial la memoria autobiográfica llega a ser una especie de memoria semántica. Desde Freud hay discusiones si hay o no pérdidas completas en el recuerdo de ciertos eventos. Como sabemos, el psicoanálisis afirma que ellos se mantienen "subconscientes". Sin embargo, hay evidencias importantes de que los cambios o pérdidas de la memoria autobiográfica son mucho menores cuando los eventos a recordar pertenecen a la adolescencia y la madurez temprana del sujeto. Este período corresponde a su incorporación al mundo.

Si miramos estos procesos desde un punto de vista neurobiológico más general, observaremos que las memorias y, sobre todo, la autobiográfica son dispositivos biológicos destinados a servir al individuo, como la base de datos más al día posible, para ser usada en sus conductas, acciones, y pensamientos "actuales", sin importar demasiado ciertas informaciones pasadas, no relevantes para los comportamientos del día de hoy o el futuro cercano. De esta manera el individuo queda con ello mejor preparado para actuar en el mundo en que hoy debe vivir y que, de alguna manera, se prolongará hacia el futuro próximo. Así pues, la memoria autobiográfica es un poderoso instrumento de la individuación, autonomía personal, y también, para la construcción de su destino personal. Pero, desde esta perspectiva, individuación, autonomía y destino personal, debemos considerar, además, el papel que juega la conciencia y el lenguaje en la estructura funcional de la memoria autobiográfica.

Recordemos que las memorias declarativa, episódica y semántica, son al mismo tiempo conscientes y comunicables. Soy yo mismo consciente el que sabe que el río Amazonas está en Sudamérica (memoria semántica) y al cual le ocurrieron los eventos que ahora recuerdo. Hemos visto en el apartado sobre la conciencia que ésta siempre tiene algún contenido. Emociones que sufro o gozo, ideas y planes, informaciones sobre el mundo o sobre mi pasado personal. Ellas me permiten, y las necesito, para ser agente de mi propio destino, sabiendo al mismo tiempo que soy yo mismo ese agente. Es evidente que esta inextricable asociación entre la conciencia y la memoria autobiográfica, que me cuenta mi propia historia, mi individuación llega a su plenitud porque no sólo mi subjetividad me hace otro, distinto a todos los demás, sino que a ello se agrega que soy testigo y agente de mi propia historia. Pero hay algo más. A través del lenguaje pudo comunicar a los demás mi singularidad y también comunicármela a mí mismo porque dispongo de un lenguaje interno capaz de re-flexionar con conciencia de mí mismo. De esta manera se completan y articulan las raíces de la individuación, conciencia de mí mismo, memoria autobiográfica, lenguaje interno. Para terminar este apartado sobre la memoria autobiográfica veremos su Neurobiología.

3.7. El procesamiento cerebral de la memoria autobiográfica

Dadas las características esenciales de la memoria autobiográfica, esto es, recuerdo consciente de eventos acontecidos al propio sujeto, su investigación tanto en pacientes con daño cerebral (es la memoria reciente que más se pierde con Alzheimer inicial) como en sujetos varios (RMF, etc.) y ella, la M.A. es la más estudiada de las memorias, pero al mismo tiempo la más difícil de distinguir de los estudios de la conciencia como tal. Aun así, existe cierta claridad respecto a las regiones cerebrales que participan en su procesamiento. Teniendo en cuenta la evidente complejidad de los procesos que computan los diversos aspectos involucrados en la memoria autobiográfica, me ha parecido conveniente comentar paso a paso la figura 9, que indica tanto las regiones como los atributos que cada una de ellas procesan. Las flechas que relacionan las diversas regiones del cerebro involucradas indican que se trata de un sistema operacional que incorpora y cohesiona (hace coherentes) los distintos cómputos en el todo integrado y consciente que llamamos memoria autobiográfica.

Nuestra exploración debe partir por la corteza prefrontal lateral encargada de la búsqueda de la información autobiográfica referida al evento que se intenta recordar. Esto tiene una lógica estricta pues esta región (prefrontal lateral) es la encargada de planear las conductas con objetivos por lo que debe buscar la información amnésica, (autobiográfica en este caso) requerida por el preciso específico de esa conducta determinada. La base de datos correspondientes se encuentra como sabemos (Capítulo 1), coordinada por las regiones hipocámpicas, y depositada en las cortezas que en cada caso corresponde, según el "largo diálogo" hipocampo – corteza que describimos en este capítulo. Llegados a este (punto 2), es pertinente mirar las flechas que, como siempre, son de ida y vuelta, es decir, constantemente retroalimentadas. El hipocampo es como el centro articulador del proceso que hace andar la corteza prefrontal lateral. Las flechas que nacen del hipotálamo indican que desde aquí se activan varios módulos: La región occipital, que contribuye con la información visual (imágenes) y espacial (cuneo y precuneo del lóbulo parietal) del evento a recordar. La región de la amígdala que participa presentando los aspectos emocionales (negativos) generados por el evento. Notemos que en este modelo y para este efecto (datos de la memoria) los puntos se conectan con prefrontal. Si lo hacen cuando se procesa conciencia perceptiva. En el paso siguiente pasamos a observar que la secuencialidad no siempre se produce. En efecto, los hallazgos mnésicos del hipotálamo y sus conexiones deben ser controlados por el módulo encargado de esta función (prefrontal ventromedial). Pero este control (valoración emocional de corteza prefrontal orbitaria) que mide lo apropiado de las informaciones encontradas en la memoria, son consideradas apropiadas si corresponden a la instrucción recibida por el hipotálamo desde prefrontal lateral. Para cumplir esta tarea, el controlador (cortex prefrontal ventromedial) ha recibido una copia de la instrucción original con la que compara la información entregada por el hipotálamo y la califica de apropiada o no, de acuerdo a tal instrucción. El paso siguiente es también parcialmente sucesivo, porque recibe la calificación de apropiado desde, el cortex prefrontal ventromedial, pero también simultáneo porque ya tiene información independiente de la instrucción. Este paso que hace consciente la memoria autobiográfica es servido por la corteza premotora medial, con lo cual nos encontramos con el procesamiento de la conciencia de los procesos mentales (no perceptivos) que vimos en el apartado de la conciencia.

Así, nuestra ultra-individuación se afirma en las predisposiciones que acabamos de examinar: conciencia que opera como agente intencional y que por su subjetividad es el asiento de sí mismo; memoria autobiográfica explícita, necesariamente consciente y asociada al lenguaje y las emociones, y que nos hace presente nuestra identidad en el curso de la vida. Todas estas predisposiciones son conocidas por los demás por la Teoría de la Mente, y las conductas con objetivos que, como agente intencional, el individuo despliega en su comunidad. Por supuesto, también tiene acciones y propósitos privados, pero como además es necesariamente ultra social y vive con otros en determinados grupos, debe acomodar la mayor parte de sus conductas a sus impactos sobre la sociedad y al escrutinio de los miembros de su comunidad. De esta manera sus comportamientos son lo que podríamos llamar "individuación relacional", asuntos a los que dedicaré los próximos apartados de este capítulo.

4. Jerarquías y poder. Individuación relacional

La organización de grupos animales en escalas jerárquicas es filogenéticamente muy antigua. Al parecer su origen es la selección sexual, descrita por Darwin en "El origen del hombre", como un mecanismo decisivo en la evolución de las especies. En efecto, y dado que la evolución siempre implica modificaciones adaptativas al cambiante entorno, la selección de una pareja con mejores atributos, por ejemplo, asegura la sobrevivencia de la descendencia. Darwin obviamente no tenía conocimientos genéticos, pero descubrió que las características –buenas o malas – de los progenitores se transmitían a sus hijos. De esta manera, intuyó que cuando una hembra se aparea con el macho más poderoso o con otros atributos que lo hacen elegible, lo prefiere porque así consigue hijos sanos y con mayor capacidad reproductiva. Sabemos que los atributos que las hembras seleccionan son muy variables entre las diversas especies. El pájaro, con trinos más armoniosos, o con plumajes vistosos, el ciervo, con astas más grandes.

Sin embargo, en los animales sociales la característica determinante es la fuerza y el dominio sobre el grupo. En los antropoides, el macho dominante ejerce su dominio, su poder, siendo el primero en acceder a la mejor comida, y tener acceso preferente o único (gorila) a las hembras y las posibilidades reproductivas. En los chimpancés, nuestros primos mejor estudiados, la lucha por el poder y el dominio es bien conocida. Llegar a ser macho dominante no sólo implica ser vigoroso sino también capaz de desarrollar estrategias diseñadas para lograr el predominio sobre el grupo. Hacen alianzas con otros machos, conspiran "políticamente" contra el macho dominante al que quieren reemplazar, exhiben sus atributos, seducen hembras del harem de la dominante, y sólo después de estos arreglos estratégicos, desafían al más poderoso.

Lo notable es que no siempre este desafío lleva a una lucha cuerpo a cuerpo entre el pretendiente y el dominante. El primatólogo Frans de Waal ha demostrado que con frecuencia el macho dominante al reconocer que se enfrenta no sólo al pretendiente sino también sus aliados, presenta muy poca resistencia y reconoce su derrota, con lo cual el grupo de chimpancés tiene un nuevo macho dominante que ejerce su poder sobre alimentos y hembras, con la aceptación del resto de la tropa.

En el caso de los chimpancés, encontramos un buen número de características conductuales que anticipan el modo como los humanos llegamos a reestructurar nuestros sistemas jerárquicos. Ellos, derivados del "mono que llevamos dentro", no sólo consisten en el fuerte impuso para ascender en nuestras muy variadas escalas jerárquicas, sino también, prefiguran las estrategias que establecemos para alcanzar una posición dominante. En el resto de este apartado estudiaremos el modo cómo los humanos actuamos para ascender "individualmente" en las escalas jerárquicas, y el impacto de estas acciones (y de las predisposiciones biológicas que las sustentan) sobre el individuo y los grupos a los que uno pertenece, y sobre la propia Cultura de la comunidad. Es por esto, que he llamado a las predisposiciones jerárquicas, individuación relacional. En este mismo grupo se encuentra el lenguaje que describí en el Capítulo 2. Ambas individuaciones (jerárquicas y lingüísticas) pueden operar sólo si se inscriben en algún tipo de relaciones (sociales) con otros.

El impulso humano por subir en las escalas jerárquicas es sin duda innato, como lo muestra su antiquísima filogenia, pero, aunque su fuerza original reside en las profundidades más primitivas de su cerebro "individuado", ella se debe conectar y armonizar con su ultra-sociabilidad. Esto es así, porque nuestra tendencia a prevalecer y, de alguna manera dominar a los miembros de nuestros grupos, depende en gran medida de la opinión, creencia, visión o resistencia que los demás miembros del grupo tengan sobre nuestros atributos, su fuerza, calidad y pertinencia, según los desafíos (oportunidades o dificultades) que el grupo debe enfrentar. Estos desafíos pueden ser graves o triviales, pasajeros o estables, de corto o largo plazo, específicos o genéricos, evidentes y compartidos, o finalmente, oscuros e inciertos. Este complejísimo entramado, de tipos o categorías de problemas que los líderes humanos, que están en los más altos niveles jerárquicos deben asumir, hace que nuestras escalas y niveles de jerarquías grupales tengan peculiaridades que, aunque nacidas de nuestros ancestros antropoides, son a su vez, enormemente más complejas y diversas que las de éstos.

En la evolución cultural del Homo Sapiens, con la creciente y cada vez más potente especialización de sus actividades, se definen campos de acción en los cuales se constituyen escalas jerárquicas también especializadas. En el Cro-Magnon, sin duda había chamanes, cazadores, recolectores, pintores de cavernas o guías en las migraciones que tenían para ese campo de actividad, cualidades especiales que los ubicaban en un nivel jerárquico más alto. En algún momento del Paleolítico Superior deben haber surgido liderazgos especializados. Este supuesto es plausible si consideramos las jerarquías de los cazadores-recolectores que como fósiles culturales sobreviven hasta tiempos recientes. En las complejas sociedades surgidas históricamente a partir del Neolítico, hasta llegar al mundo actual, encontramos, así mismo, jerarquías organizadas según calidades demostrables en ámbitos especializados, cada vez más diversos. Pero también jefaturas, que no dependen tanto de las capacidades especializadas sino de atributos más genéricos. Fuerza y liderazgo para resolver los problemas de su comunidad, habilidades para organizar al grupo, proponer y ejecutar planes y programas para mejorar la vida en común, convencer a los demás que tales planes son la mejor opción para el desarrollo del grupo, y que él es honesto, trabajador, creativo y responsable.

De esta manera podemos distinguir dos tipos distintos de jerarquías: a) Aquéllas que se establecen según las calidades diferenciales entre los que practican actividades especializadas, y b) escalas jerárquicas que consideran capacidades de organización, gestión y carácter, que no aluden a la calidad del producto o de la técnica con que se busca producir, (una vasija, o una innovación tecnológica) sino a desafíos más generales y cruciales para la comunidad. Estas diversas categorías de predominio jerárquico pueden observarse a cada paso en el mundo de hoy. En él existen, en el grupo a) los mejores científicos, médicos, artesanos, abogados, gasfíteres o músicos. En el grupo b) destacan los jefes políticos, económicos o de otras organizaciones sociales. Aún más, cada persona en realidad puede ubicarse en distintas escalas jerárquicas. En su trabajo, en el deporte que practica, en el sindicato al que pertenece, en la junta de vecinos de su barrio o entre los científicos que publican en la Revista Science. Sin embargo, lo más habitual es que la motivación central de cada individuo sea una determinada actividad, en la cual busque ascender jerárquicamente.

Desde esta perspectiva podemos afirmar que la organización de los grupos humanos en escalas jerárquicas, tiene dos efectos muy importantes. El primero, es que ordenan el funcionamiento de las comunidades. Hacen posible organizarlas en conjuntos coherentes y fluídos en el sentido que, junto a otros dispositivos psico-sociales que veremos en próximos capítulos (principios morales, derecho y otras instituciones), producen una vida cotidiana proactiva y pacífica. El impacto cultural de este ordenamiento de la comunidad será visto en los capítulos destinados a explorar organizaciones e instituciones sociales. Junto a este efecto, ahora nos interesa explorar aquéllos que más directamente se originan en las motivaciones e intenciones de cada individuo que compite por ascender. Estos son "Estatus y Creatividad", dos aspectos de la misma predisposición ancestral de subir en las escalas jerárquicas.

El estatus de cada cual da cuenta de su posición jerárquica dentro de su comunidad (y para algunos líderes históricos, también fuera de ella). Esta posición determina, para cada individuo, su cuota de responsabilidad, predominio, visibilidad y poder frente a los demás. Para mejorar su estatus cada persona debe recurrir a sus mejores habilidades y demostrarlas, pero con una condición inescapable, que le sean reconocidas por los demás. Si dejamos de lado invasiones (que cambian a quienes dirigen), conspiraciones y ataques a competidores, la manifestación más habitual de reconocimiento social es el prestigio. Éste representa el juicio que los demás tienen sobre el sujeto, sus atributos de carácter y sus competencias especializadas. "Juan es un excelente profesor, pero, además, amable y acogedor", "Pedro es un gran arquitecto, pero es un mentiroso". El componente dinámico que permite establecer la posición jerárquica es el prestigio, por lo que lograr acrecentarlo, es una de las principales motivaciones humanas. Con un alto prestigio las personas logran estatus, predominio y poder. El concepto de prestigio puede englobar nociones como reputación, fama, honor, respeto, consideración, valor, etc. Naturalmente, estos juicios externos al propio sujeto, pueden ser positivos, negativos o neutrales, y suelen diferir de lo que el sujeto piensa sobre sí mismo, aunque, sin embargo, son un importante acicate orientador de sus conductas. La existencia de esta mecánica operacional: Individuo - Sociedad - Individuo, que hemos llamado "Individuación Relacional" y dado que, incluye algunos supuestos, deberemos explicarla con más atención.

El primer supuesto es que el acceso a bienes, seguridad y pareja, biológicamente esenciales para cualquier individuo de cualquier especie, depende directamente de la posición jerárquica, esto es del estatus, que el individuo tenga dentro de su grupo. Hemos visto más arriba, que esto ocurre cumplidamente en nuestros primos chimpancés. Pero, si consideramos la historia del Homo Sapiens, y miramos lo que ocurre a nuestro alrededor, encontraremos que, desde el Paleolítico hasta nuestros días, ocurre lo mismo. Los ejemplos son prácticamente infinitos, y se encuentran sin excepción, en cualquier dominio de actividades que podamos considerar. Si llamamos Poder a la facilidad (o dificultad) de acceder a bienes, seguridad y pareja, veremos que este poder se distribuye en cualquier grupo humano según las jerarquías en que se estratifican los grupos. En el ámbito político, el Rey o Sultán tiene más poder (riquezas, soldados y esposas) que sus ministros y éstos que los nobles y éstos que los vasallos. Si adelantamos en la historia la estratificación del poder político se mantiene: Presidente - Ministros - Jefes de Servicios - Ciudadanos. En el ámbito económico el Presidente de la Empresa, los Gerentes, los Jefes de Áreas se estratifican no sólo según sus méritos técnicos sino también según el poder al que cada cual tiene acceso. Aún en las religiones, el Papa, los Cardenales, los Arzobispos y el Cura de una aldea, tienen distinto poder.

Por otra parte, y fuera de las estratificaciones organizacionales cuyos ejemplos acabamos de ver, también en otros dominios la posición en la escala jerárquica significa mayor o menor poder, según el nivel que cada cual alcance en ella. No hay dudas que Picasso tenía más poder que un pintor callejero de Montmartre y que Pablo Neruda tenía más poder que un poeta de los suburbios de Buenos Aires. En el ambiente industrial podríamos agregar el poder que tuvo Nobel (inventor de la dinamita) o la riqueza de Bill Gates por sus avances en las empresas de computación. Estos últimos ejemplos permiten adentrarnos más en la intimidad del funcionamiento de las jerarquías. Sabemos que junto a los artistas que estuvieron muy arriba en la escala jerárquica durante su vida, hay otros que no llegaron a tener ese poder.

Consideremos por ejemplo a Van Gogh y su pobreza, o al mismo Mozart que murió casi en la miseria. En el ámbito de la Ciencia vemos los honores otorgados a Newton frente a la marginalidad de Tesla. Estas comparaciones, que pueden multiplicarse, nos permiten ver que, además del mérito intrínseco de la obra de artistas y científicos (y también de políticos, santos, técnicos, etc.), para alcanzar el poder que otorgan las altas posiciones jerárquicas es necesario que se conjuguen dos factores muy decisivos. En primer lugar, que el valor de su contribución sea reconocido durante su vida, como ocurrió con Picasso y Newton, y no con Van Gogh y Tesla. Pero también, que el carácter y la personalidad del creador de innovaciones sea aceptable o no por los entendidos y el público, como es el caso de Mozart. Ambos factores son, por supuesto, parte del prestigio.

Lo interesante es que este motor que es la búsqueda de prestigio, no está necesariamente presente en la mente corriente del sujeto que busca elevarse en la escala jerárquica. En algunos casos, lo considera como un plus inesperado de su alta posición en la jerarquía de su particular ámbito de trabajo. En consecuencia, puede usar mucho o poco o sólo parcialmente las ventajas del poder. Modestia en el uso de recursos, desinterés por la seguridad o las parejas. Esta modestia y desinterés es más frecuente en artistas, religiosos y científicos. El uso del poder es más intenso y extenso en gobernantes y en empresarios o miembros del mundo de la entretención. Esto no es casual, sin duda corresponde a los modelos culturales de comportamientos preferidos en cada campo de acción, con lo que no seguir las conductas que se esperan podría disminuir su prestigio en la jerarquía que más le interesa.

De esta manera volvemos al prestigio como el más potente incentivo mental para mejorar en las escalas jerárquicas. Esto significa que lo que más importa, en este sentido (jerarquías) es el reconocimiento de los demás, tanto en cuanto, calidad de sus productos en los dominios de su especialidad (tipo a), como en rasgos de carácter, liderazgo, honestidad, etc. (tipo b). Esto es, por cierto, una especie de truco de la mente humana cuyo cerebro se las arregla para estar "satisfecho" con el prestigio, más que con el desnudo poder individual que buscan los instintos ancestrales. Se conoce bien el origen neurobiológico de esta satisfacción, nos hemos encontrado con ella (y nos encontraremos) en otros capítulos de este libro. Se trata de la activación de los sistemas neuronales que utilizan dopamina como neuro-modulador (Anexo 1), nacen en núcleos del tronco cerebral, se conectan con el núcleo Accumbens y luego se extienden por toda la corteza. Este sistema neuronal dopaminérgico, se activa más con la satisfacción esperada que con el placer presente. El truco indicado es que buscar el poder a través del prestigio produce tanto o más satisfacción que tenerlo, y para no perderlo (más bien aumentarlo), motiva una constante búsqueda de más prestigio. Este círculo virtuoso motiva a los Premios Nobel a seguir trabajando o a los artistas consagrados y ricos a continuar intentando mejorar sus obras, a los inventores a seguir innovando, lo que presiona a la Cultura a seguir progresando. Por otra parte, fracasar y perder prestigio activa los sistemas amigdalianos que producen miedo y/o rabia con lo cual el líder y el creador deben seguir trabajando buscando el prestigio satisfactorio y evitando el fracaso doloroso.

De esta manera, esta mecánica neuropsicológica de individuos que buscan mejorar en las jerarquías a través de lograr prestigio social, que mejore su estatus y le permita acceder al poder tiene muchos efectos. Sin embargo, el efecto más destacable, sobre la Cultura y el progreso humano de esta "Individuación relacional" (condicionada por la opinión de otros), es el impulso, no necesariamente consciente para el individuo, a construir su prestigio con acciones que él supone (cree o sabe) críticas, importantes o decisivas para esta precisa comunidad. Este esfuerzo constructor de un prestigio que produce satisfacción, lo llamaremos "creatividad", es decir el impulso a generar algo nuevo, útil o satisfactorio no sólo para sí mismo, sino para los demás. El solipsismo no produce prestigio.

No parece necesario insistir demasiado en el papel de la creatividad en el origen, desarrollo, cambios y evolución de las culturas. Si en los grupos no hay innovadores que creen soluciones distintas a las tradicionales, ese grupo no podrá enfrentar con éxito los constantes cambios de su entorno geográfico y físico, o inducidos por otros grupos rivales o amigos. Sin inventores no podríamos gozar de la harina producida por los molinos de viento, o el internet y los sistemas digitales. Sin chamanes artistas pintores de cavernas el Cro-Magnon no habría gozado acercándose a sus espíritus tutelares o dioses, y sin TV inventada por alguien, no veríamos el Campeonato Mundial de Fútbol, sin estar físicamente en la sede. Naturalmente la creatividad puede aplicarse a una enorme variedad de dominios y con muy distintos efectos en cuanto a novedad, utilidad o satisfacción. Su necesidad es evidente, en el Arte, la Ciencia, la Filosofía y, en cierto modo, en la Teología (Cristo, Buda, por ejemplo). También, y, sobre todo, respecto a lo que llamamos tecnologías. Máquinas, aeroplanos, cohetes, computación. Pero a veces no se le considera al mismo nivel cuando la creatividad se aplica a las instituciones sociales o a la organización económica, a los sistemas de control legal, derecho y gobernanza de los grupos y naciones. Todos estos ámbitos, sin contar por ejemplo los deportes, la entretención y la comida, son parte de la Cultura humana que se ha desarrollado por más de 200.000 años, siempre apoyada por las diversas creaciones de personas, que, persiguiendo entre otras tendencias, claro está, mejorar en la escala jerárquica a través de lograr prestigio y reputación, inducen cambios culturales de enorme alcance. Por supuesto a esto cabe agregar rasgos de carácter (persistencia, seguridad, liderazgo, etc.) que hacen posible incorporar la innovación a las prácticas socio-culturales que estructuralmente son siempre, y por necesidad, conservadoras.

El predominio de determinados líderes con ciertos rasgos de carácter (ambición desmedida, escasa consideración moral, personalidad dominante, o psicopática, etc.) suele hacer que la fluida mecánica descrita para elevarse en las escalas jerárquicas, sea reemplazada o manipulada para lograr "poder", sin esperar el reconocimiento (prestigio basado en innovaciones) que esa mecánica prescribe. La Historia está repleta de ejemplos, sobre todo en jefaturas políticas, pero también en otras áreas (empresariales, por ejemplo). Sin embargo, la necesidad de prestigio, aún en estos casos se mantiene. Recordemos los oropeles del Emperador Napoleón, la gigantesca propaganda de Hitler, las donaciones públicas de empresarios exitosos, las excentricidades de Dalí.

Es interesante anotar que esta fuerte y constante necesidad de ser apreciado por los demás, aún de los lejanos y desconocidos, no es patrimonio del ser humano moderno. En la literatura antropológica se encuentran, en tribus muy primitivas, variados ejemplos de generosidad sin otro objetivo posible que prestigio y reconocimiento. El ejemplo más prominente es el llamado Plotash, que, aunque se puede encontrar en varios lugares, ha sido mejor estudiado en tribus del noreste del subcontinente norteamericano (Estados de Washington, Canadá, Alaska). En estas tribus, jefes y dignatarios poderosos, en ciertos momentos de acumulación de riqueza (cerdos, pescados secos, canoas, artesanías), organizaban una enorme celebración en su nombre, a la que invitaban no sólo a todos los miembros de su propia tribu sino también a todos los vecinos con los que tenían relaciones de algún tipo. En esta festividad, que podía durar varios días, consumían literalmente todas sus riquezas, cerdos, aves, peces, etc., y adicionalmente, las que poseían por intercambios y comercios. Podían quedar en la miseria, pero con el prestigio ganado, rápidamente se recuperaban.

En el ser humano corriente, donde la relación: producción de innovaciones, prestigio y nivel jerárquico tiene menos publicidad, la jerarquía alcanzada suele incluir el deseo de demostrarla con señales evidentes que manifiesten y extiendan el prestigio, el estatus y el poder involucrado en ese nivel jerárquico. Estas señales son conocidas y deben ser re-conocidas por los demás. Una posición jerárquica en la empresa, en el servicio público, en un equipo de fútbol de fama mundial, etc. requiere vivir en ciertos barrios, usar precisos tipos de automóviles o ropajes, frecuentar determinados restaurantes o salas de concierto o de entretención, y finalmente, una remuneración suficientemente alta y/o acceso a determinadas parejas. Así, el entramado jerarquía, capacidad de prestigio (demostrado) y poder, opera en todos los niveles de la vida social, pero a partir del individuo que despliega ante los demás, señales de sus capacidades que deben y que necesita le sean socialmente reconocidas. Es para mí bastante claro que prestigio, jerarquía y poder son un potente estímulo a la creatividad y al desarrollo de innovaciones que producen evoluciones de las culturas, pero en algunos casos desastres.

4.1. Predisposiciones asociadas a la jerarquía

El ordenamiento grupal que establecen las jerarquías y sus distintos niveles de poder, funciona en la práctica social cotidiana apoyado en algunas otras predisposiciones que movilizan conductas adecuadas a tal ordenamiento. Los resultados suelen ser proactivos en el ámbito de la comunidad en que la estratificación jerárquica se ha instalado. Como siempre ocurre con la mente humana en acción, y dada la complejidad de los procesos cerebrales que la subtienden, el resultado de la puesta en práctica (conductual) de esas predisposiciones pueden ser no proactivas, sino negativas y aún terribles.

4.2. Obediencia a la autoridad

Puede decirse que, en una sociedad ordenada y jerárquica, los que están en los niveles más altos de la jerarquía tienen mayor autoridad para dirigir los asuntos (generales o especializados) en el ámbito de esa comunidad, y los que están por debajo, debieran obedecer las instrucciones de la autoridad, de modo que los desarrollos de las actividades de esa comunidad sean fluidas y eficientes. En todo caso, se trata de una autoridad que los subalternos respetan y consideran legítima. Esta cuestión adquirió una atención enorme, no sólo en círculos académicos sino también en el mundo político, a propósito de los trabajos del psicólogo social de Yale, Stanley Milgram, cuyos experimentos y sus resultados realizados en 1962 a 1964 vale la pena resumir.

A un grupo de estudiantes (200), normalizados por raza, edad, sexo, carácter y varias otras condiciones, se les invitó a participar en un experimento (falso como veremos) que pretendía medir aprendizaje según castigo. A este efecto, cada estudiante era sólo acompañado por un psicólogo (representante de la autoridad), el que se sentaba en una sala desde la que veía a través de un espejo unidireccional, al sujeto experimental, al cual, por el micrófono correspondiente, le decían una serie de palabras, que luego de un breve intervalo debía recordar. El sujeto, en un sillón, tenía terminales eléctricos en la cabeza, muñecas y tobillos (casi una silla eléctrica) los que se controlaban a través de un comando, enfrente del estudiante, por sobre el cual éste veía al sujeto experimental, e indicaba la cantidad de voltaje que podía aplicar si el aprendizaje no era correcto. El tablero de comando agregaba para cada voltaje un rótulo que cualificaba el efecto dañino que sobre el sujeto podría tener: Ligero – Mediano – Intenso – Grave – Muy grave. El tablero tenía a la izquierda 0 y a la derecha (muy grave) 450 volts. A partir del nivel mediano, y dado que el sujeto no aprendía, muchos estudiantes espontáneamente preguntaban al psicólogo acompañante si podían seguir. Éste sólo respondía: "continúe con el experimento". En la entrevista previa a los estudiantes se les había explicado la mecánica del experimento y el rol del psicólogo acompañante. Antes de mostrar el resultado, vale la pena decir que el arreglo experimental era falso. El sujeto experimental verdadero eran los estudiantes. La persona en la silla eléctrica, que no tenía electricidad, era un actor profesional que se quejaba, retorcía, fingía espasmos y gritos según aumentaba el voltaje que los estudiantes creían aplicar.

El resultado fue abismante. El 70 por ciento de los estudiantes llegó al voltaje máximo: muy grave daño; el 30 por ciento restantes distribuidos en voltajes más bajos. Sólo algunos de éstos abandonaron la sala indignados. Al terminar la serie a los estudiantes se les explicó la verdad del experimento y se les preguntó por qué habían llegado a niveles tan altos y tan dañinos de voltaje. La respuesta casi unánime fue que la institución que hacía el experimento (Departamento de Psicología de Yale) era confiable y, sobre todo que el psicólogo, autoridad respetable, les decía que siguieran adelante. Milgram repitió su experimento en varios lugares de USA, en Europa y África, con idénticos resultados. Luego modificó el método haciendo salir al psicólogo, en este caso el máximo alcanzado fue también grande, aunque menor (40 a 50 por ciento). Publicó un libro en que comparaba las respuestas de sus estudiantes con la de los nazis de Nuremberg. Eran prácticamente iguales: "Yo obedecía órdenes de la autoridad". Así, la obediencia a la autoridad, aceptada como legítima, es capaz de llevar a individuos normales a conductas terribles, promovidas por autoridades malignas. Por cierto, el experimento de Milgram y el ejemplo nazi son extremos, pero es imposible ocultar que autoridades no necesariamente malignas, sino sólo ambiciosas o equivocadas, pueden llevar a humanos normales, que dependen de ellos por estar más bajo en las escalas jerárquicas, a conductas repudiables con otros humanos.

Los resultados experimentales de Milgram tienen gran dramatismo porque permiten identificar una tendencia predominante en un porcentaje muy alto de las personas, y que utilizadas por líderes, gobernantes o jefes desalmados pueden llevar a los abismos del régimen hitleriano. Sin embargo, la obediencia a la autoridad, nos parece tiene, un impacto importante y positivo en una vida social eficiente y ordenada, claro que, para lograrla, se requieren liderazgos que busquen más la cooperación que la persecución o la exclusión de los que están en un nivel inferior de las jerarquías, y no necesariamente sean miembros del círculo íntimo, de los poderosos. Aunque es cierto que la historia recuerda, con razón, a los líderes que la cambiaron (positiva o negativamente), a veces diseñando y realizando (o permitiendo) conductas inmorales y sangrientas, con las que efectivamente lograron cambiar la Historia (Gengis Kan, Iván El Terrible, Escipión el Africano que destruyó Cartago, y más recientemente Stalin, Mao y Pol Pot). Aún hoy día, dictadores persiguen a sus oponentes con atroces torturas, cosa que soldados normales también hacen a terroristas capturados, en busca de información. Por otra parte, no es menos cierto que corrientemente los gobernantes, ministros y jefes que tienen poder lo utilizan con un talante muy distinto. Más benévolo y proactivo. Lo mismo ocurre con poderosos empresarios y sus gerentes o con las jefaturas de las innumerables organizaciones sociales que persiguen cualquier objetivo común y que tienen que cooperar para alcanzarlos. Esta preeminencia de los jefes es la que constituye lo que llamamos "Autoridad". No tendría sentido, para cumplir los propósitos comunes en los cuales las jefaturas tienen responsabilidades específicas, si los que de esta autoridad dependen no tuvieran la predisposición a obedecerlas.

Hay dos instituciones que desde la antigüedad (Post Neolítico) han llevado este juego "autoridad – dependientes" a un alto nivel de eficacia operacional. Ellas son, por supuesto, los Ejércitos y la Iglesia. En éstas, los niveles de jerarquía y las líneas de mando son claras, como también, sus correspondientes responsabilidades. Cada persona de un determinado nivel sabe lo que "debe" hacer y lo que no "puede" hacer, a quienes "obedecer" y a quienes "mandar". Aunque el objetivo final de todos los niveles es el mismo, "salvar a la Patria de sus enemigos" o "salvar almas según el mensaje divino", las estrategias, tácticas y acciones que llevan adelante, requieren conocimientos distintos, según el entrenamiento que reciben los miembros de cada nivel, y la información a la que en cada situación pueden acceder, sea para ganar una batalla (general versus soldado) o para administrar una diócesis (obispo versus cura de pueblo). Las normas para ascender en las jerarquías y los trabajos para hacerlo, son claros y por todos conocidos. Este idílico panorama rara vez se cumple íntegramente dado que los generales y los obispos pueden ser incompetentes o alcanzaron su nivel de autoridad más por maniobras políticas que por capacidad para el cargo, o los soldados pueden ser cobardes o indisciplinados y los curas de pueblo con poco conocimiento. En todo caso, estas organizaciones jerárquicas tienen (o mejor pueden tener) los atributos que los podrían hacer ganar batallas al enemigo, o almas para su Dios. No dudo que a muchos de mis lectores esta manera de organizar las jerarquías no les resultará satisfactoria, sea porque el fin último de estas organizaciones (la guerra o Dios) no les son de valor, o porque la disciplina y la obediencia que ellas practican les parecen aberrantes, contrarias a la individuación que exige autonomía personal. Sin duda, tienen razón, pero como ejemplo de articulación cooperativa y proactiva de estructuras jerárquicas son casi perfectas para lograr sus objetivos concretos.

Claro está que los humanos corrientes rara vez son héroes o santos, sin embargo, las organizaciones de ellos, que en distintas proporciones se acercan a esos ejemplos, son más exitosas y duraderas que las que no se ordenan por mérito y disciplina para alcanzar jerarquía y poder, por lo que el predominio de algunos depende de la fuerza y la lucha, que más que unir al grupo, que coopera para lograr un objetivo compartido, lo llevan a la desintegración y el caos. Max Weber, el eminente sociólogo de comienzos del siglo XX, sostuvo que las necesidades del poder en el complejo mundo moderno, han generado según él, inevitablemente, las "burocracias" indispensables para administrar ese poder, no sólo en los Estados y sus Gobiernos, sino también en las grandes organizaciones comerciales o los organismos internacionales. Su descripción de las burocracias y su organización jerárquica no se aparta mucho a la descripción de las dos organizaciones burocráticas, Ejércitos e Iglesias.

Pero la obediencia a la autoridad no es el único dispositivo neuropsicológico que hace funcionar el poder jerárquico. A continuación, describiré más brevemente, otros que sirven, pienso yo, al mismo fin evolutivo de "la autoridad con poder en acción". Ellos son: "Asunción de Roles" y "Desesperanza Aprendida", los que han sido bien descritos por la Psicología Social, pero, nunca en mi conocimiento, se han considerado componentes de las tendencias jerárquicas y menos como elementos de nuestra sociabilidad en constante pugna con nuestra potente individuación.

4.3. Asunción de roles

A comienzos de los 70, el investigador Philip Zimbardo hizo un experimento aclamado por el mundo científico pero denostado por filósofos y humanistas porque, sostenían, mostraba los peores demonios de la mente humana con un experimento poco psicológico y de discutible valor. Zimbardo construyó una cárcel, con todos sus aditamentos, en los sótanos del Departamento de Psicología de la Universidad de Stanford. La única diferencia con una cárcel real era que tenía ventanas y orificios, no detectables por los que estuvieran en la prisión, a través de los cuales los investigadores observaban los comportamientos de guardias y prisioneros. Éstos eran veinticuatro sujetos que habían sido seleccionados y normalizados según diferentes características (varones, estudiantes de College, raza, sexo, religión, etc.). Se diferenciaron por sorteo doce "presos" y doce "guardias", todos los cuales pasaron por las formalidades regularmente aplicadas a presos, detenidos o guardias al iniciar su trabajo. Ya dentro de la prisión, la rutina y los ropajes de ambos grupos fueron los que ocurren en cualquier prisión. Los guardias fueron informados que lo importante en el estudio era la conducta de los presos y a éstos se les indicó que el objeto de estudio eran los guardias. De este modo las conductas de unos y otros, resultarían, según el diseño experimental, menos actuadas y más naturales. El resultado del experimento fue mucho más atroz de lo que Zimbardo y colaboradores esperaban. Los guardias rápidamente se convirtieron en tiranos, abusadores, que muy pronto pasaron por alto las instrucciones recibidas al comenzar su trabajo, en orden a respetar los derechos de los presos (hora de comida, deportes, caminatas, lecturas, etc.) y las transformaron en premios que los presos podían ganar si cumplían las más abyectas tareas. Los no premiados eran castigados aun físicamente. Los presos sometidos a esta brutal "Patología del Poder", como la llama el propio Zimbardo, se convirtieron en seres rastreros, engañosos, traicioneros con sus propios compañeros, a quienes espiaban y acusaban para lograr ventajas, muy menores a las que tienen los presos reales, protegidos por abogados, jueces y fiscales, a los que los guardianes reales respetan y temen. De los prisioneros cinco debieron ser liberados el segundo día de encierro por reacciones depresivas extremas, llanto, ansiedad, rabia. El experimento debió terminar prematuramente a lo programado, a los seis días y medio de su inicio, por el riesgo de daños mayores sobre los sujetos, por la violencia creciente y desatada de guardias a presos, y entre estos últimos.

La verdad que este experimento extremo es objeto de muchas críticas metodológicas, pues la situación que muestra, en la actualidad, es enteramente irreal pero quizás concebible sólo en brutales regímenes políticos y carcelarios. Pero cuidado, Lubianka en la URSS, Auschwitz en Polonia están sólo a 75 años en el pasado. Sin embargo, el experimento de Zimbardo contiene elementos que nos hacen entender mejor la "mente jerárquica" de nosotros los humanos. Entre ellos hay dos que deben resaltarse, creo yo, teniendo en cuenta que todos los sujetos del experimento (guardianes y prisioneros) eran personas perfectamente normales al comenzar el estudio, según estrictos parámetros metodológicos y biográficos. Recordemos, además, que la selección de los grupos (guardias y prisioneros) se hizo al azar, dentro de un conjunto previamente normalizado. El comentario que sigue, enfocado a conductas jerárquicas, considerará dos de ellas que me parecen muy evidentes y resaltantes de las conductas de los participantes en el estudio de Zimbardo.

En primer lugar, se ha llamado "Asunción de Roles", a la característica innata de nuestra mente a hacerse cargo del papel que le toca desempeñar, en el complejo entramado de roles, que pueden ser definidos por las escalas jerárquicas en que participa cada persona. Cada uno de nosotros puede ser al mismo tiempo, un gerente de banco, padre de familia, miembro del directorio de un club de fútbol, o jugador de tenis de fin de semana, etc., etc. En cada una de estas tareas tiene una posición, un rol que debe asumir, sea como autoridad con cierta autonomía o simplemente como participante con otros, en una actividad que le resulta satisfactoria. En nuestro ejemplo, probablemente el rol que más le importa asumir es el de gerente y el de padre, esperando armonizar, frecuentemente con dificultades, estos dos roles principales. Usualmente dedicará más tiempo y esfuerzos a la gerencia que a la paternidad, porque la primera es la posición jerárquica por la que siempre ha competido, y desea mantenerla como peldaño para subir aún más, y tener más poder. Cualquiera sea la razón por la que una persona alcanzó una posición en la escala jerárquica (méritos, parentesco, suerte), la predisposición mental predominante es asumirla y desempeñar ese rol como cree que le corresponde. Los estudiantes del experimento fueron sorteados para ser guardias o presos y asumieron este azaroso rol en un contexto enteradamente desprotegido de mínimos controles (abogados, jueces, jefes de la prisión), con lo que extremaron sus comportamientos. Sin embargo, este dato duro, de asumir un rol hasta un extremo casi criminal, por los guardias y de abyección profunda por los prisioneros, es extraño y requiere explicación. Ella puede encontrarse, pienso yo, en otra característica evidenciada por los estudios realizados para entender los horrorosos acontecimientos ocurridos en la Segunda Guerra mundial tanto en Alemania nazi, la URSS comunista y el Japón Imperial, sin contar con los muy cercanos prisioneros de los estadounidenses en Guantánamo.

La predisposición a la que me refiero es la llamada "Derogación de la Víctima". Éste puede parecer un mecanismo mental que sólo encontramos en situaciones tan extremas como dictaduras y guerras sangrientas. Sin embargo, está presente no sólo en múltiples ejemplos de la Historia, sino también, a cada paso de nuestro alrededor. En los casos corrientes, a las personas sobre las que se ejerce poder son más fáciles de controlar si se les reputa como torpes, flojos, desaliñados, etc. En dictaduras y guerras, los enemigos son criminales despreciables que merecen todo el rigor de los castigos que les aplicamos. Recordemos las instrucciones de Jehová a Josué y sus ejércitos, durante la conquista de Canaán por los judíos: "Maten sin piedad a todos los gentiles. Hombres, mujeres o niños, porque pueden ser vuestra perdición". Los fundamentalistas musulmanes hacen lo mismo con los enemigos infieles a Alá. Pero la derogación de la víctima suele ser más sutil. Los conquistadores españoles se las arreglaron para considerar a los indígenas americanos como seres inferiores, difícilmente humanos, y probablemente sin un alma inmortal, y los esclavistas occidentales pensaron que los negros eran razas inferiores, de modo que más que humanos eran fuerza de trabajo con dueños que los compraban y vendían. Recordemos que en USA la segregación racial, (aunque no la esclavitud que se acabó en el siglo XIX), duró con el Ku Klux Klan incluido hasta hace sólo 40 años, y aun hoy hay conflictos raciales graves. A nuestro alrededor podemos ver los ingentes esfuerzos que algunas personas hacen para disminuir o abolir el prestigio no sólo de enemigos, sino de los estratos poblacionales desposeídos y con escaso capital social y cultural (como se dice hoy día), dado que están en situación desmedrada porque son social y culturalmente inferiores. Claro que por su parte líderes políticos o sindicales piensan o proclaman que los ricos, poderosos, empresarios son deshonestos, ladrones, aprovechadores que usan su poder para beneficiarse en desmedro del pueblo. Para qué decir lo que piensan, por ejemplo, los abusadores sexuales que sostienen que sus víctimas, son coquetas embaucadoras de (de cinco a diez años de edad). Y los abusos escolares (bulling) se ejercen principalmente sobre niños que los abusadores califican (degradan) como inferiores por ser tímidos, con sobrepeso, poco agraciados o simplemente raros, y en todos los casos con dificultades para defenderse.

De esta manera podemos decir que los guardias del experimento de Zimbardo, para operar con comodidad y sin remordimientos y compasión, sobre sus prisioneros, primero los reputaron como inferiores y luego actuaron. Desgraciadamente, hasta donde sé, el investigador no hizo un seguimiento con entrevistas a los guardianes luego de terminar con su experimento. Pero, ¿qué pasaba en la mente de las víctimas (prisioneros) mientras eran objeto de la violencia, o en un sentido más general, en la mente de cualquier persona de bajo rango (en la escala jerárquica) sea o no víctima de atropellos o de calificaciones degradantes?. Probablemente operan con la predisposición que hemos descrito como "Obediencia a la Autoridad" del experimento de Zimbardo.

Aun así, la posición inicial de los presos fue obedecer a la autoridad. Quizás los cinco presos que abandonaron temprano su reclusión corresponden al 30 por ciento que no siguió hasta el final por la aplicación de voltaje altamente peligroso en el experimento de Milgram.

Por otra parte, y terminando este apartado sobre la organización jerárquica de los asuntos humanos, deberíamos explicar lo que ocurre en la mente en un buen número de personas que, por cualquier razón, se queda en el fondo de las escalas jerárquicas, no sólo en su nivel inferior sino sin esperanzas de salir de él. Pobres y menesterosos (sin capital social y cultural), vencidos en guerras, esclavos, indios y negros. Mujeres y niños abandonados, hombres discapacitados permanentemente, sin trabajo o vagabundos o la casta de intocables de la India, etc. En todos estos casos, un cierto número de los que están en el fondo de las jerarquías desarrollan un síndrome neuro-psicológico llamado "Desesperanza Aprendida".

La "desesperanza aprendida" mantiene a los sujetos pasivos y con permanente sensación de incapacidad y desvalimiento. No es claro si esta condición es una forma de depresión. En todo caso, si las circunstancias sociopolíticas y económicas no cambian, la sociedad a la que pertenecen se mantiene con sus jerarquías inalterables. Es interesante y tremendamente importante considerar que cuando las circunstancias externas varían, suele producirse una movilización a veces muy masiva de los "desesperanzados". Un crecimiento importante de la riqueza del país al que pertenecen, abre la oportunidad de protestas y movilizaciones, un líder carismático puede cambiar la pasividad de los postergados. Pensemos en Mandela, Luther King o Ghandi que con su acción destruyeron, sin violencia, el apartheid sudafricano, el racismo norteamericano y el colonialismo británico.

Estoy consciente que mi tratamiento de las predisposiciones jerárquicas humanas ha resultado largo. Sin embargo, tal longitud y detalle se justifica por dos razones que me parecen cruciales: una teórica y otra práctica. La teórica es que las tendencias jerárquicas están, por decir así, a medio camino entre la ultra-individuación y la ultra-sociabilidad humanas. Competir con los demás para subir en las escalas jerárquicas es un impulso nacido de las predisposiciones a la individuación. Pero este propósito puede cumplirse sólo si el grupo "social" de referencia valida y acepta los méritos de la persona. La razón práctica tiene que ver con la estructura de este libro. Cuando tratemos ciertos rasgos específicos de la Cultura humana (Arte, Tecnología, Política, Ciencia, Religión) nos encontraremos con sus orígenes intencionales y el papel de la búsqueda de prestigio como impulso a la creatividad. También cuando veamos las organizaciones, sean políticas, económicas o sociales, deberemos considerar cómo operan e influyen en ellas nuestras tendencias jerárquicas. En una palabra, éstas me parecen un pivote necesario para explicar ciertos rasgos culturales y algunas estructuras civilizaciones. Por supuesto, nada de esto puede funcionar pacífica y proactivamente si nuestra mente tensionada por la ultra sociabilidad y la ultra individuación, no pone en juego los "sistemas de control del comportamiento", que veremos en el capítulo siguiente.

CAPÍTULO 4.

Sistemas de control del comportamiento social

Hasta este punto, en nuestra exploración de la Neuropsicología de la Sociabilidad Humana hemos conocido una serie de atributos mentales, que, en su conjunto, harían posible una vida social pacífica y proactiva si no fueran tensionados por nuestra fuerte y evolutivamente valiosa individuación, con su indispensable y autonomía decisional. Dado que ambas, son igualmente inevitables y potentes, su articulación y coherencia, han dependido, no siempre con éxito, de la instalación de ciertas predisposiciones mentales destinadas a evaluar y controlar motivaciones e impulsos discordantes, con los que hacen posibles conductas sociales cooperativas (todos ganan), y que no impiden la creatividad nacida de la autonomía personal.

Consideramos el caso de un automovilista que se acerca a un cruce de calles. Va tarde a una reunión, pero disminuye su velocidad porque ve un signo "Ceda el paso". Esto significa que al programar su conducta (avanzar rápido con su automóvil) tuvo en cuenta en el diseño de sus acciones, que había normas que debía respetar (semáforos, signos "Pare", "Ceda el Paso", otros automovilistas, etc.). Así, su conducta estaba sujeta a controles derivados de normas disponibles en su memoria. Nuestro automovilista siguió y al llegar a la esquina mira a izquierda y luego a derecha, para cerciorarse de si viene otro vehículo, cuyo paso preferente debe respetar. No vio ningún peligro, por lo que avanzó. Desgraciadamente, por su izquierda apareció un automóvil mientras miraba a derecha, por lo que lo percibió tarde, y a pesar de frenar se produjo un daño pequeño en los tapabarros de ambos vehículos. Con rabia consigo mismo por su descuido, se bajó del vehículo y negoció (sobre los daños) con el otro conductor. Aquí vemos, cómo en una situación inesperada aparecen dos sistemas de evaluación y control de su conducta, la que hasta la colisión operaba con fluidez. El primero, es la valoración emocional: rabia por su descuido. El segundo, es racional. Tengo la culpa y debo pagar los daños del otro conductor. El tercer momento de control, aparece cuando al llegar a destino considera lo ocurrido y se promete ser más precavido, no atrasarse o viajar por calles menos peligrosas. Mientras piensa, siente desazón, molestia y su rabia se ha trocado en arrepentimiento y sensación de culpa.

Esta pequeña historia hace patente la existencia de sistemas mentales de evaluación y control del comportamiento social, su origen y características. El primero es la existencia de sistemas normativos externos al sujeto pero que debe respetar (luz roja, ceda el paso, etc.). El siguiente es la valoración emocional de las propias acciones (rabia, molestia) y, por último, la noción moral (soy el culpable, debo pagar los daños de la colisión). Para seguir el hilo de esta argumentación, recordemos que conducir un vehículo por las calles de una ciudad es ciertamente una conducta que implica consideraciones sociales, pues debe tener en cuenta las normas del tránsito que ordenan el comportamiento de los automovilistas, la existencia de transeúntes y otros conductores, y su propio interés en que las normas sean respetadas por los demás, y por él mismo. Así, en los apartados siguientes indagaremos los sistemas de evaluación y control de los comportamientos sociales que esta historia identificó: a) Normativo – racionales; b) Afectivo – emocionales; c) Principios morales.

1. Regulaciones y normas

La vida humana que siempre se desarrolla en una comunidad con alguna Cultura, está regida por un número abrumador de regulaciones y normas que orientan y reglamentan minuciosamente sus acciones. En la práctica casi cualquier conducta. De hecho, no existe ámbito alguno donde los comportamientos de las personas no tengan que atenerse a reglas obligatorias o sólo sugeridas, según la importancia que la Cultura asigna a cada hecho o circunstancia. La instalación, desarrollo y jerarquización de normas regulatorias es función esencial de la Cultura de un modo tal, que hay quien sostiene (Goetz), que ella se define por sus sistemas regulatorios (reglas, normas, leyes) y la fuerza con que se las aplica, según el nivel de importancia que cada norma alcanza en esa precisa comunidad. La jerarquización normativa de los sistemas regulatorios tiene sus fundamentos en consideraciones tanto simbólicas como prácticas.

Pensemos, por ejemplo, en las vestimentas. El sentido práctico de cubrir el cuerpo con ropajes es defenderse de las inclemencias del tiempo (frío, calor, lluvia o nieve), pero esta practicidad no es suficiente para la mente humana. Los vestidos tienen, además, un carácter simbólico que se agrega al mero cubrir el cuerpo. Los ejemplos son infinitos. El atuendo de reyes y sacerdotes hace constantemente presente su posición social, pero se modifica (simbólicamente) según la ceremonia a las que atienden o dirigen. En cualquier cultura los novios, en la ceremonia nupcial llevan ropajes especiales, como también los invitados a ésa o cualquier otra fiesta. Las mujeres musulmanas deben cubrirse la cabeza y los hombres Siks deben llevar turbantes. A su lado las prostitutas se visten (o son vestidas) de un modo especial que permite a los demás, de manera práctica, reconocerlas o eventualmente transformarse en clientes. Los simbolismos normativos también existen para arreglar el mismo cuerpo: peinados, pintar los labios, ojos y la piel, descamaciones dérmicas (tatuajes, cicatrices faciales de guerreros), adornos, colgantes, joyas, etc.

Consideremos la alimentación. Por supuesto su fin práctico es sobrevivir, pero, al comer con otros se agregan símbolos. Recordemos los banquetes con que se agasaja a mandatarios visitantes o a empresarios con negocios comunes, o a la familia, en Navidad. Norbert Elias estudia los fundamentos de la Cultura, a partir de las normas que regulaban al detalle las conductas de los y las cortesanas de la corte francesa en Versalles. Allí, los nobles debían abandonar sus dominios (ducados, condados, etc.) y vivir junto al rey. Sus ropajes, pelucas y demás atuendos estaban determinados, precisamente según su rango y las actividades que debían realizar. Las etiquetas y el lenguaje en las comidas, las cacerías, las fiestas o los eventos religiosos eran cuidadosamente prescritas según los símbolos que cada actividad representaba en relación a la majestad del soberano y el poder de duques, condes y demás cortesanos.

La cultura cortesana francesa fue, obviamente, muy especial al mezclar del modo que se ha descrito, los aspectos prácticos con los símbolos, en sus sistemas regulatorios. Esta mezcla no es exclusiva de culturas altamente desarrolladas en las que músicos, pintores, escultores, artesanos y jardineros especializados, pululan en castillos y palacios. Los grupos culturales más primitivos también combinaban regulaciones prácticas con simbólicas. En relación con las normas prácticas, recordemos la organización de la caza y la distribución de la carne entre los cazadores. Junto a esto, había reglas simbólicas prohibitivas, que conocemos como tabú, y otras positivas según las cuales los clanes se vinculaban con sus Totem. Agreguemos la enorme simbolía de los ritos de "passage" a la vida adulta, los que aún mantenemos en las fiestas para adolescentes que cumplen 15 o 16 años.

Los sistemas regulatorios alcanzan su máximo poder de orientación y prescripción de conductas sociales cuando las normas se hacen leyes obligatorias para mandados y mandatarios lo que, por cierto, alcanza su mayor nivel en las democracias modernas, pero que también existió (y existe) en regímenes políticos primitivos o totalitarios. Los faraones tenían obligaciones normadas que cumplir (ceremoniales, religiosas, en la guerra, etc.), como también sus súbditos. El Secretario General del Partido Comunista de la Unión Soviética necesitaba cumplir normas para llegar al poder y mantenerse en él. Lo mismo sus ministros, los miembros de la nomenclatura y el Estado llano. Las leyes, reunidas en códigos normativos no son un invento moderno para orientar y prescribir conductas sociales que hagan posible la cooperación grupal y evitar deslices, traiciones o engaños de malhechores. Recordemos el código de Hammurabi (Babilonia), el de Manu (India) o las prescripciones de Confucio adoptadas como normas oficiales en el Imperio Chino a partir de los Han. Lo que ocurre es que en el mundo actual la normatividad legal es extrema y frondosa. En ciertos asuntos se opera con la legalidad positiva (esto es, escrita en leyes y reglamentos que se suponen conocidos por todos). Las relaciones cotidianas se basan en tradiciones y costumbres (culturales) que regulan las conductas sociales. Por lo mismo, nuestra institucionalidad para hacer cumplir las leyes y castigar a los que se desvían es abundante y especializada. El sistema judicial es muy diferenciado (Penal, Civil, Menores y Familia, Laboral, Ambiental, etc.) sin contar con otros sistemas regulatorios tales como Impuestos Internos y Superintendencia de Bancos, de Educación, de Empresas, etc. (Capítulo 9).

En suma, los sistemas regulatorios basados en reglas y normas, prácticos o simbólicos, culturales o legales acompañan a la humanidad desde su aparición muy temprana (los antropoides y demás animales también tienen reglas). El propósito es orientar y prescribir conductas sociales cooperativas y proactivas, castigando a los trasgresores con el ostracismo o el suplicio medieval, o con las multas y cárceles actuales. Tan poderosa herramienta de nuestra complejísima sociabilidad no es ni puede ser un invento puramente cultural, aunque nos parece que normas y reglas que usamos en nuestra vida cotidiana sean de alguna manera, solo prácticas culturales, sin mayor relación con predisposiciones neuropsicológicas. Por otra parte, aunque un acuerdo socio-cultural es imprescindible para generar leyes legítimas e instalar instituciones que las hagan cumplir, ellos tienen una base neuropsicológica que estudiaremos a continuación.

2. Neurobiología de la normatividad

Si volvemos a nuestro ejemplo del automovilista, encontramos que en realidad en él se manifestaron dos tipos diferentes de procesos normativos. El primero, externo: normas de tránsito que todos los automovilistas deben respetar. El segundo, interno, que opera en la mente de nuestro sujeto: la evaluación emocional de lo ocurrido y la noción moral de su propia responsabilidad. Estas dos perspectivas son bien distintas desde el punto de vista de los procesos neuropsicológicos implicados. Aceptar y actuar de acuerdo a regulaciones externas es una predisposición del cerebro humano que compartimos con las especies que podemos considerar "domesticables". Por otra parte, todas las especies tienen algún tipo de conductas instintivas que despliegan en sus interacciones con otros miembros de su propia especie y, aun con sujetos o grupos de algunas otras especies. Veamos qué ocurre en la mente de las especies domesticables, incluyendo al Homo Sapiens.

Hay muy poca claridad sobre las predisposiciones neurobiológicas por las cuales ciertas especies aceptan y actúan según reglas externas aun cuando pertenezcan al mismo orden zoológico que aquéllas que no son domesticables. Entre los camélidos andinos, la llama es un animal doméstico mientras la vicuña no lo es. Entre los equinos, lo es el caballo no así la cebra. Las ovejas y sus piños aceptan la orden y la guía de su pastor, pero el "mouton" del Himalaya no es domesticable. El ser humano no sólo acepta y actúa a partir de normas externas, sino a partir de esta predisposición ha sido capaz de construir culturas, que efectivamente como piensa Goetz, son sistemas normativos que le permiten organizar grupos con reglas compartidas. Konrad Lorenz sostiene que el ser humano es "domesticado" por su Cultura. Es posible, que aceptar y seguir normas externas, se relacione con la capacidad de aprender y construir en el propio cerebro rutinas de comportamientos distintas a las innatas y con valor existencial (sobrevida). Sin embargo, en mi conocimiento no existen investigaciones que den cuenta de diferencias anátomo- funcionales entre los cerebros de llamas y vicuñas o caballos y cebras, por ejemplo.

Más arriba sostenía que sistemas regulatorios de conductas sociales proactivas se encuentran en todos los niveles de las culturas humanas, de las más primitivas a las más sofisticadas. Del Australopiteco Afarensis y el Cro-Magnon a las redes sociales actuales, pasando por la Corte de Versalles. Pero, al considerar las raíces biológicas de estos arreglos normativos, nos encontramos que ellos existen en un número considerable de especies distintas al Homo Sapiens, pero de manera innata. No son normas externas aprendidas como en los animales domesticables, son puramente instintivas, aunque a veces sean maravillosas. Corresponden a reglas instintivas. El *Bowerbird* es un ave australiana (Figura 10) cuyo macho trabaja afanosamente preparando un espacio grande y bien adornado (flores, frutas y hojas coloridas, césped en el piso, etc.) para atraer a las hembras, cuando llega la estación de apareamiento. Ésta elige pareja según la calidad del "escenario" que los machos construyeron. Allí vemos un propósito biológico práctico (aparearse) con diseños biológicos cuyo significado estético (¿simbólico?) dispara en la hembra su elección de pareja.

FIGURA 10.
Bowerbird, ave australiana

Pixabay.com/

Se podría pensar que el Bowerbird es un caso extremo de regulación innata de la conducta social a través de normas que los sujetos implicados comparten. La especie habría desaparecido si los machos no construyeran su escenario, y las hembras no eligieran según las normas estéticas simbolizadas en la construcción que examinan cuidadosamente antes de elegir. El Ave del Paraíso de Nueva Guinea expone su maravilloso plumaje en una danza de compleja estructura (pasos laterales, vueltas sobre sí mismo, distintos despliegues de sus coloridas plumas) que repite largamente para atraer a las hembras que miran con detención a los bailarines. Observamos, por otra parte, la muy bien regulada cooperación de aves que construyen nidos o que cuidan o alimentan a sus retoños como el sacrificado "camino del Pingüino Emperador" que anida a decenas de kilómetros al interior de la Antártica.

Me he detenido en ejemplos de conductas innatamente reguladas de las aves para demostrar la profundidad e importancia biológica de reglas y normas procesadas en sus pequeños cerebros y que determinan la sobrevida y la reproducción de especies que ciertamente no tienen una conciencia simbólica o estética igual a la de los humanos pero que, sin embargo, actúan y eligen según normas que nosotros consideramos reglas instintivas. Para abundar en esta digresión filogenética y la centralidad biológica de los sistemas normativos consideramos a los peces cuyos machos cambian de color en épocas reproductivas. Éstas son regulaciones de "relaciones sociales" que las hembras entienden perfectamente, como nosotros entendemos la luz verde del semáforo = avanzar. Hay un segundo nivel de importancia en esta ejemplificación de aves y peces. Se trata de los orígenes biológicos de actos simbólico- expresivos a partir de los cuales nosotros, los humanos entendemos, la Estética y el Arte (Capítulo 12).

El componente simbólico-expresivo, en los mamíferos, de normas que regulan conductas sociales, es distinto y en ellos, por su cercanía con los humanos nos interesan particularmente los antropoides. Los chimpancés tienen normas muy evidentes para demostrar intenciones de ataque o defensa. Todos los chimpancés cercanos entienden perfectamente que cuando los machos abren la boca y muestran los colmillos y emiten ciertos aullidos, es hora de arrancar o defenderse. Es muy distinto, cuando muestran los dientes superiores recogiendo el labio, gesto de buen humor. Una conducta social de los chimpancés bien regulada es el despulge. Aunque es muy frecuente, no es azarosa. A veces significa arrepentimiento (volvemos a ser amigos), en otras ocasiones agradecimiento por el bien recibido (comida, defensa, favores sexuales), o acercamiento de complicidad para derribar al macho dominante o simplemente afecto como el de la madre con su hijo. Aunque es fácil identificar los propósitos del despulge mirando entre quienes ocurre, no está claro si a esta selección de individuos se agregan variaciones en el mismo acto de despulgar. Después de todo, nosotros saludamos y acariciamos de modo muy distinto a un tío lejano que a un hijo.

Más importante para nosotros que los chimpancés, son los bonobos, especie identificada como distinta de los primeros, recién en 1934. Ellos son el resultado de la división de los chimpancés ancestrales en dos grupos por la aparición del río Congo, luego de cambios geológicos en África, hace 7 a 8 millones de años. Los bonobos quedaron al sur del río en bosques plenos de alimentos y sin competidores (gorilas), mientras los actuales chimpancés se mantuvieron con mayor población y con gorilas al norte de un río muy caudaloso imposible de cruzar. La evolución hizo su trabajo y los chimpancés de mantuvieron (o transformaron) en la especie más bien violenta y agresiva que conocemos, mientras los bonobos, desarrollaron costumbres sociales (basadas en normas relacionales) completamente distintas. Ellos son pacíficos, no tienen macho dominante, sino sólo algunas matriarcas hembras que intervienen con poca agresividad cuando hay disputas. Éstas se solucionan entre los que contienden a través de favores sexuales con parejas de todo tipo (hetero y homosexuales). No son territoriales pues tienen abundantes alimentos que alcanzan para todos los grupos, y sin competidores y depredadores sus normas sociales son menos rígidas dado que no necesitan rivalizar por jerarquías y poder. Estudios genéticos muy recientes han encontrado en los bonobos un gen, todavía no bien identificado, que no tienen sus hermanos chimpancés y que parece estar en la base de su pacifismo y de su hiper sexualidad. Este gen también existe en el ser humano, aun cuando nosotros somos más jerárquicos y agresivos. Desde el punto de vista de las normas de convivencia social estamos a medio camino entre chimpancés y bonobos.

Esta digresión filogenética nos hace ver que los sistemas regulatorios de las conductas sociales proactivas son biológicamente muy antiguas y decisivas para sobrevivir y reproducirse. Pero, la filogenia nos da otras pistas neurobiológicas. Si los sistemas de normas y reglas, sean innatas y/o aprendidas son tan antiguas, las regiones cerebrales que las procesan deben ser también antiguas. Recordemos el cerebro triuno (Anexo I). Nuestra evolución como especie es un agregado recombinante de estratos anátomo-funcionales que se agregan uno sobre otro. En esta "reestructuración" se producen ciertos cambios en la especificidad funcional de los estratos que quedan por debajo, influida por los nuevos que están arriba, y conexiones recíprocas que mejoran las relaciones entre unos y otros. Así, el cerebro reptiliano que procesa las funciones automáticas más vitales del medio interno constituye el primer nivel especializado. (Alimentarse, digerir y metabolizar, respirar e intercambiar gases, circulación de la sangre y aparato cardiovascular, también aparearse y cazar, huir del peligro y cuidar sus crías). Para todo lo cual necesita estar consciente etc.) El estrato reptiliano influye y es influido por los sistemas paleocorticales que constituyen el segundo nivel especializado (Sistema Límbico) principalmente en memorias y emociones. Todo esto recubierto por el estrato neocortical que adquiere el comando superior de las funciones cerebrales pero que depende de las informaciones y procesamientos que recibe de los dos primeros y constituye el tercer nivel. Desde esta perspectiva si normas y reglas conductuales son evolutivamente antiguas, es esperable que en los humanos los sistemas regulatorios tengan componentes de los tres niveles. La Neurobiología moderna está demostrando que esta hipótesis es cierta como pasaré a detallar a continuación.

FIGURA 11.

Sistema estrio-cortical

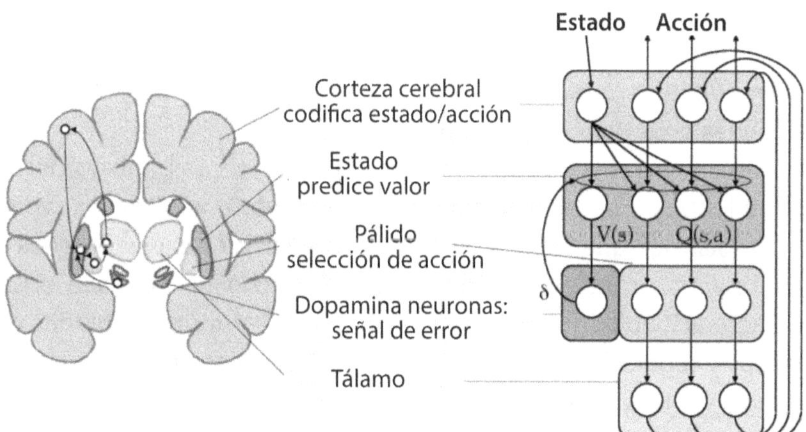

El modelo parte del estado funcional de representación en la corteza. El estriado aprende los valores del estado y de las acciones. El estado-valor codificado por las neuronas estriadas se proyecta hacia las neuronas dopaminérgicas, que devuelven la señal de error (TD, temporal-difference error) al estriado. Las salidas de la codificación acción-valor de las neuronas estriadas son canalizadas por el pálido y el tálamo, en donde se puede realizar una selección estocástica de las acciones (Fuente: Doya y Kimura, 2009).

Jordi Peña Casanova, *Neuropsicología. Bases neuronales de los procesos mentales.* Mediterráneo. Santiago, 2013. Pág. 256.

El procesamiento de normas y reglas en el cerebro humano radica principalmente en el llamado sistema estrío-cortical (figura 11).

El aparato estrío cortical tiene dos componentes entrelazados por profusas conexiones en paralelo, y con masivas retroalimentaciones. El estriatum, parte de los núcleos de la base (Anexo I), es una estructura filogenéticamente muy antigua perteneciente al nivel reptiliano de nuestro cerebro triuno, encargado de procesar regularidades y secuencias automáticas de la conducta animal, necesarias para establecer conductas motoras habituales y repetitivas, como desplazarse, cazar, comer, aparearse, etc.

Cuando con los mamíferos aparece la paleo-corteza del cerebro triuno, el estriatum debe ajustar su papel de organizador de conductas repetidas y secuenciales, a las nuevas informaciones provistas por la memoria de más largo plazo, y a las valoraciones emocionales con las que opera esta paleo-corteza recién llegada. Esto, por supuesto, mejora los desempeños conductuales del animal que requiere nuevas conexiones del sistema estriado el que, por una parte, se conecta con el hipocampo (memoria) y con los componentes que procesan emociones del sistema límbico. Amígdala que procesa, entre otros, temor y rabia, mientras el dolor es procesado por la ínsula anterior y la satisfacción por el dopaminérgico núcleo Acumbens. Con estas conexiones que agregan procesamientos más sofisticados al trabajo del estriado. Este mismo no cambia sus objetivos operacionales, conductas repetitivas y secuenciales, sólo que ellas empiezan a adquirir otro rango. Ahora, conectada con la paleo-corteza su campo de acción se expande y empieza a incorporar repeticiones y secuencias (reglas y normas) a otros dominios conductuales entre los cuales los más importantes son las relaciones sociales. Esta ampliación del campo de acción del estriatum llega a su máximo con la aparición de neo-corteza y las regiones prefrontales de las cuales el cénit son las humanas. Ahora, en nosotros el estriatum empieza a ser parte de una relación cortico-estriatal que procesa repeticiones secuenciales (reglas y normas) en dominios inimaginables para el Brower de Australia, el Ave del Paraíso de Nueva Guinea o los bonobos africanos.

Con la aparición, en los mamíferos, de la neo-corteza el trabajo del estriatum y del sistema límbico quedaron subsumidos en cerebros con mayor capacidad de análisis y de asociación que hicieron posibles conductas complejas basadas en intencionalidades diversas y una percepción ambiental mucho más precisa. Con la llegada del Homo Sapiens (Capítulos 6 y 7) y sus relativamente enormes regiones prefrontales, las normas y regulaciones se hicieron parte de la intencionalidad de un agente con conciencia subjetiva, capaz de planear conductas de largo plazo con objetivos abstractos y de comunicarse con el formidable instrumento que es su lenguaje. Así, la normatividad puede aplicarse rutinariamente a cualquier conducta como en los chimpancés y en los bonobos, pero a estas rutinas más bien automáticas los humanos agregan la capacidad de deliberar y controlar conscientemente la aplicación de normas, de modo de flexibilizar y focalizar sus conductas (que incluyen tales normas) a objetivos habituales de corto, y también, a propósitos abstractos de largo plazo.

3. Presión social y conformidad

Desde hace siglos pensadores y escritores han llamado la atención sobre la tendencia de un buen número de personas a compartir los comportamientos y opiniones que son sostenidos por la mayoría de los miembros de un grupo con el cual el individuo se relaciona directamente. La primera descripción propiamente científica de esta tendencia a la "conformidad", como se le denomina hoy, fue realizada por el sociólogo francés Gustavo Le Bon, al promediar el siglo XIX, estudiando la conducta de sujetos que literalmente se encuentran (sin proponérselos con anticipación) en medio de una movilización multitudinaria cuyos propósitos apenas conocen. Ellos acompañan a las "masas" (como Le Bon les llamó) en sus vitoreos si se trata de celebrar un triunfo, o en los reclamos a viva voz si lo que acontece es una protesta por cualquier razón. Recién 60 o 70 años después de Le Bon, la conformidad se comenzó a estudiar por psicólogos sociales, en experimentos propiamente científicos. Entre éstos, los más notables fueron los realizados por Solomon Asch en USA en 1948, que demostraron que las tendencias a la conformidad podrían alcanzar a la percepción objetiva, más allá de la imitación, puramente emocional y acrítica de las conductas que vociferan o aplauden. Este tema de la "conformidad" me parece de suma importancia por su evidente relación con las operaciones mentales que procesan los sistemas que controlan el comportamiento social. En efecto, frecuentemente la presión de las "masas" como comprobó Le Bon, incita a un participante inocente a ser parte de hechos que están en contra de sus propias normas. Destrozos de bienes públicos y privados, agresiones, escaramuzas con la policía y en ciertas situaciones (terremotos, inundaciones) como bien lo saben los chilenos, robos con fuerza, etc., siempre que la "masa" acometa estas acciones.

Junto a estas manifestaciones más bien pasajeras de la conformidad, existen aprendizajes de más largo plazo que, por decir así, "bloquean" los sistemas normativos de control del comportamiento social. Un muchacho que por alguna razón se incorpora a una banda de jóvenes, en la cual aprende a participar en fechorías, un joven "idealista" que se une, sin mucha conciencia, a un grupo de protesta político-social que deviene en terrorista. Ni qué decir de los aprendizajes desviados, en sus propias familias y grupos cercanos. La diferencia en seguir normas generales abstractas y ocupar la conformidad, que lo vincula a su grupo, es existencialmente razonable por la evidente importancia "social" concreta de esta vinculación que lo identifica con su grupo más cercano. Claro que a muy poco andar los grupos más estables generan sus propias reglas conductuales.

Los experimentos de Asch que han sido repetidos por muchos otros investigadores en distintos ámbitos y condiciones con resultados similares, fueron bastante simples. Reunía un grupo normalizado de cinco estudiantes de college (como es habitual en los experimentos psicológicos en USA) a los que les proponía comparar la longitud de tres líneas (A, B, C) entre sí distintas, con otra (X) que servía como estándar.

FIGURA 12.
Experimento de Asch

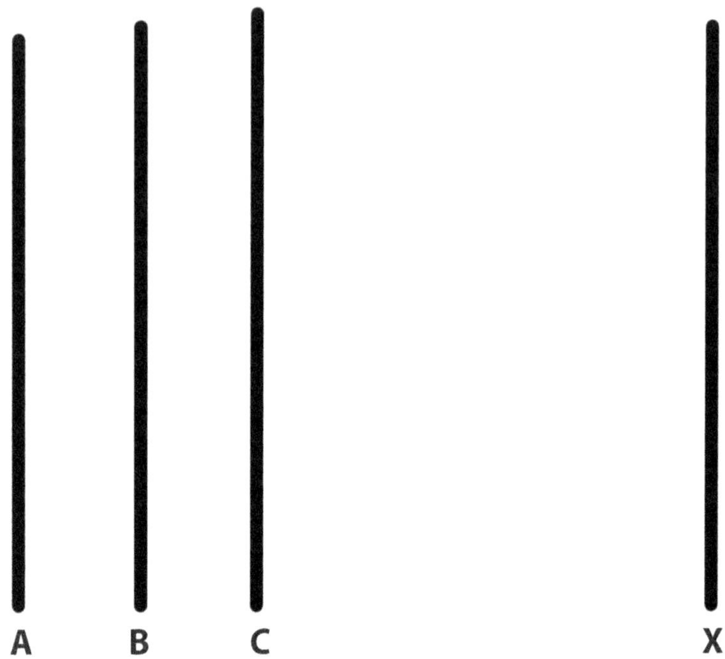

Los sujetos bajo investigación, con el dibujo (figura 12) en su mano, debían decir cuál de las líneas (A-B-C) era similar a X. El diseño experimental debe asegurar que una de las líneas B) sea claramente la que corresponde elegir. El punto crítico de este experimento es que de los cinco estudiantes sólo uno era el real sujeto de la investigación. Éste no sabía que los otros cuatro, confabulados con los investigadores emitían su decisión objetivamente errónea (elegían la línea C). La conclusión de estos estudios es sorprendente. Entre el 30 a 35 por ciento de los sujetos experimentales sostiene, después de haber oído la decisión de los cuatro confabulados que la elección correcta es la línea C (errónea).

Este experimento, y muchos otros similares, son trascendentes porque demuestran que la conformidad producto de la "presión grupal" pudiera modificar percepciones completamente objetivas, es decir, no sujetas a opiniones subjetivas. El control posterior con los reales sujetos bajo estudio demostró que sólo un 3 a 5 por ciento realmente pensó que la línea que correspondía elegir era la C. La cuestión importante, en cuanto a la sociabilidad es, por qué se acoplaron a la decisión mayoritaria aun sabiendo que era la incorrecta. La presión social depende del simple hecho de estar con otros, opinando sobre algo. Las respuestas disidentes o concordantes en el experimento no significaban beneficios o riesgos. Aceptar la opinión mayoritaria del grupo no es entonces dependiente en el corto plazo de pérdidas o ganancias. Sí lo es, en el largo plazo, pues la conformidad asegura permanecer en el grupo con el que el disidente se identifica. Los cuatro confabulados no eran conocidos por el sujeto, pero, aun así, la tendencia precableada a la conformidad se impuso en el 35 por ciento.

Experimentos, metodológicamente más complejos, se han realizado en muy diversos lugares del mundo buscando conocer cómo las presiones grupales, influyen en opiniones más subjetivas. Los temas han sido muy variados. Atributos de líderes conocidos, posiciones sobre conflictos internacionales, valoración de cuadros de arte moderno, la pena de muerte, el aborto, atuendos y vestimentas a usar en determinadas ocasiones (sombrero, corbata), justicia de ciertas políticas gubernamentales, medio ambiente, etc., etc. El método básico es similar al usado por Asch. Grupos confabulados de 5 o 6 personas con un sujeto real de investigación. Los confabulados emiten opiniones distintas a las que se le conocen al sujeto bajo investigación, por un extenso y secreto estudio (biografía, entrevistas de amigos y parientes, etc.). En todos los casos el resultado es parecido. El sujeto bajo investigación, mientras discute en el grupo, suaviza o modifica la expresión de sus propias opiniones. Esto ocurre dependiendo de la fortaleza de carácter del sujeto bajo estudio, sus conocimientos sobre el tema en discusión, o su desinterés o militancia sobre el asunto, y la relación de sus convicciones más básicas respeto a las opiniones de los demás. En todo caso y cualquiera sea la mezcla de estas condiciones, aún los sujetos disidentes con las opiniones del grupo confabulado, tratan de evitar confrontaciones, y cuando recurren a evidencias objetivas, para fundar sus propias opiniones, rara vez sus argumentos son expresados con demasiado énfasis. Pero el mismo 30 a 35 por ciento de los sujetos se une a las opiniones de los confabulados por las mismas razones que encontró Asch en sus experimentos.

Así, la conformidad como respuesta a las presiones sociales es una predisposición humana muy básica que se puede observar respecto a las conductas multitudinarias, las percepciones objetivas y los más diversos tópicos de discusión grupal ciudadana o familiar. Las preguntas que surgen son: a) ¿para qué sirve a nuestra especie la conformidad del 30 por ciento de la población en cualquier comunidad? b) ¿qué impactos tiene en la instalación, desarrollo y evolución de las culturas? c) ¿es la conformidad una forma especial de control de los comportamientos sociales? Las respuestas a estas preguntas son complejas porque dependen de la forma como el cerebro procesa la maraña de componentes que se entrecruzan cuando se trata de compatibilizar nuestra ultra-sociabilidad con nuestra potente individuación. La contradicción de estas dos predisposiciones imprescindibles ha hecho necesario disponer de dispositivos neuropsicológicos que faciliten cooperar y disminuir las fricciones entre los miembros de los grupos que deben, en conjunto, sobrevivir y progresar. La necesidad de cooperar y estar (habitualmente) en paz al interior de la comunidad no es, en su raíz, una decisión deliberada sino debe estar anclada en predisposiciones innatas a la conformidad que dan soporte biológico, a los acuerdos con los cuales las culturas construyen sus variadas especificaciones. Los factores neuropsicológicos que operan en la conformidad son conocidos.

El primero es el impulso a pertenecer, a ser parte, a ser aceptado en los variados grupos de referencia con los que el individuo debe lidiar en el curso de su vida. Obviamente, estos impulsos motivacionales tienen grados y niveles, esto es su fuerza movilizadora de conductas individuales depende de cuan cercanos y duraderos sean tales grupos de referencia. En los niveles más elevados y constantes de la interrelación individuo-grupo, el compromiso del sujeto llega a identificarlo con ese grupo y sus visiones del mundo. El 70 por ciento de los disidentes a la conformidad son los que tienen dos condiciones: bajo nivel de compromiso, y personalidad fuerte e independiente. El impulso a pertenecer, ser parte e identificarse con un grupo no requiere que el sujeto tenga presente en su conciencia deliberativa que finalmente este impulso tiene que ver con la necesidad de cooperar para sobrevivir. En realidad, ésta es una inferencia que esos (u otros) atributos mentales nacieron y fueron útiles en el Paleolítico, pero se mantienen y son utilizados por la mente moderna.

Hay ciertos acuerdos en los psicólogos sociales que la conformidad tiene cuatro formas de presentación que son las siguientes: a) Complicidad. b) Identificación. c) Internalización. d) Obediencia a la autoridad (acápite específico en el Capítulo 3). Por supuesto, estos estados mentales, que se manifiestan en comportamientos "apropiados" son a veces más o menos automáticos, esto es, requieren pocas computaciones por parte del cerebro. Es casi una relación directa entre estímulo (situación problema) con presión social adicionada y respuesta a través de una conducta mecánicamente expresada. En otras ocasiones las necesidades procesales son mucho más grandes, según el número y complejidad de los factores que es requerido considerar. En realidad, la conformidad, en sus distintos tipos tiene un papel preponderante en la evolución de las culturas. Podemos considerar cualquier Cultura o civilización y encontraremos que las comunidades aceptan, manifestando sólo muy ocasionalmente rechazos, a las maneras como esa Cultura concibe el mundo social y sus sistemas de control del comportamiento.Así, la conformidad como respuesta a las presiones sociales en una predisposición humana muy básica que se puede observar respecto a las conductas multitudinarias, las percepciones objetivas y los más aceptan, manifestando sólo muy ocasionalmente rechazos, a las maneras como esa Cultura concibe el mundo social y sus sistemas de control del comportamiento. Por supuesto, esto también incluye las visiones compartidas sobre el mundo físico, las creencias religiosas, el lenguaje y demás, sobre todo las normas que se establecen en esa Cultura. Los niveles de la conformidad especifican estas relaciones Individuo -Grupo. Ellos son:

3.1. Complicidad

Así es denominada la conducta conforme más simple. Ella se despliega cuando el sujeto sabe que con su comportamiento en el grupo tiene un premio que ganar o un riesgo que evitar. No requiere relaciones sociales mayores entre los cómplices excepto la confianza que el patrón de comportamiento esperable de los demás se repetirá.

3.2. Identificación

En este caso se requiere que el grupo de presión tenga visiones del mundo, similares o aceptables para el sujeto. No necesita alcanzar todos los dominios socioculturales sino solo los asuntos que a él le interesan, de acuerdo o a las motivaciones centrales del grupo. Puede variar si hay otro grupo o personas que sean más cercanos a sus propias ideas.

3.3. Internalización

Las influencias sociales son en este nivel más profundas, estables y duraderas. Son incorporadas al patrimonio mental del sujeto y le permiten hacer distinciones "homogéneas" con las del grupo de presión. Útil-inútil, valioso-desechable; aceptable-erróneo, y aún bueno-malo. Internalización es, sobre todo, el resultado de la presión social ejercida sobre el niño pequeño y tiene un gran componente emocional implícito, es decir, no consciente.

3.4. Obediencia a la autoridad.

Este último nivel fue visto en detalle en el capítulo anterior.

En este punto vale la pena volver a nuestra pregunta: ¿cuáles son los mecanismos neurobiológicos de la conformidad? La respuesta es más bien amplia. En primer lugar, es una forma de aprendizaje y su depósito mnésico sigue las mismas rutas que las demás memorias (Capítulo 1). Veamos brevemente en qué se apoya esta hipótesis.

La forma "complicidad" de la conformidad es un aprendizaje trivial basado en premios y castigos, en el que el premio es la anhelada aceptación al grupo, que genera la presión social y el castigo, quedar fuera de él. Más aún, si esta alternativa (dentro-fuera del grupo) es mediada por experiencias personales (positivas o negativas) se convierte en memoria autobiográfica con toda su funcionalidad, y sus componentes emocionales implícitos.

Identificación. Además de la memoria autobiográfica que opera en la complicidad, en la identificación se agregan creencias y valores. Si miramos el tipo de identificación que transmiten los grupos de presión tiene los mismos mecanismos y formas de procesamiento que la memoria semántica y las memorias emocionales. Se deposita como conocimiento general de largo plazo sólo si se le asigna valor existencial (emocional) (Capítulo 1) o si los proyectos del sujeto tienen la misma significación cognitiva para el grupo de presión. Tiene igual atributo, de estar en constante revisión y reformulación, como ocurre con las memorias semánticas, que pueden modificarse por una nueva información o simplemente perderse por su inutilidad;

La Internalización de la conformidad es algo más complicado pues parece incorporar, a lo menos parcialmente, aprendizaje y memoria de Habilidades Superiores, es decir, de algoritmos que incluyan no sólo informaciones sino computaciones formales para solucionar problemas (Capítulo Tres). Esto es lo que los viejos educadores llamaban "formación" para diferenciarla de, como ellos decían, de la mera "instrucción". La primera es capaz de definir estrategias que solucionen los problemas que dificultan la obtención de objetivos a través de planes de acción. En esta explicación deberíamos volver a lo que dijimos más arriba sobre la relación entre la presión social y el momento de maduración y desarrollo del individuo, con la enorme influencia en el niño de la memoria emocional implícita que define "actitudes" que se mantienen toda la vida.

Por otra parte, la Neuropsicología de la conformidad es más amplia. Existe un aspecto importante que hasta aquí no he destacado y que se refiere al "papel normativo" que de un modo casi solapado cumplen, con creciente intensidad, distintos niveles de la conformidad. De esta manera se puede decir que la presión social provoca aprendizajes de normas, y establece nuevas memorias y habilidades decisivas para la sociabilidad y la Cultura. Ellas agregan, por su propia mecánica, el crítico factor que llamamos "Intencionalidades compartidas" (Capítulos 3 y 5), que está en la raíz de la supervivencia y el progreso humano porque específica y concreta la sociabilidad cooperativa.

4. El procesamiento neuropsicológico de normas internalizadas

La existencia de normas generales como fundamento de los Sistemas de Control del Comportamiento Social es una necesidad cuando debemos compatibilizar el altruismo con la reciprocidad, la empatía con la justicia o para evitar que la conformidad de las presiones sociales de la obediencia a la autoridad no nos lleve al autoritarismo que no respete la autonomía personal. También cuando la búsqueda de prestigio y poder rompa las escalas jerárquicas basadas en el mérito o cuando los tramposos impidan proyectos compartidos. Todas estas condiciones, además de criminales y psicópatas, son parte de las mentalidades de un grupo grande de personas en cualquier comunidad humana. Sin embargo, la deriva evolutiva y sus resultados más bien positivo en el desarrollo humano nos indica que ellas no han prevalecido.

Para enfrentar, generalmente (pero no siempre) con éxito esta multitud de contradicciones y lograr conductas socialmente proactivas, con la indispensable autonomía personal, la evolución ha introducido en el cerebro, los sistemas regulatorios del comportamiento social. Estos dispositivos mentales posibilitan a nuestros cerebros operacionalizar normas y reglas sociales, aunque también en otros dominios (como las reglas de la Lógica y de las Matemáticas). En todo caso podemos avanzar en su descripción neuropsicológica a partir de una patología mental, que, estudiada con metodologías modernas, nos revela con alguna precisión los sistemas neuronales comprometidos en esta condición y con ello, por defecto, los módulos cerebrales importantes que participan normalmente en la computación de normas y reglas. Se trata del llamado Trastorno Obsesivo Compulsivo.

El trastorno obsesivo compulsivo (T.O.C.) es una condición patológica que altera las conductas de los pacientes, incorporando a sus actividades cotidianas, incontrolables compulsiones a repetir incansablemente acciones habituales. Ellas pueden ser lavarse las manos, poner llave a las puertas, controlar el cierre de ventanas, ordenar el escritorio o los utensilios de la mesa, o del baño, o los cuadros en la pared, etc., etc. Al orden necesitan agregar simetría espacial en cualquier conjunto de objetos que se ven "obligados" a ordenar (muebles y adornos), o a guardar según forma, color y secuencialidad en su uso (ropa, libros, instrumentos). Sus actividades están regladas en horarios precisos y rígidos. Por supuesto, no todos los pacientes tienen las mismas obsesiones, pero cualquiera que éstas sean, la conducta que las manifiesta son para ellos compulsivas (incontrolables). Siempre son acciones sucesivas y muy frecuentemente repetidas con el mismo y constante orden espacial y temporal. Obviamente, lavarse y jabonarse innecesariamente las manos les produce daños, revisar a cada instante puertas y ventanas, les impide dormir o como puedan alimentarse con sólo algunos platos en un rígido ordenamiento diario y semanal, su vida social es un desastre si, además, en casa ajena deben ordenar cuadros y objetos. En caso que no cumplan con las conductas obsesivas a las que su compulsión los impulsa tienen enorme angustia y a veces estados de pánico relacionados estos últimos con el tipo de obsesión que se padece.

En esta larga (pero aun así, muy parcial) descripción de las obsesiones, que dicho de paso, parecen no existir en otros mamíferos o primates, llaman la atención dos características muy críticas: a) Todas las obsesiones son normas y reglas de conducta habituales que, por decir así, se han desbocado y que, sin control invaden la vida mental y el comportamiento de las personas que las sufren, b) Ellas (las obsesiones) se refieren a reglas instaladas para proteger (cuando operan normalmente) las condiciones de vida de las personas. Su salud (lavarse las manos (y otras). Su seguridad (cierre de puertas y ventanas control de la eficacia y rapidez de sus acciones diarias, ordenar utensilios y ropa). Nótese por último que las obsesiones nunca se refieren a conductas sociales, excepto, claro está, que la persona que las padece trate de ordenar cuadros, adornos y muebles en una casa a la que ha sido invitado, o de influir en la comida que le sirven. Esta condición autorreferente de las obsesiones nos da una pista, por defecto, sobre el procesamiento cerebral de otros sistemas regulatorios específicamente sociales (la moral), que veremos en el apartado siguiente, por lo que por ahora, basta decir que usan el mismo aparataje córtico estriatal, alterado en los pacientes obsesivo-compulsivos, pero para las normas sociales se agregan en el cerebro dos módulos adicionales, que al compartir la información desde otro "punto de vista" y conectarse al estriatum, hacen toda la diferencia. Estos módulos novedosos son: a) El que procesa principios morales (sólo humanos) y, b) El que procesa emociones de origen social que, en ciernes, existe en muchos mamíferos y primates, especialmente los bonobos, pero que en los humanos tiene especificaciones computacionales diferentes.

Las investigaciones neurobiológicas sobre el TOC mostraron que el sistema distribuido de módulos que en su conjunto interconectado procesa reglas y normas son los siguientes: a) El neoestriatum que procesa los componentes de regularidad y secuencialidad de los sistemas regulatorios que contienen las normas y reglas de cualquier tipo. Lo hace de forma automática y no consciente. Integra información sensorial, cognitiva y motora y, a partir de ella selecciona de su banco de memoria implícita (procedimientos) y "prepara" las acciones más adecuadas a las circunstancias. Estas "acciones" pueden ser motoras o cognitivas; b) La corteza prefrontal participa en los sistemas regulatorios a lo menos con tres módulos: Dorsolateral externo envuelto en la planificación y organización de respuestas a nuevos problemas; Circuitos órbita y medial (prefrontal) que procesan conductas sociales apropiadas según evaluación e impacto emocional; Cíngulum anterior y medio que computa motivaciones y resultados de las acciones. Las investigaciones han mostrado que el TOC se produce, más generalmente, por incremento de la actividad de los circuitos prefrontales orbitales y mediales (socio-emocionales) lo que finalmente redunda en un desbalance con la capacidad discriminatoria, del estriatum respecto a patrones codificados de conductas regulatorias más apropiadas. Investigaciones posteriores en sujetos normales han confirmado la existencia de este complejo circuito de módulos córtico-estriatales dedicados al procesamiento de códigos y reglas humanas. a las cuales el estratium más antiguo contribuye construyendo la regularidad y secuencialidad que les son propias. Los módulos prefrontales utilizan estas normas y reglas cuando diseñan planes (P.F. dorsolateral) que tienen motivaciones cuyo ajuste con los planes debe controlarse (P.F. cíngulo), y que pueden inducir efectos (positivos y negativos), valorados según su impacto emocional.

Me he detenido en la descripción socio-cultural y neurobiológica de normas y reglas capaces de controlar la tensión Sociabilidad-Individuación porque estos sistemas regulatorios de las conductas sociales son constituyentes muy esenciales y críticos de las culturas y de su evolución. De hecho, y como hemos visto, un buen número de eminentes antropólogos sostiene que los sistemas regulatorios y sus contenidos (los que las conductas sociales regulan) son la matriz del entramado de reglas que constituyen como fundamento todas las culturas. Esta concepción, que comparto, es reforzada al considerar los principios morales y las emociones sociales como adicciones sólo humanas de sistemas regulatorios basados en reglas y normas, y que exploraremos a continuación.

5. Principios morales y emociones sociales

Antes de entrar en una descripción de los principios morales y las emociones sociales consideremos sus bases neurobiológicas observando la figura 13. Los distintos módulos y conexiones que procesan componentes de sistemas regulatorios son básicamente siempre los mismos que se presentan en la figura. Sin embargo, sus conexiones con redes neuronales (módulos) "externos" al sistema regulatorio de normas y reglas pueden diferir. La razón neurobiológica de la existencia de estas distintas y opcionales conexiones es bien evidente. Simplemente se trata de los contenidos diferenciales a los que se aplican normas y reglas. Ya he mencionado Lógica y Matemáticas que, aunque tienen sus propias reglas operativas (inducción o deducción en un caso, Geometría o Álgebra en el otro) son procesados por el mismo aparataje regulatorio (córtico - neoestriatial) en cuanto al estriatum, acciones cognitivas repetitivas y secuenciales, pero los módulos corticales que procesan los "contenidos" lógicos o matemáticos son exclusivos (dedicados) a esas informaciones aunque por cierto se conectan al estriatum repetitivo y secuencial.

Lo mismo ocurre con otras operaciones mentales, por ejemplo, las creencias religiosas y los rituales que las manifiestan, que son, claro está, sujetos de reglas y normas. Algo más elusivo es el dominio del arte, que también tiene normas y reglas. Perspectiva, relación de colores, figuras, etc. Aún el cubismo, para Picasso tenía cierta normatividad. Todos los ejemplos anteriores tienen programas motores muy bien reglados: hacer la señal de la cruz o sumar y restar. Así, creo yo, queda clara la razón por la cual el sistema regulatorio córtico-neo-estriatal, siendo fundamentalmente único, tiene distintas entradas, es decir, conexiones eventuales con la multitud de módulos procesadores de dominios mentales y culturales que siendo muy diversos, están sujetos, de un modo u otro, a reglas y normas.

Desde la más lejana antigüedad y hasta nuestros días se ha considerado "natural" la existencia en la mente de todas las personas de "principios" capaces de distinguir lo correcto de lo incorrecto, la maldad de la virtud. Así, la aptitud humana de separar el mal del bien, en muy diversas circunstancias y comportamientos, ha sido siempre atribuida a la naturaleza más propia de los seres humanos. Este "derecho natural" nunca ha significado que se niegue la existencia de conductas tramposas o criminales. Aunque ahora las respuestas comienzan a ser de índole científica se mantienen con muy buena salud las reflexiones filosóficas y las propuestas religiosas sobre el origen de la moral y las razones de comportamientos tramposos y criminales. Por cierto, entre estos enfoques hay diferencias.

FIGURA 13.

Procesamiento neuronal de principios morales y de las emociones de origen social

Redes neurales que componen los sistemas afectivos

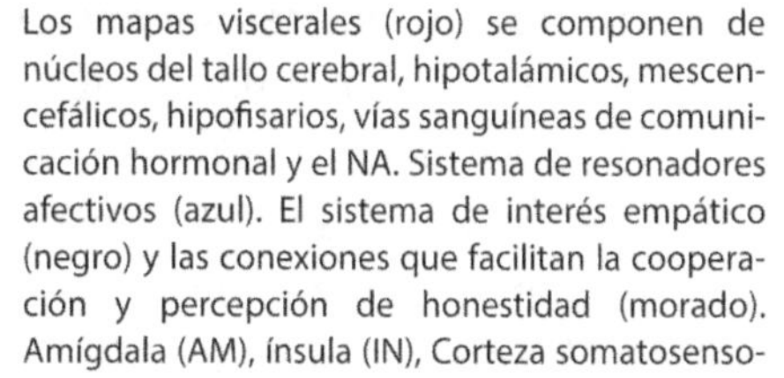

Los mapas viscerales (rojo) se componen de núcleos del tallo cerebral, hipotalámicos, mescencefálicos, hipofisarios, vías sanguíneas de comunicación hormonal y el NA. Sistema de resonadores afectivos (azul). El sistema de interés empático (negro) y las conexiones que facilitan la cooperación y percepción de honestidad (morado). Amígdala (AM), ínsula (IN), Corteza somatosensorial ventral (CSSv), Corteza orbitofrontal (COF), Núcleo Acumbens (NA) y Área Septal (AS)

Redes neurales vinculadas a los sistemas de atribución intencional y mental

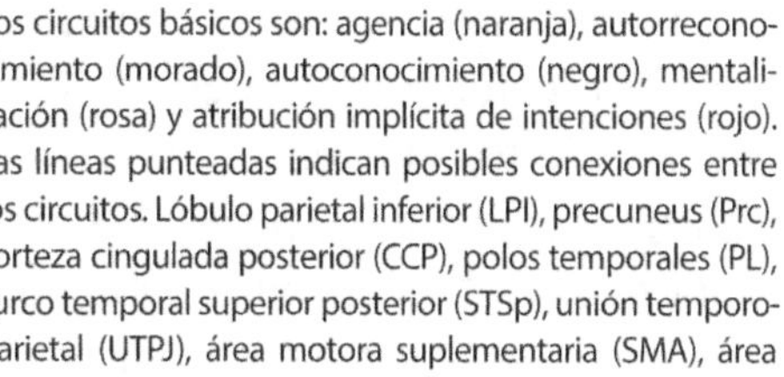

Los circuitos básicos son: agencia (naranja), autorreconocimiento (morado), autoconocimiento (negro), mentalización (rosa) y atribución implícita de intenciones (rojo). Las líneas punteadas indican posibles conexiones entre los circuitos. Lóbulo parietal inferior (LPI), precuneus (Prc), corteza cingulada posterior (CCP), polos temporales (PL), surco temporal superior posterior (STSp), unión temporoparietal (UTPJ), área motora suplementaria (SMA), área motora presuplementaria (PreSMA), corteza premotora (CPM), corteza prefrontal dorsomedial (CPFdm), y corteza prefrontal medial (CPFm).

León Rodríguez, Diego A; Cárdenas, Fernando. Aproximación Neurodinámica a la Cognición Social - Universitas Psychologica, Colombia. V. 15,N° 5, 2016.

En primer lugar, porque en Ciencia no hablamos de Ética sino de Moral, aludiendo a conductas concretas que se acerquen o alejen de ciertos principios, por cualquier razón, compartidos por las personas y sus culturas. Así, la mirada científica es exclusivamente descriptiva teniendo en cuenta hechos (actos humanos), mientras la Ética es un conjunto de reglas que prescribe formas de comportamiento, según las normas que al filósofo le parecen más adecuadas, o al creyente más cercanas al mensaje divino. La segunda diferencia es que el mensaje científico rara vez habla del "bien" o el "mal", que son conceptos (categorías) tan abstractos y generales, que hacen imposible su operacionalidad, experimental o descriptiva, de acuerdo al método científico. Las religiones tienen pocos problemas para representar estas categorías generales. El Bien es Dios (en la tradición judeo cristiana y musulmana) y el Mal es el Demonio. Las religiones politeístas tienen más problemas porque hay dioses buenos y malos o, el mismo dios a veces actúa como benefactor y otras como malhechor. Pero basta de consideraciones tan generales, es hora de pasar directamente a explorar la Neuropsicología de los Principios Morales.

Si tenemos en cuenta las explicaciones entregadas en este mismo capítulo y sobre todo el análisis de los sistemas regulatorios que controlan comportamientos sociales, hechos en el apartado anterior, la hipótesis básica de este apartado resulta simple. Los principios morales son también parte (aunque especial) de los sistemas regulatorios que a través de reglas y normas equilibran la tensión entre nuestra ultra-sociabilidad y nuestra ultra-individuación, impulsando conductas socialmente proactivas y cooperativas sin eliminar nuestra indispensable autonomía y sus positivos impactos "creativos" sobre el grupo y su cultura. La cuestión que queda por explicar para fundar estas hipótesis es por qué consideramos las normas morales distintas a las demás. Las razones de esta distinción pertenecen a dos ámbitos. Al primero lo podríamos llamar "biocultural" y al segundo, propiamente neurobiológico.

Las diferencias entre normas sociales y principios morales son, en general, bien claras. La más decisiva desde un punto de vista evolutivo es que los principios morales, en cuanto a sus contenidos, son universales, esto es, se les podría encontrar como factor que define conductas en todos los miembros normales de nuestra especie, independiente de su raza, educación o cultura. En cambio, las normas sociales admiten variaciones en sus preceptos específicos, aunque pueden mantenerse un período más o menos largo, o variar en la misma Cultura, sin embargo, pueden ser diferentes en distintas culturas, por lo que reciben el nombre de reglas o normas "convencionales". Por cierto, entre ellas (morales y convencionales) hay relaciones puesto que la aplicación conductual esperada de principios morales universales conlleva especificaciones culturales convencionales. No matar es un principio moral universal, pero, la pena de muerte suele ser un castigo a criminales, sólo en los sistemas jurídicos de ciertas culturas. Esto es una convención, como lo demuestra el hecho cada vez más frecuente de abolir la pena de muerte por una decisión de la autoridad competente. Esto significa que la mente humana (más bien su cerebro) tiene la posibilidad de crear (y cambiar) sistemas regulatorios convencionales que contienen ciertas normas cuyo contenido es definido por la Cultura y sus instituciones. En cambio, los principios morales universales tienen reglas con contenidos precableados (no matar, no robar) que son inmunes a decisiones gubernamentales o de otro tipo (conformidad, presiones sociales, etc.). Estas diferencias son, como diría un abogado en un litigio, el "hecho principal" pero de él derivan varias consecuencias neuropsicológicas.

Primero, la gravedad que se le atribuye a la ruptura de un principio moral. Llegar sin corbata a una comida formal (ruptura de una convención y sus reglas) es distinto a llevarse las cucharas de plata de la misma comida. El escándalo consiguiente es señal del modo como valoramos el quiebre de principios morales (robar), moviliza nuestras emociones (sorpresa, rabia, disgusto), es estructuralmente diferente en la mente de los observadores, y para qué decir de los dueños de casa, al rubor y las sonrisas que provoca el sujeto que llegó sin corbata. Estas diferencias psicológicas respecto a cómo percibimos y valoramos las normas convencionales frente a los principios morales se asientan en procesamientos neurobiológicos bastante distintos entre ellos. Pero es hora de volver al análisis de los principios morales como rasgos universales presentes en la mente de todos los seres humanos.

En varios pasajes de este libro, aunque en otros contextos, mencionamos la universalidad de los principios morales. Hemos recordado, por ejemplo, que ellos se encuentran sin variaciones en su núcleo central en todas las enseñanzas morales de profetas, sabios, filósofos y pensadores, en el corpus doctrinario de todas las religiones y en los códigos escritos más primitivos de todas las civilizaciones. Por supuesto, más allá de los principios morales concretos que he llamado nucleares, las distintas culturas despliegan normas morales con mayor especificación, más sofisticadas o con énfasis diferentes los que, sin embargo, están siempre ligados a los conceptos morales nucleares universales. Estos puntos pueden aclararse si examinamos con mayor detención estas normas morales repetidas en todas las culturas y en todas las tradiciones humanas.

Las normas morales que he llamado concretas, por cuanto se refieren a conductas humanas específicas, son en todas partes dicotómicas pues junto a prescribir (religiones), o sólo aconsejar (filósofos) conductas positivas, prohíben (o derogan) acciones consideradas negativas. Para simplificar esta descripción de normas morales, sin duda, bien conocidas por todos los lectores, usaré el ideario judeo-cristiano.

Entre las prescripciones positivas la primera, es: Amar a tu Prójimo. Las derivadas más frecuentes en Occidente (y en Oriente, preponderantes) es respetar a los demás, aunque también puede agregarse como manifestación del amor al prójimo, ayudar a los desvalidos, ser caritativo, etc., etc. Honrar Padre y Madre es más potente en muchas otras culturas que en Occidente, pues se refiere a considerar en primer lugar a la familia, los ancestros y las tradiciones familiares como enseñaba Confucio. Es muy difícil no considerar esta prescripción como ligada al altruismo genético. Santificar las Fiestas es una prescripción misteriosa, aunque los teólogos sostienen dos explicaciones copulativas. Por una parte, que reuniones festivas fortalecen la integración de las comunidades y, por otra, que cuando esto ocurre es tan importante que las transforma (a las fiestas) en sagradas. Como veremos en el capítulo sobre Religiones, Durkheim, sociólogo francés de principios del Siglo XX, propone que el origen más poderoso de las religiones es el de ligar las comunidades.

La prescripción aparentemente es menos generalizada en culturas distintas del ideario judeo-cristiano: amar a Dios. Sin embargo, los teólogos sostienen que se trata no sólo de respetar sino obedecer a la máxima autoridad posible (Dios), lo que de nuevo puede significar respetar las jerarquías más en general. No en vano hasta no hace mucho tiempo Reyes, Papas, Emperadores, etc. tenían (o tienen) sus poderes derivados de la "gracia de Dios y su divina voluntad". Otros gobernantes (Faraones) eran ellos mismos dioses. Para Confucio la principal norma moral positiva es la Reciprocidad, principio que de un modo u otro se encuentra en las otras tradiciones, aunque no se consigne en el Decálogo de Moisés. Todas las normas morales positivas son formas culturales de guiar a la comunidad, a partir de las predisposiciones neuropsicológicas positivas que conocimos en los apartados sobre sociabilidad.

Si comparamos estas normas morales positivas con las negativas apreciamos una enorme diferencia. No matar, no robar, no mentir, no fornicar (evitar la lujuria) y no traicionar (desear la mujer de tu prójimo), son negaciones directas a conductas concretas que no requieren mayor explicación teológica pues no son ningún misterio en cuanto a su poder para alterar la convivencia de grupos sociales que "necesitan" cooperar, por lo que no es aceptable dañar a los demás. Tengamos presente que en prácticamente todas las culturas (y en los judíos con mayor razón), los demás son los "prójimos", es decir los que pertenecen a mi propio grupo. No los afuerinos desconocidos y menos, los, por cualquier razón, enemigos. La razón de esta diferencia se encuentra en la arquitectura funcional de nuestra mente. Hemos dicho, la más crucial característica de las normas sociales como mecanismos de control de comportamientos sociales es su estrechísima vinculación con el aparataje emocional del cerebro. Sabemos que entre las emociones fundamentales de los humanos (y de otros primates) sólo una es positiva la alegría. Las otras, tristeza, rabia, temor, repugnancia son negativas. Sorpresa es neutra, o a veces positiva y otras negativas. Desde esta perspectiva podemos considerar ciertas percepciones y nociones evolutivamente precableadas en nuestros cerebros. Son todas de alarma. Todos los humanos nos asustamos de las serpientes y de las arañas. De los precipicios y de los terremotos. La paz en el hogar, la placidez de una tarde de verano, o de un paisaje bello y tranquilo, o de una apacible conversación con amigos no nos desencadenan emociones fuertes sino sólo satisfacción que es un producto neurobiológicamente distinto (dopaminérgico) a las emociones negativas procesadas por la amígdala y la corteza prefrontal orbitaria. Las normas morales positivas (y sus conductas asociadas) nos producen, al cumplirlas, satisfacción, pero no pasiones.

Consideremos la conexión entre altruismo y su manifestación conductual: ayudar al prójimo. La posibilidad que las predisposiciones altruistas se expresen en actos cooperativos concretos está conscientemente controlada por normas morales que las estimulan. Notemos la introducción de un atributo mental mayor –la conciencia–

de los sistemas de control que son las normas morales. Para describir las normas morales en su conjunto suele usarse la expresión "Conciencia Moral", cosa que de alguna manera es una metáfora verdadera, porque, de hecho, las normas morales son conscientes. Como también lo son las emociones y sentimientos que en su aplicación (personal u observada), tales normas provocan en el individuo. Así, en conjunto normas y emociones definen juicios morales respecto a comportamientos propios o de los demás.

Este conjunto normas + emociones articulan dos procesos mentales diferentes. El primero, reglas, que basadas en predisposiciones (ayudar-cooperar) ancestrales pero especificadas en cada cultura, son "cognitivamente" impulsoras de conductas socialmente proactivas. El segundo, emociones y sentimientos que efectivamente son sistemas de control necesariamente conscientes (para controlar) pero automáticos, es decir, no manejables por el sujeto. Esta inesperada disociación del juicio moral se ha comenzado a entender mejor estudiando el cerebro de los psicópatas llamados "fríos de ánimo". En experimentos bien controlados ellos reportan conocer y distinguen acciones (de ellos mismos o de otros) buenas o malas; ejemplares o deleznables; honestas o mentirosas. Pero también reconocen que cuando ejecutan acciones dañinas o criminales no sienten angustia, vergüenza, arrepentimiento, es decir, las emociones que en las personas normales siempre acompañan conductas maliciosas o destructivas. Investigando con R.N.M.F. (Resonancia Nuclear Magnética Funcional) en el cerebro de estos sujetos se encuentra un hipo funcionamiento del prefrontal orbitario, módulo que precisamente, como antes vimos, está encargado de valorar emocionalmente comportamientos y percepciones. Me parece esencial incorporar las funciones perceptivas porque los psicópatas fríos de ánimo, criminales, no se conmueven, no se inmutan con los llantos, gritos o sangre de sus víctimas. Ellos, en cambio, sienten satisfacción cuando logran su objetivo principal, tener los bienes de otros, mejorar en las jerarquías, o usar el cuerpo de niños o mujeres indefensas aun cuando lo logren robando, engañando o violando.

Sin embargo, también se han estudiado experimentalmente el comportamiento de humanos normales en los que sí funciona la predisposición a no dañar y deben hacer juicios morales muy difíciles. Quizás el experimento más demostrativo de cómo funciona el instinto a no dañar, entre muchos otros, es el del "tranvía". A los sujetos experimentales (como siempre normalizados) se les presenta el siguiente problema: Usted está en una pasarela elevada sobre la línea de un tranvía y observa que éste se acerca a buena velocidad hacia un grupo de cinco personas que transitan por la vía sin percatarse del tranvía que viene. El ruido ambiental le impide avisarles gritando y desde su posición hacerles señas que vean. Usted debe salvarlos de un daño (muerte) seguro, para lo cual tiene dos opciones: Cambiar el trayecto del tranvía hacia una línea auxiliar a través de una palanca que usted puede operar y está a la mano. El problema es que por la línea auxiliar camina otra persona también inadvertida del tranvía con lo cual su muerte es segura. La segunda opción es que usted empuje a un sujeto muy obeso sentado en la pasarela y que con su caída ciertamente detendrá el tranvía y los cinco sujetos se salvarán, pero él morirá. Las dos alternativas son matemáticamente iguales cinco personas se salvan, una muere. Usted no conoce a ninguno de los seis pues pertenecen a un grupo social indeterminado y diferente al suyo. Con esto el experimentador se asegura que no haya Teoría de la Mente, Reciprocidad, Justicia o Altruismo genético o recíproco operando.

Repetido este experimento innumerables veces en distintos laboratorios y con diferentes sujetos experimentales el resultado es prácticamente siempre el mismo. Se prefiere la muerte de la persona que transita por la línea auxiliar y se salva al obeso sentado en la pasarela. Siendo las condiciones de los seis iguales, inocentes desconocidos y las relaciones matemáticas idénticas, uno muere, cinco se salvan, la pregunta es por qué casi la unanimidad prefiere la muerte del transeúnte. La respuesta, corroborada con las entrevistas posteriores a los sujetos experimentales, aclara como opera la "mente" moral. Cambiar la dirección del tranvía es un acto mediado por instrumental electromecánico mientras que, empujar al obeso es una conducta físicamente personal. El ínfimo porcentaje de los que prefieren no hacer nada y la muerte de cinco, dieron razones claramente psicopáticas (no quiere problemas posteriores con la justicia). Los dos o tres (entre miles) que prefirieron empujar al obeso resultaron psicópatas (desde pequeño odio a los gordos, irresponsables con su propia salud).

Este experimento crucial (y muchos otros parecidos) muestra que la predisposición a ayudar y no dañar a los demás está instintivamente enraizada en el aparataje neuropsicológico de la especie humana, pero de un modo singular. La ayuda y el no daño deben ser actos personales que necesitan un fuerte soporte emocional para que las aplicaciones deliberadas de normas morales concretas se manifiesten en situaciones específicas. La angustia reportada por los sujetos frente a la posibilidad de empujar al obeso es señal de las relaciones entre normas morales y emociones, que no es abstracta y general, como supondría una ética racionalista, sino práctica, determinada por las experiencias directas que cada uno enfrenta. Esto nos lleva a las emociones sociales y su trascendencia para el buen funcionamiento de los sistemas de control de los comportamientos sociales.

6. Las emociones sociales

Las emociones son, como hemos visto (Capítulo 1), otras formas de saber sobre el entorno físico y social (peligroso-agradable) y sobre el estado mental y corporal de uno mismo (estoy alegre, tengo dolor), y, además, tienen un efecto primordial sobre el aprendizaje, asignando valor existencial a las diversas experiencias que, si son valiosas, pasarán a la memoria de largo plazo (Capítulo 1). De esta manera, los componentes informacionales de estas experiencias mantenidas en la memoria, tienen una capacidad predictiva sobre acontecimientos futuros y su eventual valor existencial, con lo que en buena medida definen los comportamientos más apropiados desde el punto de vista social. Ayudar me produce satisfacción, y las personas ayudadas me tendrán cariño. Ofender a otros, por rabia o inadvertencia, produce vergüenza y los ofendidos tendrán ira o tristeza. Así, las emociones guían y orientan las conductas sociales tanto por lo que la persona siente o ha sentido al realizar algún acto que implique a otros, como por las emociones o sentimientos, que sabe o supone (Teoría de la Mente), ese acto despertará en los otros directamente implicados, o aún en meros observadores. Éstos también importan porque frente a ellos la persona juega su prestigio. Este verdadero juego dialéctico entre las emociones y sentires de la persona que realiza un acto social, esto es, con efectos sobre otros, y las correspondientes emociones y sentires de los otros (o de los observadores), es especialmente prominente en cuanto guía de las conductas. Esto, cuando los actos pueden enmarcarse en normas morales, sea porque se cumplen con satisfacción emocional en ambos polos de esta dialéctica (agente e implicados), o porque se trasgreden con vergüenza del agente, y desprecio o disgusto de implicados, y observadores. Esta es la definición estándar de los juicios morales. Sin embargo, el cerebro rara vez opera de este modo. Las emociones sociales son componentes automáticos y no deliberados de decisiones y conductas que impliquen principios morales.

Estas operaciones mentales son la manera como reglas y normas sociales, en sí mismas impersonales, controlan y guían el aprendizaje y las memorias apropiadas de las personas ultra-individuadas y al mismo tiempo ultra-sociales. La impersonalidad, que más arriba calificamos de cognitiva de reglas y normas, tienen efectos prácticos cuando se acompañan de las emociones sociales no deliberadas que corresponde. El psicópata frío de ánimo, no tiene, como sabemos control emocional automático de sus conductas. Éstas son características críticas de las culturas humanas y su evolución pues, más allá de acuerdos y riñas individuales, definen estándares de comportamiento. Para todos los miembros de un grupo, especial, cuando son convencionales o para toda la comunidad, cuando son principios morales. Cualquier Cultura, para serlo, se funda en sistemas normativos compartidos. Los sistemas normativos emocionalmente valorados permiten navegar entre el Escila de la inevitable sociabilidad cooperativa y pacífica, y el Caribdis de la también inevitable autonomía creativa y personal. Sin embargo, la movilización de emociones y sentires no es igual frente a reglas convencionales y las normas que dependen de principios morales.

En las primeras, reglas convencionales, su incumplimiento provocará desde rubor o desazón, a vergüenza o arrepentimiento en el sujeto que no las cumple, y risas, desencanto, desdén, disgusto o rabia entre los implicados y/o observadores. La ruptura de normas morales fundamentales (mentir, robar o dañar y matar) convierte al hechor en culpable, tanto para sí mismo (si no es psicópata) como para los demás. La noción de culpa tiene sentires emocionales asociados. A la vergüenza y la rabia del agente se agrega el temor de las consecuencias de sus actos y el desprecio, la ira, el miedo de los implicados y observadores, sentimientos que en personas normales son automáticos e inevitables. Por supuesto, la culpa y sus sentires asociados admiten cierta gradualidad. Una mentira pasajera es diferente a asesinar al vecino. Esta gradualidad de la culpa hace que en el lenguaje cotidiano pueda hablarse (incorrectamente) de culpa frente a transgresiones de reglas convencionales. Esta zona gris es importante por sus efectos en el Derecho y los sistemas judiciales, que transforman reglas y normas en reglamentos y leyes (Capítulo 9). En éstas las hay para castigar trasgresiones menores (pasar un disco pare) o ruptura grave de normas morales (estafar y matar). En este mismo sentido de gradualidad psicológica y judicial operan los factores llamados agravantes o eximentes.

7. Los comportamientos sociales

La razón de nuestra ultra-sociabilidad es patente (Capítulo Tres). Somos incapaces de sobrevivir aislados, mucho menos nuestros vástagos absolutamente desvalidos y por largo tiempo dependientes. Nuestros atributos sociales innatos son vigorosos. El Altruismo nos permite ayudar y cooperar y la Teoría de la Mente nos hace posible conocer, compartir, empatizar con los demás e identificar a los tramposos. Nuestra ultra-individuación es un resultado de nuestras privilegiadas conciencias subjetivas y memoria autobiográfica. Ellas son, sumadas a la fuerza motivacional del prestigio, las que nos impulsan a subir en las escalas jerárquicas, para lo cual necesitamos ser innovadores y creativos. Pero la fuerza de la sociabilidad paralela a la de la individuación, pueden ser disociadoras por lo que requieren un control de los comportamientos inducidos por estas fuertes predisposiciones. El primer dispositivo neuropsicológico que hace posible aplicar sistemas de control, es nuestra innata tendencia a crear, aceptar y compartir normas y reglas cuyos contenidos orientan las conductas individuales y colectivas. Otra forma de control es nuestra innata disposición a ser influidos por presiones sociales las que tienden a homogenizar nuestras creencias, deseos y conductas con las del grupo al que pertenecemos. A estas presiones se agregan los controles más potentes de los sistemas regulatorios y las emociones de las cuales las normas y reglas derivan su fuerza. Es claro que las normas surgidas de principios morales universales son más permanentes y emocionalmente más vigorosas que las reglas convencionales. Miradas en conjunto todas estas predisposiciones, dibujan un esquema bien coherente del funcionamiento conjunto de nuestra ultra-sociabilidad y nuestra ultra-individuación y sus controles articuladores.

En cuanto al procesamiento neuropsicológico de las normas basadas en principios morales universales debemos suponer que en él hay diferencias, llamémoslas necesarias, con los procesos que computan reglas convencionales. Éstos son producto de aprendizajes culturales, mientras los principios morales, en su esencia, deben ser innatos. Lo demuestra así su carácter universal, ya que están presentes en todas las culturas conocidas, especialmente los negativos (no matar o robar). Así, los principios morales son característicos de nuestra especie Homo Sapiens.

Una diferencia entre reglas convencionales y normas morales, es la participación en estas últimas de regiones cerebrales que no se activan en las primeras. Los estudios más recientes con RMF (Resonancia Magnética Funcional), en sujetos experimentales, a quienes se les proponen dilemas morales (por ejemplo, el caso del tranvía), es la activación del gyrus angularis (conjunción temporo parietal) del lado derecho al que previamente se había relacionado con la atribución de creencias. Menos intensas son la participación de la corteza parietal, la corteza prefrontal medial y la ínsula anterior, todas las cuales se relacionan con la Teoría de la Mente. Así, es seguro que existe una interacción entre juicios morales y teoría de la mente, lo cual podría haberse esperado pues las ideas y acciones con contenido moral siempre se refieren a otros, en particular los del propio grupo, de los cuales nos interesan sus intenciones y demás procesos mentales.

La última diferencia entre normas morales y reglas convencionales es la participación probable de las neuronas Von Economo en los aspectos deliberativos conscientes de los juicios morales. Estas neuronas también llamadas fusiformes (por su forma de huso) existen en abundancia en el ser humano, mucho menos en chimpancés y bonobos, y son muy escasas en los otros antropoides. No existen en las demás especies. Ellas se sitúan en la corteza cinglada anterior y fronto insulares y son más abundantes a derecha. Debido a su posición se piensa que procesan la relación entre aferencia (información que llega al cerebro) proveniente de los sistemas somáticos (percepciones y asociaciones que llegan a la conciencia), y los autonómicos (implícitos) que indican el estado corporal presente (el aquí y el ahora). A estos procesos cerebrales se incorporan computaciones de las cortezas cognitivas prefrontales (cíngulo) que controlan nociones acerca del resultado de las acciones con vista al futuro. En este sentido serían parte de los juicios morales, en cuanto al resultado de las acciones que incluyen normas morales. La otra característica importante de las neuronas fusiforme Von Ecónomo es que ellas aparecen en el cerebro (es decir, maduran) alrededor de los 18 años de edad, precisamente en la época del desarrollo del joven en la que puede formular juicios morales y aparece la noción de consecuencialidad.

Ciertamente, el procesamiento operacional (esto es, respecto a acciones posibles o efectivas) de las normas morales ocupa varios otros módulos cerebrales que de algún modo comparte con las reglas convencionales como por ejemplo la tríada que vimos en el TOC.

El lector no especializado puede criticar lo detallado de esta presentación. Esto, sin embargo, es, para este autor, una decisión deliberada. Me interesa sobremanera que, precisamente lectores ajenos a la Neurobiología conozcan los avances de ésta, en ámbitos hasta hace poco exclusivos, de las humanidades y las religiones. El procesamiento de la "Conciencia Moral" me parece un excelente ejemplo. En todo caso este complejo aparataje neurobiológico puede homologarse en sus resultados operacionales a la gramática. De hecho, tal como la sintaxis ordena las oraciones cualquiera sea su contenido semántico, las normas morales procesan pensamientos y acciones de acuerdo a su simple gramática: ayudar, cooperar, no dañar, respetar. Prácticamente todas las normas morales pueden ser, de algún modo, incorporadas a estos cuatro conceptos. Esta maravilla de simplicidad operacional también se encuentra en el lenguaje que puede expresar cualquier contenido mental con no más de 40 fonemas que forman palabras, las que se organizan según no muchas reglas gramaticales y sintácticas. Por esta razón hablar de una gramática moral es perfectamente lícito. Por otra parte, tanto el lenguaje como los principios morales deben representar intenciones. Ideas que se comunican en el caso del habla, relaciones sociales apropiadas, en el caso de la moral. El efecto de las intenciones es, como hemos visto, evaluado por los sistemas emocionales que dan sustento y controlan lo apropiado (o no) de las acciones sociales. Satisfacción y vergüenza son formas emocionales, de control de los comportamientos sociales.

Así, la sociabilidad humana funciona como una nave compuesta de dos motores y un timón. Un motor es social, el otro, individual y el timón los sistemas de control. La cuestión que ahora debemos responder es cuál es la ruta de esta nave, qué puertos quiere tocar y qué aparataje técnico (brújulas, sextantes) tiene para navegar en el mar de la Cultura. En este sentido hay respuestas bastantes obvias y que ya he sugerido. Los grupos humanos en los que el esquema de nuestra sociabilidad-individuación funcionan como los motores y un timón que controla las conductas sociales, tal como nuestra nave metafórica, han sido suficientemente exitosos como para sobrevivir y prosperar mientras aquellos grupos en los cuales predomina alguno de sus motores o no tienen timón, han fracasado. Pensemos en culturas en las que ha predominado, por ejemplo, el motor social. Sin el contrapeso de la creativa autonomía personal, dominadas por grupos y estados totalitarios, o líderes absolutistas, han devenido en decadentes estructuras rígidas y/o criminales sin el frescor y las innovaciones que producen la iniciativa y la autonomía (libertad) personal. La historia lejana y actual está repleta de estos ejemplos. Por otra parte, grupos y naciones en que predomina el motor individual se transforman en caóticos conjuntos de personas, o ínfimos grupos incapaces de cooperar en proyectos mayores y/o mantener estériles rivalidades que hacen imposible una paz proactiva. También, abundan los ejemplos de culturas y naciones que presas del desorden y una competencia sin cuartel, van a la desintegración. Por supuesto, estos predominios destructivos de uno y otro motor son etapas, largas o cortas, que la mayoría de las sociedades humanas ha sufrido y remontado, a veces cambiando de motor predominante, pasando del totalitarismo a la anarquía o al revés, del caos al absolutismo. Consideremos, por ejemplo, el alza y la caída del Imperio Romano o de la cultura clásica de Grecia.

Por otra parte, es claro, el mero cambio de motores no es la solución. Los grupos y sociedades más exitosas son las que tienen y usan con la debida firmeza sistemas normativos que controlan, como el timón de nuestro barco, los comportamientos sociales de modo que logren desarrollar una cultura pacífica (no dañar) y cooperativa (ayudar) pero que, al mismo tiempo, respete una autonomía personal innovadora y creativa. Sin embargo, nuestra metáfora naval, probablemente existió, así de simple y desnuda, en nuestros ancestros homínidos más exitosos que, por serlo, prevalecieron y, en el largo plazo, originaron el Homo-Sapiens.

Es evidente que este esquema de la arquitectura global de funcionamiento de nuestra sociabilidad puede parecer demasiado simple o sintético, dada la inmensa complejidad de nuestro cerebro y de las facultades mentales que él procesa. Sin embargo, y considerando que en el curso de estos capítulos hemos tratado las distintas predisposiciones que nos hacen ultra-sociales y ultra-individuados, además de los sistemas de control del comportamiento social, esta esquematización me permite introducir un concepto capital de este libro. El componente neurobiológico del Derecho, los arreglos económicos y la Política, que son manifestaciones y arreglos culturales (instituciones y organizaciones), manifiestan la tríada fundamental de la mente humana. Sociabilidad - Individuación - Sistema de Control.

CAPÍTULO 5.

La construcción de un mundo compartido

La tesis general de esta primera sección del libro, que termina con este capítulo es que las predisposiciones neuropsicológicas humanas, memorias y aprendizajes; lenguaje y comunicaciones; sociabilidad-individuación; sistemas de control del comportamiento social son moduladas y especificadas por cada comunidad de modo de construir visiones del mundo compartidas a lo que llamamos Cultura.

El aparataje neurobiológico que sustenta esas visiones debe ser capaz de establecer sistemas de distinciones, que signifiquen preferencias, creencias, deseos y valoraciones, que instalan no sólo costumbres y formas de organizar la vida social común, sino también, la capital noción de que los otros ven el mundo tal como yo lo veo y, si bien pueden tener objetivos, opiniones, ideas, creencias y cualquier otro contenido mental distinto a los míos, compartimos una visión general de las cosas (físicas y sociales) y de las razones por las cuales ellas ocurren. Así la Cultura, se constituye en la mente de las personas no sólo como costumbres, lenguajes o instituciones objetivas sino visiones profundas y compartidas de un mundo y sus relaciones, que para los individuos aparece como natural y obvio.

Desde esta perspectiva vale la pena recordar la expresión de Konrad Lorenz: "el capital genético de las especies, es una hipótesis de trabajo sobre el entorno al cual ellas llegan". En la especie humana, a este dictum, que se mantiene en cuanto a las predisposiciones innatas, se agrega que la Cultura a la que cada cual llega y pertenece, es una hipótesis de trabajo sobre el entorno (físico y especialmente social) y la manera como él funciona. Esta idea, la Cultura como hipótesis de trabajo sobre el entorno de cada cual, tiene profundas implicancias y consecuencias neurobiológicas y mentales. La primera, es que la Cultura a la que uno llega al nacer, ya existe y tiene su estructura y funciones previamente bien definidas. Pensemos, con Lorenz, en el pez con sus escamas, cola y branquias, llega al agua que ya tiene sus propias características físico-químicas. El maridaje genes-entorno es casi perfecto. Esto no ocurre con el recién nacido humano y su entorno cultural. Este último no es predecible por el niño dado que las culturas son mucho más variables que las aguas en donde viven los peces.

Esto no significa que nuestras dotaciones genéticas innatas no sean también, en la especie humana, hipótesis de trabajo sobre el mundo al cual al nacer llegamos. Desde el punto de vista de las condiciones físico-químicas de nuestros entornos, nuestros organismos están perfectamente diseñados por la evolución. Nuestros pulmones con los gases atmosféricos, nuestros metabolismos, aparato digestivo y riñones con los alimentos que podemos comer y los líquidos que podemos beber. Nuestro cuerpo y sus posiciones considerando la gravedad, las relaciones masa-fuerza y demás leyes de la física, mientras nuestra piel se hace cargo de la potencia solar, de las lluvias, etc. En el dominio social también nuestra genética produce atributos mentales que predicen que llegamos a vivir en comunidades compuestas por individuos al mismo tiempo ultra-sociales y ultra-individuales. Estos dispositivos cerebrales y tales atributos mentales son los que resumimos en esta primera sección de nuestro libro. Sin embargo, ellos no sólo permiten, sino de cierta manera nos obligan a tener culturas como una inevitable forma de vida. Sin embargo, como las culturas son de una enorme variedad (costumbres, lenguajes, reglas, etc.) cada persona tiene la absoluta necesidad de adaptar su mente, prácticamente desde su nacimiento, a los usos de la Cultura específica en que debe vivir. Desde esta perspectiva este capítulo explora de qué manera los diversos atributos de su mente (que conocimos en los capítulos anteriores) se acomodan a la particular Cultura que debe compartir.

Esto nos lleva a dos consecuencias neuropsicológicas trascendentales.

La primera es que el equipamiento genético, especialmente el que define el funcionamiento del cerebro, requiere ser más abierto y plástico que en las demás especies porque la inmersión del niño en su propia Cultura (que define su visión general del mundo) necesita experiencias que induzcan aprendizajes y contenidos de memorias estrictamente pertinentes a esa Cultura en particular. La segunda es que esta relación, –experiencias con aprendizajes y memorias– debe empezar muy temprano en la vida del niño con los ritmos y contenidos dispuestos por su capital genético (Capítulo 1).

Desde esta perspectiva es necesario recordar que la maduración de los atributos neuropsicológicos del niño está genéticamente programada, a través de lo que en el Capítulo 1 llamamos plasticidad y períodos críticos. Estas condiciones operan determinando lo que podríamos llamar un "bucle virtuoso": 1. La maduración genera nuevas posibilidades de procesar información, 2. La nueva información le llega al niño a través de experiencias inducidas por su medio ambiente. 3. Éstas para él, novedosas informaciones tienen dos efectos: permiten nuevos aprendizajes, y estimulan el desarrollo de capacidades adicionales, que, aunque son innatas, requieren de la activación de la experiencia, que ahora sí, el cerebro infantil puede procesar; 4. Dado que hay una gran variedad de atributos que simultáneamente están madurando, este conjunto mejora las capacidades mentales del niño que pasa a una nueva etapa más compleja de su desarrollo. Un ejemplo de este bucle virtuoso es el lenguaje (Capítulo 2). El habla humana es innata, pero, para desarrollarse requiere de vivir en un ambiente en el cual existan otros hablantes. La secuencia de atributos que maduran es específica.

Hay un predominio inicial de las valoraciones emocionales, seguidas por las disposiciones mentales que procesan sociabilidad y lenguaje, siendo bastante más tardías en su maduración las competencias más cognitivas como racionalidad y procesamientos matemáticos. Sin embargo, capacidades como consecuencialidad y juicios morales autónomos maduran, con las neuronas de Von Económo, recién al terminar la adolescencia. Así, definidos los procesos mentales y su maduración ellos participan en el complejo entramado neuropsicológico que sustenta la Cultura humana y su evolución. De su interacción no lineal nos preocuparemos a continuación.

1. Diseño del desarrollo progresivo y secuencial de los procesos mentales

La primera cuestión importante es la razón de la maduración progresiva de específicos atributos mentales en un orden muy preciso e invariable para todos los niños normales de nuestra especie. Este diseño del desarrollo progresivo y secuencial de nuestros procesos mentales es sin duda genético y, como tal, de raíces evolutivas, con lo que puede afirmarse que nuestros ancestros homínidos, que por cualquier razón (mutaciones, traslación cromosómica, variaciones en la expresión de ciertos genes, etc.) fueron incorporando, sucesivamente a su capital genético, los elementos que configuran este diseño madurativo, resultaron capaces de sobrevivir y reproducirse más y mejor respecto a los homínidos que no lo hicieron. Para reforzar esta idea consideremos que, como insistimos en el Capítulo 1, cada nuevo atributo o habilidad mental que madura, siguiendo sus propios períodos críticos, abre nuevas capacidades de operar en el mundo, pero también nuevos espacios de aprendizaje y memorias que permiten ingresar y depositar nuevas informaciones, que ahora sí se pueden procesar y asociar, por un cerebro que se desarrolla siguiendo la mecánica del bucle virtuoso que acabamos de describir: Nuevo atributo, nuevas experiencias (significativas), nuevas informaciones, mejores conductas, etc. Aquí tenemos un cerebro que madura y, al mismo tiempo, internaliza su propia Cultura. Nuevas informaciones, nuevas actitudes y valoraciones que se manifiestan conductualmente en prácticas culturales y sus simbologías.

Si consideramos el apartado sobre filogenia del habla humana, estudiado en el Capítulo 2, tendremos un cierto modelo o hilo conductor para explicar, evolutivamente, el diseño (genético) de la maduración progresiva y secuencial de atributos y habilidades mentales que hacen posible incorporarnos a nuestra propia Cultura. Una hipótesis adicional es, que un modelo semejante nos permitiría explicar el progresivo despliegue de la Cultura como tal, desde los pre-homínidos (Australopithecus Afarensis) hasta el Homo Sapiens actual. En efecto, partimos recordando que nuestra sociabilidad es imprescindible y genéticamente inevitable porque: a) nuestros vástagos son absolutamente desvalidos y dependientes; b) el Homo Sapiens adulto es incapaz de sobrevivir aislado (Capítulo 3). c) Nuestro recién nacido logra sobrevivir porque es capaz de hacer distinciones emocionales de sus percepciones y sentires. Llora si tiene dolor, hambre, sed, sueño, molestias, y sonríe si está tranquilo, si está satisfecho o complacido; d) la relación madre-niño estructuralmente precableada y bioquímicamente mediada (oxitocina) en ambos, hace que el niño sea alimentado y protegido y la madre satisfecha por hacerlo; e) a este proceso infantil se agrega pronto (4 a 5 meses) desconocer a extraños, aceptando en grados diferentes a desconocidos (reconocer caras). Es el inicio de su sociabilidad.

Ésta, sin embargo, se despliega en los adultos. La madre tiene pareja y familia con lo que se instalan normas culturales de parentesco muy elaboradas en el Sapiens, pero, sin duda existente en el Australopithecus Afarensis (Huellas de padres e hijos en Laetoli, Lago Turkana) y también desde el Homo Habilis en adelante (Hallazgos arqueológicos de grupos familiares y, además, grupos de adultos en "fábricas" de instrumentos de piedras). En paralelo y, en especial, a partir de los 5 a 6 meses (período sensorio-motor) el niño es capaz de atender, percibir y moverse (gatea, y al año camina) con lo que activa sus intuiciones sobre las leyes que rigen el ambiente físico en que se desenvuelve (gravedad, masa, peso, velocidad, etc.).

Esta primera etapa de la maduración del niño y de los efectos de sus incapacidades y dependencia de los adultos no son sorprendentes. La relación madre-niño existe prácticamente en todos los mamíferos, muchas aves y reptiles. Sin embargo, la muy temprana sociabilidad humana, más allá de la relación del hijo con su madre, ha sido experimentalmente demostrada. Hermann (2007) compararon la respuesta de niños humanos de 2 años y medio y la de chimpancés (y orangutanes) de igual edad, a un conjunto de test cognitivos que medían las habilidades para resolver problemas del mundo físico, y habilidades sociales. Los resultados comparables de niños en una etapa pre-lingüística (aunque comprenden y pronuncian palabras) y primates con el mismo nivel de maduración, mostraron iguales capacidades para lidiar con el mundo físico, pero una mucha mayor habilidad de los niños humanos en tareas de cognición social: reconocer, compartir y cooperar con otros, comunicación gestual, etc.

Este experimento, junto a las etapas de maduración de la mente humana que describimos (Capítulo 1) significa desarrollo inicial de distinciones emocionales, aplicadas a partir de los 5 o 6 meses a las relaciones con otros (desconocer extraños), muestra que la sociabilidad, valorada emocionalmente, se sostiene en dispositivos neuropsicológicos que aparecen muy temprano y que se desarrollan con vigor cuando, entre los 3 y 6 años, se instalan y se sofistica el lenguaje, la teoría de la mente, el altruismo y las tendencias jerárquicas, componentes de nuestra ultra-sociabilidad (Capítulo 3). Todas estas disposiciones mentales se manifiestan a esa edad principalmente en el juego, aunque también en otras interacciones sociales. El niño de 3 a 6 años camina y habla con lo cual es, sin duda, más independiente. Estas interacciones sociales, por ejemplo, con padres, familiares y vecinos, le permiten expresar y aprender a partir de algunas predisposiciones innatas, tales como, obediencia a la autoridad o sistemas regulatorios de la conducta: qué y cómo comer, el trato apropiado a padres, mayores o compañeros, las vestimentas que corresponden. Así, el niño se está incorporando a regulaciones convencionales e inicia su introducción a normas morales (Capítulo 4) en esta etapa, a través de premio-castigo, dado que juicios morales autónomos son mucho más tardíos. Este conjunto de aprendizajes, basado en predisposiciones genéticas que se expresan desde estas edades en adelante, sufre por supuesto, especificaciones culturales. Por su parte, los juegos con compañeros que sólo en los humanos se mantiene en adultos, son también prácticas culturales de cada grupo social y en ellos se manifiestan formas regladas de compartir, cooperar y también competir. Se trata, como vimos, de nuestra prolongada Neotenia.

El concepto "competir" nos hace recordar la individuación que también se instala firmemente entre los 3 y 6 años. Es el tiempo en que aparece la memoria autobiográfica, la conciencia subjetiva, con el sí-mismo que es otro y distinto a todos los demás, y agente intencional de sus propias conductas, con sus propios recuerdos y pensamientos, con lo que la tensión entre sociabilidad e individuación hace su aparición sobre la Tierra en un nivel muy alto e incomparable con cualquiera otra especie (Capítulo 3). Si consideramos a nuestros primos antropoides, podemos ver que en ellos predomina la competitividad por sobre la cooperación proactiva, y el macho dominante tiene todos los derechos mientras los demás sólo obedecen o confabulan. A esta descripción son algo ajenos los bonobos que compiten poco, pero, también tienen un bajo nivel de cooperación proactiva sólo concebible en el Homo Sapiens.

En esta circunstancia es posible afirmar que la Cultura, en sus aspectos fundamentales, está instalada en la mente del Homo Sapiens ya al cumplir 5 a 6 años de vida. En esa etapa de su desarrollo, ha aprendido los modos de comportamientos más básicos y apropiados en sus relaciones sociales. Ha incorporado regulaciones que le hacen posible coordinar sociabilidad (Altruismo, Teoría de la Mente, Jerarquías) con individuación (memoria autobiográfica, conciencia subjetiva) de manera de ayudar, cooperar, no dañar, respetar, y al mismo tiempo, buscar prestigio a través de una autonomía personal de algún modo creativa. Estas expresiones de su sociabilidad y su individuación son naturalmente mediadas por un lenguaje y sus inflexiones propias de esa cultura particular. Sin embargo, a este despliegue de una visión de mundo compartida y de conductas cooperativas, faltan variados componentes de tipo más cognitivo y tecnológico que se agregan, sin reemplazar, pero modulando las prácticas culturales de un niño de 6 a 7 años.

Esto no significa que las bases fundamentales de las más elevadas y complejas funciones cognitivas (racionalidad-aritmética) estén ausentes en el niño pequeño. En él aparece la noción de causalidad o axiomas del tipo "dos cosas no pueden ocupar, simultáneamente, el mismo espacio"; se da cuenta que un objeto permanece en su lugar, aunque no se vea (detrás de un telón); entiende que la movilidad de un objeto es el resultado de una fuerza que lo empuja. También puede contar y, eventualmente, sumar y restar objetos concretos (manzanas, personas, etc.) en cantidades inferiores a 10. Estas habilidades mentales y varias otras del mismo tipo fueron consideradas por Piaget, a principios del siglo XX, como componentes de lo que él llamó "Período Preoperatorio" (2 a 6 años) dado que se manifiestan sólo en relación a cosas concretas y presentes, esto es no abstractas y en el aquí y ahora. Experimentos posteriores en diferentes laboratorios han mostrado que, la seminal contribución de Piaget respecto al desarrollo cognitivo del niño, es en general correcta, aunque algunas de las habilidades por él descritas aparecen antes de los 2 años (período sensorio-motor de Piaget) cuando al método experimental se agregan elementos que Piaget no consideró. Por ejemplo, atención (fijación de la mirada) cuando algo "esperable" ocurre o "sorpresa" (gestual) cuando no sucede, Algunas de estas manifestaciones, que no requieren del lenguaje aparecen aún antes que el niño cumpla su primer año. Por supuesto, con la maduración más acabada del lenguaje (3 a 4 años) todo esto varía. El desarrollo piagetano entra a nuevos períodos: operaciones concretas 6 a 11 o 12 años y operaciones abstractas en paralelo con la llegada de la pubertad. (Gráficos sobre la maduración ontogenética al final del capítulo).

Desde el punto de vista de la Cultura lo más crítico respecto al lenguaje es que, obviamente, lleva la posibilidad de comunicarse a un nivel absolutamente superior. Además, transforma las predisposiciones puramente biológicas en conceptos verbalizados, con lo que una actividad intuitivamente "satisfactoria" o "peligrosa" se denota simbólicamente con palabras. Éstas se guardan en la memoria (junto a otras similares) como conceptos abstractos, enmarcados en categorías, con lo que se hacen parte de un pensar que puede adelantar el futuro o recordar el pasado. Todo nuestro mundo cultural se caracteriza, se hace abstracto y forma categorías como parte de la memoria y puede ser conscientemente manejado para el propio provecho y/o el de su grupo. (Capítulo 1).

En el capítulo 1 (Memoria y Aprendizaje) y también en el 4 (Sistemas de Control del Comportamiento Social) hemos visto que depende de la valoración emocional la información que se incorpora como memoria de largo plazo, cómo se manejan reglas sociales, y cómo se adaptan determinadas creencias (creer no es un asunto sólo religioso). Se puede creer (pensar) que los extranjeros son enemigos o que es adecuado regalar flores a la novia.

Una cosa similar sucede con los atributos de la sociabilidad, especialmente con Altruismo y con Jerarquía y Poder. Porque en el cerebro lo que madura es la capacidad de ayudar, pero el modo concreto como esta aptitud se manifiesta, depende de alguna medida de las especificaciones culturales, las que por supuesto se aprenden. La Teoría de la Mente es mucho más automática. Depende poco de aprendizajes. Sin embargo, el modo como se sanciona a los tramposos es enteramente aprendido, es decir es parte de la Cultura.

Notará el lector que entre los aprendizajes tempranos (antes de los 6 años) me he extendido en el lenguaje y en las distinciones emocionales. Por supuesto, esto es algo esperable. Por una parte, el lenguaje con su estructura semántica y gramatical-sintáctica, es un actor privilegiado en el pensamiento conceptual abstracto (lo semántico) y en la organización del razonamiento (la sintaxis). Las distinciones emocionales tienen en la construcción de un mundo cultural compartido un papel predominante por dos razones neuropsicológicas. La primera es que por definir el valor que se atribuye a las cosas, eventos y personas, modula o más bien hace posible las operaciones de los Sistemas de Control de Comportamiento Social (Capítulo 4) con lo que la aplicación efectiva, por parte del sujeto de reglas sociales y normas morales de algún modo depende del valor (emocional) que se asigne a tales normas y reglas. La segunda razón para resaltar su trascendencia es que, como vimos en el Capítulo 1, la memoria emocional es implícita, es decir no está presente en la conciencia del sujeto. Si unimos estas dos características la trascendencia de las distinciones emocionales aprendidas en la primera infancia es verdaderamente crucial. Esto es la base de actitudes, preferencias, creencias y deseos que se mantienen a lo largo de toda la vida, sin que el sujeto (joven y adulto) sepa el origen de sus acercamientos o rechazos, preferencias o distanciamientos de cosas, personas o eventos. Por supuesto, ésta es la causa principal de la aceptación acrítica de creencias y regulaciones con las que las culturas domestican a las personas que crecen en ellas.

La maduración y desarrollo de las capacidades cognitivas superiores se establece entre el tranquilo tiempo de los niños entre los 7 y 12 años. Aprenden Historia, Biología, Matemáticas, asuntos que son importantes pero que no pertenecen necesariamente al núcleo de sus culturas. Es el tiempo de las operaciones concretas y las operaciones abstractas de Piaget, interrumpido por la tormenta hormonal de la pubertad-adolescencia, y la maduración final de consecuencialidad, juicios morales autónomos, todo lo cual es tremendamente importante para el destino personal, pero mucho menos que la integración del individuo a su propia Cultura. Sin embargo, es bueno considerar que, en estas edades, en que el niño abandona la protección permanente de su propia familia, se ejercen las presiones sociales (compañeros, amigos, etc.) que conocimos como "conformidad", y que de algún modo estandarizaron opiniones, creencias y prácticas culturales. Naturalmente las presiones sociales se mantienen el resto de la vida de las personas, pero sus efectos dependen del carácter individual y de la fortaleza de los aprendizajes tempranos.

2. La exploración del origen de la Cultura

Ya de adultos, los individuos integrados a su propia Cultura tendrán opciones ideológicas, políticas y económicas (o de revisión religiosa) respecto a las cuales sus decisiones también estarán marcadas por su carácter y por su aprendizaje (experiencias) más tempranos. Estas opciones se vieron en la segunda parte del libro.

Sin embargo, la construcción de una Cultura compartida no es una tarea que se limite a las experiencias y aprendizajes individuales. Hay un aspecto crucial que es indispensable explorar que se refiere a la manera cómo los individuos llegaron a coordinar unos con otros sus predisposiciones sociales para en conjunto establecer procesos y prácticas culturales. Estos mecanismos deben rastrearse en la evolución filogenética del Homo Sapiens, puesto que con seguridad ya en los homínidos más antiguos, los recién nacidos arribaban a un mundo "culturalmente" compartido, establecido por muy lejanos antecesores.

Esta afirmación no debería ser extraña o sorprendente. De hecho, hay registros de la existencia de una podríamos decir "protocultura" en varias especies de mamíferos y por supuesto en chimpancés y bonobos. Las orcas enseñan a sus crías técnicas para cazar focas, su principal alimento. En ella la caza es un instinto modulado y especificado por el aprendizaje. Los suricatos (especie de mangosta africana que vive en el Kalahari) enseñan a sus crías a cazar escorpiones, su peligroso plato favorito. Por su parte, diferentes especies de delfines (que además se comunican con ruidos respiratorios muy específicos) enseñan a sus crías las técnicas de cazar sardinas, o lenguados, según prefiera esa particular especie.

Grupos de chimpancés con mayores habilidades manuales que otros mamíferos, y con un cerebro un tercio del tamaño del humano, han inventado tecnologías algo diferentes en las distintas hordas. Aguzan puntas de ramas para buscar insectos y larvas en troncos podridos con lo que agregan proteínas a su dieta. Golpean con piedras envolturas de nueces o cocos los que ubican en una especie de yunque de madera dura para acceder al interior y comer su contenido. Hay registros filmados de estas operaciones durante las cuales enseñan a sus crías las mejores técnicas. Una macaca japonesa descubrió que podía limpiar granos y semillas con agua de mar, que escurría entre sus manos. Los investigadores pudieron seguir la difusión de esta innovación en forma creciente entre poblaciones de macacos que vivían cercanos a la inventora. Todos estos ejemplos indican que estas especies han introducido innovaciones no instintivas que pueden enseñar a criar a otros grupos. Sin duda estamos en presencia de una proto-cultura.

En este punto de la exploración del origen de la Cultura podemos preguntarnos por qué los chimpancés no evolucionan de su proto-cultura a las formas complejas de interacciones sociales que tiene el ser humano, cuyos productos técnicos y procesos simbólicos construyen nuestras culturas. Las razones de estas diferencias son evidentes: a) El tamaño cerebral y sus atributos: capacidad de aprendizaje, racionalidad, etc.; b) El lenguaje y sus efectos en la comunicación y en el pensamiento; c) La especial sociabilidad humana que privilegia la cooperación sobre la confrontación, prevalente en los chimpancés. Por supuesto, para los lectores de este libro esto es trivial. Sin duda, ya descubrieron que los puntos a), b) y c) son el contenido de los primeros capítulos de este libro. Sin embargo, estas gigantescas y evidentes diferencias presentan un problema en cuanto a la evolución de las culturas. Nuestro género se separó del antecesor común con los chimpancés hace 6 o 7 millones de años. En todo este larguísimo tiempo han ocurrido una enorme cantidad de variaciones evolutivas en los ancestros de ambas especies, en particular en los hominoides. Por otra parte, los registros arqueológicos son capaces de mostrar las señales de estos cambios en nuestras osamentas y cráneo, y también la progresiva aparición de productos culturales, particularmente de las industrias líticas iniciadas con el Homo Habilis que tuvo un cerebro de 600 gramos.

Antes del Habilis (Australopithecus) no se han encontrado restos propiamente culturales pero su anatomía corporal y sus cráneos indican un cerebro mayor que los chimpancés y su estructura ósea indica que fueron especies bípedas. La carencia de industrias líticas no significa que no fabricaran o usaran instrumentos. Si los hacían de madera o cuero sus restos han desaparecido. El Homo Erecto con un cerebro de 900 gramos, manejaba el fuego, y sus herramientas de piedra eran más elaboradas (hachas, masas, puntas de flechas). Suponemos por el desarrollo de la laringe (posición del hueso hioide) que en paralelo evolucionaba el lenguaje y por sus dentaduras inferiores sus hábitos alimentarios: aumento de la ingesta de proteínas y grasas. Aquí tenemos un brevísimo resumen del desarrollo "cultural" de nuestra estirpe hominoide antes de la aparición del Homo Sapiens, que, aunque pudiera extenderse y mejorarse con los miles de detalles, hipótesis y teorías que aportan los trabajos de Arqueología y Paleontolología humana sería igualmente insatisfactorio como descripción de la evolución de la Cultura de las especies antecesoras al Homo Sapiens durante a lo menos 5 o 6 millones de años.

Este problema puede describirse mejor del siguiente modo: 1) Los chimpancés actuales son capaces de inventar y transmitir innovaciones que no son de origen instintivo; 2) Como parte de su repertorio conductual instintivo pueden organizar partidas de cazas (de monos pequeños) y grupos de vigilancia de sus territorios. También pueden asociarse y complotar para reemplazar el macho dominante. 3) Presentan algunas formas de emociones sociales. Arrepentimiento, despulgues amistosos, reconciliación, noción de justicia y de jerarquías y ocasionales muestras de altruismo: regalan comida a menesterosos, viejos, hembras preñadas. Todo esto significa que, junto a su dominante individuación competitiva, tienen algunos rasgos de sociabilidad cooperativa. 4) El aumento del tamaño del cerebro que ocurrió entre chimpancés y Homo Sapiens es directamente proporcional al tamaño del grupo social (número de Dunbar). 5) El Homo Sapiens es social e individuado desde su origen cazador-recolector como lo muestran las tribus más primitivas (en desaparición), y actuales, que también tienen un modo de vida cazador-recolector. 6) Hay evidencias que la comunicación vocal (además de la gesticulación) es filogenéticamente muy antigua. Pre-lenguaje al nivel del Habilis, Proto-lenguaje en el Erecto. Me parece que esta descripción hace más claro el problema que estamos planteando desde el punto de vista de la evolución de la Cultura. Si uno tiene presente este conjunto de antecedentes, (que por lo demás fueron presentados al lector en los cuatro capítulos precedentes), es imposible pensar que durante los cuatro millones de años que separan el Ardipithecus del Homo Sapiens, no hubiese existido una evolución del soporte neuropsicológico, es decir de la mente que computa habilidades, procesos y productos culturales.

Claro que esta perspectiva es distinta a la de la Arqueología canónica que pone el acento en los productos culturales (industrias líticas, por ejemplo) y menos en los atributos mentales de la triple asociación proactiva (sociabilidad-individuación-sistema de control), que, en realidad, junto al lenguaje y a las memorias-aprendizajes hacen posible, creo yo, las culturas y, sobre todo, su evolución. En lo que sigue intentaré presentar un esquema de la evolución de las culturas Pre-sapiens, desde el punto de vista de las mentes humanas que colectivamente desarrollaron culturas desde el Australo Afarensis hasta el Homo de Heidelberg.

De esta manera estamos de vuelta en nuestra búsqueda de los orígenes neuropsicológicos de la Cultura que naturalmente es siempre compartida, pero hemos avanzado porque ahora podemos plantear ciertas hipótesis respecto a la relación de un cerebro que se desarrolla (en el niño o en el Australopithecus Afarensis) y el nivel cultural al que puede llegar. En lo que sigue tomaré como base el esquema presentado por M. Tomasello (2014), aunque su modelo está especial y explícitamente dirigido a los componentes cognitivos de las predisposiciones sociales cooperativas, y cómo éstas influyen o determinan el modo de pensar de los humanos. Tomasello llama a su modelo "Hipótesis de Intencionalidad Compartida". En síntesis, él propone que los humanos adultos y ciertamente los hominoides comparten con los antropoides tres dispositivos mentales: a) Representación Cognitiva Esquemática, esto es, representaciones generalizadas de experiencias particulares que se organizan en categorías, esquemas y modelos perceptivos y conductuales; b) Inferencias causales e intencionales, lo que les permite, a partir de ciertas estructuras lógicas, hacer inferencias del tipo causa-efecto tanto respecto al mundo físico como al entorno social; c) Automonitoreo conductual, que significa predecir el resultado de ciertos actos o comportamientos y aún evaluar la falta de informaciones para alcanzar una decisión conductual correcta. Los antropoides usan estas capacidades cognitivas fundamentalmente para competir con éxito, en sus interacciones sociales, mientras en contraste, los humanos las usan para "cooperar - ayudar – no dañar y respetar", con lo que esas capacidades se modificaron, pasando de intencionalidades las que son individuales y competitivas (antropoides) a intencionalidades compartidas que son necesarias para cooperar.

Después de cambiar, en los albores de nuestra evolución natural , de una sociabilidad competitiva a una sociabilidad cooperativa, la Cultura empezó a desarrollarse de la mano con la evolución de nuestro cerebro por lo que luego del estado inicial, al separarse de los chimpancés (sin muy claro predominio de la cooperación sobre la competitividad), pueden describirse, según Tomasello, dos etapas que nuestro autor llama: a) Intencionalidad conjunta (entre individuos), b) Intencionalidad colectiva (en el grupo) . La primera etapa se mantendrá hasta el final del Homo Erectus, y la siguiente se iniciaría hace 300 a 400 mil años según Tomasello (Homo de Heidelberg), y es el modo de sociabilidad cooperativa que predomina hasta el Homo Sapiens primitivo.

La intencionalidad conjunta (entre individuos), en los precisos términos que la define Tomasello "objetivos conjuntos, atención conjunta (al problema)", que crea una nueva forma de colaboración, que no existe en ningún primate, a través de "Intencionalidad conjunta de unos y otros individuos en tareas en la que cada uno tiene un rol particular desde una perspectiva particular". Este tipo de colaboración cooperativa "conjunta" es posible por la aparición de nuevas formas de comunicación (desde gestos, señales, vocalizaciones), que constituyen un pre-lenguaje que corresponde a la segunda etapa del desarrollo del lenguaje (Capítulo 2), y que los capacita para coordinar roles y perspectivas. Esta nueva forma de cooperación significa nuevas capacidades mentales. Respecto a representación cognitiva, ella se hace más simbólica (debe representar los objetivos y la tarea) desde la perspectiva del primer sujeto que colabora, el que debe inferir la intencionalidad del otro, y controlar sus propias acciones, considerando la perspectiva del otro. Esta descripción abstracta puede ejemplificarse sin mucho problema. Dos o tres Habilis se comunican con su pre-lenguaje y descubren que tienen la intención individual de recolectar frutas, en un nuevo entorno del bosque que les llama la atención. Deben imaginar (representar), cuál sendero es más productivo, y ponerse de acuerdo sobre el mejor camino a seguir (perspectiva), considerando las opiniones (inferencias recursivas) de cada cual. Pueden lograr un acuerdo pues son capaces de controlar (mentalmente) sus acciones, respetando las perspectivas de los otros. La segunda etapa de Tomasello intencionalidades colectivas es una profundización y una ampliación de las coordinaciones intencionales conjuntas.

El problema para nosotros, no para Tomasello, que tiene otro fin al formular esta hipótesis (–la evolución del pensar humano–), es que no explica bien de dónde y cómo surge la intencionalidad de cooperar y considerar la perspectiva de los otros, controlando la propia. Este aspecto me parece vital para nuestra búsqueda sobre el origen de la Cultura. Es evidente que la hipótesis de la intencionalidad compartida demuestra en la práctica (de acuerdo a nuestro ejemplo), que cooperar tiene resultados mejores que operar en forma individual, pues recogen más y mejores frutos. La hipótesis, además, muestra bien ciertos procesos mentales que se pondrían en marcha cuando los homínidos cooperaban. Nuestra hipótesis (no la de Tomasello) es que la intencionalidad compartida es, mentalmente posible, porque ya los Erectus habían adquirido lo que más arriba hemos llamado la gramática moral: ayudar-no dañar. Ambos términos de esta gramática están implícitos en la formulación de la intencionalidad compartida.

En realidad, mis conceptos intercalados en este resumen de la propuesta de Tomasello, están destinados a homogeneizar el lenguaje que este autor usa, con el que yo he usado en los capítulos 1, 2, 3, 4 de este libro. Por ejemplo, la expresión "intencionalidad" significa deseos, propósitos y motivaciones para actuar. "Cooperación conjunta o compartida", además de indicar que la cooperación se produce con pocas personas o muchas personas, lo que desde un punto de la evolución del tamaño del cerebro (número de Dunbar) es perfectamente aceptable, también se relaciona a una predisposición a cooperar desde la perspectiva de ambos. Para lo cual se inician las operaciones del altruismo (cooperar), y de la teoría de la mente, (entender las perspectivas del otro), y de los principios morales, (controlar mis propios deseos si no son socialmente apropiados) para 3 o 200 personas esto último, tarea de los sistemas de control del comportamiento social (Capítulo 4).

El motor para buscar y, sobre todo para aceptar ser socio en la recolección de fruta es ayudarse mutuamente, es decir cooperar. Con frecuencia se piensa que ayudar sólo (o fundamentalmente) se refiere a evitar riesgos a otros. Pero, el componente positivo del altruismo (ayudar) sobre todo cuando es necesario, o simplemente mejor colaborar (co-laborar) en emprendimientos de otros, significa cooperar, haciendo propio ese emprendimiento. Aquí está la raíz motivacional de la intencionalidad compartida. Por otra parte, este modelo agrega que para cooperar con otros debemos considerar sus perspectivas, y que también, nuestras acciones deben ajustarse (controlarse) a los acuerdos logrados. Esto es, sin dudas, el aspecto positivo de no dañar, pues significa respetar a los otros y a sus perspectivas.

Si como yo creo, la razón para buscar (y aceptar) intencionalidades compartidas, por parte del Homo Erectus, es la simple gramática moral – ayudar- cooperar; no dañar-respetar, el rasgo neuropsicológico que nos separó de los chimpancés competitivos e individualistas es esta gramática moral, que debió ser adquirida por los más tempranos hominoides, incluso antes del Austrolopithecus Afarensis. La razón para sostener esta opinión es clara. Los bonobos, como hemos visto, ya tienen, en ciernes, una cierta gramática moral. De alguna manera se ayudan y ciertamente no se pelean hasta herirse (por dominación, alimentos o sexo). Tampoco cazan monos inferiores. Esto significa que nuestros ancestros filogenéticos (¿el Ardipithecus recién descubierto?) se separaron del tronco evolutivo común, antes de la división entre chimpancés y bonobos, puesto que tenemos ciertas características comunes con éstos. Así, la división fue: dominio jerárquico por parte de los actuales chimpancés, y gramática moral en ciernes de los bonobos.

Esta hipótesis filogenética tiene otra consecuencia importante para desentrañar el origen de la Cultura. Si la gramática moral que nos distingue de los antropoides, era un atributo presente mucho antes de la aparición del Homo Erectus (1.500.000 años atrás) en sus predecesores (Ardi Australopithecus Afarensis) la predisposición a cooperar, con algún tipo de intencionalidad conjunta existió, con poca prevalencia inicial pero se estableció como rasgo poderoso a lo menos, en el Homo Habilis que tenía un cerebro algo mayor (550 a 600 grs.) y respecto a los cuales, existen registros arqueológicos de presencia simultánea de varios adultos en lugares de trabajo con sus elementales herramientas. Ellos, ciertamente, sólo tenían un lenguaje gestual e indicativo (apuntar con el dedo y gesticular), para llamar la atención a otros sobre algún objeto, sujeto o evento, gruñidos y vocalizaciones probablemente más precisas que las de los chimpancés y bonobos.

No sabemos cómo hacían los homínidos pro Erectus para comunicarse intenciones, pero, no hay dudas que la Cultura se inicia con ellos. Sin embargo, se puede hacer una analogía con el desarrollo madurativo de los atributos mentales del niño al adulto actual, lo que nos puede dar una pista. Quizás la coordinación cooperativa de los antecesores del Homo Erectus, se parecía a la que es posible al niño de 3 a 4 años, en el que están madurando atributos de sociabilidad y cierto lenguaje, con alguna individuación. La primera etapa de Tomasello (H. Erectus), para mí la segunda (después del Habilis), puede ser análoga a los desempeños sociales cooperativos de los niños entre 7 a 10 años, el nivel de las operaciones concretas de Piaget. Por supuesto, comparar millones de años con el curso del desarrollo mental de un individuo no es una hipótesis muy ortodoxa desde un punto de vista científico, sólo representa los niveles de progresiva complejidad que significa la maduración del cerebro infantil para construir un mundo cultural compartido, cotejado con la evolución de las intencionalidades compartidas de Tomasello, que también se desarrollan progresivamente, pasando por estados similares a los de la maduración neuropsicológica.

Sin embargo, y dado que estas precisiones se referirán a la evolución cultural del Homo Sapiens, de mente similar a la del humano moderno, creo que vale la pena volver a Tomasello, especialmente a sus ideas sobre la transformación cultural de los homínidos, que pasaron de la etapa de intencionalidades conjuntas, a las más avanzadas de las intencionalidades colectivas.

FIGURA 14.
Hipótesis de intencionalidad compartida (M. Tomasello)

	INTENCIONALIDAD COMPARTIDA		
	Individual	**Conjunta**	**Colectiva**
ESPECIE	Antropoide	Australipitecus Gracile Homo Habilis	Homo Erectus Homo Sapiens

Este autor llama intencionalidad colectiva, a la internalización en cada miembro de un grupo, tanto las prácticas culturales y sus regulaciones, como la noción de pertenencia y de identificación personal con ese grupo en particular. Sus convenciones, símbolos, normas e instituciones son impersonales, de manera que las coordinaciones cooperativas se corresponden con la Cultura común de los miembros del grupo, más que a las intencionalidades individuales. Por supuesto, en la Cultura moderna hay cooperación, coordinación, negocios entre distintas personas, de acuerdo a los contenidos específicos de los problemas, que en conjunto deben enfrentar (intencionalidad conjunta), pero ellas se fundamentan aún sin haber conciencia por parte de los actores, de la existencia de una visión de mundo compartido por "habitantes" de esa Cultura, su lenguaje y sus normas. Así, sus representaciones son "objetivas" en el sentido que corresponden a perspectivas comunes a todos, por lo cual sus inferencias respecto a creencias, deseos e intenciones de los demás son calificados como "razonables", si se ajustan a los paradigmas de la Cultura común, y la visión de mundo que comparten. La explicación evolutiva que da Tomasello para esta poderosa identificación humana con su grupo de referencia, es la desestabilización de la colaboración cooperativa de pequeña escala, y más bien suelta, intencionalidad conjunta, pero estable. Tal desestabilización, que incrementa las probabilidades de cambio, es demográfica, en tanto se relaciona con el aumento de población. Este incremento poblacional tuvo dos efectos. El primero es la competencia con otros humanos. Las bandas cazadoras recolectoras empezaron a encontrarse con otras, con mucha mayor frecuencia con lo que, además de competir por recursos, apareció la necesidad de defenderse de desconocidos y temibles competidores. Esta situación generó presiones que motivaron a los grupos con colaboración de pequeña escala, a incrementar la cooperación intragrupal, para competir con éxito con los externos, y para defenderse de sus eventuales ataques. La mantención de la cooperación intragrupal por generaciones, generó las condiciones para que los individuos del grupo se identificaran con él, y con su Cultura y con las "intencionalidades colectivas". El segundo efecto fue que la población también creció al interior del mismo grupo, con lo que ellos tendieron a separarse en mini grupos, llegando a una organización "tribal" con varias agrupaciones sociales que eran parte de un super-grupo cultural. El reconocimiento de otros, ahora más lejanos o aún desconocidos, pero que comparten su misma Cultura (mi tributo, el reconocimiento a mí mismo por los otros como parte de una cultura colectiva), acentuó la tendencia de las culturas (de las tribus) a diferenciarse con señales que todos pudieran reconocer (lenguajes, vestimentas, comidas, rituales, etc.).

Considero esa hipótesis de Intencionalidades Compartidas de Tomasello, una buena descripción de la evolución de los mecanismos mentales (y sociales) que llevan a establecer una Cultura con la cual sus miembros se identifican. La he incorporado a este último capítulo de esta sección sobre "Las Raíces Biológicas de la Cultura", porque siendo una hipótesis de carácter general, permite incluir en ella muchos de los procesos y atributos mentales que hemos detallado en los cuatro capítulos previos (Memoria, Lenguaje, Sociabilidad, Sistemas de Control). Sin embargo, para aclarar estos conceptos indicaré la relación entre la evolución de nuestra especie, con la evolución de las culturas de acuerdo a la hipótesis de las "Intencionalidades Compartidas".

3. Desarrollo y maduración ontogénica

Es probable que el impacto más acusado de los genes en cualquier especie sea la determinación de las velocidades, ritmo y concierto con que se desarrollan anatómica y funcionalmente las características y atributos de base genética, de los individuos de una especie determinada. Esta maduración genéticamente programada es lo que llamamos "desarrollo ontogenético" pues alude a cómo madura el ser (onto) que llega a ser un adulto. Se inicia en el momento siguiente a la concepción (un espermio que fecunda un óvulo) y se extiende hasta la edad madura. Más arriba recordé la metáfora de Konrad Lorenz quien sostuvo que "el capital genético de cada cual es una hipótesis sobre el ambiente en el que su especie sobrevive". Presenté varios ejemplos que demuestran la estricta articulación entre características de la especie y condiciones del ambiente (peces y agua, aves y espacio aéreo, etc.). En el caso de la especie humana, esos ejemplos se quedan cortos. Son incompletos. Lo que en los humanos ocurre, es que la hipótesis sobre el ambiente debe incluir el papel "activador" de los estímulos ambientales (experiencias), provenientes de lo "social y cultural", sobre los atributos neuropsicológicos que están madurando. Así algunas funciones mentales (genéticamente programadas) para su pleno desarrollo, requieren el estímulo ambiental. Es el caso del lenguaje que examinaremos en el próximo capítulo. En realidad, hay pocas funciones que no necesitan estímulos de las experiencias.

La maduración ontogenética, es en rigor, la instalación y desarrollo programado de nuevas capacidades de procesamiento, por parte de redes neuronales y módulos, con lo que el cerebro puede hacerse cargo y procesar nuevos contenidos informacionales, que previamente le resultaban ininteligibles. Esto significa que, con la maduración, la mente puede aprender, en cada una de sus etapas, nuevos contenidos informacionales, que ingresan a las memorias que corresponden, y que ahora sí pueden procesarlos. De esta manera, resulta evidente que la adquisición infantil de determinados rasgos culturales, provistos por las experiencias, podrán ser aprendidos según su relación con las etapas madurativas, las que aparecen de acuerdo a un orden previamente determinado por la genética del niño. Esta nueva capacidad de procesar depende de la calidad de las experiencias que son, a su vez, un indispensable estímulo para el proceso madurativo, de modo que cada una de las funciones mentales que aparece alcance su mejor nivel operativo. Este círculo virtuoso: maduración cerebral estimulada por experiencias funcionalmente precisas se mantiene hasta la edad adulta. La secuencia con que esto ocurre es crítica para el aprendizaje por parte del sujeto de las nociones que recibe de su propia Cultura, pues el orden de su aparición es resultado de importantes presiones evolutivas, coherentes con las necesidades de protección (social) de un niño desvalido y dependiente, que requiere vivir en una comunidad.

En este simple modelo de maduración neuropsicológica hay a lo menos dos condiciones adicionales que se deben agregar. La primera es que nunca la maduración cerebral se refiere a una sola función mental. En el recién nacido predomina, en su inicial relación con el medio, lo que llamamos "distinciones emocionales". Pero es claro, y muy trascendente, que de las experiencias afectivo emocionales que surjan de esta interacción ambiental (principalmente, al inicio, con la madre), el niño guarda lo que más arriba llamamos "memoria emocional". Es decir, la capacidad de hacer distinciones emocionales está acompañada de la capacidad de guardar en la memoria el resultado de tales distinciones. Por otra parte, al mismo tiempo, el niño muy pequeño inicia la exploración de la relación de su propio cuerpo con su entorno físico, en el llamado "período sensorio motor" entre 0 y 2 años. Otra condición es que junto con su cerebro y mente también está madurando el resto de su cuerpo. Al nacer el niño está equipado solamente con los dispositivos biológicos que le permiten mamar, deglutir, procesar en sus intestinos y glándulas anexas y, por fin, metabolizar sólo la leche materna. También su sistema hormonal comienza a operar, e inicia su rápida maduración su sistema inmunológico. Prácticamente todo este aparataje tiene decisivos componentes controlados por el sistema nervioso, sin contar con funcionamiento cardíaco, presión arterial, función renal que se inicia en la vida fetal y la respiración que aparece al momento de nacer. Aquí no se trata sólo que la aparición de todas estas funciones sea coetánea, sino de las interacciones que entre ellas se producen y que con el paso del tiempo se hacen más ricas y determinantes. Pensemos sólo en la vinculación de emociones con memorias o el carácter y motivaciones con las hormonas sexuales, por ejemplo.

Junto a las facultades neuropsicológicas (emoción, percepción, cognición motora, memoria, lenguaje, racionalidad, lógica y matemáticas, etc.) que podríamos catalogar como específicas por la clara delimitación de los objetivos de sus procesamientos, existe un conjunto de predisposiciones y procesos cerebrales correlacionados con atributos mentales de carácter más general y menos ligados a una determinada facultad. Vimos su participación cuando exploramos la Función Ejecutiva (planear, atención focalizada, memoria de trabajo), pero existen otros. Aunque son muchos y variados, vale la pena detenerse sólo en aquéllos que marcan características que en los humanos son de una inigualable duración y potencia. Ellas se relacionan con la Neotenia que en resumen consiste mantener durante mucho tiempo, incluso en la edad adulta, predisposiciones conductuales que en otras especies se dan sólo en los pequeños pues desaparecen en la pubertad o, en algunos casos, aún antes que la revolución endocrina se desencadene. La palabra Neotenia literalmente significa "mantenerse como niño".

Los componentes más conspicuos de la Neotenia, son la curiosidad y la tendencia a jugar, mantenidas largamente durante la vida. Se podría agregar la noción de causalidad, pero ésta, por su particular estructura funcional y su crítico impacto en nuestra especie, que produce Cultura con Religiones, Filosofías y Ciencias, requiere una explicación adicional. El rápido agotamiento de la curiosidad en prácticamente todas las especies animales cuando llegan a la pubertad es un hecho corriente de observar. La excepción, aparte del humano, son las ratas y otros roedores (ardillas, etc.) que son curiosos aún al llegar a ser adultos. La curiosidad incita a buscar sin cesar nuevas experiencias, prácticamente de cualquier tipo. Es una motivación para ir más allá del horizonte, explorar nuevos espacios, o hechos, o relaciones. Como sabemos, a algunos los lleva a usar drogas para saber qué pasa. En los capítulos respectivos veremos que la curiosidad es una de las raíces de la búsqueda de seres espirituales y ultra mundanos. También de la Ciencia. Su neurobiología es conocida. La curiosidad es impulsada por la búsqueda de satisfacciones previstas, es decir, supuestas antes que ocurran, a través de la acción activante del sistema dopaminérgico y sus receptores (D2) distribuidos en buena parte del sistema límbico de la corteza cerebral.

La tendencia lúdica (juego) es diferente. En términos neuropsicológicos el juego es una especie de aprendizaje a través del muy primario mecanismo de "prueba-error". Los animales que juegan sólo por corto tiempo lo que hacen es probar cómo se pelea o se caza y ajustar a esos resultados sus cogniciones motoras. Los niños humanos también ponen a prueba sus habilidades innatas para desarrollar conductas con sentido y manejar camiones (cosas) o muñecas (personas). Con el curso del tiempo los juegos se hacen más complejos, de acuerdo a la maduración de su cerebro y los más complejos entornos que deben enfrentar: el trabajo cooperativo (fútbol), necesidad de fair play (rugby), relaciones amorosas (fiestas y encuentros), y una enorme gama de comportamientos que incluyen cognición motora (tenis, básquetbol, etc.), valores sociales (bridge), y por cierto racionalidad (ajedrez), competitividad y esfuerzo (atletismo). Todos los juegos (y entretenciones) que implican memorias, emociones, lenguajes, etc., requieren ser atractivos, desafiantes o placenteros pues se practican buscando satisfacción y/o placer (activación dopaminérgica). Así, a través del juego, el ser humano es incitado a afinar, probar, poner a punto, de modo rara vez consciente, cualidades psicológicas y motoras importantes para mejorar sus desempeños en muy distintos aspectos de su existencia.

La noción de causalidad que nos acompaña desde la infancia temprana, merece consideraciones especiales por ser decisiva en nuestra evolución cultural como uno de los fundamentos de nuestra incesante búsqueda de las razones por que, y cómo ocurren las cosas y circunstancias, en el mundo en que vivimos. Desde el pasado más remoto, teólogos y filósofos se preguntan y preocupan por las causas de los acontecimientos (espíritus, dioses, fuerzas naturales). Modernamente, es el motivo más básico de las investigaciones y el desarrollo de la Ciencia. Sin embargo, y mirando qué pasa en la mente del humano corriente se constata que nuestros cerebros están precableados para siempre preguntarse por las causas de lo que ocurre en su entorno y dentro de sí. El niño de 2 o 3 años ya tiene cierta noción de causalidad. No puede aún expresar sus preguntas, pero su actitud y comportamiento así lo indican. Estudios bien reglados muestran su extrañeza y desazón cuando el diseño experimental le hace ver que un móvil sin ayuda o energía propia, indebidamente (según su noción causal) supera un obstáculo o sube una pendiente. Poco tiempo después, 3 o 4 años, con cierto manejo lingüístico aparece el período, que todos conocemos, de los "por qué", con una insistencia que a muchos padres incomoda. Los antropoides bien estudiados por primatólogos, también parecen preguntarse por las causas de lo que ocurre. Sin embargo, al llegar a la pubertad parecieran conformarse con las respuestas (implícitas) que organizan su conducta rutinaria. En el ser humano la pregunta causal se mantiene toda la vida. Es parte de su neotenia.

Pienso que la manera más útil de conocer, objetivamente, la maduración de las competencias mentales es mirando los cuadros que se presentan a continuación. Por otra parte, los atributos y competencias específicas que se muestran en los cuadros, serán tratados extensamente en los próximos capítulos de este libro, por lo que, mis comentarios actuales serán sólo sobre ciertos aspectos generales que se pueden deducir del examen de los diversos atributos que maduran en tiempos diferentes, pero con una lógica bio-cultural (¿evolutiva?) que vale la pena destacar. Los cuadros están construidos de modo de mostrar que la maduración de una cierta competencia mental, significa al mismo tiempo, disponer de sistemas neuronales capaces de procesar esta competencia y, por lo mismo, aprender a partir de las informaciones, que en ese preciso ámbito transmiten las experiencias.

CUADRO 1.
Maduración ontogenética y aprendizaje

Años	Cognición	Emoción	Memoria
0-2	- Sensorio Motor - Causalidad - Balbuceos	Distinciones emocionales - Agradable + o – - Cercano + o –	Emocional - Habilidades perceptivas - Destrezas motoras
2-6	Lenguaje Individuación Conciencia subjetiva Preoperatorio Piaget - Contar - Dibujar - Generalizar	Prosodia Teoría de la Mente Altruismo Valorar información de - Experiencias - Retroalimentación	Semántica Gramática-sintaxis - Social - Autobiográfica Inicios - Lógico-Matemático - Categorial - Control emocional - Actitudes - Memoria de trabajo
6-12	Operaciones concretas - Cálculo - Lecto-escritura - Inferencias prácticas	Motivaciones - Creencias - Deseos - Satisfacción (+) (–)	- Semántica conceptual - Cultura compartida - Preferencias - Planes corto plazo
12-20	Operaciones abstractas - Lógico-matemáticas - Juicios abstractos - Consecuencialidad	- Juicios morales autónomos - Expectativas - Logros (+) (–)	- Habilidades superiores - Resolver problemas - Planes de largo plazo - Patrones, rutinas - Perceptivos-cognitivos - Modelos operacionales

CUADRO 2.
Maduración ontogenética y cultura grupal

0 – 2 años

Edad aparición	Funciones y competencia		Maduración de capacidades neurobiológicas (N.B.)	Efectos en aprendizaje
	a) Cognitivo	b) Sociocultural		
0 – 2 años	Senso motricidad (Piaget)		- Percepción y mapas espacio-temporales tempranos - Cognición motora inicial - Inicio memoria procedural - Neotenia, curiosidad, exploraciones lúdicas	Ajuste a condiciones físicas del entorno. Conductas motoras eficientes. Desplazamiento. Manipulación. Noción de causalidad inicial.
0 años 0 años	----> ---->	Distinciones emocionales (niño). Apego materno-infantil	Reconocimiento de estímulos con valor + o - Expresión-emociones - Memoria. Patrones emocionales y conductuales implícitos - Circuitos neuronales del apego. Oxitocina y vasopresina	Construcción inicial de imagen del mundo en clave afectiva. Fuerte ligazón madre-niño= transmisión valoraciones (+ o –) según cultura familiar
4 – 6 meses	Imitación motora	Imitación afectiva	- Neuronas espejo inicialmente motoras, luego afectivas	Internalización comportamientos culturalmente especificados. Actitudes, gestos, conductas, etc.

2 – 6 años

Edad aparición	Funciones y competencia		Maduración de capacidades N. B.	Efectos en aprendizaje
	a) Cognitivo	b) Sociocultural		
1 a 2 años	Lenguaje		a) Dispositivos neurales - Audición - Fonación - Procesamientos cerebrales del habla b) Altruismo genético de entorno familiar ampliado	- Comunicación - Aprendizaje lengua grupal + incremento interacciones y experiencias produce identificación grupo de pertenencia y su cultura
2 – 6 años	Etapa pre-operatoria de Piaget		- Memoria habilidades - Memoria implícita - Función ejecutiva prefrontal	- Nominar, contar, categorizar, etc. - Inicio construcción mundo "objetivo". Causalidad
3 – 4 años		Teoría de la Mente	- Percepción afinada, caras y comportamientos - Lectura de patrones conductuales - Empatía - Neuronas espejos	- Función vida social extendida - Construcción de supuestos sobre intenciones, deseos, etc. De interlocutores - Detección de engaños
3 años		Memoria declarativa consciente y verbalizable - episódica - semántica	- Hipocampo - Neocorteza	- Conciencia explícita de sí mismo. Identidad. - Agencia intencional (y refuerzo) sobre otras competencias

6 – 10 años

Edad aparición	Funciones y competencia		Maduración de capacidades N. B.	Efectos en aprendizaje
	a) Cognitivo	b) Sociocultural		
6			Prefrontal lateral y motor	Causalidad operativa pragmática
6	Operaciones concretas (Piaget)	- Control impulsos - Sociabilidad - Trabajo en equipo	Prefrontal lateral y motor	Manejo emociones Manejo conflictos

10 – 14 años

Edad aparición	Funciones y competencia		Maduración de capacidades N. B.	Efectos en aprendizaje
	a) Cognitivo	b) Sociocultural		- Causalidad Hipotéticas Inferencias abstractas
12 -->	Operaciones formales (Plaget)	Socioculturales	Impactos hormonales	Manejo emociones Manejo conflictos
18 -->		Sexualidad y pareja	Cíngulo	

10 – 20 años

Edad aparición	Funciones y competencia		Maduración de capacidades N. B.	Efectos en aprendizaje
	a) Cognitivo	b) Sociocultural		
16 – 20	Consecuencialidad		Prefrontal lateral Cíngulo	
16 – 20		Principios morales	Polo prefrontal	Sociabilidad madura

Si miramos en conjunto los cuadros (maduración de 0 a 2 años) y (maduración de 2 a 6 años) encontramos la secuencialidad que más arriba he llamado "lógica evolutiva". En efecto, el niño pequeño (0 a 2 años), absolutamente incapaz y dependiente, desarrolla en primer lugar los atributos mentales más esenciales para su sobrevida: a) Los sistemas autonómicos más inmaduros al nacer, como el digestivo, metabólico e inmunológico. b) Los aparatos cardio-respiratorios se instalan al terminar la vida fetal; c) La capacidad sensorio motora, que le permite conocer las relaciones de la habilidad motora de las diversas partes de su cuerpo con el ambiente físico al que el niño ha llegado, de modo de ir progresivamente mejorando sus habilidades motoras más útiles, como las manuales y ambulatorias; d) Su capacidad de operar en el mundo, a través de "distinciones emocionales" (llorar si está molesto – sonreír si está contento), es vital para su sobrevida, pues comunica primero a su madre, luego a los demás, sus necesidades (hambre, dolor, posiciones indebidas, pañales sucios, etc.). Luego de los seis meses es capaz de manifestar su cercanía o rechazo de ciertas personas. Por supuesto, el resultado de estas actividades (madre cariñosa o distante, etc.) quedan en su memoria emocional implícita, lo que influirá en sus preferencias y actitudes durante toda la vida; e) Recién durante el segundo año se vida, se inicia cierto manejo del lenguaje. Entiende órdenes simples, balbucea, dice "no", "mamá", etc.; y la conciencia de sí mismo, no llega al nivel de cierta subjetividad auto-reflexiva.

Si comparamos los potenciales mentales de un niño en este período de maduración de su cerebro (0 a 2 años), con el período siguiente (2 a 6 años) de su desarrollo, encontramos diferencias muy decisivas, particularmente desde la perspectiva de la incorporación del niño a su propia Cultura sus sistemas autonómicos, que sustentan su sobrevida biológica, se han estabilizado. Es capaz de ingerir y metabolizar todo tipo de sustancias, con sus aparatos digestivos, hepáticos y renales, con poca diferencia con los adultos. Lo mismo ocurre con su sistema inmunológico. Por otra parte, su manejo sensorio-motor se ha hecho altamente eficiente. Reconoce y utiliza todo tipo de información sensorial (vista, oído, etc.), manipula objetos, se desplaza, etc. Sin embargo, es claro que estos indispensables soportes biológicos no son los componentes más críticos de la vida mental de un niño de 2 a 6 años. Los más importantes se encuentran en el cuadro que muestra la aparición de atributos y procesos mentales extremadamente decisivos para su futuro, como un sujeto incorporado a la Cultura de su propio grupo de referencia. En efecto, el niño de 2 a 6 años está llegando a ser capaz de operar, con creciente solvencia, en tres dominios que, al madurar al mismo tiempo, generan capacidades de procesamiento y aprendizaje distintos, pero que, al ser neurológicamente interconectados, producen asociaciones conductuales de alto rango. Ellos son: a) Sociabilidad, b) Identidad y Conciencia de sí mismo, c) Objetividad cognitiva.

La Sociabilidad, en primer lugar, se afirma con la maduración y desarrollo del lenguaje, que hace posible la comunicación del niño con su entorno social, pues el lenguaje que aprende es el de su propio grupo. De esta manera la mente del niño de entre 2 y 6 años puede avanzar y eventualmente transmitir –en los mensajes que entrega y recibe -, intenciones, deseos, creencias o ideas con lo que, además, puede incorporarse al mundo del conocimiento objetivo, tanto físico (casa, vecindario) como social (por ejemplo, parentesco, amigos). Alrededor de los 3 a 4 años madura la llamada Teoría de la Mente. Se trata de un dispositivo psicológico por el cual el ser humano es capaz de intuir las intenciones, creencias, deseos, expectativas de los demás interlocutores, más allá de la comunicación verbal. La Teoría de la Mente afina las relaciones sociales y, cuando corresponde, hace posible la empatía. Pero no basta comprender las penas y las alegrías de los demás. Nuestra sociabilidad tiene un ingrediente adicional. Se trata de la tendencia de ayudar a los demás. Esto es el altruismo, rasgo neuro-psicológico que también aparece tempranamente, alrededor de los 3 a 4 años. La sociabilidad tiene, entre los humanos, una inevitable contrapartida que es la conciencia de sí mismo, noción de autonomía interior, que también madura y se fortalece entre los 2 a 6 años. Los factores neurobiológicos que la estructuran son memoria declarativa autobiográfica, yo mismo, como agente intencional de mis conductas y pensamientos, los que fortalecen mi noción de ser distinto a los demás. Este conjunto es, por supuesto, el origen neuropsicológico de mi conciencia subjetiva, intimidad completamente ajena al escrutinio de otros. El tercer atributo mental que aparece entre los 2 a 6 años, es lo que más arriba hemos llamado objetividad cognitiva. En efecto, en este período de su vida el niño empieza a ser capaz de considerar el mundo que lo rodea como algo que tiene su propia consistencia y sus propias reglas de funcionamiento, es decir, independiente de sus deseos y creencias. Esta noción de la existencia de seres y eventos que pertenecen y funcionan en mi entorno pero que tienen su propia dinámica, no modificable por mis intenciones, nace en el período sensorio-motor (antes de los 2 años), pero se afirma entre los 2 a 6 años por dos factores adicionales. La memoria declarativa de tipo semántico y la noción de sí mismo, como distinto a las demás personas y al mundo físico que lo rodea. Recordemos que la memoria declarativa semántica, conceptualiza y denomina los objetos, personas y eventos que objetivamente existen en el mundo y que siendo distintos a un sí mismo, funcionan por sus propias reglas y condiciones.

La maduración y desarrollo de capacidades mentales posteriores a los 6 años, siendo cruciales para el mejoramiento cognitivo, especialmente antes de la pubertad, no requieren un tratamiento muy detallado en este capítulo. En efecto, entre los 6 y 12 a 13 años el desarrollo de la mente pasará por dos etapas, de límites entre ellas bastante difusos. En la primera, "Operaciones concretas" (Piaget), la mente (el cerebro) puede construir categorías que se independizan de los datos de la percepción y que, constituyendo patrones y modelos de la realidad, son un ingrediente nuevo y avanzado en el procesamiento de las informaciones surgidas en el propio accionar del sujeto en el mundo. Esta relación con las causalidades prácticas las constituye en "operaciones concretas". La etapa siguiente "Operaciones formales" (10 a 14 años) permite a la mente liberarse de sus relaciones casi obligadas con la pragmática conductual. Así, llega a ser posible: a) razonar con causalidades hipotéticas (si – entonces); b) fijarse metas; c) hacer planes; d) controlar el resultado de los planes. Notemos que este salto en la manera de procesar la información es cualitativamente decisivo para pensar más allá del aquí y ahora. Con lo que la maduración cognitiva, al promediar los 12 a 14 años ha llegado a un punto muy elevado en su desarrollo, pero que no es el final. La plenitud de las capacidades de procesamiento cognitivo se logra recién a los 18 a 20 años, pues entretanto la cognición ha requerido asociarse, correlacionarse con otros procesos y estados mentales que responden a nuevas incitaciones internas (motivaciones e identidad sexual, emociones sociales, por ejemplo), o nuevas experiencias socio-culturales de un púber-adolescente que se está haciendo autónomo de su familia y grupo cercano.

Como sabemos, el cerebro tiene receptores para las distintas hormonas. En este caso se trata de la testosterona en el sexo masculino y los estrógenos en el sexo femenino. La inundación hormonal de la pubertad pone en jaque y reorganiza las redes neuronales que más o menos plácidamente trabajaban desde la infancia. Las más importantes son la noción de identidad personal, con el manifiesto agregado de la identidad sexual. Hay tensión, no siempre consciente, entre apetitos sexuales y normas culturales, que se estabilizan sólo al final de la adolescencia (18 a 20 años), con la aparición de la capacidad de procesar individual y automáticamente los dos atributos cerebro-mentales que abren el camino a la edad adulta. El primero, es la llamada "consecuencialidad" esto es, la capacidad de medir los resultados posibles o probables de las conductas sobre otros y sobre uno mismo. La consecuencialidad es procesada por regiones prefrontales que terminan de establecer sus conexiones inter modulares recién a los 18 años. La insuficiencia de consecuencialidad, como dispositivo interno distinto a normas externas aprendidas, explicaría varios hechos sociales, por ejemplo, actitudes de fuerza (aún violencia) de los varones, o distanciamiento de las mujeres que buscan una autonomía inconsulta o dañina. En ambos sexos la consecuencialidad inmadura explicaría la altísima frecuencia del embarazo juvenil.

El último atributo en madurar (más o menos a los 20 años) es el referente a decisiones morales autónomas. Como en el caso anterior, respecto a los principios morales, hay un aprendizaje socio-cultural, pero este es "externo". La capacidad de tomar decisiones morales autónomas, es decir independientes de presiones externas, se relaciona con la aparición de la región prefrontal de un nuevo tipo de neuronas fusiformes (por su forma) o de Von Economo, que procesan los procesos morales de cada sujeto. El tema de los principios morales y de su trascendente participación en las relaciones sociales aparece con detención en el capítulo 4.

Podemos resumir la "lógica" evolutiva de la maduración ontogenética considerando la importancia decisiva de los atributos que sucesivamente maduran para la sobrevida de la persona en cada una de las etapas: a) Entre 0 a 2 años, necesidad de protección y habilidades sensorio-motoras elementales; b) Entre 2 a 6 años, sociabilidad, lenguaje e incorporación a su propia Cultura; c) De 6 a 10 años, operaciones prácticas y cogniciones concretas; d) De 10 a 14 años, operaciones abstractas; e) Pubertad y adolescencia, identidad, autonomía; f) 18 a 20 años manejo adulto de conductas sociales y sus consecuencias. Notemos que, en este camino ontogenético, emociones y sociabilidad son muy anteriores a cogniciones y objetividad, con lo que la "lógica evolutiva" asegura primero sobrevivencia e incorporación al grupo socio-cultural de pertenencia, y sólo más tarde conocimientos y aptitudes capaces de intervenir o cambiar el mundo físico o el socio-cultural.

Al final de este largo y detallado recorrido sobre las raíces biológicas de la Cultura, vale la pena resumir las hipótesis y atributos mentales que pueden esquematizar una cierta teoría sobre la Neuropsicología de la Cultura.

1. Incapaz de competir físicamente con otras especies, de resolver individualmente los problemas de su ambiente ecológico y de proteger a sus desvalidos vástagos para sobrevivir, reproducirse y prosperar, el ser humano debió desarrollar un conjunto de atributos mentales que le permitieron colaborar y cooperar con otros humanos en grupos sociales, que generaron el conjunto de prácticas, símbolos y regulaciones que llamamos Cultura.
2. Esta inevitable manera socio-cultural de vivir con otros y ser evolutivamente exitoso, fue posible por la enorme expansión de tres facultades críticas para lograrlo: aprendizaje-memoria, lenguaje gramatical recursivo y ultra-sociabilidad cooperativa. El entramado complejo de estas facultades dio origen, o se asoció con otros atributos muy potentes, control efectivo-emocional y planificación racional del comportamiento.
3. El desarrollo de la ultra-sociabilidad se enfrentó con el paralelo crecimiento de la ultra-individuación, ambos poderosos y útiles. La sociabilidad porque hace posible la cooperación y la confianza entre los miembros del grupo. La individuación, porque estimula la autonomía creativa y los cambios innovativos que mejoran las prácticas culturales.
4. Una significativa articulación de equilibrio entre ambas predisposiciones, habitualmente dinámicas, pero no siempre exitosas, se logró con el desarrollo de sistemas normativos de control del comportamiento social. Las evidencias neuro-biológicas mostradas en esta sección demuestran que, tanto la ultra-sociabilidad como la ultra-individuación son procesamientos innatos. Nuestra hipótesis es que también lo son los sistemas normativos, pero éstos son de dos tipos. Los convencionales, cuyas regulaciones se apoyan en la capacidad cerebral humana de construir y aceptar reglas de distinto tipo, útiles, pero no fundamentales, prácticas culturales, por ejemplo. A su lado, hay normas innatas con contenidos específicos que son "universales" de nuestra especie, y que modulan todas nuestras conductas sociales. Ellas constituyen una "gramática moral" que se resume en el dictum: ayudar-cooperar, no dañar-respetar.
5. Las culturas deben su diversidad a la variabilidad de los sistemas normativos convencionales que se fundan en las tradiciones, pero que admiten innovaciones creativas y aprendizajes "aceptables" por las estructuras propias a las de la Cultura receptora. Ellos se originan en difusión, imitación, innovaciones, etc. Las normatividades fundadas en tendencias innatas como

la Gramática moral o el lenguaje admiten especificaciones culturales, pero mantienen un núcleo invariable. En el lenguaje cambian, según la Cultura, los contenidos semántico-lexicales, pero no las estructuras gramaticales y sintácticas profundas. Las especificaciones de la Gramática moral son más estrechas. Nunca es bueno robar o mentir a los miembros del grupo propio. Es lícito matar sólo según estrictas reglas supra-individuales que califican el crimen cometido (enemigo permanente).

6. Cuando decimos que se puede matar sólo de acuerdo a normas supra-individuales, y cuando sostuvimos que los sistemas regulatorios internalizados en la mente de las personas no siempre son exitosos, abrimos el camino a un producto cultural extremadamente decisivo para el funcionamiento proactivo y cooperativo de los grupos humanos. Se trata de normatividades externas a los individuos, pero aprendidas y aceptadas por todos. Esta capacidad de aprender y adoptar normas externas es biológica, tanto así que está presente sólo en algunos animales que son "domesticables".
7. El Derecho y sus códigos son la expresión humana de reglas externas, con leyes supra-individuales, que definen conductas permitidas o prohibidas. Con la aparición post-neolítica de la escritura, los códigos se plasmaron en textos, y ellos fueron administrados por instituciones y organizaciones especializadas en juzgar y castigar a los que, esa precisa Cultura, reputa como trasgresores.
8. Hasta lo que sabemos, las instituciones que condensan formas específicas de comportamientos y creencias (ritos religiosos, matrimonio, parentesco, etc.) existían ya en el Cro-Magnon del Paleolítico Superior, y quizás en nuestros ancestros Pre-Sapiens (caza y repartición de la caza), pero las organizaciones legales y especializadas en generar y hacer cumplir normas son del post-neolítico, es decir aparecen cuando llega la civilización.
9. La Cultura nació en especies Pre-Sapiens cuando fueron "capaces de compartir" intenciones entre diferentes miembros del grupo. La capacidad de desarrollar "intencionalidades compartidas" pone en juego un número importante de atributos y habilidades neuropsicológicas: a) sociales: altruismo que impulsa a cooperar; Teoría de la Mente que conoce (infiere) las intenciones del ser humano y sus perspectivas; principios morales y emociones sociales que brindan confianza a los que las comparten; b) individuales: capacidad de predecir los resultados de conductas, y de compartir intenciones para lograr propósitos concretos; capacidad de modular (controlar) sus propias intenciones para lograr objetivos compartidos.
10. La evolución de la Cultura, a partir de intencionalidades compartidas, con mejoras progresivas requirió de dos condiciones, dependientes de la evolución natural de estos ancestros: a) aumento del tamaño y complejidad del cerebro; b) mejoramiento de los sistemas de comunicaciones y lenguajes.

Ellos, como sabemos, fueron parte fundamental de la evolución de los humanos, desde los Australopitecus hasta el Homo Sapiens.

11. En la maduración neuropsicológica del niño humano, los atributos indicados en los puntos 9 y 10, se despliegan de manera ordenada de acuerdo a un programa genético específico. El desarrollo de estas capacidades incorpora al niño a su propia Cultura y lo identifica con su grupo.
12. Al abordar la complejidad inherente al tema sobre raíces biológicas de la Cultura me pareció indispensable detallar los procesos neuropsicológicos que relacionan al ser humano con su Cultura, y el origen filogenético de estos atributos. Tanto porque ellos son importantes y, al menos para mí, interesantes, como porque las evidencias y las hipótesis desarrolladas en esta sección son la base fundante del resto del libro. No es posible entender el vital papel de la tecnología en el desarrollo humano sin conocer los mecanismos que empujan a los innovadores, sea búsqueda de prestigio, poder o recursos. Tampoco entenderemos las bases biológicas de la Economía, el Derecho, el Comercio o la Política si no nos adentramos en el origen y el papel de los sistemas normativos que encauzan esos emprendimientos. Lo mismo, los simbolismos artísticos y religiosos son biológicamente comprensibles al mirar su papel social o sus relaciones con el lenguaje y el pensar categorial-abstracto.

SEGUNDA SECCIÓN
El ascenso del ser humano

Hace alrededor de 180.000 años el Homo Sapiens-Sapiens apareció en el noreste de África. Decenas de milenios después se extendió hacia el sur de ese continente y 80 a 9.000 años atrás emigró hacia el norte (Medio Oriente). Desde allí se repartió por las vastas extensiones de Euroasia, en largos, accidentados y peligrosos caminos, hasta que recién hace 5 a 6 mil años, comienzan las construcciones socio-culturales y organizacionales que llamamos civilización. Dado que el propósito manifiesto de este libro es considerar las bases neurobiológicas de los más importantes componentes de las civilizaciones (organizaciones socio-políticas y económicas, Tecnologías, Ciencias, Artes, Religiones), considerar con algún detalle este largo caminar de poco menos 80.000 años es sin duda necesario para comprender la aparición y desarrollo de los rasgos civilizatorios que nos caracterizan. Tratar el tema de las culturas de la Edad de Piedra, tiene un supuesto que es necesario fundamentar. El Homo Sapiens-Sapiens que empezó a recorrer su camino evolutivo hace 180 mil años era distinto al que emergió hace 5 a 6 mil años y creó civilizaciones. Sus diferencias comparativas son tanto biológicas como culturales. Ellas se generaron como respuestas bioculturales a las enormes dificultades y vicisitudes que el Homo-Sapiens, llamémoslo "original", sufrió entre el momento de aparecer en África, su posterior difusión por toda la Tierra, y sus asentamientos neolíticos.

Es patente que esta hipótesis tiene un grave problema desde el punto de vista evolutivo y Paleoantropológico: ¿Es la misma especie la que surgió en África y la que creó Sumeria 180 mil años después? Si esto es así, como yo creo, es indispensable considerar cómo y por qué, aparecieron los evidentes cambios biogenéticos y socio-culturales que es posible constatar entre estos dos momentos del camino hacia las civilizaciones. Sin embargo, estas variaciones neurobiológicas y culturales no modificaron, hasta donde sabemos, los aspectos más nucleares de la condición humana compartidos por el Homo Sapiens original y el civilizado. Esta cuestión es crucial, pues también podríamos pensar que el agricultor del Neolítico es (o fue) de una especie distinta a la de los humanos actuales que manejan mecánica cuántica y visitan la luna. Por supuesto, estas consideraciones nos llevan a la vieja pregunta: ¿Qué hace humanos a los humanos?, ¿Cuáles son los aspectos nucleares de sus cerebros y sus mentes que permanecen, a pesar de las diferencias culturales y también genéticas?

Este problema, que me parece, repito, verdaderamente crucial desde cualquier punto de vista (científico, filosófico, religioso, socio-político, etc.), ha sido mencionado en la Introducción y en los cuatro primeros capítulos de este libro, por lo que deberemos volver a él de modo más global cuando tratemos en el Capítulo 6 "El Homo Sapiens del Paleolítico Superior". Las características más esenciales del Homo Sapiens-Sapiens original, que inicia su camino hacia la civilización, armado con un cerebro y una mente "nuclearmente" idéntica a la de nosotros, le permitieron desarrollar, progresivamente las culturas de esa época que transcurrió enteramente durante la última glaciación. El Capítulo 7, "La Mente de y en las tres revoluciones neolíticas" llama la atención sobre el hecho que las poblaciones neolíticas, a pesar de la invención de la agricultura y la domesticación de animales y la vida sedentaria, seguían en la Edad de Piedra, y que las civilizaciones que ellas originaron, se instalaron como tales, sin el uso de los metales, la escritura y organizaciones socio-políticas y religiosas con cierto grado de madurez, todo lo cual apareció 2 o 3 mil años después.

La organización temática de este libro "Cerebro y Civilización: Bases Neurobiológicas de la Cultura" puede compararse con la estructura de un árbol cuyas raíces entregan su savia y posibilitan la existencia de tronco, ramas y frutos. Esta Segunda Sección busca descubrir el tronco que conecta, afirma y de algún modo orienta la enorme cantidad de ramas, flores y frutos que coronan este árbol: las civilizaciones. En esta metáfora, reforzada por la figura de la tapa de este libro, el camino del "ascenso" de la especie humana es el tronco del árbol, más compacto y sólido que los frutos y flores que, serían las diversas civilizaciones. Esta metáfora existe en muchísimas tradiciones culturales del mundo. El árbol de la portada es Maya. Los pueblos germánicos tenían Yggdrasil, los hindúes Védicos "El Árbol de la Vida", los chinos y algunos hindúes pensaron en "La Montaña Sagrada" que tenía una base amplia y una cima donde morían los dioses y se practicaban sacrificios. Aunque los supuestos concretos de estas metáforas árboles o montañas pueden variar, (el árbol se eleva hacia los dioses o une la Tierra con el Cielo) la imagen es simbólicamente muy poderosa para mostrar en nuestro caso, raíces que se hunden en la Biología (y la mente) de nuestros ancestros, con troncos que conectan y afirman la cultura, la mente y el cerebro del Sapiens original, que se eleva con modificaciones que le dan fuerzas para sostener y hacer posible las civilizaciones que hasta hoy, coronan la evolución de la humanidad.

CAPÍTULO 6.

El Homo Sapiens del Paleolítico Superior

El paso del Homo Erectus al Sapiens moderno no se produjo, por decirlo así, en un cerrar de ojos, puesto que se han encontrado restos fósiles más avanzados que el Erectus que se han podido datar en a lo menos 500 mil años antes del presente. Se puede ver esta evolución en el Anexo II. En todo caso, el tiempo de predominio del Erecto como homínido prevaleciente en África, y después en Euroasia, fue enorme, algo más de un millón de años. Por supuesto, la transición entre el Homo Habilis y el Erecto fue también muy larga (un millón de años). Este paso evolutivo también ocurrió en África Nor-Oriental y se piensa que la primera realidad humana de África, con difusión por toda Euroasia, la realizó el Ergaster hace 1.5 millones de años. Los paleoantropólogos no están muy seguros si estas fechas corresponden a cambios rápidos o lentos en la marcha evolutiva de la humanidad pues se basan en los escasos restos arqueológicos que se han encontrado. Se puede afirmar que el Erecto había llegado a Indonesia (un lugar llamado Solo) y hace 800 mil años porque es la fecha que se ha determinado para estos únicos restos hasta hoy encontrados en esa región. Lo mismo ocurre con el llamado Hombre de Pekín, que vivió en Chou Kou Tien (a 50 kms. de Pekín) hace casi un millón de años. La versión europea del Erecto (Homo de Heidelberg) algo más avanzada se ha fechado entre 400 y 600 mil años por restos encontrados en Maver (Alemania) cerca de Heidelberg, en Atapuerca (España) y en Inglaterra. Este breve recuento de la Paleoantropología del Erecto es importante por dos razones. La primera, ciertamente muy vinculada con el propósito de este libro es que puede suponerse que en el Habilis se habrían producido dos importantes hitos en la evolución de los humanos. La aparición de la Tecnología y la instalación de sistemas normativos: Ayudar-no dañar que marca el paso desde la confrontación de los chimpancés a la cooperación del género homo. Del mismo modo, el Erecto había mejorado la Tecnología, adquirido un protolenguaje, avanzado hacia una intencionalidad compartida y el dominio del fuego. La segunda razón también crítica para la evolución en general y la humana en particular es teórica. Saber si la evolución es muy lentamente progresiva, rasgo por rasgo o tiene aceleraciones (una o varias mutaciones) que reorganizan las habilidades mentales y/o corporales.

La transición entre versiones avanzadas del Erectus (Homo Antecesor de Atapuerca) y el Homo Sapiens-Sapiens tiende a concebirse hoy como más rápida que lo que se supone antes de la descripción del genoma. En efecto, los primeros restos arqueológicos propiamente Sapiens-Sapiens se han encontrado en el Valle del Rift en Etiopía. El Homo Kibish vivió hace 195.000 años "un humano alto, de buena complexión física, frente amplia y delgados arcos superciliares". En este mismo país en Herto se desenterraron tres calaveras completamente modernas, una de ellas de un niño que dataron en 160.000 años atrás. En el sur de África en un paraje llamado Boca del Río Klasies, en una cueva cerca del mar se encontraron fósiles de entre 85.0000 y 115.000 años. Estas dataciones efectuadas con los métodos estratigráficos habituales han sido posteriormente ratificadas utilizando técnicas basadas en el A.D.N. de las poblaciones africanas más antiguas (pueblos Khoi y San) tanto el mitocondrial que se hereda por línea femenina como los genes del cromosoma Y (línea masculina). Estos métodos precisaron que el Homo Sapiens apareció en África a partir de una población ancestral común hace aproximadamente 175.000 años y de forma más o menos rápida, casi seguramente como resultado de mutaciones importantes. En primer lugar, vinculadas al lenguaje.

Así, tenemos al Homo Sapiens-Sapiens, viviendo en pequeños grupos originados hace más de 100 mil años, en la porción noreste del valle del Rift, que alcanzaron Sudáfrica casi 50 mil años después y de los cuales nos interesan dos cuestiones fundamentales que exploraremos sucesivamente. La primera que anunciamos en la introducción de esta sección, es la más crítica ¿Cuáles eran sus capacidades mentales?, ¿a qué nivel habían llegado sus culturas? ¿Tuvieron en este camino cambios en sus habilidades mentales y/o en sus organizaciones sociales? La segunda es cómo y por qué estos Homo Sapiens-Sapiens originales se difundieron por toda la Tierra llegando a ser la especie predominante.

En realidad, las dos respuestas están muy entrelazadas. Las capacidades cognitivas de los Sapiens-Sapiens originales de hace 185 mil años son muy difíciles de conocer en el ámbito cultural por la carencia de indicios arqueológicos que de alguna manera muestren su nivel de desarrollo mental, tales como tecnologías de utensilios de piedra o de otros materiales, cavernas pintadas, entierros y similares. Todos estos indicios empiezan a ser abundantes hace 50 a 60 mil años, época del ingreso del Sapiens a Europa, aunque también existen en otros lugares, especialmente en yacimientos en Palestina. Sin embargo, el cráneo de los Sapiens africanos era idéntico al de los humanos actuales, aunque el muy escaso material lítico encontrado no es significativamente más avanzado que el que se asocia con el Erecto. No se sabe la razón de esta situación, pero lo paleontólogos piensan que las capacidades cognitivas mejoraron en relación con eventos geológicos y climatológicos ocurridos milenios después de la aparición del Sapiens-Sapiens original, con lo que las mejorías cognitivas pudieran quizás y hasta cierto punto, atribuirse al desarrollo cultural necesario para acomodarse a tales eventos. El condicional "quizás" es importante porque hay pruebas de un cambio genético posterior que podría explicar la llamada "Explosión Cultural" ocurrida a partir de hace 35 mil años y que veremos luego con más detención. Por otra parte, desde un punto de vista neurobiológico deberíamos pensar que, si el cráneo de estos Sapiens originales es igual al actual, su cerebro debería tener, a lo menos, el mismo volumen y peso que el nuestro (1.300 gramos) con lo que sus capacidades mentales que más arriba he llamado "nucleares" deberían ser similares a las nuestras. En este punto debemos recordar los atributos nucleares y específicos de la mente propiamente humana. Ellos son: 1. La enorme capacidad de aprender y la variedad de sus memorias; 2. La capacidad de generalizar, categorizar y abstraer (Capítulo 1). 3. El lenguaje semántico, gramatical y sintáctico, nos permite transformar ideas y emociones en conceptos y pensamientos que podemos comunicar con una enorme riqueza como vimos en el Capítulo 2; 4. La conciencia subjetiva nos permite conocer los asuntos del mundo, reflexionar y tener la noción de sí mismo (Capítulo 3). 5. Este conjunto de dispositivos biológicos se deben coordinar para hacer planes de corto, mediano y, sobre todo, de largo plazo que expresan propósitos "abstractos", intenciones, deseos, creencias, expectativas que son reguladas. 6. Sistemas Normativos que hacen posible vivir en sociedades cooperativas (ayudar), pacificar (no dañar), y controlar emociones indebidas, realizando las proactivas (Capítulo 4). 7. Todo lo anterior nos permite tomar decisiones conductuales autónomas y creativas pero controladas según los intereses grupales, con lo que construimos sociedades culturales, que tienen normas e instituciones supraindividuales, símbolos y artes, tecnologías y ciencias, fiestas y celebraciones. Es evidente que estos últimos dispositivos culturales estuvieron presentes en los humanos de fines del Paleolítico, pero, nadie sabe con certeza cuáles de los anteriores eran parte del equipamiento mental de los Sapiens africanos originales.

Ahora, para avanzar y llegar al Homo – Sapiens del Neolítico tenemos que relatar el camino de los Sapiens originales entre Etiopía (donde aparecieron) y el Cro-Magnon europeo-preneolítico.

Como decía la ruta de los humanos en este camino (tronco de las civilizaciones) tiene varias estaciones, la primera de las cuales es la sorprendente demora en salir de África y conquistar el resto del mundo. Al parecer los Sapiens originales eran poblaciones pequeñas dispersas y aisladas viviendo en un África enorme y un clima de extremas variaciones con lluvias y sequías alternadas en tiempos cortos. También compitiendo con el Ergaster que no desapareció de África sino decenas de milenios posteriores. Hay registros y estudios en el fondo de lagos africanos, especialmente el Malaui y el Tanganica, en el oriente de África, que demostraron largas mega-sequías que duraban alrededor de 10 mil años con breves intervalos de lluvias torrenciales. Esto ocurrió de acuerdo a estos registros entre 135 mil y 75 mil años atrás. El clima del Este y del Sur de África recién se estabilizó hace 70 mil años. Los linajes mitocondriales muestran que entonces las poblaciones humanas de estas regiones empezaron a expandirse en territorios y números. Poco antes, sin embargo, 90 a100 años atrás, el Homo Sapiens había empezado su migración fuera de África. Recordemos que el Homo Erecto había salido de África un millón de años antes. Esto se demuestra por estudios estratigráficos y ADN realizados en restos humanos encontrados en sepulturas y cuevas del actual Israel, estudiados en sucesivas campañas arqueológicas a partir de 1965, y de ADN, a partir de 1987. Hay paleontólogos que sostienen que ésta fue la primera salida de África (del Sapiens) y que hubo otras más tardías (hace 60 a 70 mil años) y hay quienes piensan que las salidas no fueron episódicas sino un continuo con flujos poblacionales variables.

Una, o pocas familias, o un grupo mayor, ocasionalmente, dependiendo de los cambios (favorables o desfavorables) de su propio entorno y siempre buscando medios de sobrevida. Si recordamos que la última glaciación se extendió entre 130 mil y 12 mil años atrás, con variaciones consistentes en períodos cortos con intensos glaciales, nieve y frío y otros más moderados, podemos constatar que los glaciales, acumuladores de agua, disminuyeron el nivel del mar Rojo, especialmente en el estrecho de el-Mandeb entre África Oriental y la península Arábiga con lo que cruzar era relativamente más fácil sobre todo en los períodos de más alta glaciación.

La migración fuera de África en una o dos oleadas o, con cierta continuidad, fue también posible vía Nilo, Suez-Palestina (figura 15) pero sólo para las poblaciones humanas del Noreste de África. Las sud-africanas estaban demasiado lejos para cruzar de Sur a Norte todo ese enorme continente y no existen evidencias arqueológicas de tal tipo de migración interna de Sur a Norte en África. Sin embargo, un hallazgo reciente (2013) en Malawi (África Central) hace pensar que había relaciones genéticas entre el Sur y el Norte de África. En resumen, podemos decir que los homínidos, incluyendo nuestra especie, y que evolucionaron en África, con la sola excepción del Homo de Neanderthal, salieron tres veces de África. 1. El Homo Erecto (Ergaster) cerca de un millón de años atrás que se dispersó por Oriente Medio, Rusia (Homo de Denísova), la actual Indonesia (Homo de Solo) y China (Homo de Pekín); 2. El Homo Sapiens, según los registros en Israel, salió de África hace ya 90 a 100 mil años y de allí no parece haberse dispersado por razones hoy no conocidas. 3. El Sapiens que luego se dispersó por toda Euroasia salió de África, según abundantes datos arqueológicos, hace 70 mil años. 4. Por su parte, el Homo de Heidelberg, también evolucionado en África, de algún modo no bien conocido, salió de África, tanto que es el ancestro de tres especies: a) Homo Neanderthal, b) Homo Denisoviense, c) Homo Antecesor, que aparecieron fuera de África.

En estas circunstancias resulta interesante constatar la existencia de desarrollos culturales, propiamente humanos en África misma. En efecto, alrededor de 80.000 años atrás aparecen en yacimientos arqueológicos de Sud África elementos que hacen pensar en la existencia de una cultura humana más desarrollada. Arte muy primitivo en conchas "tratadas", collares y adornos hechos con diversos materiales, (dientes de animales y marfil), restos de preparación de color ocre ¿para tatuajes?, herramientas más avanzadas, cuchillos y buriles de piedra, artefactos "caseros" de huesos, cachos y marfil y mejoramiento de tecnologías de caza con "lanzadores" de lanzas y posiblemente arcos, además de redes para atrapar animales en trampas. Todo esto hace pensar que estas poblaciones habían alcanzado un cierto nivel cultural con comunicación social fluida (lenguaje maduro). Estos hallazgos han sido hechos en la caverna de "Blombos" en la provincia de Cabo Occidental, aunque muy recientemente en la cercana Punta Pináculo se han encontrado indicios de preparación de color ocre (moliendas de piedras coloreadas) de aún mayor antigüedad.

La difusión del Homo Sapiens al resto de Euroasia se produjo desde hace 70 mil años y tiene varias condiciones que vale la pena destacar: a) La mezcla con humanos Pre-Sapiens, b) Las vías migratorias y c) El gran impacto sobre los humanos (y otras especies) de la gigantesca explosión del enorme volcán Toba en Indonesia. Desde el descubrimiento de las cavernas en Israel se sabía que allí habían convivido junto al Homo Sapiens-Sapiens, los Neanderthalensis descubiertos en Alemania el siglo XIX. También convivieron ambas especies en Europa por cerca de 15 mil años, dado que los Sapiens llegaron allí hace 45 mil años, y los Neanderthal desaparecieron hace 30 mil años. Éstos originados en Medio Oriente a partir de una rama del Homo de Heidelberg se instalaron en Europa 250 mil años atrás. Mucho más tarde se descubrió en Rusia (Montes Altai) los restos del Homo de Denísova (sólo un diente) y un resto óseo de un sujeto que entonces se clasificó como perteneciente a otra rama del Homo de Heidelberg, todo lo cual fue confirmado por estudios comparativos de ADN practicados sobre esos restos y los demás pre-Sapiens. Así 80 a 100 mil años atrás existían junto al Sapiens, que salió de África, a lo menos cinco especies de humanos: 1. El Homo Neanderthaliense, que fue el último en desaparecer hace exactamente 32.000 años en Gibraltar según dataciones de restos allí encontrados; 2. El Homo de Denisova; 3. El Erectus que aún entonces sobrevivía en África y Asia y 4. El Homo de Heidelberg, descendiente de un grupo llamado Homo Antecessor por sus descubridores españoles en la Sierra de Atapuerca cerca de la ciudad de Burgos. De hecho, en este yacimiento se encuentran, en distintos niveles, restos de todos ellos, excepto el Erectus, nombre que aplican estos investigadores sólo a los restos asiáticos dejando para los hallazgos europeos su paralelo (tardío) Homo de Heidelberg por las pequeñas diferencias craneanas existentes entre los dos. Por otra parte, hay paleontólogos que piensan que el Homo Antecessor es sólo una variedad del Heidelberg. En niveles superficiales de Atapuerca hay Sapiens-Sapiens. La figura 15 representa este conjunto de especies y sus relaciones.

FIGURA 15.
Especies humanas

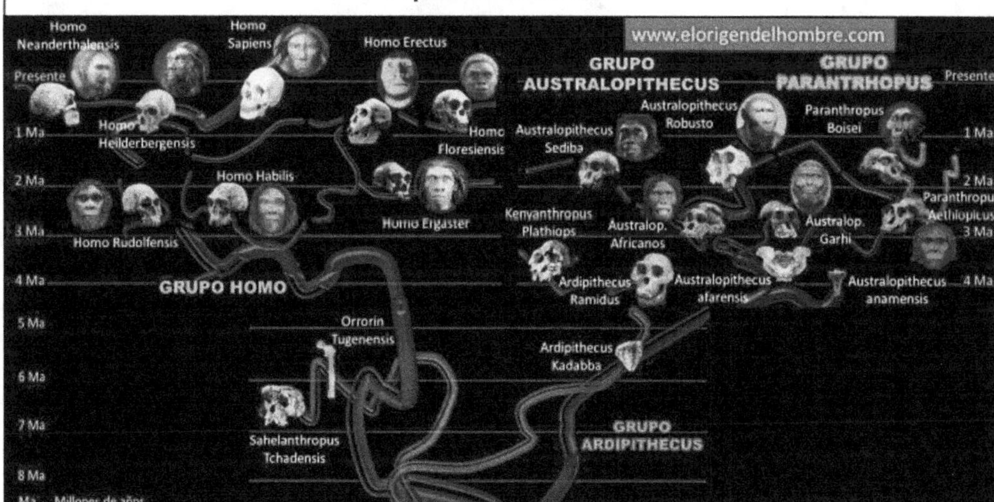

Cuatro grupos se pueden diferenciar en la evolución humana con los datos existentes al día de hoy: el grupo Ardipithecus, el más antiguo y del que se encuentran pocos restos de entre 6 y 3 millones de años; el grupo Australopitecos entre los 5 y 1 millón de años, el grupo Paranthropus con restos de 3 a 1 millon de años y por último el grupo Homo, al que pertenece el Homo Sapiens, la evolución humana actual, con restos fósiles desde hace 3 millones de años.

Esta variedad de especies presentes casi al mismo tiempo, aunque unas derivan de las otras, no es extraña. Simplemente se trata de que un grupo, probablemente aislado, y debido a la llamada "deriva genética" por ejemplo, aumentó el tamaño de su cráneo (y cerebro) mientras los demás miembros de la misma especie no evolucionaron, y permanecieron por algún tiempo, antes de desaparecer por competir con la especie que mejor se adaptó a cambios en las condiciones ecológicas en las que sobrevivieron los más evolucionados.

La Cultura de estas especies ha sido considerada desde varios ángulos en el capítulo 5 (La Construcción de un Mundo Compartido) y en el número 2 (Lenguaje y Comunicación), pero haremos una consideración más general al terminar este capítulo después de analizar el Cro-Magnon y los eventos que lo llevaron a ser (al desaparecer el Neanderthal) la única especie de la clase de los Homínidos existentes hasta hoy sobre la Tierra. Esto era lo que se creía hasta hace pocos años, pero el descubrimiento del Homo en la Isla de Flores en Indonesia, cambió esta situación. El Homo Floridensis era muy pequeño (no más de un metro veinte centímetros), por lo que ha sido llamado "Hobbit", con rasgos corporales y cefálicos idénticos al Sapiens-Sapiens, pero con una Cultura más primitiva. Se pensó que era Sapiens descendiente del Erectus asiático. Pero hay quienes piensan que fueron Sapiens-Sapiens con algún defecto metabólico-hormonal. La discusión continúa.

FIGURA 16.
Migraciones del Homo Sapiens

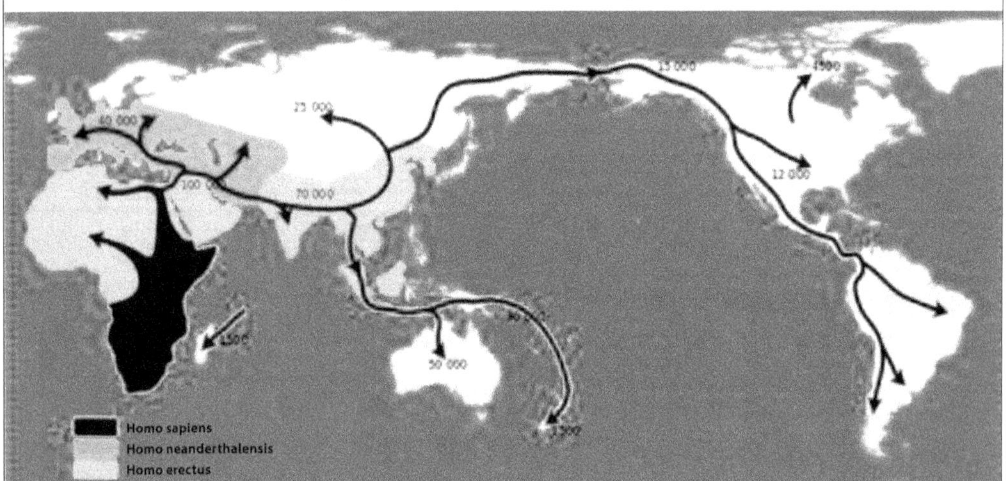

http://cienciaprop.fundaciocaixavinaros.com/conferencias/la-evolucion-hacia-el-homo-sapiens-vision-actual-del-largo-camino-de-los- hominidos/

Hemos visto las rutas de salida de África del Sapiens hasta su llegada a Palestina. Ahora miraremos sus desplazamientos hacia Europa, Asia, Australia y la Melanesia (Nueva Guinea). La figura 16 muestra las probables vías de migración del Sapiens a lo que debe agregarse el tiempo en los que llegaron a los distintos puntos de la Tierra (excepto América que fue muy posterior).

El tiempo de llegada es muy importante porque es el resultado de eventos catastróficos críticos, para la comprensión del desarrollo humano después de ese evento. En efecto, todas las dataciones, en los distintos territorios de llegadas, ubican a éstas en períodos posteriores a 55 mil años atrás. La razón, la gigantesca explosión del Volcán Toba de Sumatra. Su erupción fue la mayor ocurrida en los últimos 23 millones de años. Su lava cubrió 20 mil km^2. Sus cenizas se mantuvieron en la atmósfera por varios años causando oclusión del sol por gases tóxicos con lo que la vida bajo ellos prácticamente se extinguió. Su efecto, verdaderamente mortal, se extendió desde Palestina y Asia Menor por occidente hasta China por el oriente. El efecto sobre la humanidad fue gigantesco. Se calcula que sobrevivieron sólo 10 mil personas que se encontraban en ambientes más fríos alejados del estallido. Muchos miles perecieron de frío y hambre de modo que, la humanidad no se extinguió, pero pasó por un "cuello de botella" poblacional. Esto significa que debido al descenso de la población se pierden muchos linajes genéticos, con lo que las personas actuales son genéticamente más homogéneas. De hecho, hoy día los africanos, con menos efectos del Toba, tienen mucha mayor diversidad genética que el resto de las poblaciones de la Tierra que son el producto de las migraciones ocurridas después de la explosión del Toba.

FIGURA 17.
Componente genético mitocondrial de las migraciones

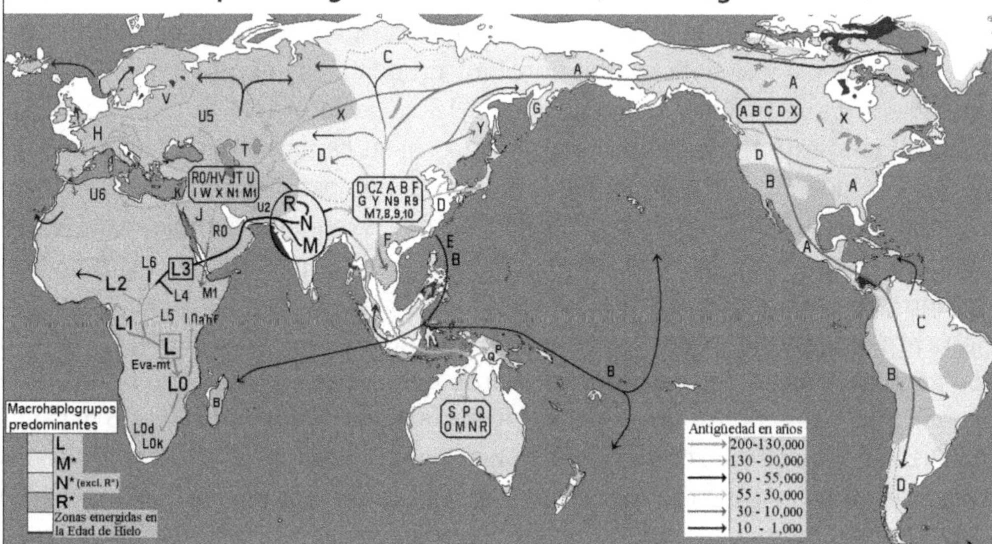

https://es.wikipedia.org/wiki/Macrohaplogrupos_mitocondriales_fuera_de_%C3%81frica Author: Mauricio Lucioni Maristany

Sin embargo, no hay mucha claridad sobre la existencia de grupos humanos que hubieran iniciado su migración antes de la gran erupción. Hay razones para suponer que algo de esto existió. Primero, porque las poblaciones en Palestina (primera etapa de la salida de África) casi con seguridad fueron completamente diezmadas. Segundo, porque es genéticamente evidente que los aborígenes de Australia, Nueva Guinea y otros lugares de la Melanesia tienen en su ADN un componente que revela cierto cruzamiento con los Homos de Heidelberg y el de Denisova. Los europeos tienen un componente genético de Neanderthal, pero estos cruces pueden ser el resultado de encuentros en el norte de Europa donde los efectos de la gran erupción fueron menores. En todo caso los Sapiens (con componente de Denisova) llegaron a Australia y Melanesia alrededor de 50 mil años atrás esto es, ligeramente antes que los Sapiens a Europa. Esto significaría que su cruzamiento con el Homo de Denisova pudo ser antes de la explosión del Toba lo que hace creer que ya habían llegado bien al Sur y de algún modo, por lo menos algunos, sobrevivieron al cataclismo y después reemprendieron su marcha al Sur-Este para alcanzar Australia y Nueva Guinea, al terminar el primer período de frío intenso (figura 16), dado que para cruzar entre las islas para llegar a Australia era indispensable que el mar que las separa tuviera pocas aguas debido a su captura por los glaciares.

Los caminos de emigración de los Sapiens-Sapiens, habrían sido los siguientes, según muestran los estudios de genética poblacional, y cuyo sentido general se puede observar en la figura 17. Luego de Palestina, donde no es claro el tiempo que permanecieron los que se quedaron (cavernas israelitas) o los que simplemente pasaron. Tampoco es claro que todos los grupos pasaron por Levante (Palestina). Hay indicios genéticos que algunos cruzaron Arabia en sentido Occidente –Oriente y luego continuaron bordeando el Golfo Pérsico, India, Indonesia (y/o Malasia) y arribaron a Nueva Guinea y Australia. Por otra parte, pudo haber otros que no fueron por la costa sino por la parte Sur de los Himalaya. Sin embargo, y ahora según Arqueología (restos humanos) y Genética poblacional los grupos más importantes hicieron un camino en T. La vertical indica migraciones, del Sur (Levante) a Norte (Cáucaso) desde donde algunos grupos se dirigieron al Oriente por las llanuras al Norte del Himalaya y otros a Occidente (línea horizontal de la T) pasando por el territorio del Mar Negro (que entonces no existía) para llegar a Europa por sus regiones centrales y del Norte. También, en este caso, hay indicios genéticos de grupos que llegaron a Europa bordeando su costa sur (Grecia, Italia, Sur de Francia y España). Por último, está la migración a América (desde Mongolia y Siberia) vía Beringia (Estrecho de Bering congelado con amplias llanuras dejadas por el descenso del mar porque su agua permanecía acumulada en los enormes glaciares del final de la glaciación entre 20 a 18 mil años atrás). La época de arribo de las demás poblaciones se produjo entre 50 y 45 mil años atrás. El esquema siguiente indica estas rutas, pero, debemos tener en cuenta que en estos largos caminos varios grupos se asentaron en territorios en los cuales, además, tuvieron migraciones regionales.

En realidad, no puede decirse "llegaron a su destino" o "demoraron mucho (o poco) en hacerlo", porque ambas expresiones indican intencionalidad y programación. En realidad, éstas nunca existieron. Las poblaciones Sapiens que se desplazaban eran pequeños grupos nómades, cazadores y recolectores. No iban a ningún lugar predeterminado, con un programa de viaje que debieran seguir. Simplemente caminaban detrás de los animales que cazaban y los territorios con mayor abundancia de recursos: agua, frutas, raíces, piedras para instrumentos o cavernas y abrigos cubiertos de montañas (los Abri del Cro-Magnon posterior) donde guarecerse, alimentarse, fabricar sus utensilios y pieles de vestir al calor de fogatas que los calentaran. Recordemos que, desde el Erectus, centenares de miles de años antes los humanos manejaban el fuego. Permanecían en un territorio con caza, recursos para recolectar y abrigos para escapar del frío de la época glacial en que vivían, hasta que debieran de nuevo partir porque todos los recursos que necesitaban disminuían o por cambios climáticos (sequías, lluvias torrenciales) y, finalmente por la competencia con otros grupos que llegaban para aprovechar la fertilidad del territorio y con los cuales de un modo u otro se enfrentaban.

Los migrantes por las riberas del mar tenían mejores temperaturas y menos frío, tanto por su situación geográfica más cerca (o en) del trópico o por la conocida estabilización de temperaturas que produce el mar o los grandes lagos. También tenían más peces y mariscos para alimentarse, pero estaban muy lejos de la mega-fauna (mamuts, bisontes, caballos) que podían cazar los nómades de territorios del Norte. Es posible que esta situación explique que en un simple cálculo de probabilidades la supervivencia de los nómades costeros era más difícil de lograr que para los nómades de tierra adentro que tenían más recursos para utilizar incluyendo la pesca en ríos y lagos. Los estudios de Genética poblacional muestran que las migraciones por las costas eran menores (en relación a los tamaños poblacionales) que las de tierra adentro. No nos engañemos de nuevo pensando que estas diferencias son el producto de estrategias bien informadas. Era sólo un resultado práctico de la percepción que los grupos nómades cazadores y recolectores constataban, en un sistema prueba-error, que ciertos lugares les proveían más recursos que otros. Cuando se asentaban en un amplio territorio (seguían siendo nómades) el resultado del sistema prueba-error, ingresaba a la memoria del grupo y se hacía parte de la tradición cultural de ese grupo. Esto resultaba en un conocimiento de los recursos disponibles en los lugares al que debían agregar sus variaciones climáticas conocidas. Por supuesto, no tenían calendario, pero sabían que en cierta época y lugar habría más caza (antes de las lluvias, por ejemplo) porque la llegada y desaparición de manadas migratorias (de renos) se relacionaba con esta condición climatológica. También conocían épocas y lugares con mejores frutas o menos fríos o cavernas abandonadas por osos cavernarios que tienen un ciclo de vida por ellos conocidos. Hibernación (la llamamos nosotros) en invierno y búsqueda de comida en verano.

En esta breve descripción de la vida de nuestro Sapiens, nómades e involuntariamente migrantes, sobre la cual se han escrito múltiples y numerosos tratados (¡novelas y algunas películas!), a nosotros nos interesa destacar algunos elementos que directamente se relacionan con la evolución de la Cultura. El primero es la necesaria fortaleza e identidad grupal. Las dificultades que enfrentaban nuestros Sapiens migrantes eran enormes. Se desplazaban en y durante la última glaciación con todos los inconvenientes imaginables: frío intensísimo y en muchos lugares nevazones, heladas y lluvias, abundancia y escasez de caza y otros recursos de carácter estacional. Grupos competidores en los lugares más fértiles. Abrigos y calor (fuego) para el frío, pero también depredadores (osos, lobos, etc.). Esta situación era muy diferente de nuestros Sapiens africanos originales que aparecieron en el último período inter-glacial, antes de los comienzos de la última glaciación, con climas variables (lluvias y vientos) muy distintos a los glaciales iniciados alrededor de 120 mil años atrás que en África más bien produjeron sequías con altas temperaturas. Frutas, hojas, raíces y animales pequeños para recolectar eran generalmente fáciles de obtener en África. Allí no había megafauna y la caza de ciervos en sus miles de variedades era fácil y menos peligrosa. No vale la pena continuar para demostrar que los ambientes en los que los Sapiens, involuntariamente migrantes, debían prosperar, ejercían sobre ellos, como siempre es de esperar, presiones evolutivas muy grandes. Sin embargo, hasta donde sabemos y, con una sola excepción (la aparición algo más tardía de las "razas" humanas) esta presión no generó cambios genéticos sino una gran transformación cultural, usando el mismo aparataje neurobiológico que los Sapiens habían adquirido en su África original.

En efecto, y sobre la base de grupos muy cohesionados (capaces de intencionalidades compartidas) desarrolló una serie de atributos y tecnologías nuevas. Aprendió (por prueba y error al comienzo) a conocer con exactitud sus entornos y los ritmos estacionales de sus recursos (cazas, etc.) y, sobre todo, cómo aprovechar para su sobrevivencia, esos recursos desconocidos en África. Armas de caza (lanzas, flechas) distintas para cazar mamut que, para abatir un cervatillo, estrategias comunes para derribar el mamut. Despellejar, preparar las pieles y acomodarlas al uso de las personas. Es evidente que el Sapiens africano, rara vez (si alguna) debía usar pieles. Los demás necesitaban instrumentos para buscar raíces y frutas bajo la nieve. Utensilios para cortar la carne, preparar y calentar la comida. En el registro arqueológico empiezan a aparecer armas y otros instrumentos de piedras más avanzadas (delgadas, punzantes, etc.). Se inicia el uso doméstico del marfil (agujas para coser pieles o adornos), las astas de renos y ciervos y los huesos de mega faunas o de animales, aparecen al finalizar el período migratorio. Como dato interesante agreguemos que en este tiempo ocurrió la auto-domesticación del perro, a partir de lobos más pacíficos que mansamente se acercaban a los humanos para conseguir restos de comida.

Como efecto de la expansión de los humanos por toda la Tierra y su exposición a muy distintas condiciones ambientales, se produjeron las distintas variaciones corporales que conocemos como razas. En su hogar original, África Nor-oriental y, muy pronto, en África del Sur, suponemos que todos los Sapiens originales eran morenos, esbeltos, pero no muy altos, ojos más bien redondos, esto es, con rasgos faciales y complexiones corporales parecidas a los habitantes actuales de esas regiones. Etíopes en el Nor-Oriente y Khoisan en África del Sur. Todo cambió según los hábitats en que se asentaron, aun siendo nómades en territorios grandes, pero con ecologías diferentes. Los que llegaron a los trópicos subsaharianos se hicieron de piel más oscura, que quienes debieron enfrentar el frío polar de la tundra ventosa de Siberia del Norte. Éstos redondearon su cuerpo que se hizo rechoncho, entrecerraron los ojos que se alargaron, para guardar calor y ver, a pesar del viento con nieve. Los esquimales miles de años después adquirieron rasgos y complexiones idénticas. Los escandinavos con 6 meses sin sol disminuyeron la melanina de su cuerpo y se hicieron de piel más clara para aprovechar al máximo el estímulo de la luz ultravioleta y la vitamina D. En realidad, las razas son una respuesta adaptativa corporal muy eficiente a las condiciones ambientales en que deben sobrevivir las distintas poblaciones humanas, descendientes de los 10 mil individuos que quedaron después de la mega explosión del volcán Toba. No hay indicios de diferencias neurobiológicas (cerebro y mente) entre las distintas razas.

Por otra parte, es perfectamente posible suponer que, en la determinación genética de las razas, a lo menos en algunas de ellas, jugaron un papel crucial ciertos cruces como la de los Sapiens europeos con los Neanderthal, y de los aborígenes australianos con el Homo de Denisova. Esto es espacio-temporalmente posible porque como más arriba dijimos junto al Sapiens- Sapiens original en África y al iniciar su salida de ella, con él convivieron otros Erectus avanzados (Homo de Heidelberg, por ejemplo). Pero esta coincidencia en lugares y épocas tiene un problema en relación a la definición de nuestra especie (y de las otras). En efecto, una de las características de cualquier especie es que su eventual cruzamiento con otras, aunque sean filogenéticamente muy cercanas, no produce vástagos y si lo hace, como el mulo producto de caballos y asnos, éste es absolutamente estéril, no hay descendientes con lo que el cruzamiento inter-especie, no tiene efecto de largo plazo. Sin embargo, dada la evidencia genética en humanos actuales con ADN de Neanderthal, los de origen europeo, y de Homo Denisoviense los aborígenes australianos, deberíamos suponer que en esas épocas la especiación del Sapiens-Sapiens africano original (100 mil años atrás por lo menos) de alguna manera no estaba completamente definida o que los cruces aun cuando excepcionales eran posibles con descendientes fértiles. En mi conocimiento, no se ha propuesto una teoría consistente que pueda explicar este crucial problema de la evolución de los humanos actuales que, por entonces, migraban por Euroasia.

1. Los Cro-Magnon

Hace 40-45 mil años atrás el Homo Sapiens-Sapiens que vivía en las dificilísimas condiciones de la Edad del Hielo, empezó a asentarse en territorios vastos, pero de algún modo limitados por la necesidad de conocer al detalle los escasos recursos disponibles en esos precisos espacios separados por las a veces insalvables barreras de los glaciares o de ríos, lagos y mares que no podían traspasar. Estos asentamientos se produjeron en prácticamente todas las regiones de Euroasia no cubiertos con glaciares y Nueva Guinea y Australia (y Tasmania). A estas últimas llegaron 45 mil años atrás, probablemente bordeando zonas costeras y cruzando entre islas comunicadas por tierra por el muy bajo nivel del mar cuyas aguas estaban secuestradas por las glaciaciones. Aun así, existe un estrecho profundo entre las actuales Indonesia y Malasia de más o menos 120 mil kilómetros en el cual el bajo nivel del mar no era suficiente para cruzarlo caminando, por lo cual, para llegar a su destino australiano las poblaciones migrantes debieron usar algún medio "flotante" que les permitiera avanzar a la otra orilla. Dado que la Tierra está desde hace 12 mil años en un período inter-glacial y el nivel del mar es ahora mucho más alto, no hay forma de conocer las huellas de migraciones costeras o de los artefactos de flotación que esas poblaciones usaron. De haber improbables vestigios arqueológicos ellos, hoy día se encontrarían bajo el mar. Por razones distintas sabemos poco de las poblaciones que arribaron al extremo Oriente, a las llanuras de Mongolia y a la India. Las razones de este desconocimiento son varias: climatológicas, tipo de terreno que no preservaba bien restos arqueológicos y carencia de investigación arqueológica bien formalizada en territorios de países hasta hace pocas décadas muy pobres.

CUADRO 3.

Niveles culturales del Cro-Magnon

Milenios atrás	Nombre	Características
40 - 29	Auriñaciense	Cubre la mayor parte de Europa Presencia Neanderthal Fin = 30 mill ANE – Pintura Chauvet. Inicios explosión cultural – Hombre León
28 – 22	Gravetiense	Persiste en Europa Oriental hasta fin Edad de Hielo – Arco y flecha – Lanzadores – Aguja
21 – 19	Solutrense	Norte España – Sureste Francia Ultimo Máximo Glacia
18 - 11	Magdaleniense	Grupos magdalenienses expanden a Europa – Lascaux – Altamira – Niaux

En estas condiciones, las culturas poblacionales mejor estudiadas son las que se desarrollaron en Europa y en Asia hasta el Cáucaso. A todas estas poblaciones las llamaremos Cro-Magnones, aunque los restos óseos y culturales de este particular espécimen, provienen de una precisa localización del Sur-Oeste de la Francia actual, donde se encontró el cráneo de un Cro-Magnon, llamado así por un "Abri" donde junto a él había: artefactos de caza, como puntas de lanzas (de piedra), redes, utensilios domésticos, restos de ropajes de cuero, agujas para coser. La mayor parte de estos productos culturales que indican la evolución bio-cultural humana por casi 35 mil años (entre 45 y 12 mil años atrás) son el resultado de hallazgos arqueológicos realizados en esta misma región de Francia actual que se encuentra entre los ríos Vézere y Dorgogne: en el Perigord. Tanto así que la mayoría de los nombres que se asignan a distintos y sucesivos estratos culturales producidos en tan largo tiempo (Musteriense, Magdaleniense, etc.) corresponden a los nombres de poblados actuales en esta misma región, cerca de los cuales se encontraron los restos arqueológicos correspondientes. Existen, por supuesto, evidencias encontradas en otras partes (España, Alemania, Rumania, Cáucaso, etc.) pero, todas ellas, en el ámbito Cro-Magnon: Europa Occidental y Oriental más regiones del Medio Oriente y el Cáucaso.

Toda esta información indica que la vida de los cromagnones estuvo regida principalmente por el clima. Aunque siempre vivieron en la Edad del Hielo, la última era glacial se extendió entre 120 y 12 mil años atrás, esto es desde la salida de África hasta el comienzo del Neolítico. Este tiempo, siempre muy frío, tenía importantes variaciones. En dos ocasiones el frío fue tan intenso, períodos llamados por los geólogos modernos Primer y Último Máximo Glacial, y cada uno de los cuales duró entre 2 y 3 mil años. El primero 74 mil años atrás y el último hace 25 mil años. Por supuesto, la glaciación no sólo produce frío. Por la captura del agua, baja el nivel del mar y también hay sequía. Las arboledas disminuyen o desaparecen, se extienden las tundras, a veces, al Norte, con permafrost. Cambian los animales de caza, migran, disminuyen o desaparecen, no hay pastizales ni frutos, la vida humana al aire libre se hace imposible, la carencia de recursos alimentarios, disminuye, el tamaño de los grupos que se concentran en las familias. Aumentan las defunciones de niños y adultos maduros (la tercera edad actual prácticamente no existía). El resultado de éstas y otras múltiples amenazas (osos hambrientos, ventisca con nieve, etc.) hacía difícil la sobrevida. Este problema abrumador para los cromagnones hizo obligatorias innovaciones culturales que, como producto de la selección cultural, (cuál innovación era más eficaz para sobrevivir) marcó la Prehistoria del Homo Sapiens-Sapiens - Cro-Magnon de los finales de la Edad del Hielo.

Los cambios culturales importantes de los cromagnones producen una cierta discusión entre los paleo-antropólogos. ¿Estas innovaciones fueron producto de la evolución puramente cultural o implicaron variaciones genéticas específicas? La cuestión no es fácil de resolver porque se han descrito variaciones genéticas coincidentes con el inicio del apogeo artístico-religioso del Cro-Magnon. Sin embargo, los glaciares de la Edad del Hielo hacían imposible contactos entre habitantes de zonas a ambos lados (Francia y Alemania) de los Alpes que, ciertamente, tenía grandes glaciares que lo hacían intransitable. No obstante, esta insalvable dificultad hubo gran arte en el Perigord francés (Lascaux) y en Alemania (Hombre León de Hohlenstein-Stadel) y en España (Altamira), más tardío. Aunque el primero destacó por las pinturas rupestres y el segundo por la estatuaria (Venus y Fertilidad). En todo caso, este enigma es muy difícil de resolver porque la incomunicación operaba tanto para la difusión cultural como para la difusión de genes. La mejor explicación posible es que en los períodos más cálidos de la glaciación hubo caminos que se abrieron y posibilitaron contactos culturales y también genéticos. También cabe la posibilidad que las prácticas culturales comunes dependieran más que de la difusión de tecnologías y manifestaciones artísticas, del patrimonio común, que luego de las salidas de África, todos los humanos compartimos, y que sus manifestaciones culturales (genes activados) sean similares, dado que los ambientes en que todos los grupos de cromagnones debieron sobrevivir presentaban riesgos y posibilidades parecidas.

Ésta es una cuestión sin duda trascendental para resolver las hipótesis fundamentales de nuestro estudio sobre la Biología de la Cultura porque si aceptamos la idea, que creo razonable desde un punto de vista evolutivo, que, dado el patrimonio genético común de todos los humanos, sus manifestaciones conductuales y culturales seguirán patrones semejantes frente a ambientes similares. Por lo demás, esto explica que existan pinturas parietales en África, Oriente, Australia y América, espacios tan distantes unos de otros, geográfica y temporalmente (América), que es difícil atribuir sus similitudes a difusión y contactos culturales (o genéticos) entre grupos de humanos completamente aislados entre sí. Pero junto a las pinturas parietales hay otros miles de patrones culturales básicamente comunes no explicables por difusión. El trabajo y los diseños de herramientas e instrumentos en piedras y otros materiales; las vestimentas, adornos corporales que, naturalmente, tienen enormes diferencias interculturales, siempre cubren y alhajan los cuerpos pues ningún humano concibe transitar desnudo. Refugios y habitaciones de miles de formas según clima, depredadores y tradiciones, porque todos los humanos son impelidos a guarecerse y dormir sin riesgo. Como veremos luego, en el Neolítico, la agricultura fue inventada independientemente, a lo menos, en tres regiones de Euroasia y dos de América, distantes entre sí, todas con alfarería para guardar productos y, cuando existían, animales que domesticar. Para qué decir sobre patrones conductuales básicos compartidos por todos los humanos en su vida social. Parejas y familias, parentescos, liderazgos y jerarquías, cooperación y altruismo, etc. Así, es interesante constatar la indudable relación entre el capital genético común de nuestra especie y los patrones culturales básicos que tendemos a desarrollar en ambientes no muy parecidos. Ahora es tiempo de volver a la cultura de los cromañones cuya descripción dividiré, en dos apartados distintos. El primero, sobre los cambios e innovaciones culturales que llamaré "incrementales", es decir, que tienen continuidad con prácticas más antiguas, por ejemplo, las mejorías en los instrumentos de piedra. El segundo, sobre la "Explosión cultural" del Paleolítico Superior que ya he mencionado en varias oportunidades.

1.1. Innovaciones incrementales de los Cro-Magnon

Las innovaciones incrementales de los Cro-Magnon se dieron en varias áreas tecnológicas y conductuales, pero los nombres que los arqueólogos asignan a los períodos o etapas de estas innovaciones están basados en los cambios de los instrumentos de piedra que usaban para distintos propósitos. Sin duda, hubo innovaciones simultáneas en otros dominios (técnica de caza, habitáculos, por ejemplo). Para no confundir con nombres bien conocidos por los arqueólogos, pero no siempre por el lector no especializado, esa clasificación se presenta en el cuadro 3.

La cultura Auriñaciense apareció y se extendió rápidamente por todo el ambiente Cro-Magnon, sin que se sepa su punto exacto de origen, en relación con un período de alza de la temperatura y disminución de glaciares. Esta situación hizo posibles intercambios entre grupos distantes con lo que la manera de negociar entre personas o familias de grupos separados se hizo más selectiva y deliberada, porque era gente, que probablemente conocía exactamente sus necesidades más apremiantes. Su tecnología de la piedra había mejorado. Sus puntas de lanzas y sus cuchillos eran más pequeños y precisos, hechos de materiales determinados. Obsidiana u otras piedras duras para cortar, bolones de piedras fáciles de romper y sacar lascas que, acumuladas en un morral de cuero, les permitiera reemplazar con rapidez las puntas de lanzas perdidas contra el duro cuero de los animales que perseguían, para seguir cazando sin dilaciones. También se interesaban en minerales con ciertos colores (ocres, negros, rojizos) que bien molidos en morteros (hechos, a su vez, de piedras especiales) y con cal, tierra u otros materiales agregados (además de agua y sangre), les sirvieran para pintar sus cuerpos y las rocas. Es seguro que ninguna banda o familia tenía cerca todos estos materiales por lo que debieron obtenerlos negociando con aquéllos que sí los tenían en sus territorios, aunque vivieran más allá del horizonte. Éstos, a su vez, tenían carencia de algunos tipos de piedras y minerales que, vale la pena decir, se encontraban en afloramientos cercanos a unos, y lejanos o muy lejanos, a otros. Ellos, por supuesto, conocían el valor de los materiales que se encontraban en sus propios territorios y el de los que estaban lejos, pero que necesitaban. De esta manera, las negociaciones de intercambio presentes desde muy temprano, implicaban valorar y comparar, para llegar a acuerdos, los que unos y otros ponían sobre la mesa. Estaban comerciando.

Este relato sobre los intercambios basados en las innovaciones tecnológicas de los Auriñacienses, y sus necesidades conexas de materiales apropiados para su implementación práctica, debe agregar otro ámbito crítico para que las negociaciones llegaran a ser exitosas. Éste es la sociabilidad y los atributos neuropsicológicos que la procesan (Capítulo 3), y que hace posible que los intercambios, sean satisfactorios para los distintos agentes, con lo que genera una relación sea de suma no cero, es decir, que "todos ganen".

Por otra parte, estas redes de relaciones parecen haber sido crecientemente extensas durante este período de modo que, con vecinos más cercanos emprendieran partidas de caza conjuntas teniendo en cuenta la mega-fauna, por entonces, existente (mamut, rinocerontes lanudos, búfalos, caballos) y que no podían abordar individualmente. Esto ciertamente significa capacidad de planeamiento cooperativo. También usaban trampas y redes para animales más pequeños (zorros de la nieve, conejos). Había, por otra parte, dos épocas del año para las cuales se hacían planes con anticipación, preparando sus instrumentos de caza, ropajes y con seguridad alimentos pues la expedición podía tomarles varios días. Estas épocas eran las de migraciones de renos, en primavera, hacia las praderas con mejores pastos y en otoño el regreso de los miles de renos hacia sus valles más protegidos donde pasaban el invierno. Los cazadores conocían las rutas de los renos y los mejores lugares para pillarlos. En este punto, varias familias extensas los esperaban, pues luego de matar, decenas de renos, debían rápidamente despellejar *in situ*, limpiar los huesos, trozar de carnes y cortar las astas, pues utilizaban todos estos productos durante el invierno. En éste era difícil o imposible cazar por el frío y la nieve. Para todos estos menesteres los Auriñacienses desarrollaron una amplia caja de herramientas tanto de piedras como de huesos de los animales que cazaban, del marfil de los colmillos del mamut y de las astas de los renos.

FIGURA 18.

Herramientas usadas por los Cro-Magnon

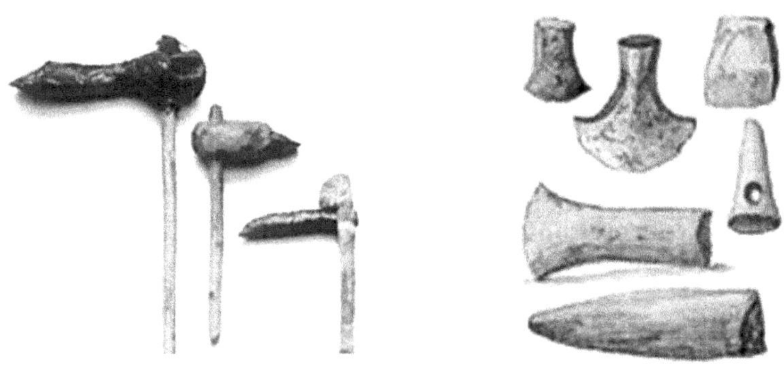

https://rafa8.wordpress.com/evolucion-cultural-del-cromagnon/ Publicación de Rafael Cristi

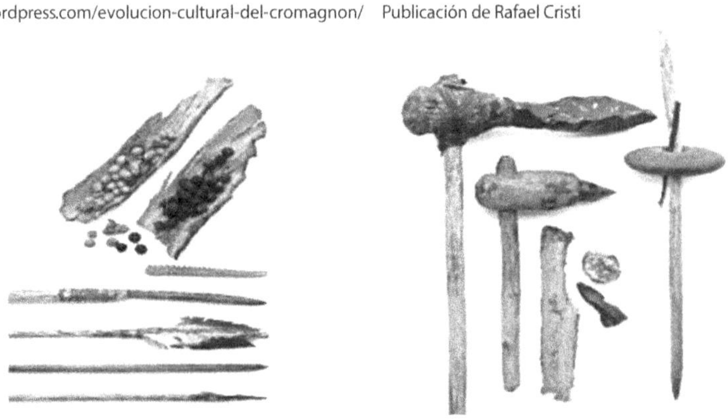

https://www.timetoast.com/timelines/la-evolucion-historica-de-los-avances-de-la-tecnologia Autor: Diana Gómez

Si miramos estas actividades desde un punto de vista neuropsicológico podemos identificar en ellas prácticamente todas las características de la mente humana actual. Junto a su ultra-sociabilidad, la capacidad de planear al corto y largo plazo, de cooperar a través de un lenguaje maduro que hace posibles intencionalidades compartidas. Crear e innovar tecnologías de distintos materiales, conocer al detalle su entorno geográfico y las conductas de los animales de caza o depredadores (como osos cavernarios). Además, sabían preparar los refugios para el larguísimo y frío invierno, lo que los obligaba a permanecer en habitáculos de 1 o 2 familias extensas durante largo tiempo, saliendo de ellos casi sólo para recorrer las trampas, recobrar los animales prisioneros y reinstalarlas.

Este refugio más permanente podía ser construido bajo bordes rocosos sobresalientes (los "abri" franceses) cuya cara frontal, abierta hacia el espacio exterior, era tapada con pieles sujetas con cuerdas al reborde superior del "abri". Se cree que también usaban largas pértigas de árboles para afirmarlas, pero éstas, de material perecedero, han desaparecido. En terrenos sin refugios naturales los auriñacienses construían habitaciones en suelo llano en el cual abrían trincheras de uno o dos metros de profundidad, ovaladas y de 5 a 10 mts. de diámetro, cubiertas con huesos en la base externa que afirmaban con colmillos de mamuts, ramas y cueros, lo que las hacían bastante impermeables. Se sabe de técnicas similares usadas por tribus de Siberia polar existentes hasta principios del siglo pasado. También construían habitaciones más pasajeras en lugares de caza y recolección, que duraban menos tiempo y con clima de verano.

Durante su estancia en los refugios invernales la o las familias que en ellos residían tenían mucho trabajo que hacer. Calentados con fogatas permanentes, para las cuales utilizaban acopios de maderas, recogidas durante el verano. Los varones debían preparar sus útiles de caza (pértigas y puntas de lanzas) y los utensilios domésticos. Además, debían ayudar a mujeres y niños en el secado de pieles y preparación de carnes, las que duraban varios meses. Éstas y las bolsas de grasa eran enterradas en la nieve exterior. Las grasas, de muy alto valor calórico, las separaban de las carnes y las guardaban en bolsas de pieles especiales, para saciar el hambre y proporcionar energía en el muy frecuente caso que la carne de reno y otras presas, (como salmones que pescaban en su viaje río arriba en verano) no fueran suficientes. Otro trabajo extremadamente importante en el largo y glacial invierno era la confección de ropajes, hechos de pieles con su superficie exterior "alisada" vuelta hacia la piel de los cromañones.

Me he detenido en la descripción de la vida de los Cromagnones Auriñacienses, por dos razones: 1) porque muestran una Cultura bien establecida, cumpliendo la tarea central de todas las Culturas. Ella es, generar los medios más apropiados para la sobrevida y reproducción de los humanos en relación con: a) el nivel de desarrollo cultural a que ha llegado el grupo que vive en esa Cultura; b) el ambiente específico (glacial o tropical, por ejemplo) en que ese grupo vive y su estructura en cuanto a grupo (pocos miembros, grandes tribus, millones en las grandes ciudades modernas). 2) La segunda razón es que los Auriñacienses fueron los últimos humanos contemporáneos con los Neanderthal, que desaparecieron 30 mil años atrás, con toda probabilidad porque les fue imposible competir por recursos escasos con los Sapiens que los sobrepasaban en atributos mentales y tecnologías a pesar de tener un mayor tamaño cerebral. Por otra, la Cultura Auriñaciense fue la más extendida de todas las culturas cromagnonas por lo que sus encuentros con grupos Neanderthal fueron frecuentes. La siguiente Cultura del cuadro 3, la "Gravetiense", no conoció al Neanderthal, pero hizo algunos avances que vale la pena destacar.

Quizás, la más decisiva de las innovaciones de este período fue el invento de la aguja de coser, que permitió a los Cro-Magnon mejorar sus ropajes y poder defenderse del enorme frío del último máximo glacial. El paleo-antropólogo especialista, Brian Fagan, sostiene que la aguja de coser está entre los dos inventos más memorables de los humanos durante todo el Paleolítico (el otro sería la producción y mantención del fuego). Su importancia estriba en que con la aguja pudieron preparar prendas de pieles de varias capas, (tres en invierno) perfectamente ajustadas al tamaño y complexión particular de cada uno de los miembros del grupo, desde niños muy pequeños hasta adultos. También, botas y gorros de cuero según tamaño de pies, piernas y cabezas de los sujetos. Estos atuendos de diseño personal son imposibles de realizar con el más antiguo sistema de ojales y lazos que nacieron (y se mantienen) en climas más benignos. La segunda innovación importante de los Cro-Magnon Gravetienses fue el uso de instrumentos de caza llamados "de dos partes". En efecto, hay cierta seguridad que en esta época aparecieron el arco y la flecha, estas últimas con puntas construidas con lascas de piedras duras (obsidiana) y la cuerda del arco, de intestinos de animales (de lo cual no hay seguridad), o algunos tipos de vegetales (lianas, juncos) de poca rigidez que permitirán amarrarlas a los flexibles arcos y ser entonces tensionadas por el tirador. Esto les hizo posibles partidas de caza con menos peso y más proyectiles (flechas) en el carcaj. Pero para la mega-fauna de piel muy gruesa, las flechas corrientemente no tenían buena penetración. Para ello desarrollan las "lanzaderas", de madera dura y liviana con un reborde donde se podían insertas lanzas, que, en manos de especialistas, aumentan su alcance y potencia en relación con el incremento en el radio de desplazamiento de este instrumento de caza de "dos partes". Los Gravetienses en sus casi ocho mil años de predominio, hicieron también algunas innovaciones incrementales en el equipamiento destinado a la caza o de uso doméstico, que en el marco de este libro no vale la pena describir en detalle, sobre todo por la verdadera Revolución Cultural que alcanzó su clímax con sus continuadores: los Magdalenienses.

1.2. La explosión cultural

Durante mucho tiempo los paleo-antropólogos pensaron que la Revolución Cultural era, por decirlo así, un "producto exclusivo" de los Magdalenienses cuya Cultura se desarrolló entre 20 a 12 mil años atrás, fecha memorable por sus artes de muy variado tipo, que aparecen casi con brusquedad. Sin embargo, el descubrimiento de la Gruta de Chauvet en Francia pintada alrededor de 35 mil años en el pasado, y el Hombre León esculpido en Alemania con parecida datación, ambos de altísimo valor artístico, y producidos por la Cultura Auriñaciense, hacen pensar que la capacidad mental de los artistas y sus concepciones espirituales, son casi 20 mil años anteriores a Lascaux y Altamira, epítomes del arte y las creencias paleolíticas tardías. Así, el nombre "explosión cultural", no denomina bien productos de mucha más larga incubación. En todo caso, y aparte de Chauvet y el Hombre León, entre 20 y 14 mil años atrás (Magdaleniense) el despliegue cultural de la humanidad es verdaderamente notable. Este panorama es muy amplio: cavernas pintadas, estatuillas diversas, abalorios y adornos corporales, grabados abstractos o representativos, entierros claramente ceremoniales. Todo de gran valor artístico y de alto simbolismo, realizado en una multitud de materiales (paredes rocosas, marfil, huesos y astas de animales, quizás cueros y, eventualmente, madera (que no se conservan). En esta panoplia de arte y simbolía vale la pena detenerse sólo en tres grupos de manifestaciones de esta explosión cultural.

FIGURA 19.

Pintura en paredes de las habitaciones de Catalhoyuk, con animales y humanos danzando

https://commons.wikimedia.org/wiki/File:A_reconstruction_of_the_aurochs_hunting_scene_in_the_mural..jpg Author: Omar Hoftun

Las grutas y cavernas pintadas con seguridad eran lugares de culto. Nunca los Cro-Magnones vivieron en cavernas profundas y absolutamente oscuras como son, por ejemplo, Lascaux y Altamira. Las pinturas de varios colores – rojo, negro, ocre – con diversas tonalidades, están ubicadas tanto en pasadizos como en cámaras de grandes dimensiones. Aprovechando con maestría los volúmenes (el abdomen de un toro) y las anfractuosidades de las rocas (los cuernos), están ubicadas en lugares estratégicos de las cavernas, con mucha frecuencia allí donde una voz retumba y se oye por todo el recinto, lo que da pié para afirmar su carácter ceremonial. Tienen muy pocas imágenes humanas, con excepción de las manos que abundan, especialmente en las regiones adyacentes a la entrada de la gruta. Sin embargo, hay dos figuras humanas famosas por su simbolismo. En Lascaux un hombre tendido con el pene erecto y dibujado con líneas simples (sin volúmenes, como palotes infantiles) y al lado de un hombre herido. Muy cerca, una lanza verticalmente enterrada y con un pájaro posado en su mango. Aunque no entendemos el simbolismo de esta pintura, sin duda, se puede afirmar que es un mensaje, sobrenatural ¿o "mágico" ?, que los asistentes a las ceremonias sí entendían.

FIGURA 20.
Pinturas rupestres de Lascaux

http://arqueologiacognitiva.blogspot.com/2015/11/lascaux-una-cueva-clave.html

La otra figura humana para nosotros más fácil de interpretar y cuyo simbolismo refuerza el carácter espiritual de las grutas pintadas, se encuentra en Altamira. Es un personaje mitad hombre mitad animal, de pié y quizás danzando y en actitud de invocación. Pocas dudas caben, es un chamán.

FIGURA 21.
Figuras en gruta de Altamira

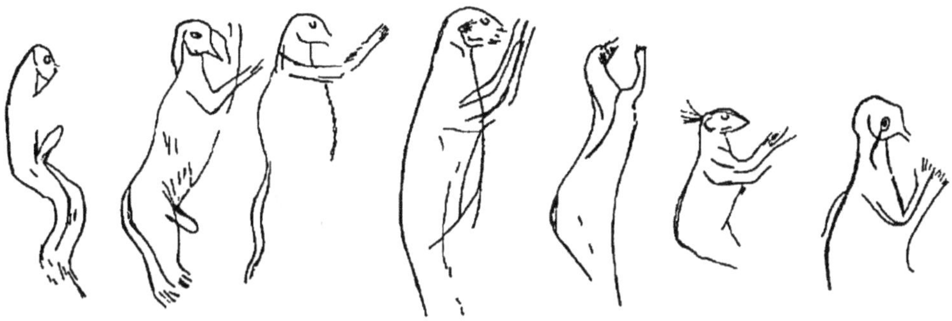

https://es.slideshare.net/HAV/arte-paleoltico-1229722

A partir de todos estos hallazgos arqueológicos se puede afirmar que las cavernas tenían para los Cro-Magnones un sentido ceremonial, donde alguien (el chamán) oficiaba ciertos ritos acompañados de algunos cantos, recordemos las ocarinas encontradas en Chauvet. Además, se puede suponer que los animales pintados eran objeto de algún tipo de invocación al espíritu de las presas que los Cro-Magnones cazaban, sea para pedir perdón por su muerte, o para pedirles ayuda para sobrevivir, a través de su carne, cuero y grasas. El especialista David Lewis-Williams piensa que la misma pintura de las grutas era un acto de algún modo sagrado por lo que el mismo arte de pintar podía realizarse sólo por los chamanes, eventualmente acompañados por sus colaboradores y aprendices. Tanto en Lascaux como en Altamira y otras grutas mayores, existen a una distancia de 20 a 50 kilómetros otras grutas pintadas, más pequeñas y artísticamente menos complejas. Este conjunto constituiría un sistema organizado de lugares de culto, con Lascaux o Altamira, análogos a las catedrales y las grutas cercanas semejantes a las parroquias locales, cuyo culto se podía seguir más fácilmente por estar más a la mano. En las riberas del Vézere, a algunos kilómetros de Lascaux, se pueden visitar, hoy día, cavernas pintadas más simples y pequeñas.

Respecto a las estatuillas, predominantes al Norte de los Alpes se pueden encontrar en hornacinas al interior de grutas y cavernas (pintadas o no), elaboradas en piedra o marfil, y en promedio, no tienen más de 40 o 50 centímetros. Son casi siempre una caricatura de los símbolos que representaban mujeres con pechos y caderas imponentes. Regiones sexuales y nalgas bien destacadas. Muy escaso cuidado artístico por cabeza y extremidades. Por supuesto, simbolizan la fertilidad y hay paleo-antropólogos que piensan, a partir de escasas evidencias, que habría un cierto ritual (¿ofrendas?, ¿peticiones?) que se desarrollaban frente a la hornacina. Así, se ha sostenido que simbolizan el espíritu de la fertilidad. Ya mencionamos el misterioso Hombre-León esto es, una quimera, personajes con mezclas de distintos animales (Pegaso, por ejemplo) y a veces con partes humanas (esfinge) desarrollados miles de años después en Egipto, Grecia, la India y Persia.

FIGURA 22.
Hombre León y Venus de Hohle

https://www.arteiconografia.com/2016/11/el-hombre-leon-de-stadel.html Publicación de Josué Llull

https://es.wikipedia.org/wiki/Venus_de_Hohle_Fels#/media/Archivo:VenusHohlefels2.jpg User: Ramessos

El poderoso mensaje que transmite esta escultura (Hombre León), destrezas y capacidades reunidas en un solo ser –quimera– debe ser inteligible casi universalmente, dada las diferentes y lejanas culturas en que aparecen. Por último, tenemos adornos y grabados, ambos muy cercanos al hombre actual, que alhajaba cabezas, miembros y vestimentas. Recordemos los cortesanos franceses o las coronas, capas, cetros y anillos de reyes y dignatarios eclesiásticos, los collares y pendientes de las mujeres modernas y las tinturas en sus ojos, bocas y mejillas. Por cierto, los varones actuales, más discretos, también usan joyas menos profusas pero muy costosas. Puede ser un Ferrari o una perla en la corbata. En cuanto a los grabados en armas de caza y otros utensilios, también nosotros los practicamos. Pistolas con cachas de nácar, cofres con blasones o nombres, o carteras Louis Vuitton, con iniciales a la vista.

Ni qué decir las ceremonias de nuestros entierros. Pensemos en sepulturas con vírgenes o ángeles esculpidos en mármol o féretros en madera fina y sedas en su interior. Todos estos artilugios a veces costosos y con arte de valor tienen en nuestras sociedades dos o tres propósitos muy caros a nuestra mente: a) Identificarnos como alguien especial; b) Demostrar nuestro estatus social; c) Somos cultos y usamos lo mejor disponible en nuestro ambiente para impresionar a nuestro grupo de referencia. No hay razón para pensar que los Cro-Magnones de finales de la última glaciación que llamamos Magdalenienses no tuvieron iguales propósitos. Ellos eran Homo Sapiens-Sapiens, neurobiológicamente similares a nosotros.

Si uno quisiera expresar el significado de la explosión cultural que acabo de describir entre 35 mil y/o 14 mil años atrás (desde Chauvet, el Hombre León, hasta Lascaux y Altamira) debemos concluir que en este período se desarrollaron tres componentes simbólicos de nuestra urdiembre mental actual. El primero es el Arte, que expresa ciertas nociones sobre el mundo; el segundo, que simboliza nuestras creencias en espíritus sobrenaturales (raíz de las religiones) y el tercero, es el manejo de símbolos para demostrar nuestro estatus y nuestro valor. Como hemos visto durante este largo período (entre 35 mil y 12 mil años atrás), con sus cuatro culturas paleolíticas (Auriñaciense, Gravetiense, Solutrence, Magdaleniense) de los Cro-Magnones nuestra mente estaba ya neuropsicológicamente equipada para una sociabilidad con autonomía personal, tenía un lenguaje maduro, podía hacer planes de largo plazo, tomar decisiones racionales considerando la información depositada en nuestras múltiples memorias, actuar sobre el mundo con innovaciones tecnológicas y premunidos de nuestra enorme capacidad de aprendizaje. Al mismo tiempo podían pensar y operar como todos los humanos de las culturas y civilizaciones que les siguieron, pues con las capacidades simbólicas incorporadas a finales del Paleolítico Superior a nuestro patrimonio cultural, éramos similares a lo que somos hoy en el siglo XXI. Como analizamos en otros lugares del libro hay evidencias de cambios genéticos importantes concomitantes con la Explosión Cultural.

El próximo capítulo nos relata el andar de los humanos en el Neolítico, ya terminada la glaciación. Este período ya no es parte del tronco de nuestro metafórico árbol, muestra el inicio de las ramas más gruesas antecesoras de las hojas, flores y frutos y, por lo mismo, precursores de culturas y civilizaciones bien diferenciadas. Este momento de separación aconteció, como corresponde, de acuerdo a las distintas respuestas que los variados grupos de Cro-Magnones generaron para sobrevivir y prosperar en el medio ambiente en el que les tocó vivir finalizada la Era del Hielo. Este tránsito diferenciador es el núcleo de nuestro viaje por el Neolítico que con sus revoluciones dió paso a las civilizaciones tempranas, para lo cual, aparentemente, tuvo otra y decisiva, y hasta donde sabemos final, modificación genética de nuestra especie.

CAPÍTULO 7.

La mente de y en las tres revoluciones neolíticas

Habitualmente se considera, con razón, al Neolítico como un período de la Cultura, aparecido después de terminar la Edad del Hielo, y caracterizado por una revolución prácticamente, en todos los ámbitos de la vida de nuestra especie. Toma su nombre de un mejoramiento tecnológico: la piedra pulimentada, especialmente el hacha, que es de entre las innovaciones neolíticas, la menos revolucionaria. Las más decisivas fueron la agricultura y la domesticación de animales, las que a su vez indujeron una segunda revolución, ahora social, demográfica y política. De cazadores-recolectores trashumantes pasaron a ser sedentarios. Las hordas y tribus se transformaron en jefaturas y señoríos. Finalmente, en el Neolítico tardío se gestó una tercera revolución, en este caso cosmológico espiritual, que modificaría para siempre la religiosidad humana.

Esta descripción del Neolítico es engañosa, particularmente por definirlo como un período de la Cultura humana en el que ocurrieron en todas partes esas tres innovaciones mayores. En efecto, y como veremos, el concepto Neolítico, siendo en sí mismo verdadero y potente, no puede generalizarse, considerándolo como un período que ocurrió: a) Al mismo tiempo; b) En todo el mundo; c) En todas las culturas; d) Con las mismas consecuencias para todos los grupos; e) Con todas las innovaciones que lo caracterizan. Esto significa que hace de 8 a 10 mil años existe una variedad de prácticas culturales de ciertos grupos de humanos, distanciados entre sí por miles de kilómetros, catalogados como neolíticos. De hecho, aunque en vías de desaparición, todavía existen tribus de cazadores-recolectores ciertamente Pre-neolíticas. No domestican plantas ni animales, no son sedentarios y sus creencias aluden a múltiples espíritus de los antepasados y/o de la naturaleza.

El Neolítico, por definición "arquetípica", evolucionó en Medio Oriente, en el llamado Fértil Creciente, a partir de 9 a 10 mil años atrás. Sus consecuencias más importantes, llevaron a las primeras civilizaciones (Sumeria – Egipto) a alcanzar este nivel de desarrollo hacia 6 mil años atrás, aún sin considerar la aparición más tardía de la escritura y la edad de los metales, tecnologías necesarias para instalar una civilización madura. Por otra parte, el Neolítico del Fértil Creciente no apareció de pronto casi repentinamente. La última glaciación terminó hace 11 o 12 mil años atrás y el Neolítico, propiamente tal, 2 o 3 mil años después. Este tiempo intermedio llamado Mesolítico (meso por estar entre el Paleo-lítico y el Neo-lítico), mostró novedades tecnológicas, piedras talladas más pequeñas (caleolíticas), mayor uso de obsidianita con bordes afilados. Fue una época de dispersión poblacional. En efecto, la retirada de los hielos creó nuevos espacios con distintos y renovados recursos para vivir. Hubo mayor comunicación entre las hordas y un significativo aumento de la población. Por cierto, en estos 2 a 3 mil años en el Fértil Creciente nuestra especie avanzaba a la Revolución Neolítica. En otros lugares de la Tierra esto era distinto, a veces más lento o con diferentes características.

Consideremos los casos más alejados del Neolítico arquetípico, como son las altas culturas americanas. Las Meso-americanas (Olmecas, Toltecas, Teotihuacán, Mayas, Aztecas) desarrollaron agricultura desde temprano para ellas, pero 4 a 5 mil años después que el Medio Oriente. Nunca domesticaron animales, no usaron la rueda, ni tuvieron metales (excepto oro ceremonial) y sólo los mayas clásicos, escritura. A pesar de estas diferencias de prácticas culturales con las del Fértil Creciente, al llegar los españoles a Tenochtitlán, encontraron una ciudad enorme, con gran desarrollo monumental y artístico, cabeza de un imperio. Lo mismo puede decirse de las culturas Andinas (Moche- Chimú – Tiahuanaco - Huari – Incas) allí los conquistadores europeos encontraron el Cuzco, cabeza del enorme imperio Inca. El Neolítico del río Amarillo (China) y del Río Indo fue más cercano estructuralmente al del Fértil Creciente, pero algo más tardío, y en Europa, mucho más tardío, sólo 5 a 6 mil años atrás.

Es notorio, sin embargo, que además de estas poblaciones del Neolítico arquetípico, había grupos humanos viviendo según sus propias culturas y se mantenían como cazadores-recolectores. África excepto Egipto, Asia excepto China del Norte y la India, pues Mohemjo, Daro y Harappa, en el río Indo, poblados ciertamente neolíticos, colapsaron sin que se conozca la causa. América, (excepto México y Perú), Australia y Oceanía, completas. Si uno considera estas gigantescas regiones donde el Neolítico simplemente no apareció, tiene que pensar que en ellas la población se mantuvo como cazadores, recolectores con un modo de vida no distinto a los Cro-Magnones de la Edad del Hielo. Dadas estas circunstancias, nuestra exploración del Neolítico como etapa crítica en el desarrollo de las culturas humanas, debe considerar, a lo menos, las características de tres momentos (milenarios) de la evolución cultural post-glacial: a) Entre el término de la Edad de Hielo y el comienzo del Neolítico arquetípico (Mesolítico) sobre todo , teniendo en cuenta que algunos grupos humanos y sus sociedades se quedaron (hasta hoy) en ese nivel cultural; b) El Neolítico arquetípico y sus variedades; c) El espacio de prácticas culturales que media entre el Neolítico arquetípico y el nacimiento de las civilizaciones, al que llamaremos Post-Neolítico.

Para analizar lo que ocurrió con el devenir cultural humano luego de terminar la Edad del Hielo y la cultura Magdaleniense, (hace 12 mil años) es indispensable examinar los variados y profundos cambios que vivió la Tierra al desaparecer los glaciares: variaron clima, flora y fauna, bosques y selvas, praderas y desiertos, cursos fluviales, nivel del mar y demás elementos ecológicos con los que modificaron tanto el ambiente físico como los recursos disponibles para los diferentes grupos que debían sobrevivir y acomodarse a estos nuevos paisajes. Las condiciones para la vida humana cambiaron, prácticamente en todas las latitudes, generando en algunos territorios más y mejores animales para cazar, más frutos, bayas, raíces y semillas que recolectar, depredadores (leones, lobos, jaguares) que evitar (los grandes mamíferos como el mamut desaparecieron) o lugares y sitios con mejores o peores condiciones para construir refugios y defenderse de lluvias intensas o de calor excesivo, o del frío y las fieras. El tema más importante a destacar es que este conjunto de variables llegó a constituir ambientes geográficos, climáticos y de recursos disponibles completamente distintos para las diferentes hordas que emergían de la Edad del Hielo en distintos lugares del globo. De esta manera, las prácticas culturales más básicas para la sobrevida fueron altamente distintas entre unos y otros puesto que debieron acomodarse a condiciones ecológicas.

Los glaciares que se derretían liberaron el agua que tenían acumulada, con lo que subió el nivel del mar varios cientos de metros, y territorios contiguos quedaron separados, como ocurrió entre Australia y Tasmania, en Indonesia, el Caribe o entre Japón y Corea. Los propios glaciares habían servido, durante la Edad del Hielo de puente entre terrenos independientes, como Beringia, que permitió el poblamiento de América desde Asia, y se transformó en el Estrecho de Bering. El Canal de la Mancha que durante la glaciación permanecía cubierto por los hielos, reapareció cuando éstos se licuaron y Europa continental quedó separada de las Islas Británicas. El Istmo de Panamá, al subir el mar, se transformó en la menguada lengüeta de tierra que une hoy las dos Américas, pero, además, en ciertas regiones tropicales (no en todas) aumentaron selvas y bosques. Las actuales selvas del Darién en el límite entre Colombia y Panamá son desde entonces impenetrables, las dos Américas se incomunicaron por vía terrestre. Este obstáculo infranqueable es la razón de la inexistente relación entre las culturas de Mesoamérica en el Norte y las de los Andes en el Sur. El término de la Edad de Hielo tuvo también un papel decisivo en la reconfiguración climática de la Tierra. Con la enorme retracción del casquete polar sobre el norte de Euroasia, la corriente del Golfo (de México) volvió a llevar aguas cálidas (como antes de la última Era Glacial) desde el Caribe tropical al Nor-oeste de Europa. Esto significó en Europa más calor y más lluvias con lo que sus bosques avanzaron hacia el Norte y también los grupos humanos que llegaron a Escandinavia, por primera vez. Pero este incremento de la temperatura en el Norte de Europa trajo consigo un cambio en la dirección de los vientos contra-alisios del Atlántico Norte, que dejaron de llevar lluvias al Norte de África con lo que el desierto del Sahara (fértil por las lluvias durante la Edad del Hielo) dejó de ser una pradera arbolada y se reconvirtió en el desierto que hoy conocemos. Variaciones climáticas de origen y consecuencias similares se produjeron en Asia del Norte, la India y Australia. Por otra parte, la retracción de la glaciación hacia el Norte se acompañó, sobre todo de ventisqueros que descendían de altas cumbres (los Alpes, los Himalayas, los Andes etc.) y se transformaron en ríos caudalosos y llenos de peces (el Amazonas, el Mississippi en América, el Ródano, el Danubio, el Rhin en Europa, el río Amarillo y el Yang-Tse en China, el Ganges en la India, y el Don en Rusia), lo que aumentó la fertilidad de las praderas asociadas y de los bosques en sus márgenes.

Así la Tierra, después de terminar la última glaciación que duró algo más de 100 mil años (120 a 12 mil años atrás) se re-configuró en muchos lugares, la cantidad y calidad de los recursos disponibles para sobrevivir. Algunos de estos grupos se asentaron en los nuevos espacios abiertos por estos cambios, aún en regiones subpolares como los lapones en Asia y los esquimales en América. Otros, debieron migrar o desaparecer como los del Norte de África para los que sus llanuras y bosques se transformaron en el Desierto de Sahara. Muchos se acomodaron a una situación de escasez. La mega-fauna (mamut, rinocerontes lanudos) desapareció en un mundo más cálido. La caza había cambiado porque las presas eran otras (jabalíes, ciervos, renos, caballos) y las recolecciones habían aumentado o disminuido según los frutos, raíces y semillas a las que las poblaciones de esa precisa región tenían acceso.

De esta manera, siendo las poblaciones post-glaciales igualmente capaces mental y culturalmente, la posibilidad de ser parte de la Revolución Neolítica, con sus innovaciones, fue enteramente diferente según el ambiente ecológico al que cada grupo debió acomodarse. La conjunción positiva de la multiplicidad de factores que acabamos de ver, hizo posible el Neolítico en el Fértil Creciente de Medio Oriente, mientras que resultó imposible para los aborígenes australianos. Pero, ¿cuál de estos factores predispone mejor para las innovaciones neolíticas? Podemos decir que lo más importante es la preexistencia en su ambiente de: a) Plantas cultivables; b) Animales domesticables, c) Ecología física (suelos, agua, etc.). Estas condiciones son casi auto-evidentes. La mayoría de los territorios en los que se instalaron los humanos después de la Edad del Hielo no tenían el tipo de vegetales (gramíneas) apropiados para cultivarlos o los terrenos para plantarlos. Varios sin agua y muchas selvas tropicales. Tampoco fue generalizada la presencia de animales salvajes que se prestaran a la domesticación o tuvieran características que los hicieran deseables. En el resto de este apartado examinaremos con más detención estas condiciones ecológicas que hicieron posible la agricultura y la domesticación de animales. Ahora volvemos a la predisposición mental y cultural de los grupos que, de cazadores recolectores, llegaron a ser agricultores y ganaderos. Esto es importante porque en este libro sostenemos que la Revolución Neolítica, fue un paso indispensable en el origen de las civilizaciones. No hay acuerdo antropológico generalizado sobre los factores más preponderantes en el inicio del Neolítico. Jared Diamond sostiene que bastaron las condiciones ecológicas apropiadas: gramíneas silvestres, animales domesticables, clima, tierra, agua, etc. Otros piensan que, además de las condiciones ecológicas el Neolítico, fue el resultado del desarrollo en ciertos grupos de sus propias prácticas culturales y sus dinámicas, mientras en otras poblaciones fue un aprendizaje producto de la difusión cultural. Así, la agricultura y la ganadería fueron "inventadas" en ciertas regiones y después difundidas a otras con las condiciones ecológicas indispensables. La experiencia Euro-asiática (Fértil Creciente, India, China) parece apoyar la hipótesis de Diamond, pero es más incierta en América.

La experiencia de la alta cultura americana, sin animales domesticables (Meso-América) o sólo con bestias de carga y lana (camélidos de territorios andinos), además de falencias tecnológicas (no usaron la rueda) hace pensar que siendo las condiciones ecológicas similares sólo algunos grupos fueron culturalmente pioneros para crear su propio Neolítico (fundado en la agricultura), y poco después, sus civilizaciones. Se puede sostener que en América la mecánica del desarrollo de la Revolución Neolítica fue algo distinto a la que describiré a continuación (Fértil Creciente). El primer paso fue la agricultura (maíz, papas, frejoles) que los pioneros multiplicaron con una tecnología en la que los americanos fueron maestros. El regadío. Con más alimentos, aunque poca proteína, (sólo caza menor) la población se incrementó y se hizo sedentaria, agregando desde muy temprano otra tecnología en que también tuvieron maestría. Devastar, acondicionar bloques de piedra para vivienda y después para monumentos. Ambas tecnologías: regadío y manejo de rocas, fueron en América relativamente algo más tempranas que en el Fértil Creciente. Con estos alcances la discusión que sigue, se basa en lo que sabemos del Fértil Creciente, la zona neolítica mejor estudiada, y que con algunas variaciones puede aplicarse a China y la India.

1. La producción de alimentos

Para entender la mente y la cultura de los "inventores" neolíticos, debemos considerar cómo y en cuánto tiempo ellos desarrollaron sus innovaciones. La evidencia arqueológica demuestra que el paso, crucial en la historia de la humanidad, entre ser cazadores reproductores a productores de alimentos (pantas sembradas y ganado doméstico) no tomó muy largo tiempo (entre 2 a 3 mil años, según la región) y fue el resultado de experimentos a veces exitosos, a veces fallidos. El paso inicial de estos aprendizajes por prueba y error (a veces premio-castigo) fue la existencia de un ambiente ecológico rico en recursos básicos. Gramíneas comestibles, animales domesticables, suelos, aguas y climas apropiados. Hay registros arqueológicos que hacen pensar en la existencia de grupos (quizás sólo familias) "emprendedores" que se cambiaban de un valle a otro buscando mejores entornos ecológicos o, aún más decisivo, para los experimentos, cuál gramínea se daba mejor en cuál suelo o con cuánta lluvia. También experimentaban con animales, cuáles eran mejores productores de carne o cuero, cómo distinguir los más dóciles (domesticables), sea comparando distintas especies o seleccionando rebaños de la misma especie. Por supuesto, los proto-agricultores experimentaban con suelos y lluvias más rendidores en relación con los granos que seleccionaban, dado que el trigo y la cebada, las primeras gramíneas que cultivaron, no respondían exactamente igual a distintos suelos, humedad, sol, etc. Los proto-ganaderos que identificaron ovejas y cabras como las más aptas para domesticar, observaron cómo amamantaban a sus crías y probaron la leche, y comenzaron a usarla. Los que encontraron y domesticaron uros (antecesores de nuestros vacunos) debieron observarlos y experimentar con ellos, como, por otra parte, sin duda ocurrió en Oriente con el arroz y el mijo, con los cerdos y con las aves de corral.

Se sabe que no todos los grupos (o sus emprendedores) en extensas regiones hicieron iguales observaciones y experimentos por las distintas condiciones ecológicas de sus territorios o simplemente porque sus experiencias observacionales generaron distintas ideas. Parece que de modo natural informaron a otros grupos y personas de sus resultados con lo que las buenas prácticas se difundieron y los experimentos negativos fueron evitados y/o modificados por los demás.

Las posibilidades de difusión de rasgos culturales y técnicos son muy importantes. Las planicies euroasiáticas en el sentido horizontal (entre Francia y China) son un espacio en que las innovaciones pueden circular con cierta rapidez. En América la difusión vertical es imposible por las Selvas del Darién. Las altas culturas americanas se desarrollaron casi completamente independientes. Digo casi, porque los conquistadores observaron embarcaciones probablemente comerciales navegando cerca de la costa por el Pacífico. Claro que el comercio significa que las altas culturas de Mesoamérica y los Andes ya tenían un buen desarrollo, tanto como para construir embarcaciones seguras para navegar por el Pacífico, que como sabemos, no es precisamente pacífico.

Hay evidencias, por ejemplo, que la utilización de la lana de los ovejunos tardó varios siglos en llegar desde su invención en Asia centro occidental, hasta el Fértil Creciente de Oriente Medio. Éste es un buen ejemplo de la complejidad de estas innovaciones pre-neolíticas. Hay un mundo de distancia entre una oveja y un tejido de lana. Primero, hay que seleccionar ovejas más lanudas. Después de varias generaciones se pueden tener animales con suficiente lana para esquilar. Por cierto, hay que saber esquilar no sólo en cuanto a la técnica de cortar la lana sino en vista a la mejor época del año para hacerlo. Luego, hay que saber hilar, cardar y al final tejer, no sin antes colorear. Este ejemplo puede repetirse con cada innovación, que por lo demás, supone medios instrumentales de acción: ¿Cómo cortar la lana, ¿cómo cardar, ¿cómo tejer, etc.? En agricultura ocurrieron estos mismos fenómenos de innovaciones multi-céntricas, con difusión y perfeccionamiento en un interminable ciclo de mejoras, de manera incremental permanente, con la aparición y en distintos lugares de innovaciones originales. Pensemos en los métodos de plantar semillas. Primero hay que seleccionar una gramínea silvestre, cosechar (cómo) y guardar los granos seleccionados (¿cómo, ¿dónde?), aprender que se pueden plantar sólo en una época del año, distinto al tiempo de la cosecha. Probablemente, al comienzo se intentó simplemente tirar los granos en un hoyo en el suelo. Luego, se inventó usar cierto instrumento para abrir surcos más adecuados en terrenos más apropiados. Debieron aprender, por prueba-error, cuáles surcos eran más convenientes y cuál era el terreno más apto para ello.

Estas historias muestran la mente neolítica funcionando y ¿de qué manera? Experimentando, generando hipótesis y poniéndolas a prueba, comunicando y difundiendo resultados, recibiendo informaciones y sugerencias y, eventualmente, críticas, volviendo a probar y así, en el círculo virtuoso del aprendizaje, a través de la resolución de problemas, con realimentación según resultados positivos o negativos, y avanzando a través de pequeñas mejoras incrementales aplicadas reiteradamente sobre una innovación novedosa. Esta mecánica de evolución cultural, basada en intencionalidades compartidas, había nacido en el Homo Sapiens africano 200 mil años antes, y había transitado por las culturas de los Cro-Magnones, pero en los 2 a 3 mil años del Pre-Neolítico se aceleró, de un modo tal, que el Neolítico en su conjunto, puede verdaderamente catalogarse de revolución.

Sin embargo, antes de explorar el Neolítico y sus consecuencias nos falta esbozar algunas explicaciones sobre el tránsito del cazador-recolector semi-nómade, al agricultor-ganadero sedentario, a lo menos en el caso de los grupos pertenecientes a las regiones donde se dió el Neolítico que hemos calificado como Arquetípico. Según la evidencia arqueológica disponible es claro que este tránsito no fue para nada rápido. La hipótesis más comúnmente aceptada es que los primeros esbozos de ser productor de alimentos, y abandonar la caza y la recolección para sobrevivir, consistieron en muy modestas plantaciones de gramíneas silvestres seleccionadas por rendimiento y su calidad nutritiva. Esto al parecer fue un intento de las mujeres para mejorar la recolección, tarea de las hembras en el género homínido. Estas primeras iniciativas no cambiaron la vida nómade de cazadores y recolectores. Este detalle es bien significativo puesto que la mantención de su movilidad mejoró la posibilidad de encontrarse con otros grupos y con ellos compartir experiencias y descubrimientos. Con el paso de los años y el mejoramiento de la productividad de sus terrenos plantados, éstos se extendieron, lo que aumentó el tiempo que debían permanecer a su cuidado y explotación. Estamos hablando de centenares o miles de años antes de tener un lugar de vivienda estable que sólo usaban en tiempos progresivamente más largos. Sólo cuando, mucho después, la productividad de la agricultura reemplazó casi muy completamente a la recolección y al nomadismo obligado, la domesticación de animales empezó a consolidarse de mano de la mujer y los hijos.

La aparición de los niños y los jóvenes como ayudantes de las labores agrícolas (espantar pájaros los pequeños, abrir surcos los jóvenes) o en el cuidado de animales en domesticación, como pastores o recolectores de guano para fertilizar la tierra (otro descubrimiento trascendental), el sedentarismo se hizo casi inevitable. En ciertos lugares (y hasta el día de hoy) los humanos se mantuvieron como cazadores, cada vez más ocasionales. La nueva posición de los hijos fue una bendición. Para los cazadores-recolectores, aún los actuales (en extinción), la presencia de los niños en las partidas de caza son un problema. En la recolección pueden ayudar, pero los más pequeños se pierden en los bosques o corren peligros por los depredadores, siempre al acecho.

La difusión de prácticas culturales del Neolítico, (agricultura y la ganadería), desde las regiones arquetípicas a otros territorios lejanos, fue más bien lenta. A Europa del Este llegó casi dos mil años después de su maduración en el Fértil Creciente. En este caso, y quizás en otros (Sud-Este asiático desde China), llegó tanto por difusión, pasando por una cadena de grupos culturales intermediarios, como por emigración de grupos y personas con "mente" neolítica, lo que probablemente ocurrió en Europa del Este. Como hemos visto a un buen número de territorios de los distintos continentes las innovaciones neolíticas nunca llegaron o sólo con las conquistas europeas en épocas recientes. Es el caso de África y Australia.

Por otra parte, no podemos pensar que la descripción que acabamos de hacer sobre la "maduración" del Neolítico luego del nacimiento de la agricultura y la domesticación de animales, haya sido el único desencadenante de las modificaciones de las prácticas culturales y de variaciones en las mentes de los humanos que eran actores en estos procesos. En realidad, hubo a lo menos otras tres dimensiones de las operaciones neuropsicológicas que también se modificaron. Una fuente obvia de estos arreglos es la tecnología. No siempre se recuerda que aprender y sobre todo manejar una nueva tecnología significó cambios en nuestra biología corporal, porque la cognición motora debió hacer funcionar las manos y el resto del cuerpo de otra manera (Capítulo 8: "Tecnologías e Innovaciones"). Pensemos en el torno del alfarero. Cuando él trabaja produciendo una vasija mueve las manos, los hombros, la cabeza, el torso, las piernas, de un modo tal, que para ser exitoso en este trabajo tiene que aplicar un programa motor "cerebral" distinto a los requeridos para realizar otras conductas. Al mismo tiempo, esta cognición motora (programa aprendido) está bajo el control de las regiones pre-frontales que lo han estructurado no sólo en cuanto programa motor, sino más críticamente en cuanto intencionalidad operativa. Haré una o dos vasijas, de qué tamaño, para qué uso, para venderlas deberé modificarlas, etc.

Recordemos que el mismo nombre de Neolítico (piedra nueva) designa la aparición de herramientas construidas puliendo la piedra. A éste debemos agregar que a los 2 o 3 mil años Pre-Neolíticos los arqueólogos los llaman "edad del calco lítico", debido a que la mayor parte de los utensilios que fabricaban con piedras de distintos tipos eran, además de pulidos, pequeños, característica esta última que profundizaba una tendencia tecnológica cuyos inicios pueden ubicarse 35 mil años antes, en el Auriñaciense. Además, los registros arqueológicos constatan un enorme mejoramiento en la calidad de viviendas estables. Incluso hay quienes piensan que esta mejoría "precedió" a las etapas finales de la agricultura y la ganadería, lo que para ello significaría que, a lo menos parcialmente, los grupos humanos del calco lítico eran más sedentarios que lo que creían, hasta hace algunos años, los paleo-antropólogos.

El tercer cambio cultural (y mental) que muestra la investigación arqueológica es la aparición de una nueva concepción del mundo, manifestada en cambios en el arte y las creencias, es decir, en los aspectos simbólicos del pensar humano. Desaparecieron las cavernas pintadas, las esculturas que significaban fecundidad y otros muchos signos culturales del Cro-Magnon. Como veremos en el próximo apartado (el Neolítico plenamente instalado) las expresiones simbólicas del humano del Neolítico fueron distintas a las del Cro-Magnon. Los espíritus a los que se rendía culto no eran de animales que se casaban, sino de personas (antepasados) que se representaban pictóricamente en habitaciones (no en cavernas), y se enterraban ritualmente bajo el piso de estas mismas habitaciones. La calidad estética de estas representaciones de ideas y creencias, fue, sin duda, mucho menor que las pinturas de Lascaux o Altamira, pero representaban una nueva cosmología, una nueva interpretación simbólica de su realidad. Un distinto modo emocional y conceptual de entender el mundo. Es discutible creer que en estos tiempos aparecieron las religiones, pero es posible pensar que estamos frente a una nueva religiosidad, ahora vinculada a los ancestros humanos, más que a animales presos por el cazador, visión que predominó en los Cro-Magnones.

2. El Neolítico plenamente instalado

En este apartado examinaremos los aspectos más importantes de la cultura neolítica que hemos llamado "arquetípica", es decir de los grupos humanos que lograron establecer las tres innovaciones fundamentales (piedra pulida, agricultura y ganadería) en un tiempo no demasiado prolongado. A estas innovaciones propiamente tecnológicas, debemos agregar una evolución de la mente neolítica en los ámbitos simbólicos, como acabamos de ver las diferencias radicales de los Cro-Magnones.

CUADRO 4.

Condiciones necesarias para instalarse en el Neolítico del Fértil Creciente

Región	**Condiciones necesarias**		
	Planta gramínea	**Animales domesticables**	**Recursos tecnológicos**
Fértil creciente	- Farro, escanda y trigo - Cebada - Lino - Guisante	- Vaca - Cabra - Cerdo - Oveja - Caballo	- Técnica para trabajar la roca - Ríos cercanos - Campos de cultivo
China	- Arroz - Mijo	- Cerdos - Aves de corral	- Técnica para trabajar la roca - Ríos cercanos - Campos de cultivo
Mesoamérica	- Maíz - Papas - Frejoles	No domesticaron	- Técnica para trabajar la roca - Terrazas de cultivo - Canales de regadío
América Andina	- Maíz - Papas - Frejoles	No domesticaron	- Técnica para trabajar la roca - Terrazas de cultivo - Canales de regadío

Si consideramos esta definición del Neolítico arquetípico y sus innovaciones encontramos que sólo cinco grupos de sociedades cumplen a cabalidad con esta definición. Ellas son, en primer lugar, el Fértil Creciente de Oriente Medio, luego China, quizás en dos lugares, y mucho más tarde, los americanos de Mesoamérica, y en el Sur, las sociedades andinas. El Neolítico del Fértil Creciente no sólo fue el primero en aparecer, sino, además, fue el que más amplia y rápidamente se difundió a Egipto y la India, y luego, a Europa Oriental y Occidental. El caso de India es discutible. Hay arqueólogos que piensan que Mohenjo, Daro y Harappa, en el río Indo, fueron asentamientos neolíticos originales (no por difusión), que por razones desconocidas no prosperaron. El Neolítico de China tuvo una difusión más lenta y tardía, más allá del río Amarillo por el Norte y el Yangtzé por el Sur. Ya mencionamos las condiciones ecológicas que hicieron posible la instalación del Neolítico (plantas silvestres posibles de plantar y reproducir y animales domesticables).

Son claras las facilidades Este-Oeste (Euroasia) de difusión del Neolítico y las imposibilidades de difusión en el axis Norte-Sur de América y África. De acuerdo a esta información es tiempo de estudiar las consecuencias de la producción de alimentos frente a la mera adquisición de carne y sus derivados por la caza, y de vegetales por la recolección. Estas consecuencias fueron enormes y en diferentes ámbitos de la vida de las personas, grupos y sociedades que llegaron a producir sus propios alimentos de manera eficiente y estable. Los primeros y más importantes efectos fueron los siguientes: a) Generación de excedentes de producción de granos y carne y sus derivados; b) Vida mayoritariamente sedentaria en aldeas y poblados; c) Diferenciación y especialización en el trabajo de los miembros de las sociedades productoras de alimentos; d) Reorganización de la vida social con aparición de jerarquías bien definidas.

En realidad, estos efectos están interconectados sobre todo a partir del momento en que la producción de alimentos se hizo no sólo suficiente sino empezó a ser excedentaria. Las pruebas arqueológicas indican que, para producir alimentos con excedentes, las comunidades del Neolítico, debieron agregar tecnologías adicionales a sus tareas agrícolas y ganaderas. Se trata de innovaciones incrementales que mejoran cultivos y ganado, además de nuevos modos de aprovechar los productos derivados de la tarea principal. En la ganadería los subproductos son claros: leche, quesos, cueros, lana. En la agricultura también son evidentes: nuevas especies de gramíneas y otros vegetales (pastos y árboles frutales, por ejemplo), novedosos sistemas de cultivo, regadío, etc.

Por otra parte, las innovaciones tuvieron la virtud de expandir las comunicaciones y la cooperación entre los distintos grupos de territorios adyacentes. La familia o la horda pequeña de los Cro-Magnones no fueron ya suficientes. Éstos, como sabemos se reunían en números mayores sólo en determinadas ocasiones. Caza de renos migratorios y pesca de salmones, en épocas anuales muy precisas, o festividades con prácticas rituales, probablemente en relación con las estaciones (¿solsticio de verano?). En cualquier forma no se juntaban multitudes, a lo más 120 a 150 personas. Este número no es arbitrario. La evidencia neurobiológica indica, como mencionamos en el Capítulo 3 (Sociabilidad e Individuación) que nuestra capacidad de recordar e identificar con alguna precisión caras y personas no excede ese número (Dunbar). El reconocimiento más global y menos preciso puede alcanzar de 400 a 500 sujetos. En todo caso, durante los inviernos glaciales los Cro-Magnones convivían, como vimos, con a lo más dos o tres familias extensas en el mismo "abri" o en refugios muy cercanos, por lo que las relaciones con grupos mayores eran, sin duda, bastante escasas.

En el Neolítico del Fértil Creciente esta situación cambió. El clima era más benigno, los bosques eran escasos en esa región, y más bien ralos, y los territorios sin montañas enormes o precipicios abruptos. A estas facilidades climáticas y territoriales los humanos del Neolítico agregaban los poderosos incentivos de comunicación, intercambio y cooperación que significaba la producción de alimentos a partir de tecnologías (agrícolas y de domesticación). Las que llegaron a dominar, al compartir las múltiples y mini innovaciones generadas por muchos grupos aledaños. De este modo, cuando la producción de alimentos empezó a dejar excedentes, las poblaciones comprometidas eran más numerosas. Por lo demás, a estas variables demográficas debemos agregar las condiciones territoriales en su sentido más amplio. Recordemos que la difusión de prácticas culturales, de intercambios o comercios de plantas y animales, incluyendo técnicas de manejo, es más fácil en el sentido horizontal de Euroasia y más difícil en el vertical de América y África. Pero, además, hubo la probabilidad de trasplantar vegetales y animales pues en este eje horizontal se comparten latitudes con estaciones y temperaturas semejantes, por la similar posición del Sol durante el año. Así, la tercera Revolución Neolítica, innovadora en la producción de alimentos, generó un incremento demográfico y una buena posibilidad de comunicación e intercambio entre las poblaciones, que, por su tamaño, habían pasado del nivel de horda al de tribu. Sin embrago, las tribus y los grupos más pequeños que vivían fuera del Fértil Creciente, no habían alcanzado el mismo nivel de desarrollo tecnológico y cultural. Aunque podían tener intercambios entre ellos, persistían hordas semi-nómades, cazadores-reproductores, familias y grupos de pescadores y otros, más bien pastores o pequeños agricultores de muy pocas especies de gramíneas. A pesar de esta polifacética diversidad hay registros arqueológicos de intercambio y comercio bastante irregulares entre algunos puntos, pero entre ciertos lugares, más constantes y especializados. Los bienes que con mayor frecuencia y volumen eran comercializados (no tenían monedas) eran ciertas piedras especiales que sólo existían en algunos territorios (obsidiana y pedernal), cueros de ciertos animales, y mujeres, porque las tribus del Neolítico del Fértil Creciente eran, en general, exogámicas.

Este comercio fue mejorando en diversidad y calidad a medida que ciertas poblaciones más avanzadas desarrollaron nuevas tecnologías. Vale la pena mencionar algunas de éstas por su novedad y trascendencia cultural. Ellas son el tallado de maderas, la alfarería y los textiles. Como hemos observado más arriba, en relación con la agricultura y la ganadería, cuando aparece una tecnología realmente nueva, rápidamente se produce su aplicación a otros materiales y distintos procesos y generan mejoras incrementales. En el caso del tallado de madera, probablemente introducida para mejorar arados y roturas de tierra, pronto aparecieron tablones, quizás para hacer cercos, que luego se usaron para construir habitaciones las que siendo de adobes primitivos necesitaban tablas para alinearlos y contenerlos. Pronto un innovador muy creativo pensó en otro uso de la madera bien trabajada y apareció la rueda. Por supuesto, la madera que se requiere para distintos usos es de distintas características físicas. Más duras, más flexibles, más recias para soportar más peso, etc. Obviamente, no todas las poblaciones tenían todos los tipos de maderas (árboles) que requerían. Para adquirirlas debieron comerciarlas. Este comercio significó difundir innovaciones y tecnologías a las tribus, grupos y poblaciones que no las tenían y las necesitaban, las cuales a su vez introdujeron innovaciones incrementales para adaptarlas a sus propias necesidades. El ejemplo de las comunidades de pescadores que empezaron a construir embarcaciones con la tecnología de la madera da cuenta de la aparición temprana de embarcaciones (con remos y/o velas) en el Éufrates, Tigris y Nilo.

La alfarería es un caso curioso. Es probablemente la tecnología que ha aparecido independientemente en más lugares de la Tierra. La primera evidencia arqueológica hasta hoy registrada, la ubica en Japón hace 10 mil años. También se la encuentra tempranamente en China, Perú y México. Esta ubicuidad con seguridad se relaciona con: a) La muy abundante presencia de la arcilla en toda la Tierra; b) El uso constante y generalizado del fuego para cocinar y calentarse. Dadas estas circunstancias es muy probable que azarosamente se hayan identificado las propiedades de la arcilla, que cuando es calentada con fuego en presencia de agua, constituye un material compacto y moldeable. Estos atributos de la arcilla, encontrados casualmente, requirieron la imaginación de un innovador para construir algún tipo de plato o vasija que reemplazaría calabazas, o bolsas animales (estómagos, vejigas) para contener agua, y después, para calentar y preparar la comida. La alfarería admite técnicas de elaboración más y más refinadas, tanto que habitualmente los arqueólogos catalogan las etapas de la evolución de una cultura según la calidad y características (formas, color, resistencia al fuego) de sus sucesivas producciones de cacharros, vasijas, platos y otros utensilios hechos de arcilla. Por cierto, estos productos del trabajo del alfarero son objeto de intercambio y comercio desde el Neolítico hasta nuestros días.

La producción de telas (textiles) no escapa a los mecanismos tecnológicos y comerciales que estamos describiendo. En efecto, las telas se fabrican a partir de ciertos materiales bien específicos que no están disponibles en todas partes y, por cierto, no lo estaban en todos los territorios del Neolítico del Fértil Creciente. Los textiles de origen vegetal (lino-algodón) o animal (lanas) requieren una materia prima que tenga fibras largas, resistentes y maleables. Entre éstas la más antigua es el lino, originado en Egipto y cuyos antecedentes botánicos son bastantes similares a la planta cultivada. El algodón es una especie de la India, que tal como el caso del lino, se empezó a utilizar primero en sus lugares de origen para luego ser "importada" (las plantas) a las poblaciones neolíticas del Fértil Creciente. Éstas, por su parte, tenían ovejas, pero de una especie muy poco lanuda, por lo que su introducción en el Fértil Creciente desde Persia, probablemente se produjo cuando las poblaciones de éste los conocieron, a partir de intercambios de alfarería por tejidos de lana, a lo que rápidamente siguió la aparición de razas lanudas. Por supuesto, la fabricación de textiles (como en cualquier tecnología mayor) no sólo significa disponer de la materia prima, cosa que también implica técnicas de cultivo (lino y algodón) o de crianza de ovejas lanudas.

Para llegar a una tela los industriosos neolíticos necesitaban desarrollar nuevas habilidades e instrumentos. Tomemos el ejemplo de la lana. Disponiendo de las ovejas productoras de lana deben saber cuándo cortarla, relacionando las estaciones del año con la biología de las ovejas, es decir, en qué período de sus vidas y en qué edad es más fácil y útil la esquila, con qué tipos de instrumentos (¿un cuchillo de piedra especial?) y practicarlo de modo de no dañar al animal y tampoco su producto. Luego, teniendo a su disposición los ovillos de lana deben obtener hilos del material, inventaron husos capaces de estirar y enrollar los hilos de un largo y diámetro apropiado, esto es, debieron aprender a hilar. El paso siguiente es tejer las telas según un propósito determinado. Es distinto fabricar un cobertor para taparse en las noches, que una vestimenta que reemplazara las pieles que quizás hasta entonces usaban. En algunos registros arqueológicos hay conos de madera que parece sirvieron para hilar, y también restos que se pueden interpretar como antiquísimos telares (8 mil años atrás). Probablemente tejer y luego cortar un cobertor no fue gran problema. Hacer vestidos diferenciados por tamaño, contextura, edad, sexo, etc., es mucho más complicado, pues necesitan coser (agujas, hilos) sobre un diseño apropiado, aunque esta tecnología, usando cueros, ya la conocían los Cro-Magnones.

Todos estos avances tecnológicos del Neolítico Medio, como lo llaman los arqueólogos, eran paralelos al desarrollo de la agricultura. Ésta evolucionó en tres etapas bien delimitadas por el tipo de plantas y árboles que cultivaron, y por su carácter endémico (propios del Fértil Creciente) o exótico, es decir introducidos de otras y a veces lejanas regiones. La primera etapa, fundacional, de la agricultura neolítica ya fue descrita y se basaba en el cultivo de cereales cuyos ancestros naturales existían en el Fértil Creciente, trigo, cebada y posteriormente centeno. A estos productos se sumaron bayas silvestres que requerían poco cuidado del agricultor, pero también algunos vegetales, ciertos tipos de lechugas y cebollas que sí había que plantar y manejar conociendo su ciclo vital. Hay algunos indicios de legumbres predominando arvejas y lentejas. Naturalmente el uso alimentario de plantas y otros vegetales requiere un gran número de saberes, técnicas e instrumentos adicionales, punto muy importante pero ya visto en otras partes de este capítulo.

La segunda etapa fue el manejo productivo de frutos de árboles que crecían de modo natural en el Fértil Creciente. Entre éstos destacan por su importancia, aún en la actualidad: los olivos, las castañas, los higos y los dátiles. El manejo técnico y la reproducción de estos árboles no es demasiado complicada, pero, para tener retoños y/o árboles nuevos en producción, se requieren varios años, por lo que creemos que estas industrias se instalaron cuando la mayoría de la población era sedentaria de modo más o menos permanente, es decir 7 mil años atrás. Decía que el manejo y reproducción de estos árboles silvestres auto-polinizados no era difícil pues se hacía a partir de esquejes (retoños) o semillas. En la tercera etapa aparecen árboles, por una parte, exóticos y, por otra, que requieren, cuando están florecidos, de polinizadores (insectos, aves, ventoleras). Las más importantes de estas especies arbóreas con frutos comestibles son las manzanas y las peras, que son de climas más fríos que el predominante en el Fértil Creciente, excepto en zonas montañosas del Norte de Mesopotamia cercanas a la actual Turquía. También en esta etapa se introdujeron nuevos vegetales exóticos, coles, rábanos y quizás repollos.

Si miramos estos avances agropecuarios y los comparamos con la ingesta de vegetales del Cro-Magnon (1 kilo al año) es claro que la dieta de los humanos del Neolítico era probablemente más equilibrada. Sin embargo, esto es dudoso porque el examen comparativo de huesos y dientes de ambas poblaciones, muestra que los indicios de desnutrición y raquitismo son mayores en los individuos del Neolítico que en los Cro-Magnones. Las razones del empeoramiento de la salud promedio de poblaciones que tenían muchas más tecnologías de creciente calidad parece ser el sedentarismo, que tuvo entre muchos otros, dos efectos notables. Por una parte, un gran aumento poblacional y, por otra, la mayor exposición a enfermedades infecciosas transmitidas desde los animales domesticables, a través de mosquitos, y sin contar la transmisión inter-humana a través de excretas (y moscas) de las poblaciones que vivían en caseríos en mayor número y más cercanas. Estos últimos factores infecciosos son muy poco aplicables a los Cro-Magnones que no tenían animales domésticos y vivían en grupos más pequeños y en un clima glacial donde no existían moscas o mosquitos y las excretas se congelaban pues las depositaban fuera de los refugios.

La explosión poblacional inducida por el sedentarismo neolítico tiene una explicación simple. La población de Cro-Magnones no podía crecer porque su nomadismo impedía a las mujeres tener hijos entre ellos cercanos (menos de 4 a 6 años), tanto porque sus constantes viajes hacían inviable llevar más de un niño pequeño a la vez, como porque la comida era escasa y sólo eventual. La recolección hecha principalmente por mujeres era un trabajo pesado y porque al parecer enfrentadas a estas dificultades (frío glacial, nomadismo, trabajos de recolección) su fecundidad fue menor que la de las mujeres sedentarias. Como resultado de la mezcla de todos estos factores los Cro-Magnones eran pocos, pero más sanos. Los neolíticos eran más, pero expuestos a enfermedades infecciosas y eventualmente a hambrunas cuando las cosechas no eran las esperables, cosa que al parecer ocurría a menudo.

Mientras todo esto sucedía en el Fértil Creciente ampliado, desde la costa Oriental del Mediterráneo, hasta el tramo superior del río Indo (Punjab), el otro foco primario de desarrollo del Neolítico, en China seguía prácticamente el mismo camino tecnológico basado en la agricultura y ganadería, y la invención en la primera época, de las diferentes técnicas y habilidades asociadas, cultivando arroz y mijo en vez de trigo y cebada y criando razas algo distintas de casi las mismas especies como el búfalo de agua en vez de los uros bovinos del Fértil Creciente y Egipto. En América la situación fue diferente. Aquí las culturas meso-americanas nunca tuvieron animales susceptibles de domesticar sea para obtener carne, cueros o leche ni tampoco animales de tiro, sólo adoptaron al perro como animal doméstico y consumían pavos silvestres. Tampoco desarrollaron la rueda, aunque se han encontrado en restos arqueológicos juguetes infantiles con ruedas. Las culturas Andinas, completamente independientes y sin comunicación con las Meso-americanas sólo tuvieron la llama para llevar cargas y la alpaca (descendiente seleccionada por los humanos de la llama) para hilar y tejer vestidos. Consumían ¿y criaban? cuyes, animal algo mayor que la rata, y que aún se come en Perú y Bolivia.

Como hemos visto, el Neolítico Superior se alcanzó cuando la producción de alimentos, basada en las tecnologías agropecuarias, examinadas más arriba, superó los niveles de subsistencia, dejando cierta cantidad de productos libres, luego del consumo de las poblaciones que los producían. Esto ocurrió en el Fértil Creciente, alrededor 5 a 6 mil años atrás, en relación con cambios climáticos y la introducción de nuevas tecnologías de las cuales vale la pena destacar sólo cuatro. El uso de bovinos como animales de tiro sea de vehículos (primitivas carretas) o de arados (perfeccionados) para roturar la tierra. La rueda, técnicamente mejorada, no sólo sirvió como parte vital de las carretas primitivas sino también dio origen al torno de los alfareros, simplemente poniéndola sobre un eje en posición vertical. Por ese mismo tiempo se mejora y diversifica el instrumento más clásico del Neolítico: el hacha. Con ella los neolíticos pudieron mejorar sus trabajos sobre las maderas, además, se les hizo más fácil cortar árboles, despejando terrenos boscosos para uso agrícola, cuestión muy crítica cuando el Neolítico llegó a Europa por entonces cubierta de bosques y con relativamente menos praderas.

La cuarta innovación, ordeñar hembras (vacas, cabras, ovejas) necesita una explicación más larga, dado que el producto de la ordeña, la leche, empezó en el Neolítico a ser consumida, por primera vez en la historia de los mamíferos jóvenes y adultos no lactantes. Éste es un hecho sorprendente pues la leche, tiene una composición química, que le da su valor nutricional, perfectamente adaptada a la capacidad digestiva y metabólica del lactante. Entre sus muchos componentes se encuentra un azúcar llamado lactosa, que se transforma en glucosa, la principal fuente de energía cuando es metabolizada por las células corporales. La transformación de la lactosa requiere de una enzima llamada, por su sustrato específico, lactasa. Esta enzima es desactivada en todos los mamíferos y también en el humano a los 2 o 3 años al terminar la lactancia. Beber leche después produce molestias. Éste es un supuesto biológico obvio. No tiene sentido gastar energías en producir una proteína (la lactasa) que en el resto de la vida del animal no tendrá un sustrato (la lactosa de la leche) sobre el cual la enzima pueda operar. De esta manera lo sorprendente es que un porcentaje elevado (más del 30 por ciento) de jóvenes y adultos neolíticos pudieran beber leche sin sentir molestias, como era predecible.

Teniendo en cuenta la capacidad nutritiva de la leche, beberla dio ventajas a estos adultos pues contiene además de hidratos de carbono, lactosa, grasas, proteínas y, muy importante, vitamina D y fierro, indispensables para la osificación normal de los huesos. Hoy sabemos (por investigaciones capaces de "fechar" la época en que aparece una mutación) que hace exactamente 5.800 años apareció una variante del gen Asporin (ASPN), que puede relacionarse, por ser polifuncional, con la mantención de la lactasa durante toda la vida, esto es, evita la intolerancia a la lactosa y curiosamente parece relacionarse con los procesos cerebrales que hicieron posible la aparición de la escritura. Con estas mismas técnicas de investigación se ha demostrado el mismo gen ASPN, sin la mutación indicada, participó en el aumento del tamaño del cerebro, quizás a partir del Australopithecus hace 4 millones de años.

Los neolíticos del Fértil Creciente llegaron a ser el 70 por ciento de la población sin intolerancia a la lactosa. La mutación del gen ASPN, ocurrida casi 6 mil años atrás no se extendió a China, ni Mongolia (de la cual emigraron los americanos) y otras regiones que en alta proporción siguen siendo intolerantes de la lactosa.

Es notable que a propósito de los bebedores de leche del Neolítico y su no intolerancia hayamos avanzado en el conocimiento de las bases genéticas de la evolución cultural humana. Hay una información adicional que se puede inferir de estos estudios genéticos. En efecto, se ha demostrado que los europeos no intolerantes a la lactosa, lo son en igual proporción que las poblaciones del Fértil Creciente. Por ello se puede concluir que el Neolítico europeo, posterior al Fértil Creciente, se estableció no sólo por la transmisión cultural, sino, además, por migraciones de poblaciones desde Medio Oriente a Europa Oriental, luego a la Occidental, como por lo demás lo sugieren registros arqueológicos independientes de evidencias genéticas.

3. La revolución sociopolítica del Neolítico

A partir de las investigaciones y publicaciones del antropólogo V. Gordon Childe, marxista de pensamiento, se ha popularizado la idea que, a la Revolución Neolítica, fundamentalmente tecno-económica (sistemas de producción), se le asoció lo que él llamó la Segunda Revolución Neolítica, ahora de carácter socio-político. Ésta se desplegó a partir de las innovaciones tecno-económicas y productivas. Esta segunda revolución se manifestó con fuerza cuando los sistemas de producción llegaron a tener excedentes, situación que acabamos de describir, aunque recién ahora podemos considerar los impactos socio-políticos de una economía basada en excedentes. Desde hace poco tiempo se sabe (después de Gordon Childe) que grupos sociales humanos no pueden auto-organizarse cuando el número de individuos que los compone es mayor a 150 miembros. Esta información nos permite suponer que las tribus neolíticas productoras de alimentos que habían aumentado su población antes de lograr excedentes, tenían algún tipo de jefatura y jerarquías, con sistemas normativos ordenadores de sus formas de relación familiar, social y de trabajo. Este supuesto, comprobado por los antropólogos que estudian las innumerables culturas tribales que existen y/o existían en los tiempos modernos, es reforzado por el creciente sedentarismo de las poblaciones neolíticas, que ciertamente agrupaban sus viviendas en aldeas y poblados. Así, es legítimo pensar que al momento que la infraestructura tecno-económica produjo excedentes, la organización socio-política tenía jefaturas jerárquicas, quizás algo sueltas y flexibles, y sistemas regulatorios supra-individuales que ordenaban poblaciones sedentarias, que vivían en aldeas (casas familiares) con alrededor de 200 habitantes, quizás más.

Disponer de excedentes de producción origina en cualquier comunidad presiones sobre su estructura socio-política. En las sociedades neolíticas estas presiones produjeron varios efectos bien conocidos, todos ellos dependientes del hecho objetivo que basta que sólo algunos trabajen en agricultura y ganadería para que otros puedan vivir de los excedentes productivos. En las comunidades organizadas esta diferenciación es casi automática. La complejidad que en esta etapa alcanzan los sistemas productivos y las relaciones sociales "obliga" a las jefaturas a dedicarse a la dirección, coordinación y control de: a) los sistemas de guarda de los excedentes (graneros, por ejemplo); b) las formas justas de distribución en tiempos difíciles de los granos u otros productos guardados, por sequías, tormentas y ventiscas que impiden sembrar o cosechar; c) defensa. En tiempos complicados o por otras razones, hay tribus vecinas que pueden atacar para robar los excedentes. Algunas, en niveles culturales más primitivos. También, hay necesidad de defender a las mujeres de una especie de exogamia guerrera, esto es, raptar mujeres de otras tribus para evitar niños con las alteraciones corrientes en la endogamia. Los yanómanos actuales del Alto Orinoco mantienen esta práctica. Todo esto hace necesario que los jefes instalen y dirijan sistemas de defensa. Por último, d) si alguien quiebra las reglas hay que enjuiciarlo y castigarlo. Tareas que también competen a las jefaturas. Así, tenemos el embrión, de la Política, la Economía y el Derecho.

Es absolutamente obvio que para cumplir estas misiones y muchas otras de distinto rango, las jefaturas no pueden trabajar en la agricultura o la ganadería. Pero el jefe, y su familia, además de los sub-jefes y encargados que muy pronto aparecen, y que tampoco trabajan directamente en el campo o el corral, necesitan comer, tener residencias donde vivir y ropas para vestir. A estas alturas, los jefes y sus ayudantes pueden sostener con razón, que, dado que trabajan para el bien de la comunidad y no tienen tiempo para producir sus propios alimentos, construir o reparar sus casas, vestirse, etc., sus servicios deben ser pagados por esta misma comunidad a la que sirve. Ahí tenemos la aparición, por primera vez en la evolución de las culturas humanas, de los sistemas impositivos. Como en el Neolítico no había dinero los impuestos eran pagados en especies, que muy pronto se instalaron como una proporción (digamos el 20 por ciento) de la producción de granos, carnes, cueros, leche, etc. de los campesinos, granjeros y pastores. A este porcentaje debía agregarse otro (digamos el 10 por ciento) para acumular en los graneros, a la espera de tiempos difíciles.

Junto a esta relación jefatura-campesino muy pronto se agregó la presencia de artesanos especializados que dejaron de trabajar directamente como agricultores o pastores, pues una tecno-economía de excedentes les permitía dedicarse a tiempo completo a sus artesanías. Ya vimos las actividades que los requerían. Trabajos de madera, alfarería y producción de textiles. Es posible que en el Neolítico hubiera técnicos especializados en otras áreas. Constructores de casas, especialistas en la fabricación de sub-productos de la ganadería (cueros, quesos, etc.) o en la plantación y manejo de especies de árboles y sus productos (aceite, por ejemplo). También, por supuesto, debieron aparecer encargados de la justicia y la defensa. En todo caso estos artesanos especialistas constituyeron un grupo diferente en las jerarquías o clases. Sus servicios y productos eran probablemente pagados por los usuarios en especies o trabajos. Así, es clara la manera en que se estratificó la sociedad neolítica: a) Jefatura y sus colaboradores (señores); b) Artesanos especializados; c) Especialistas en justicia y defensa; y d) Campesinos, granjeros y pastores, productores directos de alimentos. A estos cuatro grupos deberíamos agregar los chamanes y los demás especialistas en el mundo de los espíritus, a los cuales quizás se unen especialistas en otras manifestaciones simbólicas como en el arte que, en realidad, fue en el Neolítico poco abundante y de mucho menor nivel estético que en el de los Cro-Magnones del Paleolítico Superior.

Esta estructura funcional de las sociedades neolíticas fue asentándose en el curso de los siglos de modo espontáneo y natural, por las fuerzas del mercado, de productos y del trabajo, dirían los economistas actuales. Esta hipótesis que afirma que las estructuras y funciones de las sociedades aparecen de un modo no planificado para el largo plazo, se confirma en el caso del Neolítico, porque todas las culturas en este nivel (China, Egipto, Mesopotamia, Europa, las Américas) que siendo productoras de alimentos llegan a tener excedentes, se han organizado de la misma manera sin tener mayores comunicaciones entre ellas. Pensemos en Egipto y los mayas separados por largos milenios y espacios geográficos enormes. Sus ambientes naturales (el Nilo y las selvas de Meso-América) eran enteramente distintos, como también sus técnicas de cultivo, sin embargo, sus estructuras sociales eran las mismas (Jefes y señores, artesanos, campesinos), como también las relaciones de poder entre estas jerarquías. Incluso sus construcciones simbólicas y religiosas (pirámides y demás) eran similares. Esto nos lleva a considerar el pensamiento simbólico-espiritual del Neolítico Tardío que constituye su tercera revolución, probablemente inducida por una mutación que puede datarse 6 a 7 mil años atrás.

4. La religiosidad del Neolítico

Partamos por las construcciones monumentales instaladas antes de la aparición de las civilizaciones, eso es, en el Neolítico Tardío.

Los megalitos europeos Stonehenge, Carnac, Malta, las enormes plataformas de piedra de Baalbek en el Líbano actual, las enormes cabezas Olmecas del Golfo de México y las primeras Torres de Jericó, entre otras muchas construcciones monumentales precivilizacionales, representan además del sentido político-jerárquico, otros aspectos de la mente del Neolítico tardío, que no hemos considerado. Se trata de las creencias sobre una esfera de la realidad habitada por espíritus o seres sobrenaturales que tienen influencia sobre las personas y las sociedades. Debido a esta influencia es bueno rendirles culto para que sus acciones sean proclives al bienestar de los individuos y sus comunidades.

El primer aspecto es que las construcciones monumentales (también otras más modestas) revelan un muy buen manejo de la arquitectura y la ingeniería basado en conocimientos (o sólo intuiciones) matemáticos o geométricos. Además, saberes sobre la estructura de los bloques de piedras especiales que utilizaban, de las técnicas para desplazarlos, alinearlos y pulirlos y de las argamasas para pegarlos (no siempre la usaron como los incas) pero éstos ya eran civilizados. El segundo aspecto a considerar es que estos monumentos también tenían una utilidad práctica de extrema importancia para las culturas agrícolas: conocer con exactitud los desplazamientos del Sol y la Luna por su decisiva importancia para predecir cuándo sembrar o cosechar. Stonehenge, por ejemplo, está precisamente alineado con el solsticio de verano, también las estructuras del Monte Albán de los Zapotecas mexicanos. He mencionado Stonehenge y Monte Albán, que son estructuras ciertamente neolíticas, porque suele pensarse que estos avances culturales son ya parte de las civilizaciones que siguieron. De hecho, las pirámides mexicanas de Teotihuacán o las Moche de Perú (casi un milenio antes de las incas) son construcciones realizadas unas sobre las otras, siendo las más profundas claramente neolíticas, pre-civilizacionales.

El problema que debemos resolver, es el origen de las similitudes entre culturas neolíticas que independientemente alcanzaron: a) organizaciones sociales estructuralmente muy parecidas; b) tecnologías de construcciones monumentales (y de muchos otros tipos), evidentemente similares en cuanto a simbolismos político-religiosos y c) interés ¿racional? en predecir las trayectorias de los astros para saber cuándo plantar y cosechar, etc. La respuesta a esta pregunta es por supuesto la hipótesis central de este libro. El cerebro humano y sus procesos neuro-psicológicos es idéntico entre todos los miembros de nuestra especie, y sus módulos cerebrales son los mismos, y funcionan de la misma manera. Así, la similitud de respuestas en todas las culturas neolíticas a una Economía de excedentes se puede encontrar en el Capítulo 3 de este libro sobre Sociabilidad (jerarquías y cooperación altruista, por ejemplo) y también, en el Capítulo 10. Las capacidades necesarias para construir arados o megalitos son parte de la Neurobiología de nuestra cognición motora. La búsqueda de señales solares para determinar la suerte de los sembrados es una expresión de la racionalidad, procesada por las regiones pre-frontales del cerebro, que generan estrategias para alcanzar metas (Capítulo 3) y, finalmente, el sentido sobrenatural de muchos de los símbolos, ritos y costumbres de los neolíticos son una manifestación de una búsqueda de sentido de la vida, anclada en valoraciones afectivo-emocionales, y de la atribución causal (nuestra innata noción de causalidad) a ciertos espíritus como agentes, y cuyas acciones pueden explicar mucho de lo que ocurre (Capítulo 11).

Estos procesos, más o menos especializados son posibles por la enorme capacidad de aprendizaje y memoria (Capítulo 1) de los neolíticos (y nosotros) que les permitió realizar proyectos que podrían durar más de una generación (transmisión cultural transgeneracional), por el poderoso medio de comunicación del pensamiento que es el lenguaje (Capítulo 2). Pero la mente neolítica, como la nuestra, no fue un conjunto azaroso de facultades y disposiciones neuro-psicológicas relacionadas de cualquier manera. Tenían una unidad operativa (Capítulo 4) capaz de relacionar distintos módulos y procesos de un modo tal que abre espacios a ámbitos más trascendentales. Estos ámbitos y creencias del Neolítico, aparecidos por primera vez en los Cro-Magnones (aunque de modo diferente), serán piedra angular de la urdiembre religiosa de las altas civilizaciones en las que desemboca el Neolítico. Así, vale la pena dar una mirada más detenida a creencias, ritos y otras prácticas culturales que manifiestan creencias de una cosmología, y en los espíritus que moran ese mundo sobrenatural.

5. La cosmología del Neolítico

De hecho, la principal diferencia entre las creencias de los Cro-Magnones y los humanos del Neolítico son las "cosmologías", esto es la noción más básica acerca de cuál es la estructura y organización de la realidad, el mundo, el cosmos y de los seres que lo pueblan. La noción fundamental del pensamiento Neolítico es que la realidad está organizada en tres (o más) niveles o capas que se superponen y contienen entidades distintas, propias de cada una de ellas. La superior es el cielo, donde moran los espíritus, los dioses de las civilizaciones y los astros, "personalizados" en divinidades o guiados por espíritus particulares. La media es la región de la realidad donde transcurre la vida cotidiana de los humanos, los animales, árboles y plantas y a la que pertenecen tierras y montañas, ríos y mares. La más profunda, el infra-mundo, es donde habitan los muertos o sus espíritus, que cuando son ancestrales pueden visitar a los humanos (parientes) de la zona media. Esta estructura de la realidad cósmica que se organiza en planos, digamos horizontales, está verticalmente sostenida, por un eje central que une los tres planos. El "axis mundi" de Mircea Eliade, notable investigador de las religiones. Los humanos se relacionan con los planos superior o inferior, a través de ritos bien específicos, según los niveles y los espíritus con los cuales la comunidad de creyentes desea comunicarse. En ciertas tradiciones los planos se subdividen. El superior es uno para los espíritus celestes y otro, el más lejano, para el sol y los astros. También se encuentran subdivisiones del inframundo. Un nivel de esta realidad para los espíritus ancestrales, otro, el más profundo, para entes corrientemente malévolos, monstruos y espíritus malignos (demonios).

Más arriba apuntamos que esta noción sobre la estructura de la realidad de las gentes del Neolítico era completamente diferente a la cosmología de los Cro-Magnones. Si recordamos el arte en las paredes de las cavernas, o las estatuarias de estas culturas u otras formas de manifestación de un pensamiento simbólico-espiritual y mágico, nos encontramos que los espíritus de los animales que representaban en sus pinturas, ciertamente eran los que cazaban o deseaban cazar. Ellos estaban realmente presentes en la pared pintada. Era esta superficie la que separaba el mundo del cazador del mundo de los espíritus de los animales. Ambos se encontraban en el mismo plano de la realidad. Las demás manifestaciones simbólicas (Venus de la fecundidad, o quimeras, como el Hombre León) eran formas más abstractas, pero no pertenecientes a otro plano de la realidad, con lo que sus invocaciones rituales no consideraban ni el cielo ni el inframundo para tener el efecto que buscaban. La concepción neolítica con sus diversos planos estructurales de la realidad fue una innovación cultural que recogieron todas las altas civilizaciones que siguieron, y que se mantiene, como veremos a continuación, hasta nuestros días. Pero antes de dar ejemplos históricos o modernos sobre la mantención de esta noción, de una realidad "cosmológica" segmentada en planos superpuestos, debo indicar que para los creyentes estos planos cosmológicos realmente existen. Que ellos son parte real del universo. No son sólo metáforas. Los planos de la realidad pueden tener características más abstractas o más complejas, los habitantes del cielo pueden ser muchos o sólo uno, los del inframundo pueden ser demonios y monstruos variados, pero el cielo, el inframundo y sus moradores, efectivamente existen para los creyentes. Están ahí.

Esta noción metafísica, real para religiones actuales quedó plasmada para los cristianos, en el Credo de Nicea, del siglo IV, que millones de legos y sacerdotes repiten hoy día. Cristo "murió en la cruz, bajó a los infiernos y al tercer día resucitó, subió a los cielos, donde está sentado a la diestra de Dios padre". No es cristiano quien no crea este tránsito de Jesús, un personaje histórico (y Divino) que desde la Cruz (plano medio cotidiano del Neolítico) bajó al submundo (Infierno) y subió a los Cielos, (plano superior). El ritual católico no sólo recuerda sino repite el sacrificio del hijo de Dios a cada segundo, en cada Misa, que por millones se realizan en el mundo. El legado de la cosmología neolítica estratificada se encarnó, por supuesto, antes del cristianismo, en muchas religiones de las civilizaciones del mundo antiguo, especialmente en Medio Oriente y Occidente. La tuvieron Egipto, Mesopotamia, Europa Occidental, Grecia, Roma, Mesoamérica y los Andes. Ellas serán analizadas, junto a sus bases neurobiológicas en el capítulo 11 de este libro. Volvamos a la arqueología de las creencias del Neolítico.

Hay varias evidencias sobre este importante asunto sobre todo en el Fértil Creciente (Mesopotamia), Europa Occidental, la India y el Nuevo Mundo. De éstas tomaremos las más importantes que reúnan al menos dos condiciones: a) muestren indicios de las nociones de la cosmología estratificada del Neolítico, b) de alguna manera den cuenta de los ritos que se practicaban para relacionar a los creyentes con los seres de los distintos planos cósmicos. Hay indicios que esta relación con el mundo sobrenatural era con frecuencia realizada con estados alterados de conciencia inducidos por alucinógenos o auto-sugestión. En este contexto, "sobrenatural" significa un estado de tránsito cósmico distinto al del mundo natural donde viven el chamán y el creyente. No implica para los no creyentes que ésta sea una fantasía imaginada por una mente alterada. En civilizaciones posteriores y en prácticas "espirituales" de grupos del siglo XXI los alucinógenos son perfectamente conocidos por los fieles. En estos casos, ni el chamán ni los creyentes son drogadictos. Los usan exclusivamente en ceremonias rituales. Aquí, de nuevo encontramos la diferencia entre los Cro-Magnones y los Neolíticos. Recordemos que entre los primeros el chamán y sus discípulos eran los pintores de los animales en las paredes de la gruta. Ellos hacían presentes sus espíritus. Los traían a la vista de la comunidad que participaba en las ceremonias rituales. En el Neolítico el chamán y (pocas veces) los creyentes elegidos, viajaban por

FIGURA 23.
Tumbas en Bru na Boinne, Irlanda

https://mapio.net/pic/p-60275457/

los estratos "sobrenaturales" para alcanzar los espíritus presentes en los ritos ceremoniales. Los lugares en que esto ocurre en el Neolítico eran tres tipos de monumentos construidos específicamente como centros ceremoniales.

En diversos lugares del Fértil Creciente y de Europa Occidental se han encontrado tumbas especiales. Ellas se ven como un montículo con una entrada marcada por piedras, con grabados de un diseño particular. A esto seguía un corredor con inclinación hacia la profundidad, el que después de varios metros se abría a pequeños recintos donde los arqueólogos han encontrado señales de fogatas reiteradamente encendidas (quizás por siglos), y algunas osamentas humanas de tiempos diferentes pues presentan distintas dataciones de radio-carbono. Muchas de estas tumbas tienen al frente de sus entradas plataformas apisonadas y marcadas en las cuales se realizaban las ceremonias pues al interior sólo entraban los chamanes. Aquí tenemos una especie de pre-templos primordiales con su santo-sanctorum reservado sólo a los pre-sacerdotes. Es evidente que aquí las relaciones eran con espíritus del inframundo de carácter ancestral familiar o comunitario. Las tumbas más características de este tipo son las de: Bryn Celli Ddu (Gales) y Brú na Bóinne (Irlanda).

El segundo tipo de lugares de culto puede ser bien representado por los restos arqueológicos de Ain Ghazal cerca de Amán en Jordania y en Catalhoyuk en el Sur-Este de Turquía. Ambos sitios del Fértil Creciente tienen 6500 mil años de antigüedad y aunque son algo diferentes los dos refieren el nivel medio (cotidiano) de la estratificación cosmológica del Neolítico. Estos dos ejemplos se han encontrado en los restos de aldeas con alrededor de 2.500 habitantes en casa-habitaciones. En Amán se trata de un espacio grande que los arqueólogos llaman "el templo". Es una edificación con ábsides y arcos y con piedras verticales en su interior y altares. Sepulturas bajo el suelo de las casas y estructuras con un hogar (fuego), figuras de animales de caza (ciervos, jabalíes). En Catalhoyuk los animales están pintados en las paredes de las habitaciones con curiosas escenas, pues junto a ellos hay hombres danzando. También, estatuillas femeninas con toros. Es claro para los arqueólogos que en este caso se trata de ritos relacionados con la caza "terrenal" que los creyentes practicaban.

FIGURA 24.
Pinturas murales prehistóricas en Catalhoyuk

Reconstrucción de pinturas en pared noroeste, por Raymonde Enderle Ludovic.
https://artasmedia.com/2015/03/10/catalhoyuk- the-shrine-of-the-hunters-f-v-i/

Recordemos que en esos años y sobre todo en lugares semi-desérticos se mantuvo la caza porque la agricultura no era suficiente como fuente de alimentos. En resumen, estos oratorios familiares parecían pertenecer al mismo nivel cosmológico (medio) que las cavernas pintadas de los Cro-Magnones, aunque sus símbolos son completamente diferentes. Sin embargo, el Templo de Amán es indudablemente un lugar de culto a seres del nivel superior.

El tercer tipo de lugares de culto son las construcciones monumentales, entre las cuales tenemos las pirámides más antiguas (encontradas bajo las nuevas cajas de piedra) de los mayas que, todavía en el Neolítico, representan los tres niveles en la misma construcción. Todas tienen en su base una entrada al inframundo, y en su cumbre estructuras ceremoniales donde realizaban sus sacrificios de sangre a través de los cuales proporcionaban a sus dioses (del cielo) el elemento que éstos necesitaban, para seguir proveyendo energía solar, lluvias y fecundidad para sus cosechas. Un grupo aparte son los monumentos de Stonehenge y los Dólmenes y Menhires de Bretaña. Aunque tenían sentido ceremonial y se dirigían a honrar espíritus del cielo, no hay duda que se trataba de esfuerzos por comprender la mecánica de los astros (pre-astronomía), y de su influencia sobre la vida de las personas (pre-astrología). Igual sentido tenía el zigurat más antiguo de Mesopotamia.

La mezcla entre adorar a los espíritus y escudriñar los cielos no es trivial. Los cielos eran morada de los espíritus que de alguna manera dirigían las revoluciones de los astros. Lograr orientarlos para buenas cosechas y otras benevolencias era papel de la magia. La ciencia exacta que llamamos Astronomía estaba a 5 o 6 milenios de distancia. Esto no obsta para que las primeras civilizaciones tuvieran "magos" como los tres que visitaron a Jesús recién nacido. Los magos conocían con precisión los desplazamientos en el tiempo del Sol, la Luna y varios planetas, especialmente Venus, las estrellas matutinas (y también del ocaso) que anunciaban y despedían al vivificador Sol. El Observatorio Maya de Chichén-Itzá está enfocado hacia Venus. Las tradiciones pre-religiosas de Oriente usaron para relacionarse con el cielo las montañas, versión oriental de las pirámides de Medio Oriente y América. Fueron metafóricas en la India y el Monte Sagrado real de los chinos, los que efectivamente construyeron montañas artificiales como tumbas de algunos emperadores.

6. El Post Neolítico

Este período algo difuso, como todas las épocas de transición, es también llamado Pre-Civilizacional según se considere que está al final del Neolítico o a comienzos de las Grandes Civilizaciones más primogénitas. Ocurrió que los asentamientos poblacionales se hicieron mucho más grandes, con más habitantes y más complejos, en los márgenes de los grandes ríos que tenían mejores tierras de cultivo, territorios de pastoreo y ciertamente más seguras provisiones de agua. La población se concentró en el Nilo (África), en el Tigris y el Indo (Asia), en el río Amarillo y el Yangtse en China. Es fácil advertir que en estas comunidades ribereñas aparecieron, mil a mil quinientos años antes las grandes civilizaciones históricas. Egipto, Sumeria, del Indo con Mohenjo-daro y Harappa (ambas en ruinas) y la China de la primera dinastía (Shang). Sin embargo, estos territorios tenían problemas. Su estructura geológica determinada por un gran río y sus crecidas en terrenos planos, era de "aluvión", compuesto por materiales arrastrados por los ríos desde su nacimiento en las montañas de Turquía para Mesopotamia y de Etiopía para el Nilo. Esta condición, por una parte, disminuye el crecimiento de bosques ribereños y la provisión de madera y, por otra, sólo facilitaba la existencia de piedras del tipo "canto rodado" (pequeñas piedras pulidas y arrastradas por el río). No había basalto o granito u otro tipo de material de piedra fuerte y dura. Por otra parte, el agua que tenían para sus cultivos era traída por el río y no por las lluvias, de modo que, a más lejanía del río (y sus crecidas) tenían menos agua.

Es difícil pensar que estas dificultades no fueron advertidas desde la llegada de las primeras poblaciones a las riberas de los grandes ríos. Es muy probable que ellas fueran conocidas desde tiempos muy anteriores, lo que explica que varias poblaciones del Neolítico inicial y medio se instalaran, a veces, en valles y llanuras sin estas carencias (lluvias, maderas, rocas). En todo caso, la gente del Neolítico y del Post-Neolítico confluyó a los territorios ribereños que tenían ventajas agrícolas y para el pastoreo, las que impulsaron un aumento de población en estos ambientes ecológicos. Esto ocurrió más bien pausadamente (1500 a 2000 años) y, ciertamente, en relación con las sucesivas mejoras comerciales y tecnológicas incrementales que las poblaciones iban produciendo. Lo notable es que este círculo virtuoso – mejor manejo tecnológico y comercial – más población – más técnica, etc., se dio en paralelo, en todas las regiones ribereñas que posteriormente fueron la cuna de las grandes civilizaciones antiguas.

Este paralelismo permite inferir dos hipótesis no excluyentes. La primera, que sostiene la mayor parte de los investigadores, es que operó la difusión cultural, mediada por el comercio, que como hemos visto, es mucho más fácil en el sentido horizontal de Euroasia. Por lo demás, todas estas civilizaciones, con la excepción de China, son partes o adyacentes (Egipto) al Fértil Creciente. En la realidad, China y la India, se instalaron algo más tardíamente, especialmente la India. Recordemos que Mohengo-daro y Haruppa fueron inicios, en las riberas del Indo, que se frustraron por razones muy poco claras. Europa alcanzó un nivel civilizacional mucho más tarde, y en una secuencia casi predecible según su relación geográfica con el Fértil Creciente y Egipto. Primero los minoicos, en Creta, luego los griegos y después los romanos. Las civilizaciones persas, vecinas a Mesopotamia por el Este, son también tardías, paralelas a Creta y Grecia. Las americanas son un caso aparte desde el punto de vista de la difusión cultural, que es la hipótesis que nos ocupa ahora. La segunda hipótesis, para nada contradictoria con la difusionista, es la neurobiológica, que sostiene que los humanos ante riesgos y oportunidades semejantes, tenderán a tomar decisiones similares dado que tienen un cerebro con iguales atributos y capacidad de procesamiento informacional.

Desde este punto de vista es importante considerar que las civilizaciones mayores que se establecieron a partir del previo desarrollo Neolítico (similar en las cuatro áreas de Euroasia que hemos indicado) lo hicieron con soluciones análogas para los problemas similares que se plantearon a las poblaciones ribereñas de los distintos focos pre-civilizacionales. El primer problema a resolver fue el de las carencias de los insumos necesarios para llevar adelante sus prácticas culturales, que aseguraran su particular manera de sobrevivir y honrar dioses. Estas carencias podrían haberse resuelto de varias maneras. Migrar, dejar de utilizar ciertos insumos y reemplazarlos con nuevas técnicas, conseguirlos a través del pillaje (las guerras modernas con frecuencia tienen este origen, petróleo, por ejemplo). Los insumos faltantes podían haberse conseguido a través de intercambios y comercios con otros grupos que los tuvieran, tanto por su propio trabajo (bienes con alguna elaboración) o en sus territorios, y permitieran su acceso a ellos (maderas, minerales, granitos y otras piedras especiales, etc.). Por lo que sabemos las poblaciones ribereñas que prácticamente utilizaron todas estas alternativas de solución, dieron origen a las civilizaciones. Las demás, se quedaron en diversos niveles culturales y tecnológicos del Neolítico, y muchas de ellas permanecieron en estas etapas hasta el siglo XX. Consideremos a los I Kung del Kalahari, a los habitantes de las tierras altas de Nueva Guinea, a los Amazónicos, etc., etc. A partir de esta etapa entre precivilizacional y civilización temprana las diferencias son posibles de establecer.

Pensemos en los egipcios. Ellos directamente trabajaron las canteras de granito muy al sur de sus territorios, lo que los incentivó a mejorar sus embarcaciones para transportar los enormes bloques que necesitaban para sus construcciones monumentales. Conquistaron Medio Oriente para disponer de maderas y mejores granos, lo cual los impulsó a mejorar sus técnicas de guerra (carruajes, armas, ejércitos bien entrenados). También comerciaron, obteniendo lapislázuli del actual Pakistán, oro de la mítica región de Or, telas y tejidos de la India, arados del Norte del Fértil Creciente. El comercio, a su vez, les obligó a mejorar los productos de su especialidad. Exportaron telas de lino y algodón y ciertos tipos de alfarería. Esto hizo aparecer un grupo de nuevos especialistas: los comerciantes. Efectos muy similares se pueden observar en las demás pre-civilizaciones que se desarrollaban en las riberas de los ríos, como la muy cercana Sumeria en Mesopotamia. Ésta ejemplificó otro tipo de solución a los problemas que generaban la posición ribereña de estas comunidades. Esta solución fue hacer canales de regadío, tecnología que los egipcios, que dependían de las crecidas del Nilo no necesitaron sino mucho después.

Hemos visto antes que la agricultura y la ganadería tenían dificultades en terrenos lejos de los ríos porque con frecuencia no tenían agua de lluvias y el bombeo de agua con molinos de viento estaba lejos de su horizonte cultural. Los canales de regadío aparecidos por primera vez en Sumeria, ya en esa etapa pre-civilizacional fueron una innovación muy poderosa, que puede considerarse factor principal del posterior desarrollo de su civilización, llamémosla madura. La canalización del Éufrates significó, en su gradual implementación, el desarrollo de una nueva forma de Ingeniería. Los canales principales debían tomar el agua del curso del río bastante más arriba que la posición de los terrenos a los que debían regar pues su flujo depende de la gravedad. En este trayecto y en su posterior división en canales más pequeños, sus paredes debían ser suficientemente impermeables como para evitar que el agua se escurriera lejos de su destino. De esta manera los ingenieros de Sumeria debieron conocer no sólo la mejor posición para tomar el agua del río, considerando lo apropiado del lugar en la ribera, el declive del terreno entre esta toma y los mejores terrenos de cultivo, el caudal y la fuerza de los torrentes (río y canales), las técnicas de impermeabilización y los sistemas de distribución de agua entre las distintas áreas. Éstas no se regaban simultáneamente sino en un cierto orden que, a su vez, dependía de variables como: época del año, sembrar o cosechar, calidad diferencial de los terrenos bajo cultivo, volúmenes esperables del caudal del río, que hasta hoy depende de las lluvias en las montañas de Turquía, etc.

He detallado con detención los problemas y soluciones que las poblaciones pre-civilizacionales debían enfrentar, en su camino hacia las civilizaciones tempranas, para demostrar su complejidad, variedad tecnológica y la multitud de agentes que en distintos dominios y especializaciones debían cooperar, para que todas estas cosas, vitales para la sobrevida de las poblaciones, de verdad ocurrieran. Además, vale la pena considerar otro hecho esencial derivado del aumento de poblaciones con diversidad de oficios. Se trata de la vida y relaciones sociales y lingüísticas de este conjunto de familias, tribus y personas que necesitaban una economía agropecuaria que dejara excedentes, a pesar que ahora muchas de las bocas que debían alimentar, no eran productores directos de alimentos. La solución generalizada en todas las poblaciones pre-civilizacionales fue la centralización del poder y de las instituciones, algunas de las cuales no existían antes de la instalación de las comunidades humanas ribereñas y pre-civilizacionales. Habían llegado a la Historia de la Humanidad la Política y sus instituciones mejor formalizadas. Por cierto, atisbos de decisiones políticas y de planes cooperativos son, como hemos visto, muy anteriores a este estadio del desarrollo cultural, pre-civilizacional de nuestra especie, pero no tenían su extensión, tanto en cuanto a la multitud de problemas que debían solucionar, como al número de personas alcanzadas por alguna decisión. Tampoco tenían la complejidad tecno-económica que enfrentaron estas poblaciones. En una palabra, estaba naciendo el concepto de Estado, centralizado, con poderes no vistos, ni concebibles por los Cro-Magnones o los Neolíticos previos. Las funciones de este poder central son bastantes obvias a esta altura de nuestro viaje, por el desarrollo de las culturas humanas.

En un principio los jefes y señores se encargaban de guardar y, en tiempos de escasez, repartir los excedentes de granos, también de solucionar los conflictos entre los vecinos y otras tareas político-económicas, organizativas, y de defensa, descritas con anterioridad en este capítulo, como también, y por supuesto, los sistemas de impuestos. En el estadio pre-civilizacional avanzado se encargaron, además, de definir y dirigir lo que hoy día llamaríamos obras públicas mayores, como los canales de Sumeria, o la obtención, transporte y construcción de granito de los egipcios. A poco andar sumaron a sus responsabilidades las de defensa "profesional" (y pillaje) para la cual crearon soldados y patrullas militares, bajo su mando, que también servían para proteger a comerciantes especialistas en intercambios. La más antigua función de juzgar y condenar a los que infringían las normas consuetudinarias avanzaron a sistemas jurídicos, con leyes supra-individuales y funcionarios a cargo.

Con fines de exportación, diríamos hoy, los jefes estimulaban a los artesanos, productores de bienes para intercambios, y a los ingenieros y constructores para grandes obras públicas. Todo lo cual fortalecía su propio poder y aumentaba sus ingresos, porque naturalmente, todas estas acciones implicaban costos que sólo podrían cubrirse con más impuestos a los productores agropecuarios. Es evidente que estamos asistiendo a la aparición de un Proto-Estado Autoritario.

Por su parte, también estaban evolucionando no sólo las creencias cosmológicas y sus divinidades sino, sobre todo, su administración. Los templos, ceremonias y ritos se hicieron más grandes y complejos, y los chamanes, que sobrevivían en los Proto-Estados unificados y en otras poblaciones con menos desarrollo cultural, se transformaron (a lo menos algunos de ellos) en sacerdotes, encargados "oficiales" de los asuntos espirituales y de sus rituales. Así aparecen proto-religiones, que con la instalación de las grandes civilizaciones desarrollaron sus propios dogmas y prescripciones sobre creencias y conductas, definidas por los dioses según la autoridad sacerdotal. Antes de esto la convivencia entre un Proto-Estado seglar y una Proto-Religión no fue para nada fácil. La solución más o menos universal en las civilizaciones ya establecidas fue unir ambas formas de poder. La autoridad seglar adquirió el carácter de divinidad viviente (faraones), con la cúpula sacerdotal a su mano derecha, pero interviniendo, a nombre de la divinidad en todos los asuntos de las comunidades y del Estado recién estructurado.

Este período Post-Neolítico o Pre-Civilizacional, como se quiera llamar, es el último de la Historia de la Humanidad que admite descripciones e hipótesis generales sobre nuestra evolución bio-cultural. A partir del desarrollo de civilizaciones como tales, con su enorme complejidad, deberemos tratar por separado, los componentes más específicos de sus culturas (Tecnologías, Religión, Derecho, Filosofía, Ciencias, etc.), que tienen su propia historia y evolución y su propio soporte en la Neuropsicología de nuestra mente. Es lo que haremos en la segunda parte de este libro.

En resumen y de acuerdo con nuestra metáfora del árbol cosmológico maya, en los dos capítulos de esta sección, hemos acompañado al Homo Sapiens-Sapiens a recorrer el tronco, el Axis Mundi, de su evolución cultural desde su aparición en África hace 200.000 años hasta la aurora de las civilizaciones. Las hojas, flores y frutos, el follaje del árbol cosmológico, son las prácticas culturales "civilizadas" de nuestra especie que examinaremos en la segunda parte de este libro. El supuesto de esta metáfora es que las capacidades y atributos neuropsicológicos que describimos en la Primera Sección como las raíces de "la Cultura" (aprendizaje, memoria, lenguaje, sociabilidad), eran similares a las del ser humano moderno, a partir de su perfeccionamiento final en África, muy probablemente como efecto de la adquisición de un lenguaje gramatical y sintáctico maduro. De esta manera, los acontecimientos ocurridos a las comunidades del Paleolítico Superior y a las poblaciones neolíticas serían sólo y estrictamente producto de su evolución cultural, sustentada en todo este recorrido, por las raíces del árbol cosmológico, esto es un cerebro genéticamente idéntico al del ser humano moderno. Sin embargo, en este libro, en varios pasajes hemos agregado algunas evidencias, tanto genéticas como bio-culturales, que hacen indispensable, creo yo, revisar la veracidad científica de este supuesto.

Esta revisión significa recordar, en su conjunto una serie de evidencias bio-genéticas que, presentadas aisladamente aquí y allá, no nos dan una idea coherente de este crucial problema, decisivo para entender la evolución neuropsicológica y cultural de la humanidad civilizada.

La primera evidencia da pié a pocas discusiones. La mayor parte de los paleo-antropólogos acepta que la adquisición de un lenguaje con gramática y sintaxis fue el factor principal de la aparición, en África, del Homo Sapiens-Sapiens, a partir del Homo de Heidelberg. Como vimos (Capítulo 2) conocemos los genes responsables de estas capacidades lingüísticas, y la Genómica ubica su tiempo de aparición de las dos mutaciones que las determinan. Esto es 200.000 mil años atrás. Más complicada es la causa neuro-biológica de la aparición de las razas, sin duda ocurrida durante su migración a otros ambientes ecológicos y climáticos, luego de salir de África (por tercera vez), durante la última era glacial. Aquí la explicación más prudente y probablemente cierta es el efecto Baldwin que sostiene, recordemos, que, sin variar el pool genético total, las condiciones ambientales seleccionan ciertos genes (que ya eran parte del pool) que permiten una mejor adaptación a ese preciso entorno. El color de la piel (oscura en los trópicos con mucho sol) y blanca en el Norte donde sus rayos son oblicuos y desaparece por meses, es un buen ejemplo del efecto Baldwin (Introducción) porque los genes que procesan los melanocitos (células que colorean la piel) son parte del capital genético universal, y se activan y predominan más en el trópico, y menos en las regiones cercanas al Polo. De esta manera, cambia el fenotipo de las poblaciones como adaptación que expresa y generaliza los genes más apropiados. Es seguro que la mayor parte de los fenotipos raciales son producto de este efecto. El problema es que no se puede decir todo el fenotipo porque se sabe que, a lo menos en dos poblaciones, hay genes que se mezclan con las de otras ¿especies? Los Cro-Magnones y sus descendientes tienen genes Neanderthal. Los aborígenes australianos comparten genes con la rama oriental del Homo de Heidelberg (Homo Denisoviense). En ambos, los genes son escasos (2 a 4 por ciento), pero existen. Aunque con otras razas hay menos seguridad, hay sospechas que en algunas de ellas hay componentes de la variedad de homínidos que algunos llaman Sapiens Ancestrales, Pre-Sapiens o con algún nombre propio como Homo Antecessor, Heidelberg (dos variedades) y el mismo Homo Erectus terminal.

Cuando estudiamos la salida del Sapiens desde África, al mencionar esta posibilidad de cruce inter-especie, observamos que, por lo que sabemos, ella es imposible, excepto cuando ocurre que las crías eran infértiles como el mulo, descendiente de caballo y asno. Sin embargo, investigaciones muy recientes en especies no humanas, demuestran que existen casos de producción de crías fértiles entre dos especies distintas, pero genéticamente relacionadas, como puede ocurrir en dos sub-especies (después especiadas) descendientes de un antecesor común. Los casos humanos que estamos considerando tendrían este patrón genético-evolutivo.

La relación entre lenguaje gramatical y sintáctico y mutaciones bien determinadas, es genéticamente segura. Se trata del Gen Fox P2 abundante en mamíferos que procesa factores de transcripción (gen proteico). En el humano tiene dos alelos mutados, lo que pareciera ínfimo, pero sin duda es la base de nuestro manejo gramatical y sintáctico. Estas modificaciones del ADN se descubrieron en casos del llamado "trastorno genético del habla ", donde la alteración se corresponde exactamente con cambios precisos en alelos de genes que no tiene ningún otro animal con ese código, y que en todos los humanos que hablan, está presente. Esto es diferente al hallazgo del gen MCPHI mutado hace 35 mil años atrás, casi exactamente el tiempo de aparición de la explosión cultural del Paleolítico Superior. Este gen, bastante antiguo, se encuentra en todo el linaje de los primates, como factor de crecimiento del cerebro por aumento de neuronas. Su mutación en los Cro-Magnones del Auriñaciense, es exclusivamente humana. Su alteración, según investigaciones realizadas a partir de niños de Afganistán produce microcefalia La correlación temporal entre cambio genético y capacidades fenotípicas, es exacta en cuanto a tiempo de aparición, pero no tenemos la contra-prueba de si existen para el lenguaje, familias con trastornos genéticos del habla en las cuales, la falta de la modificación genética tiene el trastorno. En estas circunstancias, en el caso de la Explosión Cultural, la correlación gene modificado – capacidad fenotípica mejorada no puede probarse causalmente, es decir, que la primera parte de la inferencia "gen modificado" sea efectivamente la causa de la segunda, "capacidad fenotípica" mejorada. Por lo que sólo podemos afirmar que es estadísticamente probable que la mutación encontrada sea la causa de la Explosión Cultural.

La correlación entre la mutación del gen ASPN con el Post-Neolítico es más improbable, ya que el gen ASPN sólo se encuentra en las especies de hominoides, después de su separación del antecesor común con los chimpancés. También es factor en el aumento de tamaño del cerebro (como el MCPHI), pero hay quienes piensan que su acción se extiende a mejorar las conexiones interneuronales. Sin embargo, si pensamos que el Neolítico, basado en mejoras tecnológicas (agricultura y ganadería), fue un proceso que tomó miles de años, y que las innovaciones técnicas fueron prácticamente siempre incrementales, esto es, muchos pequeños avances que sumados durante largo tiempo determinan una revolución en la Historia de la Cultura, pero no una explosión tan, podríamos decir, repentina y profunda como la de las cavernas pintadas. Estas últimas, empezaron a aparecer casi de un momento a otro y perfectamente terminadas, como la Gruta de Chauvet, la más antigua hasta ahora descubierta, y fechada 35 mil años en el pasado. En este contexto, es posible pensar que la correlación gen ASPN con capacidad mental de introducir innovaciones mayores, no se refiere en el Neolítico sólo a la tecnología, sino más bien a los procesos mentales como los que sustentan creencias sobrenaturales y cosmológicas. Recordemos las tumbas, templos y megalitos que detallamos en el Capítulo 6, que no tuvieron modificaciones incrementales, pues se establecieron 4 o 5 mil años atrás, muy rápidamente y con diferencias muy profundas con las creencias cosmológicas de sus antecesores más cercanos, los Cro-Magnones. Es en el ámbito de la espiritualidad donde me parece más probable una correlación entre cambios en el genoma con profundas modificaciones fenotípicas (mentales), capaces de producir cosmologías y creencias completamente nuevas, no sólo en sus contenidos sino en sus estructuras y significados simbólicos.

Si consideramos con más atención esta probabilidad podemos avanzar algunas hipótesis plausibles para explicar la aparición de las civilizaciones que siguieron, prácticamente sin pérdida de continuidad, al Post-Neolítico (o Pre-Civilizacional). La primera hipótesis es que la modificación genética introdujo un cambio en los formatos de procesamiento cerebral de conceptos abstractos, y en la capacidad de construir y organizar símbolos y metáforas, de muy alto nivel categorial. En este sentido, el cerebro humano mejoró sus habilidades para procesar categorías complejas como es una cosmología, es decir, un universo ordenado (cosmos) en tres o más niveles, en los que habitan entidades sobrenaturales, sean espíritus de los antepasados, seres que son agentes de fenómenos naturales, o temibles demonios. Por otra parte, no hay ninguna razón para restringir esta forma cerebral de procesar la realidad, a los ámbitos de las creencias "espirituales". El cerebro también pudo procesar de la misma manera las estructuras tecno-económicas, sociales, políticas y, por cierto, las religiosas. Lo que en cada caso cambia para el cerebro, que le compete, son los contenidos informacionales que son ordenados ("organizados") por estas nuevas maneras de procesar información. Si esta innovación de origen genético significó, como yo creo, un nuevo modo de formatear, procesar y estructurar información abstracta, ellas mejoraron la posibilidad de concebir y desarrollar "instituciones" políticas, judiciales, comerciales, religiosas, tecno-económicas y artísticas, es decir, las que están en el núcleo de las prácticas culturales que instalaron las civilizaciones tempranas (y también las actuales). Por cierto, a esta altura fue posible y necesario incorporar a estos novedosos formatos de procesamiento informacional, atributos mentales más antiguos (memoria, emociones, lenguajes), y las predisposiciones sociales y de autonomía personal que distinguen al Homo Sapiens.

Tomemos, por ejemplo, la construcción de tumbas que responden a las recién llegadas concepciones cosmológicas, de un mundo organizado en los tres niveles que sabemos (cielo, tierra en la que se vive, inframundo). Esta empresa constructiva, para ser llevada a cabo como corresponde, necesita de la participación de una enorme variedad de recursos mentales: lenguaje, que transmite información e intencionalidades compartidas, además, conocimientos (memoria) sobre mil asuntos muy diversos; calidad y características del terreno donde se construirá y su posición respecto a los solsticios; tecnologías para devastar, transportar y erigir las piedras; aptitudes artísticas para diseñar y hacer los grabados, etc., todo lo cual debió apoyarse en predisposiciones cooperativas basadas en la confianza y en los objetivos compartidos. Éstos hacen posible concebir y ejecutar las obras de la construcción de esa específica tumba, considerando sus fines (religiosos espirituales), y los ritos que una población concreta podría allí desarrollar. Como hemos visto en la primera sección de este libro, este complejo entramado de recursos mentales y dispositivos cerebrales, es organizado y "puesto en práctica" a través de las acciones que, en cada caso corresponden, por las regiones pre-frontales del cerebro que planifica, y sus memorias de trabajo necesarias para ejecutar estas conductas con objetivos.

Sin embargo, aunque esta hipótesis parezca plausible no hay como probarla. Se trata de un problema serio de la Teoría de la Evolución, que también como era esperable, reportó el propio Darwin en el "Origen de las Especies", aunque no sabía de genes. En lenguaje moderno, este problema es la dificultad de conocer la contribución específica del patrimonio genético, sus variedades y cambios, con características fenotípicas determinadas.

Claro que esto está cambiando muy rápidamente a partir del proyecto que logró descifrar el genoma humano y la aparición, junto a la Genética de la Genómica y la Proteonomia. En las investigaciones biomédicas, se están reconociendo genes cuya presencia, ausencia o modificación, se correlaciona estrictamente con patologías bien determinadas. Asimismo, en las investigaciones y desarrollo de productos transgénicos, es posible bloquear un gen determinado y reemplazarlo por otro (de otra especie) que genera atributos más deseables. Sin embargo, en el estudio de la evolución del humano, que trabaja con fósiles, esto no es posible de hacer, con lo cual la correlación entre modificación genética y variaciones fenotípicas tiene siempre alguna incertidumbre, excepto en el caso del gen Fox P2 modificado (lenguaje gramatical), y del MCPN1 y su relación con la microcefalia.

Sin embargo, como decía, esta situación está cambiando con rapidez, sobre todo por el efecto del proyecto que permitió describir el genoma humano (y de muchas otras especies). Con las nuevas técnicas genéticas, en especial la revolución que significa el CRISPR CAS9, genómicas y proteonómicas, es posible que los paleontólogos humanos del futuro puedan describir certeramente las mutaciones y otros procesos genéticos que fueron responsables de la evolución de la especie humana desde hace 5 o 6 millones de años.

SEGUNDA PARTE

La mente civilizada

Como decía en el Prólogo, el orden en que están tratados los temas de la segunda parte de este libro se apoya en una concepción generalmente aceptada en Neuropsicología acerca de la manera en que trabaja el cerebro de cualquier especie, y también el del Homo Sapiens. La hipótesis central es que la primera y principal tarea del cerebro es realizar actos intencionales con propósitos, que permiten al sujeto aprovechar, modificar o intervenir sus ambientes ecológicos y sociales, con la finalidad de sobrevivir, reproducirse y prosperar. Desde esta misma perspectiva, es evidente que cualquier intervención requiere saber, conocer, tener la información más necesaria sobre los ambientes que se necesita aprovechar o modificar. Esta necesidad de saber para actuar, es la base de los comportamientos no reflejos que, como vimos en el Capítulo 1, siempre suponen algún tipo de predicción, sobre el medio y sobre las capacidades propias del sujeto que actúa para lograr algún propósito. De ser esto verdadero, como sin duda lo es, el ordenamiento lógico sería: saber – actuar – saber – actuar, etc., lo que no estaría en contra de la hipótesis central que estamos analizando, que postula que el fin principal del trabajo cerebral, es actuar. En efecto, aprendizaje, memoria, capacidad de predicción, son funciones neuropsicológicas que hacen posible al individuo desempeñarse, es decir, actuar, con mayor eficacia, pertinencia y oportunidad. En este sentido, es importante recordar el gigantesco avance que significó, en la evolución de la vida, la aparición del cerebro, órgano que maneja este bucle virtuoso de saber para actuar, en el que "hacer" es la tarea principal.

Hoy día sabemos que esto ocurrió en la llamada Revolución Cámbrica (530 millones de años atrás), cuando por primera vez, según el registro fósil, surgieron especies cordadas (con espina dorsal), que poseían un tubo neural que muy pronto adquirió una expansión en su parte anterior, el telencéfalo, antecesor del cerebro del que disponen las especies actuales. Como vimos en la Introducción de la Tercera Sección de este libro ("Actuar – Intervenir") la función principal del cerebro original fue organizar y dar sentido al movimiento, con lo que las especies primitivas (y por cierto las modernas) podían acercarse a sus alimentos y/o evitar condiciones adversas. Pero, antes de la llegada de los cordados, muchas formas de vida (uni y pluri celulares) ya disponían de sensores, que les permitían conocer ("saber") las condiciones físico-químicas o biológicas (otras especies) del medio en que vivían. Por supuesto, muchas especies actuales que no tienen cerebro (unicelulares como bacterias o paramecios, o pluricelulares como, por ejemplo, medusas o erizos) son capaces de saber las condiciones del medio ambiente en el cual deben sobrevivir y reproducirse. Estas condiciones biológicas son destacables porque indican que el cerebro (expresión avanzada del telencéfalo) apareció "después" que los sensores que miden las condiciones de los ambientes. Claro que la "cognición motora", que hace posible tener actos y conductas con objetivos, significó un verdadero salto cuántico en la historia de la vida, porque permite una muy fina correlación entre saber y hacer. Conocer el ambiente para actuar en él. Desplazar al sujeto hacia condiciones más provechosas y/o hacia lugares con menores riesgos.

La especie humana ha llevado este primitivo patrón de comportamiento, a niveles muy superiores, que en realidad significan un segundo salto cuántico en la historia de la vida, para decirlo con brevedad. El cerebro humano (y probablemente en un nivel ciertamente inferior, también el de los antropoides) ha logrado separar, independizar saberes de actos, conocimientos de conductas. Puede reflexionar y deliberar sobre unos y otros, con lo que sus innatas predisposiciones a explicar, entender, comprender el mundo físico y social y a sí mismo, son parte fundamental de sus culturas, y de una visión explícita sobre cosas, personas y eventos, respecto a los que puede saber sin necesidad de actuar en el instante siguiente.

TERCERA SECCIÓN
Actuar – Intervenir

Esta sección me parece crucial para entender mejor los procesos neuro-psicológicos que se correlacionan con la Cultura o más bien con las prácticas y productos culturales. Digo prácticas y productos porque ellos son el resultado de la actividad humana, de su tendencia a actuar, intervenir y en principio, para mejorar el entorno ecológico y social en el que deben vivir. Consideremos brevemente la filogenia del cerebro humano y su arquitectura funcional. En efecto, y desde un punto de vista evolutivo la función biológica principal del cerebro, de cualquier cerebro de cualquier animal, es actuar, planear, decidir y ejecutar conductas que le permitan sobrevivir y reproducirse. Esta orientación principal a hacer, a tener comportamientos útiles, domina, dirige y organiza todos (realmente todos) los demás atributos y facultades que procesa el cerebro de cualquier especie. Así, se percibe y se aprende, y se tiene memoria para conocer y recordar el ambiente en que la persona debe actuar con éxito. Por su parte, las emociones son un tipo de conocimiento o saber (aún en el ser humano) que permite al sujeto valorar estímulos o circunstancias del ambiente, peligrosas o agradables, para actuar en consecuencia. Así mismo, los juicios e inferencias racionales hacen posible influir de modo apropiado en el ambiente físico o social en el que se debe actuar. La sociabilidad y el lenguaje permiten comunicaciones útiles para la acción que corrientemente necesita ser cooperativa, por lo que se requiere intencionalidades compartidas.

El lector puede notar que esta variedad de funciones, atributos y facultades que el cerebro usa para actuar con provecho, ha considerado el modo como se diseñan y ponen en práctica conductas para las cuales estos numerosos procesos neuro-psicológicos son insumos, esto es, componentes necesarios, pero no suficientes de los comportamientos. Esto se debe a que, para actuar, la función absolutamente indispensable es la motricidad. No hay conducta posible sin movimiento. Sin motricidad, la mente encerrada en las profundidades del cerebro que la procesa es incapaz de manifestarse. De expresar ideas, creencias y valores. Tampoco sentimientos o afectos. El aparataje emocional incluye, como componente indispensable, la movilidad corporal y facial. El propio lenguaje (Capítulo 2) está compuesto de actos de habla, pues lengua, cavidad bucal y cuerdas vocales operan moviéndose. La cognición motora, nombre que tiene el aparataje músculo esquelético del cuerpo (lo que se mueve), comandado por un complejo sistema cortico-sub-cortical frontal y parietal, es el encargado de producir los actos motores con sentido, que llamamos Praxis. Naturalmente es la Función Ejecutiva prefrontal (Capítulo 1) la encargada de poner en marcha conductas motoras con algún objetivo.

Desde una mirada evolutiva es interesante observar, como lo ha demostrado Rodolfo Llinás (neurocientífico colombiano que trabaja en la Universidad de Nueva York) que la capacidad motora y el movimiento precedieron por millones de años a la Función Ejecutiva, tan importante en la especie humana. Aún más, como Llinás sostiene fue la necesidad de moverse la que evolutivamente produjo el cerebro. El ejemplo crucial de esta aseveración es la ascidia, molusco muy primitivo, bien conocido por los zoólogos. La larva "móvil" de esta especie acuática tiene un cerebro minúsculo que le permite navegar en las aguas en que vive, alimentarse y encontrar un lugar apropiado al que fijarse al llegar a ser adulto. Allí sobrevive alimentándose de las partículas alimenticias que le proveen las corrientes de agua. Pero entretanto, su pequeño cerebro ha desaparecido. Ha sido reabsorbido como alimento, pues dado que no necesita moverse, no requiere de un cerebro que guíe la motricidad.

Por otra parte, si consideramos la larga lista de ancestros del Homo Sapiens y el crecimiento de sus cerebros hasta llegar a nosotros, observamos que hay dos áreas de la corteza cerebral en las que principalmente ha ocurrido este incremento. Ellas son, las cortezas parietales encargadas de procesar actos motores con sentido (Praxis), y las prefrontales que subtienden la Función Ejecutiva. De esta manera los Homínidos, desde muy temprano en su filogenia, comenzaron a establecer el aparataje neuropsicológico que participa en la cognición motora. Ésta, como veremos más adelante en el apartado final de este capítulo, operando estructuras corporales especializadas y exclusivas de los humanos, como son nuestros particulares miembros superiores y manos, permite la producción de conductas motoras que sirvan algún objetivo, esto es, acciones que, de un modo u otro, intervengan y modifiquen el ambiente para mejorar nuestra sobrevida.

Si comparamos esta escueta descripción de las bases neuropsicológicas de la inevitable tendencia a actuar, a intervenir en y sobre el mundo físico y social, encontramos una patente y quizás inesperada similitud entre estas descripciones y las definiciones más comúnmente aceptadas de las tecnologías. En efecto, una definición habitual de tecnologías reza así: "Actividades y medios a través de los cuales el ser humano busca cambiar y modificar su ambiente" (Enciclopedia Británica). También se ha dicho que las tecnologías son: "Métodos para crear nuevas herramientas y productos de las herramientas" o "Capacidad para construir artefactos de determinadas características y usos". Estas definiciones van de lo más general a lo más concreto, y aunque podrían agregarse muchas otras del mismo tenor, creo que con ellas basta para mostrar la correlación entre cognición motora y Tecnología. Sin embargo, se podría decir que estas consideraciones introducen de forma más o menos conveniente el capítulo sobre Tecnologías, pero no parecen apropiadas como referencia a los demás capítulos de esta sección. ¿Qué tienen que ver las tecnologías que producen instrumentos o herramientas para modificar el entorno con asuntos como la Política, la Economía o el Derecho?

Lo que sucede es que habitualmente cuando se piensa en "instrumentos" se consideran sólo los artefactos físicos (alicates, computadores) y no los instrumentos que pueden intervenir en asuntos políticos, económicos o judiciales. La realidad social a la que estos asuntos pertenecen, es constantemente intervenida o modificada por instrumentos especializados como instrucciones, decretos, leyes que emanan de organizaciones también especializadas, como jefaturas, gobiernos, ministerios, líderes de clubes o asociaciones intermedias, abades, generales. De hecho, todas estas organizaciones desarrollan actividades y usan medios destinados a cambiar y modificar su medio, con lo que se ajustan perfectamente a las definiciones de tecnologías que incluimos más arriba. De esta manera las organizaciones sociales usan instrumentos que cambian su realidad, aunque tienen distintos formatos y soportes que las herramientas que actúan modificando el entorno natural y físico. Pensemos en un ministro de Defensa, que tanto gasto significa en el mundo moderno. Él sostiene que el país necesita más tanques. Su tarea no es construir tanques. Ellos son fabricados por empresas especializadas. Sin embargo, la decisión de aumentar el número y de modernizar este material de guerra la toma el ministro. Esta decisión política puede estar fundamentada en varias razones: Tensiones en las relaciones internacionales, obsolescencia del material bélico más antiguo, preparación para agredir a un país vecino (o defenderse de él), etc. En todo caso, mejorar el parque de tanques del país es un instrumento para servir esa determinación política. Pero el manejo instrumental de esta política por parte de la organización llamada Ministerio de Defensa no termina ahí. Debe obtener recursos financieros para solventar el costo de operación, para lo cual usa instrumentos económicos, por ejemplo, incrementar las partidas definidas en el Presupuesto Nacional para este propósito (construir más y mejores tanques). Para ello necesita la aprobación ahora política y económica del Gobierno y el Parlamento, los cuales tienen sus propios instrumentos de acción. Luego, contratar la fabricación de los tanques (directamente o por licitación y/o concurso) para lo cual requiere atenerse a ciertas normas legales y financieras, que también son instrumentos que regulan acciones. Este ejemplo que en el mundo moderno puede repetirse en cualquier ámbito público desde Obras Públicas a Salud y Educación, también existe en el ámbito privado (empresas de cualquier tipo) y en el individual (construir una casa o respetar las reglas del tránsito). Siempre se deberán considerar normas (políticas, económicas y legales) que son instrumentos del Estado (de cualquier Estado) para regular las conductas sociales de instituciones y personas. En este sentido suele utilizarse una distinción entre tecnologías duras, que operan con materiales y energías físicas (ecotecnologías), y tecnologías blandas (socio-tecnologías), y que trabajan en la gestión y administración de instrumentos que modifican la realidad social. Es claro que en la práctica ambos tipos de tecnologías son requeridos para construir tanques, escuelas u hospitales, y también una familia. En este último caso, habrá ritos (normas) religiosos y legales que cumplir para casarse, inscribir, bautizar hijos, y actos técnicos que desarrollar en el trabajo para sostener a la familia. Para terminar esta introducción, debo hacer notar que he dejado para la siguiente sección el estudio de la mente de emprendedores los que buscan saber más sobre el mundo (filósofos, científicos) o los que crean interpretaciones de la realidad (religiosos y artistas). Todos ellos también usan técnicas y desarrollan normas e instituciones, es decir, gestionan sus asuntos.

En este tema existe una segunda dificultad que es propiamente Neuropsicológica. Sabemos que la mente humana funciona al actuar, al hacer, desde herramientas a catedrales, desde negocios a sinfonías y conocemos, hasta cierto punto, cómo opera la cognición motora, vía común "de salida" de la actividad cerebral, traducida en acciones y conductas. Pero este camino neuronal, más bien simple, explica mejor la fabricación de herramientas primitivas que la preparación de un texto filosófico o legal. Lo que parece ocurrir es que este camino neuronal orientado al actuar, se mantiene tanto en la producción de tecnologías duras y blandas, pero a él se agrega, en este caso, una multitud de los otros procesos neuropsicológicos que serán estudiados en los capítulos correspondientes. Se trata de dispositivos cerebrales más bien específicos para cada clase de productos o prácticas culturales. Digo "más bien específicos", porque de la enorme variedad de atributos neuropsicológicos que participan en cualquier conducta, sólo algunos son exclusivos de un ámbito determinado, sea éste producir herramientas o ritos religiosos.

Con frecuencia el desarrollo de un artefacto complejo es un producto de la cooperación de varios o muchos agentes tanto en las distintas etapas, como en cada una de ellas. Esto es particularmente válido en las tecnologías de organización y de gestión social. Sin duda, el código de Hammurabi fue el resultado de la participación de varios sacerdotes, escribas y delegados reales. Sabemos quiénes trabajaron en la Declaración de la Independencia de la Independencia de U.S.A. y en su Constitución. Por supuesto, también, mucha gente trabajó en la construcción de las pirámides o de la Torre Eiffel. Lo interesante es que estos grupos no trabajaron para sí mismos. Siempre hay referentes externos, sean los habitantes de Mesopotamia o el pueblo norteamericano en el caso de normas legales, o el Faraón y su corte, o los parisinos en el caso de monumentos. A estos referentes llamaremos usuarios. Ellos representan un factor decisivo en el desarrollo de cualquier tecnología. Son los que las usaran o sufrirán en su vida diaria, sea un arado (introducido en el Neolítico) o normas de tránsito de las ciudades modernas, un rascacielos o sistemas de impuestos.

Así, los usuarios de las tecnologías (duras o blandas) representan la comunidad que goza o sufre de las decisiones tecnológicas de gobiernos, inventores y desarrolladores. Claro que la influencia de las comunidades en estos asuntos técnicos no es igual en las distintas épocas del desarrollo político y cultural de la Humanidad. Keops y los demás constructores de pirámides no preguntaron la opinión del pueblo egipcio para erigir esos enormes monumentos. Luis XIV no consultó a los franceses para construir Versalles, para lo cual debió subir impuestos. Luis XVI fue guillotinado por la

Revolución Francesa por gastos en fruslerías, mientras la población se moría de hambre. En USA actual su presidente para construir portaviones o cambiar la política y los instrumentos de acción en Salud debe consultar al Parlamento y esperar las próximas elecciones para conocer la opinión de los ciudadanos.

Esta mirada a la influencia social sobre las tecnologías suele olvidarse. En el mundo democrático actual es el mercado (usuarios-clientes) el que decide la suerte de las mayorías de las innovaciones. Miremos lo que pasó en la URSS con sus innovaciones sociales (no de la propiedad privada) con lo que los emprendedores agrícolas desaparecieron y también con sus productos estandarizados (zapatos, automóviles, etc.). Esto decidido por los planificadores centrales. En el mundo antiguo las innovaciones religiosas de Akenaton desaparecieron tan rápido como él murió por un movimiento encabezado por los dioses tradicionales, pero que, según los egiptólogos, representaban la religiosidad del pueblo egipcio y sus dioses y ritos tradicionales.

Así, en los dos capítulos de esta Sección examinaremos los resultados culturales de la inevitable tendencia humana a actuar, a intervenir sus mundos, sus entornos ecológicos y sociales con instrumentos físicos (herramientas y cohetes) en el Capítulo 8, y con instrumentos organizacionales (instituciones y normas) en el Capítulo 9. Recordemos que esta división es sólo conceptual. En las prácticas culturales ambas operan complejamente entrelazadas. La invención de la agricultura cambió la vida social de la gente del Neolítico al hacerse sedentarios. Las organizaciones religiosas (sociales) de la Edad Media crearon las monumentales catedrales europeas que aún hoy admiramos. Estos complejos entrelazamientos de tecnologías duras y blandas (herramientas físicas e instrumentos sociales) fueron ejemplificados en esta introducción por la fabricación de tanques. En los capítulos de esta sección encontraremos muchos otros ejemplos de esta interacción.

CAPÍTULO 8.
Tecnologías e innovaciones

1. Evolución filogenética de las ecotécnicas

La construcción y uso de herramientas y de otros dispositivos físicos como medios de sobrevivencia no es un atributo exclusivo de los humanos. Claro que nosotros hemos desarrollado nuestros instrumentos a nivel imposible de alcanzar por ninguna otra especie. Sin embargo, algunos de ellos han logrado construcciones y otros dispositivos no sólo complejos sino sorprendentes por la calidad y exactitud de sus diseños. Pensemos en los panales de las abejas melíferas, o en los nidos del hornero argentino o las represas de los castores. No obstante, su alta calidad, estas construcciones no son productos deliberados que pudiéramos llamar culturales. Son enteramente instintivos. No hay en ellos intencionalidad consciente, aun cuando tenían cierta flexibilidad en sus operaciones constructivas. Muy rara vez son idénticas las ramas o hierbas que necesitan los horneros para hacer sus nidos. Deben elegirlas según la ecología del medio en los que construyen. Igual ocurre con los árboles, troncos y ramajes que usan los castores. Muy diferentes son los arroyos de Norteamérica de los de Tierra del Fuego chilena. Sin embargo, las construcciones de los castores son similares. Al parecer sus cerebros, se mueven en ciertos rangos que discriminan materiales "usables" sin una deliberación consciente.

Distinta es la situación de los chimpancés y los macacos. Entre los primeros, se conocen tropas que han desarrollado técnicas para partir cocos y nueces con una piedra de consistencia y peso especial, que usan como martillo (herramienta) sobre las nueces ubicadas sobre una roca, elegida por su dureza y estabilidad. Lo más importante es que estas técnicas son enseñadas a sus crías. Dado que se trata de "inventos" que se ven sólo en algunos grupos, por lo demás idénticos a los vecinos, y son transmitidos a la siguiente generación, pienso que podemos hablar de una proto-cultura tecnológica. Así vemos, en los chimpancés el uso de ramas que limpian y usan con saliva para introducir en huecos con hormigas o termitas, que comen cuando las sacan pegadas a la rama. También enseñan estas técnicas a sus crías.

En un grupo de macacos japoneses, estudiados en terreno por años por especialistas de ese país, se pudo observar en forma directa (registrada también en películas) cómo una hembra joven descubrió una innovación técnica, que luego mostró a su grupo que la aprendió, y después a macacos vecinos que también la adoptaron.

Los macacos viven de frutos y semillas que, por caer al suelo, se ensucian con tierra, con lo que son difíciles de comer. La macaca descubrió que tomando un puñado de semillas en sus manos entreabiertas podía limpiarlas haciéndolas pasar por el agua de un mar cercano a la selva en que vivían (viven). Esto ocurrió, y ocurre hoy de modo intencional y deliberado. El equipamiento puramente instintivo de los macacos no tiene más papel en estas conductas que el deseo de alimentarse. Se trata de una proto-práctica cultural que además se difunde a otros macacos.

Ejemplos así, no hay muchos más tan claros. La disposición a producir herramientas y a desarrollar técnicas con propósitos deliberados, son entre monos y primates, más antiguos que en los homínidos. Éstos deben haberlas recibido (y por supuesto, perfeccionado) de un lejano ancestro común de macacos, chimpancés y homínidos. En la filogenia de las tecnologías, estos inicios ancestrales simples y con pocos ejemplos bien conocidos, ponen entre paréntesis, podríamos decir, la antigua noción de la Paleontología que sostiene que fue el Homo Habilis (Anexo II) la primera especie capaz de fabricar herramientas en forma intencional (con un propósito en mente) y ejecución técnica deliberada. Probablemente la idea de los paleontólogos nace de su trabajo con registros fósiles en los cuales, la tecnología practicada sobre las piedras es la única que se conserva por millones de años. Estos descubrimientos relativamente recientes (chimpancés cascando nueces con piedras especiales y macacos limpiando semillas en agua de mar), permiten pensar que antes del Homo Habilis (2.8 millones de años atrás) algunos Australopitecos, como el Afarensis ya producían algún tipo de herramientas como palos para defenderse o alcanzar frutos, estacas para cavar en busca de raíces o bulbos subterráneos con lo que alimentarse. Claro que esos materiales (maderas) no duran millones de años.

En el Australopiteco Afarensis (3,5 millones de años atrás) cuyo famoso ejemplar fósil (llamado Lucy) tiene un esqueleto bastante completo, se ha encontrado una notable evolución de sus miembros superiores y manos que la distancian de chimpancés y bonobos y la acercan al Homo Sapiens. Éstas son mejoras evolutivas, que hacen que es perfectamente lícito pensar que desarrollaron algunas herramientas y permiten suponer que podía producir y usar toscas herramientas de madera aun cuando su cerebro era menor que el del Homo Habilis. (450 gramos para el Homo Afarensis, casi 600 para el Homo Habilis). El chimpancé tiene un cerebro de 350 gramos.

Sin embargo, la posibilidad de adelantar el momento filogenético en que nuestro género empezó a fabricar y usar herramientas no cambia mucho las cosas, puesto que si los homínidos anteriores al Habilis usaron maderas u otros materiales perecibles (cuero, por ejemplo), no hay forma de saberlo. Por ello es que la evolución filogenética de las tecnologías (Pre-Sapiens) se basa en tres variables: a) El avance técnico de los instrumentos de piedra; concomitante con el crecimiento del cerebro, b) La aparición, en algún momento de esta evolución de otras innovaciones técnicas (por ejemplo, uso del fuego), y utilización de otros materiales, huesos, astas de animales (sobre todo renos) y finalmente c) Técnicas usadas con fines distintos a la sobrevivencia (entierros, por ejemplo).

El cuadro 5 resume las tecnologías líticas de los Homínidos Pre-Sapiens. El Homo Sapiens-Sapiens (200.000 años atrás) estamos en el Paleolítico Superior y luego en la Revolución Neolítica, ya tratados en los capítulos 6 y 7 de este libro.

En todo caso esta incursión en las tecnologías previas a la aparición del Homo Sapiens nos deja algunas enseñanzas importantes y útiles. La primera es que mejoramos nuestras definiciones iniciales de tecnologías pues a ellas agregamos conceptos importantes. Las tecnologías: a) Tienen un origen intencional (consciente que no intuitivo), es decir, un objetivo, que, responde a una necesidad que de algún modo la herramienta puede resolver; b) Se realizan con técnicas deliberadas, esto es, siguiendo algún tipo de diseño premeditado que resuelve la distancia entre el objetivo a alcanzar y el instrumento o herramienta que puede lograrlo, c) El diseño y las técnicas de ejecución pueden ser enseñadas y difundidas; d) Su instalación, desarrollo y utilización se correlaciona con procesamientos neuropsicológicos, de modo que sus mejoras dependieron del aumento de tamaño del cerebro y de su mayor complejidad operativa; e) Son altamente dependientes de los materiales que pueden usar (maderas, piedras, arcillas, metales); f) Su difusión y uso se relaciona fuertemente con la cognición motora (mente y manos) de las poblaciones usuarias y sus manifiestas necesidades. Así, los innovadores que creaban tecnologías debían hacerlo considerando las características, aptitudes y habilidades de quienes las usarían para servir a necesidades, que éstos sentían importantes. En estas poblaciones había poco espacio para suntuarios.

CUADRO 5.

Tecnologías líticas de los homínidos Pre-Sapiens

Culturas prehistóricas			
Paleolítico	Inferior (antiguo)	Pechelense	Piedra rudimentaria
		Chelense	Hachas de mano
		Acheulense	Industrias pequeñas
		Musteriense	Perfección del hacha
	Superior (recdiente)	Auriñaciense	
		Solutrense	Aparición del arte
		Magdaleniense	
Epipaleolítico		Aziliense	Microlitos
		Tardonoisiense	
Neolítico			Piedra pulimentada
Edad de los Metales	Bronce	Hallstatt A y B (1.200-750 a. C.) Bronce final de los campos de urnas	
	Hierro	Hallstat C y D (750 – 450 a. C.) Primera Edad del Hierro	
		Tene (480-50 a. C.) Segunda Edad del Hierro	

http://www.hispanoteca.eu/Espa%C3%B1a/Periodizaci%C3%B3n%20de%20la%20Prehistoria%20en%20la%20Pen%C3%ADnsula%20Ib%C3%A9rica.htm

Durante el Paleolítico, incluyendo el Superior, con el Homo Sapiens ya presente, el componente energético de las eco-tecnologías era muy lejano y de algún modo inconcebible, excepto con el manejo del fuego que se inició con el Homo Erectus. Sin embargo, los efectos sobre los usuarios de las tecnologías eran el factor principal para su desarrollo. Conseguir alimentos, aminorar el frío, defenderse de depredadores. Algunas tecnologías pre-sapiens indujeron cambios biológicos en las poblaciones que las incorporaron. Las primitivas herramientas del Homo Habilis permitieron el cambio de dieta. Aumentó su ingesta de proteínas y grasas pues el borde afilado de sus herramientas podía usarse para cortar y roer carnes (carroña) del despojo de los animales abandonados por los predadores que los mataban. Se supone que el cambio de dieta, y el aumento de la ingesta de proteínas y grasas, también obtenidos de médula ósea, (al machacar los huesos) se relaciona con el crecimiento cerebral. Es concebible que desde antes (Australopithecus Gráciles, Anexo II), pudieran cazar animales pequeños cuyo manejo mejoró con las herramientas de los Habilis. Esta posibilidad, (cambio de dieta Pre-Habilis) se sostiene porque el cerebro empezó a crecer antes de la llegada del Habilis. También, la dentadura de los Gráciles había iniciado su camino hacia seres omnívoros, dientes más pequeños sin enormes colmillos (ni garras). La mayoría de los paleontólogos supone que un potente factor adicional para ambos cambios biológicos (cerebro-dentadura) fue también la dieta, con la disminución de tamaño y fuerza de los músculos masticatorios, que no eran necesarios ´para procesar alimentos blandos (carne, grasa, bayas, frutas). Los primos de los Australopithecus Gráciles llamados Australopithecus Robustus y que vivieron casi al mismo tiempo que los Gráciles, comían raíces y tubérculos fibrosos para los que necesitaban dientes grandes y duros, y fuerza masticatoria mucho mayor. Este cambio indujo en los Gráciles mayor espacio para la expansión del cráneo (y el cerebro) y mandíbulas más finas. El aumento de habilidad de brazos y manos también ayudaba.

El segundo efecto biológico importante de la adquisición de una tecnología dependió del uso y manejo del fuego, casi un millón de años después del Habilis, con el Homo Erectus. El fuego permitió cocer alimentos además de calentar a los grupos y espantar animales indeseados. Con el fuego los alimentos eran pre digeridos por su cocción. Con ello disminuyó el largo del intestino y mejoró la digestión del Homo Erectus que usaba fuego para asar y cocinar carnes y vegetales. La disminución de masa intestinal los hizo más esbeltos y rápidos, y, además, con menos gasto metabólico y circulatorio. Esto, junto a un mayor incremento de la ingesta y aprovechamiento de proteínas contribuyó a que su cerebro llegara a pesar alrededor de 900 gramos.

Si, por otra parte, consideramos las innovaciones introducidas por los homínidos en las industrias líticas, entre el Homo Habilis y la aparición de nuestra especie (Homo Sapiens), 200 mil años atrás, nos encontramos con una sorpresa. En los casi 2,5 millones de años transcurridos entre estos dos eventos los cambios en las herramientas líticas fueron mucho menores que lo que cabe esperar. Los únicos adelantos culturales adicionales durante este período fueron el manejo del fuego y el establecimiento de un proto-lenguaje. Para explicar esta discordancia entre escaso mejoramiento de las industrias líticas y el comparativamente enorme aumento del tamaño cerebral, tenemos dos hipótesis que yo creo plausibles y complementarias.

La primera, es la hipótesis de R. Dunbar, que conocimos en otros pasajes de este libro. Recordemos que ella sostiene que el crecimiento del cerebro, especialmente de algunas regiones de la corteza, se relaciona estrictamente con el aumento del número de individuos del grupo social de referencia. Esta correlación tiene varias consecuencias. La primera es que el cerebro, dotado de más complejas y extensas redes neuronales, es de algún modo, enfocado a mejorar sus habilidades sociales más que otro tipo de desempeños cognitivos y técnicos. Tiene más personas con las que interactuar, más complejas redes de individuos con quienes cooperar. Basta revisar nuestro Capítulo 3 para recordar la cantidad de funciones que nuestro aparataje neuropsicológico, dedicado a nuestra inevitable sociabilidad, debe procesar. Reconocimiento de rostros, voces y ademanes de personas concretas. Teoría de la Mente para cada una de ellas. Altruismo genético y recíproco. Competencias para elevarse en las jerarquías, formas de comunicación oral y gestual, etc. Todo este enorme gasto de energía neuronal es incrementado exponencialmente cuando se aumenta el número y diversidad de sujetos con los cuales se debe interactuar. En estas circunstancias nuestros aprendizajes y memorias sociales necesitan ser más copiosos y diversificados. Pero en esta descripción falta un hecho esencial. Es evidente que un cerebro de 400 gramos tiene una capacidad limitada en cuanto a la calidad de sus funciones sociales.

La correlación de Dunbar no sólo implica computar más número de personas sino hacerlo mejor. Es evidente que la Teoría de la Mente, el Altruismo y demás funciones sociales del cerebro tienen un más alto nivel de desempeños complejos con un cerebro de 600, 900 o 1300 gramos que con uno de 400. El crecimiento en tamaño y complejidad del cerebro incrementó no sólo el número de nuestras interacciones sociales sino su calidad. Esto se puede demostrar muy simplemente. Los chimpancés actuales tienen una cierta sociabilidad con varias de esas funciones en ciernes. Con su cerebro de 350 gramos pueden interactuar y cooperar con una tropa de 8 a 10 individuos, pero, además, la calidad "sociológica" de estos intercambios es incomparablemente menor que la que los Sapiens podemos desplegar.

Todo esto sin contar con el paralelo desarrollo de nuestra individuación (Capítulo 3) y nuestro lenguaje (Capítulo 2). En efecto, con el aumento del tamaño y la complejidad del cerebro homínido, las funciones neuropsicológicas que sostienen nuestra ultra-individuación también se estaban perfeccionando (conciencia subjetiva, noción de sí mismo como agente autónomo y memoria declarativa biográfica). Ellas debieron contrarrestar la presión de la ultrasociabilidad que paralelamente se estaba incrementando. Si agregamos el proto-lenguaje interno que seguramente mejoraba en el Homo Erecto (junto al proto-lenguaje comunicativo), tenemos como explicar la identificación en la evolución de habilidades técnicas. Los recursos neuronales aumentados por el crecimiento del cerebro estaban siendo ocupados, como lo postula la hipótesis de Dunbar, desarrollando y procesando las funciones sociales de nuestra especie. Para aceptar estas consecuencias culturales (enfocadas a la sociabilidad y la individuación) en desmedro del mejoramiento técnico de la hipótesis de Dunbar, comparemos con los chimpancés nuestra conciencia subjetiva, nuestra memoria autobiográfica y nuestro lenguaje.

La hipótesis complementaria que me parece apropiado presentar es de los paleontólogos Stephen Jay Gould y E. Levinas denominada por los autores Evolución Natural por "Equilibrio Puntuado". En síntesis y sobre la base de registros con un enorme volumen de especímenes paleontológicos, capaces de ilustrar la velocidad de la evolución darwiniana en la línea evolutiva de sus distintas especies, Gould y Levinas sostienen que las características fenotípicas que responden a distintas presiones evolutivas de origen ambiental, no tienen a lo largo del tiempo una tasa estable y pareja de modificaciones. En efecto, dicen los autores, hay a veces períodos muy largos, de hasta varios millones de años, en que los fenotipos permanecen estables y sin cambios mayores. Estos períodos de "equilibrio" son interrumpidos por variaciones fenotípicas importantes que se establecen con rapidez geológica (centurias o miles de años). Estos períodos de alta velocidad evolutiva son los "puntuados". La figura 25 muestra un diagrama de la evolución natural a dos velocidades.

FIGURA 25.
Hipótesis de evolución de equilibrio puntuado

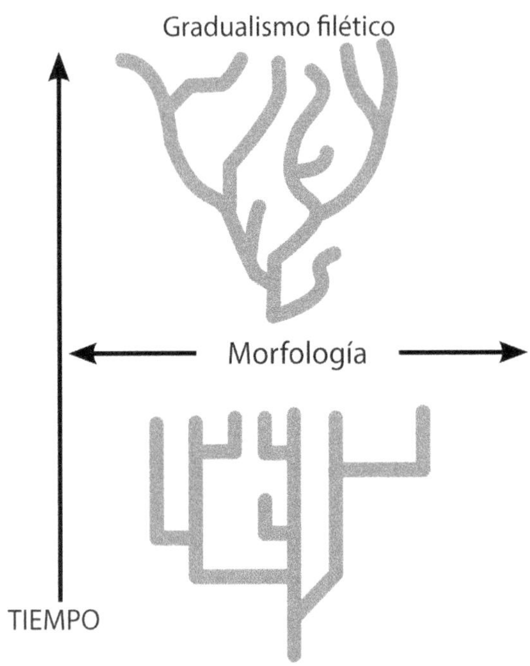

https://commons.wikimedia.org/wiki/File:Equilibrio_interrumpido.svg#/media/File:Equilibrio_interrumpido.svg

Estas ideas, al comienzo resistidas, hoy son aceptadas por la mayoría de los paleontólogos, que trabajan en terreno y en laboratorios con especímenes que representan líneas genéticas, y de los Evolucionistas teóricos que proponen hipótesis a partir de los trabajos y publicaciones de los paleontólogos en terreno. No es muy clara la explicación de esta evolución natural a dos velocidades. Sabemos que las mutaciones (azarosas) tienen una tasa de aparición muy constante y bien conocida por la genómica moderna. En promedio una cada diez años en cada gen con sus millones de alelos. Siendo esto así, las explicaciones del Equilibrio Puntuado pueden ser las siguientes: a) Acumulación de mutaciones que se activan cuando el sistema genómico es estimulado por un cambio ambiental importante, b) Una o pocas mutaciones sobre un gen (o varios) capaz de inducir y coordinar la activación de muchos otros genes. Estos arreglos genómicos se expusieron en la Introducción de este libro.

Esta hipótesis puede explicar la selectividad de la evolución en los homínidos de las funciones cerebrales manifestadas en sus industrias líticas. Entre el Homo Habilis y los Sapiens arcaicos como el Homo de Heidelberg (2.5 millones de años a 300 mil años atrás) habríamos tenido una evolución cerebral de dos velocidades. Estabilidad y parsimonia en los atributos técnicos, y cambios veloces (geológicamente) en las habilidades sociales.

Me he detenido en la consideración de las razones biológicas que permiten explicar el hecho cierto que durante 2.5 millones de años la evolución de la cultura técnica (medida por las industrias líticas) fue lenta y parsimoniosa, al lado de la rapidez y calidad de las habilidades sociales, según la hipótesis de Dunbar. Esto porque en este ejemplo concreto encontramos dos importantes mecanismos neuro-psicológicos que orientan la evolución de las culturas, y una consecuencia que vale la pena tener presente al considerar los procesos que las sustentan (las culturas).

Los mecanismos neuro-psicológicos a los que me refiero son los siguientes:

1) Las capacidades computacionales del cerebro no son infinitas. Ellas tienen un límite definido por el gasto de recursos neuronales y energéticos que se pueden dedicar al procesamiento de procesos mentales. Dado estos límites el cerebro dedica más trabajo neuronal a los atributos mentales más importantes para la sobrevida y reproducción del sujeto. En su vida cotidiana el sujeto, vía el proceso llamado atención ejecutiva, dedica más recursos neuronales a los procesos mentales orientados a atender los tópicos y tareas que considera preponderantes. En el desarrollo filogenético de los homínidos ocurrió lo mismo. Durante 2.5 millones de años sus tópicos preponderantes eran los sociales y no los técnicos.
2) La razón de esta preponderancia fue probablemente la mayor rapidez en la evolución (genética) de las funciones cerebrales dedicadas al procesamiento de las habilidades sociales (y a la individuación y el lenguaje), mientras la evolución natural de las habilidades técnicas era menos importante. Un descubrimiento genómico reciente apoya esta hipótesis. Habría un gen específico dedicado a controlar el tamaño del encéfalo (cerebro) de todas

> las especies. En los homínidos se habría duplicado dos veces, con el consiguiente aumento de tamaño de sus cerebros. ¿Es coincidencia o responde a un principio genómico que los humanos tengamos un cerebro alrededor de tres veces mayor que el de los chimpancés? (1.300 gramos versus 350 gramos). La cuestión acerca de a qué funciones preponderantes dedicaron los homínidos su mayor capacidad neural es clara: sociabilidad y lenguaje. La razón de esta precisa prioridad neuro-psicológica me parece obvia. Fue más decisiva para la sobrevivencia y reproducción del Homo Erecto pertenecer a un grupo cooperativo, con intencionalidades compartidas, que mejorar hachas bifaces y puntas de lanzas. Para una especie físicamente poco competitiva en lo individual, la protección de la horda contra él y sus hijos, hacía toda la diferencia.

Por otra parte, la evolución de las culturas tampoco es uniforme. Algunas prácticas son predominantes en algunas civilizaciones, a veces por milenios, pero en otras ocasiones por tiempos más breves. El interés central de los egipcios en la vida del espíritu después de la muerte, de los griegos en la racionalidad, o la religiosidad del Medioevo occidental, son buenas pruebas de este predominio. Probablemente, el sustento genético de estas creencias y comportamientos, es el efecto Baldwin comentado en la Introducción. Naturalmente, este predominio se refleja en las tecnologías dado que éstas son siempre una respuesta a las necesidades sentidas como más importantes por las poblaciones que habitaban esas culturas. Así, los egipcios construyeron pirámides y múltiples templos, los griegos la Acrópolis y el Partenón, maravilla de la simetría "lógica", y en el Medioevo, catedrales.

Claro que esta focalización del trabajo de las mentes, orientadas hacia ciertas tecnologías que servían necesidades culturales prioritarias, puede ser incitado por predisposiciones originadas por los genes disponibles en esas poblaciones. La explosión cultural del Paleolítico Superior (Capítulo 7), que revisaremos a continuación, probablemente se originó en un cambio genético que hizo preponderante ciertas prácticas las que, al ser asumidas por las poblaciones, modificaron su Cultura.

2. La Tecnología y la Cultura desde la aparición del Homo Sapiens hasta el nacimiento de las civilizaciones

Aunque ninguna especie aparece en un tiempo preciso, podemos decir que la nuestra inició su camino como tal, con un hecho que puede ubicarse en cierto tiempo y en cierto lugar. Éste fue la aparición de la conocida mutación que le hizo posible disponer de un lenguaje gramatical y sintácticamente maduro (Capítulo 2). Lo más probable es que en este tiempo, los componentes fonológicos y semánticos del lenguaje hubieran alcanzado un nivel algo menor al del humano actual, como lo indica el "Planum temporale" ya bien formado en los Sapiens arcaicos. Este acontecimiento ocurrió hace alrededor de 200 mil años según la datación genómica, y ciertamente, en África. A esta altura de su evolución los Homo Sapiens tenían un tamaño cerebral

(1.300 gramos) igual al del humano moderno, por lo que es razonable suponer que sus habilidades sociales también eran parecidas a las nuestras, si nos apoyamos en la hipótesis de Dunbar, expuesta en el apartado anterior.

Las vicisitudes siguientes de esta nueva especie, su migración fuera de África y su modesto desarrollo cultural y técnico fueron expuestas en el Capítulo 6 (La Mente Humana en el Paleolítico Superior). Ahí apuntamos que esta lentitud en la evolución cultural del Homo Sapiens, fue acelerada por la rapidez (algunos milenios) con que se instaló la Explosión Cultural del Paleolítico Superior. Ésta ocurrió entre los Cro-Magnones europeos hace alrededor de 40 mil años y algo más tarde para los Sapiens de otras latitudes. Lo que significa que la cultura humana y sus técnicas evolucionaron sin cambios notables, excepto y con seguridad, en el ámbito comunicacional (lenguaje maduro), y probablemente en las relaciones sociales y de organización (para cazar por ejemplo) de las hordas cazadoras-recolectoras, puesto que es concebible que una mejor comunicación estimularía el desempeño de las habilidades cooperativas de sujetos que ya habían llegado a tener (antes del lenguaje) un cerebro con buenas aptitudes sociales (Capítulo 3 Anexo II).

2.1. La Explosión Cultural y sus relaciones con desempeños técnicos.

En este punto creo que vale la pena sintetizar los hallazgos arqueológicos que pueden sustentar la expresión "Explosión Cultural" que, aunque discutida por algunos arqueólogos expertos es sostenida por la inmensa mayoría de ellos.

2.1.1. La Explosión Cultural se correlaciona estrechamente con modificaciones genéticas aparecidas en el genoma humano en la misma época. Recordemos que la genómica moderna puede identificar nuevas mutaciones y datar el tiempo aproximado de su aparición.

2.1.2. La Explosión Cultural se manifestó en tres ámbitos arqueológicamente evidentes y en uno más hipotético

a) El arte simbólico. Aunque hay sesudas discusiones sobre qué es precisamente lo que se representa en las cavernas pintadas, hay acuerdo que ellas no son una especie de pinturas realistas de los animales, o de las personas (más raras) que allí aparecen. La mayoría piensa que son invocaciones a los espíritus de los bisontes, ciervos, caballos y demás animales que los Cro-Magnones cazaban y de las cuales vivían. Sea para agradecer su "disposición" a ser cazados (y servir de alimento), sea para inducirlos a aceptar su suerte. Más clara es la simbología de sus pequeñas esculturas. La Venus representaba la fecundidad. Hombre-León a líderes poderosos. Collares, huesos y astas con marcas artísticas parecen ser presentes para la novia, el amigo, los hijos, el líder de la horda, etc.

b) Objetos que dan cuenta del mejoramiento de las técnicas de caza. Puntas de flechas y de lanzas de gran calidad y novedoso diseño. Trampas para cazar animales, sin salir al frío extremo del exterior. Intercambios de tipos de piedras (obsidiana, por ejemplo) provenientes de muy lejanos lugares.

c) Mejores vestimentas y más desarrollada utilería para las viviendas. La abundancia de agujas de huesos, con puntas afiladas y ojales posteriores indica una confección con pieles, de vestidos probablemente ajustados a los tamaños y necesidades de hombres, mujeres y niños. Esta probabilidad se funda en las técnicas de esquimales y lapones (antes de ser contaminados por la civilización) en la preparación de ropas, gorros y calzados útiles para sobrevivir en zonas glaciales. También hay restos más grandes que indicarían la fabricación con pieles de cobertores y cortinajes como defensa de vientos y depredadores, en la entrada de los Abrí (caverna corta y abierta en la que vivían los Cro-Magnones). Nunca habitaban las cavernas que pintaban. También hay preservados tiestos y mazos manuales quizás para guardar y cocinar alimentos.

d) Ceremonias y ritos. Ciertas evidencias muestran que en las cavernas pintadas se realizaban algunos tipos de ceremonias: i) Las pinturas se ubicaban en lugares de la caverna con buena o excelente transmisión de sonidos (cantos, plegarias); ii) En ciertos "cul de sac" de las cavernas habían piedras que servían como un especie de altar pues están bajo un hueco (hornacinas) que contiene una Venus de la Fecundidad; iii) Sólo en las cavernas se han encontrado ocarinas lo que hace pensar que algunas ceremonias se acompañaban con sonidos musicales.

Sin embargo, la evidencia más notable de ritos y ceremonias se encuentra en la caverna de Trois-Freres (Francia). Allí, en una de sus paredes los Cro-Magnones pintaron un ser parado, en posición de danza, con patas de macho-cabrío, brazos y manos humanas, levantados hacia arriba, ojos saltones y barba rala. Sus descubridores lo llamaron "el Brujo" pero caben pocas dudas que éste representa un chamán en medio de un exorcismo. Esta figura y el parejo alto nivel de las pinturas de todas las cavernas (hay más de 100), ha hecho pensar que los pintores eran chamanes y sus aprendices y que, pintar cavernas era una actividad que, por su expresividad simbólica, sólo podían acometer los chamanes como parte de su especial tarea: comunicarse con los espíritus.

A la luz de este resumen de los hallazgos arqueológicos pertenecientes a la "Explosión Cultural" se puede decir que ella logró, principalmente, un mejoramiento de las habilidades técnicas. La mutación que se le correlaciona debe haber actuado en lo que llamamos cognición motora, de la cual encontraremos más detalles al final de este capítulo cuando estudiemos la Neuropsicología de la mente tecnológica. Todas las evidencias arqueológicas apuntan finalmente a actos motores con algún sentido. El objetivo preciso de estas conductas que modifican el ambiente y que operan sobre él es variable. Pintar cavernas o esculpir estatuillas tiene fines simbólicos, pero para expresarlos requieren un aparataje cerebral (motor) especializado y las habilidades de la mano humana, sin los cuales pintar o esculpir simplemente no es posible. A esta conjunción entre procesamientos cerebrales y habilidades corporales (fundamentalmente miembros superiores) es lo que llamamos cognición motora. Lo mismo puede decirse para la construcción de ropas, mantas de cuero o utensilios caseros y, por supuesto, para fabricar puntas de flechas y lanzas o trampas para cazar animales. Éstos son productos técnicos que sirven algún objetivo: alimentarse, cobijarse, escapar del frío o de depredadores.

Es interesante que después de 2,5 millones de años que separan al Homo Habilis de los Cro-Magnones, al fin la especie humana dio un salto adelante en su "cultura tecnológica" porque mejoró su cognición motora, que, sirviendo los planes ejecutivos prefrontales, mejoraron la calidad de sus vidas. No hay forma de saber si los fines simbólicos fueron coetáneos o anteriores a la Explosión Cultural que ahora podemos decir, estuvo basada en el mejoramiento de la cognición motora. Hay, sin embargo, una razón de peso para pensar que las predisposiciones a simbolizar son anteriores a la Explosión Cultural. Ésta es, por supuesto, la instalación de un lenguaje maduro, que es por decirlo así, el epítome de la simbolización. Pero hay algunos hallazgos que confirman esta opción. En distintos lugares de África y Euro-Asia se encuentran intentos de expresarse con el color y la forma. Hay trazos de pinturas con significados imposibles de conocer. Piedras apiladas, cuyo objetivo es igualmente desconocido. La hipótesis más plausible es que el Homo Sapiens tenía ya alguna tendencia simbólica, pero que no podía expresar tecnológicamente porque no había llegado a manejar con eficacia su cognición motora.

3. La Revolución Neolítica y sus tecnologías

Al terminar la última glaciación, esto es alrededor de 12.000 años atrás, las culturas de base tecnológica, nacidas en la Explosión Cultural, habían tenido cambios técnicos menores (Solutrenses, Magdalenienses). Sin embargo, 2 o 3 mil años después (Calcolítico) se inician con titubeos, probablemente por aprendizajes tipo prueba y error (Capítulo 7), las revoluciones neolíticas, que, sin duda, merecen este apelativo pues fueron realmente revoluciones que cambiaron para siempre la vida humana.

En realidad, hay sólo un período de cambios culturales tan profundos y decisivos en la historia de la humanidad que pueda compararse con la Revolución Neolítica. Se trata, por supuesto, de nuestra propia época "moderna" iniciada en los siglos XVII y XVIII con las tres revoluciones: Científica (Ilustración), Política (Democracia y Estados de Derecho, Libertad de Creencias) y Productiva (Revolución Industrial). Menciono estas tres Revoluciones de la Modernidad porque en el Neolítico también pueden describirse, quizás por azar, tres revoluciones. La similitud entre el Neolítico y la Modernidad es: 1) que ambas significan un quiebre, un viraje en las prácticas y productos culturales predominantes hasta antes de su aparición, y 2) sus innovaciones culturales y tecnológicas persistieron como raíces de las civilizaciones que las siguieron. En el caso del Neolítico las bases tecnológicas, políticas y religiosas de las civilizaciones posteriores fueron las surgidas de sus revoluciones: a) Agricultura y domesticación de animales con sus tecnologías asociadas; b) Técnicas constructivas con aldeas y villorrios de habitaciones y tumbas, sedentarismo, estados con liderazgos (reyes) omnipotentes y hereditarios; c) Religiones organizadas con influencias socioculturales (Capítulo 7).

Esta comparación entre tan distantes revoluciones, muestra que ambas modificaron profundamente todos los ámbitos en que operan procesos y prácticas culturales. Tienen sólo una eventual diferencia. Las revoluciones de la modernidad fueron exclusivamente culturales. No hay vestigios de modificaciones concomitantes del genoma humano. En el Neolítico las revoluciones tecnológicas y socio-políticas con seguridad son puramente culturales. En el caso de la vida espiritual y las religiones parece haber una variación genética concomitante. Esta insistencia mía en el origen de las revoluciones en los dos períodos, es importante para definir las causas de la Evolución de la Cultura, y el impacto sobre ellas de las tecnologías. Para considerar este argumento vale la pena recordar que antes del Neolítico todos los cambios importantes de la cultura fueron coetáneos con variaciones genéticas. El crecimiento del cerebro y la maduración de la pareja, sociabilidad-individuación, obviamente ocurrieron por causas genéticas. No hay forma de concebir variaciones en el tamaño y la complejidad del cerebro (o de cualquier órgano de cualquier especie) si no es por variaciones del genoma. Hemos demostrado que el paso del Proto-lenguaje al lenguaje gramatical y sintáctico se originó en una variación genética hoy bien conocida. Por otra parte, hemos argumentado que la Explosión Cultural del Paleolítico Superior tuvo cambios del genoma humano correlacionados. Este recuerdo es importante porque son estas tres circunstancias las que marcaron la aparición y destino de la especie humana. ¡Hasta el Neolítico!, a partir del cual es la propia cultura y sus tecnologías las que por razones desde entonces históricas evoluciona y se transforma profundamente en todas sus dimensiones (política, económica, social y técnica).

Sin embargo, estas revoluciones que no son concomitantes con cambios genéticos (mutaciones) conocidos, representan un problema teórico no bien resuelto. Sintéticamente, este problema teórico es el siguiente: a) Sabemos que todos los comportamientos, en cualquier ámbito, tienen un correlato genético que capacita al cerebro para procesar, a través de módulos especializados, las informaciones surgidas de las experiencias (saber), y las que se necesitan (disponibles en las memorias) para definir conductas con objetivos (actuar); b) Las revoluciones Neolíticas y de la Modernidad requirieron nuevas formas de procesar informaciones en el cerebro, sea para saber o para actuar; c) Sin evidencias de cambios en el genoma, las innovaciones revolucionarias, debieron operar con el mismo material genético que tenían antes de las revoluciones; d) La única posibilidad de explicar este acertijo, es que cambios culturales, es decir fenotípicos, son capaces de "seleccionar" entre los genes ya disponibles, aquéllos que son capaces de proporcionar al cerebro, los atributos computacionales que requiere para procesar cada una de las innovaciones informacionales que los cambios culturales significan. La expresión "cada una" es obligatoria puesto que se procesan en módulos cerebrales diferentes. Esta posibilidad de seleccionar genes ya disponibles, pero quizás inactivos u operando en otros procesos metabólicos, ha sido demostrada, como vimos en la Introducción, en experimentos con bacterias, nunca en multicelulares complejos y, por cierto, tampoco en el órgano más complejo de la creación: el cerebro humano. Para más detalles del Neolítico (Introducción del Capítulo 7).

4. Tecnologías en las civilizaciones agrarias

Resulta imposible resumir la multitud de cambios técnico-culturales que la humanidad realizó en los más de 5 mil años que nos separan de Sumeria, la primera civilización bien constituida como tal. Como la información disponible para tal descripción es efectivamente gigantesca, en lo que sigue consideraré las tecnologías sólo desde el punto de vista de las necesidades humanas que ellas sirven. Esta focalización es, en mi opinión, la que mejor describe el papel de las tecnologías en las culturas civilizadas. El cuadro 6 muestra en forma resumida la relación entre necesidades y tecnologías.

CUADRO 6.

Necesidades y tecnologías. Sistema de análisis de su evolución. Ejemplos

Necesidades	Tecnologías	Energía	Materiales	Mediciones
1. Alimentación	- Agricultura - Ganadería	- Humana (campesinos) - Animal - Hidráulica - Eléctrica - Motores	- Terrenos - Plantas - Agua - Rebaños	- Tiempo: días, meses, estaciones - Hectáreas - Litros (leche) - Kilos
2. Protección y salud	- Viviendas - Ciudades - Medicina - Agua potable - Alcantarillado	- Humana - Grúas - Motores - Bioquímica	- Piedra, tierra - Argamasa - Cemento - Acero - Fármacos	- Metros - Kilos - Dosis - Signos corporales
3. Comunicaciones y vida. Salud.	- Escritura - Radio - TV - Internet	- Humana - Mensajeros - Señales - Electrónica	- Arcilla - Papel - Celulares	- Códigos - Watts
4. Transporte y comercio	- Caminos - Puertos - Vehículos - Aviones	- Humana - Mecánica - Motores	- Piedra - Tierra - Cemento - Acero - Combustibles	- Kilómetros/hora - Toneladas - Tamaños (m^3) - Peso
5. Creencias y símbolos	- Artes - Megalitos - Catedrales - Tumbas	- Humana - Sacerdotes - Ritos - Constructiva	- Pinturas - Óleos - Textiles (ropas especiales) - Piedra - Madera	- Secuencias rituales - Numeración de Mandamientos - Pecados capitales
6. Guerra	- Flechas - Espadas - Murallas - Tanques	- Humana - Mecánica - Motores - Electrónica	- Madera - Metales - Combustibles	- Alcance de armas - Número de soldados - Bajas

Este es sólo un modo de organizar los argumentos que sustentan nuestra hipótesis sobre la evolución de la eco-tecnología. Sus coordenadas principales son las relaciones entre las necesidades humanas, que considero invariantes por ser parte de la naturaleza de los Homo Sapiens y sus comunidades, y las tecnologías que sirven estas necesidades. Sin embargo, es evidente que las técnicas no son invariantes. Ellas se modifican por muy diferentes causas. Entre ellas, el fluir de la historia de las culturas y las civilizaciones, cambios geológicos y climáticos, acontecimientos político-económicos y, sobre todo, invenciones e innovaciones de diversos orígenes. Estas modificaciones se reflejan (o son inducidas) en o por los tres factores que se agregan en el cuadro. Las energías que las tecnologías usan, los materiales con los que trabajan y, los sistemas de mediciones estandarizadas que en cada caso utilizan. Es obvio que las necesidades que indico son las que creo universales, presentes en cualquier grupo humano, mientras las tecnologías en el cuadro y los contenidos concretos de los factores, son sólo ejemplificaciones demostrativas de los argumentos que estoy presentando. Como veremos, éstos nos servirán para acercarnos al modo como la mente humana procesa la eco-tecnología, que, al mismo tiempo, son parte y modifican las culturas. En este mismo sentido, he privilegiado las tecnologías que sirven a la alimentación, por su tan decisiva importancia cultural, tanta que desde el Paleolítico obliga a cazar y a recolectar y en el Neolítico origina la agricultura y la domesticación de animales. Ellas fueron el origen no sólo de otras tecnologías asociadas, sino de cambios fundamentales en el modo de vida de los humanos. Sedentarismo, especialización en el trabajo, aparición de señoríos y Estados, etc. Esta predominancia de la agricultura se mantuvo desde la Modernidad, de modo que las civilizaciones anteriores al siglo 17 se han llamado Civilizaciones Agrarias por ser el agro la principal fuente de trabajo, de disputas en guerras, de sobrevida de las poblaciones.

Cualquiera de las tecnologías presentadas en el cuadro, al considerarlo con la debida detención podría originar un tratado largo y complejo. En esas circunstancias he preferido tratar con alguna detención sólo una, que, siendo más simple, tiene una muy alta importancia cultural y neuropsicológica. Se trata de la escritura.

4.1. Escritura, información recodificada

La escritura, inventada en sumeria hace casi 6 mil años, fue en su origen una técnica para anotar y preservar información. No para difundirla ni para guardarla más de algunos años. Los encargados de los graneros, principalmente reales, pero también de señores poderosos tuvieron necesidad de mantener un registro (una especie de contabilidad) de los granos que recibían y los que entregaban. Recordemos que estamos en un período donde los excedentes productivos podían ser cuantiosos.

Pronto se agregaron otros productos como cueros, lanas y telas, herramientas, etc. Pero los escribas, no sólo tenían que anotar el tipo de bienes que los altos dignatarios poseían, sino también su origen y su destino y registrarlos en la columna correspondiente de la contabilidad. Sumeria, había ya alcanzado el nivel de civilización, con ciudades-estado formalizadas, con gobernantes con poder, territorios definidos, población con especialidades y regulaciones públicas, Aunque las instalaciones de reyes, sacerdotes y señores, mantenían el propósito original de guardar granos y otros escasos productos para tiempos difíciles, el número y calidad de los productos que entraban y salían de las arcas de los dignatarios llegaron a ser considerables. El origen de los bienes y sus destinos eran múltiples. Impuestos, pagos y donaciones, intercambios comerciales internos, y luego con otras comunidades, a veces lejanas, acopio de materiales para construir canales de regadío (base de la agricultura sumeria), obras públicas (templos, palacios, murallas), necesidades de vituallas y armas para una guerra, etc.

Con estas circunstancias de progresiva complejidad, el modo de anotar ingresos y egresos fue cambiando. Tanto que al cabo de pocas centurias el código escrito que se usaba para registrar información contable se transformó, de las simples marcas originales prácticas sobre arcilla, en la compleja escritura cuneiforme, que por su abundancia hoy se puede encontrar en cualquier museo del mundo.

FIGURA 26.
Evolución de los métodos de registro, contabilidad y escritura cuneiforme

Oli Bac. https://www.flickr.com/photos/olibac/8325115220

La escritura cuneiforme nace de la posibilidad descubierta por los alfareros (miles de años antes) de trabajar la arcilla en forma de masa blanda, y luego bajo calor, endurecerla conservando la forma dada por el alfarero ya especializado, en las ciudades-estado de sumeria. A esta tecnología ancestral los escribas, que anotaban la contabilidad de productos, sólo debieron agregar una espátula y/o un estilete para que el pequeño ladrillo de arcilla guardara fielmente la información que necesitaban preservar. Al comienzo estas marcas tendieron a ser "ideográficas", es decir representan de modo aproximado la forma del bien que entraba y salía de su contabilidad. Luego, y progresivamente, las marcas tomaron forma de cuña más fácil de grabar. De ahí el nombre de cuneiforme de esta primera escritura de los humanos sobre la Tierra. Esta escritura se extendió rápidamente por las distintas culturas algo posteriores de Mesopotamia (Acadios, Babilonios, Asirios), y empezó a usarse como lenguaje escrito literario, no es claro si en la misma Sumeria o en Babilonia. La posibilidad de usar la escritura cuneiforme de forma literaria, distinta de las razones (presiones culturales) que le dieron inicio, permitió su transformación primero en silábica, y luego en alfabética, es decir, identificando los complejos conjuntos de marcas (caracteres) con los fonemas del lenguaje hablado. Esto aseguraba que, tal como en el habla bastan no más de 40 fonemas para construir cientos de miles o millones de palabras, frases y discursos de cualquier longitud, la escritura fonémica fue simple (pocos caracteres), pero capaz de registrar cualquiera información muy compleja. El cambio de escritura ideográfica a silábica y luego a fonémica tuvo estas razones prácticas, esto es técnicas. Sin embargo, significó un cambio gigantesco en la cultura y la mente humana. Con la escritura apareció la noción de código esto es la posibilidad de representar cosas, seres y eventos fielmente, pero que es una re-codificación, o también que es un código (escrito) de un código (hablado).

Antes de la escritura silábica o mejor aún fonémica (alfabética), las cosas, seres y eventos se representaban en grabados, pinturas y esculturas, que carecen completamente de la precisión, flexibilidad y amplitud del lenguaje escrito, que cuando es fonémico puede lograr la misma calidad descriptiva del lenguaje hablado (gramatical y sintáctico) tal como lo vimos en el Capítulo 2 del libro.

Claro que no tiene la vivacidad de los diálogos hablados, pero en cuanto código grabado en materiales durables (piedra, arcilla, papiro, cuero, papel, memoria electrónica de computadores) tiene una duración en el tiempo (años, siglos, milenios) que hacen de la escritura un artificio inestimable. Puede registrar la historia de las personas y de las civilizaciones, cartas de amor que todos guardamos, o abstrusos textos filosóficos que pocos leemos.

El aparataje neuro-psicológico que procesa la escritura es igual que el que describimos para el lenguaje hablado, con dos agregados cruciales. Para leer, los módulos (de Wernicke) del lóbulo temporal que codifican el lenguaje que se escucha y hacen posible comprender su significado, se desconectan (funcionalmente) del oído, y se conectan con el lóbulo occipital (que procesa la visión). Para escribir, los módulos codificadores (Broca) se desconectan de boca y sistema fonador y se conectan con motricidad de brazos, manos y dedos. Estas conexiones, hoy bien conocidas, no son simples. Tienen asociaciones (memoria, emociones, racionalidad) y módulos neuronales de procesamiento asociativo intermedio.

Por otra parte, la ideografía tiene varios inconvenientes insalvables. Para cada nombre (cosa, persona o característica objetiva) se requiere una especial figura que, por ejemplo, en la escritura china tradicional alcanzan a decena de miles, que sólo pocos sabios pueden memorizar y sólo algunos artistas pueden dibujar. En realidad, en la propia China y en Japón la escritura ideográfica pasó a ser, desde comienzos del siglo pasado, un arte practicado sólo por ciertos especialistas, y el lenguaje escrito normal hoy usa exclusivamente, como el resto del mundo, el alfabeto inventado por los Fenicios. El otro inconveniente es la lentitud. Mientras más signos se requieran más tiempo se ocupa, cuando se graba en arcilla semi-sólida y la posibilidad que se endurezca antes de tiempo aumenta. La causa, porqué todos los lenguajes escritos de la Tierra usan caracteres (letras) fenicios y no cuneiformes es que los primeros son muy simples. Es como la diferencia entre escribir números árabes o romanos. Además, escribir en papel es mucho más fácil que grabar arcilla.

La escritura cuneiforme cuando llegó a ser fonética (alfabética), se pudo usar no sólo para registrar información sino para transmitir la misma enorme cantidad de ideas, relatos, emociones, propósitos, etc., etc., que transmite el lenguaje hablado. Como resultado, la escritura cuneiforme fue capaz de expresar obras literarias como Gilgamesh, que narra detalladamente las aventuras de un rey sumerio, entre otras, su encuentro con un personaje Upanashut que le relató un diluvio, igual al que vivió Noé, y esto 2 mil años antes que se escribiera la Biblia judía. Hay escritos mitológicos (la Diosa Innane y su viaje al inframundo), acuerdos políticos entre los príncipes y señores de la época, contratos comerciales, códigos legales, esto es, todo tipo de asuntos que se quisiera comunicar, ordenar, convenir, informar, archivar. El Código de Hammurabi de 1.800 A.C. está también escrito en cuneiforme.

Así, grandemente ampliados los ámbitos de uso de la escritura (nacida como contabilidad de las bodegas reales), esta técnica se extendió más allá de Mesopotamia. Egipto mantuvo su carácter ideográfico cuando se refería a temas sagrados o del faraón (que también era Dios), configurando los *hieros* (sagrado) *glifos* (en piedra), es decir, los petroglifos cuyo principal soporte era la piedra abundante en esas regiones (más escasas en Mesopotamia). Por la misma razón práctica de los sumerios, es decir, dificultad para usar ideogramas, los egipcios los elevaron a la categoría de textos sagrados, ámbito en el cual valía la pena hacer el sacrificio (otra vez la etimología nos ayuda: sacri = sacro, ficio = oficio), dejando para los asuntos prácticos el algo posterior demótico que es silábico.

La evolución posterior de la escritura es bien conocida. En primer lugar, su soporte. La arcilla se demostró incapaz de grabar con la rapidez necesaria las palabras escritas con el alfabeto fenicio. Además, era muy difícil de transportar por pesada y quebradiza. Los tratados y convenios internacionales de alguna longitud requerían muchas tablillas y perdían continuidad. La épica de Gilgamesh tiene cientos de miles de tablillas de arcilla. Con todo, una innovación técnica del Fértil Creciente de la ciudad de Pérgamo (el pergamino) resultó ser una respuesta muy útil a estas necesidades. Éste, fabricado de cueros muy finos, seguiría la invención de estiletes y tintas para grabar los mensajes. El uso del papiro desarrollado en Egipto competía con los pergaminos, con lo que en la Biblioteca de Alejandría hubo textos en pergaminos y papiros. Los copistas medievales usaban pergamino. Esta situación cambió cuando Gutenberg en 1480, inventó la imprenta de tipos móviles, a partir de la creación china de imprimir con tipos fijos apropiados para su escritura ideográfica. A comienzos del siglo 16 con la Reforma, que inducía que cada persona leyera directamente las Escrituras, traducidas al alemán por el mismo Lutero, las imprentas se multiplicaron, reprodujeron todo tipo de textos, no sólo los sagrados con lo que el lenguaje escrito fue parte de la revolución cultural que por entonces se iniciaba.

El nacimiento y evolución temprana de la escritura, técnica de tanta trascendencia para las culturas, nos dejan algunas enseñanzas. La más notable es que siendo el lenguaje escrito tan importante no se inventó para comunicarse sino con propósitos menos trascendentales, pero sin duda útiles. Registrar contablemente los activos y negocios de Reyes, Sacerdotes y Señores. Esto significa que la escritura se aleja de lo que en general se sostiene: las tecnologías, surgen de forma deliberada, de una necesidad que debe resolverse. Su uso para comunicar, ordenar, pactar, describir, contar leyendas, etc. se desarrolló algo después, puesto que estos usos no estaban en la mente de sus inventores. Esta distancia entre necesidad de origen de una tecnología y su uso posterior (generalmente con las mejoras que corresponda) no es rara en la evolución de las tecnologías. Podemos estar seguros que los humanos del Neolítico temprano que inventaron la agricultura y la domesticación de animales no tenían la menor idea de las revoluciones que estaban desencadenando. Algo similar ocurre en los tiempos modernos con las relaciones entre avances científicos y desarrollos tecnológicos. Estamos ciertamente seguros que Einstein cuando estableció su famosa ecuación $E = MC^2$ no pensaba en la bomba atómica. Treinta años después fue uno de los sabios impulsores del Proyecto Manhattan.

4.2. Sistemas de mediciones estandarizadas

Es probable que los sistemas de mediciones hayan nacido antes que la escritura, debido a que los Sapiens del Paleolítico Superior, que tenían un lenguaje maduro, debían compartir informaciones que implicaban tamaño, peso, distancia y tiempos que medir, cantidades que contar, etc. Tener presente con alguna precisión estos elementos, les era vital para informar a los demás miembros de su entorno el tamaño de la presa que podían cazar (había búfalos grandes y peligrosos y pequeños más asequibles), la distancia en que se encontraban, el tiempo que les demoraría ir y volver a esta cacería, puesto que un terreno escarpado y con ríos toma más tiempo en recorrer que uno plano y sin obstáculos, aunque las distancias sean iguales. Para configurar sus partidas de caza debían saber el número de animales que tenían los piños de búfalos, y calcular el peso de la carne que cada uno debía transportar de vuelta a sus viviendas. Esto, porque hay evidencias de que descueraban y despostaban *in situ*. Las mujeres recolectoras y los hombres que cazaban especies migratorias (renos), tenían que saber en qué época los frutos estaban maduros, cuándo los renos iban a sus pasturas y cuándo, cierto tiempo después, regresaban a sus pastos de origen. Estos tiempos y temporadas debieron asociarlos a algunos eventos que se producían con regularidad. El clima, la temperatura con mayor o menor luz y calor del sol, pero sobretodo, las fases de la luna que duraban en su ciclo completo exactamente 28 días y unidades (días) que les eran evidentes.

Por otra parte, para que estas mediciones tengan algún sentido práctico, sus "valores" debían ser compartidos al principio por la horda y después por las tribus. Cuántos días pasaban entre una y otra migración de los renos. En qué época parían los bisontes de modo de cazar presas más accesibles: sus crías. A qué distancia de su refugio (Abrí, campamentos) se encontraban las piedras que les interesaban (pedernal, obsidiana). El tiempo que demoraba llegar a éste o a otro lugar era función del clima. Más largo, si nevaba. Más breve, si había sol, lo que por supuesto rara vez acontecía. También debieron aprender la resistencia al peso de los capachos (bolsas de pieles) según los elementos que debían transportar. Piedras, carnes, bayas, raíces, etc. Es seguro que discriminaban el tipo de pieles más apropiadas para los distintos usos. En una palabra, sus estrategias de vida estaban basadas en mediciones que debían estar de alguna manera estandarizadas y ser compartidas. De ello dependían los intercambios de informaciones entre los miembros de la horda y los trueques de productos (pieles, conchas, piedras especiales) con otras hordas.

No tenemos mucha idea de las mediciones concretas que los Paleolíticos tenían en mente, pero las investigaciones en tribus primitivas actuales (o recientes de los siglos XIX y XX, porque actualmente quedan pocas) nos dan ciertos indicios que creo valiosos porque se repiten en muchas de las tribus estudiadas. En primer lugar, que todas tenían formas de medir distintas instancias de sus actividades. Por supuesto, los sistemas de medición de unos y otros eran diferentes, pero tenían muchas cosas en común. Cosas que se encontraron más desarrolladas, pero con bases similares, en las primeras civilizaciones euroasiáticas y también en las americanas. Los calendarios primarios son, en general, basados en las fases de la Luna, en algunas por la fuerza simbólica que significan los 28 días que duran, igual que el ciclo menstrual de las mujeres y su fecundidad. Las mediciones de larga distancia las relacionan con los días que les cuesta recorrerlas, siendo el estándar que este recorrido sea por terreno llano y sin obstáculos. En la práctica si el terreno no tiene estas condiciones agregan las partes de un día que corresponda. El resto de las mediciones (muchas de las cuales se mantienen hoy) se vinculan con el cuerpo. Las longitudes se miden en yardas (distancia entre la mitad del esternón y la punta de los dedos extendidos) también existe el pie, las pulgadas, los codos, y las brasas. El peso de cualquier cosa se relaciona con la piedra (granito o basalto, no volcánica) que un hombre sano puede levantar y sostener. (*Stone* en inglés significa piedra, pero también es una medida de peso).

Los sistemas primitivos fueron puestos en tensión cuando en Sumeria se acumulaban granos y otros productos en las bodegas señoriales, y para su contabilización, se inventó la escritura cuneiforme. Pero contabilizar era una forma de contar el número de los productos que ingresaban y salían de las bodegas, pero para algunos de estos productos (granos, cueros, telas, etc.), no sólo el número sino también su peso y/o volumen. Pensemos en los granos. El administrador debió anotar cuántos sacos de trigo recibió de una persona, pero para hacer el negocio, el administrador y su cliente debían estar de acuerdo en el peso (además de la calidad que también se puede medir) que cada saco debía tener. Es decir, el peso del saco de trigo era una medición estandarizada. Lo mismo se puede decir para cualquier producto, que, por cualquier motivo, circula entre varias personas como intercambio comercial (trueque), pagando impuestos (antes del dinero) o simplemente donarlo. Las telas, además de calidad, tienen dimensiones que se debían considerar (largo, ancho), la lana volúmenes y la leche medidas de capacidad (litros entre nosotros). Las anotaciones en bloques de arcilla con escritura cuneiforme, especialmente comerciales, incluyen signos que significan, número, peso, volumen, etc. es decir, un sistema de mediciones, que debemos suponer estandarizadas a lo menos para todas las personas de esa comunidad. Pero, como había comercio con poblaciones distantes, la estandarización debía ser compartida con poblaciones más grandes y más extendidas.

Así, junto a la escritura se desarrolló lo que hoy día llamamos "Metrología" que como hemos visto tiene antecedentes más antiguos. Desde esta perspectiva cabe preguntarse qué importancia tiene poder anotar, medir cosas, tiempos o espacios de tan variadas y especificadas maneras. Nadie puede dudar que la Metrología tiene una importancia práctica enorme, no sólo para los cazadores que preparaban su plan de caza o para los sumerios que cobraban impuestos y hacían negocios. Todas las culturas conocidas tienen su propia Metrología, siempre múltiple y especificada, porque sirve a todas sus distintas necesidades esto es, para volver explícitamente al tema de este capítulo, a todas sus tecnologías. Los egipcios, una cultura solar y dependiente del Nilo, determinaban sus tiempos agrícolas según las crecidas del Nilo y, calculaba sus construcciones de acuerdo a la posición del sol. Las tres pirámides de Giza se ubican representando, con cierta exactitud, las tres estrellas del Cinturón de Orión que popularmente llamamos "las Tres Marías". El último ejemplo que vale la pena considerar (en realidad la relación metrología-tecnología es interminable) es el de la India. Hay algunos historiadores que piensan que la escritura se inventó antes en la India que en Sumeria. La mayoría vota por Sumeria por la mayor antigüedad de Sumer y sus tablillas. Sin embargo, no cabe duda que el mundo moderno es el mejor ejemplo de las relaciones entre escritura, que es una forma de codificar el habla, las Matemáticas que son otra forma de codificar (números y relaciones abstractas) y Metrología que es otro modo de codificar cosas, tiempos, espacios y, en la modernidad, energía y materia.

De verdad el mundo moderno sólo puede funcionar con sus miles de formas de codificar asuntos, los que serían inconcebibles hace muy poco tiempo atrás. Medimos ondas electromagnéticas de diferentes espectros y frecuencias. Medimos la masa de protones, y las ondas de fotones que no tienen masa. Medimos la composición del aire y de la estratósfera, y la velocidad de transmisión de los axones de las memorias. La mecánica cuántica puede medir la velocidad y la posición de los electrones, pero no ambas al mismo tiempo, cuestión que Einstein mismo no entendía bien. La energía de los sismos y la presión arterial de las personas. Casi no existe evento físico, químico, biológico o social que no midamos. También medimos y cuantificamos la pobreza, la economía, las opiniones de las comunidades y el respaldo a los políticos cuando votamos. Todas estas mediciones son básicas en nuestras ciencias, en nuestras tecnologías y en nuestras sociedades. Del conocimiento que nos dan las mediciones construimos edificios antisísmicos, vehículos espaciales, hornos de microondas, ampolletas de distinta potencia, celulares, trilladoras y fármacos o la pobreza o el PIB. Por todo esto puedo repetir que sin Metrología el mundo moderno no podría funcionar, pues implica solucionar necesidades con tecnologías pertinentes y medibles. Claro que hay muchas cosas que no se pueden medir matemáticamente. El arte, las creencias religiosas, las ideologías políticas, el amor y las relaciones de pareja, la belleza de una puesta de sol. O el encanto de la risa de un niño.

Sin embargo, hay algunos tipos de procesamientos cerebrales que nos pueden dar algunas pistas respecto a la conciencia intencional, aunque leves, me apresuro a reconocer: Las conductas rutinarias y los pensamientos repetitivos (que cuando se hacen incontrolables constituyen la condición que llamamos trastornos obsesivo-compulsivos) y son procesados por tres módulos cerebrales que constituyen un sistema bien establecido: a) Los núcleos sub-corticales que llamamos estriados, b) La corteza prefrontal supra-orbitaria que procesa la relación entre emociones y decisiones "racionales"; c) La corteza del cíngulo anterior que procesa la evaluación y las consecuencias de las conductas. Este sistema está involucrado en la apreciación de normas que rutinariamente se incorporan a las conductas y a los pensamientos. Son códigos morales o racionales que no son parte sustantiva (contenidos y objetivos) de las conductas, pero las ordenan y categorizan (adecuadas, deleznables, ventajosas, inútiles, etc.). Las mediciones aplicadas, más o menos automáticamente al ejercicio de tareas tecnológicas tienen esta condición. No son parte sustantiva de la ejecución de algunas técnicas, sino las ordenan, cuantifican y califican. Esto significa que las técnicas cuyos resultados se pueden medir, sufren una transformación muy fundamental. Dejan de ser prácticas artesanales que un maestro enseña a sus discípulos, haciendo un determinado trabajo más o menos rutinario. Cuando las prácticas deben ajustar sus productos a ciertas medidas estandarizadas, se hacen abstractas y comunicables a través de códigos particulares. Se transforman en tecno-logias. Los creadores de técnicas y tecnologías activan, además, dos distintos módulos cerebrales.

Los que dan origen a innovaciones, en prefrontal derecho, y uno muy recientemente descrito que, para sorpresa de los neuropsicólogos se encuentra en el cerebelo.

Por ahora hay muy pocos detalles sobre cómo el cerebelo participa en la creación de innovaciones, cuyo efecto se supone, depende de la aplicación rutinaria de sus codificaciones motoras a procesos técnicos. En efecto, el cerebelo participa en las cogniciones motoras dando fluidez, dirección y apunte (dar en el blanco) a movimientos, (ver más adelante en este capítulo). Esta función del cerebelo (órgano del sistema nervioso central, Anexo 1) que tiene más neuronas que el mismo cerebro, es sorprendente porque él controla la adecuación de la motilidad. Estas tareas del cerebelo son perfectamente compatibles, de ser ciertas, con la hipótesis que asigna a la cognición motora una participación central en el procesamiento de conductas técnicas.

4.3. Las civilizaciones agrarias

Se puede tener la convicción que la agricultura y la domesticación de animales no sólo son decisivas por las necesidades que sirven, dado que sin alimentación adecuada no se puede sobrevivir, sino por sus impactos que, como veremos, alcanzan a todos los ámbitos de la vida y las culturas, a través de su asociación con técnicas aparentemente ajenas a su fin principal. Desde este punto de vista, ejemplifica muy bien las vinculaciones de las tecnologías con las necesidades humanas más estables, y con los diferentes aspectos de sus civilizaciones, que es el nivel de la evolución de los humanos, que ahora nos interesa.

Recordemos que con la primera Revolución Neolítica que inventó la agricultura y la ganadería, los seres humanos agregaron a sus repertorios técnicos dos nuevas y potentes tecnologías para servir sus necesidades de alimentos. Pero desde millones de años antes del Neolítico, el ser humano había establecido técnicas para alimentarse. La caza, la pesca y la recolección les proporcionaban los nutrientes de los que sus organismos dependían para sobrevivir. De hecho, aún existen pueblos cazadores-recolectores que viven de estas técnicas sin muchos cambios en sus prácticas ancestrales. Ellas, al lado de la agricultura y la domesticación de animales tienen, con excepción de la pesca, casi ninguna importancia en la alimentación de las poblaciones civilizadas. Por otra parte, estas innovaciones luego tuvieron un tan enorme impacto en todos los aspectos de la vida del humano civilizado que con razón se ha propuesto el nombre de civilizaciones agrícolas a todas las que antecedieron la Modernidad y a la revolución industrial, es decir hasta sólo 500 años atrás. Desde esta perspectiva comentaremos la evolución de la agricultura, en especial, sus impactos sobre otros dominios de la cultura y, al final, algunos comentarios sobre las transformaciones agrícolas y ganaderas en la Modernidad.

La primera observación que me parece importante en nuestra exploración de la mente tecnológica, es que durante el largo tiempo que media entre las primeras civilizaciones y la Modernidad (4 - 5 mil años) las grandes innovaciones técnicas en el agro y la ganadería fueron pocas, o marginales. En efecto, en Mesopotamia, Egipto, la India, China y algo más tarde en Meso-América y los Andes, las primeras y más críticas innovaciones se aplicaron a la distribución de agua y el regadío. Bastante temprano los sumerios construyeron canales que, sacando agua del Éufrates, arriba en su curso, lo distribuían por gravedad, con pendientes bastantes precisas para lograr un fluir del agua de modo eficiente y sin torrentes. Los canales principales se subdividían con compuertas en otros Los canales principales se subdividían, con compuertas, en otros menores que llegaban a los cultivos. Los egipcios construyeron un canal desde el Nilo al Oasis de Al Fayum, regando allí grandes extensiones de terreno. En los Andes, además de canales que regaban terrenos de valles (Moche, Nazca) construyeron sistemas de terrazas en las laderas de las montañas. En Meso-América además de canales inventaron las Milpas que son cultivos flotantes que establecían en lagos y ríos tranquilos. También los chinos distribuían el agua a través de canales y varios de ellos navegables. Canalizar el agua de sus ríos permitió a estas civilizaciones extender el riego a terrenos que sin agua no eran cultivables.

Claro que también generaban problemas. El caso más clásico fue el de las ciudades – estado de Sumeria. Los ríos Tigris y Éufrates vienen de las montañas Taurus, al sur de la actual Turquía. Dado su origen (aluvial) llevan tierras, piedras y sales. Los industriosos sumerios llegaron a regar, a través de canales, prácticamente todos sus territorios cultivables. Pero su posición tropical, con un sol abrasador y poquísimas lluvias, hacía que las aguas antes de impregnar la profundidad de sus tierras se evaporaban dejando las sales que contenían en los suelos que regaban. En algo más de mil años la civilización Sumeria desapareció pues sus terrenos impregnados de sales y otros minerales, dejaron de ser cultivables y no podían alimentar a las poblaciones. Éste fue el colapso de una vibrante civilización por la aplicación de una tecnología cuyos efectos, dado el nivel de conocimientos que poseían sus habitantes y líderes, no tenían manera de pronosticar.

Naturalmente, las tecnologías asociadas a la Agricultura y la Ganadería nacidas en el Neolítico se extendían y perfeccionaban. Por otra parte, técnicas agrarias tan vitales como la rotación de cultivos y molinos capaces de elevar el agua de regadío con la fuerza de la corriente de ríos, debieron esperar mucho más tiempo. Recién en la Roma de César Augusto hay evidencias de molinos de agua, aunque su función original era la molienda de trigo para producir harina. Aún existe el diseño de Vituvio, famoso ingeniero de esa época. No hay claridad cuando se inició el uso de asnos y mulas para lograr los mismos efectos, moler granos y/o elevar agua de riego, y eventualmente de consumo humano.

La rotación de cultivos, que es un avance muy decisivo para aumentar la productividad agrícola, apareció temprano en varios lugares del mundo, pero con una difusión más bien limitada. Se estableció como una tecnología deliberada y formal recién en el Medioevo europeo en los terrenos de comunidades religiosas, especialmente benedictinas. El uso de abono (guano animal) parece haberse desarrollado primero en la India como registran sus sagrados Vedas.

Si comparamos estas más bien escasas y parsimoniosas innovaciones agrícolas con el efecto social, político, económico y cultural de esta tecnología productora de bienes alimentarios, encontramos una abismal diferencia, entre lo cultural y lo tecnológico. Durante las civilizaciones agrarias, prácticamente toda la vida social humana giró directa o indirectamente alrededor de la agricultura y la domesticación de animales, pues sin sus productos (alimentos) no habrían sobrevivido. Sin embargo, los impactos en todos los otros ámbitos, que se iniciaron en la Segunda Revolución Neolítica fueron verdaderamente mayores. Las ciudades crecieron con más habitantes, casas y habitaciones mejoradas, y proliferación de artesanías. Todo esto basado en la existencia de excedentes agrícolas dado que los ciudadanos dejaban de cultivar. El poder de reyes, señores y sacerdotes se incrementó tanto porque eran los mayores propietarios de tierras de cultivo (además de bosques y animales), como porque a través de impuestos a la producción, el tránsito o el comercio accedían prioritariamente a los excedentes de la agricultura y a los productos fabricados por artesanos. Muebles, telas y ropajes, vasijas de uso doméstico y contenedores de granos, aceites y vinos indispensables para el comercio. Cerámicas y algo más tarde porcelanas, vidrios, joyas, y un sinnúmero de otros productos para el uso de gobernantes y señores que no trabajaban la tierra, y eran fabricados por artesanos que tampoco lo hacían. Así tenemos una variedad de productos distintos. Por ejemplo, en China, se especializaron en objetos de bronce, sedas y porcelana, a diferencia de la Grecia clásica, más centrada en alfarería, contenedores de aceite y vino, cerámica y construcciones, con estatuas y pisos de mármol. Obviamente, también babilonios, persas, los romanos y egipcios desarrollaron sus propios productos artesanales. En algunos de estos casos las producciones llegaron a niveles preindustriales, ahora que artesanos eran trabajadores especializados. Hubo civilizaciones sin buenos campos de cultivo que vivieron del comercio. Famosos son los fenicios y cartagineses. Aunque también para los griegos del siglo de Pericles, el origen de su poder fue el comercio y sus navegantes.

Pero, además, todas estas civilizaciones agrarias avanzaron en Ingeniería, Arquitectura y Artes. Pensemos en los caminos puertos y construcciones romanos. Su Coliseo, sus mosaicos y sus acueductos. Las pirámides, los templos y las tumbas de los egipcios. Los Zigurat, templos y palacios mesopotámicos o finalmente en el Partenón griego y sus esculturas labradas en mármol. Todos estos enormes avances tecnológicos y artísticos (también había música y pinturas) se sostenían en las técnicas agrarias y sus técnicas asociadas.

Me he detenido en esta descripción porque ella demuestra que, en las civilizaciones basadas en la agricultura, como fueron todas las mencionadas, la innovación tecnológica escasa en el agro, fue mucho mayor en sus sub-productos (cueros, tejidos de lino y algodón, aceite y vino, cerámicas y objetos de madera), en la fabricación de artesanías a veces pre-industriales, y también en la Ingeniería, la Arquitectura y las Artes. Con la llegada de los metales las innovaciones aumentaron aún más. Se introdujeron arados, objetos metálicos de uso doméstico y, sobre todo, armas. Sin el bronce la Ilíada no podría haberse escrito. La pregunta que aquí cabe, para explicar esta abundancia de innovaciones no agrícolas, precisamente en civilizaciones agrarias, tiene dos respuestas entrelazadas, por una parte, una tecnológica y por la otra una neuropsicológica.

Históricamente la agricultura no cambió demasiado más allá de mejoras parciales hasta bien entrado el Siglo 18 con la aparición de las máquinas a vapor que, en su versión estática, esto es en las que la presión controlada del vapor no mueve las ruedas de la locomotora, sino el volante de los "locomóviles". Éste a través de correas transportadoras movía trilladoras, enfardadoras, aserraderos de madera, fuelles de fraguas que con su calor procesan metales (espadas, arados, herraduras). El salto siguiente de las innovaciones agrícolas, pecuarias y forestales, se produjo con la introducción de los motores de combustión interna (fines del Siglo 19) que movían tractores, bombas, segadoras y un sinfín de otras maquinarias agrícolas. Vale la pena anotar que en este mismo tiempo se inició la agro-química con fertilizantes naturales (salitre) o sintéticos, después. Las últimas innovaciones que mencionaré dependen de la electricidad (Siglo XX) que principalmente trabaja en la post-cosecha (máquinas para seleccionar semillas, empacar frutas y otros vegetales, frigoríficos, etc.). Es evidente que también en las técnicas ganaderas (maquinarias ordeñadoras y lecherías con envasado industrializado y demás). Todo esto sin contar con las nuevas técnicas de origen biológico (empastadas, inseminación artificial, selección genética, etc.). También las nuevas técnicas forestales (aserradoras, cortes de árboles y fabricación de paneles, casas prefabricadas, papel, etc.). De este modo las tecnologías productoras de alimentos y de sus subproductos, tuvieron una expansión gigantesca, principalmente por el uso de nuevas energías: vapor, combustibles, electricidad. Aquí debemos agregar la agro-química y sus múltiples derivados como control de plagas, por ejemplo.

Antes de la máquina de vapor las energías que movían el agro eran el animal, la hidráulica y la eólica (molinos), y también la humana, esclavitud incluida. Los molinos de viento, o los que usan el fluir de un río no son propiamente agrícolas, aunque se usaron para moler trigo y hacer pan. Sólo los capaces de elevar el nivel de las aguas, contribuían al regadío. En la Guerra Civil norteamericana, los Estados del Norte vencieron a los del Sur, en parte porque ya estaban mecanizando su agricultura y el manejo de sus sub-productos, por lo que requerían menos mano de obra agrícola y más obreros industriales. Por su parte, las técnicas no agrarias, cuyas innovaciones florecieron en las civilizaciones basadas en la agricultura, esto es, pre-industriales, usaron para sus desempeños energía tradicional y habilidades humanas. Es lo que hacen alfareros y tejedores, herreros y joyeros, mueblistas y fabricantes de carruajes. Usan su mente para planear sus trabajos, y sus manos para diseñarlos, y algún tipo de energía para ejecutarlos. Teniendo en cuenta que mente y manos son iguales durante las civilizaciones agrarias y en la Modernidad, el factor diferencial más importante es sin duda la energía. Por supuesto, con nuevas energías los innovadores tienen amplio espacio para crear novedades tecnológicas las que, a su vez, en un círculo virtuoso que parece no tener fin, generan nuevas máquinas, artefactos y demás soluciones tecnológicas, para las también incesantemente crecientes necesidades de personas y sociedades. Pero esta etapa propiamente moderna será el objeto del último capítulo de este libro.

4.4. El origen socio-cultural de las tecnologías

En todas las civilizaciones pre-industriales, el cambio cultural, podríamos decir cotidiano, se fundó directa o indirectamente en las tecnologías de producción de alimentos. Sus excedentes hicieron posible la instalación de reyes, duques y arzobispos que manejaron la organización social, la política y la economía. Para los efectos de gobernar estos señores y jerarcas usaron los instrumentos de intervención social, que veremos en el próximo capítulo, los cuales, para ser exitosos, debían estar basados en los principios neuro-psicológicos que vimos en el Capítulo 3, potentes tendencias a la sociabilidad y su contrapuesta individuación, armonizadas por sistemas de control del comportamiento. Por otra parte, las profusas innovaciones no agrícolas de las civilizaciones pre-industriales y sus muy significativos aportes a la evolución de la Cultura fueron posible porque no necesitaban o no habían descubierto otras tecnologías o cómo usarlas.

En las teorías comúnmente aceptadas se supone que las tecnologías son las respuestas, llamemos operativas, a las necesidades que perciben como tales los individuos y las sociedades, donde estas respuestas innovadoras se instalan. Los creadores de una nueva técnica suelen ser personas o pequeños grupos que proponen una solución a grupos mayores o a una particular comunidad, la que tiene la condición de usuario de la técnica, siempre que perciba la misma necesidad a la que los innovadores proponen solucionar. Además, parece indispensable que la aplicación de la novedad tecnológica les resulte, a los usuarios, conveniente a sus propios intereses y, de algún modo, fácil de manejar. Por otra parte, las comunidades de usuarios son de una variedad impresionante. Pudieron ser el Emperador Romano, sus estrategas militares o sus necesidades políticas los que indujeron soluciones técnicas a problemas que ellos, y no necesariamente el pueblo romano, consideraba una necesidad. La construcción deliberada de caminos, incluyendo puentes con arcos, respondía a una primaria necesidad militar. Mantener buena comunicación en y con los territorios que conquistaban. Los acueductos y el Coliseo en cuanto obras públicas respondían a un interés político. Las mujeres que en el Neolítico iniciaron la revolución agrícola con sus casi casuales cultivos de algunas gramíneas, no tenían la menor idea que estaban cambiando para siempre la organización de la vida humana. Tampoco los administradores de los graneros de sumeria, que marcaron tablillas de arcilla para mantener una primitiva contabilidad de ingresos y egresos de granos, sabían que estaban desencadenando una técnica (la escritura).

En este sentido nos encontramos con los usuarios, un indispensable componente en la instalación y desarrollo de novedades tecnológicas. La palabra usuario me parece sólo a veces apropiada, pues significa un receptor más o menos pasivo de las innovaciones. Por cierto, esto con frecuencia ocurre. Sin embargo, los emperadores romanos no fueron usuarios pasivos de esas obras de ingeniería. Ellos "demandaron" la construcción de esos monumentos de modo que, por su iniciativa, financiamiento y control, ellas se hicieron realidad. El papel de la "demanda" en el desarrollo tecnológico ha sido históricamente muy importante particularmente en grandes obras públicas (como en Roma, Grecia y USA) o en obras religiosas (templos en todo el mundo) Pero, además, existe una cierta demanda potencial que los innovadores siempre tienen en cuenta. Para el fabricante de autos de lujo el usuario potencial es claro. También para los diseñadores de coronas, cetros y demás ornamentos reales. Si consideramos usuarios y sus demandas, a veces específicos, tendremos una mejor idea de los mecanismos socio-culturales y políticos que abren (o cierran) las posibilidades tecnológicas. La fabricación de la Bomba Atómica, por el proyecto Manhattan fue una demanda del gobierno de USA.

Sin embargo, a veces las técnicas han tenido efectos muy negativos. Consideremos las jefaturas de la Isla de Pascua que consumieron los bosques de la isla, haciendo espacio para sus granjas o usando los mejores troncos para transportar moais. Ellos no previeron que la deforestación llevaría su cultura al colapso. Tampoco los

Mayas se dieron cuenta que no podían usar todos los árboles para hacer las fogatas que debían alcanzar las altas temperaturas, que demandaba la preparación del material de cal y arcilla, usado ´para cubrir fachadas de palacios y templos, y pavimentar senderos sagrados. Y así, colapsaron alrededor del 800 A.C. Del mismo modo, los sumerios con sus canales que salaron sus terrenos agrícolas, no sospecharon que estaban dejando sus ciudades-estado primero, sin alimentos y a muy corto andar, sin habitantes. Me he detenido en el colapso de estas tres culturas porque fue causado por el uso irreflexivo de sus tecnologías y, además, porque estos ejemplos nos instan a preocuparnos por nuestras propias civilizaciones y sus contaminantes y destructivas tecnologías.

Por otra parte, el uso de ciertas tecnologías puede ser inducido por quienes tienen intereses especiales en resolver necesidades, que los usuarios finales no pensaban tener. La propaganda comercial es uno de los motores de la producción de bienes y servicios en el mundo moderno. Desde los implementos para cocinar, los incesantes nuevos programas para computadoras y tablets o el supersónico Concord, responden a necesidades tecnológicas que los usuarios ávidos adoptan, sólo después que la propaganda y su propio status los introduce en el mercado. Pero esto no es nuevo. Consideremos las civilizaciones históricas basadas en creencias religiosas. Los templos egipcios y las catedrales medioevales responden a necesidades de líderes sacerdotales. Es difícil pensar que a los campesinos de Egipto les interesara algo más que las crecidas del Nilo, o a los pequeños granjeros medioevales les preocupara directamente algo distinto al precio del trigo. Sin embargo, por el poder de la fe campesinos y granjeros no sólo devinieron en usuarios de las prácticas religiosas desarrolladas en templos y catedrales sino colaboraron gustosos en su construcción.

Desde esta perspectiva, origen de las tecnologías, vale la pena volver a un aspecto que hemos mencionado varias veces pero que es bueno reiterar en esta especie de conclusión de las relaciones retroalimentadas de tecnología y cultura. Las técnicas responden a necesidades de sus culturas, pero lo hacen con los materiales que existen en el medio ecológico que tienen a la mano. Los egipcios tenían canteras de granito y basalto en Asuán, cerca de la primera catarata del Nilo. Para aprovecharlos debieron inventar embarcaciones (a remo y vela) capaces de cargar con obeliscos y pilares de templos, de al menos 20 toneladas. Era lo que tenían. Los griegos usaban mármol con entusiasmo porque tenían a la mano mármol natural de primera calidad. Sin embargo, la conexión más importante entre tecnología y ambiente ecológico se produjo en la primera Revolución Neolítica. Ella ocurrió en el Fértil Creciente, o en el río Amarillo, en el río Hirido, o en Egipto porque allí había plantas que se podían cultivar, animales domesticables, con agua y tierra que hicieron prosperar la agricultura y la ganadería. Claro que en los tiempos modernos esta relación tecnología medio ambiente ecológico, tiene menos importancia. La globalización del comercio hace que Corea del Sur produzca desde barcos a televisores, sin tener hierro, carbón o petróleo en su territorio.

5. Neuropsicología de las conductas técnicas

Para estudiar la Neuropsicología de las conductas técnicas debemos recordar las definiciones entregadas al inicio de este capítulo.

Llamamos tecnologías a las actividades y medios, que procuren producir cambios ambientales positivos, a través de herramientas e instrumentos que operen bajo el control de un sujeto. Esta formulación de lo que podríamos llamar "mente tecnológica" supone implícitamente, que los instrumentos y las herramientas, además de su producción deliberada, deben ser transferidos, aprendidos y usados por otros. Estas últimas condiciones hacen de las conductas que usan tecnologías, prácticas culturales.

El problema con estas definiciones, es que, siendo tan amplias, parecieran no discriminar de modo apropiado conductas propiamente técnicas, con cualquier otro acto con objetivo, como hablar, subir escaleras, saludar, bailar, y los miles de otros comportamientos que tenemos en nuestra vida cotidiana para servir diversos fines. El agregado presente en la definición, que se trata de herramientas que modifican la realidad, es un buen avance, pero no parece suficiente. Al subir escaleras o al bailar, estamos usando instrumentos tecnológicos que alguien diseñó y construyó. Las escaleras y los aparatos que producen música. Pienso que el problema se puede resolver si identificamos con más precisión los creadores y constructores de herramientas y aparatos, de los usuarios de estas tecnologías. Por otra parte, contribuye a esta confusión el hecho, absolutamente necesario, de que creadores y constructores no pueden evitar tener presente, cuando diseñan y construyen aparatos y herramientas, las características mentales y corporales de los usuarios, habitualmente seres humanos. Digo habitualmente, porque hay aparatos diseñados para animales (yugos para bueyes o herraduras para caballos).

Por otra parte, si además recordamos que todas las conductas, también las que producen y utilizan tecnologías son motoras, es decir, implican movimientos músculo- esqueléticos, estamos en condiciones de considerar la Neuropsicología de las producciones y usos de tecnologías. Cuando hablamos de instrumentos y herramientas, no podemos excluir de esta categoría a los propios seres humanos como operadores de artefactos y ejecutores, con sus propios cuerpos, de tareas técnicas. En la aurora de las tecnologías las manos humanas eran los artefactos para, por ejemplo, cavar y sacar bulbos o recoger frutos. Después y por milenios, los "instrumentos" de muy variadas tecnologías fueron los esclavos y los siervos. Estas "herramientas humanas" requerían poca energía para funcionar y tenían habilidades operacionales de alto nivel.

Esta alusión a los instrumentos humanos y a la energía no es banal. La tecnología en cuanto a capacidad para producir herramientas que generan efectos deseables (u otras herramientas), debe ajustarse a los dispositivos corporales y al aparataje mental del que los controla, para hacer posible un diseño utilizable por usuarios, quizás desconocidos, pero también humanos. Pensemos en nuestros ancestros homínidos y sus diferentes industrias líticas. Todas ellas, desde el primitivo instrumento de piedra del Homo Habilis, hasta el hacha pulimentada del Neolítico, estaban ajustadas, desde las más toscas a las sofisticadas, a las capacidades anatómicas de la mano y cuerpo del Homo correspondiente. Su forma, su peso, su superficie (más o menos lisa) debían corresponder a las formas de tomar los objetos, al modo como los dedos podían asirlos y manejarlos para cortar o raer la carne (pegada a la piel o a los huesos), con el gasto energético (fuerza) que esos individuos efectivamente podían aplicar. Igual cosa puede decirse de las formas, tamaños, tensión y demás características de arcos y flechas. El diámetro de las lanzas debía ser apropiado para el agarre de las manos. Igual el peso y su longitud. La posibilidad de coser pieles como ropaje, según tamaño y grosor de los individuos (en el Paleolítico Superior), muestra el ajuste de la ropa a las variaciones corporales de los Cro-Magnones. Las agujas para coser eran las que convenían a las dimensiones y habilidades de manos y dedos de las costureras.

Consideremos, muchos milenios después, la edad de los metales y, por ejemplo, el uso del bronce y después del hierro como material para sus armas. Las espadas, las dagas, los escudos, los cascos debían estar ajustados a los brazos, manos, altura y fuerza del cuerpo de los soldados, y en el mundo moderno, al sinnúmero de instrumentos que usamos. Los interruptores de electricidad, los botones y el mouse de las computadoras, las puertas de las casas, los asientos de los aviones, los pedales de autos y bicicletas, violines y pianos están necesariamente ajustados al tamaño y fuerza de los dedos, al largo de las piernas. Tanto las luminarias de las calles, como los tableros de los aviones de guerra, están ajustados a las capacidades visuales de los humanos. Del mismo modo, quienes manejan los cohetes que van a la Luna, sea en el Centro de Control o en cuanto piloto de la astronave, operan a través de instrumentos apropiados para ser percibidos (ojos, oídos, tacto) por sentidos humanos, y manejados por brazos y manos de seres humanos.

En un listado interminable, podríamos agregar las raquetas de tenis, los paraguas o los submarinos. Todas estas tecnologías funcionan si sus usuarios son capaces de operarlas y manejarlas con facilidad. Así, los creadores de cualquier tecnología siempre consideran como elemento esencial en su diseño, la participación del cuerpo y la mente de los usuarios pertenecientes al género humano. Las pantallas de las computadoras o de los televisores presentan figuras, gráficos, lenguajes orales y escritos, números, íconos y demás artilugios que los humanos pueden: a) ver, oír; b) comprender, interpretar; c) recordar. El horno de microondas, o el tablero del automóvil muestran símbolos que la mente humana puede interpretar.

Este ajuste obligado de los aparatos, artefactos, herramientas e instrumentos, a las condiciones del cuerpo y de la mente de sus usuarios (y que deben ser tomados muy en cuenta por los innovadores), es una condición nacida del origen evolutivo de las tecnologías. Todas ellas, aún las más modernas, nacen por "defecto". Hay una necesidad que se debe solucionar y de algún modo actuar para resolverla. Pero los instrumentos que por ahora están disponibles no son capaces de satisfacer esa necesidad. En estas circunstancias de "carencia" de un instrumento apropiado se puede mejorar alguno de los que se tiene (mejores tecnologías incrementales). Si aun así no se logra una solución satisfactoria, se debe crear uno nuevo.

Supongamos un Homo Sapiens arcaico, que para encontrar una planta mágica que podría curar la enfermedad de uno de sus hijos, debe cruzar un río más bien tranquilo, aunque profundo y ancho. Cuando niño apenas aprendió a nadar y ahora no está seguro de cruzar. Carece de la destreza y la fuerza suficiente para superar el ancho del río. Como duda de esa solución intentará utilizar un tronco que flota cerca. Con sus manos lo libera del ramaje innecesario dejando sólo algunos que lo equilibran y dan estabilidad. Luego, se tiende encima del tronco y usando sus manos y brazos como propulsores (remos los llamaríamos hoy), logra llegar al otro lado, cansado pero satisfecho. Ha inventado dos tecnologías: a) troncos que flotan pueden usarse como embarcaciones, b) manos y brazos, como propulsores.

Esta historia, ficticia pero plausible, nos muestra una mecánica neuro-psicológica posible para dar cuenta del origen de las tecnologías:

1. La necesidad de resolver un problema importante (hijo enfermo) como disparador de la intencionalidad y del actuar. Primero, con el instrumento que mejor maneja. Su propio cuerpo para nadar.
2. Este instrumento es insuficiente y peligroso. Esto significa una carencia respecto a su capacidad para cruzar el río.
3. Esta insuficiencia lo hace reflexionar (deliberar) y así llega a inventar otra solución.
4. Ésta es tecnológica. Una embarcación (tronco) que flota y puede ser propulsada y guiada por brazos y manos para hacerlo cruzar el río.

En lo que sigue examinaremos la Neurobiología de estos tres aspectos que nos constituyen como lo que hace algún tiempo se llamaba Homo Faber. Ahora lo llamaremos Homo Tecnologicus: a) Identifica necesidad que le impulsa a actuar deliberadamente, b) Intenta utilizar su propio cuerpo (especialmente el cerebro, la mano y el brazo) y el de asociados que cooperan, cuando comparten intencionalidades como primera posibilidad para resolver necesidades (cognición motora), c) En tanto esto no es posible inventa las tecnologías como instrumentos para suplir sus carencias corporales.

Puede ser sorprendente que sostengamos que las tecnologías y sus herramientas son el resultado de carencias corporales. Esto significa que herramientas e instrumentos cumplen una función sustitutiva, esto es, hacen o nos ayudan a hacer lo que somos incapaces de hacer directamente, con nuestro propio cuerpo. Pensemos en la enorme cantidad de artilugios y sensores que constante y crecientemente ocupamos. Microscopios y telescopios nos permiten ver dónde nuestros ojos no pueden llegar. Micrófonos, parlantes y audífonos suplen los límites de nuestra audición. Sensores de la presión arterial y electrocardiogramas miden estados y desempeños cardiovasculares que directamente somos incapaces de medir. De hecho, toda la Ciencia moderna se basa en aparatos tecnológicos que son supletorios, y aumentan el rango cualitativo de nuestras percepciones y memorias, pero además las cuantifican como vimos en el apartado sobre mediciones. También la fuerza (energía) y las habilidades humanas son incrementadas y rutinizadas por tecnologías. Recordemos que la energía que usaba la agricultura hasta el Siglo 18 era humana, animal, eólica e hidráulica.

Pero los animales eran usados en tareas que requieren fuerza. Las manos humanas y otras tecnologías agregaban habilidades. Por cierto, los tractores, bombas y trilladoras que hoy pueblan el agro son manejados por seres humanos. Es interesante anotar que el verbo "manejar" deriva de manos, y que las artesanías son "manualidades".

Las necesidades surgen de la percepción de problemas que se deben solucionar o de las oportunidades que vale la pena aprovechar. Ambos, problemas y oportunidades rápidamente se convierten en activadores de los mecanismos neuro-psicológicos pre-frontales, especializados precisamente en la resolución de problemas. Estos mecanismos fueron discutidos en el Capítulo 3, como función ejecutiva general, por lo que ahora conviene mirarlos desde la perspectiva de las conductas propiamente técnicas. La primera cuestión que nos interesa es, cómo y por qué las regiones pre-frontales ejecutivas "saben" que el problema a resolver tiene una solución técnica. Esta cuestión es más importante para los creadores de las innovaciones técnicas que para los usuarios. En el caso de estos últimos, recordemos que la memoria (Capítulo 1) de habilidades superiores registra y conserva miles de patrones operacionales (algoritmos) capaces de resolver problemas. En estas circunstancias las regiones prefrontales de los usuarios, que tienen acceso (conexiones) a la memoria de habilidades superiores, simplemente busca en esta base de datos, patrones capaces de resolver el modo de usar el artilugio. Claro que la nueva tecnología es compleja y desconocida, debe aprender cómo usarla. Cualquier ciudad está llena de cursos (conducir automóviles, aprender computación o jardinería). En el caso de tecnologías muy sofisticadas existen escuelas especiales (aviadores, submarinistas, portaviones, etc.). Sin embargo, de hecho, y en tanto usuarios de soluciones tecnológicas domésticas, las usamos rutinariamente cientos de veces en nuestra vida corriente. Cuando utilizamos la ducha, nos lavamos los dientes, preparamos café, manejamos el automóvil, compramos con tarjeta de crédito, estamos siendo usuarios de tecnologías cuyo manejo es parte de nuestra memoria de habilidades. Para usar tecnologías no necesitamos conocer su intimidad "técnica".

Distinto es no tener una solución "rutinizada" para nuestras necesidades. Aquí estamos obligados a innovar, como le ocurrió a nuestro Homo Sapiens que necesitaba cruzar el río. Por supuesto, este Homo fue innovador y usuario como probablemente era más corriente entre los Cro-Magnones que en el ser humano moderno. En nuestro mundo los innovadores e inventores, se han especializado. Pero, de nuevo, cuándo y por qué llamamos tecnológicos a los medios para lograr una solución de alguna necesidad. Me parece que llamamos técnica a la solución, cuando ella implica usar instrumentos o herramientas capaces de cambiar, aunque sea sumariamente, nuestro entorno. Es evidente que esta formulación no aclara "por qué" consideramos técnica el uso de instrumentos y herramientas.

La respuesta a éste porqué es la hipótesis que mencioné más arriba y califiqué como "sorprendente". La tecnología es tecnológica porque tiene como referente el uso del cuerpo humano. Microscópicos y teléfonos aumentan el poder de ojos y oídos, que son parte del cuerpo. El martillo y el torno del alfarero aumentan la fuerza y precisión de las manos. El avión repleto de tecnologías, transporta nuestro cuerpo a velocidades y un medio (la atmósfera) de un modo que no podemos hacer directamente. Claro que tiene una cabina presurizada que proporciona oxígeno y otros gases, a las tasas de presión que los pulmones humanos son capaces de respirar. A su vez, los controles en la cabina de mando son observados por los ojos de los pilotos que informan a su cerebro, y son maniobrados por sus manos. Naturalmente, el uso del cuerpo implica control del cerebro. Esto significa que la tecnología para ser tal, se debe referir a la diada cerebro-cuerpo, esto es, a la cognición motora, especialmente y por razones anátomo-funcionales a la cognición motora (cerebral), operando en y con la mano, que es el primer y principal instrumento que actúa del cuerpo humano. En realidad, los otros instrumentos de acción del cuerpo humano son los que producen el habla, y también los que nos posibilitan ingerir alimentos. Por último, también son instrumentos de un actuar deliberado los que participan en relaciones sexuales o juegan fútbol. A su lado existen los sistemas vegetativos (respirar, digerir, mantener la presión arterial, etc.) y que no son voluntarios. Hay conductas que mezclan aspectos vegetativos con intencionalidades conscientes. Tragar, orinar, defecar, hacer el amor.

FIGURA 27.

Representación de la corteza motora y la localización del control voluntario de las partes del cuerpo

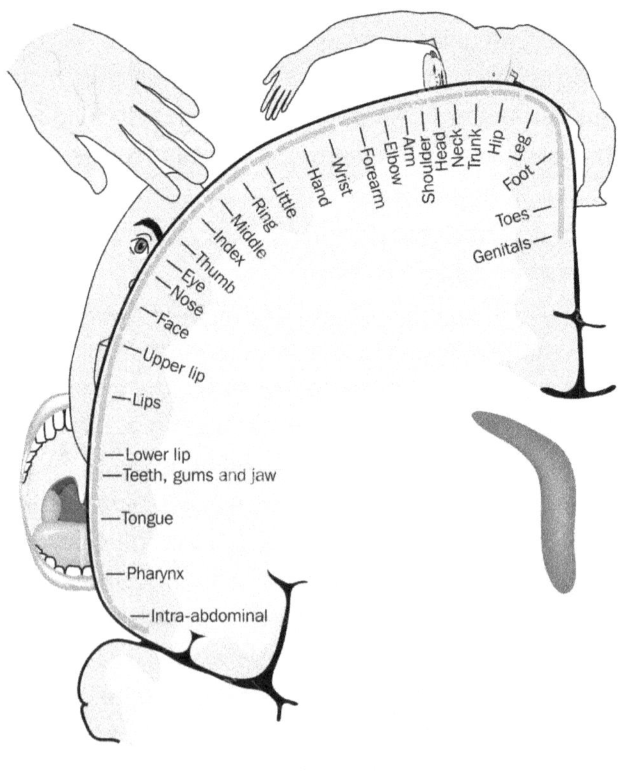

https://es.dreamstime.com/stock-de- ilustraci%C3%B3n-mapa-del-cerebro -de-penfield-image58692078

La importancia de las funciones manuales y de su control cerebral puede verse en la figura 27 que muestra la representación del cuerpo en la corteza motora. El miembro superior, especialmente manos y dedos (pulgar), es comparativamente el más extensamente representado junto a boca, lengua y laringe, que procesan lenguaje e ingestión de alimentos. Similar representación corporal puede observarse en la figura 28. La corteza sensitiva informa qué ocurre en el cuerpo y las relaciones de éste con el ambiente externo.

Ésta es una clara indicación de la gran cantidad (y complejidad) de los recursos neuronales dedicados a procesar movimientos de manos y extremidades superiores (y lenguaje). Naturalmente para controlar movimiento, la corteza motora requiere la información sensitiva-sensorial que corresponde, y la acción de los módulos prefrontales que definen intencionalidad y solución de problemas En este sentido actos motores, es decir movimientos organizados en algoritmos muy específicos, que tengan un sentido intencional consciente, como dirigir el avión con el timón asido en las manos y según las informaciones (velocidad, altura, etc.) que vemos en las pantallas y que el cerebro entiende, requieren un aparataje neuronal adicional. Considerando, además, que para conductas motoras simples (usar un martillo) o muy complejas (manejar un automóvil de carrera) se necesita ordenar en una secuencia determinada varios actos motores que en su conjunto tengan un sentido y logren cumplir con el objetivo conductual perseguido. Determinar un objetivo conductual requiere de la incorporación, a este entramado neural, de planificación y toma de decisiones (corteza prefrontal), de un mecanismo de organización de los actos motores, para que, en su conjunto, y en un cierto orden (algoritmo más complejo), alcancen el objetivo conductual buscado. Es la Praxis. En este caso martillar el preciso clavo que nos interesa, o ganar la carrera sin volcarnos.

FIGURA 28.

Regiones cerebrales que participan en una conducta motora con objetivos

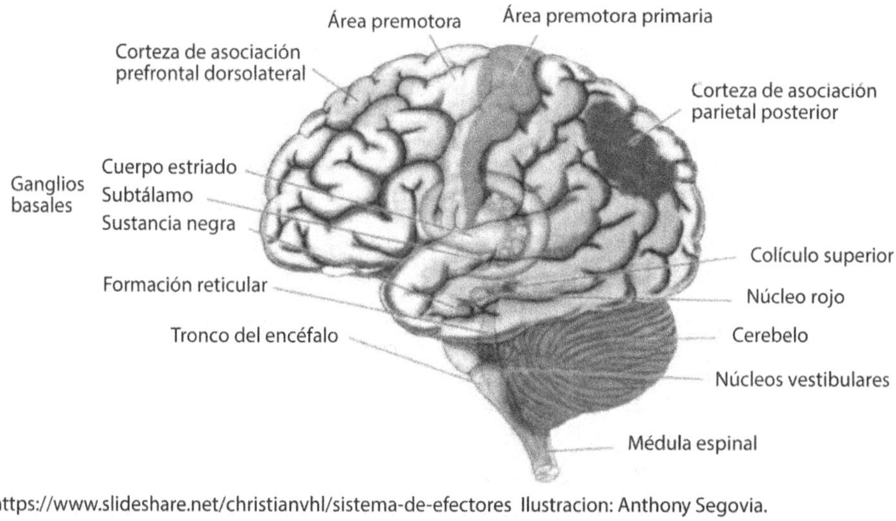

https://www.slideshare.net/christianvhl/sistema-de-efectores Ilustracion: Anthony Segovia.

La figura 28 es un esquema muy simplificado de las diversas regiones cerebrales que participan en una conducta motora con objetivos. Nótese que la región parietal es la organizadora de los algoritmos más complejos (varios actos motores unitarios complejamente ordenados). Para cumplir esta tarea usa dos herramientas principales: a) Información sensitiva superficial (piel) y profunda (posición del propio cuerpo en el espacio) y sensorial (vista o audición, etc.) que le indica la situación de la realidad allá afuera; b) Memoria de habilidades motoras aprendidas (rutinizadas) y que pudieran usarse para desplegar esta precisa conducta con objetivo.

Si consideramos este aparataje neural que constituye la cognición motora y que procesa conductas con sentido o Praxis, y la comparamos con el tamaño que tiene la representación de la mano en la corteza motora-sensorial, nos damos cuenta de la preponderancia del miembro superior en la operación de conductas con objetivos, entre las cuales obviamente están los comportamientos técnicos, es decir, la utilización apropiada de la tecnología. Quizás un ejemplo simple puede aclarar este barullo neuronal. Consideremos un carpintero que debe construir un mueble cualquiera y tiene la intención de hacerlo de muy buena calidad. Para cumplir este propósito (agente consciente) debe planificar su trabajo, tanto en términos de concebir o imaginar el mueble ya terminado, como respecto a los pasos que debe seguir para ejecutar esta obra (planificación prefrontal de dos niveles): a) Decidir las características terminales del mueble; b) Planificar la secuencia precisa de su construcción. Por ejemplo, elegir la madera, hacer primero las patas, la cubierta o los cajones. Armar el conjunto, barnizar, etc.; c) En cada uno de estos pasos debe realizar una serie de operaciones técnicas. Cortar la madera con una sierra, cepillar en el sentido de la veta, armar y clavar, barnizar. Cada una de estas acciones son la aplicación "técnica" de su cognición motora para la cual su cerebro (parietal) está utilizando la información ambiental: cómo es su taller, dónde están las sierras, los clavos. Pero esto (visión de la madera y los instrumentos, espacios en que se encuentran, olor de la cola, audición del golpeteo del martillo o el cortar de la sierra) no le basta para la construcción. Debe desplegar sus habilidades motoras, perceptivas, conceptuales para generar conductas técnicas específicas (manejar la sierra, el martillo, la cola, etc. etc.), ordenadas de acuerdo a la secuencia que decidió y al mueble que imaginó: interacción prefrontal-parietal. Este ejemplo, que espero clarificador, muestra además que los instrumentos corporales motores más activos de nuestro carpintero fueron sus extremidades superiores y sus manos. Claro que también usó el resto de su cuerpo informado por sus sistemas sensitivo-sensoriales. Por otra parte, este carpintero era un artesano que estaba creando algo nuevo, que después sería utilizado por usuarios, la mayor parte de los cuales serían incapaces de crear un mueble.

Así, pienso que puede probarse qué es la mano y sus sin iguales destrezas, la vía principal que usa nuestro cerebro para expresar habilidades técnicas. Por eso conviene mirar con detención su funcionalidad y el origen de sus destrezas.

La mano humana, usaré este término para referirme a todo el miembro superior como órgano integrado, es un dispositivo biológico vinculado, como muchos otros, a la posición erecta que adoptaron nuestros ancestros hominoides, al separarse de los demás antropoides. En efecto, cuando las extremidades superiores dejaron su tarea de servir a la locomoción, quedaron libres para asumir otras funciones que no requerían la longitud y fortaleza de los miembros superiores de, por ejemplo, los chimpancés. Éstos los usan para trepar y balancearse en las ramas de los árboles y para apoyarse, en los nudillos, al desplazarse por el suelo. Entre los Australopitecos algo posteriores (Anexo II) hubo dos líneas evolutivas que diferenciaron el uso de la mano. Los gráciles y los robustos. Hay evidencias arqueológicas que en los primeros (gráciles) la mano había iniciado sus modificaciones anátomo funcionales para llegar a ser la versátil y habilidosa herramienta que posibilita a los Homos Habilis fabricar herramientas de piedras y al Homo Sapiens pintar cavernas y producir, instrumentos sofisticados. En la figura 29 se presentan las manos comparadas de varios especímenes pre homínidos, destacando la mano del *Australopithecus afarensis* (Lucy), que estructuralmente es mucho más avanzada.

FIGURA 29.
Comparación de las manos de varios especímenes prehomínidos

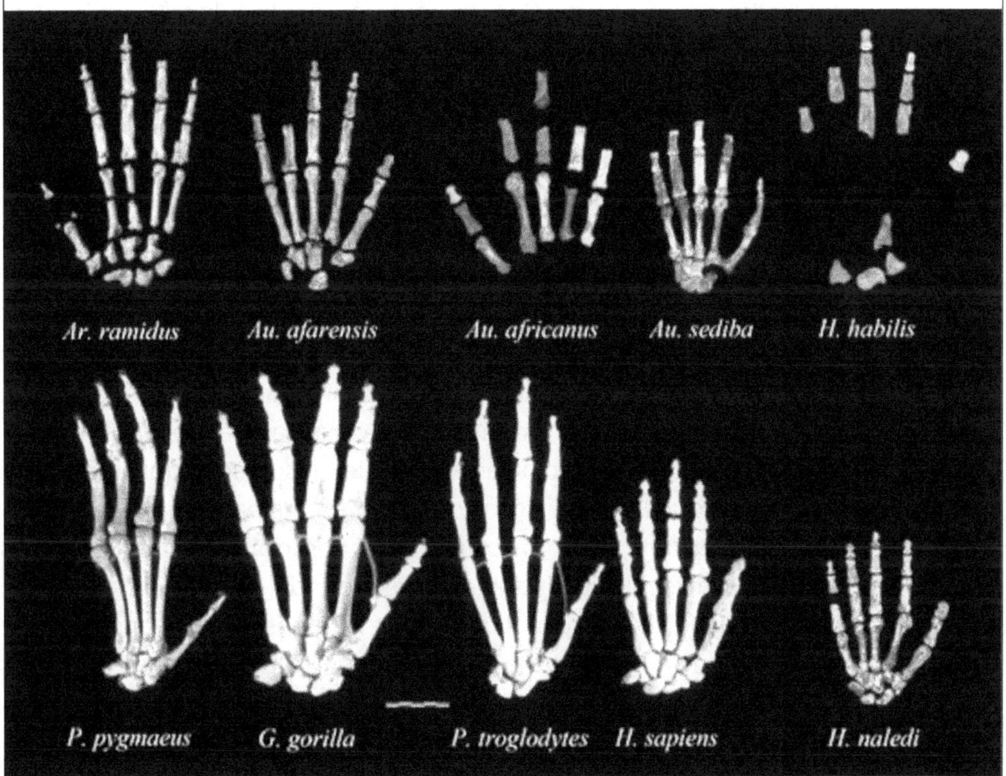

https://www.researchgate.net/figure/82-Hand-skeletons-of-extant-hominoids-and-early-hominins-illustrating-variation-in-hand_fig1_306035622 Autor: Brian G. Richmond

Hay dos elementos en esta figura que merecen destacarse; a) La articulación del hombro y b) La disposición de los dedos de la mano. El hombro del Afarensis permitía una mucho más amplia rotación del brazo sobre la cabeza del húmero, de un modo tal, que les hacía posible lanzar objetos como una jabalina o una piedra por sobre la cabeza. El hombro del chimpancé (no representado) no permite esta rotación. Ellos pueden lanzar una piedra al modo que los humanos lanzan bochas o la bola del "palitroque". No más arriba que la posición del tórax. La mano afarensis tiene un pulgar oponible con los dedos índices y medio, con lo que puede tomar y manipular objetos con estos tres dedos como trípode. Los chimpancés tienen un pulgar oponible con la palma de la mano, lo que sólo les permite un agarre horizontal, excelente para colgar de las ramas, pero inútil para manipular objetos pequeños. No se han encontrado fósiles de las manos de homínidos posteriores al Afarensis (Homo Erecto, por ejemplo). Pero nuestra mano, desde hace 200 mil años, presenta variaciones muy importantes. El pulgar puede oponerse a los cuatro dedos, uno por uno o en su conjunto. Si agregamos la rotación del radio en el codo y el cubital en la muñeca, el agarre de la mano humana es capaz de sostener un objeto en la misma dirección del brazo como una espada, o una lanza por sobre la cabeza, o un taco de billar con cada uno de sus dedos con diferentes grados de flexión. Tres objetos con diferentes tipos de agarre según la fuerza y dirección que se necesite imprimir, los que a su vez son diferentes a escribir con un lápiz, o tocar el violín.

Así, la evolución de la mano nos da una pista para explicar la evolución de las técnicas y con ellas la de la Cultura de los homínidos desde el Homo Afarensis hasta el Homo Sapiens. De los Afarensis no hay registros arqueológicos (de piedra), probablemente porque sus instrumentos y herramientas eran de material perecible, ramas y garrotes para espantar depredadores, palos puntiagudos para cazar pequeños animales o escarbar la tierra buscando raíces o bulbos.

Por otra parte, y en paralelo a su sociabilidad, su cerebro seguía creciendo pasando de 400 gramos del Homo Afarensis a 600 del Homo Habilis, 900 del Erectus y 1.300 del Homo Sapiens. Pero como este crecimiento era prevalente en las regiones prefrontales y parieto temporales, podemos buenamente suponer que la cognición motora mejoraba (también el lenguaje, lóbulo temporal), y los instrumentos y herramientas que se podían construir y usar, eran también más avanzadas. Para explicar el nacimiento y desarrollo inicial de las tecnologías, el modelo presentado aquí "interacción cerebro-corporal", o si se quiere, "cognición motora-mano", me parece sólida.

Menos claro es el sustrato neuro-psicológico del desarrollo exponencial de las tecnologías, a partir de la Revolución Industrial, alrededor del año 1750. El problema es la extrema complejidad teórica y matemática de algunas de las tecnologías de este período especialmente después de la Segunda Guerra Mundial. Pensemos en los reactores nucleares productores de energía eléctrica, en los equipos de Resonancia Magnética Nuclear para diagnósticos médicos, o en Internet y celulares, en Nanotecnología, Genómica y Biotecnología. Sus desarrollos basados en Ciencias de frontera no son homólogas con la construcción de un mueble que usa la cognición motora y las destrezas manuales, como su soporte neuro-psicológico. Las diferencias entre las tecnologías tradicionales y aquéllas que podríamos calificar de modernas, no son de escala sino de clase. Llamo diferencias de escala las que pueden existir entre un puente de madera medioeval con el Puente de San Francisco. O entre el Coliseo y un Estadio moderno o entre el Partenón y la Catedral de Notre Dame. Todas estas parejas de monumentos tienen la misma función y su construcción es concebible dependiendo de distintos niveles de complejidad de la cognición motora y de manualidades. Un molino de viento y una central nuclear tienen la misma función (producir energía), pero esta última no es concebible a partir de los patrones conceptuales que maneja la cognición motora. Hay entre estas tecnologías, desde el punto neuro-psicológico, una diferencia de clase, tal como existe entre la selección artificial de las gramíneas que hicieron los agricultores del Neolítico, con las especies de gramíneas transgénicas que siembran los agricultores modernos. Aún más distantes son, como medio de comunicación las señales de humo y el Internet. Pero, son efectivamente verdaderas estas diferencias de clase, o se trata sólo de diferencias en los niveles de complejidad de la misma cognición motora. Hay quienes piensan (R. Llinás, por ejemplo) que es la propia cognición motora la que ha evolucionado, permitiendo al cerebro humano hacer sus procesamientos más abstractos y más complejos.

Ésta es una incógnita que es hoy difícil de resolver para la Neuro-psicología de las conductas técnicas. Probablemente la respuesta se encuentre, pienso yo, diferenciando usuarios de creadores de innovaciones tecnológicas. En el caso de los usuarios que para usar semillas transgénicas no necesitan saber de Genómica, o para encender una lámpara no requieren conocer Física nuclear, no parece haber diferencias entre usar tecnologías tradicionales o tecnologías ultramodernas. Entre los tecnólogos especialistas, que ahora son un gran conjunto de personas, quizás sólo los inventores más originales necesitan de capacidades creativas particulares.

Sin embargo, nuestro artesano mueblista también debió imaginar el mueble terminado antes de construirlo. Por cierto, los pasos técnicos y los elementos físicos que usó fueron más simples que construir un portaviones. Esta mayor complejidad de pasos y elementos es más fácil de resolver. Todos los monumentos antiguos fueron construidos por etapas. Desde el Templo de Amón en Tebas (Egipto) a la Catedral de Colonia en Alemania. Además, los distintos aspectos de cada etapa eran entregados a especialistas. Son bien conocidos los ingenieros, escultores, pintores y demás, que participaron en la construcción de San Pedro en Roma, en sus diferentes etapas. También los arquitectos que inauguraron la obra terminada, aunque como ocurre con frecuencia hubo adiciones y cambios posteriores. Así, el problema neuropsicológico es cómo el cerebro de los innovadores imagina la tecnología que construye, terminada en sus rasgos generales, antes que participen los especialistas, que también deben imaginar la estructura y funcionamiento de su aporte para incluirlos en el diseño general. Ahora sabemos, que esta capacidad del cerebro de "simbolizar" lo que aún no existe, depende de procesamientos de la tercera circunvalación parietal que sólo existe en los humanos. Veremos este aparataje neurobiológico novedoso, en la sección sobre Religiones y Artes de este libro.

Por otra parte, aún los creadores de tecnologías ultramodernas más originales, no pueden perder de vista las capacidades (y los límites) del cuerpo, la mano y la cognición motora de los usuarios, que necesariamente manejan los controles de cualquier artefacto concebible, y de los técnicos que deben repararlos, usando sus sentidos para observarlos y sus manos para intervenirlos. En ambos casos a través de herramientas tecnológicas.

Finalmente, y para resumir la Neuropsicología de las conductas técnicas podríamos decir lo siguiente:

1. Las conductas técnicas por constituir actos que intervienen en el medio ecológico o social, son procesados por la cognición motora (cerebral) que programan las Praxis (actos con objetivos), los cuales son ejecutados por sistemas corporales, especialmente las manos. Los actos del habla (Capítulo 2) son ejecutados por los aparatos de la fonación.
2. Los objetivos de los actos son el resultado del trabajo de la Función Ejecutiva (Pre-frontal) el que hace posible al ser humano deliberar y tomar decisiones sobre el modo técnico de resolver los problemas que derivan de necesidades, compartidas por la comunidad.
3. La estructura de las acciones humanas: a) Problemas o necesidad; b) Intencionalidad de resolverlo, c) Deliberación sobre el mejor camino para hacerlo; d) Decisión y activación de la cognición motora (actos con objetivos - Praxis), e) Operación a través de instrumentos corporales manos y/o lenguaje Esta estructura es común a todas las conductas con objetivos que intervienen directamente en la realidad. Dar la mano (señal de paz). Decir un proverbio (sabiduría).
4. Las tecnologías surgen cuando los actos corporales no son capaces de servir la necesidad y solucionar el problema. Hay actos cooperativos corporales (levantar y desplazar un piano) que sí pueden hacerlo. En caso que sea imposible, se recurre a instrumentos (una grúa, por ejemplo).
5. Las tecnologías son el resultado de conductas con objetivos destinadas a intervenir y modificar la realidad a través de herramientas, instrumentos, los que a su vez pueden servir para construir otras herramientas o artefactos más complejos, o simplemente hacer el trabajo para el cual fueron diseñados.
6. Hay diferencias entre el creador y el usuario de las tecnologías. En el creador es esencial la actividad de la corteza pre-frontal y de la tercera circunvalación parietal que diseña soluciones para resolver necesidades. Siempre son indispensables conexiones y retroalimentaciones con la Cognición Motora pues requiere medir la factibilidad operacional (percepción del mundo y de su propio cuerpo, memoria de habilidades suyas y de los demás) de las soluciones que está diseñando.
7. El usuario utiliza las soluciones (herramientas, artefactos, técnicas) según convengan a sus intereses y sus propias habilidades cognitivo-motoras. El trabajo pre-frontal y parietal inferior es en el usuario mucho menor, aunque puede activarse si introduce mejoras o transmite a otros las tecnologías que aprendió a usar. En todo caso, el usuario para manejar herramientas debe siempre utilizar sus habilidades práxicas, esto es, actos motores con objetivos.

CAPÍTULO 9.

Organizaciones sociales, políticas y económicas

Los temas de este capítulo son muchos de los que en varias partes de este libro hemos descrito como predisposiciones neuro-psicológicas innatas del ser humano a intervenir sobre sus sociedades a través de socio-tecnologías. Ellas son, hemos dicho, "especificadas" por las culturas. Por ello, el modo como se organiza una sociedad, y los arreglos políticos y económicos que en ella se desarrollan, tienen una incuestionable raíz en las tendencias que las originan, y los aparatajes neuro-psicológicos que los procesan. Sin embargo, a pesar de su raíz común, sus manifestaciones socio-culturales son muy diversas pues responden a la historia y circunstancias de esa precisa sociedad. En este sentido, las manifestaciones socio-culturales que estudia este capítulo son, por supuesto, campo de trabajo de antropólogos, historiadores, sociólogos y economistas, y algunas otras especialidades científicas. Sin embargo, la instalación y desarrollo de organizaciones sociales y de instituciones políticas y arreglos económicos, pueden ser analizados como una forma particular de interacción entre las inevitables sociabilidad e individuación, y sus sistemas normativos de control. Todos ellos, tienen una raíz neuro-psicológica innata que estudiamos extensamente en la primera sección de este libro (Las Raíces de la Cultura), especialmente en los capítulos 3 y 5.

Para acometer este tipo de análisis debemos tener en cuenta que los componentes sociales, individuales y de control, que cada sociedad privilegia, no son idénticos entre una y otra cultura. Las razones de esta selección diferencial son muy variadas (ambiente ecológico, tamaño poblacional, liderazgos, tecnologías, innovaciones y guerras, etc.), pero dependen de un hecho cierto: las interacciones entre sociabilidad, individuación y sistemas de control. Por el hecho de ser éstas dinámicas y fluidas pueden participar en distintas formas de organización social o diversos instrumentos políticos y económicos. Ellas responden mejor o peor a las razones que indujeron a un preciso grupo socio-cultural a estructurar de un modo potencial cierta "composición" de las tendencias sociales, y dentro de cada una de estas (sociabilidad-individuación-sistemas de control), a enfatizar algunos de sus componentes que consideren más pertinentes. Tomemos por ejemplo un régimen totalitario como el de la Alemania nazi. Allí, en relación a la tensión sociabilidad-individuación instalaron un sistema socio-político en el cual predominaba, casi sin contrapeso, el interés social, éste era el destino milenario de la raza y el pueblo ario que Alemania representaba, por lo cual debía acentuar su pureza. Naturalmente, quien definía el camino para lograr que los arios prevalecieran, y para alcanzar su mayor pureza era el Führer, jefe supremo a quien todos debían no sólo obedecer sino también rendir pleitesía.

En este ejemplo, podemos observar cómo un régimen tiránico compone, según sus intereses, un entramado particular y especial de las tendencias sociales básicas de las mentes de su grupo. El predominio de los fines sociales sobre los individuales, alcanzó en el gobierno nazi, dimensiones increíbles. Cualquier persona que pensara distinto era presa en campos de concentración, o fusilado. Los jóvenes arios sólo podían emparejarse con otros arios puros. Los artistas y los científicos que no compartieran las ideas del régimen, o fueran judíos (impuros), no podían trabajar en sus propias creaciones si eran arios, o iban a morir a los campos de concentración si eran judíos. Todo esto necesitaba privilegiar las jerarquías y la obediencia a la autoridad, dejando de lado la autonomía personal, con lo que la individuación sólo servía (parcialmente) para fines familiares y domésticos. Claro que esto no era generalizado. Cierta mayor libertad tenía inventores e industriales siempre que trabajaran en relación con los intereses del régimen.

El altruismo se parcializó y se orientó a colaborar con y entre los puros. La Teoría de la Mente, además de identificar tramposos, buscaba buscar traidores y judíos. Los sistemas de control de comportamiento social, se usaron para educar y mantener la disciplina de los arios (niños y jóvenes Hitlerianos), y el sometimiento de las Fuerzas Armadas al gran jefe. Estos sistemas de control fueron capaces de mantener, hasta el final de la Guerra, actitudes descabelladas. Todos los generales sabían que la guerra estaba pérdida luego de la batalla de las Ardenas en el frente occidental, casi un año antes de la rendición, y en el frente oriental, con la derrota de Stalingrado, casi dos años antes. Sin embargo, los generales no abandonaron a Hitler y enviaron niños y adolescentes a morir, defendiendo Berlín. La moral, en cuanto sistema neuro-psicológico de control del comportamiento social, no se aplicaba a enemigos, traidores y judíos. Este mecanismo de focalización de la moral (y otros atributos de la sociabilidad), tiene una larga historia. Dado que evolutivamente todos los componentes de la sociabilidad son intra-grupales, basta considerar algunos grupos poblacionales como externos y carentes de las características que definen al grupo de pertenencia, para que la moral, el altruismo y demás, no les sean aplicables. Esta "derogación" de la víctima la sufrieron pueblos originarios por parte de los conquistadores, los afroamericanos en EE.UU., Edomitas según Josué, etc. Los enemigos impuros son humanos inferiores. Este ejemplo es verdaderamente extremo, pero nos muestra que el desarrollo socio-cultural, tan diferente en las diferentes naciones y culturas, tiene relación cómo el modo de cada uno de ellas, compone y organiza los distintos atributos de nuestra mente social.

Para examinar con más detalles la neuro-psicología de los temas de este capítulo (organización social, política y económica) vale la pena tener presente que la humanidad ha tenido efectivamente una evolución casi constante hacia una mayor complejidad cultural, y a mejores condiciones de vida. En este sentido, deberíamos suponer que tales complejidades y mejoras se correlacionan con una composición equilibrada de los distintos atributos sociales, que aprovechan la protección y el desarrollo que proporcionan los intercambios sociales cooperativos y las innovaciones y creatividad, producto de la autonomía personal. Naturalmente este equilibrio positivo y dinámico puede alcanzarse con una operación adecuada de los sistemas de control del comportamiento social.

1. Organizaciones sociales

Sin duda, la más antigua y principal organización social humana es la "familia". En cierto sentido, ella es evolutivamente muy anterior no sólo a nuestra especie sino a nuestro género. Muchos mamíferos y aves tienen, al menos transitoriamente, grupos familiares. Padres que atienden, cuidan y alimentan a sus crías por tiempo prolongado. En algunas especies de mamíferos como los suricatos del Kalahari, los grupos son permanentes porque son familiares. Tienen lazos genéticos. Hay pocas dudas que las hordas paleolíticas pre-sapiens, tenían una composición familiar, esto es lazos genéticos entre sus componentes. Las famosas huellas de Laetoli, de 3.5 millones de años de antigüedad, muestran las pisadas de uno o dos adultos y un niño. Probablemente correspondían al Australopithecus Afarensis. Más tarde, en restos del Homo Habilis (2.8 millones de años atrás) se han encontrado fósiles de varios individuos: adultos y niños. En el Neolítico, y en el sedentarismo que los acompañó, desde las primeras viviendas siempre fueron habitadas por familias. Por su parte, la Antropología moderna ha encontrado que entre las tribus más primitivas que aún persisten (y las que existieron hasta los siglos 19 y 20), la organización familiar y sus a veces muy complejos sistemas de parentesco, eran componentes fundamentales de su cultura. Tanto, que el famoso antropólogo francés Lévi-Strauss, fundamentó sus teorías "estructuralistas" (que explican la mente primitiva) en gran parte en los sistemas de parentesco. Para este autor "primitiva" no significa atrasada sino "originaria", esto es, sin los agregados culturales de las complejas civilizaciones posteriores.

La razón de la enorme trascendencia de la familia como organización social, es fácil de establecer, pero compleja de describir, por las muy diversas funciones neuro-psicológicas que las sostienen y que de ella se derivan. La razón de su importancia es biológica-evolutiva. Simplemente se debe a que las crías de los homínidos y, especialmente la de nosotros, Homo Sapiens, son, como se ha repetido varias veces en este libro, las más incapaces y por más tiempo dependientes de todo el reino animal. Por ello, nuestra sobrevida como individuo y como especie depende crucialmente de la protección y los cuidados que podemos brindar a estas indefensas crías. Estos cuidados no son, por decir así, eventuales o de algún modo conscientemente intencionales. Son absolutamente indispensables, constantes y no transables (para ser exitosos) con ningún otro objetivo intencional. La intensidad de los cuidados requeridos por estas crías varía según sus cuerpos y cerebros maduran, pero no terminan hasta completar su adolescencia, en la cual, por estar cerca de ser adultos, la intensidad de los cuidados que necesitan es mucho menor. Esto significa un tiempo de 15 a 16 años de cuidados decrecientes pero indispensables y constantes. Así, se puede sostener que la familia es el dispositivo biológico-cultural que protege y guía a las crías humanas, totalmente incapaces de vivir por su cuenta, sobre todo en los primeros años.

Este punto suele ser discutido por quienes sostienen el Modelo Estándar de las Ciencias Sociales (Introducción) los cuales piensan que la familia es un constructo puramente social y que la sexualidad es el único factor biológico que interviene. Sin embargo, aun éste es más bien dudoso pues no se hacen problemas con parejas y familias homosexuales. No se interesan por explicaciones en asuntos tan importantes como el apego materno-infantil, cuyo sostén estructural y bioquímico (oxitocina y demás) hemos explicado largamente en el Capítulo 3. Tampoco en la maduración cerebral (por lo tanto, biológica del niño) que vimos en el Capítulo 5, y su rol en la incorporación de cada individuo a su propia sub-cultura familiar. Mucho menos consideran el dimorfismo macho-hembra en la especie humana y el papel protector del varón en la familia, cosa que ocurre en otras especies (aves, mamíferos, primates). A partir de estas evidencias detalladas en diversos capítulos del libro, es posible sostener, contrariamente a la posición del modelo estándar de las Ciencias Sociales, que la familia es una organización social de origen neurobiológico, esto es, fundada en nuestro capital genético. Por supuesto, como ocurre con prácticamente todas las predisposiciones innatas, ellas son especificadas y orientadas por las culturas. De ahí las diferencias de configuración socio-cultural de las distintas formas de familia que pueblan el mundo. Sin embargo, todas ellas, sin excepción, deben cuidar de sus biológicamente desvalidos vástagos. Con estos antecedentes es lícito sostener que la familia es la organización social más fundamental de nuestra especie.

Hay muy pocos asuntos humanos (si algunos) en los cuales las personas no necesiten estar, compartir, cooperar, o referirse a otros (aunque sea para evitarlos). Por supuesto, existen momentos de soledad y ensimismamiento. Pero el tráfico de las interacciones sociales es tan contundente y constante que corre el riesgo de ser caótico. Pero no lo es, porque es inherente a nuestra sociabilidad ordenarlas y organizarlas de modo que puedan servir nuestras necesidades, a través de intencionalidades compartidas (Capítulo 5). Estas predisposiciones sociales y las reglas para ejercerlas son evolutivamente muy antiguas. Los miembros de las tropas de los chimpancés se comportan siguiendo los roles que se prescriben para la posición jerárquica que cada uno ocupa. El macho dominante conoce sus privilegios que le permiten aparearse con todas las hembras y coger sus alimentos antes que los demás. También se conoce qué liderazgo debe adoptar en las ocasiones como caza cooperativa de monos pequeños, o en batallas con otras tropas de chimpancés. Los primatólogos han descrito muy claramente las conductas presentes para todos los demás miembros de la tropa: machos que compiten con el dominante, hembras con sus hijos, jóvenes y sus jugarretas, incluso las alianzas y complots de los pretendientes al liderazgo. Como veremos más adelante en este capítulo, estas alianzas son una forma primitiva y elemental de política.

No sabemos cómo se estructuraban los grupos de homínidos pre-sapiens, pero no hay razones para suponer que no tuvieran alguna forma de organización de sus pequeñas hordas. Pequeñas, porque sus densidades poblacionales eran efectivamente mínimas. Los Homo Sapiens del Paleolítico Superior, que vivieron en la última glaciación tampoco tenían hordas numerosas, y muy probablemente, se organizaban en grupos con lazos de parentesco. Los cazadores recolectores, actuales o del pasado más reciente organizaron sus comunidades en tribus y clases con comportamientos buen regulados. A partir del Neolítico y en las civilizaciones que siguieron hasta nuestros días las organizaciones sociales también tienen patrones bien definidos.

Para los individuos actuales, las interacciones sociales se ordenan según algún propósito no siempre evidente para el propio sujeto, porque ellos (los propósitos) informan conductas, que, por ser repetitivas, se han rutinizado y pasan a ser, de algún modo, automáticas, esto es, parte de su cultura. Por ejemplo, nos encontramos con un conocido en la calle. Lo saludamos de un modo distinto al que usaríamos con un amigo. Esto significa que aplicamos diferentes reglas a uno y otro. De cortesía, para el conocido, de cariño, para el amigo. A un desconocido, si cabe, sólo lo miramos excepto si tropezamos con él. En esta inesperada relación social aplicamos otra regla. Decimos "perdón". En los tres casos los objetivos neuro-psicológicos son básicamente los mismos: a) Mantener nuestro prestigio (Capítulo 1) en nuestra comunidad; b) Mostrar que nos interesa la concordia y la paz; c) Somos confiables para eventuales actos cooperativos. La diferencia en las normas, que en cada caso aplicamos, es que las posibilidades de acciones cooperativas son mayores con el amigo y muy escasas con el desconocido. En este simple ejemplo de interacciones sociales pasajeras y no deliberadas hemos mostrado dos condiciones fundamentales que ordenan nuestra vida social. La primera, es que navegamos nuestro entorno social con objetivos individuales, en este caso: 1) tener prestigio como persona que cumple las reglas de la sociabilidad y 2) ser elegibles para actos cooperativos. La segunda condición que en el ejemplo aparece, es que las interacciones sociales no son caóticas porque están siempre sujetas a reglas extremadamente específicas. Naturalmente, ellas son parte de los sistemas normativos de la cultura tipo 2 que examinamos en la Introducción.

Éste es, un vistazo preliminar a ciertas predisposiciones neuro-psicológicas que ordenan nuestra vida social. Ellas, y otras más complejas, están presentes cuando se trata de instituciones sociales que organizan nuestras relaciones con otras, de modo más estable y de largo plazo. Aquí, los atributos y condiciones neuro-psicológicas que participan en las relaciones sociales son mucho más numerosos y complejos. En primer lugar, porque los objetivos concretos de las organizaciones estables y de largo plazo responden a necesidades de muchos o varios participantes, que, aunque compartiendo la intencionalidad cooperativa, suelen tener diferentes ideas sobre las soluciones más adecuadas. Al mismo tiempo, el interés por su propio prestigio y liderazgo, mezcla cooperación con competitividad. En segundo lugar, porque las reglas de interacción no son sólo las elementales normas generales de convivencia, sino se entrelazan con los objetivos concretos de la organización, tanto así, que deben ser, a veces, generadas en y para esa precisa institución o también, para ese tipo de entidad que tiene normatividades externas preexistentes. Consideremos la fundación de un club de planeadores. Los participantes deben conocer y atenerse a las normas que fija el organismo (en general estatal) que regula el uso del espacio aéreo. Pero también, los socios deberán acordar muchos otros asuntos. Calidad y compromiso financiero de los miembros, compra de terrenos y planeadores, inversiones. ¿Estará abierto a personas externas del club?, ¿en qué condiciones? Castigo para los que no cancelen sus cuotas. Organización de la salida a volar. Estructura legal y elección de directivas, etc., etc. De nuevo este ejemplo trivial nos muestra que el principio ordenador de esta institución, y eventualmente de cualquier organización social, finalmente depende de sus objetivos concretos, y de las normatividades específicas que en cada caso corresponden.

FIGURA 30.
Evolución histórica del Estado

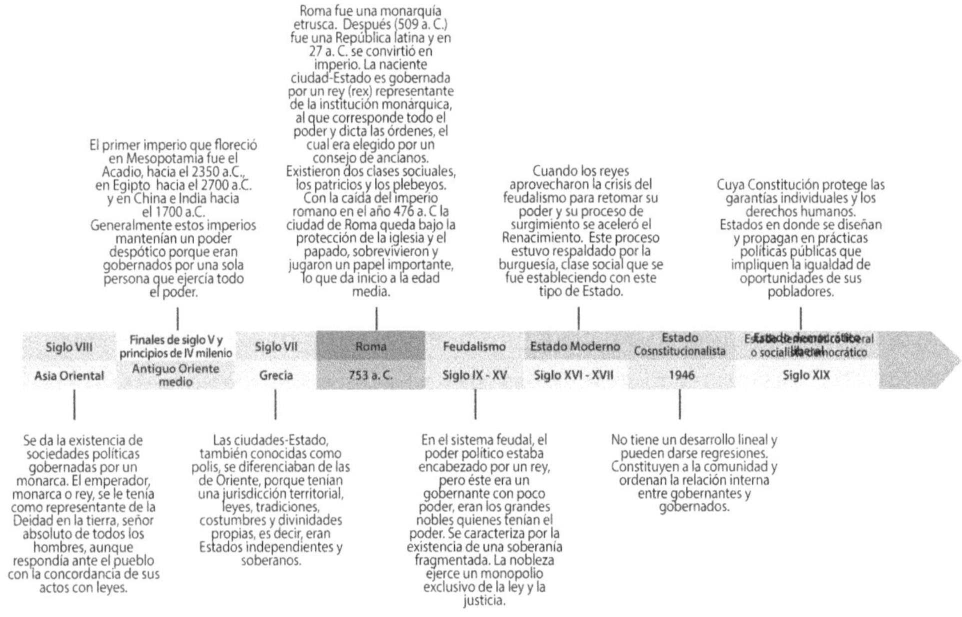

https://maga4110.files.wordpress.com/2016/09/linea-tiempo.png?w=1024

Por esta misma razón, una manera habitual de clasificar las organizaciones sociales según su objetivo o propósito ha sido llamarlas "funcionales" (Talcott Parsons y su "funcionalismo"). Como indica su nombre, se trata de teorías que miran las agrupaciones sociales de acuerdo al ámbito de trabajo en que la institución se desempeña. Así, encontramos de tipo político, económicas, científicas, deportivas, artísticas, turísticas, etc. Sin embargo, aunque esta forma de ordenar las entidades sociales "organizadas" es clara y simple, deja fuera un conjunto de variables importantes. También los individuos y grupos interactúan según: su edad (jóvenes, adultos, viejos), su género (hombres, mujeres, homosexuales), su estatus (empresarios, campesinos, artesanos), y una serie de otras condiciones y especialidades diversas, difíciles de detallar, pero algunas muy importantes, que reflejan la estructura de la sociedad y los niveles de acción y de poder de sus miembros, como clases sociales, y niveles económicos.

Una especial mención merecen las organizaciones sociales que se establecen no tanto para un propósito que aluda a los intereses de sus miembros, sino que se orientan a trabajar y colaborar en lo que se puede llamar intereses cívicos o ciudadanos, de algunas comunidades. Se trata de las asociaciones de la sociedad civil (no gubernamental) tan apreciadas por Tocqueville en el texto "La Democracia en América", publicado en la tercera década del Siglo 19, y que relata la multitud de iniciativas de bien público que estas asociaciones voluntarias y son fines de lucro, desarrollaban en Estados Unidos. Acciones caritativas vinculadas a diversas iglesias, o actividades educativas no comerciales dirigidas al ordenamiento de ciudades y barrios, de seguridad, etc. Tocqueville compara estas organizaciones sociales con su inexistencia en su Francia natal, donde todos los problemas debían ser resueltos por la autoridad estatal o municipal, y no por la sociedad civil. Volveremos a este punto más adelante.

Por otra parte, y desde el punto de vista de las tareas cerebrales que en esta sección nos interesa, esto es, definir conductas y actos que intervengan, que actúen sobre la realidad social, vemos que las organizaciones sociales, definidas según su función (u objetivos), no son pasivos sostenedores del statu-quo, sino en muchos casos son activos participantes de cambios sociales y modificaciones culturales. Pensemos en organizaciones políticas, las hay conservadoras, pero también revolucionarias, muchas de las cuales están, por su importancia, en todos los libros de Historia. Los profetas San Pablo y Mahoma organizaron formas institucionales para difundir el mensaje que creían mejor para la humanidad. Por su parte, André Breton, descontento con el arte de entre las dos Guerras Mundiales impulsó el movimiento Dada (una organización), y fundó varias revistas (instituciones) para difundir sus mensajes e intercambiar propuestas para construir otra forma de arte.

Este algo anecdótico recuento nos da algunas claves para comprender cómo la mente humana interviene y actúa sobre los entramados socio-culturales. Lo hace generando organizaciones que ordenen intercambios sociales (que pueden ser caóticos, como decía al comienzo de este apartado) en torno a objetivos comunes a sus miembros, y eventualmente abierto a quienes los compartan. Estamos hablando de las intencionalidades compartidas, que vimos en el capítulo 5, esto es la forma más evolucionada de colaborar entre los miembros de una comunidad. Las organizaciones sociales representan la manera de coadyuvar con alta eficiencia, porque la cooperación está focalizada en asuntos que a todos los que participan interesan, y están dispuestos a trabajar en equipo para lograr sus fines. Pero existen dos problemas. El primero es aprendizaje y educación. Con frecuencia, los asuntos que a todos interesan son complejos, y requieren técnicas y normas que hacen funcionar el conjunto de la organización. También, jerarquías, liderazgos y autoridad, con lo que la organización debe ser bien "organizada", y con sistemas de control y evaluación de desempeño. El segundo problema es el habitual en cualquier conjunto humano. Es de la existencia de tramposos, que de alguna manera buscan sacar partido personal o familiar del trabajo conjunto, logrando a veces su cometido, con grave daño para el emprendimiento común. Estos dos problemas necesitan sistemas de evaluación y control de los comportamientos, suficientemente poderosos, para evitar incompetentes o tramposos. Estamos hablando del Estado, la Política y la Economía, principales fuentes sin duda interrelacionadas, en lo que llamamos socio-tecnologías, las que definen políticas, organizaciones e instituciones, y crean instrumentos a través de los cuales la mente humana interviene en sus comunidades socio-culturales.

2. La Política

La hipótesis central de este apartado es que podemos hablar de Política, tal como se la define desde el siglo V A.C. en Grecia, sólo cuando las comunidades humanas alcanzan una densidad poblacional de más de 500 adultos. Éste no es, como sabemos, un número mágico o arbitrario. Corresponde al número de individuos que el cerebro humano, en promedio, es capaz de procesar como personas identificables como sujetos cercanos y conocidos. Esto depende de la memoria de caras, de rasgos corporales, nombres y demás características personales (soltero, confiable, tramposo, cooperativo, etc.). A este número se podrían agregar algunos cientos de personas de conocimiento público, quienes no son cercanos, pero si conocidos como líderes sociales o religiosos o sabios, y en el mundo moderno, figuras del espectáculo (artistas, opinólogos, etc.). Desde esta perspectiva debemos recordar las ideas de Robin Dunbar, que previamente conocimos, y que sostiene que el aumento de tamaño del cerebro, en la historia filogenética de los hominoides, se correlaciona filogenéticamente con el número de individuos, que, en cada etapa de esta evolución, el cerebro puede (o debe) procesar. También sabemos que el cerebro, luego de la aparición del Homo Sapiens, dejó de crecer, y que en el humano moderno es ligeramente menor (50 a 100 grs.) que en los sapiens ancestrales. Esto da cuenta de los hallazgos modernos, entre otros del propio Dunbar, que nuestra cota superior para procesar personas como conocidos y cercanos es algo más de 500 individuos.

En estas circunstancias las intervenciones que podríamos llamar políticas, en las hordas cazadoras y recolectoras del Sapiens del Paleolítico, que sin duda tenían menos de 500 miembros, eran acuerdos (o imposiciones de los líderes) entre o a individuos personalmente cercanos y conocidos. Entre ellos (y los chimpancés de Frans de Waal) había conflictos que castigar, amenazas que resolver, alianzas y complots para derribar al líder (o al macho dominante) todo lo cual también es política, aunque las poblaciones fueran pequeñas (menos de 500 miembros). La cuestión es que sin un Estado (o el proto-estado de fines del Neolítico), las consideraciones que siguen sobre la Política (con mayúscula) no se pueden establecer. Aquéllas son sólo resultados de investigaciones arqueológicas, o de estudios de antropoides. En este sentido son importantes para la filogenia de la Política, que madura en el Homo Sapiens, con el

Estado. Estos grupos de referencia, sujetos a acciones políticas, cambiaron a partir del Neolítico, y crecieron con la aparición de las civilizaciones con poblaciones urbanas de varios miles de individuos. De esta manera, la Política y la Economía de esta comunidad variaron en sus procesamientos neuro-psicológicos. Ya no se refirió a personas cercanas y conocidas, sino a personas completamente desconocidas, cuyas características y necesidades individuales eran ciertamente poco importantes, porque los jefes y otros responsables políticos sólo podían trabajar con categorías abstractas, con las que sus marcos de referencia eran "tipos" de personas como campesinos, artesanos, soldados, sacerdotes, señores poderosos, etc. Estas clasificaciones en categorías abstractas y que se mantienen en nuestro Estado moderno, son referentes de operaciones políticas que determinan prácticas e instituciones, tales como, tipo de gobierno (del Estado) y sus poderes, formas de alcanzar y ejercer autoridad, sistemas para satisfacer necesidades de las poblaciones, o más bien de las categorías en las que se ordenan a las comunidades. Esta impronta despersonalizada que subyace a las decisiones políticas de los Estados civilizados, no eliminó, sino acentuó las tensiones básicas de la vida social humana: Sociabilidad e Individuación con sus sistemas de control del comportamiento (Capítulo 3). Ellas están presentes en las actividades políticas de las civilizaciones antiguas y en las actuales, aunque, por cierto, han evolucionado más rápidamente en los Estados modernos. En el resto de este apartado, y en el siguiente sobre Economía, veremos cómo esto ha ocurrido.

En el mundo de las civilizaciones, Política y Economía constituyen formas de intervenciones, son sociotecnologías cuyo referente principal es el Estado, aun cuando las organizaciones sociales no gubernamentales tienen, un papel mayor o menor según las características de un Estado determinado. En todo caso para cualquier discusión político-económica es indispensable definir qué llamamos Estado cuando lo mencionamos. En la historia del pensamiento humano hay desde Platón y Aristóteles, un sinnúmero de definiciones de este constructo socio-cultural. Pienso que la más apropiada es la del sociólogo alemán de principios der siglo 20, Max Weber, que es simple, concisa y de algún modo intuitivamente evidente.

Para Max Weber "El Estado es aquella comunidad humana que, dentro de un determinado "territorio" reclama (con éxito) el monopolio de la violencia física "legítima". Lo distintivo de nuestro tiempo es que a todas las demás asociaciones e individuos sólo se le concede el derecho a su violencia física en la medida que el Estado lo permita. El Estado es la única fuente del derecho a la violencia".

En este sentido una primera constatación importante es la distancia entre los habitantes corrientes y sus familias con el Estado (gobierno y sus dependencias, líderes políticos, funcionarios, etc.). Éste no es un espacio vacío. En él pululan un sinnúmero de las organizaciones sociales que consideramos en el apartado anterior. En el curso de la historia se les ha llamado de distintas maneras: organizaciones intermedias, componentes de la "sociedad civil", comunidades de ciudadanos, sindicatos, gremios, etc. Ellas, persiguiendo sus propios objetivos (comunes sólo a sus miembros) y ateniéndose a sus propias reglas (a veces apenas el ordenamiento más general en la sociedad en que viven), son una especie de intermediadores entre el anonimato de los individuos aislados y el lejano y poderoso Estado. Desde esta perspectiva las organizaciones sociales, componentes de la sociedad civil, suelen tener sus propios fines, ajenos a los fines políticos del Estado. Esto lo podemos ver en organizaciones deportivas, de caridad, de investigación independiente o de educación (colegios religiosos cristianos, musulmanes), etc. Pero también pueden representar los intereses de su propia comunidad frente a autoridades, poderes públicos locales o gubernamentales o jefaturas en sus trabajos.

Los gremios medioevales eran intermediarios, de algún modo obligados, entre los obispos que querían erigir una catedral y los trabajadores que la construían. Poderosas asociaciones comerciales funcionaron (y funcionan) sin mayor relación con el Estado más que ciertos permisos y el pago de impuestos. Pensemos en la Hansa que dominaba el comercio en el Báltico o en genoveses y venecianos que vivían del comercio organizado. A su lado, consideremos a los banqueros y a los miles de artesanos que hacían pan, muebles, o telas y que en el mundo moderno son empresarios que tienen, además de sus industrias, sus propios gremios para representar sus intereses a la autoridad que en cada caso corresponda.

Pero ¿qué importancia podemos asignar a estos miles de componentes de la sociedad civil cuando estamos considerando la Neuro-psicología de la Política? La primera, y más trascendental, es que estas organizaciones intermediadoras son los vehículos "culturales" a través de los que se expresa la tríada de predisposiciones que constituyen la mente social: Sociabilidad – Individuación – Sistemas de Control. Si la política se puede definir como una forma de intervención del cerebro que está diseñado para actuar, es lo que aquí ocurre también en estas organizaciones intermedias, y no sólo en el gobierno central. La mente de los ciudadanos puede intervenir para mejorar la suerte de las personas y presentar sus ideas políticas, lo que finalmente es el propósito principal de esta actividad cualquiera sea su definición. Es en estas organizaciones donde la mente social coopera, para mejorar la suerte de sus asociados, donde los individuos creadores introducen sus innovaciones y claro, se controla para evitar y castigar a los que no cooperan y a los tramposos. Desde esta perspectiva vale la pena recordar a Weber y su concepto de "violencia legítima". Las decisiones políticas resultan de acuerdos democráticos o imposiciones de tiranos. En cualquier caso, se manifiestan en constituciones, leyes, reglamentos comunes del derecho, que todos los ciudadanos deben cumplir. Si no lo hacen, son objeto de la violencia legítima: impuestos, multas, cárceles, destierros, etc.

Pero, por supuesto, los gobiernos también tienen un papel principal que cumplir para lograr el bienestar de las personas que pertenecen al Estado. Esto es lo que podríamos llamar la gran política y ha sido su desempeño lo que han tratado de dilucidar historiadores, antropólogos, filósofos y sociólogos. El problema principal de estas búsquedas es que han sido demasiado generalistas. No existe nada concreto que podamos llamar "el gobierno". Aún los tiranos y autócratas que concentran en su mano todo el poder, no pueden funcionar sin consejeros y encargados de tal o cual tarea, sin recaudadores de impuestos, sin guardias que controlen o jueces que juzguen a los transgresores. A esta multitud de especialistas deberíamos agregar, ya desde el mundo greco-romano, asambleas y senados encargados de controlar al gobierno (ejecutivo) y de tomar decisiones legales y de otro tipo, con lo que la administración del Estado requiere muchas personas con algún nivel de autoridad, sin contar con las siempre crecientes burocracias sin las cuales el Estado no puede funcionar. Este ejército de autoridades políticas y funcionarios hace posible pensar en un Estado (en el mundo moderno con tres poderes) que se compone de áreas especializadas de acción política, dentro de las cuales se establecen distintos niveles de autoridad. Así, aún el déspota con más poder, es incapaz de evitar una mayor o menor desconcentración de su poder según áreas especializadas de acción política. El origen de este fenómeno es bien evidente. La política no es sólo la búsqueda del bienestar para los habitantes de un Estado, sino también, el diseño y aplicación de los medios necesarios para alcanzar ese bienestar, pero éstos no son generales. Son especiales, según las áreas de acción a las que se apliquen. No es igual construir puentes y caminos que mejorar la educación o la salud, o aumentar la producción agrícola o industrial, que defenderse de un ataque enemigo.

Esta inevitable desconcentración del poder estatal y gubernamental tiene dos efectos muy importantes. El primero, es que define una estructura organizacional del Estado respecto a la cual no todos los participantes en tal definición tienen las mismas ideas respecto a las más convenientes. El segundo efecto, es que tampoco son unánimes las ideas acerca de cómo mejorar la producción agrícola, la defensa del territorio o la salud de los ciudadanos. Esto nos lleva a la tercera característica de la política. Ella es de suyo motivo de discusiones y disensos. No es esperable que exista unanimidad respecto tanto a la estructura del Estado y de sus poderes, como a la mejor manera de mejorar los desempeños, los instrumentos y la funcionalidad de las intervenciones políticas en las diferentes áreas especializadas en las que se desea, puede o necesite intervenir. Recordemos que estas discusiones y desacuerdos aún se encuentran, por decir así, la interior del Estado y de sus poderes. La sociedad civil y sus organizaciones sociales pueden o no intervenir en algunas o todas estas discusiones. Esta participación está definida por tres factores: a) Al interés específico que la organización tenga en el área especializada en que discuten instrumentos y acciones políticas del Estado. Los gremios de productores textiles o los sindicatos industriales estarán interesados en participar en discusiones que se refieran a sus propios asuntos; b) El poder de las autoridades centrales. Un tirano escuchará sólo a sus ministros y consejeros, no a las organizaciones de la sociedad civil; c) La existencia entre las organizaciones sociales intermedias, específicamente orientadas a la política. Éstas son en el mundo moderno los partidos políticos, pero ellos tienen antecedentes en las civilizaciones greco-romanas. Los hermanos Graco, por ejemplo, defendieron en el Senado Romano los intereses de los plebeyos. La historia política de la humanidad civilizada está determinada por la creciente participación de la sociedad civil, a través de sus organizaciones sociales, en las decisiones políticas de los Estados. Los reyes omnipotentes de las primeras civilizaciones no tenían en cuenta las organizaciones civiles que apenas existían. Los regímenes democráticos actuales las consideran tan importantes que se sostienen en los partidos políticos que los apoyan y a las demás organizaciones les asignan un papel decisivo en la tarea de gobernar.

En estas circunstancias debemos volver a considerar al Estado de modo más sistemático. Recordemos la definición de Max Weber que lo caracteriza por tener a su disposición el uso de la violencia legítima en un determinado territorio. Por lo que acabamos de ver, el Estado tiene un buen número de funciones adicionales, no sólo de defensa de enemigos externos (Fuerzas Armadas), y de control interno de la seguridad ciudadana (policías, judicatura). Sin embargo, para hacer cumplir las leyes que de algún modo legítimo se hayan dictado en terrenos distintos a la seguridad (derecho de propiedad, contratos comerciales, elección de autoridad, etc., etc.) el Estado también pudiera usar violencia legítima. El no pago de una deuda puede significar la cárcel, (en la Grecia clásica los deudores podrían llegar a ser esclavos). Por otra parte, hay funciones del Estado, desde las civilizaciones más tempranas, en las cuales el uso de la violencia resulta manos claras. Por ejemplo, para las grandes obras públicas como las pirámides, podían usarse esclavos, lo que ya es violento, pero después, empresas y trabajadores si no cumplían los contratos deberían pagar multas, otra forma de violencia legítima. Los cientistas políticos modernos y los historiadores han desarrollado teorías del Estado que explican mejor no sólo la complejidad de las funciones del Estado, sino también su evolución histórica.

La construcción del cuadro implica un punto de vista moderno y tiene un supuesto que se debe explicitar. El Estado maduro es el aparecido en Europa Occidental y luego en Estados Unidos recién con la revolución política de la modernidad, lo que veremos con más detención en el capítulo final de este libro, y que acompaña a la revolución científica y a la revolución industrial. Todas ellas originaron, como ahí veremos, el mundo actual. Entre tanto, vale la pena considerar las características de un Estado según la ciencia política moderna.

La idea central de esta descripción es que el Estado se constituye en un Sistema Político, o un Orden Político, como propone Francisco Fukuyama muy recientemente. El Estado desde esta perspectiva y en cuanto sistema político se organiza en un conjunto de instituciones a través de las cuales las sociedades estructuran su desarrollo de largo plazo, con marcada estabilidad. En una sociedad políticamente bien organizada, pueden cambiar los gobernantes, dictarse variadas leyes, establecer políticas públicas concretas, o variar sus partidos políticos específicos, pero, aun así, el sistema político se mantiene pues está basado en reglas socio-culturales profundas y estables y en principios morales especificados por las culturas, con tradición y receptación por las comunidades (Capítulo 3). En este aspecto los cientistas políticos, y F. Fukuyama en particular, están pensando en la cultura tipo 2 que conocimos en la Introducción, como fundamento de sistemas políticos que por necesidad tienen larga duración.

Los componentes institucionales de un sistema político maduro son de tres tipos: 1) Aquellos que constituyen el Estado en la versión más común con los tres clásicos poderes (Ejecutivo, Legislativo y Judicial), 2) Las instituciones culturales u organizacionales que aseguren el imperio de las leyes políticas (Constituciones y Tribunales) del tipo de la Carta Magna en Inglaterra o la Constitución de Estados Unidos. También aseguran el imperio de la ley, organizaciones como las contralorías y los sistemas de cuentas que se especializan en asuntos económicos-administrativos, 3) Los sistemas de control del comportamiento político del Gobierno, parlamentarios, funcionarios de alto rango, etc. El principal mecanismo de control del sistema político es, por supuesto, la democracia es su más amplio sentido. Libertad para expresar opiniones, libertad de pensar, elecciones frecuentes de ejecutivos, sistemas de nombramientos legítimos y con normas conocidas.

Mirando esta estructura funcional del Sistema Político (Estado Moderno) algunos autores, que se atreven a declararlo, consideran que la evolución del sistema político occidental es generalmente en Europa, Estados Unidos, Canadá, Australia, Nueva Zelandia, Japón y otros países el más desarrollado, llevando a sus naciones a ser más seguras, prósperas y estables. Claro que la prosperidad tiene también que ver con el sistema económico que en esos países se ha instalado. Es importante destacar que el Estado Moderno que estamos describiendo no se ha logrado en la mayor parte de los países del mundo, y no existió en ninguna parte hasta hace no más de 300 años. Por otra parte, la calidad de un sistema político se puede evaluar de acuerdo al desarrollo socio-económico, que, con mayor o menor participación del Estado, los países han logrado en servicios de bien público (salud, educación, vivienda). Organización del medio laboral o controles medio ambientales. Desde esta perspectiva un Estado Moderno, basado en el respeto a la ley y con adecuados sistemas de control, debe ser impersonal (ajeno a favoritismos familiares, camarillas políticas o económicas o de presión de grupos interesados). Por último, un Estado Moderno debe ser administrado por una burocracia profesional de alto nivel que funcionando debajo de los líderes políticos (ministros y demás) debe ser inmune a cohechos, fraudes, aprovechamientos indebidos y demás riesgos inevitables, según la estructura funcional de la naturaleza de los humanos.

En este punto debemos volver a la Neuropsicología de las acciones políticas, aunque en verdad nunca la hemos abandonado. En efecto, cuando sostenemos que la política es un modo de intervención de la mente humana en los asuntos de su sociedad, para mejorar la convivencia y la calidad de vida de las personas, estamos aludiendo a tendencias biológicas de nuestra mente. La primera, es la tendencia a actuar, a desplegar conductas con sentido que modifiquen el mundo social, a lo que llamamos socio-tecnologías, paralelas a las que vimos en el Capítulo anterior, las eco-tecnologías que modifican el entorno físico. Luego, cuando sostenemos que la política es un esfuerzo por mejorar las condiciones de vida de las personas, estamos pensando en altruismo y cooperación. Cuando mencionamos los sistemas judiciales tenemos en mente formas de control del comportamiento social. Por otra parte, al hablar de "tiranos" involucramos una individuación egoísta de algún modo atemperada por obras de bien público (sociales) que los tiranos con frecuencia realizan. Pero hay algo que falta en esta explicación. Esto es el origen de los diferentes discursos en cuanto a estructuras y orientaciones de los instrumentos de acción política. A esto lo llamamos Ideología, que por su importancia requiere una explicación más detallada.

Las ideologías políticas y sus consecuencias económicas, deben considerarse desde dos ángulos. El primero, es cuál es la noción de la naturaleza humana que ellas implícitamente o explícitamente sostienen, y las conductas político-económicas que esa naturaleza determina. Por esta razón, se puede decir que las ideologías son una hipótesis sobre la mente humana. Sus deseos, creencias, expectativas y motivaciones más profundas y estables. El segundo, es cómo y por qué un individuo determinado opta, o elige o desarrolla una particular ideología (o ninguna) y desde ahí observa, se hace cargo según su interpretación, de la economía y la política. Desde un punto de vista neuro-psicológico las ideologías subyacen a decisiones y conductas de los individuos que buscan influir en las operaciones político-económicas de sus variados grupos de referencia (entorno cercano, organización social en que participa, comunidad y Estado en que vive). Sin embargo, las personas no siempre tienen una conducta coherente en estos distintos niveles de operación. Alguien puede ser socialista en cuanto a las políticas económicas de los Estados, pero capitalista en sus negocios personales.

Por supuesto, las ideologías político-económicas son y han sido a lo largo de la Historia variadas y un tanto confusas porque ellas suelen ser poco claras, para las mismas personas, para quienes la concepción de la naturaleza humana está en la base de sus opciones ideológicas. En muchos casos esto ocurre porque en el fondo se piensa que no existe una tal naturaleza humana, que todas las creencias y preferencias son aprendidas, y que las opciones políticas dependen del medio ambiente socio-cultural en que se criaron las personas. Su "clase social" diría Marx o el Modelo Estándar de las Ciencias Sociales.

Cuando suponemos que las ideologías siempre se constituyen según una idea (consciente) o una noción (implícita) sobre la naturaleza humana, es necesario avanzar para dilucidar lo que estamos pensando cuando hablamos de naturaleza humana precisamente respecto a ideologías político-económicas. Es evidente que el patrimonio genético-evolutivo de nuestra especie se hace cargo de un sinfín de características de nuestro cuerpo, de nuestro cerebro y de nuestra mente. La cuestión es cuáles de ellas son funcionales a las motivaciones, creencias, deseos y conductas político-económicas. La respuesta, siendo en sí misma simple, esconde enormes complejidades. Las características mentales humanas (parte de su naturaleza) que subyacen a las ideologías político-económicas son las conocidas: nuestra ultra-sociabilidad, junto a nuestra ultra-individuación, con sistemas de control social que las coordinan y ajustan. Si esto es verdad, como yo creo, uno puede definir las ideologías político-económicas como sistemas de selección, en los que predominan algunos de los componentes de este aparataje neuro-psicológico que modula nuestra vida en sociedad.

Hemos visto (Capítulo 3) que la ultra-sociabilidad tiene varios componentes neuro-psicológicos funcionales. Lo mismo la ultra-individuación y también los sistemas de control del comportamiento. Es evidente, que cada uno de estos elementos mentales podría, operando independientemente de los demás, asociarse con otros, también independientes, construyendo procesos neuro-psicológicos complejos. Así, una persona con excelente memoria autobiográfica (una de las bases de la individuación) podría ser altruista y cooperativo (base de la sociabilidad) y tener inobjetables principios morales (Sistemas de Control). Sin embargo, otro individuo con memoria autobiográfica igualmente excelente, podría no ser altruista ni cooperativo (baja sociabilidad) y tener conductas tramposas (sistemas de control disfuncionales). Estas dos asociaciones neuro-psicológicas son factibles, pero nos resulta imposible concebir a alguien simultáneamente cooperador y tramposo, excepto que sea psicópata.

Es, por ejemplo, característica de los pedófilos, seducir a niños con regalos y cooperaciones para luego abusarlos. Con toda razón a estos psicópatas se les llama "fríos de ánimo". Aquí la palabra "ánimo" introduce un concepto extremadamente poderoso en la selección mental de actitudes sociales positivas o negativas. Se trata de las emociones (el ánimo) como elementos que afirman y valoran las buenas conductas sociales, o rechazan las egoístas o que producen daños. El psicópata puede agredir al niño porque no tiene la emoción que conllevan las conductas dañinas propias o de otros. No saben de vergüenza, arrepentimiento, disgusto y demás emociones que controlan las conductas sociales. Tampoco de agradecimiento, satisfacción, orgullo por el bien hecho a otros. Claro, los psicópatas no son un buen ejemplo de las neuro-psicologías de las opciones políticas que es lo que estamos explorando en este apartado.

Sin embargo, nos permiten introducir respecto a las conductas políticas ideas importantes; a) Las emociones, que generan vergüenza o satisfacción, son las más potentes impulsoras de las conductas sociales, sea para evitar la avergüenza por la conducta, sea para lograr la satisfacción de sus actos positivos, b) Las emociones operan calificando y valorando positiva o negativamente el modo cómo el sujeto cumple o no con las normas (tramposos, por ejemplo), y con los principios morales; c) Las normas y principios que las emociones valoran son las de la propia cultura o sub-cultura de pertenencia (excepto como hemos visto los principios morales fundamentales: no matar sino cuando es en defensa propia o en una guerra) (Capítulo 4). Pero, como una civilización compleja elijo mi grupo de pertenencia política, que me ofrece un conjunto de preceptos que yo pienso son capaces de mejorar la suerte de mis conciudadanos, es decir, una ideología en las que creo, porque sus supuestos sobre la naturaleza de mis conciudadanos son iguales a las más. Adhiero a una determinada opción política porque el grupo y sus proyectos me son, en primer lugar, emocionalmente satisfactorios y, por lo mismo, moralmente correctos. Además, en segundo lugar, me parece que tienen, igual que yo, una idea correcta de la naturaleza de los humanos, a los cuales sirven los preceptos que plantean.

Si acudimos a las ideas que importantes pensadores han expresado sobre la Política y la Economía en el curso de la Historia, podemos concebir que esas ideas representen una visión particular sobre la naturaleza humana, de la que desprenden sus recomendaciones para un mejor gobierno. Platón, por ejemplo, pensaba que la mente humana era como un carruaje tirado por corceles que desenfrenaban con facilidad, cosa que no ocurría por el control del conductor. En esta metáfora, los corceles eran las pasiones y el conductor la razón. Para tener un buen gobierno, los conductores más adecuados eran los sabios (filósofos) únicos capaces de controlar pasiones porque no tenían parangón en el manejo de la racionalidad. En sus escritos políticos (Las leyes y la República), Platón deja en claro que el gobierno de los filósofos no debía ser democrático porque a los demás miembros de la Poli los consumían las pasiones (y, curiosamente, la música se debía prohibir porque aumentaba una indebida emocionalidad). Aristóteles que era un filósofo naturalista, pensaba que las buenas decisiones políticas nacían de la confrontación racional pues los humanos eran: a) Animales políticos, es decir naturalmente interesados en los asuntos públicos; b) Se movían por creencias y deseos corrientemente "antagónicos" (el "Agon" era para Burkchardt el rasgo principal de la cultura griega) y c) La competencia racional de ideas era el instrumento más apropiado para alcanzar buenas decisiones políticas porque los humanos eran racionales y competidores leales (creen en el *fair play*).

Por cierto, las políticas que podían establecer los seguidores de Platón y Aristóteles eran completamente diferentes. Dos mil años después el inglés Thomas Hobbes en su tratado de Política que llamó "Leviatán" (poderoso monstruo marino del Antiguo Testamento), declaró que "el hombre es lobo del hombre", es decir el humano por su propia naturaleza es no sólo egoísta, sino, además, capaz de destruir a otros seres humanos en su economía, su reputación, su estatus social y aún en la guerra (entre señores), siempre que eso sea conveniente para lograr sus fines egoístas. Dada esta condición humana, el único gobierno posible era una tiranía capaz de evitar estos naturales desenfrenos. Por la misma época, pero en Florencia, Maquiavelo sostuvo que el fin principal de su "Príncipe" era mantenerse en el poder, para lo cual debía: a) Seducir a los ciudadanos con regalos y fiestas; b) Enfrentar y adelantarse por cualquier medio a las conspiraciones que "naturalmente" urdirían otros humanos (enemigos y aparentes amigos); c) Cualquier medio significa exactamente eso: espías que investiguen a posibles conspiradores, banqueros que los arruinen, sicarios que los eliminen. Como podemos ver, el interés político de Hobbes era evitar la destrucción natural entre los humanos, mientras que el interés de Maquiavelo era impedir las conspiraciones, que inevitablemente surgirían porque es parte de la naturaleza humana ansiar el poder e intentar alcanzarlo (o evitarlo) por cualquier medio.

Casi 200 años después, el inglés John Locke echó las bases de lo que hoy llamamos liberalismo. Propuso que el interés principal (y "natural") de los humanos era su libertad tanto política como económica, y que ella era la fuente principal de los adelantos políticos sociales y del desarrollo económico. La única restricción a la libertad era el daño a otros seres humanos o a sus comunidades. Así, el rol del Estado y del gobierno era doble: a) Permitir y promover la libertad de asociación, expresión religiosa y de cualquier otro comportamiento, y b) Evitar a través de leyes y normas que en el ejercicio de estas libertades se dañara a otros, juzgando y castigando a los que las infringieran. Locke escribió estas ideas en sus libros políticos, "Tratados sobre el Gobierno" y años después, agregó su "Essay" que significativamente llamó "Essay on Human Understanding", que en una traducción libre pudiera ser "Ensayo sobre la mente humana". Si comparamos estas ideas con nuestra tríada neuropsicológica: ultra-sociabilidad-ultra-individuación-sistema de control del comportamiento social, encontramos asombrosas similitudes. Para Hobbes, la ultra-individuación, siempre egoísta y depredadora, exigiría un sistema de control (Leviathan = Estado) muy poderoso. Maquiavello pensaba distinto. La ultra-individuación hace a los humanos ambiciosos y traicioneros, pero el sistema de control eran las maniobras y el espionaje del Príncipe. Locke y su liberalismo rescataban la autonomía creadora de los individuos.

Varios decenios pasaron hasta que Adam Smith propusiera su idea de "la mano invisible" del mercado la cual hace posible el progreso económico y social de todas las gentes (productores y consumidores), siempre que las leyes aseguren la libertad de intercambio (comercio y otras operaciones) y eviten los monopolios, es decir que exista competencia y no colusiones. Desde esta perspectiva el mejoramiento económico y social no tiene nada que ver con altruismo, caridad o cooperación (fuera de la empresa), sino con el funcionamiento adecuado del mercado, porque cuando los intercambios son libres y se evitan los monopolios la natural sociabilidad de los humanos hace que todos ganen. Es interesante notar que Adam Smith no era economista. Era profesor de moral aplicada, en Escocia. A partir de Locke y Smith el liberalismo piensa que la individuación, digamos egoísta, organizada en un mercado competitivo bien regulado, es capaz de promover el desarrollo económico y social sin necesidad de invocar componentes de la sociabilidad como altruismo y cooperación. Éste es un pensamiento sobre la naturaleza humana que cree que su principal motivación es el beneficio propio y la libertad, pero que puede operar bien sólo si tiene sistemas regulatorios y de control que eviten, más que los abusos, la libre competencia. El liberalismo piensa, creo yo, que un mercado libre y bien regulado es suficiente para impedir abusos.

Todas las versiones sobre la naturaleza humana, implicadas en las propuestas políticas que hemos visto, tienen un claro componente histórico, pues se relacionan con las sociedades que estos autores conocieron y en las que vivieron. Los griegos (Platón y Aristóteles) con las ciudades estado de la Grecia clásica, Hobbes en Inglaterra que estaba saliendo del feudalismo, Machiavelo con la Florencia de los Medicis, Locke en Inglaterra con su revolución gloriosa que produjo reyes constitucionales que "reinan, pero no gobiernan", A. Smith con los primeros pasos del naciente Imperio Británico, precisamente basado en el comercio de ultramar. Por eso, nuestro próximo invitado a concebir la Política y la Economía, de acuerdo a una cierta concepción de la naturaleza humana, es Karl Marx que vivió los efectos iniciales y terribles de la Revolución Industrial.

Para Marx la Política era una confrontación entre clases sociales, distinción especialmente acentuada por el capitalismo de mediados del Siglo 19. Pensaba que la naturaleza humana, independiente de la clase de pertenencia no existía, y que los comportamientos, pensamientos y deseos, eran aprendidos en el entorno social (clase) al que cada uno pertenecía. Allí tenía dos opciones: a) Asumía lo que Marx llamaba "conciencia de clase". Si era proletario podría engrosar las filas revolucionarias. Si era burgués capitalista podría llegar a ser un explotador; b) No tener conciencia de clase, es ser "alienado", es decir sin comprensión de la realidad. Estas distinciones de mentalidad según la clase social de pertenencia, dependen según Marx, del hecho para él históricamente cierto, de que la realidad social está determinada por la distribución de poder que genera la posesión de los medios de producción. Como esta misma historia enseña, las clases que poseen los medios de producción tienen una evolución "dialéctica" (concepto tomado del filósofo idealista Hegel). Así, la actividad política consiste en: a) Desarrollar en las masas proletarias consecuencia de su clase para b) Acelerar el momento, históricamente ineluctable, en que los medios de producción pasan a ser posesión del proletariado, del mismo modo (revolucionario) como la burguesía lo obtuvo dialécticamente de los señores feudales. Así, Marx pone en el centro de su concepto de los procesos mentales a la economía política. La posesión o no de los medios de producción es el fundamento de las mentalidades no sólo políticas, sino también, las artísticas, religiosas o las ideológicas que son, como él las llamó, "Superestructuras", por depender de la posición de clases que cada uno tiene.

Es posible, creo yo, correlacionar las ideas sobre la actividad política (que incluyen cada una de ellas, una concepción de la naturaleza humana, en cuanto ente social) con las realidades político-económicas que nos muestra la historia objetiva de países o grupos de países. Tomemos por ejemplo el comunismo de Marx. Lenin y Stalin y sus seguidores en la Unión de Repúblicas Socialistas Soviéticas efectivamente abolieron la propiedad privada (burguesa) de los medios de producción, y trataron de crear un hombre nuevo esto es no alienado. Lo mismo hicieron los Castro en Cuba y los gobernantes de Europa Oriental, bajo el dominio soviético. Claro que en todos estos casos los medios de producción no pasaron a manos de los proletarios sino quedaron en el Estado (etapa de transición de los comunistas teóricos), y así llegaron hasta su implosión en 1990, causada por el desastre económico, dirían los analistas occidentales. Aunque sin duda esto es parcialmente cierto, hay muy importantes elementos que muestran que la debacle política tuvo su origen en una ideología que incluye un diagnóstico muy equivocado de la condición de la naturaleza de los humanos. La Perestroika y, sobre todo, la Glasnost de Gorbachov suponían una mirada distinta de la mente de los habitantes del mundo comunista. Las emigraciones cubanas, el comportamiento de los alemanes orientales antes, durante y después de la caída del Muro, Solidaridad de Polonia, los tanques de Hungría y Checoslovaquia, que ahogaron los intentos de Nagy y Dubcek, muestran enormes poblaciones que no se comportan como Marx, Lenin y los Castro habrían esperado según su visión de la naturaleza de la mente de los proletarios liberados del capitalismo egoísta y de la alienación.

Consideremos las concreciones históricas del pensamiento liberal de Locke en lo político y de A. Smith en lo económico. Sin duda, los países que mejor representan la visión liberal de la naturaleza humana son el Reino Unido, a partir en lo político, de la Revolución Gloriosa de 1680 (la libertad de comercio es anterior) y Estados Unidos, que en su Declaración de la Independencia y en su Constitución manifiestan su adhesión a los principios liberales tanto en lo político (democracia, libertad de prensa, libertad religiosa) como en lo económico (capitalismo, libre mercado, propiedad privada). La famosa expresión inicial de su Declaración de la Independencia "Nosotros el pueblo", que asegura como verdad que no admite discusión que todos somos iguales (frente a la ley), es una suerte de catecismo liberal. El problema con esta concepción de la naturaleza humana ignora las mezquindades, los atropellos y los egoísmos que pueden surgir de una individuación mal atemperada por los sistemas de control. Así, Estados Unidos ha logrado un crecimiento económico inigualado, basado en la creatividad de los individuos, capaces de innovar cuando son autónomos, pero también un racismo, que, a pesar de una guerra civil contra la esclavitud, no ha logrado desaparecer. Recordemos que la discriminación de los afroamericanos se mantuvo "legal" hasta hace sólo 50 años, y que aún hoy, afroamericanos y latinos sufren inequidades de varios tipos. Por otra parte, el capitalismo y el libre mercado sin sistemas de control adecuados, pueden producir no sólo abusos y distribución inequitativa de ingresos, sino también, carencia de servicios públicos apropiados para los menos favorecidos. Pensemos en la falta de seguros médicos para un número muy importante (30-35 millones) de habitantes de Estados Unidos. Aquí, las discusiones en el Congreso son efectivamente discusiones sobre la naturaleza humana. Los que están en contra de servicios sociales financiados por el Estado sostienen, que, como seres humanos libres, todos son responsables de su propia salud y educación terciaria, y que los recursos públicos que podrían necesitarse, son para algunos una forma de caridad y para otros (buenos expertos de economía de libre mercado), son una manera de mejorar las capacidades de los más desfavorecidos como consumidores. Historia de Estados Unidos.

Es claro que los políticos norteamericanos y sus electores no conocen las ideas de Hobbes o de Maquiavelo sobre el lado oscuro del individualismo creativo pero egoísta. Entre estos dos extremos, colectivismo comunista e individuación con poco control en Estados Unidos se mueven prácticamente las diversas culturas políticas y las discusiones político-económicas contemporáneas. Los escandinavos equilibran la necesaria libertad individual creativa, con la preocupación por el bienestar social. La solución es más o menos simple. Democracia + derechos humanos + prestaciones sociales (Educación, salud, vivienda, transporte, etc.) financiados con altos impuestos a los que más ganan. La Comunidad Europea (que hoy incluye Europa Oriental) usa fórmulas parecidas, aunque el Estado benefactor tiene problemas por una mala mezcla entre gastos sociales, producción económica y, con la excepción de Alemania, pésima administración. Desde nuestro punto de vista neuro-psicológico podríamos decir que el diagnóstico subyacente sobre la naturaleza es más equilibrado, aunque en la práctica político-económica a veces se privilegia la sociabilidad, como en el populismo, o la individuación, como en la aristocracia.

FIGURA 31.
Pirámide de la vida social

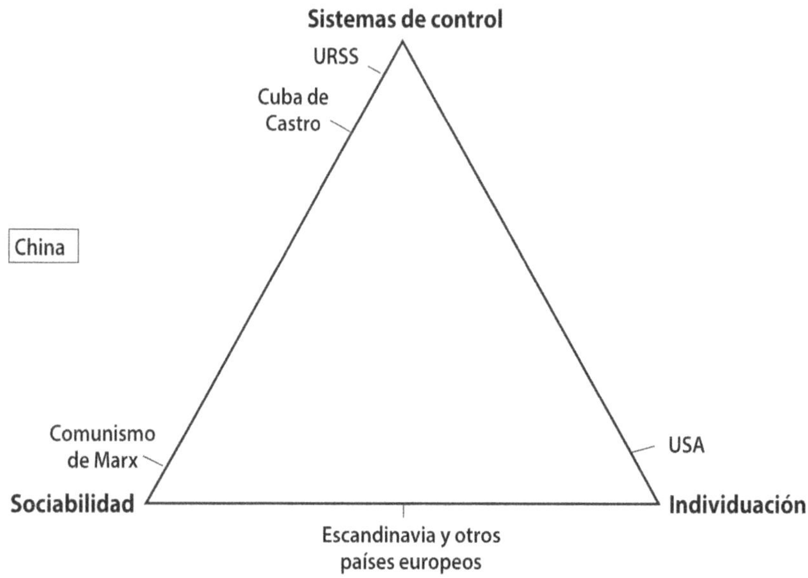

Sin duda la figura 31 es una simplificación muy esquemática de los complejos procesos que intervienen en el acontecer sociopolítico y económico. Ellos fueron largamente explicados en varios lugares de este libro: Introducción, Sección 1 con sus cinco capítulos. La complejidad aumentaría si uno quisiera agregar razones históricas al devenir social, político y económico de los diversos países y sus diferentes comunidades.

El caso de la China moderna es bien sorprendente. Pues se trata de un enorme y productivo territorio, que a partir de las reformas de Deng Xiaoping, de hace sólo 40 años, ha logrado una situación de algún modo contradictoria. Hay una dictadura bajo el gobernante Partido Comunista con derechos políticos prohibidos para los ciudadanos corrientes o de rango bajo. Pero al mismo tiempo, opera un capitalismo con libre mercado y empresas independientes en su administración y líneas de negocios. Se trata de una dictadura política con "democracia económica". El propio Deng fue parte de la masacre política de Tiananmen, y por los mismos años sostenía que llegar a ser rico era una bendición, y animaba a los chinos a enriquecerse porque este bien podía, no con vergüenza sino con orgullo, ser el objetivo de una vida. Por supuesto, los emprendedores debían aceptar las normas industriales y comerciales de la República, pero no mencionaba la cooperación con otros, como un fin social, la que tiene sentido y es importante si ayuda en los negocios. Esta experiencia es muy nueva y los expertos apuestan a que a poco andar China podría, simplemente por la fuerza de los hechos económicos, llegar a tener algún tipo de democracia o volver a caer en el marasmo que la detuvo a la caída de la Dinastía Ming, casi 400 años atrás.

Se han dado varias razones para explicar la velocidad y cuantía del desarrollo capitalista de China, lo que yo prefiero es una que la diferencia grandemente con Europa y Estados Unidos. Los chinos, en su larguísima historia, nunca fueron religiosos, con lo que la cuestión del sentido de la vida y de la moral basada en mensajes divinos, los tuvo siempre sin mucho cuidado. Fueron y son muy supersticiosos. Se dicen budistas, pero su visión del mensaje de Buda (el cual llegó a la China hace 1.500 años) es casi una exótica versión del Therawada (una rama del budismo) llena de Bodhisattvas, que operan como magos que dan (literalmente) salud, riqueza y amor. Confucio, a quien algunos chinos adoran, fue en realidad un filósofo que enseñaba sobre la familia, los deberes de los hijos, o los gobernantes. Sus seguidores saben que sólo fue un sabio y no una divinidad, pero igual piensan que los ayudará frente al mitológico Tsien (cielo), la única y muy vaga divinidad de la China tradicional. Muchos son laoistas, secta de adivinos, que con su libro (Tao-Te-Ching) pueden descubrir el destino de las personas y su suerte en negociaciones y amores. Los chinos siempre fueron ajenos a la mística protestante que, según Max Weber, generó el capitalismo con su ética de trabajo. También del Dios (cristiano) invocado por los Padres de la Patria de Estados Unidos en su Declaración de Independencia y en el preámbulo de su Constitución. Para qué decir del Dios de los judíos y musulmanes o de los dioses del hinduismo. Desde esta perspectiva es psicológicamente posible que la finalidad de la vida para los chinos sea ser ricos, sanos y bien aventurados en amores. Naturalmente esta visión de los chinos sobre su destino sólo terrenal, es también una hipótesis sobre la naturaleza del ser humano, y su disociación entre dictadura política y capitalismo de libre mercado tiene algún sentido. Se trata de opciones puramente prácticas y terrenales. No están basadas en valores ultra-mundanos.

Por su parte, Judea en los tiempos del Rey Josías (610-620 A.C.) tenía un desarrollo político económico incomparablemente menor al de sus poderosos vecinos: Egipto por el Sur y por el Noreste Babilonia y Asiria. Sin poder militar, según los especialistas en su historia (real y verdadera) desarrolló como defensa lo que se ha llamado "nacionalismo religioso" con el artilugio de inventar una "verdadera" historia del pueblo judío, según el profesor de esa misma nacionalidad Shlomo Sand, de la Universidad de Tel Aviv, en su aclamado libro "La Invención del Pueblo Judío". La tarea encargada a los escribas por el Rey Josías y sus consejeros fue tomar diversos textos tradicionales, muchos de ellos mitos populares, y armar un relato con alguna coherencia para mostrar la existencia de una unidad política, con una historia que demostrara ser el pueblo elegido por Jehová (un dios local de las Tormentas de la región del Sinaí). Para cerrar la Torá (los cinco libros o Pentateuco atribuido a Moisés) los expertos del Rey habrían escrito el Deuteronomio, que contiene los detallados preceptos conductuales que debe seguir el pueblo judío así creados. En la propia

Biblia (Libro de los Reyes) se cuenta que el jefe de los sacerdotes de Josías habría encontrado entre los desordenados volúmenes de la Biblioteca del Palacio un auténtico Deuteronomio, perdido desde hacía siglos.

Cualquiera que sea la exactitud de esta versión del nacimiento del nacionalismo religioso del pueblo judío no cabe duda que los judíos han demostrado en los 2700 años que nos separan de Josías, una formidable fortaleza y persistencia en su identidad como nación y en sus creencias, como pueblo especial, capaz de soportar las incontables tragedias de su historia real. El nacionalismo religioso fue y es una opción política, concreta después por el sionismo y luego por la fundación del Estado de Israel, que aún se mantiene en estado de guerra, reclamando los territorios que les atribuye como propios su nacionalismo religioso, quizás inventado en tiempo de Josías.

No sólo los judíos son nacionalistas religiosos, también lo son los musulmanes y en ocasiones los occidentales. He tomado el ejemplo judío como expresión de opciones políticas basadas en creencias religiosas porque su caso es exactamente un milenio más antiguo que el musulmán, y probablemente por la enorme extensión y complejidades étnicas de este último, sus concepciones político-religiosas son variadas entre las naciones musulmanas, como también lo es su interpretación del mensaje original del Corán. Por su parte, los cristianos son ocasionalmente nacionalistas religiosos. La guerra de los 30 años es un buen ejemplo y quizás también Las Cruzadas.

3. El aprendizaje de las teorías político-económicas

La Política tiene muchos tipos de cultores. Están los políticos profesionales que pueden o no llegar a las más altas cumbres del Gobierno, o del Parlamento o de gobiernos locales (Intendentes, Alcaldes, Concejales). También están los dirigentes de los partidos políticos, a veces confundidos con los primeros que he mencionado y, por último, fervorosos militantes de movimientos y partidos que funcionan como adherentes, operadores políticos y/o participan de asambleas, grupos de trabajo, o en la formación de jóvenes que buscan un alero político al que pertenecer. Por otra parte, encontramos a los meros votantes, dedicados a sus propias tareas, y cuya participación tipo se limita a tener opciones políticas, las cuales apoyan corrientemente, sea en las elecciones (en países democráticos) y opinando en cualquiera situación social en que el tema político y la Economía surjan en la discusión. Los sujetos absolutamente independientes o apolíticos, esto es, que no tengan opiniones político-económicas de ningún tipo, son una rareza, aunque según algunos autores, es un grupo pequeño que estaría creciendo en los países democráticos porque apuestan a la tecnología para resolver sus problemas. Si sacamos a estos últimos del cuadro de análisis, nos encontramos que la inmensa mayoría de las personas, en cualquier comunidad humana, tiene opiniones político-económicas, con lo que podemos concluir que Aristóteles tenía razón. El ser humano es un animal político. Le interesa y juzga el comportamiento de los líderes políticos, de los diferentes niveles de gobierno (del país, región o municipios) y, cuando puede, opina sobre asuntos político-económicos. Pero claro, estas críticas y opiniones se basan como cualquier otro proceso cultural en el carácter (innato) y los aprendizajes (Capítulo 1).

Los niveles de interés y dedicación son variables. Muy altos en los políticos profesionales, y mucho más bajos en el ser humano corriente, que sólo opina en circunstancias especiales. Aun así, este humano corriente, y con más razón los políticos profesionales, tienen una cierta estabilidad y coherencia en sus creencias y opiniones político-económicas. Este núcleo más bien permanente de creencias y opiniones político-económicas es la base de las ideologías. Sin duda, personales, más complejas y articuladas en líderes y dirigentes, y más simples y escasas, pero de algún modo fundamentales, en el ser humano corriente. Tales elementos simples, pero fundamentales componentes de las ideologías, suelen llamarse principios. Ellos informan y están presentes en las más complejas y más simples creencias y perspectivas político-económicas. Los principios son una especie de gramática elemental de nuestra vida socio-cultural. Recordemos que las reglas de la sintaxis (Capítulo 3) son pocas, pero fundamentales. Al manejar el orden, el tiempo, probabilidad y género (entre otros) en los que en una frase se usan verbos, sustantivos y adjetivos, la sintaxis le da sentido a la comunicación. La gramática moral es también muy simple: ayudar – cooperar; no dañar – cooperar. En este caso, estas simples condiciones de nuestros intercambios sociales producen cooperaciones creativas o disputas serias. Aunque que los principios político-económicos son obviamente muy cercanos a la gramática moral, las nociones o principios político-económicos se preguntan, como hemos visto más arriba, también por los atributos de nuestra naturaleza. Cuán potente es nuestra tendencia a la libertad de la autonomía creadora, o cuánto y cómo aplicamos justicia social en las comunidades. Así, la gramática político-económica tiene dos nociones fundamentales: "Libertad" – "Justicia Social". El modo como estas interacciones actúan y la relevancia que se les asigna de cada una de ellas, son el núcleo de las ideologías que, por supuesto, tienen o pueden tener varios otros componentes menos importantes. La cuestión clave en política y economía es su aplicación práctica, lo que nos devuelve a nuestra hipótesis central. Las acciones políticas y económicas son intervenciones de la mente humana en el mundo social, claro que estas conductas e intervenciones pueden y deben ser sujeto de juicios morales.

Desde un punto de vista funcional, probablemente la mayor contribución de la Neuropsicología al estudio de las ideologías político-económicas es la manera cómo la mente de las personas adopta creencias y perspectivas sobre cómo funcionan o deberían funcionar las acciones humanas tendientes a intervenir y modificar el estado y curso de las actividades político-económicas. Considerando estas cuestiones a partir de los procesos mentales involucrados, es posible suponer que Política y Economía son temas que la mente procesa en múltiples tipos de asociaciones, con algunos detalles independientes, por ejemplo, precios en Economía y mecánicas electorales en Política. Pero cuando se trata del núcleo (gramática) de las ideologías es inevitable el procesamiento paralelo y comparativo de "Libertad y Justicia Social". El resultado final de esta comparación, que asigna mayor valor a una u otra de estas creencias, se aplica tanto a la

Política como a la Economía. Esta "aplicación" que es un acto mental con consecuencias operativas distintas entre los líderes y los ciudadanos corrientes. Los primeros toman decisiones que se traducen en acciones concretas, a través de "instrumentos" (leyes, reglamentos, discursos, etc.) que intentan modificar las realidades políticas y/o económicas. Los ciudadanos corrientes juzgan, a partir de sus propias creencias y principios, las posibilidades y/o el resultado de las intervenciones de los líderes de los varios niveles en que ellos se desempeñan. Estos juicios ciudadanos se manifiestan en las opiniones que recogen las encuestas, o en las conversaciones en distintos ámbitos, y finalmente, en las preferencias electorales. Es para cualquiera evidente que esta situación de algún modo ideal requiere un Estado de Derecho y democrático, sin mucha demagogia y pocas conductas tramposas, lo que no es tan frecuente como uno esperaría, y que no existe en muchos lugares de la Tierra.

Los instrumentos de acción político-económica o de juicio crítico sobre las acciones son expresión de las ideologías que los distintos autores adoptaron en el curso de sus días. Pienso que la expresión "adoptar" no describe correctamente los procesos neuro-psicológicos que se pusieron en juego para adherir al tipo de creencias que expresan las ideologías. De algún modo, adoptar supone una decisión consciente, voluntaria y racional, características que los mecanismos psicológicos por los cuales se adhiere a esas creencias tienen sólo de manera limitada. Más simple y certero es decir cómo se "aprenden" las creencias nucleares que estructuran las ideologías. Esta conclusión parecerá sorprendente pero no es, para nada, rara. Los mecanismos de aprehensión de las nociones nucleares de las ideologías, relación entre Libertad y Justicia Social, no son distintas a cómo se aprende la Cultura o mejor, la subcultura del grupo en que uno vive, ni tampoco a las maneras como se pudieren matizar, modular o aún desaparecer las creencias de cualquier tipo que alguien aprendió de y en su propia subcultura. Para continuar con los argumentos que siguen aconsejo a mis lectores repasar la Primera Sección de este libro, particularmente su Capítulo 5.

Mi argumento principal es que las creencias, nociones o sistemas de selección (Introducción) que transmiten las culturas, operan a través de mecanismos de aparición muy temprana en la vida de las personas. A estas alturas, los primeros 6 años de vida es difícil hablar de conceptos por eso prefiero el vocablo nociones. Los aprendizajes tempranos ocurren en la secuencia que conocemos (Capítulo 1). Primero sociabilidad y el aporte de las emociones (sociales) después (3 años), construcción de la identidad personal.

Así, el niño que madura construye a partir de las sucesivas e incesantes experiencias la visión del mundo que le transmite su subcultura de origen, que incluye nociones como Libertad y Justicia, que son un destilado de sus propias experiencias en un medio sub-cultural específico.

- *Libertad*: aprende que hay asuntos permitidos y otros que son prohibidos. Los aprende porque en los primeros puede moverse libremente, y en los segundos puede recibir castigos. La noción de libertad que adquiere es práctica y concreta. Lo aceptable y lo inaceptable son rasgos específicos de cada subcultura, como lo es el rango (más amplio o más estrecho) en que operan estas distinciones entre lo que puede o no puede hacer. Imaginemos una familia y su entorno lleno de aseveraciones categóricas y rígidas en cuanto a las conductas permitidas. A su lado, imaginemos una familia y su entorno, que conversa con amplitud de los distintos asuntos. Que no impone sino tiende a conversar. Padres que no están en un pedestal y se les acercan a jugar y a hablar.

- *Justicia social*: la noción de justicia, en el sentido de dar a cada uno lo que le corresponde, es en cierto sentido innato (Capítulo 3). Existe en los chimpancés, pero las experiencias del niño reforzarán o limitarán esta noción. En su familia el niño puede ser el preferido, o puede ser de algún modo dejado de lado. Puede que vea a sus padres actuando injustamente con uno de sus hermanos, o con personal a su cargo. Que desprecien a alguna persona por su raza, discapacidad o pobreza, o quizás por sus opiniones políticas y su rango social. Así el niño está reforzando o limitando su innata noción de justicia social.

En ninguno de estos casos, (Libertad y Justicia) el niño ha hecho un juicio racional sobre las experiencias que vive u observa. Simplemente observa y, hasta cierto punto, elige de lo que su propio ambiente sub-cultural considera más apropiado.

-*Carácter*. Las experiencias no caen en el vacío. Ellas son procesadas por un cerebro que genéticamente tiene los llamados rasgos de carácter. Hay discusiones científicas (Psiquiatras, Psicólogos) sobre cuáles de estos rasgos con efectivamente precableados en el cerebro humano. Pero hay algunos que concitan más acuerdos: egocentrismo, bondad, extroversión, objetividad, violencia, etc. En cualquier caso, estas características del carácter (aquí la redundancia es apropiada) dialogan, por decirlo así, en la mente del niño con las nociones que surgen de sus experiencias, y en conjunto generaran una persona que tiene nociones sobre Libertad y Justicia pero que las manifestará de acuerdo a su carácter. Sería un trabajo fácil pero muy largo identificar los numerosísimos líderes políticos y económicos que se pueden recordar por sus rasgos de carácter tan predominantes, que modulan y aún oscurecen sus adecuadas decisiones políticas o empresariales. Eso, sin incluir psicópatas bien conocidos. Hitler y Stalin, por ejemplo. Henry Ford fue un racista conocido. El emperador romano Claudio temía hasta a su sombra, Felipe II de España era obsesivo, Julio César fue un egocéntrico famoso, Portales era mujeriego, etc. Este etcétera puede ser rellenado por el lector con abundantes ejemplos de líderes de nuestro alrededor.

Por otra parte, podemos señalar que es claro que quienes dan más valor a la "justicia social" predomina su sociabilidad, y que en aquéllos que establecen como primero el valor de la libertad, piensan que la autonomía personal de la individuación es lo más trascendente. Por lo mismo, en las ideologías que llamamos de "centro" los sistemas de control del comportamiento social están haciendo su trabajo. Por supuesto, como hemos visto y repetido este trío de predisposiciones es innato, por lo cual es muy difícil concluir que las ideologías políticas son sólo el resultado de aprendizajes tempranos o tardíos. Con lo que volvemos, a la enorme complejidad con la que funciona el cerebro humano.

4. Emociones y decisiones político- económicas

En el Capítulo 1 de este libro (Los Aprendizajes y las Memorias) explicamos que las informaciones que en la memoria se quedan por un largo plazo (eventualmente toda la vida) lo hacen, porque según el cerebro tienen valor. La asignación de valor, en cualquier operación mental es siempre efectivo-emocional. Esta estrategia de aprendizaje es razonable. El individuo de cualquier especie animal tiene que sobrevivir evitando riesgos y aprovechando oportunidades. En los dos casos estas experiencias desencadenan emociones. Este encuentro fue peligroso, esto induce miedo, y la información se guarda para evitar otro en el futuro. Lo mismo puede decirse de las oportunidades. El sujeto encontró una mina de oro. Tuvo alegría lo que asegura que las coordenadas de la mina se recuerden (aprenden) por largo tiempo. La segunda condición que explica la fuerza de las, digamos, convicciones que adoptamos en la vida temprana es que la memoria emocional es implícita. No es consciente. Por ello es inmune a las amenazas de la sociabilidad, pero continúa siendo base (valoración) de actitudes, nociones y convicciones que duran mucho tiempo, aunque más tarde pueden ser criticadas por la racionalidad.

A propósito de la racionalidad, consideremos ella está más crecientemente operativa en la niñez, pubertad y adolescencia de modo que eventualmente y con dificultades podría revisar críticamente (racionalmente) las nociones de "libertad y justicia" aprendidas tempranamente. Este difícil caso es raro por dos razones. La primera, neuro-biológica, ya que los enemigos de la racionalidad (las nociones erradas) están escondidas, no están presentes en la conciencia, son implícitas, esto es no se pueden recuperar de la base de datos que es la memoria (en este caso emocional), por lo que no son accesibles al lenguaje, ni a la conciencia como lo son las memorias explícitas llamadas, con razón, declarativas. La segunda razón para considerar las nociones aprendidas tempranamente muy difíciles de cambiar, es sociológica o, más bien, socio-económica. Las experiencias y tempranas a una edad mayor a los 6 a 7 años, definen conceptos (informaciones o ideas verbalizadas) que son habitualmente muy semejantes a las que ya tenía. Esta condición del aprendizaje temprano de los contenidos con que operan las gramáticas (también lo político-económico) genera la tendencia a pensar que las diferencias de origen de los contenidos pueden limarse, o a lo menos tolerarse, con educaciones "inclusivas".

Las discusiones sobre la inclusión educacional y sobre los métodos para lograrla, están presentes en prácticamente todos los países. Se trata de la necesidad de reunir en una misma aula escolar, niños que provengan de distintas realidades socio-culturales. Que se mezclen e interactúen produciendo experiencias compartidas (y con ello, conceptos compartidos), niños con distintos capitales económicos, culturales, sociales y, eventualmente, genéticos, de modo de lograr comunidades más inclusivas y quizás más equitativas. Estos esfuerzos que en algunos países y regiones han tenido cierto éxito, no han logrado evitar que padres con férreas ideologías, se preocupen de impedir experiencias inclusivas para sus hijos, porque desean que ellos interactúen con sus iguales, y no con los que tienen distintos capitales sociales, culturales y económicos, que a fin de cuenta determinan distintas visiones del mundo, de las que forman parte las sociales, políticas y económicas. Con frecuencia los padres anti-inclusión no son necesarios porque, aunque los colegios logran cierta inclusión, ella se rompe en las fiestas en que sólo los iguales asisten, en las vacaciones, los clubes de campo, los barrios en que viven, los amigos a los que se unen y, sobre todo, en las familias, incluyendo los hijos de sus amistades. En esta verdadera Sociología de la exclusión, las nociones ideológicas aprendidas en la infancia se refuerzan y con mucha frecuencia se perfeccionan. El perfeccionamiento se produce sobre todo al comenzar la pubertad porque las nociones de libertad y justicia que los muchachos ya tienen, pero de base emocional, pueden ser racionalmente conceptualizadas. Se discuten o conocen informaciones históricas tendenciosamente seleccionadas. Mirar lo que hacen los magnates del liberal Estados Unidos en Wall Street, o lo tramposos que son los empresarios, o bien en la vereda de enfrente, la Unión de Repúblicas Socialistas Soviéticas que mantenía prisioneros en los gulags de Siberia, el comunista Pol Pot que asesinó a la mitad de la población de Camboya. Los dictadores Castro en Cuba, Ortega en Nicaragua y Maduro en Venezuela, que viven en la opulencia mientras la mayor parte del pueblo es miserablemente pobre. Podríamos decir que Marx con su idea de la conciencia de clase se quedó corto. En realidad, las exclusiones son ahora más refinadas. Vale la pena juntarse, dicen unos, sobre todo con los que aman la ópera o bien, dicen los otros, con los que siguen con pasión a la selección nacional de fútbol. El efecto de este refinamiento sobre el pensamiento político-económico de los adolescentes es hacia la dispersión de ideales, utopías e ideologías. No es que la política actual no interese, es que las ideologías no son parte conflictiva del diario vivir de los más jóvenes. Son una especie de telón de fondo, obvio y natural, de acuerdo al medio social en que se vive. Entre tanto, hagamos las cosas que interesan. Claro que ya adultos, en la universidad o en el trabajo, las preocupaciones cambian y a veces, sólo a veces, los contenidos y los énfasis en la gramática político-económica. ¿Es preferible la autonomía personal creativa?, ¿La justicia social?, ¿Una cierta mezcla entre estas dos?

5. El ejercicio del poder político

El modo cómo ejecuta sus intervenciones político-económicas líderes y dirigentes de organizaciones sociales, o de niveles de gobierno, es finalmente la tarea principal de la política, como forma de intervención en los asuntos de las comunidades. De hecho, es la manera cómo la mente humana (de dirigentes y dirigidos) actúa para mejorar (o desmejorar) la suerte de sus sociedades. Así, la evolución socio-cultural de las comunidades humanas depende de las actividades, las conductas, los actos de poder de las jefaturas, y de la receptividad de las comunidades frente a los actos de poder de los jefes. Es verdad, entre los que mandan y toman decisiones y los que obedecen y las acatan, hay una multitud de personal que actúa como asesores o subjefes delegatarios de poderes más altos, y operadores más cercanos a las comunidades. A este enjambre de personajes debemos agregar los representantes de grupos de interés, más o menos independientes, ante las jefaturas de distintos rangos y especialización. Las organizaciones sociales intermedias, que se encuentran entre las jefaturas y la ciudadanía común, son decisivas para un fluir apropiado de informaciones entre las autoridades y el hombre común. Ellas, además de sus propias tareas, transmiten peticiones y procesan instrucciones. Entre estas organizaciones intermedias están los modernos partidos políticos que reúnen a quienes comparten una similar visión ideológica del mundo social y de la naturaleza humana. En realidad, estos grupos de interés político son mucho más antiguos que los actuales partidos formales. Pensemos en la facción de los Gracos, al final de la República Romana, y su visión política como representantes de los plebeyos. En la Atenas de Pericles había facciones que se le oponían. En China los seguidores de Confucio propugnaban claras ideas políticas. Otra organización intermedia con ideas políticas, y muy antiguas, son las religiosas. En Egipto los sacerdotes comandaron la restauración de las creencias antiguas, y también, las políticas a la muerte de Akenaton. En la Edad Media Occidental abades y los obispos participaban en política tanto en relación con sus propias organizaciones como en asuntos políticos del reino. Su peso era fuerte pues decían representar la opinión de la divinidad.

Sin embargo, describir las condiciones generales del uso del poder político-económico no nos ilustra sobre las opciones ideológicas que en cada caso se aplicaron para definir (en su opinión particular, claro está) las políticas específicas que eran (o son) necesarias para lograr el bien común. Como éste es un tema enorme, aquí se hace sólo una breve reseña de las discusiones ideológicas más corriente en los "Estados en Forma" (Fukuyama), esto es, los sistemas políticos que describimos al comienzo de este capítulo. Muchos de estos debates han sido de algún modo resueltos, en las democracias occidentales, pero aún en ellas hay variadas indecisiones. En los países de nivel medio como Chile, las incertidumbres son la mayoría. Para tratar estas discusiones consideraré sólo tres opciones políticas: izquierda-derecha-centro. Como sabemos estas opciones son empíricamente verdaderas. En cada una, hay a veces importantes variaciones además de diferentes mezclas entre ellas, pero tienen cierta claridad conceptual y operacional, de modo que permiten hacer algunas observaciones sin la necesidad de escribir un tratado de varios tomos.

En este punto, las izquierdas siguen el dictado de Marx: "A cada uno según sus necesidades, a cada uno de acuerdo a sus capacidades". De esta suerte de igualdad de necesidades fundamentales, que sólo dependen de ser parte de la especie humana, deben servirse, de ser necesario (y siempre lo es), con los aportes (recursos) de los que tienen mayores capacidades. Dado que estas diferencias entre necesidades y capacidades son de algún modo azarosas para ambos, las transferencias de recursos son moralmente necesarias y socialmente legítimas. Los mecanismos son conocidos. En sistemas políticos democráticos subir impuestos a los más pudientes. En países totalitarios, el Estado con el Jefe Supremo a la cabeza, se hará cargo de los medios de producción y nivelará la cancha para todos los ciudadanos. Claro que el dictum de Marx (a cada uno según sus necesidades) implica que aparte de las necesidades fundamentales, hay otras, que dependen de las preferencias de las personas. La respuesta de la izquierda: por supuesto, si algunos prefieren el ballet y otros el fútbol ambos podrán satisfacer sus preferencias, en la medida que los recursos sean suficientes después de satisfacer las necesidades fundamentales. Lo habitual es que después no exista excedente.

Por su parte, las derechas afirman que los seres humanos son entre sí muy diferentes, no sólo en sus necesidades fundamentales (que en una economía próspera son fáciles de resolver) sino, sobre todo, en capacidad de emprender, trabajar duro y generar innovaciones. Estos atributos nacen y pueden florecer si tienen autonomía (libertad) los dueños y sus empresas. El acento en la justicia social ha demostrado que cuando estos atributos creativos no se pueden ejercer, por la existencia de un Estado totalitario, o exceso de impuestos, el tejido económico de esa sociedad se paraliza o se derrumba. Por otra parte, pretender que una autoridad central es capaz de imaginarse y atender las preferencias, deseos y expectativas de los ciudadanos, es una utopía, o como dice Hayek (uno de los gurúes neo-liberales) en una "Suprema Arrogancia". Ella sólo logra homogeneizar a las gentes que como parte de sus capitales genéticos no son iguales, tampoco en sus capitales sociales y culturales.

Las opciones de centro, que este autor prefiere, buscan políticas públicas que "al mismo tiempo" procuren justicia social y autonomía personal. Ambas, son igualmente necesarias en un sistema político estable y próspero. Sin desarrollo económico no hay justicia social, pero el crecimiento financiero depende de la existencia de innovaciones, las que, a su vez, son el producto de la autonomía de los creadores. Por supuesto, los de centro creen en la igualdad ante la ley y en la dignidad de las personas, pero no creen en la igualdad de necesidades (excepto las fundamentales). Esto, porque siendo realistas (las opciones de centro están lejos de las utopías) saben que al lado de emprendedores y creadores, hay flojos y tramposos, en todas las clases sociales. Ricos, pobres y media. El realismo de las opciones de centro tiene otro alcance muy importante. Piensan que, en el diseño y operación de las políticas públicas, es muy trascendente el conocimiento experto, que puede dar luces no ideológicas para encontrar las mejores soluciones. Más que distribuir recursos debe procurar la autonomía de las personas y sus diferencias, unas sacaran más partido que otras.

6. Función del Estado

De acuerdo a mi hipótesis que las ideologías son un modo de concebir la naturaleza humana, las opciones ideológicas que se prefieren, son instrumentales a las concepciones básicas que acabamos de resumir. Los seres humanos somos iguales en dignidad y necesidades fundamentales, pero distintos por su autonomía individual, como piensa la derecha, o también iguales en atributos personales, como piensa la izquierda. De este modo las concepciones del Estado, del derecho de propiedad y del libre mercado son funcionales a esa visión principal. En este sentido es que las gramáticas ideológicas (justicia social – autonomía individual) tienen contenidos y énfasis distintos en las diferentes ideologías. Respecto al Estado, las diferencias son muy considerables, cosa que es perfectamente natural. Para la derecha, la mejor expresión de sus creencias político-económicas, es la famosa frade del Presidente Reagan "Para estos problemas el Estado no tiene soluciones porque el problema es el Estado". El supuesto evidente es que un Estado poderoso inhibe el despliegue de la autonomía creativa que se expresa en innovaciones. Así, para la derecha las funciones principales del Estado son las consabidas: a) defensa del territorio; b) orden y seguridad interna; c) disposiciones legales, reglamentarias y económicas que estimulen, incentiven y eventualmente controlen las iniciativas privadas, esto es, de las personas, las empresas o las organizaciones sociales no estatales. Para las izquierdas, y de acuerdo a sus principios redistributivos de la riqueza, el Estado tiene otro carácter. Además de sus funciones evidentes (seguridad externa e interna, normas de comportamiento), su papel prioritario es instalar y financiar los Derechos Sociales, de manera de establecer la indispensable justicia social. En este sentido, es que las izquierdas piensan que el derecho de propiedad, especialmente la propiedad de los medios de producción (Marx), es un obstáculo al logro principal: conseguir que los recursos de cualquier tipo (económicos, culturales, societarios, etc.) puedan ser distribuidos uniformemente a todos los miembros de la sociedad, porque todos son iguales. Esto, ciertamente requiere Estados más poderosos, de mayor complejidad y tamaño, dado que deben distribuir recursos de cualquier tipo. Salud, educación, vivienda, bienes de consumo, seguros, remuneraciones, culturas y entretenciones, transporte, energía, etc.

Para la derecha esta cantidad de servicios estatales que, en principio, deben ser "iguales" para todos los "iguales", no tienen en cuenta un rasgo principal de la naturaleza humana. Su autonomía para decidir, y elegir las calidades de los servicios que prefieren. Por la misma razón, la disminución o abolición del Derecho de Propiedad atenta contra la autonomía de las personas, pues las propiedades que les pertenecen son el resultado de su esfuerzo personal (o el de sus padres o ancestros). Hasta aquí la discusión fue más bien teórica, pero con la implosión de la Unión Soviética (en realidad desde antes) la controversia se hizo práctica. Sus enormes Estado eran no sólo extremadamente ineficientes, sino, además, objeto de secuestros de grupos de elite que los aprovechaban para sus propios fines: Las así llamadas "nomenclaturas". Por otra parte, el comercio completamente controlado por el Estado, en realidad por los grupos de interés dentro del Estado, era casi inexistente, con lo cual los intercambios con valor, impulsados por la competencia (que no existía) no generaban innovaciones, sin comercio libre, ni industrias independientes (es decir con alguien propietario), y un sistema financiero que tampoco existía.

7. La Neuropsicología de las decisiones político-económicas

En el Capítulo 3 se describen extensamente las predisposiciones humanas que en su conjunto intervienen y regulan su vida en sociedad. Naturalmente, aparte de los intercambios domésticos con familiares, amigos y vecinos, los principales rasgos culturales que estas predisposiciones procesan son la Política, la Economía y el Derecho. Claro que también participan en otros asuntos (tecnologías, religiones, etc.), pero en éstos, su papel no es decisivo pues hay varias otras predisposiciones que intervienen en el entramado de la mente técnica, la religiosa o la de los artistas (y su público). En la Política, la Economía y el Derecho, la tríada de la sociabilidad, son los principales atributos mentales que participan en el pensamiento y las conductas que se refieren a estos rasgos culturales, aunque tengo cierto pudor en repetir esta famosa triada debo recordarla aquí, por lo que ya dije. La tríada es bien simple: 1) ultra-sociabilidad; 2) ultra-individuación; 3) sistema del control del comportamiento. Su principal participación en el pensar, actuar y evaluar la Política, la Economía y el Derecho es lo que he llamado las socio-tecnologías, es decir, el modo en que nuestra mente interviene y modifica la realidad social. Más arriba hemos visto que esta tríada participa en el origen de las ideologías político-económicas, en su aprendizaje y en su ejercicio. Por eso creo, que no hay mucho más que agregar, excepto su participación en la toma de decisiones de estos ámbitos.

Es natural, para la sobrevivencia que todas las especies tengan alguna forma de conducta que podríamos llamar económica. Las ardillas guardan bellotas para el invierno; todas saben dónde y cuándo buscar recursos para sobrevivir o preparar nidos. Tomar acciones políticas tampoco es raro. Recordemos lo que hacen los chimpancés. En las hordas de ellos hay siempre un macho dominante que tiene privilegios y obligaciones. Tiene prioridad para comer y aparearse con cualquier hembra adulta de la horda. Sus responsabilidades son pocas Poner orden en conflictos desencadenados al interior del grupo y encabezar la defensa cuando son agredidos por otros grupos, encabezar la cacería de monos pequeños, o el ataque a hordas enemigas. Con todo, su vida fácil dura poco tiempo. Cuando otros machos alcanzan la adultez algunos se sienten suficientemente poderosos como para reemplazarlos. La lucha directa es un último recurso (excepto que el macho dominante esté viejo o sin fuerzas por accidentes o enfermedades). Entonces, los aspirantes urden complots, hacen alianzas con otros machos (comparten alimentos, los despulgan, los ayudan, etc.) de modo de reemplazar en conjunto a la dominante.

La política de los chimpancés pone sobre la mesa la cuestión que planteó Max Weber. Las actividades políticas y los actos de poder no son simplemente circulación de informaciones entre gobierno y ciudadanos, sino deben acompañarse de un poder político verdadero, esto es, exclusividad de violencia legítima de los ciudadanos, si es que las leyes, decretos e instrucciones deben realmente cumplirse, o si las peticiones y las necesidades de los ciudadanos pueden ser efectivamente resueltas por los señores. Naturalmente el poder de las sociedades humanas no surge de la fortaleza corporal como en los chimpancés, pero a veces, igual que entre nuestros primos primates, nace de alianzas y de complots o de las asonadas, etc. En todo caso, en las sociedades humanas más que el origen del poder (divino, hereditario, democrático, o resultado de invasiones o golpes de estado) lo que más efectivamente, con más vigor mueve a la mente de las personas (y asociados), que buscan o tienen poder, igual que en los chimpancés, es la posición jerárquica que ocupan o desean ocupar en sus respectivas comunidades. Son las jerarquías (Rey, Señor, Presidente, Primer Ministro, Conde o Alcalde), las que conllevan en cada uno de sus escalones o posiciones, responsabilidades y beneficios, derechos y deberes, posibilidades y amenazas. O, como explicamos en el Capítulo 3 en el apartado "Jerarquías y Liderazgos", prestigio y honor.

Así, desde un punto de vista neuro-psicológico, que es el enfoque central de este libro, en los humanos el poder se busca por la atracción ineludible de ser los primeros (o cerca de ellos) en las jerarquías de las jefaturas. Más que simplemente gozar de los beneficios de esa posición, con frecuencia menores a los trabajos y amenazas que ella brinda, la motivación principal para ser rey o alcalde, es el honor, el prestigio, la visibilidad que estas autoridades tienen. Una cuestión importante pero posterior, es el modo cómo se mantiene el poder. El Obispo tiene armas como la excomunión, el Príncipe tiene soldados y cañones, además de los consejos de Maquiavelo. En el mundo moderno los Primeros Ministros y Presidentes tienen a las Fuerzas Armadas, que ellos dirigen y administran, por ser las únicas instituciones con poder de fuego suficiente. Por supuesto se trata del Estado como único poseedor de violencia legítima.

Por otra parte, aún los dictadores con poderes omnímodos necesitan prestigio, esto es una opinión favorable de los ciudadanos. Con este fin despliegan una gigantesca propaganda, forman cuadros de élite, organizan niños, jóvenes, adultos, instalan símbolos, organizan eventos masivos que enfervorizan a las poblaciones. Todo esto no es para nada nuevo. Ramses II, dejó una enorme cantidad de monumentos que recordaran su gloria después de muerto. La historia de la batalla de Kadesh, grabado en el pilar de entrada de un templo de Tebas, lo muestra como sublime guerrero, aunque es más bien dudoso que participara en la batalla. Las pirámides eran las tumbas solemnes de los faraones entre la III y VI dinastía. Los palacios persas eran construidos para los nuevos emperadores en otra ciudad, aunque el de sus progenitores de los cuales heredaban sus cargos, estaban en perfecto estado. Lo mismo ocurrió en Babilonia, Asiria y con el palacio del judío Salomón. El propio Pericles construyó la Acrópolis coronado por el Partenón para la gloria de Atenas, y también la propia.

Hitler, Stalin, Mussolini, pero también César Augusto y Napoleón fueron maestros en esta tarea de crearse fama y honores. Los reyes, desde siempre y hasta ahora, usan símbolos de poder: coronas, cetros, capas de armiño, palacios. Por otra parte, en nuestra triada de la vida en sociedad, hay otros dispositivos mentales que explican el hacer político de los gobernantes y también de los súbditos. Se trata de las emociones sociales.

Las emociones sociales constituyen el más poderoso instrumento de convivencia cooperativa y pacífica de los humanos, que por cierto opera en la política y la economía no sólo en los que tienen poder, también en burócratas, funcionarios y súbditos. Su mecánica es simple. Cumplir con nuestras obligaciones, en verdad hacer lo que los demás esperan que hagamos, en este caso acciones político-económicas, nos genera satisfacción, la que es mediada por el neuro-modulador llamado Dopamina. No cumplirlas produce desazón en personas normales. Todo esto ocurre en una región cerebral determinada llamada núcleo Acumbens que es controlado por el cíngulo que procesa la evolución de los resultados de las conductas. Este juego satisfacción-desazón tiene resultados muy interesantes. Buscamos desarrollo de conductas que aumentan los niveles de dopamina ya que produce satisfacción, y evitamos conductas que las disminuyan pues originan desazón. Así, aprendemos a modular los niveles de dopamina (satisfacción) con actos que la eleven. Los actos y las conductas que producen estas emociones positivas cuando se realizan, son las que rigen por la gramática moral: cooperar-ayudar; no dañar-respetar. De esta manera las actividades político-económicas son manejadas por nuestro cerebro según objetivos y racionalidades. Pero son moduladas y orientadas por la satisfacción dopaminérgica que nos producen. Hay dos predisposiciones mentales humanas que debemos recordar especialmente respecto a burócratas y funcionarios (del Estado o de empresas), pero también al ciudadano común. Se trata de la Obediencia a la Autoridad de Stanley Milgram y la Asunción de Roles de Philip Zimbardo, que estudiamos en el Capítulo 3 de este libro. Ellas permiten un funcionamiento de las jerarquías fluido y proactivo, además de procurar responsabilidades en el desempeño de las tareas que, por cualquier razón, la persona debe realizar. Claro que existen personas tramposas, psicópatas y criminales en los que todo este complejo y delicado juego cerebral funciona mal. Cuando los tramposos, psicópatas y criminales tienen poder, la situación es catastrófica como lo demuestra la historia lejana (Calígula, Nerón y compañía) y las más recientes (Hitler, Stalin, Pol Pot, etc.).

Estos personajes, digamos arquetípicos, no tenían, hasta lo que sabemos, fallas cognitivas sino, creo yo, de aprendizaje emocional modulado por la dopamina, por lo que en la Psiquiatría moderna se clasificarían como psicópatas, fríos de ánimo, es decir, carentes de aparataje dopaminérgico que modula las emociones que acompañan a nuestras conductas. Muchos sostenían una férrea ideología política (con la excepción de Calígula que probablemente adolecía de otros trastornos mentales) y, eventualmente, buscaban el bien (?) para sus pueblos. Hitler, Stalin, Mao y Pol Pot escribieron libros acerca de sus ideas políticas, de su ideología, pero como eran fríos de ánimo fueron terriblemente despiadados para imponer sus ideas, sin mirar sufrimiento y muerte cuando tuvieron poder suficiente para hacerlo. Por otra parte, dado que su visión de la naturaleza humana, implicada en sus ideologías fue, por decir lo menos, desastrosa, sólo lograron la destrucción de sus países y la muerte de sus habitantes. Sin embargo, tuvieron seguidores y servidores en los que, con alta probabilidad, funcionaban sus predisposiciones a obedecer la autoridad, y a desempeñar lo mejor posible las tareas que se les asignó, aunque fueran terribles y mortales.

Es interesante considerar el fundamento de las ideologías en estos tiranos. En la permanente tensión entre justicia social y libertad, con autonomía personal, optaron por asegurar la justicia social para colectivos abstractos (campesinos, soldados, obreros, funcionarios), y no sólo desconocieron, sino rechazaron el valor civilizador de la libertad y la autonomía personal. Así, las personas que, según ellos, eran un obstáculo para el desarrollo colectivo, debían ser eliminadas. Como sus ideologías desconocían el valor de los individuos no tenían otra posibilidad que pensar las sociedades como colectivas abstractas. No había personas individuales que considerar, excepto los muy cercanos siempre que les fueran leales. Esta distorsión ideológica del difícil equilibrio neuro-psicológico entre sociabilidad e individuación produce desastres porque es ajena a la naturaleza humana. No sabemos de ideologías que hayan optado por el polo individual como el único predominante. El liberalismo, como vimos, supone ciertas virtudes sociales. Honestidad, trabajo duro pero respetuoso de los demás, es difícil que sea de otro modo porque siempre está pensado en las conductas de humanos concretos. Claro que también en este nivel hay tramposos, sinvergüenzas y aprovechadores, junto a psicópatas y criminales. Por esto el liberalismo para funcionar necesita un Estado democrático, de Derecho y con irrestricto respeto a las leyes, que naturalmente deben ser buenas leyes, capaces de castigar a los que no las cumplen. También supone mecanismos automáticos de control. Recordemos a Adam Smith. El panadero buscando su propio beneficio en un ambiente competitivo sirve las necesidades de los demás. Esto es, el mercado libre que, por su parte, requiere de controles rigurosos. Hay empresas e individuos que se coluden o falsifican productos o eluden los impuestos o maltratan a funcionarios. Por esto el liberalismo desde la perspectiva de las ideologías de centro necesita de un Derecho impersonal y de un Estado que controle las tentaciones de tramposos y demás. La necesaria autonomía puede ser mal usada y lesionar la también Justicia Social. Las tiranías carecen del control de los sistemas políticos democráticos.

De esta manera podemos sostener que, desde un punto de vista neuro-psicológico la política es quizás la más valiosa actividad de la mente humana en el plano de intervenir, de actuar sobre la realidad socio-cultural para mejorarla, con vista al bien común. Pero que para lograr las mejoras que se necesitan, la política debe fundarse en una noción correcta de la naturaleza humana, y en cuanto a poder, manejarse con los sistemas de control del comportamiento social (que llamamos Derecho), que modulan la contradicción entre sociedad colectivista, con individualismo egoísta, que como sabemos, no es sólo una contraposición político-ideológica. Tiene sus raíces en la Neuropsicología de los humanos.

8. La mente económica

Desde una mirada neuro-psicológica, en este ámbito hay algo más que decir. Aunque en general la Economía y el Comercio de los países dependen de las decisiones de las autoridades políticas, ellas tienen sus propios indicadores de desempeño, y sus propias estrategias de acción, definiendo un nivel que podemos llamar macro-economía o, para Marx, Economía Política. En todo caso, este nivel decisional, es de alguna manera un recién llegado, pues desde la Prehistoria nuestra especie ha debido enfrentar los siempre presentes, aunque a veces relativa escasez de recursos, y las negociaciones de intercambios de productos y servicios. Este ámbito privado y cotidiano, el único conocido por los Cro-Magnones, aún existe hoy día (aunque enmarcado en las decisiones macro-económicas). Tiene dos atributos que neuro-psicológicamente conviene resaltar. El primero, es que depende crucialmente de la información disponible; el segundo, es que los intercambios también de la información, son provechosos cuando el resultado es de "suma no cero", es decir, que las dos partes algo ganan. Veamos estas cuestiones más de cerca.

Disponer de informaciones pertinentes era tan importante para los Cro-Magnones como lo es para el supermercado de la esquina, o las grandes empresas transnacionales. Los primeros debían saber, para suplir su escasez de recursos, en qué parte de su territorio había más animales para cazar, obsidianas para fabricar puntas de flechas, raíces y bayas para recolectar, predadores, como el oso de las cavernas, que evitar, etc., etc. El dueño del supermercado de la esquina necesita estar informado sobre proveedores más confiables, preferencia de los clientes, normas sanitarias y municipales para expender alcoholes, etc. Las transnacionales deben saber cómo están los mercados mundiales, especialmente las acciones propias o ajenas que les interesan, cómo andan los competidores, la eficiencia y productividad de sus propias fábricas, etc. El problema es cómo se obtienen informaciones pertinentes para suplir la escasez de comida o de cueros para ropajes de los Cro-Magnones, o de los precios de la competencia, y de los productos recién aparecidos en el mercado para el supermercado de la esquina, o las razones de las fluctuaciones de la bolsa para las transnacionales. Los Cro-Magnones para tener la información que necesitaban dependían de sus hordas vecinas, o de nómade que ahí pasaban. Los supermercados actuales dependen de una maraña de informaciones disponibles en Internet, avisajes en los medios de comunicación masivos o en las asociaciones de supermercadistas para las regulaciones sanitarias y comerciales. Las transnacionales deben desarrollar sus propios departamentos de estudios para recabar y analizar las informaciones que necesitan. En todo caso, la economía directa y cotidiana depende, para ser exitosa, del acceso fluido y constante de informaciones pertinentes. Ninguna economía puede funcionar sin información adecuada. Tampoco la macroeconomía gubernamental.

Esta necesidad de información plantea la pregunta siguiente: ¿cómo y por qué surge en la mente humana la necesidad de informarse para tomar buenas decisiones económicas, o de otro tipo? Una respuesta tautológica y sin valor científico a esta pregunta, sería decir que la mente humana tiene una curiosidad innata que la empuja a informarse. La respuesta de la neuro-psicología moderna es más específica. Las regiones prefrontales laterales que hacen planes (para cumplir cualquier objetivo) requieren e impulsan a los sujetos a buscar informaciones que den un sustento predecible a los planes que formulan. De esta manera, la Función Ejecutiva Prefrontal de los humanos, que hace planes con propósitos, activa de modo *Top-Down* a los dispositivos que buscan información (una especie de Google cerebral) pertinente y coherente con los propósitos de los planes. De hecho, la memoria de trabajo, también prefrontal, pone en línea la información disponible en las demás memorias que son requeridas para cumplir las metas que los planes pretenden alcanzar. Si no están en ese momento disponibles las informaciones requeridas en las bases de datos, que son las memorias, de la función ejecutiva prefrontal impulsan a conseguirlas. Éste es un poderoso aparato general de aprendizaje (por objetivo), que se aplica a cualquier dominio mental, y también a las informaciones económicas. Sin embargo, lo especial de las economías, aun en los Cro-Magnones es que siempre es una actividad de varios sujetos, es decir, social. Sea porque no hubo cazadores Cro-Magnones solitarios, o porque el supermercadista tiene socios y varios dependientes, y qué decir de las transnacionales, todos los oferentes de bienes económicos son casi exclusivamente multitudinarios (entre 2 o 3 hasta varios miles), por lo cual desarrollan lo que estudiamos en el Capítulo5: Intencionalidades compartidas. Esto significa cooperar con propósitos, que, en un cierto nivel, son comunes. Por supuesto hay inversionistas individuales, pero ellos no tienen asidero alguno, si hay un bien económico que producir, clientes y mercados que atender. Ni qué decir que necesita información aún el inversionista solitario.

9. Relaciones de suma no cero

Siendo las relaciones económicas un asunto social, puede haber en el nivel medio, por lo menos, relaciones de intercambios individuales. Los neuro-economistas, que estudian los comportamientos y las decisiones económicas desde el punto de vista neuro-psicológico (Anexo 3), han desarrollado, como parte de su trabajo experimental, la llamada Teoría de los Juegos. En ella los participantes (dos o más, independientes los unos de los otros) deben tomar decisiones competitivas o cooperativas frente a un problema propuesto por los científicos organizadores, y que implica a dos o más jugadores. Estos son incentivados con dinero (o puntajes), según la calidad de las decisiones que tomen. El experimento (los juegos) pueden repetirse algunas o muchas veces, según el caso. En el Capítulo 3 comentamos el juego llamado "El Ultimátum" que explora la noción de justicia de los participantes. Hay muchos otros, acerca de decisiones competitivas o cooperativas. El más famoso es "El dilema del Prisionero", que describiré brevemente. La policía apresó a dos sospechosos de ser autores de un cuantioso robo. Al interrogarlos por separado ,y sin comunicaciones entre ellos, les propuso las siguientes alternativas: a) Si usted denuncia a su compañero como único autor, el será castigado con todo el peso de la ley y usted será puesto en libertad; b) Si su compañero también lo denuncia a usted, ambos serán castigados del mismo modo: c) Si su compañero lo denuncia a usted y usted no lo denuncia a él, usted será castigado, d) Si ninguno de los dos denuncia al otro, ambos tendrán una pena muy suave, porque nosotros, la policía, tenemos pocas otras pruebas sobre los autores del robo. Lo interesante de comentar son sus resultados, luego de ser practicados con miles de participantes en distintas partes del mundo, con lo que son, estadísticamente convincentes. Lo más importante es, que no más allá de algunas ruedas del juego del prisionero, ambos optan por no denunciar a su compañero con lo que logran en "conjunto" una pena baja y no la libertad para uno y una larga prisión para el otro.

Los neuro-economistas interpretan estos hallazgos, como que en situaciones inciertas los humanos prefieren cooperar antes de competir. Pero esta cooperación, para ser exitosa, tiene a lo menos tres condiciones. La primera es la comunicación entre los que negocian. El concepto de negociación está implicado en la Teoría de los Juegos, porque el problema que se propone (El Ultimátun o el Dilema del Prisionero, por ejemplo) se repite muchas veces con los mismos jugadores. Esta repetición produce un cierto aprendizaje de las intenciones del otro (o los otros) jugador. Esto, es una suerte de comunicación entre los que negocian. La segunda condición es la confianza. Se confía en el otro jugador cuando sus decisiones son crecientemente más unívocas y estables. Se trata, podríamos decir, que la confianza con los demás, con los que negociamos, aunque sean perfectos desconocidos, depende que éstos mantengan sus intenciones, sus ideas y sus opiniones y sobre todo su comportamiento. Por último, la condición más satisfactoria se encuentra en que al final del juego (las negociaciones) cuando todos los participantes algo ganan. El resultado de suma cero, es decir, uno gana el otro pierde no es tan satisfactoria aún para los ganadores. Las relaciones de suma no cero (ambos algo ganan) son intuitivamente las preferidas en relaciones largas y estables.

A partir de estos hallazgos los neuro-economistas han desarrollado algunas teorías sobre el comportamiento (no sólo) económico humano. Los cazadores recolectores del Paleolítico, los comerciantes venecianos, o los gerentes generales de las empresas modernas, son exitosos cuando no pretenden obtener todos los beneficios de sus transacciones, relaciones, negocios o comercio. El positivo resultado político-económico o el bienestar al interior de la familia, o la suerte de emprendedores que se asocian, o de las empresas en el mercado, depende de que en todos los participantes que cooperan, algo ganan. Los neuro-economistas sostienen que en las relaciones de suma cero no hay progreso económico (o social) en el largo plazo. El largo plazo (los juegos muchas veces reiterados) es muy decisivo. Produce confianza y mejora las comunicaciones y cuando se mantienen resultados de suma no cero (actividad no nula), en que ganan todos los que de algún modo participan, hay más progreso y bienestar. La razón de estos resultados es neuropsicológicamente evidente y se puede observar en el juego el "Ultimátum" como vimos en el Capítulo 5, demuestra la noción de justicia, filogenéticamente tan antigua, que se encuentra en los chimpancés. El problema para los ganadores en relaciones de suma cero, son los perdedores. Éstos, que quedan sin acceso a los recursos (naturales y sociales), pues el ganador se lleva todo, son promotores de disgregación de la tribu, la familia o la sociedad. Inducen protestas, separaciones o revoluciones. Algunos teóricos de la Teoría de los Juegos incluyen en sus consideraciones temas vitales pero que hemos visto en otros contextos. Por ejemplo, la cooperación tribal, o el Estado que procura iguales oportunidades, o los señores del Neolítico que acopiaban excedentes de granos, que distribuían a los demás en tiempos de escasez, son ejemplos de relaciones de suma no nula.

FIGURA 32.

Funciones mentales necesarias para reconocer relaciones de aditividad no nula

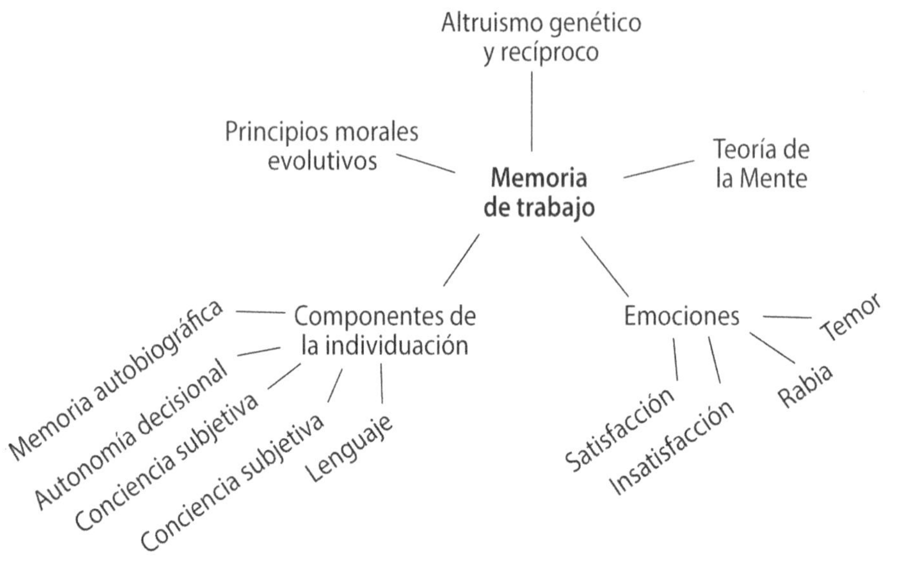

Es interesante considerar, que esta universal tendencia a las relaciones de aditividad no nula tiene por supuesto un origen neurobiológico, como indica el nombre de sus cultores "neuro-economistas". En realidad, es posible pensar que esta predisposición a cooperar con ganancias a todos los participantes, es una especie de constructo mental no consciente, que asocia y unifica los diferentes componentes neuro-psicológicos de la Sociabilidad más algunos de la Individuación. Estos fueron descritos de forma independiente y analítico en el Capítulo 3 de este libro. En el entramado de atributos mentales que constituye la aditividad no nula, podemos encontrar: el Altruismo genético y recíproco, la Teoría de la Mente que provee confianza y empatía, los Principios Morales (ayuda - no dañar), pero también componentes de la Individuación: como autonomía decisional, conciencia subjetiva y, por supuesto, lenguaje (comunicación) y cierta racionalidad (los estrategas para un objetivo) y también, las inevitables memorias y emociones, incluyendo los sistemas dopaminérgicos (satisfacción, disconfort) y los amigdalianos (rabia, temor). Sin duda esta multitud de atributos mentales operando en un conjunto no caótico sino integrado, parecerá de algún modo desmesurado, pero ciertamente esto no es así. En realidad, la Función Ejecutiva prefrontal del cerebro, para hacer planes y tomar decisiones, considera como insumos indispensables para la planificación de comportamientos exitosos, todos los resultados de procesamientos independientes de los diferentes módulos dedicados a una particular función. La Memoria de Trabajo elige a los atingentes al ámbito de la decisión que se debe tomar. Desde esta perspectiva, la multitud de atributos mentales que confluyen para tomar decisiones completas relativas a aditividad no nula no son para nada especiales. Representan el modo normal de trabajo del cerebro. La figura 32 es un resumen simplificado de esta forma de operar del cerebro humano.

Las emociones como activadoras de reacciones corporales producen lo que A. Damasio ha llamado "marcadores somáticos". El miedo, la alegría o la rabia son sentires de origen corporal. El miedo produce palidez, baja la tensión arterial y traspiración helada. La rabia aumenta la frecuencia de los ritmos cardíacos. Por otra parte, la tensión muscular, aumenta la presión arterial, dilata arterias y capilares con enrojecimiento de la piel. Es una reacción de ataque. La del miedo es de inmovilidad y huida. Estas reacciones somáticas (del cuerpo) son previas al sentir psicológico del miedo, o rabia o satisfacción. En realidad, la provocan. Pues bien, Damasio ha probado en varios pacientes con daños en la región prefrontal orbitaria que procesa la relación emociones con Función Ejecutiva (planes y toma de decisiones) que ellos son incapaces de tomar buenas decisiones ejecutivas (económicas, administrativas y similares) aunque mantienen un coeficiente intelectual (CI) perfectamente normal. Su hipótesis es que carecen de los "marcadores somáticos" (sentires emocionales del cuerpo que llegan a las regiones orbitarias), y postula que las buenas decisiones ejecutivas de la participación no consciente de tales marcadores. Vulgarmente esto se conoce como intuiciones y popularmente como "tincadas". He aquí otro ingrediente necesario para tomar buenas decisiones económicas, políticas y de gestión.

Al terminar este capítulo sobre la Neuropsicología de las organizaciones sociales, la política y la economía, me he quedado con una sensación agridulce. Algo sabemos sobre el modo cómo la mente humana participa, interviene y modifica en estos cruciales aspectos de la evolución de nuestra cultura, y en un plano más cotidiano, en nuestro bienestar y progreso y en nuestras relaciones societarias. Pero, estos aún modestos conocimientos, no sólo son desconocidos, sino irrelevantes para nuestros líderes políticos y económicos que son los efectivos interventores en nuestras sociedades. Este desconocimiento de la naturaleza humana, ha producido errores y hecatombes realmente horribles. Millones de muertos, sufrimientos y destrucciones. Este capítulo es el único de este libro que puede dar origen a este tipo de reflexiones de algún modo políticas que no científicas.

Quizás, el mejor ejemplo de esta situación es lo que pasa con el Estado moderno que de algún modo está en una ya prolongada crisis, como veremos con detención en el Epílogo de este libro. Entretanto una muy breve introducción a ese problema. El Estado de bienestar desarrollado en Occidente después de la Segunda Guerra Mundial, se ha hecho tan gigantesco, sirviendo la enorme cantidad de Derechos Sociales, a los que tiene que atender y financiar, que está llegando a un límite imposible de sobrellevar. Las crisis económicas se suceden una detrás de la otra. La criminalidad aumenta, los conflictos raciales son pan de cada día (migraciones incluidas) y el terrorismo es casi imposible de controlar. Este conjunto de graves problemas, indica en mi opinión que los líderes políticos están leyendo muy mal, la naturaleza de los humanos a los que sus decisiones políticas afectan. Consideremos el caso de la crisis sub-prime del 2008. La desmedida ambición y la escasa (si alguna) honestidad de los banqueros y demás agentes financieros, estimularon la apetencia de los sin casa, los cuales, tenedores de créditos que no podían pagar, porque los banqueros no hicieron su trabajo de evaluar su solvencia futura, desencadenaron la crisis al entrar en morosidad. Podría agregarse el ejemplo de Grecia o el de España o el de Italia. El Estado de bienestar está en muy graves problemas porque los líderes políticos no consideran la naturaleza de la mente de los banqueros, de gente sin casa o con casa, pero que ambiciona una segunda o tercera vivienda, de los constructores urbanos que no cesan en sus ofertas o de los mismos líderes políticos como vemos en Estados Unidos. Los republicanos no suben los impuestos mientras los demócratas no paran de gastar, con lo que la deuda pública de ese país es algo más del 100 por ciento de su enorme Producto Geográfico Bruto.

CAPÍTULO 10.

Derecho y sus instituciones. Violencia y guerra

Sostengo que el Derecho, es la manifestación cultural de los sistemas de control del comportamiento social, el tercer pivote de la tríada neuropsicológica que procesa la vida social humana. Recordemos que su función es articular y equilibrar la tensión entre ultra-sociabilidad y ultra-individuación. La existencia de códigos explícitos que regulan las conductas, especialmente las sociales, en todas las culturas conocidas, es la demostración más evidente de esta hipótesis. Aunque ellos son muy variados entre las diversas culturas, y tienen particularidades acusadas respecto a sus contenidos normativos, hay algunos fundamentales, que como sabemos, se consideran universales, es decir que están presentes en todos los códigos que conocemos. Estas reglas universales son los que en el Capítulo 3 hemos definido como "principios morales". Naturalmente, éstos son especificados, pero no sustancialmente cambiados, en cada comunidad socio-cultural. Éstas, además agregan normas consensuales propias de cada grupo, tribu o nación que definen su identidad como comunidades diferenciadas. A este conjunto de normas socio-culturales es lo que llamamos Derecho. Este concepto, es la base sobre la que elaboraré los diversos tópicos que se consideran en este capítulo, teniendo presente, que muchos de sus fundamentos fueron tratados in extensa en la primera parte del libro "Las raíces neuropsicológicas de las culturas".

1. Sistemas normativos innatos

Desde esta perspectiva, no solo se trata de los contenidos de las normas sino de algo más elemental, como es la inclinación a seguir reglas que estructuren las conductas sociales. Sin embargo, esta predisposición a regular los comportamientos, es entre los humanos, tan poderosa, que se aplica no sólo a los intercambios sociales, sino también, a las conductas individuales desarrolladas en soledad. Es claro que nuestra vida es más fácil y cómoda si seguimos reglas (rutinas) preestablecidas por nosotros mismos. Por supuesto, las normas que se aplican a las conductas individuales que no son sociales, establecidas por uno mismo, en realidad son aplicables sólo a rutinas más triviales: gustos, preferencias, modos de usar el tiempo libre, actos íntimos. En todo caso, los comportamientos personales que no impliquen a otros, también tienden a ser regulados por agentes (culturales) externos. Los siete pecados capitales del catolicismo tienen muy parcialmente efectos sociales. Quizás la ira, pero no la gula. Por otra parte, tenemos las modas, que pueden aplicarse prácticamente a cualquier dominio individual. La ropa que se viste, la música que se oye, los utensilios que se usan, etc. Claro que este tipo de reglas no forma parte del Derecho formal, excepto en un punto inicial que examinamos en el capítulo anterior, del derecho a libremente elegir pensamientos, creencias, comportamientos que no dañen a otros.

En realidad, todos los mamíferos y muchas aves siguen algún tipo de regla cuando se encuentran o viven con otros de la misma especie. Consideremos al león macho, tradicionalmente reputado como feroz y distante, en el sentido que difícilmente tiene relaciones con otros leones machos los que, cuando se encuentran, tienen agresivas batallas por el predominio de un cierto territorio y con su respectiva hembra. Sin embargo, su ferocidad no existe cuando sus pequeños cachorros juegan con su cola, melena o patas. Es difícil decir si esta pasividad es el resultado de algún tipo de normas. Pero cuando alguna de sus leonas mata a una presa, se producen conductas claramente sujetas a normas, que no hay razón para no llamarlas sociales. Hay una procedencia jerárquica en el comer la carne, ahora disponible. Primero el macho, luego las hembras, por último, jóvenes y cachorros. En las hienas, más tumultuosas y desordenadas, tiene preferencia para comer la hiena alfa, aunque la "ceremonia" es mucho menos nítida. En las manadas de elefantes, la dirección que toma el grupo, sobre todo cuando buscan agua o comida, siempre es decidida por la vieja hembra alfa (matriarca). Nosotros podemos atribuir este liderazgo a su mayor conocimiento de los caminos para llegar al punto que tiene agua y comidas, pero es altamente improbable que éste sea el raciocinio de los elefantes. Los seguidores de la matriarca son simplemente impulsados por normas preestablecidas en su cerebro que dirían, si pudieran pensar con palabras, algo así "cuando tenga sed y hambre seguiré a la matriarca". Los pingüinos emperadores también siguen reglas, cuando opera ese notable y complejo sistema de crianza, tan bien reflejado en el documental francés "La marcha del Emperador" (nombre que la historia da al camino que siguió Napoleón cuando escapó de la Isla de Elba y volvió a ser emperador). Recordemos que las parejas de pingüinos (que duran toda su vida) con la hembra ya preñada se internan en las nieves de la Antártica, decenas de kilómetros. Cuando llegan al lugar elegido (nadie sabe por qué) los miles de parejas, la hembra pone sólo un huevo que nunca deberá tocar la nieve, lo pasa al macho que lo cuida y calienta entre sus patas y plumas bajo su abdomen. Esto dura varios meses hasta que la hembra, que se ha ido a buscar pescados al mismo lugar lejano del que partieron, regresa y regurgita alimentos para el polluelo y el macho que no ha comido durante todos esos meses. Ahora el macho transfiere el pequeño pingüino a las patas de la hembra, que se mantiene en el lugar, mientras el macho vuelve a buscar pescado a igual distancia. La Marcha de los Emperadores es una maravilla de la vida animal, no sólo por lo complejo que es como sistema de crianza, sino porque para hacerlo exitoso, machos y hembras deben coordinar sus conductas, siguiendo normas específicas y diferentes en los distintos tiempos que se suceden en la marcha. Pero hay más. Como vimos, todo este notable sistema es llevado a cabo, simultáneamente, por miles de parejas. Los machos hay momentos que se agrupan tocándose unos con otros y moviéndose lentamente para turnarse con los machos que están fuera del centro, que recordemos son varios miles. De este modo para lograr que las frías ventiscas antárticas no dañen a los que, por azar, quedaron fuera de la enorme multitud de pingüinos machos calentando a sus crías. Turnarse es entonces un segundo sistema de normas, que los emperadores deben seguir, para no morir esperando a las hembras.

Estos ejemplos muestran que los sistemas normativos innatos, instintivos, son muy anteriores a nuestra humanidad. Pero los seres humanos, además, aprendemos normas que son parte de nuestra Cultura. Tales sistemas regulatorios aprendidos (la Cultura de nivel 2 que vimos en la Introducción) no son memorizados del mismo modo que el nombre de un amigo, o un trozo musical, o el camino de vuelta a casa. Como vimos más arriba, los sistemas normativos de origen cultural dependen de la capacidad precableada en el cerebro humano, de incorporar normas a su repertorio de atributos mentales. Lo mejor para explicar este asunto es volver a los ejemplos animales. Todos conocemos especies domesticables, y otras que no lo son, aunque correspondan a la misma clase. Por ejemplo, entre los equinos son domesticables los caballos, pero no las cebras. Entre los camélidos la alpaca es domesticable pero no las vicuñas. Si pensamos con cuidado podemos decir, que los animales domesticables son aquéllos capaces de aprender reglas y normas, a veces muy complejas y totalmente distintas a los atributos propios del animal en su vida silvestre. Todos nos hemos maravillado con las piruetas que son capaces de hacer los perros en los circos, o el adiestramiento que se puede lograr con caballos. Se les puede enseñar una multitud de conductas que despliegan con el silbato (perros) o el manejo de las riendas y los muslos del jinete (caballos). Nada de esto puede lograrse con cebras o vicuñas. Los entrenadores han enseñado a ciertos animales reglas y normas que éstos siguen porque tienen la especial capacidad de aprenderlas.

2. Códigos externos explícitos socialmente compartidos: el Derecho

Desde esta perspectiva, el ser humano que es capaz de aprender y seguir normas y reglas, es una especie potencialmente domesticable, como lo son, hasta cierto punto, sus parientes chimpancés y bonobos (pero no los gorilas). Konrad Lorenz lo dijo en una frase memorable "El ser humano es domesticado por las normas de su cultura". Pero, en realidad, no siempre actuamos según las reglas, sean ellas principios morales fundamentales (no matar, no mentir, no robar, etc.), probablemente innatos, o normas consensuadas en la historia de nuestra propia cultura, que al ser aprendidas en la infancia temprana (Capítulo 5) nos hacen parte del grupo socio-cultural en que nacimos. Desde esta perspectiva, vivimos sujetos a sistemas normativos internos, esto es dispositivos pertenecientes a nuestra propia Neuropsicología, por lo que, al ser agentes conscientes de nuestras decisiones, cuando rompemos o nos apartamos de lo que nos dicen nuestros propios sistemas normativos de control del comportamiento social, lo hacemos deliberadamente. En estas circunstancias, los grupos sociales crean sistemas normativos externos que los defienden de tramposos, ladrones, criminales, los que además de causar daño, quiebran, el bien más preciado de cualquier comunidad, esto es la confianza, sustento de intencionalidades compartidas y de la siempre indispensable cooperación. De esta manera surgen los códigos externos explícitos, socialmente compartidos que llamamos Derecho. Obviamente, el Derecho es, como veremos a continuación en este mismo capítulo, un tema mucho más complejo y con frondosas ramificaciones institucionales, pero desde un punto neurobiológico, es central considerar que el Derecho nace por las fallas de los sistemas normativos internalizados en cada individuo normal que vive en una comunidad, la cual necesita defender su integridad y desarrollo cuando son amenazados por tramposos y criminales.

Por otra parte, en la Neuropsicología humana, y como hemos visto, todas las conductas son emocionalmente valoradas. Producen satisfacción (nuestro conocido sistema dopaminérgico) cuando las acciones tienen consecuencias positivas, y rabia, temor o tristeza (por activación de la amígdala y la corteza frontal supra-orbitaria) cuando la acción es negativa. Esto ocurre siempre que el sujeto no sea un psicópata frío de ánimo. A este costo interno (emocional) del trasgresor de normas, debemos agregar costos de origen externos. Todos los códigos legales contemplan penas para tramposos y criminales, que éstos conocen, y si son normales, temen y los amedrentan. Así, llegamos a un problema que ha tenido en vilo, por milenios, a los filósofos del Derecho. ¿Cómo y por qué un ser humano normal que conoce los costos de trasgredir las normas lo hace deliberadamente? En la respuesta a esta cuestión valen las condiciones eximentes y que contemplan todos los códigos. Extrema necesidad de comida y abrigo, incapacidad mental para entender cumplidamente lo que significan las normas y los castigos por transgredirlos, o presión (a veces chantajes) de otras personas, a veces respetables o a veces, mafiosas. Todos los códigos incluyen, además, como eximentes estados emocionales intensos de súbita aparición. Encontrar a la pareja con otro en la cama. Sufrir agresiones violentas de criminales o desconocidos, percibir a seres queridos en gran riesgo por la acción violenta de alguien. Notemos que estos estados emocionales deben ser súbitos e irrefrenables. Distinto es deliberar una venganza contra estos mismos agentes.

La cuestión real es por qué personas normales (no psicópatas, o personas sin déficits cognitivos importantes) eligen deliberadamente cometer delitos, es decir, trasgredir las normas que sostienen la confianza de sus comunidades. Este cuestionar las razones por las que las personas normales trasgreden normas y cometen delitos conlleva dos preguntas adicionales: a) ¿cuáles son los supuestos del Derecho y sus códigos sobre la naturaleza humana?; b) ¿hay razones adicionales a las eximentes que llevan a gente normal a cometer delitos?

La pregunta sobre los supuestos del Derecho sobre la naturaleza humana tiene una respuesta estándar: los seres humanos son capaces de deliberar, es decir, tener juicios racionales y morales, y así tomar opciones buenas o malas, porque son psicológicamente libres para hacerlo. La segunda cuestión sobre razones (no eximentes) para elegir romper las reglas es también de gran importancia tanto social como neuro-psicológica. Desde un punto social tramposos, trasgresores y criminales realmente existen y dañan, aun cuando no haya el menor atisbo de cualquier tipo de eximentes. Esta condición de tramposos y criminales, que sin causales que podrían considerar "atenuantes" (o eximentes), efectivamente optan por trasgredir las normas en forma, que debemos suponer, consciente, libre y deliberada, no es un gran problema para la aplicación de códigos legales. Ellos son simplemente culpables. Pero, para la Neuropsicología, que intenta comprender el modo que una mente normal y sana, como es la de estos trasgresores, procesa normas morales o regulaciones culturales convencionales, las conductas de tramposos o criminales, representan un muy importante desafío para lograr entender cómo funciona la mente de estas personas. Vale la pena mirar estos dos asuntos con alguna detención.

a) *El libre albedrío*. Hasta hace poco menos de 30 años nadie tenía duda que las personas sanas y sin trastornos mentales, eran perfectamente libres, conscientes y juiciosas, como para deliberar y decidir cualquier conducta que les pareciera pertinente al problema que tenían delante y que necesitaran solucionar. Tanto los abogados como los psicólogos estaban (y la mayoría aún lo está, como veremos) de acuerdo en que el libre albedrío, esto es la capacidad de ser agente causal de sus propias decisiones, era un atributo de la mente humana, que, entre muchos otros efectos, sustentaba su siempre personal y necesaria responsabilidad. En 1984, B. Lisbett, neuropsicólogo experimental norteamericano, realizó una serie de investigaciones que hacen dudar de la amplitud y oportunidad con que la mente humana, en cuanto agente consciente, puede libremente tomar decisiones sobre sus propios comportamientos. Los experimentos de Lisbett fueron tecnológicamente complejos, conductualmente simples. A un sujeto (hubo varios cientos de ellos) se le pedía tomar una decisión, eligiendo de una pantalla de computador que tenía delante, un ícono entre dos objetos, colores o figuras, y apretar un botón que tenía en su dedo índice como señal inmediata que la decisión era tomada. Mientras esto ocurría se tomaban diferentes registros de señales cerebrales. En algunos experimentos usaron EEG (Anexo III), en otros RMF. En todo caso, ondas eléctricas o imágenes cerebrales registraban la activación de las regiones del cerebro que participaban en las dos conductas que se le solicitaban al sujeto experimental. Tomar la decisión sobre cuál ícono elegir, y apretar el dedo, activando la región motora.

Los repetidos hallazgos de Lisbett fueron pasmosos. La actividad cerebral registró un adelanto promedio de 300 milisegundos, en las regiones prefrontales que toman decisiones sobre la señal motora, que, según el diseño experimental, corresponde a la conciencia subjetiva del sujeto que toma, o más bien cree que toma, la decisión conductual. Un libro escrito después de la publicación de estos resultados, se llamó "El cerebro sabe antes". Efectivamente hay 300 milisegundos de distancia entre el procesamiento cerebral de la toma de decisión y la conciencia del sujeto, que siempre hemos pensado es el agente que toma decisiones. Estos experimentos dieron origen a una catarata de publicaciones pues la libertad del sujeto, para ser agente consciente de sus decisiones, quedaba en entredicho. Dado que según este planteamiento experimental es el cerebro el que toma decisiones, y no la mente consciente, que de este modo no es agente decisional, se ha llegado a sostener que el cerebro humano es el origen verdadero del libre albedrío y conscientemente sólo registra a posteriori las conductas que imagina representan su libre voluntad.

Las críticas que pienso son más sólidas en contra de esta hipótesis, son las siguientes: a) La intención original de tomar alguna decisión respecto a cualquier problema es de la mente consciente, y el cerebro es, por decirlo así, el operador que busca en sus bases de datos (memorias conscientes e implícitas), la mejor opción conductual. Esto, en verdad, ocurre en la vida diaria. Decidimos, como agente consciente, ir a una comida con amigos en tal lugar y en tal fecha y hora. Cuando llegamos, podemos elegir el asiento que más nos acomoda. Luego, el menú. Llegados los platos, estamos enfrascados en las conversaciones que tienen los amigos, y no tenemos ninguna conciencia de miles de mini decisiones que entretanto estamos tomando, y para las cuales nuestro cerebro está operando: Tomar la cuchara y llevarla a la boca. Limpiarse los labios con la servilleta. Tomar un sorbo de vino. Cortar la carne con tenedor y cuchillo, los que debieron ser encontrados. Buscar y usar el salero, etc., etc. Todas estas mini decisiones responden a conductas rutinarias y automatizadas (Capítulo 2) que pueden hacerse conscientes, si hay algo inesperado, o fuera de lugar. Aquí se hace cargo la Función Ejecutiva (del cerebro) y focaliza la atención y genera planes conscientes, de acuerdo a los cuales se instruye a los aparatos cerebrales con órdenes que pueden rezar así: Cuando aparezca la señal visual que corresponde, active la cognición motora para apretar el botón. Son el tipo de instrucciones que daría el gerente general de una empresa a un gerente de área.

b) El experimento de Lisbett es, por necesidades de diseño, demasiado simple. Las relaciones cerebro-mente que han sido hasta ahora inescrutables en su intimidad, parecen ser mucho más complejas y con un sinnúmero de asociaciones, procesamientos en paralelo y retroalimentaciones que el modelo experimental de Lisbett no ofrece (y no puede ofrecer), por su simplicidad y limitación informacional. Desde un punto de vista general, esta crítica es certera porque hace presente la extrema complejidad estructural y funcional del cerebro, y lo poco o nada que se sabe preciso de los procesos neurobiológicos correlacionados con ciertos atributos mentales, especialmente con la conciencia subjetiva (Capítulo 3).

En realidad, de lo único que estamos seguros es de correlaciones y asociaciones. A lo largo de este libro en muchas oportunidades hemos sostenido que tal atributo mental es procesado por tal región (o módulo) cerebral. Esta afirmación se basa en tres tipos de evidencias: a) Cuando por cualquier razón esa tal región es dañada, un atributo mental específico es alterado. Como esta correlación se ha demostrado muy estable, en cientos de miles de pacientes en la historia de la Neurología, podemos afirmar que esa tal región del cerebro procesa ese tal atributo mental; b) La moderna imagenología (RMF, por ejemplo). (Anexo III) demuestra, con alguna precisión, el lugar específico del cerebro que se activa cuando el sujeto experimental realiza alguna tarea que significa expresar algún atributo mental; c) En pacientes neuro-quirúrgicos operados con anestesia local (el cerebro mismo no tiene receptores sensitivos), se ha estimulado con electrodos especiales determinadas regiones cerebrales, y se ha encontrado que ellas, así activadas, manifiestan específicas percepciones sensitivo-sensoriales o acciones motoras de segmentos corporales, también muy específicos. En la década del 30 del siglo pasado, el neurocirujano canadiense W. Penfield construyó con esta técnica, el homúnculo motor y el sensitivo que en este libro se incluyen en el Capítulo 8 (Tecnologías e Innovaciones). Estos distintos métodos de investigación son enteramente similares en cuanto a mostrar cuál región cerebral procesa cuál atributo mental. Sin embargo, esta correlación tan evidente es sólo eso: una correlación. No sabemos la manera precisa cómo las redes neurales, elementos físicos que pertenecen al mundo material, son capaces de producir atributos mentales que pertenecen a una esfera distinta de la realidad. La conciencia, los afectos, el pensamiento son absoluta y completamente inmateriales. Claro se expresan en sonidos (lenguajes) y movimientos (actos motores). Pero los sonidos del lenguaje y los movimientos de la cognición motora, pertenecen al mundo físico, material, aunque representan ideas, afectos, propósitos, motivaciones, atributos de la mente que no pertenecen al mundo físico-químico material.

De esta manera, en nuestra búsqueda de los orígenes del libre albedrío, nos hemos encontrado con el que ciertamente podemos llamar, el "misterio de los misterios", porque en realidad eso es la transformación de las actividades físicas de neuronas que pertenecen al mundo material, en pensamientos, deseos y creencias, que son aspectos de una mente consciente que no es material.

Es interesante considerar por qué introduje aquí, en el capítulo dedicado al Derecho, este problema que he llamado el misterio de los misterios. Lo hice porque normas morales, libre albedrío, responsabilidad, justicia son componentes esenciales, tanto de la conciencia que opera como agente inmaterial, como del Derecho que regula la mayor parte de los intercambios sociales públicos y algunos privados (sobre este último tema ver más adelante).

Pero, además del libre albedrío, más arriba nos preguntábamos por qué personas sanas, conscientes y sin factores excluyentes, rompen las normas sociales y delinquen. La criminología, que en muchos lugares es rama especial de la Psicología con cierta capacidad de predicción (grupos y personas con mayores riesgos para delinquir), considera que los factores de riesgo más importantes pueden englobarse en tres categorías generales: a) Biológica; b) Historia y Personalidad c) Ambiente sub-cultural. También asegura que cuando los factores de riesgo se suman, la posibilidad de romper las reglas sociales es muchísimo mayor. Sin duda, estas clasificaciones no son perfectas, pero resultan útiles para destacar ejemplos que calzan con esta tipología, y también para identificar tipos de tramposos y criminales que a ella escapan. Recordemos que no estamos considerando las personas que rompen reglas por los factores que creemos atenuantes y eximentes, aunque hay ciertamente gente que, aunque tiene hambre, ellos o sus hijos, no roban para saciarla. También hay personas que cuando encuentran en la cama a su esposa con un amigo, no los agreden físicamente o los matan. Esto nos indica que aún en situaciones eximentes de culpa, los factores de riesgo cuando existen, hacen más proclives a las personas a romper normas y reglas.

1. *Factores de riesgo biológico.* El mundo de los criminólogos está lleno de estadísticas que muestran que, en todas las culturas de todos los tiempos, la posibilidad de romper reglas, en especial de modo violento, es mayor en hombres de entre 18 y 20 años. La explicación corrientemente aducida es la testosterona, que como se sabe aumenta la agresividad en los machos mamíferos por una razón biológica de primera importancia. Prepara sus cerebros (que tiene receptores de testosterona en el sistema límbico y el hipotálamo), los que activan los sistemas de ataque para enfrentar las luchas que deben desarrollar (contra otros machos) para tener acceso a hembras, aparearse y reproducirse. La edad de los varones que los torna más agresivos es la madurez temprana, con una identidad sexual recién estabilizada y muy activa y, por supuesto, competitiva con los demás varones.

A esto se suma que su madurez mental, recién adquirida, es menos apta para controlar los desbordes de conductas agresivas. Todo esto apunta a que los resultados estadísticos tienen razón. Lo biológico (varones jóvenes) es efectivamente un factor de riesgo, que aumenta la posibilidad de desbordar normas, en este caso, las que prohíben dañar con actos agresivos. El problema es que sólo el 2 a 3 por ciento de los varones jóvenes, de cualquier población, comete estos daños por distintos niveles y tipos de violencia. El resultado de estas estadísticas elementales pero claras, es evidente. Debe haber otros factores de riesgo, que, sumados a los biológicos, provocan la trasgresión de una norma tan fundamental como no dañar a los demás.

Por otra parte, a estas edades, es más frecuente la drogadicción y problemas también biológicos. Los psicotrópicos, puestos de moda en cuanto a vicio extendido, después de la II Guerra Mundial, tienen a lo menos tres efectos criminológicos: a) Produce adicción, lo que significa no sólo acostumbrarse a ingerir drogas sino necesitarlas. Este imperativo es fisiológico, pues de no hacerlo, tienen los problemas corporales y psicológicos que configuran el "Síndrome de Deprivación". En todo caso, durante la presencia de la droga en el cerebro del adicto, éste puede realizar un sinnúmero de actos, desde estrambóticos producto de las alucinaciones inducidas por las drogas, o criminales debido al desenfreno que suelen generar los psicotrópicos, b) La necesidad de consumir la droga, desbloquea los sistemas de control del comportamiento, por lo cual los adictos que buscan el psicotrópico que necesitan, son capaces de robar, agredir, prostituirse, o aun matar, con tal de disponer de la droga misma o del dinero para conseguirla; c) En un cierto plazo de consumo más o menos constante de cualquier psicotrópico, éste produce alteraciones del cerebro. Pérdida de las memorias, dificultades de aprendizajes, de control de impulsos y de capacidad de juicios lógicos y morales. Con cualquiera de estas insuficiencias mentales, el riesgo de transgredir normas es muy alto. Claro que lo es más aún, si estas tres condiciones: a), b) y c) se suman como habitualmente ocurre.

2. *Historia y Personalidad.*

a) Experiencias traumáticas. Hay hechos en la vida de algunas personas que les son terriblemente dañinos y que se transforman en factores de riesgo para transgredir normas. El mejor estudiado, por su carácter oprobioso y su frecuencia, es el abuso sexual infantil. Está comprobada la probabilidad que niños abusados en su infancia se conviertan en abusadores cuando adolescentes o adultos. Por supuesto, cualquier tipo de abusos, sobre todo en la niñez, produce problemas psicológicos, variables según la calidad y la prolongación en el tiempo de la experiencia dañina. Depresión, timidez, promiscuidad sexual, problemas de pareja, etc. Pero fuera del abuso sexual, los niños agredidos de alguna manera pueden imitar, cuando adultos, las agresiones que ellos sufrieron. Los o las que sufrieron castigos como método de educación, tienden a ser castigadores con sus propios hijos. Lo mismo suele ocurrir con la excesiva disciplina y trabajo en el hogar: hacer la cama, poner la mesa, recoger desperdicios, etc. Claro que hay otras experiencias terribles. Padres bebedores que golpean a sus madres, o madres que tienen múltiples convivientes sucesivos (a veces agresivos o abusadores), etc.

Sin embargo, es posible que la experiencia traumática más importante sea el abandono. En tanto crimen, el abuso sexual es mucho más grave. Pero la frecuencia del abandono parental lo hace socialmente más trascendente. La vida del niño abandonado puede adquirir distintos derroteros, siempre traumatizantes, pero la intensidad de daño psicológico depende de varios factores. El más corriente es la desaparición del padre. Los hogares mono-parentales en Chile, casi exclusivamente con presencia materna, alcanza casi al 20 por ciento de los hogares con hijos. Dado que la ausencia paterna es mucho más frecuente en los grupos sociales más vulnerables, la pobreza se acentúa, la madre debe trabajar, el niño queda solo o en manos de parientes la mayor parte del tiempo, por lo que sufre un segundo abandono. Cuando está en edad escolar va poco a estudiar y se entretiene con amigos. El ausentismo escolar, de los niños más vulnerables, alcanza el 40 por ciento, que en la inmensa mayoría proviene de hogares mono-parentales. Es generalizado en niños algo mayores, la conformación de grupos de muchachos, que, sin control parental, adoptan malas prácticas. Robos oportunísticos al comienzo, más deliberados después. Riñas y agresiones con otros grupos y asaltos con violencia.

En todo caso, en este tipo de abandono las experiencias traumáticas pueden o no ser graves. Lo son, cuando debido a su indefensión los niños son víctimas de abusos sexuales, o se confabulan para asaltos y violencias mayores. En todo caso, las experiencias traumáticas son prácticamente siempre graves en los niños sin hogar, abandonados o sin acceso a ninguno de sus progenitores, ni siquiera a familiares protectores. Estos niños son los que viven bajo los puentes, o son institucionalizados donde son agredidos, abusados y aprenden todo tipo de malas prácticas. Así, podemos decir que las experiencias traumáticas de niños abandonados de diversas maneras, son efectivamente grandes factores de riesgo para transgredir reglas sociales,

b) No he incluido en estas consideraciones, experiencias traumáticas frente a grandes desastres (terremotos, incendios, naufragio y demás) porque no hay evidencias que estas experiencias sean inductoras de criminalidad. En el caso de las experiencias traumáticas en guerras, pareciera que un cierto número de soldados combatientes, desarrolla durante la guerra algunas conductas, sin duda, criminales. Matanza de civiles, robos, agresiones varias y sobre todo violaciones. Al ser desmovilizado y volver a la vida civil, muy pocos mantienen conductas criminales. Esta criminalidad es aún más intensa en revoluciones, guerrillas, probablemente por la falta de disciplina militar que funciona como sistema normativo. El terrorismo es otra cosa. Los líderes son criminales en el más estricto sentido de la palabra, como los padrinos de las mafias. Los sicarios, en ambos casos, son una mezcla entre psicópatas y débiles mentales.

3. *Carácter y personalidad*. Hay cierta confusión en la definición de estos atributos de la mente debido a que no se les distingue por su origen: innatos y aprendidos. El carácter es evidentemente genético. Son los rasgos psicológicos más constantes de las conductas de los individuos, los que le dan un tono característico y común al modo como piensa, se relaciona con otros, responde a los estímulos medio ambientales, en una palabra, a las claves de su comportamiento. La diferencia es que la personalidad tiene componentes aprendidos, que se entremezclan con los rasgos de carácter que son innatos. Vista esta diferencia de origen, podemos decir que el carácter viene precableado en el cerebro de la persona y el ambiente modula sus rasgos, y al hacerlo, no sólo los incrementa o disminuye sino le agrega variaciones de estilo. Una persona de carácter (innato) explosivo, puede nacer en un ambiente tranquilo que no sólo morigera su carácter, sino le introduce variaciones. No puede explotar en ciertas circunstancias, en otras podría alzar la voz con fuerza, pero no agresivamente. De esta manera, el carácter rara vez se manifiesta directamente. Siempre está modulado por la cultura (o más bien sub-cultura) del entorno donde cursó su infancia temprana, y se incorporó a su propia cultura y construyó su personalidad, o, dicho de otro modo, se socializa (Capítulo 5). Esto no significa que el carácter desaparezca. Se manifiesta, podemos decir desnudo, en situaciones críticas o extremas en las que aparece, por ejemplo, la fuerza (de carácter) de quienes evitan conflictos. Estudios recientes muestran que, en la tercera edad, por razones no bien conocidas, tiende a reaparecer el carácter innato original. Es decir, en los ancianos los velos culturales que modulan el carácter se van esfumando.

Obviamente, según el carácter los factores de riesgos de trasgredir normas se manifiestan de modo diferente. Un carácter fuerte, imperativo, será el líder de la banda que asalta un banco. Un cobarde puede romper las reglas de otra manera. Mentirá para evitar problemas. Matará con veneno agregado a la bebida de la víctima, subrepticiamente. La personalidad de los tramposos, que en general practican los llamados crímenes de guante blanco (estafas, contrabando, cohecho, robos no violentos, engaños comerciales, etc.), parece ser de tipo psicopático (la Psiquiatría describe una docena de psicópatas, además de los fríos de ánimo, que vimos más arriba) y se presenta en distintos grados. Desde el simple aprovechador de las bebidas y los dulces en un cocktail, o se pone primero en la fila, aunque llegó más tarde, hasta el gran estafador, que esquilma a miles de personas en operaciones de inversión. Parecen ser, los tramposos, bastante más numerosos que lo que se cree. Tanto así, que como vimos en el Capítulo 3, una de las funciones importantes de la Teoría de la Mente, que de alguna manera también existe en los chimpancés, es detectar tramposos, a veces sólo mentirosos y aprovechadores, o, por otra parte, grandes estafadores de guante blanco. Este tipo de psicópata puede operar sin otros factores de riesgo que se le acompañen. Romper normas sociales es parte de su personalidad. No necesitan la presencia de otros factores de riesgos biológicos o subculturales. Cuando existen y se suman al carácter y personalidad de base, nacen criminales.

3. El medio ambiente sub-cultural como factor de riesgo

Este es, en mi opinión, el principal factor de riesgo para transgredir normas sociales. Las razones de mi preferencia me parecen bien evidentes. Como vimos en el Capítulo 5 el niño se incorpora a su propia (sub) cultura durante su maduración muy temprana, y los principios y reglas que aprende son las de su familia y de su entorno cercano. Lo que ocurre es que cada ambiente tiene como parte integrante de cada sub-cultura normatividades algo distintas. En este caso el niño incorpora a su repertorio de normas aceptables las que su sub-cultura le transmite. Esto no es extraño. Todas las sub-culturas tienen variaciones respecto a la cultura general. Estas diferencias son corrientemente menores, excepto cuando un grupo introduce innovaciones mayores, capaces de mejorar el desempeño de esa comunidad y, entonces, se generaliza. Esto es parte de la dinámica que subyace a la evolución cultural, lo que, a su vez, puede modificar sus normativas también las legales. Consideremos una comunidad que vive de la agricultura. Alguien descubre una mina de oro que resulta tener grandes reservas de ese mineral. Necesita atraer capitales, introducir tecnologías, asegurar su propiedad, etc. con el fin de explotarla. Esa comunidad agrícola requiere adaptarse a las necesidades, por una parte, de las tecnologías de minas, y por otra, al Derecho de Minas con sus normas correspondientes. Pensemos en cambios menores. Un comerciante como Marco Polo. Trajo de China, sedas, perlas, tapices, marfiles, etc. De esta manera introdujo un cambio en los vestidos, joyas, adornos de las casas de los grupos influyentes de Venecia medieval. Las formas de vestirse, alhajar sus viviendas y de negociar estos productos variaron. Es una modificación, pequeña es cierto, de normas culturales de esa subcultura "aristocrática" de Venecia.

Pero estas habituales y pequeñas variaciones de las normatividades sub-culturales pueden ser de otro tipo: inciden en normas basadas en principios morales, que como hemos repetido, son universales. Esto es sólo aparentemente una contradicción. Los principios morales básicos son, como sabemos (Capítulo 4), especificados en cada cultura y sub-cultura, y tienen rango de desviación. Recordemos: no matar, excepto al traidor, o al enemigo, o a la adúltera. No mentir, excepto para desinformar al contendor. No robar, excepto a los vencidos en una batalla. Por otra parte, todos los atributos de la Sociabilidad (Capítulo 3) se aplican al grupo propio, dentro del cual, es fundamental cooperar, establecer y mantener confianza para lograr intencionalidades competitivas (Capítulo 4).

De esta manera, es posible concebir una sub-cultura de un grupo comparativamente pequeño, que por una parte especifique las condiciones en las que se aplican los principios morales, y considere que esas condiciones devienen en conductas y normas sólo válidas al interior de ese grupo. Estos arreglos son bien conocidos. Las mafias, las bandas de ladronzuelos o de sinvergüenzas mayores, estafadores y de gángsters operan de esta manera. Sus mecanismos neuro-psicológicos de acción son trasparentes. Sin embargo, el problema mayor es que estos grupos de delincuentes se prolongan en sus descendientes. Tienen familias e hijos, los que en su infancia temprana aprenden cuáles son las normas aplicables y correctas, de acuerdo a la sub-cultura en que nacieron (Capítulo 4). Por otra parte, no es necesario que los grupos sean grandes familias de mafiosos. Puede ser sólo una familia extensa que ha desarrollado una subcultura criminal y la transmite a sus hijos. Tampoco hay que pensar que la herencia sub-cultural de malas prácticas que trasgreden normas, es privativa de grupos mafiosos o familias criminales. En muchos hogares y sus entornos más cercanos, los niños aprenden a ser tramposos, con el simple expediente de asegurar que no hay problemas morales en abusar de situaciones de mando, o de preferir parientes no muy calificados para algunos trabajos, o coimear a funcionarios para lograr contratos. Las estafas abiertas son menos recomendables por el riesgo de sanciones, pero aprovechar indebidamente posiciones dominantes en algún mercado, parece natural. Este tipo de trasgresiones de "guante blanco" son tan frecuentes, y con ganancias tan cuantiosas, que el Derecho económico en todo el mundo es el más innovador y dinámico, pues constantemente genera instituciones y sistemas de control (Superintendencia de Bancos, empresas, valores, normas, leyes contra el lavado de dinero, el contrabando, la elusión de impuestos), que en general se cambian con frecuencia porque prácticamente siempre los tramposos encuentran formas de eludir las normas.

Me he detenido en este tema, acerca del ambiente sub-cultural como causante de peligro en la transgresión de reglas y normas, para mostrar que este factor de riesgo es indudablemente, el más frecuente, constante y, por decir así, el más diversificado. Incluye crímenes contra las personas, la propiedad, el Estado y las empresas. Lesiona la política, la economía, la seguridad personal, familiar y pública, y la confianza de los ciudadanos. Se asocia prácticamente con todos los otros factores de riesgo que facilitan trasgredir las normas. El carácter del tramposo o del criminal ocupa aquí su lugar. Líderes que comandan mafias, obtusos mentales que matan por orden de sus superiores. Quienes han tenido experiencias traumáticas son incorporados, y los varones jóvenes (factor biológico) están en primera fila en toda clase de latrocinios. Antes de terminar este apartado, recordemos el Capítulo 5 sobre el aprendizaje de normas, transmitidas por familias y ambientes sub-culturales cercanos. Ahí se muestra el modo cómo las sub-culturas se las arreglan para construir artistas, sabios, tramposos o criminales, con mayor o menor éxito en sus actividades, según su inteligencia, habilidades y carácter.

4. El Derecho y la Moral

Aunque esta relación Derecho con Moral ha sido mencionada varias veces en este capítulo, me parece necesario darle un tratamiento más formal, sobre todo porque desde hace milenios (Aristóteles, por ejemplo, y después teólogos y filósofos) han elucubrado no sólo sobre su origen, sino también, en torno a las complejas relaciones en situaciones concretas, que entre ambos (Derecho y Moral), aparecen en la práctica cotidiana de personas individuales, y de los órganos judiciales que deben juzgar conductas que se apartan o no de las normas legales. Veremos estos dos asuntos sucesivamente en este apartado.

4.1. El origen de un Derecho basado en normas morales

En este libro hemos desarrollado una idea que nos parece (de acuerdo a las evidencias presentadas en varios capítulos) la más verosímil respecto al origen de los principios morales. Sostenemos que ellos son innatos, constituyen una gramática moral (ayuda-cooperar, no dañar-respetar), que es al mismo tiempo, simple y poderosa en cuanto a los procesos neuro-psicológicos que la incluyen. Sostenemos, también, que por su capacidad de equilibrar y coordinar nuestras inevitables y contradictorias predisposiciones: sociabilidad-individuación, tienen un origen evolutivo, puesto que hizo prosperar a los grupos de homínidos que incorporaron esta gramática moral a sus conductas. Sobre este telón de fondo corresponde discutir el origen de las relaciones entre principios morales, que controlan las conductas sociales humanas, y el Derecho, que obviamente también las controla. Pero desde otra perspectiva.

Como de costumbre los primeros filósofos que pensaron seriamente estos asuntos fueron los griegos. Aristóteles parece haber sido el creador de la influyente (hasta hoy) idea del Derecho Natural que sostiene que es parte de la naturaleza de los humanos la inclinación o predisposición a distinguir el bien o el mal de las conductas humanas, y que estas implicaciones éticas de valor (esto es que valoran conductas como buenas o malas), son las consideraciones básicas del Derecho, que acepta o prohíbe determinados comportamientos. Estas "intuiciones" morales de la mente son previas a cualquier deliberación. Deducir de estas intuiciones sus numerosas implicancias en diversos comportamientos, con consecuencias para los demás, constituyen el fundamento de preceptos y normas legales. Las intuiciones (morales) que subyacen al Derecho, encuentran aplicaciones prácticas en sus derivaciones (deducidas racionalmente) en muy distintos ámbitos: familia, política, economía, comercio, relaciones internacionales, etc. Por otra parte, los problemas ético-jurídicos que en estos ámbitos se pueden presentar, debieran ser jerarquizados según su importancia en el orden natural. Los principales son los que comprometen la vida de las personas (asesinatos) o del propio grupo (traición).

En el Derecho positivo, que es (o debe ser) la consecuencia lógica de "jus-naturales" como llamaron los romanos al Derecho Natural, las penas para el infractor de alguna norma, deben corresponder al nivel que tenga en la jerarquía natural, el bien que esa precisa regla protege (la vida, la nación, la propiedad, el prestigio, etc. Es evidente que el Derecho positivo de cualquier país del mundo actual, se funda en las nociones centrales del derecho natural, aunque en muchas partes, especialmente en Oriente no hayan oído hablar de filósofos griegos o juristas romanos. El propio Derecho original de las tribus germánicas, que es distinto al latino que deriva de los romanos, se fundaba de algún modo en el Derecho Natural, aunque no lo llamaran de esa manera. En realidad, la diferencia actual entre los Derechos de origen romano con los de origen germánico (Norte de Europa, Estados Unidos y las ex colonias británicas) es más de procedimiento que de origen conceptual. Esta universalidad del Derecho Natural como sustento del Derecho Positivo ha tenido y seguirá teniendo consecuencias teóricas y prácticas. Ambas de gran trascendencia.

Desde el punto de vista de las hipótesis más básicas del Derecho Natural (nace de la naturaleza humana) no tiene gran diferencia con la visión de la Neurobiología moderna. Claro que para ésta es el cerebro y sus predisposiciones neuro-psicológicas, (producto de la evolución natural), las que configuran para estos efectos, la naturaleza humana. Antes del enorme desarrollo de la Neurobiología, el Derecho Natural tenía, para algunos, un origen más bien desconocido, puesto que el concepto de naturaleza humana es tan amplio y abstracto, que en realidad explica muy poco. Para otros, el Derecho Natural tenía, y aún para muchos tiene su origen, en principios morales, los cuales son designios de la divinidad y, como tales, están contenidos en las Escrituras Sagradas, pero no sólo allí, sino como diría "El Buen Pastor" en el corazón de los humanos. Por otra parte, la universalidad de los principios morales, y con ellos del Derecho Natural, hace poco creíble la afirmación, también de antigua data (Vico, Rousseau), mantenida por el modelo estándar de las Ciencias Sociales y profundizada por el post-modernismo, (Prólogo) que los principios morales y el Derecho son producto de acuerdos socio-culturales. Por ello que sólo representan reglas consensuadas, para nada distintas a reglas y normas prácticas que pueblan las relaciones sociales y también los códigos legales. Estos mismos contribuyen estructuralmente a mantener la idea de la consensualidad como origen único del Derecho. Digo estructuralmente, porque muy pocas veces (si algunas), diferencian en sus articulados normas fundamentales basadas en la moral, de normas prácticas y eventuales basadas en consensos socio-culturales. La definición de normas que regulan derechos y deberes fundamentales, por supuesto se encuentra en las Constituciones, en las cuales no siempre la separación entre ambos tipos de regulaciones es clara. Y con el agravante, que, entre los políticos más progresistas, según su propia definición, se extiende la noción que tal separación es conservadora, detiene el progreso social y, en el fondo, que no existen derechos y deberes fundamentales y universales.

Esta mezcolanza entre dos tipos de reglas ya ha ocurrido en variados países del mundo, que desde el siglo pasado están cambiando sus Constituciones, y en otros, que se afanan por hacerlo. El ejemplo que más frecuentemente se aduce es el Derecho de Propiedad. Es un componente de la naturaleza humana ser propietario o es sólo un azar del destino. Este ejemplo que pareciera ser difícil de responder por el Derecho Natural, indicaría que, entre los derechos y deberes fundamentales, y los consensuados, la separación no siempre es fácil de establecer. Por supuesto, el derecho de propiedad es parte destacada de las opciones ideológicas que estudiamos en el capítulo anterior sobre política y economía. Su aparición, cuando consideramos derechos y deberes plasmados en códigos legales, nos debe hacer pensar que el Derecho positivo también tiene una raigambre ideológica, esto es, que su materialización en códigos jurídicos específicos, depende de la concepción que una determinada sociedad y sus grupos de poder tengan sobre la naturaleza humana y sus atributos bio-culturales. Ésta es una cuestión fundamental para este libro y sus bases neurobiológicas. Desde este punto de vista, sostengo que las ideologías son una manera de concebir la naturaleza humana, pero que hay algunas que se acercan más a las evidencias científicas de la Neuropsicología moderna, mientras otras, basadas en principios no demostrables, resultan en invenciones catastróficas. Esto ocurre cuando son contrarias a la tríada de la sociabilidad, de cuyo equilibrio y coordinación interno, depende la buena vida y la prosperidad de los seres humanos, en cuanto personas que habitan y se deben a una comunidad. Veamos algunos ejemplos de las ideologías en acción.

Las raíces ideológicas del Derecho representan una visión de la naturaleza humana que puede apuntar a fortalecer los derechos (y las obligaciones) de los ciudadanos, su dignidad y su igualdad ante la ley. Estos contenidos "ideológicos" se encuentran en la Declaración de Independencia de Estados Unidos y su Constitución (1776). También en la Declaración de derechos de los ciudadanos de la Revolución Francesa (1794) y en la Declaración de los derechos humanos de Naciones Unidas (1948). Claro que éstos son momentos estelares de la modernidad, que a su lado tenían, sobre todo las dos primeras, normas que permitían la esclavitud, abolida en Europa en 1835, la segregación racial terminada en USA en 1968, y el *apartheid* sudafricano superado hace poco más de 25 años.

En mi opinión estos avances y sus dificultades, son parte de la evolución cultural de las sociedades, que progresivamente mejoran los derechos del ser humano (se acercan a su naturaleza real), con muchos tropiezos, pero vigorosamente y esto especialmente en la modernidad (Capítulo final). En realidad, en las civilizaciones basadas en la agricultura, que se empezaron a derrumbar con la Revolución Industrial, y que duraron casi 4 mil años, los derechos humanos y la igualdad ante la ley dependían de la jerarquía socio-económica de las personas y de su poder político que, por supuesto, era correlativo con sus jerarquías. En el Código de Hammurabi, el primer instrumento legal escrito que se conserva, hay definiciones de crímenes cuyas penas se relacionan estrictamente con la clase social de los agredidos y de los agresores. El Código divide a la población de Babilonia, región que gobernaba Hammurabi 1.800 años A.C, en tres niveles (sin contar al Rey y su familia que se instalaban por encima de estos niveles): a) Señores; b) Artesanos, comerciantes, oficiales del ejército; c) Plebeyos (palabra romana muy posterior pero que calza bien en esta descripción de niveles sociales). El Código precisa los crímenes y las penas del siguiente modo: 1. Si el crimen X lo cometió un miembro de la clase a) y el agredido pertenece a la clase c), tiene la pena N. 2. Si el crimen X (la misma agresión) lo cometió alguien del nivel c) (el más bajo) y el agredido es del nivel a) (el más alto) la pena será de N. 3. Las penas podían ser de dinero (o su equivalente en especies); castigos corporales (desde azotes hasta la muerte); o castigos familiares (un hijo debía servir al señor agredido por tanto tiempo). En resumen, el Código de Hammurabi es una minuciosa normativa que relaciona crímenes con nivel social de agresores y agredidos, y penas. Pues bien, en la Edad Media europea, el Derecho en una civilización de base agrícola, existente 2.800 años después de la Babilonia de Hammurabi, también diferenciaba señores, clases medias y plebe, siervos de la plebe como llamaban a los campesinos atados de por vida (y por herencia). Éstos se dedicaban al cultivo de las tierras y el pastoreo del ganado de los señores, ahora Feudales. Este relato de la evolución cultural del Derecho, representa concepciones variables y progresivas de la naturaleza humana, y de los derechos inherentes a esta condición, que, durante las civilizaciones agrícolas, las distingue como de naturaleza y derechos diferentes, según su posición en la jerarquía social de esas comunidades.

Pero aquí se nos presentan dos asuntos que necesitamos resolver. El primero, discutido anteriormente, es el que se pregunta cómo es posible que el Derecho, en gran parte basado en principios morales universales, puede ser objeto de variaciones socio-culturales e históricas. La respuesta tiene dos componentes distintos, pero inter-relacionados. Las culturas especifican los principios morales de modo que éstos tienen margen de variación: no matar, con la excepción de…; no robar, a menos que…; etc. Por otra parte, estos márgenes son mayores o inexistentes cuando se aplican a grupos externos (no prójimos) con los cuales no se necesita aplicar el aparataje neurobiológico de la sociabilidad, y tampoco sistemas normativos de control (como los principios morales). Pero, además, en este apartado "Derecho y Moral" aparece un concepto que ahora puedo introducir, dadas todas las explicaciones entregadas más arriba: las ideologías, si se las considera, como creo que debe hacerse, están determinadas por la concepción que tenga la persona, el grupo y/o la cultura, sobre la naturaleza humana y sus atributos. Esta concepción de la naturaleza del ser humano, está presente en sus opciones políticas, en sus arreglos económicos y en las normas del Derecho. Esta noción que las ideologías permean distintos ámbitos del quehacer humano, como los mencionados (también se puede aplicar a desempeños) que veremos en capítulos posteriores, como las distintas filosofías, las diferentes creencias religiosas y, en cierto modo, las propuestas artísticas. Esta necesaria visión de la naturaleza humana también está presente en las tecnologías, que responden a necesidades humanas y a sus capacidades corporales.

Esta concepción de las ideologías, que de un modo u otro subyacen unitarias en los diversos dominios del quehacer del ser humano, no es neuro-psicológicamente sorprendente. Representa la coherencia e integridad funcional del cerebro, que se expresa mentalmente con las variantes que cada dominio requiere, para definir las conductas más apropiadas a las condiciones particulares de ese dominio. Esto, sin embargo, ocurre sin perder su carácter unitario. Dicho más simplemente, lo que estoy afirmando es que cada persona, grupo o cultura tiene una cierta idea sobre la naturaleza humana (lo que definimos como ideología), y la aplica sólo con pequeñas variaciones a la política, la economía, el derecho, la filosofía, las religiones, las artes y las tecnologías. Este modo de concebir las actividades humanas, a menudo tan diferentes unas de otras, a partir de una noción única y coherente de la naturaleza y atributos del ser humano, es el que hace posible que el Derecho pueda desarrollar normas de comportamiento en todos y cada uno de estos ámbitos a través de derechos especializados (civil, criminal, económico, comercial, del trabajo y aun un Derecho.

Aquí la cuestión importante es la siguiente. Esta visión única, que llamamos ideología sobre la naturaleza humana, se corresponde en la realidad, con una naturaleza humana que objetivamente sea similar entre las distintas personas (grupos y culturas) que pueblan la Tierra, puesto que las gentes de todas las razas, culturas, realidades socio-económicas son parte de la misma especie. Este es, obviamente, el supuesto central de las Ciencias, que, de un modo u otro, se dedican a conocer la naturaleza, las conductas, las habilidades y atributos de los seres humanos. Sin embargo, este no es el caso de las ideologías. Éstas pueden consistir, como hemos visto, en versiones más o menos erradas de la naturaleza del ser humano. Así, cuando el Derecho, basado en una cierta ideología (o las acciones de intervenciones políticas, económicas, religiosas, etc.) no se corresponde con la naturaleza objetiva del ser humano, se producen los desastres de los cuales está llena la Historia de la Humanidad.

La solución a estas contradicciones recién empezó a ser posible hace 250 a 300 años cuando la Ciencia comenzó a ser considerada como un respaldo objetivo a las intervenciones políticas, económicas o jurídicas sobre seres humanos y sociedades (por ejemplo, el *Tractatus Theologico-políticus* de Baruch Spinoza, la *Scienza Nuova* de G. Vico, y las conocidas contribuciones de Locke). Es evidente, que aún hoy la participación del conocimiento científico en los asuntos políticos, económicos o jurídicos, tiene problemas. Muchos líderes prefieren sus intuiciones ideológicas a los datos duros de las ciencias. También esto se debe a que las llamadas ciencias del ser humano no tienen un desarrollo que las haga suficientemente confiables para informar decisiones políticas, económicas o jurídicas. En este sentido, las filosofías modernas sí consideran en sus elucubraciones los avances de la Ciencia. Esto ocurre menos en las decisiones de líderes y grupos religiosos.

5. El Derecho y la Medicina

Por otra parte, las relaciones del Derecho con la Moral pueden ser, en ocasiones, contradictorias. El caso del aborto es un buen ejemplo. Líderes políticos de talante liberal y sin, o pocas ataduras religiosas, privilegian, en la mujer embarazada su libertad para elegir si lleva o no, su embarazo a término. Son varias las razones que puede tener para realizar un aborto. Fue objeto de una violación, el feto presenta malformaciones, el parto (o el embarazo mismo) pone en riesgo su vida, es pobre y tiene demasiados hijos, simplemente no está dispuesta a sufrir los rigores del embarazo, parto y crianza. La legislación que regula las prácticas abortivas puede ser restrictiva (sólo algunas causales las permiten), o mucho más abiertas, dejando la decisión a la madre (o a la pareja), y sólo fijando el número de semanas máximo, dentro del cual el embarazo se puede terminar. La razón de esta limitación es jurídicamente crucial para las mentes liberales. Deben distinguir aborto de asesinato. Quienes se oponen al aborto, independientemente de sus razones, tienen la misma lógica, aunque mucho más restrictiva. El aborto siempre es un crimen, un asesinato, cualquiera sea el momento del embarazo en que se practique. Es evidente, que aquí tenemos confrontadas dos visiones, dos ideas, dos ideologías sobre la naturaleza humana, más precisamente, respecto a cuándo un óvulo fecundado, empieza su existencia como ser humano.

Es neuro-psicológicamente muy interesante como estos dos grupos ideológicos conciben el comienzo de la vida humana, concepción que fundamenta las normas legales que se aplican a las prácticas abortivas. Para los conservadores (para llamarlos de alguna manera) este tema no les presenta problemas. La vida del ser humano se inicia exactamente en el momento que el óvulo materno fue fecundado por un espermatozoide. Para los liberales este asunto (cuándo realmente empieza a vivir un ser que puede llamarse humano) es un verdadero problema y las soluciones que proponen no son biológicas sino arbitrarias. No existe ninguna razón, en la maduración y desarrollo biológico del feto, que haga posible pensar que su vida como ser humano se inicia a las 12 semanas, a las 14 o a las 18 después de la fecundación.

Pareciera que el límite que diferencia el aborto del asesinato es el inicio del aparato cardiovascular, esto es, y en relación con la percepción de la madre o del obstetra, cuando empieza a latir el corazón. Por supuesto, esto es totalmente arbitrario. En este momento el feto no puede sobrevivir aislado de su madre. Los prematuros viables tienen más semanas de vida. Tampoco ayuda mucho el comienzo de la maduración del sistema nervioso que, mal que mal, dará origen al cerebro, puesto que su primera manifestación (la llamada placa neural), es muy temprana (2 o 3 semanas de vida embrionaria). Los demás sistemas vitales, digestivo, renales, comienzan a trabajar en distintos momentos de la vida intrauterina, y el cardio-respiratorio, en el preciso momento de nacer. Es curioso, que preguntados los que son proclives al aborto sobre este trascendental asunto (desde cuándo cada ser es humano), regularmente desconocen que su propuesta incluye como elemento principal el latir del corazón. Es éste, el que diferencia el aborto del homicidio.

Por otra parte, también hay disputas ideológicas sobre el término de la vida, problema que es recogido por normas jurídicas más numerosas y específicas en los tiempos modernos, en concordancia con el enorme incremento de los conocimientos médicos, y a la prolongación de la vida a más de 80 años. Por ambas razones, las discusiones sobre eutanasia y prolongación artificial de la vida son cada vez más frecuentes y vinculadas a pacientes concretos. Hay acuerdo en no prolongar la vida artificialmente cuando hay muerte cerebral. Si el cerebro continúa funcionando según mediciones con EEG, pero el enfermo está en coma y con deterioro irrecuperable, el médico con acuerdo de los familiares puede suspender las ayudas artificiales. La eutanasia es un problema médico-jurídico mayor. Si el paciente está consciente y absolutamente incapacitado, a su petición y siguiendo un protocolo altamente exigente, hay países que la permiten (Holanda-Bélgica). En general los médicos no están de acuerdo con la eutanasia por una consideración muy particular. Aprobar la eutanasia tienes riesgos. Posibilita que profesionales tramposos, con acuerdo de familiares interesados en sus herencias, lo practiquen de modo irresponsable y criminal.

Unas palabras sobre la judicialización de la Medicina. Me parece importante, porque es un cambio en las concepciones ideológicas sobre salud y enfermedad. Ellas derivan de creer o imaginar una enorme capacidad curativa de la Medicina moderna. Obviamente, en este cuadro también encontramos tramposos, particularmente entre abogados "especialistas" que convencen a parientes o familiares del siguiente relato. Un resumen de las raíces ideológicas de la judicialización de las prácticas médicas es: a) La capacidad técnica de la Medicina moderna es gigantesca; b) Si un paciente muere, o tiene resultados colaterales (por las medidas terapéuticas) se debe a que la institución de salud, los médicos y otro personal fueron negligentes; c) Los efectos negativos (secuelas) de la propia enfermedad no existen. Todas las secuelas se deben a negligencias; d) Dado que mi salud (o la de mi pariente) ha sido dañada por la incompetencia y la negligencia, mi deber es acudir a los Tribunales del Crimen para que sancionen a los negligentes, y a los civiles, para recibir el dinero que me corresponde por los daños indebidos causados.

En estos juicios hay tres agentes que vale la pena destacar: a) El recurrente en su nombre o representando al familiar dañado por la incompetencia y/o la negligencia. Éste, con mucha frecuencia, cree que en verdad la Medicina moderna tiene la capacidad de resolver todos los problemas de salud, la enfermedad y las secuelas. Un cierto porcentaje de los recurrentes no tiene estas creencias mágicas, pero son aprovechadores y tramposos; b) La institución y/o el médico acusado, que sostiene que hizo lo posible pero que las enfermedades a veces son incurables o dejan secuelas. En los juicios por "malas prácticas", en cualquier lugar del mundo, el 90 por ciento encuentra que no hubo incompetencia o negligencia. Claro que en el 10 por ciento sí las hubo, y como los resultados del juicio se conocen, estimulan las actividades del tercer agente; c) Los abogados querellantes que se han especializado en estos juicios y han montado una industria especializada, con alto porcentaje de tramposos que negocia (en realidad busca y ofrece sus servicios) con el recurrente, ofreciendo no cobrar por su trabajo, siempre que reciba el 40 por ciento de las indemnizaciones. En este caso de judicialización de la Medicina, lo más destacable desde el punto de vista neuro-psicológico, es la creencia realmente mágica en el poder de la Medicina moderna.

6. Derecho de propiedad

La tendencia humana (y de muchas especies animales) de apropiarse de cosas, territorios y, en ciertos contextos, de personas (esclavos, por ejemplo), sólo es sobrepasada en la jerarquía de los derechos, por la necesidad de disponer autónomamente de su propia vida y su buena muerte, tema que acabamos de examinar. Estas preponderancias pueden observarse en las normas morales de todos los pueblos, que constantemente reúnen entre sus prohibiciones fundamentales, no matar y no robar. Dada esta prohibición, puedo sostener que el derecho a tener alguna propiedad que no puede robarse, es tan antiguo como nuestra especie. Es curioso que esta misma generalización (no robar) no se encuentra para el Derecho a la libertad personal, que sin duda está entre las normas importantes de la Modernidad.

En este contexto, podemos aceptar que el valor de la libertad personal sí está presente, en las normas morales y las reglas legales, de tradiciones que no la incluyen en sus textos y códigos, porque está, por decir así, incluida en el valor que asignan al Derecho de Propiedad. Esta propuesta tiene dos consecuencias importantes. La primera, es que el Derecho de Propiedad está enteramente ligado a la persona o a un grupo de personas organizadas, que poseen cosas de variada naturaleza (lanzas, aviones, redes de pescar, edificios, fábricas, animales, árboles, territorios). En el mundo moderno se agrega la Propiedad Intelectual y las marcas (bebidas o automóviles), las empresas, títulos y grados, dignidades políticas o religiosas (Presidente o Arzobispo), y una incontable multitud de pertenencias, que lo único que tienen de común, es que pertenecen a alguien, perfectamente identificable como persona o como grupo con integrantes definidos. De esta manera, así como el Derecho a la Vida depende de la necesidad biológica de sobrevivir, el Derecho de Propiedad depende de la individuación y autonomía de las personas, capacidades que no se pueden ejercer sin libertad personal. Las hipótesis sobre el origen biológico evolutivo del Derecho de Propiedad (en especies animales o seres humanos), lo hacen depender de la predisposición de guardar recursos para sobrevivir el individuo y sus crías. Así, nos encontramos que tanto el Derecho a la Vida como el Derecho a la Propiedad se organizan neuro-psicológicamente alrededor de la necesidad de sobrevivir y poder reproducirse. Claro que estas últimas razones, aunque poderosas, son tan generales que necesitamos evidencias más cercanas para aceptarlas. Nótese que estoy sosteniendo que el Derecho de Propiedad nace de una tendencia biológica de los individuos para acceder y mantener recursos que estos consideran indispensables para su sobrevivencia y la de sus descendientes.

Este punto, respecto al Derecho de Propiedad como efecto de una predisposición biológica a apropiarse y mantener recursos que las personas piensan o creen indispensables para vivir, ha sido bien estudiado por Daniel Kahneman que ha planteado lo que él llama "adversión a la pérdida". De acuerdo a sus experimentos, basados en la teoría de los juegos, los sujetos experimentales, expuestos a transacciones usando dinero para comprar y vender, demostraron un impacto subjetivo mucho mayor cuando las pérdidas eran sobre el capital (de su propiedad en el experimento), que cuando había pérdidas o ganancias exactamente iguales, en operaciones puramente financieras. En este mismo sentido, otros experimentos han demostrado que los humanos que venden cosas largamente de su propiedad, le ponen un precio más alto que lo que ellos mismos pagarían por comprar la misma cosa. Sin embargo, el Derecho de Propiedad, aunque motivado por estas tendencias, tiene fines y mecanismos funcionales mucho más complejos, desde el punto de vista de la mente de los propietarios y de los miembros de su grupo de referencia. Según Joseph Story, jurista norteamericano, para desarrollar instituciones orientadas al Derecho de Propiedad deben conjugarse al menos cuatro elementos:

a) El propietario debe tener una relación especial con la cosa que posee: la adquirió en tal parte, por tal precio, la recibió como herencia o donación legalmente certificada, la descubrió antes que nadie (una mina de oro, por ejemplo), la inventó (un aparato o una canción), etc. Esta relación especial con la cosa que posee debe ser capaz de impulsarlo a defender lo propio y gestar recursos (físicos o monetarios) en tal defensa.
b) Su grupo de referencia socio-cultural debe, de alguna manera, reconocer y respetar esta especial relación.
c) El propietario debe reconocer la existencia de ese respeto en el sentido, agrego yo, no sólo de agradecer sino de asegurar que él en similares circunstancias obraría igual (reciprocidad).
d) Los miembros del grupo de referencia, individualmente o como miembros del grupo, deben tener la voluntad de intervenir en respaldo del propietario, protegiendo su propiedad de amenazas o riesgos provenientes de cercanos o extraños.

Éste sería, pienso yo, el entramado social y mental mínimo, para establecer el Derecho de Propiedad como un rasgo cultural de una determinada comunidad.

La organización institucional de este entramado socio-cultural (códigos explícitos, tribunales, jueces, normas de procedimiento, etc.) es parte de la historia de las sociedades, es decir, posteriores (o eventualmente simultáneos), a predisposiciones biológicas a poseer bienes. El problema marxista de la propiedad privada de los medios de producción, es un tema de economía política que tratamos en el capítulo anterior, pero las explicaciones entregadas aquí, pueden respaldar afirmaciones que allí hicimos respecto al derecho de propiedad, como una respuesta socio cultural y organizacional a la innata tendencia de muchas especies, y también la humana, a apropiarse de cosas y territorios. Por otra parte, el derecho de propiedad tiene tres esferas en las cuales su ejercicio puede correlacionarse, casi directamente, con predisposiciones neuropsicológicas. El primero, es la herencia, tema del derecho civil presente en prácticamente todos los códigos legales conocidos. La segunda esfera de acción del derecho de propiedad, es la de las donaciones o regalos que no esperan retribución, en las culturas más antiguas. Entre ambas, hay prácticamente siempre una confrontación soterrada. Las razones son bien evidentes. La herencia, es una figura legal que claramente se sustenta en lo que en el Capítulo 3 hemos llamado "altruismo genético", esto es, la tendencia a ayudar y colaborar con aquéllos con los cuales se comparten genes. Por su parte, las donaciones ponen en juego lo que ahí llamamos "altruismo recíproco", esto es, la predisposición a ayudar y colaborar con personas y grupos de la comunidad que están en riesgo, aun cuando sean completamente desconocidos. En estas circunstancias, es esperable que las familias del poseedor de bienes, y sujetos de altruismo genético, discutan la necesidad de donar bienes impulsados por el altruismo recíproco, el que a sus ojos tiene mucho menos sentido que los derechos nacidos de compartir genes.

La tercera esfera de acción del Derecho de Propiedad es la Reciprocidad. Creo que vale la pena abundar en la conexión entre reciprocidad y derecho. En el Capítulo 3 indicamos el vital papel que juega la reciprocidad en mantener relaciones sociales y económicas cooperativas y pacíficas. En el capítulo anterior la consideramos como un componente neuropsicológico, por decir así, privilegiado en Política, Economía y especialmente, en Comercio. En buenas cuentas, la reciprocidad es un factor muy decisivo en la mantención de buenas y provechosas relaciones económicas y sociales, en las cuales todos los participantes algo ganan, es decir, lo que llamamos juego de suma no cero. Creo posible sostener que la reciprocidad es un dispositivo neurológico fundamental para el derecho económico, en particular, el comercial. En los intercambios regulados por el Derecho comercial una persona natural o legal vende (o arrienda) un bien o servicio, del cual es propietario o productor, y espera recibir de parte del comprador una retribución en dinero o de otro modo (trabajo, por ejemplo).

Así, la reciprocidad es una condición distinta a la Moral, por cuanto supone que ambas personas que interactúan lo hacen en forma satisfactoria (uno para el otro). Esto no es cooperación altruista, cuya moral no necesariamente supone reciprocidad directa. Como se dice "haz el bien sin esperar recompensa". Este refrán no es aplicable a la reciprocidad, que efectivamente necesita que retribuyan satisfactoriamente el bien entregado. No se relaciona con la caridad, sino con la justicia. Tampoco con la bondad, sino con la responsabilidad. De esta manera se puede ver que la reciprocidad se relaciona con el Derecho, a través de dos de sus componentes (entre ellos entrelazados) fundamentales: Justicia y Responsabilidad. Estas interacciones se pueden describir con una sola frase. "Espero que tu Responsabilidad te impulse a devolverme lo que en Justicia me corresponde". De esta manera, la reciprocidad se produce entre entes reales. Personas, empresas, países. Por supuesto, cuando los bienes y los dineros comprometidos son cuantiosos, entre los participantes se firman contratos convenios o tratados, que testifican tanto el acuerdo recíproco como las responsabilidades comprometidas. Como es sabido que hay ocasiones en que los contratos no se cumplen o necesitan ser muy bien especificados, en las sociedades de las más antiguas hasta las actuales, hay desarrollos de códigos que configuran el Derecho Económico y Comercial.

Claro que hay otras formas, no económicas, en que se manifiesta la predisposición a la reciprocidad. Los acuerdos políticos, desde los chimpancés en adelante, obligan a los participantes a retribuir los servicios acordados de manera justa.

Puede ser que, en algunas tareas cooperativas, la reciprocidad sirve para establecer los esfuerzos que comparativamente en Justicia corresponden a cada uno de los socios. Es responsabilidad de ellos, hacerlo como corresponde. Es evidente que las cooperaciones establecidas por intencionalidades compartidas (Capítulo 5), es decir las de más alto nivel neuropsicológico, pueden considerar deseable que quienes colaboran tengan la responsabilidad de trabajar como acordaron cuando decidieron bregar por una cierta finalidad compartida. El objetivo intencional de los que participan puede ser cazar renos en el Paleolítico Superior, construir un bote entre los vikingos, o desarrollar un sistema de control de plaga en una firma farmacéutica actual. La diferencia de este tipo de colaboración con el de los que trabajan con reciprocidad comercial, es que esta última no sólo no requiere intencionalidades compartidas, sino que no las necesita porque corrientemente sus intencionalidades, lejos de ser compartidas, son contrapuestas. De aquí, que la reciprocidad que necesita responsabilidad para lograr justicia, se avenga más con el comercio, en que las intenciones de los vendedores con las de los compradores son efectivamente distintas. Uno necesita vender sus productos al mejor precio posible, y el otro desea comprar esos productos al menor precio posible. Cual sea el precio en que se trance el producto, es el resultado de una negociación, por la cual ambos se sienten responsables por haber arribado a un precio justo. Lo mismo puede decirse de acuerdos políticos entre partidos diferentes, o de relaciones comerciales entre países distintos, o de contratación de personal en empresas (la responsabilidad de la empresa es pagar un sueldo justo y la del trabajador es hacer las tareas que se comprometió a realizar). En ninguno de estos casos hay intencionalidades compartidas, lo que significa que el fin perseguido no es el mismo entre las dos partes, salvo claro está, que creamos que el objetivo compartido es algo tan general y abstracto, como, por ejemplo, "hacer negocios" o trabajar por el éxito de la empresa

De acuerdo hasta lo que aquí hemos visto, el Derecho es un poderoso sistema de control del comportamiento social, que se establece y funciona como un rasgo cultural, por lo tanto, con las variaciones interculturales esperables y modificables, según la evolución y desarrollo de las comunidades a las que sirve. Sin embargo, tiene un fundamento neuropsicológico innato que depende, a lo menos, de tres predisposiciones mentales: a) La capacidad humana de generar y aceptar regulaciones; b) La presencia de principios morales, que pueden juzgar intenciones y conductas, utilizando una gramática universal: Ayudar-Cooperar; No Dañar- Respetar y c) La noción de Reciprocidad que establece dos disposiciones indispensables para intercambios sociales pacíficos y provechosos. Justicia y Responsabilidad. De esta manera el Derecho puede cumplir sus dos funciones psicosociales principales: Dar a cada uno que efectivamente merece y castigar a quienes no cumplen las normas. Para realizar estas tareas el Derecho, aunque fundado en predisposiciones innatas, es un artificio cultural, que necesita organizar sus desempeños a través de instituciones especializadas, que en la Modernidad son parte fundamental del Estado.

La síntesis que acabamos de ver resume la discusión de distintos acápites precedentes de este capítulo y, además, incorpora conceptos presentados en otras partes del libro (capítulos 3 y 4). El apartado que sigue tiene menos antecedentes neuropsicológicos y más agentes participantes.

7. Instituciones y agentes del Derecho

A medida que las civilizaciones tempranas se hacían más complejas, aumentaba el número de instituciones y personas dedicadas al Derecho. Claro que sus formas institucionales actuales, recién empezaron a delinearse luego de las Revoluciones Políticas del siglo 18 en Europa y América. En el capítulo final, sobre la Modernidad, veremos *in extenso* estas revoluciones. En todo caso, el tema más importante para el Derecho fue la consabida separación de los tres poderes del Estado, pero esencial, aunque no el único, para establecer un Estado de Derecho democrático, en el cual todos los ciudadanos tienen determinados derechos y son iguales ante la ley.

Por supuesto, ésta es una declaración estándar y bien conocida, pero conlleva tan enorme multitud de asuntos por los cuales se puede "recurrir a la ley para que se haga justicia", que no puede compararse con ningún otro desempeño socio-cultural humano, ni siquiera con las tecnologías, que por su multiplicidad son las únicas que se le acercan. Consideremos una fábrica de aviones de última generación, o un hospital ultra-especializado, o una universidad de elite. Todos ellos son organizaciones extremadamente complejas, que corresponden a sectores socio-económicos bien definidos. Transportes (según el tipo de avión), Salud (de cierto nivel) y Educación Superior (con investigación asociada). A nadie, en su sano juicio, se le ocurriría pensar, que estas tres complejas organizaciones, trabajaran con iguales metodologías operacionales, con el mismo personal y en idénticas instalaciones. Pues bien, esto lo hace el Poder Judicial. Constantemente se ven todos los asuntos con iguales técnicas de trabajo (acusación, defensa, resolución), en los mismos edificios, incluso con los mismos jueces, a pesar que últimamente se han especializado. Aparecen Tribunales de Familia, de Medio Ambiente, Constitucional, y varios más, que para mí argumento, no vale la pena detallar. También claro están los Internacionales. Mi punto a este respecto es que todos ellos tienen la misma estructura del "Juicio" y similares agentes. Se denuncia que se ha cometido alguna infracción que policías y fiscales investigan. Si existe presunción de culpabilidad, de persona natural o persona jurídica, ésta es llevada a un juicio que siempre tiene los mismos agentes: a) El inculpado, su defensa, los acusadores, y jueces que determinan conforme a derecho, la culpabilidad o la inocencia y, en el primer caso, aplican castigos conforme a la ley. Esta básica estructura procesal, que por cierto tiene miles de variaciones, siempre se mantiene cualquiera sea el tipo de infracción. Desde un asesinato hasta no respetar la luz roja. Desde violencia intrafamiliar a no cumplir con un contrato comercial. Buenamente se puede suponer que este modelo operacional, que, con las variaciones del caso, se repite en todas las culturas y comunidades humanas, tiene alguna relación con dispositivos mentales de nuestra especie, especializados en la administración de justicia. Su universalidad hace difícil creer que se trate de aprendizajes producto de la difusión cultural. De alguna manera es un modo innato, por lo tanto, pre-cableado o pre-programado en nuestro cerebro, el procesar los procedimientos, más que los contenidos enormemente diversos, lo que hemos llamado la "gramática de la justicia" (del Derecho). Esto no es neuropsicológicamente sorprendente, Todas las gramáticas (más bien las sintaxis) se procesan en el cerebro humano del mismo modo. La del lenguaje necesita palabras (sustantivos, verbos, adjetivos), que se ordenan por la sintaxis de un modo especial, para dar a la frase un significado preciso. Recordemos el titular "Un hombre mordió un perro". La gramática moral ordena pensamientos y acciones según cumplan requisitos básicos: cooperar-ayudar; no dañar-respetar. La gramática del Derecho ordena la noción de justicia: "a cada cual según la merece", y de derechos muy fundamentales a la vida, a la libertad a la propiedad, etc.

Por otra parte, todas las gramáticas se refieren finalmente a actos, a conductas que de alguna manera intervienen el ambiente. Los actos del habla intentan comunicar noticias, convencer o rechazar. La gramática moral intenta pensamientos, y, sobre todo, acciones que ayuden y no dañen. La gramática de la justicia intenta afirmar en positivo los derechos fundamentales, y también, evitar que se lesionen, infringiendo normas que los codifican.

Se podría pensar que esta explicación, llamémosla gramatical, no da cuenta de mi argumento principal que sostiene que juzgar desviaciones a las normas, tiene una organización operacional universalmente similar, porque en ella intervienen las mismas estructuras gramaticales (Justicia y Derecho), que son iguales para todos los miembros de nuestra especie (más arriba discutimos porque hay sujetos que se apartan de la norma). Para aclarar este argumento necesitamos considerar no sólo la Administración de Justicia, sino la manera cómo se crean las normas que finalmente permiten respetar los derechos humanos y ciudadanos, y en la actualidad, crear derechos adicionales que se han llamado sociales y que vimos en el capítulo anterior.

Desde la Carta Magna inglesa (siglo 13) se empezó a configurar la institución que hoy, mucho más desarrollada, llamamos Parlamento, el cual como sabemos, está encargado, en los estados democráticos de generar las leyes, que, a fin de cuenta, son las normas a las que se atiene la administración de justicia. Pues bien, es notorio que el trabajo de los parlamentarios sigue un esquema operacional universalmente similar. Hay agentes predeterminados que pueden presentar proyectos de ley (el Ejecutivo, los parlamentarios, en algunos lugares otras organizaciones) sobre cualquier asunto que interese a la comunidad. Políticas públicas en Salud, Educación y demás. Normas para agentes económicos y comerciales. Regulaciones sobre la vida en pareja o los gastos en infraestructura o en Defensa. Por supuesto impuestos que originaron la Carta Magna y Códigos del Trabajo. Insisto, sobre casi cualquier asunto concebible. Lo interesante es que toda esta enorme diversidad de temas, muchos de ellos técnicos y especializados, son vistos, discutidos y decididos, con igual esquema operacional, y por las mismas personas. Claro, los Parlamentos tienen comisiones, sus integrantes reciben ayuda experta y sugerencias partidarias, todo lo cual simplifica y hace más eficiente su trabajo, pero, aun así, el Parlamento como organización con comisiones y sesiones plenarias supone que todos sus miembros revisan y tienen opinión sobre todas las leyes y sobre todos los asuntos en los que deben votar. Lo que quiero recalcar es tanto los que construyen las normas (Parlamento y Ejecutivo), y los que las aplican (Poder Judicial y Ejecutivo), tienen más bien simples esquemas operacionales que aplican a los más diversos temas, de la misma manera. Lo notable es que esta forma de organizar el trabajo sólo existe cuando el tema de fondo es el Derecho y la Justicia. El resto de los sectores socio-económicos (Salud, Comercio, Defensa, etc.), tienen cada una de ellos, multitud de protocolos y esquemas de trabajo y acción.

No cabe duda que esta situación es muy intrigante y especial, con lo que volvemos a la cuestión de la gramática de la Justicia y Derecho, que es el modo como el cerebro procesa esta forma principal de intervenir en el medio ambiente social para evitar, como sabemos, los excesos de la ultra-sociabilidad y las de la ultra-individuación, que son causas de caos y tiranías si no se articulan como es debido.

Desde este punto de vista, la Política y la Economía son, por decir así, tributarios de la gramática Justicia-Derecho. Las izquierdas luchan para que existan más derechos sociales y los liberales pugnan por la libertad y el derecho de propiedad. En ambos casos (en un régimen democrático), ellos esperan que tales derechos se transformen en leyes por el Parlamento, y que, si son amagadas, los transgresores sean juzgados por el Poder Judicial y, eventualmente condenados.

Entonces, siendo la gramática Justicia-Derecho la principal forma que los humanos tenemos para intervenir en los asuntos sociales, en los que se juega la suerte de las comunidades, de su cohesión, de su prosperidad es neuro-psicológicamente consistente que sus esquemas de trabajo sean especiales. Su objetivo es intervenir la comunidad con normas (leyes, decretos, etc.) que mejoren su devenir y que castiguen a los tramposos y criminales, que quiebran la confianza y hacen daño. En cuanto a método de trabajo es especial, razón por la que resulta simple y aplicable a todos los dominios, cualquiera sea su diversidad, ya que se trata de una socio-tecnología (Introducción o Sección 2) que requiere ser eficiente para responder a necesidades de las personas y las comunidades. El fin de estas técnicas de acción es generar soluciones a los problemas de la comunidad, estableciendo y protegiendo derechos, haciendo prevalecer la justicia (a cada cual lo que le corresponde, y eliminando trasgresores. Así, una política pública para mejorar la Salud, con sus leyes y reglamentos, aunque necesita contenidos técnicos al día (provistos por asesores y expertos), en realidad es una decisión sobre los Derechos de las personas a acceder a esas técnicas, y de la Justicia que significa su aplicación. Pienso que lo mismo ocurre en regulaciones comerciales, en mejoría de infraestructura, en Educación, Artes y también, por qué no, en deportes y entretenciones.

8. Violencia y guerra

Es imposible tratar la guerra, tema de tanta importancia para la evolución de las culturas y el desarrollo de las civilizaciones, sin caer en generalidades o estereotipos. Lo que ocurre, es que los conflictos bélicos admiten una serie de definiciones, variables según el período histórico en que ocurrieron, o según las causas y motivaciones que las produjeron. Desde un punto de vista neuro-psicológico, la guerra se puede describir desde un modo algo distinto al que usan historiadores, políticos, economistas, sociólogos, abogados y demás especialistas en Ciencias Sociales desde la propia perspectiva de estas disciplinas, todas las cuales tienen en realidad algo que decir sobre este crucial fenómeno. Nuestra descripción considera la guerra como una forma de hostilidades que se establece entre distintos grupos que luchan para establecer dominio sobre cosas, territorios y eventuales parejas (mujeres). Esta forma de rivalidad significa una cierta organización grupal, y generalmente, intencionalidades compartidas para entrar en la lucha. Los participantes deben ser un cierto número, y las hostilidades durar un cierto tiempo. El número de contrincantes y la duración de los combates, aunque no son cifras exactas, son un indicador importante de que no se trata de rencillas pasajeras sino de la guerra. Aunque la idea de dominio está siempre involucrada en la guerra este sometimiento puede manifestarse en una variedad de ámbitos, por lo que los motivos precisos de los enfrentamientos son diversos.

En general, históricamente con la instalación y desarrollo de las civilizaciones, las causas y propósitos de los contrincantes son casi siempre una mezcla de los variados ámbitos de los dominios, que pueden incitar la decisión de un grupo y de sus liderazgos, de entrar en batalla, agresiva o defensiva.

La cuestión de la agresividad humana, como origen biológico de la guerra, fue puesto de moda por los etólogos más importantes, hace más de 70 años. Konrad Lorenz escribió un libro "On Aggresion", en el que sostuvo que la agresión innata de los humanos era el origen biológico de la guerra, o a lo menos, de ataques individuales o refriegas entre grupos. También se ha resaltado la agresividad de niños pequeños cuando disputan en sus juegos, sin contar con nuestra tan cercana relación filogenética con los chimpancés. Lo que sostenían los etólogos es que el humano, animal más inteligente, es capaz de usar la guerra para múltiples propósitos, también en general, para algún tipo de dominio. Campos agrícolas y de pastoreo, riquezas mineras, bosques, vías marítimas y fluviales, etc. Por otra parte, hay otras motivaciones que han dado lugar a guerras en dominios que son absolutamente impensables para otras especies. Hablamos de enfrentamientos que podríamos llamar ideológicos (capítulo anterior), es decir, basados en una idea de la naturaleza del ser humano que, por supuesto, puede distinguir entre "ellos" y "nosotros". Los arios versus los judíos; los burgueses versus el proletariado comunista; los paganos versus los verdaderos creyentes. Estas dicotomías tan simples no son obviamente la razón principal de las guerras. Deben agregarse otras motivaciones o intereses. Para los nazis, Europa del Este no sólo tenía muchos judíos, sino el trigo de Ucrania, el petróleo de Yalta, mano de obra educada y barata. El celo misionero de los Cruzados, pretendía liberar Tierra Santa de los musulmanes, pero ella tenía riquezas sobre las cuales fundaron reinos, con castillos, señores y reyes con su corte y sus ejércitos. Es cierto que estos emprendimientos religiosos y militares duraron sólo poco más de 200 años, y se derrumbaron por motivos estrictamente militares. Pocos militares, mal agrupados y sin una línea segura de aprovisionamiento de armas, soldados y alimentos.

En realidad, la Historia Universal tiene siempre muy presente la historia de las guerras. Sin embargo, algunos historiadores como y A. Toynbee, recién en el siglo pasado empezaron a ver la historia como el descubrimiento de largo plazo de los pueblos en un territorio (el Mediterráneo) en el caso de Braudel, o para Toynbee, la historia de cada una de las civilizaciones, como las unidades que convenía estudiar para conocer los mecanismos que pudieren explicar su aparición, desarrollo, cenit, transformación o decadencia. En ellos, las guerras eran sólo una parte del relato que deben contar los historiadores. Volveremos a este punto (guerra y desarrollo cultural al final de este apartado). Por otra parte, es evidente que la guerra activa conductas colectivas, distintas a la que cada uno de los soldados, o los pobladores involucrados, tendrían personalmente, en cualquier conflicto cotidiano, a menos que fueran criminales. Dado que la guerra consiste en la confrontación de grupos humanos con otros grupos (externos) que terminan calificándose de enemigos, es sensato preguntarse por qué en las hostilidades intergrupales (y no en disturbios intra-grupales) los comportamientos de las personas (no criminales) pueden ser brutales o destructivos, pero su propio grupo los considera heroicos y éticamente inevitables.

En verdad, los estudios sobre los soldados (y las poblaciones civiles que los vitorean) han abierto un camino importante para la comprensión neuro-psicológica de los mecanismos mentales, que operan en los individuos al interior de sus grupos, y que son diferentes, cuando se trata de grupos ajenos que por razones que veremos, se transforman en enemigos. Por lo que parece, por relatos de exploradores que llegan a sociedades primitivas o civilizadas, que no les conocían, el primer movimiento de las personas de estas sociedades es de acogida, y no tienen grandes dificultades para integrarse en la medida que aprenda el lenguaje. Hay antropólogos que han vivido por decenios, integrados a las culturas que estudian. La recepción es distinta si el encuentro es con un grupo grande de visitantes, y si éstos están armados. La cuestión que en este caso predomina es la desconfianza y el temor, emociones que por sí mismas impiden el altruismo, la cooperación y la empatía. Esto no es distinto a lo que vimos en otros apartados de este capítulo (Derecho), y también en el anterior, Política y Economía. Conductas de bandas criminales, grupos racistas, derogación política de las víctimas, etc. Pero esto no diferencia a la guerra de asuntos como la esclavitud o el crimen organizado.

En realidad, la guerra tiene algunas diferencias conductuales muy importantes. En primer lugar, que incorpora (para el ataque o la defensa) a toda la población. Modernamente diríamos a toda la nación. Se trata entonces de movilizaciones colectivas de las poblaciones que se enfrentan lo cual constituye una característica especial de la situación bélica. Con el paso del tiempo quienes se traban en batallas han sido números variables hasta el siglo 10. En general, en las batallas más famosas, los que participan son especialistas que representan a su comunidad. Ejércitos con oficiales y soldados entrenados y equipados, cuyo número podía variar de 200 a 500 (en las Termópilas hubo 300 espartanos contra miles de persas). Napoleón llevó estos números de soldados a más de 300 mil en su invasión a Rusia (las pérdidas, muertos y heridos fueron de 250 mil soldados). En todo caso, hasta ese momento las batallas eran un ejercicio formalizado, con generales, oficiales y soldados con uniformes y pendones que se presentan en un campo apropiado para maniobras y desplazamientos. La vida y los bienes de los civiles sufrían sólo efectos colaterales. Asaltos en busca de alimentos, agua o refugio o, eventualmente mujeres. Desde la batalla de Kadech (Ramses II) hasta las de las guerras Franco-Prusianas (1870), los enfrentamientos bélicos en terrenos abiertos, fueron muy similares, aunque, por supuesto, con variaciones en armas y todos los demás complementos. En la realidad, las formas que adoptan las guerras y sus batallas son totalmente definidas por las tecnologías. Entre las eco-tecnologías son cruciales las armas, los sistemas de defensa, las formas de averiguar estrategias y comportamientos del enemigo (espías, traidores, palomas mensajeras, radar, aparatos aéreos, satélites, etc.). Entre las socio-tecnologías son cruciales las formas de organizar, desde el aprovisionamiento de armas, alimentos y demás, hasta el desplazamiento de las tropas, según una cierta táctica que sirve una estrategia general. Pero, sobre todo, la calidad de oficiales y soldados. Su entrenamiento, disciplina, estructura de mando y compañerismo, etc. Por supuesto, todas las guerras de un modo u otro, desde la más profunda antigüedad, necesitan estos elementos de tecnología física y de tecnologías sociales. También es claro, que estas tecnologías se establecen y desarrollan porque se ponen en función los aparatajes neuropsicológicos que las crean y las manejan.

En este cuadro de ejércitos combatientes, probablemente Gengis Kan y después la Horda Dorada son diferentes, por ser invasiones a las que sus oponentes no tenían como resistir. La diferencia era tecnológica. En instrumentos (caballos y flechas) y número y pericia de los atacantes. Todo esto cambió cuando la guerra se hizo total y masiva y la destrucción, además de los ejércitos formales, alcanzó a civiles, mujeres y niños, aldeas y ciudades, debido a las nuevas tecnologías bélicas. Éstas en la Primera y Segunda Guerra Mundial modificaron enteramente los modos y límites de los enfrentamientos. La historia de la guerra dio un nuevo giro con la bomba atómica, cuando el generalizado temor a la total destrucción de la humanidad, instaló la Guerra Fría.

De acuerdo a esta perspectiva histórica de 5 a 6 mil años de guerras entre naciones y civilizaciones, debemos considerar cómo y por qué nuestra especie, con una mente con principios morales innatos, ha estado constantemente envuelta, aquí y allá, en los conflictos bélicos que llamamos guerra, esto es, en disputas mortales por el dominio de territorios, recursos, poblaciones y mentalidades (ideología). En este contexto la primera cuestión interesante para la Neuropsicología es: 1) Quién o quiénes desean y buscan dominios de poder sobre territorios, recursos, poblaciones y mentalidades, que pueden llegar a la guerra para obtenerlo, sabiendo que es un instrumento de enorme riesgo para él (o ellos) ,cuando eventualmente, negociaciones pacíficas, alianzas y comercio tendrían un efecto similar; 2) De qué manera los instigadores de aventuras bélicas incorporan a los demás miembros de su comunidad a la guerra, que por definición, es un enfrentamiento colectivo, esto es, entre comunidades; 3) Cuáles son las ganancias esperables, no tanto por los instigadores, como por los seguidores en razón del conflicto, en caso de ser victoriosos; 4) Hay efectos culturales adicionales de la guerra, más allá del cambio (o afirmación) de dominio, que es capaz de provocar la conflagración bélica aún en no participantes en ella?

En estas cuatro cuestiones, aunque entre sí diferentes, hay un hilo conductor que, en resumen, puede plantear el problema neuro-psicológico fundamental de la guerra: ¿Cómo se explica que poblaciones muy grandes de seres humanos normales, estén dispuestos a participar (de muchas maneras) en enfrentamientos, cuyo único resultado seguro es destrucción y muerte? Las respuestas tradicionales a esta pregunta, sobre la mente de las poblaciones que combaten o colaboran con el esfuerzo bélico, son de varios tipos: 1) Porque los humanos somos innatamente agresivos, especialmente frente a grupos externos que nos parecen (o son) potencialmente dañinos para nuestra propia comunidad, sus recursos, nuestros hijos, familiares y amigos. Esta versión del origen de la guerra, muestra dos atributos de la mente de nuestra especie: a) Sociabilidad que nos identifica con un grupo determinado, el que por todas las razones examinadas en este libro (Teoría de la Mente, Confianza, Altruismo), somos impulsados a defender. Esto me parece una motivación real; b) Creo menos seguro que el segundo movilizador, sea en el caso de la defensa del propio grupo, nuestra innata agresividad. Rara vez la agresividad descrita por los etólogos humanos es causa u origen de la guerra. Ella puede desplegarse en combates en el campo de batalla, pero también, en riñas callejeras o abusos familiares, pero no es la causa de la guerra. Cuando más, podemos considerar a la agresión un instrumento de ataques o defensas que tienen otras motivaciones: 2) Otra razón, corrientemente aducida como causa de la guerra, es el "nacionalismo". El concepto de "Estado-Nación" es un recién llegado a la Historia. Apareció en los siglos 17 y 18, previamente la nación, desde el Antiguo Testamento era un pueblo con su sub-cultura, que podía o no tener una estructura política compleja. Corrientemente las civilizaciones subsumían varias naciones. En todo caso, el nacionalismo no fue causa de las guerras entre Egipto e Hititas. Tampoco de la presencia de habitantes del Kurdistan en los ejércitos de Stalin o los canadienses en los ejércitos británicos de la Segunda Guerra Mundial. Este recuerdo de guerras reales nos permite ver que tampoco el nacionalismo es siempre causa de la guerra, no es más que un instrumento poderoso para convencer a la masa ciudadana que esa guerra se libra para dominar y tener más recursos o para defender la nación, esto es, el grupo socio-cultural con el que cada uno se identifica, en el que se socializó. 3) He dejado para el final de las referencias sobre las causas comúnmente aceptadas de la guerra, las ideologías, que, sin duda, son las más complejas, sobre todo cuando son sentidas como válidas y deseables por las poblaciones de los conquistadores, invasores y/o vencedores. Desde este punto de vista ideológico, cuando los contendores se enfrentan, sus disputas no son (abiertamente) sobre recursos de valor económico, o basados en agresividad o nacionalismo, es decir, sobre el derecho de ser independientes o a gozar de ventajas económicas (praderas, ríos, minas), sino que se confrontan versiones distintas de la verdad, sea ésta sagrada o profana. En el primer caso nos encontramos con las guerras de las religiones, y en cuanto a las seculares, sobre todo en el siglo 20, con distinciones como totalitarismos y democracia, representadas por comunismo, nazismo y democracias occidentales. También las guerras napoleónicas fueron, en cierto modo, ideológicas. Representaban la necesidad de llevar a toda Europa, las virtudes de la Revolución Francesa y los derechos del ciudadano. Las guerras religiosas son tan antiguas como el Antiguo Testamento, y el control de Canaán. También las hay en el siglo 20 como las de Pakistán y la India (musulmanes versus hinduistas). Se dice que la guerra más destructora de vidas y propiedades fue la de "Los Treinta Años" (Siglo XVII en Europa Central), entre el decadente Sacro Imperio Romano Germánico de los Habsburgo (católicos) y los príncipes alemanes y de Europa Oriental (protestantes). Éstos con la ayuda del Rey de Suecia y sus tropas, y los segundos, con el apoyo de la Francia de Richelieu.

Sin embargo, estos ejemplos indican que las guerras ideológicas nunca fueron solamente por la verdad. Los judíos no sólo creían en Jehová como único Dios. También necesitaban las tierras de cultivo de Canaán. La conquista de medio mundo por los musulmanes (siglos 7 y 8) no sólo buscaba fieles para las enseñanzas de Mahoma, sino también, los recursos, de todo tipo de las tierras y las poblaciones que ellos cultivaban. Las Cruzadas abrieron el camino de los fieles a Tierra Santa, pero también abrieron el comercio con China e India (sedas, especias). Los nazis creían mitológicamente en la raza aria (un completo invento), pero necesitaban el trigo de Ucrania, el petróleo de Odessa. Entre los paquistaníes y los indios hay creencias distantes, pero también está el valle del Punjab con sus espléndidos recursos forestales, hidrológicos y pastoriles.

Después de este recorrido estamos mejor preparados para volver a nuestras preguntas originales. ¿Quiénes deciden que la guerra es la vía para lograr ciertos dominios? La respuesta es obvia. Como decisión final el jefe supremo (suele ser el Rey o el Parlamento). Sin embargo, esta autoridad recibe presiones de los jefes relacionadas con las áreas de recursos que pretenden conquistar. Los agricultores de Estados Unidos no tenían especial interés en Irak, pero para las empresas petroleras este país era fundamental. Para Godofredo de Bouillon, el primer rey del

Reino Franco de Palestina, la suerte de los peregrinos lo tenía sin cuidado. Pero la llamada del Papa Urbano II, ofreciéndole una salvación asegurada, más las riquezas y comercios de la región, le hicieron emprender la Primera Cruzada. Ahora, el porqué de quienes deciden la guerra están dispuestos a asumir sus riesgos. La respuesta es trivial: a) Es raro que señores y gobernantes estén en la primera línea de las batallas; b) Cuando van a la guerra tienen pocos riesgos. Están bien cuidados; c) Ir a la guerra en las civilizaciones tempranas (pensemos en Troya y Kadesh) era un motivo insuperable de prestigio y cercanía de los gobernantes con su pueblo; para lograrlo (honor y reconocimiento), aún los políticos actuales están dispuestos a asumir. 2) La presencia de consejeros asociados, políticos y grupos de presión, que representan a los gobernantes en su especial interés, influyen a la autoridad suprema. Esto trasparenta a quienes más ganan con la guerra: a) Las autoridades (prestigio, dominios y poder); b) los con especial interés.

El resto de la población participa en la guerra por razones bien conocidas. Nacionalismo incubado desde siempre en los Estados de todas las civilizaciones. Las escuelas, efemérides y días festivos, banderas, escudos, canción nacional, selección de fútbol, etc., etc., todo lo cual eleva el patriotismo.

Así, nace la obligación patriótica, con bases legales, de unirse a los ejércitos. Tal obligación legal puede ser instaurada por leyes dictadas en parlamentos democráticos, o simplemente, por la voluntad del tirano. Sin embargo, aun así, las poblaciones civiles deben ser convencidas que ellas algo ganan con la guerra. La defensa de sus territorios, de su libertad y la vida de sus seres queridos. También, de la afluencia de recursos que les llegará cuando su nación es la agresora.

Si hay riesgo de guerra posible o probable, las herramientas son dos. Propaganda sobre las virtudes del propio grupo socio-cultural (nacionalismo) y derogación de las calidades de los enemigos. Esta propaganda responde a varias necesidades: a) Convencer a los ciudadanos corrientes de la justicia de la causa; b) Hacerlos aceptar restricciones, sufrimientos y muerte; c) Aumentar la vigencia de los liderazgos; c) Hacer operativa la necesaria disciplina y la obediencia a la autoridad. Estas condiciones son, por decir así, incrementadas en el personal militar. Devienen parte crucial de su entrenamiento. Parte de este aparataje socio-cultural son los uniformes, jinetas, grados, himnos, presentaciones que transforman a los militares en un grupo aparte cuya especialidad es la guerra: i) Sin duda ganaremos, y esta población heroica, disfrutará de una serie de ventajas y recursos; ii) No vemos cómo podemos perder. Estamos orgullosos de la valentía de nuestra gente. Medallas, reconocimientos, subvenciones para soldados y sus familias (ellas existen desde Ramses II y Alejandro Magno), hospitales de veteranos, entierros con honores.

Así, la guerra es una institución que enfrenta poblaciones por el dominio de unas sobre otras, en cuanto a recursos naturales, decisiones político-económicas y mentalidades (creencias religiosas, por ejemplo), de modo de mejorar los medios de subsistencia de los vencedores y el poder y la riqueza de sus líderes. Sin embargo, el impacto de la guerra sobre las culturas es en realidad gigantesca. En las civilizaciones agrarias fueron la fuente de buena parte de las innovaciones tecnológicas y no bélicas. En la modernidad, las invenciones nacidas para la guerra son el soporte de muchas de las innovaciones que usamos en nuestra vida civil y cotidiana. En el plano político-económico la guerra, en sus diversas formas, ha hecho nacer y caer imperios sin más condiciones que la calidad de generales y soldados. Recordemos las conquistas de Alejandro Magno, cuyo lugar de origen (Macedonia), pobre y lejana, no hacía posible predecir sus victorias. Parecida fue la expansión del Imperio Británico, gobernado desde una pequeña isla con pocos recursos naturales.

De alguna manera la guerra ha sido constructora del mundo civilizado. La trasmisión de varias prácticas culturales ha sido producto de innovaciones bélicas. También la desaparición de culturas. Pensemos en Persia y la extinción de sus culturas tradicionales arrolladas por las invasiones musulmanas, o en la España mora, eliminada por los Reyes Católicos. Desde esta perspectiva la guerra tiene una enorme importancia en la evolución cultural.

Miremos la agresividad humana. Actualmente no hay duda que ella es una predisposición heredada de nuestro ancestro común, los chimpancés, los que sabemos atacan en grupos de más de una docena de machos adultos, a tropas vecinas, con la intención de matar machos y pequeños para apoderarse de sus territorios y sus hembras. Estas guerras han sido reportadas en varias ocasiones por primatólogos en terreno, siendo la primera, la famosa Jane Goodall, que observó en Gombe la muerte y desaparición de una tropa, por la sangrienta invasión de otra, que luego se hizo cargo del territorio y algunas hembras. Años después y lejos de allí, otros primatólogos fueron testigo de las maniobras estratégicas de una tropa de chimpancés invasores, que, en campañas sucesivas, consiguieron desplazar y matar a dos tropas diferentes, con lo que su territorio se incrementó notablemente.

Es imposible no pensar que los chimpancés hacen la guerra, tal cual, se la define para los humanos. Acciones deliberadas en que un buen número de combatientes, que por un cierto tiempo intentan (y a veces consiguen) el dominio de nuevos territorios y sus recursos. Tal como en los humanos la violencia no es un fin en sí misma, es sólo un medio, un instrumento para lograr dominio. Claro que los chimpancés pueden ser agresivos y violentos cuando luchan dentro de su tropa, para llegar a ser macho dominante. Esta forma de dominio entre los humanos la llamamos golpe de Estado, revoluciones patriotas (por ejemplo, la de los criollos americanos contra el "dominio de España e Inglaterra) o guerras civiles como la española o la de Estados Unidos.

Desgraciadamente no existen evidencias arqueológicas que indiquen la existencia de guerra entre los cazadores recolectores del Paleolítico, pero sí existen abundantes informaciones sobre guerras, propiamente tales, en tribus cazadoras y recolectoras, recogidas por antropólogos de los siglos 19 y 20. Ya mencionamos la guerra entre los yanomamis y entre las tribus de las montañas de Nueva Guinea, además, de las campañas de los Bantús que al llegar a Sud África, desplazaron a los IKung al desierto de Kalahari donde hoy apenas viven, desde el siglo 17 o 18.

Sin embargo, sobre agresividad y violencia entre humanos, existe abundante y creciente evidencia (arqueológica y de otras fuentes), desde el Neolítico hasta nuestros días.

Calculando la tasa porcentual de muertes debido a violencias y guerras, respecto de la mortalidad general, corregida por tamaño poblacional, el arqueólogo e historiador Ian Morris ha demostrado que la agresividad humana, causante de muertes violentas, ha disminuido en el curso de la Historia. Como se puede ver a la izquierda del gráfico, hace 10.000 años, las muertes por violencia fueron entre 10 y 20 por ciento de las muertes en general. Ésta disminuyó a entre 2 y 5 % en las civilizaciones (Imperios) existentes los últimos mil años antes de nuestra era. A la caída del Imperio Romano y hasta el final de la Edad Media (años 200 a 1.400 de nuestra era), la tasa de muertes violentas subió a entre 5 y 10 por ciento, para volver a caer en el siglo 19 de 1 a 3 por ciento, en Occidente, y de 2.5 a 7.5 por ciento en las colonias europeas. En el siglo 20, época de las dos Guerras Mundiales, que en conjunto produjeron casi 150 millones de muertes, el porcentaje de ellas debido a violencia, que incluye a las guerras, fue solo el 1 a 2 por ciento del total de muertes. En los primeros años del Siglo 21, las muertes por violencia son de 0.027 por ciento. Otros investigadores, además de Morris, han encontrado, resultados similares (por ejemplo, Norbert Elias en 1939, Azar Gat en 2006, Brian Ferguson en 2011, Steven Pinker en 2011, etc., etc.).

Todos ellos y muchos otros, sorprendidos por estos inesperados resultados, escribieron libros (indicados en la Bibliografía), que además de mostrar cifras, proponen las razones de esta sostenida declinación de la violencia humana.

Describiré brevemente las dos líneas argumentales que me parecen más importantes en la explicación de la disminución de la violencia, y que, sin duda, termina por destruir las creencias en el "Buen Salvaje" de Rousseau, y demás pensadores que creen en la bondad original de los humanos, pervertida por los procesos culturales. La primera línea argumental, encabezada por I. Morris, sostiene que la causa principal del control de la violencia, natural en chimpancés y humanos, es la instalación de Estados con sistemas normativos (Derecho), que todos deben cumplir y capaces de castigar a los infractores. Piensan que una de las funciones positivas de la guerra es estimular la aparición de estados capaces de ordenar, dar seguridad y coordinar la vida ciudadana. Ellos no existían hace 10 mis años, pero se instalaron en las civilizaciones tempranas, con lo que el nivel de violencia cayó prácticamente a la mitad en el último milenio de nuestra era, como lo muestra la figura que comentamos. Por iguales razones, puede explicarse el aumento de la violencia en el tiempo de las migraciones (200 a 1400 D.C), puesto que cayeron no sólo el estado del Imperio Romano sino también el de China y la India. Después del 1400 no sólo se reconstituyeron los estados europeos sino, además, mejoraron los gobiernos en sus extensas colonias. En China tomó el poder la dinastía Ming, con lo que la violencia volvió a disminuir, y ha seguido cayendo hasta la actualidad, dado que, a pesar de los enormes cambios políticos, sociales y económicos y las guerras de los últimos seis siglos, los estados más que debilitarse se han fortalecido.

Para estos autores, la guerra tiene, en el largo plazo, efectos positivos porque para enfrentarse a sus enemigos, las comunidades necesitan dirección, estrategias, buen uso de los recursos no solo bélicos, sino también los productivos. Orden y disciplina ciudadanas, innovaciones tecnológicas, es decir, un Estado sólido y eficiente, lo cual en esta hipótesis no depende de las características políticas de sus organizaciones (tiranía o democracia). En resumen, las guerras producen estados que son capaces de: a) controlar la agresividad humana a través de normas que la castiguen; b) mejorar la producción de bienes y servicios, sin lo cual pierden sus ventajas militares; c) ordenar los comportamientos ciudadanos, pues sin orden y cierta disciplina, son o serán derrotados; d) estimular el comercio en los territorios conquistados como lo demuestran desde el Imperio mongol de Gengis Kan, hasta el colonialismo europeo.

La segunda línea argumental formulada para explicar la disminución de la violencia humana, sin ser contradictoria con la anterior, enfatiza más que el poder del Leviathan (estado tirano de Hobbes), los cambios mentales y culturales que se han producido durante estos procesos. Esta aproximación más en la línea neuropsicológica, es bien representada por Steven Pinker. Este sostiene que hay 5 factores que causarían la caída de la violencia: 1) El primero es, por supuesto, el Gobierno, prefiere este concepto antes que Estado, aunque no le da gran influencia; 2) El segundo, más decisivo, es el comercio, a través del cual, las personas aprenden a seguir ciertas reglas necesarias para que funcione el intercambio, en el que ambas partes algo ganan. Esto permite elegir cooperar, por sobre disputas; 3) En este mismo sentido Pinker sostiene que un factor decisivo, al que se presta poca atención, es la mayor incorporación de la mujer en los intercambios sociales. Recuerda que la inmensa mayoría de los crímenes violentos son ejecutados por varones, por lo que la mente femenina tendría gran influencia. Agrega una consideración interesante y divertida. La mente femenina más evolucionada (y pacífica) no es atraída por varones agresivos, por lo que el "machismo" le parece ridículo más que atractivo; 4) En esta misma línea de pensamiento, sugiere que desde el siglo 17 el altruismo y la empatía han estado mejorando, con lo que las ventajas psicológicas de la aprobación social por ayudar y cooperar, son mucho mayores (emocionalmente) que la agresividad; 5) Finalmente, Pinker piensa que en este mismo siglo 17 (la Ilustración) se produjo la revolución científica, con su objetividad y racionalidad las que hacen más probable preferir cooperar a agredir, puesto que los resultados de uno u otro comportamiento son lógicamente evidentes.

Para juzgar estas explicaciones sobre el papel de la guerra y la disminución de la violencia, que son fenómenos intuitivamente contrapuestos, vale la pena volver a nuestro trípode de la sociabilidad. La propuesta central que representa Morris, estado poderoso que fija normas y las hace cumplir, está claramente priorizando lo que, en este libro, he llamado los Sistemas del Comportamiento Social, que intencionalmente se expresan en el Derecho. Por su parte, las sugerencias de Pinker enfatizan creencias, emociones, pensamientos y comportamientos que hemos incluido en la sociabilidad humana. El problema de este modo de concebir las relaciones humanas, es que dejan de lado, precisamente, los factores que desajustan y alteran las relaciones sociales cooperativas y pacíficas. Ellos son, por supuesto, los que afirman nuestra ultra individuación. Esta parcialidad conceptual de Pinker tiene otra flaqueza. Sus análisis se refieren casi exclusivamente a los últimos 500 años, período en el cual empiezan a predominar los factores de la sociabilidad, aunque sólo en Occidente, y como antesala a las revoluciones políticas de la modernidad. Recordemos que en este período vivieron Hobbes, Locke, Adam Smith y los demás filósofos de la Política y la Economía, que fueron fundamentales para concebir una libertad individual creativa, sometida a normas legales, iguales para todos, y administrada por un poder jurídico independiente. Esto es, un Estado de Derecho democrático.

Desde esta perspectiva, las hipótesis de Morris son de mucho más largo aliento, pues considera y calcula la evolución de la violencia desde hace 10 mil años atrás. Sin embargo, su insistencia en el rol positivo de la guerra idea sorprendente y creativa, le hace no considerar como se merece, el papel esencial que ha jugado la evolución progresiva del Derecho, en la también progresiva disminución de la violencia entre los humanos.

CUARTA SECCIÓN
Explicar – Comprender

Como decía en el Prólogo, el orden en que están tratados los temas de la Segunda Parte de este libro se apoya en una concepción generalmente aceptada en Neuropsicología acerca de la manera en que trabaja el cerebro de cualquier especie, y también el del Homo Sapiens. La hipótesis central es que la primera y principal tarea del cerebro es realizar actos intencionales con propósitos, que permiten al sujeto aprovechar, modificar o intervenir sus ambientes ecológicos y sociales, con la finalidad de sobrevivir, reproducirse y prosperar. Desde esta misma perspectiva, es evidente que cualquier intervención requiere saber, conocer, tener la información más necesaria sobre los ambientes que se necesita aprovechar o modificar. Esta necesidad de saber para actuar, es la base de los comportamientos no reflejos que, como vimos en el Capítulo 1, siempre suponen algún tipo de predicción, sobre el medio y sobre las capacidades propias del sujeto que actúa para lograr algún propósito. De ser esto verdadero, como sin duda lo es, el ordenamiento lógico sería: saber – actuar – saber – actuar, etc., lo que no estaría en contra de la hipótesis central que estamos analizando, que postula que el fin principal del trabajo cerebral, es actuar. En efecto, aprendizaje, memoria, capacidad de predicción, son funciones neuro-psicológicas que hacen posible al individuo desempeñarse, es decir, actuar, con mayor eficacia, pertinencia y oportunidad. En este sentido, es importante recordar el gigantesco avance que significó, en la evolución de la vida, la aparición del cerebro, órgano que maneja este bucle virtuoso de saber para actuar, en el que "hacer" es la tarea principal.

Hoy día sabemos que esto ocurrió en la llamada Revolución Cámbrica (530 millones de años atrás), cuando por primera vez, según el registro fósil, surgieron especies cordadas (con espina dorsal), que poseían un tubo neural que muy pronto adquirió una expansión en su parte anterior, el telencéfalo, antecesor del cerebro, del que disponen las especies actuales. Como vimos en la Introducción de la Tercera Sección de este libro ("Actuar – Intervenir") la función principal del cerebro original, fue organizar y dar sentido al movimiento, con lo que las especies primitivas (y por cierto las modernas) podían acercarse a sus alimentos y/o evitar condiciones adversas. Pero, antes de la llegada de los cordados, muchas formas de vida (uni y pluri celulares) ya disponían de sensores, que les permitían conocer ("saber") las condiciones físico-químicas o biológicas (otras especies) del medio en que vivían. Por supuesto, muchas especies actuales que no tienen cerebro (unicelulares como bacterias o paramecios, o pluricelulares como, por ejemplo, medusas o erizos) son capaces de saber las condiciones del medio ambiente en el cual deben sobrevivir y reproducirse. Estas condiciones biológicas son destacables porque indican que el cerebro (expresión avanzada del telencéfalo) apareció "después" que los sensores que miden las condiciones de los ambientes. Claro que la "cognición motora", que hace posible tener actos y conductas con objetivos, significó un verdadero salto cuántico en la historia de la vida, porque permite una muy fina correlación entre saber y hacer. Conocer el ambiente para actuar en él. Desplazar al sujeto hacia condiciones más provechosas y/o hacia lugares con menores riesgos.

La especie humana ha llevado este primitivo patrón de comportamiento, a niveles muy superiores, que en realidad significan un segundo salto cuántico en la historia de la vida. Para decirlo con brevedad. El cerebro humano (y probablemente en un nivel ciertamente inferior, también el de los antropoides) ha logrado separar, independizar saberes de actos, conocimientos de conductas. Puede reflexionar y deliberar sobre unos y otros, con lo que sus innatas predisposiciones a explicar, entender, comprender el mundo físico y social y a sí mismo, son parte fundamental de sus culturas, y de una visión explícita sobre cosas, personas y eventos, respecto a los que puede saber sin necesidad de actuar en el instante siguiente. Este nuevo salto cuántico es posible por las siguientes razones.

Dado que nuestro cerebro tiene enormes capacidades de aprendizaje y memorias (Capítulo 1) y es capaz de abstraer, es decir, hacer generalizaciones categoriales, puede hacer representaciones mentales que separen conocimientos y saberes, de actos motores que cumplan objetivos. A su vez, las culturas, en cuanto sistemas de selección, entre otras cosas, de conocimientos y saberes que, por distintas razones consideren útiles y significativos, especifican los temas y problemas que mejor se acoplen a sus visiones del mundo, ecológico y social. Los temas y problemas que las culturas especifican pueden catalogarse desde dos perspectivas. Aquéllos que permiten operar, intervenir sobre la realidad ecológica y social (Tecnologías, Política, Economía y Derecho), y aquéllas que hacen posible explicar, entender tales realidades (Religión, Arte, Filosofía, Ciencia) que son los productos culturales que estudiaremos en esta Sección. Esta representación independiente de haceres y saberes no es posible para el niño pequeño. Se atribuye a Piaget la frase: "Para un niño de 3 a 4 años una cavidad en la tierra es lo que hacen las palas". Esta unión pragmática entre saber y hacer, se ha llamado "enacción" y sería para algunos neuro-biólogos (Francisco Varela (1), por ejemplo), el fundamento no sólo de la conducta sino también de las ideas. El pragmatismo norteamericano (W. James) y, sorprendentemente, los budismos tibetanos no están lejos de esta hipótesis. Por la misma razón, estas representaciones o modelos mentales que separan hacer de saber, y que son posibles en jóvenes y adultos, no representan cumplidamente la forma integrada y coherente cómo funciona la neuro-psicología humana, que no aísla sino coordina saberes con conductas

(Epílogo). Sin embargo, la conciencia subjetiva, ese misterioso atributo humano, que está sobre y más allá de conexiones y asociaciones no conscientes, de los módulos especializados del cerebro, puede identificar y aislar, los conjuntos de saberes que nos permiten comprender las causas de los estados y de las dinámicas transformacionales de las realidades ecológicas y sociales, con las que interactuamos, y también, nuestro propio ser y estar. Así, es la acción de la conciencia, en cuanto agente que interviene en los procesos mentales la que hace posible tratar en esta Cuarta Sección los saberes humanos, luego de haber analizado en la Tercera Sección nuestros haceres e intervenciones.

Por último, es esta Introducción me parece necesario aclarar las razones del ordenamiento de los diferentes capítulos de esta sección. Los criterios que tuve en mente para poner en esta secuencia los temas, son dos. En primer lugar, por su antigüedad histórico cultural. No hay dudas que la Religión y el Arte como forma de entender el mundo, son mucho más primitivas que la Filosofía y las Ciencias, y que esta última, del modo formalizado como se la entiende hoy, es posterior a la Filosofía. El segundo criterio es referente a los atributos neuro-psicológicos que estos saberes ponen en juego. La Religión y las Artes tienen un componente simbólico principal, mientras para la Filosofía y las Ciencias sus atributos principales son racionalidad y objetividad. La Teología es anterior a la Filosofía, pero también cercana a la Religión y las Artes porque es agregar racionalidad a una predisposición de base simbólica. Quizás el punto más discutible en esta forma de organizar los saberes que permiten entender el mundo, es el de las Artes. La mayoría de los estudiosos de la Estética piensan que las Artes son más un hacer que un saber. Sin embargo, como veremos en el Capítulo dedicado a ellas, éstas expresan y transmiten una cierta noción simbólica de la realidad que, por supuesto, corresponde a la visión que sobre ésta tiene el artista. Pero su obra se dirige a un público, por lo que se puede concebir que su visión, aunque sea de algún modo rupturista (pensemos en el cubismo), corresponde a una estética que es parte de la cultura de su tiempo.

"Esta relación estética-Cultural ha hecho posible clasificar las Artes en períodos bien definido (Renacimiento, Barroco, Romanticismo, etc.), que, aunque en cada caso tienen mayor presencian en algunas artes (Arquitectura, Plástica, Música, etc.) poseen, sin duda, un hilo común que de algún modo las relaciones. Pensemos en el Barroco que se manifiesta en la Pintura, la Arquitectura, la Música, la Literatura, etc. Así el período Barroco, es una forma de percibir el mundo que en Occidente se dio en los siglos 17 y 18, esto es un saber histórico - cultural sobre la realidad que se expresa en los distintos dominios de las Artes.

Naturalmente esta relación entre saberes y culturas es una ligazón neurobiológicamente inevitable. Ambas, y también las conductas, dependen de las mismas mentes que operan en un determinado espacio sociocultural del cual han aprendido visiones del mundo y comportamientos.

CAPÍTULO 11.

Religión – Religiosidad. Religiones, ciencias, ritos y experiencias espirituales

1. El fenómeno religioso

Es particularmente difícil definir con alguna precisión el fenómeno religioso. Esta dificultad se incrementa cuando se intenta, como yo haré en este capítulo, relacionar creencias y prácticas religiosas, con procesos neuro-psicológicos. Desde esta perspectiva, la mayor parte de las definiciones antropológicas consideran el fenómeno religioso como una práctica cultural especializada, igual a las tecnologías o las políticas, y hacen supuestos sobre las conductas religiosas, sin considerar sus sustratos neuro-psicológicos. Esto no es raro, pues como este libro lo demuestra, esto ocurre con casi cualquier problema estudiado por las Ciencias Sociales (Introducción). Pero el fenómeno religioso tiene una trascendencia histórica y personal diferente a la tecnología y la política. Es una manera de averiguar y entender, no sólo la naturaleza de las cosas y las personas sino sus fines, su razón de ser, y el sentido de su destino. Responder estas preguntas fundamentales es tarea de las creencias y prácticas religiosas. Es claro que ésta no es una definición del fenómeno religioso, ni tampoco lo conecta con procesos neuro-psicológicos. Creo que para lograr una mayor comprensión de la religiosidad humana y de la mente religiosa, el mejor camino es la descripción del fenómeno socio-cultural, tan especial y trascendente, que llamamos Religión, y que se puede encontrar en todas las culturas.

La mención de la mente religiosa hace presente una pregunta muy importante: ¿Existe un aparataje cerebral, de algún modo especializado (total o parcialmente), en procesar esta característica exclusivamente humana que es la religiosidad? Es evidente, que según se responda esta pregunta, surgen otras, tan esenciales como la primera. Se trata de una nueva predisposición innata (genética), y de ser así, cuáles son los procesos mentales (componentes de la religiosidad) específicos que la subtienden. También podría sostenerse, que todos los asuntos religiosos son procesados por el cerebro, asociando de un modo particular, capacidades ya disponibles que se focalizan en los desempeños que constituyen la religiosidad.

Como veremos más adelante, esta disyuntiva es discutida con cierta vehemencia por diversos especialistas, pues significa, de ser innata, que la religiosidad es un producto de la selección natural, que por serlo produce algún beneficio a nuestra especie.

Por otra parte, las "funciones" de las religiones y de la religiosidad son consideradas de manera muy diferente por los distintos tipos de intereses que privilegian las personas que las viven, analizan o estudian. Para los creyentes sus funciones son psicológicamente evidentes. 1. Dan sentido a la vida personal y social que, de alguna manera, deja de ser un azar de la evolución natural y tiene un destino no sólo en esta realidad, sino en un más allá, regido por algún tipo de fuerza, espíritu o divinidad. 2. Permite entender el origen, características y avatares de la realidad en que se vive, generada por dioses creadores, los que además pueden intervenirla, para lo cual suelen tener altos poderes. 3. Genera normas, valores y principios morales que permiten una buena vida personal y social. 4. Es un camino de "salvación" del destino más temido por la conciencia humana. La muerte total y definitiva del sí mismo. 5. Para lograr todas estas bienaventuranzas es necesario tener fe en la existencia de una realidad supra-natural, seguir sus instrucciones en el pensar y en el actuar, y participar en los rituales que los dioses o espíritus han establecido, y/o lo que les son transmitidos por sus intermediarios (chamanes y sacerdotes).

Para los cientistas políticos e historiadores, la Religión tiene las siguientes funciones: 1. Beneficia a la sociedad o grupos en que se practica porque genera en ellos la sensación la de pertenencia, de unidad de la comunidad, simbólicamente unidos en conjunto a seres superiores, lo que da a la iglesia una fuerza, a veces mayor que la nación o raza de pertenencia. 2. Compartir creencias, ritos, enseñanzas y conocimientos hacen al grupo más cooperativo, más eficiente y con mayor capacidad para convivir pacíficamente, pues participan de los mismos códigos morales. Claro que también, mayor disposición para defenderse y/o atacar a sus enemigos. 3. La élite que controla el sistema político-religioso, obtiene beneficios que están negados para los demás, no sólo por la fuerza (del rey, por ejemplo), sino porque transmiten guías sociales que se fundan en decisiones divinas. Todos los reyes de la Antigüedad eran designados por la divinidad o eran ellos mismos dioses (faraones, por ejemplo). El origen divino de la realeza duró en Europa hasta el siglo 18. 4. El último grupo que vale mencionar es el de científicos y filósofos ateos. Por ejemplo, Richard Dawkins (genetista) afirma que las religiones son una forma de pensar "no deliberante", y sostiene que históricamente ellas principalmente produjeron desastres, guerras, dominación de las élites, sometimientos, crueldades, etc. Daniel Dennett (neuro-filósofo) escribe que las religiones, son un tipo especial de fenómeno natural, que actúa sobre las mentes como un encantamiento (spell), por lo que impide formas de pensar racionales y creativas. El problema, para las religiones, es que, en los tiempos actuales, ambos (científico y filósofo), son parte de cientos de miles de personas que ya no practican ningún culto religioso ni creen en mundos sobrenaturales.

Se puede sostener que todas las religiones conocidas tienen, descriptivamente, algunos elementos comunes, aunque sus contenidos específicos (creencias, y ritos, por ejemplo) sean completamente diferentes. Los elementos comunes son conocidos. El primero común a todas las religiones se basa en creencias que suponen que nuestro mundo cotidiano, en el que transcurre nuestra vida, digamos normal, no es el único existente, y que hay otras dimensiones de la realidad no sólo más importantes sino, y de algún modo, eternas. Desde esta perspectiva, las religiones abren el espíritu humano a realidades que operan fuera del espacio cotidiano, y en un tiempo completamente distinto al que miden relojes y calendarios. Qué son esos tiempos y espacios. Cuál es (o han sido) su génesis y desenvolvimiento (las palabras evolución y desarrollo se aplican a muy poco de los mundos concebidos por las creencias religiosas), y de qué modo están constituidos, son cuestiones cuyas respuestas son propias de cada Religión.

El segundo elemento, descriptivamente común a todas las religiones, es que en esas realidades ultramundanas existen poderes (espíritus, dioses) que se relacionan con la aparición (creación) de la realidad de nosotros los humanos, con nuestro destino terrenal y con la vida después de la muerte. Este elemento común es absolutamente diferente en sus contenidos específicos entre las distintas religiones, y aún, en versiones "heréticas" de las creencias fundamentales. El nirvana de los budistas tiene muy poco que ver con el cielo (o el infierno) de los cristianos, mientras el cielo (tsien) de los chinos tradicionales es una fuerza o estado superior y de ningún modo una divinidad. A su lado, los dioses olímpicos griegos eran sólo 12, pero espíritus y deidades secundarias eran multitudes como en las demás religiones politeístas en Egipto, Babilonia, Roma, Persia, India, Mayas y Toltecas en el Norte, y Moches o Incas en el área de los Andes del Sur. A este incompleto listado debemos agregar espíritus y dioses de culturas no civilizadas.

La tercera característica común a todas las religiones está constituida por las formas rituales que tienen, han tenido o tuvieron las poblaciones para comunicarse y honrar a los dioses y espíritus, a través de ceremonias especiales, necesarias para alcanzar ese nivel superior de la realidad, sea a través de oraciones, danzas, música, templos y demás. En este aspecto, las diferencias religioso-culturales, entre los distintos creyentes de una particular Religión, también son enormes. Van desde las pacíficas meditaciones budistas acerca de las cuatro grandes verdades, hasta los sangrientos sacrificios humanos de Mayas y Aztecas. Por su parte, los judíos que sacrificaban en el Templo corderos, fueron seguidos por los cristianos, que sin cesar reproducen el sacrificio del Hijo de Dios en su rito central, la Misa, con la transubstanciación del vino y el pan para la comunión con Jesús, transformado en el cordero sacrificial.

La cuarta y última condición general de todas las religiones es la aparición de sacerdotes o chamanes, encargados de mantener y enseñar la ortodoxia de las creencias de los fieles y de practicar los ritos y ceremonias, que son formas de adorar o comunicarse con la o las divinidades. Los sacerdotes en realidad, tienen en todas las religiones dos funciones un tanto diferentes. La primera es ser el vehículo único autorizado para relacionarse con la divinidad de la cual, según la creencia de los fieles, ha recibido ciertos poderes espirituales. Sólo a través de ellos los rituales tienen significado a los ojos de Dios, sea para lograr el ingreso a la comunidad de fieles, para ser perdonados o para obtener la gracia y el favor de la divinidad. La segunda función es, podríamos decir, teológica-administrativa. Tienen que preocuparse de la gestión de los asuntos de los templos y de la pureza teológica de la creencia según la tradición y, cuando existen, de su ajuste a las escrituras sagradas.

Por último, una cuestión muy fundamental. En qué se diferencian las creencias religiosas de la superstición o de la magia. El antropólogo clásico Sir Edward Burnett Tylor, estudiando muchas culturas primitivas planteó, que la diferencia se encontraba en los agentes causales de ciertos efectos. Sus ideas, que hoy son comúnmente aceptadas, sostenían que en las supersticiones como, "un gato negro indica mala suerte" o "pasar bajo una escalera asegura un accidente", la relación causal es directa de la cosa que produce un cierto efecto. El "gato negro", la mala suerte y el acto de pasar "bajo una escalera", se relaciona con un accidente. En las mentalidades religiosas el agente causal es un espíritu o un dios que tiene tales o cuales características o intenciones. Así, en las religiones los agentes son seres y entidades personificadas, que, además, viven en un universo, espacio temporal, determinado. En el caso de la magia, el agente causal es el mismo sujeto (mago) que practica sus encantamientos y demás maniobras destinadas a producir algún efecto. Cuando el mago convoca algún espíritu para producir algún resultado, se convierte en chamán, esto es, en un agente de la religiosidad primitiva.

Esta descripción, así de general, de las religiones, nos servirá para alcanzar los dos objetivos principales de este capítulo. El primero es describir la Neuro-psicología de la religiosidad, esto es, cómo funciona la mente de los que creen en los mensajes de las religiones a las que pertenecen, y en los rituales que practican. Es cierto que algunas personas con creencias religiosas no participan orgánicamente en algún culto en particular. La hipótesis más sensata para explicar esta situación, que es sin duda creciente en los últimos tiempos, es que ellos no tienen una relación afectiva o intelectual con ritos y sacerdotes, pero su mente también cree en la existencia de realidades ultramundanas, aunque se aparten de las vías para comunicarse colectivamente, con esos mundos. El segundo objetivo de este capítulo es examinar el impacto cultural de las religiones y, por cierto, el de las culturas sobre las religiones. En este sentido encontraremos que esta relación bidireccional es tan poderosa, que ha determinado la vida y la muerte de las personas y grupos que viven o han vivido en una particular religión. Probablemente, un efecto histórico tan importante como la convivencia pacífica de Cultura y Religión, sea el quiebre total o parcial de esta tranquila relación. A veces esta ruptura se debió a excesos en el uso del poder espiritual en asuntos políticos, económicos y sociales por parte de los líderes religiosos. Otras veces, a la imposición del poder político sobre las religiones, como sucede en algunos lugares en la actualidad, porque la Cultura evolucionó por caminos en los cuales la Religión predominante no podía seguirlos. Lo más corriente en este divorcio Cultura Religión es una mezcla de estas tres razones.

2. Creencias y experiencias religiosas

El fenómeno religioso, más arriba sucintamente descrito, ha tenido a lo largo de la historia de las ideas un papel preponderante en muchas disciplinas, además de lo que podemos llamar Historia propiamente tal. Prácticamente todos los filósofos y pensadores antiguos y modernos, de un cierto relieve, desde los griegos clásicos, hasta Bertrand Russell, y los más arriba mencionados, han considerado la Religión como un fenómeno puramente humano, de trascendental importancia para sus reflexiones. Por su parte, y en épocas más recientes, antropólogos, lingüistas y politólogos, han estudiado el fenómeno religioso desde sus particulares perspectivas. Sin embargo, sólo desde fines del siglo 19 y principios del 20, la consideración, con alguna mirada científica de la mente y las experiencias de creencias y prácticas religiosas, empezaron a ser parte importante de los trabajos y las investigaciones de las nuevas disciplinas que, por entonces, estaban naciendo. Entre estos trabajos, hay dos que por su calidad e influencia posteriores vale la pena recordar: a) "La variedad de las experiencias religiosas" de Wiliams James (1902), filósofo y psicólogo de la Universidad de Harvard y b) "Las formas elementales de la vida religiosa" (1911) de Émile Durkheim, profesor del Colegio de Francia. Ambos autores fueron, de algún modo, padres fundadores de sus propias disciplinas la Psicología en el caso de Wiliam James y la Sociología (mentalidades y ética) en el caso de Émile Durkheim. Aunque sus trabajos han sido posteriormente, y con razón, criticados metodológicamente, ellos fueron los primeros en afirmar que las religiones, una práctica cultural con reglas e instituciones supra-individuales, de algún modo "vivía en la mente" de su cultores (W. James), o que tenía origen y funciones sociales (Durkheim). Estas propuestas eran difíciles de digerir en las culturas "cristianas" en que ambos trabajaban, en las que la Religión, aprendida y acatada por los fieles, era determinada directamente por Dios.

El concepto de "religiosidad", bajo el cual se pueden incluir las propuestas de nuestros dos autores, debió esperar hasta bien pasada la Segunda Guerra Mundial para volver a ser considerada digna de estudios, y hasta después de la década de los 80 del siglo pasado, para empezar a tener un tratamiento neuro-psicológico, como el que propone este libro. Por supuesto, desde principios del Renacimiento y la Reforma se ha discutido con ardor la "verdad" de las afirmaciones religiosas, las razones de liturgias y ritos y el papel de las instituciones religiosas. Estas discusiones, presentes hasta el día de hoy sobre los mismos temas, son aún más denodadas por el avance científico, que ha ido incorporando el estudio del papel de la mente humana en el manejo de ideas y prácticas religiosas.

Las posiciones extremas de Dawkins y Dennett no son compartidas por otros neuro-biólogos. La pregunta de estos últimos es muy interesante. Desde un punto de vista evolutivo, cuál es la razón de la persistencia de ideas y prácticas religiosas. Ellas están en los humanos desde el Paleolítico Superior (30 a 40 mil años atrás). Por qué, siendo producto de un "encanto" fascinante o ser irracionales, no han desaparecido como las magias que aparecen y se desvanecen. Por supuesto, quienes se preguntan por el papel evolutivo de creencias y prácticas religiosas, la cuestión principal es qué beneficios tienen para nuestra sobrevida como especie.

En lo que sigue, trataremos estos problemas siguiendo los aspectos que describimos al comenzar este capítulo: 1) La creencia que hay una realidad ultra-mundana, distinta a la de nuestro mundo cotidiano, poblada de seres y entidades diferentes a las de nuestro mundo, aun cuando algunos de ellos son espíritus de los muertos. 2) La creencia que estas entidades (espíritus, dioses, fuerzas, etc.) han cumplido un papel en la creación de nuestro mundo y de nosotros mismos y, que, además, tienen poderes para intervenir en nuestros asuntos. 3) La creencia que hay formas adecuadas de comunicarse con esas entidades. Liturgias y ritos de adoración o peticiones, han sido establecidos por las mismas entidades directamente, o a través de enviados especiales: chamanes y profetas. 4) Cómo se manifiesta el modo de relación de la secta con la divinidad, que llamamos "mística". 5. Qué papel tienen religiones y religiosidad (si alguno) en la sobrevida y prosperidad de los humanos.

3. La otra realidad ultramundana

Para la Arqueología de la Prehistoria la más primitiva señal de una creencia de tipo religiosa, es la de los entierros deliberados de cuerpos humanos con algún tipo de ofrendas. Los palinólogos, que, como parte de los equipos arqueológicos, estudian semillas y polen presentes en las excavaciones de igual antigüedad que los demás restos (huesos, o instrumentos), han encontrado residuos de flores asociadas con huesos en entierros de Neandertales. Aunque sólo hay, hasta hoy, muy pocas tumbas de Neandertal con tales ofrendas, en entierros de Homo-Sapiens, algo posteriores, son mucho más frecuentes y con ofrendas más diversificadas: además de flores, se han encontrado instrumentos de piedra y huesos animales con grabados. En el pensamiento de algunos antropólogos, esto significa que quienes así enterraban a sus muertos creían dos cosas entrelazadas: a) que existía un mundo distinto al cotidiano, y b) al que iban a morar los espíritus de los muertos. Este más allá con coordenadas espacio temporales para ellos desconocidas, que acogían al espíritu de los difuntos es, se supone, el comienzo de las operaciones mentales que hemos llamado religiosidad. Su constituyente central, aquello que lo identificó como persona viva, es decir su espíritu, es inmortal y sobrevive en otra realidad espacio-temporal que está más allá del mundo cotidiano. Estas conclusiones pueden parecer exageradas, pero ellas se afirman en la religiosidad que las civilizaciones posteriores desarrollaron alrededor del mismo punto. El destino inexorable para los seres vivos: es dejar de existir. No todos los antropólogos, ni todos los estudiosos de las religiones, están de acuerdo con esta interpretación sobre las creencias del Homo Sapiens del Paleolítico Superior, los primeros que enterraban a sus muertos. Les parece que la muerte es un punto central para la religiosidad ya de los humanos en las civilizaciones tempranas (y por supuesto después) pero no es nada seguro que la mente de los cro-magnones tuviera claramente tales creencias. La razón es, que actualmente existen pueblos muy primitivos que ciertamente creen en los espíritus de los muertos (y en otras identidades como espíritus que nunca fueron humanos). Algunos de ellos, tampoco imaginan una realidad sobrenatural muy distinta a la cotidiana. Los espíritus para ellos, viven entre nosotros, cualquiera sea su origen. No es fácil tomar partido en estas discusiones, sin embargo, y como veremos en el curso de este capítulo, la religiosidad humana ha tenido una cierta evolución, con un punto de quiebre, bien evidente, en el Postneolítico. Desde esta perspectiva, es posible pensar que la religiosidad de los cro-magnones, que ciertamente la tuvieron, no es idéntica a la de los humanos de las civilizaciones posteriores.

Así, la hipótesis que se puede presentar es, que la inevitable muerte, es un ingrediente principal de las creencias religiosas y de la religiosidad de los humanos, aunque el creer en una realidad sobrenatural sea en el Postneolítico. No hay otra especie que tenga presente la muerte como su destino inexorable. Se ha visto que los elefantes parecen recordar brevemente a los muertos de su manada, pero pensar en la muerte, como el fin al que se teme, sobre todos los demás peligros de la vida, es un asunto sólo humano. Si consideramos el miedo a dejar de ser, como un impulso religioso fundamental, cabe preguntarse, según vimos respecto a la religiosidad, si él es tan antiguo como los cro-magnones o del Postneolítico. Naturalmente, esto debe ser corroborado por lo que hoy sabemos acerca de la estructura y funcionamiento de la mente del Homo Sapiens y de su evolución.

La primera característica de nuestra mente que debemos considerar, es su ultra-individuación, asociada con una conciencia subjetiva que genera un sí mismo, un yo mismo, que además funciona como agente de sus propias conductas. A esta individuación con un sí mismo consciente y operativo, la noción de terminar, de dejar de ser, de morir, le produce un temor que podríamos llamar existencial. Esto es tan cierto, que la afirmación de las filosofías existencialistas (Heidegger y Sartre) que los humanos son "seres para la muerte", pone en duda su destino, el sentido de la vida y la inutilidad de preocupaciones, esperanzas y objetivos de largo plazo. Este abismo existencial posible, en una especie que sabe que su conciencia y su sí mismo están destinados a desaparecer, es la fuerza que impulsa a creer en la promesa religiosa de la existencia de un más allá, no siempre bien definido, donde mi propia entidad continuará existiendo. Esta primordial pregunta existencial no puede tener respuesta en las Ciencias, las Artes o cualquier otro constructo de nuestra mente. El resto de las especies, sin conciencia subjetiva de un sí mismo y sin memoria auto-biográfica, no tienen necesidad de ser religiosos. La muerte es para ellos un acontecimiento inesperado. Sólo los humanos sabemos que vamos a morir. Sólo los humanos pensamos que hay un más allá donde nuestros espíritus podrían sobrevivir. Esto es, podemos ser religiosos. Una rápida mirada a la enseñanza de las religiones principales, muestra que todas ellas tienen mitos y afirmaciones doctrinarias que se refieren a la vida después de la muerte. Pero, antes de llegar a estas religiones complejas de las civilizaciones, algo más sobre el más allá.

4. El origen de la religiosidad

Nadie está muy seguro cuándo este espacio simbólico que llamamos más allá, empezó a ser concebido, ni cuándo a él, se incorporaron los demás habitantes que más arriba mencionamos: espíritus, dioses, entidades, fuerzas. Como hemos visto los cro-magnones, que enterraban a sus muertos, tenían estatuillas mitológicas. El hombre-León, las Venus de la Fertilidad y las propias pinturas rupestres que, representando animales, eran objeto de algún tipo de culto con chamanes oficiantes y música de ocarinas. La opinión más generalizada es que los espíritus son de aparición muy temprana, en el imaginario del Homo Sapiens. El supuesto es que, al soñar, con frecuencia las personas se ven a sí mismas fuera de su propio cuerpo. Observan escenas, en que ellas participan, como un observador externo. Al despertar se dan cuenta, que han regresado a su corporeidad. Más importante, aún parece haber sido, el encontrarse en los sueños con la imagen de un pariente (padre, madre, hermano o amigo) ya fallecido. Dado que muchos en las hordas tienen la misma experiencia, y con un lenguaje maduro comentan entre ellos estos sueños, la idea que todos tienen un espíritu que se independiza del cuerpo, pasa a ser parte de sus creencias compartidas. Cuando alguien muere, les resulta por decir así, natural preguntarse, qué pasa con su espíritu. La muerte es entonces, semejante a un dormir muy prolongado, y como en los sueños, el espíritu abandona el cuerpo. En las culturas más primitivas los etnólogos recogen constantemente esta idea. De hecho, fue el eminente antropólogo clásico, Edward B. Tylor quien primero reportó estos hallazgos etnológicos, y propuso esta hipótesis sobre el origen de la idea de que tenemos un espíritu distinto a nuestro cuerpo. El paso siguiente es, en este primitivo nivel cultural, bastante obvio. Si los seres humanos tienen espíritu, es razonable creer que animales y ciertos objetos mágicos, también lo tienen. Una forma especial de esta creencia son los Tótem que por alguna razón (eventos históricos, tradiciones) representan al clan. Con el paso del tiempo, los espíritus del clan se transforman en dioses a los que se les asignan poderes, como lo hacían con los espíritus de los muertos. El Shintoismo japonés actual, tiene este mismo origen.

No sabemos si el espacio simbólico al que iba, como suponemos, el espíritu del muerto, era el mismo en que vivían los demás habitantes. Tampoco, si los Cro-Magnones creían en entidades del tipo al que hoy llamamos dioses. Pero en este sentido, hay autores que proponen una hipótesis interesante.

Ellos creen que lo que tradicionalmente se ha llamado Venus de la Fertilidad y que se encuentra en una muy amplia extensión de territorio Euroasiático (de España a Rusia Central) debiera llamarse representación de la Diosa Madre. La que además de encontrarse en altares y hornacinas dentro de las cavernas, se han ubicado en chozas y viviendas, en regiones más cálidas. Ellas serían la representación de la Madre Común de la horda y la tribu, con lo que tenemos una línea de vinculaciones muy importante. Venus de la Fertilidad representante común de las madres de la horda o tribu. Esta figura ancestral (similar a los Tótem, algo posteriores) puede concebirse como Diosa Madre, pues su presencia en lugares públicos y viviendas, permite pensar que ella representaba a la comunidad y tenía algunos poderes capaces de proteger familias y grupos sociales. De esta manera, según esta hipótesis, el espíritu ancestral de la madre devino de una diosa, que compartía el mismo espacio mitológico con los demás espíritus. Esta idea es perfectamente compatible con lo que hemos visto (Capítulo 1) acerca de la relación de apego madre-niño, por lo que las diosas con frecuencia viven (religiosamente) como madres.

En este sentido es curioso que, de los tres monoteísmos originados según sus tradiciones por Abraham, sólo el cristianismo haya llevado a la Virgen María a la condición de Madre de Dios, mientras judíos y musulmanes no tienen entre sus figuras sagradas ni una sola mujer. En realidad, en algún momento Yahvé tuvo una pareja (Asherat), pero en el siglo 6 A.C, bajo el Rey de Judea Josías, fue destronada y sus altares destruidos. Tampoco ellas existen en las religiones chinas o en el budismo. En el hinduismo hay pocas diosas y, algunas que se destacan, como Kali, son de gran malignidad. En cambio, en Occidente y Medio Oriente, incluyendo a Egipto con Isis, las religiones más tempranas (y las actuales, excepto regiones dominadas por los musulmanes) tuvieron diosas que juegan un importante papel en la religiosidad de esos creyentes. Esto podría significar que, en esas poblaciones, el recuerdo de la Diosa Madre paleolítica se mantiene presente. Por otra parte, en todas las religiones de las civilizaciones tempranas, en el espacio mítico sagrado, esto es, distinto a la realidad cotidiana, predominan los dioses varones, siempre representando una fuerza o poder bastante específico. Zeus manejaba el trueno y el rayo. Osiris que decide el camino de las almas de los muertos hacia el más allá. Marduk en Babilonia es el vencedor de Tianan esa poderosa entidad marina que intentaba apoderarse del mundo. La tríada sagrada del hinduismo (Brahma, Shiva y Vishnu), tienen cada uno de ellos, poderes específicos. También en India, los dioses Védicos son encabezados por Agni (el fuego) y en Meso-América, junto al sangriento Huitzilopóchtli, dios de las tormentas y el sol, y Tláloe de la lluvia que riega los campos de cultivo, se destaca Quetzalcoatl, dios maestro que trajo el maíz y enseñó a usarlo y a convivir a toltecas y mayas, que lo llamaron Kulkukán. Estos múltiples ejemplos (que podrían extenderse) me parecen necesarios para mostrar dos tendencias tremendamente importantes de la religiosidad.

Los dioses más tempranos parecen ser la personificación de las fuerzas de la naturaleza: trueno, relámpago, tormenta, lluvia, fuego, maíz domesticable, organización cósmica (Brahma), destrucción creativa del mundo (danza de Shiva).

Desde este punto de vista podemos suponer que una de las funciones de la religiosidad es encontrar las causas de los eventos naturales. En el mundo moderno, la noción de causalidad, predisposición humana de enorme importancia, se satisface con los hallazgos científicos. Pero para las civilizaciones antiguas, fue necesario personificar los eventos naturales en dioses que tenían poder, esto es, que eran los agentes causales de lluvias, truenos, desplazamientos del sol, luna y demás astros del firmamento, de la renovación de la naturaleza en la primavera (mito griego de Perséfone y su madre Deméter). Por otra parte, la religiosidad busca entender el destino humano, como lo muestran las virtudes y flaquezas de los héroes griegos, y finalmente, la persistencia después de la muerte, como se simboliza en Osiris, Attis y demás dioses que resucitaron milenios antes de Jesús de Nazareth.

Por otra parte, los dioses originados en las fuerzas de la naturaleza muy rara vez eran los dioses creadores los que, por alguna razón diferentes en las distintas tradiciones religioso-culturales, habían decidido crear el mundo, con todos sus componentes y atributos; cuerpos celestes, montañas, mares, fuerzas y eventos naturales, árboles y animales. En todos los mitos de la creación, la creación del ser humano fue una decisión y un evento especial, o muchas veces, varios intentos divinos, al comienzo insatisfactorios, hasta llegar a los humanos que hoy conocemos. Pero no sólo para la creación del ser humano los dioses se tomaron cierto tiempo o períodos. También para los otros componentes de la realidad. En el Génesis judío Dios creó el mundo en seis días, que los exégetas bíblicos modernos consideran no fueron días calendario, sino períodos de una temporalidad que estaba naciendo.

El Dios creador de los monoteísmos abrahámicos, Jehová, es muy distinto al de las otras tradiciones religioso culturales. Surge de un dios de las tormentas del Sinai, esto es de una divinidad local que representa una fuerza de la naturaleza, pero llega a ser considerado como único y omnipotente, varios siglos después. Luego de crear el mundo y los seres humanos, continúa siendo el dios supremo, a cargo de enseñar, guiar y castigar a los que no lo amen y no sigan sus preceptos, no sólo morales sino cotidianos como puede verse en el Deuteronomio Judío, con más de 600 prescripciones. Esta continuidad de un dios creador que permanece a cargo de los humanos y de la naturaleza es bien excepcional. La mayor parte de los dioses creadores de otras religiones, luego de la creación, se recluyen en sus propios dominios. A éstos se les ha llamado "dioses absconditos", es decir, escondidos y ajenos a la suerte de su creación. Los estudiosos de las religiones comparadas no encuentran una razón clara que explique culturalmente esta situación. Tampoco desde un punto de vista de la Neuro-psicología de las creencias religiosas se puede encontrar una hipótesis plausible.

Pero volvamos a la historia de los dioses cercanos. Si uno examina los mitos griegos, encontrará que, para los helenos, no había ninguna situación de su universo que no estuviera simbolizada por algún mito, que contará las historias y los poderes de los dioses o héroes que en cada uno de éstos participaba. Tomemos por ejemplo las estaciones del año y sus posibilidades productivas y vivenciales. La primavera, con sol y calor, era tiempo de plantar y salir al ágora para interactuar socialmente. Recordemos que quienes plantaban eran los esclavos. Los ciudadanos discutían en el ágora. El verano y el otoño eran óptimos para eventos, fiestas y bailes y para cosechar frutos y demás alimentos. El invierno, frío y lluvioso, mostraba una naturaleza sin flores, colores y frutos de casi ningún tipo. Pues bien, la sucesión de las estaciones, la fecundidad de la primavera, verano y otoño, y la esterilidad del invierno, necesitaban ser explicados, ser comprendidos. Saber por qué se producían estas variaciones estacionales. Conocer sus causas. La explicación, creían se encontraba en los poderes de los dioses, con lo que surgió, quizás el más trascendente mito griego, "Deméter y el rapto de su hija".

El argumento del mito es, que Deméter diosa de la fecundidad agrícola, tenía una hija joven y bella, llamada Perséfone. El dios Hades (hermano de Zeus y Plutón, los dioses principales del Panteón griego), dios de las profundidades de la Tierra, a la que llegaban los muertos disconformes con su condición, se enamora de Perséfone, que jugaba en un prado, la raptó y se la llevó a las profundidades. Su madre, sin poder encontrarla, se dirigió a Zeus, quien sabía lo que ocurría, pero le dijo, no quería incomodar aún más a su hermano Hades, el que tenía la peor posición entre los tres dioses principales, el "Averno". Entonces Deméter, diosa de la fecundidad de la tierra, decidió abstenerse de hacer su trabajo. Zeus preocupado por la fría oscuridad que esto producía, llegó a un acuerdo con Hades. Éste mantendría en su poder a Perséfone por los tres meses de invierno durante el cual nada florecía, pero devolvería a Deméter su hija por los otros 9 meses (primavera-verano-otoño), cosa que obligaba a la madre a cumplir sus funciones durante este preciso lapso de tiempo. Este pacto entre los dioses se mantendría para siempre, pero como Hades (guardián de los muertos) es algo veleidoso, los creyentes de este mito, instalaron a 30 km. de Atenas el más importante lugar de celebraciones religiosas de Grecia antigua, y que honra la fecundidad de la tierra, es decir a Deméter y Perséfone. En ese lugar de celebración llamado Eleusis se realizaban los ritos que representaban esta historia y su enorme significación para comunidades que vivían de la agricultura y la exportación de sus productos (vinos, aceite de oliva, etc.). Por otra parte, es seguro que el mito de Deméter no sólo simboliza la muerte y resurrección de la naturaleza, sino también la muerte y la resurrección del ser humano. Esto transformó la peregrinación anual, en una con miles de personas, a lo que se llamó "Los misterios de Eleusis". Volveremos luego a estos misterios. Antes veamos qué significan los mitos a partir de este ejemplo.

Los mitos, de los cuales están llenas las religiones formales hasta el día de hoy, representan para los creyentes una explicación causal (metafórica o simbólica) de las razones que mueven los acontecimientos naturales y también los sociales y personales. Los griegos, que eran gente culta e inteligente, probablemente sabían que esta historia era sólo una metáfora, pero servía para satisfacer su noción de causalidad, que hacía ininteligible el mundo en el cual vivían. Ésta es la razón por lo que los ritos y ceremonias que honraban la fecundidad y resurrección de la tierra y de la gente, la llamaron los misterios de Eleusis. Por otra parte, hay evidencias sólidas que para enaltecer la participación de los peregrinos en las ceremonias de Eleusis, ellos disponían de psico-estimulantes que les hacían percibir las representaciones teatrales del mito, como si ocurrieran en un espacio y tiempo sagrados. (En el apartado sobre Neuropsicología de la religiosidad volveremos al extendido uso de alucinógenos en ceremonias religiosas).

Desde un punto de vista neuro-psicológico esta concepción es muy trascendente. Entendemos mejor los asuntos naturales o sociales, cuando les podemos asignar alguna razón o causa, aunque ésta sea mitológica o metafórica. Ellas simbolizan, según los creyentes, fuerzas y arreglos divinos que, por pertenecer a otros ámbitos de la realidad no podemos comprender sino a través de mitos y metáforas, que simbolizan asuntos que a nuestro nivel son en sí mismos incomprensibles. Para los católicos actuales la Trinidad (tres personas distintas y un solo Dios) es un concepto completamente ajeno a la lógica con que funciona nuestro cerebro. La respuesta teológica es que se trata de un misterio que sólo podemos comprender metafóricamente.

A propósito de misterios, volvamos a Eleusis. Variados grupos de griegos estaban preocupados por la muerte. Los mitos griegos que trataban de explicar lo que ocurría con el espíritu después de la muerte (el reino de Hades, el río Carontes y la laguna Estigia, y el perro guardián Cerbero) les resultaban completamente insuficientes. Entre estos grupos, el más destacable, era el de los órficos, que elaboran sobre la vida y aventura de Orfeo en el reino de Hades, mientras buscaba a su amada Eurídice. La relación entre los misterios de Eleusis y los órficos es bastante obvia. Desde un punto de vista concreto Perséfone y Orfeo estuvieron en el mundo de los muertos (otro espacio simbólico), y regresaron a la realidad cotidiana de los vivos. Entre ellos había una gran diferencia. La primera, era hija de una diosa. Orfeo era un humano, músico eximio. Pero desde un punto de vista más profundo, los misterios de Eleusis celebraban no tanto el curso de las estaciones, como la muerte y resurrección "natural" (biológica diríamos nosotros) de flores, plantas y vegetación. En este simbolismo, morir y resucitar, era lo que unía a Perséfone y Orfeo. Los órficos eran humanos que creían que, a través de ciertos rituales, como los de Eleusis, podían renacer. De esta manera, ellos desarrollaron una religiosidad paralela a la de los dioses olímpicos, entre los cuales la resurrección no era posible. Digo paralela y no contradictoria porque Deméter, Perséfone, Hades y Zeus eran parte de la realidad divina de los olímpicos.

En las religiones de las civilizaciones antiguas, prácticamente siempre se encuentran dioses cuya santidad es simbólicamente representada por su resurrección. Ya mencionamos a Osiris en Egipto. En Mesopotamia, un poema paralelo al de Gilgamesh, narra el viaje de la diosa Innana (Ishtar) al inframundo "la tierra sin retorno", de la cual regresó mucho más sabia. Entre los cananeos (antes de la invasión hebrea), el dios Baal que representaba la vida, se enfrentó con Mot (la muerte) y ésta lo venció. Pero con la ayuda de su esposa Anat volvió a la vida, y retornó "con más gloria" a su papel entre los dioses. En Siria apareció un culto a Atagortis, esposa del resucitado Adonis, a quienes peregrinos ofrecían sacrificios de sangre (animales y personas), con el fin de compartir la inmortalidad del dios. Entre otras muchas historias de dioses que resucitan, destacaré sólo tres adicionales, porque ellas eran mitos y rituales que se desarrollaban en el Imperio Romano y que fueron creencias más antiguas que llegaron a Roma por la extensión de sus conquistas. Cibeles (Rea), para alguna madre de los dioses (de origen frigio), tenía un joven amante, Attis, que fue muerto por otros dioses celosos, pero volvió a la vida en forma de un árbol frutal, asegurando la imagen de la fecundidad. Hay versiones que reúnen a Attis con Dionisio (Baco), dios también resucitado, y objeto de fiestas desenfrenadas (bacanales) de las mujeres romanas, celebrando su retorno. Recordemos que Dionisio (Baco) es el dios de la fertilidad de las vides. Mithra es otro dios que vence a la muerte. Es un mito que nace en la India (es un dios védico) relacionado con la luz, la verdad y la justicia. Desde allí se extiende a Persia, en cuya religión "Mazdeita" (Zoroastro) lo incorporan como dios de la luz, el sol y la fertilidad, y enseña el camino a los justos hacia el paraíso. También se extendió a Mesopotamia, Asia Menor, Tracia, llegando a Roma como creencia de los soldados que regresaban de esas regiones. El mito de Mithra, que persigue y mata al toro de cuya sangre surgen animales y plantas, no es más que un resucitado, es un dios "salvador" que guía a las personas a los "Campos Elíseos" de la vida eterna, y también es causa de la fertilidad de la naturaleza.

En las culturas antiguas, dioses, mitos y ritos eran siempre creencias locales, que cuando se extendían de un lugar a otro, se incorporaban al panteón de dioses de la cultura que los recibía. Su importancia en la nueva posición dependía de cuan bien sus ritos y liturgias, representaban las preocupaciones más apremiantes de las poblaciones receptoras. Sus sacerdotes y maestros no tenían funciones misioneras, esto es transmitir a otros pueblos la "buena nueva". Esta función misionera nació con el cristianismo que tiene una fiesta importante que la resalta: "Pentecostes". Su actor principal fue obviamente San Pablo, puesto que los otros discípulos de Jesús (judíos ortodoxos) no tenían motivaciones misioneras. Los judíos nunca han deseado convertir infieles. Es su madre biológica la que les transmite su posición religiosa, en cuanto pueblo elegido. Si miramos los cientos de dioses de los griegos, podemos identificar, en la gran mayoría de ellos, su origen en otros lugares. Aun Zeus tiene varias versiones en los distintos territorios en que los griegos fundaron ciudades.

De esta manera podríamos decir que la religiosidad humana, desde la más profunda antigüedad hasta nuestros días, está anclada en varias creencias fundamentales:

a) Una cosmología, esto es una realidad ordenada, al menos con tres niveles, el mundo cotidiano, al cual se superpone una realidad trascendental y eterna en que moran espíritus selectos y dioses, y un inframundo que, a veces, es el lugar de los muertos, cuyos espíritus por carecer de las condiciones requeridas para ser elevados, o por decisión de los dioses, no llegan a la realidad superior. En este inframundo también viven entidades malignas. Demonios. Es interesante considerar que, entre las grandes religiones monoteístas nacidas en Medio Oriente, sólo los judíos tienen un inframundo muy poco desarrollado. El Sheol, que así lo llaman, es conceptualmente pobre y vago. Dante y su "Divina Comedia" no pudieron ser de origen judío. No conozco las razones históricas o teológicas que expliquen esta situación. Es posible que, entre los miles de escritos del Talmud, algún rabino sabio haya comentado este hecho.

b) Los dioses son, en su origen, la representación de fuerzas de la naturaleza, que tienen efectos repetidos y constantes sobre las vidas de las gentes, por lo que la comunidad los personifica. Pasan de espíritus que simbolizan el fuego, las tormentas, etc., a dioses cuyos poderes no son ya las caóticas fuerzas de la naturaleza, sino la capacidad deliberada de influir beneficiosamente en la fertilidad de plantas, animales y personas, las lluvias, las cosechas, el regular desplazamiento del sol, luna y astros, y, sobre todo, en los asuntos humanos. También pueden ser destructivos, causan erupciones volcánicas, tormentas, inundaciones o enfermedades de plantas y animales. Algunos que habitan en el inframundo, son causantes deliberados de tragedias, enfermedades, guerras y demás conflictos que sufren los seres humanos. El paso de simples fuerzas, o espíritus, más o menos caóticos de la naturaleza, a dioses que actúan deliberadamente, para el bien o para el mal, y moran en espacios celestes, es un salto cuántico de la mente humana, que empieza a aplicar las nociones de causalidad, a las realidades cosmológicas superiores e inframundanas, habitadas por espíritus y dioses. Es probable que esta trascendental ampliación de los mundos concebibles por la mente humana, sea el producto de una mutación, que como dijimos en el Capítulo 6, habría ocurrido al terminar el Neolítico.

Claro que esta mayor capacidad cosmológica no disminuyó los padecimientos humanos, las cuatro grandes verdades de Buda (enfermedad, vejez, muerte y deseos), sino los hizo personales, y la religión de ser una práctica fundamentalmente socio-cultural, durante el Paleolítico Superior evolucionó para agregar demandas individuales de los fieles a sus divinidades.

Desde esta perspectiva no basta con entender causalmente la estructura de la realidad, ni las razones de dioses y demonios, o simplemente aceptar que es nuestro destino. Es necesario relacionarnos con los dioses de modo de lograr su benevolencia y ayuda.

5. Las relaciones con la divinidad

Son muchas las maneras que tienen los creyentes para relacionarse con su divinidad. Ellas varían según las religiones o sectas a las que pertenezcan, el carácter y las preferencias individuales, las ceremonias que el año litúrgico prescriba (Pascua judía, Navidad cristiana, Ramadán musulmán), el sacramento que se celebre (bautismo, matrimonio), el estado religioso de la persona (sacerdote, monje, seglar), la Cultura de la sociedad en la que los ritos se practican, etc. Es naturalmente imposible describir las relaciones con la divinidad, en las pocas páginas que este libro puede dedicar a este tema, por lo que me restringiré sólo a ciertos ejemplos, que nos pueden dar luces de los procesos neuro-psicológicos involucrados en las conductas de los fieles, que, de un modo a otro, tratan de comunicarse con su divinidad. Para esto seguiré, gruesamente, la organización que el antropólogo Marvin Harris adopta para tratar este tema. Esta organización tiene para mí la gran ventaja de empezar, considerando las religiosidades más primitivas, que él llama "los rituales animistas básicos".

Entre las sociedades más simples, del nivel de caseríos y aldeas, dice Harris, la mayoría de los adultos tenía un conocimiento práctico de cómo lograr que los seres espirituales ayudaran a las personas a tener una vida más larga, satisfactoria y exitosa. Con plegarias, cánticos, sacrificios (ayunos, escarificaciones de la piel), o portando algunos amuletos especiales, lograban una clase de espíritu guardián que les ayudaba en sus empresas (la caza), y los defendía de espíritus hostiles que pudieran amenazarle. Tenían una relación individual con sus espíritus guardianes. El modo de atraer a los espíritus (cánticos, amuletos) lo aprendían de sus progenitores. En una segunda etapa que Harris llama "intercambios divinos", los humanos que viviendo en jefaturas y estados iniciales seguían pidiendo favores y beneficios de algún tipo, pero ofrecían alguna retribución. Ellas podían ser alabanzas corrientemente acompañadas de alimentos y bebidas que, pensaban, complacían a los espíritus. A estas ofrendas podían agregarse sacrificios, como expresión de amor y gratitud. Estos sacrificios podían ser heridas y ayunos personales y/o de un ser querido.

Con la llegada de religiones eclesiásticas (con sacerdote de tiempo completo) las ofrendas de bebidas y alimentos empezaron a entregarse a los sacerdotes, con lo que la ofrenda se transformó en un impuesto religioso, dado que, a poco andar, se fijó calidad y cantidad de los alimentos que se debían entregar a los sacerdotes. En este esquema toda la población de señores y estados debía creer en los mismos dioses, por lo que todos entregaban ofrendas a dioses que poco los protegían y ayudaban individualmente, pues su ayuda y protección se entregaba al señorío o al Estado.

La siguiente etapa Harris la llama "ofrendas de carne" y hace un recuento de la gran cantidad de culturas en las cuales las religiones imperantes ofrecían a los dioses este alimento, de acuerdo a muy elaborados ritos, tanto para matar y despostar el animal, como de las liturgias ceremoniales que acompañaban esta ofrenda a los dioses. Himnos y plegarias, sostenidas por largas horas, hacían saber a los espíritus y dioses que se invocaban, las peticiones de la comunidad que participaba en estos sacrificios animales, altamente ritualizados. Al parecer, históricamente estas complejas y largas liturgias, fueron los primeros y más constantes rituales religiosos, en la mayoría de las culturas. "Cuando el rey asirio Asurnasispal inauguró su palacio en Ninrud celebró una fiesta (religiosa) para 16.000 habitantes de la ciudad, 1.500 miembros de la realeza, 47.074 hombres y mujeres del resto del país y 75.000 invitados extranjeros. Los invitados estuvieron festejando durante 10 días, durante los cuales consumieron 14.000 corderos y bebieron 10.000 litros de vino" (Marvin Harris). Por su parte, la Hecatombe griega, sacrificaba 100 toros en una sola ceremonia, para complacer y hacer peticiones a los dioses olímpicos, que gozaban con el olor de la carne quemada, que surgía junto al humo de las múltiples fogatas. Aún hoy día, en Agrigento (Sicilia), en el llamado "corredor de los dioses", se conservan frente al Templo de Zeus, muy bien conservados, los fogones en los que se realizan las Hecatombes. Claro que estas ceremonias no llegaban al nivel de los sacrificios humanos.

Todas las personas, medianamente ilustradas en la historia de las civilizaciones precolombinas, saben que los aztecas practicaban abundantes y frecuentes sacrificios humanos, en particular en los altares de su dios de la guerra Huitzilopochtli. También los mayas practicaban sacrificios de sangre, pero rara vez matando a la víctima humana, sino a través de sangrías ceremoniales que los sacerdotes practicaban en sus prepucios y sus labios. Los moches peruanos, pre-incásicos, tenían un dios especial para sacrificar prisioneros de guerra, precisamente llamado "El Decapitador". Sin embargo, pocos saben o recuerdan que en varias culturas (señoríos y/o estados) de Europa, Medio Oriente y la China se practicaban sacrificios humanos, y no pocas veces con antropofagia, que era la constante en sacrificios aztecas y, según los romanos, también en Cartago. La mayoría de las víctimas euro-asiáticas eran niños (también en Cartago), y el resto, prisioneros de guerra. La existencia de esta práctica "litúrgica" en el Viejo Mundo se conoce mejor por hallazgos arqueológicos (osamentas) que por las descripciones de los rituales. En cambio, los ritos aztecas (extraer el corazón con la víctima viva) son bien conocidos. Por la información histórica (cronistas españoles en la conquista de Méjico), y por la Arqueología, se calcula que, en las pirámides de Tenochtitlán, cada año se sacrificaban varios miles de seres humanos cuya carne alimentaba a los guerreros triunfantes. Los aztecas inventaron las llamadas "guerras floridas" en las que, cuando no había conflictos reales que produjeran prisioneros, se enfrentaban dos compañías "voluntarias", en las cuales se generaban los prisioneros que Huizilopochtli requería para los sacrificios en su honor.

Excepto en América, cuyo desarrollo cultural y religioso fue muy posterior, en los siglos 4 a 7 A.C. (la Era Axial que veremos más adelante), en las principales culturas del Viejo Mundo, las ceremonias litúrgicas dejaron de ser intercambios con los dioses, basados en sacrificios de animales y de seres humanos, con lo que la forma ritual de comunicarse, adorar y pedir a los dioses cambió completamente. Apareciendo liturgias y conductas personales, como expresión de la religiosidad, muy similares a las que pueden observarse en el mundo moderno. Predominaron la oración, el sacrificio personal (ayunos, cilicios, etc.), la meditación, formas de adoración en comunidad, diversos tipos de misticismos que buscan unirse espiritualmente a la divinidad y, sobre todo, cambió el mensaje divino. La tarea de los creyentes de ese tiempo era hacer buenas obras, seguir las instrucciones morales de los dioses y practicar, en comunidad y a solas, los ritos apropiados para dar gracias, hacer peticiones y adorar a la divinidad o divinidades.

Es sorprendente, y para muchos discutible, que las instrucciones divinas de hacer buenas obras y seguir los principios morales, hayan aparecido algo tardíamente en las religiones formales, las que iniciaron su desarrollo institucional con los señoríos y las civilizaciones tempranas, que nacieron 5 o 6 milenios atrás. De hecho, los principios morales son predisposiciones innatas que pueden rastrearse en los homínidos Pre-Sapiens (Capítulo 3). Para los creyentes de cualquiera religión moderna, comportarse de acuerdo a normas morales, es una de las más importantes prescripciones de su Dios(es). En realidad, para la totalidad de los monoteísmos actuales, las conductas morales son la enseñanza central de Dios. La única explicación posible de esta contradicción es que la moral, que se refiere a los modos cooperativos y no dañinos de relacionarse entre los miembros de un grupo socio-cultural, se haya incorporado más tarde a la Religión. Los espíritus y dioses que eran primigenios, eran agentes que protegían de enfermedades o de enemigos y ayudaban en la caza o la producción agrícola (sol, lluvia). No actuaban prescribiendo virtudes morales. Estas últimas, eran intuiciones socio-culturales presentes, pero independientes de espíritus y divinidades. Se podría decir, que recién en el último milenio (A.C,) en la Época Axial, la moral se unió firmemente con la religiosidad.

Esta transformación de los modos simbólicos y prácticos de expresar la religiosidad fue coetánea con la aparición en diferentes países (sin mayor comunicación entre ellos), del más importante grupo de maestros, líderes espirituales, y creadores de ideas, religiones y culturas, de la historia del pensamiento humano. Confucio y Mencio en China, Maharavita y Buda en la India, Zoroastro en Persia, Isaías en Judea, Sócrates y Platón en Grecia. Este tiempo que examinaremos con detención en el apartado especial de este capítulo, fue llamado por el gran filósofo alemán Karl Jaspers, a comienzos del siglo 20, "La Época Axial" en la historia de la Cultura y las religiones. Karen Armstrong, la notable historiadora de las religiones, le llamó, recientemente, en un libro especial dedicado a estos acontecimientos "La Gran Transformación".

6. Religión y Cultura

La Religión es un componente, diríamos, necesario de las culturas. No hay registro de grupos socio-culturales primitivos o avanzados, que no tengan creencias que podamos calificar como religiosas, esto es, que se refieran a ámbitos y seres que no pertenecen a la realidad cotidiana. Para la mente moderna, la diferencia ontológica entre el ámbito de lo sagrado y el de lo profano, es tan clara y evidente, que no hay razones para que, de un modo u otro, se mezclen formalmente, excepto en la mente personal de los creyentes, que reciben consejos y prescripciones de sus pastores sobre asuntos mundanos que tocan valores religiosos. Esta relación exclusivamente individual entre prácticas y creencias religiosas y procesos socio-culturales seculares, no siempre fue así, porque la separación apareció en Occidente recién en el siglo 17, con la Ilustración y la Ciencia, y desde allí se extendió a Oriente de la mano de la Revolución Industrial y el comercio global. Claro que en China sus divinidades nunca participaron de la vida secular. Por su parte, en el mundo musulmán, con variaciones locales, las creencias religiosas siguen siendo un componente decisivo de muchas de las prácticas culturales, en especial, las socio-políticas.

Para estudiar este tema con brevedad, la estrategia que me parece más apropiada, es seleccionar de entre la multitud de hechos y eventos históricos que muestran la relación entre creencias religiosas con diversas prácticas culturales, sólo el caso de la Era Axial y el nacimiento del Humanismo. Esta restricción nos deja fuera de nuestro estudio asuntos tan importantes como las religiosidades europeas de la Edad Media, o la idea del pueblo elegido de los hebreos, la expansión musulmana y el concepto de yidha, tan de actualidad en nuestro tiempo, la organización sacerdotal egipcia y la revolución monoteísta del faraón Akenaton que muestra bien el papel de los poderes burocráticos de las iglesias frente a las innovaciones religiosas.

6.1. La Era Axial

En realidad el nombre de este período, tan trascendente en la evolución del pensamiento humano, surge de un involuntario error de Karl Jaspers, su creador, puesto que en su tiempo se creía que las principales figuras que él definió como eminentes creadores de un nuevo modo de concebir la naturaleza humana, habían vivido prácticamente al mismo tiempo, aunque en territorios muy lejanos entre sí, y sin ningún contacto posible entre ellos, lo que para Jaspers era, un profundo misterio de la Historia. En su libro "Origen y meta de la Historia", escrito en la década del 20 del siglo pasado, llamaba la atención sobre la existencia de maestros, sabios pensadores, que, viviendo en muy distintas realidades, plantearon visiones fundamentalmente parecidas sobre el derecho de las personas a pensar y comportarse de manera autónoma, y a sus consecuentes deberes de ser compasivos, cooperadores y leales. En realidad, digo yo, (no Jaspers) la Era Axial es la aparición más temprana de la idea del Humanismo, esto es el eje de la historia de la persona humana.

Investigaciones posteriores han determinado que los maestros, considerados por Jaspers y algunos otros que se han agregado posteriormente, en realidad vivieron en un período de alrededor de 5 siglos. Entre el 8 y el 3 antes de la era actual. También se ha encontrado, que, siendo el núcleo del pensamiento de estos sabios bastante similar, tienen algunas diferencias importantes sobre todo en relación con la intencionalidad de sus mensajes y su participación personal en la aplicación, digamos operativa, de sus enseñanzas. Si recorremos los nombres de estos maestros de Oriente a Occidente, podemos identificar muy someramente, sus pensamientos y sus diferencias. En China el personaje indiscutible como maestro de la Era Axial es, por supuesto, Confucio. Su declarada intención era ayudar a líderes de los estados combatientes (siglo 5 A.C.) a lograr un mejor gobierno, no en beneficio propio, sino de las comunidades a las que servían. Y a las personas y familias, a ser considerados y pacíficos, única manera de lograr la felicidad. En otras partes de este libro, y en otros contextos, nos hemos encontrado con su consejo principal. La reciprocidad entre gobernantes y súbditos, entre familiares y amigos. Practicar la reciprocidad era un deber necesario para el bienestar de los estados y la prosperidad de las familias, que eran para Confucio la organización social principal. No hay mención en Confucio de normas u otros asuntos religiosos. A veces menciona un impersonal "cielo" (chien). Casi dos siglos después, vivió e hizo escuela Mencio, que a las enseñanzas de su lejano maestro agregó un pesimismo irónico sobre la conducta de gobernantes y personas. También en China se menciona a Lao-Tse, como maestro de la Era Axial, pero su orientación era más religiosa, y sus enseñanzas, manteniendo el humanismo común de los demás sabios, un tanto misterioso, como lo muestra el Libro I Ching, que a él se le atribuye.

En Persia, cerca de dos siglos antes de Confucio, vivió, enseñó y trabajó Zoroastro, que en realidad era un líder religioso. Su planteamiento fue que el mundo era el escenario de la lucha entre el bien y el mal, y que los humanos debían optar por el bien, lo que significa sacrificios, pero era el precio que se debía pagar por ser autónomo y seguir las normas morales que ayudaban a Ahura-Mazda, el dios del bien. En la India aparecieron dos reformadores del hinduismo. Buda, que no tiene interés en reformas o en religiones, pero, que enseñaba con su ejemplo personal, y a contados discípulos, "Las Cuatro Nobles Verdades": 1. La vida es sufriente (pobreza, enfermedad, muerte); 2. La causa del sufrimiento es el deseo (riqueza, salud, vida eterna); 3. La libertad interior se obtiene abandonando los deseos egoístas; 4. La manera de alcanzar la beatitud (calma, no sufrimiento, no deseo) es seguir "El camino de los Ocho Pasos". Éste tiene los siguientes pasos: 1) Conocimiento correcto; 2) Aspiraciones correctas; 3) Lenguaje adecuado, 4) Conducta correcta; 5) Trabajo adecuado; 6) Esfuerzos correctos, 7) Pensamientos adecuados; 8) Meditación correcta. Siguiendo ordenada y necesariamente estos pasos, las personas, según Buda, lograrán la beatitud y serán libres para alcanzar el Nirvana. Qué es correcto o adecuado para cada persona, debe ser descubierto por cada uno en un viaje interior, constantemente repetido. De sus enseñanzas, hay dos versiones convertidas en religiones, cosa que Gautama nunca soñó. Ellas son: a) budismo Therevada, basado en el camino individual para emanciparse por su propio esfuerzo, a través de la sabiduría. Generalmente seguido por monjes, y b) Mahayana, en el que el ser humano es parte de una comunidad a la que debe compasión. En esta versión el budismo es, literalmente un diagnóstico de las flaquezas de los seres humanos y de las causas de sus sufrimientos, pero, además, un camino de mejoría, de liberación y de salvación de las flaquezas y sus causas. Es más un método que una doctrina. Parecido al método científico.

Casi contemporáneo con el príncipe Gautama, que se convirtió en Buda, es Mahavira apodo que significa "Gran Héroe". Cuando tenía 30 años decidió abandonar el mundo (era de familia de comerciantes ricos), y vivir en la más absoluta pobreza y poderes. Todos los rigores de los desamparados. Fundó una escuela que pronto se transformó en religión: Los Jainitas que aún existen en la India. Creía en la no violencia, no sólo con los seres humanos sino con cualquier ser viviente. Animales, plantas, insectos. Como creía en la trasmisión del alma, cualquier ser podrá ser otro ser según su Karma (destino según conductas previas). La "liberación" era la no violencia, y la "iluminación" consistía en tener conciencia plena que cada persona era parte de una enorme red de seres vivientes, por lo que el mundo debía estar lleno de simpatía por todos los demás seres, y el coraje más grande no era el del guerrero, sino el del iluminado, que sufría y trabajaba para evitar daño a cualquier ser vivo.

Nuestro viaje hacia el Oeste, en busca de los maestros de la Era Axial nos lleva a Judá, en el actual Israel. El exilio de los líderes judíos a Babilonia ocurrió en el siglo 6 A.C. En el siglo anterior (612 A.C.) y bajo el reinado de Josías se escribió (no descubrió como dice la Biblia) un nuevo libro el "Deuteronomio" destinado a definir con precisión y detalle los preceptos morales y conductuales que debían seguir los judíos. Esto significó una revolución en las costumbres sociales y religiosas de los judíos, que, por serlo, debían seguir las instrucciones de la Biblia a la que se agregó el Deuteronomio como algo perdido pues habría resultado con menor valor "divino" la escritura de lo nuevo. Entre muchos otros preceptos (más de 600 que los judíos ortodoxos siguen aún hoy), se indicaba que el único lugar de culto aceptado era el Templo (de Salomón) donde se adora a Jahvé. El Pentateuco reformulado (su autor es desconocido), tuvo dos importantes objetivos: aclarar y detallar los preceptos morales entregados por Jahvé, puesto que a la luz de las conductas de los judíos en los siglos de vigencia de los Diez Mandamientos recibidos por Moisés del propio Jahvé, demostraban que ellos requerían más precisión y detalles. Parte de los problemas se originaban en los otros relatos del libro en que aparecían conductas de jueces, reyes y sacerdotes incompatibles con las instrucciones de Jahvé. Por ejemplo, David se enamoró, tuvo relaciones y mató al esposo de Betsabé (la amante del Rey David), haciendo pasar este asesinato como baja de guerra. Por su parte, el Rey Salomón, además de sus cientos de concubinas, tuvo en su lecho a la Reina de Saba, que no era judía, de la cual nació un niño, que, junto a su madre, fue devuelto a Saba.

Poco después de Josías, se produjo el exilio de Babilonia y la destrucción del Templo por los soldados de Nabucodonosor. Esta terrible desgracia tuvo varias consecuencias, pero para este relato de la Era Axial y sus maestros, las más importantes fueron dos: a) Se atribuyó el origen de la derrota a la indiferencia pecadora del pueblo judío, que no seguía las instrucciones de amor, tolerancia, caridad y justicia mandadas por Jahvé, el cual haciendo posible el exilio de los dirigentes, hacía saber a los judíos que su castigo era justo y necesario. La voz cantante en esta interpretación del exilio fue la del Profeta Jeremías; b) El exilio de Babilonia puso en contacto a líderes judíos con las enseñanzas de Zoroastro, cuyas tradiciones religiosas se mantenían en la muy cercana Persia. Recordemos que Ahura-Mazda, el dios benévolo de Zoroastro, luchaba con el mal, que más que un dios era una fuerza, un ente maligno. Se puede pensar que en realidad Zoroastro propuso la primera religión monoteísta de la humanidad, con su contrapartida maligna, que las religiones monoteístas posteriores también tienen. La llaman el Demonio. Así, los judíos se hicieron plenamente monoteístas en su exilio en Babilonia.

Luego del exilio, el profeta principal fue Deutero Isaías. Los exégetas bíblicos lo llaman Deutero, porque en el libro de Isaías, que es uno solo, se recogen sucesivamente las prédicas de tres profetas del mismo nombre. El segundo (Deutero) es el que con más propiedad representa al sabio de la Era Axial, no sólo en cuanto a impulsor del monoteísmo, sino porque propuso una cantidad importante de ideas sobre las relaciones humanas bondadosas, cooperativas, compasivas y benéficas, de seres humanos autónomos, responsables y piadosos, que mejor representaban el bien frente a un dios, que, por su parte, dejaba de ser el irascible, odioso y vengativo Jahvé, para convertirse en un creador amoroso y protector. Pero el Deutero Isaías conocía la naturaleza de los hombres, por lo que predijo que para que la vida humana y su religiosidad llegaran a esas alturas de amor al prójimo, caridad y compasión, especialmente con los más débiles y pobres, se necesitaba la llegada de otro, "un mesías", de tal altura y dignidad que fuera muy cercano a Dios, con lo que, para los teólogos cristianos, anticipó cinco siglos de distancia la llegada de Jesús-Cristo. Sin duda, tanto Jeremías con el Deutero Isaías, eran maestros de la Era Axial. También los desconocidos autores del Deuteronomio (deutero = segunda- nomio = regla), es decir, de la revisión y puesta a prueba de los demás libros del Pentateuco.

Nuestro viaje en busca de sabios y maestros de la Era Axial termina frente al antiguo Canaán, hogar de los judíos y actual Palestina, en la Grecia clásica, esto es, en el lugar y tiempo (5 a 6 siglos AC) en que nació intelectualmente el ser humano de hoy. Creadores de la Democracia (como concepto), de las Artes, las Filosofías y las Ciencias la Grecia clásica no tiene parangón en la historia de la humanidad, ni siquiera en el Renacimiento Italiano o en la Ilustración moderna. En este medio, pueden encontrarse muchos candidatos a ser maestros de la Era Axial, pero reseñar las ideas religioso-culturales de todos ellos, significaría escribir un libro especial con miles de páginas y varios tomos. En estas circunstancias sólo consideraré a Sócrates y Platón, con la congoja de dedicar sólo unos cuantos párrafos a estos inapreciables filósofos. Igual que Confucio y Buda, ellos no consideran específicamente los asuntos religiosos como el centro de sus preocupaciones. Pero, como todos los maestros de la Era Axial, pensaron en la naturaleza humana, en cómo incrementar y afinar sus virtudes, y evitar sus tropiezos intelectuales y espirituales.

Sócrates, que no escribió, es conocido por las referencias de Platón, en cuyos diálogos iniciales suele ocupar un papel principal, por los escritos de Jenófanes y otros atenienses que los conocieron. El punto de partida de sus pensamientos es, que la sabiduría humana comienza al reconocer su propia ignorancia. Creía que, en general, los ciudadanos de Atenas no practicaban la autorreflexión recomendada por Apolo (en el oráculo de Delfos "conócete a ti mismo"). Usaba su método de preguntar en el ágora (lugar de encuentro de los ciudadanos griegos) por las ideas de los que ahí acudían. De estos encuentros y de los diálogos que surgían, vale la pena considerar dos aspectos: a) Su método y objetivos de sus diálogos; b) Los temas sobre los que centraba estos diálogos. Ambos aspectos, son importantes para aclarar su papel como maestro y sabio de la Era Axial. El objetivo era demostrar a los interlocutores (y a los curiosos que se acercaban) que los seres humanos ignoran el fundamento de sus propios pensamientos, simplemente porque no se preguntan a sí mismos cuáles son éstos. Esta noción, de que con las preguntas correctas los humanos pueden encontrar en su propia mente las respuestas a los problemas más importantes de la vida humana, es la llamada "Mayéutica". Esta palabra la usaban las parteras griegas, cuando cumpliendo con su función, ayudaban a las mujeres a dar a luz. Él se definía como partero de ideas. Para ayudar en el proceso de dar a luz ideas, usaba lo que llamaba ironía, esto es, ir demostrando paso a paso en el diálogo las inexactitudes, las contradicciones, o la falta de racionalidad de las respuestas. Rara vez mencionaba lo que él creía las respuestas correctas. Ellas debían nacer, como los niños, del interior de la mente de su interlocutor.

Pero, cuáles eran las ideas socráticas, repugnantes para la mayoría ateniense, y que lo condenaron a muerte, pero creativas desde el punto de vista de la Era Axial.

1. Las virtudes humanas son una forma de conocimiento racional, que, para ser develado, necesita un pensamiento autorreflexivo, que explora con entera libertad las profundidades de la propia mente. Virtud, entre los griegos (Areté), es la condición de una persona, cosa o institución que le hace ser lo que es. La virtud de un cuchillo es cortar, de un sombrero es cubrir la cabeza. De ahí la pregunta central: ¿cuál es la virtud (o las virtudes) que definen a los seres humanos? Esta es, por supuesto, una visión de la autonomía de las personas que está más allá de las prescripciones y reglas sociales, políticas y religiosas. Éstas existen y deben ser respetadas, excepto que se opongan a las virtudes racionales, que la reflexión humilde, desprejuiciada, y metodológicamente adecuada, pueda encontrar al interior de la propia mente.
2. La humildad en el pensar autorreflexivo, es por decir así, lo contrario al orgullo competitivo. Este es propio del "agón", presente en toda la humanidad, pero muy activo en la mente de los griegos clásicos que siempre buscaban vencer a sus contradictores u opositores (en los deportes, las artes, la política, etc.). Sócrates creía que la autorreflexión perseguía la verdad, no la emoción de tener buenas ideas, mejores que las de los otros.
3. Las virtudes principales del ser humano eran para Sócrates: a) La "piedad" que englobaba la comprensión por las desventuras de los demás, el respeto, aún si el otro tenía fallas, y la generosidad para socorrerlo; b) La "justicia" como suprema manifestación del derecho de las personas a la equidad o a recibir el trato equilibrado (justo) que efectivamente merecían; c) La "responsabilidad" especialmente en relación con sus propias ideas, las que debían ser fuente de sus propias conductas. Esto es, la coherencia entre pensar y actuar.
4. Rechazaba la práctica convencional de los ritos religiosos, de las ceremonias políticas o sociales esto cualquier conducta que no surgiera, honesta y coherentemente de sus propios pensamientos y que la persona considerara (o fuera) irracional.
5. No es clara la posición de Sócrates frente a la divinidad. Sin duda, respetaba las creencias de otros en los dioses olímpicos, pero al parecer él creía en una divinidad trascendente, que nunca definió.

De esta manera, Sócrates era de algún modo un humanista. Pensaba que la naturaleza humana tenía virtudes y defectos, pero que era capaz de encontrar la verdad de los temas centrales de la vida a través de una autorreflexibilidad racional metodológicamente adecuada. Probablemente, creía que no muchos individuos eran capaces de alcanzar por sí mismos estas verdades y reconocer las virtudes y errores.

Platón, discípulo y amigo de Sócrates compartía muchas de las ideas de su maestro, pero tenía intereses filosóficos distintos como se muestra en sus tardías obras, *La República, Las Leyes, Parménides*. Sus intereses centrales eran por una parte metafísicos y, por otra, políticos y educacionales. El método socrático, la Mayéutica, la modificó en lo que llamó la Dialéctica. La diferencia es vital. Para Sócrates los conceptos racionales nacían de la propia mente de la persona, a la que él ayudaba a dar nacimiento. La Dialéctica supone que entre dos teorías o hipótesis o visiones de alguna cosa que se enfrentaban puede surgir una verdad superior. Tesis + Antítesis = Síntesis. No discutía en el ágora, sino escribía con profusión, y en un lenguaje que por milenios se ha considerado de una claridad, calidad y profundidad insuperables. Como en sus libros trató prácticamente todos los temas de interés filosófico: Metafísica, Ética, Teoría del Conocimiento (Episteme), Estética y, además de Política y Educación, se ha dicho, que "todas las filosofías occidentales" son "pies de página" a las ideas de Platón. Pero su interés principal era una mezcla de lo que su discípulo Aristóteles llamó formalmente Metafísica y Epistemología.

A Platón le interesaba desentrañar lo que pensaba eran los temas centrales de cualquier pensamiento filosófico: a) En qué consiste la realidad; b) Cómo se conoce esta realidad. La primera respuesta a estas preguntas es que la realidad cotidiana, nuestras percepciones y nuestros conceptos habituales se refieren a un mundo de apariencias que, bien o mal, sólo reflejan o representan una realidad trascendental, inmutable y eterna. En este mundo de la realidad trascendental, existen también, eternos e inmutables, lo que Platón llamaba las formas esenciales de aquello que contienen nuestros pensamientos y percepciones. Exégetas modernos discuten que Platón llamara ideas a estas formas trascendentales, pero como el término ideas es más práctico y fácil de describir, en lo que sigue se llama ideas a estas formas trascendentales. Así, la "percepción" y "calificación" de algo bello es posible porque este algo (objeto, persona, paisaje, etc) contiene elementos que lo acercan a la "idea trascendental de lo bello". Lo mismo puede decirse de lo bueno y la justicia. La moral es mejor o peor según se acerque o se aparte de esta idea trascendental. En su famoso mito de la caverna, Platón imagina el mundo habitual como una caverna en que viven los seres humanos. Hay una fogata que refleja sobre una pared (a la que miran los seres humanos) las figuras que recortan las ideas trascendentales, y lo que la mente humana conoce, son sólo las figuras de las ideas trascendentales reflejadas sobre la pared. De este modo Platón plantea una Metafísica. El mundo eterno de las ideas no es el de la vida de todos los días. También una Epistemología. Lo que los hombres conocen es sólo el reflejo incierto y vacilante de las ideas eternas e inmutables. Llegar a conocer este mundo trascendental es la tarea principal, aunque difícil, de la Filosofía pues él es accesible a la razón.

Hemos visto en otras partes de este libro su idea de la moral. La conducta humana es como un carruaje tirado por dos caballos. Los deseos y la razón. El cochero, que debe dirigir el carruaje a buen puerto, es el espíritu. Pienso que el resto de su pensamiento es una aplicación de su visión metafísica y epistemológica. La república perfecta, debería reflejar políticamente las ideas trascendentales, bondad y justicia, por ejemplo. Por la misma razón, debería ser gobernada por los filósofos que tienen, con su racionalidad, la llave de este mundo eterno. La estética debe ser reflejo de lo bello.

Lo que hace de Platón un maestro de la Era Axial, es que describe el mundo trascendental, que con otros nombres y contenidos están en los conceptos de muchas religiones que sólo esbozan este mundo superior. Las ideas de Platón fueron extremadamente importantes para la teología del Medioevo religioso europeo. Ellas llegaron vía los musulmanes luego de conquistar provincias de Bizancio alrededor del siglo 10.

Como era de esperar, después de la publicación de K. Jaspers (1947), que presentó la idea de la Era Axial (que también puede llamarse época o tiempo eje), surgieron grandes discusiones, especialmente entre los historiadores, por dos temas. El primero, de escasa trascendencia fue, si esta idea era original de Jaspers o si tenía precursores importantes. Recordemos que Jaspers inició su carrera como Psiquiatra, campo en el que produjo cambios importantes, y luego devino filósofo, mezclando dos corrientes por entonces importantes. Fenomenología y Existencialismo. Su libro, en que expuso su hipótesis sobre la Era Axial, fue uno de sus últimos trabajos, a pesar de lo cual, fue la primera publicación realizada en Alemania después de la Segunda Guerra Mundial. En esta búsqueda de precursores, se encontraron varios historiadores y un sociólogo de renombre (Max Weber), que habían pensado que el último milenio antes de Cristo, fue una época histórica sorprendente e importante, por la cantidad de innovaciones culturales que en ella surgieron, por lo que merecía especial atención. Pero sobrevino la Primera Guerra Mundial, y no hubo más informaciones o teorías sobre el tema, salvo de parte de Alfred Weber (hermano de Max), autor de una historia de la cultura que aún se mantiene en librerías, y que menciona esta época como una culturalmente especial. Dados estos antecedentes, la originalidad de Jaspers quedó a salvo, especialmente porque consideró estos cambios como ejes que podían diferenciar las civilizaciones antiguas y el comienzo del mundo cultural que hoy conocemos. El nombre, Era Axial representaba un viraje muy decisivo en el desarrollo de la humanidad, que además incluía todas las civilizaciones conocidas, excepto las americanas que los europeos no habían descubierto. Sin embargo, y como veremos, la influencia de la Era Axial sobre el pensamiento religioso, sus creencias y rituales, fue tan poderosa que ellas cambiaron completamente. También fueron objeto de la "Gran Transformación" de Karen Amstrong.

El segundo tema de discusión era (y es) mucho más importante. Cuál es la razón de este cambio tan decisivo en la mente y los productos culturales de los seres humanos. Se originó por un cierto estado socio-cultural especial de las civilizaciones o, por la aparición, milagrosa de sabios y maestros en las distintas culturas casi simultáneamente. Se puede pensar en una mezcla de ambas razones originarias. Si el lector ha leído con algún cuidado el libro que tiene entre sus manos, me dará la razón en pensar, que el origen más probable de la Era Axial, es una interacción virtuosa entre cambios ambientales y modificaciones mentales. Cuando esto ocurre, como vimos en la Introducción, las variaciones del entorno (físico o cultural) privilegian la sobrevida, o en el caso de las culturas, los fenotipos, esto es las mentes de las personas más aptas para interactuar positivamente con los cambios en el entorno. Desde esta perspectiva, los sabios y maestros, cuyo pensamiento reseñamos más arriba, son sólo la punta del iceberg de muchísimas más personas con mentes apropiadas para procesar las variaciones de la realidad en las que deben desempeñarse. En efecto, los maestros son en verdad excepcionales, pero a su lado se pueden encontrar otros, no tan excepcionales, pero también aptos para interactuar con las nuevas realidades históricas, político-económicas y socio-culturales. Es perfectamente posible asegurar que esta pléyade de mentes aptas, existió en la Era Axial. Esto por dos razones: a) Si Buda, Confucio o Sócrates fueran únicos, sin otros similares, aunque quizás de menor nivel, las innovaciones socio-culturales y religiosas que ellos, los maestros más eminentes propusieron, sus pensamientos y formas nuevas de concebir el mundo, no se habrían extendido a través de discípulos y seguidores y otros creadores, que tal como una piedra que cae en un remanso al agua produce ondas que avanzan incontenibles, difundieron el pensamiento de los maestros; b) Esta hipótesis, basada en las interacciones de mentes capaces de procesar las innovaciones culturales en el caso de la Era Axial tiene respaldo histórico. En efecto, se conocen nombres y trabajos de personas, sea que fueran discípulos o seguidores de los maestros, u otras personalidades de mentes abiertas a la innovación. que florecieron en la misma época. Pensemos en los demás filósofos griegos, o los autores de tragedias, o en los artistas, o los políticos de la Grecia clásica. Consideremos los otros profetas de Israel de esos mismos tiempos, o las enseñanzas de Confucio, que pocos siglos después se transformaron en el pensamiento oficial del Imperio Chino, o en los mensajes de Buda (que nunca escribió) y que hoy siguen cientos de millones en Asia. Pero, ¿qué sabemos del entorno político-económico y religioso-cultural en el cual los maestros de la Era Axial desarrollaron sus innovadoras propuestas? Su significado cultural y religioso examinaremos al final de este apartado.

De las muchas investigaciones existentes sobre estos entornos, resumiré las que me parecen más apropiadas para los objetivos de este capítulo.

6.1.1. Situación socio-política y económica

Los maestros de la Era Axial vivieron en estados bien estructurados, con guerras frecuentes, con militares y sistemas de relaciones internacionales. Estos estados vivían un mejoramiento de sus niveles de vida y aumento de sus poblaciones, con comercios florecientes para los cuales usaban sistemas monetarios, inventados a principios del último milenio antes de Cristo, en Tracia (Asia Menor). Sus interacciones políticas, culturales y económicas eran frecuentes y abundantes, por el comercio, las guerras, los tratados de paz y las consiguientes relaciones internacionales formalizadas. Esta fluidez en las relaciones es bien conocida y operaba por diversos carriles. Los griegos fundaron colonias en el Mar Negro y la Magna Grecia, en Italia, los Fenicios tenían colonias comerciales en el Norte de África (Cartago), España y Sicilia. Los estados combatientes en China, época de Confucio, tenían intercambios comerciales y de personas entre guerra y guerra. El comercio impulsó un desarrollo de industrias y artesanías. Aceite de oliva, vino, alfarería, seda, alfombras, armas e instrumentos de bronce, productos agrícolas, utensilios, etc. La expansión del Imperio Asirio produjo movilidad de gentes y productos y, claro está, destrucciones y muertes, como sufrió el Estado de Israel, parte Norte del Estado de Salomón, mientras la parte Sur (Judá) vivió el exilio de sus líderes a manos de Babilonia de Naduco que duró menos de 200 años, pues fueron derrotados por los persas que luego lucharon con los griegos. En la India, la invasión de los arios (de las vedas), nunca terminó por pacificar su enorme extensión. Permanecieron pequeños reinos guerreros. En estos tiempos de comercio, riqueza, imperios, guerras, invasiones y destrucción, las experiencias de los maestros de la Era Axial fueron múltiples, pero les permitió acercarse mejor a la naturaleza de los seres humanos. Claro, que la alternativa es creer en un milagro.

6.1.2. Desarrollo cultural y religioso

En la Era Axial la escritura alfabética estaba bien asentada en toda la ecúmene civilizada, excepto en China que mantenía sus ideogramas, más difíciles, pero con la fortuna que eran iguales en todos los reinos combatientes. El comercio y los intercambios, y el desplazamiento de grupos (práctica de asirios y babilonios), obligaron a la gente a ser políglota, así la comunicación intercultural se hizo más fluida y constante, lo que llevó al intercambio de prácticas culturales y religiosas. Desde este punto de vista, vale la pena destacar lo que los historiadores de la religión llaman "micro evolución de los mitos", la cual consiste en variaciones de los detalles de la mayoría de los mitos, muchos de los cuales llegaron a compartirse en su núcleo, a pesar de las variedades locales. Por ejemplo, el diluvio se encuentra en varias culturas que lo relatan con detalles distintos. Zeus que tiene algunas características diferentes en las distintas poblaciones que rodean el Mediterráneo Oriental, tiene un nombre de origen sanscrito Deus Mithra, dios de las vedas, llegó a Roma. Marduk, dios creador en Mesopotamia, fue adorado en Canaán como Baal. Por otra parte, los rituales religiosos cambiaban. Se dice que señores y sacerdotes descubrieron que sacrificar animales en grandes cantidades, no tenía sentido económico. En vez de carne, los jerarcas podían recolectar dinero en impuestos. Cualquiera sea la razón de este cambio, la verdad es que en la Era Axial dejaron de existir sacrificios de humanos y de animales. Los judíos fueron únicos en seguir sacrificando corderos en el Templo. Los americanos no tuvieron Era Axial.

En este escenario hay una condición adicional interesante de considerar. Todos los maestros de la Era Axial nacieron y vivieron en partes de estos estados, pero periféricos o pequeños. Los griegos en ciudades estados. Buda en un pequeñísimo reino al pie de los Himalaya. Judea siempre tuvo poca población y escaso desarrollo urbano. Confucio deambulaba de reino en reino ofreciendo sus servicios como maestro o asesor. Como antes dijimos de Zoroastro, hay muy poca claridad histórica tanto sobre el tiempo preciso en que vivió, como de las actividades que desarrolló, pero no los textos que persisten (el Zen-Aveste) y dan cuenta de sus ideas como maestro axial.

Finalmente, cuáles fueron las innovaciones culturales y religiosas que se produjeron en la Era Axial como para considerarla una época bisagra entre dos fases enteramente distintas de la historia de la humanidad.

1. La aparición por primera vez en la Historia, de un pensamiento capaz de producir teorías. Esto es de un pensamiento de segundo nivel, un pensamiento sobre el pensamiento.

Esta innovación en el trabajo de la mente requiere una pequeña explicación. Merlin Donald ha planteado que en la evolución de las culturas humanas pueden distinguirse 4 fases. La primera es la que él llama Cultura Episódica, probablemente presente en los primeros homínidos (y quizás en los antropoides) en la que se aprende a comprender y responder conductualmente la situación que el sujeto tiene enfrente. La segunda fase, "Mimética", probablemente propia de Homo Erectus, con proto-lenguaje, en la cual se usa el cuerpo (vocalizaciones y gestos) para comunicarse con otros, y construir una cierta idea compartida de lo que está ocurriendo. La tercera etapa del desarrollo cultural aparece con el lenguaje maduro (150 a 200 mil años atrás), en la que predominan los relatos mitológicos. Desde esta perspectiva, los mitos son "Sistemas colectivos y unificados" mantenidos a través del tiempo, que, por medio de metáforas, explican y regulan procesos naturales y culturales, con lo que modelan enteramente el universo humano. Sin embargo, aunque cada aspecto de la vida humana es considerado y entendido a través de los mitos, ellos funcionan sólo a través del uso de narraciones y metáforas. La última etapa "cultura teorética", es aquélla en la cual el pensar mitológico, mimético o episódico, es analizado, evaluado, es decir, es criticado a través de evidencias factuales, o principios racionales. Por supuesto, la propia actitud teórica y crítica puede, a su vez, ser analizada y evaluada. De esta manera, y si aplicamos las fases de Donald a la transformación del pensamiento humano, ocurrida en la Era Axial, podemos afirmar que con ella llegó un modo de pensar los temas más centrales de la cultura y las religiones, lentamente prevaleciente, que ocupa las teorías para entender la realidad física, socio-cultural y divina. Digo lentamente prevaleciente, porque la postura, actitud y mensajes de los maestros de la Era Axial no dejaron de lado, de modo repentino y total, los demás modos de actuar y pensar (episódico, mimético y mitológico), descritos por Donald. En efecto, ellos continuaron y en verdad, continúan siendo parte del bagaje, de la caja de herramientas mentales, con que el ser humano organiza sus comportamientos cotidianos. Claro que, en este libro, que tiene una orientación neuropsicológica, a esas formas de pensar y actuar las hemos llamado de otra manera: al actuar episódico lo denominamos rutinario (Capítulo 1), b) al mimético, habilidades y cognición motora (Capítulo 2) y al mitológico, explicaciones verbales simbólicas (Capítulo 3).

Por otra parte, Donald indica ciertas condiciones basales que hacen posible el pensar teórico. La primera, es disponer de una base de datos, de conocimientos, de leyendas, mitos y demás, que siendo externas reemplacen o ayuden a la memoria, aportándole el cúmulo de informaciones histórico-culturales, político-sociales, o acerca de pensamientos y conductas simbólicas (creencias y rituales), o simplemente prácticas indispensables para generar teorías en sí mismas más abstractas. Esto es posible si tales informaciones están disponibles en forma gráfica, esto es, en lenguaje escrito que externaliza y difunde lo que podríamos llamar las memorias de la humanidad. La tercera condición, es la existencia de mentes capaces de construir teorías a partir de las informaciones creíbles disponibles (evidencias las llamamos en Neuropsicología), manejadas por una racionalidad causal, que distinga asociaciones y correlaciones azarosas, de relaciones causales verdaderas. En este libro hemos llamado a esta capacidad "Pensamiento Crítico". Es evidente que en este campo la Era Axial tuvo dos soportes absolutamente indispensables: a) calidad de las comunicaciones, b) calidad de la educación. Ambas, si no generales, presentes en los tiempos de los maestros.

2. La siguiente innovación de los maestros axiales es su reconocimiento de la vital importancia creativa, que, para cualquier desempeño individual o social, tiene la libertad, con la consiguiente autonomía personal. No necesitamos elaborar detenidamente aquí, este crucial componente de la mente social, que fue tratado extensamente en el primer capítulo de este libro, cuando hablamos de los componentes y funciones de la individuación. Por supuesto, los maestros de la Era Axial estaban a milenios de conocer cómo el cerebro humano procesa los atributos centrales de la individuación (conciencia subjetiva, memoria autobiográfica, jerarquías, emociones sociales, etc.). Sin embargo, fueron unos adelantados en insistir en las responsabilidades morales que, necesariamente deben acompañar la libertad y autonomía, no sólo según ellos, en sus comportamientos sociales, sino también en sus reflexiones más íntimas. En este sentido, Buda y Sócrates fueron los maestros más ilustres. Confucio y Platón elaboraron más sobre la responsabilidad social de la autonomía personal, y el efecto político de respetar y sostener la indispensable libertad responsable de las personas. Zoroastro y los profetas, hicieron del buen uso de la autonomía personal, un mandato divino. En todo caso, cualquiera haya sido la perspectiva de los maestros de la Era Axial, su insistencia en la necesaria autonomía responsable, es una innovación de muy largo efecto en las creencias religiosas y en las prácticas culturales que les siguieron, durante los 2.500 años que los separan de nuestras propias religiones y culturas, y nuestros arreglos político-sociales.

3. La tercera innovación de los maestros de la Era Axial, es su revisión muy profunda sobre el significado del mundo de la trascendencia, tanto en sí mismo, como, sobre todo, para los humanos, que de un modo u otro, con esta realidad ultra-terrena se conectan o deben conectarse. Éste, es por cierto, el problema más propiamente religioso y, como veremos, el más desigualmente tratado por los maestros de la Era Axial. Sin embargo, antes de brevemente elaborar sobre sus diferencias, vale la pena considerar de qué manera todos ellos procesaron, metodológicamente este crucial problema: La realidad trascendente, es habitada por dioses que tienen relaciones con las angustias, deseos y deberes de los humanos. En este sentido, la primera y más importante consideración que se plantearon frente al mundo sobre-natural, es que los entes que en él existen y sus actos deben ser analizados de manera crítica y racio-

nal, es decir, Teorética. Antes de ellos, y ciertamente después de ellos, el mundo de lo "Sagrado" era un mundo vetado a la reflexión crítica. Sobre él no cabían, opiniones ilustradas y racionales, por parte de los humanos. Todo estaba dicho por las tradiciones y, cuando existían, por las escrituras. Ellas sólo podían ser interpretadas por los sacerdotes que para nada respondían a los humanos, sólo a los dioses. En este contexto estaba naciendo una Teo-logía, un conocimiento de Dios (teo) a partir de la racionalidad (logos). Casi 2.500 años después, el papa Benedicto XVI reclamaba poner a prueba "racional" las verdades del evangelio. Su pensamiento teológico tenía esta dirección, claro que se encontraba con los misterios de la fe.

En esta situación los maestros de la Era Axial tomaron un camino completamente distinto, no contradijeron estas posturas sacerdotales, y también de reyes, líderes políticos y creyentes del público llano, sino aplicaron una manera de pensar, que perteneciendo al modo teorético de reflexionar, no se refiere a la trascendencia, los mitos y los dioses en general, sino aisla determinados aspectos de este tema, y los trata, en un primer acercamiento, uno a uno. Por supuesto, lo que hicieron fueron análisis acotados y ciertamente teóricos de ciertos aspectos de este gigantesco tema general. Es en la práctica de este ejercicio donde aparecen las diferencias de los maestros de la era axial, por lo que es, necesario, considerarlos uno a uno. Para Confucio, el mundo sagrado, en general, no tenía mucho sentido práctico. Entendía, apoyaba y practicaba rituales a los espíritus familiares. Aconsejaba hacerlo como modo de mantener la unión de la estirpe familiar. Respecto a los dioses sólo de pasada, como hemos visto, mencionaba una realidad supra-mundana que llamaba cielo (chien). Sus preocupaciones estaban en otros aspectos de las religiones de su tiempo. No tanto en China, respecto a la cual hay muy poca información acerca de alguna religiosidad que funcionara. Su trabajo era demostrar la importancia de la moral, sobre todo, de la moral social en sus distintas manifestaciones conductuales. Frente a la familia, los vecinos, el poder político, los desconocidos, etc., etc. No es para mí claro lo que pensaba sobre el origen de los principios morales. Sostenía que las conductas moralmente apropiadas eran celebradas por el cielo. Quizás pensaba que la moral era una inmanencia en el espíritu humano, en el que también creía, pero no como algo trascendente (quizás sí, en el caso de los muertos familiares). Lao Tse, pensaba en la existencia de un espíritu genial, presente en todos los seres humanos y todas las cosas, el que llamó Tao. Éste tenía cierto poder sobre el destino humano y del mundo, al que se podía acceder a través de ciertas prácticas de adivinación y magia.

Por lo poco que sabemos de Zoroastro, este sí pensaba en un dios, Ahura Mazda, que representaba el bien, en lucha permanente con los espíritus innominados del mal. El espacio trascendental, era el espacio de esta lucha en la que los seres humanos podían participar haciendo buenas obras.

Los profetas judíos, sobre todo durante y después del exilio de Babilonia, llegaron a una concepción religiosa con Jahvé como único dios todopoderoso, creador y guardián de la conducta de su pueblo, con el cual tenía su alianza. Los exégetas modernos de la Biblia piensan que durante o después del exilio, se produjo una nueva redacción de varios capítulos del libro en que se combinaban las innovaciones escritas por los profetas (Jeremías e Isaías 2) con las versiones originales y que así quedó algo modificado. Así, la religión de Israel a partir de estos maestros (los profetas y los autores del Deuteronomio), estableció principios comparables a los de los otros maestros de la Era Axial. Había una realidad sagrada clara, en la que remaba Jahvé y sus cohortes celestiales, concepto al que se llegó usando una estrategia muy interesante. Se analizaron capítulos del Pentateuco anteriores al Deuteronomio, y los demás libros previamente agregados a la Biblia. Sobre la base de este análisis se elaboró una teoría acerca de: a) Jehová, único Dios y creador; b) Israel, pueblo elegido, con el cual Dios hizo una alianza; c) Ésta, obligaba a los judíos a seguir "libremente" las instrucciones de Jehová; d) De no seguirlas, como había ocurrido en el pasado, serían los únicos responsables de su mala fortuna; e) Como el lugar de culto, el Templo, había sido destruido por Nabuconodosor, cualquier sitio era habilitado para escuchar la lectura de su palabra. Esta teoría tuvo, entre otros muchos resultados, un enorme cambio ritual del pueblo judío. A ellos se les suele llamar el "pueblo del libro", porque sus creencias religiosas y sus liturgias están detalladas en la Biblia. En realidad, hay una interpretación complementaria. Se llamaban "del libro" porque éste (la Biblia) podía ser transportado y leído en cualquier lugar. Ya no necesitaban el Templo, que, al ser destruido por los romanos en el año 70 de nuestra era, dio paso a una fe practicada por rabinos en las sinagogas.

La diferencia con los demás sabios de los maestros axiales de la India y de Grecia, es verdaderamente grande respecto a sus conceptos sobre las realidades ultraterrenas habitadas por los dioses. Ellos no creían en tal cosa. No la necesitaban para sus teorías, y para su concepción de la necesaria autonomía de las personas, nacida de sus juramentos sobre la naturaleza de los humanos. Buda enseñaba que el estado de perfecta unión era el Nirvana, que realmente no era una entidad, sino una disposición a través de la cual el iluminado se unía al resto del cosmos. Nada de éste tenía una entidad sobrenatural reconocible. Entre los griegos de la Era Axial sólo Platón imaginó un mundo metafísico en el cual se encontraban las formas puras, las Ideas. Sin embargo, tanto a los maestros griegos como a los hindúes, sí les interesaba sobremanera la muerte. Se dice que Sócrates asistió a los ritos de Eleusis que representaban el morir y renacer de la naturaleza (Perséfone), y por analogía simbólica, el destino humano, pero no se sabe si como creyente o en cuanto filósofo que observa los comportamientos humanos. En su Apología de Sócrates, Platón escribe que para aquél es indispensable un buen morir. Eso se lograba con la dignidad que brinda sostener sus ideas hasta el final. Por otra parte, como hemos visto en este mismo capítulo, la población y algunos intelectuales griegos (los órficos, por ejemplo) de la Era Axial temían a la muerte y se adscribían a los diversos mitos (y sus ceremoniales) que proponían la posibilidad de la resurrección. Para Buda, la muerte está entre sus cuatro grandes verdades, superable sólo a través de la meditación y la búsqueda de la iluminación que puede llevar al Nirvana.

Este recuento sobre las diferencias de los maestros de la Era Axial muestra que, con la excepción de los judíos y Zoroastro, estos sabios eran mucho más filósofos que religiosos. Es unánime su forma de pensar crítica y teórica, también su concepto de la autonomía con responsabilidad, como esencial para los humanos. Las concepciones del universo sagrado, en cuanto religioso, no eran su preocupación principal. Sin embargo, su modo de pensar crítico y teórico, y su énfasis en la indispensable libertad responsable de las personas, tuvieron efectos en las teologías de las religiones posteriores, sin contar con su influencia cultural en la política, la moral y otras dimensiones de la vida humana.

7. Neuropsicología de la religiosidad

Antes de avanzar algunas ideas sobre la manera que la mente humana procesa creencias y conductas religiosas, debo hacer una advertencia. Esta revisión está basada en informaciones científicas objetivas y/o en hipótesis plausibles sobre estos temas. Sin embargo, ello no supone verdad o error en los contenidos de las creencias o de los comportamientos religiosos. Ciencia y Religión son, creo yo, dos esferas de la aventura humana, completamente distintas. Desde esta perspectiva científica, el análisis que sigue se centrará en lo que he llamado "religiosidad", es decir, en las funciones neuropsicológicas implicadas en el procesamiento de la enorme y variada cantidad de rasgos y productos culturales, cuya urdiembre general llamamos Religión. Dada la vastedad de este campo, me limitaré a considerar los dos aspectos que me parecen más decisivos para entender la mente religiosa: a) El origen de las creencias fundamentales y, de algún modo más permanentes de los fieles, cualquiera sea la religión que profesan, esto es lo que podríamos llamar su Teología; b) El modo cómo los creyentes buscan relacionarse con el dios o los dioses en los que creen, a veces de manera personal o de modo colectivo, esto es, las liturgias y otros ritos que les producen experiencias espirituales cuando las practican (no siempre, claro está).

Es evidente que esta división es de algún modo arbitraria, pero da buena cuenta de una distinción que neuropsicológicamente me parece esencial. En el caso de los principios teológicos, los procesos mentales que sustentan esas creencias son, por decir así, más cognitivos. En cambio, en ritos y liturgias, lo que las experiencias inducen, y por eso se buscan, son estados y sentires espirituales, más bien acotados en el tiempo, y neuropsicológicamente más cercanos al amplísimo campo de las emociones. Por otra parte, esta distinción es biológicamente insuficiente. No se preocupa de un problema central. Éste es el valor evolutivo de las creencias y prácticas religiosas, las que por existir en todos los grupos socioculturales conocidos, corresponden a los "universales", con los que nos hemos encontrado en varios capítulos de este libro, y que por ser generalizados a lo largo y a lo ancho de culturas y civilizaciones se consideran innatos, esto es, resultantes de la evolución natural de los Homo Sapiens.

El factor biológico evolutivo de las religiones puede consistir en lo que Marc Heuser llamó el "Gen de Dios", esto es una predisposición innata que procesa aspectos muy centrales de la religiosidad o por el contrario corresponde a la articulación de diversas predisposiciones cerebrales, más o menos independientes, que se asocian porque la evolución cultural (no genética) los llama a organizarse en un sistema más o menos estable, críticamente necesario, para servir una función importante. Por supuesto, y como siempre, existe la posibilidad de una cierta mezcla. Un atributo innato, es tan potente y poderoso que se transforma en un "atractor", es decir, en el núcleo que ordena la asociación de predisposiciones innatas que no aparecieron para servir la religiosidad, sino otras funciones neuropsicológicas más generales (noción de causalidad, por ejemplo), que pueden asociarse al entramado de atributos mentales que procesan creencias y conductas religiosas. Así, mi hipótesis es que no existe el gen de Dios, pero las religiones cumplen una tarea socio-cultural y personal tan importante, que han inducido la aparición de a lo menos tres sistemas funcionales especializados, que asocian predisposiciones cerebrales innatas y sus correlatos mentales, para procesar los aspectos más centrales de las creencias y prácticas religiosas. Por supuesto, estos tres sistemas funcionales tienen, entre ellos, abundantes interacciones y conexiones, de manera que, en general, pero no siempre, logran una religiosidad y coherente y orgánica.

Los sistemas funcionales especializados son los siguientes:

1. Los que procesan las creencias en mundos sobrenaturales poblados por dioses.
2. Los que procesan los modos de relacionarse directa y personalmente con la divinidad, es decir, el misticismo.
3. Los que procesan ritos, liturgias, y demás manifestaciones colectivas de religiosidad.

Si se examina, como haremos a continuación, la gran cantidad de atributos neuropsicológicos que se ocupan para procesar estos tres sistemas funcionales, resulta evidente que las religiones deben tener una función socio-cultural y personal muy importante como para justificar la gran inversión de capital biológico que utilizan.

Siendo esto así, antes de abundar en la Neuropsicología de estos tres sistemas funcionales especializados, debemos mirar más de cerca las funciones socio-culturales y personales de las religiones, en cualquier tiempo y lugar, y de algún modo independientes de sus contenidos y prácticas específicas.

7.1. Funciones socio-culturales de las Religiones

La expresión "socio culturales" alude a tareas que no son ultramundanas ni se refieren a espíritus o divinidades. Lo que propongo, siguiendo a Durkeim y otros investigadores posteriores a éste, es que las religiones tienen funciones esenciales para la suerte de los grupos y comunidades que comparten internamente similares creencias y comportamientos religiosos. Está, claro que es una función enteramente terrenal, sostenida en creencias religiosas. Por otra parte, desde la época de Durkeim y los demás, la Neuropsicología de la vida en sociedad, ha avanzado un trecho muy largo, de modo que a las descripciones de esos investigadores podemos agregar consideraciones neurobiológicas y evolutivas capaces de explicar las funciones socioculturales de las religiones. Dado que la mayor parte de los atributos mentales que participan en esta tarea "terrenal" de las religiones fueron considerados en varios capítulos de este libro, especialmente en el primero "Sociabilidad – Individuación", para avanzar en esta explicación sólo necesitamos un breve resumen del origen de esos atributos

7.1.1. La especie humana es al mismo tiempo ultra-social y ultra-individuada. Estas predisposiciones suelen entrar en conflicto. Las comunidades llegan a ser exitosas y prosperar cuando son capaces de articular proactivamente estas predisposiciones que, siendo contrapuestas, son evolutivamente indispensables.

7.1.2. Para conseguir este efecto de articulación proactiva, la evolución ha dotado a nuestra especie de lo que llamó "sistemas de control de comportamiento social", basados en la capacidad de nuestro cerebro para instalar y aceptar normas culturales y de disponer de principios morales, cuya gramática "Ayudar- Cooperar; No Dañar – Respetar", se aplica a intenciones y conductas.

7.1.3. Los atributos mentales de la Sociabilidad (Altruismo) y los de la Individuación (Autonomía personal creativa) cuando se articulan proactivamente, en una comunidad determinada, producen en ese grupo específico, confianza recíproca entre los individuos que la componen. Así llega a ser una comunidad que comparte intencionalidades y valores: normas culturales consensuadas, principios morales especificados (para esa comunidad) y lenguaje.

7.1.4. Por evidentes razones evolutivas, nuestra especie desarrolló este aparataje neuro-psicológico, en hordas de no más de 40 a 50 miembros, por lo que la confianza y demás predisposiciones sociales, se aplican sólo al interior del grupo de referencia entre los individuos de la propia comunidad. Los externos, son extraños, sospechosos o enemigos. Los tramposos y criminales, miembros de la comunidad, deben ser castigados. Rompen la confianza y se transforman en "externos".

Luego de este resumen, el lector puede preguntarse ¿y que tiene que ver esto con las religiones? La respuesta es simple, sobre todo si consideramos que las prácticas religiosas aparecieron en las comunidades humanas, milenios antes del establecimiento del Estado-Nación. De esta manera, las prácticas religiosas fueron el único modo por medio del cual las pequeñas comunidades de cazadores-recolectores podían aglutinarse alrededor de intencionalidades y valores comunes. Ninguna actividad colectiva era posible sin confianza. Los cazadores debían confiar en que la repartición de las carnes del animal cazado fuera justa, que frente a una tormenta inesperada sus compañeros los auxiliarían, que las trampas que atrapaban animales pequeños no fueran robadas, que las pieles y las bayas recolectadas se distribuyeran con propiedad, etc., etc. Pero había otra amenaza mayor que requería una muy fuerte integración grupal. Era (y es) la guerra con otras hordas y tribus humanas.

Los estudios de tribus cazadoras y recolectoras actuales (Toulambis de Nueva Guinea, I Kung del Kalahari, Hadzas del Congo) muestran que los principales depredadores son otras tribus humanas. Por otra parte, nuevos hallazgos arqueológicos muestran (cráneos y huesos rotos) que nuestros ancestros del Paleolítico Superior tenían mucho más conflicto inter-tribales que lo que se creía.

Si se examinan relatos antiguos de antropólogos que estudiaron a los indígenas de América del Norte cuando sus culturas estaban vivas, se encuentran que sus ceremonias religiosas se refieren a peticiones respecto a la caza y a los combates con otras tribus. Las comunidades primitivas de agricultores y ganaderos de África, centraban sus prácticas religiosas, en los asuntos prácticos que les interesaban para sobrevivir (lluvias y pastos). Las festividades religiosas de los aborígenes australianos, resumidas por Durkheim, se refieren a sus necesidades de vida.

Naturalmente las religiones que aglutinan a las comunidades, utilizando los dispositivos neuropsicológicos de la sociabilidad y la individuación, para ser eficientes y cumplir sus propósitos socio culturales, debieron agregar creencias sobrenaturales comunes, rituales que reunieran a las comunidades, y vías de comunicación individual con los dioses, que son los apartados que veremos a continuación.

7.2. Rituales y liturgias

Hay bastante consenso en los historiadores de la Religión que las primeras manifestaciones de religiosidad, en la especie humana fueron prácticas rituales colectivas, que por sí mismas establecen coordinaciones grupales, intencionalidades compartidas y sensaciones de pertenencia a su propia comunidad. Es muy probable que en el Paleolítico Superior las ceremonias colectivas hayan nacido por razones no propiamente religiosas, esto es dirigidas a un espíritu o divinidad. El interés del ritual podría ser preparar a la comunidad para un combate contra hordas enemigas, festejar una caza muy productiva, honrar a guerreros o cazadores o festejar (o lamentar) algún acontecimiento importante para el grupo (ritos de iniciación, por ejemplo). Los etnólogos, estudiando tribus cazadoras y recolectoras a fines del siglo 19 y comienzos del 20, relatan que la mayoría de las ceremonias tribales que ellos presenciaron no eran de carácter religioso sino producto de algunas de las razones indicadas más arriba.

Aun en la época actual, y mucho más en las civilizaciones antiguas, las ceremonias comunitarias no religiosas son abundantes. Pensemos en los militares. Su desempeño profesional está lleno de ritos y ceremonias. Desfilan, tienen bandas musicales, juramento a la patria, saludos a la bandera. La ciudadanía corriente también es llamada a presenciar ritos patrióticos, ceremonias del estado, fiestas populares y sobre todo espectáculos deportivos, que tienen sus propias liturgias, tanto para jugadores como en las barras: atuendos especiales, gritos alusivos. Por su parte las universidades tienen ceremonias académicas, con ropas especiales, actos conmemorativos muy bien reglados. La diplomacia tiene ritos internacionales, tanto como las Olimpíadas o el Mundial de Fútbol. Es evidente que prácticamente en cualquier actividad humana se desarrollan ceremonias ritualizadas y también, claro está, en las religiosas. A este recuento de rituales humanos, pueden agregarse comportamientos animales, con patrones de acción que siguen guiones muy específicos, que los sujetos siguen al pie de la letra, en las situaciones particulares en que deben desplegarse. Los machos de las Aves del Paraíso realizan sus bellísimos bailes con plumas multicolores exclusivamente en la época de apareamiento. Los Tilonorrincos construyen con ramas, hojas y flores, decorados apartamentos para atraer a las hembras. Y los somormujas lavancos danzan en pareja parados en el agua, celebrando su apareamiento.

A partir de estas evidencias podemos sostener que los rituales, no sólo no son privativos de las religiones, sino una predisposición biológica muy anterior a las creencias en espíritus y dioses. Las razones neuropsicológicas de estas predisposiciones a generar ritos son claras para el ser humano, y no hay razón para pensar que en las demás especies sea diferente. El cerebro es un aparato que ahorra trabajo y energía. Cuando para un determinado fin, que se repite con regularidad, la respuesta conductual también se repite, siempre que no haya cambios ambientales mayores, se construyen en el cerebro patrones de comportamiento que mantiene en su memoria procedural en forma de rutinas operacionales. Nótese que las palabras, ritos y rutinas tienen la misma raíz. En el caso de las otras especies no humanas, las rutinas son instintos que se desencadenan cuando la ocasión, por ejemplo, el celo sexual, así lo exige. Si uno examina las rutinas de los rituales religiosos podrá encontrar que ellos, con frecuencia, son similares en muy diversas religiones. Consideremos la inclinación del cuerpo y arrodillarse como señal de respecto a la divinidad, o juntar las manos e inclinar la cabeza en las oraciones, o la existencia de música en ceremonias colectivas y en pasajes específicos de la liturgia. Así, y dado que los rituales son formas de origen neuro-psicológico de rutinizar formas de comportamiento, aplicables en determinadas circunstancias, la cuestión que resta por considerar es por qué y cómo los humanos empezamos a establecer rituales religiosos.

Por lo que relatan etnólogos que han estudiado las ceremonias colectivas de los indígenas norteamericanos, y los que han convivido con los I Kung del Kalahari, en estos grupos eran tan frecuentes los rituales que celebraban victorias en las cacerías, o ritos del pasagge (jóvenes adolescentes que pasaban a ser adultos) como los que manifestaban relaciones con espíritus. Ambos tenían configuraciones, digamos "escénicas", bastante similares. Son ceremonias que incluyen danzas, música, vestimentas especiales que pueden durar muchas horas, a veces días. Los bailes y la música (también ocarinas, pífanos) no son azarosas, tampoco las vestimentas o la participación de los que no bailan, en ese instante (palmas y pisoteos acompasados). Existe un "libreto" que todos los miembros de la tribu deben conocer y seguir, y que es particular para cada festividad. Los paleontólogos que estudian las culturas del Paleolítico Superior, piensan que las cavernas pintadas por los chamanes cro-magnones no sólo tenían uso dentro de ellas, sino también, constituían el lugar donde el chamán iniciaba los servicios, para continuar en la explanada frente a la caverna. Claro que esta explicación sobre el origen de los rituales no indica cómo ellos se transforman en religiosos. La mejor explicación me parece a mí, es la aparición de algunos sujetos que durante las largas ceremonias caían en trance, y después sostenían que habían sido "poseídos" por un cierto espíritu, que de alguna manera podía conectarse con la razón del ceremonial. Más arriba hemos visto que la noción de espíritu puede haber nacido a propósito de soñar con la presencia de alguien cercano ya muerto. Sabemos que los trances, en ceremonias que tienen gran intensidad psicológica, son contagiosos, y varios de los que bailan por horas, fatigados y oyendo música acompasada, si tienen la predisposición (que no todos tienen) a caer en trance, se unen a esta alteración de la conciencia. Esta explicación sobre el origen de los rituales religiosos, como primera manifestación de religiosidad, nos indica además, que no todos los miembros de la tribu, que aseguran más ceremonialmente su pertenencia a esa comunidad, responden con igual comportamiento a las incitaciones litúrgicas. Algunos son tocados personalmente por los espíritus o la divinidad. En el Paleolítico algunos llegaban a ser chamanes. Con la aparición de las civilizaciones y las religiones formalizadas, ellos fueron monjes, eremitas, monjas y, a veces, santos.

Hay varios tipos de rituales religiosos:

a) Imitativos. En éstos el ritual repite o rememora, la creencia, el mito, o la parte del mito que le sirve de referencia. En muchos casos la creencia o el mito que se simboliza es una especie de libreto del ritual. La misa católica que rememora la pasión y resurrección de Jesús es un buen ejemplo. La comunión repite la Última Cena. En el Santus y el Ofertorio se ofrece a Dios la sangre y el cuerpo de Jesús que luego se transforma en el Cordero de Dios (Agnus Dei). Las lecturas (Epístolas de San Pablo y San Pedro) llevan a los fieles a las raíces más antiguas de sus creencias. El Evangelio comienza con la frase ritual "En aquel tiempo…" Para un creyente la consagración de las especies no es una representación de la sangre y el cuerpo de Jesús. Él está allí, no simbólicamente, sino realmente vivo como estaba en la Última Cena junto a sus discípulos. Para un católico devoto, la misa no es un rito imitativo. De verdad trae a la ceremonia el tiempo, el espacio, el cuerpo y la sangre (de la realidad sagrada) que los fieles más que rememoran, presencian directamente.
b) Sacrificios. En la primera parte de este capítulo examinamos con detención los sacrificios que se practican o practicaron en diversas religiones. En esta clasificación tales sacrificios son parte de las ceremonias rituales que ya describimos.
c) Rituales de crisis de vida. La expresión crisis representa un muy decisivo cambio de estado en la vida de los creyentes. Los hay para simbolizar el paso de la adolescencia a la vida adulta, el matrimonio, los votos formales de sacerdotes y monjes. Los ritos de la muerte. También hay ritos de inicia-

ción, a veces en asuntos sagrados (bautismo, primera comunión, circuncisión), o en organizaciones seculares, comienzo vida universitaria, Batmitva, ingreso a un club de maestros.

Se han descrito tres características constantes en los diferentes tipos de ritos religiosos: 1. La sensación de respeto, fascinación, temor en relación con lo sagrado; 2. La dependencia del rito respecto del sistema de creencias que él representa; 3. La interpretación de tales creencias de manera simbólica. Si se analizan estas características generales de los ritos religiosos, se puede ver que ellas dan cuenta tanto de las versiones místicas de la religiosidad, como de las versiones teológicas de la religiosidad. En efecto, los rituales son actos, o participación en actos y que simbolizan las realidades sagradas, por lo que son acercamientos no cognitivos al mundo de los dioses, lo que satisface, aunque sea parcialmente, a la versión mística de la religiosidad. Sin embargo, los actos rituales deben representar, simbólicamente, los sistemas de creencias de esa particular religión, lo que satisface, aunque sea parcialmente, a la vertiente teológica de la religiosidad. Los ritos desencadenan en los participantes la sensación de respeto y fascinación por las realidades sagradas, además, reúnen en los actos rituales, la fascinación espiritual que satisface a los místicos, y el respeto a las características de esas realidades (cosmológicas y divinas). Por lo que resultan importantes para la vertiente teológica de la religiosidad. Así, los rituales aseguran la fe en el mundo sagrado.

Estas conclusiones son muy sorprendentes pues significan que el centro neurálgico de la Neuropsicología de la religiosidad, no son ni las creencias "cognitivas" sobre el mundo sagrado, ni tampoco las formas místicas de comunicarse con los dioses, sino los ritos que simbolizan el mundo sagrado desde ambas perspectivas. De este modo podemos concluir que la mente religiosa de los humanos encuentra su mayor satisfacción espiritual y cognitiva en los rituales religiosos que practica.

Esta conclusión no debería ser demasiado sorprendente. A fin de cuentas, el cerebro humano evolucionó más para actuar (ritos) que para entender (teología) o comunicarse (místico).

Las comunicaciones colectivas con los dioses, que generan experiencias que hacen posible sentir su presencia, también existen en el día de hoy. Entre los protestantes de la rama Pentecostal en USA, y durante los servicios de esas iglesias, los asistentes bailan y cantan hasta caer en un "trance", que consideran demostrativo de la gracia de Dios. Los carismáticos católicos, existentes en diversas partes del mundo, tienen comportamientos muy parecidos. La explicación científica de esta multitud de formas de generar experiencias de acercamientos y comunicaciones con la divinidad es particularmente difícil, porque es obvio que es imposible estudiar con los equipos modernos individuos y grupos que saltan, cantan, palmotean y bailan sin detenerse. Sin embargo, hay algunos avances recientes que han permitido, por una parte, estudiar directamente con métodos modernos, individuos en trance y meditación y, por otra, comparar estos estados de la mente religiosa, con las experiencias (y su sustrato cerebral) producto del uso de sustancias químicas, o de determinadas afecciones cerebrales.

7.3. El misticismo

Los trabajos que investigan el funcionamiento cerebral directamente mientras las personas están en trance o meditando son ciertamente los más importantes, porque los estudios comparativos de los efectos de drogas o afecciones son sólo analogías, hasta cierto punto válidas, porque las drogas iniciaron su camino modificando las percepciones y los niveles de conciencia, como parte de rituales religiosos, y las afecciones cerebrales sirven de analogía porque generan contenidos mentales de tipo religioso.

A partir del año 2006 se han publicado varios trabajos que estudian en vivo y con métodos no invasivos, el cerebro de personas religiosas durante prácticas de comunicación con la divinidad o, lo Absoluto. Entre ellos me parecen destacables los encabezados por los doctores A. Newberg, M.R. Waldman y E. D'Aquili que estudiaron a tres monjas cristianas mientras recitaban una oración, para ellas central, para "inducir estados místicos". También investigaron doce monjes budistas durante su meditación, visualmente enfocada en un objeto sagrado. Ambos grupos tenían larga y exitosa experiencia en llegar a una comunicación con Dios (monjas cristianas) o con el "Absoluto" (budistas). Los dos grupos habían asegurado que, en el clímax de sus estados místicos, se sentían fuera del espacio y fuera del tiempo. Que los límites de sus sí mismos desaparecían, y se incorporaban a la realidad "amorosa" que englobaba todo el universo. Sentían que escapaban de las restricciones espacio-temporales y "flotaban" en la eternidad. Finalmente, que la "realidad" a la que accedían era más "real" que la de su vida cotidiana.

El estudio imagenológico (Anexo III) practicado durante el "clímax" de sus estados místicos, mostró varias cosas interesantes: a) Disminución marcada de la actividad del lóbulo parietal (Anexo I), que como se sabe, computa la información que llega del ambiente y del propio cuerpo, de modo de generar una identidad física personal. "Mi cuerpo es distinto a todas las demás cosas que existen"; b) Aumento de la actividad del tálamo, órgano que recibe y procesa toda la información sensitivo-sensorial, y luego la envía a la corteza, especialmente prefrontal, como diciendo "esto es lo que ocurre allá afuera". Este hallazgo es extremadamente sugerente, pues normalmente el lóbulo parietal y el tálamo se activan en conjunto, lo que es esperable porque reciben informaciones de las mismas fuentes. La disminución de la actividad parietal, con el aumento de la activación talámica es una incongruencia extremadamente difícil de explicar. En realidad, nadie tiene clara la razón de esta disociación en personas que, por lo demás, eran y se mantuvieron perfectamente sanas. Los más creyentes piensan que la actividad talámica aumentada no se origina en los aparatos sensitivo-sensoriales. Tendría otro origen, ¿Dios?, ¿los espíritus? Los no creyentes atribuyen la divergencia a un inhabitual predominio del sistema parasimpático (que produce quietud y tranquilidad) y sobre el simpático (que prepara para la acción), y que aumenta la presión arterial, el ritmo cardíaco, la contracción muscular, todo lo cual disminuye el parasimpático. Este predominio se produce normalmente durante el sueño.

Cualquiera sea la explicación correcta, estos hallazgos explican las sensaciones que relatan los místicos: a) Disminución entre los límites de yo mismo y el resto del universo, por disminución de actividad parietal (que procesa precisamente esa distinción), b) Aumento de la activación talámica que produciría la sensación (no controlada por parietal) de estar frente a una realidad más real; c) El predominio parasimpático sería la causa de la sensación de flotar en un espacio sin tiempo. Sin embargo, hay un dato adicional que agrega más confusión. Estudiando el cerebro normal de estas monjas y budistas "supermeditadores" se encontró que, aún fuera de los estados místicos, presentaban asimetría de la actividad talámica, lo que ha sido interpretado como que, para alcanzar estados místicos de alta intensidad, se necesitan ciertas predisposiciones innatas. Estos estudios de "experiencias espirituales" han sido criticados. El bajo número de sujetos no permite sacar conclusiones definitivas, el examen imagenológico usado (Spect) no es el más adecuado, etc.

Mario Beauregard, investigador de la Universidad de Montreal, estudió en el 2005, un número bastante mayor de monjas Carmelitas en "estado místico". Sus estudios (dos sucesivos) usando RNMF, que es más preciso y específico que el Spect, mostró durante estos estados activación de la corteza parietal inferior derecha, de la corteza temporal media derecha y de la corteza prefrontal medial derecha. Comentando estos hallazgos, el autor sostiene que ellos explicarían los cambios en la representación corporal del sí mismo (parietal), la sensación de presencia (¿Dios?), lóbulo temporal derecho y la sensación de bienestar (amor, etc.), por la activación de prefrontal medial derecho. No encontró cambios talámicos. Termina sus comentarios sosteniendo "no hay localización cerebral precisa para los estados místicos. En ellos se activan varios módulos cerebrales tan diferentes que no permiten hacer hipótesis sobre esta condición (estados místicos).

El Dr. M. Persinger de la Universidad Laurentiana de Canadá, ha diseñado un experimento que, según él, induce la aparición de algunas de las sensaciones que aparecen en los episodios místicos. Construyó un casco con electrodos que producen campos electromagnéticos y que aplicado a personas normales, en las regiones de la cabeza bajo las que se encuentran los lóbulos temporales, les hace sentir una "presencia", parecida a la que relatan los místicos y que éstos califican como divina. En los informes de Persinger, más del 70 por ciento de los sujetos de sus experimentos, que no han sido repetidos por otros investigadores, tienen la sensación de "presencia". Este porcentaje es algo más alto en creyentes, y mucho menos bajo, en ateos. La elección de los lóbulos temporales como sitio para aplicar campos electromagnéticos tiene cierta lógica. Las crisis epilépticas originadas en el lóbulo temporal, con frecuencia incluyen pseudo percepciones de tipo religioso. De esta manera, los experimentos de Persinger nos llevan a considerar las analogías con ciertas patologías, con maneras de explicar la neuropsicología de la religiosidad humana.

Muchos investigadores han identificado tres condiciones patológicas, como eventualmente "análogas" con los procesos que ocurren en el cerebro sano de las personas religiosas. Es importante recalcar el concepto de analogías en el cerebro sano, porque no cabe considerar la religiosidad como una patología cerebral. La más frecuentemente citada es la epilepsia del lóbulo temporal, luego algunas formas "productivas" de esquizofrenia y, finalmente los trastornos obsesivos compulsivos. Veamos brevemente cada una de estas patologías.

7.3.1. La Epilepsia Psicomotora del Lóbulo Temporal

Las epilepsias son una condición patológica que sufre entre el dos y el tres por ciento de la población normal. Se debe a una descarga bioeléctrica pasajera (2 a 3 minutos), que originada en un punto específico del cerebro, puede generalizarse a través de los sistemas de conexión neuronal. Adquiere su nombre del punto en que nacen las descargas y de los síntomas y signos que los pacientes presentan durante el tiempo de las crisis. La epilepsia psicomotora temporal incluye en su denominación estos dos aspectos: temporal, porque se origina en los lóbulos de este nombre, y psicomotora, por la sintomatología que desencadena. Es este último aspecto en el que presenta algunas analogías con las formas religiosas que operan episódicamente como trances, estados místicos, percepciones y demás sentires, y conductas que en este capítulo catalogamos como formas personales de comunicarse con la divinidad.

La primera analogía con los estados místicos es que la epilepsia psicomotora produce una especial alteración de la conciencia (a veces llegan a la inconsciencia con o sin convulsiones, lo que se representa por la partícula "motora" pero no es ésta la situación la que nos interesa). Esta alteración de conciencia (a veces llamada estrechamiento de la conciencia) que no les impide caminar sin rumbos o tener otras acciones motoras, contiene alteraciones perceptivas y, a veces, pseudo percepciones. Las alteraciones perceptivas son curiosas. Desconocen lugares bien conocidos que les parecen extraños, nunca vistos, de ahí su nombre francés "jamais vu". Es algo más raro, pero también ocurre, que desconozcan la temporalidad en que se encuentran (año, mes, día, hora) y tampoco computan el pasar del tiempo. A veces sus crisis duran horas y sostienen al término que fue un instante. A veces son breves y dicen que fueron casi interminables. La analogía entre estas crisis con desconocimiento espacial y temporal (jamais vu), con lo que relatan los meditadores es sorprendente. Ellos decían "estaba en todas partes, flotando en la eternidad".

Las pseudo-percepciones tienen una definición simple y exacta es: "percepción sin objeto", esto es ver, oír, tocar algo que no existe, que no está en frente del sujeto, que firmemente asegura que percibió un objeto, persona, ruido, voz, efectivamente presente, enteramente real. Las crisis epilépticas psicomotoras producen pseudo percepciones, especialmente visuales, aunque en ocasiones son auditivas, pues pueden percibir una persona que les habla. Como a veces los personajes (inexistentes) pertenecen al panteón divino, las pseudo percepciones de los pacientes con epilepsias psicomotoras han llamado la atención desde tiempos inmemoriales a los creyentes, aunque sólo desde que se les describió clínicamente y se comprobó su condición con electro- encefalograma, a los estudiosos de las religiones. Esta diferencia es importante. Es perfectamente posible que, antes del diagnóstico clínico y el EGG (1920-1922), las pseudo percepciones de estos pacientes, se hayan considerado presencias divinas o sagradas en el caso de los santos, objetos de devoción, etc. Como, por otra parte, las pseudo percepciones de estas crisis epilépticas (sólo las psicomotoras) se producen durante las crisis con alteración de conciencia, se agregan elementos para asegurar que fueron reales, pues la alteración de conciencia hacía pensar en un trance, en un rapto mental inducido por la divinidad.

En los últimos decenios esta dificultad es menor o inexistente. Las pseudo percepciones de los epilépticos psicomotores, durante sus crisis de alteración de conciencia, han dejado de ser religiosas. Ahora son más frecuentes las apariciones de otros personajes. Crecientemente extraterrestres. Esto no es una broma, es una constatación clínica de los epileptólogos que se puede explicar por la Neuropsicología actual.

Las pseudo percepciones de los epilépticos psicomotores, junto a los demás síntomas analizados más arriba, como el "jamais vu" por ejemplo, muestran por analogía, que la mayoría de los procesamientos mentales (trances sin duda, estados místicos, muy probablemente) son iniciados en el lóbulo temporal del cerebro.

7.3.2. La esquizofrenia "productiva"

Las pseudo percepciones, que en los pacientes portadores de esta terrible afección mental (1% de la población de la Tierra) suelen llamarse alucinaciones porque ocurren con absoluta claridad de conciencia, es decir, distintas a las pseudo percepciones epilépticas, que como sabemos, cursan con conciencia alterada. Las alucinaciones son siempre auditivas. Generalmente se oyen voces que les recriminan, les dan órdenes, les dicen en voz alta sus propios pensamientos, o los ponen en guardia de supuestos enemigos. Desde un punto de vista neuro-psicológico, la hipótesis más plausible vincula las alucinaciones con un procesamiento lingüístico anormal en el cerebro de los pacientes. El primer indicio para afirmar esta hipótesis, es que es imposible inducir alucinaciones en animales, aún en antropoides.

La analogía de las percepciones y sentires de los esquizofrénicos con algunas características neuropsicológicas de la religiosidad (percepciones sagradas o ideas sobrenaturales) es más compleja y ciertamente más desconocida que las producidas por otras afecciones mentales. Sabemos bien lo que ocurre en el cerebro de los pacientes con epilepsia, más desconocemos, casi totalmente, el cerebro de los esquizofrénicos. La imagenología muestra varias diferencias de éstos con los cerebros normales, pero no es claro cómo interpretarlas. En este contexto me limitaré a mencionar ciertas hipótesis que me parecen plausibles, para explicar la mente religiosa. Pero antes una pequeña explicación sobre lo que llamamos síntomas "productivos" en la esquizofrenia, que pueden tener cierta analogía con aspectos de la religiosidad. Llamamos productivos a una serie de fenómenos mentales de los pacientes con esquizofrenia, que agregan que "producen" nuevos contenidos a sus percepciones, a sus pensamientos, y a ciertas conductas. Los síntomas negativos son los que restan, que disminuyen vivacidad a los intereses, a las motivaciones (apatía) y a las relaciones (autismo), o aún a los movimientos (catatonia) y más tarde a la inteligencia (esquizofrenia). Entre los síntomas productivos hay dos (entre otros) que podríamos considerar "análogos". Las razones son las siguientes: a) el único animal que habla es el ser humano; b) La esquizofrenia es muy rara en mujeres que, como sabemos, tienen mayor fluidez que los hombres para expresar verbalmente empatías, emociones. Esta diferencia hombre-mujer se correlaciona con un hecho anatómico importante, para los fines de esta hipótesis. Las mujeres tienen el cuerpo calloso, que comunica los dos hemisferios, más grandes, con más axones de interconexión que los hombres. Así, la propuesta de esta hipótesis en que las alucinaciones auditivas resultan de un defecto calloso, especialmente en las fibras que conectan áreas lingüísticas, las que además tendrían alguna dificultad de análisis de información. Con lo que la diferenciación entre lenguaje interior y voces externas resulta problemático, especialmente en los hombres. En resumen lo que ocurriría es que el paciente alucinado estaría escuchando su propio pensamiento hablado. Su lenguaje interior. Esto ocurriría, según esta hipótesis porque ideas, emociones y demás aspectos del pensar interno, cuando se originan en el hemisferio derecho, que no es lingüístico, y pasan al izquierdo, que es lingüístico, tienen dificultades de comunicación por defectos en las áreas temporales de compresión, con lo que, en vez de traducir estos estímulos derechos en lenguaje interior, los transforman en voces exteriores, alucinadas.

En la historia sagrada de todas las religiones hay profetas, santos eremitas, pastores, monjes, etc. que aseguran que las divinidades les hablan a ellos con voces que nadie más puede escuchar. No es infrecuente que algunos de estos personajes, de muchos siglos atrás, en los que el diagnóstico de esquizofrenia no existía, haya sido considerado por sus contemporáneos que los conocieron, como seres raros, apartados del mundo y de los demás (algo autistas, diríamos hoy), y muchas veces con ideas y comportamientos algo extraños. Claro que en esta analogía neuropsicológica esquizofrenia-religiosidad, se podría decir que las ideas y mensajes de la divinidad, que están formuladas en un lenguaje poético, metafórico, distinto al habitual, ingresan al cerebro del profeta sano por su hemisferio derecho, allí es procesado y viaja por el cuerpo calloso, y son decodificados y traducidos al lenguaje humano en el temporal izquierdo. Pero también cabe la pregunta: ¿no tendrían ciertos profetas algunas formas leves de esquizofrenia? La pregunta es clínicamente válida. En realidad, existen formas más leves de tal condición, y a veces en ellas predominan las alucinaciones; el resto de los síntomas existe, pero en un grado menor.

La otra característica productiva de las esquizofrenias son los delirios. Éstos pueden cursar juntos con las alucinaciones, pero hay delirios que no se acompañan de otras manifestaciones de anormalidad mental. Son las llamadas paranoias. Los delirios son ideas que surgen de la mente de los pacientes y que ellos piensan corresponden a la verdad más absoluta, pero para el observador externo, no tienen ninguna veracidad y se puede demostrar, empírica y racionalmente, que son falsas. A veces, los pacientes aducen razones para demostrar la absoluta verdad de la idea que firmemente sostienen. Pero si el observar externo, a su vez, les demuestra que estas razones no dan cuenta de las ideas que proclama, el paciente mantiene sin variaciones sus ideas delirantes originales. No creo que valga la pena incluir en este capítulo la larga lista de tipos de delirios. Los hay de persecución, de grandeza, de atribuciones falsas de causalidad (pasó un avión por el centro de Santiago y murió mi tía). Esto es una demostración del efecto de los aeroplanos, decía sin ninguna duda, con convencimiento absoluto, un paciente que conocí personalmente.

Aquí, el desconocimiento de las causas de los delirios es prácticamente completo para psiquiatras y neurólogos. Se puede sospechar, que líderes políticos y sus seguidores más cercanos, tuvieron ciertas ideas delirantes. El problema judío y la superioridad racial nazi, eventualmente fueron ideas delirantes. En el ámbito de la religiosidad, es posible que algunos líderes religiosos tuvieran delirios. Represento a tal dios en la Tierra, etc. Pero, lo más frecuente, en el campo de la religiosidad, son los delirios de fundamentalistas absolutos, descritos por Dostoievski en "Los Endemoniados" y parcialmente, en "Los Hermanos Karamasov".

7.4. Las sustancias psicotrópicas como parte y sentires religiosos

Se llaman psicotrópicos a las sustancias químicas, capaces de inducir cambios mentales, mientras dura su acción sobre el cerebro. Ellas son muchas, y tienen variados efectos mentales, tanto que son de amplio uso en Medicina como aliviadores del dolor (opiáceos), como anestésicos, como sedantes, como antidepresivos, en dificultades del aprendizaje, etc., etc. También los psicotrópicos de usan como drogas "placenteras", y/o sociales que habitualmente producen adicción (cocaínas, heroína, marihuana, etc.), sin contar con los más recientes psicotrópicos artificiales que se usan con estos fines (éxtasis). Sin embargo, y a pesar de la existencia de una multitud de compuestos químicos que tienen efectos mentales, en este apartado sólo consideraré algunos ejemplos de psicotrópicos que han tenido, o tienen efectos sobre la religiosidad de personas de distintos tiempos y culturas. Estos psicotrópicos y algunos de sus resultados, agregan informaciones importantes a nuestra descripción de la Neuropsicología de la religiosidad. Ellos, en cuanto productos químicos, que circulan por vía sanguínea, actúan sobre receptores de neuronas, cuyas conexiones se distribuyen en zonas muy amplias del cerebro, donde intervienen como neurotransmisores o neuromoduladores (Anexo I). Así, sus efectos funcionales no se producen en zonas discretas o sobre módulos específicos del cerebro. Son modificaciones de atributos mentales complejos, como el estado de conciencia y las percepciones. En efecto, las sustancias más ampliamente usadas en prácticas religiosas, producen, simultáneamente, cambios perceptivos (alucinógenos) y alteraciones de conciencia.

En realidad, el uso históricamente original de todas estas sustancias, fue religioso. Comprender la realidad de espíritus y dioses, con una conciencia subjetiva modificada (más abierta y más elevada dirían ellos), y percibir las realidades sagradas, sin las restricciones propias de los órganos de los sentidos, son los propósitos de quienes las buscan. De esta manera, estamos de nuevo frente al poderoso impulso de la religiosidad, para comunicarse directamente con dioses y vivir la realidad en que ellos habitan.

El uso de sustancias psicoactivas en ceremonias religiosas es antiquísimo. Hay codificadas el uso de alucinógenos por los pintores de cavernas del Paleolítico Superior. Probablemente por los chamanes, artistas y conductores de los ritos. Una caverna con pinturas en las montañas Tassili de Algeria muestra la figura de un chamán usando hongos, tiene 8.000 de años de antigüedad. Los arios invasores del Norte de la India, escribieron en los Vedas el uso de "Soma" por jefes y sacerdotes ofreciéndola en sus ritos de sangre. Se cree que chamanes o sacerdotes egipcios usaban lotos azules para sus viajes cósmicos. En templos mayas hay figuras de hongos alucinógenos, no es claro quienes los usaban, pero las evidencias aztecas y mochas (en Perú) parecen indicar, que los prisioneros que iban al sacrificio eran químicamente tranquilizados. Pueblos primitivos en África ecuatorial (ciertos frutos) y en el Amazona (ayahuasca) tenían chamanes expertos en el uso de alucinógenos y otras sustancias que alteraban la conciencia. En la Grecia clásica, los Misterios de Eleusis eran conocidos por el consumo de psicotrópicos por parte de oficiantes y creyentes. La farmacología moderna conoce bien las sustancias psicoactivas presentes en hongos, cactus (peyote), tallos (ayahuasca) y, por supuesto, en la coca, las amapolas, y el ergot. Muchas de las culturas que las usaron, nunca tuvieron contacto entre sí, lo que indica que la mayoría de ellas descubrieron las propiedades psicoactivas que plantas de su propio entorno contenían, y lo que es más sorprendente, prácticamente todos (con la excepción de las drogadicciones nacidas en el siglo 19) le dieron un uso religioso. La explicación más plausible es que habiendo descubierto casualmente, o mirando las conductas de animales o por vagas noticias llegadas desde lejos, las propiedades psicoactivas de esas plantas, que les abrían "las fronteras de la percepción", como diría A. Huxley milenios después, y que "ampliaban el ámbito de la conciencia", como sostenían los hippies a fines de los años 60, se concluyó que era el mejor camino para comunicarse con los dioses y compartir su realidad. Pero, ¿de qué modo actúan estas sustancias en el cerebro?

La espantosa situación de los drogadictos, que con frecuencia mueren por sobredosis, ha impulsado la investigación de los sistemas cerebrales en que las sustancias psicoactivas operan, la cual es facilitada, es terrible decirlo, por la disponibilidad de los cerebros de los adictos que mueren. Estos hallazgos científicos se pueden resumir en pocas palabras. Las sustancias psicoactivas, en especial las que nacieron impulsadas por la religiosidad y las que provocan drogadicción, actúan incrementando las funciones neurológicas normales de varios sistemas neuronales y neuro moduladores sinápticos (Anexo I). La cocaína actúa sobre los receptores dopaminérgicos que activan redes neuronales encargadas "normalmente" de producir satisfacción. La ayahuasca y el ácido lisérgico incrementan la actividad simpática, mediada por el neuro-modulador cerebral noradrenalina, encargado de aumentar el gasto energético del cerebro, preparándolo para la acción mental y motora. También las anfetaminas activan sistemas noradrenérgicos. La psicocibina, producto activo de los "hongos sagrados" (de la familia de las muscarias amate) consumidos con fines religiosos en India, Grecia y América, actúa en sistemas neuronales de asociación suprasensorial. Los opiáceos se ligan a los receptores de endorfinas, productos naturales del cerebro que disminuyen la percepción del dolor.

Por supuesto, las sustancias psicoactivas que actúan estimulando redes neuronales, a través de los neuro-reguladores, no agregan energía al metabolismo neuronal. Al aumentar la actividad neuronal, aceleran las funciones metabólicas, con lo que disminuyen las reservas energéticas de las neuronas, causando alteraciones de sus funciones. Con el uso crónico, las alteraciones son estructurales con depresión, psicosis y/o demencia. Con sobredosis, se puede llegar a la muerte. Nada de esto ocurría cuando los psicotrópicos se usaban con fines religiosos. Sacerdotes y chamanes controlaban la ingesta en las específicas ceremonias rituales en que podían usarse. Se ha propuesto que los fieles que usaban sustancias psicotrópicas buscaban "repetir" en ellos los trances que pocos otros lograban sin mediar sustancias ajenas.

7.5. Religiosidad "teológica"

La vertiente que llamo "teológica" de la religiosidad no sólo es diferente a la que busca comunicarse con los dioses, sino frecuentemente ve con malos ojos trances, visiones espirituales, meditaciones que alteran las conciencias y las percepciones, y demás intentos de compartir el mundo sagrado, dejando atrás, aunque sea por corto tiempo, la realidad cotidiana. Por supuesto, ambas vertientes tienen creencias comunes y practican liturgias, también comunes (si pertenecen a la misma religión), las motivaciones que mueven a los fieles hacia una u otra de estas vertientes son muy diferentes, aunque la misma persona en su vida cotidiana, crea y practique las enseñanzas teológicas y, en ciertos momentos y determinadas situaciones, busque las prácticas de la comunicación directa con la divinidad. En realidad, el creyente no ve mayor contradicción entre sus devociones. Monjas católicas y monjes budistas que oran y meditan para comunicarse con sus divinidades, tienen en sus conventos y comunidades, actividades cotidianas reguladas por la vertiente teológica. Sin embargo, estas no contradicciones muchas veces no son fáciles de mantener, y hay disputas entre las personas (y las jerarquías) que prefieren la comunicación con Dios, y que consideran mundanos, poco espirituales a los que prefieren la vertiente teológica. Éstos a su vez, piensan que los místicos que enfatizan su relación personal con Dios, se separan de su comunidad buscando egoístas elevaciones espirituales personales. En la historia del cristianismo, se pueden encontrar estas diferencias, y simbolizar en tres personajes clásicos: a) Santa Teresa de Ávila que representa un equilibrio perfecto entre las dos vertientes. Doctora de la Iglesia por su pensamiento y trabajos teológicos, y figura señera por sus raptos místicos; b) Juan Calvino, creador de una rama muy importante de los protestantes, y que gobernó Ginebra con mano de acero, pensaba que el deber de los creyentes era ajustar todos sus pensamientos y conductas estrictamente a la palabra del Señor en la Biblia, que debía ser la guía de los elegidos de Dios (decisión divina que nadie conocía) para demostrar a los demás (y a ellos mismos), que eran los elegidos para habitar el cielo; c) El Maestro Eckhart, místico alemán que clamaba contra el intelectualismo teológico, enseñaba en universidades y otros lugares que el único modo de conocer y llegar a Dios, era comunicarse con Él "en oraciones sin palabras", de modo de elevar el espíritu para alcanzarlo. Todo el resto era oropel sin destino (espiritual).

Así las cosas, ¿cuáles son en realidad, las motivaciones de los que prefieren la vertiente teológica? Éstas se pueden describir brevemente. Más que comunicarse con Dios, ellos prefieren explicarlo, entender sus cualidades sin parangón, y sus razones para crear el mundo, los seres humanos, y para seguir interviniendo en la historia de la humanidad. Naturalmente, las vertientes teológicas, que existen en todas las religiones, cumplen con los deberes y liturgias de sus iglesias y comunidades. Luchan en contra de las tentaciones, siguen las enseñanzas éticas de sus dioses y tienen una fe inquebrantable. Recordemos que estoy describiendo arquetipos en la vida real, los fieles no son tan rigurosos con sus creencias, y las mezclas y desviaciones, son muy frecuentes. En todo caso, el arquetipo del creyente teológico tiene una Neuropsicología no sólo muy diferente a la del místico, sino más mundana. Digo mundana, porque en sus motivaciones, búsquedas y propuestas, ocupa el aparataje neuropsicológico que normalmente procesa los asuntos cotidianos de los miembros de nuestra especie, claro que partiendo de algunos principios de fe (misterios en el lenguaje eclesiástico).

Las creencias organizadas en las teologías de las diferentes religiones, no tienen la fuerza emocional de las prácticas rituales colectivas, ni la inefable vinculación con la divinidad de los místicos. Ellas, las creencias, son relatos a veces textuales, con frecuencia metafóricos, que describen las acciones de los dioses, sus prescripciones litúrgicas y morales, sus poderes, y sus promesas de bienaventuranza y resurrección. Entre los cristianos, la Suma Teológica de Santo Tomás de Aquino es un ejemplo de rigor intelectual en la construcción de un texto bien armado y coherente, que describe con una especial racionalidad, las inferencias que surgen del mensaje divino sobre el mundo, sobre Dios y la humanidad. En la Suma Teológica de Santo Tomás no hay espacios para emociones o elevaciones místicas del espíritu. En este punto, vale la pena recordar una historia que parece cierta de los últimos años de Aquino. Se dice que mientras decía misa en Nápoles, sufrió una especie de iluminación que en pocos minutos cambió su vida, repitiendo algo así "Todos mis escritos no tienen sentido ante Dios". Después de este episodio, no volvió a escribir sobre teología, se recluyó en un convento, y murió dos o tres años después. Esta transformación de Santo Tomás representa bien la diferencia entre teología y mística.

A propósito de esta historia del Doctor Angélico, como se llamó después a Santo Tomás, es necesario considerar dos ideas que expresé en los párrafos previos. Por una parte, que la Suma Teológica es una construcción que describe las creencias sobre el mundo del cristianismo, y por otra, que hace inferencias con una lógica especial. Las palabras claves en estas expresiones son "descripción de creencias" e "inferencias con lógica especial".

En realidad, desde un punto de vista neuropsicológico, todas las creencias, no sólo las religiosas, son inferencias que nuestra mente hace (o ha aprendido) sobre el mundo, que en cada caso se está considerando. El modo habitual de generar creencias es hacer inferencias, a partir de dos predisposiciones muy básicas de la mente humana, y que hemos visto en otros capítulos de este libro.

a) Encontrar patrones, esto es, identificar relaciones entre eventos, hechos, datos, o personas que permitan construir alguna teoría sobre el mundo y sus acontecimientos.
b) Encontrar agentes causales, es decir, identificar las causas intencionales de los sucesos. La mente no cree en el azar y es en general muy mala para calcular probabilidades. Siempre hay una causa para cualquier cosa que ocurra, y hay agentes intencionales que la producen.

Estas predisposiciones fueron muy importantes para la sobrevida de nuestros ancestros. Si veían en la maleza una figura grande con la piel manchada, era más eficiente pensar que ese patrón visual representaba un leopardo y arrancar, que equivocarse, lo cual no tenía costos. Del mismo modo, pensar que un ruido en la noche es producido por un agente causal, por un enemigo, o un depredador, es más eficiente esconderse, porque si fuera el crujido de las tablas de la choza, el equívoco no tendría costos. Lo importante es que las inferencias, a partir de patrones y agentes causales, tienen una racionalidad especial, no vinculada con la veracidad sino con los resultados. El equívoco no tiene costos. No importa equivocarse. Naturalmente, primero la Filosofía basada en una racionalidad objetiva, y luego las Ciencias, basadas en hipótesis que deben probarse empíricamente, no aceptan estas formas de hacer inferencias. Claro que a nuestros ancestros les interesaba sobrevivir. No les importaba equivocarse.

Me parece lícito sostener que las creencias religiosas, que no son proposiciones filosóficas, ni menos hipótesis científicas, tengan su origen en esta racionalidad especial, basada en la búsqueda de patrones, y en la identificación de agentes causales. La famosa apuesta de Blas Pascal, famoso matemático, filósofo y católico disidente, expresa igual pensamiento: "nadie sabe lo que le pasará después de su muerte..." Pero apostar que nuestra alma permanece y comparte la gloria de Dios es mejor, puesto que equivocarse y eso no existe, no tiene costos. Así, las creencias religiosas que he llamado teologías tendrían su origen en este tipo de inferencias mentales, que no buscan una veracidad absoluta, sino simbolizan patrones relacionales de los acontecimientos naturales, sociales y personales, y definen agentes causales para esos acontecimientos. Por supuesto, simbolizar patrones y agentes causales es tradicionalmente función de los mitos, que presentan una versión, digamos metafórica, de realidades complejas, sean éstas sucesos externos (naturales o sociales) o propensiones mentales (sentido de la vida, principios morales, temor a la muerte. Es desde esta perspectiva que la religiosidad se engrana, con una crítica predisposición sólo humana. Proyectarse al futuro.

En varios capítulos anteriores he afirmado que los atributos mentales, evolutivamente más novedosos y más exclusivos de nuestra especie, son el lenguaje hablado, la conciencia subjetiva y la propositividad abstracta de largo plazo. Es evidente que poder pensar en propósitos ubicados en un futuro, a veces muy distante, como se ejemplificó en el Capítulo 5, requiere de la participación de la conciencia subjetiva, que opera como agente, puesto que el futuro propuesto se refiere a un sí-mismo, que además, puede trabajar como agente, para lograr tal o cual objetivo. Estas predisposiciones innatas son, sin duda, raíces muy importantes de la religiosidad, y están claramente implícitas en sus diversas manifestaciones. Veamos cómo operan en cada una de ellas.

Buscar el sentido de la vida y el destino personal en esta existencia y después de la muerte, es una manifestación de la propositividad de largo plazo, que impulsa a pensar en destinos futuros, para un sí-mismo consciente, tan vigorosamente individuado como el que procesa la mente humana. En el mismo contexto, el yo consciente, puede o debe intentar imaginar qué será de mí mismo después de la muerte. En este punto es necesario considerar que la predisposición a imaginar propósitos abstractos de largo plazo, contiene el vocablo abstracto, porque no tiene contenido propio. Sus contenidos dependen de los propósitos específicos que en cada caso mueven al sujeto. Si se refieren a sus estudios, imagina cuál carrera profesional desearía tener, o hacer un posgrado en el extranjero, para lo cual deberá establecer un plan de acción con medidas que le permitan cumplir con ese tal propósito. Lo mismo ocurre en la vida sentimental. Si está enamorado, deberá pensar (y actuar) para emparejarse, mantener una familia, etc. Por otra parte, los contenidos de estos propósitos de largo plazo ya no son abstractos, son progresivamente más concretos. Si desea estudiar debe considerar qué escuelas y universidades tienen la carrera que le interesa, cómo puede acceder a ella. Si está enamorado, lo está de una persona específica con la que necesita negociar matrimonio y luego su vida en pareja, en un barrio concreto. Todo esto significa que la predisposición a tener propósitos abstractos de largo plazo se concreta, adquiere contenidos específicos, dependiendo de las personas (pareja), instituciones (universidades) o procesos culturales (disciplinas académicas) que efectivamente existan en su medio ambiente socio-cultural.

Si consideramos que las preguntas que intentan responder las religiones siempre se refieren al destino del sí-mismo y el sentido de la vida, me parece evidente que usando como insumo las propuestas religiosas, la mente humana concreta, en propósitos de largo plazo que resuelven sus deseos, inquietudes y temores más profundos. Significado de la vida, la muerte y demás. En este pequeño modelo del funcionamiento de la mente religiosa, las religiones específicas a las cuales cada uno adhiere, son las existentes en su medio ambiente cultural. Ellas dan contenido a la predisposición a generar propósitos de largo plazo que respondan tales preguntas fundamentales.

Claro que para llegar al camino de salvación que prometen las religiones hay que hacer obras. Respecto a los estudios y la vida sentimental, los llamamos planes de acción. Respecto a las preguntas de la religiosidad, las teologías proponen creencias que definen conductas (morales, por ejemplo), y rituales, y misticismos, que definen relaciones con las divinidades de esa particular teología. Por supuesto, en todas estas acciones está operando la conciencia subjetiva, en cuanto agente, que define propósitos de largo plazo y los comportamientos indispensables para lograrlos. Este modo de ver la religiosidad no requiere, hasta cierto punto, utilizar predisposiciones neuropsicológicas distintas a las habituales. Son las mismas que usamos para estudiar, conseguir pareja estable o cualquier otro propósito. Digo hasta cierto punto, porque lo propio de la religiosidad son las preguntas trascendentales las que, a fin de cuenta, nacen de nuestra predisposición a mirar un futuro de muy largo plazo.

Desde este punto de vista, una creencia (mito) teológica satisfactoria para el creyente, es aquélla capaz de articular sucesos externos con propensiones mentales. Se trata de relatos que simbolizan los acontecimientos (que el mito declara reales), respuestas a esperanzas y temores capitales, de las mentes creyentes.

Es en este punto preciso donde se reúnen las tres exigencias neuropsicológicas de las mentes religiosas. Las creencias son satisfactorias cuando: a) dan cuenta de la necesidad humana de sentirse parte de una comunidad que comparte intencionalidades y valores: b) expliquen la realidad a partir de patrones plausibles, esto es regularidades que tengan un sentido comprensible, y sean actividadas por agentes causales (dioses); c) respondan a la tendencia humana a trascender el aquí y el ahora, y puedan elevar el espíritu a realidades ultramundanas (mística). Un ejemplo de rito religioso neuropsicológicamente satisfactorio, es el de la diosa Deméter y su hija Perséfone, que vimos antes desde otra perspectiva. La celebración de los misterios de Eleusis cumplía todos estos requisitos: a) Los misterios se celebrarán con gran asistencia de peregrinos, que compartían las intenciones y valores que simbolizaba el mito de Deméter. Era una ceremonia sagrada que a los fieles les hacía sentir ser parte de una comunidad; b) El mito de Deméter simbólicamente representaba un patrón. Muerte y resurrección de la naturaleza, que era una metáfora con un sentido comprensible de temores y esperanzas capitales, como es dejar de existir y luego resucitar. En la metáfora había un agente causal, Perséfone, que, al desaparecer en el Hades, donde iban los muertos griegos, hacía que la naturaleza se marchitara, pero al reaparecer producía la resurrección de la tierra; c) En las ceremonias de Eleusis, que se celebraban en primavera, los fieles podían recibir alucinógenos para emprender el viaje místico hacia los espacios de Perséfone, que revivía la vida.

En realidad, los mitos de muerte y resurrección han sido muy frecuentes en la historia de las religiones, porque se refieren a un temor y a una esperanza vital para los seres humanos. El temor a dejar de existir y la esperanza de volver a la vida. Osiris, Attis. Dionisio, Apolo simbolizan respuestas de esperanza a ese básico temor. Es bien curioso que de los tres monoteísmos que descienden de Abraham, el único que incluye como creencia central la muerte y resurrección, es el cristianismo. Sin embargo, el misticismo judío (a Cábala) y el musulmán (Sufi) los consideran de un modo tan complejo, que esta creencia no ha ingresado a la corriente principal de las teologías de esas religiones. Hay varias teorías que explicarían la presencia de esta creencia en el cristianismo, que en cualquier caso nació del judaísmo. La primera sostiene que el viaje de la Sagrada Familia a Egipto es una metáfora, simboliza la incorporación de las creencias de muerte y resurrección de Osiris en la Pasión de Jesús. La segunda es que San Pablo, que escribió sus cartas 30 o 40 años antes que los evangelios, y que era natural de Tarso, es decir no de Judea, sino de una región (actualmente Turquía) en que los misterios del mundo antiguo eran bien conocidos, introdujo la muerte y resurrección de Jesús en el ideario cristiano Las razones de San Pablo son evidentes. Luego del episodio en el camino a Damasco, en que Jesús se le apareció, Pablo se transformó en su discípulo, y creyó tan firmemente en que su divinidad no podía morir definitivamente. La tercera hipótesis es que Jesús conoció, a los Esenios, secta a la que se le atribuye la noción de muerte y resurrección de el Salvador.

El tema de muerte y resurrección requiere, según las intuiciones de los creyentes, poderes especiales por parte de los dioses. Se comprende bien la persistencia del espíritu individual después de la muerte. Sin embargo, la resurrección corporal resulta inimaginable para la mente humana normal. Sabe por sus sueños, de la existencia del espíritu inmaterial, pero también sabe y ha visto que los cuerpos se descomponen y vuelven a la tierra. Supongo que este es el origen del dualismo cartesiano, casi inevitable para la mente normal y creyente. Por otra parte, hay muchas otras creencias que son anti-intuitivas en las diversas religiones. Los Avatares de Visnú en el hinduismo, la visita de Mahoma a los cielos montado a caballo en el islam, o la Santísima Trinidad en el cristianismo, son ejemplos, entre muchos otros cientos, de creencias completamente incomprensibles para la mente normal. Sin embargo, los creyentes las acogen sin dificultad, bajo el rótulo de milagros o misterios, El verdadero misterio desde una mirada neuropsicológica, es cómo y por qué la mente de gentes inteligentes, honestas y de buen juicio, creen en estos milagros. La referencia a la fe como factor determinante en la aceptación de estos misterios, es en realidad otro misterio. No existe en la Neuropsicología descripción de algún tipo de mecanismo cerebral capaz de producir estos encantamientos que realiza la fe (diría D. Dennett). Excepto claro está, que sea verdadera la existencia de otras realidades, pobladas por espíritus y dioses todopoderosos que actúan como agentes causales.

Sin embargo, esta verdad resuelve sólo parcialmente la contradicción entre lo que podemos llamar el pensamiento objetivo-racional que vimos en el capítulo anterior y las creencias y mitos religiosos. En primer lugar, porque éstos son dependientes de procesos y prácticas culturales de comunidades bien específicas, y como tales, son particulares de esas entidades socio-culturales. Así, son de contenidos muy diferentes las creencias del hinduismo, del judaísmo, de los egipcios o los de los cristianos. Aunque nació el cristianismo como secta judía, recibió innegables influencias greco-romanas. De hecho, los Evangelios, antes de ellos las Cartas de Pablo, fueron escritos en griego, no en arameo. El Evangelio de Juan empieza con el famoso "En el comienzo era el logos", concepto claramente griego y no judío. En estas circunstancias, si las verdades religiosas son reales, ¿cuál versión de esta realidad, es la verdadera, dadas las diferentes creencias de las distintas religiones?

Por otra parte, y como sabemos, creencias y conductas religiosas han existido y aún existen en todos los grupos humanos conocidos, y tienen funciones evolutivamente muy importantes: integración grupal, comprensión de la realidad a partir de nociones y valores comunes, que dan respuestas a insoslayables preguntas y temores humanos. El sentido de la vida y su destino después de la muerte. Para un ateo estas cuestiones son fáciles de responder. Las religiones son construcciones socio-culturales que la mente humana crea, para resolver estas preguntas y temores, y establecer comunidades integradas y cooperativas. Para un creyente moderno, inmerso en los principios de la Filosofía y la Ciencia actuales (objetividad, racionalidad, hipótesis empíricamente probadas) y mentalmente muy lejos de las mitologías de las distintas religiones, la solución es más difícil. Las filosofías y las ciencias no responden a sus preguntas fundamentales. No les satisface como al ateo, que su vida no tiene sentido trascendental y que con su muerte se derrumba el universo. Que su existencia es un producto del azar, de la evolución natural y de las fuerzas físicas desencadenas en el Big-Bang. De hecho, para muchos creyentes modernos ambos azares son sospechosos. Tanto la evolución darwiniana como la física cuántica requieren un Diseñador, un Gran Arquitecto, dirán los masones, y el Big-Bang, nacido de la nada misma, debió ser la obra de un creador.

Claro que a su lado hay otros creyentes modernos que aceptando los hallazgos de las ciencias modernas y pensando que los mitos de las diversas teologías son construcciones socio-culturales que usan atributos patrones y principios morales o individualidad) "sienten" que hay una trascendencia. Los mueve, como al Maestro Eckard, sólo la fe.

CAPÍTULO 12.
Las artes y su multiplicidad

El mismo título de este capítulo indica la dificultad de definir las Artes, productos culturales de algún modo poco acotado, en los cuales las diferentes expresiones artísticas se suponen comparten algunas características centrales que hacen posible considerarlas como una unidad. Por cierto, este problema no es nuevo. Para Platón, encarnan en nuestro mundo sensible, la figura ideal de la Belleza, que para él pertenece junto con el Bien y otras figuras ideales, a un mundo que la mente humana apenas puede conocer y expresar. Para el más realista Aristóteles, que no creía en el mundo de las ideas como un universo eterno y ajeno a los humanos, las Artes son la representación de una "figura" abstracta (belleza) construida por la mente humana. Para muchos de los filósofos modernos de las Artes, éstas se consideran una unidad, porque producen el llamado "placer estético", sensación, a su vez, difícil de definir o de explicar. Enfrentados a esta dificultad sostienen, en mi opinión razonablemente, que ninguna sensación que representan activaciones intuitivo-emocionales, pueden explicarse con propiedad a través del lenguaje, excepto la poesía. En esta misma línea, hay otros filósofos y artistas que mirando el arte moderno piensan que las Artes actúan sobre las mentes produciendo otros tipos de sensaciones que no llamarían placer estético, sino más bien "sorpresas", que descentran y modifican las percepciones, sentimientos o cognición más habituales. Simbolizan una realidad distinta de la cotidiana, para algunos sólo en el ámbito perceptivo-emocional. Para otros, también, en el pensamiento conceptual.

Como siempre ocurre con las interpretaciones humanas de sus productos culturales, se supone que ellos nacen y expresan atributos disponibles exclusivamente en la mente del Homo Sapiens. Pero también en el caso de las Artes, cabe preguntarse si en algunas especies, distantes a nosotros, hay productos de sus propios patrimonios genéticos, que podríamos llamar artísticos. Por supuesto, esto depende de las definiciones. Prácticamente no existen pensadores que sostengan que las Artes, de alguna manera, orientan conductas con algún sentido. Pero, esto es discutible, porque existen, desde la más profunda antigüedad, artistas, creadores y cultores de las Artes (los que actúan en Artes de la representación, o bailan o cantan en ciertas ceremonias, etc.) que sí creen que sus creaciones o sus "performances" orientan pensamientos, actitudes, intenciones y ciertas conductas de espectadores que observan sus productos y sus actuaciones. Esto es particularmente evidente en el Arte "sagrado" que con frecuencia está explícitamente destinado a provocar no sólo intuiciones emocionales y cogniciones teológicas, sino también, acciones y prácticas relativas a los mensajes divinos y conductas bien definidas en ceremonias y ritos sagrados.

El papel de lo sagrado en el origen y las prácticas de las Artes lo veremos un poco más adelante, pero la existencia de productos artísticos que incitan conductas con cierto sentido, es una consideración necesaria para entender por qué puede pensarse que hay especies no humanas capaces de desplegar formas artísticas para cumplir propósitos intencionales o más bien instintivos. Es cierto que éste es un pensamiento antropocéntrico pues considera estos despliegues "artísticos" desde nuestra propia perspectiva. Porque nosotros los humanos los encontramos bellos. Las especies que practican estos despliegues, de origen genético, no tienen conciencia de lo que muestran o hacen, pero probablemente sí los tengan de sus resultados prácticos, por ejemplo, atraer a las hembras.

En efecto, sobre todo en especies de aves, los machos llevan a cabo espectáculos para nosotros bellísimos, con el preciso objetivo de despertar en las hembras espectadoras predisposiciones sexuales que faciliten el apareamiento. Las respuestas de las audiencias no son para nada fáciles. Están muy lejos de un impulso sexual instantáneo como el que los etólogos clásicos (especialmente N. Tinbergen) esperaban de un "disparador" de respuestas instintivas (en este caso en las hembras), ante estímulos tan poderosos como los bailes, mostrando bellísimos plumajes del Ave del Paraíso de Nueva Guinea, Las hembras de esta especie de alguna manera "saben" de qué se trata este espectáculo y son atraídas a presenciarlo, a veces desde muy lejos, probablemente por una feromona del macho. Este acercamiento es indudablemente el primer paso de complejas conductas instintivas. Pero los pasos siguientes son, verdaderamente, sorprendentes. Las hembras observan con detención por largo rato (decenas de minutos) a los actores que se exhiben. Luego toman una decisión y se acercan al macho, o vuelan en busca de un pretendiente que les parezca mejor. Los Brower machos de Nueva Zelanda, construyen complicados escenarios con ramajes o aprovechan estructuras de matorrales que les parezcan apropiadas como base de sus construcciones. Éstas que llegan a ser decenas de veces más altas y anchas que el cuerpo del Brower, luego de terminadas son decoradas con hierbas, hojas, flores y frutos de colores, en una tarea de ornamentación que puede tomarle varias horas dado que le observan y corrigen como quien prepara una sala de fiestas. Cuando a su ojo crítico el escenario está terminado, cubren el suelo de su construcción con hojas y flores que las hacen mullidas, suaves y bellas. Recién entonces, y respondiendo a un graznido del macho aparecen las hembras que examinan cuidadosa y largamente la obra del seductor, y luego de un recorrido por la construcción, deciden si se aparean con ese pretendiente o buscan a otro de entre los que, en la misma área del bosque, están afanosamente preparando sus escenarios. Sin embargo, como los machos compiten entre ellos por tener obras más atractivas, es frecuente que destruyan la obra de otro que está desprevenido, o bien, le roban flores y frutos que ornamentan las construcciones. Estos dos relatos que parecen sacados de una película infantil, sólo representan lo que muchísimos documentalistas de la BBC y Discovery Channel han grabado en el mismo sitio de los acontecimientos. Es una forma que podríamos llamar artística de la selección sexual de Darwin. Cuando menciono la selección sexual, estoy pensando en algunas teorías que explican la predisposición de los artistas a producir sus obras como un modo de mostrar públicamente sus atributos y disponibilidad sexual. Es más que probable que estas demostraciones no sean conscientemente originadas por instintos sexuales pero el efecto es interesante. Muchos de los artistas (plásticos y de música popular moderna) son varones y de sus innumerables amoríos están llenas sus biografías. Pero volvamos a mi argumento principal.

El caso del Ave del Paraíso y de los Browers, es claramente un indicio que el Arte, a lo menos en estas aves, y muchas otras especies similares, como pavos reales (aunque éstos no tienen la nitidez de los comportamientos de los primeros) presentan y sin duda estimulan, la aparición de tendencias de las aves espectadoras. Al igual que al artista, le interesa incitar a través de sus obras de música popular moderna. Los machos de nuestra historia tenían un evidente interés en producir disposiciones de aceptación al apareo, precisamente con ellos, no con otros, de las hembras observadoras, críticas de sus danzas multicolores o de sus vistosas mega construcciones. Por cierto, este buscar seducir a las hembras a través de la belleza de sus actuaciones, es sólo un despliegue instintivo para generar respuestas, también instintivas en aquellos individuos a los que van dirigidas. Estos patrones conductuales que se interrelacionan intuitivamente, no son enteramente diferentes a los productos artísticos humanos, aunque suponemos, que las intencionalidades y las maneras de ejecutar las obras son el resultado consciente de las operaciones de un sistema neuropsicológico diferente al de las aves, pero no al de ciertos mamíferos como por ejemplo los ciervos, cuyas astas les servirán para luchar para aparearse, pero que además, las usan para pavonearse frente a las hembras, aun cuando no existan competidores a la vista. Sin embargo, y para poner un ejemplo que a mí me parece principal, es altamente improbable que los Cro-Magnones que pintaban cavernas tuvieran en mente producir obras de Arte, como en realidad treinta y cinco milenios después podemos catalogar sus obras, de singular calidad, o más bien querían obtener, con sus pinturas de animales, otros propósitos enteramente diferentes. Diría que hoy hay un consenso científico en cuanto a que las pinturas no tenían un fin estético sino uno espiritual. Lo que los chamanes del Paleolítico Superior querían era comunicarse con las presas de sus cacerías, y de algún modo estimularlas, convencerlas de dos cosas: a) El cazador no desea dañarlas (a lo menos a sus espíritus) pero que para sobrevivir necesitan sus preciadas carnes por lo que, b) les pedían estar disponibles para otras y necesarias cacerías. Pero como sabemos los chamanes además requerían convencer a las poblaciones cercanas que participaran, esto es, actuaran en los ritos que para complacer al espíritu de los animales ellos, los chamanes, orquestaban. Por otra parte, los Cro-magnones, en la misma época (Capítulo 6) tallaban huesos y astas de renos con incisiones decorativas, sin ninguna utilidad práctica, y producían cuentas de collares, todo lo cual, según los arqueólogos especialistas, eran formas de seducción, por su "belleza", a las mujeres que les interesaban. Los seductores actuales regalan a sus preferidas joyas de alto valor artístico (y monetario), mientras las mujeres mejoran sus apariencias (vestidos, pinturas faciales, arreglos del pelo, etc.), para ser más seductoras. Estos intercambios de seducción "artísticos" se pueden encontrar desde Mesopotamia y Egipto hasta la actualidad. Todo esto estructuralmente parecido a lo que hacían con sus danzas y construcciones nuestras aves: convencer a sus audiencias que se comportaran como ellos requerían. El Ave del Paraíso y los Browers a las hembras. Los chamanes Cro-Magnones, al espíritu de los animales y a las poblaciones humanas. Ellos ornamentaban huesos y producían collares hace treinta y cinco mil años. Los que hoy regalan joyas bellas, y los que se pintan y arreglan en la época actual, tienen parecida intencionalidad. En ningún caso la belleza estética de las obras fue pensada o imaginada por sus autores, aves, chamanes y Cro-magnones, pero tampoco por las audiencias a las que intentaban estimular, para servir las necesidades de sus autores.

Mirado este panorama neuropsicológico desde el siglo 21, podríamos decir que en sus orígenes y quizás también en la actualidad, las obras de Arte, son de acuerdo a la intencionalidad, no siempre conscientes de los artistas, una forma de despertar en audiencias y observadores, reacciones mentales y conductuales que la obra de Arte estimula y promueve. Es posible que la vaga expresión "placer estético" se refiera a estas reacciones. Me parece que este punto puede ser además validado, si consideramos, que desde su origen el Arte, desde los Cro-Magnones en adelante, estuvo también vinculado a las experiencias religiosas más que puramente a la belleza. El concepto "el Arte por el Arte" es un invento del siglo 20 en mi opinión erróneo. No considera la relación entre el artista y las reacciones que intenta desarrollar en su público. No existen artistas sin ninguna intencionalidad y menos que no tengan en mente algún público.

La relación Arte-religiosidad puede rastrearse en varios dominios del desarrollo artístico-cultural humano. Acabamos de ver como el arte de los Cro-Magnones era funcional no a la estética sino a sus creencias en ciertos espíritus. Con el Neolítico, capillas, tumbas y arreglos de piedra monumentales, que a veces tienen indudable valor estético, eran expresiones de su religiosidad. En los pueblos culturalmente primitivos que han estudiado los etnólogos desde el siglo 19, se descubre una multitud de prácticas, con cierta calidad estética, pero que tienen fines religiosos. Bailes, danzas, cantos acompañados de sonidos sincopados y rítmicos, ejecutados con instrumentos artesanales, se despliegan en ceremonias dedicadas al tótem tribal, a las fases de la luna importantes para su religiosidad, a celebrar ritos de "passage", o para rogar a los espíritus buena suerte en las cacerías. Según el rito y ceremonias usan máscaras, a veces de complicados diseños, vestimentas especiales y, algo más tarde, comen la carne de los puercos o las gallinas sacrificadas.

A partir de estos hallazgos etnológicos y arqueológicos es posible pensar que Religión y Arte tienen un nacimiento asociado en cuanto a creencias espirituales que subyacen a ceremonias, ritos, bailes, cantos, máscaras y pinturas sacro-corporales, que las manifiestan. Es seguro que esta alianza religiosidad con prácticas culturales con sentido estético, recién empezó a resquebrajarse con los maestros de la Era Axial en la Grecia clásica (Capítulos 10 y 11). Digo empezó, porque sus tragedias, que aún admiramos, continuaban representándose de manera tradicional durante los días que recordaban al Dios Dionisio y el Partenón, maravilla de la Arquitectura y la Escultura que se construyó en honor de la diosa Atenea. También templos y esculturas de incomparable calidad artística seguían representando dioses y mitos sagrados. Lo novedoso de Platón es que independizó su noción de Belleza, como idea eterna, de los avatares divinos. Esta separación tuvo efectos ciertamente parciales en el arte románico, que tanto en la República como el Imperio esculpía dioses y erigía templos tan notables como el Panteón. Reapareció en Occidente durante la Edad Media en la que Arte y la Religión volvieron a asociarse. Sostengo que en el Renacimiento la separación arte-religiosidad fue muy incompleta porque, aunque entonces hubo obras de arte completamente seculares en arquitectura, escultura y pintura, y era claro el valor estético que se les atribuía, la mayoría de las obras tenía contenidos cristianos.

Pero, qué pasaba entretanto en Medio Oriente a partir de la aparición de las primeras civilizaciones en cuanto a la relación Arte-Religión. En Sumeria y las demás culturas Mesopotámicas hubo una mezcla. Los palacios reales y el amurallamiento de las ciudades eran seculares. Pero la multitud de templos y los zigurats eran manifestaciones religiosas. Esto en cuanto a arquitectura con valor estético. Las leyendas escritas (Gilgamesh y los viajes de Inanna al inframundo) eran completamente mitológicas y con alto valor literario. En Egipto todas las esculturas y la Arquitectura, (sin duda sus artes principales) eran dedicadas con pocas excepciones a los dioses o al Faraón que también era un dios. Pirámides, templos y sepulturas eran formas de honrar dioses y faraones, generalmente de alto valor estético (a los ojos de quienes viven en el siglo 21). En Israel su más importante monumento, el Templo de Salomón contenía el Santa-Sanctórum con el arco de la alianza que los comunicaba directamente con Yahvé. En la India sus más bellos monumentos están dedicados a algunos de sus múltiples dioses. En el Asia Sur-Oriental sus monumentos con mayor valor estético son figuras de Buda y pagodas que representan su pensamiento. En China Imperial la situación es distinta. Hay templos, pagodas y construcciones con fines religiosos, pero la mayoría son ciertamente seculares.

Para terminar este recorrido arte-religiosidad una breve referencia al Barroco Occidental que resume las ideas que estoy presentando. El estilo barroco, que puede aplicarse a diferentes artes, desde la arquitectura y la pintura a la música y la ornamentación de palacios y templos, fue una modificación importante de las concepciones artísticas del Renacimiento. Fue un movimiento tan profundo y revolucionario que críticos posteriores de la época del clasicismo lo llamaron "barroco" palabra que en realidad significa absurdo o grotesco. Los cambios en los estilos en el arte tienen, como la evolución de la cultura en general, diferentes orígenes, pero en el caso del barroco la presión del catolicismo romano tuvo una participación considerable, tanto en su origen como en su difusión por toda Europa Occidental, especialmente, pero no sólo, en los países donde el catolicismo era predominante. El estilo barroco en las artes apareció en la ciudad de Roma, por entonces el centro del arte europeo al que viajaban para conocer escuelas y técnicas artísticas, maestros de toda Europa, aún de países protestantes. Para nuestras discusiones en torno a las relaciones entre arte, religión y cultura, vale la pena mirar más de cerca las razones del catolicismo para adoptar el barroco, como una de sus banderas de lucha contra la religiosidad protestante que con fuerza se extendía por Europa.

En el Concilio de Trento, llamado apropiadamente de la "Contrarreforma", entre sus muchos acuerdos hubo uno muy importante para la historia del arte. Los lugares sagrados y las prácticas rituales deben contener variados elementos sensibles, que, a través de su percepción, iluminen a los fieles sobre las verdades que transmite (en la versión católica, claro está) el evangelio de Cristo nuestro Señor. Esta disposición no era para nada revolucionaria puesto que imágenes, estatuas, vitrales y otros elementos sensibles, es decir artísticos, estaban presentes en lugares de culto desde el desarrollo del cristianismo en los finales del Imperio Romano, la Edad Media y el Renacimiento. Sin embargo, esta disposición del Concilio tenía un sentido teológico novedoso. Por una parte, acentuaba sus diferencias con el protestantismo que, como sabemos, había eliminado de los templos y cualquier otro lugar de culto, pinturas en paredes, (los frescos de Giotto, por ejemplo), cuadros, estatuas o figuras sagradas, vitrales, adornos, y trajes simples o ricamente adornados de ministros y obispos. El único elemento sensible que se mantenía en los templos protestantes fue la música. Decisión muy afortunada para los amantes actuales de las composiciones de Bach y otros maestros protestantes. Esta decisión conciliar de incrementar los elementos sensibles en recintos y ritos fue crucial para la aparición y extensión del estilo Barroco. Éste, como sabemos, es notablemente proclive a llegar a todos los espacios de paredes, techos y pisos con pinturas y figuras y demás ornamentos, en templos y palacios. Se dice que el barroco "tiene horror al vacío".

El impulso de la religión católica al Arte, particularmente del Papa (en cuanto Obispo de Roma) en esa ciudad, fue muy concreta y práctica. La mayoría de los grandes artistas más originales del barroco inicial produjeron sus obras maestras en Roma y por encargo del papado, o de algunas congregaciones que naturalmente se asentaban allí. Por ejemplo, en Arquitectura la primera edificación claramente barroca fue la Iglesia del Jesús, de los jesuitas (bastión de la contrarreforma) de una novedad impresionante en el diseño interior, la fachada y los ornamentos. A esta iglesia siguió una serie de encargos de sucesivos papas a artistas tan importantes en Arquitectura y Escultura como G.L. Bernini y su amigo/ enemigo F. Borromini que trabajaron en la terminación de San Pedro tanto en el exterior (óvalo de columnas de la Plaza de San Pedro y sus múltiples estatuas), y el asombroso baldaquino de su interior. Caravaggio, probablemente el más grande pintor barroco, trabajó prácticamente siempre con encargos de iglesias, congregaciones o el Papa. En la música compositores y ejecutantes fueron también empleados de organizaciones religiosas, aunque éstas de alguna manera eran más independientes. El caso de Vivaldi es notable. La mayoría de sus conciertos los compuso mientras era empleado del Hospital de la Pietá en Venecia. El efecto sobre el arte (barroco en este caso) de las concepciones teológicas y de las iniciativas eclesiásticas fue espectacular no solo en Roma sino en otros lugares de Europa, donde el barroco rápidamente se extendió, aún en países protestantes. En Holanda del siglo 17, imperio comercial protestante, Rembrandt no era católico, pero Rubens sí lo era. Del mismo modo la Catedral de San Pablo, de Cristopher Wren, que sin duda es una maravilla arquitectónica barroca, es de rito anglicano.

Hace algunos años debí visitar Alemania por varias semanas y pude recorrer tanto iglesias protestantes, en el norte, como iglesias barrocas en Bavaria católica. La diferencia estética de unas con otras me resultó pasmosa. Las protestantes son templos prácticamente vacíos, sin adornos, grisáceos, hieráticos, solemnes. Las barrocas del sur, amplias, luminosas, paredes blancas llenas de cuadros y figuras doradas, de alguna manera alegres. En ambos lugares durante los servicios o en conciertos tocaban a Bach en magníficos órganos. Hace poco visité Dresden, reconstruido, con sus magníficas iglesias, palacios y jardines, en el más puro barroco alemán.

Por supuesto, este relato, no es un aporte a la historia del arte. El barroco es un ejemplo muy señero de algunas hipótesis planteadas en este apartado sobre las relaciones del arte con la religiosidad y la cultura, cuestiones que se pueden precisar mejor a partir de este singular ejemplo: 1. Las Artes, con frecuencia, no tienen como función exclusiva provocar el placer estético en observadores y públicos; 2. La función adicional (y en ciertos períodos histórico-culturales, la principal) es producir o estimular en las audiencias intuiciones, sentimientos y ciertas formas de pensar que no son propiamente "estéticas"; 3. A pesar que el objetivo principal de la producción artística no sea inducir placeres estéticos, la calidad de la obra de arte debe ser estéticamente superior para lograr el impacto intuitivo emocional que busca producir en las audiencias. Caravaggio debió ser un artista estéticamente superior para transmitir, podríamos decir con naturalidad el horror del sufrimiento de Cristo, 4. De esta manera en las artes se conjugan su indispensable valor estético formal, con un mensaje más profundo, pero expresable sólo a través de las simbologías del arte superior; 5. La necesidad de expresar verdades indecibles en otros lenguajes hace que arte y religiosidad tengan un vínculo fuerte y fundamental. Por supuesto, el arte puede también expresar otros mensajes difíciles de traducir con propiedad por el lenguaje hablado. El sufrimiento, el amor, el desamparo, el orgullo, etc. Se trata en general de emociones que no son cosas, sino sentimientos, difíciles de comunicar; 6. Las religiones descubrieron muy temprano, como hemos visto, esta capacidad del buen arte de expresar con sus diferentes simbologías sentimientos e ideas religiosas indecibles por un lenguaje propositivo y regulado por las lógicas de la gramática y sintaxis. Los caminos del lenguaje para decir lo indecible son la poesía y los mitos; 7. Pero claro, las religiones y las artes son parte de la Cultura, y las nuevas percepciones y estilos del Barroco, surgieron de una cantidad de condiciones socio-culturales e históricas. Lo que el Concilio de Trento inició fue el aprovechamiento de estas novedades para transmitir su mensaje y diferenciarse sensorialmente de las Iglesias reformadas.

1. La multiplicidad de las Artes

La evidente diversidad de las Artes genera varios problemas de interpretación cuando se intenta estudiarlas como una unidad hasta cierto punto homogénea. Por su parte, las interpretaciones ocurren en tan distintos ámbitos disciplinarios como el epistemológico, el histórico, las teorías de las artes, la crítica estética o la Neuropsicología, para mencionar sólo algunos de ellos. Es frecuente que en los textos de Historia del Arte se mencionen con más rigor y extensión sólo algunas de sus variedades, como pintura y música y se dejen de lado, por ejemplo, danza y teatro que a su vez se tratan en otros textos, separados. Existen sólo dos o tres "Enciclopedias de las Artes" que tratan el conjunto, claro que algo superficialmente. Hay buenos estudios de períodos del Arte: Románico, Renacimiento, Barroco, Modernismo, etc. También según culturas: Arte chino, musulmán, africano, etc. La pregunta epistemológica es constante. ¿Qué tienen de común desde el punto de vista del conocimiento, la literatura con la arquitectura o la danza con la pintura? Los críticos de arte que se preocupan de los aspectos estéticos de las artes deben especializarse porque no hay forma de considerar con los mismos criterios estéticos la opera con la escultura. Desde esta multiplicidad de enfoques la neuropsicología, que es la disciplina principal en este libro, enfrenta problemas similares. ¿Qué unidad o unidades de procesamientos existen en el cerebro humano que permitan sostener que la mente de los artistas (o las audiencias) perciben y conciben de un modo similar las estatuas de Rodin, las comedias de Molière o las óperas de Wagner?

En este contexto de diversidad sostener que una idea tan abstracta como la belleza de Platón puede abrir un camino a la comprensión de las artes, es ilusoria. A lo más, se puede argumentar que cada obra maestra manifiesta como valor estético algo que podemos llamar belleza. Pero este argumento incorpora una nueva dificultad, pues cabe preguntar cómo se compara la belleza de una fuga de Bach, con la belleza de la Sagrada Familia de Gaudí en Barcelona, o para hacer este tópico aún más complejo, cómo se pudieran comparar estas bellezas con la belleza de un paisaje en una puesta de sol. Un principio hipotético de solución de este incordio, es considerar, a lo menos desde el punto de vista mental, que el producto que llamamos belleza (en el Arte) representa la perfección técnica de la ejecución de la obra maestra, y la perfección simbólica para expresar el mensaje que la obra representa, pero dentro de cada uno de los diferentes dominios del Arte. De ser esta hipótesis plausible, para explorarla más a fondo debemos partir definiendo mejor a qué llamamos dominios del Arte, desde el punto de vista del artista y de sus audiencias.

1.1. Dominios del Arte

La clasificación más corriente de las Artes apunta a los medios que cada una usa para expresar. Los medios son el vehículo de comunicación de las obras de Arte. Así encontramos unas artes visuales, artes auditivas, artes del lenguaje, de la representación, de la cognición motora (danza) y muchísimas artes mixtas. Me parece que este modo de catalogar las Artes es, desde una perspectiva neuropsicológica prometedora, pero absolutamente insuficiente. La visión, la audición y el habla (verbal o escrita) como debiera llamarse por las consideraciones que siguen, representan por decir así, los aspectos externos, perceptivos del arte y dejan de lado los muchos más importantes procesos asociativos multimodales, y sobre todo, las asociaciones supra modales, la cognición motora y los sistemas de control prefrontales que con toda seguridad participan en los complejos sistemas de procesamiento, los que hacen posible entender o producir mensajes simbólicos de alto nivel como son los que transmiten las artes. La belleza de una flor no resulta de su visión, se origina en los mecanismos neuropsicológicos superiores que conocen el mundo y le atribuyen cualidades.

Por otra parte, es evidente que estas clasificaciones consideran mucho mejor la perspectiva del observador, que la del creador de la obra de arte. Tampoco la del ejecutante. El creador usará disposiciones mentales muy probablemente distintas a las de su público: imaginación para diseñar una escultura o una sinfonía, cognición motora para esculpir o probar en el piano las melodías que incorpore en su composición sinfónica. Obviamente estos son ejemplos sencillos de la multitud de disposiciones mentales que en realidad pone en juego el creador de una obra de arte. Algo similar ocurre con los ejecutantes de la obra. La fina motricidad que necesita usar, por ejemplo, un violinista, un bailarín o un actor, son absolutamente distintas a la visión y/o audición del observador. Aun las activaciones de estas capacidades neuropsicológicas no dan cuenta cabal de todas las disposiciones mentales que necesita usar un creador, y en un rango menor, un ejecutante. De qué manera interviene la intencionalidad, condición clave para decidir conductas, en este caso relativas a la obra de arte, y cuáles son los objetivos que el autor desea (o necesita) lograr para producir los simbolismos que impregnan y transmiten las obras. Estas consideraciones indican, en mi opinión, que una obra de arte no es simplemente un modo sensorial o perceptivo de construir y transmitir mensajes y significados simbólicos. Aun el propio término mensaje resulta de algún modo inadecuado para designar aquéllos que transmite el arte. Como decía más arriba, el concepto mensaje es más propio de la comunicación verbal propositiva racional, que por otra parte no está necesariamente presente en la Literatura como Arte. Si lo está en el lenguaje que debe usarse en ensayos, propuestas filosóficas y comunicaciones científicas, como se verá en el próximo capítulo. En todo caso, y a pesar de esa dificultad usaré la palabra mensaje en el preciso sentido de mensaje simbólico.

De este modo para estudiar la Neuropsicología del Arte deberíamos ver tres perspectivas distintas, pero absolutamente relacionadas. a) Los dominios sensorio o motores (visión, audición, habla, actuación y/o cognición motora) que la obra usa; b) Las intenciones que fundamentan los mensajes simbólicos de las obras de arte y los objetivos estéticos que el autor desea alcanzar y que la audiencia podría percibir. De las dos últimas perspectivas algo dijimos cuando estudiamos la relación Arte Religión o más propiamente la intencionalidad de artistas, observadores y mecenas de acuerdo a la religiosidad de sus mentes. Estas perspectivas se volverán a mirar cuando estudiemos con más detención, al final del capítulo la neuropsicología del arte, esto es, cuáles predisposiciones cerebrales subyacen a los procesos mentales que se despliegan en el Arte. Entretanto miremos los dominios sensorio-motores que participan en la creación de las obras de arte y en su apreciación.

1.2. Dominios sensorio-motores

No tiene mayor interés un análisis de cada uno de los sistemas receptores de información en cuanto a su papel en la percepción de obras de arte. Mucho más importante que ver esta correspondencia, es considerar las diferencias que entre ellos existen porque nos dan algunas pistas sobre las disposiciones neuropsicológicas involucradas. Sin embargo, para realizar estas comparaciones, vale la pena sólo mencionar estas correspondencias entre las distintas artes y los diferentes sistemas sensoriales. La visión se utiliza en pintura, fotografía, cine mudo, artes escénicas, arquitectura y escultura. En estas dos últimas es, por una parte, visión unidimensional parcial. Es imposible ver simultáneamente las posiciones anteriores y posteriores de una escultura o las fachadas y demás elementos que constituyen cualquier edificio. La audición, aislada, sólo percibe la música. El lenguaje es soporte de la literatura, canto y artes escénicas. Por supuesto, desde el punto de vista de las facultades de la mente, el lenguaje no es un sistema sensorial, aunque la recepción de sonidos hablados es auditiva y la de los signos escritos es visual. Pero la literatura como arte que depende del lenguaje, tiene poco o nada que ver con visión o audición. El olfato y el gusto sólo procesan artesanías (perfumería y gastronomía), el tacto y la cenestesia , que procesan sensaciones, estados y posiciones del cuerpo no actúan directamente en un Arte mayor, pero al complementarse con la visión, en los sistemas asociativos del cerebro, la "qualia" que ellos generan hace posible percibir visualmente, la "textura" de una tela pintada por Ticiano, o la "ondulación y pliegues" del mármol en la Venus de Milo, o las habilidades motoras desplegadas en la danza y por actores de otras artes de la representación. A este tipo asociativo de funcionamiento cerebral volveremos al estudiar la Neuropsicología de las Artes.

Estos mix son extendidos en la artes escénicas. El teatro reúne visión, audición, lenguaje, actuación (cognición motora), igual que el cine moderno. Las diferencias en este caso son tecnológicas. Baile y danza, audición (música), visión y cognición motora (cenestesia). Canto y coros, audición y lenguaje. Por otro lado, la ópera (el "arte total" de Wagner) coordina visión, audición, diseño (vestiduras, Arquitectura, y escenarios) y lenguaje. En las artesanías, separadas de las Artes mayores recién en el siglo 18, también hay diferentes tipos de mix, pero en ellas predomina la cognición motora (habilidades mentales y corporales para hacer cosas), lo que también ocurre con la escultura y en la pintura. La arquitectura es diferente. Los arquitectos diseñan (y a veces calculan) pero nunca trabajan con sus manos como los escultores. Este breve repaso a las aptitudes sensorio-motoras y lingüísticas que subyacen a las diferentes artes, nos prepara para ver más de cerca sus diferencias, no sólo en los estilos y simbologías que las configuran, sino también, en los procesos mentales en que se sustentan.

La primera diferencia que se puede establecer es entre las artes que utilizan el lenguaje como soporte único (literatura), o asociado a música (canto), o a actuación (teatro), etc. Lo que ocurre es que el lenguaje es, en sí mismo, un sustento que usa símbolos tanto para denominar objetos, eventos, personas (semántica) como para dar sentido a frases, proposiciones y textos complejos en los que, como vimos en el Capítulo 2, intervienen gramática y sintaxis (de segundo nivel). Las capacidades expresivas (y comprensivas) son muy distintas entre las artes que usan lenguaje y las que no se expresan por este medio. La semántica es, como sabemos, una relación palabra objeto, casi enteramente arbitraria, con lo que se constituye como un producto cultural basado en la capacidad del cerebro humano de hacer la correlación formal objeto-sonido, y aprender el contenido (cultural) de tal correlación. Como vimos hay hipótesis neurológicas que sostienen que al menos en ciertos casos se puede encontrar una correlación entre la estructura cognitivo-motora de la palabra con su significado. Recordemos que a las cosas muy pequeñas en español las llamamos "chiquititas" y que a las de mayor tamaño "enorme", "inmensas". Del mismo modo, a lo que emite bastante luz lo llamamos "luminoso" o "brillante", y a los que no lo hacen "negros", "oscuros", "grises".

Esta relación hipotética entre los sonidos que produce el aparato fonador (estructura cognitivo-motora) con el significado de las palabras, tiene una señalada importancia en las artes que usan lenguaje, de lo cual ahora mencionaré sólo algunos ejemplos: a) ¿Por qué en la ópera cuando el cantante expresa sentimientos profundos usa palabras como congoja, tristeza, pena en tonos bajos y oscuros?, b) ¿Por qué la mayoría de los poetas busca y elige palabras cuya "sonoridad" sea acorde con los significados que se quieren expresar, y que tengan la estructura cognitivo-motora que corresponde a tal noción o sentimiento? Como veremos luego cuando tratemos la evolución de las artes, muchos poetas modernos publican poesías casi ininteligibles desde un punto de vista de un lenguaje puramente denotativo, pero sostienen que el significado está en el sonido de las palabras que usan y su organización espacial en el poema. Un ejemplo cercano es el "creacionismo" de Vicente Huidobro. También, pero en un sentido mucho más sutil en la Antipoesía de Nicanor Parra.

Obviamente, las artes que usan el lenguaje tienen muchas otras posibilidades. En el capítulo 2, calificamos de "maravillosa" la casi infinita capacidad del lenguaje maduro (semántico y gramatical-sintáctico) de expresar casi cualquier característica del Universo o de la propia mente, en cualquier tiempo (pasado, futuro), en cualquier estado (seguro, hipotético, probable), o aquello que supone en la mente de los demás, según sus discursos. Claro que esta última que en el Capítulo 3 llamamos Teoría de la Mente, usa otros artilugios neuropsicológicos como gestualidad, tonalidades de la voz, expresiones faciales, etc. En un segundo volveremos a la Teoría de la Mente. Sin embargo, el lenguaje no expresa bien alguno contenido de los estados mentales que denota. Decir "tengo pena" o "estoy alegre" no comunica a otros con exactitud este estado de ánimo, aunque la palabra "pena", (cerrado y oscuro) y la palabra "alegría" (abierto y brillante) tienen una estructura cognitivo-motora que se corresponden con los sentimientos que expresan. Sin embargo, suele acompañarse de cambios faciales, actitudes corporales, posiciones de los ojos, tonos de la voz. Todos somos capaces de reconocer pena o alegría en los otros sin necesidad de expresar con palabras el estado de ánimo. Estas formas de expresión de estados mentales, o de inducir tales estados, es el campo de acción de todas las artes que no usan el lenguaje.

Las obras de Arte existen y se despliegan en un determinado tiempo y/o en ciertos espacios. Como estas dos condiciones están muy relacionadas a las obras concretas, las veremos en conjunto. Prácticamente todas las artes que usan lenguaje transcurren en un cierto tiempo. También la música y sus distintos mix (baile y danza, por ejemplo). El espacio en que se desarrollan estas artes, puede ser variable. Los actos en opera y teatro cambian sus escenarios en el tiempo en que transcurren, con ropajes, iluminación y diseños, que representan diferentes espacios y tiempos. Las artes que no dependen del tiempo para expresar su mensaje estético, tampoco varían el espacio en que se despliegan. Claro que el observador de una escultura camina a su alrededor para mirarla de distintos ángulos, igual que el que desea conocer mejor una obra arquitectónica. Las pinturas, salvo que sean muy extendidas se aprecian sin grandes desplazamientos y en más breves instantes. A partir del Siglo 19, con la aparición de folletines semanales o mensuales, el tiempo indispensable para apreciar una obra literaria se hizo mucho más largo, cosa que también ha ocurrido con las series televisivas y de Netflix.

Esta dependencia espacio temporal de las Artes que se expresan a través del lenguaje, la música y escenarios cambiantes, es crítico. Para entender su Neuropsicología, esto es, los atributos mentales que para estas Artes operan, por decir así, de modo exclusivo. Se trata, como el lector a estas alturas debe sospechar, de las memorias y los aprendizajes (Capítulo 1). Pero no a las memorias corrientes que también funcionan en Artes plásticas y en Arquitectura, en las cuales el observador y el artista recuerdan otros cuadros para comparar estilos, coloridos, diseños, etc., y lo que se sabe del pintor, su biografía, la escuela a la que pertenece, etc., etc. Estas operaciones de las memorias y los aprendizajes que, ciertamente, también existen en las Artes que dependen del espacio-tiempo, son diferentes a las que como decía son exclusivas del lenguaje y la música, que se despliegan en el tiempo. Las memorias que estas Artes utilizan son parte de la estructura funcional de la mente, que debe expresar o entender un lenguaje o un trozo musical. Desde un punto de vista neuropsicológico ambos procesos son distintos. Los que permiten comprender el contenido semántico de un lenguaje que se escucha (o lee) deben articular en un breve tiempo el flujo de palabras que aisladas no tienen significado artístico o propositivo. Entender una melodía a partir de notas musicales también necesita articular el flujo de sonidos ya que aislados no tienen significado. Sin embargo, éstos son modos distintos de procesar sonidos, ya que la comprensión lingüística se procesa en el temporal izquierdo y la comprensión musical también en el lóbulo temporal, pero derecho. Por supuesto las memorias que cada uno de estos procesamientos requiere son también distintas. No es seguro si las artes escénicas (opera, teatro, etc.) tienen por su parte procesamientos diferenciados pues incluyen siempre lenguaje a veces música (ópera). Sin embargo, tienen un innegable contenido visual que no existe en la literatura o en la música. En todo caso, para seguir una trama literaria que se desenvuelve en el tiempo es necesario activar la memoria semántica que vimos en los capítulos 1 y 2 de este libro. En cuanto a la memoria musical, ella opera de modo similar a la semántica esto es en dos fases. En la primera, el cerebro debe archivar las notas recién percibidas y mantener estrechamente su ilación precisa con lo que reconoce la existencia de una melodía. En una segunda fase, debe conjugar y recordar las diferentes melodías, los diferentes tiempos, calidades sonoras, percibir las estructuras musicales en las que todos estos elementos (y varios otros) se organizan. Además, debe asociar estos conjuntos con emociones, sentimientos y demás atributos que esa particular obra musical transmite. Esto no es muy distinto en la literatura. La primera fase la llamamos en el Capítulo 2 "semántica superficial". La segunda "semántica profunda".

2. Las evoluciones de las Artes

Este es un tema que me parece indispensable tratar porque puede dar información sobre la manera en que han cambiado las sensibilidades estéticas en el curso de la Historia. En este sentido el supuesto más plausible es que estas modificaciones son correlacionadas con variaciones de las mentalidades que las procesan. Desde este punto de vista parece necesario considerar en qué sentido evolucionan las "intenciones" en la mente de los artistas al momento de diseñar y ejecutar sus obras. Estas "intencionalidades estéticas" pueden inscribirse en tres ámbitos diferentes: 1. Las que intentan representar la realidad del mundo con la mayor fidelidad posible. Entre estos "realistas" hay algunas variaciones. Hay quienes creen que la realidad no es sólo aquello que los sistemas sensoriales perciben, y tratan de representar cualidades objetivas (del mundo) que de algún modo están escondidas. Esto es palpable en los retratos en los que interesa mostrar no sólo las características de las cosas, sino las cualidades del carácter. 2. Las que no intentan "copiar" características del mundo, sino manifestar en su obra las ideas, sensaciones y emociones que la realidad en ellos provee, con lo que enfrentan la difícil tarea de comunicar a espectadores y audiencias lo que está en el interior de su mente. 3. Por último, están los artistas (y las obras que producen), que prefieren "simbolizar" a través de distintos "signos" (metáforas, analogías, etc.) tanto la realidad allá afuera, como sus reacciones internas a ella. Estas intencionalidades se traducen en obras de Arte que pueden pertenecer a estos tres propósitos: 1. Representar, 2. Expresar. 3. Simbolizar. Las artes evolucionan según la preponderancia de estos propósitos (o ideas) estéticos.

Esta noción de ideas o propósitos estéticos que direccionan las obras de los creadores, de acuerdo a sus intenciones (representar, expresar, simbolizar) es completamente distinta, a la otra manera de direccionar el trabajo de los artistas. Me refiero a la presencia de objetivos no propiamente estéticos. El pensamiento llamado "formalista" que sostiene que las obras de Arte se degradan cuando intentan, por ejemplo, transmitir contenidos que reflejan intencionalidades políticas, religiosas, morales, de mejoramiento social o de cualquier otro ámbito que no sea propiamente estético. Los formalistas acuñaron la frase "el Arte por el Arte", que tiene ciertas raíces conceptuales históricamente mucho más antiguas que ellos mismos. El "Arte por el Arte" piensa en una estética que puede no ser bella pero que, como en los trabajos de Marcel Duchamp, representan una visión de la estética completamente aceptable. En todo caso, es paradójico que estas reflexiones no artísticas sobre los propósitos del arte, sean de alguna manera impulsoras del llamado arte moderno, o quizás mejor, el resultado teórico de ciertos análisis sobre trabajos de artistas modernos En algunos casos prácticas y teorías artísticas han convivido en la mente de algunos creadores. René Magritte sostenía que cualquier cosa que se pudiera "enmarcar" adquiere una categoría estética con lo cual se transforma en arte. Claro que no todos los teóricos que además producían obras, eran Duchamp o Magritte. La mayoría de las obras de los Dadá son completamente desechables.

Esta discusión sobre los formalistas nos ha traído de lleno a los mecanismos no estéticos pero decisivos en la evolución de las artes. Si pensamos, cómo haríamos con cualquier rasgo evolutivo (natural, cultural o artístico) debemos preguntarnos qué cambios ambientales indujeron la aparición de ciertas propuestas estéticas, en el tiempo en que ellas ocurrieron. Por supuesto ya conocemos la relación entre religiosidad y evolución del arte. Del mismo modo, cuando pensamos en Arte moderno es necesario mirar el mundo en el siglo 20. La principal razón de variaciones de la mentalidad de artistas y humanos corrientes en Europa, Estados Unidos, China, Japón, etc. fueron, de acuerdo a los historiadores del arte, las dos Guerras Mundiales que en realidad pueden considerarse, sólo como una, dado que entre ambas ocurrieron cambios políticos y económicos enormes, producto de la Primera Guerra, pero antecedente casi obligatorio para entender la Segunda. En política cayeron tres imperios (Alemán, Austro-Húngaro y Ruso) y los otros dos (Británico y Francés), cayeron después de la Segunda Guerra. Los tres imperios, transformados en repúblicas dieron origen a las más sangrientas dictaduras de la historia humana: nazistas y comunistas, a la que se agregó la fascista en Italia y la Revolución Española (1 millón de muertos en 3 años) con la subsiguiente dictadura de Franco. Desde el punto de vista económico, el período entre guerras fue calamitoso. Inflación y pobreza en la República de Weimar (Alemania), la Gran Depresión en Estados Unidos, con efectos mundiales también en Europa, Las hambrunas en la Unión Soviética con dos o tres millones de campesinos muertos de hambre o por razones políticas. La sangrienta invasión de Japón a China, Corea y luego a Asia Suroriental. Como resultado de su derrota el Imperio Japonés se desplomó, mientras China por su parte, se transformó en república con guerra civil al término de la Segunda Guerra Mundial, con la victoria del comunismo y la consiguiente dictadura de Mao, y de Pol-Pop en Laos. Todo esto sin considerar las guerras de Corea y Viet-Nam. A las destrucciones, muertos y heridos producidos durante las guerras, se agregó la gripe española que mató, dos años después de la Primera Guerra, a casi 15 millones de personas en Europa.

Por supuesto, estos acontecimientos, verdaderamente terribles, indujeron cambios en la mente de quienes vivían en estos ambientes políticos, económicos y morales. Sin embargo, para nuestros argumentos consideremos especialmente a los europeos, y entre ellos, a los artistas y los teóricos del arte. En esos tiempos nada era estable, todo era inseguro, las dificultades para comer o vestirse o para simplemente vivir, eran permanentes. Las dictaduras agregaban a esta desolación, miedo a ser denunciado, torturado o muerto. Desconfianza profunda en amigos y familiares. Incertidumbre por el futuro, no sólo personal, sino también de los sistemas económicos, que se temía fueran incapaces de resolver los problemas de la vida diaria: trabajo, comida, seguridad.

En estas circunstancias los artistas que vivieron estos tiempos, sea como víctimas directas con daños secundarios o menores, tomaron varios caminos: 1) El de los formalistas del Arte por el Arte, que evitaban cualquier mención de los aspectos de un mundo en el que cualquier propósito (social, económico, religioso, político, etc.) era incierto, dudoso o derechamente detestable. No había razones o deseos para incorporar cualquiera manifestación de este mundo en las obras de arte. En este punto es interesante recordar que todos los teóricos del formalismo y muchos artistas, observaban con desazón el atroz estado del mundo. Pocos los vivieron porque residían en lugares en los que las atrocidades eran escasas. Suiza donde nació el Dada, Estados Unidos que tuvo la gran depresión, pero no dictaduras, hambrunas o temores, y París que, a pesar de la destrucción de la primera guerra, en el este de Francia, no tenía dictaduras, ni hambrunas, había trabajo, etc. por los pagos alemanes acordados en Versalles, 2) Los artistas que vivieron y sufrieron hambres y muertes, lo denunciaron. En Alemania y Austria usaron el expresionismo en la pintura y en el teatro (Brecht). Este arte expresionista había nacido con Van Gogh unos 20 años antes de la guerra, y muy poco después, en Viena no intentaba representar el mundo como él es, "propósito de los artistas clásicos", ni representar cómo efectivamente él lo ve, como deseaban mostrarlo los impresionistas, sino cómo se siente, cómo impacta en las percepciones, en las emociones. El expresionismo de Van Gogh fue mostrar cómo experimentó en sí mismo las cosas sencillas: flores, iglesias de noche, campos espigados. El expresionismo de los tiempos difíciles fue algo distinto. Quería mostrar los horrores de la guerra, de las devastaciones, de las persecuciones. Esto en Alemania, Austria y la Unión de Repúblicas Socialistas Soviéticas, y en otros países que tenían expresionistas maestros desde antes de la guerra (Holberg, Beckmann, Munch, Schiele, Klee, Die Brucke, Kichner, Kandinsky), que habían generado una notable tradición estilística; 3) También hubo en este período artistas que no vivieron sus horrores y a los que tampoco les importaba demasiado, ellos trabajaban para acomodar sus propuestas a otros cambios ambientales. Los surrealistas intentaron simbolizar en sus cuadros lo que significaban las ideas psicoanalíticas sobre el inconsciente y los sueños. Los cubistas interesados en los avances de la física y, al mismo tiempo, en el arte tribal africano, intentaron representar el mundo físico, volúmenes y fuerza, más que la realidad natural, que aunque deformada, era parte de sus obras. Un ejemplo magnífico de esta fuerza es Guernica de Picasso que representa los horrores de la guerra, con objetos y figuras reales pero amalgamados con un equilibrio notable, con volúmenes y tensiones.

Este ultra resumido y parcial análisis de la evolución del arte moderno, en un período muy definido del entorno en el que los artistas trabajaban, muestra varios aspectos importantes para la neuropsicología del arte. 1) El Arte evoluciona por adaptaciones, que significan innovaciones de estilo, a propósito de cambios medio ambientales importantes. Los cambios pueden ser sociopolíticos, económicos, culturales. También por influencia de otros artistas; 2) Las variaciones en los objetivos y mensajes artísticos, no son iguales en las distintas "especies" artísticas (tradiciones, tendencias, escuelas, grupos o individuos); 3) Las adaptaciones diferenciales dependen de: a) La intensidad con la cual las diferentes especies vivían los cambios del entorno. Los que sufrieron las guerras y sus consecuencias (hambrunas, muertes, etc.), y los que sólo las observaron, aunque para estos últimos el mero saber lo que estaba ocurriendo debió ser un impacto mental muy considerable; b) La fuerza de sus tradiciones artísticas originales. Por ejemplo, las especies que ya eran cubistas, y encontraban que este camino era para ellos el más satisfactorio para desarrollar sus artes, se mantuvieron en él. Los que pertenecían a otras tradiciones artísticas, a las que adherían con menos fuerza, presos de la desesperanza aprendida, abrazaron el formalismo, c) Las adaptaciones operaron sobre algunos (o todos) los tres rasgos que componen la estructura epistemológica de las artes: representación, expresión, simbolización.

En algunos, predominó la línea representacional modificada (cubistas, fauvistas). En otros, el expresionismo que después se hizo abstracto, con Rothko, Jackson Pollock, por ejemplo. En los surrealistas su línea epistemológica fue el simbolismo. 4) Cuando los cambios del entorno se estabilizan, pero con un carácter distinto al existente antes de la gran conflagración, esto es en la segunda mitad del siglo 20, predominan los estilos y rasgos artísticos que mejor se adaptan a la nueva situación. Uno pensaría que dados los efectos tecnológicos de la Ciencia moderna, el declive de la religiosidad, el auge del consumismo y el veloz cambio cultural, habrá (o mejor dicho hay) una escisión entre el arte popular (pop art), comprensible para las nuevas y gigantescas audiencias posibles, por los nuevos sistemas de comunicación (TV, internet, etc.) y el arte más simbólico, preferido por las minorías intelectuales. Esta escisión fue muy parcial. El pop art llegó a las exposiciones y los museos con Roy Lichtenstein y sobre todo con Andy Warhol. Claro que el antiguo placer estético será difícil de alcanzar por los intelectuales porque pintura, música, escultura, instalaciones y la ópera, resultan cada vez más incomprensibles, aún por las clases más cultivadas.

3. Los modos de manifestación artística

He indicado que los artistas en sus obras se comunican con sus audiencias de tres maneras predominantes: La representación, la expresividad y las simbólicas. Es a través de estos rasgos que el artista puede introducir distintos cambios en la construcción de su obra, y así hacer evolucionar su arte. También he dicho en pocas palabras, que la vía representacional intenta describir la realidad como ésta realmente es, que la vía expresiva da cuenta, comunica las intuiciones y las respuestas emocionales a la realidad, y que la vía simbólica es la manera de comunicar tanto lo que se ve y oye o lo que se siente a través de signos que, significando la cosa real, no son la misma cosa o el mismo sentimiento que comunica. Por lo demás, esto no es extraño. El lenguaje hablado simboliza las cosas o emociones a través de palabras y frases, que por cierto no son iguales a lo que se quiere representar. Es claro que esta manera sintética de exponer esta tríada epistemológica simplifica en exceso sus complejidades y las interacciones que entre ellas ocurren. Además, sólo considera la mente y la obra del artista y no se hace cargo de la receptividad psicológica del público que percibe y eventualmente, el estímulo estético que su mente recibe. Así las cosas, me parece adecuado elaborar con más detalle este importante tópico, que pienso y he dicho, es vital para comprender la Neuropsicología del Arte.

3.1. La representación

Este es un tema muy investigado por la Neuropsicología porque pone sobre la mesa cuestiones importantes y difíciles sobre el modo en que funciona el cerebro para elaborar una versión consciente del mundo en que vive, actúa y necesita conocer. La manera como el cerebro construye estas múltiples realidades, fue analizada desde varias perspectivas, en la primera parte de este libro, pero la percepción y la cognición estética, agrega una dimensión adicional. Esta nueva dimensión se puede ejemplificar con un breve análisis de la palabra representar.

En Neurobiología representar significa construir una versión consciente de la realidad. En latín res, un prefijo que nace de res (cosa), y presentar es hacer presente (a la mente consciente) esta cosa. El prefijo res es de un uso amplio, se encuentra en república (cosa pública), realidad (cosa del mundo), reflexionar (ver lo que está en la mente). Pero el prefijo res también significa repetir, recabar (volver a insistir), rehabilitación (volver a ser hábil), reaccionar (volver a actuar), etc. Se puede sostener que en el arte representar significa presentar de nuevo. Este concepto es distinto al de la Neurobiología que se indica más arriba y en la cual la versión cerebral de la cosa real es la construida por el cerebro del sujeto que observa, y así es la primera versión. La versión del artista es la segunda, pues es el resultado de su cerebro.

El arte comunica a la mente consciente del público una versión repetida de la realidad, pero inexorablemente retocada, modificada porque es la que está en la mente del artista. El árbol que veo en mi ventana, es construido por mi cerebro. La pintura del mismo árbol es construida por el cerebro del artista que necesariamente es distinto al mío. Esta diferencia en los procesos mentales que participan en las dos formas de "representación" que acabamos de ver, tiene enorme importancia para entender tanto la producción, como la apreciación (por parte del público) de la obra de arte, en cualquiera de sus dominios, pero es más evidente en la pintura y en la escultura (artes visuales). Una cara, un paisaje, una naturaleza muerta pueden, eventualmente, ser conocidos directamente por alguien del público, como ocurre con un retrato en el que el observador puede comparar la cara que conoce (su propia versión) con la representación que de ella hizo el pintor.

En las demás artes es evidente que cuando son representativas, ellas muestran la construcción del cerebro del artista en una versión, entre muchas otras, de la realidad. Las tragedias de Shakespeare, muestran los celos (Otelo), la avaricia (Shylock), el amor (Romeo y Julieta) y varios otros sentimientos y pasiones humanas que el público conoce bien. Los modos específicos como ellas se despliegan en estas obras, no son directamente comparables con nada por la mente de los asistentes, excepto de un modo abstracto, esto por lo que simbolizan. Lo mismo ocurre con la música y demás artes no exclusivamente visuales. Lo que pasa es que las construcciones cerebrales son de enorme complejidad ya que en ellas participa una multitud de procesamientos asociativos cerebrales: intenciones, motivaciones (deseos, creencias y expectativas, emociones, razones) y, sobre todo, por la existencia de complejos "patrones" perceptivos, cognitivos, operacionales que construyen nuestras memorias y que condensan diversas asociaciones (Capítulo 1).

El árbol que veo por mi ventana, me recuerda a un ser querido, a otros árboles que he visto (memorias y emociones); tiene ramas y hojas excesivas (evaluación según patrón) debería podarlo (creencia, deseo, cognición motora), etc., etc. Con todo este aparataje neuropsicológico funcionando, mi simple percepción visual se completa, en el proceso de construir mi imagen del árbol, con muchos otros atributos que sólo a veces aparecen a la conciencia. La construcción del árbol por el artista tiene sus propias asociaciones, sólo propias, de él mismo, a la que se agrega para pintar, es decir actuar, otra multitud de factores: habilidades superiores (planear la pintura), cognición motora, actuar con las manos, técnicas de ejecución, elección de colores, etc., etc. La conclusión de todo esto es que la representación fiel de la realidad en una obra de arte es cercana a la imposibilidad. Sin embargo, este espacio entre el árbol real y el árbol pintado es en el que opera la calidad estética del artista. Consideremos el retrato que probablemente es la prueba de fuego del arte pictórico. Ningún gran maestro intentó una representación exacta de la cara o la figura que pinta. Se las arregla para representar el carácter, virtudes, defectos, estados de ánimo y demás de su modelo, de manera que el retrato insinúa, hace presente cualidades que no son propiamente visuales, pero que el maestro representa en una pintura que magistralmente usa la visión en sus representaciones. Volveremos a este punto más adelante. Aun la fotografía no es una reproducción exacta de la realidad. El artista elige, ángulos, sombras, estados especiales de cosas y personas, etc.

La capacidad de representación de las demás artes, casi no existe, con excepción, de la escultura. La danza, arquitectura y demás son prácticamente siempre constructos primero en el cerebro del artista y luego en las obras. Tomemos el caso de la música llamada programática, esto es que de alguna manera representa (o quiere representar), hechos, circunstancias o emociones. A este respecto, el eminente historiador del Arte E. Gombrich propone una prueba mental. Propongamos, dice él, a personas que no conocen nada de música clásica, que nos indiquen qué significa la música de *Le Mer* de Debussy. Él sostiene que la mayoría de la gente al oírla dirá cualquier cosa, pero no que se refiere al mar y sus oleajes y ruidos a distintas horas del día. Digamos entonces el título de la obra. La mayoría considerará que efectivamente representa bien el mar y sus cambios de oleajes. Es probable que lo mismo ocurra, digo yo, con obras musicales clásicamente programáticas, como la Pastoral de Beethoven, o 1812 de Tchaikovsky. Esta idea es muy interesante. Que el nombre de una obra ayude a (o a veces define) la intencionalidad programática representativa de una obra de arte, es una prueba del papel del lenguaje, a veces llamado recursividad, en la especificación mental de percepciones, emociones e ideas (estas últimas cuando se nombran, se llaman conceptos). Desde este punto de vista es consistente con el hecho que autores modernos abstractos denominan sus obras con la expresión "sin título" puesto que representan el Arte por el Arte, evitan cualquier referencia a las realidades que no sean sus mismas obras.

Por otra parte, y en el mismo sentido que las obras que se llaman "sin título" a veces cabe preguntarse cuál es la referencia que tienen en su mente algunos autores de obras de arte pictórico. Cumplen representaciones a veces ambiguas y misteriosas. Tomemos el ejemplo de Cezánne y averigüemos qué representaba la Mont Sainte-Victoire que pintó muchas veces, sin que a los ojos de los ingenuos que miraban estos cuadros haya entre ellos variaciones que parezcan significativas. Lo que ocurre es que lo que representaba Cezánne, en sus pinturas del Mont Sainte Victoire no era propiamente este monte. En sus escritos Cezánne sostiene que estas pinturas eran un tipo de experimento. No buscaba copiar las formas y colores del monte, y tampoco expresar sentimientos o simbolizar creencias o deseos. Su interés "experimental" era encontrar la relación más "adecuada" entre todos los componentes de la obra: colores, formas, distancias, figuras y perspectivas, etc. En cada una de sus versiones del Mont Sainte Victoire incluía variaciones que le acercaron a las relaciones más "adecuadas" entre los tan diversos componentes de la tela. Un crítico de Arte podría decir, como efectivamente en su tiempo escribían, que esta preocupación de nuestro artista era necesaria pero trivial. Se trataba de lo que desde la antigüedad se llamó "composición", es decir, el orden y relaciones que el artista asigna a los diferentes elementos que incorpora en sus obras. De hecho, la composición existe también en todas las demás artes, tanto las que son espaciales como las que se despliegan en el tiempo.

Un problema para un escritor de novelas es cómo ordenar los acontecimientos que relata, qué énfasis otorga y con qué extensión (número de palabras o frases) a circunstancias y personajes. Sin embargo, y mirado en retrospectiva lo que Cezánne llamaba ordenamiento adecuado, era un concepto de perfección, del límite superior al que podría llegar un trabajo artístico para llamarlo obra maestra. Las relaciones adecuadas son, diría él, las que le dan peso, solidez, equilibrio, permanencia, calidad a la obra. Esto naturalmente no era en la práctica de los artistas algo revolucionario. Intuitivamente todos los grandes maestros, de cualquier dominio del arte, han tenido presente y aplicado este modo de construir sus obras, con una composición "adecuada". Pensemos en genios de cualquier arte: Miguel Angel, Bach, Bernini, Shakespeare y algunos más. La revolución de la propuesta de Cezánne fue que el sistema de relación que se llamó composición "más adecuada" era el aspecto más decisivo, más importante, al que había que dedicar el mayor esfuerzo. Ni los colores, ni las formas, ni las perspectivas eran por sí mismas importantes en el mensaje estético. Lo decisivo, eran las formas de interrelacionar la complejidad de elementos que contiene una obra de arte. Son los sistemas de relaciones los que hacen memorable una obra de arte. Claro que el maestro debe ser capaz de producir cada uno de los elementos de su obra con excelencia.

La difusión de estas ideas (años después de la muerte de Cezánne) ha tenido efectos que podríamos llamar trascendentales en la evolución de las artes: a) Son el origen teórico-práctico del arte moderno no figurativo. La obra podría tener un significado estético sólo presentando a su público formas y colores adecuadamente relacionados (Mondrian, Paul Klee, por ejemplo); b) Aún el arte figurativo, representacional, puede comunicar mejor sus contenidos a través de sistemas adecuados de relacionar estos contenidos (cubistas, surrealistas); c) Es posible el "Arte por el Arte" cuando no representa cosas o eventos sino sólo relaciones entre elementos, porque ellos pueden ser adecuados esto es, transmitir valor estético.

Por supuesto, estos modos modernos de concebir el arte indujeron, estimularon o, aun, obligaron a la Neuropsicología a generar nuevas hipótesis sobre los procesamientos cerebrales de las obras de arte. Si lo que importa son relaciones entre elementos, más o tanto, que las representaciones explícitas de color, forma y demás elementos perceptivos, la construcción y la apreciación de las obras de arte "activa" facultades mentales que están más allá, de los sistemas perceptivos, y de las asociaciones directas con estos sistemas. Los procesamientos cerebrales de sistemas de relaciones, son habilidades intelectuales ciertamente superiores a las percepciones y sus asociaciones de nivel medio. Volveremos a este punto al final del capítulo.

3.2. Expresar

El segundo componente epistemológico que puede incluir una obra de arte, es expresar intuiciones, sentimientos o ciertas correlaciones mentales que no se pueden representar directamente como objetos "naturales" que el artista de alguna manera "imita". Esta definición, entre otras muchas posibles del expresionismo, es ciertamente ambigua pues lo pone a medio camino entre la representación y el simbolismo. Pensemos en una caricatura. Ella es una representación de una persona pero modificada, de manera de destacar algunos rasgos físicos que "simbolicen su carácter". En este sentido se puede decir que no hay expresionismo sin algún tipo de representación sensorial, perceptiva. Lo observamos en "El grito" de Edward Munch. Tampoco, simbolismo sin representación sensorial de algo. Una figura, un color, un ruido, un silencio, etc. Esta constatación nos lleva al empirismo inglés del siglo 17 (Hume y Locke) que sostenía que: "nada hay en la mente que no haya pasado por los sentidos". Claro que se debe agregar como Leibniz: "excepto la propia mente", la cual, agrego yo, depende de procesamientos cerebrales capaces de seleccionar, depositar, asociar, hacer distinciones, organizar, imaginar, etc. las entradas sensorio-perceptivas.

Si esto es así, el arte expresionista incorpora en sus obras, la indispensable representación de alguna realidad, signos o señales (símbolos) que permiten, o más bien, inducen a la mente del espectador a hacer conexiones asociativas con memorias emocionales, o el tipo de raciocinio no consciente que llamamos intuiciones. Cuando digo alguna realidad, estoy pensando en el expresionismo abstracto. Las líneas de Pollock, o los colores de Rothko no representan objetos del mundo cotidiano, pero igual son perceptibles, y a lo menos para algunos de sus espectadores, se asocian con intuiciones y sentimientos, pero, sobre todo, con patrones más complejos. Como sabemos, el expresionismo como propuesta artística teóricamente explícita, nació a principios del siglo 20 en Austria y Alemania, pero es evidente que obras de Arte muy anteriores a este siglo expresan intuiciones y sentimientos. El Cristo Imperatore de los mosaicos de Bizancio o los Cristos sufrientes de Caravaggio, son representaciones que en el primer caso expresan el poder omnímodo del Señor y en el segundo, los martirios del Salvador. Ambos son representaciones de la misma persona, con estilos formatos y técnicas distintas, pero que más allá de estas diferencias, expresan tanto sentimientos (dominio y dolor) como intuiciones teológicas (Señor del Universo y Cordero de Dios).

Aunque ciertamente el expresionismo es más abundante en las Artes Plásticas, hay muchos ejemplos de él en obras de Arte que pertenecen a otros dominios. En música, obras que de alguna manera expresan sentimientos son muy frecuentes, particularmente entre los románticos. Éstos, como es el caso de Chopin no sólo expresan afectos (ternura, nostalgia, amor en sus baladas) sino orgullo algo rabioso y triste, como en las Polonesas. Pero la música puede expresar intuiciones, atributo más complejo que los sentimientos, particularmente cuando se asocia con el canto, es decir con el lenguaje. Coros religiosos y profanos son especialmente expresivos, aunque es bastante frecuente que la audiencia entienda poco o nada la letra de su música, a veces porque están en un idioma distinto al del oyente, en ocasiones porque el lenguaje al competir con la música se oye mal, se desperfila. Lo interesante es que aun en estos casos, el componente expresivo del mensaje estético de estas obras es perfectamente asumido por las audiencias que lo oyen. Es probable que estas situaciones, aparentemente extrañas, "no entender, pero asumir" (comprender), juegan dos factores que pueden sumarse. La voz humana, como tal, tiene timbres y sonoridades que por sí mismos incorporan los componentes expresivos (intuiciones, sentimientos, memorias) indecibles con oraciones denotativas o propositivas. El segundo factor es que generalmente el auditor conoce el título de la obra, es decir su contenido lingüístico-cognitivo, y desde aquí conecta sus sistemas intuitivos y emocionales (creencias, deseos, etc.) con lo que puede comprender los aspectos expresivos de la obra que escucha. Estas dos razones son neuropsicológicamente importantes. La primera, muestra algo que ya sabemos. La voz humana y sus inflexiones (prosodia) tiene un muy alto valor evolutivo para una especie que para sobrevivir necesita ser social. La desesperación de Madame Butterfly, cantada por la soprano en la parte final de la ópera de Puccini, no puede expresarse con otro instrumento, o con un texto escrito. La segunda razón, esto es el efecto activador del lenguaje, en este caso el título, sobre otros procesos neuropsicológicos, que en el Capítulo 2 llamamos la recursividad del lenguaje, es también un conocido nuestro. Recordemos el papel de guía de la madre sobre las percepciones, sentimientos y pensamientos de su hijo pequeño para enfocar su atención, y orientarlo gestualmente hacia lo conveniente, lo peligroso, lo deseable, etc.

El papel del lenguaje en el arte escénico (teatro, ópera, etc.) respecto a la expresividad de estas artes, es bastante obvio sobre todo porque tiene otras artes asociadas. Música, actuación, escenarios y ropajes congruentes con el mensaje estético, tanto expresivo como representativo. Menos evidente es el ballet. Aunque la música, los escenarios y atuendos, y los bailes de quienes danzan pueden transmitir un mensaje estético, los buenos escenarios de ballet siempre agregan un relato escrito y con algún detalle, para mejor comprensión del público no especializado. Por otra parte, sólo muy pocos genios de la escultura como Miguel Ángel, Bernini, Rodin y algunos arquitectos e ingenieros diseñadores de edificios como Fidias, Brunelleschi y Gaudí, pueden transmitir expresividad en sus obras. Ellos quizás preferían o les resultaba más fácil la vertiente estético-simbólica que sin lugar a duda, está contenida en muchas de sus obras.

3.3. Símbolos

Como decíamos más arriba es difícil diferenciar en una obra de arte el componente epistemológico que definimos como símbolo del que definimos como expresión. La diferencia teórica es más o menos clara. La expresividad se refiere a los componentes intuitivo-emocionales de las obras. Los símbolos son un modo de significar una cosa, evento, o persona a través de signos, que son enteramente distintos de la cosa significada, aún pueden ser arbitrarios y sin conexión aparente, como las palabras respecto a la cosa que designan. Hay otros signos que no son arbitrarios como las señales camineras (curva pronunciada, camino estrecho, animales en la vía, etc.). Tomemos uno no arbitrario, muy corriente. La cruz, para cristianos y no cristianos señala la muerte de Cristo, y por extensión, en casi dos milenios lugar, cosa o gesto sagrado para el cristianismo. Hasta aquí el símbolo de la cruz parece un evidente símbolo. Pero para muchos cristianos es mucho más que eso. Es una expresión de su fe. Desde este punto de vista el signo de la cruz pasó de ser un símbolo físico, a ser una expresión de fe. Tanto, que se usa como signo en edificios sagrados (templos cristianos) o como insignia en el cuello o la solapa de los fieles. Por otra parte, la semántica del lenguaje que es por sí misma un tipo de símbolo, puede denotar otros símbolos diciendo, por ejemplo, que la señal de la cruz simboliza la cristiandad y más aún puede manifestar símbolos de segundo orden como la metáfora que usa una madre cuando dice: la drogadicción de mi hijo es la cruz de mi vida.

En este contexto, y como sostienen los semióticos, (disciplina lingüístico-filosófica que estudia los signos), se puede decir que el mundo de la cultura humana está repleto de signos que simbolizan algo, además del lenguaje. Están las señales ya mencionadas, los íconos con los que trabajan computadoras, celulares, tablets. Señaléticas en edificios, campos de deportes, monogramas de marcas comerciales o de instituciones y empresas, etc. A estos signos cabe agregar una infinidad de gestos humanos: saludar, darse la mano (no tengo armas) despedirse, guiñar los ojos. Los ademanes de la policía (deténgase, siga), los pitos de árbitros, las batas blancas de los hombres de Ciencia, las banderas, los himnos, las vestimentas (militares), etc. Este listado que podría ser interminable, tiene varios significados para la mente estética, que traduce y recibe signos, esto es símbolos que el artista, de cualquier dominio de las artes, podría usar y eventualmente desarrollar.

En la mente humana tenemos pre-programada una enorme capacidad para simbolizar. Consideremos la arquitectura. El círculo con columnas que antecede a la Basílica de San Pedro, fue explícitamente concebido por Borromini y realizado por Bernini, simbolizando el abrazo de acogida de la Iglesia Católica a sus fieles. El baldaquino sobre el altar simboliza el Espíritu Santo. Las pirámides, obeliscos, templos y tumbas egipcias, simbolizan junto a jeroglíficos y pinturas, diversos aspectos de la cultura del Nilo. El viaje a la eternidad, el poder y la constitución divina de los faraones, la adoración a sus dioses. Éste es un arte simbólico con mucha frecuencia de alta calidad artística. El Partenón en Atenas además de honrar el poder benefactor de su diosa Atenea, simboliza no sólo la potencia de la ciudad estado, sino sus perspectivas culturales, es decir, racionalidad con belleza. Las iglesias y catedrales europeas simbolizan las distintas concepciones sobre los espacios sagrados. Enormes y apuntando a los cielos, en el gótico, ascético y puro en los protestantes, abiertos, luminosos y acogedores en el barroco.

Por otra parte, la buena escultura transmite símbolos de distinto orden. Protección y defensa de los hijos en el "Laoconte", creencia en la libertad y el honor en "Los burgueses de Calais" de Rodin, fuerza, decisión y tranquilidad en el David de Miguel Ángel, o la maternidad en algunas obras abstractas de Henry Moore.

La calidad estética de los símbolos que podemos encontrar en Arquitectura, Escultura y Pintura, esto es Artes Plásticas que operan en el espacio (el tiempo no cuenta) también existe en las artes que transcurren en el tiempo. Los coreógrafos más clásicos tratan de simbolizar en las danzas, algún relato que, como ocurre en la música, no siempre es claro para el público a menos que tengan los argumentos en soporte lingüístico. Sin embargo, los simbolismos más interesantes se pueden encontrar en la Literatura. Desde Aristóteles (poética), filósofos y pensadores han estudiado, podríamos decir, la extraña capacidad, de la literatura y sus diversas manifestaciones, para simbolizar todo tipo de objetos y situaciones del mundo real, y también creencias, intenciones y demás características humanas, que la Literatura debe manifestar usando el lenguaje, que necesariamente opera en el tiempo. Más arriba vimos, que las artes que usan el lenguaje transmiten sus mensajes estéticos a través de un devenir temporal, que requiere especiales atributos mentales. En primer lugar, de la memoria. Las artes usan lenguaje, pero se despliega en períodos de pocas horas (teatro, ópera, etc.) por lo que no necesitan una memoria particular. Corresponde a la que en el Capítulo 2 (Lenguaje) llamamos memoria semántica profunda. El problema es que la Literatura (excepto la poesía) transmite su mensaje estético en relatos épicos, mitológicos, novelísticos y demás, que necesitan mucho tiempo para ser escritos y para ser leídos. Por cierto, para producir y entender estos relatos, se usa la corriente memoria de largo plazo que utilizamos todos los días, y que se manifiesta en esa semántica profunda. Entonces, aquí la dificultad no es la memoria habitual, sino una más particular, pues para construir el mensaje estético, que sólo está terminado al concluir el relato, lo que puede tomar varios meses sea para escribirlo (a veces años) o para leerlo, la memoria que se usa es similar a la autobiográfica que vimos en los Capítulos 1 y 3. Por cierto, estas dos memorias están internamente conectadas. La que recuerda los acontecimientos que el escritor relata en su novela (memoria semántica profunda), y la que construye el mensaje estético simbólico que el autor quiere transmitir, y que el lector debe encontrar (memoria autobiográfica).

Pensemos en "En busca del tiempo perdido", famosa y gigantesca novela de Marcel Proust (7 tomos), quien demoró más de dos décadas en escribirla. Su tamaño depende de su construcción. Está escrita en primera persona, repleta de anécdotas que el personaje principal, recuerda o puede recordar de su vida, desde su niñez hasta alrededor de los 40 años (la edad de su muerte en la novela). La frase "puede recordar" da la clave sobre el tema principal de Proust. Es la memoria. Son verdaderos los recuerdos, que dan cuenta fiel de lo que realmente ocurrió, o lo que puede recordar, es una construcción en la que la relación verdad-invención está completamente entrelazada. Este entrelazamiento tiene una lógica o es arbitrario. Por supuesto Proust no usa este lenguaje, pero en su estilo de textos muy largos con gran cantidad de frases intercaladas y de detalles, plantea estas preguntas. El interés del tema "literario" de Proust, "la memoria", es que sus preguntas se pueden aplicar al lector de sus novelas. Qué es lo que el lector recuerda al terminar su último tomo, llamado sugerentemente "El tiempo recobrado".

Digo que es sugerente porque en el título general y en el del último tomo de su obra no habla de "memoria" sino de tiempo con lo que el simbolismo más potente de esta obra es que la memoria (autobiográfica) es un relato del tiempo durante el cual ha transcurrido su vida. Si se pregunta a un lector corriente de esta novela sus recuerdos sobre detalles de su trama, personajes, descripción de ambiente, etc. estoy casi seguro que responderá indicando algo muy parecido a lo que a mí me ocurrió, hace varios años cuando la leí. Lenguaje florido, complejo, inteligente, culto, pero hay personajes que recuerdo poco y mal, eventos y circunstancias que me son confusos, ubicación en el tiempo de los acontecimientos que no tengo claro, diálogos y descripciones son para mi memoria, borrosos e inexistentes. Pero tengo claro en mis recuerdos, que Proust describe con propiedad, la fragilidad de la memoria para recordar el tiempo pasado, de mi propia existencia. Por cierto, Proust nunca escribió algo así, pero es correcto como mensaje estético de la novela, su significado general, más allá de los mil detalles que nadie recuerda bien, y con los que Proust construye la simbología de su obra. Podría hacerse el mismo ejercicio con otros grandes relatos de la literatura general. Por ejemplo, "la Guerra y la Paz" de Tolstoi que también está repleta de acontecimientos y personajes de los cuales nadie recuerda mucho, pero todos tienen claro que estéticamente es una gran obra de arte, que simboliza el modo como personas y clases sociales, se comportan frente eventos cruciales. Para no continuar ejemplificando propongo a unos lectores que consideren qué es lo que efectivamente recuerdan de alguna gran novela que haya despertado su admiración. Les sugiero no usar para este ejercicio El Quijote, que, por ser mal enseñado desde niños en los países de habla castellana, las respuestas podrían ser extremadamente superficiales y sin reflejar el enorme valor estético del mensaje de Cervantes. En realidad, creo posible, que la mayor parte de las personas tienen en su mente, el mensaje del musical "El Hombre de la Mancha" y no el de "El Quijote" de Cervantes.

Las conclusiones que podemos sacar a partir de este análisis de una gran obra de arte como indudablemente es la novela de Proust son las siguientes: 1) La literatura de gran nivel es un Arte que por usar el lenguaje se despliega en tiempos largos, especialmente en la novela (el ensayo moderno es otra cosa) y actúan en la mente de los lectores varios tipos de procesos: a) Evaluación estética que tiene un triple origen; b) La calidad del lenguaje que usa, notable en el caso de Proust; c) La composición "apropiada" para construir a lo largo de sus capítulos un mensaje simbólico que el lector pueda comprender; d) El último capítulo de Proust "El tiempo recobrado", es un modelo de composición, pues recoge y reorganiza las consideraciones que, como ladrillos de una construcción, el autor ha ido presentando a través de eventos y remembranzas que al personaje principal, sin duda al mismo Proust, le ocurrían; e) Un mensaje que simboliza de manera certera el pensamiento del autor y que el lector puede "llegar a comprender". Nótese que "llegar a comprender" implica que se trata de un mensaje simbólico que autor y lector construyen a lo largo de la obra. En esta tipificación de conclusiones he enfatizado el papel de la "composición apropiada" recordando a Cezánne, y no he mencionado los procesos neuropsicológicos involucrados. Ambos asuntos serán considerados en el apartado siguiente y final de este capítulo.

4. Neuropsicología de las Artes

Creo posible sostener que las artes aparecen en la evolución humana cuando el ser humano adquiere la capacidad de simbolizar deliberadamente. Esta afirmación contiene tres conceptos que es conveniente aclarar, dado que el resto de este apartado se relacionará con el modo como los definamos. Cómo se adquiere una capacidad (mental) qué es simbolizar, qué significa deliberación. Es cierto que en las páginas precedentes he mencionado aquí y allá algunos de estos conceptos en varios y diferentes contextos, sin embargo, mirados desde la perspectiva neuropsicológica, (procesos mentales subtendidos por funciones cerebrales), vale la pena, pienso yo, examinarlos desde esta perspectiva específica aún con el riesgo de repetir.

4.1. Cómo se adquiere una capacidad mental de procesar algún atributo, en este caso símbolos

En la historia de las Ciencias humanas, hay pocas cosas más debatidas que el origen de sus capacidades mentales. En la Introducción y en todos los capítulos de la Primera Parte de este libro examinamos las dos posibilidades de responder a esta cuestión. Origen en la evolución natural (genético) o en la evolución cultural (aprendido), pero a partir de las hipótesis de la coevolución sostuvimos que las capacidades neuropsicológicas operan de acuerdo a la interacción necesaria y constante entre predisposiciones innatas y especificaciones culturales, respecto a cualquier atributo mental que se necesite procesar. Claro que por la mecánica con que funciona el cerebro es indispensable tomar una opción respecto a cuál de los dos constituyentes de la interacción coevolutiva apareció primero, aun cuando el otro constituyente (innato-aprendido), se correlacione rápidamente con el primero en aparecer.

4.2. La capacidad de simbolizar

Tenemos evidencias detalladas en los capítulos 2, 5 y 6 que el lenguaje sintáctico y gramaticalmente maduro, se hizo posible por una mutación específica aparecida hace 200 mil años. Sin embargo, como observamos en el capítulo 2, es altamente probable que el protolenguaje del Homo Erecto, también pudiera simbolizar, vocalmente, sujetos, objetos y verbos. Aún es posible que el Homo Habilis, fabricante de herramientas, pudiera concebir y comunicar objetos y personas no presentes a través de signos y señales. De hecho, chimpancés y otros animales pueden hacerlo. En todo caso y respecto al arte, la simbolización del lenguaje maduro es lo que aquí nos interesa. Por supuesto, a partir de este nuevo atributo innato, la cultura especificó de mil maneras su puesta en práctica, produciendo por ejemplo la enorme cantidad de idiomas y dialectos que conocemos. En el capítulo 7 vimos una nueva forma de simbolizar que se hizo evidente en la explosión cultural del Paleolítico Superior, seguramente correlacionada con una nueva mutación que se puede datar 35.000 años atrás, es decir, por el tiempo de inicio de la Revolución Cultural de los Cro-Magnones. Menos segura, pero muy plausible, es la correlación entre una nueva mutación post neolítica (10-11 mil años atrás) con la capacidad de simbolizar una compleja cosmología, con impactos en nociones religiosas y artísticas (Capítulos 8 y 11).

De esta manera se puede asegurar que la capacidad de simbolizar del ser humano moderno es un producto de la evolución natural del cerebro humano, establecido a lo menos por tres eventos genómicos, instalados sucesivamente sobre las mucho más antiguas (filogenéticamente) capacidades de operar con signos y señales de antropoides, delfines y otras especies. Esto significa que las maneras prácticas de simbolizar "culturalmente especificadas" debieron manifestarse en tres escalones sucesivos y progresivos. Esta hipótesis es consistente con los hallazgos arqueológicos, que, aunque parciales (por ejemplo, no pueden describir señales de algunas formas de arte, practicadas en los cuerpos), demuestran esta progresión escalonada de los modos culturales de simbolizar. Con el primer escalón (Homo Sapiens en África y luego migratorios) el predominio de símbolos verbales parece seguro. Es muy dudoso que señales en piedras (montículos artificiales) y farellones rocosos (rayados de pinturas) que se datan antes de la explosión cultural, puedan ser símbolos artísticos. Lo más probable es que sean simples signos que indiquen caminos, límites, presencia de comida etc. Todo esto cambió con la Explosión Cultural del Paleolítico Superior, segundo escalón de la evolución de las capacidades simbólicas, correlacionadas con modificaciones genéticas. Pinturas rupestres, construcción de estatuillas, decoraciones de huesos, colmillos y astas de animales reflejan simbolizaciones artísticas mucho más avanzadas que contrastan con la planicie cultural previa a la Explosión. Mencionar la planicie cultural es interesante pues enfatiza que la explosión cultural del Paleolítico Superior no sólo fue artística sino alcanzó otros dominios de la mente y las conductas del Cro-Magnones, como se ha indicado en varios capítulos previos. El último escalón de esta coevolución de las capacidades simbólicas se inicia en el Neolítico tardío, y es en el cual se completa la Neuropsicología actual. Vale la pena recordar, para la explicación de las capacidades simbólicas que veremos a continuación, que las culturas primitivas de cazadores recolectores que estudia la etnología moderna, se encuentran en este mismo escalón del neolítico tardío. Esto es importante porque el analizar la evolución cultural de los símbolos artísticos usaremos algunas evidencias etnológicas, recogidas de estas culturas.

4.3. ¿Qué es simbolizar desde la perspectiva neuropsicológica, y cómo y por qué los símbolos son esenciales para las Artes?

Símbolos, signos, señales son maneras de mostrar realidades externas y no presentes a (cosas, personajes, eventos) o sobrenaturales (espíritus, dioses, espacios distintos al de la vida cotidiana) o muy diversos contenidos mentales (creencias, deseos, intuiciones, sentimientos, imaginaciones, fantasías, pensamientos, etc.). La discusión ha sido inacabable respecto a cuál o cuáles de los estados o contenidos de la mente se muestran a través de símbolos, o signos, o señales. La discusión ha sido menos ardorosa con la aparición, al promediar el siglo 20, de la semiótica o "Teoría de los signos" que postula que cualquier señal física (luz roja), verbal (palabra) o corporal (gesto) que signifique algo que no sea ella misma debe llamarse signo. Los signos así definidos son medios de comunicación, pueden tener un sentido, pueden admitir codificaciones y pueden mostrar (y comunicar) procesos y productos culturales (lenguaje codificado en palabras, tecnologías y jerarquías sociales) y, por supuesto, productos artísticos de cualquier índole.

Investigaciones semióticas de la obra de Arte han mostrado varios hechos interesantes y que de algún modo solucionan conflictos que vimos más arriba. La obra de Arte está constituida por una multiplicidad de signos (formas, color, perspectivas, tonalidades, melodías, ritmos), cada uno de los cuales codifica un mensaje. El artista puede enfatizar el mensaje representativo o/y el expresivo, y/o el simbólico. Por su parte, el observador puede preferir algún mensaje porque corresponde a su estado de ánimo, por su experiencia previa tanto de vida como estética, o debido a que por alguna razón no logra descubrir algunos de los códigos incluidos en la obra de Arte. Es el caso de quien dice no entender la música de Shönberg o las pinturas de Picasso. Éste es distinto al observador que no le gusta Warhol o las instalaciones que abundan en los museos del Arte Moderno. Por supuesto, detrás de estas preferencias y rechazos, hay el inevitable factor cultural-educativo que facilita o dificulta una buena comprensión de las obras de arte. Claro que el mensaje estético de una instalación en gas neón o en ladrillos amontonados en el suelo, suelen ser rechazados por connotados críticos de Arte.

Desde una perspectiva neuropsicológica los estudios semióticos representan bien los procesamientos cerebrales que subtienden los procesos mentales que producen o aprecian una obra de arte. Ellos son múltiples, dinámicos, fluidos. Asocian visión con audición y memoria, como en la ópera. Relatos con imágenes virtuales en la Literatura. Visión con lenguaje y moral en las tragedias griegas. Cognición motora con percepción de movimientos corporales, y música con el ballet, etc., etc. Claro que estas asociaciones son dinámicas y variables. El espectador de una ópera, en un cierto momento se enfoca en la percepción del escenario, de la música, en la voz de la soprano o en las vestimentas dado que prefiere ropas de época y no de vestir modernas. En cualquier dominio del arte la mente del espectador es dinámica, no está fijamente enfocada. Aun presenciando la ejecución de una sonata (para piano solamente) a veces su atención se detiene en la técnica del pianista, o en su figura, o en sus ágiles dedos, también claro está en la música, pero al mismo tiempo evaluando esta ejecución, pues recuerda cuando vio a Claudio Arrau tocar la misma sonata. La cuestión es cómo logra la mente, con estas variaciones de enfoques atencionales llegar a captar el (o los) mensajes estéticos más generales que el autor quería comunicar. Todo esto nos lleva a considerar con más precisión las funciones mentales que procesan el Arte.

Desde este punto de vista es bastante claro que no son los mismos procesos mentales los que se ocupan de los distintos dominios del Arte. Su especificidad en el caso del público depende del componente verbal que cada dominio tenga, del tiempo en que se despliega la obra y obviamente de los receptores sensoriales que utilice. En el caso del autor y del ejecutante debemos agregar, cuando sea el caso, (por ejemplo, escultor y violinista) los sistemas motores que deben intervenir.

4.4. Tópicos importantes para complementar el marco analítico realizado

4.4.1. Cada dominio artístico puede ser computado un conjunto de módulos cerebrales que procesan los atributos mentales que a cada Arte conviene. Ejemplo sustantivo de esta especificidad son las memorias. La memoria visual, que reconoce y recuerda formas, colores, movimientos y luminosidad en el mundo externo (Capítulo 3), es distinta a la memoria auditiva, que reconoce y recuerda sonidos, timbres y ritmos, tonos y melodías provenientes del mundo externo.

4.4.2. Existen procesamientos neuropsicológicos de muy alto nivel en la arquitectura funcional del cerebro que intervienen en todos los dominios del Arte, porque son necesarios para generar comportamientos con propósitos, como también lo son las artísticas, tanto en autores, ejecutantes, como en audiencias y observadores.

4.4.3. Entre estos procesamientos de nivel superior están la Función Ejecutiva y la Conciencia. Muy recientemente se ha propuesto otro atributo de carácter general, que se pensó ser propio y exclusivo del lenguaje especialmente, pero no sólo de la poesía. Se trata .de la metáfora.

4.4.4. Hay quienes piensan que esta capacidad es más general que la puramente lingüística, y que podría participar como componente clave del complejo entramado de módulos y redes neuronales que procesan símbolos.

Teniendo estas consideraciones en mente, pasaré a describir las funciones neuropsicológicas superiores del mundo de las artes, que habitualmente operan de manera asociada, pero con el predominio de alguna de ellas, por ejemplo, lenguaje. Del mismo modo la operatoria de estas funciones superiores y sus asociaciones, es algo diversa en el creador respecto al observador. Ellas son las siguientes: Praxis, Gnosis, Lenguaje, Memoria y Emociones.

4.5. Funciones neuropsicológicas superiores del mundo de las Artes

4.5.1. Praxis

Una obra de arte es siempre y necesariamente una forma de hacer, de construir. El Moisés de Miguel Ángel o la Novena Sinfonía de Beethoven. En tanto un hacer significa motivaciones, intenciones, ideas, diseños, técnicas y habilidades de ejecución. Así, se puede decir, que una obra de arte es el resultado de la aplicación a materiales concretos de actos con propósitos, lo cual es la definición de la Praxis. Es una actividad "practicada" sobre algún material o para producir cierto efecto.

Esto hace que la palabra Arte se aplique a objetos y actividades que no son las Bellas Artes. Pueden ser artesanías, artefactos, artilugios y por extensión, el arte de gobernar y el arte de vivir, que no se aplican a objetos materiales, con lo que no son propiamente praxis, pero de algún modo la simbolizan. La diferencia entre Bellas Artes y otras artes aplicadas (artesanías, artefactos) es moderna. Podría preguntarse

¿cuál es el material que usa la danza o la literatura? Ambas utilizan el propio cuerpo, sea para bailar o para traducir escritos (que ya usan materiales como lápiz y papel), y los actos del habla que utilizan los aparatos corporales de la fonación.

Con estas precisiones podemos entender que, aunque las capacidades neurológicas que llamamos praxis se apliquen a una enorme cantidad de desempeños humanos, (saludar, subir escaleras, vestirse, jugar al tenis, pintar, esculpir, etc.) ellas son absolutamente indispensables para producir y ejecutar cualquier obra de arte. Por cierto, en el proceso o praxis de construir una obra de arte se utilizan muchas otras capacidades. Estas asociaciones son también necesarias, por parte del observador, para percibir, evaluar y, eventualmente, gozar con el mensaje estético de la obra. Como veremos en el apartado sobre Gnosis ambas formas de accionar de los aparatajes neuropsicológicos (hacer la obra, percibirla y evaluarla) no son independientes. Están fuertemente interrelacionadas.

Las regiones, mejor los módulos cerebrales que procesan la cognición motora, que es la base de la praxis, fueron estudiadas con detalles en el Capítulo 8, Tecnologías, como también sus conexiones con Funciones Ejecutivas y memorias, emociones y demás funciones cerebrales que participan o pueden participar en el despliegue de actos motores con significado, esto es, Praxis. Para aclarar este punto, se trata de una expansión de la región inferior de la corteza parietal que agrega, sólo en la especie humana, una nueva circunvolución –inferior– que se suma a las superiores y medias presentes en los antropoides.

El nuevo lóbulo parietal humano se encuentra en una posición estratégica muy importante. Las circunvalaciones parietales están encargadas de procesar, la imagen del cuerpo propio, del entorno del sujeto y de las variables relaciones de éstas en su ambiente, a partir de la información sensitiva, sensorial y propioceptiva que incesantemente reciben. Por debajo del parietal encontramos la región superior-media del lóbulo temporal que procesa comprensión del lenguaje, la posterior encargada de identificar visualmente objetos, y en el territorio cortical en el que el temporal se continúa con occipital, el reconocimiento de caras. En la corteza que bordea el término de la hendidura de Silvio (por ese motivo se llamó "ángulo" témporo parietal y occipital) se produciría la transformación de la información de los códigos que con información visual vienen del lóbulo occipital, en códigos legibles para la comprensión del lenguaje, es decir, para la lectura, que por cierto requiere nociones de espacio visual, distinto a la decodificación en la literatura, sólo verbal. Hace muy poco algunos neuropsicólogo empezaron a preguntarse si las metáforas sólo podían ser una figura del lenguaje, y por qué no comparaciones visuales de signos con objetos no presentes. Una señal en el camino tiene, como vimos, significados completamente comprensibles para el automovilista. Simboliza un estrechamiento de la vía, un cruce con una línea ferroviaria, la posibilidad de animales. Del mismo modo, cuando el poeta dice "los ojos de la mujer que amo tienen la misteriosa calidez de la luna", está por supuesto, haciendo una metáfora con el lenguaje. Sin embargo, se puede pensar que ésta es una simbología de segundo orden, porque sólo expresa una comparación que primero hizo en su mente, eventualmente sin participación del lenguaje, sólo en su cognición perceptiva.

Esta noción de relaciones entre señal no lingüística y significado "metafórico" podría extenderse a otros ámbitos, lo que a mí me parece perfectamente legítimo, porque el movimiento coral de la novena de Beethoven, a través de complejísimas señales acústicas, nos transmite alegría, elevación, esperanza en los humanos. Por supuesto, con esta noción de metáforas muy ampliada, nos acercamos a una idea sorprendente no sólo para la Historia del Arte, sino para muchos otros emprendimientos humanos. En el cerebro las relaciones objeto- signo-significado no están repartidas según el aparato sensorial que los procesa, o según las intenciones, deseos o memorias que buscan encontrar o crear relaciones simbólicas. Están procesadas por un aparato neural más sofisticado y con una identidad superior a lo que hasta hace poco se creyó. Esto no significa que todas las tareas procesales que finalmente llevan a entender símbolos sean computadas en un solo lugar anatómico y funcional del cerebro humano.

Pero, ¿cuál es la función propia de este novedoso y sorprendente lóbulo parietal superior, sólo presente en el cerebro humano? Las primeras investigaciones de neuropsicólogos clínicos, es decir que correlacionan un daño cerebral, lo más preciso posible con la función que desaparece debido a ese daño, propusieron que el lóbulo parietal inferior estaba encargado de crear y entender metáforas. Hay discusiones si parietal inferior izquierdo o derecho, más probablemente, el izquierdo para metáforas lingüísticas y el derecho cuando se trata de música, o de señales que muestran características espaciales. Como sabemos la metáfora es una forma lingüística de comparar características a veces abstractas, entre dos o más objetos o eventos. "Tus ojos me recuerdan la luna", "la furia de Aquiles estremece su cuerpo como las olas del mar al chocar con las rocas", decía Homero, el iniciador de las metáforas escritas en Occidente.

Obviamente, es muy improbable que las relaciones complejas objeto-signo-significado se procesen en un solo módulo, sobre todo si pueden aplicarse a los tan diversos dominios del Arte, y muchos otros atributos mentales. La hipótesis más plausible es que nuestro cerebro haya evolucionado para formar un Hub, (redes funcionales interconectadas), del cual el núcleo ubicado en la nueva tercera circunvalación inferior y sus conexiones con regiones adyacentes que procesan determinadas y específicas funciones. Para entender esta propuesta el lector necesita considerar que cada una de las regiones, funcionales dedicadas a sus propias tareas que circundan al nuevo lóbulo parietal, contribuyen al resultado conjunto de construir y entender no sólo (pero también) metáforas sino signos y símbolos. Este arreglo anátomo funcional de un sistema de redes dedicadas con un núcleo central (Hub), con atributos complejos y abstractos, también existe en el polo temporal izquierdo como vimos en el Capítulo 2. El Hub que codifica y decodifica relaciones de signos con significado puede hacerlo cualquiera sea el dominio que procesa (construye o descifra) señales. Visuales, auditivas, lingüísticas, temporales, espaciales. Por ahora este arreglo es sólo hipotético, pero a mí me parece plausible. Por otra parte, hace mucho más comprensible las relaciones asociativas entre las demás capacidades que procesan significados de metáforas, signos y símbolos. Los que finalmente son, si tienen relaciones "adecuadas" (Cezanne), las obras de arte de cualquier tipo.

4.5.2. Gnosis

La palabra gnosis no es de uso corriente excepto en Neurología clínica y de nuevo, a partir de los defectos funcionales que produce un daño cerebral, Los pacientes que han sufrido lesiones en ciertas áreas del cerebro, dejan de reconocer objetos, sonidos, colores, formas, según la región de la corteza cerebral lesionada son las Agnosias perceptivas (visual, auditiva, etc.) Ellas ocurren con las percepciones sensoriales conservadas. No reconocen colores, pero la percepción visual está indemne. Ellas, como es obvio resultan de daños en la región cortical que normalmente procesa una determinada característica. De hecho, a partir de esta correlación daño-función perturbada, se supo que el lóbulo occipital es el procesador de los diversos atributos visuales (formas, color, movimiento, luminosidad), en forma independiente unos de otros. Esto como ya sabemos es el trabajo de la neuropsicología clínica (Ver anexo 3) Es evidente que reconocer atributos visuales, auditivos, espaciales, cenestésicos (posiciones del cuerpo) es vital para las artes en cada uno de sus dominios. Existe otra forma de agnosia que es mucho más rara, compleja y difícil de diagnosticar, que los neuropsicólogos llaman Agnosia Aperceptiva, nombre raro para personas ajenas a la Neurología, pero que denomina exactamente lo que ocurre a los pacientes. Ellos perciben normalmente lo que ven, oyen y sienten, pero no entienden "el significado" de lo que perciben. Ve y oye un automóvil, pero no sabe qué es el objeto que ve y siente. La percepción de este objeto es normal lo que no sabe o no entiende es el significado funcional del objeto. Así, se trata de una agnosia, que no reconoce el significado y la función de lo que percibe con normalidad, por eso el nombre de a-perceptiva esto es; sin daño en la percepción. Las agnosias a-perceptivas son frecuentes en las demencias que se producen por daños más generalizados del cerebro y, por lo tanto, sin valor localizador: pues al ser generales (extendidas) no respetan una de las reglas de oro de la Neurobiología de la localización cerebral: daño cerebral en región específica - función mental específica alterada.

Sin embargo, cuando la agnosia a-perceptiva no es el resultado de la demencia, el daño específico se encuentra en la región en que se juntan lóbulo parietal inferior, temporal superior, occipital anterior, girus angularis, que es exactamente la localización de nuestro Hub que procesa significado de los signos. En el caso de las agnosias aperceptivas las señales de entrada, las percepciones están normales, lo que falla es la interpretación que hace el cerebro de esta información.

Pero claro, mis lectores no están interesados en Neurología sino en arte y se preguntarán qué tienen que ver las agnosias con los contenidos estéticos que transmiten las obras de arte. Por supuesto esas consideraciones son atendibles, pero los intereses de esta exposición no son la agnosia, es decir la falta de reconocimiento de información que ingresa al cerebro por la vía de las percepciones, sino la Gnosis, es decir la capacidad normal del cerebro de entender y dar sentido estético cuando se trata de propuestas artísticas. Sin embargo, esta respuesta no es satisfactoria porque no queda claro por qué los procesos que maneja este Hub cerebral, de tal información perceptiva, puede tener un valor errático. Aún menos evidente es el papel de esta información en la producción de una obra de Arte.

La respuesta a ambas preguntas está en la estructura funcional del Hub. Este conjunto de redes neuronales que en un momento dado se puede coordinar, dependiendo de las exigencias de la señal que debe procesar, es anatómica y funcionalmente apropiado para sus diferentes tareas. Su ubicación y conexiones lo sitúan, por decir así, en un centro al que afluyen percepciones y gnosis que provienen de las regiones parietales (media y superior) que procesan sensaciones espaciales y del propio cuerpo, de las regiones occipitales que computan percepción y gnosis visuales y de las temporales que tienen múltiples funciones. Audición y procesar que ocurren en el tiempo con comprensión de lenguajes (hablado y musical). Además, en la cara interna, de estos mismos lóbulos temporales, se encuentra el hipocampo, componente crítico de aprendizajes y memorias (Capítulo 2). El nuevo lóbulo parietal inferior que opera como núcleo de Hub neuronal, tiene conexiones con todas estas regiones y sus funciones. Pero, además, tiene conexiones abundantes con regiones prefrontales directas, y a través de la primera y la segunda circunvolución ya que también procesa la cognición motora (capítulo Tecnologías), por lo que precisa de esas conexiones prefrontales. No es necesario detallar aquí las esenciales tareas prefrontales. Ellas han sido examinadas en varias secciones del libro, pero recordémoslas: Función Ejecutiva, toma de decisiones, control y evaluación de comportamientos.

Conocer este complejo aparataje cerebral, que he resumido muy someramente, nos hace imaginar a lo menos los primeros tramos de la creación de una obra de Arte. Por algún motivo el artista decide hacer una pintura que expresa un cierto mensaje estético. La variedad de motivos y mensajes estéticos posibles fueron analizados en la primera parte de este capítulo, por lo que sigamos con el camino que estamos empezando a imaginar. Los motivos son transformados por computaciones prefrontales (distintas de las conscientes motivaciones) en intenciones, que, para llegar a ser conductas, requieren formulaciones de planes, de los cuales luego de elegir la mejor opción, toma la decisión de hacer la pintura. Esta decisión activa las memorias (experiencias, lecturas, etc.) más atingentes, pero también las emociones más apropiadas para ese particular cometido. Sin embargo, hacer una pintura significa activar los mecanismos que subyacen a acciones con propósitos, activar la cognición motora, en parietal medio, que la inicia (capítulo Tecnología) y, por cierto, parietal inferior que, en esta hipótesis procesa signos con significados. No es casual que ambas palabras usen el mismo prefijo. He usado las dos con fines explicativos. Bastaría usar la palabra signo, que en sí mismo implica significado. Dado que esta región es el núcleo de Hub que acabamos de presentar, tiene acceso directo a la complejidad de la gnosis visual, la que unida a otras funciones (memorias, emociones, otras gnosis), le hace posible tener una noción estética inicial. Para empezar a preparar los utensilios que requiere para esa pintura, informa (de nuevo) a prefrontal, el que activa la cognición motora y el circuito se completa, pero se repite incesantemente durante todo el tiempo que demora terminar esa precisa pintura. El cerebro del observador de esa pintura opera de modo similar, el mismo circuito, pero con algunas diferencias. Su motivación no es pintar, sino llegar al lugar en que cuelga la pintura. Cuando la observa pone su Hub, procesador de signos, en modo observar, con lo que puede evaluar la calidad estética que para él tiene la pintura. Respecto a la activación de los módulos "cognición motora" parece haber diferencias entre observadores técnicos (otros pintores, críticos de arte, conocedores) y público corriente. Los técnicos activarían la cognición motora, en modo "simulación" que posiblemente utiliza neuronas espejo. El público corriente pone estos módulos de la cognición motora en modo neutro. Sin embargo, si puede recordarla con algún detalle debe poner la cognición motora de alguna forma especial de simulación. Esto es necesario, dado que la memoria de largo plazo puede depositar información que se mantenga en el tiempo con las activaciones específicas que vimos en el Capítulo 1 (Sistemas emocionales efectivos), entre las cuales se encuentra el papel que cumplen las neuronas espejo.

4.5.3 Lenguaje

El lenguaje hablado y el musical tienen algunos atributos parecidos que vale la pena destacar porque no siempre se piensa en ellos. La primera similitud es que ambos se despliegan en el tiempo; una nota musical o preposición (con, desde o para, por ejemplo) en forma aislada no tienen significado. La adquieren cuando son parte de una sucesión de notas o de palabras, pero no de cualquier modo de sucederse en el tiempo. Las notas anteriores y posteriores deben tener una relación armónica para tener un sentido, ser música y no ruidos. Claro que algunas obras contemporáneas son más ruido que música. En el lenguaje hablado, la preposición con debe ser seguida por un sustantivo (con sombrero), un adjetivo sustantivado (bello - belleza) o por un verbo sustantivado (arder - ardor). Estos ejemplos muestran que tanto el lenguaje hablado como el musical, para tener sentido deben atenerse a un código, reglas gramaticales para el habla y armónicas para los códigos, que además se aplican a sucesiones temporales de sonidos en el caso de la música. En otros atributos habla y música no son similares sino parecidas. Ritmo y cadencia, o timbres y tonos, que aparecen en la voz humana, como en los instrumentos musicales.

Estas similitudes y parecidos son un problema neuropsicológico. En efecto, a pesar de sus semejanzas los módulos cerebrales que procesan los distintos atributos del habla y de la música, son sólo en un caso similares, pero este parecido agrega un segundo problema neuropsicológico. Veamos lo que ocurre. La región del cerebro que procesa la comprensión del habla (y de la lectura) se encuentra en la parte superior y algo posterior, de la primera circunvalación temporal izquierda, Zona de Wernicke. La que procesa la comprensión musical tiene la misma posición, pero a derecha. Por eso dije similares, pero no idénticas. En tanto la región cortical que procesa la expresión del lenguaje hablado se encuentra también a izquierda, en la región ínfero-posterior del lóbulo frontal (Broca). Por su parte, la expresión musical (con excepción del canto que es una forma especial del habla) utiliza para sus performances la cognición motora, que se especifica según el modo de ejecución de la obra musical. Las dos manos en el piano, la mano izquierda trabajando con los dedos las cuerdas del violín y la derecha con el arco, son dos actos motores completamente distintos. Los instrumentos usan la expiración del aliento, labios, lengua y los dedos de ambas manos, de forma diferente. No utilizan las cuerdas vocales por lo que ni se acercan al hablar. Esta multitud de formas diferentes de expresar el mensaje musical (a la que podría agregarse cada uno de los instrumentos de una orquesta) es el problema neuropsicológico. Uno pensaría que si la más importante similitud del lenguaje hablado y la música es que se despliegan usando un código que hace sentido porque se aplica en momentos sucesivos, deberían procesar su producción en sistemas neuronales también similares. Por el contrario, la producción de sonidos musicales utiliza especificaciones locales de la más general cognición motora, mientras la producción del habla utiliza una región única y especializada. Nuestra conocida zona de Broca. Esto está fuera de la lógica de la estructura funcional del cerebro. El otro problema que mencioné, el ritmo, tono, tiempo, etc. son parecidos en la expresión del habla y de la música, pero de acuerdo a lo que acabamos de ver, su producción es procesada de modo distinto, en módulos de diferentes hemisferios, en estos dos lenguajes.

Hay una solución teórica para este embrollo neuropsicológico y dos hipótesis (no probadas) que nacen de la solución teórica. El lenguaje hablado es una predisposición innata filogenéticamente posterior a la musical. En efecto, los chimpancés y bonobos golpeaban troncos rítmicamente y los gorilas se golpean el pecho con cierto ritmo. Todos los antropoides acunan en sus brazos a sus crías con cierta cadencia. Las crías, también las humanas, se tranquilizan al escuchar el ritmo cardíaco de su madre sea al mamar o cuando la mece en sus brazos. La cabeza, en realidad los oídos, de las crías son mucho más frecuentemente puestos al lado izquierdo (corazón) durante estos actos maternos. Todas estas acciones son instintivas con una muy fuerte motivación emocional. La relación de la música con las emociones es reconocidamente más fuerte que la del habla. En realidad el lenguaje humano semántico y gramaticalmente maduro, tiene pocas relaciones con las emociones. Cuando las expresa en la prosodia, las regiones que son activadas son las mismas, pero a derecha. Se sabe, en general, que el hemisferio derecho es más emocional que el izquierdo. Estas dos circunstancias, ritmicidad y cadencia en el sonido, y mayor emoción en la música, hacen pensar que cuando el lenguaje hablado inició su evolución, dos millones de años atrás, lentamente se especializó en la comunicación informativa, (viene un predador, allí hay buena caza), entretanto la comunicación emocional es filogenéticamente muchos millones de años más antigua, por lo que los ritmos, cadencias, tonos de los gruñidos o de las conductas de pacificación, son los inicios elementales de lo que hoy llamamos música. Es también muchísimo más antigua que el seco, austero y más específico comunicador de informaciones y proposiciones que es el lenguaje hablado. El que cuando se escribe da origen a la literatura y el teatro. Claro que quien habla puede decir "tengo rabia" o "tengo pena" pero esto es nombrar un acontecimiento mental interno. Para agregar la expresión emocional a aquello que denomina el lenguaje hablado, debe sumarademás gestos, expresiones de la cara y énfasis, cambios de tono y demás estructuras sonoras (Prosodia), cuyo procesamiento cerebral comparte con la expresión musical. Es el precio de haber llegado evolutivamente más tarde al funcionamiento de la mente humana y haberse especializado en comunicaciones informativas de datos (no de emociones). Sin embargo, esta aparición tardía produjo al lenguaje hablado algunas ventajas. Para cumplir sus novedosas tareas informativas y propositivas, que mejoraron enormemente las posibilidades de sobrevivencia y predominio de nuestra especie, el cerebro debió evolucionar, dando un lugar especial en el lóbulo frontal izquierdo, zona de Broca, para expresar las intencionalidades informativas que mejoraban la cooperación con otros miembros del grupo, y otra región cortical, la nueva circunvolución inferior parietal, que le permitió hacer metáforas que aumentaran sus capacidades comunicativas al hacerlas simbólicas. Como la expresión de emociones ya existía, el lenguaje (temporal izquierdo) se conectó con su homólogo derecho, que desde millones de años antes procesaba elementos musicales y emocionales. Con este arreglo evolutivo, ambos lóbulos temporales, muy bien conectados neurológicamente, son el asiento de la comprensión de lenguajes, a izquierda el habla y a derecha la música. Cada uno de ellos con sus propias características: informativo y propositivo el izquierdo, y armónico-emocional el derecho. Dado que la innovación anátomo funcional de esta evolución es la región de Broca, existente sólo a izquierda, debemos suponer que son las computaciones que el cerebro realiza en esta región las que explican las diferentes características, sobre todo, si recordamos que la nueva circunvolución parietal es bilateral, con lo que ambos temporales tienen acceso a la región que procesa signos y símbolos.

Claro que esta explicación evolutiva de las diferentes características estructurales de ambos lenguajes, debe incluir además de la nueva región de Broca (que procesa gramática, sintaxis y expresión del habla), modificaciones en temporal posterior izquierdo que procesa los aspectos semánticos del habla, que mejora la comunicación de los individuos, porque palabras reemplazan gruñidos, vocalizaciones emocionales, y otros sonidos más toscos, que comunican con menor precisión y que se mantienen a derecha, esto es, en los dominios emocionales de la música. Si esto es así, como ciertamente lo es, el sentido de un signo o símbolo también es distinto cuando comunica información, ideas o metáforas verbalmente, que cuando comunica emociones musicalmente. Más arriba mencioné la hipótesis de la "simulación" que sostiene que el cerebro para entender un mensaje verbal, por ejemplo, una metáfora, imagina visual y acústicamente las percepciones a las que ellas se refieren. Cuando expresa o comprende la frase "El corazón golpeaba el pecho de Aquiles furioso, como las olas del mar se estrellan contra las rocas", la mente ve y oye de modo tan real como en una percepción producto de una experiencia de algo que efectivamente está ocurriendo, "simula" el mar que golpea las rocas y el corazón de Aquiles latiendo en su pecho.

Intente usted simular, en su imaginación esta metáfora de Aquiles. Sin duda se sorprenderá al constatar que las imágenes efectivamente aparecen en su mente. La transformación de símbolos verbales en imágenes perceptivas es una tarea del Hub parietal y sus conexiones, que es capaz de traducir la codificación de patrones verbales en patrones visuales y sonoros. Estas traducciones son más fáciles entre imágenes perceptivas concretas que las que hacen amplio uso los relatos literarios y sus descripciones de paisajes, eventos, personas y su carácter y estados de ánimo. También la pintura y la escultura "El grito" del expresionista E. Munch nos parece tener la experiencia efectiva de oírlo. El "Retrato de su madre" de Alberto Durero, nos hace sentir la decrepitud de la vejez. "El pensador" de Rodin nos transmite la sensación de algo más abstracto: pensar. Estas simulaciones perceptivas son más difíciles en la música. Pensemos en "La Mer" de Debussy. Para sentir la experiencia de las aguas y sus oleajes, necesitamos ayuda del lenguaje.

5. Multiplicidad creativa

Para cerrar este capítulo sobre "Las Artes y su Multiplicidad", consideremos qué significa, desde la perspectiva neuropsicológica, la expresión "multiplicidad creativa". Por una parte, algo muy obvio. Las artes son dominios estéticos, distintos entre sí, pero todos son de un modo u otro creativos. Lo que las distingue en cuanto a atributos mentales que procesan las diferentes artes, es el uso diferencial que cada una de ellas hace de: la praxis, la gnosis y el lenguaje. Estas capacidades, como aquí se han descrito son mucho más complejas que las que describen las artes según el aparato sensorio-motor que utilizan (visión, audición, habilidades motoras). Praxis, gnosis y lenguaje, con sus necesarias conexiones, con memorias, emociones y Función Ejecutiva prefrontal, constituyen aparatajes neuropsicológicos de mayor extensión, por el número de módulos cerebrales implicados, y de mayor complejidad, por las operaciones computacionales que estos módulos realizan, por ejemplo, para transducir, entre ellas, los códigos de procesamiento de informaciones propios de cada uno. Esta extensión y complejidad no es recogida fielmente por las clasificaciones sensorio-motoras más simples, pero también más superficiales. Por otra parte, la existencia en el cerebro humano de un Hub o sistema interconectado de praxis, gnosis y lenguaje, que es capaz de procesar metáforas, signos y símbolos, esto es, atribuir significados estéticos distintos a los propios a cosas, eventos y personas, es, creo yo, la razón de la creatividad. Éstas son las características más propias y conceptualmente unificadoras del conjunto que llamamos Artes.

La última consideración que pienso necesaria es que ninguno de los atributos neuropsicológicos que participan en el arte, son exclusivos de éstas. La praxis es constituyente central de las técnicas y de los ritos religiosos. La gnosis es fundamento de teologías, filosofías y ciencias. El lenguaje hace posible el funcionamiento de sociedades y culturas. En verdad, todas estas capacidades son parte del manejo neuropsicológico de nuestra vida cotidiana. Tampoco la capacidad de operar con signos y símbolos es exclusiva de las artes. Hemos visto en este capítulo, los cientos o miles de signos y símbolos que a cada paso debemos entender o generar para, simplemente vivir en una sociedad con Cultura. Si todos estos atributos, capacidades y habilidades son tan corrientes qué es lo que en el fondo caracteriza a las Artes, como algo especial. En realidad, lo único especial de las Artes es su mensaje, que se manifiesta en el elusivo concepto de "valor estético", con el que muchas veces nos quedamos en la incertidumbre. Hay obras llamadas de Arte a las que la mayoría no atribuye valor estético. Pero también técnicas, artesanías y rituales que sí lo tienen. Pienso que es esta incertidumbre, lo que ha alentado a los artistas (y artesanos) de todas las culturas y civilizaciones, a mantener una permanente búsqueda y experimentación sobre qué es, en el fondo, lo que agrega valor estético a sus obras.

CAPÍTULO 13.

Filosofía y Ciencia

1. Introducción

Filosofía y Ciencia tienen una larga historia común, como formas de conocimiento objetivo, fundadas en juicios racionales, nacidas en Grecia clásica, alrededor de 600 años A.C. De hecho, Tales de Mileto, uno de los precursores de esta manera de pensar, y que trabajó en esos años, suele ser considerado tanto filósofo como científico. Sin embargo, el uso de la racionalidad para resolver problemas o para responder preguntas, es muy anterior a Grecia. Si consideramos una cierta forma de racionalidad utilizada para resolver problemas debemos volver a nuestros ejemplos del Capítulo 3 (Memoria). Las ardillas tienen instintos racionales cuando guardan bellotas, en el verano para alimentarse durante el invierno. Del mismo modo, los cazadores recolectores del Paleolítico, que observan épocas y lugares de migración de algunos animales (renos) y preparan con antelación partidas de caza, con los instrumentos adecuados, estaban aprovechando deliberadamente sus conocimientos de la conducta de las manadas de renos para usarlo racionalmente. Aquí, el concepto de deliberación hace una distinción fundamental, pues significa, establecer conscientemente, planes para cumplir objetivos, alimentarse con la carne de los renos, procesos mentales que no existen en las ardillas movidas por predisposiciones puramente instintivas.

Por otra parte, el concepto de deliberación como proceso que pone en juego algún tipo de racionalidad, puede aplicarse a los inventores de las tecnologías agrícolas y ganaderas del Neolítico, y también a todas las civilizaciones iniciales en sus distintos desempeños. La construcción de pirámides, templos y tumbas de los egipcios era perfectamente racional respecto a sus creencias fundamentales. La existencia real de dioses y, sobre todo, de la vida después de la muerte. Esta racionalidad los llevó a inventar la Geometría y varias ciencias o técnicas adicionales. Mediciones de las crecidas del Nilo, cálculo estructural de sus edificios, etc. Las civilizaciones de Mesopotamia inventaron la Astronomía y sus "magos" llegaron a predecir eclipses, al asociar racionalmente, movimientos de astros (sol y luna en este caso), con la dirección de la luz proveniente del sol y los efectos (eclipse) de su obstrucción por la masa de la luna. Esta predicción necesitó cálculos capaces de predecir tiempos y modalidades de los desplazamientos "regulares" de los astros.

En realidad, prácticamente todos los pueblos antiguos, incluyendo las civilizaciones precolombinas de América, tuvieron Astronomía. Los chinos (y los americanos) desarrollaron muy tempranamente calendarios basados en el movimiento de los cuerpos celestes, los que pudieron observar y medir construyendo observatorios astronómicos. También los chinos florecieron en Química (alquimia), Geografía y variadas tecnologías basadas en conocimientos, a niveles no logrados por Occidente hasta el Renacimiento temprano. La razón de este adelanto, es que el cosmos chino no estaba poblado por dioses y demonios, que pueden manejarlo arbitrariamente, sino era un sistema inherentemente ordenado, del cual se podían conocer sus reglas y sacar conclusiones prácticas, orientación tan propia de las culturas chinas hasta nuestros días. Los indios también desarrollaron Astronomía, tanto para propósitos religiosos como prácticos. Observando el movimiento de los astros, especialmente sol y luna, desarrollaron técnicas geométricas y algebraicas en base a Matemáticas relativamente avanzadas (respecto a sus contemporáneos), por su sistema de numeración, que es el origen de la que hoy llamamos árabe, porque los musulmanes lo trajeron a Occidente. Si todos estos avances producto de observación, análisis racional y desarrollos técnicos (mediciones geográficas en China o Álgebra en la India) comenzaron a instalarse a lo menos 1.000 años antes de los griegos, es llamativo que no ubiquemos el nacimiento de la Filosofía y las Ciencias en esas épocas y en esas civilizaciones, sino estos históricamente recién llegados con los griegos de la Grecia clásica.

Las razones que a este respecto se pueden aducir son dos, pero interconectadas. En todas las grandes civilizaciones previas a los griegos (excepto China), las razones causales para los acontecimientos planetarios, sociales y personales eran los dioses y sus insondables voluntades. Por su parte, los dioses del Olimpo, sus aventuras y poderes, no tenían, por decir así, la estatura ni la capacidad de cambiar a voluntad, las regularidades de la naturaleza o de la vida de las Polis. Claro que hacían algunos trucos como los de Zeus, disfrazado de cisne, para poseer a Leda. Éstas eran excepciones que no cambiaban el curso natural de las cosas y sus regularidades, con lo que se abría un espacio para pensar de otra manera las causas de las regularidades que observaban en la realidad "empírica". Las razones históricas para esta disminución de los poderes divinos son bien conocidas entre los expertos historiadores que estudian la Grecia pre-clásica, esto es, la de los orígenes de los Aqueos como los llamó Homero, o los micenios de los historiadores. Con variaciones de nomenclatura, de época (siglos más, siglos menos) y calidad de las influencias, según cada historiador, el origen del pueblo griego que creó Filosofía y Ciencias (y Artes y Política, etc., etc.) sería brevemente el siguiente.

La civilización original en el Mediterráneo oriental, fue la minoica, basada en Creta y señera en el comercio y la guerra de islas y territorios que después ocuparon los aqueos. Esta civilización no habría sido distinta a la de sus contemporáneos en Egipto y Mesopotamia, en cuanto a sus conceptos de seres divinos causantes de los acontecimientos del universo. Pero, como bien sabemos hoy, la civilización minoica fue completamente destruida por la explosión del volcán (hoy isla Santorini) que se acompañó de terremotos y maremotos (prefiero esta palabra castellana a tsunami que es japonesa) de una fuerza enorme, que ciertamente llegaron a las costas de Egipto. De sus elaborados mitos, ritos y tradiciones religiosas, quedaron leyendas y relatos, sueltos e incoherentes, contados por marineros sobrevivientes (estaban en otra parte cuando ocurrió la catástrofe) o comerciantes de otras tierras que las habrían visitado. A esta mitología desestructurada y probablemente sin sacerdotes que interpretaran los mensajes divinos, se agregaron, cuando los pre-aqueos empezaron a comerciar en forma independiente, retazos de otras mitologías, sobre todo de Asia Menor y Oriente próximo. A todo esto, se añadió, siglo más, siglos menos, la llegada de invasores del Norte (probablemente de las llanuras del Cáucaso), expertos jinetes y guerreros que conocemos como Dorios, que traerían sus propias divinidades y ritos, aunque mucho más primitivos que los de las civilizaciones del Medio Oriente y Egipto. Los dorios, al llegar a Grecia no eran propiamente una civilización. En esta revoltura de mitos, ritos y tradiciones nunca de produjo una Teología Griega, propiamente tal, sino armazones de mitos, dioses y prácticas religiosas que, de verdad, nunca fueron más o menos homogéneas, entre las distintas ciudades-estado de Grecia. Las características y aventuras de Zeus no fueron iguales en las diversas regiones griegas. Menos las de Dionisio o Apolo, dioses prestados a los griegos de otras regiones del Mediterráneo Oriental. No sabemos el origen de Zeus, pero en la versión más común, el nació en una cueva, que se puede visitar en Creta. Sólo en el siglo VI A.C., Hesíodo, sin gran éxito, trató de poner orden en estas confusiones con su "Teodicea". Si consideramos el papel que Homero asigna a los dioses, sus conflictos y discusiones, preferencias por ciertos héroes, la apuesta que debió enfrentar Paris sobre cuál de las tres diosas era la más bella, y que según la Ilíada fue el origen de la guerra de Troya, podemos entender la escasa majestad y poder, que Homero, y junto a él, el resto de los griegos educados asignaban a sus dioses.

Esta pequeña historia etnoreligiosa indica por qué más arriba mencioné que en la cultura griega clásica había un espacio, no existente en las demás civilizaciones de Medio Oriente, puesto que aquéllos, que, sin divinidades capaces de explicar regularidades del Universo, debieron pensar por su propia cuenta las preguntas y las hipótesis que mejor explicaran la realidad, que les pareció se regía por leyes inherentes a la naturaleza de las cosas, las sociedades y las personas. Por supuesto, este espacio de reflexión independiente, de dioses y otros poderes, no explica por sí mismo la aparición de la Filosofía y las Ciencias. Había llegado el momento de teorías, como modo objetivo y racional de explicar la estructura de la realidad y de los acontecimientos. Esta conjunción entre un espacio sin dioses que abre el camino a argumentos teóricos, se produjo en la Grecia clásica, a partir del siglo VI A.C. con Tales y los demás "físicos" jónicos, como actores principales de la llamada "Era Axial", que explicamos con detalle en el capítulo 11. En lo que sigue debemos explorar las diferencias entre Teoría Filosófica y Teoría Científica. Claro que para esto debemos saltar más de dos milenios, pues la separación entre Filosofía y Ciencias, recién empezó a ser una realidad cultural (y neuropsicológica) en Europa Occidental a fines del siglo 16 y comienzos del 17. Digo empezó a ser una realidad, porque aún en el siglo 19 varias Ciencias Sociales y la Psicología eran campo de la reflexión filosófica.

Por otra parte, durante dos milenios, digamos entre Aristóteles y Copérnico, hubo muchos cambios culturales con influencias decisivas para las Filosofías y las Ciencias, no tanto en Europa sino en el mundo musulmán, con su enorme extensión y también, claro está, en China y la India. Teniendo en cuenta estos acontecimientos, me parece más conveniente, explorar estos dos milenios, que en ellos aparecen problemas y contradicciones que los griegos presocráticos no tuvieron. El Imperio Romano, la unificación de China y sobre todo el conflicto cultural entre Filosofía, Ciencias y Religión de la Edad Media europea, Estos estudios nos permitirán unas definiciones más profundas entre Filosofía y Ciencias, que mal que mal, son las maneras, no religiosas, que tiene el ser humano de entender el mundo en que vive. Así volvemos a la Grecia Clásica.

Se puede sostener, con bastante seguridad, que la Ciencia nació en Jonia, costa Occidental de Asia Menor (Turquía) y las islas vecinas. Como hemos visto, el primer científico con cualidades y trabajos que hoy consideraríamos parte de la Ciencia fue Tales de Mileto, que formó escuela, y tuvo varios seguidores (Anaximandro, Anaxímenes). Los historiadores de la Filosofía (y los eruditos de épocas muy posteriores), lo incluyen entre los filósofos presocráticos. En realidad, esto no es una confusión. Se debe a que Tales escribió realmente trabajos filosóficos, pero también, que en la Antigüedad todos los sabios eran llamados filósofos. La separación conceptual más generalizada, se produjo en Occidente en el siglo 16. Los sacerdotes mesopotámicos que se ocupaban de mirar los astros, describir y seguir sus trayectorias y hacer predicciones (eclipses, por ejemplo), eran sin duda proto-científicos, pero sus pueblos los llamaban "magos", como los que llegaron a Belén 600 años después. Esta denominación no era arbitraria. En esas culturas, y también en Egipto de los faraones y en la India de los Vedas (sus escritos sagrados), el conocimiento astronómico (y algunos otros como la farmacopea) el resultado de prácticas sacerdotales, y, por tanto, secretas. De hecho, Tales de Mileto que era comerciante y navegaba con sus mercaderías, aprendió Astronomía y Matemáticas en Egipto, donde al parecer estuvieron algunos períodos más largos por razones comerciales, con lo que fue capaz de predecir el eclipse total del sol en el año 585 A.C., el 29 de mayo, según nuestro calendario. Hay quienes discuten este hecho porque piensan que las fuentes que lo relatan no son confiables.

Según Erwin Schrödinger, la Ciencia apareció en Jonia, por tres razones: a) Este territorio estaba fuera del alcance de estados importantes, cuyos gobernantes suelen tener una visión negativa de ideas y pensamientos no ajustados a lo ortodoxo de jefes y sacerdotes. Recordemos que para los magos de Mesopotamia, sus hallazgos astronómicos eran secretos. b) Los jonios fueron comerciantes y marineros que viajaban a diversos lugares del Mediterráneo Oriental, Egipto, las polis griegas existentes desde Italia al Mar Negro, y otras poblaciones que 50 años después serán parte del Imperio Persa. En la historia de la humanidad, como hemos visto a lo largo de este libro, hay muy pocos, sí algunos, mejores difusores de novedades culturales, que el comercio. Ésta no es una transmisión pasiva de conocimientos generales. Es el resultado de tener que solucionar problemas prácticos. Navegación, mareas, suministro de aguas, transporte de productos, etc. c) Jonia no tenía, en tiempos de Tales y sus seguidores, templos y sacerdotes capaces de limitar la libertad de sus pensamientos, el aprendizaje de novedades culturales o su sentido práctico "terrenal" que no divino.

De este modo, si concordamos con la propuesta, muy razonable de Schrödinger, Tales y su escuela tenían amplio espacio para pensar y elaborar sus ideas a partir de dos preguntas, que podemos llamar científicas: 1. ¿De qué está hecho el mundo?; 2. ¿La observación y la racionalidad son las maneras de explicar el mundo, y no los dioses y sus mitos? Los proto-científicos chinos, que no tenían divinidades que respetar, no avanzaron a la altura de los griegos porque dependían del emperador, de cuyo imperio eran funcionarios. Por otra parte, ninguna de las demás culturas, incluyendo China, tenía el acicate creador que en los griegos surgía de lo que Burkardt llamó "el agón", término griego que significa disposición para competir, para discutir, para enfrentarse con otros y salir victorioso en los deportes (que ellos inventaron, aparte de la caza, cetrería y luchas, que varias culturas desarrollaron), en la política, en los negocios, en la confrontación de ideas, en el arte, en el lenguaje (inventaron la Retórica) en realidad, en cualquier asunto en que se jugara su prestigio personal. Esta disposición cultural hizo posible que el pensamiento de los "físicos" jónicos se discutiera, generara controversias, nuevas ideas y que sus dos cuestiones se difundieran, y sirvieran como punto de partida para otras propuestas científico-filosóficas. Respecto a ¿de qué está hecho el mundo?, el propio Tales propuso el agua como la sustancia fundamental; su discípulo Anaximandro lo corrigió y sostuvo que el mundo era el resultado de "oposiciones": calidez y frialdad, humedad y sequedad, etc. que funcionaban sobre una materia (que no definió), para establecer las sustancias que dan origen a todas las cosas del universo. Anaxímenes, alumno de Anaximandro, propuso que la materia fundamental ("aer") era algo así como vapor, que según las densidades que adquiriera, generaba las diversas estructuras del universo.

Esta búsqueda de la materia o sustancia fundamental, llevó a Pitágoras, que vivió muy poco después de los jónicos, a decir que lo esencial eran los números, (es decir más que sustancias, sistemas de relaciones), y casi un siglo después, a Demócrito, a sostener su Teoría Atómica, precursora de la Física moderna. En relación con el tema del método; aplicar la observación y la racionalidad a la explicación de la realidad, desechando mitologías y divinidades, no es seguro que los jónicos griegos fueran los primeros en formular este modo de buscar razones y causalidades, pero sin duda estaban entre los primeros. Este método de pensar los asuntos de la realidad estaba en la mente de varios filósofos presocráticos (Empédocles y Xenófanes, por ejemplo). Posteriormente, el mismo Sócrates y Platón (primeros diálogos), para llegar a Aristóteles que enfatizó un modo moderno de estudiar el mundo. Primero la observación cuidadosa y bien regulada y luego las teorías, necesariamente racionales (estructuraron la Lógica). Aristóteles quien probablemente ha sido el genio más grande e influyente en la historia de la cultura humana de la que existe un registro, fue desde el comienzo un naturalista o más bien un cultor de la Filosofía Natural. Disecó moluscos, para conocer la biología de los seres vivos. Estudió la historia de las polis griegas para su Política, y la conducta real de las personas, para su Ética a Nicómaco. Realmente Aristóteles fue un filósofo-científico o más propiamente, un científico filósofo.

Por otra parte, hubo, también en Grecia, dos avances del pensamiento científico, no vinculados con la Filosofía, pero trascendentales en cuanto a la Ciencia. La Medicina en Hipócrates y la Historia con Heródoto y Tucídides. Ninguno de ellos fue, ni pretendió ser, un filósofo, fueron lo que hoy día llamaríamos un científico especialista. Dedicados específicamente a los temas de su predilección, sin el menor interés en abstracciones filosóficas. Hipócrates, es con razón, considerado el padre de la Medicina, por cuanto la concibió como un esfuerzo para aliviar a enfermos, a partir del conocimiento del cuerpo humano y de su funcionamiento. Esfuerzo en el cual la relación del médico con su paciente y con los familiares de éste, debía estar regido por un estricto código ético que, aún en el presente, 2500 años después, es el juramento que hacen los médicos cuando inician su carrera. Los detalles de su pensamiento anátomo fisiológico, lo vimos en otro contexto en el Capítulo 8. Heródoto a quien también conocimos en ese capítulo, fue como allí se dijo, una mezcla de historiador y antropólogo, capaz de desarrollar conceptos teóricos, en base a sus relatos de las historias y costumbres de los pueblos que personalmente visitó, revisó sus archivos, etc. Es decir, las historias que escribió eran el fruto de un trabajo de campo, por lo cual se le ha acusado de fantasioso, pues incluyó tradiciones que le contaron, no siempre verdaderas. Su conocida frase "Egipto es un don del Nilo" se adelantó más de dos milenios a la concepción antropológica actual, que relaciona desarrollo y prácticas culturales, con el medio ambiente en que esas sociedades deben sobrevivir y prosperar. Tucídides que relató las guerras entre Esparta y Atenas tenía otros intereses. Su Historia refleja su preocupación por la Política y los líderes que la hacen exitosa. El discurso de Pericles a los atenienses al inicio de las guerras, es en verdad un muy buen resumen de los principios ideológicos y prácticos, esenciales para Atenas y otras Polis, pero quizás no para Esparta por sus antepasados dorios. Es discutible que ese discurso sea exactamente real, pero representa una Filosofía Política muy avanzada para cualquier época.

A pesar de estos dos adelantos principalmente científicos, en general en la Grecia clásica las diferencias entre Filosofía y Ciencias eran muy pocas o inexistentes. Platón puso en el frontis de su Academia, la frase "Nadie entre que no sepa Geometría". Aristóteles escribió la Metafísica, pero también enseñaba una clasificación de los seres vivos. En realidad, la palabra "Ciencia" en griego significaba conocimiento, lo que se mantiene cuando hablamos de la Ciencia de gobernar (claro también se dice, el arte de gobernar), Ciencias ocultas y hasta existe un movimiento religioso llamado Cientología. Así, la cuestión es; qué tenían de común la Filosofía y las Ciencias en la Era Axial de la Grecia clásica. Ellas se pueden resumir en los siguientes puntos: 1. La naturaleza, las conductas sociales humanas y la manera de pensar de la gente, no son causadas por agentes divinos, tampoco derivan del azar, sino son la expresión de condiciones inherentes a su propia naturaleza; 2. El origen de estas condiciones naturales de cosas, eventos, sociedades, esto es, su Etiología (palabra que hoy sólo se usa en Medicina para "causa de las enfermedades"), es posible de describir por los seres humanos; 3. Tanto los acontecimientos naturales o los humanos, como sus causas, se pueden develar por la observación, la reflexión racional y la formulación de teorías "lógicas". En estos tres puntos no agregamos un elemento crítico para la Ciencia moderna, que la diferencia de la Filosofía antigua o actual. No se mencionan elementos de pruebas empíricas, (excepto en Aristóteles), confirmaciones (siempre con algún grado de probabilidad de error) o negaciones "independientes" de hipótesis y teorías. Tampoco el manejo matemático fue central para los griegos clásicos, excepto en Astronomía.

El último filósofo natural fue Aristóteles. De hecho, en la cultura helenística que siguió a los clásicos, Filosofía y Ciencias, empezaron a divergir, por una parte porque los estoicos y epicúreos, no tenían interés en la Física, es decir, en el escrutinio del mundo natural, y porque sus propuestas no podían tener confirmación empírica. A su lado, los griegos de Alejandría se interesaron más en la Física que en los asuntos humanos. Sin embargo, tanto los filósofos como los científicos post clásicos, perdieron un elemento vital de la visión del mundo de la Grecia clásica. Su constante y profundo compromiso intelectual y práctico con la vida social, representadas en las Polis, con la política y con su invento social más relevante, la democracia. Los filósofos y maestros más prominentes de Grecia, escribieron sobre y participaron en los asuntos de las polis. Pocas dudas caben que vivir, reflexionar y sobre todo practicar las convenciones, normas e ideas que hacen funcionar su democracia, creó en los griegos su forma de pensar, de razonar y aclarar conceptos, de arribar a conclusiones y acuerdos racionales, o de disentir según diferentes principios teóricos. Los ciudadanos miembros de una polis determinada, estaban más que legal culturalmente obligados, a participar en asambleas, consejos y procesos en los cuales debían ser capaces, para convencer a sus contradictores, de elaborar argumentos racionales, con lenguajes apropiados (Retórica), con observaciones pertinentes. Por decir de alguna manera, no pudieron evitar ser filósofos y educadores. De hecho, Sócrates pasaba sus días en el ágora, dialogando racional y lúcidamente, con cualquiera que se pusiese en frente. Platón, en varios diálogos, pero sobre todo en las Leyes, tuvo como tema principal la política en las polis. Aristóteles además de su ética, de su metafísica escribió su propia Política.

Así se puede afirmar que una gran parte de la estructura del pensar griego fue determinada por su inevitable inmersión cultural e intelectual en los asuntos de las polis y sus políticas. Esta manera de ver el milagro intelectual de los griegos y la sensación de pérdida fue sostenida por Isaiah Berlin en 1962 cuando señaló que "al cabo de unos cuantos años –de la muerte de Aristóteles– y con las nuevas escuelas filosóficas predominantes en Atenas, fue como si la Filosofía Política se hubiera "desvanecido de repente". Notemos que para el eminente historiador de Oxford, la pérdida de las filosofías post-clásicas (del helenismo) es la desaparición de propuestas importantes, sobre Filosofía Política. Pero se puede pensar que, además, y sobre todo, con la pérdida de la democracia (Atenas y Grecia entera conquistada por Felipe II de Macedonia en los mismos años) dejó de existir un modo de pensar, una manera de mirar y entender el mundo.

En efecto, las dos principales escuelas filosóficas de Atenas 20 o 25 años después de la muerte de Aristóteles, estoicos y epicúreos, proponían ideas absolutamente diferentes. Zenón, principal figura de los estoicos, decía según Peter Watson, que los humanos debían mirar dentro de sí mismos porque no había otra parte importante donde mirar. La finalidad principal de la vida es la independencia. Se deben obedecer las leyes de la naturaleza, pero ninguna otra. La sociedad es un estorbo. Defendió con sus seguidores la libertad social más absoluta. La ley humana es irracional. Para el sabio es nada. Algo después de Zenón los estoicos proponían y buscaban la "aphatia", la ausencia de pasión, llegar a ser impasibles e invulnerables. Su contribución más rescatable es un cierto ascetismo como forma de vida individual. Tuvieron influencia en las nociones éticas de figuras importantes del imperio romano. Séneca y el Emperador Marco Aurelio de fines del siglo 2 A.C. fueron considerados estoicos. La filosofía de los estoicos tuvo influencia en modernos pensadores políticos (Nietzsche y Schopenhauer, por ejemplo). Berlín agrega un dato muy revelador. Ninguno de los estoicos era griego. Zenón era un fenicio proveniente de Chipre, Diógenes de Babilonia, otros de Sidón, Siria y el Bósforo. No tenían, digo yo, la experiencia formadora de ideas y carácter de las polis y su democracia.

Por su parte Epicuro pensaba que lo único importante en la vida de los humanos era su felicidad y que llegar a estar satisfecho era el propósito de todas las acciones humanas. No era un hedonista como generalmente se piensa. Los placeres sensoriales para Epicuro debían ser precisamente controlados, porque el desenfreno de la carne conspira para alcanzar formas más altas de satisfacción y felicidad, o lesionan la felicidad de otros. Sostenía que "el humano no está adaptado para la vida en comunidades cívicas". Nadie es un fin en sí mismo. La justicia, pagar impuesto y cualquiera otra obligación colectiva no tiene sentido si no son útiles para alcanzar la felicidad. Sin duda, Epicuro fue un adelantado de los utilitaristas de principios del Siglo 19, Jeremy Bentham y John Stuart Mill. Epicuro hijo de un soldado griego destacado en Samos, vivió en Atenas sólo dos o tres años, como joven adulto (y ahí fundó su escuela). La mayor parte de su vida la pasó en Asia Menor. Poco recibió de la influencia de las polis democráticas que, por lo demás, había terminado con la invasión macedónica. Esto, aunque Felipe II mantuvo algunas de sus formalidades, su contenido ideológico se había perdido.

Si examinamos las propuestas de los estoicos y de Epicuro vemos un cambio notable respecto al pensamiento de Aristóteles, quien afirmó en la Política "uno no debería decir que un ciudadano es dueño de sí mismo, sino que todos pertenecen a la Polis". Con Epicuro y los estoicos nació el "Individualismo" como teoría no sólo en Grecia post clásica, sino en cualquier civilización. Sólo los griegos del helenismo que habían establecido como don natural de los humanos, pensar libremente, pero con racionalidad, podían aplicar estos principios epistemológicos formales, a nuevas teorías que acentuaban la independencia individual por sobre la dependencia en y de las Polis. La cuestión es a qué se debió esta variación en los contenidos de las propuestas, pero aplicando las mismas estructuras mentales para pensar. Las demás civilizaciones que no habían alcanzado esa forma de procesar (libre y racional) sus diversos asuntos no podían llegar a ser individualistas. Estaban atados por convenciones políticas y religiosas que no daban espacio para que las personas pensaran libre y racionalmente. Las causas de este decisivo giro cultural, manifestado en las filosofías individualistas, se pueden encontrar en los profundos cambios que sufrieron las polis, la democracia y el poder político independiente, que acabaron con la Grecia clásica. Esta desaparición de las estructuras sociales que organizaban y daban sentido a la vida, sin duda produjo una sensación de desamparo, de pérdida de estabilidad, de pertenencia a una comunidad sólida y protectora. Esta amenazante situación, naturalmente indujo la necesidad de fortalecer pensamientos y prácticas que "salvaran" a los individuos, en este verdadero caos desorganizado en que ahora se encontraban.

Sin embargo, Berlin discrepa con esta versión sobre las causas que indujeron la aparición de las filosofías individualistas. Sostiene que la destrucción del tejido político por parte de los macedónicos, no fue tan intensa y tan brutal como habitualmente creemos. Berlín piensa que el individualismo tuvo, en Atenas, a lo menos dos precursores, Antifonte un sofista del siglo 5 A.C. y sobre todo Diógenes, más tardío, que clamaba contra la sujeción a la Polis, y predicaba con palabras y su ejemplo de vida que "únicamente el ser humano independiente es libre, y sólo la libertad proporciona la felicidad". Berlín fortalece su argumento cuando llama la atención sobre el hecho cierto, que todos los estoicos fueron extranjeros y que Epicuro, griego legal, también vivió prácticamente toda su vida fuera de Atenas. Este origen "externo" de los fundadores de las filosofías individualistas, le hace pensar que conceptos como la salvación individual, la búsqueda de la felicidad personal, eran conceptos importados desde otras regiones del Medio-Oriente, que mal que mal, fueron el origen de los monoteísmos y su particular concepto de "salvación".

Me parece que estas dos versiones del origen del individualismo filosófico son en algún sentido verdaderas, pero su impacto sobre la mente de los griegos post clásicos, fue muy diferente. La primera, que pone el acento en la sensación de desamparo individual ante la pérdida de la capacidad protectora de la poli democrática, es neuropsicológicamente correcta, como veremos luego. Es posible que la dictadura macedónica no haya sido tan violenta y que formalmente ciertas prácticas políticas se hayan mantenido, pero, aun así, este escenario de poder completo en manos extranjeras, de ninguna manera puede asemejarse al poder protector de las polis democráticas. Es en esta sensación de desamparo donde, probablemente, ideas individualistas extranjeras y exóticas, (o internas como es el caso de Diógenes) resultaron aceptables, cosa que era impensable para los griegos viviendo y practicando su abarcadora y psicológicamente protectora polis democrática. Por esto pienso que estas nuevas filosofías individualistas son un ejemplo de cambios, a veces muy profundos, en las culturas y sus mentalidades, inducidas por variaciones significativas en el ambiente socio-político de tales culturas. No sabemos cuán extendida en la población fue la sensación de desamparo. Lo que sí sabemos, es que decayeron con alguna rapidez el resto de las manifestaciones y productos culturales, tan excelsos en la Grecia clásica. El arte, el teatro, la escultura, la arquitectura, disminuyeron en número de obras y en calidad. Cuando Grecia fue conquistada por los romanos, éstos encontraron pocos pensadores, escasos artistas, que los recién llegados utilizaron como profesores. Entretanto, la Ciencia griega se había mudado a Alejandría.

El florecimiento de Alejandría, durante el helenismo, es por decir así, la contracara de lo ocurrido en Atenas. Los ptolomeos macedónicos, que hablaban en griego, encontraron en Egipto un país muy rico en posibilidades económicas y tradiciones, pero muy mal gobernado por los persas que lo conquistaron 250 años antes de Alejandro Magno. Para el Imperio Persa era una lejana satrapía que sólo tenía interés como productora agrícola. Los ptolomeos instalaron su gobierno en la ciudad portuaria fundada por el propio Alejandro, y decidieron no sólo aprovechar para el comercio su espléndida posición geográfica, sino convertirla en un centro cultural, abierto a las distintas naciones del Mediterráneo Oriental y a sus diversos emprendimientos culturales. Para lograrlo, fundaron la Biblioteca de Alejandría. El apelativo biblioteca no representa la magnitud de este esfuerzo político-intelectual. En términos modernos ella fue una Universidad Internacional de altísimo nivel, incomparable con cualquier institución del mundo antiguo (incluyendo la Academia de Platón y el Liceo de Aristóteles), orientado al desarrollo artístico-cultural. En verdad compararla con algo similar no tiene sentido. Nada fue parecido hasta la llegada de las universidades modernas. La Biblioteca de Alejandría devino muy rápidamente, después de su fundación (por el propio Alejandro), en el centro del conocimiento del mundo antiguo. Fue internacional porque guardaba todos los escritos (papiros y pergaminos) de algún valor, a veces mínimo, de todos los pueblos occidentales y de Medio Oriente conocidos. También fue internacional porque estaba abierta a los intelectuales de todas partes de ese mundo, los que además, contaban con salas de discusiones, conferencias, traductores, y se les proporcionaba habitación y comida sin costo. Entre sus iniciativas más trascendentales está la llamada Septuaginta, que es la Biblia hebrea traducida al griego por 70 sabios y eruditos judíos. Esta traducción es la base del Antiguo Testamento que, en distintos idiomas, leemos hoy día. Recordemos que el Nuevo Testamento fue escrito en griego, que era la "lingua franca" de los tiempos de Jesús, aunque éste hablaba en arameo.

En cuanto a la Ciencia, que es el objeto de este capítulo, los avances logrados por los griegos que trabajaron en la Biblioteca de Alejandría nos parecen inauditos. Entre sus productos, el más famoso es el libro llamado Elemento de Euclides, quien se supone estudió en la academia de Platón, pero trabajó en la Biblioteca, en los alrededores del año 300 A.C. Las geometrías que Euclides desarrolló son hoy temas de estudio en la Educación Media de todo el mundo. Es el texto con más ediciones en el mundo, sólo detrás de la Biblia y un efecto de él es que en Alejandría las Matemáticas se independizaron de la Filosofía. Se transformaron en Ciencias exactas con sus geometrías, y luego su sistema de cálculo.

A Euclides siguió una portentosa lista de innovadores científicos. Eratóstenes propuso que la Tierra era redonda y calculó su diámetro, equivocándose sólo en 80 kilómetros de un total de 40.075 que es la cifra que se acepta actualmente. También calculó la duración correcta del año, esto es el tiempo en que la Tierra exactamente torna para volver al punto en que inició su recorrido. El mismo Eratóstenes, que era bibliotecario jefe, originó la Cronología, Ciencia que estudia las fechas exactas en que ocurrieron ciertos hechos. Por ejemplo, la fecha de la caída de Troya (1184 A.C.), la primera Olimpíada (776 A.C.), el inicio de la Guerra del Peloponeso (432 A.C.). Diseñó el calendario que posteriormente aplicaría Julio César, y encontró un método para identificar los números primos. En su época se le comparó con Platón, pero desde una perspectiva científica, era sin duda superior. Contemporáneo y amigo de Eratóstenes fue Arquímedes, físico notable que sostenía, 1500 años antes de Colón, que navegando desde España en dirección Oeste, se podría llegar a la India. Arquímedes estudió, viajó y mantuvo permanente contacto con la Biblioteca. Escribió sobre las palancas, la hidrostática, y en este campo, describió su famosa Ley de la Flotación. "Un objeto en el agua perderá tanto peso como el del agua que desplaza". Claudio Ptolomeo (sin relación con los reyes) escribió el Almagesto, una obra fundamental de la Trigonometría, con cuyos métodos estudió el curso de los cuerpos celestes, y estableció matemáticamente el sistema geocéntrico, por el cual nosotros lo conocemos, pero en realidad él era un geógrafo no un astrónomo. Introdujo el sistema de longitudes y latitudes que hoy usamos. Fue el primero en representar el globo en una superficie plana. Esta actitud "práctica" se hace más notable en Herón de Alejandría, como veremos luego.

La Biblioteca de Alejandría se mantuvo activa casi por 700 años (300 A.C. a 400 D.C.), a pesar que se incendió en tiempos de Julio César se mantuvo como el principal centro científico del mundo. Sin embargo allí también se cultivó la Filosofía. Su escuela principal fue el Neoplatonismo, que tomó de Platón sus ideas más místicas, las que a su vez provenían de Pitágoras (y los órficos) y su concepción de los números en cuanto cualidades abstractas que daban sustento al universo y a la armonía celestial. La música de las esferas. En este pensamiento, el alma también abstracta, adquirió una posición especial en cuanta creación de un "Bien Eterno", del que nace la creación que conocemos, como realidad sensible. Esta estructura cósmica: a) Bien Eterno creador; b) Alma humana abstracta y c) Realidad sensible, es muy dinámica y cruzada por una suerte de energía que los neoplatónicos llamaron "emanación", que posibilita la salvación del alma que podría ascender desde la realidad sensible al Bien Eterno. Al conocimiento de esta estructura cósmica y sus dinámicas, los pitagóricos y los neoplatónicos lo llamaron gnosis. Platón mismo pensaba que la dialéctica era el método para acceder a la gnosis. El neoplatonismo místico-filosófico de Alejandría ya estaba activo cuando, según la tradición, llegó a la ciudad el evangelista San Marcos para predicar la nueva religión. Rápidamente se dieron cuenta de las similitudes espirituales y simbólicas entre el cristianismo, el neoplatonismo incipiente y la tradición judía, representada en Alejandría por una colonia numerosa de judíos comerciantes y de la diáspora. Uno de ellos, Filón el Judío, filósofo que desarrolló una especie de fusión entre las tres tradiciones. Al grupo neoplatónico luego se agregaron discípulos judíos de Filón, cristianos como San Clemente de Alejandría y después Orígenes, ambos padres de la iglesia, y Plotino y sus seguidores que eran pensadores no religiosos (no eran judíos ni cristianos).

Con todos estos componentes la fusión intentada por Filón tuvo dificultades. Para los cristianos el conocimiento de la realidad cósmica a través de gnosis no funcionaba bien. Ellos preferían la fe pura y simple. Para los griegos lo mejor era seguir las enseñanzas del mismo Platón. El mejor modo de adquirir la gnosis (conocimiento de la estructura cósmica) era la dialéctica racional del maestro. Para Plotino y sus discípulos, que eran filósofos y no religiosos, la gnosis era el único camino para conocer esta arquitectura cosmológica que ellos pensaban era una descripción cósmica del universo real. La fusión propuesta por Filón se derrumbó en el Concilio de Nicea junto a la propuesta del Obispo de Alejandría, Atanasio, ya que los gnósticos cristianos fueron declarados herejes. Así, la Filosofía neoplatónica no sobrevivió porque fue infiltrada por, y asociada a creencias religiosas. Sin embargo, los herejes y gnósticos se internaron en el desierto llevando sus textos. Los Evangelios Apócrifos (o gnósticos) encontrados en Aymin (Egipto) en 1947 son algunos de esos textos. Es posible que hubiera muchos más que no se han encontrado o se han destruido con el paso de 2 mil años.

En todo caso, el neoplatonismo como Filosofía o las propuestas científicas de Euclides y Eratóstenes, no son las cuestiones que nos interesa destacar en este capítulo, ellas son ejemplos muy demostrativos de nuestro tema principal, cual es la influencia del entorno político, económico y cultural en el desarrollo de la Filosofía y las Ciencias. Desde esta perspectiva Alejandría es, como dijimos, la contracara positiva a la caída de las polis democráticas griegas. La pregunta crucial es cuáles son las condiciones ambientales que hacen florecer la Filosofía y las Ciencias, y cuáles son las que deterioran o impiden su florecimiento. Esta pregunta es crucial porque supone que tales condiciones para inducir sus efectos, positivos o negativos, actúan sobre la mente de las personas que pertenecen a un determinado grupo-socio cultural. Desde este punto de vista, se trata de un tema central para la Neuropsicología de la Cultura. Así, se puede decir que el milagro cultural de la Grecia clásica, cuyas innovaciones y productos culturales abarcaron prácticamente todas las actividades humanas, fue el resultado de una relación armoniosa, equilibrada y práctica entre la tríada de predisposiciones neuropsicológicas que operan en la vida social. Su sociabilidad cooperativa y protectora estaba asegurada por la estructura funcional de la Polis. Su autonomía personal creativa sustentada en sus leyes democráticas. Sus sistemas de información en la escritura. El ágora y las múltiples reuniones de diversos consejos. La moral, como sistema de control del comportamiento, estuvo en el centro de sus preocupaciones filosóficas (Sócrates, Aristóteles) y de sus prácticas como ciudadanos de la Poli.

Por su parte, y en un grado menor, Alejandría puede considerarse como una especie de laboratorio de buenas prácticas para el desarrollo de las Ciencias (algo menos para las Filosofías). La política de desarrollo de las Ciencias que se ha establecido, luego de la Primera Guerra mundial, en todos los países económicamente más avanzados, contiene una serie de preceptos implementados por primera vez en Alejandría. Lo que hoy es el conocimiento común en los expertos en política científica de los países, que gastan las enormes sumas que representan el 2 o 3% de su PGB, constituyó unas de las condiciones que hizo de Alejandría un foco de desarrollo de las Ciencias. Es claro, considerando los ejemplos de científicos alejandrinos que acabamos de ver, que el acento estuvo allí en las Ciencias exactas. En Biología se conformaron con las ideas de Aristóteles, en Historia no hubo mayores avances, y en Ciencias del comportamiento, con los neoplatónicos enredados en sus cosmologías, no agregaron nada con algún valor. Por su parte, las Filosofías de corriente principal con influencia intelectual sobre Roma y la Modernidad, fueron el estoicismo y, algo más lejos, el individualismo de Epicuro. La Edad Media europea fue un interludio religioso que resucitó primero a Platón y luego a Aristóteles.

Las condiciones que hicieron de Alejandría un lugar apto para el desarrollo de las Ciencias Físicas y Matemáticas fueron las siguientes: 1. Seguridad. Los científicos de Alejandría vivieron en paz. Los problemas políticos, sociales y económicos no turbaban su tranquilidad. El gobierno de los Ptolomeos les proporcionaba sus medios de vida (vivienda, comida, etc.). En una palabra, no tenían preocupaciones por su vida diaria; 2. Informaciones. Estos científicos trabajaban en la más extensa y completa base de datos, sobre cualquier tipo de informaciones o conocimientos del mundo de su época, que pudieran necesitar. Hay pocas cosas más importantes para un científico activo, tanto hace 2 y medio milenios atrás, como en la actualidad, que estar al día con las informaciones que requiere, a veces de modo imprevisible, con lo que el acceso a la base de datos, siempre para él es urgente. La biblioteca de Alejandría estuvo muy bien organizada y los papiros o pergaminos sobre cualquier tema eran fáciles y rápidos de obtener. La gente del Siglo 21 con Internet y todos los demás avances, no tiene idea de lo difícil y angustiante que puede ser la búsqueda de información pertinente. 3. Fertilización cruzada. Los administradores de instituciones y laboratorios científicos saben que el progreso de la Ciencia depende en gran parte de las "relaciones personales" que se producen entre científicos. Sus encuentros y discusiones suelen disparar nuevas ideas, a veces inesperadas. Por eso, seminarios, talleres, simposios y congresos abundan, y son parte esencial de la vida de un científico. Como sabemos la Biblioteca de Alejandría tenía salas de reuniones y auditorios, por lo que podemos suponer que había conversaciones, intercambios de ideas, presentación del libro que alguno estaba preparando, etc. Por otra parte, sabemos que los científicos de la biblioteca viajaban a practicar trabajo de campo (Eratóstenes) o como Arquímedes, que en realidad vivía en Siracusa (polis griega no democrática en Sicilia) pero viajaba a Alejandría con alguna frecuencia, no sabemos exactamente para qué (¿discutir nuevas ideas?, ¿presentar un libro?) 4. No interferencia de otros poderes e ideas. Quienes trabajaban científicamente en la biblioteca no estaban bajo la mirada y menos el control de sacerdotes, o dignatarios políticos, o de gente poderosa en el comercio y la economía. Por supuesto, los ptolomeos que abiertamente proclamaban su calidad de nuevos faraones (construyeron templos y demás), eran autócratas y no permitían interferencias de otros poderes. 5. Objetividad y racionalidad. Los productos científicos de la biblioteca son una demostración de la objetividad y racionalidad, especialmente matemática que fundamenta sus propuestas, fórmulas y libros. Estas calidades son parte del modo de pensar y trabajar de un buen científico, pero además los intercambios, discusiones y comentarios del resto de la comunidad científica, hace imposible que alguien irracional y sin objetividad, pueda prosperar en ese medio, hoy día diríamos, académico. Por lo demás, objetividad y racionalidad era parte de su herencia de la Grecia clásica. 6. Libertad para elegir temas de investigación. Cualquier política científica de países líderes supone, que quienes se dedican a ciencias fundamentales deben tener libertad de elección temática. No tenemos idea cómo operaba en la Biblioteca esta condición de la buena Ciencia. Si el director (Erastótenes fue uno de los que se mantuvo como jefe por más largos años) tenía poderes, hacía sugerencias, se manejaba con los financiamientos para influir en las decisiones temáticas, pero no hay evidencia histórica que esto ocurriera. Por lo demás, las Ciencias Físicas y Matemáticas fundamentales, que era el ámbito temático principal, se prestan poco para influencias que cambien la decisión del investigador. Esto es más probable en Ciencias aplicadas cosa que no ocurrió en los ejemplos a los que me referiré a continuación.

Hay dos científicos, de los cuales hay evidencias históricas que aplicaron sus conocimientos físico-matemáticos a asuntos prácticos. Ellos fueron Arquímedes y Herón. Durante la guerra entre Roma y Cartago, los romanos atacaron por mar Siracusa, donde vivía Arquímedes. Éste, conociendo el peligro que se avecinaba construyó un sistema de espejos que podían enfocar la luz del sol a los navíos, de modo de cegar a sus tripulantes. También diseñó y dirigió la construcción de catapultas, que lanzaron destructivos peñascos a la flota que se aproximaba. A pesar que los inventos de Arquímedes produjeron daños, los romanos invadieron Siracusa. Se dice que los generales vencedores, maravillados por los artefactos que encontraron (y que en el mar sufrieron), dieron orden de capturar vivo a su inventor. Desgraciadamente esa instrucción no llegó a oídos de un soldado que mató a Arquímedes, en su propia casa. Es evidente que nos encontramos en un caso de Ciencia aplicada a artilugios tecnológicos. El inventor usó sus conocimientos de Óptica en el diseño y posición de los espejos que debían dirigir la luz del sol, y sus conocimientos de la física de palancas, para construir catapultas que desde tierra alcanzaron con alguna precisión los barcos de la flota romana. Arquímedes pudo construir su sistema de espejos porque, suponemos, conoció los trabajos de Herón que fue su contemporáneo en el Museo-Biblioteca de Alejandría, y produjo un teorema sobre los ángulos en la trayectoria de un rayo de luz, en su viaje desde su fuente a un espejo, y desde éste al ojo del observador. En su "Catóptrica" Herón dio una prueba matemática de las leyes que establecían la dirección de la luz por el camino espacialmente más corto y en el tiempo más breve. Pero Herón, además de científico y geógrafo, fue un inventor que aplicó el conocimiento científico a usos prácticos. Inventó el teodolito, instrumento que ayudaba a los navegantes a establecer su posición y rumbo, según la dirección de la luz solar y la de las estrellas, Osa Mayor y Polar, por ejemplo. Explicó la acción de los sifones y su relación con la presión del agua. Construyó un primitivo pero funcional motor a vapor, dos mil años antes de la revolución industrial. Con sus ideas sobre la fuerza de la presión en los líquidos (sifones) y en los gases (motor a vapor) diseñó para el Templo de Serapis (un dios de la época de los ptolomeos en Alejandría), una cubierta móvil del techo del templo, que se desplazaba con la fuerza de sifones y máquinas de vapor.

Por otra parte, y como hemos visto, la Filosofía helenística tuvo dos pilares, Estoicos y Epicúreos, que no fueron parte de la reflexión filosófica de los alejandrinos, coaptados por la "melange" del neoplatonismo. Sin embargo, estas escuelas filosóficas fueron importantes en el milenio romano, con los estoicos de mayor influencia, lo mismo en algunos pensadores medioevales, y en ciertos filósofos de la Modernidad. Pero antes de explorar Filosofías y Ciencias de este período de la historia humana (Roma, Medioevo, Modernidad), vale la pena una mirada neuropsicológica al conocimiento helenístico. Desde este punto de vista y como he sugerido, la mente que se hace cargo de conocer los tópicos científicos, tuvo una evolución, llamémosla cultural, muy decisiva, en tanto los temas propiamente filosóficos, retrocedieron a un nivel anterior al de Aristóteles. La mente científica de los sabios del Museo-Biblioteca de Alejandría se sumó a la racionalidad aristotélica, pero probablemente siguiendo sus pasos, tuvieron una preferencia por los datos objetivos, sobre las especulaciones nacidas en los físicos jónicos, y desarrollados por Platón. Las interpretaciones metafísicas del tipo cuál es la realidad verdadera detrás del universo perceptivo sensorial. Los alejandrinos, científicos, dejaron estas especulaciones para los neoplatónicos. Su mente se enfocó en develar causas y efectos (leyes) que explicaran la realidad que tenían delante. Hasta ahí seguían el camino iniciado por Aristóteles científico, que no el metafísico, pero avanzaron un trecho sobre el estagirita, como suele llamarse a Aristóteles por el lugar donde nació. Su mente evolucionó para desarrollar la interpretación matemática de las regularidades (leyes) de la realidad que percibían. Dieron nacimiento a nuevas formas mentales de procesar la información que agregaban (no reemplazaban) a la Lógica. Las Matemáticas y sus diversos componentes muchos de los cuales eran ya conocidos por los griegos clásicos, pero no utilizados para definir las leyes que regulan el comportamiento de los astros, la mecánica de las palancas, la dirección de la luz o las fuerzas que operan en sifones y máquinas de vapor. Como he dicho, sin una mente que procesa las Matemáticas, las Ciencias modernas habrían sido imposibles. Claro que los modernos tuvieron conocimientos que los alejandrinos aparentemente desconocían, como el Álgebra y la numeración arábiga, introducida en Europa por los musulmanes en el medioevo. De este modo es posible decir que, la mente de los sabios de Alejandría, adquirió cualidades de procesamiento neuropsicológico no sólo innovativos sino fundamentales para la evolución de la Cultura y el conocer de los humanos.

2. Filosofía y Ciencias en Roma

Es muy claro para todos los historiadores que los romanos fueron una civilización eminentemente práctica, impulsada por una casi insaciable disposición a conquistar otros pueblos a través de lo que mejor hacían, la guerra. Esta doble disposición cultural (guerreros de talante práctico), da buena cuenta por qué en Filosofía y Ciencias no fueron particularmente innovadores, pero sí lo fueron en los tipos de tecnologías que hemos considerado en este libro. Las eco-tecnologías que sirven necesidades a partir del uso de materiales físicos, y las socio-tecnologías que organizan y ordenan a las sociedades. Dada sus necesidades de conquistas fueron maestros en la construcción de caminos, puentes, puertos, edificios (templos, palacios, coliseos), ciudades. En cuanto a socio-tecnologías, sus aportes principales fueron la administración eficiente del Estado y el Derecho. El Emperador Justiniano, residente en Constantinopla en el siglo 5 A.C., recopiló el conocimiento en esa área en el Codex Contitutionum, que es la base de varias legislaciones actuales, y que estudiantes de Derecho en distintas universidades del mundo deben conocer.

Desde esta perspectiva no es raro que sus pensamientos filosóficos y científicos fueran copia de los griegos, con poca originalidad agregada. Esta relación con la cultura griega es mucho más amplia que estos restringidos campos del saber. Sus dioses son los mismos que los que habitaban en el Olimpo, pero claro está con otros nombres y algunas características modificadas. Entre los patricios y comerciantes ricos, las casas incluían ideas arquitectónicas griegas, y sus hijos eran educados por profesores o esclavos griegos. Viviendo latinos y griegos en el Mediterráneo sus comidas y ropajes no eran muy diferentes. Si miramos bien estas similitudes, ellas se refieren a las cosas prácticas de la vida, que era la tendencia más básica de la mente romana, condición que se afirma aún más si consideramos sus filósofos preferidos. En primer lugar, Platón y sus devaneos metafísicos, no fue un filósofo que los romanos prefirieran o leyeran, ni los de clases altas, ni soldados que sabían el idioma griego. Es conocido que de este idioma los romanos tomaron sus letras. Del teatro griego evitaron las tragedias y produjeron sus propios dramas y comedias. La Filosofía y las Ciencias puras, no aplicadas a la tecnología, en las cuales fueron maestros, mejores que los griegos las podemos conocer con un breve repaso a sus tres figuras principales. Notemos, sólo tres en un milenio de expansión y poder.

1. Lucrecio. Vivió entre los años 95 y 52 A.C. Es conocido y citado hasta nuestros días por su único trabajo publicado, un poema épico llamado "Acerca de la naturaleza de las cosas", famoso por su belleza poética y aunque dedicado (explícitamente) a las ciencias físicas, contiene reflexiones de gran sabiduría sobre la vida humana, tanto que para algunos es en realidad un texto acerca de la Psicología humana. Esto es entendible pues fue un seguidor de Epicuro y sus ideas sobre la búsqueda de la felicidad y la manera de lograrla, evitando el dolor. Sabemos que el concepto de felicidad de Epicuro dista mucho de la interpretación corriente de felicidad como placer sensorial. Es este sentido que Lucrecio postuló en su poema que la real felicidad se produce por "la virtud de la moderación". En varios pasajes habría referencia al ascetismo de los estoicos, por lo cual podemos decir que Lucrecio, en su declarada y explícita intención de transmitir ideas filosóficas al humano común, utilizó los más insignes creadores del individualismo filosófico, que como vimos dio un giro a la Filosofía clásica de los griegos.

2. Cicerón. Fue un abogado de buena familia, pero no un patricio. Vivió en los tiempos de terribles disputas de finales de la República entre Julio César y Pompeyo, y fue una figura pública famosa por sus discursos legales en defensa de sus clientes. Sus cartas (escribió muchas con sus ideas) y discursos eran conocidos por todo el mundo, pero su trabajo propiamente filosófico se encuentra en el último texto que escribió, después de ser cónsul de la República, el máximo nivel de poder en Roma, antes del Imperio. El texto se llama "Sobre los deberes" y es, sin duda, un trabajo sobre Ética personal y ciudadana, que sigue varias ideas de Aristóteles, pero desde un punto de vista legal y romano. Hace la vieja distinción entre legal y legítimo, y sus preceptos son muy prácticos. No mentir, mantener la palabra dada, respetar a todos los seres humanos por igual, esclavos incluidos, que fue una revolución para el mundo antiguo, mantener los buenos principios a cualquier costo, y varios otros consejos del mismo tenor. Fue la Ética de Nicómaco de Aristóteles, en versión práctica para los romanos. Otra obra conocida de Cicerón es "Sobre la Senectud", que es de nuevo filosofía práctica, acerca de cómo sobrellevar con dignidad los pesares, dolores y abandonos de una vida que se acaba. Aquí la influencia estoica es clara. No aconseja una buena vida sino terminarla dignamente.

Mirando el conjunto de sus ideas (cartas, discursos, libros), los especialistas en Roma piensan que Cicerón, en realidad transmitía una filosofía política, muy importante para su época, porque en el sistema de gobierno de Roma, Julio César propugnaba crear un imperio, y sus contradictores, que finalmente le dieron muerte, querían mantener la República. Para Cicerón ni una ni la otra por sí mismo era la solución. La paz y el progreso de Roma (o de cualquier entidad política) dependían de la fortaleza moral de sus ciudadanos. Si cada uno es dueño y responsable de sus acciones, no se necesita un jerarca supremo, El creía en el gobierno de la ley y no en el entregado a la voluntad de un dictador.

Cicerón ha sido considerado por historiadores e intelectuales como un gran "humanista", sostenía que le "interesaban todos los asuntos humanos, pero sólo ellos", en este sentido era un filósofo, pero además, se afirma que fue el escritor que llevó a mayor altura el latín en prosa, al lado de Virgilio, en la poesía.

3. Tácito. Roma tuvo algunos buenos historiógrafos, es decir, especialistas en investigar y relatar hechos históricos, con la mayor fidelidad posible. Tácito fue uno de ellos, pero no sólo consignaba hechos sino les daba una interpretación razonada. Él fue un historiador, en el sentido que esta disciplina tiene en la actualidad, y al cual pertenecen Heródoto y Tucídides que escribieron casi 550 años antes. En realidad, en este largo intervalo no hay nadie comparable. Tampoco entre los 1.500 años entre Tácito y los historiadores del Renacimiento Italiano. Por otra parte, Tácito, que siempre trabajó para el Estado Imperial en puestos de gran responsabilidad, fue Cónsul el año 97, era muy buen escritor por lo que sus trabajos tuvieron gran difusión y muchos lectores. Sus obras más importantes (hay varias perdidas) son "Historias" y "Anales", que cubren casi 100 años de vida del imperio comenzando por Tiberio (hijo de César Augusto). Razonó extensamente sobre el peligro bárbaro y la pérdida de legitimidad de emperadores rapaces, déspotas y criminales.

A pesar de estas figuras ejemplares, Roma, república o imperio, hizo muy pocos aportes reales a la Filosofía y las Ciencias formales. Por otra parte, su contribución a la Ingeniería y la Filosofía Política son enormes. Desde la perspectiva política, innovaron sobre la democracia directa de los griegos, pues inventaron la democracia representativa, con dirigentes nombrados en elecciones ciudadanas, concepto que está en la base de la democracia moderna. Sus sistemas electorales siguieron operando para cargos importantes (judiciales, de administración local, etc.) aun en el imperio. Muchas de sus construcciones, producto de su Ingeniería (coliseos, acueductos, puentes, puertos, el magnífico Panteón) se mantienen hasta hoy día. Su Derecho es la base del Derecho de los países latinos.

3. Filosofía y Ciencias en el Islam

En menos de dos siglos los árabes, convertidos en musulmanes por Mahoma, y al comienzo bajo su conducción, lograron extender sus conquistas desde Persia por el Este a gran parte de España, incluyendo el Norte de África, Egipto, Palestina y Siria. Esta fenomenal expansión, bajo el mandato de los cuatro generales, devenidos califas, compañeros de Mahoma desde su comienzo, significó la incorporación al mundo musulmán de un gran número de pueblos y tradiciones culturales. Naturalmente, la población propiamente árabe no era suficiente para cubrir este enorme territorio. En muchas partes, los árabes etruscos eran sólo el estrato dirigente de esos pueblos (generales, califas, administración civil y religiosa) de modo que sus producciones filosóficas y científicas estuvieron influidas por tradiciones y culturas de las diferentes poblaciones conquistadas. Sin embargo, los árabes originales, tenían un instrumento muy poderoso para, hasta cierto punto, homogeneizar las culturas de las capas superiores de los pueblos conquistados: el Corán. Aunque fueron respetuosos con las prácticas privadas de las religi0ones, la organización social y la vida pública de toda la gente debía atenerse a las instrucciones contenidas en el Corán. Este sistema normativo llamado Sharía, llegaba a todos los comportamientos sociales. La transmisión pública de ideas y pensamientos, a través de la enseñanza o documentos escritos debía enmarcarse en este sistema normativo. También la Filosofía y la Ciencia.

Hay pocas evidencias que esta imposición religiosa significara un problema mayor para filósofos o científicos. La razón fue el aprendizaje prácticamente obligatorio del Corán. Digo que así resultaba en la práctica, porque cualquiera persona que deseara ser parte de los niveles superiores de sus comunidades, debía aprender en el Corán, escrito en árabe, sus sistemas regulatorios. A las escuelas coránicas, las madrasas, les tomaban tiempo para hacer sentir como propias nociones de comportamientos o ideas, que necesitaban para ascender o permanecer en los estratos superiores de sus sociedades. Así, este aprendizaje no era una imposición, sino el resultado de un incentivo para mejorar sus condiciones de vida. De esta manera, las producciones filosóficas y científicas que veremos a continuación, son en parte el reflejo de las tradiciones intelectuales de los pueblos conquistados, y en parte, de otras ideas que circulaban libremente en el gran espacio cultural abierto, y de algún modo unificado, por los conquistadores, todo lo cual estaba sostenido por nociones aprendidas del Corán.

En estas condiciones el Islam produjo una novedosa y magnífica Cultura que se manifiesta en la Arquitectura y el Arte que aún hoy podemos visitar, a veces como ruinas (Egipto, Siria, Irak), a veces mejor conservados (España, Persia, India), pero también en escritos, muchos perdidos, que nos ilustran sobre la Filosofía y las Ciencias de la edad de oro del Islam (siglos 8 al 13).

Desde la perspectiva de los avances filosóficos y científicos en el Islam, ellos pueden gruesamente ordenarse en tres categorías, que con algunas excepciones (siempre las hay), se desarrollaron en áreas geográficas diferentes de su enorme territorio: a) Filosofía y Medicina; b) Ciencias Físicas y Matemáticas; c) traducciones de textos clásicos.

3.1. Filosofía y Medicina

Hay razones históricas para que Filosofía y Medicina se desarrollaran en el Islam prácticamente al mismo tiempo y a partir del mismo lugar. Los nestorianos, secta cristiana, declarada una herejía en el Concilio de Nicea en el año 324, presidida por el emperador Constantino I, fue perseguida en los territorios del imperio, de tal modo, que un gran número de ellos debió migrar en el siglo 5 hacia Oriente, fuera de los límites de la ya predominante y poderosa cristiandad. Se asentaron en Gundishapur, ciudad al sur-este de Persia, país en el cual consideran a Jesús humano y divino, cosa que aunque los seguidores de Nestorio rechazaban, no generaba problemas al zoroastrismo local, por lo cual prosperaron, y mantuvieron su idioma original, el griego. Junto a ellos habían llegado a la misma ciudad otros perseguidos políticos y religiosos, particularmente quienes pertenecían a la Academia "pagana", fundada por Platón en Atenas casi un milenio antes, y que fueron expulsados cuando la institución fue cerrada por los cristianos, en 529. A éstos se sumaron judíos y otros intelectuales desplazados, con lo que Gundishapur casi dos siglos antes de ser conquistada por los musulmanes en el año 638, tenía una población intelectual que hablaba varias lenguas y que se dedicaba a varios asuntos relacionados con la Medicina. La elección de los nestorianos, vinculados a la Medicina, para elegir esta ciudad como su destino, fue porque en esta región de Persia había una tradición de conocimientos de yerbas medicinales. Razón por la que se congregaron estudiosos de diversos temas médicos, como técnicas quirúrgicas, terapias especiales, etc., provenientes de distintas regiones y civilizaciones de esos tiempos. En estas circunstancias, comenzaron a traducirse textos médicos clásicos de distintos orígenes, y también de Grecia y Roma, de modo que los distintos estudiosos tuvieron acceso a conocimientos publicados en lenguas diferentes a la propia.

Al parecer esto generó un círculo virtuoso. La noticia de lo que allí ocurría, atrajo más intelectuales médicos, con lo que el conocimiento disponible se incrementó e hizo necesario más traducciones del griego, al sanscrito, indio, al arameo, al siríaco. De modo que cuando llegó el Islam, no tuvieron mayor problema en aprender árabe y continuar traduciendo ahora a esta lengua. Muchas familias nestorianas se especializaron en los diversos aspectos de la Medicina, preparación de brebajes terapéuticos, diagnóstico clínico, cirugía, terapias diversas, de modo que Gundishapur tuvo el primer hospital en la historia de la humanidad. Además, la propia traducción de lenguas se hizo profesional.

3.2. Ciencias Físicas y Matemáticas

Luego de la conquista musulmana de estos territorios, en Damasco se produjo un cambio de dinastía y el nuevo califa (en realidad su hijo menor) decidió construir una ciudad completamente nueva, Bagdad, a orillas del río Tigris, fácil de defender y porque el río le daba acceso al mar, y con eso, a distintos mercados (China, África, India). En Bagdad hubo grandes califas, pero los más importantes para la Filosofía y las Ciencias fueron el quinto, Harum al-Rashid (786-809), (el de las Mil y una Noches) y su hijo al-Ma´mun, especialmente este último. Pero poco antes de estos califas, a Bagdad llegó un hindú con un tratado de Astronomía y uno de Matemáticas, este último, utilizando los numerales (1-2-3, etc.) que nosotros llamamos árabes, pero son de origen indio, que además incluía el hasta entonces desconocido 0, probablemente de origen chino. Ambos fueron traducidos al árabe y gobernantes e intelectuales musulmanes se percataron que había allá afuera toda una sabiduría que necesitaban conocer. Pero este conocimiento no estaba sólo en el sánscrito hindú sino también en otros lugares, especialmente griegos. Para estos efectos, el califa Ma´mun recurrió a los traductores de la cercana Gundishapur y fundó en Bagdad la Casa de la Sabiduría, dedicada a traducciones y, algo después, a Astronomía, con lo que los musulmanes pudieron conocer obras fundamentales de Filosofía y Ciencias y varios otros temas, para ellos menos importantes (Historia y Artes de otros pueblos). Con ello se inició la Filosofía y la Ciencia del Islam, partiendo de los antecedentes (textos traducidos) de Grecia, Alejandría, la India y otros lugares, que fueron un impulso a sus propias y algo posteriores investigaciones y propuestas.

Esta pequeña y curiosa historia del nacimiento de la Filosofía y la Ciencia del Islam, basado en traducciones, muestra que las informaciones del "estado del arte" del conocimiento, es el punto de partida de muchas investigaciones innovativas, y es esencial para el avance no sólo de estas áreas (Filosofía y Ciencia), sino para cualquier dominio de las actividades humanas, las Artes, las Tecnologías, la Política, la Economía, incluso las Religiones (el Corán considera a Jesús como un profeta muy avanzado). En el globalizado mundo actual, con Internet incluido, es difícil imaginar no tener informaciones sobre ideas y propuestas previas respecto a sus propias líneas de trabajo. Los musulmanes que invadieron medio mundo, saliendo de la primitiva Arabia, no conocían qué pensamientos previos y distintos existían en el resto del mundo. Ahora, los musulmanes a través de la traducción, conocían el estado del Arte, de la Filosofía y las Ciencias en las demás culturas que ya habían avanzado Sería largo enumerar las obras, especialmente del griego, que se tradujeron en Bagdad. Resaltan Platón y Aristóteles, Euclides, Ptolomeo, Arquímedes. Astronomía y Matemáticas de India, que como he dicho abrió, el interés del Califato de Bagdad por traducir. No obstante, estos conocimientos de Astronomía, Matemáticas y Física (de Aristóteles) Óptica y demás Ciencias exactas, el mayor volumen de traducciones parece haber ocurrido en Medicina. Hipócrates, Dióscoro, Galeno y algunos más. Recordemos que los nestorianos fueron los iniciadores en Gundishapur, de las tradiciones de estudios médicos.

Con este bagaje de novedades científicas y filosóficas, en 950 un pensador musulmán Al-Farabi, organizó las diferentes disciplinas en un catálogo muy inclusivo, y que representaba los intereses intelectuales del Islam: Ciencias Lingüísticas, Lógica, Matemáticas, Astronomía, Óptica, Física, Metafísica, Política, Jurisprudencia y Teología. Este catálogo fue mucho después conocido en latín como "De Sientiis". En este marco comenzaron a aparecer trabajos en árabe, con algunas innovaciones. El uso de los numerales de la India por el famoso astrónomo musulmán Al-Kwarizmi. De este mismo autor es el concepto de algoritmo. El Álgebra fue la más destacada innovación Matemática de los árabes. Se dice que el origen del Álgebra son las complicadas leyes del Islam sobre la herencia. Parte de la fortuna del difunto y sus deudas, correspondían a sus varias esposas y sus muchos hijos, que además estaban ordenados en varias categorías (esposa principal, hijos varones, etc., etc.). La otra área innovativa de los árabes fue la Química. Su principal cultor fue Geber, llamado así por los occidentales porque su nombre árabe Yabir ibn Hayyan les resultaba impronunciable. Esta acotación es importante porque la obra de Geber fue usada en Europa como el principal texto de Química en la Edad Media. Él fue el primero que describió, de manera sistemática, los procesos químicos "experimentales": calcinación, reducción, evaporación, sublimación, fundición y cristalización. Esta forma de definir y descubrir los procesos químicos dio, por supuesto, origen a la Alquimia, pero también a la Química moderna. En paralelo a Geber, otro musulmán, Al-Razi, clasificó sistemáticamente los productos naturales, dividiéndolos en minerales: "en espíritu" (mercurio, amonio), sustancias (oro, cobre), piedras (bórax y sales). Pero lo más importante para la Química experimental es que agregó las sustancias artificiales: cinabrio, soda cáustica, etc. Las sustancias artificiales debían producirse en lo que hoy llamamos laboratorios químicos, y estaban sujetos a experimentación.

Pero, a pesar de estas innovaciones en Ciencias Naturales y Exactas el interés principal de los musulmanes estaba en las Ciencias Médicas, y desde éstas, en lo que podemos llamar Filosofía natural. Desde la perspectiva de las Ciencias Médicas, al conocimiento de las obras traducidas se agregó la fundación de hospitales, muy semejantes a los de nuestros días, que eran, por así decir, (como lo son hoy los hospitales universitarios), un campo de investigación y entrenamiento médico. Eran más complejos que el inicial de Gundishapur, y se extendieron, bajo Harun - al Rashid, por Bagdad, el Cairo, Damasco y otras urbes importantes. Fue desde allí donde surgió la idea de organizar farmacias con farmacéuticos que, luego de un examen, podían no sólo prescribir sino producir fármacos. Para esto contaron con medicamentos tradicionales en el mundo árabe (alcanfor, azufre, mercurio), además de las nuevas ideas sobre plantas medicinales su uso y preparación, que fueron tan abundantes, que en una recopilación del siglo 13 ("colección de dietas y medicamentos simples") tenía más de un millón de entradas. Entre los médicos más ilustres del Islam, vale la pena destacar los dos más conocidos (Al-Razi, Rases en latín e Ibn-Sina, en latín Avicena). Su importancia adicional es que ambos se ocuparon de la Medicina y de la Filosofía. Rases escribió más de doscientos libros, la mitad de Medicina y el resto de materias diversas: Matemática, Astronomía y Teología. Describió, por primera vez, la viruela y el sarampión. Sin embargo, su mayor contribución, que se tradujo a la mayoría de las lenguas europeas, fue "El libro exhaustivo", enciclopedia de 23 volúmenes de conocimientos médicos griegos, árabes pre-islámicos, indos e incluso chinos. Tratamiento, diagnóstico y la terapéutica de todas las afecciones médicas conocidas en la época. Se preocupó de dietas e higiene, y su relación con enfermedades. Este tipo de propuestas eran producto de la observación. En su época no había noción de nutrición y metabolismo, y tampoco de gérmenes que producen enfermedades.

Avicena escribió casi dos centenares de libros, pero, el más famoso es "El Canon" que sintetizó la medicina griega y árabe, mostrando un vasto panorama de las patologías, pero además, agrega datos sobre anatomía y fisiología corporal y, por primera vez, incorpora padecimientos mentales a su Canon a propósito de sus observaciones, hasta ese momento inéditas de la relación sobre cambios de ánimo y afecciones corporales. Se preocupó de lo que hoy llamamos epidemiología y del medio ambiente como causante y vehículo de enfermedades. Su fisiología de la Medicina fue un avance notable en el pensamiento médico. La enfermedad es una manifestación del cuerpo a propósito de la acción de determinados elementos que obstruyen el equilibrio natural del funcionamiento corporal. Había nacido, por una parte, un pensamiento etiológico (causal) y, por otra, la noción de un medio interno que se autorregula buscando su estabilidad. Estos conceptos en la Modernidad se desarrollaron en Occidente hace poco tiempo. El primero, "etiológico", a fines del siglo 19 (Pasteur), y el segundo, (medio interno autorregulado) a fines del siglo 19 y principios del 20 (Walter Cannon). Dada la riqueza y profundidad del trabajo de estos dos maestros, no es raro que sus ideas hayan desplazado las de Galeno, que se enseñaron en las Facultades de Medicina de todo el mundo hasta por lo menos, el siglo 17.

La Filosofía del Islam tuvo problemas debido a que las Ciencias por la no presencia del Corán (que apareció junto con Alah), daban respuesta verdadera a todas las preguntas que se podían formular, con lo que el espacio de libertad para el pensamiento filosófico, era en realidad escaso. La solución de los grandes filósofos musulmanes, es que intentan una armonización del Corán con la racionalidad, esta última, de acuerdo a las propuestas de Aristóteles y, algo menos, a las de Platón. El propio Avicena, que además de médico fue un filósofo de mucho prestigio, intentó esta síntesis, pero aprovechando el pensamiento de Platón y Aristóteles. Este último en la Metafísica, a pesar que su Dios no era el motor inmóvil sino uno creador. De Platón, las ideas como entes generales y permanentes. El ser humano para Avicena estaba compuesto de cuerpo y alma, y esta última era parte de un alma universal que surgía de Dios, lo que era de algún modo gnóstico y neoplatónico. El ser humano tenía libre albedrío, pero Dios manejaba todas las demás fuerzas. Fue muy estricto en separar Filosofía de Teología, asignando a esta última un papel menor, sólo como comentarios al Corán (ley canónica). Los demás filósofos árabes más conocidos (al-Kundi y Al-Farabi) agregan poca originalidad a sus producciones filosóficas, excepto que se basan en Aristóteles y no en Platón.

La edad dorada de Bagdad con su apertura a estudiosos de todo el mundo, griegos, persas, hindúes y una cierta libertad de pensamiento, especialmente en Ciencias duró sólo hasta el siglo 11 y principios del 12. Este ambiente intelectual era bochornoso y hasta herético para los musulmanes fundamentalistas, que al final prevalecieron y acabaron con la edad dorada. Sin embargo, algo de este ambiente se mantuvo en la España musulmana, primero en Toledo, hasta su conquista por los castellanos y en Córdoba hasta su caída en manos de los Reyes Católicos. Los avances científicos del Islam español fueron en Botánica, mejorando las ideas sobre germinación a partir de esquejes o de semillas, y las particularidades de la irrigación y de los abonos. Sin embargo, sus mayores avances fueron en estudios socioculturales y de religiones comparadas, en Córdoba. En este último sentido es notable la obra de Ali-ibn-Hazm llamada "La última palabra en sectas heterodoxas y confesiones", en la que llama la atención en la inconsistencia de los relatos bíblicos en que los cristianos creían, cuando vivían pacíficamente en Córdoba. Respecto a estudios socio-culturales, es pionero el trabajo del viajero musulmán llamado Ihn-Khaldoum, que para algunos inventó la Sociología al plantear una teoría del desarrollo histórico de los diversos pueblos, considerando geografía, clima y patrones culturales. En todo caso, la estrella de los pensadores musulmanes en España fue Averroes, conocido y respetado no sólo por sus ideas sino por su pensamiento racional y lógico, por cualquier otra consideración. En sus escritos intentó reconciliar el pensamiento de los griegos (Aristóteles - Platón) con el Corán, pero esto no le era central, su principal preocupación filosófica era reconciliar la razón, como atributo central de la mente humana con la revelación, es decir, el mensaje de Dios Omnipotente. Su principal argumentación, en este sentido es que todas las palabras del Corán no debían interpretarse literalmente. Cuando ellas se contradicen con la racionalidad del filósofo, deben interpretarse como metáforas. Afirmó, por ejemplo, que la resurrección del cuerpo, como lo afirma el credo cristiano y el Corán, le resultaba absolutamente inimaginable. Lo que permanece es el alma. El resto son metáforas. Por último, propuso que los diversos estratos de la población se relacionaran con estas verdades de modo diferente, y que ello era esperable y aceptado pues dependía de su inteligencia y formación. La Filosofía era para las élites intelectuales, para la gente promedio el razonamiento dialéctico (tipo Platón) era el adecuado, y para los niveles corrientes, la interpretación literal era suficiente. Sus ideas sobre la necesidad de un análisis racional de las revelaciones, fueron muy apreciadas entre los católicos. En la década de 1970 se agotaron en Venecia más de cincuenta ediciones de las obras de Averroes. Claro que sus ideas sobre los distintos niveles de entendimiento de las personas han recibido críticas explícitas junto a aceptaciones silenciosas, en la historia de Occidente.

No es fácil decidir qué novedades neuropsicológicas nos presentaban las mentes de filósofos y científicos de los estados islámicos. Ellos al comienzo de su historia se contentaban con comentar a los griegos. Sin embargo, hay algunas cosas notables. Su explícita decisión de "ponerse al día en el estado del arte" a través de traducciones, que era el mecanismo del que disponían, enfatizó de modo práctico la necesidad de informaciones sobre el estado previo (o simultáneo) del conocimiento disponible, para avanzar en Filosofía y Ciencia. En Alejandría esta misma necesidad se solucionó con el Museo-Biblioteca. Por otra parte, los sabios islamitas desarrollaron, a diferencia de los alejandrinos, un esfuerzo por usar los juicios racionales para analizar las verdades dogmáticas reveladas, con lo cual se adelantaron a Santo Tomás de Aquino. Claro que los árabes tenían muy presente el Corán como fuente de verdades reveladas, que limitaba su necesidad de pensar libremente. Por último, desde el punto de vista estrictamente del método científico, los sabios islamitas avanzaron en el experimento de diseñar reacciones químicas, o manejar las Ciencias médicas bajo ciertos supuestos hipotéticos, y ver cómo la realidad respondía a estos supuestos experimentales. Los alejandrinos con los espejos de Arquímedes y los motores a vapor de Herón, habían hecho algo semejante. Por último, la aplicación de nuevos elementos matemáticos, la Numerología inventada en la India, pero sobre todo el Álgebra de creación musulmana. De este modo podemos decir que sus avances fundamentales fueron en Medicina y en Química las que hicieron experimentales, y en Matemáticas con la novedad de Álgebra. El análisis crítico racional de las verdades religiosas es un anticipo de la mente moderna.

4. Filosofía y Ciencias en Europa. Desde el Medioevo tardío hasta la Modernidad inicial

Consideraré el desarrollo de la Filosofía y las Ciencias en este lapso temporal de alrededor de 600 años (del 1100 al 1700), lo que puede parecer extraño por razones teóricas y prácticas. Desde un punto teórico, se puede sostener que en la baja Edad Media, iniciada alrededor del año 1100, se produjeron cambios significativos en el pensar filosófico y científico, con la aparición por ejemplo, de las primeras universidades, que fueron por decir así, el fermento del Renacimiento y de la Modernidad temprana, pero siempre con la presencia digamos inexorable de la Iglesia, cuya influencia dejó de ser decisiva sólo al promediar el siglo 18, con las revoluciones políticas e industriales de esos tiempos. De este modo, podremos examinar un tema neuropsicológico de la mayor importancia, que apenas hemos esbozado en los apartados precedentes. La relación entre las mentes racionales, filosóficas y científicas con la religiosidad humana y sus instituciones. Sostengo que en las revoluciones políticas e industriales (iniciadas en el siglo 18) esta relación racionalidad- creencias ultramundanas cambió de carácter. Evolucionó y fue parte de la "Modernidad", a la que se dedica un capítulo especial en este libro

A la caída del Imperio Romano de Occidente siguieron para los europeos tiempos muy difíciles. Las diferentes tribus germánicas ocuparon y prevalecieron en diversos territorios, de modo que el mapa de los países de Europa Occidental y el Norte de África fueron adquiriendo una fisonomía delineada según donde se instalaban, lo que gruesamente se mantiene en la Geografía Política actual. Alrededor de dos siglos después, estas nuevas proto-naciones sufrieron más amenazas. Los vikingos en el Norte, los árabes por el Sur, los eslavos por el Este. Entretanto las ciudades romanas se derruían, los caminos desaparecieron, el comercio sin comunicación y con constantes enfrentamientos resultaba imposible, y con los campos improductivos, toda la vida de las poblaciones era precaria. Con razón en los 400 o 500 años en los que Europa estuvo en esta situación, se le llama "Época oscura". Sin embargo, durante este tiempo una institución se mantuvo mejor estructurada y siguiendo algunas de las prácticas organizacionales del desaparecido Imperio Romano de Occidente: educación, servicios sociales, suministro de alimentos y agua, cuidados de enfermos, solución de disputas, etc. Por supuesto me refiero a la Iglesia Católica.

En el año 312, Constantino había declarado (a raíz de su famosa visión) a las prácticas religiosas cristianas como aceptables, igual que a las demás religiones que poblaban el imperio, y a su iglesia legal. Sólo algunas décadas después, Teodosio ungió a la iglesia cristiana como la única legal. La expansión de obispados, de lugares de culto y de actividades eclesiásticas fue enorme. A la caída del imperio los cristianos tenían obispos en todas las ciudades mayores de su territorio, lugares de culto y sacerdotes en la mayor parte de las aldeas y villorrios. Estas redes de poder eclesial, le permitieron al Papa Gregorio Magno, en la segunda mitad del Siglo 6, desarrollar actividades de socorro social enteramente terrenales pero indispensables para la sobrevida de las comunidades, que ya no tenían la presencia de los oficiales imperiales. Este nuevo tipo de acciones de la Iglesia era, por supuesto, parte del mensaje cristiano (ayudar al desvalido y al que sufre), pero antes de Gregorio su práctica era muy menor, enfocada especialmente en la educación, en ciertas condiciones y lugares, y en la atención de enfermos. Gregorio que era un ferviente creyente, se preocupaba de las almas de los cristianos. Para facilitar el recogimiento y la atención a los misterios de la eucaristía, inventó acompañar la Misa con música. Así nació el Canto Gregoriano. Teológicamente tenía problemas con la sanción a los pecadores. Es obvio que los santos y puros vayan al cielo, pero los pecadores no son todos iguales. Hay pecados graves, pero también los hay veniales. No tenía sentido que todos fueran al infierno. Gregorio inventó una estación intermedia. El purgatorio. Aún los pecados muy graves no rompen por igual con las enseñanzas de la Iglesia (o mejor, del mismo Cristo). Estableció los siete pecados capitales que tienen una progresión en cuanto a gravedad, de acuerdo a los mandatos de la Iglesia de Cristo. Este orden debía, además, ser comprensible para los fieles comunes, para los cuales, como para la Iglesia, los pecados de la carne son menos graves que los del espíritu. Por eso, la progresión según la gravedad de la ruptura, parte por los de la carne y termina con los más graves del espíritu: lujuria, gula, avaricia, pereza, ira, envidia, orgullo.

Dos siglos antes de Gregorio Magno, en el Concilio de Nicea, se había pensado que una manera eficaz de extender el mensaje de los cristianos, entre los paganos, era acercar algunas de las disposiciones de la Iglesia, a las creencias más tradicionales de los paganos, que además de creer en dioses falsos, tenían mentalidades poco refinadas y más bien concretas. Así nació la temporalidad del calendario eclesial, esto es de los días del año en los que habían ocurrido los acontecimientos sagrados más importantes. Por supuesto, nadie sabe con certeza que día del año nació Jesús, pero el solsticio de invierno en el que empieza la primavera y renace la naturaleza era el más apropiado para el nacimiento del Salvador, que resucitó. Por eso la Natividad se celebra la noche del 24 de diciembre, fecha en la que el sol que llegó al extremo de su recorrido invernal el 21 de diciembre, regresa para iluminar y dar calor a la primavera. Desde la antigüedad más profunda, se sabía que, por razones cosmológicas, y mirado desde la Tierra, el sol parece detenido entre el 21 y el 24 de diciembre. La pasión, muerte y resurrección de Jesús tiene la fecha en la que los judíos celebran su huída de Egipto (Pascua), marcado por el día (la noche) de luna llena que sigue el equinoccio de primavera en el cual día y noche tienen las mismas doce horas de duración. Desde antes de los judíos, muchos pueblos celebraban el equinoccio (a veces también la luna llena) pues es el momento del año en que efectivamente estallan los florecimientos primaverales. Como al seguir el calendario lunar, los días cambian de un año al otro, los cristianos decidieron que Semana Santa terminaría con Pascua de Resurrección siempre los días Domingo, día de Dios. También es simbólica la celebración de San Juan Bautista el 24 de junio (solsticio de verano que anuncia otoño e invierno), que es el opuesto exacto del día de nacimiento de Jesús. Esta preocupación por las fechas impulsó a la Iglesia a construir un calendario eclesial (Gregoriano) sobre base del Imperio Romano.

La influencia de la Iglesia también aumenta por sus esfuerzos por mejorar la agricultura. San Benedicto (o Benito) fundó su primer Monasterio, Monte-Cassino, en la segunda mitad del siglo 6, con sus reglas que se resumían en "Orare y Laborare", además de votos de obediencia, castidad y pobreza. Muy luego estos monasterios se extendieron, y dos siglos más tarde tenían presencia en prácticamente toda Europa. Su "laborar" era agrícola, actividad en la que introdujeron grandes innovaciones. Nuevos sistemas de cultivo, rotaciones de suelo que lograban mejor productividad, con excedentes que les permitieron aumentar número y calidad de los molinos (viento y agua), mejorar arados y fraguas en metalurgia. A los monasterios benedictinos les siguieron otros, pero con reglas parecidas, algunos de los cuales avanzan en otras tecnologías (quesos, cervezas, ovejas y lanas, etc.). Así, los monasterios aumentaron su poder "temporal" con riquezas, producto de sus propios trabajos y también de grandes donaciones convirtiéndose en el centro económico de la alta Edad Media.

Cuando la época oscura quedó atrás y las sociedades europeas empezaron a prosperar (siglos 10 y 11) se encontraron con una Iglesia cuyo poder espiritual era completamente predominante en todos los temas intelectuales, a partir de sus principios teológicos, pero que además, tenía poder económico y grandes influencias político sociales. De este modo, al despertar el pensamiento europeo después, luego de siglos de oscuridad, la Iglesia ya estaba allí con enormes poderes espirituales y también seculares. Por esto no es raro que la reaparición de ideas filosóficas y científicas tenga un origen eclesial y de algún modo sean comentarios, interpretaciones racionales o ideas lógicamente derivadas de la verdad revelada. Sin embargo, a todo esto, se agregaron nuevos conocimientos y distintos modos de ver y pensar los asuntos de interés filosófico y científico, planteados por la realidad perceptible (Astronomía, Física, Matemáticas, Medicina, Jurisprudencia, etc.), no la divina. Habían llegado los grandes filósofos griegos que se instalaron en una nueva institución creada por la misma Iglesia. Las universidades. Estos dos factores de la renovación del pensamiento europeo tienen sus propias historias. Es bastante seguro que Platón y Aristóteles llegaron a Europa vía los traductores de Toledo (árabe), más que el castellano que recién nacía, o el latín que la Iglesia había conservado. Ya sabemos cómo los árabes habían conocido los escritos de las demás culturas.

Por su parte, también es seguro que las universidades europeas no aparecieron de pronto, como una especie de inspiración de algún sabio en particular. Hubo centros de estudios superiores (más allá de enseñar a leer y escribir, a sumar y restar), había una larga tradición, a partir de la Academia de Platón y el Liceo de Aristóteles, de escuelas (Schola) que enseñaban a investigar, tanto en Roma como la de Marco Terencio (siglo I) que escribió "De Novem Disciplinis", incluyendo Gramática, Aritmética, Lógica, Retórica, Geometría, Astronomía, Música, Medicina y Arquitectura. En Constantinopla que funcionó (intermitentemente) la Universidad Imperial desde el año 425 hasta 1453. En Europa estos centros de estudios se estructuraron en las catedrales locales, desde las más antiguas, a las construcciones de las grandes góticas que aún existen. Las catedrales eran entidades urbanas que presidían una ciudad (y sus alrededores) con varios miles de habitantes, que tenían necesidades prácticas. Física de materiales, matemáticas, médicos, abogados y técnicos de distintos tipos, sean para las construcciones de las propias iglesias, o las necesidades de los fieles que ellas atendían. Cuando con el crecimiento económico y la diversificación de tareas, estos centros fueron sobrepasados en su capacidad, en algunos lugares devinieron en universidades. Así, a la llegada de las traducciones árabes los dos factores se reunieron y en Europa Occidental se volvió a pensar filosófica y científicamente. No es posible en este apartado contar todas las historias de estos emprendimientos, por lo que me referiré a tres pensadores que representan el estado de la Filosofía y la Ciencia en la baja Edad Media.

Roberto Grosseteste (1186 – 1253). Antes de él en varios lugares y en distintas culturas se habían realizado experimentos. En Alejandría, Herón y Arquímedes, en Bagdad, al-Rhasi, como vimos en este capítulo, y también en China en la dinastía Han, pero el mérito de Grosseteste es que propuso una teoría del método experimental. Graduado en Oxford, donde llegó a ser su canciller, estudió Teología en París y fue Obispo de Lincoln en Inglaterra, pero sobre todo, fue traductor de los clásicos griegos. Conociendo las ideas de Aristóteles, propuso un modelo de "inducción" sistemático para estudiar un fenómeno. Nótese que pensaba en fenómenos, esto es, hechos y regularidades que podrían conocerse mejor con el método que propone. Éste tenía dos pasos. El primero, era descomponer un fenómeno. Grosseteste estudió el arco iris en sus componentes esenciales: principios o elementos de más importancia. En el arco iris, la luz blanca del sol se descompone en colores al pasar en el cielo por nubosidades con agua de lluvia, o en el molino de agua, por las gotas que como un rocío salen de las aspas que giran. Este fenómeno podría investigarse, como él hizo, haciendo pasar un rayo de luz a través de un frasco de vidrio lleno de agua, con lo que repitió el fenómeno que había observado. La luz blanca se dispersó en rayos que tienen colores. En este contexto, poco después, Teodorico de Friburgo propuso su teoría de la refracción de la luz, en gotas individuales de agua.

Aquí nos estamos acercando a la Ciencia moderna. Una teoría que nace de un experimento. Por lo demás, también es moderno el hecho que dos investigadores hayan participado en la generación experimental de una Teoría. Adicionalmente, Grosseteste insistió en la exactitud del montaje, pero especialmente en la medición de los resultados experimentales. Naturalmente la exactitud es una de las tareas de las Matemáticas. Por lo que sabemos, Grosseteste fue el primero que en la Baja Edad Media redescubrió las Matemáticas como elemento central de las Ciencias. Claro que los de Alejandría lo sabían mil años antes. Esta insistencia en la medición con exactitud tenía mucho sentido en los tiempos de este obispo. En esa época se mejoraron la brújula y el astrolabio, instrumento que mide el espacio (posiciones y distancia), y se inventó el reloj mecánico (los de agua y de sol ya existían) que mide el tiempo, y los anteojos que mejoran la percepción visual. El filósofo naturalista Roger Bacon en "Compendium Studii" señaló que "antes que otros hombres, Grosseteste escribió sobre Ciencia". Este Roger Bacon es, por su parte, muy interesante. Después de estudiar en Oxford hizo clases en París, donde afirmaba: "Estoy seguro que el conocimiento científico, algún día dará a la humanidad un dominio completo sobre la naturaleza". Pensaba que la luz viajaba en línea recta a enorme pero finita velocidad, y que las Matemáticas eran el lenguaje de la naturaleza. Con Grosseteste y Bacon estamos presenciando el paso de la mentalidad religiosa a la científica.

Alberto Magno. Un segundo personaje ejemplar para el pensamiento filosófico y científico es Alberto el Teutónico llamado Magno por su grandeza, y después, Santo por su piedad. Fue el primer alemán en ocupar la Cátedra de Teología en París. Para Alberto había tres formas de alcanzar la verdad: a) La interpretación de las Escrituras, b) El razonamiento lógico y c) La experiencia empírica. Sin duda, estas dos últimas formas de conocer la verdad eran de origen aristotélico, aunque Alberto fue más allá. Sostenía que era claro el papel de Dios en la creación del universo y sus leyes, pero en la investigación de los procesos naturales sólo la experiencia proporcionaba certeza, por lo que no debía ser obstaculizada por la Teología. "La verdadera preocupación de la Ciencia natural no es establecer lo que Dios podría hacer si quisiera, sino lo que ha hecho, esto es lo que ocurre en el mundo de acuerdo a las causas inherentes de la naturaleza". Alberto Magno no parece estar interesado en el método científico y en las Ciencias experimentales como Grosseteste y Bacon, sino en una especie de Filosofía de las Ciencias que por su objetivo debe estar en un espacio epistemológico al lado de la Teología. Se puede pensar científicamente sobre la naturaleza que es lo que "Dios ha hecho". Esto afirmaba el valor del conocimiento secular y la necesidad de observaciones empíricas. Su discípulo Tomás de Aquino llevó esta postura a un nivel teológico superior en su famoso Dictum. "Dios se puede conocer estudiando la verdad revelada, pero también estudiando su obra". Ambas verdades que tienen el mismo origen son necesariamente compatibles.

Tomás de Aquino. Fue una figura clave para el desarrollo del pensamiento moderno, pues al distinguir entre los ámbitos natural y sobrenatural, el estudio objetivo (científico) del orden natural fue posible y, en cuanto obra de Dios, deseable. La razón y la revelación tenían sus propios ámbitos epistemológicos, con leyes naturales que explicaban los fenómenos de la naturaleza, y revelaciones que nos permiten conocer a Dios y sus mandamientos. Por otra parte, el concepto de naturaleza de Tomás de Aquino incorpora la naturaleza humana, con lo que la política y el Estado son cognoscibles y operables por la razón y sus lógicas mundanas, con lo que, ciertamente, puso en cuestión el origen divino de reyes y señores y sus manipulaciones del poder. Tomás de Aquino sostenía que sólo tres verdades no podían ser demostradas por el pensamiento del humano y por lo tanto debían ser aceptadas: a) la creación del universo; b) la naturaleza de la Trinidad y c) el papel de Jesús en la Salvación. Fue un aristotélico convencido y se puso en contra de la idea de San Agustín sobre el ser humano, de que por ser un ser caído (por el pecado original) debía sufrir, y su felicidad sólo podía encontrarse en el otro mundo, si su comportamiento había sido adecuado a los ojos de Dios. Tomás siguiendo a Aristóteles creía que en este mundo había placeres buenos y santos, los que podían y debían gozarse. Su Summa Theologiae, que integraba a Aristóteles con las enseñanzas de la Iglesia, tuvo enorme influencia en el pensamiento "filosófico" medieval, aunque durante algunas décadas estuvo prohibido por la Iglesia. Desde el punto de vista de la Filosofía, otro personaje muy importante fue Pedro Abelardo, de quien se ha dicho fue el primer académico universitario no sólo de su tiempo sino por siglos. Pedro Abelardo practicó y quizás inventó, las discusiones académicas entre maestros y discípulos. Estableció lo que hoy llamaríamos "seminarios", con grupos pequeños, sobre temas específicos. Claro que en éstos conoció a Eloísa con quien tuvo amores, origen de sus desventuras.

La universidad medieval seguía un sistema de enseñanza de tres tiempos. El Trivium inicial, que comprendía: Gramática, Lógica y Retórica y el siguiente el Cuadrivium, con Geografía, Astronomía, Matemáticas y Música. Estos dos componían los Estudios Generales, que en las universidades más completas eran seguidos por los Estudios Prácticos: Medicina, Derecho, Arquitectura. Se puede decir que en el Trivium se aprendía a hablar y pensar (lógica), y en el Cuadrivium, los asuntos de la naturaleza. En cuanto a las profesiones (como las llamamos hoy) las universidades tendían a especializarse. La de Salerno, en Medicina, la de Bolonia en Derecho, etc. Los Estudios Generales eran necesarios para sacerdotes que querían hacer carrera. El Trivium era obligatorio porque los curas debían saber leer, hablar y pensar para transmitir la palabra de Dios. La Universidad de París fue la más completa e importante, y allí estudiaron y enseñaron Tomás de Aquino y Abelardo. En este contexto Pedro Abelardo, que estudiaba y enseñaba lógica a partir de Aristóteles, fue sobresaliente y atraía estudiantes de toda Europa.

Abelardo que es más conocido por sus amores con Eloísa (por los cuales fue rechazado, despojado de sus honores académicos y castrado), se dedicó a aplicar los principios lógicos de las Escrituras Sagradas a las enseñanzas de la Iglesia. En su libro "Si o no" identificó un gran número de contradicciones lógicas en los mensajes religiosos, con lo que provocó rechazo de las jerarquías. Hay historiadores que piensan que ésta fue una importante razón adicional para sus castigos. Pero las jerarquías no sólo dudaban del pensamiento de Tomás y Abelardo (y varios más), sino de su origen. Aristóteles por ello a lo largo de los siglos (12 y 13) fue prohibido en varias universidades, luego repuesto, después prohibido, y así. En el siglo 14 (1320) Tomás fue canonizado y nombrado Doctor Angélico, pero Abelardo (sus escritos) siguió prohibido.

Respecto a la Ciencia medieval hay dos nombres adicionales que vale la pena mencionar, Jean Buridan y su estudiante, en París, Nicole Oresme. Estos dos fueron oponentes a la Mecánica y a la Astronomía de Aristóteles. El primero, llegó a ser Rector de la Universidad de París. No creía que las ideas del filósofo sobre la trayectoria de un proyectil, cuyo movimiento después de lanzado debería ser infinito, excepto por obstáculos y roces. Buridan desarrolló la idea de "ímpetu", parecido al concepto moderno de "momentum", o la "cantidad de movimiento" de Newton. Por supuesto no tenía idea de masa x tiempo = velocidad. Buridan extendió su idea al movimiento circular de astros y planetas, debido al ímpetu dado a ellos por Dios. Esto era un compromiso entre Ciencia y Religión, pero dejaba de lado la presencia divina en la mecánica del cosmos que Dios puso en movimiento. Oresme en su libro "Los Cielos y la Tierra", propuso que la Tierra rotaba sobre sí misma y no los cielos, que creyó inamovibles, todo esto en oposición a la cosmología de Aristóteles.

Durante la Edad Media y a partir del siglo X hubo trascendentales cambios en Economía, Política, desarrollo urbano, comercio y demás características socio-culturales, que hicieron que Europa dejara atrás la Alta Edad Media y sus oscuridades. La Iglesia también cambió. Con el aumento de población en ciudades que crecían con su comercio, artesanías y algunos servicios públicos, comenzó a construir catedrales y demás recintos religiosos, y luego escuelas de catedralicias, de universidades. La llegada de las traducciones les hizo conocer, sobre todo a los griegos, Platón al principio (de quien se recibió sólo el Timeo), y luego el llamado "Filósofo" (Aristóteles). Esta super síntesis nos trae de vuelta a nuestras indagaciones: qué pasó durante este largo tiempo con la Filosofía y las Ciencias. Por lo que hemos visto, un avance filosófico o científico de alguna envergadura, no ocurrió en términos sustantivos. No hubo nuevas teorías filosóficas o descubrimientos científicos. El cambio fundamental se produjo en la manera de pensar, en la cual reaparecieron los elementos racionales que habían iniciado los griegos clásicos y de algún modo, adoptado los romanos. La tarea, era sin duda, más difícil que para los romanos porque la racionalidad no podía ser opuesta a la verdad revelada, que la Iglesia (y con ella la sociedad en su conjunto) consideraba imposible de corregir o siquiera criticar. Aun así, en los 400 años que duró la Baja Edad Media, hubo una cantidad de pensadores originales que sobrepasaron largamente a los de Roma. En estas condiciones con la Teología como pináculo del pensamiento ilustrado, prácticamente de todas las grandes mentes, que acabamos de examinar, sólo uno (Abelardo) no era eclesiástico. En Ciencias Grosseteste y Buridan fueron obispos. En Filosofía Santo Tomás de Aquino, era fraile dominico y Alberto Magno y Bacon, también eran eclesiásticos. Así, cuando se analizan sus obras se puede percibir el esfuerzo demandado a su pensar para que la racionalidad no fuera contradictoria con el mensaje divino. No hay testimonio que esto no fuera completamente honesto. Ellos tenían delante, lo que en este libro hemos conocido como disociación cognitiva. Sentir y pensar dos tesis contradictorias como igualmente verdaderas. Pienso que sentían plenamente su religiosidad y sus contenidos teológicos como verdaderos. También pensaban que la razón, una gracia entregada por Dios a los humanos, ellos, intelectuales privilegiados, debían usarla correctamente. El ejemplo más importante es el intento de síntesis de Santo Tomás de Aquino. Y el que se matriculó completamente con la racionalidad fue Pedro Abelardo y su Lógica. Sólo él se atrevió a escribir un libro que explícitamente señalaba las contradicciones (Si o No) entre creencias y racionalidad.

Sin embargo, para el destino futuro de la Filosofía y las Ciencias, estos difíciles aportes medioevales fueron significativos. Pienso que la hipótesis central de Santo Tomás de Aquino fue aceptada por la mayoría de los dignatarios eclesiásticos porque sostener que Dios y sus obras no podían ser contradictorios, era no sólo evidente sino también cómodo. Un ejemplo interesante de esta aceptación es que el Santo Oficio de la Inquisición, no consideró herejes dignos de investigación a filósofos y científicos de fines de la Edad Media y durante todo el Renacimiento. Las dificultades con la Iglesia se produjeron a partir de la Contrarreforma y el Concilio de Trento, de fines del siglo VI, y sólo cuando las afirmaciones científicas eran concretamente opuestas al pensamiento de la Iglesia. Miguel Servet, que entre otras herejías propuso la circulación de la sangre, fue ahorcado por el reformista Juan Calvino en Ginebra, y Giordano Bruno quemado en Roma por sus fantasías de un mundo más allá de la Tierra, con una pregunta capital ¿sus habitantes fueron o serían salvados por Jesús? Pero aparte de estos dos casos extremos ni la Iglesia Católica ni los protestantes persiguieron (de muerte) a otros científicos o filósofos.

El Renacimiento con toda su importancia en el pensamiento humanista y en las Artes, y los cambios políticos, sociales y económicos que en él se produjeron, no tuvo grandes filósofos (excepto ciertos humanistas), ni grandes científicos. Los primeros Copérnico y Galileo pertenecen por su pensamiento, sobre todo Galileo a la revolución científica moderna, que es el tema del próximo apartado.

5. Filosofía y Ciencia en Oriente

El pensamiento objetivo y racional que subtiende las reflexiones filosóficas y las búsquedas científicas no tuvieron en India y China, digamos, la pureza que encontramos en Occidente a partir de la Grecia clásica. La Filosofía de los indios estuvo siempre estrechamente vinculada con ideas religiosas, tanto que se puede hablar de una Teo-filosofía. Aún sus notables propuestos matemáticas tienen una impronta cultural no técnica que la relaciona con las esferas "sagradas". En China, su cultura milenaria, práctica y terrenal, impulsó filosofías sociales, con escasas reflexiones cosmológicas y además ciencias aplicadas con pocas teorías abstractas que pudiéramos considerar "Ciencia pura". Por supuesto, estas predisposiciones dependieron de las direcciones en las que evolucionaron sus culturas de acuerdo a las circunstancias de sus historias, muy distintas entre India y China, pero también con Occidente. Teniendo en cuenta esta situación, en este apartado sobre Filosofía y Ciencia en Oriente, deberé correlacionar más estrechamente que en los apartados precedentes, las reflexiones filosóficas y las innovaciones científicas con la Historia política, Económica y Cultural de los pueblos indios y chinos. De hecho, y como veremos, hay una gran correlación entre imperios unificados, pacíficos y prósperos, con el pensamiento metódico y las innovaciones en ambos países. Tampoco en Oriente la Filosofía y la Ciencia se desarrollan en guerras, violencias y hambruna.

5.1. India

La Historia de la India persa a la llegada de los invasores del Norte, que hablaba sanscrito, es bastante desconocida. Los drávidas originarios de este enorme territorio no dejaron escritos, y sus nociones sobre la realidad se entremezclaron con las ideas religiosas (dioses, ritos, etc.) que traían los indo-europeos, que los invadieron. Sin embargo, estos últimos sí fueron muy activos escribiendo algo más de una decena de libros sagrados que constituyen los Vedas (1200 – 1400 años A.C.). Los Vedas tratan, en clave sagrada y ritual, prácticamente todos los asuntos de interés que se pueden considerar en cualquier cultura que ha llegado a cierta estabilización en sus creencias (no sólo religiosas), y en las conductas que en cada caso son necesarias o aconsejables. Contienen una cierta idea del mundo y la realidad, de la organización social (casta y sus obligaciones), de dioses y rituales, pero también de la agricultura, la guerra, las instituciones sociales y familiares junto con ética e intercambios económicos y culturales. Ciertos Vedas dan cuenta del yoga, como una práctica "física" que tiene claras connotaciones psicológicas, esto es, una pre-teoría acerca de la mente humana y sus atributos. El yoga es una técnica destinada a "vaciar la mente" a través de controlar la respiración, en posiciones determinadas del cuerpo. Significa, según los maestros, un modo de adentrarnos en las profundidades del espíritu. En términos filosóficos la "deconstrucción" de la mente permite al que medita, conocer "la soledad trascendental" que se acompaña de pureza ética y una nueva sabiduría.

En realidad, la India antigua, antes de las invasiones europeas del siglo XIV D.C. tuvo sólo dos períodos de unificación de su territorio capaces de generar riquezas. El primero, entre los siglos IV y II A.C. fue el reino fundado por Chandragupta y llevado a su esplendor por su nieto Ashoka, que adopta el budismo original y basó su gobierno en las ideas de: misericordia, piedad, decencia y conducta correcta. El desarrollo en la esfera política de estas ideas se incluyó en un texto clásico de la época, el "Arthashastra", que es un verdadero tratado sobre el arte de gobernar. Cómo administrar el Estado, por qué, para qué y cómo aplicar impuestos, cómo generar y aplicar la ley. En suma, se trata de una obra de Ciencia Política (y Economía) que por su raigambre teórica (y práctica), se podría considerar un texto de Ciencias Sociales aplicadas, que tiene como horizonte las nociones budistas indicadas más arriba, pero no las atribuye a designios divinos. Se podría decir que se trata del primer esfuerzo conocido de instalar un Estado de Bienestar secular, basado en principios teórico-prácticos. Por la misma razón de abrir caminos para todos, Ashoka y otros de su dinastía dieron gran impulso al estudio. A principios del siglo IV A.C.se fundó en Malanda (Estado de Bihar) una institución de gran tamaño, con patios y edificios que permitían educar a muchos estudiantes, a través de un currículo, digamos científico, de tipo secular. Incluía Gramática, Política, ley de castas, y más tarde, Medicina, Arte, Lógica y Filosofía. Esta institución considerada por los ingleses "el Oxford de la India" era una verdadera universidad, que además, cultivaba la Literatura, enseñando los monumentales poemas épicos de la India: el Mahabharata y el Ramayama.

Aunque el Imperio de los Maurias, en el que reinó Ashoka, terminó el 180 A.C., su impulso se mantuvo con varias obras trascendentales. El Baghavad Gita que es en realidad un tratado de Ética y de Filosofía del destino humano, y el "Código Jurídico de Manu" que es un texto de Derecho razonado. También es de esta época la recopilación final de los, hasta entonces, dispersos textos teóricos sobre Yoga. Por otra parte, en este interludio se desplegó la maravillosa Arquitectura y las esculturas, que son notables ejemplos de la Cultura de la India.

El segundo período de unificación política de la India fue mucho más fructífero que el de Ashoka, en términos del pensamiento racional, esto es filosófico y científico.

La segunda unificación de (la mayor parte) la India, bajo la dinastía de los Guptas entre 320-550 D.C., más el reinado de una nueva dinastía de corta vida (606-647), se considera la era dorada de la India. Por su riqueza, poder y desarrollo cultural, hay quienes la ponen en paralelo con la Grecia clásica, con la excepción de la organización política (polis y democracia). En este sentido, su Arquitectura y Escultura (templos), sus artes representativas (Teatro, Danza), su Literatura, la orfebrería, el particular desarrollo de la Gramática y por cierto la Filosofía y la Ciencia, de particular relevancia para nosotros, hacen que esa comparación se pueda sostener. Dado que este conjunto de brillantes prácticas culturales, son el contexto del pensamiento filosófico y científico que se estableció durante el reinado de los Guptas, resulta indispensable hacer un breve resumen de tales prácticas. En primer lugar, la Arquitectura y la Escultura, algunas de cuyas notables obras visitan en tropel especialistas y turistas modernos. Claro que sobre todo estos últimos no deben confundirse con los edificios como el Taj-Mahal.

Los templos de la dinastía Guptas tienen dos particularidades bien acusadas. La primera, es que se trata de lo que se ha llamado "Arquitectura Esculpida". Los templos no tienen estatuas independientes, adosadas a paredes u otro elemento de la construcción. Ellas son esculpidas directamente sobre los muros a las cuales pertenecen. Las parejas y danzarinas eróticas de Khajuraho surgieron al devastar las piedras estructurales de sus templos, las cuales se montaron sobre plataformas de piedra más resistentes, y que dan la orientación espacial de la construcción, minuciosamente calculada, cuestión muy importante que veremos más adelante. Pero la Arquitectura esculpida tiene dos variantes aún más asombrosas. La primera, por ejemplo, en Ajanta, es usar cavernas naturales, y en su interior esculpir habitaciones, salones, figuras, corredores, escaleras, etc. La segunda como en Ellora, es tomar una pequeña montaña de granito y esculpir en ella el exterior y el interior de un templo, con absolutamente todos los elementos que tiene un templo, construido a partir de un terreno desnudo.

La segunda característica especial de la Arquitectura esculpida es que no se construye un templo aislado. En Kailasa hubo cerca de 80 dispersos, con un orden predeterminado, de los cuales se conserva cerca de 20. Esta Arquitectura esculpida se extendió por Asia al sur-este y hoy se puede observar en Angkor (Angkor Vat es el templo principal pero no el único), en Cambodia y Borobudur en Indonesia. Este sistema de arquitectura que requiere cálculos de mucha precisión, sería el impulso que originó el desarrollo matemático de los Guptas, que veremos luego. Por otra parte, los templos debían tener espacios para desarrollar otras manifestaciones artísticas como danza y teatro.

El segundo elemento del florecimiento cultural de los Guptas, es la estandarización gramatical del sánscrito, lenguaje de los Vedas que dio origen al llamado "vedantas". Lo que ocurrió fue lo siguiente. El sánscrito, lenguaje ceremonial de los Vedas, llegó a escribirse en forma duradera después de varios siglos de uso por los sacerdotes en sus rituales. Durante ese tiempo la escritura de los Vedas (y de cualquier otro documento) se realizaba en hojas de palma, muy poco duraderas. En estas condiciones, los sacerdotes (luego brahamanes) debían memorizar, con absoluta precisión, las palabras sagradas. Cualquier mínimo error le quitaba validez frente a los (dioses) en prédicas, homenajes, peticiones. En el siglo IV A.C. un personaje, del cual se conoce poco más que su nombre, Panini, compuso su gramática (Ashtadhyayi) que describe el sánscrito que usaban los brahamanes, con tanta riqueza y detalle, que a partir de entonces se le consideró "perfecto" y de hecho "fijó para siempre" la forma correcta de expresarse en sánscrito. Por entonces, el lenguaje "culto" de la India tenía dos formas, probablemente de un ancestral origen común. El sánscrito para los asuntos de los sacerdotes, y el prácrito, que era el lenguaje de la vida cotidiana. En el imperio de

Ashok se hablaba prácrito para llevar la administración del Estado, los negocios, etc. El prestigio de la nueva forma de expresarse, descrita por Panini, en su Gramática, fue tal, que en los siglos siguientes el sánscrito reemplazó al prácrito en la Literatura, la administración del Estado, y demás lenguajes que requieren la precisión, riqueza y matices que el sánscrito (y no los demás lenguajes regionales) poseía.

En el esplendor cultural de los Guptas, (5 a 6) siglos después de la aparición de la Gramática de Panini, el sánscrito se usaba en los temas religiosos, pero también en la corte, la administración del Estado, los negocios, los tratados, etc, de modo que la unificación político-económica de los Guptas se acompañó de una cierta homogeneización del lenguaje (de las clases altas) y de su Cultura. El impacto intelectual del uso habitual del sánscrito fue enorme. Los grandes escritores y poetas de la edad dorada de la India son de esa época. Sin duda, el más prominente fue Kalidasa, cuya obra "Sakuntala" se puede encontrar en buenas librerías actuales. Por la misma razón, el vedanta (sánscrito después de Panini) fue vehículo de propuestas filosóficas nuevas, y no religiosas, y fue el fermento para el despegue de la principal Ciencia de la India clásica. Las Matemáticas.

La clasificación de las escuelas filosóficas del clasicismo indio, se presta, aun hoy, para muchos debates, por lo que haré una explicación algo sintética, para el interés de los no especialistas. Las primeras de estas escuelas es la que, por decir así, perfecciona las prácticas del yoga considerándolo un sistema de pensamiento que debe efectuarse siguiendo ocho pasos bien estandarizados (yoga real): autocontrol, observar la conducta adecuada; el ejercicio de las posturas correctas; el control de la respiración; la abstinencia; la estabilización de la mente; el logro perfecto de la meditación profunda; la libertad absoluta. Para los occidentales estas mezclas de estados mentales, con actividades (conducta adecuada) y posturas corporales, resulta sin duda insólita. Pero la teoría filosófica detrás de esta mezcla, es perfectamente legítima y se podría expresar así: para que una persona sea sabia (es decir, socialmente adecuada y personalmente libre) es necesario que en esta confluyan, con estricta armonía, su mente, su cuerpo y sus conductas. Desde este punto de vista el yoga real de los tiempos de los "clásicos" de los Guptas es una forma de "Antropología filosófica".

Una escuela filosófica más cercana a Occidente (no completamente) es la llamada "Escuela de los Números", según la cual la realidad se compone de veinticinco principios básicos, de los cuales veinticuatro son matemáticos (prakriti) y sólo uno (espíritu, yo), no material. En este sistema de pensamiento no hay seres divinos ni creadores. La materia es eterna. Desde siempre está ahí. Ella tiene cierta evolución. Origina la inteligencia que luego construye el sí mismo y finalmente, la mente. La Purusha (no material) lleva al sentimiento de un ser personal, con su propio espíritu. La salvación, es lograr que el espíritu deje de sufrir y pueda alcanzar su completa liberación, la que logra cuando la persona comprende la separación esencial entre purusha (espíritu) y el prakriti (materia). De nuevo aquí vemos una mezcla entre una Filosofía materialista (la inteligencia y demás, nacen de la materia), con una búsqueda espiritual semejante a la de los neoplatónicos, pero claro, sin la presencia de dioses.

Otra Filosofía interesante, también de esta época, es la que se conoce como "sistema atómico indio" que sostiene que la realidad material, es el resultado de las interacciones de partículas individuales e indivisibles, que configuran los cuatro elementos (tierra, agua, fuego, aire). Sin embargo, hay entidades no atómicas como el alma, la mente, el tiempo y el espacio. En paralelo, un pensamiento muy cercano al del sistema atómico sostiene una idea sorprendente (para los occidentales). La salvación, depende del conocimiento de diez y seis categorías lógicas, incluyendo en ellas, el silogismo, la objeción, la refutación, el debate, etc. Hubo además una escuela filosófica fundamentalista, o más bien teológica. Todas las verdades sobre el universo y el ser humano están contenidas en los antiguos Vedas. La cuestión, a la que ellos se dedicaron con el vedanta es a interpretar las tradiciones con la llamada "indagación posterior" que toma su punto de partida en los Upanishads y sus indagaciones, que son casi cinco siglos posteriores al Rig-Veda, por ejemplo. Esta escuela que sintetizó casi 1500 años de especulaciones religioso-filosóficas, se convirtió en el sistema de pensamiento influyente de la India, y muchas de sus corrientes perduran actualmente, según el modo que interprete el postulado "vedanta" de un "alma absoluta" presente en todas las cosas. A los occidentales que asisten a las Ashram y ceremonias del hinduismo moderno, el maestro los guía en una meditación yoga y les enseña los principios teológico-religiosos, sintetizado en aquellos tiempos. Claro que con una síntesis del más grande de los filósofo-teólogos de la India. Shamkara, a quien se considera con una admiración y respeto sólo sobrepasado por Buda (Shamkara 780-820 D.C.) enseñaba que el mundo es una ilusión (maya) y que la única realidad neutra, permanente y eterna es Brahma o Atman, el alma o espíritu del mundo. Todo fenómeno, no es más que una emanación del "ser absoluto", el que tiene tres atributos: el Ser, la Conciencia y la Felicidad. Sin embargo, reconocía que la realidad fenoménica, no la absoluta, tiene modificaciones. En los seres humanos el cambio es la "transmigración" del espíritu.

Si se desea resumir la Filosofía o más bien la Teo-Filosofía de la India clásica se puede decir que en ella hay dos problemas predominantes. Algunas de las escuelas se interesan por el modo de pensar de los humanos (su mente, su espíritu) y de sus comportamientos (conductas sociales o en solitario), en tanto otras intentan explicar cómo se organiza el mundo material y cómo éste se diferencia del espiritual, es decir el yo que transmigra después de la muerte. En la mayoría de los pensadores la salvación consiste en escapar de las permanentes transmigraciones y llegar a unirse al ser absoluto de Shamkara o el Nirvana de Buda, que es casi mil años anteriores, pero Buda es 5 a 6 siglos posterior a los Vedas. Este larguísimo período de estabilidad de las ideas fundamentales de la Teo-Filosofía de la India da cuenta de una cultura psicológicamente muy permanente. Esto empezó a cambiar en los tiempos de Shamkara pues por esos años empezaron a llegar los musulmanes a la India (siglo 8 a 9 D.C.). También en cuanto a la difusión de su pensamiento, el caso de India es casi único en la Historia de la Cultura humana. Entre el hinduismo y el budismo, sus modos de concebir el mundo y a los humanos, se instalarán prácticamente el todo el mundo suboriental. Desde Sri Lanka hasta Vietnam. De Indonesia a China.

5.2. Ciencia en la India

Desde temprano en su Historia en la India se desarrollaron diversas técnicas, especialmente agrícolas y médicas. Sin embargo, sus avances científicos fueron impresionantes, casi exclusivamente en Matemáticas. Ello también aconteció, como la Teo-Filosofía durante la dinastía Gupta, que como dijimos, es de promedios del primer milenio de nuestra era. En relación con esta aparición tardía (casi mil años después de la Grecia clásica y siete centurias más tarde que Alejandro, que llegó a la India nor-occidental, los especialistas discuten las influencias de Grecia, los reinos helenísticos (post Alejandro), y de Alejandría sobre los avances matemáticos de la India. Del mismo modo, hay quienes piensan en influencias Chinas. La razón es que la dinastía Maurya (Ashoka) y en la Gupta, floreció el comercio indio con estas dos regiones y hay dos o tres problemas matemáticos que habrían tenido cierto desarrollo en esos lugares, varios siglos antes. Sin embargo, la mayoría de las innovaciones matemáticas de los indios, no tienen antecedentes en otras partes del mundo de su época.

La opinión actual de los historiadores de las Matemáticas, es que el desarrollo de estas ciencias en la India, tuvo su origen (como de modo similar ocurrió en Egipto) en la construcción de templos. En ambos lugares, los arquitectos-ingenieros, alineaban sus edificios según sus deseos, y las posibilidades del terreno, de modo que debieron usar cuerdas, anudadas a estacas. Ellas les permitían, por ejemplo, usar la luz del sol (más bien las sombras de las cuerdas sobre un suelo aplanado), medir distancias estandarizadas para trazar, contornos y alturas de los edificios, y diseñar habitaciones, corredores, plataformas, etc. Por supuesto, también tamaño y número de los ladrillos o posiciones de los altares, de las esculturas, etc. Este conocimiento "popular" no teórico, se tradujo algún tiempo después en las Sulvasustras, textos poéticos y sagrados que aluden al uso de cuerdas (sulvas) y a las reglas (sustras) que deben usarse en determinados ritos (sagrados), en este caso, en la construcción de templos. Estos textos se escribieron (tres versiones) entre el siglo 8 A.C. y el 2 D.C. Es decir, son antiguos, tradicionales y como era de esperar en la India Védica, sagrados. Claro que, aun así, son el origen de la Matemática india, que en la época Vedanta (de los Guptas) tuvieron un desarrollo espectacular.

De este tiempo de renacimiento del sánscrito (principios siglo 5 D.C.) son los "sistemas astronómicos" (Sind-Hind) en los cuales los indios avanzan, y puntualizan la más bien tosca Trigonometría de Ptolomeo (de Alejandría). En este punto incluyamos la opinión de H. J. Winter, citado por Peter Watson: "La Matemática india es indudablemente el mejor logro intelectual del subcontinente en la Edad Media. Junto al legado geométrico de los griegos, aportaron un poderoso método de análisis, basado no en un método deductivo, a partir de axiomas, postulados y nociones comunes consideradas aceptadas sino un acercamiento intuitivo de comportamiento de los números y la forma en que éstos se organizan en patrones y series, a partir de lo que quizás fueran generalizaciones inductivas; en una palabra, Álgebra más que Geometría. La búsqueda de una generalización más amplia que traspasaba la Geometría pura, condujo a los indios a abandonar los métodos de Ptolomeo, de calcular en términos de cuerdas de un círculo, y sustituirlo por el cálculo a partir de ceros con lo que se inició el estudio de la Trigonometría y el origen de los métodos analíticos en Matemáticas". Luego Winter agrega: "Dos logros son consecuencia de este nivel de abstracción: en el nivel menos abstracto la perfección del sistema decimal, y en el más elevado, la solución de ciertas ecuaciones indeterminadas".

El avance en la Trigonometría se fundó en un cambio en la técnica de cálculo. Ptolomeo había considerado las relaciones entre las cuerdas de un círculo y el ángulo central que subtienden. Los matemáticos indios adaptaron esto a la correspondencia entre la mitad de una cuerda y la mitad del ángulo, y así dieron origen a la función trigonométrica "seno de un ángulo". Esto les hizo posible trabajar en Trigonometría esférica, utilizable en Astronomía. Para calcular estas relaciones generaron su innovación más conocida, los numerales indios, que por primera vez fueron publicados por el gran matemático Aryabhata en el año 499 D.C. Allí sostiene que en sus cálculos "cada lugar es diez veces el lugar precedente", con lo que reconoció el valor posicional de los números, usando además un sistema decimal. Esto significó los números a sólo 9 dejando un vacío adicional, esto es el 0, probablemente de origen chino.

Con estos instrumentos Aryabhata calculó en 499 la relación entre una circunferencia y su diámetro (phi) en 3.1426, lo que se mantiene hasta la actualidad. La duración del año solar en 365, 358 días, sostuvo que la Tierra era una esfera que se desplazaba alrededor del sol y giraba sobre su propio eje. También pensó que los eclipses eran producto de la presencia de la luna, cuando al pasar delante del sol obstruye los rayos de luz que debieran llegar a la Tierra. Todo esto ocurría casi exactamente un milenio antes de Copérnico.

5.3. China

Es difícil encontrar dos culturas más diferentes que las de la India y la China. Por cierto, esto también ocurre respecto a Filosofía y Ciencias. Mientras en la India el fin último de sus afanes fue, por decir así, de tipo espiritual, vinculado a su creencia en la transmigración del alma, para los chinos el fin último de sus pensamientos era práctico. Cómo generar una vida feliz, protegida por un gobierno prudente, protector y sabio. Así la Filosofía india era, como acabamos de ver, siempre una Teo-Filosofía, en China sus filósofos exploraban los modos de tener relaciones sociales y familiares respetuosas, justas y pacíficas. En Ciencia los indios avanzaron en Matemáticas abstractas y los chinos en Tecnologías que hicieron más fáciles sus existencias. Por otra parte, aunque la Historia registrada del pueblo chino es de casi dos mil años más larga que la de los indios, se pueden identificar tres períodos de especial relevancia para la Filosofía y las Ciencias: 1. La época de Confucio (cerca de 500 años A.C.); 2. La Dinastía Han (de 200 A.C a 250 D.C.); 3. La Dinastía Song (siglos 9 al 13 D.C.). Como veremos, el modo como cada una de estas épocas influyó en la racionalidad y la objetividad del pensamiento (bases de Filosofía y Ciencias) es completamente distinto, claro que esto es esperable, pues hay medio milenio entre ellos. Confucio vivió en tiempos difíciles para China. Ésta estaba dividida y había guerra y violencia entre los reinos y al interior de éstos. Por supuesto, esta situación no era nueva en China. Desde siempre los emperadores, sus cortes y los caballeros aristócratas chinos creían que su papel era "hacer la guerra, cazar y hacer sacrificios". La guerra era un acto sagrado.

En estas circunstancias aparecieron en el siglo 6 y 5 A.C., dos formas de lidiar con la violencia que la gente común sufría. La primera, el Taoísmo de Lao-Tse que vivió poco antes de Confucio, y la segunda, las contenidas en las enseñanzas de este maestro y de sus seguidores. El taoísmo, parcialmente basado en antiguas supersticiones chinas, fue una forma de alejarse de este mundo terrible, a lo menos espiritualmente, pero también de solucionar los problemas personales y familiares a través de prácticas más bien mágicas. Adivinación del futuro, encantamiento, medidas de sanación y varias otras. Lao Tse, ordenó estas creencias y prácticas de modo más bien poético en su texto "Laotzu" que centra sus consideraciones en el vago y amplio concepto de Tao (el camino). Desde este punto de vista el Tao es una especie de fuerza espiritual suprema y no creada, que hace posible la existencia de la realidad, y puede guiar la elevación de las gentes a sus estratos superiores, siempre que se sigan sus consejos, que no instrucciones y se practiquen algunos rituales.

La respuesta de Confucio a estos tiempos difíciles fue enteramente diferente. Dedicó su vida a enseñar y aconsejar como buscar "activamente" la paz y la concordia entre los Estados, dentro de los Estados, y con familiares y cercanos. Sus nociones filosóficas fundamentales eran tres. 1. El concepto de Tao, preexistente en China pero que Confucio aplicó al camino que cada uno debe seguir, para tener una conducta recta, ser respetuoso, como el único modo de alcanzar la paz con los demás, y sobre todo, alcanzar la sabiduría, condición necesaria para vivir en sociedad. Pensaba que todos los humanos nacían con estas intenciones elementales, pero el egoísmo, la falta de reflexión y las disputas y guerras, los apartaban de este camino. 2. Su segundo concepto filosófico era el Jen. Una forma de disposición a hacer el bien, a amar y cooperar con los demás, ser respetuoso y amable con las personas y sus tradiciones. El Jen era capaz de generar una armonía interior que se fortalecía con el estudio y la práctica de la música. 3. El tercer concepto central, era la rectitud y la justicia. Éstas se establecían cuando en las relaciones humanas predominaba la reciprocidad, de modo que todos los implicados en acuerdos, negociaciones o intercambios (políticos, comerciales, vecinales o familiares) quedaran satisfechos.

Aunque creía que estas predisposiciones eran naturales para los humanos "un don del cielo" para desarrollar las había que estudiar, trabajar duro, esforzarse y autocontrolarse. Su concepto de "cielo" (el poder que está arriba) era poco definido, probablemente porque se negaba a pensar (y aceptar) dioses antropomorfos irreales. Su religiosidad se limitaba a ciertos ritos dedicados a los espíritus familiares, que mejoraban la cohesión de la familia. Si el lector revisa el Capítulo 3 de este libro podrá ver que Confucio intuyó las condiciones de una sociabilidad proactiva que no limita la creatividad e los individuos (que no son tramposos). Su concepto de Jen se relaciona con la Teoría de la Mente y la empatía, la rectitud y la justicia, con principios morales y altruismo (genético y recíproco). El Tao es un camino personal que debe ser cursado con responsabilidad, junto al respeto a los demás. El perfeccionamiento individual no separa sino acerca a una sociabilidad cooperativa.

Confucio fue un racionalista práctico. En efecto, desconfiaba de las religiones y los poderes absolutos. Su penetración psicológica y, aparentemente, su calidad pedagógica, lo hicieron funcionario y consejero, en varios reinos por entonces combatientes. Luego de más de diez años de tareas oficiales (solicitado por muchos de estos reinos por su tremendo prestigio) se retiró a su propia casa, formando un círculo de estudiantes que luego difundieron sus ideas a lo largo de China. Su único libro "Analectas" probablemente se originó en apuntes de sus alumnos. Sus seguidores más conocidos son Motzu (c. 480 – 390 A.C.) y Mencio (c. 372 – 289 A.C.).

5.3.1. Dinastía Han

La influencia y prestigio de Confucio no cambió la situación de violencia en China, pero disminuyó cuando el Emperador Qin Shi Huang la unificó con mano de hierro, y terminó con las guerras entre Estados combatientes y con las revueltas internas disminuyendo así la criminalidad. El primer Emperador creó una dinastía de muy poca duración, que fue reemplazada por los Han, los que se mantuvieron en el poder por cuatro siglos. En este tiempo China prosperó, la fabricación de seda y porcelana incrementó la población de las ciudades. El budismo se extendió rápidamente y, lo más importante, la Educación, la Filosofía y las Ciencias, los Han las establecieron para todos los niveles de su administración (aldeas, distritos, regiones, corte imperial) lo que constituyó la primera burocracia, compuesta de estudiosos, conocedores de las concepciones de Confucio. Dado que el Imperio Han era muy centralizado, transformaron las ideas del maestro en una Filosofía del Estado que fue llamado Confucionismo legal o imperial. John Fairbanks de Harvard sostiene que a los gobernantes les gustaba el legalismo y a sus burócratas les gustaba Confucio. Los eruditos confucianos sostenían que al Emperador (la figura central y más poderosa) lograba el respeto (que merecía) si cumplía con propiedad los ritos inherentes a su posición, que en realidad eran abundantes, y actuaba de forma "correcta" en la pesada tarea de gobernar. Como los chinos no creían en un mito de la creación y tampoco en un creador-legislador, pensaban que el cosmos era de por sí un universo ordenado y que la sociedad (encabezada por el Emperador) debía también ser ordenada, según los principios del confucionismo legal.

Por supuesto el cosmos, la naturaleza, con sus astros, variantes climatológicas, terremotos, cosechas, lluvias, etc. hacen que el cosmos sea más amplio y menos obediente que la sociedad, y se desordene con frecuencia. De aquí una gran función para el Emperador: honrar y agradecer las fuerzas cósmicas. Desde esta perspectiva a los eruditos confucianos les preocupaba los precedentes de los anteriores emperadores y sus ancestros, con lo que agregaron un nuevo instrumento indispensable para controlar el cosmos y también a la sociedad. Entonces incorporaron los "clásicos", que era un conjunto de textos "apropiados" para mostrar las mejores ideas y prácticas aplicadas en tiempos pasados. Por su propia posición en la urdimbre política de la dinastía Han, los eruditos debían conocer los clásicos para mejor aconsejar al Emperador. Como los eruditos empezaron luego a ser elegidos, a través, primero de recomendación, y luego por exámenes formales, su nombramiento, además de su carácter e inteligencia, se define por su conocimiento de los clásicos y por disposición de un Emperador y por su piedad filial, según Confucio. En esta alianza ideológica entre el Emperador y eruditos, a la que cabe agregar parientes y cercanos al Emperador y jefes militares, la sociedad china se estratifica entre el Emperador y su corte, y los eruditos confucianos, el resto eran comerciantes, soldados y campesinos, que importaban poco para el orden social jerárquico instalado por los Han.

Naturalmente en esta dinastía se desarrolló una Filosofía Política extremadamente sofisticada para su época. Buscando el orden establecieron para los distintos actores sus deberes, responsabilidades y privilegios. Emperadores, eruditos, generales, comerciantes y campesinos conocían exactamente su papel y sus deberes. Pero además, esta Filosofía Política tuvo una importancia social considerable. Los eruditos, elegidos por sus capacidades, y no por su origen social, configuraron una Cultura basada en el mérito y no en sus niveles económicos o en sus lazos familiares. Debido a esto, la dinastía Han es un ejemplo que muy frecuentemente estudian los cientistas políticos. Claro que, las Ciencias duras no fueron trascendentes, excepto la Astronomía, para estudiar el orden del cosmos. Sin embargo, en esta época se inicia la tan particular tendencia China a las soluciones prácticas.

5.3.2. La Dinastía Song

El eminente historiador de la Ciencia china Joseph Needham, de Cambridge U.K., sostiene que durante la dinastía Song, que gobernó China entre los siglos 8 y 12 D.C., este enorme país llegó a su máximo esplendor no sólo científico-tecnológico, sino también artístico, económico y cultural, en general, con tanta paz política como en la distante dinastía Han. Los 500 años existentes entre ellas presenciaron separación y guerra entre los reinos, breve unificación (dinastía Jin), otra separación, unificación bajo los Tang, separación, y finalmente los Song, que duraron 400 años. La gran mayoría de los sinólogos está de acuerdo que la dinastía Song gobernó en la edad dorada del Imperio Chino. Estabilidad política, desarrollo económico y social, aumento poblacional, crecimiento de las ciudades, mejores viviendas y alimentación, florecimiento de las artes y de las artesanías, en suma, las condiciones económicas y socio-culturales que hicieron posible la reflexión filosófica, y la creación de innovaciones científico-tecnológicas. Su economía exportaba a todo el mundo (Europa incluida) sedas, porcelanas, jades y marfiles artísticamente trabajados, lacas coloreadas, etc. La producción de hierro, carbón y acero determinó la llamada pequeña "revolución industrial" con sustancial desarrollo de las obras públicas, canales, puertos, caminos. El gobierno aumentó la presencia de burócratas eruditos los que además, debían enfrentar exámenes oficiales (dirigidos por el propio Emperador) cada vez más difíciles y competitivos. Las ideas y creencias de las clases altas y secundariamente el pueblo llano, sufrieron el impacto de los novedosos conceptos del Budismo Mahayana que se expandió a lo largo de China.

De esta manera, a la altura del milenio (1000 años después de Cristo) el Imperio Chino era la entidad política con una sociedad más rica, culta y poderosa de la Tierra. Este telón de fondo nos da el contexto para analizar la Filosofía y la Ciencia china en tiempos de los Song. Sin embargo, antes de eso debo referirme al lenguaje y la escritura china, que claro está, no se inventaron en esta edad dorada, pero que son muy importantes como factor de las particularidades chinas, tanto en relación con la reflexión filosófica, como en cuanto las innovaciones científico-técnicas de los Song.

El lenguaje chino es enteramente distinto a las lenguas indo-europeas habladas por todas las demás culturas examinadas en este capítulo. La lengua china es monosilábica, esto es, está compuesta por un número de sílabas que unidas de distintas formas, componen un concepto, un nombre, un atributo. El problema es que tiene pocas sílabas. El inglés tiene 1250, el chino sólo 350. Esto les genera dificultades para denominar objetos (sustantivos) y atributos (adjetivos), verbos y demás, por lo que, para diferenciar el nombre de cosas, o emociones que se componen de las mismas sílabas (dado que en su repertorio de sílabas éstas con tan pocas) deben usar cambios en la altura con la cual pronuncian la misma palabra. Una palabra como car-ne dicha en tono alto significa algo distinto a la palabra car-ne dicha en tono bajo, o medio, o medio alto. Aún más, los sinónimos son muy frecuentes El carácter "yi" pronunciado siempre igual, cuarto tono, tiene cuarenta y nueve significados, entre ellos: rectitud, diferencia y Arte. Obviamente el significado depende del contexto. Por otra parte, el chino carece de "flexiones". Las palabras no cambian en relación al número, género, caso, tiempo y modo. La relación entre las palabras (gramática y sintaxis) está determinada por la posición de las palabras en la frase y la presencia de auxiliares como la que indica tiempo perfecto y wen que transforma "yo" en nosotros. Hay palabras que se llaman "vacías" que sólo tienen sentido gramatical. Preposiciones, conjunciones o partículas interrogativas. En un ejemplo de P. Watson, la frase en inglés "Ayer él me dio dos libros sobre la revolución literaria", en chino se dice "Ayer él dar yo dos libros literatura revolución".

Por su parte, la escritura en ideogramas no tiene relación directa con el habla. Por ejemplo, la palabra "política" se escribe con los ideogramas "gobierno-caos" El antiguo supuesto que el lenguaje (hablado y escrito) se relaciona con el tipo de pensamiento que mejor puede representar (Alemán = Filosofía; Francés = Lógica, Español = Emociones; Inglés = Transacciones), se confirma con el lenguaje chino. El lingüista chino moderno Zhou Youguang, sostiene que: "Sin que la estructura de la frase se ordene por el modelo sujeto-predicado, el chino no desarrolló la idea del principio de identidad en Lógica, o el concepto de sustancia, en Filosofía. Y sin estos conceptos no puede haber idea de causalidad o de Ciencia. En su lugar el chino desarrolló una lógica de correlaciones (el ying/yang, por ejemplo), un pensamiento de analogías y relaciones (el I-Ching, y sus transformaciones, por ejemplo) que aunque inapropiada para las Ciencias (duras) resulta de gran utilidad para la teoría política y social. Esta es la razón porque el grueso de la Filosofía china, es Filosofía de la vida". Como veremos a continuación esta opinión de Zhou Youguang, se corresponde bien con las Filosofías predominantes en la época dorada de la dinastía Song. Sin embargo, para sus Ciencias, prácticamente siempre vinculadas a tecnologías, deberíamos agregar la orientación a los asuntos prácticos de la Cultura china.

5.3.3. Filosofía china en la Dinastía Song

El pensamiento chino sufrió un desafío con la llegada del Budismo y sus novedades doctrinales. Aunque llegó a China en el siglo 1 D.C., su difusión se aceleró con la progresiva instalación de templos y monjes que tradujeron los textos clásicos del budismo mahayano, hasta que en la dinastía Song se extendía por toda China y en buena parte de la población. Sus técnicas de meditación resultaron atractivas para el Taoísmo y sus propuestas sobre la existencia de inmortales (seres iluminados que ayudan a los humanos) como el Buda Amitabha o Buda de la Luz Infinita, aumentaron su popularidad sobre todo si se agrega Maitreya, el salvador por venir. Toda esta riqueza de imágenes, ceremonias y la esfera de la salvación penetraron al pueblo chino. Sin embargo, en la dimensión más cercana a la Filosofía, el budismo también tiene propuestas atractivas para los intelectuales.

El Karma, esto es la idea que nuestras conductas determinan la suerte de nuestra existencia futura, era semejante al concepto chino de destino individual, pero la idea mahayana del vacío fundamental del mundo, era para los chinos completamente extraña, especialmente para los intelectuales de clase alta que concurrían a las llamadas Escuelas de los Misterios. En éstas se desarrollaban las denominadas "conversaciones puras", es decir, comentarios y opiniones inteligentes sobre problemas artísticos, literarios, morales y filosóficos. Desde esta perspectiva estaban interesados en problemas metafísicos, especialmente en la relación entre el ser y el no-ser. La idea Budista del no-ser, como noche, vacío, resultaba a los intelectuales de las Escuelas de Misterios absolutamente asombrosa. En este contexto los eruditos burócratas que en realidad eran los intelectuales, debieron revisar su confucionismo ancestral, porque sobre problemas metafísicos, el maestro de talante racional y práctico no habría enseñado nada. En esta disyuntiva nació el Lixué o Neo-confucionismo, como lo han llamado los estudiosos occidentales.

El Lixué, tiene dos nombres que no son sinónimos porque reflejan distintas tendencias del Confucionismo reformado. A) Escuela de la naturaleza humana y el orden universal. B) Escuela del orden universal y de la energía cósmica. Tales escuelas tenían nociones filosóficas comunes, pero además, ciertas divergencias. Entre las ideas comunes la más significativa fue la idea del "Gran Primordial", fuerza, poder o principio que explicaba el funcionamiento y la evolución del universo (el tiempo), y también el origen de las conductas éticas, y garantizaba que las sociedades, a pesar de sus innumerables cambios, se mantuvieran civilizadas. En cuanto a las diferencias, la primera enfatizaba la Ética y la Política (arte de gobernar), la segunda destacaba el poder del

Li en tanto principio racional que permite a la mente (xin) intuir regularidades y correspondencias presentes en el universo y las sociedades.

Dado que todos estos filósofos eran burócratas eruditos, que llegaron a ese nivel a través de difíciles exámenes competitivos, conocían bien los clásicos, especialmente Confucio y Mencio por lo que el "intuicionismo" de éstos (como atributo de las mentes sabias) no les era para nada ajeno. En realidad, debido a eso a las filosofías Song se les llamó Neo-confucionismo. El problema para los miembros de la primera escuela (Sociedad y Ética) fueron las preocupaciones "metafísicas" y para los de la segunda, se restaban de participar, en tanto intelectuales educados, en los asuntos socio-políticos y en el mejoramiento de las conductas éticas necesarias para un buen gobierno. El más destacado filósofo del idealismo intuitivo fue Liu Xiang pensador principal de la "Escuela de la Mente". Nótese el cambio con las originales Escuelas de los Misterios: Liu sostenía que los humanos podían considerar verdaderos sólo los hechos de los cuales eran subjetivamente conscientes, de modo que se podía afirmar el Universo es mi mente y mi mente es el Universo". Esta forma de pensar fue enormemente atractiva para muchos intelectuales, con la oposición de los racionalistas (antiguos legalistas confucianos) que creían que tal idealismo (el Universo es mi mente) ponía en riesgo normas y autoridades indispensables para la Ética y los comportamientos sociales. Finalmente, el pensamiento racional se hizo preponderante contra el intuicionismo idealista, de la mano del filósofo chino más influyente después de Confucio, cuyo pensamiento se dice completó, Zhu Xi (1130-1200 D.C.), quien era un genio. Se graduó con máximos honores como erudito sólo a los 18 años de edad. En vida tuvo varios cargos oficiales, pero murió en el destierro. Sólo después de su muerte se transformó en el más importante filósofo chino (después de Confucio) y su influencia se mantuvo hasta principios del siglo XX. De hecho, los maoístas lo denostaron como una de las causas del decaimiento de China después de los Song.

En realidad, Zhu Xi no fue demasiado original, pero tomando ideas de diversas fuentes (los clásicos, los idealistas, los racionalistas) logró construir un aparato conceptual claro, simple y ordenado, que satisfizo por 800 años la mayor parte de las preguntas filosóficas de la población China educada. En este sentido, y como miembro de una cultura práctica y ajena a lo sobrenatural, desechó o se opuso a las nociones "espirituales" de los budistas y demás creencias sosteniendo que los elementos – lluvia, viento, rayos, etc., eran fuerzas naturales que expresaban principios que ordenan el universo. Postuló que el Lixue concibe la realidad física y social, como compuesta de patrones, regularidades que la ordenan y la que el sabio debe propender a conocer (mejor a re-conocer). De esta sabiduría depende la felicidad y la posibilidad de habitar en conjunto sociedades tranquilas, pacíficas y prósperas. Se trata de una armonía preestablecida que al ser descubierta acerca a la perfección personal y social.

Zhu Xi creía en la existencia de dos fuerzas superiores. El Gran Primordial que explicaba la existencia de la realidad material y el principio (Li) que hacía posible el desarrollo de la materia de una cierta forma, tal como la persona humana, y su inevitable consecuencia, la ética. Es claro que para Zhi Xi no había dioses sino la auto-renovación de la materia por la acción de las dos fuerzas constantemente operativas, que para el caso de los humanos establecía un elemento generativo especial, benevolente. Así, el universo era bueno y en la naturaleza del ser humano existe el principio de bondad, que el sabio debe perfeccionar, cosa que los chinos conocían desde Confucio.

En síntesis, la filosofía china es práctica como su cultura, por lo que insiste en las relaciones sociales apropiadas, la Ética y el buen gobierno. Sin embargo, el Neo-confucionismo agrega en la dinastía Song, elementos metafísicos (el Gran Primordial y el Principio) que por operar también sobre el ser humano, completaron a Confucio.

5.3.4. Ciencia en la dinastía Song

Desde el punto de vista de la clasificación de las Ciencias, los chinos fueron los primeros en trabajar en Paleontología y Arqueología, disciplinas que alcanzaron su cumbre en la dinastía Song. Por cierto, estos desarrollos podían esperarse por sus características geo-políticas e históricas. La unificación de su enorme territorio con tanta variedad de ambientes ecológicos, fue una oportunidad para encontrar, junto a su muy abundante variedad de especies vivas (animales, árboles, flores, etc.), restos de especies desaparecidas. Al mismo tiempo, el poderoso Estado Song, emprendía diversas obras públicas, en cuyas excavaciones afloraban tales restos. Por otra parte, la larguísima Historia de los mismos pueblos, en los diversos territorios, incitaba a los chinos, orgullosos de su pasado y sus tradiciones, a investigar restos ya no de especies, sino de reinos y sus acontecimientos.

Shen Kuo (1031-1095) fue una especie de explorador científico que viajando por montañas lejanas al mar, propuso que la presencia en ellas de fósiles marinos, se debía a que esos terrenos alguna vez fueron lecho marino, propuesta que fue independientemente formulada por Lyell y Darwin en tiempos de la Reina Victoria, 900 años después. Shen, científico polivalente, elaboró el primer atlas detallado de China y calculó sus límites, con precisión increíble. Como gustaba de grandes espacios hizo aportes en Astronomía, Cartografía (y Matemáticas). Escribió un informe sobre la brújula magnética cuando ésta empezaba su uso en navegación marítima. Como si esto fuera poco Shen se interesó en Farmacología y Metalurgia.

Naturalmente Shen era sólo uno de los miles de estudiosos que trabajaban con apoyo del Emperador en una muy amplia gama de disciplinas científicas, que por distintas razones a los burócratas eruditos y a sus jefes, les resultaban interesantes. Ellas eran parte de su trabajo. Como veremos a continuación (en relación a innovaciones tecnológicas), esta forma de organizar el trabajo intelectual, junto a la Política, la Economía y demás, hacía que las responsabilidades, logros, éxitos, fracasos fueran compartidos por grupos de eruditos burócratas, más o menos especializados, sobre todo por sus jefaturas. En relación a las innovaciones tecnológicas, que acabamos de mencionar los nombres de los inventores son desconocidos. Se atribuyen a los jefes de equipo, porque fueron ellos quienes presentaron el respectivo informe al Emperador. En realidad, a las oficinas del Emperador.

5.3.4.1. Las tecnologías. En verdad las Ciencias como tales nunca fueron una característica notable de la cultura china. Sin embargo, su capacidad de inventar y desarrollar innovaciones, tecnológicas, en muy variados campos, no tiene parangón en las culturas previas a las revoluciones científica e industrial de los siglos (17 y 18 en Europa). Como hemos visto Joseph Needham en su Historia de la Ciencia China hace un detallado y voluminoso recuento de todas estas innovaciones, de las cuales, la mayoría (pero no todas) aparecieron en la dinastía Song. Obviamente, no tiene sentido que aquí repitamos ese recuento, por lo que en el listado que sigue consideraré sólo las que llegaron a Occidente (por entonces Europa en la Edad Media) y tuvieron incidencia en el desarrollo europeo.

1. Papel. Disponer de un soporte adecuado donde escribir, es ciertamente coetáneo con la invención de la escritura. La arcilla original de Sumeria no fue el soporte más adecuado. Los egipcios inventaron el papiro. Las culturas greco-romanas usaron el pergamino, finas láminas de cuero producidas originalmente en la ciudad de Pérgamo. El papel chino introducido durante los Han y perfeccionado hasta los Song, resultó más flexible, resistente., liviano, no deformable, de modo que se extendió por todo el mundo. Era como hoy, de origen vegetal.
2. Imprenta. Obviamente el uso de copistas para incesantemente reproducir algún texto o dibujo, además de caro, era lento y sujeto a distorsiones. Se conoce la larga historia de la imprenta en China. No pudieron llegar a tipos móviles por su escritura ideográfica 50 a 70 mil caracteres). Al comienzo se usaban bloques de madera para producir con tinta impresiones, al comienzo sobre seda, y después sobre papel.
3. Pólvora. Parece probable que su invención se relacione con fuegos artificiales de fiestas populares. Sin embargo, su importancia para Europa fue su capacidad de explotar produciendo suficiente presión como para disparar un proyectil.
4. Cañones. Son la vía de salida de los proyectiles. Pólvora, cañones y proyectiles acabaron con los caballeros feudales. Caballos, lanzas, y espadas perdieron sentido en la guerra que ahora usaba armas de fuego.
5. Hierro-acero. La fabricación de armas de fuego, pero también arados, ruedas y herramientas surgieron por la destreza metalúrgica de los chinos. Explotaron minas de hierro y de carbón. Su "pequeña revolución industrial" llegó a producir el 70 por ciento comparado con Inglaterra de fines del siglo 18.
6. Navegación. Los enormes Sampan de los Song (casi cuatro veces el tamaño de las carabelas de Colón) incorporaron timón de cola y brújula. Dos inventos desconocidos en Occidente e introducidos casi 300 años después.
7. Instrumentos comerciales. Con la invención del papel y el costo de las monedas de metal, los asesores económicos del Emperador inventaron: papel moneda, certificados de crédito, pagarés, letras de cambio.

Además de estos inventos que llegaron a Occidente, donde produjeron transformaciones tecno-productivas de mucha consideración hay otras innovaciones que no fueron "exportables" y se mantuvieron como secretos celosamente guardados pues su uso les producía beneficios económicos enormes debido a su monopolio. Entre ellas:

1. Seda. El principal producto de exportación de China hasta el siglo14 (Bizancio y Persia). El robo de los capullos tuvo poco efecto porque los chinos continuaron con las mejores técnicas de alimentación y cosecha de los gusanos, hilados y tejidos de la seda.
2. Perlas cultivadas. Invento chino tanto en agua salada como dulce, que les permitió cultivar perlas en la laguna artificial del Palacio de Verano del Emperador Hang Zhou.
3. Joyería. Piedras preciosas, jade, laca, marfil y maderas finas exquisitamente trabajadas, llegaban a las cortes y casas nobles de Asia, Medio Oriente y Europa (vía Venecia).
4. Porcelanas. El secreto de su producción se mantuvo en Europa hasta el siglo 17, aunque de verdad, ni las fábricas alemanas ni las francesas, que desarrollaron porcelanas, nunca lograron los tonos, los matices, las transparencias y lo liviano de la porcelana China.

Un último tipo de innovaciones chinas tiene que ver con su vida cotidiana y son parte de su Cultura. Se suelen dividir en tres grupos: Medicina y salud, vivienda y urbanismo, y alimentación. En cada uno de estos grupos hay innovaciones a veces notables que no puedo resumir aquí, salvo con tres ejemplos bien conocidos. En Medicina inventaron la Acupuntura que es un sistema de correspondencia entre puntos específicos de la piel y órganos o partes corporales. Los guerreros de Terracota de Xian son una demostración de la capacidad de los artesanos, cuyas obras tienen rasgos faciales y posturas corporales hechas en un material muy difícil de trabajar. La Gran Muralla china. Su construcción fue un esfuerzo gigantesco de Ingeniería, de diseño y de organización del trabajo de decenas de miles de obreros y sus necesidades logísticas. Representa muy bien el modo chino de solucionar problemas. Diseño práctico de innovaciones técnicas, que necesitan organizar las acciones de mucha gente, con un objetivo predeterminado.

En resumen, la Ciencia china es mucho más Tecnología que Ciencia abstracta y desde este punto de vista, corresponde a la orientación práctica de la mente china. Por otra parte, determinar el origen, sin duda cultural, de una mente con orientación práctica, no es un tema neuropsicológico simple. Podría ser influido, como vimos, por las características del lenguaje chino que está mal diseñado para manejar nociones abstractas. Esta idea es tremendamente importante para los intereses de este libro, porque significa que en la evolución de las culturas, por razones históricas y políticas, algunas predisposiciones innatas, son o pueden ser incentivadas, mientras otras, son o pueden ser desalentadas.

6. Los inicios de la Filosofía y las Ciencias Modernas

Desde el punto de vista de las Ciencias debería empezar este apartado con Copérnico y Galileo, pero prefiero comenzar con dos filósofos que fueron los primeros en pensar en lo que podríamos llamar Filosofía de las Ciencias. Naturalmente, me refiero al inglés Francis Bacon y al francés René Descartes. Suele sostenerse que la Filosofía occidental ha pasado por tres épocas diferentes. a) Con los filósofos griegos fue un pensar independiente, más o menos influido por las Ciencias y las Religiones del momento, pero encargada de definir y juzgar todas las demás actividades socio-culturales; b) Con el Cristianismo, la Filosofía pasó a ser una actividad dependiente de la Teología y cuidadosa de no contradecirla; c) Con la llegada de la investigación moderna la Filosofía fue subordinada a la Ciencia, pues resulta imposible plantear hipótesis racionales en contra de evidencias empíricas. Bacon y Descartes representan el tránsito a una Filosofía dependiente del avance del conocimiento científico. Sin embargo, aunque sus propuestas fueron bien diferentes, en los dos, el problema principal era un cierto modo de establecer una teoría del conocimiento (Epistemología) basada en la objetividad racional y en observaciones y experimentos "críticos", que eran el dominio de la investigación científica moderna. Ésta a partir de Galileo, Kepler y algunos más proponía una manera distinta de conocer la realidad objetada.

Francis Bacon (1561-1626) fue un político inglés (llegó a ser Canciller del Reino), de clase alta y con riquezas propias, que consideraba que el saber debía ser el motor para el surgimiento de una nueva civilización, basado en conocimientos objetivos, obtenidos con métodos adecuados. Así, el conocimiento debía fundarse en observaciones rigurosas de la naturaleza, y experimentos bien hechos. En sus obras El Avance del Saber, Novum Organum y la Nueva Atlántida, con muchos ribetes de utopía, profetiza una sociedad de científicos dedicados en conjunto a explorar el mundo mediante la experimentación. Esto sería posible si se dejaban de lado intuiciones (ocurrencias) de algunos, o dogmas revelados. Para lograr el progreso a través de la Ciencia la mente debía librarse de considerar instrucciones sagradas, habladurías sociales, o tradiciones no comprobadas. Estaba en contra de la noción tomística y renacentista que el conocimiento de la naturaleza, la obra de Dios, nos acerca a comprender su divinidad. Para él la Teología y la Filosofía eran cuestiones absolutamente distintas, que debían mantenerse separadas en la mente de las personas. El pensamiento de Bacon influyó grandemente en la Royal Society, que recién nacía en Londres. Su concepción del uso práctico del conocimiento, parece haber sido una de las razones por la que en los primeros treinta años de vida de la Royal Society, los trabajos allí presentados, fueron en un 60 por ciento relacionados con necesidades prácticas (Tecnología de base científica), y sólo el 40 por ciento sobre hipótesis y teorías propiamente científicas.

Descartes fue un genio de las Matemáticas, formado por jesuitas, sirvió en el ejército y publicó a los 26 o 27 años su Geométrie, en la que presenta su Geometría analítica, un avance fundamental en Matemáticas. Lo interesante es que la Geometría analítica, fue por primera vez editada como un anexo de su famoso "Discurso del Método", en el cual también como anexos, se publican "La Dioptrique" que incluía la ley de refracción de la luz, y "Los Meteoros" la primera explicación cuantitativa del arco iris. Me he detenido en esta publicación del Discurso del Método y sus tres anexos pues son una prueba muy elocuente de la Filosofía de Descartes. Como sabemos en el Discurso del Método plantea su famoso paradigma epistemológico "Pienso, luego existo" (Cogito Ergo Sum), que representa su radical escepticismo sobre el saber. Lo único seguro es mi propia duda. Pero, los anexos que acompañan al "Cogito ergo sum" indican que hay otras verdades dignas de considerar. Ellas son las Matemáticas y su aplicación correcta a los fenómenos naturales. La Geometría analítica da cuenta de lo primero, la dióptrica y los meteoros ilustran sobre los segundos. Esto es, sin duda, racionalidad, podríamos decir, un estado de alta pureza. La racionalidad es posible, según Descartes, porque el ser humano dispone de un aparato especial para saber. Él lo llamó Res Cogitans (cosa que conoce, que se da cuenta), es decir, que reúne la facultad de conocer y la conciencia de qué está conociendo. El enlace natural de esta capacidad con el cuerpo humano es el cerebro, pero los atributos puramente anátomo funcionales del cuerpo son, un modo particular y complejo, de operar arreglos que él llamó mecánicos. El cuerpo y el cerebro humano es la Res-Extensa, es decir, similar al resto de las cosas de la naturaleza que existen en el espacio y el tiempo. Descartes incluso propuso que la conexión de Res-Cogitans (incorporal) con la Res-Extensa es la hipófisis, glándula única y central del cerebro, lo que para él la hacía especial. Hoy sabemos que interviene en los ritmos circadianos (dormir).

Descartes, católico ferviente, probablemente pensó que Res Cogitans es el alma, con lo que había nacido el famoso y a veces vilipendiado Dualismo Cartesiano. Es interesante notar que esta idea persiste hasta nuestros días. En la década de 1960, John Eccles, Premio Nobel de Medicina y presidente de la Academia Pontificia de Ciencias, propuso algo similar en su libro "El yo y su cerebro", claro que la relación entre el alma y el cerebro estaba no en la hipófisis sino el prefrontal anterior izquierdo. Aunque para la mayoría de los neurobiólogos modernos la Res Cogitans es la que llamamos mente, la que resulta de procesamientos cerebrales, aunque hay un problema para dejar completamente de lado el dualismo de Descartes. No sabemos bien cómo el cerebro procesa la conciencia subjetiva que procura la identidad intransferible de las personas. Pero el dualismo tuvo una importancia capital para el desarrollo de la Biología humana. La Res Extensa se produce por mecanismos anátomo-fisiológicos, perfectamente estudiables por las Ciencias, con lo que desde el punto de vista de las Ciencias Médicas y Biológicas, el cuerpo humano pasó a ser un objeto de estudio que hay que tratar con respeto, pero no vedado al escrutinio científico.

De este modo Bacon y Descartes, son en mi opinión los soportes filosóficos iniciales y más consistentes de la Ciencia moderna, con lo que a partir de ellos, este capítulo debía traslapar los nombres y en vez de llamarse Filosofía y Ciencias debería titularse Ciencias y Filosofía. Claro que la Primera Revolución Científica de hecho se había iniciado algunas décadas antes de nuestros filósofos con Copérnico, Galileo y Kepler, y se coronaría décadas después con Newton. Recordemos que la Segunda Revolución Científica sobrevino en los siglos 18 y 19 y es la que vivimos en la actualidad. A esta revolución, la Industrial y la Política, se referirá el último capítulo de este libro.

Nicolás Copérnico era un polaco quitado de bulla, era sobrino de un obispo que pagó para que estudiara en varias universidades. Hizo estudios de Derecho, Medicina, Filosofía y finalmente, Astronomía, a la que después dedicó todo su trabajo. Esto le resultó posible porque se empleó como ayudante secular de una iglesia de Cracovia. Su propuesta heliocéntrica no era completamente novedosa pues la misma idea fue planteada dos mil años antes por Aristarco. Sin embargo, otra de sus propuestas era nueva. Los cielos, la esfera de las estrellas fijas, estaban mucho más lejanos de lo que todos creían. Pero su tercera hipótesis principal (su libro sobre "Las revoluciones de los orbes celestes"), es que la Tierra tiene tres movimientos: a) giraba alrededor del sol, b) giraba sobre sí misma, c) había variaciones de la posición de la Tierra con respecto al sol. Esto último es el efecto combinado, sabemos hoy, de las órbitas de los planetas, que no son circulares sino elípticas y que el eje de la Tierra no es vertical. Aunque su libro se publicó después de su muerte, sus tesis fueron rápidamente aceptadas, y no tuvieron al comienzo oposición de la Iglesia Católica pero sí del propio Lutero, y uno de sus cercanos discípulos, Melanchthon. Ellas fueron completadas por Kepler que propuso que las órbitas de los planetas son elípticas, y sus velocidades aumentan cuando están más cerca del sol, el que no está en el centro de la elipse sino en uno de sus focos. Kepler dio consistencia matemática a esta hipótesis agregando un concepto que sería crucial para la gravedad descrita años después por Newton. Si los planetas circulan alrededor del sol, debe haber en éste algún tipo de fuerza que impide que se escapen en línea recta, por un efecto de la fuerza centrífuga a la que el sol contrarresta. Las constantes Matemáticas que Kepler estableció fueron dos: a) La velocidad del planeta multiplicada por su distancia al sol, era siempre la misma; b) El cuadrado de rotación del planeta, es proporcional al cubo de su distancia media al sol. Con esto desaparecieron las esferas fijas de Aristóteles y la Ciencia medieval, y aparecía la gravedad.

El lector se preguntará de dónde obtenía Kepler todos los datos astronómicos que usó para trabajar en las Matemáticas de sus hipótesis. De su maestro Tycho Brahe que, probablemente, ha sido el más grande astrónomo observacional de la historia de la Astronomía. Tycho nunca usó un telescopio (en su tiempo no existían). Hizo todas sus mediciones a ojo desnudo, en un laboratorio astronómico que el Rey de Dinamarca construyó para él. Debía mirar todas las noches un astro determinado, durante al menos un año (en realidad lo hizo él y sus ayudantes por más tiempo), anotar con exactitud sus desplazamientos para generar órbitas según se movían en el firmamento, y distancias al sol según: a) su luminosidad, b) sus relaciones triangulares: Tierra-sol-estrellas. Por razones de facilidad su modelo fue Marte que siempre está presente en el firmamento. Kepler recibió de regalo un telescopio de parte de Galileo, que él usó para completar las informaciones recogidas por Tycho Brahe, en las llamadas Tablas Rudolfinas (1627). Al hablar de telescopio llegamos a Galileo que no fue sólo astrónomo sino también físico.

Steven Weimberg (Premio Nobel de Física), escribe que Galileo es uno de los más grandes científicos de la historia, del nivel de Newton, Darwin y Einstein. En realidad, es difícil disentir de esta afirmación. Galileo hizo avances fundamentales a lo menos en cuatro grandes campos de la Ciencia: 1) Inventó el telescopio, perfeccionando un instrumento simple y tosco, desarrollado por los holandeses (el Spyglass) con un aumento de 1x4, a otro basado en múltiples lentes, capaces de ver la luna de Júpiter por las relaciones matemáticas que pudo establecer entre lentes (cóncavos y convexos), y el largo del tubo en que estaban incluidos; 2) Fue capaz de desarrollar experimentos "críticos" capaces de probar o refutar sus hipótesis físicas, principalmente sobre movimiento y mecánica; 3) Hizo descubrimientos astronómicos impresionantes (con su propio telescopio) que completaron "empíricamente" las teorías de Copérnico y Kepler; 4) Desarrolló una teoría sobre las relaciones matemáticas de los cuerpos celestes. Sus órbitas, revoluciones y giros sobre sí mismo. La rotación del sol y de la Tierra y de los demás planetas sobre sí mismo, y de sus lunas, que el describió por primera vez. En pocas palabras, Galileo matemático, astrónomo, físico experimental y teórico fue el iniciador de la Ciencia moderna como hoy lo conocemos. Pero además, y a propósito de sus problemas con la jerarquía más alta de la Iglesia Católica, escribió una suerte de Filosofía sobre las relaciones entre las Ciencias físicas y Matemáticas y la Religión. Cuando los hallazgos empíricos, con respaldo matemático, se contraponen con las verdades reveladas de los textos y las enseñanzas de la Iglesia deberíamos preferir las Ciencias (Carta de 1615 a Cristina de Lorena, gran Duquesa de Toscana).

Son muy ampliamente conocidas las dificultades de Galileo con la Iglesia del tiempo, que lo llevó primero a prisión, y luego a un retiro forzado en su propia casa de Arcetri, cerca de Florencia, y a prohibir publicar sus nuevos escritos. Sin embargo, Galileo aprovechó este retiro como una oportunidad para escribir su último libro. Algunos años antes, 1632, había explicado sus teorías astronómicas, a través de un libro llamado "Diálogos", acerca de los dos principales sistemas (que explican) el mundo: ptolemaico y copernicano. Se trataba de una sátira entre un sabio, un ignorante y un intermediador inteligente. El libro estaba escrito en italiano y no en latín, con lo que circuló ampliamente, pero fue el detonante de la persecución de la Inquisición, pues, además, de afirmar doctrinas heréticas, implicaba una ofensa a un muy alto representante de la jerarquía que se presentaba como un ignorante. Continuó el juicio y Galileo tuvo su castigo. Durante este tiempo escribió un nuevo Diálogo, también en italiano, que se publicó furtivamente en los Países Bajos, con seudónimo y que llamó "Las dos ciencias nuevas", en que participaban los mismos personajes. En este Diálogo explicaba sus conceptos de balística y del movimiento (una bala disparada, describe en el aire una parábola, que es una función de un corte en un cono), con lo que de algún modo unificaba los trayectos físicos de los planetas con lo que ocurría en la Tierra con un proyectil. Galileo así, preparó la llegada de las síntesis de Isaac Newton.

Newton fue un genio extraño, hijo de granjeros del interior de Inglaterra, padre analfabeto y madre de clase social algo superior. Estudió en la escuela pública cercana a su villorrio y ya allí demostró su nivel intelectual por el que consiguió una beca de la Universidad de Cambridge. Estudió Matemáticas, luego fue ayudante de su profesor y finalmente catedrático. No se le conoce amoríos de ninguna especie, y se dice que sólo viajó entre Cambridge, Londres y su pueblo natal. Sus primeros trabajos fueron sobre Alquimia (no bien diferenciada en su época, de la Química). Se interesó por fichar episodios de la Biblia, buscando un código secreto en, por ejemplo, el libro de Daniel. Su primer trabajo propiamente científico fue sobre Óptica, logrando "experimentalmente" demostrar que la luz blanca del sol se descompone (o recompone), en los colores del arco iris, pasando por un prisma y luego por otro. Inventó el telescopio de reflexión, que usa un espejo que refleja la luz antes de pasar por los lentes. Es la base de los que se hacen hoy día.

No es seguro si inventó el cálculo infinitesimal para probar su teoría sobre la gravedad, o ya lo tenía, y lo usó cuando le convino. Decir que descubrió la gravedad y sus constantes Matemáticas, no es hacerle justicia. Como hemos visto respecto a Kepler, astrónomos y físicos se preguntaban por qué los planetas que orbitaban el sol u otro planeta como la luna o la Tierra, no salen disparados hacia el firmamento por la fuerza centrífuga del giro. Se hacía una comparación con la honda. El hondero gira una piedra con su brazo, atada a una cuerda, y siente la fuerza de escape de la piedra, la que al soltarla, se dispara. La pregunta era bien evidente. ¿Cuál es la cuerda que mantiene a la Tierra girando alrededor del sol sin separarse, a pesar de la fuerza centrífuga que debería dispararla? En realidad, Newton soluciona el problema, sin definir propiamente qué es la fuerza de gravedad. Usando los cálculos de Kepler, analizó matemáticamente las relaciones entre planetas y el sol, que aparecen unidos por esa fuerza. Encontró, cálculo mediante, que era (más o menos) la raíz cuadrada de la distancia que separa los objetos que se atraen. Hizo la hipótesis adicional que esta fuerza se relaciona con la masa del objeto, y que su velocidad de acercamiento es función de la distancia. Esta última hipótesis se aplica a objetos que caen a la Tierra desde una cierta altura. Premunido con estas ideas, sostuvo que la gravedad es una fuerza universal que funciona entre planetas y astros, pero también en la Tierra u otro objeto celeste. Como vemos, estudió las dos contantes más universales de la Física. La luz y la gravedad, usando observación, experimentos y Matemáticas. Preguntado, mucho después qué era exactamente la fuerza (de gravedad) que describió con detalles, formuló su famosa respuesta "No hago hipótesis". En realidad hubo que esperar a Einstein para tener una hipótesis sobre la gravedad, como "deformación del entorno espacio temporal" que rodea a los objetos con masa, y disminuye en relación con la raíz cuadrada de la distancia, como aseguró Newton. Por otra parte, esta modificación del entorno espacio temporal, es capaz (Einstein) de desviar la luz que no tiene masa sino fotones. La mención de Einstein es importante. Con Newton nació la Física moderna, en la primera revolución científica, Einstein está en el meollo de la segunda revolución.

7. Otras ciencias. La Biología

La primera revolución científica, no sólo implicó cambios en pensamientos y teorías sobre Física, Astronomía y Matemáticas, sino también, sobre Biología general y Biología del ser humano. Andrés Vesalio, nacido en Bruselas en 1514, estudió Medicina en Lovaina y París, y luego se radicó en Padua (perteneciente a Venecia), probablemente porque luego de levantada la prohibición de trabajar en cuerpos humanos, la República autorizaba la disección de un cuerpo humano al año. Allí, a los 23 años, se encargó de la enseñanza de la Anatomía y 5 años después, publicó su "De Humani Corporis Fabrica", primer tratado que describe la Anatomía humana según disecciones reales, practicadas en cadáveres reales, por el mismo Vesalio. La Anatomía que hasta entonces se estudiaba era la de Galeno, de más de 1.500 años de antigüedad, y muy imperfecta, porque Galeno por la prohibición, nunca trabajó con cuerpos humanos. Sus descripciones y dibujos eran inferencias a partir de sus hallazgos en cerdos, perros, monos, que sí podía disecar. El efecto de esta publicación fue enorme y peligrosa (los dibujos fueron hechos por un ayudante de Ticiano), pues tanto católicos como la Reforma lo consideraron blasfemia. La presión y el temor hicieron que Vesalio dejara Padua, se contrató como médico del Emperador Carlos V, en España, y nunca volvió a publicar sobre Anatomía humana.

El inglés William Harvey que también estudió en Padua (1587) se interesó en la circulación venosa, cuestión en la que su profesor Fabricio estaba trabajando. Regresó a Inglaterra y luego de revalidar su título, abrió consulta en Londres, y diez años después empezó a enseñar en el Royal College. Muy pronto, empezó a pensar y trabajar en la circulación de la sangre, sucesivamente en decenas de distintas especies, no sólo de mamíferos, sino también, aves, reptiles, batracios y algunos invertebrados. Su búsqueda, según el mismo relata, se centraba en un corazón que latiera, para luego observar cómo la sangre llegaba al corazón, y dónde era enviada por cada latido. Así, descubrió tanto venas que llevaban sangre al corazón como arterias que la distribuían. También describió la circulación menor (corazón-pulmón-corazón), y el papel de la oxigenación por el aire pulmonar. Nunca logró ver capilares. No tuvo microscopio. Vesalio y Harvey fueron observadores minuciosos, hicieron experimentos y estudiando los fenómenos que les interesaban, plantearon hipótesis, que luego las comprobaron (o no), con lo que la Ciencia moderna empezó a trabajar en Biología humana. La expansión de la Ciencia a la Biología general tuvo pocos años que esperar. Se instaló con la construcción de microscopios.

Entre los inventores de microscopios de distinto tipo, la mayoría eran los pulidores de lentes, sobre todo en los Países Bajos. Sin duda, el más importante de todos, para la Ciencia, fue Antonio van Leenwenhock de Delft quien, trabajando con lentes, construyó centenares de microscopios, y realizó observaciones y experimentos que regularmente publicó en la Royal Society de Londres. Con este nuevo instrumento se abrió un mundo de seres completamente desconocidos por la Ciencia de su tiempo. Descubrió los protozoos que viven en aguas estancadas, y luego unidades vivientes aún más pequeñas: las bacterias y sus distintas formas (bacilos, cocus, espirales). También los espermatozoides, aunque de todos estos "animáliculos", como los llamaba no supo su función. Cerró la discusión sobre la circulación de la sangre pues fue capaz de observar en la cola de un renacuajo, los capilares que Harvey nunca pudo ver.

En 1698 Francesco Redi demostró que los insectos no eran nacidos de "generación espontánea" sino que se reproducían por huevos. Antes (1672) N. Grew sostuvo que el polen era factor de fertilización, lo que fue confirmado en 1694 por Jacob Camerarius que demostró que las plantas tenían sexo, con los estambres productores de polen, que llevado por insectos, pájaros o vientos, fertilizan el pistilo receptor de polen.

8. Filosofía en la primera revolución científica

Los avances en Ciencias Físicas, Matemáticas, Astronomía y Biología, produjeron una revolución paralela en Filosofía y Teología. El impacto sobre las concepciones religiosas lo estudiamos en el Capítulo sobre las Religiones. Las nuevas ideas políticas y económicas, en el capítulo respectivo (Hobbes, Locke, Maquiavelo, Adam Smith, etc.), por lo que ahora me restringiré a tratar a quienes empezaron a pensar que de la Filosofía general era posible destacar ciertas áreas del conocimiento, que podían tener un manejo no sólo especulativo, sino observacional, empírico (histórico, por ejemplo) y racional. Este pensamiento apunta al nacimiento de las Ciencias sociales que, naturalmente tomaron cuerpo 250-300 años después.

Michel de Montaigne. De padre católico y madre judía (protestante convertido) nació y creció dudando sobre el valor de la Religión para hacer esta vida más buena y feliz. No le parecía que el propósito de esta vida fuera la otra. Así, en sus famosos Ensayos, investigaba las cualidades concretas que podían acercar a la gente a la felicidad, para ellos y su comunidad, o las que podían producir efectos contrarios. Montaigne vivió recibiendo información de la recién descubierta América y sus habitantes. También, por su educación era versado en historias de otros pueblos y sus religiones. Llegó a la conclusión que todos los seres humanos eran mentalmente similares, y que las diferencias, por causas históricas, culturales, requerían tolerancia y comprensión. Claro que no soportaba, como decía, a "engolados imbéciles".

A partir de estos conceptos fundamentales, y presenciando el desarrollo científico racional y objetivo, consideraba a la Teología inútil y a la Filosofía descentrada, por lo que había que pensar en felicidad y bienestar en esta vida. Si se revisan sus colecciones de ensayos se pueden encontrar reflexiones que hoy llamaríamos sociológicas, históricas, etnográficas, psicológicas y morales, siempre con referencias eruditas, pero como al pasar. Con Montaigne nació un pensar explícitamente pre Ciencias Sociales, no contaminadas por dogmas religiosos o especulaciones filosóficas abstractas. Creía en Dios, pero no como ser castigador y vengativo. Dios es un caballero. Los curas no sirven para ayudar a tener una vida buena en esta Tierra, quizás en la otra vida.

Giambattista Vico (1668-1744). Era un napolitano que creía que para entender al ser humano no bastaban las Ciencias Exactas (vivió al mismo tiempo que Newton), pero tampoco las Religiones y la Filosofía. Había que recurrir a la Historia, porque los humanos sólo pueden saber lo que ellos mismos han hecho. Realizó esfuerzos por entender la mente del humano primitivo, que por los viajes y colonizaciones europeas, estaban en el horizonte intelectual de los filósofos, en particular a partir del lenguaje y sus relaciones con la Psicología. En su obra más representativa, la "Scienzia Nuova" proponía la necesidad de revelar una Filosofía de la Historia secular, una Historia de la Cultura diríamos hoy, como manera de crear instituciones políticas consistentes. Vico creía que si se estudiaba la manera y las rutas que había seguido la humanidad, desde sus etapas más primitivas, hasta el florecimiento del Derecho, Ciencias, Artes y demás, se podría entender el plan de Dios (pero también la evolución cultural y sus causas).

David Hume. Algo posterior a Vico y casi un siglo después que Montaigne, fue muy crítico en sus inicios de las supuestas pruebas de la existencia de Dios, de milagros y de otras afirmaciones de la Iglesia. Vio que lo que en realidad importaba era entender al ser humano y las facultades de su "entendimiento". En 1739, a los 28 años de edad, publicó su "Tratado sobre la Naturaleza Humana" (primeros dos tomos, que subtituló "Ensayo para introducir el método experimental de razonamiento en los asuntos morales"). Como el mismo dice en su libro, "Al pretender explicar los principios de la naturaleza humana estamos, de hecho, proponiendo un sistema de las Ciencias, construido sobre bases casi completamente nuevas". Pensaba que había cuatro Ciencias relevantes para entender la naturaleza humana: a) La Lógica, cuyo fin es explicar cómo funciona nuestro razonamiento y la naturaleza de nuestras ideas; b) La Moral y la Crítica que estudian gustos, sentimientos y sus relaciones con otros; c) La Política que se ocupa de vivir con provecho en sociedades en las que somos interdependientes. d) Las pasiones (sentimientos originados en las experiencias sensoriales) eran las que predominaban, antes que el entendimiento pase a dirigir nuestras acciones. Es difícil encontrar un filósofo más pesimista sobre la naturaleza humana, quizás con la excepción de Schopenhauer que vivó un siglo después. En todo caso, David Hume intuyó una relación que está de moda en la Neuropsicología actual: El rol de emociones y racionalidad en la construcción de pensamientos y acciones. Es probable que esta intuición se originara en su percepción de mentes que "creían con la fuerza de sentimientos y pasiones", pero eran llamados a pensar con la racionalidad de su entendimiento. Como veremos, éste es un punto crucial para nuestra exploración de la Neuropsicología, de las muy complejas relaciones entre Teología, Filosofía y Ciencias, que seguirá a la consideración de E. Kant.

Emmanuel Kant fue, como sabemos, un filósofo que dedicó toda su vida a plantear sus pensamientos sobre una variedad de temas, todos sin duda muy importantes. Pero desde el punto de la Neuropsicología hay dos o tres que debo destacar, porque su tratamiento de lo que por entonces se llamaba, el entendimiento (la mente en términos actuales), lo convierten en un precursor de ideas neurobiológicas bien modernas.

En primer lugar, su distinción entre fenómeno y noúmeno, siendo el primero, la realidad como la mente la percibe, y el segundo, la realidad como es en sí misma. A lo largo de este libro, hemos discutido el modo cómo las representaciones mentales de la realidad (en sí misma) son construcciones cerebrales, que a partir de informaciones perceptivas parciales, el cerebro procesa y organiza según sus propios sistemas operacionales (innatos o aprendidos), y de acuerdo a proyectos intencionales actuales, y necesidades evolutivas (sobrevivencia) de largo plazo. Por supuesto, el lenguaje de Kant, fue enteramente distinto a la Neuropsicología actual, y sus ideas mucho más limitadas sobre enorme cantidad de atributos anátomo fisiológicos que se ponen en juego para pensar, sentir y actuar. Sin embargo, es posible encontrar, teniendo presente lenguaje y límites, algunas correspondencias entre el pensamiento kantiano y la Neurobiología moderna.

Partamos por la percepción de la realidad. Hoy sabemos que nuestra percepción es limitada por dos razones principales: a) nuestros órganos sensitivo-sensoriales tienen un rango más bien estrecho para analizar la información electromagnética (visión y audición) disponible en la realidad, lo que también ocurre con sustancias químicas (olfato y gusto), o con sentires (tacto, presión, dolor) que dependen de la organización del sistema nervioso periférico. Kant que intuyó esta diferencia entre realidad en sí y realidad percibida, describió sus categorías específicas de la percepción (espacio y tiempo), que el ser humano (en realidad su cerebro) agrega, para ordenar la percepción. Claro que esto no es científicamente correcto, pero es una invención que intenta explicar lo que Kant intuía. Percibimos un mundo distinto al que realmente existe allá afuera y le agregamos nociones que no pertenecen a ese mundo. Por ejemplo, llamamos rojo a una información que el ojo recibe de una particular frecuencia electromagnética que nos llega de la realidad en sí.

En sus Críticas (a la Razón Pura, a la Razón Práctica y al Juicio), Kant se pregunta, por ejemplo, cómo es posible un juicio sintético a priori (es decir, que no corresponde a una experiencia actual) y decide que éste es un atributo del entendimiento (la mente), que tiene formas de procesamientos que les son propios, y que no dependen de informaciones externas. Está, sin duda, intuyendo el modo cómo el cerebro organiza "formalmente" sus operaciones racionales, las que dependen (dice la Neurobiología actual) de capacidades innatas, que para funcionar sólo requieren la información (en la memoria) de los elementos que se articulan en el juicio sintético a priori. El imperativo categórico de la Moral kantiana significa, en mi opinión, que la mente humana innatamente dispone de un conjunto de normas morales necesarias y obligatorias para personas normales, que hacen posible una vida social cooperativa, pacífica, próspera y segura, como vimos en el Capítulo 4 (Sistemas de Control del Comportamiento Social). En este mismo contexto, en su "Metafísica de las Costumbres", hace la diferencia entre normas evolutivas presentes en todos los seres humanos (imperativos categóricos), con las normas de consenso, como son las costumbres. Los historiadores de la Filosofía llaman a Kant creador del Idealismo Filosófico moderno, distinto al mundo de las ideas puras y eternas de Platón, pero similar a éste en que se antepone el entendimiento a la realidad objetiva. Creo que esta crítica no es razonable, porque lo que Kant intenta descubrir, son las relaciones entre la realidad que nuestra mente construye, con el mundo que está allá afuera, y sobre todo, la correspondencia entre nuestras construcciones mentales (fenómenos) y de la realidad "en sí misma". (noúmenos).

Es interesante constatar que para el pensamiento humano, que evolucionó para conocer lo mejor posible los ambientes en que vive, de modo de predecir fenómenos (buenos y malos), y sus propias reacciones a ellos, las más recién llegadas son las Ciencias Sociales y las Psicologías. Es claro que esta dificultad no ha sido fácil de solucionar, porque estas áreas son precisamente las más sujetas a intervención política y religiosa. El orden social, el respeto mutuo, la prosperidad, por la Política, la Economía y el Derecho, y las conductas individuales, la confianza, la cooperación (altruismo, etc.) por la moral y las religiones. Está claro que las intervenciones exitosas son las que, de un modo u otro, tienen presente alguna intuición sobre la naturaleza humana, pero como sabemos, dependía del poder y el saber de príncipes y sacerdotes que muchas veces tenían más poder que saber.

9. La Neurobiología del conocimiento objetivo

Todas las Filosofías y todas las Ciencias se fundamentan en un supuesto crucial. La mente humana es capaz de lograr un conocimiento objetivo de la realidad del universo físico, de las entidades socio-culturales, de los seres vivos y de los humanos.

Es claro que este supuesto es el origen de la indagación filosófica que desde los griegos llamamos Epistemología o Teoría del Conocimiento. Aunque esta disciplina no se pronuncia sobre los procesos neuropsicológicos que subtienden el conocimiento que construyen la Filosofía y las Ciencias, postulan un esquema de problemas epistemológicos, que vale la pena tener presente cuando se desea dar cuenta de los procesos cerebrales que son responsables del conocimiento filosófico y científico. Por esta razón, en lo que sigue, presentaré las bases neurobiológicas del pensamiento filosófico y del científico, siguiendo la organización de los problemas del conocimiento que postula la Epistemología.

En este contexto la primera cuestión a considerar es la idea que los conocimientos filosóficos y científicos tienen una identidad diferente al conocimiento que subyace a nuestra rutina diaria, a nuestras creencias intuitivas o tradicionales. Una serie de pensadores ha formulado una tesis que sostiene que la Ciencia y el conocimiento objetivo tienen un "sentido no común", es decir son una invención cultural y no surgen como evolución natural de dispositivos mentales (intuiciones y sentido común) que operarían como antecedentes "necesarios". El biólogo británico, entre otros, Lewis Wolpert, sostiene esta tesis en su libro "The Unnatural Nature of Science" (1994). Como esta postura usada por relativistas post modernistas y algunos filósofos de la Ciencia, es claramente errónea desde un punto de vista neuropsicológico, merece ser aclarada. Por otra parte, es un buen inicio de nuestras discusiones sobre los dispositivos neuropsicológicos que nos permiten un conocimiento objetivo de la realidad.

El problema principal de la hipótesis de la Ciencia como un sentido no común es que, con razón afirma que no existe continuidad entre sentido común, intenciones y otros saberes con la objetividad del pensamiento científico. Pienso que esta afirmación siendo verdadera es problemática y errónea porque no hay ninguna necesidad neurobiológica, para tal continuidad. En una misma persona pueden coexistir diversas maneras de operar en la realidad, según el propósito que en cada situación, se busca cumplir. Hay un buen número de científicos cristianos, que por serlo, creen en el sacrificio y resurrección de Jesús, cuestión que objetivamente es al menos discutida, pero se manejan en sus laboratorios con absoluta objetividad. Newton el padre de la Física moderna y del Cálculo integral en Matemáticas hizo experimentos en Alquimia y trabajó largo tiempo, en sus horas libres, buscando un código secreto en las Sagradas Escrituras. También, hay científicos fanáticos de clubes deportivos que mirando un partido del club tienen pasiones para nada objetivas, y qué decir de científicos que se enamoran, situación en la cual su percepción objetiva de la pareja deja mucho que desear, por lo menos, durante el primer año de relaciones. Por otra parte, los grandes innovadores del Neolítico, que hicieron experimentos con "objetividad" para seleccionar los mejores granos o los animales objetivamente más domesticables, creían en espíritus, y construían templos para adorar a sus dioses. Y, como vimos en el Capítulo 7, la humanidad de las poblaciones neolíticas era, genéticamente, igual a nosotros.

La razón de esta variedad de enfoques sobre las realidades de la vida (filosóficas, científicas, religiosas, emocionales, deportivas, tecnológicas, etc.) es que el cerebro del Homo Sapiens toma decisiones y articula conductas, según el objetivo que busca, y el contexto en que debe lograrlo. Nuestros poderosos sistemas prefrontales activan los circuitos emocionales cuando actuamos con nuestra pareja, la percepción sensorial y estética en conciertos o exposiciones de arte, nuestra pasión de lucha cuando vamos al estadio y nuestra objetividad cuando elucubramos buenas teorías filosóficas, o trabajamos en el laboratorio científico.

De esta manera la mente filosófica o científica, activa circuitos neuronales especializados cuando se requiere objetividad para escribir una propuesta racional o crear un experimento. En estos casos surgen dos tópicos centrales: a) por qué y cómo ciertas acciones necesitan objetividad, y b) cuáles son los aparatos cerebrales que activamos para lograrlas. En el primer caso no se ven problemas para elegir la objetividad cuando el filósofo y el científico se encuentran en una Cultura o escuela, para las cuales buscan objetividad de hipótesis y propuestas. Esta es una norma o regla evidente, que los estudiantes aprenden muy temprano en su formación profesional. La gran mayoría de las carreras universitarias modernas exigen objetividad en el tratamiento de los diversos temas, que cualquier profesional debe atender.

Pero qué pasaba en Occidente, antes de la Revolución Científica, y en otras Culturas, antes de los innovadores, o más corrientemente, en todas partes excepto en los especialistas en "objetividad" como son filósofos y científicos. Lo que ocurría es lo que escribió Bacon, los ídolos del mercado, ídolos de las cortes y sobre todo los ídolos de las religiones. Todo esto parece cierto, pero es sólo parcialmente cierto. Todos los seres humanos tienen la capacidad de tener percepciones e ideas objetivas. No sólo los especialistas. Las razones de esta afirmación son evolutivas, culturales y, como veremos luego, neuropsicológicas. Las razones evolutivas son claras. Para todas las especies es absolutamente indispensable responder a un estímulo (las bacterias), o a una percepción (predador o presa), que sea real, que represente la realidad como ésta efectivamente es (respecto a sus intenciones, atacar o huir, de otro modo, no sobreviven. No pueden depender de supersticiones o fantasías, aun cuando fueran capaces de imaginar tales formas de suicidarse. Desde un punto de vista cultural ocurre algo parecido. Los primeros homínidos con cultura (fabricantes de herramientas) debían tener en mente dónde, cuándo, cómo usarlas, por supuesto también para sobrevivir, de manera que sus primeros instrumentos debían poder aplicarse a una realidad objetiva para la obtención de los alimentos, para ellos más indispensables (carne y grasa). Mucho más tarde los Homo Sapiens pintaban cavernas, hacían collares y demás manifestaciones de sus artes, cuando sus necesidades de sobrevivencia estaban aseguradas, con caza, recolección, ropajes (Capítulos 6 y 7). Además, con la instalación del lenguaje hablado debieron ser muy precisos y objetivos cuando decidían y comunicaban los mejores lugares de caza, las rutas de migración de los renos, afloramientos de obsidiana, etc.

Mis lectores deben haber notado las diferencias en las necesidades de percibir y actuar según sea la realidad objetiva, es decir, no dependiente de las reacciones y nociones de los aparatos sensorio motores, o de las mentes de los individuos, cuando el objetivo es tan importante como sobrevivir. A su lado, hacer collares o grabados en hueso, y producir adornos para los cromagnones fue "objetivamente" menos decisivo para su sobrevida que cazar renos. Las pinturas rupestres se pueden ubicar en una situación intermedia. No fueron tan esenciales como efectivamente cazar renos, pero tenían una muy alta importancia simbólica. Esta era su relación con los animales que cazaban.

Si miramos estos desempeños de nuestros ancestros desde un punto de vista neuropsicológico, podemos establecer una hipótesis sobre la capacidad de nuestros cerebros para imaginar, pensar y actuar "objetivamente", esto es, de considerar la realidad allá afuera (y la de nuestras propias aptitudes) de modo de representarla, en nuestra mente, como ella realmente es, independiente de creencias, emociones, supersticiones y demás atributos mentales, que entorpecen nuestra objetividad. En una frase la hipótesis postula que la necesidad de pensar y actuar "objetivamente" depende de la trascendencia vital que asignemos al problema que debemos resolver. Esto es, al objetivo que más nos importa conseguir. Obviamente, en la complejidad de las civilizaciones, el simple propósito de sobrevivir no explica bien cuándo los humanos requieren pensar y actuar de acuerdo con la realidad objetiva. En ciertas negociaciones políticas, conocer objetivamente los votos efectivos con los que se cuenta. En decisiones económicas hay indicadores "objetivos" del comportamiento de los mercados. En preferencias sentimentales resulta necesario conocer "objetivamente", las conductas previas (y las esperables) de la pareja. En todo lo demás (que no nos parece decisivo), podemos imaginar, creer o fantasear, sin muchos límites objetivos, aunque con costos altamente probables para la autoimagen o para asuntos "colaterales", es decir, no buscados.

De este modo podemos concluir, de acuerdo a esas hipótesis, que todos los seres humanos son capaces de pensar y actuar "objetivamente" siempre que se trate de asuntos, para cada uno de ellos, críticamente importantes. Un tema diferente es qué y por qué las personas consideran críticamente importantes algunos de sus intereses y no otros, por sobre asuntos más importantes para otras personas.

El tema de la razón de las preferencias ha sido objeto de elucubraciones filosóficas, estudios psicológicos y neuropsicológicos, además de indagaciones socioculturales que por su abundancia es imposible resumir, pero que en general concluyen en causales que se podrían predecir: a) Disposiciones y habilidades innatas para uno u otro desempeño (Filosofía, Ciencias, Artes, Política, Deportes, etc.), b) Influencias medio ambientales (padres y familia, escuela, maestros, lecturas, etc.); c) Oportunidades inesperadas, esto es no programadas al iniciar estudios, buscar trabajo, etc. todo lo cual nos indica que sobre el origen de preferencias, actitudes y propósitos individuales sabemos poco, excepto la trascendencia del aprendizaje temprano, examinado en el Capítulo 5. En todo caso, cualquiera sea la razón por la cual alguien llegó a ser filósofo o científico no cambia las operaciones de las regiones prefrontales del cerebro para pensar y actuar objetivamente, y luego como veremos, juzgarlos lógicamente.

Las regiones prefrontales laterales externas del cerebro tienen la misión de hacer planes y de tomar decisiones sobre algún asunto, que para el sujeto tenga interés. Para ejercer estas tareas prefrontal lateral externo debe articular propósitos e intenciones (esto es, intereses), con el preciso contexto en que el individuo debe resolver el problema que concita su interés. Los problemas interesantes son una multitud para cualquier ser humano normal. Pero no tienen igual vigencia en los diversos contextos. Nadie intenta resolver un problema científico si está de compras en el mercado o participa de algún ritual religioso. Por supuesto, si está en su oficina de trabajo científico o en su laboratorio, en los cuales requiere avanzar en sus investigaciones, las operaciones prefrontales son diferentes. Su memoria de trabajo activa las informaciones científicas que existen en sus bases de datos y las metodologías, que en cuanto habilidades superiores, ha aprendido durante su formación como científico, de modo que la información científica se organice de acuerdo a una metodología apropiada, para lograr ser objetivo y racional en su pensamiento, y en sus experimentos. Pero lograr esta relación de conocimientos y habilidades, adecuadas al problema filosófico o científico que tiene delante, prefrontal inhibe el resto de los atributos mentales que podrían entorpecer su trabajo, de modo que éstos no lleguen a su conciencia. Creencias diversas, emociones y sentimientos, otros deseos, etc. etc. El resultado de estas operaciones prefrontales es que la reflexión filosófica y las búsquedas científicas son conscientes y deliberadas. Estos arreglos neuropsicológicos explican por qué los griegos clásicos, o los sabios de Alejandría fueron eficientes. No tuvieron presiones mentales inconvenientes (políticas, económicas, religiosas, etc.).

Claro que en esta explicación nos falta un dato fundamental. De qué manera la mente de filósofos y científicos concluye que su idea es una representación objetiva de la realidad. Para esto recurre a dos instrumentos cognitivos. El primero, es la consistencia entre las diversas fuentes de información. Llamamos consistente a un entramado de informaciones que no son discordantes, y que apuntan todas ellas, en la misma dirección. Las informaciones pueden ser perceptivas. Un perro puede objetivamente llamarse perro si ladra como perro, tiene cuerpo, cola, patas y colores de perro, y tiene las conductas esperables de un perro. Esto significa que cumple con los patrones físicos y conductuales de la categoría perro. Por cierto, los patrones que dan consistencia a una idea pueden ser conceptuales. Un gobierno tiránico responde a las categorías de a) gobierno, b) tiranía. Si sus acciones son consistentes con estas categorías previas, podemos llamarlo tiránico. Igual cosa puede resultar de categorías como astros y sus variedades. Sol, luna, estrellas, planetas, etc. El punto interesante para la historia del pensamiento filosófico y científico, es que se trata de informaciones previas (a la solución del problema), que constituyen categorías. Esto hace que las reflexiones filosóficas y, mejor aún, las hipótesis científicas, requieren acumulación de informaciones previas. Así el desarrollo de las Ciencias y de las Filosofías es siempre una perpetua adición de nuevas informaciones, hipótesis y teorías.

La segunda manera que tiene nuestra mente para asegurar la objetividad de los pensamientos y las acciones es la Lógica. El manejo lógico de casi cualquier asunto de interés, es crucial para lograr ideas objetivas. El supuesto neuropsicológico de la Lógica es simple, pero al mismo tiempo misterioso. Establece que las relaciones entre ideas (de objetos, situaciones, etc.) que se pueden definir lógicamente son verdaderas, por lo que admiten inferencias (inductivas o deductivas) también verdaderas. Así la Lógica es "la Ciencia de las leyes fundamentales del pensamiento", por lo que establece los estándares del trabajo intelectual genuino. El misterio en estas definiciones, que, por supuesto son verdaderas, desde la Lógica clásica de Aristóteles, es la fina sintonía existente entre un trabajo de la mente con las relaciones que se establecen en la realidad, allá afuera. Por supuesto la Lógica como atributo mental consciente, de aplicación deliberada, se relaciona con la sintaxis del lenguaje gramatical maduro del Homo Sapiens. Es decir, es un producto de la evolución del ser humano, y más ciertamente, relacionado con el lenguaje. En efecto, las regiones cerebrales que procesan la Lógica son las mismas, o muy cercanas, a las que procesan la sintaxis en las regiones prefrontales bajas del hemisferio cerebral izquierdo, que se ocupa del habla humana.

Así pues, la objetividad y los juicios lógicos, nos permiten hacer inferencias verdaderas sobre casi cualquier asunto no contaminado por creencias, deseos y emociones. De este modo, filósofos y científicos pueden concebir hipótesis y teorías verdaderas, siempre que las informaciones que fundan tales hipótesis y teorías, también sean no sólo verdaderas sino completas, es decir, que puedan considerar la enorme cantidad de datos que la realidad contiene. Como muchos de estos datos son desconocidos y algunos siempre lo serán, la Filosofía y las Ciencias nunca pueden tener hipótesis y teorías completamente verdaderas. Es en este punto donde las Filosofías y las Ciencias se diferencian. Los científicos hacen observaciones y experimentos que apoyan o refutan hipótesis o teorías. Esta idea muy actual de la condición siempre hipotética del conocimiento científico, hace que toda teoría sea en realidad una conjetura (K. Popper) que siempre debe ser sometida a crítica. En este sentido el medio más apropiado es la "falsación", esto es, experimentos límites o cruciales que puedan confirmar o refutar las proposiciones de hipótesis y teorías.

Esta posición de Popper nos abre el camino para considerar dos últimos temas neuropsicológicos trascendentales: a) de qué manera la mente genera hipótesis y teorías y b) cómo se aprecia la certidumbre (o el error) de ellas. Respecto a hipótesis y teorías no es muy claro que estas propuestas científicas se procesen de modo distinto en el cerebro humano. Claro que corrientemente se considera a las hipótesis como proposición condicional o enunciado no probado, pero susceptible de verificación. En tanto, las teorías son estructuras mentales mucho más complejas que incorporan y articulan variadas evidencias, hipótesis e información para formular explicaciones o bases generales sobre aspectos de la realidad. Tienen un carácter simbólico, por lo que las teorías son más abstractas que las hipótesis.

La Neuropsicología, esto es los procesamientos cerebrales, que subtienden hipótesis y teorías, parecieran, ser distintos entre ambas. Las hipótesis son un caso especial de predicción (Capítulo 1), en la cual se organizan causalmente informaciones conocidas y se predice su resultado del modo habitual. Si A + B entonces C, procesamiento que implica la corteza del colículo anterior; izquierdo, si la relación es conocida; derecho, si es novedosa. Como sabemos, las operaciones del hemisferio izquierdo son secuenciales y más bien rutinarias. Las del hemisferio derecho son holísticas e innovativas. Por supuesto, las hipótesis novedosas resuelven problemas de modo nuevo y creativo, por lo que son parte del aparataje neuropsicológico del aprendizaje maduro, en el que se aprende según resultados de predicciones no rutinarias. En cuanto a formas de aprendizaje a través de resolución de problemas, la formulación de hipótesis, convoca otras áreas prefrontales, obviamente la corteza lateral externa y sus conexiones estriatales, además del lenguaje, cuando se comunican. Naturalmente una hipótesis científica no tiene resultados directos. Para medirlos las Ciencias utilizan experimentos "cruciales" y Matemáticas. En ciertos casos, como la Astronomía, observaciones precisas y junto a Matemáticas.

Si pensamos que las teorías (filosóficas o científicas) tienen un carácter más general, que articula informaciones, conocimientos e hipótesis en un constructo simbólico y abstracto, su procesamiento suponemos aún sin pruebas sólidas, debe ocurrir en la tercera circunvalación parietal principalmente a derecha, por tratarse de símbolos abstractos novedosos. El Hub o nodo que interconecta distintos sistemas neuronales dedicados (módulos), que allí existe, se ha probado para el caso de los símbolos artísticos y religiosos, como sitio de sus procesamientos cerebrales. Dado que en esos capítulos (religiosidad y Artes) veremos con atención la organización neuroanatómica y fisiológica de ese Hub, por ahora haremos sólo dos consideraciones acerca de su funcionalidad en la producción de teorías filosóficas y científicas. La primera, es que las teorías que dependen de informaciones y conocimientos objetivos y racionales, requieren de un tipo de símbolos abstractos, enteramente diferentes de los que usan las creencias religiosas y las propuestas artísticas. Son más dependientes del lenguaje (hablado y matemático) y usan menos imaginerías, aunque esto depende del contenido de las teorías (astronómicas, biológicas, por ejemplo). La segunda consideración, ciertamente, se relaciona con la primera. Las diferentes formas de simbolizar dependen de las conexiones del Hub con el resto de los módulos cerebrales. En el Arte las conexiones son muy vigorosas con los módulos que procesan información sensitivo-sensorial (vista, tacto, audición, etc.). En Filosofía y Ciencia son regiones prefrontales las que procesan funciones lógicas. Por su parte, Filosofía y Ciencia tienen en común objetividad y racionalidad, pero se distinguen por la utilización en la Ciencia de observaciones y experimentos críticos. Estos últimos, dado que son formas de actuar no sólo psicológica sino corporal, necesitan la participación de la llamada cognición motora, la que acerca la actividad científica a la producción artística y a la participación religiosa (ritos, ceremonias, etc.).

Al terminar este capítulo, más extenso que los demás en este libro, unas palabras sobre sus implicancias conceptuales. La más fundamental es que Filosofía y Ciencia, especialmente esta última, representan las principales innovaciones del cerebro Sapiens: a) Ambas trabajan con el conocimiento objetivo y racional, por lo que deben apartarse de otros atributos mentales (emociones, creencias, deseos, etc.); b) De hecho, prácticamente toda la Epistemología, formalmente desarrollada como teoría del pensamiento por los maestros griegos, se refiere a estas formas de conocer; c) La evolución cultural de la Filosofía y la Ciencia, es en realidad un relato sobre el desarrollo histórico del pensamiento humano; d) Este pensamiento debe ser tanto objetivo y racional, pero también, consciente, deliberado y comunicable. El aparataje cerebral que procesa estas condiciones, no sólo es múltiple y variado sino también, importante, pues debe incluir: conciencia, planes y toma de decisiones prefrontales, racionalidad, lenguaje, formulación de teorías (Hub parietal), además de inhibir los atributos mentales indebidos.

CAPÍTULO 14.
La mente en y de la modernidad

El mismo título de este último capítulo del libro, "La Mente en y de la Modernidad", hace evidente una carencia en la forma de presentar las relaciones entre las mentalidades y las civilizaciones y sus culturas, en los demás capítulos de la Segunda Parte de este texto. Para los historiadores de la Cultura, cada una de ellas tiene su propio "ethos", que, de alguna manera, le da unidad al "espíritu" que informa cada una de sus manifestaciones. Así, el Arte, la Religión, la Política, las Técnicas, y demás características de la civilización de Egipto no son independientes entre sí, son parte de una cosmovisión compartida, de un ethos común. Desde esta perspectiva tratar uno a uno los rasgos culturales fundamentales, sin detenerse en el examen de las relaciones entre ellas en una civilización determinada es, sin duda, una carencia, de la cual este autor está perfectamente consciente.

El problema es que el interés principal de este libro es el de las relaciones del cerebro, la mente y los rasgos de las civilizaciones en términos generales, y no, culturalmente específicos. Desde este punto de vista, la hipótesis principal es que todos los cerebros de los seres humanos, procesan de la misma manera cada uno de sus desempeños culturales. Las regiones perisilvianas igual procesan el lenguaje de los chinos, los vascos y los mapuches. Las religiones estructuran creencias y rituales que todos los cerebros de los fieles manejan de la misma manera, sea que crean en Buda, Alá o Cristo, como divinidades. Igual cosa ocurre con las Tecnologías, las Artes, la Política y demás. En este contexto podríamos decir que los historiadores de las culturas buscan las diferencias de los productos y prácticas culturales de japoneses, rusos, alemanes, en período históricos bien determinados. Para quienes miran la Neuropsicología de las civilizaciones y sus culturas, la búsqueda es otra. Es la unidad esencial de los cerebros y las mentes del Homo Sapiens, cuando participa en rituales, pinta un cuadro o inventa una novedosa tecnología. En cada caso: Religión, Arte, Tecnología, suponemos que las personas que en ellas participan utilizan similares procesos cerebrales modulados por el aprendizaje y la memoria.

De todas maneras, como las referencias locales son inestables, en el libro se encuentran indicaciones sobre aspectos específicos producidos en esos lugares. La escritura en Mesopotamia, el Neolítico en el Fértil Creciente, la Filosofía en Grecia, Ciencias y Matemáticas en Alejandría, la ética en la administración estatal en China, etc. En todo caso, se trata de ejemplos de la hipótesis más general que se sostiene en el libro. Nuestro complejo, y relativamente enorme cerebro, es capaz de procesar todos los rasgos culturales de las diversas civilizaciones, pero una de sus características fundamentales, es que ellas se especifican según la idiosincrasia particular de cada cultura, cuyas condiciones especiales, son objeto de aprendizajes que se guardan en las memorias de los habitantes de esos grupos socioculturales.

Desde este punto de vista la mente en y de la modernidad es bastante diferente. Ella se vincula con el proceso que llamamos de "globalización", en el cual las condiciones locales de los rasgos culturales de las civilizaciones, pierden vigencia, inundadas de las innovaciones que rápidamente se generalizan y convierten los rasgos locales en posibles culturas. En estas circunstancias, la mente moderna es, por así decir, universal, aunque en su periferia se mantengan algunas culturas locales, en camino a su extinción, avasalladas por la fortaleza de la difusión de las innovaciones de las tres revoluciones occidentales que, en su conjunto, fundamentan la modernidad y las mentes que deben procesarlas.

No es mucho lo que se puede agregar a la mente de la modernidad actual en los escasos 25 años transcurridos desde la caída del muro de Berlín y el desplome de la URSS. Por lo demás, casi todos los hechos que vale la pena señalar se incubaban o daban iniciales señales de vida desde antes del término del Siglo 20 corto. Algunos de estos hechos se tornaron, característicos de la época actual, mientras otros no llegaron a tener influencia alguna para el desarrollo de la modernidad y sus revoluciones.

Sin embargo, desde una mirada neuropsicológica, la mayor diferencia de las mentalidades del Siglo 20 corto con las de la actualidad, es la disminución y eventual desaparición de la incertidumbre epistemológica que como acabo de describir invadió a los intelectuales, filósofos y artistas europeos. Pienso que las razones de esta variación de las mentalidades en Europa son de dos orígenes. La primera, bastante evidente, es la vigorosa reconstrucción de Europa occidental con los recursos del Plan Marshall y sus propios esfuerzos. Aunque menor en Europa oriental, en ambos casos, la destrucción, el hambre y la muerte quedaron atrás. Esta mejoría se acentuó con la caída de la URSS, el desarrollo de la Unión Europea y el liderazgo de USA en prácticamente todos los problemas: militares, económico, artístico cultural, tecnológico y demás.

La segunda razón me parece mucho más trascendente desde el punto de vista de la mente civilizada de la época actual, que desde Occidente se globalizó a todo el mundo. Recordemos que la incertidumbre epistemológica se generó por la falta de certezas en los conocimientos científicos, las enseñanzas religiosas y la representación perceptiva (filosofía, artes, etc.) Sin embargo, es necesario también recordar que la incertidumbre se produjo respecto a un paradigma nacido en la instalación de un mundo ordenado, racional, y cognoscible matemáticamente establecido por Galileo, Newton y los demás. El nuevo paradigma, que sostiene las mentalidades de la época actual es un constructo neuropsicológico distinto: 1) El universo, las sociedades y las mentes de las personas no operan con la racionalidad simple y directa de las ecuaciones de Newton. 2) Todos ellos son sistemas complejos evolutivos que, por serlo, funcionan con interacciones no lineales entre agentes que tienen cierta independencia y que pueden configurar características emergentes (para estos conceptos ver Anexo 3). 3) En estas circunstancias, se debe aceptar la indeterminación de la relatividad, la mecánica cuántica, la genómica, el desarrollo social y de la conciencia subjetiva. 4) Esto no significa que no existan regularidades y ciertas leyes fundamentales. 5) Por esta razón, las mejores representaciones científicas de la realidad son estadísticas. Con frecuencia muy complejas pues deben representar sistemas complejos adaptativos.

Un ejemplo crucial de este nuevo paradigma son las ciencias médicas. A la antigua medicina fundada en relaciones causa-efecto directos, se ha sumado la llamada "Medicina basada en evidencias" en las cuales las evidencias son la mayor o menor frecuencia estadística de los procesos que describe. Por supuesto como los efectos causales son siempre múltiples, investigaciones específicas pueden después determinar cuál es el papel de cada uno de estos "factores de riesgo". En el mismo sentido se pueden estudiar fenómenos sociales y también mentales. Por otra parte, tanto la relatividad como la mecánica cuántica son partes de avances científicas y en algunos casos tecnológicos. El diseño de un computador cuántico, está a la vuelta de la esquina.

Por cierto, este cambio de paradigma abre enormes perspectivas de trabajo en muchos ámbitos y la gente común lo vive todos los días con sus teléfonos "inteligentes", tablets y computadores. La incertidumbre epistemológica, es hoy cosa del pasado.

En este contexto, el hecho más destacable es la creciente, rápida y decisiva interacción entre la ciencia, la tecno-industria y la economía política. Consideremos como un ejemplo notable la computación. Nació de las investigaciones teóricas de Alan Turing, en los años siguientes de la Segunda Guerra Mundial, durante la cual el trabajo como jefe del equipo que decodificó, el sistema de comunicación usado por los alemanes, con el nombre de fantasía "Código Enigma", que siempre creyeron invulnerable. A partir de esta experiencia Turing desarrolló la digitalización binaria de cualquier tipo de información y las posibilidades de disponer, organizar y resolver problemas con la información así codificada. A fines de los 50, Von Neumann desarrolló los primeros computadores, máquinas enormes e ineficientes que en una o dos décadas de perfeccionamiento llegaron a ser cercanas a las maravillas tecnológicas que los humanos de la modernidad actual usan constantemente.

La maravilla es la capacidad de procesar enormes cantidades de información, y con una versatilidad tan amplia que hacen a la computación una tecnología aplicable a cualquier dominio, tanto así que pronto aparecieron teorías y aplicaciones sobre y utilizando Inteligencia Artificial que, por supuesto, intentan replicar el pensar humano y sobre robótica que intenta replicar conductas con objetivos semejantes a las humanas.

Entre los historiadores y sociólogos de la cultura hay discusiones, a veces acaloradas, sobre lo que significa el concepto "Modernidad". Se discute la época en que ella comenzó (la caída de Bizancio, el descubrimiento de América) y se la distingue de modernización. En este capítulo nos guiará un criterio más práctico, que puede sostenerse teóricamente si pensamos que se trata de un proceso que toma centurias de evolución y no una circunstancia puntual. El notable cambio de la vida humana, que sin ninguna duda ha sido la Modernidad, es el resultado de las tres revoluciones que aparecieron en Europa durante el siglo 18. Sin embargo, varias décadas antes (siglo 17), hubo acontecimientos muy decisivos que, por decir así, prepararon el camino de la Modernidad, especialmente, pero no sólo la que llamaremos Revolución Científico-Cultural. La Revolución Política y algo menos la Revolución Industrial, también tienen antecedentes anteriores al despliegue revolucionario del siglo 18, pero cada uno de ellas, siendo muy importantes no pueden explicar completamente el origen de las revoluciones de la Modernidad como tampoco las revoluciones originales (siglo 18) pueden explicar completamente, la expansión y profundización posterior de la Modernidad. La que ha creado (y lo sigue haciendo) el mundo actual en que vive casi la totalidad de los humanos de nuestro planeta.

Dada esta secuencia histórica de lo que llamamos Modernidad y antes de explicar las revoluciones que la constituyeron, vale la pena considerar los antecedentes de sus orígenes. Entre los factores histórico-culturales que explican el origen de la Modernidad, hay algunos más generales, en tanto otros, parecen ser más específicos, respecto a algunas de estas revoluciones. Digo parece, porque, de hecho, lo que llamamos Modernidad, es el resultado conjunto de las tres revoluciones que configuran un novedoso sistema cultural complejo y evolutivo, esto es que se modifica, y de algún modo progresa de acuerdo a sus interacciones. Un cambio político puede inducir variaciones económico-productivas, industriales. Un descubrimiento, parte de la revolución científico-cultural, puede determinar modificaciones industriales, mientras una debacle económica y una derrota en la guerra pueden inducir la instalación de regímenes políticos totalitarios (la Alemania nazi, y el comunismo en la Unión de Repúblicas Socialistas Soviéticas, por ejemplo). Por otra parte, el sistema cultural complejo, que desde un punto de vista neuropsicológico es la Modernidad, tiene un ingrediente común a las tres revoluciones y a su evolución. Obviamente, aludo a lo que podemos llamar las mentes modernas, al mismo tiempo creadoras y creadas de y por las innovaciones.

Respecto a los factores que impulsaron las revoluciones modernas, hay tres con efectos más generales, esto es sobre las tres revoluciones, y en las cuales la mayoría de los historiadores están de acuerdo en su decisiva importancia. Ellos son los siguientes: 1. El predominio de la racionalidad y del conocimiento objetivo (empíricamente demostrable) como fundamentales para conocer y actuar sobre la naturaleza, las sociedades y las personas. 2. El impacto de los viajes de descubrimientos (América, África, la India), con la afluencia de riquezas, nuevos productos, dominación y comercio, además de conocer nuevas culturas, otras gentes, lo que cambió las ideas europeas sobre la humanidad. 3. La modificación del estatus social y económico de las poblaciones, que además se hicieron más urbanas. Los extremos aristocracia-campesinos, dieron paso a una burguesía muy independiente, y hasta cierto punto poderoso, que vivía en ciudades.

A estos factores principales, suelen agregarse una multitud de razones que explican el desarrollo de la modernidad, aun cuando son más específicas para algunas de las revoluciones, o son secundarias, a las principales. Por ejemplo, en el caso de la Revolución Científico-Cultural se menciona el Renacimiento y con mucha fuerza la Reforma, que tendría injerencia no sólo en asuntos puramente religiosos sino también en la probidad, calidad del trabajo bien hecho, alfabetismos y varias otras condiciones que muy luego afirmarían la economía capitalista de la revolución industrial. También se suelen enfatizar las aptitudes comerciales de ingleses y holandeses que habrían montado sus compañías comerciales (en la India, la actual Indonesia y las Indias occidentales (del Caribe americano) un siglo antes de las revoluciones, pero esto claro está, es parte de la segunda de nuestras razones generales (descubrimientos, conquistas y comercio de los europeos). Por otra parte, la "revolución gloriosa" (1684) en el Reino Unido (Inglaterra, Escocia, Gales e Irlanda) fue una evidente precursora de las revoluciones políticas de Estados Unidos y Francia, ocurridas 100 años después. Por último, y con respecto a la tercera razón, esto es, aumento de la productividad agrícola, urbanización y burguesía, se destaca que estos factores económico-sociales fueron efectivamente más vigorosos en la región nor-occidental de Europa (Inglaterra, Países Bajos, Norte de Francia), y en las colonias inglesas de América, precisamente en los lugares en que se instalaron las tres revoluciones modernas.

De hecho, si se compara esta región de Europa, con la situación de los países del Sur, del Este o del centro del continente, es evidente que allí no existieron los factores precursores de la modernidad. Ni siquiera España, con su enorme imperio, tuvo los cambios religioso-culturales que afirmaron la revolución cultural, y tampoco el impulso político para dar pie a la revolución política, o a la creatividad tecnológica, como precedente de la Revolución Industrial. En realidad, como sabemos, España dilapidó el oro y la plata en sus guerras religiosas y comprando los productos que no podía producir, pues su agricultura desmejoró con la riqueza que obtenía de sus colonias. El resto de los países europeos tampoco desarrollaron en buena forma los factores precursores de las revoluciones de la Modernidad.

De esta manera, en el examen de los tres factores precursores de la Modernidad, deberemos estudiar los acontecimientos que ocurrieron en el Nor-Este de Europa, región que está en el origen de la Modernidad, desde donde se difundieron, no sin dificultades, al resto de Europa y, en la segunda revolución, al resto del mundo. Este estudio nos llevará a fines del siglo 16, cuando el Renacimiento se desvanecía, y al siglo 17 y comienzos del 18. Cuando la mente humana en medio de, a veces, terribles circunstancias históricas, estaba cambiando hacia la Modernidad, que finalmente se instaló a partir de la segunda mitad de este siglo 18. De hecho, estos dos siglos de evolución cultural, principalmente en Europa Nor-occidental, son neuropsicológicamente muy importantes para entender la mente de la Modernidad, y la de los humanos actuales.

1. El predominio de la racionalidad y el conocimiento objetivo

El notable avance de la Astronomía con Copérnico, Kepler y Galileo, y su concreción matemática con la Mecánica celeste de Newton, produjeron, al difundirse y ser aceptadas no sólo por sabios especialistas, sino también por las comunidades ilustradas, un impacto tremendo en las mentes post-renacentistas de pensadores, filósofos, científicos, teólogos y en las enseñanzas universitarias, instituciones por entonces (siglo 17) bien desarrolladas. Conocer el mundo a partir de observaciones estrictamente regladas, que entregan informaciones objetivas y repetibles (Kepler y Galileo), y a partir de las cuales se pueden desarrollar teorías con soporte de una nueva forma de cálculo matemático (Newton), indujo una nueva manera de concebir las aptitudes humanas y un desafío para estas capacidades recién descubiertas. Sobre todo, porque estos saberes no eran revelaciones divinas sino el producto del trabajo de la mente humana y su aplicación, según un método que hacía, a ese conocimiento, verdadero y verificable. Por supuesto, y como hemos visto en el Capítulo anterior, esta concepción del conocimiento científico es más antigua, a lo menos se puede retrotraer a Galileo. Pero con Newton el método de las Ciencias se estructuró prácticamente en forma definitiva, lo que tuvo varias consecuencias. La primera, es que las Filosofías, la Teología y otros saberes, dejaron de ser competidores con las Ciencias, en la producción de conocimientos verdaderos y verificables. Además, la tarea científica se hizo respetable y, en cierto sentido, popular. Tanto así, que aparecieron problemas de diversos dominios, cuyo tratamiento más adecuado reclamaba la aplicación de la metodología de las Ciencias, pero también sus condiciones. Científicos con la libertad práctica y teórica para observar fenómenos, diseñar y realizar experimentos. Interpretar sus resultados. La anatomía de A. Vesalio y la microscopía de Van Leeuwenhoek son ejemplos señeros de esta situación. Este método de pensar y actuar tuvo consecuencias culturales adicionales. La mente científica se hizo independiente de las creencias religiosas, de los deseos y conveniencia de los poderosos y de las supersticiones de prácticamente todos los humanos.

2. El impacto de los descubrimientos y conquistas de otras tierras. Otras culturas

Los viajes de portugueses, españoles, ingleses, franceses y holandeses de los siglos 16 y 17 fueron precursores de las revoluciones de la modernidad, a lo menos en tres sentidos: a) Económico comercial; b) Navegación y Geografía; c) Cultural antropológico.

2.1. Economía y comercio

Los países descubridores y conquistadores se enriquecieron con los productos desconocidos que en las nuevas tierras encontraron. Metales preciosos, especias, frutas exóticas, sedas y artesanía de Oriente (productos chinos o de la India que se transportaban por mar) y por supuesto, y desgraciadamente, esclavos. Claro que como vimos, España dilapidó las riquezas americanas, mientras Inglaterra, Países Bajos y algo menos Francia, no sólo se hicieron más poderosos y ricos, sino comenzaron a construir más imperios coloniales, que duraron hasta después de la Segunda Guerra Mundial. La pregunta ahora es, a qué se debe esta diferencia. La respuesta es muy importante porque prefigura la revolución industrial y el sistema capitalista que la llevó adelante. Hay acuerdo generalizado en que la diferencia está en que Inglaterra y los Países Bajos usaron iniciativas y recursos privados para instalar faenas productivas en los territorios conquistados, y sistemas privados para el comercio derivados de los territorios conquistados. El Estado tomó la tarea de protección de la navegación y transporte de productos, y de los enclaves productivos de empresarios privados. El Estado pagaba sus gastos y mejoraba las finanzas públicas, con impuestos altos a los negocios de los emprendedores privados.

Desde el siglo 17 hasta bien entrado el siglo 20 la flota de guerra (que protege las rutas de transporte de mercaderías) de Inglaterra fue la más poderosa del mundo. También lo fue la flota de transporte que siempre estuvo en manos privadas. Las flotas respectivas de los Países Bajos también eran poderosas, tanto como para superar a la británica en gran parte del siglo 17, cuando Holanda era el país más rico de la Tierra. En España los negocios eran fundamentalmente reales (del Estado). Francia tenía una situación intermedia entre emprendedores privados y funcionarios reales. Esta estructura de la economía y los negocios es altamente significativa. En Gran Bretaña, los Países Bajos y algo menos en Francia, estaba naciendo una burguesía capitalista, a la que Adam Smith dedicó su obra señera "La Riqueza de las Naciones". Con el correr de los años la Revolución Industrial se profundizó y expandió de la mano de esta misma burguesía capitalista.

2.2. Descubrimientos y colonialismo

Los descubrimientos y el colonialismo estimularon los conocimientos geográficos y los métodos de navegación. Este factor precedente de las revoluciones de la Modernidad puede parecer poco importante y de algún modo un asunto puramente técnico. Claro que es un asunto práctico necesario para construir mapas, identificar islas, ríos, montañas, bosques, praderas, regiones tropicales o desérticas, que producen cereales conocidos o frutas exóticas, que son aptas para la ganadería o tienen minas. Por supuesto, todo este conocimiento geográfico era muy importante para los colonialistas y sus negocios. Tanto, que los países enviaban expediciones especiales para completar sus mapas, que casi siempre mantenían en secreto (bahías protegidas para construir puertos, agua potable y acceso a alimentos, etc.) Hay muchos navegantes especialmente entrenados para este trabajo. El Capitán Cook, Vancouver, o Fitz-Roy entre los británicos; Jean Cousin, Binot Paulmier de Gonneville, entre los franceses y, por supuesto, Colón y Vasco de Gama, los precursores. Sin embargo, más allá de los negocios coloniales, los descubrimientos geográficos tienen una importancia cultural que me parece trascendental. Permitió a los europeos conocer la Tierra en que vivimos.

En efecto, la Astronomía y las leyes que organizan los astros en la gravedad de Newton, determinaron que la Tierra era un planeta que gira sobre sí mismo alrededor del sol, pero nadie tenía la menor idea de cómo era la superficie de nuestro globo terráqueo excepto en Europa, Medio Oriente y China. La Geografía de los continentes, de los océanos, de las islas, de las cordilleras. La especie humana no tenía una idea cabal de la Tierra en que vivía. Hoy día este conocimiento es accesible a cualquiera y sin ningún esfuerzo ni impacto mental, sabemos si estamos lejos o cerca de China, o de los polos, qué geografía y dimensiones tienen los países vecinos. Por su parte, la navegación tenía un evidente sentido práctico. Los colonialistas requerían saber los caminos más cortos y sus riesgos, para llegar a su destino. Para orientarse en alta mar usaron la posición de las estrellas, la brújula y el sextante, pero, además, construyeron los sistemas de fijación de posiciones en el globo terráqueo; paralelos que se despliegan desde el Ecuador de la Tierra (que tuvo que determinarse) y meridianos de 360 grados, con un 0 en Greenwich, que por supuesto es un observatorio británico cercano a Londres. Obviamente saber con precisión dónde uno vive y cómo llegar a otra parte, es un componente mental muy importante de la revolución cultural de la modernidad, que también incluyó los husos horarios, siguiendo las longitudes, con lo que las nociones espacio-temporales (según el punto de la superficie de la Tierra que se considera) significaron una notable mejoría conceptual y práctica para, primero los europeos y luego colonias y el resto del mundo.

2.3. Conocimiento cultural antropológico

El conocimiento cultural y antropológico derivado de viajes y colonizaciones europeas, permitió la modificación de las ideas sobre qué es y qué hace el ser humano. Esto significó un cambio muy trascendental en la mente de los europeos al de saber de la existencia de otras gentes con diferentes culturas en distintos lugares de la Tierra. Por supuesto, la cultura europea por entonces (siglo 17) ya dominante, tenía algunas ideas de la existencia de otras culturas, con distintas religiones y diferentes razas. Los griegos sabían de los bárbaros, de los mesopotámicos y egipcios, mediante Heródoto. El Imperio Romano conoció todos los pueblos del Mediterráneo, además de galos y germanos del Norte de Europa. Alejandro alcanzó hasta la India, Marco Polo dio cuenta de mongoles y chinos, y los españoles de los musulmanes. En este sentido cabe preguntarse qué noción de otras gentes y otras culturas cambiaron con los viajes de descubrimiento y las colonizaciones precedentes a la modernidad. Pienso que las nuevas evidencias fueron los pueblos americanos, las culturas africanas y los aborígenes de Australia, la Polinesia y Melanesia, entre los cuales había comunidades tan primitivas (o salvajes como decían los antropólogos del Imperio Británico en el siglo 19) que cambiarían la imagen y los conceptos sobre la naturaleza humana. Ninguna de las experiencias previas de los europeos, sobre otras gentes, otras culturas, tenía este nivel cultural tan elemental como lo que encontraron en estos lugares. Además, los colonizadores debieron convivir por mucho tiempo con algunos de estos pueblos primitivos de culturas elementales. De este modo, la pregunta sobre la naturaleza humana primordial, se hizo apremiante y contribuyó a la Revolución Cultural de la modernidad. Es evidente que los filósofos del siglo 18 (Rousseau, Locke, Hume, Vico. etc.) al escribir sus conceptos sobre la naturaleza humana, tenían estas informaciones en mente. La Antropología, como ciencia, se inicia 100 años después.

3. Estatus socio-económico

La burguesía apareció en la baja Edad Media como característica de comerciantes citadinos. De ahí su nombre (Burgo=ciudad), que negociaba productos agrícolas y artesanías con los habitantes de las ciudades, cuya población aumentaba, hasta la peste en 1370. Entre el siglo 11 y la peste hubo una sostenida mejoría de la agricultura, ganadería y artesanía. La población general de Europa, con más y mejores alimentos, se incrementó, especialmente en villorrios y aldeas que se transformaron en ciudades, con algunos servicios (agua, salud, justicia). Hubo, además, un potente desarrollo intelectual. Las nacientes universidades albergaron estudiantes, filósofos, pensadores. En Italia, Dante, Petrarco y Bocaccio desarrollaron las Artes literarias a un nivel asombroso, lo que se acompañó con Arquitectura (nació el gótico) y Pintura (Josef Cimbave y Giotto). Este primer Renacimiento Italiano generó un ambiente de libertad e independencia con mucha gente que requería alimentos, ropajes, útiles domésticos, etc. y que por cierto no lo producían directamente. Surgieron ferias, tiendas, almacenes. Era la hora de la burguesía. En el norte de Europa se desarrollaron ciudades independientes (Bremen, Brujas, etc.), abastecidas por la asociación de comerciantes, la HANSA, que transportaba productos en sus propios navíos y necesita crear bodegas y almacenes para guardar y vender tales productos. De nuevo una oportunidad para comerciantes burgueses que manejaban sus propios capitales y desarrollaron una economía de intercambio, basada en el dinero que hizo posible, créditos y algún tipo de banca. Los Médicis de Florencia hicieron su fortuna como banqueros. Cuando los descubrimientos y las colonias hicieron necesario un comercio de ultramar, mucho más masivo, los burgueses capitalistas independientes y comerciantes, estaban preparados para enfrentar este desafío.

Sin embargo, el resultado más notable de toda esta historia es la aparición de una nueva clase social independiente de la Iglesia, los señores (el feudalismo había desaparecido) y del campesinado, que al operar sus negocios con su propio capital, fueron con razón llamados capitalistas. A esta nueva clase burguesa, se le suele adicionar, intelectuales, universitarios, artistas, artesanos para constituir lo que hoy llamaríamos la clase media. Esta postura pareciera sociológicamente correcta, pero en la realidad fueron los burgueses capitalistas, con recursos, los que estimularon las tres revoluciones de la modernidad. La cultura, porque la nueva clase independiente no tenía ataduras religiosas para pensar y actuar. Tampoco la naciente aristocracia, muy tradicional y que no trabajaba. Los señores vivían de sus rentas. Claro que los productos de sus posesiones eran negociados con los burgueses citadinos. Al ser de mente independiente fue inevitable que los burgueses pensaran de otra manera todo tipo de temas, no sólo sus negocios. Esto significó un cierto giro en su concepción del mundo de la Cultura

En esta situación fue también inevitable que la burguesía reclamara sus derechos políticos. En principio, porque reyes, señores y obispos gobernantes fijaban las condiciones económico-legales, en las que los burgueses podían desarrollar sus negocios. Impuestos de varios tipos, prohibiciones de comerciar con ciertas naciones o enemigos, permisos para transportar productos o instalar bodegas, tiendas y ferias. De nuevo, pensar en derechos políticos de ellos mismos, llevó a burgueses adelantados, a concebir la política de otra manera. Sin autoritarismos de reyes y señores, con sistemas judiciales independientes y neutrales. En este sentido, la historia política de Inglaterra en el siglo 17 es un muy buen preludio de las revoluciones políticas del siglo 18. Condena a muerte, dictada por el Parlamento, al Rey Carlos I, por autoritario y no cumplir la ley común; gobierno político-religioso de Cromwell, de nuevo autoritario, pero ahora basado en su propia versión del cristianismo; instauración de Carlos II y breve gobierno de su hijo Jacobo II de Inglaterra, con la consiguiente Revolución Gloriosa de 1682, que instala un nuevo rey (extranjero) que no tiene poderes gubernamentales. Es interesante que la Carta Magna fue exigida al rey por los señores. La revolución gloriosa por los comerciantes, burgueses capitalistas. Como ambas revoluciones se produjeron en Inglaterra y la diferencia nos muestra el enorme cambio socio-económico y político ocurrido en los 400 años que median entre ellas.

Por otra parte, la burguesía independiente y capitalista no sólo estimuló, sino que verdaderamente hizo posible la Revolución Industrial, porque la financió. Como veremos cuando tratemos con más detalle la Revolución Industrial, los primeros inventores que desarrollaron tecnologías de tipo industrial, eran artesanos o dueños de pequeños negocios productivos que no tenían capital, ni para desarrollar e instalar sus innovaciones, ni para los gastos operacionales de sus artificios. Todos, en algún momento u otro, recurrieron a capitalistas que estaban empezando a desarrollar nuevos sistemas de créditos, de mayor monto y con intereses más accesibles para los inventores. Cuando estas innovaciones industriales llegaron a ser fábricas mayores (comienzos del siglo 19), los bancos de préstamos los financiaron. Los dueños no eran ya burgueses que comerciaban con sus propios capitales. Eran capitalistas exclusivos que sólo se dedicaban a prestar dinero. En esta línea, son famosos los Rothschild en Inglaterra y Francia, y los Gruber en Alemania. De este modo, es lícito decir que la Revolución Industrial fue posible porque usó el sistema capitalista para instalarse y desarrollarse.

4. La revolución científico-cultural

Es habitual llamar Revolución Científica al gigantesco avance del conocimiento científico del mundo que se inició con la doctrina heliocéntrica de Copérnico, y se coronó con la mecánica, la gravedad y el cálculo de Newton, y que de alguna manera, fue la base intelectual de la modernidad. Sin embargo, restringir el impacto de la revolución científica sólo a estos nuevos conocimientos, es sin duda quedarse corto en cuanto a su significación cultural. En realidad, y además del establecimiento del método científico maduro y, por tanto, aplicable a otros dominios del conocimiento, la revolución científica, cambió la manera de ver el mundo, asumiendo que la realidad tiene leyes que les son propias y que los humanos tienen la facultad de conocerlas. Esto es, lo que ciertamente podemos llamar una revolución cultural porque cambió la manera de pensar. Como para estos efectos Ciencia y Cultura están muy relacionadas el título de este apartado y su contenido se refieren a la Revolución Científico-cultural.

La revolución científico-cultural de la Modernidad fue la primera de las tres revoluciones, y se instaló cuando Newton publicó su "Principia Mathematica, en 1687, casi un siglo antes de las revoluciones industrial y política. En este sentido, más que repetir lo que dijimos en el capítulo anterior sobre los sabios y sus obras de Copérnico a Newton que iniciaron la revolución científica, me parece más importante, tratar primero los efectos, en esos 100 años, de la Ciencia y sus métodos sobre la cultura en general, y los pensamientos políticos y tecnológicos que resultaron decisivos para la instalación de las otras dos revoluciones.

El primer efecto del prestigio y solidez de la Ciencia sobre la cultura en general, fue el intento de usar sus métodos más allá de las Ciencia Exactas y la Astronomía, que eran los tópicos fundamentales de la revolución científica inicial. Recordemos a Vico y su Scienzia Nuova, que trató de crear una Ciencia de los asuntos sociales, a partir de las regularidades que, según él, se podían encontrar en el análisis científico de las sociedades pretéritas, partiendo por las más primitivas. Del mismo modo, los microscopistas con Van Leenwenhoek a la cabeza querían conocer científicamente la naturaleza de protozoos y bacterias. Por su parte, los botánicos aplicaban el método científico para desentrañar la sexualidad de las plantas. Descubrieron las funciones de los estambres y pistilos de las flores y el papel en la fecundación vegetal. Estos esfuerzos para tratar científicamente asuntos sociales y biológicos han continuado hasta el presente, pero en aquellos 100 años se tornaron menos acuciantes cuando el tema favorito de pensadores (proto-científicos) fue escudriñar la naturaleza humana, cuestión que fue estimulada por el conocimiento de nuevas gentes, nuevas culturas, a raíz de los viajes de descubrimiento y el colonialismo europeo, que vimos más arriba.

La idea principal respecto al conocimiento de la naturaleza humana (y de otros tópicos) era bien simple. Si el universo era gobernado por leyes relativamente simples, las que eran cognoscibles usando el método científico, como lo había probado Newton y sus colegas, entonces era un supuesto aceptable que la naturaleza humana también tuviera leyes simples para gobernar sus desempeños, las que por supuesto eran cognoscibles por mentes científicas. La segunda idea trascendental respecto a la naturaleza humana no era política ni teológica. La diferencia entre los animales y los humanos era que éstos pensaban, tenían lenguaje, cooperaban con otros en asuntos comunes, tenían conciencia. No correspondía atribuir al alma tales capacidades más bien prácticas, puesto que el alma, que era inmortal, también se relacionaba con la otra vida. Estos atributos "terrenales" eran expresiones de la mente. El concepto de mente que recién apareció en esa época y se difundió rápidamente, con lo que se produjo una suerte de dicotomía. El alma servía para tratar los asuntos ultramundanos, es decir religiosos. La mente se encargaba de las cuestiones de todos los días, de los asuntos prácticos, tales como las relaciones sociales, el pensamiento racional y las innovaciones y, a través de la conciencia, estar y saber en y sobre este mundo. Este modo de pensar introducido por John Locke en su libro "Ensayos sobre el pensamiento Humano" publicado en 1689, pronto se generalizó y la gente hablaba del alma sólo en recintos y ceremonias religiosas. John Locke, un creador de la Psicología, lo conocimos en el Capítulo sobre Política, como uno de los creadores del liberalismo. Para los ingleses, los creadores de la revolución científica cultural fueron Newton y Locke. Claro que hubo varios más interesados en la naturaleza humana, y generando propuestas "científicas" al respecto.

No es seguro que esta transformación del "alma" en la "mente" sea la razón por la que en el siglo 17 y comienzos del 18, las "facultades" de la mente, como origen de comportamientos, fueron exploradas y descritas por una variedad de pensadores en distintas funciones, que hoy llamaríamos disciplinas científicas. En Economía hemos visto (capítulo anterior) el pensamiento de Adam Smith, que en "La riqueza de las Naciones" describió lo que a su entender era el funcionamiento del mercado, movilizado por los intereses egoístas de productores y comerciantes, que para desarrollar beneficios para los clientes respecto a calidad y precio, sólo era necesaria la competencia real (no carteles o fijación de precios) y cuotas de producción. Esto impulsaba el trabajo bien hecho y la productividad. Smith creía que moralmente los intereses de los consumidores estaban bien defendidos (por la autoridad) si se evitaban monopolios y otras prácticas fraudulentas. Por su parte, Jean Baptiste Colbert, Ministro de Finanzas de Luis XIV sostenía que la prosperidad de las naciones depende de un Estado con conocimiento preciso de la situación económica y social, Y, a este respecto, a la recién fundada (1666) Academie de Science se le pidió trabajar en asuntos como créditos, leyes de contratación, libertad de comercio y circulación del dinero, cuya medición podía indicar "objetivamente" la situación económica del país.

En el caso de la moral como atributo de la mente, es decir de la naturaleza humana, nuestro conocido David Hume, escribió su ya mencionado "Tratado de la Naturaleza Humana", que como vimos se centraba en la moral. El francés Voltaire tenía una visión de la moral aplicada a los asuntos políticos, y sus obras claman contra el autoritarismo y la intolerancia del reino de Francia. En sus "Cartas Filosóficas" no sólo rechaza las conductas del gobierno sino también las de la Iglesia. En su novela "Cándido" mira la sociedad francesa con la mirada de una persona de mente simple, y describe los problemas de la moral ciudadana de los franceses, con la ironía de un ingenuo limpio de prejuicios. En realidad, las ideas de Voltaire eran parte de la revolución científica y cultural. Admiraba el desarrollo de la ciencia y sostenía por qué la política como arte de gobernar para el bien de las comunidades, debía basarse en nociones científicas y no en dogmas religiosos o poderes absolutistas. Que era necesario trabajar para transformar las instituciones gubernamentales, la educación y las ideas, que la vida debía dedicarse a mejorar la sociedad y no a expiar el pecado original.

Es notable que ninguno de estos pensadores considerara a la Religión como un elemento necesario para entender el mundo, o para mejorarlo. Si la mencionan es, más bien, como un obstáculo, como un factor negativo que, a lo más, servía para ciertas funciones "espirituales". Esta posición anti clerical fue el resultado de las experiencias muchas veces terribles de las guerras religiosas que azotaron Europa por más de 100 años. Desde la Reforma (1520) con persecución de herejes (hugonotes en Francia, lusitas en Praga, anabaptistas en Alemania, católicos en Inglaterra, otros protestantes en Flandes). Hasta la guerra de los 30 años, en la que perdieron la vida casi el 30% de los habitantes de los países de habla alemana. La concomitancia entre estas catástrofes humanitarias y la esperanza que generaban las Ciencias, produjo uno de los efectos más importantes de la revolución científico-cultural en el siglo 17. La pérdida de prestigio y vigencia de las ideas religiosas.

Otro efecto importante fue la aparición de ideas científicas aplicadas a ámbitos mucho más amplios y diferentes de las Ciencias Exactas y la Astronomía. Nociones sobre la naturaleza humana, la Psicología, la Economía, la Política, la Biología, la Moral, se instalaron como pensamientos y propuestas, independientes de las especulaciones filosóficas no demostrables empíricamente, o de saberes revelados a través de las religiones. Esta multitud de nuevas áreas del conocimiento, además de las tecnologías que aquí no he mencionado, llegaron a expresarse, como conocimientos seculares o científicos de otra naturaleza, en la Enciclopedia de Diderot y D´Alembert. Ésta tenía como misión (autoimpuesta) presentar al público el conjunto de saberes humanos objetivamente valiosos y producidos en cualquier punto del mundo, expuestos a través de artículos especialmente preparados y puestos al día por los mejores expertos, a los cuales los editores podían recurrir. Esta monumental empresa, que llegó a tener 28 volúmenes con más de 71.000 artículos y demoró casi 20 años en completarse (1753-1772), tenía el preciso objetivo, según rezaba en su Introducción, de cambiar la forma de pensar, de conocer el mundo por parte del lector de cualquier condición. El título de la Enciclopedia es importante "Diccionario razonado de Ciencias, Artes y Artesanías", lo que indica que incluía Ciencias aplicadas, o técnicas prácticas y las tecnologías de su tiempo.

La Enciclopedia no sólo fue un monumental esfuerzo editorial, sino mucho más. Al poner a disposición del público los distintos saberes seculares e independientes de su tiempo, anticipaba con la revolución científico cultural de la que daba cuenta, la llegada de la Revolución Política en Francia, y las mentalidades de los actores que la llevarían adelante. Burgueses, intelectuales, profesionales de distintas especialidades (abogados, periodistas, filósofos). Por supuesto, los filósofos no fueron combatientes después de la Toma de la Bastilla, pero ayudaban con sus ideas. Montesquieu en sus "Cartas Persas" delineaba un Estado con tres poderes independientes y no autocrático, mientras J. J. Rousseau describía el "Contrato Social" entre gobernantes y gobernados, y el Embajador en París de las colonias inglesas en América del Norte, Benjamín Franklin, acopiaba ideas y soluciones políticas, que poco después usó, cuando esas colonias de independizaron de Inglaterra.

Estas relaciones intelectuales, entre Europa del Norte y América del Norte, tuvo varios próceres del futuro Estados Unidos (USA), que llevaron y trajeron, a ambos lados del Atlántico, las nuevas ideas políticas que surgían de la Revolución Cultural que estaba madurando. Los más conocidos entre los europeos que se afincaron en USA, y participaron en su Revolución Política, están Tom Paine y Joseph Priestley, especialmente Paine, al que encontraremos más adelante. Entre tanto consideramos la Ilustración nombre que se ha dado a lo que se llamó Revolución Cultural del Siglo 17, con sus principios de racionalidad y conocimientos objetivos, como fundamentales para la revolución política e industrial, pero, además, siguen siendo el sostén de la modernidad. En este sentido es indispensable volver a los ingleses que consideran, como dije, a Newton y Locke como los pilares más importantes de la Ilustración, lo cual podría, en cierto sentido, explicar que tanto la revolución política como la industrial se iniciaron en Gran Bretaña, antes que en otros países.

En efecto, lo que los ingleses llaman la Revolución Gloriosa, mencionada más arriba, fue sin duda la primera manifestación evidente de un cambio de rumbo de la política. Por supuesto, Inglaterra ya tenía camino adelantado, que no los franceses y demás europeos. A partir de la Carta Magna del siglo 13, desarrollaron un Parlamento crecientemente más representativo. En este contexto, resulta natural que los Padres fundadores de USA montaran su democracia equilibrando en su Constitución, los tres poderes que conocemos (Ejecutivo, Parlamento, Corte de Justicia), entre sí independientes. La Declaración de la Independencia y la Constitución de USA son los primeros documentos que explícitamente manifiestan, en una organización política (Estado-Nación), los ideales políticos de la Ilustración, esto es desde la Revolución Científico-Cultural, iniciada en el Noroeste de Europa, casi 150 años antes de la independencia de USA. La revolución política francesa se produjo 10 años después de la norteamericana, y se extendió con dificultad en el resto de Europa, con las Guerras Napoleónicas. La democracia logró asentarse en la Europa Continental, esperamos definitivamente, solo al término de la Segunda Guerra Mundial, y en Rusia a la caída de la URSS, hace sólo 25 años.

La tercera revolución, la Industrial, también nació y creció, en Europa Nor-occidental, a partir, de nuevo, de Gran Bretaña. Creo que es lícito suponer que este comienzo se relaciona con el hecho que este país fue parte muy decisiva de la Revolución Científico-Cultural, pero, sobre todo, porque fue el primero en establecer, gobiernos democráticos, y algunas otras condiciones, que hacían posible la innovación tecnológica. Entre ellas, una estructura jurídica que estimulara el comercio interno, una protección gubernamental del comercio internacional, y un sistema financiero independiente. Se ha dicho que los británicos cuando se asentaban en un lugar (colonia o simple depósito de mercaderías), lo primero que construían eran un puerto y luego un banco. Cuando los españoles se asentaban en algún lugar, lo primero que construían era una iglesia y la casa del gobernador. En el capítulo sobre Tecnologías hemos visto que éstas se desarrollan para servir necesidades de la población. Esto significa que, en general, las tecnologías son respuestas innovativas a las demandas, a los intereses y problemas de poblaciones que requieren obtener productos de mayor calidad, a costos más competitivos, por lo que necesitan una alta productividad.

5. La revolución industrial

Los primeros inventores de la Revolución Industrial, respondían con sus innovaciones productivas a las demandas de una economía, como la inglesa, basada en el comercio y sus, para la época, prácticamente inagotables mercados, no sólo locales o europeos sino de los espacios de negocios que creaban. El Imperio Británico crecía en América (Canadá, USA, Caribe inglés), Australia, Nueva Zelandia y, sobre todo, la India que, por entonces, incluía los actuales Bangladesh, Palestina, Afganistán y Birmania. Además, Gran Bretaña, tenía otro elemento clave para desarrollar la Revolución Industrial. La existencia de burgueses que habían devenido en financistas capitalistas, y que estaban dispuestos a financiar a los emprendedores, inventores, fabricantes, exportadores. En este sentido, hubo decisiones gubernamentales que incentivaban el capitalismo. Los ahorros privados se habían acumulado desde 1688 (a partir de la Revolución Gloriosa). El Rey usó estos ahorros para financiar sus fuerzas armadas y así se creó la deuda pública. El Banco de Inglaterra se fundó en 1694, los comerciantes y terratenientes invirtieron en deuda pública y cobraron intereses que les aseguraban ingresos futuros. Con esto, bancos privados e inversionistas individuales pudieron empezar a considerar proyectos caros de largo plazo.

La última circunstancia que participó en el nacimiento de la Revolución Industrial en Gran Bretaña es un defecto que se transformó en un beneficio, como a veces sucede. Gran Bretaña no tenía madera suficiente como fuente de energía. En 1704 un artesano, quizás herrero, Abraham Darby, funde hierro con energía producida por carbón, mineral que es abundante en este Reino, especialmente en Gales. Pronto el carbón como fuente de energía se difunde, puesto que además de abundante es más barato que la madera. Esta fuente de energía se mantuvo en fundiciones de hierro y metalurgia, hasta que a comienzos del siglo 19 se usó como energía de la máquina de vapor. Con esto la Revolución Industrial se aceleró en Gran Bretaña. En el resto de Europa, las Guerras Napoleónicas (1797 a 1814) impiden una instalación firme de la Revolución Industrial, que en el continente pudo iniciar su desarrollo más generalizado sólo en 1816, sobre todo en Francia y Alemania.

Los procesos industriales por su propia naturaleza (bajos costos con buena productividad) tienden a ser mecanizados y más tarde automatizados. Esto significa maquinarias que requieren energía. Tradicionalmente, en Inglaterra, trabajaban y exportaban telas de lana con técnicas, poco o nada, sofisticada pero suficiente para la demanda de sus mercados. Esto cambió radicalmente cuando desde la India (Imperio Británico en expansión) los británicos empezaron a recibir algodón. Muy pronto se dieron cuenta que las fibras de algodón son mucho más difíciles de hilar y tejer con los métodos artesanales que usaban para producir telas de lana. Pero el algodón era abundante, barato y tenía cualidades que lo hacían deseable por los clientes. En esta circunstancia, y frente a una demanda para ellos evidente, los innovadores diseñaron y produjeron una nueva tecnología, que en realidad inició la Revolución Industrial. Maquinarias para hilar algodón, y claro está también lana, capaces de producir un hilo continuo, con una estructura (tensión del hilo) muy difícil de romper, y fácil de tejer. Los nombres de estos innovadores son conocidos, también sus avances (por prueba-error). En 1741-42 John Wyatt y Lewis Paul en Birmingham producen el primer sistema para hilar algodón. Estas maquinarias fueron mejoradas por James Hargreaves en 1760 y por Samuel Crompton diez años después. Pero fue Richard Arkwright, quien usando las ideas de sus predecesores (parece haber sido acusado de robar sus técnicas), inventó y patentó la "water fragua", una maquinaria de hilar que usaba la energía hidráulica (corrientes de agua), con lo que se hizo rico y famoso. Si se mira el mapa de Inglaterra con las primeras fábricas, es decir un conjunto de maquinarias de hilar movidas por la energía hidráulica, encuentra que se concentran en una pequeña región del centro-norte del país, por la simple razón que allí había corrientes naturales de agua con caudal suficiente, y que se mantenían aun en los períodos sin lluvias. Claro que todo esto cambió con la máquina de vapor.

La primera máquina de vapor fue inventada por Thomas Newcowen para bombear el agua que se acumulaba en las minas de cobre de Cornwall, a comienzos del siglo 18. Tenía un problema que lo hacía poco eficiente. El agua se condensaba en el cilindro y lo enfriaba, por lo que había que detenerle cada cierto tiempo. La solución la encontró James Watt de la Universidad de Glasgow que diseñó una máquina de vapor con una cámara de condensación separada del cilindro, pero conectada a él por una parte superior, para recibir el vapor que se enfriaba. El caso de Watt es bien interesante. Fue uno de los primeros que para su invento usó, por decirlo así, un método científico. Calculó las distintas variables que se necesitan para lograr una máquina (de vapor en este caso) eficiente. Tamaño y capacidad del cilindro y de la cámara de agua. Volumen de agua requerido para producir el vapor necesario, según la potencia del motor que se desea. Como vimos, el resto de los innovadores iniciales más bien usaron intuición y prueba-error. Esto les fue posible porque eran originalmente artesanos con experiencia.

La máquina de vapor que se introdujo en los primeros años del siglo 19, reconfiguró completamente lo que llamamos Revolución Industrial. De hecho desplazó la energía hidráulica para mover las fábricas que hilaban algodón y lanas, con lo que éstas, no atadas a sus torrentes, se desplazaron a otros lugares. Las ciudades. Por otra parte, la máquina de vapor mejoró la fundición de hierro. Aquí de nuevo, una conjunción de innovaciones técnicas. El carbón mineral inglés que no tenía madera se usaba para fundir el hierro en altos hornos. Pero no llegaba a la temperatura suficiente para lograr un hierro sin impurezas. Esto se debía a que el carbón mineral contiene gases. Liberándolo de sus gases se produce el coque, que puede alcanzar temperaturas muy elevadas, capaces de fundir fierro de muy alta calidad. Esta innovación fue hecha por Abraham Darby en 1709, pero su familia guardó su secreto por más de 50 años, con lo que sólo ellos producían hierro de mejor calidad. Sin embargo, con la maquinaria de vapor que movía sistemas de fuelles (corrientes de aire), el efecto del coque sobre la temperatura del alto horno se incrementa, y el fierro que se produjo a principios del siglo 19 en Inglaterra, es de una calidad y pureza semejante al que se producía 100 años después, cuando se masificó el acero. Así, la máquina de vapor se convirtió por casi un siglo en la fuerza básica que movía una industria basada en el carbón y el fierro, y financiada por capitalistas profesionales: banqueros que sabían que los productos industriales tenían un mercado seguro. Este párrafo condensa la descripción de la Revolución Industrial en sus inicios, pero antes de mirar sus efectos de largo plazo, económicos, políticos y sociales, que constituyen parte importante de la modernidad, es bueno considerar la situación de otras faenas productivas.

En primer lugar una constatación, en paralelo con la Revolución Industrial se produjo también en Inglaterra una muy significativa mejora en la productividad agrícola y ganadera. La rotación de cultivo y la crianza de ganado bovino y ovejuno, aumentaron la productividad de la tierra, de un modo tal, que se produjo un excedente de mano de obra campesina con lo que estos trabajadores debieron migrar a las ciudades, en las que dado que se instalaban fábricas, podían encontrar trabajo. El crecimiento de las ciudades inglesas ha sido cuantificado (P. Watson). En 1750 había sólo dos ciudades inglesas con más de 50 mil habitantes (Londres y Edimburgo). En 1801 eran ocho y en 1851 veintinueve, con dos que superaban los 200 mil habitantes. La razón de esta migración, además de la productividad agrícola ganadera, es muy clara. Las fábricas se instalaban en las ciudades, cerca de la llegada de los insumos para las industrias y la salida de los productos, a partir de cierto momento, mediante el ferrocarril que usaba máquinas de vapor. Pero además, los empresarios se beneficiaban con nuevas ideas e innovaciones aplicables a sus propios negocios, con nuevos productos. Al mismo tiempo, la Revolución Industrial demandó más fierro y carbón, con lo que aumentaron las faenas mineras, también la industria química, pinturas, ácidos y álcalis.

Como dice Watson la Revolución Industrial no fue un asunto de grandes inventos, operó por transformaciones necesarias y de largo plazo, sostenidas por un invento que podríamos llamar inmaterial. La organización industrial fue finalmente la transformación más trascendental. Modificó las formas y las exigencias del trabajo humano de una manera nunca vista en toda su historia. Luego volveremos a este importantísimo punto. Veamos, siempre siguiendo a Watson, cómo pueden clasificarse las abundantes y variadas invenciones de este período. 1. En primer lugar las que sustituyen las fuerzas y habilidades humanas por máquinas, rápidas, que no sabían de cansancio siempre que tuvieran la energía que precisaban. En este mismo sentido sustituyeron a los animales por fuentes de energía diferentes. Agua y carbón. 2. También estaban las energías que sustituían materias primas de origen animal o vegetal, por otros productos como los minerales, mucho más abundantes. Además, estaban las nuevas técnicas novedosas de procesamiento de materias primas animales y vegetales. Lana y algodón son un ejemplo primordial, pero también, cueros, carnes y grasas.

Las consecuencias de la Revolución Industrial, en el siglo 19 fueron enormes y en muchísimos dominios, a veces más directas y otras más secundarias. Muchas beneficiosas, algunas temibles. Probablemente entre las más terribles está el impacto de las fábricas sobre las ciudades y sus trabajadores, y algunos otros de sus habitantes. Charles Dickens, el gran escritor de mediados del siglo 19, fue quizás, quien mejor describió en varias de sus obras la suciedad, la miseria de las ciudades que crecían a propósito de sus instalaciones fabriles. El agua potable era escasa, en muchos barrios las alcantarillas eran inexistentes. Epidemias de distintos tipos eran frecuentes, cólera, infecciones gastrointestinales, tuberculosis, intoxicaciones. Las viviendas de los trabajadores solían ser edificios con apartamentos pequeños e insalubres. El aire contaminado por humo y gases de las fábricas. Desde el punto de vista de la distribución de la riqueza, ésta se hizo mucho más inequitativa que en los tiempos de la agricultura. Ricos más ricos. Pobres más pobres. Los trabajadores estaban sometidos a una disciplina casi militar tanto en sus horarios como en la obediencia a sus jefes directos para desarrollar tareas repetitivas, muy poco estimulantes y, sin duda, agotadoras. Como decía Dickens, describió bien esta situación, pero Karl Marx, judío alemán, avecindado en Inglaterra la interpretó socio-económicamente en su "El Capital", pues pensaba que el problema fundamental no eran las fábricas sino el capitalismo burgués, que varios otros han llamado "salvaje", en el cual lo importante son las ganancias en base a las innovaciones industriales, y no la población que de un modo u otro sufría las consecuencias del trabajo de las industrias. Al comunismo original, algo más antiguo, le vinieron bien las ideas de Economía Política de este profeta.

Sin embargo, y como decía más arriba, a pesar de los pesares, la Revolución Industrial siguió avanzando, y en distintas formas y condiciones, continuó siendo el motor del progreso material del género humano. Cómo explicar este avance verdaderamente incontenible. Las explicaciones, por supuesto, son muchas y de dos tipos. Las que atribuyen esta especie de crecimiento incontenible a la estructura interna de la revolución industrial; también la de los que piensan que lo más importante son las mentalidades que producen en las sociedades (público en general, gobernantes y empresarios) la constante aparición de nuevos aportes de bienes y servicios, en los que los consumidores previamente no habían soñado, pero que se transforman a muy poco andar en indispensables. Por otra parte, este bucle virtuoso requiere consumidores y de un motor que articule la producción industrial, con poblaciones que consuman estos productos. La expansión del Imperio Británico, incrementó constantemente el número de personas que podrían utilizar las novedades fabriles. Por supuesto, este incremento de consumidores no era infinito, excepto, como ocurrió en las metrópolis y en las colonias, la riqueza de los potenciales usuarios tuviera una mejoría suficiente y creciente como para comprar, sin trueque, los nuevos productos.

Los nuevos productos y los consumidores con recursos suficientes se relacionan por el comercio. En realidad, los motores articuladores de la expansión de la Revolución Industrial fueron los comerciantes.

La mecánica interna de los procesos industriales es, en breve, la siguiente. Las mejoras introducidas por las innovaciones en los procesos industriales, provocaron desde sus inicios un aumento de la productividad económica sin parangón en la historia. En el pasado, hubo períodos de aumento de la productividad (agrícola, por ejemplo) que aumentó el tamaño de las poblaciones que de esto vivían, pero tanto porque había más personas, como porque no había nuevas ideas, en un cierto tiempo las cosas volvían a su curso normal. En la Revolución Industrial esto no ocurre. Las innovaciones técnicas, la aparición de nuevos productos, el uso de distintas materias primas, producen un crecimiento de la actividad económica e industrial, que el aumento de población y su mayor disponibilidad de recursos no alcanza a consumir. Pues las innovaciones no se detienen, se inventan nuevos usos y la población los adquiere, etc., etc. Las condiciones externas son proclives a acentuar este incesante crecer. Los gobiernos siempre necesitan más remesas para obras públicas y sociales. Los empresarios siempre requieren contabilidades con excedentes. Los comerciantes identifican necesidades de los consumidores y novedades de productos. Los bancos y demás capitalistas hacen lo que pueden para aumentar la rapidez de giro de la rueda de la fortuna.

En cuanto a los procesos mentales que la revolución industrial puso (y pone) en juego, me parece importante separarla de acuerdo a los distintos actores que de diferentes maneras participan en su desenvolvimiento. Ellos se pueden agrupar en cinco categorías mayores de acuerdo a sus objetivos e intenciones, es decir, a sus mentalidades: a) Inventores, innovadores y empresarios que se ocupan de la producción de bienes: b) Usuarios de diferentes talantes que buscan mejorar su calidad de vida con la adquisición de esos bienes; c) Comerciantes capaces de lograr necesidades o apetencia de posibles usuarios, con los nuevos productos industriales; d) Financistas que pueden operar en las tres categorías anteriores: Recursos para innovadores y empresarios. Recursos para los usuarios que necesiten adquirir productos industriales. Recursos para financiar los proyectos de comerciantes, exportadores e importadores que aseguren la circulación de los productos industriales. Gobiernos que incentiven y faciliten la producción de bienes industriales, su circulación interna e internacional, y el uso de tales productos industriales.

En el capítulo sobre Tecnologías tratamos innovadores y usuarios de manera general. Pero los de la modernidad, en especial los que participaron (y participan) en la Revolución Industrial son bastante notables, sobre todo los innovadores. Sabemos que es parte de la naturaleza humana la predisposición a intervenir, a modificar el mundo físico (ecotécnicas) y el social (socio-técnica), con el fin de responder a las necesidades de las personas de su entorno. Lo que ocurre es que esta descripción del origen neuropsicológico de las tecnologías, se aplica sin problemas a los innovadores de las culturas y civilizaciones, previas a la revolución industrial. Por supuesto, hay excepciones históricas. Arquímedes, Herón de Alejandría y quizás Leonardo o Miguel Ángel son innovadores, podríamos decir "permanentes" frente a cualquier problema que se les presentara. Los innovadores de la Revolución Industrial, especialmente después de la invención de la maquinaria de vapor, que no eran Arquímedes o Miguel Ángel, mostraron como grupo, una creatividad constante y sin tregua, de tal modo que la maquinaria de fabricar nuevos productos, usar distintos materiales, mejorar las técnicas nunca más se detuvo y, en la metáfora, la rueda de la fortuna industrial, no ha dejado de girar, y de modo constantemente acelerado desde comienzos del siglo 19 hasta el 2016, año en que escribo este trabajo. A veces la guerra de la fortuna se acelera. Por ejemplo, durante las guerras, en las cuales aparecen cientos y miles de mejoras tecno-industriales. Esto no siempre fue así. Los romanos, conquistadores poderosos cambiaron muy poco sus instrumentos de guerra durante los casi mil años de su predominio en el Mediterráneo. Las huestes de Gengis Kan empezaron y terminaron sus invasiones con las mismas tecnologías (frenos y estribos de los caballos, arcos y flechas de los jinetes) que les dieron ventajas en sus conquistas. Para qué decir las innovaciones en tiempos de paz. Mejoraban con una parsimonia abrumadora. Los egipcios con sus tres mil años de civilización, cambiaron muy poco o nada los bienes hogareños o la arquitectura e ingeniería de sus templos. Los chinos tuvieron varios inventos notables, pero pasaban siglos entre unos y otros. La pólvora, la brújula, la imprenta fueron innovaciones tan distanciadas que ocurrieron en diferentes dinastías. Todo esto nos obliga a pensar a qué se debe la aceleración del tiempo a partir de la Revolución Industrial y sus innovaciones. Digo la aceleración del tiempo debido a las innovaciones de la Revolución Industrial porque las otras dos revoluciones (Científico-cultural y Política) de la modernidad, no parecen capaces de acelerar el paso de las civilizaciones. Es más, y como veremos, es la Revolución Industrial la que influye en las otras dos. Por cierto, luego de la Segunda Guerra mundial se instalaron dos cambios notables: a) Un incremento en el uso de conocimiento científico para resolver problemas industriales y/o fundamentar innovaciones tecnológicas; b) La instalación de la política científica y tecnológica, como una tarea del Estado, es decir, Política. Alguien podría pensar que es la codicia de los capitalistas la que empuja y acelera la rueda de la fortuna. Esto es un error. Codicia sin innovaciones no va a ninguna parte. Me parece que esta aceleración de innovaciones y expansión de las prácticas industriales, no depende de un factor aislado sino de un Sistema Complejo Evolutivo, tecno-industrial (Anexo III), que como conjunto evoluciona y se despliega a partir de la acción de sus variados agentes, los que se interrelacionan de manera no lineal y que vimos más arriba. Las innovaciones tecno-industriales son uno de estos agentes, pero sin los demás, no hay sistema complejo ni hay evolución del mismo.

Este sistema complejo y adaptativo tecno-industrial, que es una de las raíces más vigorosas de la modernidad, tiende a funcionar de un modo automático, independiente de cada uno de los agentes por separado. Sin embargo, su eficiencia operativa puede decaer, si algunos de sus agentes constituyentes funcionan poco o mal, con lo que el sistema induce a correcciones. Éstas pueden ser incentivos gubernamentales como los Tratados de Libre Comercio que mejora las exportaciones, o franquicias tributarias, para incrementar las inversiones tecno-industriales, o programas de formación, incentivos y estímulos a innovadores, o financiamiento de investigaciones científicas que pueden, como resultado allegar nuevas informaciones al sistema. Se ha propuesto que es el mercado el que orienta el sistema tecno-industrial, pero lo que parece más frecuente es una compleja interacción entre las necesidades de los clientes y las ofertas del sistema, el cual mediante mercadeo hace surgir en estos deseos que previamente no tenía.

Esta manera de convencer la mente de los usuarios, o al público que por alguna razón interesa, no es históricamente nueva. Ramsés II fue un maestro de la propaganda. El relato de sus hazañas (probablemente inventado en la batalla de Kadesh) escrito en la pared (pilón de entrada) principal del Templo de Karnak, no desmerece frente a la enorme cantidad de templos y estatuas que Ramses II construyó para afirmar su prestigio. Napoleón Bonaparte instaló su fama a través de la propaganda sin duda deliberada. La campaña de Italia, la expedición a Egipto en realidad no fueron victorias pero fueron transformadas por sus equipos de propaganda en triunfos históricos. Como Cónsul cuyos miembros principales se conocen y luego como Emperador agregó a la propaganda represión a sus críticos. Esta mezcla de propaganda y represión fue usada magistralmente por Hitler, Stalin y Mussolini. Por supuesto, la política moderna usa la propaganda por todos los medios posibles, para convencer a sus electores. De esta manera podemos sostener que la mente del ciudadano común, siempre cliente potencial, está predeterminada para aceptar ofertas del sistema tecno-industrial, por razones neuropsicológicas que fueron exploradas con detención en varios capítulos de la primera parte de este libro. Para incorporarse a la Cultura de su entorno, aceptar opiniones de la mayoría de su grupo, aunque sean falsas. Demostrar a los demás su estatus social y su jerarquía, etc. Las gerencias de posicionamiento y propaganda de cualquier empresa, conocen muy bien cómo convencer a los clientes potenciales de la calidad y necesidad de sus productos.

Tampoco es neuropsicológicamente extraño que el Sistema Tecno-Industrial convenza a políticos, personas de gobierno y demás involucrados de la necesidad de emprender grandes obras públicas que, por supuesto, requieren de la participación y de las experiencias de empresas pertenecientes al Sistema Tecno-Industrial. El propio Presidente de USA (D. Eisenhower) protestaba por la alianza Político-Tecno-Industrial. Por decirlo de alguna manera está en el ADN de los políticos que gobiernan dejar obras que recuerden su nombre y que consideren útiles para la población que gobiernan. Todas las civilizaciones conocidas dejaron obras y monumentos que representan el poderío de sus reyes o el predominio de sus líderes religiosos. No vale la pena detallar la multitud de obras que tales civilizaciones construyeron. Todos las conocemos pues sus restos los visitamos en planes turísticos o en museos. Sin embargo, estos hechos que nos aclaran el funcionamiento de la mente de clientes comunes o gobernantes frentes a las ofertas del Sistema Tecno-Industrial no dicen nada respecto a la neuropsicología de dos componentes esenciales de este complejo sistema. Los emprendedores, que pueden llegar a ser "capitanes de las industrias" y de los innovadores cuyos inventos son la energía que mueve el Sistema Tecno-Industrial. El problema principal a este respecto es que en cuanto a estos dos componentes (emprendedores e innovadores) la Revolución Industrial no tiene antecedentes históricos previos a ella. No hay como comparar la velocidad, calidad, creatividad o imaginación desplegada por los emprendedores y los innovadores de la revolución industrial, con la parsimonia y tradicionalismo de líderes sociales e inventores de cualquiera época anterior a la revolución industrial. Pareciera como si la mente de la modernidad, en emprendedores e innovadores hubiese tenido una mutación, un cambio genético. Éste es un fenómeno neuropsicológico que requiere alguna explicación. En realidad, no existen hipótesis que den cuenta, con alguna certeza, del cambio en la mentalidad de estos actores que produjeron, mantienen, y usan la Revolución Tecno-Industrial, que como hemos visto, es el factor principal de la modernidad y su despliegue, como un profundo giro de la cultura y la civilización de la humanidad. A mí me parece que, en la Neuropsicología de estos actores, lo más probable es que esté actuando lo que en nuestra Introducción llamamos la hipótesis de la co-evolución, que entrelaza modificaciones culturales profundas, con modificaciones de las operaciones del genoma, no necesariamente mutaciones. Como por ejemplo, el "efecto Baldwin"

6. La coevolución

Hay, por lo menos, cuatro períodos de la historia de la humanidad, cuyos cambios trascendentales pueden atribuirse a la co-evolución: 1) El paso del Neolítico tardío a las civilizaciones más tempranas; 2) El milagro griego como representante privilegiado de la era axial; 3) La religiosidad masivamente predominante de la Edad Media europea, 4) Las revoluciones de la modernidad, especialmente la tecno-industrial. Hay varios elementos comunes en estos episodios co-evolutivos mayores. Digo mayores, por la profundidad de los cambios culturales y las significativas variaciones de comportamiento y mentalidades que los acompañaron. En realidad, alguna forma menor de co-evolución opera todos los días. Pensemos en la habilidad manejar computadoras e internet. Ésta es una muy importante innovación para procesar para la que el cerebro humano no está, por supuesto, evolutivamente precableado. Pero tiene capacidades genéticas más generales, que deben "acomodarse" para cumplir habilidosamente con este novedoso desafío. En el aprendizaje de esta innovación operan algunos genes ya disponibles pero dormidos, o algunos que se usaban con otros fines y se redirigen a cumplir este nuevo cometido. Se trata de las "exapciones", descritas por Gold.

Los elementos comunes de los episodios co-evolutivos mayores son los siguientes: 1) Una profunda conmoción de las mentalidades por variaciones muy significativas, no sólo de las prácticas y productos culturales (como el caso actual con internet), sino de la cosmovisión de las poblaciones, es decir, de la cultura tipo 2, que vimos en la Introducción; 2) Una larga evolución de los nuevos parámetros culturales, de modo que ellos alcanzaron un número significativo de los estratos más lúcidos de la población; 3) La aparición de algún factor activante o decantador de los nuevos paradigmas culturales, con liderazgos que de algún modo encarnen y lleven adelante esos nuevos paradigmas. Veamos cómo han operado estos tres factores en los cuatro episodios evolutivos que he mencionado. Las revoluciones Neolíticas fueron tan intensivas en variaciones culturales que modificaron la cosmovisión de los pueblos que las sufrieron. Ellas duraron casi tres milenios, y en el post-neolítico se produjo un importante cambio climático, que obligó a las poblaciones, ya viviendo en aldeas, a avanzar a un nivel superior de la cosmovisión, con la aparición de civilizaciones y religiones formalizadas.

En Grecia, con la desaparición de la cultura micénica, hubo varias centurias de escasa creatividad cultural, hasta el 600-770 AC., en que los griegos, sea por las invasiones de las tribus del Norte (como muchos piensan) sea por su propio genio, comenzaron a desarrollar una nueva cosmovisión, completamente distinta a la de sus antecesores de Micenas, sólo recordada en los poemas de Homero, o en sus grandes tragedias, de modo que en el 500 AC floreció la maravilla cultural que llamamos el "milagro griego" de la mano de los maestros y sabios de la era axial. La Edad Media y su cultura fue, por decir así, el resultado de dos circunstancias que se dieron al mismo tiempo, la caída del Imperio Romano y la preponderancia, sin ninguna cortapisa, de la Iglesia Cristiana. La Alta Edad Media es el largo tiempo de cambio en la cosmovisión. El orden y las facilidades del Imperio fueron reemplazados por las incertidumbres de la época oscura (otro nombre para la Alta Edad Media). Frente al caos, la falta de recursos y los temores a los variados peligros (hambre, maleantes, ausencia de autoridades civiles), el único punto de apoyo posible era la Iglesia, sus jerarquías, sus creencias. Así, en estos tres ejemplos (a continuación veremos la modernidad) de co-evolución episódica, se repite el mismo patrón: a) Pérdida de los paradigmas culturales tradicionales, el Neolítico surgió haciendo que desapareciera el estilo de vida cazador reproductor, los griegos del milagro, debieron dejar atrás las prácticas culturales de los micénicos y la Caída del Imperio Romano, cambió enteramente las cosmovisiones de las poblaciones que las sufrieron; b) Un largo período de aprendizaje de las nuevas cosmovisiones. El Neolítico con sus tres milenios, la era preclásica griega duró casi 500 años y la Edad oscura del Medioevo otro medio milenio. Desde un punto de vista neuropsicológico ésta es la etapa más interesante: La de aprendizaje de los nuevos paradigmas culturales. Es en la tarea de aprender nuevas bases culturales, (Cultura tipo 2), en la que la selección cultural, elige los cerebros más aptos para incorporar nuevas versiones de la naturaleza de la realidad, nuevas habilidades para lidiar ella y los deseos y creencias que se corresponden con esta nueva realidad cultural.

Esta selección que la cultura hace de aptitudes genéticas previas, toma mucho tiempo (claro no tanto como la selección natural propiamente biológica), porque los más aptos deben prevalecer y constituir poblaciones de tamaño significativo y esto toma tiempo, varias generaciones. Este punto es muy decisivo para la hipótesis de la co-evolución. Si las transformaciones culturales más profundas han de prevalecer, eso ocurre en la mente de la gente. No en escritos o documentos. Y por lo mismo, estas personas que por ser más aptos aprendieron primero los nuevos paradigmas culturales debían tener más éxito en esta nueva cultura, por lo cual es esperable que sus linajes (biológico-culturales) prevalezcan, y sean, respecto a esas novedades, una mayoría con alguna significación. Desde esta perspectiva el último punto del patrón común, de los episodios mayores de co-evolución que estoy describiendo, resulta bastante obvio. Si los más aptos respecto a la nueva cosmovisión son una mayoría funcional, la circunstancia desencadenante de la revolución que se ha estado preparando puede ser un evento o una serie de eventos que en otras condiciones no tendrían la misma trascendencia. Ahora veamos como este patrón puede aplicarse a las tres revoluciones de la Modernidad.

Desaparición de la cosmovisión antigua. Nadie puede dudar que el mundo que tenían en su mente las gentes que vivían en la Edad Media empezó a cambiar con el primer renacimiento, el cambio se profundizó en el Renacimiento formal, y empezó a desaparecer con la Reforma, la aparición del Estado-nación, las guerras religiosas y especialmente con la Ilustración y la revolución científico-cultural del siglo 17 y el 18. Sin duda esta última construyó progresivamente los nuevos paradigmas culturales que estaban maduros en la segunda mitad del siglo 18 al establecerse las revoluciones políticas y la industrial. El patrón co-evolutivo se cumple bien si tenemos presente que las modificaciones culturales, respecto a la Edad Media, empezaron a establecerse, a lo menos el siglo 14-15, con lo que el aprendizaje de los más aptos de las novedades culturales tuvo 350 años para hacerse, digamos dominante. Es posible suponer que las circunstancias que estimularon la instalación de las tres revoluciones de la modernidad, fueron la burguesía citadina con comercio y negocios internacionales a gran escala.

Es la co-evolución con su mecánica. Variaciones culturales trascendentales, modificaciones genómicas y de aprendizaje, con la aparición de las nuevas aptitudes neuropsicológicas de los distintos agentes que participan en el complejo sistema Tecno-industrial. Pienso que las diferencias de mentalidades entre los distintos agentes son neuropsicológicamente esperables, pues una característica co-evolutiva es que su mecánica opera generando diferentes respuestas, según el carácter, inteligencia y habilidades precableadas que están en la base de las mentalidades individuales. Esto es por supuesto completamente trivial. Un conjunto de estudiantes a los que se les enseñan las mismas cosas (igual curso, igual profesor) tendrán desarrollos profesionales en áreas distintas según sus predisposiciones personales. Por eso es que en el sistema complejo tecno-industrial algunos sean innovadores, otros emprendedores, estos financistas y aquellos políticos, no es algo raro. Corresponde a la diversidad de patrimonio genético y de experiencias que tengan los distintos agentes.

7. La modernidad y sus revoluciones (siglos 18 y 19)

En cuanto a las tres revoluciones que definen la modernidad se pueden hacer algunas distinciones que dan cuenta de sus evidentes diferencias. En cuanto a precedentes, no sólo en sus contenidos sino respecto al momento en que iniciaron su desarrollo y la influencia que ejercieron en lo que podríamos llamar las mentalidades modernas más tempranas, no cabe duda que la revolución científico-cultural fue la primera en establecer sus atributos más distintivos (racionalidad conocimiento, objetivo), los que, además, sirvieron de base a las otras dos. Los grandes científicos en las Ciencias Exactas y la Astronomía (Copérnico, Galileo, Kepler y Newton) no sólo fueron los iniciales en la historia de las ideas, sino y sobre todo, porque sus aportes propiamente científicos muy rápidamente fueron respetados e incorporados a la visión del mundo de los intelectuales de su tiempo (excepto claro está, algunos teólogos), y constituyeron parte decisiva de la cultura de la Ilustración. Sus coetáneos, filósofos políticos (Maquiavelo, Hobbes, Locke) tuvieron buenas ideas, pero tuvieron poca influencia general en la política de su tiempo aunque Locke redactó la Constitución del Estado de Virginia, antes de la Independencia de Estados Unidos. En estos momentos no hubo precursores reales de la Revolución Industrial, excepto los científicos en su modalidad aplicada. De esta manera, cuando en la segunda mitad del siglo 18 se despliegan las tres revoluciones, las ideas precursoras eran las provenientes de la Ilustración, más algunos pensadores políticos como Voltaire, Montesquieu y los enciclopedistas en Francia, y Locke y su escuela liberal en Estados Unidos, en los cuales aparecen los primeros atisbos de ciencias sociales aplicadas que impulsaron las ideas de las revoluciones de Estados Unidos y de Francia.

Después del despliegue de las tres revoluciones (fines siglo 18 y siglo 19) la situación cambió. La modernidad se desarrollaba primordialmente por la influencia del sistema tecno-industrial y los aportes de la Revolución Científico-Cultural. La Revolución Política no se consolidó universalmente hasta un siglo después, al terminar la Segunda Guerra Mundial, aunque con resistencia de países no democráticos como la Unión de Repúblicas Socialistas Soviéticas, China y variados países afro-asiáticos, ex colonias europeas.

Estas diferentes evoluciones de las tres revoluciones nos dan una pista sobre los principales atributos que configuran la mente moderna. Caben pocas dudas que ellas descansan en los ámbitos científico-técnicos, mientras los problemas socio-políticos y los religiosos son procesados por la Neuropsicología humana, de un modo digamos tradicional. Sin embargo, esta última afirmación no es absolutamente verdadera. Por lo menos, para las élites intelectuales del siglo 18 y19 que pugnaban por aplicar el método científico a los asuntos socio-políticos y económicos y también a la Psicología (con su racionalidad basada en conocimientos objetivos). El siglo 19 es el escenario de esta pugna intelectual, mientras en el siglo 20 las aguas se aquietaban particularmente en su segunda mitad.

En este contexto de las nuevas mentalidades científico-técnicas, generadas co-evolutivamente por la Revolución científico-cultural y la Revolución Tecno-industrial, vale la pena considerar las dificultades y tropiezos de la Revolución Política y formular algunas hipótesis factibles sobre sus razones. En efecto, con las revoluciones inglesas, la Independencia de Estados Unidos y la Revolución Francesa, parecía que sus ideas principales (libertad e igualdad, participación política y socio-económica, derechos humanos y democracia), habían llegado para quedarse. Esto, sin duda, ocurrió parcialmente en Estados Unidos, excepto por la discriminación racial y la esclavitud, temas que llevaron a una muy sangrienta guerra que terminó con la esclavitud, no con la discriminación, pero en el continente europeo y el resto del mundo (India, China, Asia Sud-oriental, África), la Revolución Política fue, en la práctica, un fracaso. En China se mantenían los emperadores manchúes, y sus prácticas totalitarias, en la India los maharajás estaban siendo reemplazados por el Imperio Británico (y se continuaba el sistema de castas), en África predominaban las colonias europeas, excepto en los países mediterráneos, donde se mantenía la ausencia de libertades de la Sharia musulmana, y en América Latina, predominaban las dictaduras, (salvo en algunos países) y en Rusia se mantienen los zares absolutistas. Entretanto, Gran Bretaña con su parlamento democrático y un rey que no gobernaba, estaba ocupada en la construcción de su Imperio de la mano de la Revolución Tecno-Industrial.

Este fracaso generalizado (siglo 19) de las ideas y propuestas de la Revolución Política tuvo, como hemos anotado, pocas y parciales excepciones. En primer lugar, en Gran Bretaña, parcialmente en Estados Unidos, en América Latina sólo Chile y Uruguay, y en Europa continental, que es un ejemplo que vale la pena considerar. Los europeos, luego de las guerras napoleónicas, encabezadas por un emperador, que no era un modelo de democracia, pero que extendió a los demás algunas ideas de la Revolución Francesa, sufrió varias asonadas, movilizaciones (por ejemplo, las barricadas en Francia), y aun revoluciones (Napoleón III) que reclamaban por las libertades y los derechos humanos. Naturalmente los regímenes políticos de los países europeos se las arreglaron para permanecer con pocos cambios, en la situación política que prevalecía antes de las revoluciones. Hace la excepción la Segunda República francesa, instalada a la caída de Napoleón III, que abolió y usó para su ascenso la Primera República, de muy corta existencia. Es evidente que, durante el siglo 19, al menos en algunos grupos de europeos las ideas de la Revolución Política se habían incorporado a su patrimonio mental. Es difícil decir si éste fue el resultado de la difusión de ideas políticas, en las guerras y conquistas de Bonaparte, o un efecto de la cercanía y/o la imitación de lo que ocurría en Estados Unidos y Gran Bretaña, o como un resultado no deliberado de las revoluciones científico-culturales y tecno-industriales que en Europa se habían afincado con mucha más fuerza que en las demás regiones del mundo, excepto en Estados Unidos y Gran Bretaña.

En este caso el tema crucial desde un punto de vista neuropsicológico es de qué manera los paradigmas centrales, compartidos por la Revolución Científico-Cultural y la Tecno-Industrial fueron capaces de influir en las concepciones políticas. Es evidente que, en este punto, en el siglo 19 se produjo una suerte de disociación. Por una parte, resultaba no sólo natural sino de algún modo necesario, para filósofos y pensadores, usar el método científico para avanzar en estas materias, lo que hizo posible la aparición de las Ciencias Sociales y la Economía como disciplinas científicas. Sin embargo, las prácticas políticas reales. se apartaban de las recomendaciones, de los filósofos políticos del siglo 18, con enorme influencia de la revolución de Estados Unidos y la francesa, formularon una cierta Teoría de la Política. En rigor esta misma disociación, entre teoría y práctica política, la sufrió Platón cuando intentó aplicar sus teorías (el Estado y las Leyes) en Siracusa durante el gobierno del tirano Dionisio el Viejo, lo que fue un completo fracaso. En realidad debió escapar de Siracusa para evitar graves consecuencias personales. De igual manera Aristóteles, maestro de Alejandro, le enseñaba a éste sus conceptos teóricos de la política, basados en una ciudad-Estado, la polis, grandemente idealizada, pero que no tuvo la menor influencia (conocida) en el modo de gobernar de Alejandro.

La razón de esta disociación entre teoría y práctica política es más o menos evidente en Neuropsicología. La práctica política es un ejercicio del poder y la administración, asuntos que, especialmente el primero el Poder, utiliza habilidades cognitivas y emocionales muy poderosas que sí previeron (con excepción del racismo y de la esclavitud) los padres fundadores de Estados Unidos y el parlamento británico, que negoció la revolución gloriosa. El caso de Francia es menos claro. Luego de la Revolución de 1789 se sucedieron diversos regímenes políticos. Directorio, emperador la restauración de la monarquía, la primera república, otro emperador y finalmente, la segunda república que recién después de 85 años de la Toma de la Bastilla, pudo comenzar a instalar un régimen político cercano a las Teorías Políticas que inventaron a la revolución francesa. A Dionisio, Alejandro y demás monarcas, y dictadores de cualquier tiempo (excepto reyes que no gobiernan) les interesa, sobre manera el poder, porque sus mentes están predispuestas para luchar por ser el primero (con sus familias y amigos) en la jerarquía de sus sociedades, recibir los abundantes bienes y servicios que el poder granjea, y tener el prestigio y la gloria (primer motivador humano), que los signos del poder derraman sobre su excelsa persona. Por supuesto, las casas reales de Europa (y de cualquier otro lugar), muy rara vez estuvieron dispuestas a abandonar de buen grado sus excelsas posiciones.

Mientras todo esto ocurría con la Revolución Política en el siglo 19, las otras dos revoluciones continuaron avanzando a una velocidad nunca vista. La máquina de vapor usada en ferrocarriles y barcos cambió la noción de distancia y los tiempos de desplazamiento de personas y sobre todo de cargas. El comercio se expandió con los nuevos sistemas de transportes, lo que demandó mayor producción de bienes y servicios, con lo que empresarios, inventores y financistas tuvieron mayor trabajo creativo y mayores recursos. Con la invención del telégrafo, las noticias llegaban de un punto a otro, en la mayor parte de la faz de la Tierra, en minutos. Los descubrimientos químicos mejoraban tinturas, abonos, plaguicidas y los microbiológicos, asepsia, vacunas y demás, mejoraban la salud. Con todo esto, las fábricas se hacían más grandes y mucho más contaminantes. Entretanto, los barrios pobres de las ciudades crecían por la llegada de campesinos que se transformaban en obreros, y se apilaban en pocilgas infectas.

Desde el punto de vista de la Ciencia y la Filosofía, continuaron desprendiéndose de temas que desde la antigüedad les eran propios, como la Sociología, la Psicología, pero aparecieron temas enteramente nuevos. Arqueología, Antropología, Geología. La Física y las Ciencias Naturales, dotadas de novedosos instrumentales (de producción tecno-industrial), descubrieron las ondas electromagnéticas, lo que llegaría no sólo al telégrafo sino a la radio y la electricidad, que hacia finales de siglo iluminaría, calles, hogares y reemplazaría la maquinaria de vapor para energía de algunos artefactos. En otros equipos la fuente principal de energía empezó a ser el petróleo, lo que llevaría a la Química Orgánica, a identificar la tabla periódica de los elementos, a la Bioquímica y a la Farmacéutica. Los humanos empezaron a imaginar la estructura interna de los átomos y midieron la velocidad de la luz. Además y siguiendo a Linnco, se mejoró la catalogación y el conocimiento de Zoología y Botánica, esto es de los seres vivos, con lo cual se produce el mayor salto en la historia de las Ciencias Biológicas: la Teoría de la Evolución Natural de Darwin.

Sería ocioso continuar con las innumerables disciplinas que no sólo se desarrollaron sino que se instalaron durante el siglo 19, por lo que para terminar este apartado, vale la pena una puntualización de lo que hasta aquí hemos visto sobre el origen y el primer siglo de vida de las revoluciones que configuran la Modernidad.

1. La Modernidad se instaló a partir de algunos precedentes que históricamente se desarrollaron al término de la Edad Media. Los más importantes son los siguientes: a) El notable desarrollo de las Ciencias Exactas matemáticamente fundadas, que modificaron profundamente la cosmovisión de las élites intelectuales europeas, y sus creencias que pasaron de sistemas planetarios geocéntricos, guiados por la divinidad, a una Astronomía heliocéntrica, sujeta a leyes naturales y cognoscibles por la inteligencia humana. b) Descubrimientos y colonizaciones que permitieron conocer otras gentes y otras culturas, con lo que la pregunta sobre la naturaleza humana, se tornó fundamental y, al mismo tiempo secular, esto es, posible de responder con una metodología científica independiente de las nociones teológicas. c) La aparición de una clase media burguesa, viviendo en ciudades, en base a una economía comercial, manejada de manera independiente de señores, sacerdotes, y con sus propios capitales; d) La conjunción de iniciativas comerciales con la colonización de ultramar, abrió nuevos y enormes mercados, multiplicó los bienes y servicios que se podrían producir, y los que se podrían vender (o comprar).

2. El papel de la co-evolución. La ruptura con el orden medieval y la aparición de nuevas ideas y de comportamientos distintos a los tradicionales, significaron un muy profundo cambio cultural (cultura tipo 2), que requería para su aprendizaje y puesta en práctica, modificaciones de los sistemas genómicos comprometidos. Estos, actuando sobre los procesamientos de información del cerebro pudieron generar las habilidades y cognición que las nuevas propuestas culturales demandaban. La co-evolución

que actúa sobre los individuos, requiere de algunas generaciones para que los más aptos, es decir, los que han coevolucionado de acuerdo a de las nuevas demandas culturales, se multipliquen y alcancen un porcentaje significativo de la población.

3. La asociación de las novedades culturales con las nuevas mentalidades, "modernas" fue absolutamente inevitable porque una depende de la otra. Primero extendió los principios de la Revolución Cultural (racionalidad + conocimiento objetivo) desde los científicos a las élites intelectuales, y luego, como sustento metodológico, hizo posible las operaciones de la Revolución Industrial activado por la enormidad de las demandas por innovaciones en bienes y servicios, abiertos por los nuevos mercados coloniales. Por su parte, la Revolución Política tuvo resultados prácticos más azarosos, aun cuando sus teorías intentaban usar el método científico. Debió enfrentar varios fracasos porque la racionalidad de las Ciencias tiene pocos espacios de acción frente a las prácticas políticas, que naturalmente buscan lograr y mantener el poder.

4. En el siglo 19 las revoluciones de la modernidad tuvieron un desarrollo dispar. Las innovaciones tecno-industriales fueron gigantescas. También, el avance del conocimiento científico. Sin embargo, la revolución política, con la excepción parcial de Estados Unidos, Gran Bretaña y, más tarde Francia, tuvo problemas, con asonadas y movilizaciones populares, y gobernantes aferrados al poder. Sin embargo, estas ideas innovadoras, lentamente se extendieron y fortalecieron. La libertad personal, de emprendimiento y de opinión, los derechos humanos y la participación de los ciudadanos en los asuntos públicos, eran considerados valiosos por filósofos y pensadores, intelectuales y demás, aun en regímenes autoritarios. Claro que con grandes riegos para los que así pensaban.

8. La Modernidad en el siglo 20

Algunos historiadores sostienen, con cierta razón, que el registro temporal por años y siglos según el calendario, no representa bien los acontecimientos histórico-culturales que con frecuencia se manifiestan con una temporalidad distinta. Desde esta perspectiva, se ha propuesto que el siglo 19 fue mucho más largo que lo que indica el calendario y el siglo 20 bastante más corto. Así, el siglo 19 se extendería desde las revoluciones tecno-industriales y políticas de las dos últimas décadas del siglo 18 (calendario), hasta el comienzo de la Primera Guerra Mundial, período de 125 años que, aunque muchas vicisitudes, es un continuo social y cultural. En cambio, el siglo 20 más corto, transcurrió desde la Primera Guerra Mundial con la cual se quebró ese continuum, hasta la caída del Muro de Berlín y la desaparición de la Unión de Repúblicas Socialistas Soviéticas con lo cual ese siglo 20 (de sólo 75 años), violento con guerras reales y guerra fría que les siguió daría paso a la época, actual con guerras focalizadas, sin colonialismos, democracia extendida (aunque en ciertos casos sea sólo formal) en la mayoría de los países de la Tierra, y con una globalización no sólo del comercio, las finanzas, y las comunicaciones, sino también de ciertos parámetros culturales que se hacen casi universales. Como pienso que esta forma de fechar los temas que estudiaremos en este apartado se ajusta mejor a su desarrollo real, veremos primero, los acontecimientos del siglo 20 corto, y luego lo que podemos llamar la época actual, que se inicia con una segunda Revolución Tecno-Industrial alrededor de las décadas del 80 y 90 (del siglo 20 largo) y que está teniendo un impacto en cualquier dominio del acontecer cultural humano, que uno quiera considerar.

a) El siglo 20 corto. Desde una perspectiva científica cultural, este período en realidad se inició dos o tres años antes del comienzo de la Primera Guerra Mundial, en 1914. Los hitos de esta segunda Revolución Científico-Cultural son bastante evidentes. En primer lugar, las nuevas teorías científicas sobre la estructura y funcionamiento del universo: relatividad y mecánica cuántica, que fueron mucho más allá que el universo de Newton, cuyo conocimiento produjo la primera revolución. El primer trabajo de Einstein sobre la relatividad espacial apareció en 1912, por eso adelantaba el comienzo de este período. Por su parte, el segundo hito, que es necesario destacar, es cultural y también se inició algunos años antes de la Primera Guerra, me refiero a la aparición del Arte Moderno. Estos dos hitos han sido privilegiados en este capítulo porque cambiaron la forma de "pensar" la realidad física del universo (relatividad y mecánica cuántica), y de formas de "percibir" la realidad cotidiana y sus relaciones espacio-temporales (Arte Moderno). A estos dos hitos principales de la segunda Revolución Científico-Cultural, se debería agregar las propuestas psicoanalíticas de Freud, que aunque de un valor científico discutible en sí mismas, iniciaron el camino que nos llevó a considerar nuestra mente de un modo completamente nuevo.

b) Como contraste a estas gigantescas innovaciones científico-culturales, las revoluciones tecno-industriales y las políticas tuvieron cambios importantes y sus efectos de largo plazo, con excepciones, no cambiaron en el fondo las ideas matrices de las otras dos revoluciones y sus estrategias operativas. Esta opinión puede parecer extraña, porque las dos guerras mundiales significaron un enorme número de innovaciones tecno-industriales. Aviones, tanques, radar, energía atómica, inicios de la computación, etc. Por parte de la política, las dos guerras más el fascismo, nazismo y comunismo, produjeron destrucción, muerte y sufrimientos. De los datos tecno-industriales que acabamos de ver, excepto la energía nuclear y quizás la computación, los demás avances no son un cambio profundo de la estrategia de desarrollo que la revolución tecno-industrial tenía desde su nacimiento. Hacer innovación tecnológica para producir productos y servicios que el mercado (en este caso los países combatientes) necesitaba. La energía atómica fue una excepción, porque se trataba del uso tecno-industrial de un conocimiento científico absolutamente nuevo y de verdad revolucionario. La famosa ecuación de Einstein E = mc2.

La computación inició su desarrollo al final de la Segunda Guerra Mundial, y sus frutos prácticos aparecieron mucho después, como parte de la segunda revolución industrial que se dio en el siguiente período. Las dos guerras mundiales y los regímenes totalitarios fueron en verdad horrorosos, pero no excepcionales. Algunas guerras previas a la Revolución Política fueron tan horrendas como las mundiales. La guerra de los 30 años en el siglo 17 mató un porcentaje mayor de los habitantes de los países combatientes y produjo enorme destrucción. Las Guerras Napoleónicas, con la Revolución Política a cuestas, fueron también terribles. Por otra parte, el impacto socio cultural de las tiranías europeas del siglo 20 fue tan pasajero, que sus ideas se desvanecieron. Sin embargo, los efectos políticos indirectos de este atroz período fueron muy trascendentales, pero son parte del período siguiente, excepto la descolonización y la desaparición de los imperios que se produjeron al terminar la Segunda Guerra mundial.

Sin embargo, la razón principal para dar más trascendencia a la segunda Revolución Científica y Cultural, inaugurada por Einstein en 1912, y por ´pintores y músicos "modernos" por la misma época, es como indiqué, que ella cambió el modo de pensar y de percibir de los humanos. Los acontecimientos tecno-industriales y políticos, tan llamativos como son, no hicieron nada de este tipo, digamos mental.

Albert Einstein, Niels Bohr y J. W. Heinsenberg para nombrar sólo a algunos, de los más geniales, por cierto, cambiaron la física de Newton. No la mejoraron, generaron otra, tanto para los temas de las partículas atómicas (mecánica cuántica), como para la concepción espacio-temporal y de la gravedad (relatividad restringida y general). Las teorías de Newton siguen siendo útiles para entender la Física de todos los días, la que comprende al humano común. Estos conceptos "entender" "comprender" son los cruciales para dar cuenta de esta segunda Revolución Científico-Cultural. Ella cambió un principio epistemológico tan antiguo como los griegos. La racionalidad de la Ciencia y su búsqueda de conocimiento objetivo, permiten entender y conocer las leyes que gobiernan la realidad. Pues bien, la relatividad y mucho más la mecánica cuántica nos muestra una realidad que es incomprensible para nuestros atributos neuropsicológicos. Niels Bohr decía que la mecánica cuántica es lo que muestran las ecuaciones matemáticas. No tiene interés, no tiene sentido tratar de entenderla por otras vías. Yo agregaría, la cognición humana, excepto a través de las Matemáticas, no sirve, no está evolutivamente preparada para entender la mecánica cuántica o el espacio-tiempo de la relatividad. Hoy la mecánica cuántica se aplica en varias tecnologías, como los teléfonos celulares, y pronto la nueva computación cuántica, aunque tampoco su inventor entiende el mundo cuántico, pero usan la física de sus matemáticas. Sin embargo, los mismos problemas epistemológicos fueron demostrados por W. Heisenberg con su "principio de la incertidumbre", que sostiene que un observador no puede conocer al mismo tiempo la posición y la velocidad (vector) de un electrón.

La segunda revolución científico-cultural del siglo 20 corto, tuvo avances realmente impresionantes respecto a la estructura y funcionamiento del universo, y bastante menor en relación con la mente humana y su correspondencia con la realidad objetiva. Con nuestros atributos epistemológicos no sabemos, y quizás nunca podamos saber, si acaso la naturaleza allá afuera tiene en su propia estructura (relatividad cuántica) incertidumbres y leyes probabilísticas, o más bien, es nuestra mente la que no puede entender las soluciones que proponen las ecuaciones de la relatividad y de la mecánica cuántica. Del mismo tenor, es nuestra posición neuropsicológica frente a las Artes no figurativas y a la Psicología del inconsciente. Hay realidades que no podemos entender, o es la misma realidad la que está sujeta a leyes inciertas. La hipótesis de la incertidumbre es respecto a la realidad o a nuestra insuficiente capacidad para conocerla. Cualquiera que sea la solución de este dilema, la segunda Revolución Científico-Cultural rompió con la seguridad newtoniana que allá afuera había un mundo ordenado, que la mente humana podía conocer a través del método científico. Esta posición de a lo menos 2500 años de antigüedad: que establecía un mundo ordenado, racional y cognoscible, se hizo discutible por no decir imposible en el siglo 20 corto. Pero las mentes de este tiempo no sólo no registraban la seguridad epistemológica del mundo newtoniano, frente a la incertidumbre de Heisenberg, había además una ambigüedad, una alienación perceptivo-emocional que se expresa en las Artes, las Religiones y la Filosofía y el malestar de la cultura de Freud. Es concebible que estas expresiones no fuesen, sólo ni principalmente, producto de las nueva Física o del descubrimiento del inconsciente que nos asegura la existencia de un mundo interior que no conocemos, sino más bien el efecto de las experiencias terribles de las guerras, los regímenes totalitarios y la permanente inseguridad de la algo posterior guerra fría. Sin embargo, aunque sin duda estos eventos han jugado un papel, la incertidumbre epistemológica parece predominar y con buenas razones: a) La relatividad y la mecánica cuántica muestran un universo que no comprendemos, b) La presencia del inconsciente da cuenta de una realidad interior que no conocemos, c) El derrumbe de las creencias religiosas hace desaparecer el sentido de la vida provista por la divinidad. El resultado de este conjunto de incertidumbres es la Filosofía existencialista, que con el "Dasein" (ser-ahí) de Heidegger, ubica la "existencia" humana como un encontrarse viviendo en un mundo al que es arrojado (en el que "surge", según Jaspers) sin razón alguna. En él debe construir un destino (está obligado a ser libre dirá Sartre), que nunca está terminado, excepto al morir. "Ser para la muerte" también de Sartre. Aunque el Existencialismo tiene una variedad de escuelas y autores, en mi opinión, pertenece al mismo ámbito de reacción de la mente humana ante la inmanejable incertidumbre, junto a las Artes modernas, y el malestar de la Cultura.

De un carácter más conceptual es alguna literatura del siglo 20. Probablemente el autor más representativo de las mentes de personajes que no comprenden el curso de los acontecimientos, es Kafka. Sus novelas "El Castillo", "El Proceso" y su cuento "La Metamorfosis", son una muestra literaria del desconcierto que hacía presa de las mentalidades que no comprendían el mundo de la "relatividad" y los "cuantos" de mecánica "cuántica". Es muy improbable que Kafka tuviera conciencia que la sensación de inseguridad y desamparo del señor K (personaje de ambas novelas), era semejante a las sensaciones de la gente que, al tanto de las propuestas de la Física de su tiempo, no podía menos que pensar que no entendía el universo en que vivía. Sin embargo, recién terminada la Primera Guerra Mundial, cuando él escribió, los contemporáneos y los historiadores consideran la guerra enteramente insensata e irracional, tanto por su comienzo (un atentado terrorista al príncipe heredero del Imperio Austro-Húngaro) como por su curso, las trincheras en las que mueren varios millones de jóvenes europeos, en batallas sin ningún sentido militar o estrategias. Salvo la incompetencia de generales y gobernantes. Además, y como vimos, las Artes Plásticas y Musicales también se habían transformado en propuestas incomprensibles para el ciudadano común. Es seguro que Kafka, como los demás artistas, habían captado la falta de sentido y racionalidad que invadía la Cultura de su tiempo (para la mente del humano común, claro está).

Esta especie de alienación cultural, fue descrita de manera soberbia en "La Montaña Mágica" de Thomas Mann, a través de los diálogos y discusiones que sus personajes sostienen en el hotel-sanatorio en que están recluidos. Pero los signos de los tiempos fueron "mostrados" más que descritos, por varias otras obras literarias. Hemos mencionado (Capítulo Las Artes), a la poesía moderna y sus, con frecuencia, ininteligibles juegos de palabras, con la destacada excepción de W.B. Yeats y sus apocalípticas profecías de un futuro terrible, pero que desconocía. Por último, tenemos el teatro del absurdo de E. Ionesco y S. Beckett. De este último, es remarcable su obra "Esperando a Godot", en la cual los dos personajes en el escenario están a la espera de alguien (o algo) que desconocen, pero que pareciera muy importante para el destino, no es claro de quien, por lo que vale la pena seguir esperando. Aparte del centenar de interpretaciones sobre el sentido de una obra en la cual en el escenario no pasa nada, excepto la conversación de gente corriente, la sensación de ambigüedad, de sin sentido, de carencia de fundamentos que ella transmite es, en mi opinión, la mejor muestra, junto a Kafka, de los desasosiegos y oscuridades, por decir así, de la cultura europea del siglo 20 corto. En Estados Unidos y el resto del mundo, el problema fue distinto. La gran depresión económica de 1929, las dos guerras, las tiranías y luego la guerra fría generaron otras formas de incertidumbre.

Para nadie es muy clara la extensión de estos desasosiegos e incertidumbre entre la gente corriente nadie duda que entre los intelectuales, las élites y la gente educada, estos malestares de la cultura moderna fueron intensos, pero es probable que en el resto de la población, las muertes, las destrucciones, el hambre, la inseguridad personal y demás espantos del siglo 20 corto, hayan sido los predominantes. En todo caso, cualquiera haya sido el motivo de las incertidumbres, y los desasosiegos, la mente humana sufrió, en el siglo 20 corto, indecibles tensiones neuropsicológicas que de alguna manera construyeron rasgos culturales y formas de sentir la posición del ser humano en el universo, que quizás son los prolegómenos de la mente en la modernidad actual.

9. La Modernidad de la época actual

No es mucho lo que se puede agregar a la mente de la modernidad en los escasos 25 años transcurridos desde la caída del muro de Berlín y el desplome de la URSS. Por lo demás, casi todos los hechos que vale la pena señalar se incubaban o daban iniciales señales de vida desde antes del término del Siglo 20 corto. Sin embargo, algunos de estos hechos se tornaron, característicos de la época actual, mientras otros no llegaron a tener alguna para el desarrollo de la modernidad y sus revoluciones. En este contexto, el hecho más destacable es la creciente, rápida y decisiva interacción entre la ciencia, la tecno-industria y la economía política. Consideremos como un notable ejemplo la computación. Nació de las investigaciones teóricas de Alan Turing, en los años siguientes de la Segunda Guerra Mundial, durante la cual él trabajó como jefe del equipo que decodificó, el sistema de comunicación usado por los alemanes, con el nombre de fantasía "Código Enigma", que siempre creyeron invulnerable. A partir de esta experiencia Turing desarrolló la digitalización binaria de cualquier tipo de información y las posibilidades de disponer, organizar y resolver problemas con la información así codificada. A fines de los 50 Von Neumann desarrolló los primeros computadores, máquinas enormes e ineficientes que en una o dos décadas de perfeccionamiento llegaron a ser cercanas a las maravillas tecnológicas que los humanos de la modernidad actual usan constantemente. La maravilla es la capacidad de procesar enormes cantidades de información, y con una versatilidad tan amplia que hace a la computación una tecnología aplicable a cualquier dominio, tanto así, que pronto aparecieron teorías e investigaciones sobre Inteligencia Artificial que, por supuesto, intentan replicar el pensar humano y sobre robótica que replicó conductas con objetivos de los humanos. Claro que estos designios, sobre todo la Inteligencia Artificial, han resultado difíciles de concretar. El desciframiento del código genético humano (y de muchos otros seres vivos) se logró usando computadores, que hoy son capaces de intervenir en la lectura del ADN y compararlo con otros. Las finanzas operan en la actualidad con computadores, y pueden transmitir instrucciones para transferir dinero a cualquier parte del globo, de modo prácticamente instantáneo. Los resultados electorales son calculados electrónicamente por computadores y los satélites. Los aviones y los automóviles usan para sus desempeños sistemas computacionales. Con estos ejemplos del uso de la computación (que podrían ser miles), en muy distintos dominios, he querido mostrar cómo un producto tecno-industrial interacciona con las Ciencias, las finanzas, la Política, las comunicaciones y cualquier otro aspecto de las revoluciones de la Modernidad. De esta manera podemos afirmar que: a) En la época actual la tecno-industria tuvo (más bien está teniendo) su tercera revolución; b) Una característica central de ésta es que sus productos tecnológicos, además de la informática determinan procesos innovadores en muchos otros dominios de las civilizaciones actuales. En este contexto, en las páginas siguientes, exploraré brevemente, los tres más decisivos temas globales que, en mi opinión, mejor definen la Neuropsicología de los seres humanos actuales. Ellos son: 1) Las novedades científico-técnicas; 2) La globalización y sus variados ámbitos; 3) Los cambios en las mentalidades de personas y grupos.

Pienso que estos tres amplios campos, que naturalmente incluyen consideraciones socio-políticas y tecno-económicas, pueden darnos una idea coherente y bien articulada de los principios más relevantes de la cultura (tipo 2), que las mentes actuales deben procesar. Por otra parte, y teniendo en cuenta que estamos en medio de estos acontecimientos, que sin duda mis lectores, personas ilustradas, bien conocen, no necesito entrar en mucho detalle de los hechos a los que me referiré.

10. Las novedades científico-técnicas de la Modernidad actual

Una primera cuestión novedosa de la Modernidad actual es respecto a la Ciencia y Tecnología. Como hemos visto la revolución industrial no partió como derivada de conocimientos científicos. Las intuiciones de los primeros innovadores se dirigían a la solución de problemas prácticos: hilar algodón y lana con mayor eficiencia, para producir hilados de mejor calidad y en un volumen muy superior a lo que permitían los métodos manuales tradicionales. Como el propósito principal era ser competitivo en un mercado que se expandía, no los animaba el interés de conocer científicamente sus procesos y productos. El fundamento intencional (mental) de sus fábricas era desarrollar negocios que produjeran buenas utilidades. Las leyes científicas del comportamiento de los gases (Avogadro 1812) fueron posteriores al desarrollo de la máquina de vapor. En estas condiciones, era difícil hablar de Ciencia y Tecnología porque ellos eran temas no necesariamente vinculados.

En el curso de los más de 100 años siguientes esta desvinculación fue cambiando hasta después de la II Guerra Mundial, a partir de la cual la relación Ciencia y Tecnología se hizo cada vez más estrecha. Un ejemplo notable de esta novedosa relación, es la invención de los computadores y la digitalización de la información. Alan Turing desarrolló sus teorías científicas con cierta anticipación a la producción de aparatos capaces de computar informaciones reales. Hay otro antecedente interesante respecto a esta relación entre Ciencia y Tecnología. Se ha calculado que la tasa de aplicación a novedades tecnológicas de nuevos conocimientos científicos, crece constantemente desde la Segunda Guerra Mundial, y, además, el tiempo que transcurre entre la aparición de un nuevo conocimiento científico y su aplicación tecnológica, ha disminuido con mayor velocidad. Este acercamiento moderno es funcionalmente distinto al uso de tecnologías novedosas para adelantar conocimiento científico. El telescopio de Galileo y el microscopio de Van Leeuwenhoek, son una prueba de la posibilidad de mejorar el conocimiento científico con nuevos artefactos tecnológicos. El Gran Colisionador de Haldrones en Suiza, es una enorme (y cara tecnología) que aumenta el conocimiento de las partículas subatómicas. Como sabemos, se acaba de probar, en este aparato, la existencia real del Boson de Higgs propuesto por este físico hace algunas décadas. La multiplicación de telescopios de todo tipo, busca probar ciertas teorías cosmológicas o descubrir fenómenos que requieren nuevas teorías. Así, en Astronomía el uso de tecnologías para mejorar conocimientos o probar teorías, tiene varios siglos de aplicación, pero en el caso de las disciplinas biológicas ha sido un factor principal de la tercera Revolución Científico-Cultural, que está funcionando en nuestros días.

Probablemente, el mejor ejemplo actual de esta relación virtuosa entre mejoras tecnológicas y avances en el conocimiento científico, es la Neurología (anexo 3). Las innovaciones imagenológicas y las novedosas técnicas neurofisiológicas, han mejorado nuestro conocimiento del trabajo cerebral, de modo muy significativo. Del mismo tenor, es el avance de la Genética (y la genómica y proteonómica).

La Teoría de la Evolución Natural de Darwin debió esperar, hasta la llegada de novedades bioquímicas y tecnológicas para desencadenar la Revolución Científico-Cultural de base biológica, que se desarrolla en los tiempos actuales, y que tiene un número tan elevado de aplicaciones prácticas que están cambiando la vida y las mentalidades de las culturas actuales.

El descubrimiento de la doble hélice de Watson y Crick (1953), vino a coronar bioquímicamente las ideas sobre la evolución natural de rasgos hereditarios, planteadas por Darwin y apoyadas por otros investigadores, entre los cuales vale la pena destacar al monje y botánico austríaco Gregorio Mendel. Lo que Darwin (que murió antes de los trabajos de Mendel) había propuesto, era una variación de las leyes de la herencia de Mendel. En efecto, el dictum principal de Darwin es verdaderamente simple: descendencia con modificaciones (respecto a sus progenitores), permite a los mejor dotados (en relación con variaciones ambientales) sobrevivir y reproducirse mejor que los que no tienen esa variación. Como vimos en la Introducción la expresión "más apto" es de H. Spencer, no de Darwin.

La nueva biología basada en la selección natural puede ser resumida de esta manera: 1. La herencia de características innatas específicas, sigue una, leyes, que están en su naturaleza biológica (Mendel). 2. Por diversas razones, a veces las características sufren modificaciones en los descendientes, los que por azar pueden ser más aptos para enfrentar variaciones ambientales (Darwin). 3. Existe en los seres vivos una molécula especial (el A.D.N.), que se transmite a los descendientes a través de una división de las dobles hélices paterna y materna, que se reconstruyen en una sola molécula del ADN en los descendientes. Estos son los genes y su forma de transmisión intergeneracional (Watson y Crick). En los siguientes casi 50 años, después del descubrimiento de la doble hélice, hubo, grandes avances en la biología de base genética, pero ella se estableció como un avance cultural más sólidos y significativo, cuando fue posible (por la aparición de nuevas tecnologías en los laboratorios de los genetistas), conocer inicialmente el genoma de varias especies vivas, y en 2001 el genoma de la especie humana. Por supuesto la historia de la Genética es mucho más compleja y rica, que lo que aquí se ha mostrado, pero esto basta para establecer las razones por las cuales se puede sostener, que en la evolución natural de Darwin con sus especificaciones genéticas, están los fundamentos de la nueva Revolución Científico-Cultural. La de base biológica. Pienso que esta afirmación se puede demostrar indicando sólo algunas de las múltiples consecuencias de esta nueva manera de concebir el mundo de la vida.

Por razones bien evidentes, creo que debemos empezar indagando las influencias de estas nuevas ideas en la vida de los humanos, de la actualidad y la del pasado. Digo del pasado porque la moderna genómica nos permite conocer y datar la evolución de nuestra propia especie y la de sus ancestros más cercanos (Ver anexo 2). Por otra parte, las relaciones inversas, es decir, nuevos conocimientos científicos mejoran técnicas prácticas se pueden observar en las Ciencias Biomédicas. La nueva Biología celular, permitió entender los procesos intracelulares que normalmente manejan los intercambios iónicos, el papel de la membrana y las funciones de los corpúsculos protoplasmáticos, y las de cromosomas que albergan los genes. Naturalmente, conocer las intimidades de la Biología Célular, hizo posible el desarrollo de Ciencias Médicas con fundamentos científicos y basadas en evidencias experimentales, clínicas y estadística. Si a estos avances agregamos los antibióticos, el conocimiento de los sistemas endocrinos, inmunológicos y metabólicos, entre muchos otros, podemos explicar el cambio radical de los índices de salud de la modernidad actual. Desde la década de los 50 hasta nuestros días, las enfermedades infecto-contagiosas son menos frecuentes. La esperanza de vida en un país en desarrollo medio como Chile, ha mejorado en el sexo femenino de 54 a 81 años. La mortalidad infantil ha caído desde 130 x mil nacidos vivos, a 75, la desnutrición ha desaparecido (el problema actual es la obesidad), los partos normales y sin secuelas para madres y niños son algo más del 98%. Claro que junto al avance mundial de las Ciencias Biomédicas, la Ingeniería Sanitaria ha hecho su trabajo. En los países de nivel medio prácticamente el 100% de los habitantes tiene agua potable, la disposición de excretas y aguas servidas llega a más del 80%, con alcantarillas y el resto con pozos negros bien construidos. La poliomielitis y la varicela desparecieron. Las demás pestes se manejan con vacunas, y la farmacopea de afecciones crónicas (y también agudas) mejora prácticamente todos los días.

Si a todo esto agregamos una Agricultura que luego de la Revolución Agraria de los años 70 es capaz de alimentar prácticamente a toda la humanidad (excepto algunos países africanos por guerras, emigraciones forzadas o incompetencias gubernamentales), con el paralelo mejoramiento de la producción pecuaria (carnes rojas y blancas, leche, huevos), nos encontramos con un cuadro de mejoramiento en la salud absolutamente impensable al terminar la Segunda Guerra Mundial.

Pero las Ciencias Biológicas no sólo han mejorado la salud de la humanidad, sus bases teóricas (evolución natural, genética, biología celular, bioquímica avanzada y demás) han cambiado nuestra manera de concebir el mundo de la vida, que nos parece más cercano y cognitivamente más manejable que la relatividad y la mecánica cuántica. Si ponemos atención a los mecanismos que han producido esta nueva Revolución Científico-Cultural, encontraremos que parte de ella, es un producto de la tecnología. En efecto, en cualquier aspecto del avance de la Biología que deseáramos considerar, encontraremos aparatos, artefactos, técnicas operacionales, que han hecho factible el enorme número de descubrimientos, que fundamentados en hipótesis y teorías de los investigadores, han construido las modernas y actuales Ciencias Biológicas. De esta manera la relación entre Ciencia y Tecnología opera en dos direcciones. Innovaciones técnicas mejoran el conocimiento científico. Avances científicos mejoran la aplicación de técnicas prácticas (PCR, CRISPR-Cas9, por nombrar un par revolucionario).

Entretanto, las Ciencias Exactas y las Ciencias Sociales han tenido mejoras, pero no han sufrido la intensidad y profundidad de las variaciones conceptuales, experimentales y de innovaciones tecnológicas que han tenido las Ciencias Biológicas.

Consideremos el Big Bang. Sus fundamentos teóricos, han demostrado expansión del universo y la presencia de ondas de luz, que parecen haberse originado en esos instantes, hipótesis basada en la velocidad de la luz, descrita por Einstein. Igual cosa ocurre con los agujeros negros. Esta hipótesis se sostiene en las nociones de la gravedad del mismo Einstein. Por supuesto, se trata de teorías en verdad innovativas, pero no cambian las leyes de la relatividad. Tampoco el Boson de Higgs modifica la mecánica cuántica. Por su parte, las Ciencias Sociales tampoco han madurado como para hacerlas predictivas, salvo quizás, en las modernas teorías económicas, aun cuando sus predicciones son más bien estadísticas y de plazos cortos. La Psicología actual es de algún modo predictiva cuando se asocia con la Neuropsicología. Cuando olvida el cerebro es una mezcla de Ciencias Sociales y Filosofía. El post modernismo no es Ciencia, es pura literatura (Introducción).

Por supuesto las tecnologías duras actuales son en general derivadas de las Ciencias exactas. Nuevas fuentes de energía, sistema de transportes, computación, internet y comunicaciones audiovisuales, solo para mencionar algunas de las más importantes áreas de aplicaciones innovativas. Estas tecnologías son el vehículo de la globalización y algunas (aquellas que emiten CO_2) responsables del deterioro medio ambiental que pone en riesgo la vida en nuestro planeta.

11. La Globalización

Algunas formas parciales o algo primarias de globalización son muy antiguas en la historia de las civilizaciones. El comercio entre distintos pueblos es probablemente el modo más primitivo de intercambios y aprendizajes entre culturas diferentes. Los fenicios y luego Cartago comerciaban por todas partes en el Mediterráneo, y por Occidente llegaban habitualmente hasta las Islas Británicas y por Oriente, con frecuencia, hasta el Mar Negro. El Imperio Romano fue un vehículo de globalización mucho más complejo, pues sobre la base de su poder político-militar, influyó de mil maneras sobre las costumbres, el lenguaje, la organización de las ciudades, las tecnologías de la construcción, el Derecho, etc. Los viajes y el colonialismo europeo desde el siglo 14 hasta el siglo 20 corto, cumplió con funciones bastante similares a las del Imperio Romano. Intercambios y aprendizajes entre culturas diferentes. La civilización europea cambió, en algunos lugares, completamente las culturas locales, en otras, sus influencias son perceptibles hasta el día de hoy. En este panorama de intercambios no sólo de productos tecno-industriales, sino además de la cultura, cabe preguntarse qué significa la globalización en la Modernidad actual, que se inicia como hemos visto después de la Segunda Guerra Mundial, con la descolonización de los 60 y la implosión de la Unión de Repúblicas Socialistas Soviéticas.

Aunque la palabra globalización es bastante moderna, en sus 20 o 30 años de existencia ha significado cosas distintas, pero no contrapuestas, por lo que el concepto se ha ido ampliando, porque a la globalización, inicialmente comercial, se han sumado progresivamente diversos aspectos de las culturas, con lo que actualmente la globalización se refiere a productos y prácticas culturales de cualquier dominio de las civilizaciones, cuyas diferencias se han ido desvaneciendo. Por ello los futurólogos están diciendo que, "la humanidad camina hacia una civilización universal, con enclaves de culturas locales que cada vez tienen más dificultades para mantener las especificidades que les hacen diferentes". Por otra parte, los contenidos y prácticas culturales que se transmiten a través de la globalización son, con muy raras excepciones, de un incuestionable origen en la civilización occidental, heredera del mundo cultural greco-romano.

Este predominio occidental tiene varias consecuencias entre las cuales, hay dos que me parecen las más importantes: 1. La posición y los comportamientos de quienes, por diversas razones, rechazan este predominio. La palabra rechazo no hace justicia a la diversidad de grados y tipos que tiene esta oposición. Puede ser política, económica, cultural, religiosa y ´puede ser desde el simple malestar que producen ciertas prácticas culturales que llegan de occidente, o el terror fanático que intenta destruir el gran Satanás, en palabras del Ayatola Khomeini. 2. La otra consecuencia mayor es que las tres revoluciones, han continuado su evolución, pero ahora en un plano universal. La tercera revolución Tecno-Industrial ha tomado cuerpo, por decirlo así, generalizado, la producción de todo tipo de bienes y servicios en muchos países occidentales, y varios orientales (Japón, China, Corea y Taiwán), pero todas las demás regiones usan esos bienes y servicios y buscan como producirlos ellos mismos. La tercera Revolución Política que en la práctica sólo se generalizó en Occidente después de la Segunda Guerra Mundial, se ha transformado en el patrón de las prácticas políticas en todo el mundo. No siempre bien aplicado, pero siempre preferido (o lo menos verbalmente), con las excepciones de Corea del Norte y Cuba quienes específicamente niegan el valor de la democracia y demás libertades. Todos dicen practicar los derechos humanos, pero no todos cumplen sus dichos. La tercera Revolución Científico-Cultural también se ha desarrollado en Occidente, con Japón como única excepción, pero aquí sí los productos y servicios que de ello derivan, son masivamente utilizados en todo el mundo. Me refiero a la Medicina y los medicamentos, agricultura, ganadería, esto es a las áreas de base biológica. Las demás Ciencias se expresaron en la práctica vía tecno-industrial.

Por otra parte, la globalización, en la realidad no ha cambiado las motivaciones, o los deseos, o los intereses, de comerciantes, innovadores, líderes políticos o de científicos. Lo que sí se ha modificado completamente, a través de las nuevas tecnologías, es la transmisión de las informaciones, el transporte de bienes y personas, la circulación de nuevas ideas y ciertamente de dinero. Estas formas de interacción, ahora a nivel mundial, han adquirido por vía de las tecnologías, cuatro condiciones que diferencian la Globalización de la Modernidad actual, con las interacciones comerciales, políticas o de otro tipo, que se practicaban antes de ella. Ellas son: a) Masividad de los contactos e interacciones de ideas, informaciones, bienes, recursos; b) La velocidad de las comunicaciones, con tecnologías electrónicas (Internet, etc.), y de las negociaciones telemáticas o cara a cara, por las innovaciones del contacto de personas (y de bienes); c) La expansión de los medios audiovisuales de informaciones y comunicaciones, en especial la TV y más recientemente el *streaming*, nos permite ver y oír, en vivo, guerras, partidos de fútbol, catástrofes, en cualquier lugar del mundo. "La tierra es una aldea" anotó Marshall Mc Luhan; d) A través de todos estos avances tecnológicos, la Política y la guerra también son, en cierto sentido globales. La Política y la Economía se han hecho universales, no sólo a través de Naciones Unidas y sus decenas de agencias especializadas, sino además, con organizaciones especializadas que cubren continentes y regiones, grupos de países, según su geografía, sus intereses económicos o sus aparatos de defensa. Claro que en este caso los instrumentos tecno-industriales que usan son muy diferentes. Sistemas de información (y de espionaje) muy sofisticados, y armamentos que pueden utilizarse con objetivos que durante la guerra fría, eran, por lo menos, dudosos. En el momento que escribo estas líneas, casi diez de los más poderosos países de la Tierra, bombardean el Estado Islámico en Siria y el Norte de Irak, para evitar "futuros terrorismos musulmanes", Por cierto esta idea no es descabellada, el terrorismo es real, y son muchos los pueblos que han sufrido sus devastadores ataques, con muerte de miles de víctimas inocentes.

A la luz de estos datos, y las informaciones que a diario aparecen en las noticias de todo el mundo, me parece que de verdad la globalización no es sólo un asunto económico, comercial o financiero, tampoco un tema puramente de comunicaciones que entrelazan a la gente de toda la humanidad (quizás con la excepción de las tribus cazadoras-recolectoras que aún sobreviven). Por otra parte, no sería una descripción apropiada de la globalización, sostener que es impulsada sólo por intereses políticos o del capitalismo internacional. Creo que todas éstas son explicaciones, muchas de ellas verdaderas, parciales de un fenómeno más general, y sin duda inédito en la historia de la humanidad. Con la globalización nos enfilamos creo yo, hacia una cultura planetaria, que de una manera u otra, dependiendo del punto de partida de las naciones y pueblos, y de su poder económico, militar y socio cultural, está aunando las diversidades de lenguas, religiones y costumbres que habitan la Tierra. Por supuesto, esta globalización cultural tan multidimensional es fuente de esperanzas, pero también de dificultades. Claro que las dificultades son bastante evidentes, mientras las esperanzas son, por ahora, bienaventurados deseos con sólo incipientes manifestaciones que pudiésemos llamar positivas.

12. Cambios en las mentalidades y las culturas

En todo caso, en esta tendencia hacia una Cultura universal, hay unas consecuencias notables a las que se ha prestado poca atención y que en mi opinión, es claramente perceptible. Una Cultura universal significa una visión del mundo bastante similar, con patrones de pensamiento y conductuales suficientemente compartidos. Aunque por ahora estamos hablando de una tendencia, y se mantienen algunas diversidades culturales que luchan por no desaparecer, es evidente que una cierta homogenización, de usos y costumbres de las más variadas naturalezas, está prácticamente presente en todos los países y regiones de la Tierra. En muchas partes, las costumbres locales (ropajes, cantos, bailes, algunas ceremonias, artesanías, viviendas, utensilios, deportes, etc.) son presentadas en programas turísticos en vivo, o a través de los "horarios culturales" de la TV.

Hace unos meses visité una tribu del Amazonas que vive a cinco horas de Iquitos. Presencié bailes con música tradicional, tocada en instrumentos ancestrales, con indígenas amazónicos vestidos con fibras vegetales, un chamán que ofrecía un viaje con ayahuasca. Todo el espectáculo se desarrolló en una pequeña aldea con chozas de totora, y en la casa comunal, más espaciosa. Al final nos ofrecieron sus artesanías, también de material y motivos locales. Poco después de despedirnos, vimos salir a los miembros de esa tribu, tomar un bote a motor, de su propiedad, vestidos con ropas occidentales, dirigiéndose, según nos informó nuestro guía, a sus casas que, por supuesto, no eran de totora, sino de ladrillos, con pisos, puertas y ventanas de madera y techos de zinc. Como es evidente se trataba de un espectáculo montado para turistas. La tribu vivía a la occidental porque de su propia cultura quedaba sólo el recuerdo. Se dirá que esta situación que se repite en todo el mundo, representa cambios simplificados de las culturas locales, yo pienso, que el cambio es inducido por la globalización (en el Amazonas, en África, en la China profunda, en las grandes ciudades de la India, en las reservas Inuit de los canadienses) y es mucho más profundo que sólo ropa y música de moda. El cambio afecta a la cultura tipo 2 (ver Introducción) es decir, a las mentalidades de los miembros de otras culturas que se hacen cada vez más parecidas entre sí, porque usan los mismos (o muy similares) patrones neuropsicológicos para pensar y actuar.

Se podría preguntar ¿qué tiene de malo que se homologuen cada vez las mentalidades de todos los seres humanos? Esto nos hace cooperar con más facilidad, compartir valores políticos, sociales, económicos y morales, con lo que las rencillas (y las guerras) internacionales, deberían disminuir y lograr más ayuda para los grupos (países y regiones) con menos desarrollo. Por cierto, esta es la esperanza que trae la universalización de la cultura. Pero hay varias dificultades que, pienso yo, se afirman en predisposiciones neuropsicológicas. En primer lugar, hay un aspecto más bien teórico. La evolución, tanto de las especies, como de las culturas, en gran medida depende de innovaciones, que son más probables cuando hay diferencias entre las poblaciones (biológicas y sociales), que cuando existe un alto grado de homogeneidad, en las cuales las novedades que hagan la diferencia son más difíciles de crear. Claro que esta propuesta teórica operaría en el muy largo plazo, y en culturas que de algún modo hayan disminuido sus capacidades y dinámicas internas que les dificulta progresar. Varias de las civilizaciones históricas han sufrido este proceso de deterioro por carencia de innovaciones. Pensemos en Egipto que se mantuvo sin muchos cambios por 3.000 años y se agotó, casi sin dejar rastros, excepto en sus monumentos. Sin embargo, esta teoría es mucho más plausible en casos de catástrofes de rápida aparición, frente a las cuales la capacidad de responder con innovaciones "salvadoras" es mucho menos en culturas (o especies) que tengan muy pocas variedades que hagan la diferencia. El Imperio Romano, monolítico y culturalmente plano, cayó porque no tuvo como responder a las invasiones bárbaras y a la fuerza del cristianismo que en su interior rompió los parámetros culturales que mantuvieron la unidad romana por casi mil años. Hay varios historiadores que han estudiado este fenómeno en profundidad. Arnold Toynbee, en su monumental "Estudio de la Historia", Oswald Spengler en "La Decadencia de Occidente" y Edward Gibbon, en "Historia de la Decadencia y caída del Imperio Romano". Aunque estas ideas son bien interesantes, la cultura globalizada de la Modernidad está muy lejos de esas decadencias, pero tiene, además, otros problemas más importantes y urgentes.

Un origen de las dificultades que se puede encontrar en la universalización de la Cultura, es que la que se globaliza es la occidental y cristiana, con escaso o ningún aporte de las demás civilizaciones que poblaban el mundo hasta las dos grandes guerras mundiales del siglo 20. Claro que el predominio occidental no nació en el siglo 20, lo que en ese tiempo y esas guerras cambió, fue el país occidental más poderoso en términos económicos, científicos y militares, que de los europeos y el Imperio Británico en primer lugar, pasó a los Estados Unidos. De hecho, la supremacía occidental tiene una larga historia, que ciertamente comenzó con los viajes, después las colonias, y se acentuó con las tres grandes revoluciones que hemos visto más arriba, y llegó a un dominio, casi sin contrapeso, con el derrumbe de la Unión de Repúblicas Socialistas Soviéticas. Cuando portugueses y españoles iniciaron sus aventuras marítimas, en el mundo existían a lo menos, tres o cuatro civilizaciones con mucho mayor poder que Europa Occidental, la que en el siglo 15 era un mosaico de pequeños y pobres países. China bajo los Ming, tenía una cultura floreciente y sus estándares de vida eran, con seguridad, mejores que los occidentales. La India de los emperadores mongoles no le iba a la zaga, el Imperio Otomano acababa de conquistar Bizancio y los rusos posteriores a Iván El Terrible, extendían su superficie y poder sobre Asia del Norte hasta alcanzar el Océano Pacífico, a más de 7 mil kilómetros de distancia de Moscú.

En el 2011, el historiador británico Niall Ferguson, publicó un importante libro "Civilización: Occidente y el resto" en que puntualiza las razones por las que él piensa que Europa ha llegado a ser tan preponderante, como para constituir el núcleo de la poderosa civilización occidental. Ellas son: 1. Competencia, 2. Ciencias; 3. Derecho de Propiedad; 4. Medicina; 5. Sociedad de Consumo; 6. Ética del Trabajo.

En realidad, ésta es sólo una forma más concreta de identificar, dentro de nuestras tres revoluciones, los aspectos que a Ferguson le parecen más evidentes e institucionalmente más decisivos, para el predominio de Occidente. Cuando nosotros decimos Revolución Tecno-Industrial, él especifica que la competencia (entre productores, comerciantes o países) es, siguiendo a Adam Smith, el factor más importante para estimular innovaciones y mejoras productivas, con el importantísimo agregado que la competencia económica y también las prácticas políticas deben ser reguladas, legal e institucionalmente. En este mismo sentido, la dinámica de los negocios capitalistas, no tiene sentido, si no existe un muy sólido derecho de propiedad, que permita a los distintos actores de la Revolución Tecno-Industrial (innovadores, financistas, fabricantes, comerciantes), operar con la seguridad que sus esfuerzos, si son exitosos, tendrán excedentes que serán de su pertenencia (ver Capítulo sobre Derecho). La sociedad de consumo es la contraparte natural de todo este entramado. Los productos tecno-industriales tienen un solo objetivo. Ser adquiridos por el público que los demanda. La Ciencia en que Ferguson está pensando, la que produce conocimiento, que los innovadores pudieran aprovechar para mejorar sus ofertas de bienes y servicios, utilizables por los clientes. La ventaja de Occidente respecto a aplicación de conocimientos, no es sólo producirlos por los científicos, sino ser capaces de utilizarlos en novedades tecnológicas, por ingenieros y demás innovadores prácticos. La Medicina no requiere mayor explicación, en cuanto a sus ventajas que vimos antes. El punto 6 de Ferguson "Ética del Trabajo", tampoco es una novedad para los lectores de este libro, pues ha sido explicada en el Capítulo sobre Economía, como un aporte de los protestantes calvinistas al triunfo del capitalismo según Max Weber.

Por otra parte, este dominio cultural es muy amenazante para otras comunidades que mantienen diferentes tradiciones socio-culturales y religiosas. Ellos consideran su casi irresistible penetración, una invasión a los fundamentos de su propia identidad, su propia historia, su propia visión del mundo, por lo que deben oponerse de distinta manera a los invasores y sus ideas. Sin duda, el Presidente Mao, intentó con el Gran Salto Adelante, un desarrollo de China sin los instrumentos de la tecno-industria occidental. Como esta política, de una pasmosa ingenuidad voluntarista fracasara, decidió cortar las raíces y los canales que usaban los agresores externos y los traidores internos, por lo que rompió con la Ciencia y a Tecnología occidental, y eliminó a los intelectuales chinos, vehículos de las ajenas y sospechosas ideas de la modernidad de Occidente. Revolución Cultural es un nombre apropiado para este nuevo intento que, como sabemos, fue un desastre (humanitario y socio-económico) que sólo terminó con su muerte. Deng Xiaoping comandó, muy pocos años después, una nueva etapa de desarrollo chino, acogiendo y utilizando las ideas y los capitales occidentales, llegando en poco tiempo a ser una potencia económica, militar, científica y tecnológica.

En Irán (Persia) la revolución de los Ayatolas, que tiene el mismo sentido, y que comenzó con violencias, se ha ido aplacando por sus necesidades económicas (vender petróleo), y por la importancia de la tecno-industria para su desarrollo. Esta mezcla de oposición ideológica a las ideas occidentales y aprecio de su tecno-industria, es más frecuente que lo que habitualmente se piensa. Tomemos el caso de América Latina durante los años 60 del siglo 20. Un número importante de sus intelectuales y algunos de sus líderes, se oponían a Occidente, al que por geografía y tradiciones históricas este subcontinente pertenece. Esto, por tres carriles que con frecuencia se entrecruzaron. El marxismo de la Revolución Cubana, la Teoría de la Dependencia, de economistas y sociólogos de la CEPAL, y la Teología de la Liberación, que contó con muchos intelectuales y sacerdotes católicos de la región. Su oposición principal era al capitalismo imperialista de Occidente, en particular de Estados Unidos, pero con muy raras excepciones, protestaban por la Ciencia y la Tecno-industria occidental, aunque proponían cambios fundamentales a la democracia pequeña burguesa y formal, que se alternaba en el poder con los dictadores.

Por último, como forma de rechazo a la civilización occidental, que de la mano de la globalización y sus mecanismos se hace universal, tenemos al terrorismo. Esta malévola forma de demostrar rechazo político de manera violenta, sangrienta y pública, no es nada nuevo en la historia de la humanidad. Los zelotes judíos contra Roma (y sus amigos judíos), los anarquistas rusos contra los zares, Robespierre y seguidores contra nobles y anti-revolucionarios, el Ku Klux Klan de Estados Unidos contra los afroamericanos, o los nacionalistas bosnios y serbios contra el Imperio Austro-Húngaro, o entre ellos, son claros indicios que la violencia sangrienta y pública, es un recurso político que los humanos usan desde hace milenios. Sin embargo, el terrorismo de la modernidad actual es bastante diferente, por las siguientes razones, que al operar en conjunto lo hacen más terrible: 1. Los terroristas de hoy, no protestan contra una situación política determinada, con la excepción de los palestinos contera Israel, o los chechenos contra Rusia, sino contra un mayor. El predominio de la cultura occidental que amaga su visión del mundo y su manera de vivir; 2. Tienen un poder de fuego y destrucción de vidas y bienes mucho mayor, provistos por las armas y explosivos de fabricación generalmente occidental.; 3. Los terroristas actuales constituyen organizaciones internacionales bien organizadas y mejor financiadas; 4. No solo están dispuestos a correr riesgos en el ejercicio de sus latrocinios, sino que frecuentemente el acto terrorista implica la muerte del autor; 5. Son maestros en la publicidad de sus violencias y muertes. Es evidente que en todos estos casos se trata de tradiciones y visiones del mundo tan contrapuestas que la errónea, y que tendría la posibilidad de ser la dominante, debe ser eliminada. Por supuesto, la contradicción más importante es la civilización occidental, que en efecto es la predominante y sus mayores opositores en cuanto a visión del mundo, son los que tienen bases religiosas. Para aclarar este punto recordemos que chechenos y bosnios son musulmanes y que rusos y serbios son cristianos ortodoxos y que occidente se define a sí mismo como cristianos.

Pienso que el predominio de la civilización occidental y las objeciones de sus detractores, desde intelectuales a terroristas, nos pone frente a una cuestión muy decisiva respecto a la Neuropsicología de las culturas, pues en realidad representa la confrontación de mentalidades que manejan mejor o peor, algo neurobiológicamente tan importante, como las tensiones y contradicciones entre ultra-sociabilidad y ultra-individuación, que es la tesis principal de este libro. Para decirlo con brevedad, creo que es lícito pensar, que el predominio de la cultura occidental se debe a que ella equilibra mejor estas contradicciones, que como lo hacen las demás civilizaciones. Por supuesto, ésta es una hipótesis que pareciera poco probable, porque se podría sostener que las diferencias son histórico-culturales que no neuropsicológicas. En estas circunstancias, la cuestión más importante es explicar por qué y cómo las mentalidades de occidente, son una mejor solución a la inescapable contradicción entre la ultra-sociabilidad y la ultra-individuación de nuestra especie. Pero, antes de esta explicación vale la pena una pequeña aclaración. Cuando digo la mejor solución a esta contradicción, no quiero decir que la modernidad occidental sea la única o la definitiva solución. Sólo quiero decir, que las revoluciones de la Modernidad de la civilización occidental, son más eficientes y proactivas para el desarrollo de nuestras sociedades (globalizadas) que las que proponen sus contradictores. En efecto, en ella podemos encontrar las condiciones que hemos sugerido (Introducción y Capítulo 1) para establecer culturas y civilizaciones dinámicas e innovadoras, pero, al mismo tiempo, protectoras y cooperativas.

Es interesante volver a mirar, desde este punto de vista, las razones que varios autores proponen para el predominio de la civilización occidental. En primer lugar, la libertad para emprender sin ataduras religiosas, de los poderes políticos o de paralizantes tradiciones culturales. En el verbo emprender, estoy implicando científicos, innovadores, filósofos, empresarios y todos los demás actores que hicieron posible las revoluciones de la moderna civilización occidental. Ellos no fueron héroes ni mártires, sino gente con inteligencia, voluntad, que podía plantear nuevas ideas, inventos novedosos, o soluciones diferentes a las habituales, porque en la cultura en que vivieron, el riesgo mayor era que sus emprendimientos fracasaran, puesto que, a lo menos, a partir de comienzos del siglo 15, las coerciones políticas o religiosas eran de un monto menor, especialmente en Inglaterra, Francia y Estados Unidos. Desde una perspectiva neuropsicológica esta libertad para emprender significa abrir las posibilidades a las iniciativas creadoras de la ultra-individuación, de aquéllas que aceptan a veces gustosos, competir pero que defienden sus derechos (de propiedad, reciprocidad en los negocios y "fair play" en la política y el comercio). Por supuesto, los innovadores de la modernidad occidental no estaban solos en sus empresas tecno-industriales, políticas o científico-culturales. Eran protegidos por sus gobiernos, sus organizaciones sociopolíticas y económicas, y la opinión del público consumidor al que atendían. Por supuesto, entre los emprendedores había tramposos de diferentes cataduras. Para evitarlos y castigarlos, se perfeccionaron diversos sistemas de control de comportamiento social. Derecho y sus distintos ámbitos, legales e institucionales, ética del trabajo y demás conductas indispensables para mantenerse confiables y respetables en los negocios, los intercambios, los contratos.

Por último, en todo este cuadro el notable desarrollo de las Ciencias Médicas, especialmente en la modernidad occidental de la actualidad, es un factor que cumple alguna función importante. Consideremos las opiniones del francés Alexis de Tocqueville en su obra "La Democracia en América", en la que hace notar la enorme cantidad de obras privadas de bien público existentes en Estados Unidos, y el tiempo (gratuito) que sus habitantes (en 1835-38) dedican a estas tareas. Por el mismo tiempo, sectas e iglesias, cuya Teología sobre las leyes del universo perdió todo interés, empezaron su transformación para llegar a ser instrumento de una caridad práctica (albergue, alimentos, salud etc.), dirigida a los más menesterosos. Estos dos ejemplos pueden mostrarnos, que en las mentalidades de la civilización occidental había un espacio para la colaboración y el altruismo, algo distinto a la competitividad en el comercio y las finanzas. Así, se puede pensar que el desarrollo de la medicina no sólo ha sido un mejoramiento científico. Es también, un esfuerzo moral por cooperar y ayudar a los desvalidos y a los enfermos.

Es evidente que este panorama es, por decir así, demasiado idílico. Sin duda, no siempre las cosas ocurrieron (y ocurren) con esa pulcritud neuropsicológica. En verdad, en el camino de la civilización occidental hacia su dominio mundial, hubo altos y bajos. Avances y retrocesos, crímenes odiosos y latrocinios político-económicos. Ni que decir las situaciones coloniales ejemplificadas por Joseph Conrad en su "El Corazón de las Tinieblas". Sin embargo, comparativamente con todas las demás civilizaciones, la occidental a pesar de sus múltiples fracasos, ha avanzado en la instalación de lo que en varios capítulos de este libro hemos llamado "la triada del desarrollo neuropsicológico de la cultura humana": a) una sociabilidad que protege, ayuda y coopera; b) un individualismo que produce personas innovativas y liderazgos proactivos, c) sistema de control del comportamiento social que con dificultades logran equilibrar y coordinar, no siempre con éxito, las opuestas predisposiciones de nuestra ultra-sociabilidad y de nuestra ultra-individuación. Es notable como nuestro esquema de predisposiciones neuropsicológicas se corresponde con las propuestas de F. Fukuyama respecto al que llama "Orden Político". Según él un orden político que logra bienestar y desarrollo para los pueblos, está siempre compuesto de cinco elementos principales: 1. Construcción de un estado democrático que, 2. opera ajustándose a leyes, regulaciones y normas suprapersonales, que 3. induce desarrollo económico productivo, el cual 4. provoca movilización social según méritos; todo lo cual 5. debe ser objeto de cuentas y controles (*Accountability*).

De la mano de la tríada del desarrollo, la civilización occidental ha conquistado casi todo el mundo, pero también lo está haciendo inviable, con la destrucción medio-ambiental, la extinción de fauna y flora, y últimamente del calentamiento global. En el Epílogo examinaremos el conjunto de estos efectos del desarrollo civilizacional, positivos y negativos, sin duda concatenados y con consecuencias no solo sobre la calidad de vida, la cultura y las sociedades, sino también, sobre la mente de los humanos.

EPÍLOGO

La singularidad humana

Es claro que al terminar este libro, el lector se preguntará cómo reunir en una perspectiva más general la multitud de información, hipótesis y teorías que se muestran en sus catorce capítulos, más una introducción y tres anexos. Sobre todo, si ha debido introducirse en asuntos tan dispares como la evolución de la Cultura, la maduración del cerebro, la mente de los artistas, el origen de los principios morales, o la revolución industrial, además de los estados mentales de los místicos, y un largo etc. Mirado así, sin un hilo conductor, este heterogéneo conjunto de temas no parece dispar sino disparatado. Pienso que esta percepción corresponde al viejo adagio "los árboles no dejan ver el bosque", al que cabe agregar, "sin árboles no hay bosque", retruécano que indica que sin esa multitud de informaciones, no podríamos dar cuenta muy cabal de la singularidad de la especie humana, la que se manifiesta en un sinnúmero de prácticas culturales subtendidas por sus correspondientes procesos mentales. Sin embargo, y aunque la singularidad humana expresa de muchas formas, ella está constituida por ciertos pivotes fundamentales, que vale la pena recordar en este Epílogo, para tener una perspectiva más global, que de alguna manera los integren y les den coherencia. Por otra parte, la singular naturaleza humana tiene un lado oscuro. Violencia, guerra, esclavitud y demás, que fueron vistos en los capítulos respectivos. Sin embargo, la revolución de la modernidad agrega nuevos riesgos, de entre los cuales he elegido los dos que me parecen más importantes: a) Las agresiones medio ambientales, b) El creciente intento por cambiar la naturaleza humana, producto de una evolución de 5 a 6 millones de años. Un resumen de ambos se ha incluido al final de este Epílogo.

Antes de desarrollar estas ideas, una palabra sobre el término singularidad. Creo que el concepto de singularidad, expresa bien, el altísimo grado de particularidad que tienen los especiales atributos que constituyen la "naturaleza humana", que la hacen distinta a todas las demás formas de vida que existen en la Tierra. Se puede decir, como algunos paleontólogos (Gould, por ejemplo), que esta condición singular la tienen muchas otras especies biológicas, que naturalmente por ser especiales son incomparables a las demás. Estos críticos, al antropocentrismo que les parece erróneo, agregan que las bacterias son aún más singulares que el Homo Sapiens, pues son en término de masa de materia viva, las que dominan el planeta, y que además, son capaces de vivir y prosperar en medios tan diversos y extremos como los hielos polares, el agua hirviendo de los géisers o en medios sin oxígeno, en vez del cual utilizan el azufre. Son los extramófilos. Por supuesto esto es cierto pero ninguna otra especie tiene el lenguaje hablado y culturas que construyan mundos enteramente distintos a los proporcionados por la madre naturaleza. El famoso sacerdote jesuita, filósofo y antropólogo Teilhard de Chardin, llamó a este mundo la noosfera (el mundo de las ideas), que sólo existe en la cabeza de la gente y en lenguajes y textos a los que no pueden acceder ni generar chimpancés, ballenas o extramófilos.

1. La naturaleza humana

Así, si volvemos a lo singular de la naturaleza humana, encontramos que su primera singularidad es producir culturas, lo que además de generar un mundo nuevo, no biológico, la noosfera de Teilhard de Chardin, es capaz de inducir cambios neuropsicológicos, esto es en el procesamiento cerebral, a partir de los productos culturales (co-evolución). Las tecnologías del Neolítico o el Internet, por ejemplo. En este caso los críticos del antropocentrismo no pueden avanzar mucho en sus críticas. Si bien es cierto que los chimpancés, son capaces de desarrollar ciertas técnicas para abrir cáscaras duras (cocos, por ejemplo) y pueden enseñarlas a sus crías, ellos no varían mayormente sus conductas instintivas. Así, las culturas humanas, agregan un atributo central de la naturaleza humana singular. Son el resultado de mentes flexibles, puesto que modulan o inhiben tendencias instintivas. Sobre la base de ser capaces de elaborar lenguajes y códigos diferentes, costumbres y tradiciones, culturas distintas, los humanos pueden modificar y especificar atributos innatos cosa que otras especies no pueden hacer, pues están atadas a sus instintos que dejan muy poco espacio para innovaciones no genéticas. En contraste la singular naturaleza humana, permite una evolución mucho más rápida que la darwiniana, a través de innovaciones culturales no genéticas, lo que ha permitido a las civilizaciones humanas dominar en todas partes en no más de sus 7 a 8 mil años de existencia.

Sin embargo, la Cultura y las civilizaciones tienen un indesmentible origen biológico, aun cuando ellas tienen una evolución de modo independiente de la Genética, claro que aprovechando las cualidades innatas de nuestra especie y respetando sus restricciones. La noosfera depende de nuestras capacidades biológicas. Ella existe por nuestro gran cerebro capaz de pensar, razonar y controlar emociones, nuestro lenguaje capaz de comunicar ideas, intenciones y sentimientos, y nuestra enorme capacidad de aprender. Por otra parte, la naturaleza humana tiene evidentes restricciones. Sus percepciones son limitadas a ciertas y estrechas frecuencias de ondas electromagnéticas, sus pulmones no pueden usar el oxígeno del agua, como las branquias de los peces. Tampoco puede volar. Es evidente que tanto las posibilidades humanas, como sus restricciones, dependen biológicamente de su cuerpo, de la singularidad anátomo funcional de su gran cerebro, de su aparato fonador manejado por módulos neurales especializados que le permiten un lenguaje hablado, de su cognición motora que hace funcionar sus habilidosas manos, y claro está, de su posición erecta, con la que inició hace 5 a 6 millones de año su tan especial evolución.

En cada uno de los capítulos de este libro, cuando considerábamos la Neuropsicología de los distintos desempeños culturales, estábamos apuntando a la manera en que la mente humana, procesada por su cerebro, se hace cargo de las religiones, de la política, de las artes, de las tecnologías y de todos los demás procesos y productos de las culturas y las civilizaciones. Por supuesto, en todos estos casos la manifestación de los distintos atributos neuropsicológicos que están en la base de los desempeños culturales, usa o se expresan a través de nuestras singulares capacidades corporales. El pintor o el músico, además de la mente, usa sus manos, su audición, su visión. Ritos y liturgias religiosas usan el cuerpo de los fieles para expresar sus creencias. Desde los cantos gregorianos, el signo de la cruz cristiano, hasta las inclinaciones de los musulmanes cuando oran en dirección a la Meca.

Las relaciones de la mente con el cuerpo (no está de más recordar que el cerebro es parte del cuerpo) es un problema que interesa a muchos filósofos modernos, especialmente luego del dualismo cartesiano. Creo que así simplemente este problema está mal planteado. Como hemos visto en este libro, las relaciones neuropsicológicas mente-cerebro son bien específicas. Para cada atributo mental y su correspondiente desempeño corporal, existen regiones cerebrales (módulos), funcionalmente dedicadas (o conjuntos asociativos de módulos), que procesan ese particular atributo. Lo interesante de este párrafo es la expresión "que cada atributo mental y su correspondiente desempeño corporal", porque como describimos en la Segunda Sección de este libro, la tarea principal del cerebro es definir y realizar conductas con objetivos, que siempre se expresan en movimientos corporales aun cuando sea hablar o escribir un pensamiento o manifestar emociones con expresiones faciales.

Por cierto, pensamientos y emociones son estados mentales internos que la persona conoce con su conciencia subjetiva (Capítulo 3). Ella es una de las más altas singularidades no sólo de la naturaleza humana sino del universo, y como hemos visto en el libro, sólo se equipará con nuestro lenguaje, la propositividad abstracta de largo plazo y nuestra tan especial sociabilidad.

En efecto y aunque por razones de organización de las ideas que he incluido en este Epílogo, la sociabilidad aparece, en cuanto fundamento de la naturaleza humana, detrás de la Cultura y la corporeidad, se puede pensar que la más decisiva singularidad de los humanos es su tan especial forma de sociabilidad. En realidad, es ella la que por decir así, estimula las creaciones culturales y el uso del cuerpo (incluyendo el cerebro), que nos han hecho la especie dominante sobre la Tierra. Recordemos la especial estructura funcional de nuestra sociabilidad. Ella integra un conjunto de predisposiciones neuropsicológicas que se organizan en tres focos funcionales que operan como sistemas, normalmente bien coordinadas. Los focos son nuestros conocidos ultrasociabilidad, ultraindividuación y los sistemas de control del comportamiento social, que se ocupan de armonizar las contradicciones de los dos primeros. Esta tríada me parece tan importante para la singularidad humana que fue estudiada detalladamente en dos capítulos de este libro (3 y 4), además de su frecuente mención en los capítulos de la Segunda Parte del texto. Dados estos antecedentes no haré una nueva descripción de esta tríada virtuosa, pero abundaré en las razones que le otorgan su particular relevancia, en cuanto a la naturaleza de los humanos.

La primera razón proviene de la Biología evolutiva comparada. Edward O. Wilson, experto de fama mundial en este tema sostiene que las especies sociales, son a mucha distancia de las demás, las más exitosas en la historia de la vida. Claro que no todas las especies que agrupan individuos son "eusociales", como Wilson llama a los que equilibran los intereses y predisposiciones sociales, con los intereses y predisposiciones individuales. En la historia de la vida sólo 20 especies califican como eusociales. Entre éstas están los insectos sociales, crustáceos marinos (corales) y los roedores subterráneos, y al final, los humanos, probablemente a partir del Homo Habilis. Por lo demás, las especies eusociales son de tardía aparición. (Las abejas y avispas no califican como eusociales, pues no cumplen con todas las características que se detallan más adelante). Los insectos eusociales, hormigas y termitas están presentes en los registros fósiles sólo a partir de 200 a 150 millones de años, pero con un éxito fenomenal. Aunque ellas son en la actualidad algo menos de 20 mil especies, hormigas y termitas representan más del 50 por ciento de la biomasa de los insectos presentes en la Tierra que alcanzan en conjunto al millón de especies. Comparando este éxito biológico, con el escaso número de especies eusociales llama la atención que la evolución natural haya producido sólo dos tipos de cordados (animales con columna vertebral) que pueden ser catalogados como eusociales. Los roedores subterráneos y los humanos desde los Australopitecos. Se ha sugerido que esto se debe a la complejidad inherente a las estructuras sociales que la eusociabilidad necesita para ser operativa.

La eusociabilidad biológica, se define como tal, cuando se cumplen las siguientes condiciones. 1) Se trata de grupos que cooperan sistemáticamente en sus diversas actividades, especialmente en tres: a) buscar y compartir alimentos; b) defenderse de predadores y enemigos; c) cuidar a sus descendientes de manera cooperativa; 2) Sacrificar por el bien de los demás miembros del grupo, sus propias posibilidades de sobrevida y reproducción; 3) División del trabajo para cumplir sus diferentes tareas como comunidad.; 4) Crear un lugar de vida común, en el cual se encuentran regularmente los miembros del grupo, cooperan, se dividen tareas, y sobre todo se crían los vástagos, si es necesario, con el esfuerzo de todos. Este lugar de vida en comunidad puede ser un campamento (humanos), un nido (hormigas), cuevas y redes subterráneas (hormigas y roedores), o una construcción ad-hoc, como en las termitas. Estudiando la evolución de las especies eusociales (y de aquéllas que estuvieron o están en el camino de hacerlo) los investigadores encontraron que el caso final, más decisivo y más difícil, es establecer una comunidad en un lugar de vida común. Esto es bien comprensible, porque compartir con los demás un espacio común, hace inevitables las interacciones entre diferentes individuos, estimula tareas cooperativas y división del trabajo, y protege mejor la sobrevida de los retoños. Por supuesto, la especie humana tiene todas estas condiciones de la eusociabilidad biológica, pero las supera con largueza, pues tiene una condición adicional que las demás no presentan ni podrían presentar. Los sujetos de sus grupos sociales tienen plena conciencia de su individualidad. La existencia en las comunidades humanas de individuos que tienen conciencia de sí mismos, y que además de cooperar con otros, trabajan de acuerdo a sus propias necesidades e intereses, es un hecho no comparable con las hormigas o las ratas de las praderas. Esto es una singularidad solamente humana, que tiene causas y consecuencias trascendentales.

Como hemos visto la Neuropsicología de la individuación no es para nada misteriosa. Descansa en la conciencia subjetiva, que produce un sí mismo agente de sus conductas, en la memoria autobiográfica, que provee a cada sujeto de una historia personal, en la existencia del lenguaje interior, pensamientos y emociones de los cuales la conciencia subjetiva toma nota. También el afán de subir en las jerarquías, pues ellas son fuente de prestigio y poder.

Si miramos este conjunto de predisposiciones neuropsicológicas, podemos ver que sólo las tendencias jerárquicas las compartimos plenamente con nuestros ancestros antropoides. Ellos también tienen conciencia y probablemente intuyen que operan como agente. Pero su autoconciencia comparada con la humana, no alcanza el rango que permite tener "la vida mental en presente", esto es, de ser una especie de espectador crítico de sus propias operaciones mentales. Por lo que sabemos los antropoides no son espectadores de sus predisposiciones instintivas. La razón de esta diferencia es neurobiológicamente clara. La conciencia subjetiva humana, y las demás condiciones de nuestra ultra individuación, son el resultado, digamos inesperado del aumento de tamaño y complejidades del cerebro humano. Parece inapropiado decir que algún rasgo fenotípico, ciertamente evolutivo, es inesperado. Como sabemos la evolución natural es azarosa, no tiene objetivos predeterminados. Sin embargo, creo que esta metáfora señala un punto que parece claro. Según la hipótesis de Dunbar, expuesta en varios capítulos de este libro, el crecimiento del cerebro de los homínidos, se puede correlacionar estrictamente con el número de individuos que forma parte del grupo social (número de Dunbar). Naturalmente, esta tendencia evolutiva apunta hacia la sociabilidad y sus condiciones. La individuación humana sería lo que los paleontólogos llaman "spin off" o "exapción" esto es, el resultado "lateral" de la aparición y funcionamiento de algún rasgo principal, que evoluciona para servir cierta tarea adaptativa. En este caso la tarea adaptativa principal habría sido la ultra-sociabilidad.

Claro que, en la evolución de los homínidos el spin off "individuación", resultó por una parte también adaptativa, pero por otra, y con alguna frecuencia, contradictorio con la adaptación principal "sociabilidad". Así llegamos a la hipótesis más general de este libro.

La razón principal de la singularidad humana, especie que domina la Tierra, es que fue capaz de aprovechar las predisposiciones, a veces contradictorias, de ser simultánea y necesariamente ultra social y ultra individuada. Los homínidos evolutivamente más exitosos (ancestros de los humanos), fueron los que lograron instalar, en su repertorio de predisposiciones innatas, sistemas de control del comportamiento social, capaces de aprovechar las ventajas de esas dos tendencias, y de evitar el predominio no adaptativo de alguna de ellas. En realidad, el fundamento neuropsicológico de los diversos desempeños culturales y civilizacionales en la historia humana, depende del modo cómo se articula esta tríada de disposiciones

Desde el punto de vista de la funcionalidad adaptativa de la tríada, hemos visto el papel de la sociabilidad, por lo que necesitamos recordar brevemente los aportes de la individuación, y los de los sistemas de control a nuestra singularidad.

1.1. Creatividad e innovaciones

Aunque la Ciencia y la Tecnología moderna parecen ser principalmente el resultado de trabajos en equipo, los grandes descubrimientos y las mayores innovaciones se originan en la mente de individuos, que forman parte de los equipos o que trabajan individualmente. Newton, Einstein y Turing fueron genios personales que adelantaron el conocimiento humano, hasta niveles sin parangón. En las Artes, la Filosofía y las Religiones los creadores son siempre individuos. Pero en la vida cotidiana, los creadores solucionan problemas de sus familias y de su entorno, y también de sus clientes, imaginando mejores modos de hacer las cosas. Prácticamente todos los avances técnicos del pasado son el resultado de la mente de algunos creadores, y todos los artefactos que la gente compra, aunque sean el producto de grandes empresas, tienen un diseñador que imaginó cómo solucionar mejor tal problema importante o trivial. Por su parte, la Política, la Economía y el Derecho dependen de jefaturas individuales, comerciantes y empresarios industriosos, y jueces capaces de aplicar una ley suprapersonal. Ni que decir que la Filosofía ha sido siempre un emprendimiento individual.

1.2. Liderazgo

En cualquier actividad humana que uno puede considerar, siempre encontrará líderes que dirigen instituciones o cualquier otro desempeño colectivo de las comunidades. Desde clubes deportivos hasta naciones, pasando por empresas, juntas de vecinos, o la Asamblea General de las Naciones Unidas. No hay tarea que para ser administrada creativa y ordenadamente no requiera liderazgos. Tampoco catástrofes, conflictos, migraciones, que no tengan líderes que encabecen y dirijan las operaciones.

1.3. Jerarquías y competitividad

Todos los emprendimientos humanos generan escalas jerárquicas para llevar a buen fin sus objetivos. Lo hacen las organizaciones políticas, los grupos empresariales transnacionales, pero también los futbolistas, los músicos o los científicos, que en sus propios dominios, compiten con otros para llegar a estar en altos niveles jerárquicos. La búsqueda de prestigio, éxito y prevalencia sobre otros, es de las motivaciones más poderosas de los seres humanos. Claro que para llegar a estar en los altos niveles jerárquicos, los competidores deben trabajar, crear nuevas soluciones, mejorar su educación y con más frecuencia que la deseable aprovechar sus relaciones familiares y sociales, o hacer trampas.

Las características positivas de la individuación son, sin duda, la fuente de las creaciones culturales humanas, pero también tiene problemas. Hay egoístas, nepotistas, tramposos y criminales. En estas circunstancias, los homínidos desarrollaron sistemas innatos de control de comportamiento social, capaces de poner freno a las desviaciones de individuos o bandas, que buscan sólo su propio beneficio y no el de sus grupos.

Los sistemas de control del comportamiento son bien conocidos por mis lectores. Descansan en la capacidad humana de atenerse a reglas y normas, que pueden ser consensuales, culturalmente definidas, pero también innatas, como los principios morales. Las normas consensuales pueden ser muy variadas y distintas según cada Cultura, pero nunca dejan de existir. En realidad la Cultura de tipo 2 (Introducción) es un sistema normativo sin el cual no hay Cultura.

De esta manera la dirección, a lo largo de la cual evolucionan las culturas, no es azarosa, debe ajustarse a las características de la naturaleza humana, esto es, a las posibilidades y restricciones de nuestra Neuropsicología y de nuestro cuerpo. Pensemos en el capítulo 8 (Tecnologías) y su necesaria relación con las características corporales. Le doy algún espacio a esta discusión porque hay muchos científicos sociales, algunos biólogos y paleontólogos que piensan o mejor, creen que en los humanos no existe algo que propiamente se pueda llamar naturaleza humana, que sea común a todos los miembros de nuestra especie y que lo que tenemos de común son ciertas capacidades mentales (lenguaje, memoria, emociones, percepciones), que son algo así como instrumentos operacionales, que sirven de apoyo a los desempeños de procesos y prácticas culturales, cualquiera que éstas sean.

Hace pocos años el connotado biólogo Paul Ehrlich publicó un libro que llamó "Naturalezas Humanas", destinado a probar qué son las culturas, las memorias y los aprendizajes, las razones de nuestras estructuras y estados mentales. Me parece que esto es un error pues no considera lo que creo que es el pivote fundamental de nuestra naturaleza biológica, de nuestras singularidades, la tríada de predisposiciones, que puede demostrarse están presentes como vectores que dirigen y dan sentido a nuestra evolución cultural. Para el desarrollo y evolución de las culturas, estas predisposiciones fundamentales, utilizan un grupo de capacidades neuropsicológicas que les dan sustento operacional. Ellas son: memoria y aprendizaje, emociones y sentimientos, juicios racionales, conducta subjetiva, planificación y sistemas de toma de decisiones. El trabajo conjunto de la tríada fundamental, apoyado en las capacidades operacionales, produce los rasgos, procesos y productos culturales y define la dirección de su evolución.

De esta manera pienso que la triada de la sociabilidad es una base neuropsicológica común que puede explicar fundamentos importantes de las culturas y las civilizaciones humanas. Son los pivotes con los que la evolución natural construyó nuestra singularidad. El problema es que el fenomenal desarrollo humano, a partir de nuestras singularidades nos está haciendo pagar un precio que compromete nuestra viabilidad futura. La agresión al medio ambiente y su progresivo deterioro.

2. Agresión medioambiental

Es curioso que cuando hablamos de los problemas medioambientales rara vez usamos el concepto "agresión" para explicarnos sus orígenes. Creo que "agresión" describe bien la relación de la poderosa especie extendida y dominante en toda la Tierra, con el medio ambiente, al cual, a lo largo de al menos 6 a 7 millones de años ha debido adaptarse para sobrevivir y desarrollar sus singulares capacidades corporales y mentales. En los últimos 200 años la civilización occidental, dotada de las innovaciones de las tres revoluciones, globalizada a todos los continentes, ha visto crecer enormemente en su población, la que además, ha mejorado y aumentado sus niveles de consumo, con lo que ha estimulado la creación de tecno-industrias cada vez más y más grandes. Así, lo que llamo agresión al medio ambiente, es el resultado directo de la evolución de las tres revoluciones de la modernidad. De la científica-cultural, porque el mejoramiento de la salud pública (agua potable, disposición de desechos, mejoría alimentaria y medicina preventiva y clínica), ha sido factor principal de la explosión demográfica. La revolución política hizo posible una mejor distribución de las oportunidades (trabajo, salarios) y del bienestar de la población, lo que aumentó la demanda de todo tipo de bienes y servicios, los cuales fueron activamente provistos por la revolución tecno-industrial. De esta manera, se puede afirmar, que el deterioro medio-ambiental es provocado por el éxito evolutivo de nuestra especie, basado en sus singulares atributos. Pienso que es justo decir éxito evolutivo, cuando en 200 años una especie multiplica por 10 el tamaño de su población, la que además, tiene una mejor calidad de vida. Ha prolongado los años de sobrevida, mejores viviendas, acceso a viajes y entretenciones. El problema hoy día, evidente para cualquiera que lea las publicaciones periódicas, vea la televisión, se informe por Internet, es que en este éxito está el germen de un futuro colapso, ahora de la entera civilización globalizada.

Por supuesto, el colapso se puede evitar, pero no sólo por mejoramiento de las tecnologías limpias y no invasivas, sino además, y sobre todo, un cambio de actitud respecto al cuidado del medio ambiente, lo que algo ayudará. Principalmente es perjudicial a nuestro modo de vida, ya que al mismo tiempo de ser "extractivo", pues obtiene todos sus recursos de la Tierra, aun los nuevos materiales más sofisticados, es "invasivo", pues transfiere todos sus desechos a la Tierra, la atmósfera y los océanos. Todo esto sin la menor noción de lo que hace 50 años se llamó "el límite del crecimiento". Es claro que ser extractivos, invasivos y sin limitaciones, depende de aspectos negativos de nuestra singularidad. Desear más cosas, más poder, más bienestar. Por supuesto, esto genera agresiones al medio ambiente, pero tiene un precio.

Son bien conocidos los colapsos civilizacionales, producto de las devastaciones medioambientales. Durante años se discutieron las razones de la caída de la civilización maya clásica alrededor del siglo 8 de nuestra era. Se la atribuye a una prolongada sequía, que parece haber ocurrido, pero sin ser tan devastadora como se pensaba. También se pensó en guerras y revoluciones entre y en las ciudades mayas. Hoy sabemos que ésa fue una reacción del pueblo contra los gobernantes incapaces de convocar dioses salvadores. Lo mismo ocurrió con el colapso de la Isla de Pascua. Es hoy día claro que ambas culturas (mayas e Isla de Pascua) colapsaron por la masiva destrucción de los bosques, cosa que se relató en el capítulo "Tecnologías" de este libro.

El posible colapso de la civilización globalizada, es mucho más complejo que el de los mayas y pascuenses, pues reúne nuestro crecimiento poblacional, la tecno-industria y nuestra vida, de algún modo opulenta, los que agradecen la naturaleza desde muy distintos frentes. Además, existen bombas atómicas suficientes para acabar con nuestra singular especie, lo que, de todas maneras es un producto de nuestras revoluciones científicas. Los efectos de nuestra agresión a la naturaleza y a nosotros mismos, son en resumen los siguientes:

2.1. Polución

Hay una enorme cantidad de sustancias que se acumulan en aire, tierra, agua. La polución del aire de Londres por el humo de las fábricas y ferrocarriles, fue un espectáculo fotografiado y pintado miles de veces. Es probablemente la primera polución masiva de la industria. Por el mismo tiempo, diversas industrias derramaban al agua del río Támesis y luego al mar materiales que las fábricas vertían como desechos: tinturas, productos químicos, restos textiles, etc. Esta primera agresión al medio ambiente con el inicio de la revolución industrial se ha repetido millones de veces, en el mundo globalizado, y con miles de sustancias generalmente tóxicas para algún ser viviente y con frecuencia, no degradables.

2.2. Extinciones de especies

Basta leer el diario para ver la lista de especies vivas, animales y vegetales, que se consideran extintas, en grave peligro de desaparecer, o sólo amenazadas. Las causas son innumerables. Desde reemplazar bosques por terrenos de cultivo, caza de elefantes en busca del marfil, nutrias por su piel, reemplazos de especies endógenas por exóticas, o muy corrientemente, porque la expansión de poblaciones (ciudades, granjas, plantaciones industriales) les impide vivir, porque se angosta o desaparece el medio ecológico al que las especies se han adaptado por milenios.

2.3. Extinciones culturales

Es bien impresionante la cantidad de lenguas y dialectos que han desaparecido junto a los modos de vida, y demás prácticas culturales. No sólo por el efecto directo de la globalización de la cultura occidental, sino también por la transformación industrial de la ecología de sus entornos.

2.4. Progresiva dificultad para acceder al agua dulce

El incremento de las poblaciones y de sus agriculturas está dejando a muchas comunidades de distintos continentes, sin el agua dulce que necesitan. Éste no es sólo un problema sanitario, también es político. Son cada vez más frecuentes las disputas y hasta guerras por la obtención de la preciosa agua dulce.

2.5. El calentamiento global

Sabemos del efecto invernadero que produce la excesiva emisión de CO_2. Los combustibles fósiles, en tanto fuentes de energía, tienen efectos bien conocidos y pudieran en algun aspecto ser irreversibles aunque actuemos ahora. En este sentido el mundo globalizado ya tiene una crisis por la disminución de la capa de ozono por el uso de fluorocarbonos como enfriadores.

Claro que después de la Segunda Guerra Mundial, las actuales civilizaciones globalizadas han empezado a despertar de su sueño de crecimiento tecno-industrial y poblacional, prácticamente infinito. Este despertar, y la búsqueda de un desarrollo sustentable, dan algunas esperanzas. Se buscan energías limpias, se manejan mejor los desechos, se desalina el agua de mar, se protegen bosques y animales. Pero también hay señales contradictorias. Todos los países miden su éxito por el crecimiento anual del Producto Geográfico Bruto, y el mejoramiento del ingreso per cápita. El exceso de consumo innecesario, es bien notorio en todo tipo de bienes y servicios. El sobrepeso y la obesidad se han transformado, por su incidencia en enfermedades cardio y cerebro vasculares, en uno de los mayores problemas de la salud pública mundial, y las guerras, revoluciones y terroristas matan personas y destruyen ciudades.

En estas circunstancias mantengo alguna incertidumbre sobre la suerte futura de nuestra especie y sus singularidades. Pienso que esta incertidumbre está presente en la mente de mucha gente. El Papa Francisco acaba de emitir una importante Encíclica sobre la preservación del medio ambiente, como un tema de carácter ético. Hay variadas organizaciones que trabajan para evitar la extracción de especies, o desarrollan proyectos de parques naturales que protegen flora y fauna, o municipios que organizan desechos evitando que contaminen. Muchos países han creado Ministerios o algo parecido para mejorar el medio ambiente. Sin embargo, no estoy seguro que todos estos esfuerzos, logren detener y revertir con la profundidad y estabilidad indispensables las agresiones medio ambientales.

Mi inseguridad es, como no, de carácter neuropsicológico. En primer lugar, porque los sistemas de control de los comportamientos sociales, que incluyen la moral como constituyente más importante, operan para coordinar y equilibrar las conductas ultra sociales con las ultra individuales. Mi problema es que la agresión contra el medio ambiente, nunca fue parte de los supuestos evolutivos de los homínidos. Siendo esto así, las enseñanzas morales del Papa o el ejemplo de las organizaciones conservacionistas no disparan una reacción neuropsicológica precableada como lo harían un asesinato o un robo a mano armada. La reacción de la gente no es, entonces, automática, ni racional y deliberada. Como sabemos, la racionalidad opera con información que el sujeto considera verídica, es decir, cuando hay conocimiento de las cosas sobre las cuales se razona. Claro que si existen datos suficientes sobre el asunto, la mente humana puede hacer "predicciones" de las más probables ocurrencias. El concepto de desarrollo sustentable es una predicción, que podría decir algo así: "Si continúan y (eventualmente), se incrementan las agresiones al medio ambiente, que hoy día practica la civilización globalizada, nuestra Tierra no será capaz de sustentar la sobrevida y prosperidad de las especies vivas que hoy la pueblan, entre otras, la "humana".

No caben muchas dudas que esta predicción, admite muchos argumentos adicionales de muy distinto carácter que por manejarse en un nivel cognitivo y no de base instintiva (como los principios morales), tienen menos fuerza motivacional y dependen de argumentos racionales como los siguientes: a) Para qué es indispensable que se conserven los osos polares o las musarañas, o los helechos de la selva valdiviana; b) Podemos detener el cambio climático si modificamos nuestras fuentes energéticas y nos abstenemos de usar combustibles fósiles; c) Es evidente que los plásticos no biodegradables contaminan la Tierra y los océanos, pero bastaría desarrollar tecnologías de productos efectivamente biodegradables, que los reemplacen, para evitar la contaminación; d) Hasta qué punto puede llegar la conservación medio ambiental sin lesionar el crecimiento de la Economía, que es indispensable para ayudar a los más pobres; e) Me parece que los conservacionistas exageran. "No veo a mi alrededor cambios ambientales y menos algún tipo de agresión, por lo demás, somos dueños de la naturaleza, según los preceptos de mis dioses, o el predominio del Homo Sapiens sobre las demás especies. En este papel de predominio siempre hemos usado los productos naturales y no ha pasado nada terrible". Estos son naturalmente argumentos estándares que mucha gente considera suficientes para evitar un muy lejano e improbable colapso civilizacional.

En relación con estos razonamientos y explicaciones; a) Éste es el argumento que podríamos llamar de la pertinencia. Los osos polares o las musarañas no están en la dieta de los humanos, entonces son desechables; b) El argumento tecnológico es muy poderoso y creíble, quizás para la mayoría de las gentes. Estamos ya en poder de tecnologías limpias que producen la energía necesaria sin la producción de CO2 de los combustibles fósiles. Nuestros inventores ya encontraron materiales biodegradables y no contaminantes; c) El argumento del desarrollo económico y social basado en las tecno-industrias, es probablemente el principal en los medios políticos y empresariales, d) Este argumento junto con el a) es muy común en la gente corriente, que encuentra exagerada las catástrofes que auguran los conservacionistas, pues usar el medio ambiente es algo que los humanos han practicado por milenios.

Creo que tomará un largo tiempo para que los singulares humanos aprendan que han de cuidar siempre, y en todas partes, las condiciones medioambientales. Pienso que es adecuado decir aprendan, porque no tenemos una moral medioambiental precableada en nuestros cerebros. Debemos aprender el valor de las interacciones ecológicas y las influencias que la Ecología tiene sobre nuestras posibilidades de sobrevivir y prosperar. Sería mucho más fácil si nuestra Neuropsicología agregara a su gramática moral innata sólo dos signos, y pasara de "cooperar-ayudar", "no dañar- respetar", a "cooperar-ayudar, no dañar-respetar el entorno natural". Como nuestra gramática moral no incluye el entorno natural, las normas de políticas y sociales convencionales, que no son innatas, tienen que seguir mejorando y detectando tramposos (que destruyen un bosque para detectar la existencia de minerales, por ejemplo) e insistir en la educación medio ambiental. Al menos, claro está, que se produzca una mutación o que opere el principio de Baldwin y agreguemos a nuestro código genético los alelos correspondientes a unos signos que signifiquen "entorno natural", con lo que nuestra especie seguirá adelante con sus singularidades.

3. Modificar la naturaleza humana

El futuro de nuestra especie también puede comprometerse por los intentos, cada vez más frecuentes, para intervenir y modificar atributos corporales, cerebrales y mentales, que son el patrimonio evolutivo de su singularidad. En realidad, los seres humanos intervienen desde siempre su propia humanidad. Pintan y adornan su cuerpo, lo cubren con vestimentas, según manden las modas, y modifican actitudes y gestos según las etiquetas, combaten enfermedades con medicamentos, intervenciones quirúrgicas o chamanes. Sin embargo, las formas de intervenir la propia naturaleza, que ahora comienzan a ocurrir, y sobre todo las que se anuncian, tienen una entidad completamente distinta. Como era de esperar, estas nuevas formas de actuar sobre los dispositivos anátomo funcionales humanos, comenzaron impulsados por el enorme avance de las ciencias biomédicas, pero a ellas se han agregado crecientemente, otros ámbitos del conocimiento.

Las primeras innovaciones biomédicas de un carácter distinto al tradicional, se establecieron en el gran espacio de la reproducción y la fecundidad. Llamo tradicionales a asuntos como correcciones de la visión, la audición, antibióticos, nuevas técnicas quirúrgicas, etc. En el ámbito de la fecundidad las intervenciones iniciales fueron las medidas anticonceptivas (control endocrino de la ovulación), pero luego se avanzó a métodos de fecundidad *in vitro*, fecundación en vientres supletorios, hasta técnicas de clonación, por ahora en varios animales, pero disponibles para seres humanos. En un futuro no muy distante es perfectamente posible que se generalice algo que ya está ocurriendo. Las mujeres no necesitarán relaciones sexuales para tener hijos. Simplemente acudirán a un banco de esperma, en donde elegirán los espermios que les parezcan más adecuados, según fenotipo (y genética) de los donantes. Estos procedimientos tendrán dos efectos. Por una parte se acentuará el desacoplamiento entre relaciones sexuales y maternidad. Por otra, proliferarán "familias monoparentales" (sólo la madre) y eventualmente desaparecerá la familia heterosexual que conocemos. Naturalmente esto es posible por el avance de la Genética. En paralelo, y conociendo mejor la inmunología, se practican trasplantes de órganos y se trabaja con células madre para producir y reemplazar tejidos y, eventualmente, órganos completos. Pero esto pertenece, por decir así, al pasado, las novedades más importantes y, según el punto de vista de distintos observadores, riesgosas o saludables, se encuentran en el manejo de genes, y en las modificaciones de funciones cerebrales usando tecnologías no biológicas (implantes en las redes neuronales, controlados por computador).

El uso de la Genética (más Genómica y Proteómica) para modificar características corporales (y eventualmente mentales) de los humanos, es una posibilidad cierta, basada en la edición de genes con CRISPR-Cas9. Además de la producción de vegetales por métodos transgénicos, que incorporan genes de una especie completamente distinta al D.N.A. de plantas, para hacerlas más resistentes y más productivas, se trabaja en terapia génica aplicada a seres humanos. Con estos métodos también se intenta eliminar o modificar un gen deletéreo que produce graves patologías hereditarias. Aunque los éxitos actuales de la terapia génica son aun limitados, ya son extraordinarios, y es evidente que ella significa un tipo de manipulación que podría aplicarse a voluntad para cambiar el color de los ojos, la altura, la inteligencia o casi cualquier otro atributo normal de seres cuyos padres desean mejorar la expresión fenotípica de sus hijos. Todo esto ha dado origen a una nueva disciplina, la Bioética, que intenta definir, entre otros asuntos, lo moralmente correcto de la manipulación genética o de otros aspectos de la vida humana.

Probablemente, las innovaciones más trascendentes para el futuro de nuestra especie es el manejo del Sistema Nervioso humano a través de nuevas tecnologías. Por eso, las tecnologías de la comunicación y la información tienen hoy una difusión mundial. Sin duda, mejoran una enorme cantidad de aspectos de la vida humana que no vale la pena detallar por ser tan evidentes. Sin embargo, presentan tres riesgos que generalmente se olvidan: 1. Disminuyen las relaciones sociales cara a cara, con lo que la Teoría de la Mente es imposible de aplicar. Además, dificultan las relaciones sociales, digamos de tipo tradicional. Es cada vez más frecuente que en reuniones de distinto tipo, muchos de los asistentes están mirando sus teléfonos celulares, sin atender a las conversaciones de los contertulios. 2. Caben pocas dudas que esto se debe a que los Sistemas de Información y Comunicación son no sólo imperiosamente atrayentes, sino adictivos. Son una nueva adicción. 3. Los Sistemas de Información y Comunicación (S.I.C) externalizan las memorias, por lo que parecieran disminuir ciertos procesos cognitivos que necesitan que la información que usan esté en el banco de datos de ese particular cerebro, y no en "la nube", donde encontrarla toma cierto tiempo, con lo que se pierden importantes automatismos asociativos que el cerebro necesita para tomar decisiones, sobre todo, si son complejas. En este mismo sentido externalizar demasiada información como con alguna frecuencia ocurre, limita la posibilidad cerebral de construir categorías abstractas que se suyo generalizan información para depositarla en la base de datos de las memorias.

Sin embargo, todo esto es mayormente conocido que la creciente existencia de tecnologías que actúan directamente sobre el sistema nervioso. Digo sistema nervioso, porque algunas de ellas se están desarrollando para corregir (funcional que no anatómicamente) problemas de médula espinal y nervios periféricos. Se trata de sistemas tecnológicos capaces de resolver la separación entre la instrucción cerebral (cognición motora) y las operaciones músculo esqueléticas, imposibilitadas por lesiones en médula o nervios, que conectan cerebro con músculos. Por cierto, los dispositivos necesitan recoger las señales de las redes neuronales implicadas, interpretarlas por medio de computadores, y transmitirlas a receptores que las reinterpretan para entregarlas o los segmentos distales de médula o nervio, los que las llevan a los músculos. Con esto, por ejemplo, una persona con paraplejia puede volver a caminar. Hay una cierta gama de soluciones de este tipo. En el caso del famoso físico Stephen Hawking, con una degeneración de neuronas motoras de la médula espinal, los computadores cerebrales transmitían información "neural" a un sistema robotizado que poseía computadoras capaces de hablar o escribir siguiendo las instrucciones de redes neuronales cerebrales que se mantenían indemnes.

Estos sistemas cumplen una antigua profecía de investigadores en Inteligencia Artificial, Robótica y Computación, cual es, que en el futuro habrá una relación tecnológica de dos tipos interconectados: cerebro-computador y cerebro-máquina. Por ahora, el avance desde el cerebro al computador o la máquina, es mucho mayor que en el otro sentido: desde el computador al cerebro. Naturalmente es esta última la que atrae el mayor interés de las empresas puesto que abre la posibilidad de comunicar lenguajes, música, imágenes, ideas desde los aparatos electrónicos, directamente al cerebro de los usuarios. Es el sueño del Gran Hermano, de *1984* de Orwell. Pero antes de comentar la significación de estos desarrollos tecnológicos para el futuro de la naturaleza evolutiva de nuestra singular especie, son necesarias algunas informaciones adicionales.

Me he demorado sólo algunos segundos en escribir que los dispositivos tecnológicos computarizados necesitan "recoger e interpretar las señales de redes neuronales especializadas". La enormidad del trabajo neuro-científico que está haciendo posible escribir esa frase, no sólo es gigantesca sino ha necesitado desarrollar nuevas micro-tecnologías dado que deben registrar las actividades de cientos o miles de neuronas individuales, conocer la dinámica de sus conexiones y los códigos con los que se comunican. La moderna neuro-tecnología usa microelectrodos múltiples, trazadores de conexiones, marcadores moleculares y exquisitos procesadores de informaciones. La segunda observación es que esta neuro-tecnología se ha desarrollado, sobre todo, por intereses médicos. Está el simulador de neuronas retinianas que se usa cuando los receptores fallan (retinitis pigmentaria, por ejemplo), y que obviamente se espera imiten los códigos de seriales, que sobre conos y bastoncitos desencadenan los fotones (luz) y transmiten a las neuronas que las procesan, y envían al cerebro por el nervio óptico. Igual cosa hacen los implantes cocleares que resuelven la sordera producida por otoesclerosis.

Más importante para nuestro futuro como especie es la llamada "Estimulación Cerebral Profunda". Se trata de maniobras realizadas directamente sobre el cerebro para balancear distintos módulos neuronales que se asocian para realizar una tarea compleja, que corrientemente tienen entre sí algunas conexiones excitatorios y otras inhibitorias. Éstas deben tener un perfecto equilibrio de acuerdo a la tarea precisa que en cierto momento debe realizar cada uno de los módulos interconectados de modo específico para el conjunto de redes neuronales que, perfectamente asociadas, realizan una tarea determinada.

En el Capítulo 4 cuando examinamos los sistemas normativos, dimos el ejemplo del Trastorno Obsesivo Compulsivo, que en efecto se produce por un desbalance entre los distintos módulos que procesan reglas que se necesita sean rutinarias. Pues bien, muchas afecciones mentales se producen por esta pérdida de balance entre los diversos módulos y sus componentes excitatorios y/o inhibitarios. La estimulación cerebral profunda, intenta corregir estos desbalances, estimulando módulos con conexiones excitatorias cuando predominan las descargas inhibitorias, o estimulando inhibitorias cuando las excitatorias producen el desbalance. Por supuesto, para intentar estimulaciones cerebrales profundas, se requiere un detallado conocimiento de los módulos, sus funciones y sus conexiones. Dado que los desbalances en general son estables, se requieren excitaciones profundas que se mantengan en forma crónica, esto es, que funcionen de manera constante pero que pueden modular sus códigos según la tarea que en ese instante desarrolla el sujeto. Para cumplir estas condiciones se han desarrollado distintos aparatos estimuladores, en principio similares a los marcapasos cardíacos, que de acuerdo a las necesidades del enfermo, deben acelerar o retardar los ritmos cardíacos los que necesitan ser distintos si el paciente está haciendo ejercicios o está durmiendo. Igual que los marcapasos los estimuladores cerebrales tienen conexiones con el módulo que deben excitar (micro-electrodos neuronales permanentes) y una fuente de poder, generalmente algún tipo de pila. Los estimuladores y las fuentes de poder se ubican subcutáneamente y se conectan con los micro-electrodos *in situ*, a través de cables especiales y, últimamente, por ondas electromagnéticas que pueden cumplir sus funciones activadoras desde cierta distancia. Las patologías que se tratan con este sistema son varias. La primera y en la que más se ha utilizado Estimulación Profunda es en el Parkinson. También en el Trastorno Obsesivo Compulsivo, (T.O.C.), en algunas formas de depresión y en ciertos problemas cognitivos.

Al lector puede haberle parecido excesiva esta explicación que, al fin y al cabo, es sólo un nuevo sistema terapéutico altamente especializado. Sin embargo, ése no es el fin de la historia. No sólo los escritores de ciencia ficción, sino también algunos científicos, están preocupados por los efectos que podría tener la aplicación de esta tecnología de Estimulación Cerebral Profunda, sin fines propiamente terapéuticos. Para controlar un sujeto, se le podría implantar electrodos en ciertos módulos inhibitorios para hacerlo más pasivo, o excitatorios para aumentar su actividad. Con un mejoramiento del alcance de los dispositivos estimuladores, cosa perfectamente posible de hacer por la electrónica moderna con varios tipos de ondas electromagnéticas, el control podría ser a distancia, a mucha distancia. Tanto como la de las naves espaciales que se controlan desde Tierra por ondas electromagnéticas. De hecho, hay reiteradas sugerencias de hacer algo así con criminales imposibles de controlar por otros medios., También con pedófilos. En realidad esto no es tan nuevo. En el Prólogo de este libro mencionamos la Eugenesia que se aplicó extensamente en el mundo más desarrollado. En Chile, en el Instituto de Neurocirugía, se operaron dos criminales en la década del cincuenta con extirpación de la amígdala de los lóbulos temporales. Al ser dados de alta volvieron a asesinar. Falló el conocimiento de la zona a extirpar, pero la intención existía. Por algún momento pensemos en regímenes totalitarios que desean o necesitan deshacerse de sus oponentes. En la Unión Soviética muchos *enemigos del pueblo* terminaron sus días en hospitales psiquiátricos en los que se habían calmado, con abundante electroshock.

Por otra parte, no es imposible que en un futuro no tan lejano estas tecnologías de intervención en los estados mentales de las personas, se asocien con las investigaciones que propenden a generar una forma de relación cerebro computador o cerebro máquina. Recordemos que la dificultad actual de esta relación es que no funciona la vía que partiendo de las máquinas o las computadoras modifica algunos estados del cerebro. Las tecnologías de Estimulación Profunda del Cerebro con micro-electrodo intra-neuronales, implantado crónicamente, podría ser la solución. Por cierto, esto no es una fantasía, hay propuestas serias en este sentido, de grupos que trabajan en estas relaciones.

Así, volvemos a la pregunta inicial de este apartado. ¿Están estas nuevas ideas y todas las innovaciones tecnológicas de la Post-Modernidad, modificando la naturaleza humana, la cual es el resultado más singular de la evolución natural en ésta nuestra Tierra? Pienso que la respuesta, por ahora, y sólo por ahora, es más bien ambigua. No hemos llegado a una etapa de la Post-Modernidad en la que nuestras intervenciones hayan modificado seriamente nuestra naturaleza ancestral, pero sin duda, lo seguiremos intentando.

En este contexto, la frase crucial es "por ahora" puesto que las ideas y tecnologías que hemos examinado, ciertamente están en una etapa inicial de su desarrollo, o aún se mantienen en un nivel experimental por lo que su aplicación práctica, cuando existe, es demasiado reciente como para evaluar sus efectos de largo plazo y en un número suficiente de casos.

De todas maneras no me parece descabellado pensar que todas o la mayoría de estas intervenciones por ahora, sólo posibles, sobre la naturaleza humana, producto de su evolución darwiniana, seguirán adelante en los próximos decenios y que en un futuro, no tan lejano, nuestra singular especie podría encontrarse ante la necesidad de optar entre ser un humano unido por computadoras o maquinarias, teledirigido por ondas electromagnéticas y viviendo en un mundo virtual, o seguir existiendo como un producto de la selección natural, ayudado pero no modificado, por sus innovaciones técnicas. También es posible que, como lo intuyó Aldous Huxley en su "Mundo Feliz" algunos humanos seguirán siendo "naturales", y otros, "hombres máquinas" ordenados en varias jerarquías según la calidad de la tecnología que podrían utilizar. Eventualmente algunos serían clonados.

ANEXO I.
Estructura y funciones generales del cerebro

La supervivencia es posible porque "los más aptos" poseen genes que les permiten acomodarse mejor a un ambiente determinado -en el que viven y se reproducen-, por lo que puede decirse, que el equipamiento genético supone la existencia de determinadas condiciones ambientales; es decir, tiene hipótesis sobre ese medio, el que puede ser marino para los peces, praderas para los herbívoros, bosques para los monos, todos los cuales tienen de modo genéticamente determinado, las capacidades biológicas apropiadas: branquias y escamas los primeros, estómagos especializados los segundos, y manos y pies prensíbles los terceros.

De esta manera, la única posibilidad biológica de sobrevivir y prosperar es que los individuos y las especies "conozcan" anticipadamente las condiciones del medio al que llegarán, lo que constituye un aprendizaje evolutivo.

Dada la importancia biológica del aprendizaje, no es raro que la aparición de mecanismos biológicos de aprendizaje, de control y de operaciones conductuales, sean de surgimiento muy temprano en la evolución de la vida. Estos dispositivos simples en grupos muy primitivos, pero muy complejos en los humanos, están basados en células especializadas (neuronas), y sus conexiones (sinapsis y redes neuronales), que han mantenido su estructura básica, por cientos de millones de años, en todas las especies conocidas. De hecho, E. Kendall, originalmente psicoanalista, obtuvo el Premio Nobel de Medicina (2000) por sus trabajos sobre memoria y aprendizaje en la "aplysia", una babosa de mar que sólo tiene algunos miles de neuronas, por lo que se encuentra a distancias siderales del cerebro humano, no obstante lo cual, sus neuronas y sus redes operan de manera similar.

1. El cerebro humano

Se ha sostenido que el cerebro humano es el sistema físico más complejo de la creación. Se debería agregar que es, hasta hoy, escasamente conocido, a pesar de los avances producidos; sobre todo, en las últimas décadas, tal como se indicó en la Introducción. Conectado al mundo, a través de los sistemas sensitivo- motores (visión, audición, motilidad, etc.) que articulan conductas (también las lingüísticas) pesa, en promedio, sólo 1.3 kg; esto es, el 2 por ciento del peso corporal, pero consume el 20 por ciento de la glucosa y del oxígeno disponibles en la sangre, los que le llegan a través de un sistema circulatorio muy especializado que tiene particularidades que no se repiten en ningún otro órgano del cuerpo.

A simple vista, es posible identificar en la figura 33 dos hemisferios, prácticamente idénticos, (aunque, funcionalmente algo diferentes), unidos y comunicados por un grueso y extenso haz de fibras, llamado cuerpo calloso, que comunica los dos hemisferios, que permite su coordinación funcional.

En la superficie del cerebro, pueden observarse pliegues y hendiduras que definen circunvoluciones, y se pueden identificar cuatro regiones mayores, los lóbulos.

FIGURA 33.
Las estructuras del cerebro: Lóbulos

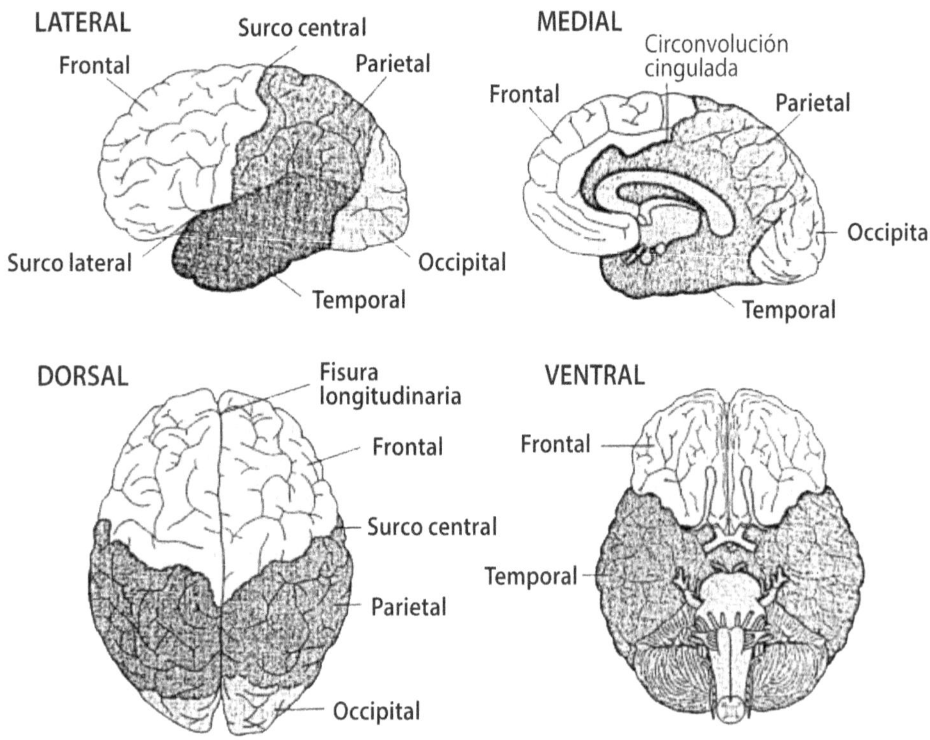

Lavados Montes, Jaime. *El Cerebro y la Educación: Neurobiología del Aprendizaje*. Aguilar Chilena de Ediciones S.A., Santiago, 2012, p. 27.

Estos tienen cierta especialización funcional. De atrás hacia delante, encontramos: el lóbulo occipital, vinculado con la visión, y el lóbulo parietal relacionado con el manejo del espacio y el propio cuerpo en el ambiente; de ahí, el papel que cumple en la noción de identidad; especialmente, en el hemisferio derecho. Bajo éste se halla el lóbulo temporal que procesa la audición, la comprensión del lenguaje, y las emociones más fundamentales; además de parte importante de las memorias. Por delante, se localiza el lóbulo frontal, cuya región posterior alta procesa las conductas motoras, la región posterior baja a izquierda, el lenguaje expresivo y la región prefrontal se relaciona con el razonamiento, la solución de problemas y la regulación de orden superior de la conducta.

FIGURA 34.
Las estructuras del cerebro: Sistema límbico

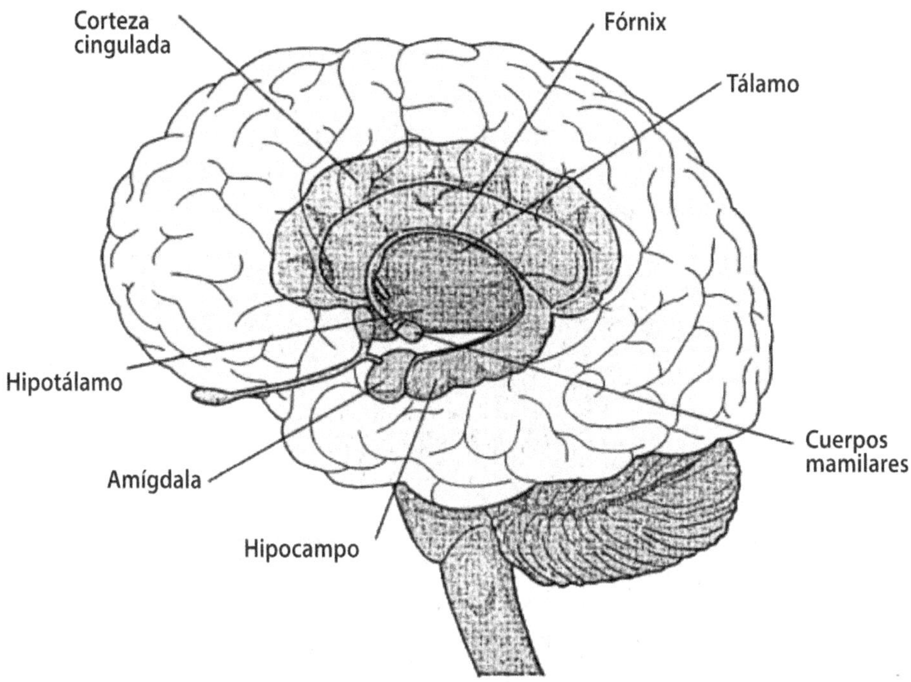

Lavados Montes, Jaime. *El Cerebro y la Educación: Neurobiología del Aprendizaje*. Aguilar Chilena de Ediciones S.A., Santiago, 2012, pág. 29.

En la cara interna de cada hemisferio, se ubica un conjunto de regiones denominado sistema límbico, que se relaciona con las emociones, las memorias y la asignación de valor a percepciones, creencias y deseos. El sistema límbico contiene, además, la porción de la corteza cerebral, llamada cíngulo que está ubicada encima del cuerpo calloso, con lo que se termina de delinear el círculo anátomo-funcional que es sede del procesamiento de funciones tan básicas y antiguas como son las memorias y las emociones.

En el interior del cráneo, acompañando al cerebro, por debajo del lóbulo occipital, se encuentra el cerebelo, que participa en el control motor, y algunos tipos de cogniciones. Delante de éste, está el tronco cerebral, estructura que reúne las fibras (haces de axones), que van desde el cerebro hacia la médula, y desde ésta a los miembros y tronco, dichas fibras trasportan información motora desde el cerebro hacia el cuerpo, e información sensitiva, desde el cuerpo hacia el cerebro. El tronco cerebral contiene, además, conjuntos de neuronas llamados núcleos, que controlan los músculos de la cara, la fonación, la deglución, el aparato cardiovascular, y otras actividades llamadas "vegetativas", que regulan automáticamente (sin participación de la conciencia) los procesos vitales más importantes. Por último, al cortar el cerebro horizontalmente, se pueden distinguir, la corteza cerebral, de color gris, que contiene las neuronas, la sustancia blanca compuesta de fibras, que comunican partes del cerebro o éste con otros dominios corporales, y varios conjuntos de neuronas llamados los núcleos de la base y el tálamo, que regulan el intercambio de información (llegada y salida) entre la periferia y la corteza. Bajo el tálamo, existe un conjunto de núcleos denominado el hipotálamo del cual cuelga la llave maestra del aparato hormonal, la hipófisis, que estimula, inhibe, y ajusta los diez tipos de hormonas de todo el cuerpo. El hipotálamo tiene además varios otros núcleos, vinculados con los apetitos primarios (hambre, sed, instinto sexual), los ritmos circadianos (sueño, vigilia) y otros controles superiores vegetativos.

FIGURA 35.

Las estructuras del cerebro: Sistema límbico

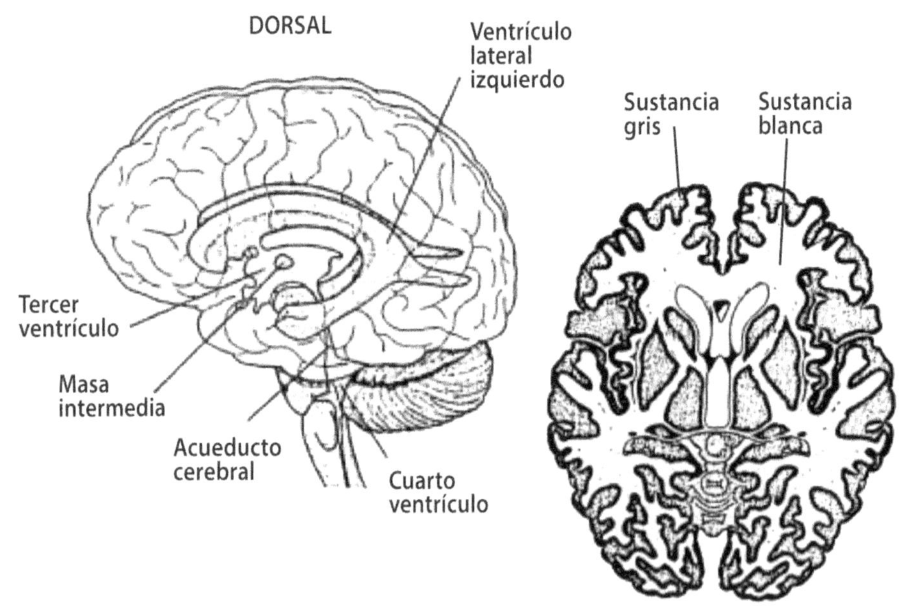

Lavados Montes, Jaime. *El Cerebro y la Educación: Neurobiología del Aprendizaje*. Aguilar Chilena de Ediciones S.A., Santiago, 2012, pág. 29.

Si se compara el cerebro humano con el de otras especies mamíferas, incluyendo en éstas a nuestros más cercanos primos, los primates superiores, pueden observarse los cambios evolutivos ocurridos, especialmente en el lóbulo frontal. La característica y pronunciada convexidad antero- superior de este lóbulo en los humanos, contrasta con el aplanamiento que muestra en los primates. Si se compara la relación que existe entre el peso del cerebro humano y el peso corporal total, con la que existe en ballenas y elefantes, las diferencias son aún mayores. En una palabra, la mera observación macroscópica del cerebro, revela importantes diferencias respecto al de cualquier otra especie. Y este mayor desarrollo del cerebro humano no es solo cuantitativo.

FIGURA 36.
Evolución del cráneo desde el mono hasta el hombre moderno

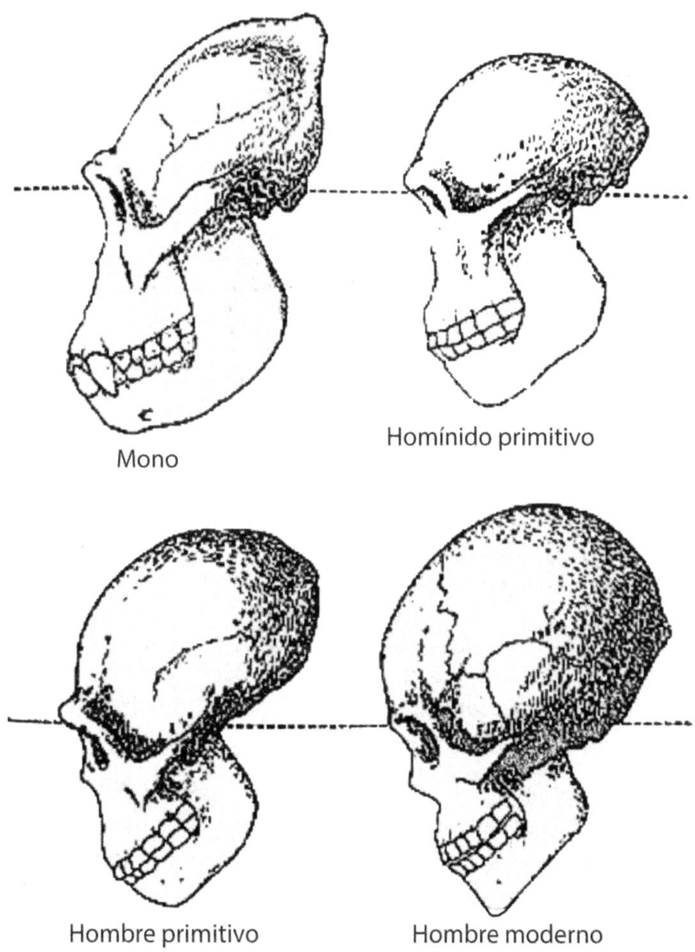

Lavados Montes, Jaime. *El Cerebro y la Educación: Neurobiología del Aprendizaje.* Aguilar Chilena de Ediciones S.A., Santiago, 2012, pág. 31.

En la evolución del cráneo desde el mono hasta el humano moderno se observa que se han ido agregando regiones que procesan funciones distintas. A los meros controles vegetativos y desarrollo de conductas simples (cerebro reptiliano) se agregan, en una segunda etapa, las funciones que procesa el sistema límbico o corteza paleomamífera (emociones, memoria más avanzada). Finalmente, apareció la corteza neomamífera, que procesa habilidades superiores.

FIGURA 37.
Trayectoria de Evolución

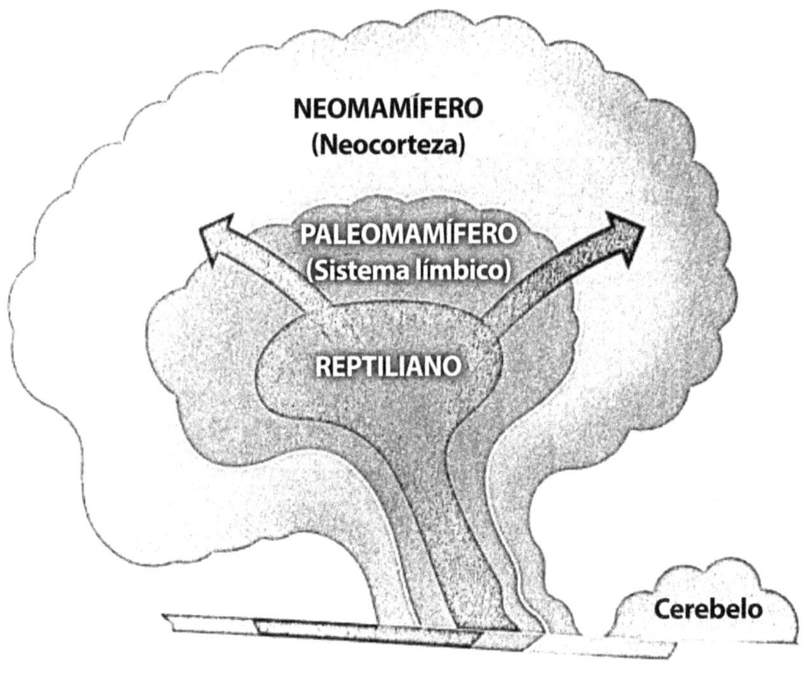

Lavados Montes, Jaime. *El Cerebro y la Educación: Neurobiología del Aprendizaje*. Aguilar Chilena de Ediciones S.A., Santiago, 2012, pág. 31.

En la trayectoria de la evolución se observa que en los humanos se mantienen las porciones más primitivas (cerebro Triuno de Paul McLean), pero reguladas mediante los controles de nuestra enorme neo corteza. Sin embrago, las diferencias cualitativas no se reducen a los sistemas de control. El cerebro humano ha desarrollado funciones enteramente nuevas, que no se encuentran ni siquiera en las especies más avanzadas. Entre ellas se destacan el lenguaje, la conciencia superior, el juicio moral, la lógica formal explícita, la lógica matemática, las simbologías estéticas, los propósitos abstractos de largo plazo, la tendencia a trascender el aquí y ahora, y algunas más. En ·los capítulos de este libro se abunda en estas funciones mentales exclusivamente humanas.

Es paradojal, sin embargo, que estas diferencias muy sustanciales no se encuentran cuando se observa la estructura microscópica del cerebro y sus diversos componentes. Es como si la indudable mayor complejidad funcional de nuestro cerebro, comparado con el del chimpancé (con el que compartimos 98.5 por ciento de los genes) no se fundamentara en la realización de procesos celulares diferentes, sino quizás, sólo en un incremento muy significativo del número de redes neuronales involucradas. Esto implica más neuronas, más sinapsis, más conexiones, un aumento del número de niveles de procesamiento en los que se computa la información, la magnitud de los procesamientos paralelos, y la densidad de conexiones entre redes secuenciales y paralelas. En una palabra, el enorme mejoramiento del cerebro humano, respecto a los antropoides, y del de éstos sobre el de los monos, etc., se fundamenta, al parecer, en cambios cuantitativos más que cualitativos, tanto locales (lóbulos frontales y parietales), como generales (peso total, número de neuronas y sinapsis), puesto que la lógica de funcionamiento de las redes neuronales no varía.

Sin duda, es difícil aceptar que esto sea así, cuando se trata, por ejemplo, del lenguaje, la moral y la conciencia superior, pero ésas son las evidencias disponibles hasta este momento. Debe señalarse, no obstante, que se han encontrado algunos tipos de células (neuronas fusiformes, neuronas espejo) que sólo existen en primates superiores y son más abundantes en el humano que en sus primos. En todo caso, es interesante considerar el Cuadro 7 para ver las diferencias.

CUADRO 7.

Tres niveles de organización, estructura y función del cerebro según Yakovlev

	Primer nivel **Nivel interno**	**Segundo nivel** **Nivel intermedio**	**Tercer nivel** **Nivel externo**
Neuronas	Cortas No mielinizadas	Largas Parcialmente mielinizadas	Largas Bien mielinizadas
Organización	Difusa	Ganglios de la base Aliocórtex	Isocórtex
Evolución	Invertebrados a los reptiles	Reptiles a mamíferos inferiores	Mamíferos a primates
Estructura	Formación reticular Nervios craneanos Sustancia gris periacueductal Hipotálamo	Ganglios de la base Porción límbica del tálamo Paleocórtex olfatorio Hipocampo (archicórtex)	Córtex sensitivo primario Córtex motor primario Cuerpo calloso Córtex de asociación
Función	Conciencia Metabolismo Respiración Circulación	Sinergias motoras Alertas Motivación Humor Afectos Personalidad	Movilidad fina Praxis Lenguaje Gnosis

Slachevsky Andrea, Muñoz N. Carlos, Neuropsicología. Mediterráneo. Santiago 2013. Pág. 52.

2. Los componentes elementales: neuronas, sinapsis y redes

Hay 100.000 millones de neuronas en cada encéfalo humano. Cada una de ellas hace contacto con entre 5.000 y 10.000 otras neuronas. Además de éstas, existen las células de soporte llamadas glía, que contribuyen al apoyo físico de las neuronas, al mismo tiempo que a sus intercambios metabólicos. Últimamente, se les asigna, además, una función en la transmisión de señales. Es interesante destacar que las células gliales, de las cuales hay cuatro tipos, son más abundantes que las neuronas.

FIGURA 38.
Esquema de una neurona típica

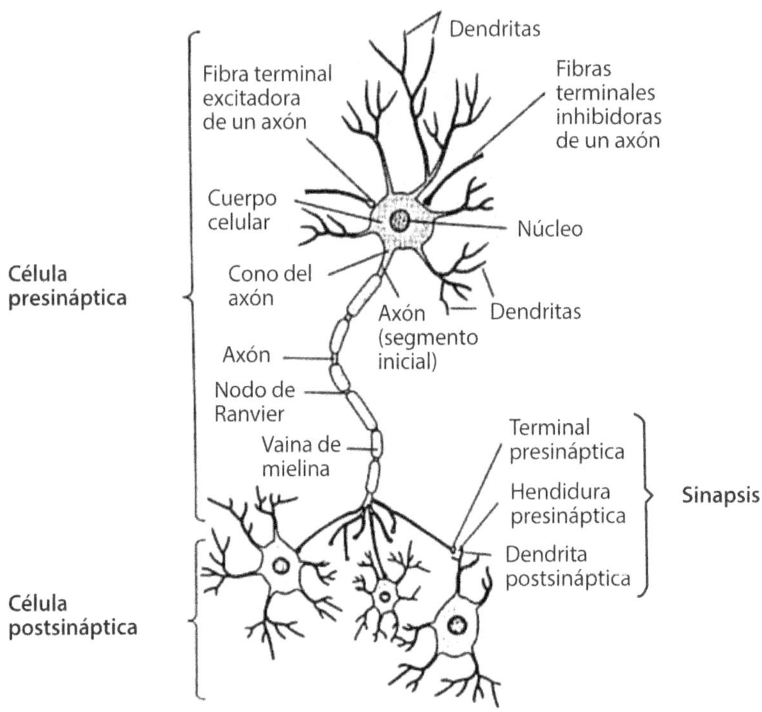

Lavados Montes, Jaime. *El Cerebro y la Educación: Neurobiología del Aprendizaje*. Aguilar Chilena de Ediciones S.A., Santiago, 2012, pág. 34.

Las neuronas se comunican unas con otras, y con otros órganos, como la piel, las vísceras y los músculos, a través de su axón, que constituye la prolongación que da salida a la activación neuronal (excitatoria o inhibitoria), y que puede tener hasta cerca de un metro de longitud, como los que van de la médula espinal a los músculos del pie, o de la piel a la médula espinal. Los axones intracerebrales tienen longitudes diversas: más largos los que transcurren de un hemisferio al otro, a través del cuerpo calloso, y los que conectan las regiones posteriores (occipitales) con el lóbulo frontal; más cortos los que relacionan regiones cercanas e incluso redes neuronales de la misma región. Cabe destacar que los axones intracerebrales más largos, que asocian regiones funcionales separadas, se establecen más tardíamente que los que configuran redes locales que computan funciones unitarias (módulos). Mientras el axón es único para cada neurona, las demás prolongaciones, siempre más cortas, llamadas dendritas son, exclusivamente, receptoras de los estímulos que les entregan los axones. Axones y dendritas, establecen comunicación a través de un dispositivo muy particular, ya mencionado, llamado sinapsis o, más bien, "espacio sináptico", pues entre una neurona y otra no hay continuidad física, y los estímulos, excitatorios o inhibitorios se transmiten a través de sustancias químicas llamadas neurotransmisores. Dichas sustancias se liberan en cantidades discretas en un terminal presináptico y actúan sobre la membrana postsináptica de la siguiente neurona, en receptores específicos para cada neurotransmisor.

FIGURA 39.
Sinapsis

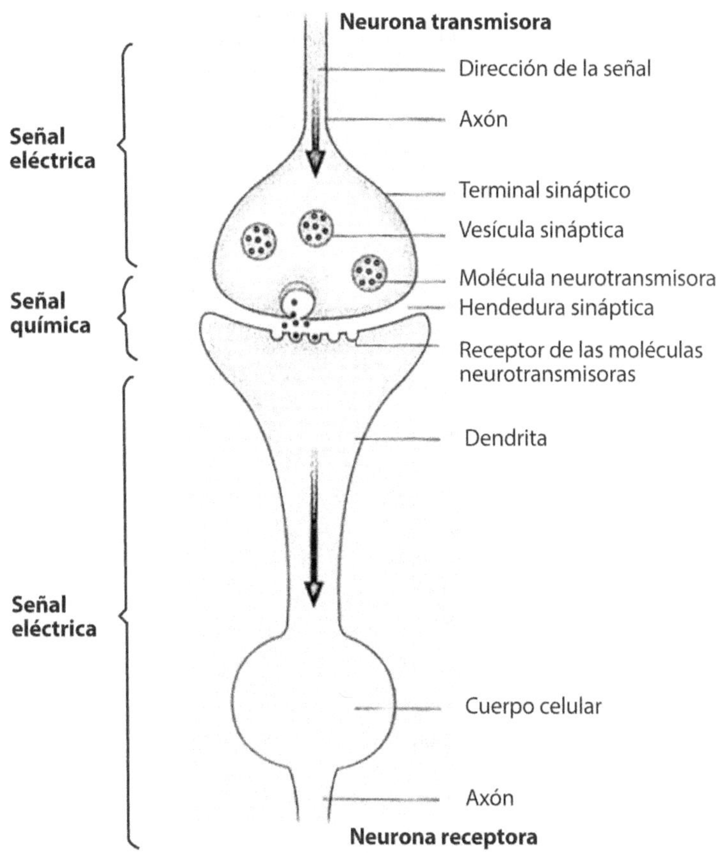

Lavados Montes, Jaime. *El Cerebro y la Educación: Neurobiología del Aprendizaje*. Aguilar Chilena de Ediciones S.A., Santiago, 2012, pág. 34.

Los neurotransmisores son de acción rápida. Los neuromoduladores que son neurotransmisores de acción más lenta, pero más amplia, son liberados por axones, cuyos cuerpos celulares están en núcleos del tallo cerebral, y se distribuyen por todo el cerebro modulando respuestas extensas y coordinadas. Sus efectos se utilizan en psiquiatría, por ejemplo, en el uso de medicamentos que activan la serotonina para tratar la depresión, o en la administración de drogas que producen satisfacción por simular la acción de la dopamina. Se utilizan asimismo los que se relacionan con la memoria (acetilcolina), o con el aumento de actividad (noradrenalina). También, actúan como neurotransmisores ciertos compuestos proteicos llamados neuropéptidos como las endorfinas que son capaces de bloquear la percepción cerebral del dolor, algunas hormonas especiales (oxitocina en el apego), y otras generales, que llegan al cerebro por vía sanguínea) y actúan o inhiben receptores específicos (testosterona y deseo sexual).

Como puede verse, las sinapsis, -cuyo número en cualquier cerebro adulto tiene un número inimaginable: diez elevado a catorce se constituyen de algún modo en el centro o punto privilegiado donde se establecen relaciones muy complejas y coordinadas de conjuntos de neuronas que constituyen redes neuronales. Algunas de éstas son de "dedicación exclusiva" como en la retina y las secuencias iniciales del procesamiento visual, en el lóbulo occipital.

FIGURA 40.
Redes neuronales. Modelo de su complejidad

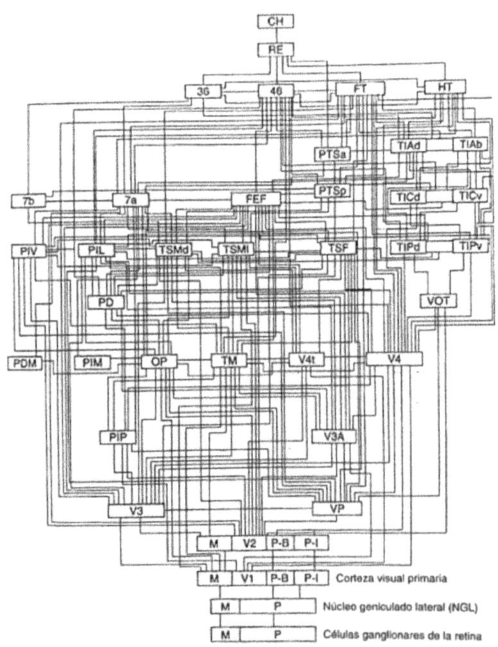

Lavados Montes, Jaime. *El Cerebro y la Educación: Neurobiología del Aprendizaje.* Aguilar Chilena de Ediciones S.A., Santiago, 2012, pág. 37.

En el otro extremo de la cadena, hay redes o conjuntos de ellas que procesan funciones mucho más generales y abstractas, como ocurre en la región prefrontal que trabaja en asuntos tales, como definición de programas conductuales para alcanzar determinadas metas. Entre estos dos polos se producen miles de etapas y niveles de procesamiento secuencial y paralelo de las informaciones externas que llegan, debido a experiencias sensitivo-sensoriales que operan de abajo hacia arriba (*Bottom-Up*), pero que son modificadas y reconstruidas por los conocimientos que el cerebro ya posee (contenidos de memorias, estructuras formales de procesamiento, resultados e impactos emocionales previos, etc.), que operan de arriba hacia abajo (*Top-Down*). Sin embargo, es posible considerar, con fines puramente didácticos, ya que la realidad es, obviamente, más compleja, seis niveles de procesamiento. Ellos son:

a. Ingreso de la información sensitivo sensorial y ordenamiento Unimodal (visión, audición).
b. Organización multimodal de la información (percepciones de situaciones complejas con figuras, espacios, ruidos, olores).
c. Áreas de asociación supramodal (con memoria, emociones, lenguaje, etc.).
d. Procesamiento de habilidades cognitivas superiores (evaluación, valoración, significación, normativa, programática, etc.).
e. Definición de programas de acción y conducta (motoras, lingüísticas, etc.)
f. Ejecución de conductas.

Esta secuencia que, de algún modo corresponde con áreas cerebrales específicas (ingreso por regiones posteriores, asociación con áreas medias, evaluación, programación y conductas en regiones anteriores) no siempre opera en ese orden. Como se ha dicho, la actividad de las redes puede iniciarse desde las áreas de procesamiento más complejo en la región prefrontal (*Top-Down*), situación que llamamos "intencionalidad", y que al hacerse consciente constituye la "voluntad". También es posible que, frente a un peligro cierto, su percepción visual active directamente las conductas motoras de huida, sin que la información sea procesada por la corteza prefrontal.

De este modo, los estímulos perceptivos, motivacionales, conceptuales y conductuales crean, definen, o estabilizan, a través de modificaciones sinápticas, redes específicas y, por tanto, no aleatorias que, como se verá más adelante, se constituyen en el fundamento neurobiológico del aprendizaje y que, como tales, se mantienen o modifican, de acuerdo con nuevas experiencias (estímulos), y el desarrollo y maduración genéticamente determinado del cerebro.

Esta capacidad de estabilizar y, eventualmente, modificar redes neuronales según su uso, está en la base de la así llamada plasticidad cerebral, la que es posible no sólo porque se estructuran activamente nuevas conexiones y sinapsis, sino porque, además, pueden generarse o desaparecer neuronas. Naturalmente, estos procesos son mucho más activos en el recién nacido, pero se mantienen en grado menor hasta el fin de la vida. Todo esto significa que a nivel neuronal, la plasticidad cerebral, es un hecho físico. En este sentido, cabe destacar que las memorias significan cambios reales de sinapsis, estructuración de redes y conexiones, y cambios intraneuronales. Incluso, ciertas competencias complejas pueden aumentar el número de neuronas y redes. Por ejemplo: un violinista experto desarrolla en las áreas corticales que manejan la mano izquierda más neuronas, más redes y sinapsis. Igualmente, psicoterapias bien hechas, cambian las estructuras neuronales en las regiones apropiadas. Queda claro, entonces, que "el aprendizaje puede existir, porque pueden cambiar sinapsis, redes y neuronas".

3. Algunos principios de funcionamiento conjunto del cerebro

Sin duda, la mera configuración de sinapsis y redes neuronales no explica el funcionamiento del cerebro. Aun cuando sigue habiendo muchas incógnitas (por ejemplo: cuál es el correlato neurobiológico de la autoconciencia subjetiva y la voluntad), existen suficientes evidencias como para plantear algunos principios que regulan los procesos cerebrales en su conjunto. Estos son:

3.1. Jerarquía y secuencia

Los procesos cerebrales se desarrollan siguiendo un orden muy estable, particularmente, en las etapas iniciales, a partir del ingreso de información por los órganos sensitivos sensoriales. Los procesos son jerarquizados y secuenciales. La ruta más conocida es la visual, por lo que seguiremos, muy brevemente, ese camino, pese a que las demás (audición, gusto, olfato, tacto y cenestesia) también siguen secuencias ordenadas, según su propia modalidad.

La primera estación de la vía visual es la recepción de fotones (luz) por parte de la retina. Ésta se compone de receptores especializados (conos y bastones), que se ordenan a partir de su concentración, en un punto central o focal (con lo cual se puede leer y percibir colores, por ejemplo). Esta información es computada por varias capas neuronales de la retina, y se envía codificada, hasta una primera estación de relevo en un núcleo especial del tálamo llamado núcleo geniculado lateral, donde además de ser reordenada para ser enviada a la corteza occipital puede hacer conexiones con otras áreas, por ejemplo, los núcleos del tronco cerebral que manejan los músculos que mueven los ojos. La mirada (como movimiento conjunto de los dos ojos hacia un objeto), también puede dirigirse desde otros centros.

La información recodificada llega a la corteza visual primaria separada en sus componentes: luminosidad, bordes y formas, color, movimientos (del objeto que se mira). En sucesivas etapas, la imagen visual se integra "asociación unimodal", hasta estar lista para ser enviada por dos caminos: uno superior, occipital parietal, que procesa los componentes "espaciales" de la imagen compleja (vía del dónde), y otro, inferior, occipital temporal que procesa el componente constituido por los objetos que se incorporan en la imagen (vía del qué). En este último lugar (lóbulo temporal, especialmente en el hemisferio derecho), la información visual se conecta con un área particularmente extensa en humanos, cuyas redes neuronales son capaces de reconocer caras. En la estación parietal (espacio), la información visual se conecta con información cenestésica (que recoge información del propio cuerpo), lo que permite saber qué relaciones tiene el espacio externo con el individuo, y su propia posición en el espacio.

FIGURA 41.
Procesamiento secuencial y paralelo

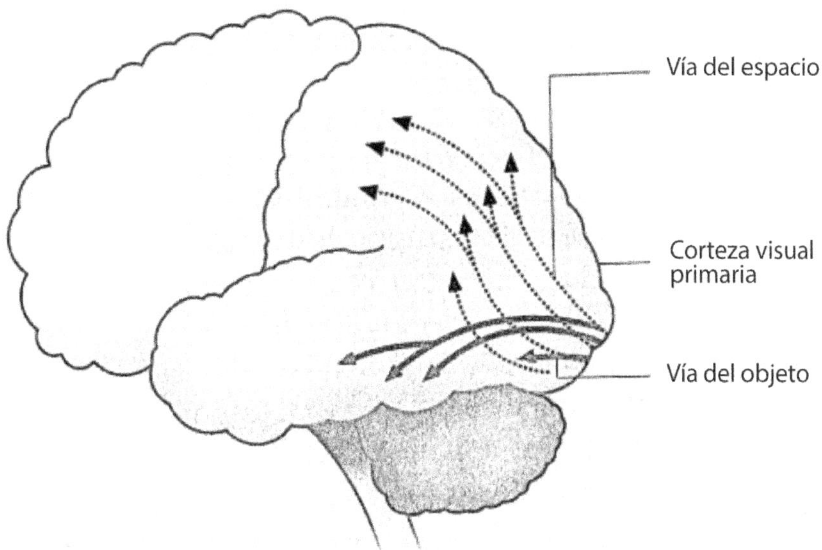

Lavados Montes, Jaime. *El Cerebro y la Educación: Neurobiología del Aprendizaje*. Aguilar Chilena de Ediciones S.A., Santiago, 2012, pág. 41.

En estas etapas, la información visual se conecta, además, con otras modalidades perceptivas (auditiva, olfativa, táctil, etc.), con lo que la información se hace aún más compleja, porque integra la información de varias entradas en imágenes globales del mundo exterior y de la posición que uno ocupa en él (asociación multimodal). Luego, este conjunto de informaciones arriba a las cortezas asociativas donde, además, se integra con memorias, emociones, creencias, deseos y componentes básicos de las funciones cerebro-mentales, que así agregan valor y significación a la imagen percibida. Finalmente, las conexiones entre regiones asociativas y lóbulos frontales posibilitan evaluar las percepciones, según metas y propósitos de más alto rango, y definir conductas activando las regiones motoras y lingüísticas. Esta es la vía llamada "bottom-up", que ya hemos señalado anteriormente.

Este ingreso, más o menos pasivo de información (visual en este ejemplo), y sus sucesivas etapas, prácticamente parece mantenerse ajeno a la intencionalidad. Esto es así, sólo en las primeras etapas de construcción de representaciones de situaciones o de objetos en sus espacios externo y personal. De hecho, la recepción pasiva de información es rara; ocurre, sobre todo, ante estímulos inesperados y sorpresivos que pudieran significar riesgo o beneficio. Esto se debe a que existen las vías inversas (*top-down*), que dirigen y seleccionan las relaciones que es conveniente realizar de la información que ingresa, con otras percepciones, –memorias, creencias, deseos, conceptos o actos posibles–, según los niveles de análisis que se han descrito.

Más aún, debido a la posibilidad de enfocar la atención, –dispositivo central de la intencionalidad–, puede elegirse a qué estímulos perceptivos permitir su ingreso y procesamiento. Está claro, entonces, que tanto el procesamiento de abajo-arriba, como el de arriba-abajo, utilizan información previa disponible, ya sea innata o aprendida a través de experiencias pasadas y ya procesadas.

La importancia de las vías *top-down* es enorme. Permiten, por ejemplo, elegir qué observar en un bosque, la microfauna o los helechos, si se es un naturalista; los árboles más rectos y firmes, si se es un constructor de cabañas de madera; o los cursos de agua con más cauce y caída, si el interés es construir pequeñas centrales hidroeléctricas. Pero la intencionalidad actúa antes, desde la decisión de ir al bosque, y por qué medios, etc.

3.2. Paralelismo

Si miramos con cuidado el ejemplo de jerarquía y secuencialidad de la percepción visual, podemos observar que siempre, en la vida normal de cualquier individuo hay procesamientos en paralelo.

Los componentes de la imagen visual (luz, color, forma, movimiento) ingresan por separado a la primera estación de la corteza occipital, y son integrados en pasos sucesivos (unimodales), hasta construir relaciones intermodales (auditiva, olfativa, cenestésica, etc.), y las asociaciones supramodales (memorias, emociones, etc.). Esto indica una multitud de procesamientos simultáneos y en paralelo de las diversas informaciones, puesto que para encontrarse y relacionarse deben ser procesadas al mismo tiempo en sus distintas cualidades, en el caso de la percepción, o en sus distintos dominios supramodales (memoria y reconocimiento, emociones, conceptos y significación, etc.). Pero hay muchos más. En cualquier situación se puede atender a ciertos componentes adicionales y procesarlos en paralelo a la información perceptiva directa.

Por ejemplo, si alguien está en un cóctel, puede interesarle, especialmente, las ideas y las palabras que sólo uno de los interlocutores emite, o los relatos chismosos que hace otro detrás de él (por lo cual enfoca allí su atención auditiva), o la niña de vestido azul que está más allá. Pero, también, puede ser que esta fiesta le recuerde su hermano recientemente fallecido, y que esa asociación le provoque un sentimiento de tristeza.

El procesamiento masivamente en paralelo permite al cerebro operar con mucha rapidez, a pesar de que la circulación de señales en neuronas, axones y sinapsis es mucho más lenta que la velocidad de las conexiones electromagnéticas de los computadores actuales. Al mismo tiempo, siendo un órgano de funciones generales de tipo "analógico", cuyos resultados pueden representarse geométricamente a través de curvas, lo hace a partir de disparos neuronales, cada uno de los cuales es "todo o nada", esto es, de forma "digital", tal como la mayoría de los computadores. Esto lo logra, porque, aunque cada disparo es todo o nada, el conjunto de neuronas en paralelo tiene una leve diferencia temporal, por lo que el resultado es una curva construida por múltiples puntos digitales.

3.3. Integración

Los procesamientos secuenciales de abajo-arriba y de arriba- abajo, las asociaciones multi y supramodales, y los paralelismos de diversos tipos que hemos indicado, pudieran hacer pensar casi en un caos. Cada uno tiene, en su conciencia, la idea de que el mundo exterior es estable desde muchos puntos de vista (físico, humano, social, normas y costumbres, etc.) y que, uno mismo, es siempre el mismo.

Esta estabilidad parece deberse, en primer lugar, a que el mundo externo, en sí mismo, es estable y que, además, se rige por regularidades y normas tanto físico-matemáticas como sociales, que permanecen y se conocen. Y uno es el mismo de siempre, porque tiene memorias diversas de sí mismo (declarativas, emocionales, genéricas, procedurales, etc.) y porque recibe información siempre igual de su propio cuerpo, del cual se es consciente sólo cuando se produce un cambio, que aunque no siempre es registrado por la conciencia, lo es por las regiones cerebrales pertinentes. De otra manera ¿cómo se percibiría el cambio?

Más aún, es el propio sistema de procesamiento informacional del cerebro el que produce modelos del mundo y de sí mismo, integrados y estables. Ello se debe a varios factores concurrentes:

- Procesamiento jerarquizado y secuencial: Incluye, en cada paso, enorme cantidad de retroalimentaciones constantes de redes neuronales integradas.
- Procesamiento en paralelo: Asocia redes trabajando en el mismo tópico de modo que vincula distintos aspectos de la percepción con contextos emocionales, mnésicos, conceptuales, lingüísticos.
- Integración *top-down*: Coordina los diversos procesos para elaborar estrategias destinadas a resolver problemas (intencionalidad).

No obstante lo anterior, parece que es la masiva retroalimentación, tanto vertical (arriba-abajo y abajo-arriba) como horizontal (redes y asociaciones paralelas), la que produce la creciente integración, pues opera al interior de cada red, entre redes, entre sistemas y dominios diferentes. Esta integración y estabilidad de los modelos del mundo, de sí mismo y de sus operaciones sobre el mundo, es progresivamente mejor en la vida de un individuo, porque en las primeras etapas del recién nacido, todo es nuevo y debe ajustar y reajustar sus redes constantemente. En la tercera edad, casi nada es novedoso y la mayoría de las redes neuronales se han estabilizado hace mucho tiempo.

Aunque todos esos procesos no son conscientes, es la conciencia la que hace posible la unificación, coherencia e integración de los contenidos subjetivos de la mente despierta. Aunque los correlatos neurobiológicos de la conciencia superior no son suficientemente conocidos, su función unificadora de las experiencias parece claro, como veremos más adelante.

3.4. Actividad espontánea permanente

La última característica de la arquitectura funcional del cerebro que se debe destacar es que se trata de un órgano en permanente actividad. Una particularidad esencial de las neuronas es que tienen actividad espontánea de transmisión y procesamiento. En cultivos de neuronas, en placas de Petrie, ellas producen, por sí mismas, disparos de potenciales de acción bioeléctricos, y pueden conectarse en sinapsis mediante la liberación de neurotransmisores. Asimismo, en fetos de cualquier animal, puede registrarse actividad en neuronas apenas maduradas. Por último, diversas técnicas neurofisiológicas (electroencefalograma, por ejemplo), constatan la permanente presencia de actividad neuronal, que sólo cesa con la vida. De hecho, la muerte cerebral (electroencefalograma plano) es un indicador confiable del final de la persona. Esta posibilidad de actividad espontánea; es decir, que no requiere estímulos externos para activarse, tiene muchas consecuencias en Neurobiología. Se destacan:

1. Permite producir imágenes, recuerdos, pensamientos subjetivos o conductas sin estímulos externos, excepto los necesarios para permanecer despierto.
2. Explica que el cerebro sea capaz de construir y mantener imágenes y conceptos operativos muy dinámicos, al mismo tiempo estables pero flexibles "del" y "sobre" el mundo. Son estas imágenes y modelos, construidos y ajustados incesantemente en tanto el sujeto tiene experiencias, los que aplica a cada nuevo estímulo estimando su valor y significación y, de ser apropiado, induciendo modificaciones de sinapsis y redes. Existe una variabilidad local de la actividad neuronal relacionada con el tipo de información (formal y material), que cada región o sector del cerebro procesa.

   De esta manera cualquier nuevo estímulo (experiencia) debe acoplarse, incorporarse a la actividad siempre presente, de redes y sistemas neuronales, lo que significa que ellas, las nuevas experiencias, se integran a la historia (genética y aprendida) de cada cerebro. Así, se asegura una consistencia longitudinal en el tiempo de los procesos neurobiológicos y con ello de la propia mente.

   Dado que esta actividad neuronal espontánea de base no es homogénea en los diversos momentos del día la posibilidad de incorporar nuevos estímulos (experiencias) es también variable. El resultado práctico es que en los diversos momentos del día, en las distintas estaciones del año, y también en las diferentes épocas de la vida, las posibilidades de aprender, pensar, desarrollar afectos y actuar son también algo diferentes. Esto no significa, sin embargo, que la actividad neuronal espontánea de base no sea estable en cada persona y en la especie. Se ha propuesto que el mecanismo neurobiológico que hace posible que los genes activen las tendencias que ellos transmiten (tal como sucede con las experiencias que permiten aprender), opera mediante el fortalecimiento de redes y de sistemas neuronales, cuyos procesos se manifiestan a través de la actividad neuronal espontánea.

3. Fundamenta la esencial actividad proactiva de exploración, curiosidad y puesta a prueba del medio (físico, tecnológico, social y cultural). Ello hace posible el aprendizaje activo. Es evidente que esta última consecuencia se transforma en un factor crucial para cualquier individuo (o especie) que requiere sobrevivir y reproducirse, pues le permite detectar las oportunidades y riesgos, presentes y esperables, en el ambiente específico en que vive.

3.5. Epigénesis y emergencia

Los conceptos de epigénesis y emergencia se refieren a la aparición de atributos, características y capacidades nuevas como producto de la relación entre dos elementos, que por sí mismos no las explican. El ejemplo más cercano es el agua cuyos constituyentes (2 átomos de Hidrógeno y 1 de Oxígeno = H_2O) tienen características físicas y químicas totalmente diferentes a las de la molécula de agua.

Cuando los constituyentes básicos de una determinada capacidad biológica emergente son total o parcialmente innatos, se habla de epigénesis. Es el caso de los sistemas neuronales, sus constituyentes básicos son parcialmente innatos, porque de hecho tienen un componente aprendido.

El concepto de emergencia no distingue los componentes innatos de los aprendidos, estableciendo sólo que la capacidad, atributo o función nueva es el resultado de la interacción no lineal entre los diversos elementos constituyentes, que operan como "agentes", con grados variables de independencia que por sí mismos no explican la innovación.

Por supuesto que las interacciones neuronales son inconmensurablemente más complejas que las del hidrógeno con el oxígeno para formar el agua. El estudio de sistemas complejos adaptativos, como el cerebro, ha mostrado que las nuevas capacidades epigenéticas pueden "emerger" cuando se trata de sistemas con relaciones no lineales, con influencias recíprocas entre los componentes extremadamente complejos, y eventualmente variables en el tiempo (según cuándo se produce la interacción) y en el espacio (según qué componentes interactúan). Lo importante es que el atributo, característica o función que emerge (epigenéticamente), no sólo es distinto a sus componentes, sino no puede reducirse a ellos. El todo es, literalmente, mucho más que sus partes. Hay buenas razones para suponer que en cada nivel de procesamiento cerebral existen atributos emergentes. Las integraciones (binding) modales, intermodales y asociativas son, en cada caso, de un carácter distinto a la mera suma de sus componentes. Lo mismo ocurre con funciones cognitivas de alto rango. Los atributos de la memoria, las emociones, la racionalidad, el lenguaje y los procesos ejecutivos, entre otros, no son explicables por sus componentes, como veremos en los capítulos correspondientes.

3.6. El desarrollo y la maduración ontogenética

Desde las pioneras y sistemáticas investigaciones de Jean Piaget, en la primera mitad del siglo pasado, se ha avanzado enormemente en la descripción de las sucesivas etapas por las que pasa el desarrollo físico y mental del niño.

El propio Piaget, siempre puso el acento (como base de su "Epistemología Genética" y sus centrales conceptos de asimilación y acomodación), en que el conocimiento se construía progresivamente en una suerte de escalones, de tal manera que los superiores se afirmaban en los inferiores, y dependían de ellos. Había por supuesto, descansos más largos en las escaleras por ejemplo, entre los 6 y 11 años (período de las operaciones concretas) pero la secuencia, era inevitable, y se sostenía por sí misma. Sin embargo, nunca conectó específicamente los componentes neurobiológicos cerebrales con esta secuencia de maduración epistemológica. No podía hacerlo, porque los conocimientos de su tiempo sobre funcionamiento y maduración del cerebro eran bastante precarios. Casi por la misma época, Lev Vygotski llamó la atención sobre el papel de la familia y la Cultura en los procesos de aprendizaje, pero sin abundar en los componentes neurobiológicos que hacen posible estas influencias. Su discípulo Alexander Luria sí lo hizo, aunque su preocupación central fue el cerebro adulto.

Esto ha cambiado en los últimos decenios, gracias a un mayor conocimiento neurobiológico y, especialmente, de la así llamada plasticidad cerebral, que puede definirse como "la capacidad general de las neuronas y sus sinapsis para cambiar de propiedades en función de su estado de actividad". Dicho cambio y su estabilización debido al uso, generan la flexibilidad abismante del cerebro adulto, y también y, por supuesto, su posibilidad de aprender. La plasticidad interviene desde las etapas tempranas de la vida fetal, y puede explicar el aprendizaje y su evolución en cada individuo. En efecto, el desarrollo del cerebro infantil depende de dos variables destacadas. Una, la maduración, cuyas etapas, duraciones, ritmos y relaciones entre dominios (facultades) están genéticamente programadas a través de la aparición de redes neuronales y sus conexiones. En segundo lugar, la activación por uso de tales redes a través de las experiencias, esto es, de neuronas y sinapsis y sus vías de conexión (axones y dendritas).

Éste es, por cierto, un proceso continuo, al que contribuyen, además, la mejoría en la calidad de las conexiones, a través de vías (axones y dendritas) que maduran en diversos tiempos, por medio de un proceso llamado mielinización axonal, también regulado genéticamente. La mielinización consiste en que cada una de las fibras neurales se recubre de una capa aislante, la mielina, que hace mucho más eficaz la trasmisión de señales bioeléctricas.

FIGURA 42.
Plasticidad, aprendizaje y deprivación

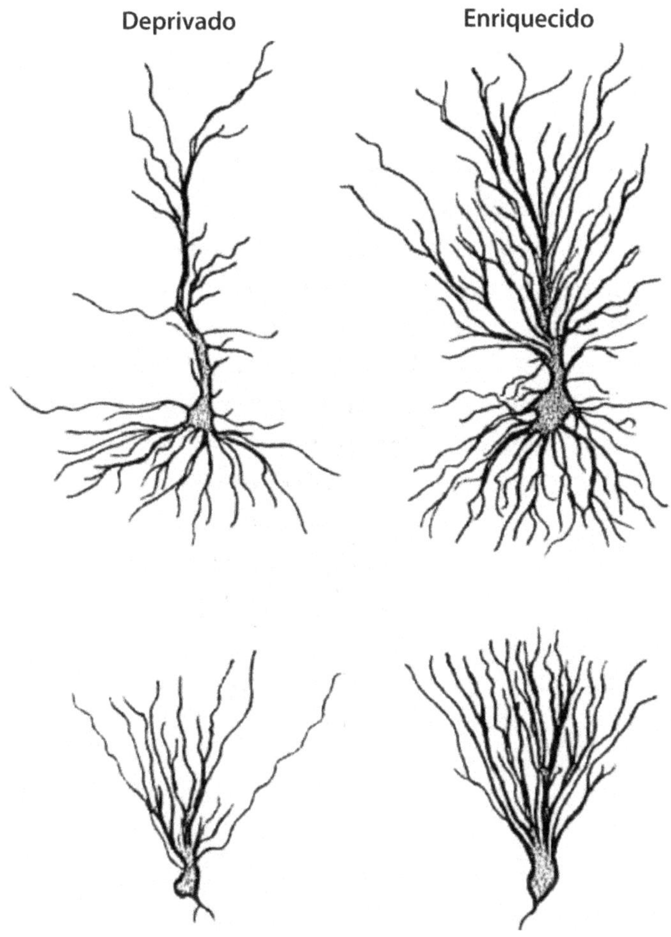

Lavados Montes, Jaime. *El Cerebro y la Educación: Neurobiología del Aprendizaje*. Aguilar Chilena de Ediciones S.A., Santiago, 2012, pág. 50.

Las redes neuronales que manejan la vida vegetativa (cardiovascular, respiración, función intestinal, nutrición, etc.) se mielinizan antes del nacimiento junto al reflejo de succión y la vía óptica. Las redes que manejan el lenguaje maduran a partir de los seis a ocho meses, y las de caminar, alrededor del año. Las redes vinculadas con las emociones son de aparición muy temprana (recuérdese la sonrisa y el llanto del niño), las de la memoria declarativa se establecen sólo a partir de los tres años, y las relacionadas con la teoría de la mente, a los cuatro. La mielinización completa del lóbulo prefrontal es bastante tardía (12 a 14 años), y algunas neuronas (fusiformes de Von Economo) y sus conexiones aparecen en el lóbulo prefrontal, después de los 21 años. Hay axones que nunca se mielinizan.

Ahora bien, estos procesos neurobiológicos maduración y plasticidad no bastan para aprender y adquirir conocimientos. Están programados genéticamente para estar disponibles y persisten en períodos determinados, siempre que reciban la activación necesaria producida por la experiencia. Tales espacios de disponibilidad (redes neuronales compuestas de neuronas, sinapsis y conexiones) definen los así llamados períodos críticos. Ellos se conocen bastante bien para el lenguaje, cuya posibilidad de aprendizaje se cierra a los 14 o 15 años y llega a su máximo entre los 2 y 9 años, para luego decaer. Esto hace que los períodos y etapas piagetanas tengan un correlato neurobiológico cercano. Pero, también, hace que la hipótesis de Vygotski, quien insiste más en el efecto de la estimulación, a través de las experiencias que proveen la familia, la escuela, el entorno social, las que además de estimular aportan los contenidos culturales específicos que cada uno aprende.

Es importante destacar que esta maduración y desarrollo, genéticamente inducidos, no operan solamente para ciertas competencias o funciones básicas. No sólo las memorias y las emociones deben ser estimuladas para que las redes neuronales que las sustentan se establezcan y desarrollen; también deben serlo las funciones mentales superiores (lenguaje, capacidad lógico-matemática, etc.)

ANEXO II
Evolución filogenética de la especie humana

La Paleoantropología, que estudia los ancestros del Homo Sapiens ha llegado, en los últimos decenios, a algunos acuerdos que hacen comparables los diversos hallazgos de diversos grupos de investigación de los restos fosilizados de la especie, que podrían ser nuestros ancestros. Los fósiles óseos no cuentan toda la historia. La Paleontología necesita conocer otras evidencias respecto al medio ambiente en el que vivieron los seres cuyos restos hoy estudiamos. Clima, temperaturas, pluviosidad (desiertos, bosques sabana), otras especies animales y vegetales y el tiempo de sus existencias. Los métodos de estudio y de datación son cada vez más complejos y precisos con lo que la Paleontología puede conocer los rasgos físicos de estas especies, el medio ambiente en que vivieron, su forma de vida, su alimentación, su sociabilidad. En los últimos años debemos agregar los estudios genéticos que nos dan respuestas a problemas previamente imposibles de responder. Cambios genómicos conducentes a variaciones fenotípicas, cruces entre las distintas especies. Sobre la base de estas informaciones la Paleontología ha llegado a los acuerdos que más arriba mencionaba. Ellos son los siguientes:

1. El Homo Sapiens apareció en África alrededor de 200 mil años atrás, pero fue el resultado de una larga evolución a partir de hace 6 a 7 millones de años de un ancestro común con los actuales chimpancés y bonobos, con los cuales compartimos el 98 % de nuestra dotación genética.

2. Las especies hasta hoy encontradas, y que de alguna manera están en la línea filogenética del Homo Sapiens, deben tener determinadas características para considerarlas parte de esta línea. Entre estas hay algunas más tempranas y otras más tardías de acuerdo al tiempo que las acerca a los ancestros comunes con chimpancés y, sobre todo, que la distancia del Homo Sapiens. Estos tiempos vinculados con la

Geología y la Climatología pueden ser de millones de años o, en pocos casos, de centenas de miles de años. Como sabemos la evolución natural de Darwin toma largo tiempo en generar especies diferenciadas.

3. No todas las especies que pertenecen a este registro fósil, esto es, con las características que les permiten pertenecer a esta línea evolutiva, son antepasados directos del Homo Sapiens. Es como si la evolución hubiera operado por una suerte de prueba error para llegar a nosotros. Por supuesto esta imagen antropocéntrica es errónea. La evolución trabaja de modo azaroso y no tiene objetivos finales. En todo caso, y respecto a las especies más tempranas, no hay claridad sobre cuál de ellas es nuestro ancestro directo.

4. Las características de las especies fósiles que los hacen ser parte de nuestra línea evolutiva, aunque no sean nuestros ancestros directos son los siguientes, en orden de antigüedad:

Bipedalismo. Hay un acuerdo generalizado que el rasgo anátomo funcional más temprano en aparecer en nuestra línea evolutiva fue el caminar constantemente sobre las dos piernas, sin la ayuda de los nudillos como es la marcha de los chimpancés.

La posterior evolución del bipedalismo trajo cambios muy importantes en el modo de vida de estos especímenes. Fueron capaces de caminar erguidos en la sabana (los bosques eran menores por el cambio climático) y mirar más lejos por encima de hierbas y matorrales. La pérdida del pelo corporal y la aparición de glándulas sudoríparas (que enfrían la piel), les permitieron trotar y correr distancias mucho más largas para buscar alimentos o escapar de depredadores. Entretanto los miembros superiores que ya no necesitaban para desplazarse, se estaban modificando. Hombros y brazos eran capaces de girar por sobre la cabeza y lanzar (objetos, piedras, palos) con mayor precisión y a más larga distancia, y alcanzar frutas y hojas a mayor altura. A todo esto, se suma el cambio en las manos, que adquieren mayores destrezas para manipular todo tipo de objetos y presas pequeñas con un agarre que podía usar la oposición de todos los dedos con el pulgar y no sólo la palma de la mano como sus primos chimpancés y bonobos.

Crecimiento en tamaño y complejidad del cerebro. Este rasgo evolutivo, que es una constante de esta línea filogenética, tiene una correlación muy estrecha con el aumento del número de individuos que componían la horda o el grupo a que ellos pertenecían. Nadie sabe exactamente si en esta correlación, lo primero fue el aumento del cerebro o el incremento en los miembros del grupo que cada cerebro debía computar. En el texto del libro hay una extensa explicación sobre este tema, que no cabe en este apéndice. En todo caso, el aumento del tamaño y complejidad, especialmente de sus cortezas frontales, le dió a estas especies nuevas capacidades, no sólo sociales, sino de muchos otros atributos, especialmente de la motricidad más fina dado que una mano más ágil necesita más cerebro para establecer y desarrollar sus novedosas manipulaciones y, por supuesto, para aprender en muchos otros dominios, cosas que era favorecida por el aumento de personas capaces de enseñar.

Fabricación de herramientas. Hasta hace muy poco tiempo se pensaba que la primera especie en fabricar herramientas fue el llamado Homo Habilis, nombre que no necesita mayor explicación, cuyo cerebro era un 80 por ciento superior al de los chimpancés, formaba hordas con más individuos y tenía habilidades motoras bien establecidas. Descubrimientos muy recientes permiten establecer a los paleontólogos que trabajan en estos yacimientos fósiles que la fabricación de herramientas se puede encontrar en especies de Australopitecos, que como veremos, se incluyen en una etapa filogenética anterior al Homo Habilis por cerca de 500 mil a 1000 años. Esto que está en plena discusión, genera cierta confusión en el ordenamiento temporal en que habían ido apareciendo los rasgos característicos de nuestra historia filogenética. El asunto es bien importante desde el punto de vista de los ancestros más directos del Homo Sapiens. En efecto, desde la identificación del Homo Habilis siempre se pensó que era éste la raíz de nuestra estirpe biológica. Con él de iniciaría el género Homo, al que no pertenecían los Australopitecos. Estos que son una gama bien amplia de varias especies que comparten rasgos pre-homínidos (bipedalismo, miembro superior más desarrollado) no son tan claramente ancestros del Homo Sapiens como lo es el Habilis, pues los cerebros de los Australopitecos son sensiblemente menores a los del Habilis.

Lenguaje hablado. El último rasgo evolutivo que lleva la evolución del Homo Sapiens, es brevemente la capacidad de expresar y entender un lenguaje hablado, cuya instalación con gramática y sintaxis, es el rasgo que define la aparición del Homo Sapiens hace 200 mil años atrás. La evolución del lenguaje hablado está detallado en el Capítulo 2 de este libro por lo que no vale abundar en ello en este anexo.

Si consideramos la presencia de todos estos rasgos anátomo funcionales y culturales, podemos hablar de Cultura y cuando fabricamos herramientas, esto es, que hay Tecnología). Podemos organizar la evolución filogenética que lleva al Homo Sapiens en cinco etapas con sus propias características.

Como es seguro que la Paleoantropología va a seguir agregando nuevos descubrimientos, cualquier esquema será modificado en poco tiempo más. No obstante creo, que en líneas generales, no habrá grandes modificaciones futuras. Por otra parte, generalmente en los esquemas no están representadas todas las especies ya descubiertas que pertenecen al género homínidos, esto es, las más tempranas con vestigios de la posición erecta, con lo que habría comenzado el camino evolutivo que llevaría al Homo Sapiens. Todas las evidencias hoy disponibles muestran que ellas no avanzaron por este camino sino sólo hasta cierto punto y luego se extinguieron. Tampoco se indican aquellas especies fósiles que para distintos investigadores podrían ser el ancestro común de chimpancés y hominoides. Hay varios candidatos, pero nada es seguro. Es probable que esta particular especie no se haya aún descubierto. Dado estos límites empezaré mencionando, con brevedad, las más antiguas especies con alguna evidencia que: a) empezaban a ser bípedas; b) tienen un crecimiento de su cerebro.

1. Los Australopitecos

Son un número relativamente importante de especies que se pueden clasificar bajo este título. Son las primeras en las que hay algún indicio de bipedalismo, a lo que se une un pequeño aumento del tamaño cerebral, respeto a sus primos, los chimpancés. El nombre es engañoso pues la mayoría de estos fósiles no son "monos del Sur", sino principalmente del Noreste de África en la gran Quebrada del Rift, que corre entre Etiopía y Olduvai en Tanzania, aunque ese nombre hace justicia al hecho que fue en Sudáfrica donde primero se encontraron estos especímenes. Los Australopitecos tomaron dos líneas evolutivas, bastante notorias sobre todo en sus cráneos. Los así llamados Australos Robustus por sus grandes mandíbulas, con fuertes dientes y molares y signo craneano de poderosos músculos masticadores (los temporales que se insertan a ambos lados del cráneo). Por su parte, los Australos Gráciles son de osamentas más ligeras y con menos poder masticatorio. El supuesto natural es que los primeros se alimentaban de raíces y bulbos cuyas cortezas debían romper, mientras los gráciles preferían frutas, bayas y eventualmente pequeños animales (lagartos, insectos mayores, etc.). Esto significa que estos últimos (gráciles) ingerían más proteínas. Las varias especies de A. Robustos no dejaron huellas evolutivas hoy conocidas, por lo que no tienen interés para nosotros. En cambio, son parte del linaje grácil las tres especies de Australopitecus más conocidas, que aunque tienen nombres distintos y se encontraron en tiempos y lugares diferentes de África para algunos corresponden a una misma especie que por sus atributos se extendieron por el Rift en el valle de Afar en Etiopía y en Olduvai (Lago Turkana). Algo posterior es el A. Africanus de Sudáfrica. Este último algo más antiguo se llamó A. Anamnesis y el otro A. Afarensis. El A. Afarensis conocido como Lucy, es el ejemplar más completo de todos los austrolopitecus hasta ahora encontrados por lo que conociendo su esqueleto completo se puede hacer hipótesis sobre sus atributos y estilos de vida.

El A. Afarensis era bípedo aun cuando podía trepar árboles (coger fruta, huir de depredadores), su extensión por África indica que su bipedalismo le permitía viajar largas distancias por la sabana, la que se extendía por un cambio climático. Mayor calor, menos lluvias que disminuyeron los bosques. Una huella de pisadas en arena volcánica (Tanzania, Lago Turkana) demuestra dos hechos importantes: a) El dedo gordo del pié ya tenía una posición alineada con la dirección de la pisada, esto es distinto a los chimpancés en los que se abrían hacia adentro; b) Las pisadas correspondían a dos adultos (macho y hembra) y un niño, que caminaban juntos. Su cerebro era ligeramente mayor que el de los chimpancés (400 a 450 grs., frente a 350 de éstos) pero su cara mantenía el prognatismo de los chimpancés, aunque sus dientes, especialmente los colmillos, eran más pequeños.

En resumen, entre 4 y 2,5 millones de años atrás, el linaje de los Australopitecus, de los cuales se han descrito más de una docena de especies (entre gráciles y robustos) eran los múltiples representantes del género hominoide (pre homo) y cubrían casi toda África, y por las ventajas evolutivas que les proporcionaban su bipedalismo y su cerebro algo mayor al de los ancestros que se quedaron en los bosques, que no desaparecieron por el cambio climático. Estos, más de un millón y medio de años fue un tiempo al que me referí más arriba, en que la evolución a través de prueba y error, como muestra la variedad de especies de este linaje, buscaba la mejor solución para enfrentar las variaciones del clima y las modificaciones del hábitat.

Hace 2,5 millones de años apareció una especie que tuvo dos ventajas adicionales. Fabricaba herramientas y tenía un cerebro bastante más desarrollado (600 grs.). El Homo Habilis, que golpeando piedras conseguía producir una con filo cortante, que les servía como raedera (raspar la carne pegada a piel y huesos de animales), como martillo para romper huesos y aprovechar la nutritiva médula, y para cortar carnes y ligamentos. No parecen haber sido capaces de cortar pieles gruesas de animales mayores, con lo que eran carroñeros para poder tener acceso a más grasas y proteínas que su mayor cerebro les demandaba. Su vida social y cooperativa, era superior a la de sus antepasados Australo gráciles. Se han encontrado algunos lugares (Olduvai), con una cierta concentración de individuos (machos adultos con más escasas hembras y niños) junto a un buen número de sus herramientas a medio trabajar. Probablemente se reunían en fabricaciones de herramientas cooperativas, allí donde la calidad de la piedra era más apropiada. La presencia de niños hace pensar que tenían alguna forma de enseñanza de esas técnicas por imitación, pero quizás también, a través de gruñidos y vocalizaciones, que se estudian en la evolución del lenguaje, en el Capítulo 2 de este libro.

Es difícil pensar que todos estos avances se hayan producido bruscamente. De hecho, algo después y cerca del Lago Rodolfo (Koli Fora), se encontró una especie con un cerebro, el del Habilis y que fue llamado por sus descubridores Homo Rudolfiense. Aunque estas dos especies no son idénticas, ahora se les llama Habilis Rudolfiense, porque no cabe duda que pertenecen a la misma etapa evolutiva que operó con gran rapidez pues su cerebro fue de un 40 por ciento más de volumen que el de los Australopitecos. El Habilis vivió al mismo tiempo que el último Australopiteco Robusto, el llamado Boisei. Con el Homo Habilis Rudolfiense se inicia el género Homínido, al que pertenece el Homo Sapiens. Hace tres o cuatro años se descubrió, ahora en Sudáfrica, otra especie aun no bien estudiada (no está datada, es decir no se conoce su antigüedad exacta), pero que se parece a los Homo, con un cerebro más pequeño (500 cc). Lo impresionante es que se encontraron restos de alrededor de quince individuos en una cueva apartada, con su entrada bloqueada, sin señales de comida o herramientas, tampoco de ataques de depredadores. El grupo investigador piensa que era una cámara mortuoria donde esa población depositaba delicadamente a sus muertos. Su nombre es Homo Naledi.

En todo caso, cualquiera sea la dotación y clasificación del Homo Naledi, se puede decir, con alguna certeza, que es en la etapa Homo, cuando se inicia la cultura humana. Tecnología, construcción de chozas de habitación, vocalizaciones lingüísticas y, de comprobarse el depósito delicado de los muertos, manejo de ideas abstractas.

2. El Homo Erecto

El Homo Erecto es la especie homínida de más larga duración sin grandes modificaciones corporales o tecnológicas-culturales. Claro que las hubo, pero no suficientes como para que surgiera de ella una especie diferente. Se suele llamar Homo Ergaster a sus formas más desarrolladas en África, donde apareció, y Homo Erecto, a sus modificaciones en Medio Oriente y Asia, donde emigró hace alrededor de un millón de años atrás, esto es 800 mil años después de su aparición. En todo caso se mantuvo como una sola especie uno a cuatro millones de años cuando, de nuevo en África, apareció la especie pre-Sapiens, que llamamos Homo Heidelberg. De hecho, y a pesar que el Rift africano dio origen a este último, varias poblaciones del Erectus se mantuvieron como tales, y pudieron cruzarse en Medio Oriente con los Heidelberg y originar el Homo de Neanderthal, lo que es genéticamente seguro. Lo que es menos claro, son los Sapiens arcaicos, en su migración hacia Oriente para crear los aborígenes australianos, y quizás los melanesios de Nueva Guinea. Así, si sumamos este tiempo en que el Erecto compartió la Tierra con sus especies sucesoras, podemos decir que sobrevivió como una misma especie algo más de dos millones de años. Éste es un record de acomodación a las cambiantes condiciones del entorno, superior a cualquiera otra especie mamífera. Ésta es una maravilla adaptativa si consideramos que durante estos dos millones de años se produjeron dos períodos glaciales, con intervalos breves de mayor temperatura, todo lo cual significó cambios profundos en los entornos del Homo Erecto y presiones de adaptación que éste sobrellevó sin cambios mayores.

Es muy difícil saber cuál fue la razón de esta resistencia a cambios evolutivos mayores del Erecto, pero esta permanencia algo rutinaria (dos millones de años es mucho tiempo) se manifestó también en su tecnología. Lo más probable es que esta persistencia se deba a una mezcla entre sus innovaciones corporales, el tamaño de su cerebro, y su mejoramiento tecnológico-cultural. El cuerpo del Homo Erecto era robusto y musculoso. Medía alrededor de 1.70 mts. en promedio y su cerebro alcanzaba entre 800 y 400 cc. Los huesos frontales eran más elevados y aparecía en su cráneo evidente la impresión de un planum temporal más grande, lo que indica desarrollo lingüístico (proto-lenguaje). Sus industrias líticas (instrumentos bifaces) eran más refinados. Con seguridad se cubría con pieles de animales. Aprendió a controlar el fuego, con lo que su dieta (proteínas) se hizo más fácil de digerir al poder asar las carnes, con lo que su intestino delgado se hizo más corto. Este es un notable efecto co-evolutivo: fuego –carnes asadas más digeribles– intestinos más cortos. Sus grupos tenían más miembros y fabricaban chozas de verano e invierno.

El Homo Erecto (en su versión Ergaster), se extendió prácticamente por toda África y muy temprano salió de África, vía Palestina, y quizás al Mar Rojo (Estrecho de Ormuz). Sus restos en Georgia, Cáucaso (Siberia o Denísova) tienen 1.6 a 1.8 millones de años. En la India (valle de Narmada) los restos encontrados son más tardíos. En Java (Indonesia) tienen 1.2 millones de años de antigüedad y en China alrededor de un millón de años. Todas estas dotaciones se refieren a los fósiles más antiguos, es decir a la llegada del Erecto desde África. Hay muchísimos restos de diferente antigüedad, lo que asegura que en muchos de estos lugares el Homo Erecto se quedó, y sobrevivió como un habitante regular de esos espacios geográficos. Tanto así, que por muchos años los paleoantropólogos discutieron si el Homo Sapiens fue un producto originado en múltiples focos geográficos, a partir de las poblaciones locales de Homo Erecto. Sin embargo, los análisis de DNA moderno, indican que el origen del humano actual es solamente africano, y su procedencia no fue directamente el Homo Erecto pues hubo otra especie, podemos decir intercalada, el Homo de Heidelberger.

A Europa el Homo Erecto llegó algo más tarde, probablemente debido a las glaciaciones que en estas regiones cubrieron, prácticamente todos sus territorios del Norte y del Centro. Esto explica, el por qué sus restos son más abundantes en las regiones del Mediterráneo, adonde habrían llegado bordeando sus costas, y más raras en el Centro Norte quizás provenientes del Cáucaso.

3. Homo Heidelbergensis

Este Homo que toma su nombre por la mandíbula encontrada en Mauer, muy cerca de la ciudad universitaria de Heidelberg en Alemania, a principios del Siglo XX. Durante muchos años esta especie fue una rareza que los paleoantropólogos no sabían bien donde poner en el filum evolutivo del Homo Sapiens. Sin embargo, varios descubrimientos fósiles de los últimos decenios y el estudio de DNA moderno le asignan un papel muy importante en la evolución del humano moderno y de algunas otras especies de homínidos.

El Homo Heidelbergensis tiene un cierto problema respecto a su origen. La hipótesis más aceptada es que apareció en las regiones Sud Occidentales de África, donde se han encontrado restos de esta nueva especie, nacida del Homo Ergaster (Erecto) africano, hace alrededor de 500 mil años. Se reporta su existencia en Palestina y España (Sierra de Atapuerca) cerca de 400 mil años atrás, sin indicios de restos fósiles intermedios. Se trata de una especie alta, de complexión vigorosa y con un aparato fonador desarrollado, sin alcanzar el nivel del humano moderno. Son cazadores-recolectores que viven en campamentos, donde trabajan la piel, la madera y la piedra. Sus herramientas líticas son más desarrolladas que de su antecesor Homo Erecto. Bifaces, hachas y raederas, puntas de flechas. Cuidan a sus enfermos y tienen formas especiales de tratar a los muertos. Todo esto indica que son capaces de planear sus actos, y tienen el pensamiento simbólico (funeraria) conocido más antiguo. Su cerebro es grande 1,1 a 1,2 cc.

Por otra parte, el Homo Heildelbergensis, en muchos textos anteriores, y en el estudio genético (DNA) moderno era incluido, por su desarrollo físico y mental, en un grupo mal definido que llamaban a veces pre-sapiens y otras sapiens arcaicos. Ahora sabemos, que fue una especie bien definida de la cual desciende en África el Homo

Sapiens moderno y probablemente el Neanderthal, pero en este caso, cruzado fuera de África (Palestina) con el Homo Erecto. El grupo español que trabaja en la Sierra de Atapuerca ha descrito una nueva especie, ancestro directo (según ellos) del Heidelbergensis, llamado Homo Antecessor, de cuya existencia no hay reportes en ningún otro sitio. Del mismo modo, se ha sostenido que el Homo de Heidelberg sería parte del genoma de los aborígenes australianos y los melanesios, lo que demostraría varios cruces entre el Homo Sapiens que ya migraba fuera de África, hacia el Oriente hace 70 mil años. Por último, se ha demostrado que al menos el 4 por ciento del material genético del humano actual, especialmente de Occidente es Neanderthal. Si todo esto a nuestros lectores les parece confuso, debo decirles que les encuentro toda la razón, en realidad es confuso para todo el mundo científico que se preocupa del origen del ser humano.

Las explicaciones que se han sugerido para este fenómeno son dos: 1. Las caracterizaciones morfológicas (restos fósiles) y las genéticas no son exactas. Contienen algunos errores; 2. En la evolución de las especies hay momentos en los cuales, por diferentes razones, se produce una aceleración en la velocidad de especiación (aparición de nuevas especies), que puede conllevar un incremento en los cruzamientos entre especies muy semejantes entre sí (tienen el o los mismos ancestros) porque sus genotipos no han terminado de definirse. Es el equilibrio puntuado de Stephen Jay Gould que vimos en la Introducción de este libro. La razón de esta aceleración suele ser modificaciones ambientales muy profundas, como glaciaciones de inicio muy rápido, inter-glaciales breves pero con aumento del calentamiento global, explosiones volcánicas o meteoritos devastadores, etc. Hay varios de estos eventos bien conocidos en la historia de la vida sobre la Tierra: a) La explosión del Cámbrico de 550 millones de años atrás. En sólo 6 o 7 millones de años las especies monocelulares que poblaban la Tierra desde casi 3 mil millones de años y sin la existencia de pluricelulares, dieron paso a éstos en una enorme variedad de Filos y clases; b) El meteorito que destruyó a los dinosaurios hace 67 millones de años, incrementó las posibilidades de los mamíferos primitivos (cinodontes y morganucodones). Conquistadores en 2 o 3 millones de años en todos los continentes, con una enorme variedad de especies, c) La gigantesca explosión del Volcán Toba, 20 mil años atrás, en Indonesia (actual) casi terminó con los Homo Sapiens (se calcula que quedaron sólo 10.000 humanos), cambió la flora y fauna de Euro-Asia Oriental, y mejoró la homogeneidad genética del Homo Sapiens, fuera de África.

El hecho cierto es que, como acabamos de ver, después de estabilidad notable del Homo Erecto por más de un millón y medio de años, hace 400 mil años se inició un período de gran dinamismo en cuanto a la rápida aparición de nuevas especies de homínidos: El Homo Antecessor, el Homo Heidelberg y el Homo de Neanderthal y, por supuesto, el propio Homo Sapiens. Esta etapa punteada sólo terminó hace 30 mil años con la desaparición de los últimos Neanderthal, arrinconados en Gibraltar. Por lo demás, nuestros ancestros evolutivos vivieron un período similar, de muchas especies de Australopitecos que aparecieron en poco más de un millón de años, que es el tiempo transcurrido entre los primeros de un grupo de más de 115 especies que se agotaron con la llegada del Homo Habilis. De mantenerse estos patrones evolutivos cabe esperar que el equilibrio actual con la preponderancia absoluta de nuestra especie de Homínidos (el Homo Sapiens) aparezca en algunas decenas de milenios más un evento de puntuación que produzca otras especies humanas. Claro que si no somos antes destruidos por los cambios medio ambientales que nosotros hemos y estamos induciendo.

ANEXO III
La revolución neurobiológica actual

1. Neuropsicología y Neurociencias

La relación entre el cerebro y la mente en el ser humano ha sido objeto de disquisiciones, primero religiosas y luego filosóficas desde hace milenios. El primer acercamiento biomédico a este problema fue el de Hipócrates (siglo V.A.C.) quien sostuvo que el asiento de la mente era el cerebro (incluyendo emociones, afectos y sentimientos) que muchos consideraban ser función del corazón, y que sus variaciones funcionales, y el carácter de cada cual, se originaban en la presencia y circulación de "humores", específicamente en los ventrículos cerebrales, los cuales, ciertamente, Hipócrates conoció. Luego, Galeno (siglo II A.C.) y los doctores medievales mantuvieron y especificaron en detalle esta doctrina basada en humores o "fluidos", la que extendieron a la fisiología corporal completa.

Sólo al promediar el siglo XIX, encontramos la aparición de propuestas objetivas sobre las relaciones entre el cerebro y algunos atributos mentales, a partir de enfermos que padeciendo ciertos cuadros clínicos (trastornos del lenguaje, que hoy llamamos afasias) presentaron en el estudio anátomo patológico (post mortem) lesiones en determinadas zonas del cerebro. La primera presentación de este tipo de casos fue del francés Paul Broca (1853) con una afasia motora o expresiva. Diez años después el alemán Carl Wernicke reportó una afasia comprensiva, clínicamente opuesta a la expresiva, por lesión en una zona cerebral distinta de la reportada por Broca. Con ello se instaló la Neuropsicología clínica, que permite hacer supuestos sobre localizaciones cerebrales de funciones mentales determinadas (lenguaje, por ejemplo), a partir de los defectos funcionales (clínicos) producidos por daños cerebrales específicos. Esta subespecialidad de la Neurología tuvo, durante la primera mitad del siglo pasado, un auge importante por dos razones principales. Por una parte, porque psicólogos experimentales se asociaron con neurólogos especializados, para desarrollar distintas baterías de tests neuropsicológicos que permitieron estudiar con más rigor problemas mentales de origen cerebral, posibles de localizar con precisión en ciertas regiones del cerebro. El control de estas hipótesis diagnósticas era post-morten, continuando la tradición instalada por Broca y Wernicke.

El otro factor decisivo fueron las dos Guerras Mundiales del siglo XX. Las heridas de balas o de metralla eran capaces de producir daños cerebrales más precisos y circunscritos que, por ejemplo, los tumores, que desplazan o infiltran tejido encefálico, de una forma que hace casi imposible relacionar región cerebral dañada con función mental comprometida, o accidentes cerebro vasculares y traumatismos craneanos que tienen lesiones muy extensas. Los daños cerebrales circunscritos, hacen la correlación anátomo-clínica más precisa.

Por su parte, las neurociencias experimentales, que son el otro pivote central de la Neurobiología, también avanzaban. Los neurofisiólogos descubrieron los mecanismos del potencial de acción (disparos neuronales), los neuroquímicos identificaron los neurotransmisores que comunican a las neuronas en las sinapsis y los biólogos celulares estudiaban las condiciones funcionales de neuronas, glía y sinapsis, mientras los genetistas desentrañaban la relación genes – proteínas – metabolismo y receptores cerebrales. Es bueno notar que Neuropsicología, en cuanto a visión macro funcional del trabajo cerebral y Neurociencias como análisis del nivel celular y bioquímico de las funciones neuronales no tenían, en este tiempo, relaciones importantes ni diálogos productivos. Todo esto ha cambiado con la revolución (de base tecnológica) iniciada en la primera mitad de la década de 1970 y la aparición tanto de distintos sistemas de exploración anátomo-funcional del cerebro sano y enfermo, como de métodos y equipos que amplían y mejoran las investigaciones neuro-científicas.

Sucesivamente se han incorporado nuevos sistemas imagenológicos no invasivos y enormemente más precisos que los antiguos Rayos X que hoy sólo se usan para investigar daños óseos. Entre las nuevas tecnologías vale la pena destacar, según el orden que los nuevos equipos se introdujeron en la práctica clínica y experimental a los siguientes: a) TAC Tomografía Axial Computarizada, el SPECT (Single for Proton Emission Cerebral Tomography), b) PET (Positron Emission Tomography) y c) Resonancia Magnética Nuclear, especialmente en su variedad funcional que permite ver las regiones del cerebro que específicamente participan en los procesamientos cerebrales de las distintas funciones mentales. Por otra parte, se han mejorado los estudios neurofisiológicos en sujetos sanos y enfermos, que hacen posible conocer y medir las ondas electromagnéticas específicas que produce la actividad neuronal, a través de Electroencefalografía avanzada y la novedosa Electro Magneto Encefalografía, que no sólo registra "campos electromagnéticos", producto de la acción de redes neuronales, sino además, puede "bloquear" esta acción, con fines experimentales, a través de pulsos magnéticos aplicados a regiones cerebrales específicas. Por otra parte, en investigaciones neurofisiológicas clínicas pueden usarse electrodos implantados directamente en el cerebro, en áreas bien precisadas y que se usan en diversas intervenciones neuroquirúrgicas. En animales, los electrodos pueden ser intra-celulares.

Por su parte, las Neurociencias también habían sufrido una explosión tanto en el número y variedad de investigaciones, como en las hipótesis novedosas que todos los días aparecen en la literatura especializada. La microscopía electrónica, que puede ver la estructura y relación de las neuronas, nuevas tinciones que exploran las conexiones cercanas y lejanas de redes neuronales, Biología celular y genética aplicada a las neuronas y avances importantes en Neuroquímica, están haciendo posible un diálogo muy provechoso entre Neuropsicología y Neurociencias. Este abigarrado conjunto es lo que puede llamarse Neurobiología Nuclear. A este núcleo, en la Neurobiología moderna, se agregan las disciplinas que se indican a continuación.

2. Las ciencias de la conducta y los atributos neuropsicológicos

Aunque menos conocido por el gran público (y algunos especialistas) las ciencias de la conducta son también una fuente de conocimientos sobre los procesos mentales subtendidos por el cerebro. En efecto, la tarea biológico-evolutiva de cualquier cerebro (humano o animal) es sobrevivir, reproducirse y prosperar. Desde este punto de vista, las distintas conductas humanas que son exploradas por las ciencias del comportamiento, muestran el trabajo *"in situ"* del cerebro para cumplir su objetivo fundamental. Entre las ciencias de la conducta cabe llamar la atención, brevemente, sobre aquéllas que actualmente consideran el cerebro como parte de sus investigaciones.

2.1. Psicología

Como sabemos la Psicología, clásica ciencia de la conducta, en la mayor parte de los centros universitarios que la enseñan se asimila a las Ciencias Sociales, con escasa vinculación con la Biología cerebral. Sin embargo, esto está rápidamente cambiando, especialmente en Estados Unidos, que luego de muchos decenios de predominio del conductivismo, dejó de lado esta mordaza. Este cambio se ha producido en varios frentes. Los equipos de investigación en Neuroeconomía, Neuroética y otras asociaciones de saberes, incluyen o son encabezados por psicólogos. Por otra parte, ha sido decisivo, para ampliar el ámbito de la Neurobiología, la aparición de dos importantes escuelas de investigación psicológica. La primera, llamada Psicología Evolutiva estudia la persistencia y los cambios en el Homo Sapiens moderno de habilidades y predisposiciones neuro-psicológicas presentes en el Paleolítico Superior, especialmente algunos que se manifestaban en la vida social (diferencias de género, fertilidad y trabajo, altruismo, etc.). La otra escuela de alta relevancia es la Psicología Cognitiva, que plantea que el cerebro es un procesador de información, con áreas dedicadas a codificaciones y decodificaciones específicas, a través de formatos y reglas precableadas o aprendidas, con lo que se asemeja a un computador (o a un enorme conjunto de ellos). De hecho, en Estados Unidos la Psicología Cognitiva es hoy la Neuropsicología de corriente principal, que se enseña e investiga en la mayor parte de sus universidades.

2.2. Primatología

La Primatología, es la Ciencia que estudia la conducta de nuestros parientes biológicamente más cercanos (bonobos, chimpancés, gorilas y orangutanes), sea en cautiverio o en libertad. Sus hallazgos son sorprendentes, pues se han encontrado en ellos muchas de las raíces (a veces bien desarrolladas) de los atributos neuro-psicológicos del Homo Sapiens. Sin embargo, ahora que sabemos que compartimos con ellos (bonobos y chimpancés) más del 98 por ciento de los genes (productores de proteínas), la sorpresa ha originado más investigaciones ahora, para conocer las causas de las profundas diferencias.

2.3. Antropología

Tanto la Antropología Cultural como la Antropología Física han expandido grandemente nuestra comprensión de las funciones del cerebro. La primera estudiando comportamientos de grupos socio-culturales primitivos aún existentes: Nueva Guinea, Amazonas, I-Kung (desierto de Kalahari, pigmeos del Congo Africano, etc.), o en grados más avanzados de evolución (Ainos del Japón, tribus africanas, etc.) hasta llegar a sociedades modernas. Al mismo tiempo, y con la vital asistencia de la Arqueología, conocemos civilizaciones desaparecidas (Mesopotamia, Egipto, mayas, etc.), algunas de las cuales han dejado, además de monumentos y otros restos, documentos escritos. Por otra parte, la Arqueología nos ha permitido conocer los homínidos y, sobre todo, sus cerebros desde los más antiguos australopitecos (4 a 5 millones de años atrás) hasta el Cro-Magnon del Paleolítico Superior (50 a 12 mil años atrás), que se creía tan Homo Sapiens como el humano actual, aunque nuevas investigaciones genéticas hacen dudar de esta afirmación.

2.4. Etología y Sociobiología.

Se trata de dos disciplinas similares nacidas al promediar el siglo XX. La primera en Europa y la segunda en Estados Unidos a partir del estudio *in situ* de especies animales. Ellas sostienen que los comportamientos humanos tienen un alto componente genético que, aunque menor al de otras especies (por su capacidad de aprendizaje), deben considerarse las raíces "instintivas" de muchas de sus conductas que, pueden tener componentes innatos. En verdad estas disciplinas se adelantaron tanto a la Genética humana como a las Psicologías evolutivas. Existen investigaciones sobre Etología Humana con importantes aportes sobre "conductas universales" existentes en todas las culturas, la mayoría de ellas tan lejanas en el tiempo y el espacio, que es imposible pensar en difusión.

3. Ciencias básicas relacionadas

El impacto mayor de las ciencias básicas es, por supuesto, a través de las Neuro-ciencias, que en verdad son ciencias básicas del sistema nervioso.

3.1. Biología Celular y Molecular

Disciplina de gran desarrollo desde la segunda mitad del siglo pasado. Estudia los mecanismos funcionales intracelulares y de la membrana, como receptores especializados de hormonas (insulina, por ejemplo), o de neuro-trasmisores en las neuronas, las relaciones fisiológicas y metabólicas entre componentes intracelulares (núcleo, organelos, etc.) y con la dotación genética nuclear y la mitocondrial.

3.2. Genética, Genómica y Proteonómica

Ésta es hoy día una Ciencia vital para comprender la arquitectura anátomo funcional de nuestro cerebro, sus raíces filogenéticas (evolución), y la maduración ontogenética de nuestro cuerpo, nuestro cerebro y sus atributos funcionales. En este sentido es decisivo entender que los genes están siempre actuando. En el niño, el adulto y en la vejez, de modo que puede decirse que cada experiencia vivida, significa genes activados (expresados), pues son fundamentales en la memoria y el aprendizaje, y en el funcionamiento de todas las habilidades, facultades y conductas de los seres humanos (en realidad de los seres vivos). A partir de su desarrollo actual estamos superando la vieja (y errónea) dicotomía entre innato y aprendido, pues sabemos que en el procesamiento de cada atributo mental ambos participan. La reciente descripción del genoma humano con sólo 21.000 genes (que elaboran proteínas), mientras la drosophila (mosca de la fruta) tiene 12 mil, ha llevado a investigar los antiguamente llamados "genes basura" (no producen proteínas), y se les ha encontrado otras funciones en el genoma (articular la expresión de conjuntos complejos de genes que sí las producen), con lo que además se ha hecho necesario explorar con detención la acción del total o parte de las proteínas, después de haber sido condificadas por los genes. Han nacido la Genómica y la Proteonómica.

4. Otras disciplinas asociadas

4.1. Neuroeconomía

De entre los cultores de las Ciencias Sociales los más avanzados en la consideración de los atributos neuropsicológicos para explicar el comportamiento de algunos de sus objetos de estudio, son los economistas, principalmente interesados en los mecanismos psicológicos de la toma de decisión, los intercambios y en la lógica (racional, intuitiva o emocional) que subyace a ellas. Desde la aparición (en los 60) de la Teoría de los Juegos han desarrollado instrumentos de investigación neuropsicológica, en sujetos sanos, de intensidad y calidad suficiente como para lograr los neuroeconomistas (como se llaman a sí mismos) tres Premios Nobel en Economía y uno, otorgado a un psicólogo, (D. Kahneman), que trabaja en esos temas.

4.2. Neuroética y Derecho

El origen de la Moral (divino, social, biológico) y su impacto en la Ética, el Derecho, las instituciones y la vida diaria de las personas, ha encontrado, a raíz de los avances en Neurobiología, un creciente grupo de investigadores en estos diversos dominios, que consideran el cerebro como el asiento evolutivo de los valores morales primordiales, y exploran los fundamentos neuropsicológicos de la ley y sus transgresiones. Para esto se basan, además de la información propiamente biológica, en la existencia de los llamados (por los antropólogos) "universales" (características ideológicas y conductuales que se encuentran en todos los humanos), y que se repiten en todas las religiones y culturas conocidas, las cuales prohíben: matar, robar, mentir, etc. Se publican artículos y libros con temas como: Biología del Derecho, la Mente Criminal, Cerebro y Ley, etc.

4.3. Computación e informática

Estas disciplinas tienen tres impactos poderosos en la Neurobiología moderna: a) han enriquecido nuestro vocabulario y nuestro capital conceptual: procesar información, codificar, programar, etc. etc.; b) sirven como modelo (Psicología Cognitiva) para imaginar, investigar y establecer pautas de comportamiento de redes neuronales y sistemas más amplios (facultades); c) el computador puede participar en experimentos al modelar relaciones auto-organizadas de agentes, con interacciones no lineales. El desarrollo de la inteligencia artificial y aprendizaje automatizado ha sido vertiginoso y su aplicabilidad es cada vez mayor en todos los ámbitos del quehacer humano. La Robótica, más acotada y concreta, ha tenido un encomiable desarrollo. Pienso que el obstáculo principal es que la computación (¿actual?) no logra procesar la subjetividad de la conciencia, y tampoco lo hace bien con las emociones. Ésta es una dificultad para la Psicología Cognitiva.

4.4. Sistemas Complejos Adaptativos

Se trata de una propuesta multidisciplinaria, pero con base en Matemáticas avanzadas y computación innovativa del llamado "Instituto de Santa Fe", Estados Unidos. Sostiene que en la realidad existen sistemas muy complejos (en el borde del caos) que no pueden describirse con los parámetros de las ciencias normales. Están compuestos por "agentes" con algún grado de independencia, que se relacionan (y compiten) de manera no lineal, y son capaces de generar cualidades "emergentes" esto es, nuevas y distintas, que no pueden reducirse a las características de los agentes que las producen. Siendo el cerebro la entidad más compleja conocida, proponen que algunos de sus atributos son emergentes. Entre ellos, por ejemplo, la subjetividad del sí mismo o la qualia de las percepciones como la "rojez" íntimamente vivida por cada cual cuando percibe el color rojo, no comunicable a los demás excepto por convenciones lingüísticas que no aseguran que mi rojo sea idéntico al tuyo.

5. La Neurofilosofía

La explosión de conocimiento neurobiológicos, originados en la multitud de Ciencias y disciplinas científicas y en sus diversas asociaciones (Neuro-economía o Neuro-ética, por ejemplo), que he indicado en los apartados precedentes, ha tenido un impacto mayor en la Filosofía moderna. De hecho, si tomamos cualquier texto actual de enseñanza formal de Filosofía encontramos que en la mayoría de sus capítulos la Neurobiología tiene algo que decir. Probablemente un ejemplo señero de esta situación es la Teoría del Conocimiento o Epistemología.

Hoy sabemos bastante sobre el procesamiento cerebral de las funciones cognitivas (percepción, memoria, emociones, lenguaje, control superior del comportamiento, etc.) y su relación con conductas destinadas a cumplir propósitos. Todas estas capacidades se establecen en un cerebro que puede generar categorías (que ordenan el pensamiento de cada cual) y, además, le permiten construir una imagen muy dinámica del mundo, que incorpora patrones morales, motivacionales y culturales que se manifiestan en comportamientos apropiados y eventualmente fructíferos (o inapropiados o dañinos).

De esta manera la Neurofilosofía puede reflexionar y hacer propuestas teóricas sobre la base objetiva de conocimientos que le proporciona la Neurobiología.

En conclusión, y como resumen de este anexo, puedo sostener que el nombre apropiado para esta cantidad de diversos emprendimientos científicos que exploran desde sus propios puntos de vista (diferentes unos de otros) la organización y funciones del cerebro, es el de Neurobiología, dado que las Neurociencias o la Neuropsicología son sólo componentes, importantes pero parciales, de estas búsquedas. En este sentido es notable la creciente coalescencia y cooperación entre las diversas ciencias que aquí he presentado como independientes unas de otras, pero que, si miramos con cuidado esta asociación interdisciplinaria se manifiesta a cada paso como observamos en los diversos capítulos de este libro.

Bibliografía

Aristóteles "La Política". Editorial Libsa S.A. Madrid, 1998.

Barkow, Jerome. Cosmides, L. Tooby, J. "The Adapted Mind: evolutionary psychology and the generation of culture". Oxford University Press. New York, 1992.

Burckhardt, Jacob. "La Cultura del Renacimiento en Italia". Editorial Iberia. Barcelona, 1959.

Cavalli Sforza, Luigi. "La evaluación de la cultura ". Editorial Anagrama S.A., 2007.

Chomsky, Noam. "Syntactic structures". The Hague: Mouton, 1957.

Chomsky, Noam. Piaget, Jean. Piattelli-Palmarini, Massimo. "Teorías del lenguaje, teorías del aprendizaje. El debate entre Jean Piaget y Noam Chomsky". Crítica. Barcelona, 1983.

Chomsky, Noam. Catalá, Natalia. Díez Calzada. Laka, Itziar. Piera, Carlos. "El lenguaje y la mente humana". Barcelona. Ariel, 2002.

Christian, David. "Mapas del tiempo". Editorial Crítica. Barcelona, 2007.

Cleary, Thomas. "The essential Confucius".

Damasio, Antonio R. "Self comes to mind: constructing the conscious brain". William Heinemann. London, 2010.

"Sentir lo que sucede: cuerpo y emoción en la fábrica de la conciencia". Editorial Andrés Bello, Barcelona,2000.

Darwin, Charles. "El Origen de las Especies. Por Medio de la Selección Natural". Alianza Editorial S.A., 2009.

Dawkis, Richard. "The Selfish Gene". Oxford University Press. New York, 2006.

"The Selfish Gene". Oxford University Press. Oxford, 1989.

Diamond, Jared. "The World until Yesterday". Vilrios Penguin Group. New York, 2012.

Doidge, Norman. "El Cerebro Se Cambia a Sí Mismo". Editorial Aguilar. Madrid, 2008.

Dunbar, Robin. "The human story". Faber and Faber. London, 2004.

Dunbar, Robin. Gamble, Clive. Gowlet, John. "Thinking big". Editorial Thames and Hudson Limited. Londres, 2014.

Dunbar, Robin. Knight, Chris. Power, Camille. "The Evolution of Culture". Rutgers University Press. New Jersey, 2003.

Durham, William H. "Coevolution genes, culture and human diversity". Standford University Press. California, 1991.

Ehrlich, Paul R. "Naturalezas humanas". Fondo de Cultura Económica. México, 2005.

Eibesfeldt, Irenäus. "El Hombre Preprogramado. Lo hereditario como factor determinante en el comportamiento humano". Alianza Editorial. Madrid, 1987.

"Biología Del Comportamiento Humano: manual de Etología Humana". Alianza Editorial. Madrid, 1993.

"Guerra y Paz". Salvat. Barcelona, 1986.

Elias, Norbert "El proceso de la civilzación". Fondo de Cultura Económica. México, 1979.

Fagan, Brian. Bixio, Alcira. "Cromañón: de cómo la Edad de Hielo dió paso a los humanos modernos".Gedisa. Barcelona, 2011

Fukuyama, Francisco. "The End of the Story and the last Man". Free Press. New York, 1992.

Gazzaniga, Michael. "Human: the Sience Behind what makes us unique". Harper Collins. New York, 2008.

Geertz, Clifford. "The interpretation of culture". Basic books. New York, 1973.

Gombrich, H. Ernest. "Breve historia de la cultura". Ediciones Península. Barcelona, 2004.

Gordon Childe, Vere. "Los orígenes de la civilización". Fondo de Cultura Económica. México, 1954.

Haney, C. Zimbardo, P. Banks, C. "A Study of Prisioners and Guards in a Simulated Prison". E. Aronson. San Francisco, 1973.

Harris, Marvin. "El desarrollo de la teoría antropológica". Siglo XXI Editores S.A. Madrid, 2005.

"Nuestra especie". Alianza Editorial S.A. Madrid, 2004.

Hauser, Marc D. "Moral Minds". Ecco Press. New York, 2006.

Hawkings, John A. Gell-Mann, Murray. "The evolution of Human Languages". Grupo Santa Fe. Addison Wesley Pub. Co. New Mexico. Redwood City, California, 1992.

Hayek, Friedrick "Los Fundamentos de la Libertad". Unión Editorial. Madrid, 1991.

Hebb, Donald O. "The organization of Behavior: a Neuropsychological Theory". Psychology Press. Canadá,1966.

Hegel, Georg W. F. "Lecciones sobre filosofía de la historia". Círculo de Lectores. Barcelona, 1996.

Herodoto. "Los nueve libros de la Historia". Editorial Orbis S.A. Barcelona, 1982.

Hobbes, Thomas. "Leviatan". Editorial Losada. Buenos Aires, 2007.

Iacoboni, Marco. "Las Neuronas Espejo". Katz Editores. Buenos Aires,2010.

Kahneman, Daniel. "Thinking Fast and Slow". Farras Straus and Giroux. New York, 2011.

Kandel, Eric R. "The Age of Insight: the quest to understand the unconscious in art, mind and brain: from Viena 1900 to present". Random House. New York, 2012.

"In search of memory". W.W. Norton and Company. New York, 2007.

Kingdom, Jonathan. "Self-made man". Simon and Schuster. London, 1993.

Lavados, Jaime. "El cerebro y la Educación". Editorial Taurus. Chile, 2012.

Leakey, R. Lewin, R. "Origins: what new discoveries reveal about the emergence of our species and its possible future". Macdonald and Jane's. London, 1982.

Lewis-Williams, David. "Dentro de la mente neolítica". Thames and Hudson. Inglaterra, 2005.

Llinás, Rodolfo R. "El Cerebro y el mito del yo: el papel de las neuronas en el pensamiento y el comportamiento humano". Editorial Norma. Bogotá, 2003.

Lorenz, Konrad. "El Comportamiento Animal y Humano". Plaza y Janés. Barcelona, 1985.

"On agression". Routledge. London, 1996.

Lumsden, Charles. Wilson, Edward O. "Genes, mind and culture. The coevolutionary process". Harvard University Press. Cambridge, 1981.

Machiavello, N. "El Príncipe". Introducción y notas de Manuel Mª de Artaza. Akal. Madrid, 2010.

Marx, Karl. "El Capital". Pirámide. Madrid, 1996.

Milgram, Stanley. "Obedience to Authority". Harper and Row. New York, 1974.

Morris, Ian. "War! What is it good for?". Editorial Farras, Strauss Giroux. New York, 2014.

Norwak, M. A. Highfield, Roger. "Super- Coperators: Altruism, Evolution and why we needs each other to succed". Free Press. New York, 2011.

Parsons, Talcott. "La sociedad perpectivas evolutivas y comparativas". Trillas. México, 1983.

Piaget, Jean. "Psicología de la inteligencia". Editorial Psyque. Buenos Aires, 1973.

Piaget, Jean. Betts, E.W. "Relaciones entre la lógica formal y el pensamiento real". Editorial Ciencia Nueva. Madrid, 1962.

Peyrefitte, Alain. "La Sociedad de la Confianza". Editorial Andrés Bello. Santiago Chile, 1996.

Pfaff, Donald W. "The Neurocience of Golden Rule, why we follow the Golden Rule". Dana Press. Chicago, 2007.

Pinker, Steven. "How the mind works". Penguin Books. London, 1997.

"The blank slate". Penguin Books. New York, 2002.

"The better angels of our nature". Penguin Books. New York, 2011.

"The Languaje instinc". Penguin Books. New York, 2011.

Platón. "La República o el Estado". Editorial Copasa. Calpe. Madrid, 2007.

Popper, Karl. Eccles, John. "El yo y su cerebro". Ediciones Roche. Basilea,1980.

Ridley, Matt. "¿Qué nos hace humanos?". Taurus. Madrid, 2004.

"The origins of virtue".Penguin Books. London, 1997.

Rosenau, Pauline M. "Post-Modernism and the social Sciences". Princeton University Press. Princeton. New Jersey, 1993.

Sachlins, Marshall. "La ilusión occidental de la naturaleza humana". Fondo de Cultura Económica .México, 2011.

Sand, Shlomo. "La Invención del Pueblo Judío". Akal. Madrid, 2014.

Schwidetzky, Ilse. "Etnobiología". Fondo de Cultura Económica. México, 1955.

Simon, Herbert "The architecture of complexity". Proc A. Phalos Alexander Society Proceedings. Philadelphia, 1962.

Sober, Elliot. Wilson, D. S. "El comportamiento altruista: evolución y psicología". Editorial Siglo XXI. Madrid, 2000.

Spencer, Herbert. "Essays: Scientific, Political and Speculative". Volume 1. Appleton. New York, 1860.

Tinbergen, Nikolaas. "El estudio del instinto". Siglo XXI. México, 2006.

Tomasello, Michael. "The cultural origin of human cognition". Harvard University Press. Cambridge, 1994.

Varela, Francisco. Thompson, Evan. Rosch, Eleanor. "De cuerpo presente: las ciencias cognitivas y la experiencia humana". Gedisa. Barcelona, 2005.

Waal, Frans de. "The age of emphaty: nature lessons". Editorial Tusquets. Madrid, 2011.

Wade, Nicholas. "A Troublesome Inheritance. Gene. Race-Human History". The Penguin Press. New York, 2012.

Wagner, Andreas. "Arrival of the Futtest Current". Penguin Group. New York, 2014.

Waldrop, Mitchell. "Complexity: The Ensergin Science at the Edge of Order and Chaos" Simon and Schuster Paperbacks. New York, 2008.

Watson, Peter. "Ideas: historia intelectual de la humanidad". Barcelona, 2006.

Weber, Alfred. "Historia de la cultura". Fondo de Cultura Económica. Barcelona, 2002.

Weber, Max. "Sociología del derecho y del Estado". Leyer. Bogotá, 2008.

Wexler, Bruce. "Brain and Culture". The M.I.T. Press. Boston, 2006.

Wilson, Edward O. "The social conquest of Earth". Liveright Publishing Corporation. New York, 2012.

Zimbardo, Philip. "The Lucifer effect: understanding how good people turn evil". Random House. New York, 2009.

Nombres citados en el libro

N

O

P

www.ingramcontent.com/pod-product-compliance
Lightning Source LLC
LaVergne TN
LVHW082157051026
849532LV00012B/3615